자유무역협정(FTA) 원산지결정기준(Rules of Origin) 요약표

원산지기준			내 용	협정별 특징	
일반기준	원산지상품		당사국에서 생산되고 협정상 원산지기준을 충족하며, 협정에 규정한 운송요건에 부합하는 상품		완전 생산품, 불완전 생산품, 원산지재료 생산품
	영역원칙		어떤 상품이 원산지상품 자격을 획득하기 위해선 협정이 규정하고 있는 조건(생산* 등)들이 당사국영역에서 중단없이 충족되어야 함 *생산이란 재배·채굴·수확·어로·번식·사육·수렵·제조·가공·조립 또는 분해 등의 과정을 거쳐 물품을 획득하는 행위	원산지 결정영역	(양당사국)칠레,싱가포르,미국,페루,호주,캐나다,콜롬비아,뉴질랜드(완전생산품 제외)
					(당사국)아세안,EFTA,인도,EU(안도라,산마리노,세우타및멜리야),터키,중국,베트남,중미
				협정 비대상	중국(홍콩/마카오), 미국(괌,사이판 등), 호주(노퍽섬 등), 뉴질랜드(토켈라우)
		예외	① 역외가공 : FTA 당사국 영역이 아닌 역외지역에서 생산, 가공된 제품 등을 일정조건에 따라 원산지상품으로 인정	싱가포르, EFTA, 아세안, 인도, 페루, 콜롬비아, 중국, 베트남	
			② 재수입물품 : 비당사국에서 재반입된 상품이 수출된 상품과 동일하고 역외에 있는 동안 추가공정이 없는 경우 원산지인정	EFTA, 인도, EU, 터키, 페루, 캐나다, 아세안 ※중미: 재수출품 규정	
	완전생산품 (완전하게 획득되거나 생산된 물품)		① 영역 내 광물성 생산물 ② 영역 내 재배·수확한 식물성 생산물 ③ 영역 내 출생 및 사육된 산동물과 이들로부터 획득한 물품 ④ 영역 내 수렵·어로·양식에 의하여 획득한 물품 ⑤ 역내 선박(역내 국가에 등록되고 그 국기를 게양한 것)이 영해 밖 바다에서 획득한 수산물 및 그 가공물품 ⑥ 해저 탐사권이 있는 역내인이 역외 해저에서 채취한 물품 ⑦ 역내 국가 또는 기업이 우주에서 취득한 물품(EFTA·EU·인도·페루·터키·중국·뉴질랜드·중미와의 협정에는 이 규정이 없음) ⑧ 역내의 생산과정에서 발생된 폐기물 및 부스러기 ⑨ 역내에서 수집되어 사용이 끝난 물품(원재료 회수용으로 적합한 것) ⑩ 역내 국가의 영역 또는 선박에서 ① 내지 ⑩의 물품을 원재료로 하여 생산한 물품	• 산동물은 모든 협정에서 출생요건 규정, 산동물로부터 획득된 물품(양털, 우유 등)의 경우 한-미와 한-EU는 출생요건 미규정 • EU·터키와의 협정에서 양식은 당사국 치어를 사용한 경우만 원산지 인정 • 한-미 FTA에서는 재제조 상품의 생산에 소요되는 재생상품도 원산지와 관계없이 완전생산품으로 간주 • 한-캐나다 FTA는 당사국 영역에서 수집된 중고품으로부터 회수된 부분품이 좋은 성능을 유지하는데 필요한 가공을 거친 경우(재생부품)에도 완전생산품으로 인정	
	불완전생산품		①품목별원산지결정기준 충족 물품 (비원산지재료 투입)	모든 협정에서 규정	
	원산지재료 생산품		②원산지자격을 획득한 재료로만 생산한 물품	아세안 및 인도와의 협정에서는 규정하지 아니함	

	단순가공품
	(원산지 불인정공정)
			① 운송 및 보관 중 상품 양호상태 보존 보장 공정 ②포장·재포장 및 포장의 해체 또는 조립 작업
			③ 먼지·녹·기름·페인트 또는 이물질의 세척·세정 또는 제거 작업 ④단순* 페인트칠 및 광택작업
			⑤ 곡물 및 쌀에 대한 외피제거, 표백, 연마 및 도정작업 ⑥당류의 착색 또는 각설탕 작업
			⑦ 과일, 건과류 및 채소에 대한 탈피·씨제거 및 탈각 ⑧연마, 단순분쇄 또는 단순절단
			⑨ 체질·선별·구분·분류·등급 및 매칭 작업 (물품의 세트 구성 포함) ⑩단순 혼합
			⑪ 물품의 완성품 구성을 위한 부분품의 단순 조립 또는 제품을 부분품으로 분해하는 작업
			⑫ 단순 시험 또는 측정 ⑬동물의 도살 ⑭표식·라벨·로고 및 이와 유사한 표시물 부착 혹은 인쇄하는 것
			⑮ 물 또는 다른 성분으로 단순 희석 ①~⑮까지 작업이나 공정이 2이상 조합된 작업이나 공정
			*"단순"이란 해당물품 생산시 특별한 기술이나 특별히 제작 또는 설치된 기계·장비 또는 기기를 필요로 하지 아니하는 일반적인 작업을 의미
				• 미국 및 캐나다와의 협정에서는 규정하지 아니함
				• 칠레 및 싱가포르와의 협정을 제외한 모든 협정에서 열거주의* 채택
				  * 협정에서 나열된 공정만 불인정공정에 해당됨
				• 한-아세안 FTA는 일반물품과 섬유류에 대한 불인정공정을 별도로 규정
				• 불인정공정 판단시 당사국 역내에서 수행된 모든 공정 고려
				  * 당사국 역내는 완전누적이 적용되므로 국내제조확인서를 통한 공정누적 활용
				• 한-중은 철강의 slitting(절단), bending(구부리기), coiling(감기), uncoiling(풀기)도 단순공정	

	누적기준		(재료누적) 상대국에서 수입한 재료(원산지기준 충족)를 우리나라 원산지재료로 간주하여 상품의 원산지 판정	모든 협정에서 허용	
			(공정누적) 상대국에서 비원산지 재료에 수행된 공정*을 우리나라 공정으로 간주하여 상품의 원산지 판정 *SP:생산공정, VAR:가공비, 원산지재료 가치	칠레, 싱가포르, 미국, 페루, 호주, 캐나다, 콜롬비아, 뉴질랜드	
			(교차누적) 당사국이 아닌 일정국가들에 의해 공급된 재료가 일정조건을 충족하는 경우 역내산으로 간주	한-캐나다 FTA에서 미국산 자동차 부품에 적용	
	최소허용수준		(미주형) 세번변경기준을 충족하지 못하는 비원산지재료를 일정비율(가격/중량)만큼 허용	모든 협정(EU 및 터키 제외)	
			(EU형) 원산지 인정 요건 충족을 위해 해당 물품 생산에 사용되어서는 아니되는 비원산지재료도 일정비율 만큼 허용	EU 및 터키	
	역내가치비율 계산방법	RVC	집적법(Build-Up) : 원산지재료비(VOM) / FOB × 100	*수입재료의 가격은 CIF, 국내 구입재료는 실구매가, 중간재는 제조원가＋이윤·일반경비 등	• 싱가포르·인도·중국과의 협정에서는 공제법만 가능, 나머지 협정은 선택가능
			공제법(Build-Down) : [상품가격－비원산지재료비(VNM)] / FOB × 100		
			순원가법(Net-Cost) : [순원가－비원산지재료비(VNM)] / 순원가 × 100 *총비용－판촉·마케팅·A/S·로열티·운송·포장·비허용이자		• 미국 및 콜롬비아와의 협정에서 자동차상품에 한해 선택 가능
		MC	MC : 비원산지재료비(VNM) / 공장도가격* × 100 *제품의 공장도가격에서 환급되는 모든 내국세를 공제한 가격		• EFTA·EU·터키·캐나다와의 협정에서 채택 • 한-캐나다에서 자동차상품의 경우 순원가 사용 가능
	중간재(자가생산재료)		최종품 생산에 사용되는 중간단계의 재료가 그 자체 원산지기준을 충족한 경우 그 재료 전체(비원산지재료 포함)를 원산지재료로 간주	• 아세안 및 인도와의 협정에서는 규정하지 아니함. 아세안은 국내법상 인정	
	대체가능물품		상업적으로 동일한 질과 특징을 가지고 상호대체사용이 가능한 원산지재료(상품)와 비원산지재료(상품)가 물리적으로 구분되지 아니한 경우 회계적인 재고관리기법(해당 상품 생산국)에 따라 원산지를 결정할 수 있도록 허용	(재료) 아세안, EFTA, EU, 인도, 터키, 중국	
			(재고관리기법) 개별법, 선입선출법(FIFO), 후입선출법(LIFO), 평균법(Averaging), 선택한 재고관리기법 회계연도 동안 계속사용	(재료 및 상품) 칠레, 싱가포르, 미국, 페루, 호주, 캐나다, 콜롬비아, 베트남, 뉴질랜드, 중미	
	간접재료(중립재)		물품의 생산, 시험 또는 검사에 사용되지만 그 물품에 물리적으로 결합되지 아니한 재료로 일반적으로 상품의 원산지결정시 미고려	• 칠레·호주·뉴질랜드와의 FTA는 원산지재료로 간주	
			(간접재료 예시) ①연료 및 에너지 ②공구·금형 및 다이스 ③설비 및 건물유지용품 ④생산설비용 윤활유·그리스 ⑤장갑·안경·신발 등		
	세트물품		HS통칙 3의 적용에 따른 세트물품이 세트를 구성하는 비원산지 상품가치가 세트전체 가격에서 일정비율 미초과시 원산지 인정	• EFTA·EU·터키·캐나다(ex-work 15%),페루·중국·콜롬비아·중미 (AV 15%), 미국(일반15%, 섬유10%)	
	부속품 등		일반적으로 상품의 원산지기준이 세번변경기준일 경우 고려하지 않고, 부가가치기준인 경우에는 원산지/비원산지 고려	• 아세안·캐나다·베트남과의 협정에서는 부가가치기준에서도 고려하지 아니함	
	소매판매용 포장재·용기		상품의 원산지기준이 세번변경기준일 경우 고려하지 아니하고, 부가가치기준인 경우에는 원산지/비원산지 고려	• 한-캐나다 FTA에서는 부가가치기준에서도 고려하지 아니함	
	운송용 포장재·용기		상품의 원산지결정시 고려하지 아니함	모든 협정에 적용	
	직접운송		수출국 원산지상품의 지위는 당사국 간 직접운송되어야 유지됨. 다만, 제3국 경유시 세관통제 하에 추가적인 공정(하역, 재선적, 포장 등 상품보존 필요공정은 허용)이 없는 경우 직접운송한 것으로 간주. 직접운송원칙을 명시하면서, 제3국 경유시 허용작업을 규정하는 유럽형과 직접운송원칙의 명시없이 제3국에서의 허용 작업만을 규정하는 미주형으로 구분, 수입국 세관에서 판단 및 수입자가 입증	(유럽형) 싱가포르, 아세안, 인도, EFTA, EU, 터키, 페루, 호주, 중국, 베트남, 뉴질랜드, 중미	
				(미주형) 칠레, 미국, 캐나다	
				(직접운송 예외) 아세안 및 터키와 협정은 제3국 보세전시품 협정적용 인정	
품목별기준	세번변경기준(CTC)		해당물품의 품목번호와 동 물품 생산에 사용된 비원산지재료의 품목번호가 일정 단위 이상 다른 경우 동 물품을 최종 생산한 국가를 원산지로 인정	• 류(2단위) 변경(CC), 호(4단위) 변경(CTH), 소호(6단위) 변경(CTSH)	
	부가가치기준(VAR)		해당물품에 대해 일정 수준 이상의 부가가치를 창출한 국가를 원산지로 인정	• RVC xx%, BU xx%, BD xx%, NC xx%, MC xx%	
	가공공정기준(SP)		역내에서 특정공정이 수행되면 그 공정을 수행한 국가를 원산지로 인정. ex) 석유제품(상압, 감압증류), 화학공업·플라스틱·고무제품(화학반응,정제,혼합 등), 섬유·의류	• 석유(페,미,호,캐,뉴,콜), 화학공업 등(미,аs,중미,호,뉴,캐) • 섬유제품의 원산지부여 공정 : 방적/방사→제직/편직→재단→봉제 등 / 방적/방사→편성	
	선택기준		세번변경기준과 부가가치기준(또는 특정공정기준)을 동시에 제시하고 이 중에서 수출자가 유리한 것 선택하여 충족하면 원산지 인정	• (예시) CC OR RVC 50%, CTH OR RVC 40%, CTH OR MC 50% 등	
	조합기준		단일기준이 두 가지 이상 제시되고, 이를 모두 충족하여야 원산지로 인정	• (예시) CTSH+RVC 35%, CTH+BD 55%, CTH+BU 35% 등	

■ 협정별 품목별 원산지결정기준 HS 적용기준 ①HS 2007 : 인도, EU, 터키, 페루, 뉴질랜드 ②HS 2012 : 칠레, 싱가포르, EFTA, 미국, 아세안, 중국, 호주, 캐나다, 베트남, 콜롬비아, 중미

자유무역협정(FTA)별 통관절차·원산지검증 절차 등 비교

구분	통관절차 - 원산지증명서 협정서명일	통관절차 - 원산지증명서 협정발효일	발급방식	발급주체	C/O서식	유효기간	제출면제	역외가공	운송요건(비당사국경유시 인정기준)	원산지 검증 - 검증방식	원산지 검증 - 검증주체	원산지 검증 - 회신기간	원산지 검증 - 회신주체	미회신조치	근거조항	부가가치비율 계산방법 - 계산방법	부가가치기준	기준가격	비고	개성공단 등 역외가공 - 적용방식	적용조건	적용품목수
칠레	'03.2월	'04.4.1	자율	수출자	통일서식	2년		불인정		직접	수입국세관	30일	수출(생산)자	협정관세 적용제한	제5.8조	집적법 / 공제법	30% / 45%	조정가격	(혼합주스)공제법 80%이상	×	×	×
싱가포르	'05.8월	'06.3.2	기관	(싱)세관 (한)세관, 상의	별도서식	1년	US $1,000 이하	인정	경유국에서 보존·운송 필요공정 & 세관통제	직접	수입국세관	30일	수출(생산)자	협정관세 적용제한	제5.7조	공제법	45~55%	FOB		ISI방식* / OP*방식	한국에서 선적후 수출 / 역외부가가치 40%이하, 역내산재료비 45% 이상	- ISI방식:4,625개 (HS6단위) - OP방식:134개 (HS10단위)
EFTA	'05.12월	'06.9.1	자율	수출자 생산자	송품장	1년		인정	하역, 재선적, 탁송품 분리, 상품보존 필요공정, 파이프라인 운송& 세관통제	간접	수출국세관 (수입국참관)	15개월	수출국 세관	협정관세 적용제한	부속서1 제24조	MC법	25~60%	EXW	비원산지재료 비율 기준을 초과하지 아니 하여야 함	OP방식	역외부가가치 40%이하, 역내산재료비60% 이상 *역외가치는 운송비를 포함한 모든 역외가치	267개 (HS6단위)
ASEAN	'06.8월 (상품 무역협정)	'07.6.1 태국 '10.1.1	기관	(아)세관 등 (한)세관, 상의	통일서식	1년	US $200 이하	인정	지리적·운송상 이유 & 경유국 거래·소비금지 & 보존필요공정	(원칙)간접 (예외)직접	(간)수출국세관 (직)수입국세관	2개월 (간접검증시)	(한)한국세관 (아)발급기관	협정관세 적용제한	부속서3 부록1 제14,15조	집적법 / 공제법	35~60%	FOB	(일반기준) CTH+RVC40%			100개(HS6단위) (ASEAN 각국 선정)
인도	'09.8월	'10.1.1	기관	(인)수출검사위원회/ MPEDA/인도섬유협회 (한)세관, 상의	통일서식	1년	개인소포 휴대품	인정	경유국 거래·소비금지 & 보존필요공정 & 세관통제	간접	(간)수출국세관 (직)수입국세관	3개월 (간접검증시)	(한)한국세관 (아)발급기관	협정관세 적용제한	제4.11조 제4.12조	공제법	25~50%	FOB	(일반기준) CTSH+RVC35%			108개(HS6단위)
중국	'15.6.1	'15.12.20	기관	(중)해관, 국제무역촉진위 (한)세관, 상의	통일서식	1년	US $700 이하	인정	지리적·운송상 이유 & 경유국 거래·소비금지 & 보존필요공정 (3개월 초과 보관금지)	간접 직접	수출국세관 수입국세관	6개월	(간)수출국세관 (직)수출(생산)자	협정관세 적용제한	제3.23조	공제법	40~60%	FOB	*역외가치는 비원산지재료만 계산			310개(HS6단위)
EU 터키	'10.10.6 / '13.5.1	'11.7.1 / '12.8.1	자율(인증) 자율	수출자	송품장	1년		불인정	단일 탁송화물만 허용 경유국 보관&보존필요공정	간접	수출국세관	10개월	수출국세관	협정관세 적용제한	의정서 제27조	MC법	25~50%	EXW	비원산지재료 비율이 기준을 초과하지 아니 하여야 함	위원회방식	협정발효 후 구성되는 위원회에서 일정 기준과 구체적인 내용을 결정	
페루	'10.8월	'11.8.1	자율	수출자 생산자	통일서식	1년	US $1,000 이하	인정	경유국 거래·소비금지 & 보존필요공정 & 세관통제	간접,직접	수출국세관 수입국세관	150일 90일	(간)수출국세관 (직)수출(생산)자	협정관세 적용제한	제4.8조	집적법 / 공제법	35% / 40~55%	FOB	- 대부분 공제법 - 일부품목 선택 가능			
콜롬비아	'13.2.21	'16.7.15	자율	수출자 생산자	통일서식	1년		인정	경유국 거래·소비금지 & 보존필요공정 & 세관통제	간접 직접	수출국세관 수입국세관	150일 30일	(간)수출국세관 (직)수출(생산)자	협정관세 적용제한	제3.25조	집적법 / 공제법	30~40% / 35~55%	조정가격	(자동차) 순원가법도 선택 가능	OP방식	역외부가가치 40% 이하	100개(HS6단위)
베트남	'15.5.5	'15.12.20	기관	(베)통상부 (한)세관, 상의	통일서식	1년	US $600 이하	인정	지리적·운송상 이유 & 경유국 거래·소비금지 & 보존필요공정	간접 직접	수출국세관 수입국세관	6개월	(한)한국세관 (베)발급기관	협정관세 적용제한	제3.21조	집적법 / 공제법	40%	FOB				
미국	'07.6.30	'12.3.15	자율	수출자 생산자 수입자	자율	4년	US $1,000 이하	불인정	경유국에서 보존·운송 필요공정 & 세관통제	직접 (섬유)간접	수입국세관(섬유) 수출+수입국세관	6개월 이내 조사완료	(직)수출(생산)자 (간)수출(생산)자	협정관세 적용제한	제4.3조 제6.18조	집적법 / 공제법	30~40% / 35~55%	조정가격	(자동차) 순원가법도 선택 가능		EU 방식과 동일	
호주	'14.4.8	'14.12.12	자율 (호)기관병행	수출자 생산자 (호)상공회의소, 산업협회	통일서식	2년	US $1,000 이하	불인정	경유국에서 보존·운송 필요공정·재라벨링 & 세관통제	직접 호: 간접병행	수입국세관 (호주산) CO발급기관	30일	(직)수출(생산)자 (간)발급기관	협정관세 적용제한	제3.23조 제3.24조	집적법 / 공제법	30~40% / 40%	조정가치			EU 방식과 동일	
캐나다	'14.9.23	'15.1.1	자율	수출자 생산자	통일서식	2년		불인정	경유국 거래·소비금지 & 보존필요공정 & 세관통제	직접	수입국세관	30일	수출(생산)자	협정관세 적용제한	제4.6조	MC법* / 집적법	10~65% / 35%	EXW 거래가격	*(자동차) 순원가		EU 방식과 동일	
뉴질랜드	'15.3.23	'15.12.20	자율	수출자 생산자	송품장 권고서식	2년		불인정	경유국에서 보존·운송 필요공정 & 세관통제	직접	수입국세관	90일	수출(생산)자	협정관세 적용제한	제3.24조	집적법 / 공제법	30% / 40%	FOB			EU 방식과 동일	
중미	'18.2.21	-	자율	수출자 생산자	통일서식	1년		불인정	경유국에서 보존·운송 필요공정 & 세관통제	간접 직접	수입국세관 수출국세관	150일 30일	(간)수출국세관 (직)수출(생산)자	협정관세 적용제한	제3.25조	집적법 / 공제법	30~35% / 40~45%	FOB			EU 방식과 동일	

* [EFTA(4)] 스위스,리히텐스타인,아이슬란드, 노르웨이 / [아세안(10)]싱가폴,인니,말련,베트남,미얀마,필리핀,브루나이,라오스,캄보디아,태국
  [EU(28)] 오스트리아,벨기에,크로아티아,키프러스,체코,덴마크,에스토니아,핀란드,프랑스,독일,그리스,헝가리,아일랜드,이태리,라트비아,리투아니아,폴란드,룩셈부르크,몰타,포르투갈,슬로바키아,슬로베니아,스페인,스웨덴,영국,네덜란드,불가리아,루마니아
  [중미(5)] 코스타리카, 엘살바도르, 온두라스, 니카라과, 파나마
* ISI(integrated Sourcing Initiatives) 방식 : 실제 원산지 여하를 불문하고 당사국에서 선적되어 수출되는 일정상품에 대해서 역내산으로 인정 / OP(Outward Processing) 방식 : FTA체결당사국내에서 생산한 반제품을 제3국에서 가공한 후 다시 반입하여 최종 제품을 상대 당사국에 수출

| 관세·무역 전문서 시리즈
www.seinbooks.com

전면 개정판

관세·무역 실무자 및 원산지관리사 등의 수험생을 위한

FTA

FTA협정 및 법령해설

이영달 저

▎현재 발효·타결 중인 16개의 모든 자유무역협정과
FTA 관세특례법을 알기쉽게 해설!

수출입기업 실무자·세관직원·관세사·원산지관리사·
대학생·FTA자격시험 준비생 등을 위한
'FTA 종합 지침서'.

SEIN Books
세인북스

주 예수를 믿으라 그리하면 너와 네 집이 구원을 받으리라. (사도행전 16:31)
Believe in the Lord Jesus, and you will be saved-you and your household. (Acts 16:31)

Korea FTA Network Chain

전 세계 57개국과 16개 자유무역협정 체결·발효

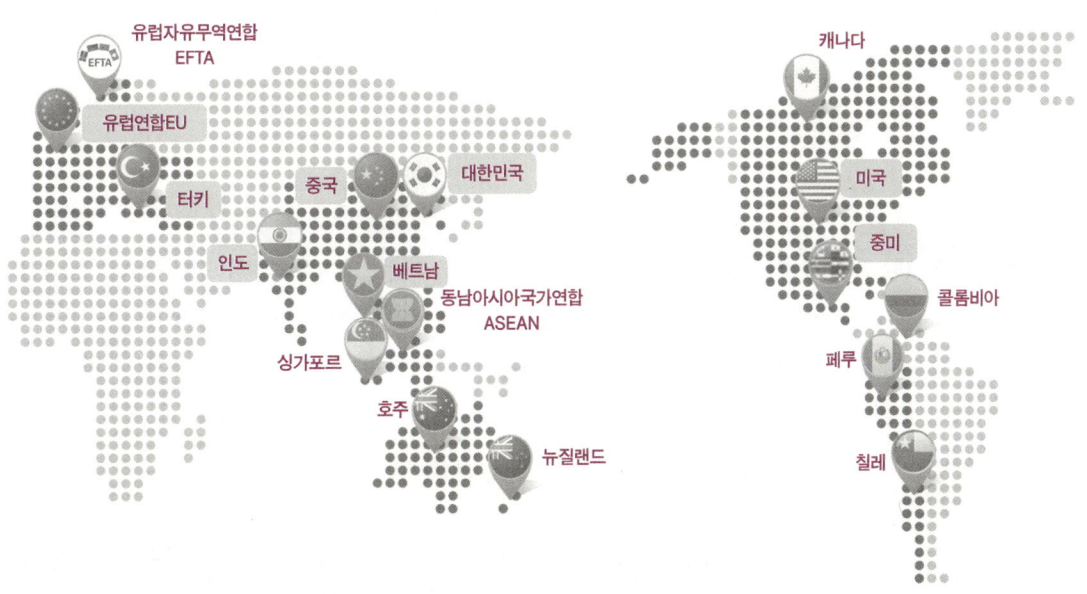

구 분	협정발효 및 타결 (16건, 57국)	협상진행 (7건, 24국)	여건조성 (3건, 12국)
국가	칠레, 싱가포르, EFTA, 아세안, 인도, EU, 페루, 미국, 터키, 호주, 캐나다, 중국, 뉴질랜드, 베트남, 콜롬비아, 중미(발효예정)	한중일, RCEP, 에콰도르, MERCOSUR, 이스라엘, 인도네시아, 필리핀	멕시코, GCC, EAEU
교역비중	68.1	8.7	10.8
누적비중	68.1	76.8	87.6

조만간 FTA는 우리 교역의 80% 이상 차지
FTA는 "선택이 아닌 필수"인 시대
FTA를 아는 것이 기업의 생존전략입니다.

서 문
Preface

2004년 4월 1일 한-칠레 FTA가 최초로 발효된 이후, 싱가포르·유럽자유무역연합(EFTA)·동남아시아국가연합(ASEAN)·인도·EU·페루·미국·터키·호주·캐나다·중국·뉴질랜드·콜롬비아·베트남과의 FTA가 발효되었고, 중남미와의 FTA는 협상을 타결하고 양국의 국내 비준절차가 마무리 되는 대로 조만간 발효될 예정이다. 발효 예정인 FTA를 포함하면 우리나라는 16개의 FTA에 57개국과 자유무역협정을 체결하여, 협정 체결국과의 교역이 총 교역량의 70%에 육박하는 명실상부한 FTA 선진국이 되었다.

특히, 미국·중국·EU·아세안 등 세계 교역의 60% 이상을 차지하는 주요 국가들과의 자유무역협정 발효는 우리산업의 큰 도약의 발판이 되고 있다. 대부분의 상품교역에서 관세는 철폐·인하되고 비관세장벽은 낮아지게 된다. 하지만, 자유무역협정은 모든 국가 상품에 대해 관세가 일률적으로 없어지는 것이 아니라 협정상대국 원산지상품에 한정하여 혜택을 부여하는 특혜무역협정임에 유의해야 한다. 따라서 협정당사국의 관세당국은 상대국 상품에 대한 특혜세율 적용시 협정에서 규정하고 있는 원산지상품인지를 확인하게 되며, 원산지상품이 아니거나 협정 규정을 위배한 경우에는 특혜제공을 거부하거나 제공한 특혜를 회수하게 된다. 이러한 일련의 관세당국의 조치를 원산지검증(조사)이라 하며, 자유무역협정이 확대될수록 관세당국의 원산지 검증은 증가된다. 특히, 자유무역협정의 수가 많아지면서 협정별 적용세율과 원산지규정 등의 상이로 인한 기업의 FTA 리스크는 지속적으로 커지고 있는 상황이다.

이러한 현실을 감안하여 자유무역협정 적용과 관련된 이해관계자인 수출입 기업실무자, 관세사, 세관 직원, 대학생 등이 자유무역협정의 전반적인 내용을 이해하고, 실무적으로 즉시 활용할 수 있는 서적을 2016년에 출간하였고, 독자들의 과분한 사랑을 받았다. 이후 FTA관세특례법이 전면 개정되고 변경된 사항이 많아 개정판을 출간하게 되었다.

이 책은 조만간 발효 예정인 한-중미 FTA를 포함한 16개 모든 협정과 전면 개정된 FTA관세특례법

(2016.7.1시행) 그리고 APTA 등 일반특혜 등 관세관련 특혜무역협정의 모든 분야를 다루고자 노력하였다.

제1장에서는 자유무역협정의 의미를 개괄적으로 이해하도록 WTO/FTA 관계와 상품무역에서의 자유무역협정의 규율범위 등을 다루었으며,

제2장에서 제11장까지는 FTA관세특례법 조항을 총칙, 협정관세, 원산지결정기준, 원산지증명, 원산지검증, 협정관세제한, 무역피해 구제 관세조치, 통관특례와 관세 상호협력, 비밀유지와 권리구제, 관세제재 순으로 배치하여 업무 흐름별 이해력을 높일 수 있도록 구성·집필하였다.

제12장에서는 FTA와 함께 특혜관세의 한 축을 이루고 있는 아세아·태평양 무역협정 등 일반특혜 제도 전반을 다루어 FTA를 보완할 수 있게 하였다.

특히, 각 장별 중요 내용에 대해선 그의 근거가 되는 주요 협정의 원문을 원용하고, 최근의 조세심판원 및 법원 판례도 최대한 반영하였으며, 저자가 다년간 자유무역협정 업무를 하면서 경험한 중요 질의·회신 사례도 분야별로 수록하여 실무에 참고토록 하였다. 다만, 질의·회신사례 등은 공적인 견해가 아닌 저자 개인의 사견임을 분명히 밝히며, 참조용으로만 활용하기 바란다.

그리고, 관세사, 관세청 직원의 자격시험, 원산지관리사 등 자유무역협정 관련 자격시험을 준비하는 수험생을 위해 각 장별로 핵심사항을 문제로 제공하여, 시험에 대비토록 하였다.

저자는 이 책을 집필하면서 자유무역협정 관련 저자의 모든 경험과 노하우를 담고자 노력하였으나 역량이 미치지 못하여 내용상 미흡한 것이 많을 것으로 생각된다. 부족한 부분에 대해선 현명한 독자 여러분의 기탄없는 충고와 지도를 바라오며, 독자들의 충고를 기초로 지속적으로 수정·보완해 나갈 것을 약속한다.

이 책이 세상에 다시 나오기까지 많은 분들의 도움과 격려가 있었다. 특히, 초판에 대한 독자들의 열렬한 응원과 충고, 그리고 관세청 및 산하세관 FTA 직원들의 유익한 자료 제공에 힘입은 바 크다. 또한 바쁜 업무 중에도 원고를 꼼꼼히 검토해 주고 격려와 후원을 아끼지 아니한 관세청 및 관세평가분류원 직원들, 멋진 편집으로 책에 생명을 불어넣준 신혜림 북디자이너와 세인북스 여러분, 그리고 항상 나의 든든한 친구 창원에게 고마움을 전한다. 무엇보다도 이 모든 것을 주관하시고 능력을 주신 여호와 하나님과 기도와 사랑으로 내 삶의 여정을 같이하는 아내 장나겸에게 무한한 감사를 드린다.

2019년 6월

저자 **이 영 달**

서문 _004

제1장
자유무역협정(FTA) 개요

1. 자유무역협정(FTA)의 의미 _018
1) 지역무역협정의 의미와 종류 _018
2) 지역무역협정 현황 _020
3) 자유무역협정 효과 _021

2. WTO와 FTA _025
1) WTO체제 _025
2) WTO와 FTA관계 _028
3) 자유무역협정(FTA) _032

3. 우리나라의 FTA 추진현황 _034
1) 세계 통상환경 변화 _034
2) 세계 통상환경 변화에 따른 우리의 대응 _037

4. 자유무역협정의 구성 _040
1) 협정문 구조 _040
2) 협정문 구성 _040

5. FTA의 상품무역 규율 _046
1) 내국민 대우 _046
2) 관세인하·철폐 _048
3) 특별제도 _049
4) 비관세조치 _049
5) 그 밖의 조치 _051
6) 제도규정 _052

제2장
FTA 관세특례법 총칙

1. FTA 관세특례법 개요 _060
1) FTA의 국내법적 수용 유형 _060
2) FTA 관세특례법의 성격 _063
3) FTA 관세특례법 전부개정(2016.7.1.시행) _065

CONTENTS

2. FTA 관세특례법 제정목적 _075

3. 법령상 용어 정의와 해석 _076
    1) FTA 특례법 용어의 정의 _076
    2) FTA 특례법 시행규칙 용어의 정의 _080

4. 다른 법률과의 관계 _094

제3장
협정관세

1. 협정관세 개요 _101
    1) 관세율의 상호대응 제도 _102
    2) 중고물품의 협정관세 배제 _106
    3) 자동차에 대한 관세율 인상 _106
    4) 수량별 차등협정관세 적용제도 _107

2. 협정관세 적용순위 _114

3. 협정관세 적용요건 _117
    1) 거래당사자와 당사국 _118
    2) 품목요건 _128
    3) 원산지상품 _139
    4) 운송요건 _140
    5) 신청요건 _157
    6) 비당사국 보세전시용품의 특례 _159
    7) 제3국 경유물품의 원산지확인 방법 _160
    8) 신청요건 _184

4. 수입신고 수리 전 협정관세 적용 _200
    1) 협정관세 적용 신청방법의 구분 _200
    2) 협정관세 적용신청과 원산지증명서 제출면제 _200
    3) 협정관세 적용신청의 심사 _202

5. 수입신고수리 후 협정관세 적용 _207

6. 협정관세 적용신청의 정정 _216

7. 여행자휴대품 등에 대한 협정관세 적용 _232
   1) 여행자휴대품 _232
   2) 우편물 _239
   3) 특송물품 _240

8. 액체화물 등 특수물품의 협정관세 적용 _243

9. 보세공장 물품 등에 대한 협정관세 적용 _246
   1) 보세공장 _246
   2) 보세건설장 _248

제4장 원산지결정기준

1. 우리나라 원산지규정 개관 _262
   1) 원산지 개념 _262
   2) 우리나라 원산지규정 체계 _263
   3) 원산지결정기준 개요 _265
   4) FTA 원산지규정 체계 _265
   5) 원산지 상품 _266
   6) FTA 원산지결정기준 개요 _273

2. FTA 원산지결정기준 _282
   1) 원산지결정의 기본원칙 _282
   2) 완전생산품 _300
   3) 불완전생산품 _305
   4) 원산지결정의 특례(보충) _364

제5장 원산지증명

1. 원산지증명 개요 _403
   1) 원산지증명의 의의 _403
   2) 원산지증명서 종류 _403
   3) 원산지증명서 유효조건 _406

2. 원산지증명서 작성·발급 _407
1) 협정별 원산지증명 방식 _407
2) 원산지증명서 기관발급 _413
3) 원산지증명서 자율발급 _432

3. 원산지증명 방식 비교 _434

4. 협정별 원산지증명 서식 및 작성요령 _436

5. 원산지확인서 _494
1) 원산지확인서의 의의 _494
2) 원산지확인서의 종류 및 작성 _495
3) 원산지(포괄)확인서 세관장 확인 _496
4) 관세청장이 원산지확인서로
   인정·고시하는 서류 _497
5) 원산지확인서 작성예시 _499

6. 수출용원재료의 국내제조확인서 _506
1) 국내제조확인서 의의 _506
2) 국내제조확인서 활용사례 _507
3) 국내제조확인서 작성예시 _508

7. 원산지인증수출자 _523
1) 원산지인증수출자 의미 _523
2) 원산지인증수출자 혜택 _524
3) 원산지인증수출자 종류·인증절차·사후관리 등 _526

8. 원산지증빙서류 수정통보 _568
1) 수출자 등의 수정통보 _568
2) 오류통보 받은 수입자의 조치 _569

9. 원산지증빙서류 등의 보관 _570

CONTENTS

10. 원산지증빙서류 등의 제출 _577

제6장
원산지조사 (검증)

1. 원산지조사 개요 _582
   1) 원산지조사의 의미 _582
   2) 원산지조사 기능 _585
   3) 원산지조사 유형과 방법 _586
   4) 원산지조사 방식 _588
   5) 세관의 원산지조사 분야 _591
   6) 원산지조사 기간 _591
   7) 원산지조사시 조력자 _591

2. 수출물품 원산지조사 _594
   1) 원산지조사 대상 _594
   2) 국내 서면조사 _594
   3) 국내 현지조사 _595
   4) 미합중국의 요청에 따른 섬유 관련 물품에 대한 원산지 조사 _596
   5) 원산지조사 회신기간 _597
   6) 정기조사 _598
   7) 공동조사 _599
   8) 우리 수출품 원산지에 관한 체약상대국의 조사 _601

3. 수입물품 원산지조사 _617
   1) 서면조사통지 전 업체자율점검 _617
   2) 수입자 등에 대한 원산지증명서 등의 요청 _624
   3) 국내 서면조사 _632
   4) 국내 현지조사 _633
   5) 체약상대국에 국제 간접조사 요청 _635
   6) 상대국 수출자 등에 대한 국제 서면조사 _636
   7) 상대국 수출자 등에 대한 국제 현지방문조사 _637

4. 수입물품 협정관세 적용보류 _647
   1) 협정관세 적용보류 의의 _647
   2) 협정관세 적용보류 대상물품 _647
   3) 협정관세 적용보류 절차 _648
   4) 협정관세 적용보류 해제 _648

5. 조사결과 조치 및 이의제기 _ 653
- 1) 원산지조사 결과에 따른 조치 _ 653
- 2) 원산지조사 결과에 대한 이의제기 _ 653

6. 미국세관의 원산지검증 절차와 대응 _ 671
- 1) 미국의 검증동향 _ 671
- 2) 미국의 서면검증 _ 672
- 3) 미국의 현장검증 _ 694
- 4) 성공적인 검증 대응전략 _ 700
- 5) 미국의 섬유류 현지검증과 대응 _ 708

제7장 협정관세 적용제한

1. 협정관세 적용제한(추징) _ 724
- 1) 협정관세 적용제한의 의의와 사유 _ 724
- 2) 관세부과 제척기간 _ 728
- 3) 협정관세 적용배제시 과세전 통지 _ 729
- 4) 한-아세안 FTA 협정관세 적용제한 특례 _ 731
- 5) 한-미 FTA 섬유류 협정관세 적용제한 특례 _ 732

2. 가산세 징수와 면제 _ 742
- 1) 가산세 의의 _ 742
- 2) 가산세 징수 _ 743
- 3) 가산세 면제 _ 743

3. 협정관세 적용제한자 지정 _ 752
- 1) 협정관세 적용제한자 지정의 의의 _ 752
- 2) 협정관세 적용제한자 지정절차 _ 752
- 3) 협정관세 적용제한자 수출물품에 대한 협정관세 적용 _ 753
- 4) 협정관세 적용제한자 지정해제 _ 753

제8장 무역피해 구제 관세조치

1. 무역피해 구제제도 개요 _ 758

2. FTA에서의 무역피해 구제제도 _760
    1) 긴급관세조치 _760
    2) 덤핑방지관세·상계관세 협의 등 _771

제9장
통관특례와 관세 상호협력

1. 통관특례 _776

2. 일시수입물품 등의 관세면제 _778
    1) 관세면제 대상 _778
    2) 관세면제 절차 _782

3. 원산지 등에 대한 사전심사 _786
    1) 사전심사제도 개요 _786
    2) 사전심사 대상범위 _786
    3) 사전심사 절차 _787
    4) 사전심사서 효력 _788
    5) 사전심사 결과에 대한 이의제기 _789

4. 사전심사 내용의 변경 _790
    1) 변경의 사유 _790
    2) 변경통지와 적용 _791
    3) 협정에 따른 사전심사서 변경 효력의 특례 _791

5. 상호협력 제도 _795
    1) 관세청장의 체약상대국 관세당국과 협력 _795
    2) EU와 협정에 따른 상호협력절차의 특례 _796
    3) 협의기구 운영 _798
    4) 관세 상호협의 신청 _798

제10장
비밀유지와 권리구제

1. 비밀유지 의무 _804
    1) 개요 _804
    2) 비밀취급자료의 지정과 폐기 _805

2. 권리구제 제도 _807

    1) 과세전 적부심사 _810
    2) 이의신청 _813
    3) 심사청구 _814
    4) 심판청구 _818
    5) 감사원법에 의한 심사청구 _819
    6) 행정쟁송 대상이 되는 처분 _820

3. FTA 불복신청의 특례 _822

    1) 불복 증거서류 직접제출 _822
    2) 불복신청의 특례 _823

제11장 관세제재

1. 관세제재의 개요 _828

2. 관세형벌 _830

    1) 개요 _830
    2) 범죄의 성립요건 _830
    3) 형의 종류 _831
    4) 형법 적용의 일부배제 _831
    5) 미수범 등 _832
    6) 양벌규정 _832

3. 관세형벌의 유형 _834

    1) 비밀유지 위무 위반죄 _834
    2) 원산지증명서류 부정발급 _836
    3) 감면물품 등 용도외 사용·양도 _838
    4) 원산지증빙서류 등의 미보관 및 거짓제출 _839

4. 조사와 처벌절차 _841

    1) FTA 관세특례법 위반사범 _841
    2) FTA 관세특례법 및 他법률 위반사범 _842
    3) 수개의 동종위반 행위에 대한 통고처분 _842

5. 관세질서벌 _843
 1) 1천만원 이하 과태료 _843
 2) 500만원 이하 과태료 _844
 3) 과태료 부과·징수절차 _844

6. 고발·송치 및 통고처분 _848

제12장 일반특혜 제도

1. 일반특혜 개요 _854

2. 일반특혜 적용 대상국가 _856

3. 원산지결정기준 _858
 1) 관세법의 일반원산지결정기준 _858
 2) 최빈개발도상국에 대한 특혜관세 공여 _861
 3) 아세아·태평양 무역협정 _862
 4) 개발도상국간 특혜 무역제도 _872
 5) 개발도상국간의 무역협상에 관한 의정서 _872

4. 일반특혜 원산지증명서 발급 _875
 1) 일반특혜 원산지증명서 발급 개요 _875
 2) 일반특혜 원산지증명서 발급 절차 _876

5. 수입물품의 일반특혜 적용 _879
 1) 수입신고시 원산지증명서 제출 및 면제 _879
 2) 수입신고시 원산지증명서 제출특례 _881
 3) 원산지증명서 내용확인 _882
 4) 주요 협정별 원산지증명서 서식 _885

6. 원산지 확인요청 및 조사 _896
 1) 일반특혜적용 수입물품의 원산지 확인요청 _896
 2) 일반특혜적용 수입물품의 특혜적용 배제 _897
 3) 수출물품 원산지 조사 _897
 4) 수출물품 원산지 조사에 대한 이의제기 _898

7. 원산지 등에 대한 사전확인제도 _900
  1) 사전확인제도 개요 _900
  2) 사전확인 절차 _900
  3) 사전확인 결과에 대한 이의제기 _901
  4) 사전확인서 내용의 변경 _901
  5) 원산지확인위원회 _902
  6) 원산지심사위원회 _902

부록

1. 한-중·한-미·한-EU FTA 관세분야 항목 비교 _916
2. 중국의「중-한 FTA 수출입화물 원산지관리법」_941
3. 원산지증명서 간이발급대상 물품 _949
4. 참고문헌 _996

※ 본 책자은 16개 자유무역협정 및 FTA 관세특례법령(법·영·규칙)을 저자가 개인적으로 해석·해설한 것이다. 따라서 행정기관의 공적인 견해가 아니므로 소송 등의 목적으로 사용할 수 없고 참고용임을 밝혀 둔다. 상대국이 존재하는 협정의 특성상 관세당국의 공식적인 견해 표명이 없으면 협정 내용에 대한 해석이 이해 당사자에 따라 상이할 수 있기 때문이다.

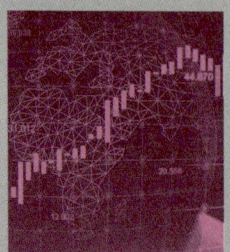

CHAPTER
01

자유무역협정(FTA) 개요
(Free Trade Agreement)

- 제1절　자유무역협정의 의미
- 제2절　WTO와 FTA
- 제3절　우리나라의 FTA 추진현황
- 제4절　자유무역협정의 구성
- 제5절　FTA의 상품무역 규율

자유무역협정(FTA)의 의미

▶1 지역무역협정의 의미와 종류

지역무역협정(RTA : Regional Trade Agreement) 체제는 WTO의 다자간 무역협정(Multilateral Trade Agreement) 체제에 대비되는 것으로 유럽자유무역연합(EFTA), 유럽연합(EU), 북미자유무역협정(NAFTA), 동남아시아국가연합(ASEAN) 등과 같이 일정한 지역에 속한 국가들 간이나 제한된 수의 국가들 간의 무역관계를 규율하는 국제질서나 체제를 지칭한다.

지역무역협정은 체결국간 경제통합[1]의 심화 정도에 따라 크게 4가지로 구분될 수 있으며 이는 지역무역협정의 종류를 처음으로 분류한 바이너(Jacob Viner) 이후 가장 일반적으로 사용되는 분류방식이다.

첫째 자유무역협정(FTA: Free Trade Agreement)이다. 지역무역협정에서 가장 낮은 수준의 경제통합으로 체결국간에 관세를 철폐하되 역외국에 대해서는 각기 다른 관세율을 적용한다. 예를 들면 한-미 FTA의 당사국인 한국과 미국간의 무역에는 협정에 따른 낮은 관세율이 적용되지만 두 국가가 비당사국과 무역을 할 경우 각기 다른 관세율을 적용하게 된다.

두 번째는 관세동맹(CU: Customs Union)이다. 회원국간에 관세철폐는 물론 역외국에 대해 공동 관세율을 적용하는 것을 관세동맹이라고 한다. 남미공동시장(MERCOSUR)이 관세동맹의 대표적인 예로 남미공동시장 회원국간에 무관세가 적용되는 것은 물론 각각의 회원국이 비회원국과 무역을 할 경우 공동 관세율을 적용하게 된다.

---

[1] 복수의 독립적인 경제권을 유사하게 만들어 나가는 일련의 과정으로 해석될 수 있다. 즉, 특정 지역 내 다수 국가가 협정 체결을 통해 하나의 통합된 경제권을 형성하는 것을 의미한다.

세 번째는 공동시장(Common Market)이다. 관세동맹에서 한 단계 더 나아가 회원국들 간에 생산요소가 자유롭게 이동하는 것을 말한다. 그러므로 공동시장은 회원국 간의 무역에 있어서 모든 무역장벽을 철폐하고 비회원국에 대해서 공동무역정책을 취할 뿐만 아니라, 회원국 간의 생산요소의 자유로운 이동을 허용하는 관세동맹이라고 할 수 있다. 단일시장인 EU 이전단계인 EC(European Community)가 대표적인 예이다.

마지막으로 완전경제통합이다. 이는 공동시장의 형태에서 더 발전하여 회원국들 상호간에 금융 및 재정정책을 조화·통일하는 단일시장(Single Market)이 형성되는 것이다. 단일시장은 단일통화, 회원국의 공동의회 설치와 같은 정치, 경제적 통합을 달성하는 완전경제통합이며, 대표적인 예는 마스트리히트 조약발효 이후의 EU이며 현재 EU 내에서는 단일통화가 통용되고 공동의회인 EU Council이 설치되어 있으며 EU 집행위(EU Commission)가 EU 공동의 정책 수행을 담당하고 있다.

<표 1-1> 경제통합의 단계

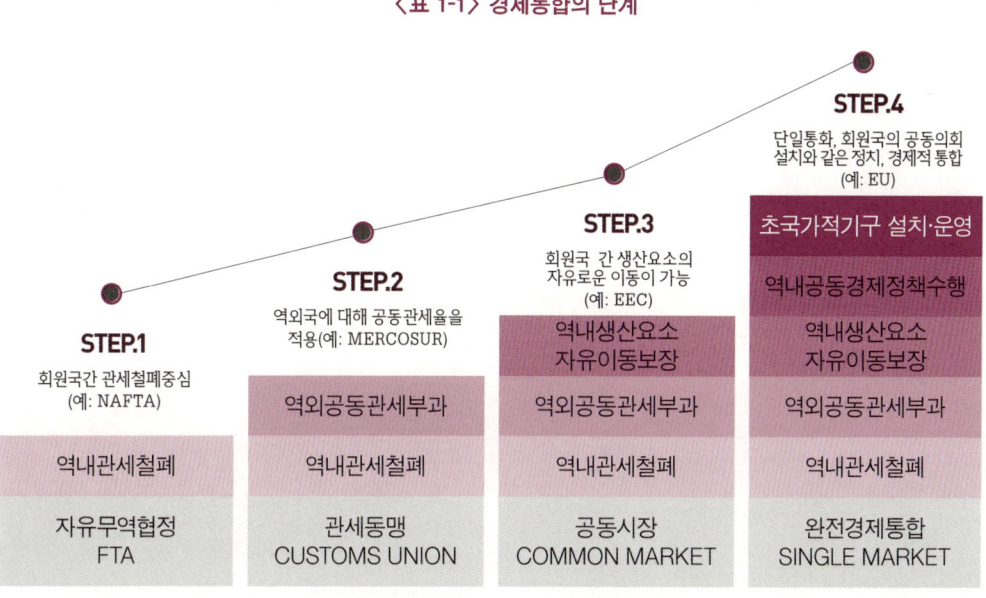

▶2 지역무역협정 현황

　　FTA로 대표되는 지역주의(regionalism)는 세계화와 함께 오늘날 국제경제를 특징짓는 뚜렷한 조류가 되고 있으며, WTO 출범 이후 오히려 확산 추세에 있다. 예컨대, 47년간의 GATT 시대에 GATT에 통보된 지역무역협정이 91건인데 비해, WTO 초기 9년간 이보다 보다 많은 숫자(120)의 지역무역협정의 통보가 이루어졌다. WTO 자료를 바탕으로 집계한 지역무역협정(RTA: Regional Trade Agreement)은 2019년 1월 기준으로 467건이 발효되었으며, 지속적으로 증가 추세에 있다. 지역무역협정 422건 가운데 405건(89%)이 1995년 WTO 출범 이후 발효된 것으로 나타나며, 이 중 상품무역을 다룬 자유무역협정(FTA)은 총 291건으로 RTA 중 62.3%의 비중을 차지한다.

　　지역무역협정이 급증하고 있는 원인은 FTA가 개방을 통해 경쟁을 심화시킴으로써 생산성 향상에 기여한다는 측면에서 무역부문의 중요한 개혁조치로 부상하고 있다는 점, 무역 및 외국인 직접투자의 유입이 경제성장의 원동력이라는데 대한 인식 확산과 FTA체결이 외국인 직접투자 유치에 큰 도움이 된 사례(NAFTA 이후 멕시코 등)가 교훈으로 작용하고, WTO 다자협상의 경우 장기간이 소요되고, 회원국수의 급증으로 컨센서스 도출이 어렵다는데 대한 반작용과, 특정국가간의 배타적 호혜조치가 실익 제고, 부담 완화 및 관심사항 반영에 보다 유리할 수 있다는 고려, 주로 선진국에서 역내 국가간의 보다 높은 자유화 추진이 다자체제의 자유화를 유도할 수 있다는 명분론, 그리고 지역주의 확산에 따라 역외 국가로서 받는 반사적 피해에 대한 대응이 필요하다는 인식의 확산을 들 수 있다.

▶3 자유무역협정 효과

지역무역협정의 대다수를 차지하는 자유무역협정(FTA: Free Trade Agreement)이란 국가 간 통상협정 중의 하나로 협정 회원국 간에 자유무역지대(Free Trade Area) 창설을 통해 무역 및 투자장벽 등을 제거·자유화함으로써 회원국 간의 경제발전을 도모하기 위한 특혜무역협정(Preferential Trade Agreement)이다.

한-중 FTA 제1.1조 자유무역지대의 창설

양 당사국은 1994년도 관세 및 무역에 관한 일반협정(GATT) 제24조 및 서비스 무역에 관한 일반협정(GATS) 제5조에 합치되게 자유무역지대를 창설한다.

해설

FTA는 GATT 제24조 조건을 충족하는 자유무역지대를 창설하는 것이다. GATT 제24조에서 자유무역지대라 함은 원칙적으로 그 회원국을 원산지로 하는 제품에 대하여 회원국들 간에 관세 및 그 밖의 제한적인 통상규제를 철폐하여 역내무역을 자유화함을 의미한다. 따라서 역외국가와의 무역에 대해 역내의 각 회원국은 기존의 관세 및 그 밖의 제한적인 통상규제를 존치시킬 수 있다. 따라서 자유무역지역의 회원국은 제3국에 대한 대외통상정책을 결정함에 있어 완전한 자치를 향유한 채 회원국들 간의 자유무역을 통한 이익을 누릴 수 있다.

이러한 자유무역협정의 효과는 첫째 무역 및 입지효과로 관세철폐 혹은 인하에 기인한 가입국 간 무역창출과 기존수입국에서 역내국으로 수입선 전환, 역내기업의 기존생산설비 재배치 둘째 시장효과로 시장확대로 인한 규모경제 발생, 역내기업간 경쟁유발, 제3국 기업의 투자증가 셋째, 정치적 효과로 국가안정보장 강화, 다자협상시 협상력 강화 등을 들 수 있다. 1994년1월1일 발효한 북미자유무역협정(NAFTA)국인 캐나다 및 미국의 경우 1994년부터 2000년까지의 NAFTA역내 국가에 대한 상품수출액 증가율이 역외국가에 대한 증가율보다 훨씬 컸으며, 이는 무역전환효과의 좋은 사례라 할 수 있다.

무엇보다도 FTA를 포함한 지역무역협정의 이익은 가시적이고 직접적인 반면, 역기능을 억제하기 위한 다자적인 감시기능이 제대로 작동하기 어려운 현재의 상황에서 지역주의는 앞으로도 지속적으로 확산될 것으로 전망된다.

한-미 FTA VS 한-중 FTA 서문(Preamble) : FTA체결 목적 명시	
한-미 FTA	한- 중 FTA
대한민국 정부(대한민국)와 미합중국 정부(미합중국)(양 당사국)는, 양국의 오랜 그리고 강한 동반자관계를 인정하고, **양국 간의 긴밀한 경제관계를 강화**하기를 희망하며, 자유무역지대가 그들의 영역에서 확장되고 확고한 상품 및 서비스 시장을 창출하고 안정적이고 예측 가능한 투자 환경을 창출하여 그들 기업의 세계시장에서의 경쟁력을 증진할 것임을 확신하며, 양국 영역간 무역 및 투자를 자유화하고 확대함으로써, 양국의 영역에서 **생활수준을 제고**하고, **경제 성장과 안정을 증진**하며, 새로운 **고용기회를 창출**하고, 일반적인 **복지를 향상**시키기를 희망하며, 양국의 무역 및 투자를 규율하는 명확하고 상호 유익한 규칙의 제정과 양국 영역간 무역 및 투자에 대한 장벽의 축소 또는 철폐를 추구하면서, 국내법에 따른 투자자 권리의 보호가 미합중국에 있어서와 같이 이 협정에 규정된 것과 같거나 이를 상회하는 경우, 외국 투자자는 국내법에 따른 국내 투자자보다 이로써 투자보호에 대한 더 큰 실질적인 권리를 부여받지 아니한다는 것에 동의하면서, 자유무역지대의 창설을 통하여 무역에 대한 장벽을 제거함으로써 **세계무역의 조화로운 발전과 확장에 기여**하고, 이 협정의 혜택을 축소할 수 있는 양국 영역간 무역 또는 투자에 대한 새로운 장벽의 설치를 회피하기로 결의하며, 노동 및 환경 법과 정책의 개발과 집행을 강화하고, **노동자의 기본적 권리와 지속가능한 발전을 증진**하며, 이 협정을 환경보호 및 보전과 합치하는 방식으로 이행하기를 희망하며, 세계무역기구 설립을 위한 마라케쉬협정과 양 당사국이 당사국인 그 밖의 다자적, 지역적 및 양자적 협정과 약정상의 그들 각각의 권리 및 의무에 기초하여, 그리고 특히 **아시아 태평양 지역에서의 무역 및 투자에 대한 장벽 축소를 추구**함으로써 이 지역에서의 **경제적 지도력을 증진**하기를 결의한다.	대한민국 정부("한국")와 중화인민공화국 정부("중국")(이하 "양 당사국"이라 한다)는, **양국의 오랜 우정과 강한 경제 및 무역 관계를 인정하고, 양국의 전략적 협력 동반자 관계를 강화**하기를 희망하며, 자유무역지대가 상품 및 서비스를 위한 확장되고 안정적인 시장과 안정적이고 예측 가능한 투자 환경을 창출하여, **세계 시장에서의 양국 기업의 경쟁력을 증진**할 것임을 확신하며, 자유무역협정이 각 당사국에 대하여 상호 이익을 창출하고 국제 무역의 확대 및 발전에 기여한다는 신념을 공유하며, 양국의 무역을 규율하는 명확하고 상호 유익한 규칙을 제정하며, 양국 간 무역 및 투자를 확대함으로써, 양국의 **생활수준을 제고**하고, **경제 성장과 안정을 증진**하며, 새로운 **고용 기회를 창출**하고, 일반적인 **복지를 향상**시키기를 희망하며, 경제 발전, 사회 발전 및 환경 보호가 지속 가능한 발전의 상호 의존적이고 상호 보강하는 구성 요소이고, 밀접한 경제 동반자 관계가 지속 가능한 발전을 증진하는데 있어 중요한 역할을 할 수 있다는 점을 염두에 두며, **지역 경제 협력 및 통합을 촉진하고 증진**할 것을 추구한다.

FTA 경제적 효과 (무역창출효과 vs 무역전환효과)

대공황 이후 나타난 무역의 위축으로 인해 세계 경제는 성장 둔화를 겪었고, 이를 반성하는 취지에서 1947년 10월 GATT(관세와 무역에 관한 일반 협정)가 타결됐다. GATT는 무차별원칙에 입각한 최혜국대우 조항을 기본으로 한다. 최혜국대우(most favoured nation treatment)란 '한 국가가 제3국(최혜국)에게 과거에 부여한 또는 앞으로 부여할 특혜(권리와 이익)를 타 국가(수혜국)에게도 동일하게 부여한다는 것'이다. 이는 거래하는 국가 사이에 차별이 있어서는 안된다는 원칙으로, 11~12세기 이래 지속된 다자간 무역협상의 기본원칙이었다. GATT는 8차 협상인 우루과이 라운드를 거쳐 WTO(세계무역기구)로 재탄생되었는데, WTO도 최혜국대우 조항을 근간으로 하고 있다. 그러나 서로 다른 상태에 놓인 모든 국가를 동일하게 대우하는 다자간 협상 방식은 합의 도출에 어려움이 많다. 이런 어려움을 피하는 하나의 방법으로 '회원국 사이에' 관세·비관세 장벽을 완화함으로써 상호간 교역 증진을 도모하는 FTA와 같은 지역경제 통합이 추진되고 있다.

다자간이 아닌 회원국 사이에서만 관세 등의 장벽을 완화하는 경우 두 가지 경제적 효과가 나타난다. 우선 회원국에 대한 무역 장벽(관세 등)이 철폐되면 저렴한 비용으로 생산하는 회원국으로부터의 수입이 증가하여 소비자는 더 낮은 가격에 더 많은 재화를 소비할 수 있어 좋다. 반면 국내 생산자들은 더 낮은 가격에 더 적은 수량만 판매할 수 있고, 정부는 관세 수입이 줄어든다. 그러나 소비자의 후생 증대 효과는 생산자와 정부의 후생 감소를 넘어서는 것으로 알려져 있다. 이를 '무역창출' 효과라고 한다.

그런데 B국(효율적 생산)과 C국(비효율적 생산)에 동일하게 부과되던 관세가 지역경제 통합으로 인해 C국에서만 철폐되면, 과거에 저렴한 비용에 효율적으로 생산하는 비회원국(B국)으로부터 수입하던 재화를 높은 비용에 비효율적으로 생산하는 회원국(C국)에서 수입할 수도 있다. 만약 관세가 동일하게 적용되었다면 소비자들은 더 싼 가격에 B국 재화를 소비할 수 있었지만 지역경제 통합이 이를 가로막게 된 것이다. 이 같은 현상은 '무역전환' 효과라고 한다.

바이너(Jacob Viner) 전 시카고대 교수는 FTA와 같은 지역경제 통합은 무역창출 효과와 무역전환 효과가 동시에 나타나며, 무역창출 효과의 경우 경제적 후생 증대가 명백하나 무역전환 효과 측면에서는 비효율성이 나타나고, 경제적 후생이 감소한다고 주장하였다.

그러나 바이너의 가정을 완화한 립시(Richard Lipsey)는 무역전환 효과가 경제적 후생에 미치는 영향은 불분명하며, 오히려 경제적 후생이 증대될 수 있음을 보였다. 립시 이후에도 많은 학자들이 지역경제 통합은 동태적·장기적으로 경쟁과 시장 확대를 가져와 경제 성장을 견인한다는 연구 결과를 내놓았고, 경제 통합으로 인한 회원국들의 소득 증대가 비회원 국가들로부터의 수입을 증가시켜 무역전환 효과를 상쇄할 것이라는 주장이 제기되기도 하였다.

두 가지 경제적 효과 측면에서 본다면 다자간 무역협상을 근간으로 하는 WTO는 최혜국대우에 따라 무역창출효과만을 유발할 것이며, 지역 간 경제통합을 근간으로 하는 FTA는 무역창출 효과와 무역전환 효과를 모두 유발한다. 무역전환 효과에 대한 학자들의 논란이 있음에도 FTA를 추진하는 이유는 앞에서 밝힌 바와 같이 지역경제 통합을 협상에 어려움이 많은 WTO로 나아가는 중간 단계로 보고 있기 때문일 것이다. 물론 FTA와 같은 지역주의를 WTO와 같은 세계화 현상에 대한 방어수단으로 보는 견해도 있다.

(출처 : 차성훈, "click" 경제교육, KDI 경제정보센터)

WTO와 FTA

1 WTO체제

    WTO체제[2]란 'WTO 설립협정(마라케시 협정)'에 부속된 다자간 무역협정들이 '우루과이라운드 최종협정'에 따라 WTO를 중심으로 운영되는 국제무역체제를 말한다. WTO(세계무역기구, World Trade Organization)는 1995년 1월 1일에 설립된 회원국들 간의 무역 관계를 정의하는 많은 수의 협정을 관리 감독하기 위한 기구이다. 다시 말해 전 세계적인 수준에서 국가들 간의 무역규범을 다루고 무역협상을 진행하며, 한편으로는 분쟁 해결과 무역규범 체계를 이행하는 국제통상의 중추적 기구이다. WTO는 1947년 시작된 관세 및 무역에 관한 일반협정(General Agreement on Tariffs and Trade, GATT) 체제를 대체하기 위해 등장했으며, 세계 무역 장벽을 감소시키거나 없애기 위한 목적을 가지고 있다. 이는 국가 간의 무역을 보다 부드럽고, 자유롭게 보장해 준다. 세계무역기구의 본부는 스위스 제네바에 위치하고, 2018년 12월 기준으로 164개 국가가 회원국이며, 2001년부터 시작된 "도하개발아젠다(Doha Development Agenda)"라는 새로운 다자간 무역협상을 주관하고 있다.

〈도하개발아젠다와 발리패키지〉

    DDA는 2001년 11월 카타르 도하에서 열린 제4차 WTO 각료회의(장관회의)에서 출범했다. WTO 출범 이후 첫 번째 다자간 무역협상으로 다양한 분야에서 교역 장벽을 없애는 걸 목표로 했다. 협상 대상은 크게 △농업 △NAMA(Non-Agricultural Market Access·비농산물 분야 시장접근) △서비스 △규범(반덤핑, 보조금, 지역협정) △환경 △지식재산권 △분쟁해결 △무역원활화 △개발 등 9가지다.

---

[2] 다자적무역체제라고도 한다. 모든 주요 무역국들을 포함하여 대부분의 국가들이 이 체제의 회원이다. 하지만 일부 국가들은 아직 회원이 아니기 때문에 "전 지구적" 또는 "전 세계적인"대신에 "다자적"이라는 용어가 사용된다. WTO와 관련해서 "다자"라는 말이 지역적으로나 다른 소규모 그룹 국가들에 취해지는 조치들과 대별되어 쓰인다. (WTO 이해하기, 외교통상부, 2007)

출범 당시 WTO 회원국들은 2005년까지 모든 분야에서 협상을 한꺼번에 일괄 타결하겠다는 원대한 포부를 내비쳤다. 하지만 농산물, 서비스, 지식재산권 등을 둘러싸고 회원국들 간 이해관계가 첨예하게 갈라지면서 협상은 난항을 겪었다. 2008년 미국발 금융위기, 2009년 가을 이후 본격화된 유럽의 재정위기로 인한 세계 경제 침체도 협상의 발목을 잡았다. 게다가 세계 주요국은 WTO 대신 FTA 체결에 열을 올렸다. 미국이 환태평양경제동반자협정(TPP), 중국은 역내포괄적경제동반자협정(RCEP) 등 지역 중심의 다자간 FTA를 추진하면서 다자간 협상의 위상은 급격히 떨어졌다. 'WTO가 죽었다' '새로운 다자기구가 탄생해야 한다'는 비난이 나올 정도였다. DDA 협상이 난항을 거듭하자 WTO 각료회의는 2011년 12월 타결하기 쉬운 분야부터 우선 논의키로 협상 방식을 바꿨는데 그 결과가 바로 '발리 패키지'다.

'발리 패키지'는 △무역원활화 △일부 농업 협상 △개도국 우대(최빈국 특혜) 등 3개 사항이 주요 내용이다. 이 가운데 특히 무역원활화는 통관절차 간소화, 무역규정 공표, 세관 협력 등이 주요 내용으로 대표적인 비관세 장벽으로 꼽혀온 통관절차를 크게 간소화함으로써 상품 교역 증가에 기여할 것으로 예상된다. 또 농업 분야에선 미국 일본 등 선진국이 수입 유제품이나 곡물류 등에 낮은 관세를 부과키로 했으며 논란이 거셌던 농업 보조금 지급과 관련해선 안보 차원에서 식량을 비축할 경우 개도국 정부가 보조한도를 초과해 농가에 보조금을 주었더라도 이를 인정키로 했다. 또 최빈국 국가들이 선진국들에 수출할 때 관세를 깎아주고 쿼터(수출한도)를 완화해 주는 등의 항목도 포함됐다.

이번 협정은 2015년 7월 말까지 WTO 회원국의 동의 절차를 밟게 되며, 회원국 3분의 2 이상이 동의하면 해당 회원국에 한해 협정이 발효된다.

〈출처 : 강현철 한국경제신문 연구위원, 생글생글 411호, 2013.12.16자〉

WTO 체제에 면면히 흐르고 있는 가장 중요한 원칙은 비차별 원칙이다. 이 원칙을 구성하는 것은 ①최혜국(MFN: Most-favoured-nation)[3] 대우와 ②내국민대우(NT: Nation Treatment)[4] 원칙이다. 최혜국 대우란 모든 회원국에게 동일한 대우를 부여함으로써 교역 상대국간 차별대우를 금지하는 원칙이다. 즉, 특정국가에 대한 특혜는 다른 모든 WTO회원국에 부여해야 하는데, 예를들어 특정국가 A의 상품에 대한 관세인하는 여타 회원국에도 모두 적용되어야 한다. 최혜국대우 원칙에는 몇가지 예외가 허용되고 있다. 예를들어 다른 역외지역의 상품과 차별하여 역내지역의 상품에만 특혜관세를 적용하는 자유무역협정(FTA), 개발도상국들 특정상품에 대한 특혜제공, 불공정한 교역을 하고 있는 상대방 국가에 대한 조치 등이다.

---

3) GATT제1조

4) GATT제3조

내국민 대우란 외국상품이 국내시장에 진입한 후 국내상품과 동등하게 취급되어야 한다는 원칙이다. 내국민 대우는 국내시장에 진입한 이후에 적용되기 때문에 수입품에 대해 관세를 부과하는 것은 국내상품에 동등한 세금을 부과되지 않는다고 하더라도 내국민대우를 위반하는 것이 아니다.

WTO와 소주가격

1997년에 EU와 미국은 소주(주세 35%, 교육세 10%)보다 위스키(주세 100%, 교육세 30%)에 대해 높은 세율을 부과한 우리나라의 주세제도가 WTO협정의 내국민대우 원칙의 위반이라는 이유로 WTO에 제소하였고, 1998년에 WTO 분쟁해결기구(패널)는 소주와 위스키간에 직접 경쟁·대체관계가 존재하므로 WTO 내국민대우 의무에 위배된다고 판정하였다.

이에 우리정부는 2000년도에 주세법을 개정 소주와 위스키의 주세(72%)와 교육세(30%)를 동일하게 하였다. 이러한 조치로 인해 시중의 소주가격이 대폭 상승하였다. 이와 같이 WTO는 우리 서민들의 생활에 알게 모르게 깊이 관여하고 있다.

이외에도 관세 인하 및 비관세 조치의 완화를 통한 교역의 자유화, 양허와 투명성을 통한 예측가능성 제고, 공정경쟁의 촉진, 개발 도상국가들에 대한 경제개발 및 개혁의 장려 원칙 등이 있다.

<표 1-2> GATT와 WTO의 비교

구분	GATT	WTO
성격	• 단순 국제협정으로 회원국에 대한 강제력 행사 불가	• 법인격을 갖춘 국제기구로 개별국가에 구속력을 가지고 사법적 권능으로 제재 가능
시장개방 노력	• 관세인하에 주력 • 동경라운드에서 비관세 장벽의 철폐를 노력하였으나 선언적인 규정 정립수준으로 실효성 미흡	• 관세인하+특정분야 무관세 도입으로 관세율의 하향 평준화 달성 • 비관세장벽 철폐 강화
관할범위	• 상품(주로 공산품)	• 공산품 이외 농산물에 대한 규율 도입
신분야 협정	• 없음	• 서비스·지적재산권·무역 관련 투자 협정 제정
규범강화	• 보조금 정의 등 불명확 • 반덤핑조치의 남용 등 자의적인 운용	• 보조금 정의 명료화 • 반덤핑 조치 명료화 • 세이프가드, 원산지규정, 선적 전 검사협정 등 도입
분쟁해결	• 해결조치 취하기 어려움	• 분쟁해결기구(DSB) 존재

▶ 2 WTO와 FTA 관계

WTO는 모든 회원국에게 최혜국대우(Most-Favoured-Nation Treatment)를 보장해주는 다자주의를 기본 원칙으로 하는데 반해 FTA는 양자주의 및 지역주의를 기본으로 하는 특혜무역체제로서 회원국에 대해선 비회원국보다 낮은 관세율 등을 적용한다. 이러한 점에서 지역무역협정은 명백하게 WTO의 가장 중요한 원칙인 최혜국대우(MFN)를 위반하고 있다. 그럼에도 불구하고 WTO는 지역무역협정이 비록 제한된 국가들 내에서라도 무역의 장벽을 철폐 또는 완화하여 자유무역을 확대한다는 측면에서 별도 규정(GATT 제24조)을 두어 최혜국대우 원칙의 예외[5]를 인정하고 있다.

GATT 제24조 지역조항(regional clause)에서는 일정한 요건을 충족하는 ①관세동맹(Customs Union)과 ②자유무역지대(Free Trade Area) 및 ③ 관세동맹 또는 자유무역지대의 설립을 위한 잠정협정(Interim Agreement)의 3가지 형태의 지역무역협정에 대해 WTO의 별도조치 없이 MFN원칙으로부터의 이탈을 허용한다.

GATT 제24조가 허용하는 지역무역협정(자유무역지대 및 잠정협정)의 성립요건은 다음과 같다.

GATT 제24조가 허용하는 지역무역협정(자유무역지대 및 잠정협정)의 성립요건은 다음과 같다.
① 회원국간 실질적인 모든 무역(substantially all the trade)에 대하여 관세 및 그 밖의 제한적인 통상규제를 철폐한다.
② 자유무역지역의 설정시 또는 당해 잠정협정의 채택시 당해 지역에 속하여 있지 않거나 당해 협정의 당사자가 아닌 당사국과의 무역에 대해 적용되는 관세 및 그 밖의 통상규제는 당해 자유무역지역의 설정 전에 또는 잠정협정의 이전에 동일한 구성영역에서 존재하고 있던 상응(corresponding)하는 관세 및 그 밖의 통상규제보다 높거나 제한적이어서는 안된다.
③ 잠정협정을 체결할 경우에는 합리적인 기간 내에(reasonabe length of time, 10년 이내) 지역무역협정을 설립하기 위한 계획 및 일정표를 포함하여야 한다.

GATT 제24조의 적용으로 인하여 발생하는 모든 문제에 대하여 WTO 분쟁해결절차가 적용될 수 있으며, 각 지역협정이 WTO 규범에 합치되는지 여부의 검토 및 감시를 위해 WTO 일반이사회는 1996년 2월 지역무역협정위원회(Regional Trade Agreements Committee)를 설립하였다. 여기에서 보듯이 FTA는 WTO체제에 포함되어 있으며, WTO와 별도로 구분하여 판단할 수 없을 정도로 깊은 관계가 있다.

지역무역협정에서 자유무역지대를 형성하는 FTA가 관세동맹의 형태를 띠는 것을 압도하고 있는데 그 이유는 자유무역지대의 경우에는 제3국에 대하여 자유무역지대의 체약국들이 자국의 통

---

5) 상품무역 분야에 대해서만 예외가 인정하며, 서비스 및 지적재산권 분야 등에서는 인정되지 않는다. 따라서 서비스 등의 분야에서 FTA상대국에게 시장을 여는 경우 원칙적으로 WTO회원국 모두에게 개방되는 것이다. 다만, 최혜국대우 적용을 받지 아니하는 분야는 개별적 유보에 명시하여 차별대우가 가능하다. (한-미FTA의 경우 항공, 어업, 해운, 위성방송, 철도 등 유보)

상정책을 유지할 수 있기 때문에 체약국 사이의 통상정책의 조율의 정도가 상대적으로 낮으며 또한 체결까지 걸리는 시간이 상대적으로 짧다는 이점이 있기 때문인 것으로 보인다. 게다가 대부분의 자유무역지대의 경우에는 지리적인 격차와 경제적인 격차를 극복하는 전략적인 시장접근에 관한 것인 반면에, 관세동맹의 경우에는 관련 체약국사이의 경제통합이라는 목적을 달성하기 위해서는 지리적 접근성과 경제발전의 정도가 비슷하여야 한다는 것이 중추적인 고려의 대상이 되기 때문이다.

〈표1-3〉 자유무역규범의 진화와 주요특징

	GATT (1948 ~ 1994)	WTO (1995 ~ 2000)	FTA (2000 ~)
주요 목적	다자간 관세인하로 국제무역 확대	다자간 관세 및 비관세 장벽 제거	WTO체제를 바탕으로 뜻 맞는 국가끼리 추가적인 관세 및 비관세장벽 제거
법인 여부	법인격 있는 기구조직 없이 협정체제로 운영	스위스(제네바)에 본부를 둔 법인격 있는 국제기구	협정 당사국 관련 부처 간에 협의 운영
주요 대상	주로 공산품	공산품, 농산물, 서비스, 지재권, 정부조달, 환경, 노동, 규범 등으로 적용 확대	공산품, 농산물, 서비스, 지재권 등을 기본으로 하면서 협정 상대국에게 추가적 혜택 부여 (WTO+)
기본 원칙	최혜국대우의 원칙 + 내국민대우의 원칙	- 좌 동 -	최혜국대우 원칙의 예외 허용 + 상호이익 균형 / 민간성 존중
무역 구제	긴급수량제한 (Safeguard) 허용	Safeguard 허용 + 반덤핑관세, 상계관세 부과	- 좌 동 - + 세관당국에 의한 원산지검증

※ 최혜국 대우의 원칙: 어떤 상품에 적용되는 최저관 세율이 있을 경우, 이를 다른 나라 제품에도 동일하게 적용해야 한다는 원칙
※ 내국민 대우의 원칙: 외국인에게만 적용되는 별도 관세부과 절차를 만들지 않고, 내국인에게 적용되는 절차를 그대로 적용

FTA 정의 및 유사개념 정리

1. FTA(Free Trade Agreement) 자유무역협정
회원국간의 자발적인 협정에 의하여 보다 긴밀한 경제통합을 통해 무역자유화를 증진하기 위하여 회원국을 원산지로 하는 모든 상품 및 서비스에 대해 관세 및 기타 제한적 통상규제가 철폐되는 2이상의 관세영역의 집단을 말한다.

2. PTA(Preferential Trade Agreement) 특혜무역협정
WTO협정의 최혜국대우(MFN)원칙의 예외에 해당하는 모든 특혜무역제도를 의미한다. PTAs에는 명칭 여하를 불문하고 관세동맹, 공동시장, FTA, EPA, CEPA, CER, SECA 등으로 불리는 모든 특혜무역협정들이 포함된다.

3. RTA(Reginol Trade Agreement) 지역무역협정
WTO를 중심으로 하는 다자주의에 대한 상대개념으로 지역주의를 강조하는 측면, FTA 또는 관세동맹과 같은 지역경제통합협정을 지칭하는 용어다. WTO에서는 지역경제통합협정을 포괄적으로 RTA라고 지칭한다.

4. EPA(Economic Partnership Agreement) 경제연대제휴협정
관세철폐가 중심인 FTA를 기본으로, 투자, 지적재산권, 인적교류(노동력 왕래)까지도 포함한 보다 넓은 개념의 경제 통합을 뜻한다. (ex. 일-멕시코 EPA)

5. CEPA(Comprehensive Economic Partnership Agreement) 포괄적 경제동반자관계
상품교역, 서비스교역, 투자, 경제협력 등 경제관계 전반을 포괄하는 내용의 협정을 말한다. 본질적인 측면에서는 FTA와 동일한 성격을 지니지만, 주로 상품과 서비스의 자유로운 교역을 핵심으로 하는 FTA에 비해 CEPA는 보다 더 광의적인 개념이라 할 수 있다. (ex. 한-인도 CEPA)

6. SECA(Strategic Economic Complementation Agreement) 전략적경제보완협정
경제적 이해관계가 있는 특정분야에 대해서만 선택적으로 개방하는 것으로, 일반적인 FTA보다는 범위가 수준이 낮은 양자협정이다. SECA는 주로 중남미 국가간에 추진되는 FTA중간단계의 협정으로 멕시코는 칠레, 우루과이 등과 SECA를 체결한 후 점진적으로 FTA로 전환한 사례가 있다.

▶3 자유무역협정(FTA)

FTA가 포함하고 있는 분야는 체약국들이 누구인가에 따라 상당히 다른 양상을 보이고 있다. 전통적인 FTA와 개도국간의 FTA는 상품분야의 무역자유화 또는 관세인하에 중점을 두고 있는 경우가 많았다. 그러나, 최근 WTO 체제의 출범(1995년)을 전후하여 FTA의 적용범위도 크게 확대되어 대상범위가 점차 넓어지고 있다. 상품의 관세 철폐 이외에도 서비스 및 투자 자유화까지 포괄하는 것이 일반적인 추세라고 하겠다. 그 밖에 지적재산권, 정부조달, 경쟁정책, 무역구제제도 등 정책의 조화부문까지 협정의 대상범위가 점차 확대되고 있다. 다자간 무역협상 등을 통하여 전반적인 관세수준이 낮아지면서 다른 분야로 협력영역을 늘려가게 된 것도 이같은 포괄범위 확대의 한 원인이라고 할 수 있다.

FTA는 FTA(Free Trade Agreement), CEPA(Comprehensive Economic Partnership), EPA(Economic Partnership Agreement), SECA(Strategic Economic Complementation Agreement) 등 다양한 형태로 체결되고 있으나, 기본적으로 자유무역협정(FTA)이라는 큰 틀에서 이해하면 될 것이다.

FTA를 관세업무와 관련하여 상품협정에 한정하여 정의한다면, 협정을 체결한 상대방과 특혜관세를 주고 받는 협정이라고 할 있다. 관세혜택의 범위는 관세철폐스케줄, 혜택부여 물품의 구별은 원산지결정기준, 특혜부여 절차는 원산지절차 등의 규정에서 명시하고 있다.

FTA 관세특례법에서 "자유무역협정"이란 우리나라가 체약상대국과 관세의 철폐, 세율의 연차적인 인하 등 무역의 자유화를 내용으로 하여 체결한 「1994년도 관세 및 무역에 관한 일반협정」 제24조에 따른 국제협정과 이에 준하는 관세의 철폐 또는 인하에 관한 조약·협정이라고 정의하고 있다. 현재 우리나라가 특정국가 상품에 대해 WTO MFN원칙에 적용을 받지 않고 특혜관세를 부여할 수 있는 경우는 ①GATT 제24조에 해당하는 지역무역협정, ②GATT 제25.5조에 의한 MFN 의무 면제(waiver)[6], 그리고 ③GATT 제25조의 의무면제를 받지 않아도 되는 권능조항(enabling

---

[6] 이러한 결정은 행사된 투표의 3분의 2 이상, 전체 회원국의 과반수 이상이 참석해야 한다.

clause)⁷⁾에 해당되는 경우이다.

　FTA 관세특례법의 적용대상은 GATT 제24조의 자유무역협정(잠정협정 포함)과 이에 준하는 조약 및 협정이다. 현재 FTA를 제외하고 조약 및 협정에 따라 특혜관세를 부여하는 경우는 GATT 권능조항에 따른 일반특혜관세(GSP)제도, 세계무역기구 개발도상국간 무역협정(TNDC), 아세아·태평양 무역협정(APTA), 유엔무역개발회의 개발도상국간 특혜무역제도(GSTP) 등이나, 이들의 수준은 GATT 제24조의 기준에 미치지 못하므로 FTA 관세특례법의 적용대상이 되지 않는다.

---

7) 도쿄 라운드 협상결과로 79.11.28 체결된 GATT 체약국단의 결정. 차등적이고 보다 특혜적인 대우, 상호주의 및 개발도상국의 보다 완전한 참여(differential and more favorable treatment, reciprocity and fuller participation of developing countries)에 관한 합의. WTO 회원국이 다른 회원국에게 동일한 대우를 부여하지 않으면서 개도국만을 우대하는 조치를 취할 수 있도록 허용하는 조항. GATT 1조 최혜국 대우(MFN)의 대표적인 예외임. 주요 대상조치로는 선진국의 개도국에 대한 GSP, 비관세조치(non-tariff measures)와 개도국간 지역 및 다자 무역협정(예: GSTP), 최빈개도국에 대한 특별지원 등이 있다.

3 우리나라의 FTA 추진현황

▶1 세계 통상환경 변화

우리나라는 GATT(General Agreement on Tariffs and Trade)와 WTO(World Trade Organization)로 대표되는 다자무역체제의 가장 큰 수혜국이며, 우리의 경제발전은 대외교역을 통해 성장을 이룬 전형적인 사례로 인용되고 있다. 또한 우리나라는 명실상부한 통상국가로서 지속적인 경제발전을 위해서는 교역의 확대가 필수적이다. 요컨대 열린 세계시장이 우리의 경제적 생존과 직결되는 것이다. 최근의 세계 통상환경을 보면 첫째, 자유무역협정(FTA: Free Trade Agreement)을 중심으로 한 지역주의(Regionalism)가 가속화되는 상황에서 미국, EU, 일본 등 선진국이 주도하는 거대 경제권간의 Mega FTA가 활발하게 진행되고 있다. 트럼프 미 대통령의 서명철회(2017.1.23.)로 약화되기는 하였으나 미국, 일본, 캐나다 등 통상대국들이 칠레, 싱가포르, 뉴질랜드 등의 소규모 개방경제 및 베트남, 말레이시아 등의 신흥시장과 함께 아시아-태평양 지역에서 초대형 FTA를 출범시키려 했던 환태평양경제동반자협정(TTP: Trans-pacific Partnership)이 그 예이다. 또한 세계 최대의 경제대국인 미국과 EU 사이의 범대서양무역투자동반자협정(TTIP: Transatlantic Trade and Investment Partnership) 협상, EU와 일본간의 FTA 협상도 초대형 FTA의 한 예라고 할 수 있다. 뿐만 아니라 그 강도와 속도에서 미진하기는 하지만 한·중·일 3국간의 FTA 협상, 그리고 ASEAN+6 국가들이 참여하는 포괄적지역경제동반자협정(RCEP: Regional Comprehensive Economic Partnership) 협상 역시 동아시아 지역의 대표적인 초대형 FTA사례이다.

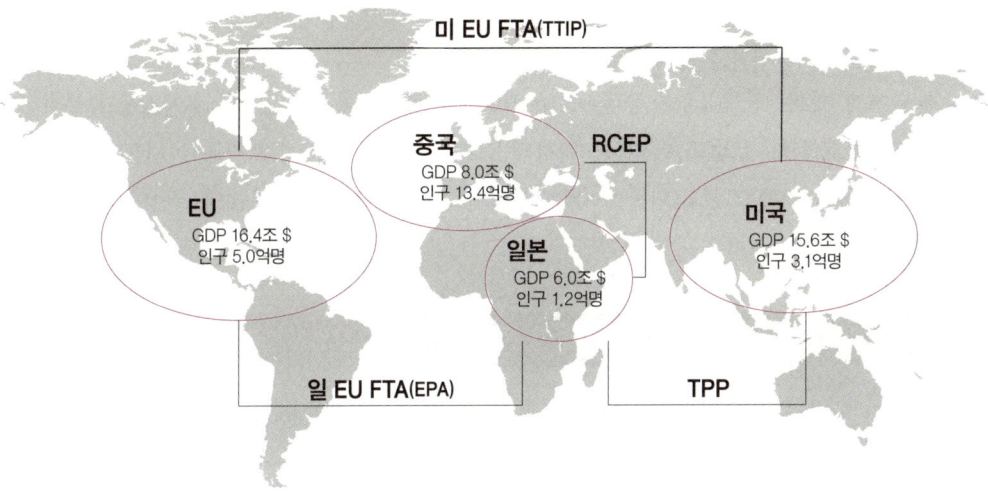

<그림 1-1> Mega FTA 추진동향

특히, 최근 강화되고 있는 지역통상체제에서 동아시아 국가들이 주도적인 역할을 담당하고 있다는 것이 특징적이다. 동아시아의 경제성장동력이 21세기 세계경제의 성장을 견인할 것이라는 예측과 함께 지역통상체제에 대한 동아시아 국가들의 적극적인 참여는 다른 측면에서 다자통상체제의 커다란 도전을 뜻하기도 한다.

이와같은 거대 FTA를 통한 경제블록의 형성 경쟁은 현재 진행 중인 WTO의 도하개발어젠다(DDA) 협상이 장기간 정체되고 있는 상황과 맞물려 더욱 확대·심화될 것으로 예상되며, 대외 의존도가 심한 우리나라에게도 많은 영향을 미칠 것으로 예상된다.

둘째, 미국·EU 등 선진국은 경기침체 지속과 저성장에 직면한 반면, 중국·인도 등 신흥국은 세계경제 회복을 견인하며 빠르게 부상하고 있어 세계경제의 성장축이 신흥국으로 급속하게 이동하고 있다. 특히, 신흥국은 내수시장이 확대되고 SOC등 인프라 수요가 지속적으로 증가함에 따라 '세계의 공장'에서 '세계의 시장'으로 변화되고 있다. 따라서 세계의 성장엔진으로 부상하고 있는 신흥국과의 통상협력 강화가 필요하다.

셋째, 전 세계적인 FTA로 각국의 관세는 낮아지고 있으나 비관세장벽과 보호무역주의는 크게 확산되고 있다. 산업보호 수단으로 관세의 역할이 축소되면서 각국은 통관, 표준, 인증, 환경, 위생검역 등의 비관세 장벽과 서비스 교역의 비중을 확대하고 있다. 또한 보조금·지식재산권 관련 분쟁이 늘어나고, 우리 제품에 대한 반덤핑관세 및 상계관세 부과 등 보호무역조치도 급격히 증가하고 있다. 특히, 미국 트럼프 행정부의 '미국 제일주의(America First)'에 입각한 일방주의적 통상정책은 세계 제2위 경제대국인 중국과의 무역전쟁을 유발하여 세계경제의 불안정성과 불확실성을 증대시키고 있다. 트럼프 행정부는 다자적 FTA인 TPP를 폐지[8]하고 중국, NAFTA 회원국, 한국 등에 압력을 가해 기존의 협정을 자국에 유리하게 수정하는 힘의 우의에 기반한 양자적 협정을 선호한다.

NAFTA 폐기와 미-멕시코-캐나다 협정(USMCA) 탄생(2018.11.30. 서명)

◇ 과거 미국이 추진했던 TPP 규정에 기반을 두고 있으며, 원산지 조항 등 일부 신규조항을 포함시켜 미국 내 산업을 보호하는 방향으로 타결

〈자동차 관련 품목별 원산지 규정〉

구분	원산지 +	철강&알루미늄 구매+	노동부가가치
승용차 (8703.21-8703.90)	CTH+RVC*75%	연간 구매의 70% 이상 북미산 증명	40%
경량트럭 (8704.21, 8704.31)			45%
중량트럭 (8704.32-8704.90)	CTH+RVC70%		45%
승용차 및 경량트럭 부품 ①핵심부품(15개) ②주요부품(53개) ③보조부품(28개)	CTC+ RVC 75% RVC 70% RVC 65%	-	-

* 순원가법 (net cost method)만 사용

◇ CPTPP, 한-미 FTA 등과 비교할 때 지식재산권 보호가 강화되고, 전자상거래, 환경과 노동 등 신무역규범에 대한 규정을 구체화, 무역협정 사상 최초로 환율 조작 금지 조항 포함

◇ USMCA 3국 중 하나가 비시장 경제국(중국)과 FTA 체결시 다른 두 국가는 3국간 협정 종료 가능, 사실상 중국과 FTA 체결 금지

◇ USMCA는 미국 통상협정의 표본으로 기능할 것으로 예상됨

---

8) 미국 탈퇴 후 일본 주도의 협상을 통해 포괄적·점진적 환태평양동반자협정(Comprehensive Progressive Trans Pacific Partnership: CPTPP)로 재탄생하였다. 11개 회원국(일본, 캐나다, 멕시코, 호주, 뉴질랜드, 베트남, 말레이시아, 싱가포르, 칠레, 페루, 브루나이)이 참여하고 있으며 2018.3.8. 공식서명하였고 빠르면 2019년도 중에 발효할 것으로 예상된다.

▶2 세계 통상환경 변화에 따른 우리의 대응

이러한 국제통상환경의 변화에 적극적으로 대응하기 위해 우리는 동시다발적인 FTA를 추진해 왔다. 1992년 EU의 출범과 1994년 NAFTA의 발효를 계기로 지역주의가 세계적으로 확산되면서 FTA 네트워크 역외국가로서의 피해를 최소화하기 위한 방안이기도 했다. 특히 우리의 대외경제 규모가 국내총생산(GDP)의 80% 이상을 차지하고 있는 점을 고려할 때, 주요 경쟁국이 FTA를 앞다투어 추진하고 있는 통상환경 하에서 우리나라가 기존 수출시장을 유지하고 새로운 시장에 진출하기 위해 FTA 확대에 전력을 다하는 것은 당연하다 하겠다. 주요 교역국이 여타 국가와 먼저 FTA를 체결한다면 우리 상품은 고관세 적용에 따른 가격경쟁력의 저하로 점차 그 시장을 잃을 수밖에 없기 때문이다. 따라서 우리 상품의 수출경쟁력을 유지하고 안정적인 해외시장을 확보하기 위해서는 주요 교역국가들과의 FTA 체결이 필수적이었다.

또한, 보다 적극적인 측면에서, 능동적인 시장개방과 자유화를 통해 국가 전반의 시스템을 선진화하고 경제체질을 강화하기 위해 FTA 추진이 필요했다. 우리 경제가 양적인 성장 뿐만 아니라 질적인 발전을 통해 진정한 선진 경제로 거듭나기 위해서는 우리의 주요 통상정책으로 자리 잡은 FTA를 능동적·공세적으로 활용할 필요가 있었던 것이다. 전 세계적으로도 각국은 산업경쟁력과 국가경쟁력을 신장시키는 주요 정책수단으로서 FTA 및 이에 수반되는 무역자유화(Trade Liberalization)가 효과적임을 깨닫고 적극적으로 FTA 네트워크 구축에 나서고 있다.

우리나라는 FTA 확산추세에 대응하여 안정적인 해외시장을 확보하고 개방을 통해 우리 경제의 경쟁력을 강화하기 위해 FTA를 적극 추진한 결과 칠레(2004.4.1), 싱가포르(2006.3.2), EFTA(2006.9.1), ASEAN(2007.6.1), 인도(2010.1.1), EU(2011.7.1), 페루(2011.8.1), 미국(2012.3.15), 터키(2013.5.1), 호주(2014.12.12), 캐나다(2015.1.1.), 중국·뉴질랜드·베트남(2015.12.20.), 콜롬비아(2016.7.15.)와의 FTA가 발효되었고, 중미와의 FTA는 타결되었다. 또한 현재, 한중일, RCEP, 에콰도르, 이스라엘, MERCOSUR 등과의 협상이 진행 중이다. (2018. 12월 기준)

이러한 결과 미국, EU, 중국, 아세안 등을 포함한 세계 경제의 대부분을 차지하는 지역과 FTA 체결에 성공하였다. 특히, 거대경제권과 자원부국 및 주요 거점 경제권을 중심으로 전략적인 FTA를 체결하였으며, 동시다발적인 FTA 추진을 통해 그동안 지체된 FTA 체결 진도를 단기간 내에 만회하여 우리기업의 세계시장 확보를 지원하고, 동아시아 FTA 허브국가로 발돋움하고 있다.

내용면에서는 FTA 체결 효과를 극대화하기 위해 상품분야에서의 관세철폐 뿐만 아니라, 서비스, 투자, 정부조달, 지적재산권, 기술표준 등을 포함하는 포괄적인 FTA를 지향하고 있다. 또한 WTO의 상품과 서비스관련 규정에 일치하는 높은 수준의 FTA 추진을 지향함으로써 다자주의를 보완하고, FTA를 통해 국내제도의 개선 및 선진화를 도모하고 있다.

하지만 체결 초기에 협상 타결에 중점을 두고 추진한 나머지 그 내용 면에서는 아직 성숙한 단계라고 할 수 없다. 또한 한국의 민감품목 보호를 위해 FTA 상대국의 관심품목에 대한 개방을 유보한 경우도 많이 있었다. 따라서 FTA별로 양허대상, 양허기간 등에 있어 큰 차이를 보이고 있다. 그리고 FTA 양허대상 중에 DDA 협상 이후로 논의를 미루어둔 것들도 많이 있다. 또한 FTA 체결 당시에 비해 한국 및 협상상대국의 상황이 변한 경우도 있다. 따라서 중장기적인 한국의 경제발전 과정을 고려하고 FTA 전체의 일관성을 고려한 FTA의 고도화가 요구된다.

이러한 요구를 반영하여 현재 정부는 ASEAN, 인도, 칠레와의 FTA 업그레이드를 진행하고 있다. 또한 신흥국과의 FTA 추진을 통해 이들의 경제발전 동력을 우리기업 해외 진출 확대의 계기로 활용하여 업계의 실질적 이익을 반영할 필요도 있다.

〈표 1-4〉 우리나라의 FTA 추진 현황

(2018. 12월 기준)

진행단계	상대국	추진현황	의의
발효 (15건, 52개국)	칠레	2004.4월 발효	최초의 FTA, 중남미 시장의 교두보
	싱가포르	2006.3월 발효	ASEAN 시장의 교두보
	EFTA[9]	2006.9월 발효	유럽시장의 교두보
	ASEAN[10]	2007.6월 발효	우리의 제2위 교역대상(2011년 기준)
	인도	2010.1월 발효	BRICs국가, 거대시장
	EU	2011.7.1 발효	세계 최대경제권(GDP기준)
	페루	2011.8.1 발효	자원부국, 중남미 진출 교두보
	미국	2012.3.15 발효	거대 선진경제권
	터키	2013.5.1 발효	유럽·중앙아 진출 교두보
	호주	2014.12.12 발효	자원부국 및 오세아니아 주요시장
	캐나다	2015.1.1 발효	북미 선진시장

	중국	2015.12.20 발효	우리의 제1위 교역대상
	뉴질랜드	2015.12.20 발효	오세아니아 주요시장
	베트남	2015.12.20 발효	우리의 제4위 투자대상국
	콜롬비아	2016.7.15 발효	자원부국, 중남미 신흥시장
타결 (1건)	중미(5개국)[11]	2018.2.21 정식서명	북미와 남미를 잇는 전략적 요충지
협상 진행 (10건)	한중일	2012.11.20 협상개시 선언	동북아 경제통합 기반마련
	RCEP[12]	2012.11.20 협상개시 선언	동아시아 경제통합 기여
	에콰도르 SECA	2015.8.25 협상개시 선언	중남미 시장 진출을 위한 교두보 확보
	이스라엘	2016. 5월 협상개시 선언	서부 중동지역 거점시장
	MERCOSUR[13]	2018. 5월 협상개시 선언	남미 최대시장
	한ASEAN 추가 자유화	2017.8월 제16차 이행위 개최	교역확대 및 통상환경 반영
	한인도 업그레이드	6차례 개정협상 개최	주력수출 품목양허 및 원산지기준 개선
	한칠레 업그레이드	2018.11월 1차 개선협상 개최	통상환경 변화 반영
	한미 FTA 개정	2018.9.24 서명	상호 호혜성 증진
	한중 서비스 투자협정	2018.3.7 협상개최	우리의 제1의 서비스 수출국
협상 재개 여건 조성(3건)	멕시코	2016.11월 예비협의 개최합의	북중미 시장 교두보
	GCC[14] (6개국)	2009.7월 제3차 협상 후 중단	자원부국, 기업선호도 1위
	EAEU[15]	2017.9월 공동실무작업반 설치합의	성장잠재력과 지정학적 가치 높음

출처: 산업통상자원부 FTA 강국 KOREA(http://fta.go.kr)

---

9) 유럽자유무역연합: 1960년 1월 4일 창설된 기구로 서유럽 국가 중 EU에 참가하지 않은 스위스, 노르웨이, 아이슬란드, 리히텐슈타인
10) 동남아시아 국가연합: 필리핀·말레이시아·싱가포르·인도네시아·태국·브루나이·베트남, 라오스·미얀마·캄보디아
11) 중미5개국 : 파나마, 코스타리카, 온두라스, 엘살바도르, 니카라과
12) ASEAN 10개국과 한중일 3개국, 호주 뉴질랜드 인도 등 총 16개국의 관세 장벽을 철폐하는 것을 목표로 하는 일종의 자유무역협정(FTA)이다.
13) 브라질, 아르헨티나, 우루과이, 파라과이 등 남미 4개국 공동시장(1995.1월 출범)
14) 걸프협력회의: 사우디아라비아, 쿠웨이트, 아랍에미리트, 카타르, 오만, 바레인
15) 유라시아 경제연합 : 러시아, 카자흐스탄, 벨라루스, 아르메니아, 키르기즈스탄

자유무역협정(FTA)의 구성

▶1 협정문의 구조

우리가 체결한 FTA 협정문 체계는 거의 비슷하며, 보편적으로 전문(Preamble), 협정 본문(장, Chapter), 부속서(Annex), 부록(Appendix), 서한(Letter) 등으로 이루어져 있다. 전문은 협정체결의 일반적인 목적 선언, 본문은 각 분야별로 양측의 합의내용을 규정, 부속서는 분량이 방대하거나 특정분야의 합의 내용을 규정, 부록은 부속서 중에 보다 구체적이고 기술적인 세부내용 규정, 서한은 협상과정에서 합의한 해석 내용 또는 협상 과정의 논의 내용을 확인하는 서한 형태의 문서이다.

▶2 협정문의 구성

FTA 협정문 본문은 보편적으로 상품, 원산지, 관세행정 및 무역원활화, 위생 및 식물위생 조치, 무역에 대한 기술장벽, 무역구제, 투자, 서비스, 전자상거래, 경쟁, 정부조달, 지적재산권, 분쟁해결 등으로 구성된다. 이러한 구성의 형태는 WTO협정문에서 기인한다. WTO협정문과 FTA를 비교해 보면 이러한 사실은 명확해 진다. WTO협정은 WTO설립을 위한 마라케시 협정과 4개의 부속서로 구성된다. 부속서1-가에는 상품무역에 관한 다자간 협정으로 1994년 GATT, 농업에 관한 협정, 위생 및 식물위생조치의 적용에 관한 협정, 섬유 및 의류에 관한 협정, 무역에 대한 기술장벽에 관한 협정, 무역관련 투자조치에 관한 협정, 1994년 GATT 제6조 이행에 관한 협정(반덤핑), 1994 GATT 제7조 이행에 관한 협정(관세평가), 선적전 검사에 관한 협정, 원산지 규정에 관한 협정, 수입허가 절차에 관한 협정, 보조금 및 상계조치에 관한 협정, 긴급수입제한조치에 관한 협정이 포함되어 있으며, 부속서1-나는 서비스무역에 관한 일반협정, 부속서1-다는 무역관련 지식재산권에 관한 협정, 부속서2 분쟁해결규칙 및 절차에 관한 양해, 부속서3 무역정책검토제도, 부속서4

는 복수국간 무역협정이다. <표>1-5는 한-미 FTA를 기준으로 비교한 것이다.

<표 1-5> 주요 FTA와 WTO 구성 비교

구분	한-미 FTA	한-EU FTA	한-중 FTA	WTO
제1장	최초규정 및 일반적 정의	목적 및 일반정의	최초규정 및 정의	<상품무역 다자간 협정>
제2장	상품	상품에 대한 내국민대우 및 시장접근	상품에 대한 내국민대우 및 시장접근	1994년 GATT 농업에 관한 협정
제3장	농업			위생 및 식물위생조치의 적용에 관한 협정
제4장	섬유			섬유 및 의류에 관한 협정
제5장	의약품			무역에 대한 기술장벽에 관한 협정
제6장	원산지	원산지 의정서	원산지규정 및 원산지 이행절차	무역관련 투자조치에 관한 협정
제7장	관세행정 및 무역원활화	관세 및 무역원활화	통관절차 및 무역원활화	1994년도 GATT 제6조 이행에 관한 협정(반덤핑)
제8장	위생 및 식물위생 조치	위생 및 식물위생 조치	위생 및 식물위생 조치	1994년도 GATT 제7조 이행에 관한 협정(관세평가)
제9장	무역에 대한 기술장벽	무역에 대한 기술장벽	무역에 대한 기술장벽	선적전 검사에 관한 협정
제10장	무역구제	무역구제	무역구제	원산지 규정에 관한 협정
제11장	투자		투자 자연인의 이동	수입허가 절차에 관한 협정
제12장	국경간 서비스 공급	서비스무역 설립 및 전자 상거래 지급 및 자본이동	서비스 무역	보조금 및 상계조치에 관한 협정
제13장	금융서비스		금융서비스	긴급수입제한조치에 관한 협정
제14장	통신		통신	
제15장	전자상거래		전자상거래	서비스무역에 관한 협정
제16장	경쟁	경쟁	경쟁	무역관련 지적재산권에 관한 협정
제17장	정부조달	정부조달	경제협력	분쟁해결규칙 및 절차에 관한 양해
제18장	지적재산권	지적재산권	지적재산권	무역정책 검토제도

제19장	노동		제도규정	<복수국간 무역협정>
제20장	환경	무역과 지속가능한 발전	환경과 무역	민간항공기 협정
제21장	투명성	투명성	투명성	정부조달 협정
제22장	분쟁해결	분쟁해결	분쟁해결	국제 낙농 협정
제23장	예외		예외	국제 우육 협정
제24장	최종규정	제도일반 및 최종규정	최종규정	

<표>1-5에서 보듯 FTA에서는 WTO의 상품, 서비스, 투자, 무역구제, 지적재산권, 분쟁해결 절차 등을 원용하면서 협정 상대국에게 추가적인 이익을 제공(WTO+)하고 있으며, 각국의 이해관계에 따라 노동, 환경, 경제협력 등 다양한 분야로 확대하고 있다. 예를들어 한-EU FTA에서는 대부분의 FTA에서 중요한 분야로 다루어지고 있는 투자 챕터가 없으나 한-미 FTA에서는 노동, 한-중 FTA에서는 경제협력 분야를 추가하고 있다.

대부분의 FTA는 협정문 하나에 각 분야별 내용을 장에 포함하고 있으며, 각 장의 주요한 내용은 다음과 같다.

Chapter	주요 내용
상품무역	상품 챕터는 협정 당사국간 상품에 대한 내국민 대우 및 시장 접근 원칙을 규정하기 위한 것으로 관세철폐 조항 및 관세양허표외 통상 비관세조치, 제도 규정 등으로 구성되어 있다.
서비스	서비스 챕터는 서비스 자유화 관련 원칙·의무를 규정한 협정문과 자유화 방식에 따라 양허 또는 유보 리스트를 열거한 부속서로 구성되며, 협정 당사국은 서비스 분야의 자유화 규모 및 폭을 결정, 이에 대한 약속을 반영한다. 금융, 통신, 자연인 이동 분야의 경우 특수성과 전문성을 고려하여 별도 챕터 또는 부속서로 구성되기도 한다.
투자	투자 챕터는 투자 자유화 및 투자 보호를 목적으로 하며, 협정문에는 투자와 관련된 원칙을 규정하고, 부속서는 외국인 투자 허용 분야를 열거한 유보 또는 양허 리스트로 구성된다.
무역구제	무역구제 챕터는 협정 당사국간 교역으로 인하여 국내 산업이 피해를 입은 경우 관세 인상 등의 조치를 통해 구제하는 제도를 마련하기 위한 것으로, 통상 반덤핑, 상계관세, 세이프 가드 제도 등으로 구성되어 있다.

원산지규정	원산지규정 챕터는 특혜관세 적용을 받기 위해서 당사국이 자국 원산지임을 인정받기 위해 충족해야 하는 기준을 정한 것으로, 협정문과 함께 HS코드 별로 품목별 원산지기준을 규정한 부속서로 구성된다.
원산지절차 및 통관	원산지 절차와 관세행정 관련 챕터로 이루어지며, 주로 협정 당사국 간 특혜 관세 신청을 위한 원산지 증명 방식, 사전판정, 기록유지 의무 및 검증, 수출 관련 의무, 특송 화물과 관세협력 등 세관에서 이루어지는 일련의 통관과 무역원활화 관련된 규정을 명시한다.
무역기술장벽 (TBT)	양국의 표준, 기술규정 및 적합성평가절차가 협정 당사국 사이의 상품교역에 불필요한 장애를 초래하지 않도록 보장하기 위한 것이며 WTO TBT협정의 내용을 기반으로 투명성, 공동협력, 협의채널, 정보교환 등의 조항으로 구성된다.
위생 및 식물검역(SPS)	각국이 자국민, 동식물의 건강과 생명보호를 위해 시행하는 조치로서, 일반적으로 무역을 제한하는 효과를 가져오게 된다. FTA에서는 무역자유화 촉진이라는 FTA 체결의 기본취지에 따라, SPS 조치 관련 WTO SPS 협정상의 권리의무를 기초로 하여, 양국관계의 맥락에서 SPS 조치가 무역제한적으로 기능하는 것을 방지하기 위한 규정들이 포함된다.
지적재산권	지적재산권 챕터는 저작권, 상표, 특허, 디자인 등 실체적 권리의 보호수준과 권리에 대한 행정·민사·형사적 집행에 관한 협정 당사국간 제도를 조화하고 지적재산권 관련 협력을 제고하는 데 기여한다. 충실하게 구성된 지재권 챕터는 권리자와 이용자에게 법적 확실성을 제공하여 무역과 투자를 증진할 수 있는 기반이 된다.
정부조달	정부조달은 세계 각국 GDP의 약 10-15%를 차지하는 큰 시장이다. 이러한 정부조달 시장의 상호개방은 신규시장 개척 효과를 가져오게 되며, FTA에서의 정부조달 협정은 이러한 시장개방에 대한 조건과 규칙들을 규정하기 위한 협상 분야이다. 정부조달 협정은 보통 입찰 및 낙찰과정에서의 준수의무를 다루는 협정문 부분과 시장개방 대상과 개방 하한금액을 명시하는 양허표로 구성된다.
전자상거래	전자상거래 챕터는 전자거래 활성화를 위해 당사국간 전자적으로 전송되는 디지털제품 (예, 동영상, 이미지 등)에 대한 무관세·비차별대우, 전자인증 및 전자서명, 소비자 보호 관련 규정 등을 명시한다.
경쟁	세계 경제의 의존성 증가로 인해 한 국가의 경쟁정책이 시장개방, 관세인하 등 FTA의 체결효과를 훼손할 수 있다는 인식 하에, 이를 방지하기 위한 의무들을 규정하기 위한 협상분야이다. 일반적으로 경쟁법 집행시 준수해야 할 의무, 공기업 및 독점관련 의무, 경쟁당국간 협력 등의 요소들이 포함된다.

노동	노동 챕터는 협정 당사국 노동자의 권리를 보호하기 위한 것으로, 국제노동기준에 명시된 기본 노동권의 준수, 기본 노동권을 포함한 노동법의 효과적인 집행, 이해관계자의 절차적 권리 보장, 공중의견제출제도의 도입 및 운영, 노동협력메커니즘, 노무협의회 등으로 구성된다.
환경	환경챕터는 협정 당사국의 환경보호를 위한 것으로, 환경법 및 정책이 높은 수준의 환경보호를 제공할 의무, 다자간 환경협정의 의무 이행, 환경법의 효과적인 적용 및 집행, 환경협의회 설치, 대중참여 확대, 환경협력 확대 등으로 구성된다.
경제협력	경제협력 챕터는 FTA 협정 당사국간의 경제협력 증진을 위한 것으로 우리나라의 경우 주로 개도국과의 FTA에서 경제협력 챕터를 별도로 두어 경제협력의 범위·방법 및 이행 메커니즘을 규정하고 있다. 통상 경제협력 챕터에는 FTA 분쟁해결절차의 적용이 배제된다.
분쟁해결	분쟁해결 챕터는 협정 당사국 사이의 분쟁을 신속하게 해결하고 협정상 의무를 위반한 국가에 대하여 의무 이행을 확보하기 위한 것으로, 통상 당사국간 협의, 패널 판정, 판정 이행의 순서로 구성된다.
총칙: 최초조항/ 최종조항/ 제도조항/ 투명성/ 예외	협정 전체에 관련된 포괄적인 내용을 규정한 챕터로서, 통상 최초조항 챕터는 목적·다른 협정과의 관계·정의, 최종조항 챕터는 개정·발효·탈퇴 및 해지, 제도조항 챕터는 협정 이행을 위한 위원회의 역할, 투명성 챕터는 공표·정보교환·행정절차, 예외 챕터는 일반예외·안보예외·과세예외 등의 조항으로 구성된다.

출처: 산업통상자원부 FTA 강국 KOREA(http://fta.go.kr)

    FTA 체결방식은 대부분 단일 협정문 방식을 택하고 있으나, 한-아세안 및 한-터키 FTA 경우는 복수 협정문 방식을 채택하였다. 예를들어 한-아세안 FTA는 기본협정, 상품무역협정, 분쟁해결제도 협정, 서비스무역협정, 투자협정 등의 형태로 구성되어 있다. 기본협정이 母조약의 성격을 가지며, 나머지 협정들은 기본협정에 근거하여 체결되었고, 발효시 협정을 구성하는 법적문서의 일부로 편입되었다. 2005년 12월에 서명된 한-아세안 FTA 기본협정은 협정의 기본 골격을 마련하며, 본문 및 경제협력 부속서로 구성되어 있다. 본문에서는 자유화 협상분야(상품무역, 서비스, 투자), 협상목표, 협상시한, FTA운영 및 이행을 위한 "이행위원회"설치 등을 규정하였다. 경제협력 부속서는 한-아세안간 경제협력을 강화하기 위하여 총 19개 분야[16]의 다양한 협력사업을 명시하고 있다.

---

[16] 통관절차, 무역투자진흥, 중소기업, 인적자원관리개발, 관광, 과학기술, 금융서비스, 정보통신기술, 농림수산, 지재권, 환경, 방송, 건축기술, 표준적합성평가·위생검역, 광업, 에너지, 천연자원, 조선·해상운송, 영화

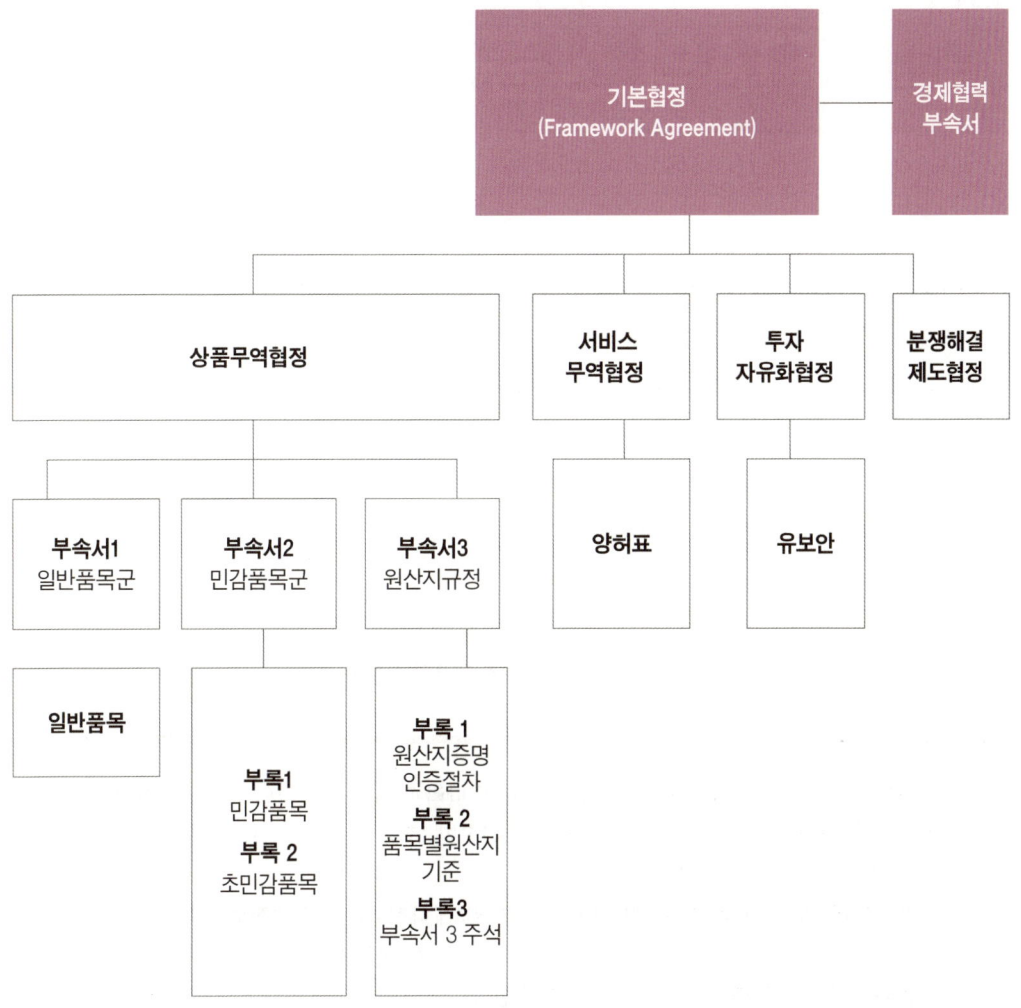

FTA의 상품무역 규율

FTA의 발효가 협정국간 상품교역에 미치는 영향은 무엇일까? 모든 협정에서 공통적으로 규정하고 있는 사항은 당사국 상품에 대한 내국민 대우(National Treatment)와 관세철폐이며, 그 외 협정에 따라 특별제도, 비관세 조치 등을 규율하고 있다. 세부적인 내용은 다음과 같다.

1 내국민 대우(NT: National Treatment)

〈한-미 FTA 제2.2조 내국민 대우〉

1. 각 당사국은 1994년도 GATT 제3조 및 그 주해에 따라 다른 쪽 당사국의 상품에 대하여 내국민 대우를 부여한다. 이러한 목적으로 1994년도 GATT 제3조와 그 주해는 필요한 변경을 가하여 이 협정에 통합되어 그 일부가 된다.
2. 제1항에 따라 당사국이 부여하는 대우라 함은, 지역정부에 대하여는, 그 지역정부가 속한 당사국의, 각 경우에 맞게, 동종의, 직접적으로 경쟁적인, 또는 대체가능한 상품에 대하여 그 지역정부가 부여하는 가장 유리한 대우보다 불리하지 아니한 대우를 말한다.
3. 제1항 및 제2항은 부속서 2-가에 규정된 조치에 대하여 적용되지 아니한다.

협정 당사국 상품에 대한 내국민 대우는 모든 협정에서 공통적으로 규율하면서, 1994년 GATT 제3조(내국민 대우)와 그 주해를 협정에 포함하고 있다. 내국민 대우란 당사국이 자국영역 내에서 다른 당사국의 국민, 상품, 서비스 등에 대해 자국 국민, 상품, 서비스에 부여하는 대우보다 불리하지 않은 대우를 부여하여야 한다는 원칙을 의미한다. 내국민 대우는 국내규제조치가 관세양허의 효과를 상쇄시키지 않도록 보장하며, 국내보호조치를 국경통제에 한정시킴으로써 수입제품에게 국내제품과 경쟁하기 위한 '효과적인 기회균등'을 부여하기 위한 것이다.

내국민대우 원칙은 어떠한 법령, 규칙, 요건 및 과세도, 국내시장에서 국내제품과 수입품간의 경쟁조건을 수입제품에게 불리하게 수정하지 못하게 하며, 동종제품에 대한 법률상의 차별뿐만 아니라, 사실상의 차별도 금지한다. 하지만 수입제품에 보다 유리한 대우는 이 원칙을 위반하지 않는다.

'1994년 GATT'에서는 제3조에 내국민대우를 규정하고 있으며 이는, 수입제품에 대한 내국세 및 과징금, 수입제품의 유통 및 사용에 영향을 주는 법령·규칙 및 요건, 일정수량·비율에 의한 제품의 혼합·가공 또는 사용을 요구하는 '내부비율규제'에 대해 적용된다. 그리고 동조 제1항에 위의 조건들이 국내산업을 보호하기 위해 적용되어서는 안 된다고 규정 하고 있다.

내국민 대우는 GATT나 WTO협정의 기본원칙이지만, 일정한 예외가 허용된다. 정부조달과 관련된 수입품에 대한 차별조치, 국내생산업자에 대한 보조금지급에 대한 차별조치, 스크린쿼터제 운영에 있어 수입영화필름에 대한 차별조치, 그리고 국가안보를 위한 차별조치와 의무면제에 따른 차별조치 등이 바로 그 예외에 속한다.

FTA의 경우 세계무역기구의 분쟁해결기구에 의해 승인된 조치와 세계무역기구협정에 통합된 절차에 따라 시장교란을 다루기 위해 적용하는 조치, 한-미 FTA에서 미국의 원목 수출입제한과 미국내 수상 화물수송에 대한 조치(미국민 소유이고 미국적 선박만 가능), 한-페루 FTA에서 페루의 중고품 수입 관련 조치[17], 한-콜롬비아 FTA에서 콜롬비아의 커피수출통제조치 및 중고품 수입조치, 그리고 한-캐나다 FTA에서 캐나다의 원목의 수출, 미가공 수산물의 수출, 금지 세번 상품의 수입, 제조업에 사용되는 무수 알코올에 대한 소비세, 연안무역에서 선박의 사용, 와인 및 증류주의 국내판매 및 유통과 관련된 조치 등은 내국민 대우 및 수출입제한금지의 예외로 인정된다.

---

17) 페루는 GATT 제20조(일반적 예외)에 따라, 국민의 안전, 환경 보도 등을 위해 일부 중고품의 수입을 제한하고 있다.

2 관세인하·철폐(Reduction or Elimination of Customs Duties)[18]

<한-중 FTA 제2.4조 관세 인하 또는 철폐>
1. 이 협정에 달리 규정된 경우를 제외하고, 각 당사국은 부속서 2-가의 자국 양허표에 따라 다른 쪽 당사국의 원산지 상품에 대한 자국의 관세를 점진적으로 인하하거나 철폐한다.
2. 당사국은 원한다면 언제라도 부속서 2-가의 자국 양허표에 규정된 관세 인하 또는 철폐를 일방적으로 가속화할 수 있다.

<한-중 FTA 제2.5조 동결>
이 협정에 달리 규정된 경우를 제외하고, 어떠한 당사국도 다른 쪽 당사국의 원산지 상품에 대한 기존의 관세를 인상하거나 새로운 관세를 채택할 수 없다. 이는 당사국이 다음을 하는 것을 배제하지 아니한다.
    가. 일방적으로 인하한 관세를 양허표에 설정된 수준까지 인상하는 것
    나. 세계무역기구의 분쟁해결기구에 의하여 승인된 대로 관세를 유지하거나 인상하는 것

다른 쪽 당사국 원산지 상품에 대한 당사국의 관세 인하 혹은 철폐에 대한 규정이다. 협정국간 합의된 당사국의 양허표에 따라 관세를 인하 혹은 철폐하며, 당사국이 원하면 언제든지 자국 양허표에 규정된 관세 인하 또는 철폐를 일방적으로 가속화할 수 있다. 또한 기존의 관세를 인상하거나 새로운 관세를 도입할 수 없도록 규율하고 있다. 다만, 당사국이 일방적인 관세인하를 한 후에 기존의 양허표에 설정된 수준까지 관세를 인상하거나 세계무역기구의 분쟁해결기구에 의해 승인된 대로 관세를 유지하거나 인상하는 것은 가능하다.

한-페루 FTA의 경우 HS 제8703호 자동차를 제외한 나머지 중고품은 FTA 특혜관세 부여를 거부할 수 있고, 한-아세안 FTA에서는 동일상품이 당사국별로 일반품목과 민감품목으로 상이할 경우 이익의 균형을 맞추기 위해 '관세율의 상호대응'을 할 수 있도록 규정하고 있다. 한-미 FTA는 재협상을 통해 화물자동차(HS 8704) 6개 세 번에 대해 미측 현행 관세 25%를 2040.12.31.까지 유지한 이후 2041.1.1.에 철폐하기로 합의하였다.[19]

---

[18] 관세양허(Tariff Concession)라고 칭하며, 체약국간 특정 상품에 대한 관세부과에 관한 약속으로서 주로 기준세율을 전면 철폐하거나 단계적으로 철폐를 약속하는 것을 의미한다.
[19] 2018.9.24. 양국정부 대표가 정식 서명하였으며, 국회비준 동의 후 2019.1.1.발효하였다.

▶ 3 특별제도(Special Regimes)

FTA에서 도입하고 있는 특별제도로는 '상품의 일시반입', '수리 또는 가공 후 재반입 물품', '컨테이너 반출입', '무시할만한 가치의 상업용 견본품과 인쇄된 광고물'에 관한 것이다.

칠레·인도·페루·미국·콜롬비아·캐나다·중국·베트남·뉴질랜드·중미와의 FTA에서는 일시입국자 직업과 관련된 방송 및 영화촬영 장비, 전시 또는 시연 상품, 상업용 견본품과 광고용 필름, 스포츠용 반입 상품 등은 원산지와 관계없이 무관세 일시반입을 허용한다.

칠레·싱가포르·페루·미국·콜롬비아·호주·캐나다와·베트남·뉴질랜드·중미와의 FTA에서는 수리 또는 개조 후 재반입되는 상품에 대해 그 원산지와 관계없이 관세를 적용할 수 없으며, 칠레·페루·미국·콜롬비아·중미와의 FTA에서는 컨테이너의 원활한 반출입을 보장하는 규정을 도입하고 있다. 또한 칠레·페루·미국·콜롬비아·호주·캐나다·중국·베트남·뉴질랜드·중미와의 FTA에서 무시할만한 가치의 상업용 견본품과 인쇄된 광고물은 원산지와 관계없이 무관세를 적용하도록 규정하고 있다.

▶ 4 비관세조치(Non-Tariff Measures)

대부분의 협정에서는 비관세조치 해결을 위한 규정과 협의 메커니즘을 규정하고 있는데, FTA에서 도입하고 있는 관세이외의 비관세조치로는 '수입 및 수출 제한 금지', '수입허가', '행정 수수료 및 형식'등이 있으며, WTO 협정을 구성하는 1994년도 GATT 조항과 수입허가협정 내용 등을 그대로 원용하고 있다. 인도 및 아세안과의 FTA 이외의 협정에서는 1994년도 GATT 제11조(수량제한의 일반적 철폐)에 따라 허용되는 경우를 제외하고 당사국 상품의 수출 및 수입에 대해 어떠한 금지 또는 제한도 채택하거나 유지할 수 없도록 규정하고 있다.

> **〈한-중 FTA 제2.8조 수입 및 수출 제한〉**
>
> 1. 이 협정에서 달리 규정된 경우를 제외하고, 어떠한 당사국도 1994년도 GATT 제11조 및 그 주해에 따른 경우를 제외하고 다른 쪽 당사국의 모든 상품의 수입 또는 다른 쪽 당사국의 영역을 목적지로 하는 모든 상품의 수출에 대하여 어떠한 금지 또는 제한도 채택하거나 유지할 수 없다. 그리고 이러한 목적으로 1994년도 GATT 제11조 및 그 주해는 필요한 변경을 가하여 이 협정에 통합되어 그 일부가 된다.
>
> 2. 당사국이 1994년도 GATT 제11조제2항가호에 따라 에너지 및 광물자원에 대한 수출 금지 또는 제한의 채택을 제안하는 경우, 그 당사국은 그러한 제안된 금지 또는 제한과 그 이유를 그 금지 또는 제한의 성격 및 예상되는 기간과 함께, 실행 가능한 사전에 다른 쪽 당사국에게 서면으로 통보한다.

⋯▸ 중국이 만약 자국의 에너지·광물 자원에 대해 수출제한 조치를 단행할 경우, 이를 사전에 서면으로 통보할 것을 규정하여 우리나라의 예측가능성을 제고

페루·미국·콜롬비아·호주·캐나다·콜롬비아·중국·베트남·뉴질랜드와의 FTA에서는 어떠한 당사국도 수입허가협정에 불합치하는 조치를 채택하거나 유지할 수 없고, EFTA·아세안·인도와의 FTA를 제외한 나머지 협정에서는 수출입과 관련하여 당사국에서 부과되는 모든 수수료 및 과징금은 제공된 용역의 대략적 비용에 그 액수가 한정되고, 국내상품에 대한 간접적인 보호나 재정상 목적을 위한 수입 또는 수출에 대한 과세가 되지 않도록 보장하여야 한다.

칠레·싱가포르·EU·페루·미국·터키·콜롬비아·뉴질랜드·중미와의 FTA에서는 수출세 부과를 금지하고 있고, 한-미 FTA에서는 자동차의 배기량에 따라 부과하는 한국의 특별소비세[20] 및 자동차세[21] 개정 조항을 명시하고 있다. 한-중 FTA에서는 당사국간 무역관련 비관세조치의 투명성 보장을 명시(제2.12조)하고 비관세조치와 관련된 사안의 협의를 위해 작업반을 상품무역위원회 산하에 설치할 것을 규정(제2.13조)하고 있다. 또한, 식품과 화장품 분야에서 다른 쪽 당사국의 검사기관 지정을 통한 검사결과 상호인정에 관한 협의 조항(제2.15조)을 도입하였다.

---

20) (기존) 800cc 면제, 801-2,000cc 5%, 2,000cc초과 10% / (개정) 1,000cc이하 면제, 1,000cc초과 5%, 2,000cc초과 5%(3단계→2단계)

21) (기존) 800cc이하 80원, 801-1,000cc 100원, 1,001-1,600cc 140원, 1,601-2,000 200원, 2,000초과 220원 / (개정) 1,000cc 이하 80원, 1,001-1,600cc 140원, 1,601cc 초과 200원 (5단계→3단계)

> **〈한-중 FTA 제2.12조 무역 관련 비관세조치〉**
> 1. 각 당사국은 양 당사국 간의 무역에 영향을 미치는 자국의 비관세조치의 투명성을 보장하고, 어떠한 그러한 조치도 양 당사국 간의 무역에 불필요한 장애를 초래하기 위한 목적으로 또는 그러한 효과를 가지도록 준비, 채택 또는 적용되지 아니하도록 보장한다.
> 2. 가능한 한도 내에서, 각 당사국은 그와 같은 모든 조치의 공표와 발효일 사이에 합리적인 기간을 허용하여야 할 것이다.

⋯▸ 무역에 영향을 미치는 비관세조치 발효 전에 유예기간을 부여하도록 규정하여 수출국의 참여 및 의견 제시 가능성을 제고

▶5 그 밖의 조치(Other Measures)

대부분의 FTA에서 그 밖의 조치로 '농산물 등에 대한 긴급수입제한 조치'(1994년도 GATT 제19조 및 긴급수입제한조치에 관한 협정)를 규정하고 있다. 한-미 FTA에서는 한국의 안동소주, 경주법주 미국의 버본위스키, 테네시위스키에 대해 특산품으로 인정하여 이들 제품이 양국에서 제조되지 아니한 경우에는 양국에서 판매를 허용하지 않는다.

싱가포르·EFTA·아세안·인도·베트남과의 FTA에서는 당사국이 심각한 국제 및 대외적 금융상 어려움에 처해 있거나 그러한 우려가 있는 경우 1994년도 GATT에 따라 그 당사국은 제한적인 수입조치를 채택할 수 있도록 규정하고 있다. 이러한 조치의 채택시 그 당사국은 다른 쪽 당사국과 즉시 협의해야 한다.

페루·콜롬비아와의 FTA에서는 가격 밴드제도를 유지하는 조항[22]을 두고 있다. 가격밴드제도(Price Band System)란 자국 산업을 보호하기 위해서 해당물품에 대해 수입가격 밴드를 설정하고 수입가격이 동 가격밴드 이하로 낮아질 경우 기본관세 이외에 추가관세를 부과하여 가격을 상향하는 제도를 말한다. 한-페루 FTA의 경우 부속서 2라에 가공치즈, 옥수수전분을 비롯한 가격밴드적용 대상품목을 HS 10단위 기준으로 47개 품목을 정하고 있다.

---
[22] 한-페루 FTA 제2.16조, 한-콜롬비아 FTA 제2.15조

6 제도 규정(Institutional Provisions)

제도 규정에서는 원산지 규정 및 원산지절차, 관세행정 및 무역원활화 등에서 발생하는 사안을 논의하기 위한 상품무역위원회의 설치와 운영에 대해 규정하고 있다. 매년 1회 이상 회합하여 원산지 규정 및 품목분류 등 상품무역과 관련된 사항을 협의한다.

실제 협정 운영시 협정 당사국간 발생하는 관세·원산지관련 사안은 상품무역위원회 산하 「관세·원산지 소위원회」등에서 논의되며, 논의결과 등은 상품무역위원회에 보고하고 추인절차 등을 거치게 된다. 합의된 협정 개정 사항에 대해선 양해각서 형태로 만들어 지며, 동 양해각서는 당사국의 국내절차 등이 마무리 되면 정식 발효된다.

자유무역협정의 분쟁해결 절차(한-중 FTA 제20장)

- **협정이행을 둘러싼 분쟁이 발생할 경우 해결절차는** WTO 분쟁해결절차(DSU) 및 기 체결 FTA의 분쟁해결절차와 유사하게, "① 당사국 간 협의 → ② 패널(3인) 설치 → ③ 패널 보고서 제출 → ④ 패널 보고서 이행 및 보상 → ⑤ 양허 또는 기타 의무의 정지"의 순서로 진행되도록 규정
- **비관세조치를 대상으로 하는 중개절차(Mediation) 도입**
  - 사법적 분쟁해결절차만을 둘 경우, 비교적 오랜 시일이 소요되는 문제점이 존재, 이를 보완하기 위해 양측간 상호이해를 바탕으로 보다 신속하고 효율적으로 통상이슈에 접근하는 방안으로 중개절차 규정
  - 사안에 대해 전문적 지식을 보유한 이해관계 없는 중개인이 협의를 진행하고, 합리적 해결방안을 권고하는 등 단순 협의보다 체계를 갖추는 방식
- **FTA 해결절차와 WTO해결절차 중 선택가능, 선택 후에는 변경불허**

자유무역협정의 적용 예외 (한-중 FTA 제21장)

다음의 경우에는 FTA 협정의 당사국 의무에서 면제(무역제한 조치 가능)될 수 있다. 거의 모든 협정에서 1994 GATT 예외(제20조, 제21조 등) 원용

1. **일반적 예외**: 상품 무역에 관한 일반적 예외를 규정한 GATT 제20조*
   *공중도덕 보호, 인간·동식물의 생명 및 건강 보호, 금·은의 수출입 관련조치, 고갈될 수 있는 천연자원의 보존, 역사·예술 유물의 보호, 공급부족 상품의 취득·유통에 필수적인 조치 등
2. **안보상 예외**: 국가 안보상 필요한 조치에 대해 예외 인정
3. **조세(관세 불포함) 예외**: 과세조치는 원칙적으로 협정 적용 대상에서 제외하고, 본 협정과 여타 조세 조약의 불일치가 있는 경우 조세 조약이 우선 적용
4. **정보공개 예외**: 협정상 어떤 내용도 공개되면 법 집행을 방해하거나, 공공 이익에 반하거나, 특정기업·공공·민간의 합법적인 상업상 이익을 손상하는 비밀정보의 제공 또는 접근 허용을 요구하는 것으로 해석되지 않음

한-중 FTA 최종규정 (제22장)

[제22.4조 발효 및 종료]
1. 이 협정의 발효는 각 당사국의 필요한 국내 법적 절차의 완료(국회 비준 등)를 조건으로 한다.
2. 이 협정은 양 당사국이 그러한 절차가 완료되었다는 서면통보를 외교 경로를 통하여 교환한 날 후 60일째 되는 날 또는 양 당사국이 합의하고 서면통보로 확정하는 그 밖의 기간 후에 발효한다.
3. 어느 한쪽 당사국은 다른 쪽 당사국에 대한 외교 경로를 통한 서면통보로써 이 협정을 종료할 수 있다. 이 협정은 그러한 통보가 발송된 날부터 180일 후에 종료된다.

[제22.6조 정본]
이 협정은 한국어, 중국어 그리고 영어로 작성된다. 그 세 가지 협정문은 동등하게 유효하며 정본이다. 불일치가 있는 경우, 영어본이 우선한다.

- ▶ 영문이 우선인 협정: 한-칠레, 한-싱가포르, 한-EFTA, 한-아세안, 한-인도, 한-페루, 한-터키, 한-콜롬비아, 한-베트남, 한-중
- ▶ 국문과 영문이 동등한 협정: 한-미, 한-EU, 한-호주, 한-캐나다, 한-뉴질랜드, 한-중미
  (예시: 한-미) 이 협정의 한국어본 및 영어본은 동등한 정본이다.

FTA에서 발효시점도 매우 중요한데, 그 이유는 대부분의 협정에서 발효 후 차기 관세철폐·인하 시점을 매년 1월 1일(한-EU FTA의 경우는 매년 7월 1일임)로 정하고 있기 때문이다. 따라서 발효시점이 연말이라면, 다음 년도에 곧바로 관세가 인하되는 효과를 볼 수 있다. 한-중 FTA의 경우가 그렇다. '15.12.20 발효시 관세인하, '16.1.1 관세가 또 인하되어 단시간내 두배의 특혜이익을 누릴 수 있었다. 이러한 상황을 고려하여 정부입장에서는 국회비준 등의 절차를 서두를 수 밖에 없다.

한-중 FTA 추진 프로세스 (여타 FTA도 유사)

- 민간 공동연구 ('05.7월~ '06.9월)
- ↓
- 산 관 학 공동연구 ('07.3월~ '10.5월)
- ↓
- 정부 간 사전 실무협의 ('10.0월~ '12.4월)
- ↓
- 한 중 FTA 공청회 ('12.2월)
- ↓
- 한중 FTA 추진계획 국회 보고 ('12.4월)
- ↓
- 1단계 협상 ('12.5월~ '13.9월)
  - 1차('12.5월 베이징), 2차('12.7월 제주)
  - 3차('12.8월 웨이하이), 4차('12.10월 경주)
  - 5차('13.4월 하얼빈), 6차('13.7월 부산),
  - 7차('13.9월 웨이팡)
- ↓
- 2단계 협상 ('13.11월~ '14.11월)
  - 8차('13.11월 인천), 9차('14.1월 시안),
  - 10차('14.3월 고양), 11차('14.5월 메이샨),
  - 12차('14.7월 대구), 13차('14.9월 베이징),
  - 14차('14.11월 베이징)
- ↓
- 2단계 협상 완료 ('14.11.10) (협상 타결)
- ↓
- 협정문안 확정 / 가서명
- ↓
- 협정문 번역 / 법제처 심의
- ↓
- 차관회의 / 국무회의 / 대통령 재가
- ↓
- 정식 서명 ('15.6.1)
- ↓
- 협상 결과 국회 보고
- ↓
- 국회 비준 동의
- ↓
- 협정 발효 ('15.12.20)

FTA is NOT Free.
Conditionally Free.

FTA 관련 자격시험   예 상 문 제

01
체결국간 경제통합의 심화정도에 따른 지역무역협정의 분류순서로 맞는 것은?

① 자유무역협정→관세동맹→공동시장→완전경제통합
② 관세동맹→자유무역협정→공동시장→완전경제통합
③ 공동시장→관세동맹→자유무역협정→완전경제통합
④ 자유무역협정→공동시장→관세동맹→완전경제통합
⑤ 관세동맹→공동시장→자유무역협정→완전경제통합

해설 지역무역협정은 경제통합의 심화정도에 따라 역내관세가 철폐되는 FTA, 회원국간 관세철폐는 물론 역외국에 공동관세를 부과하는 관세동맹, 관세동맹에서 한 단계 더 나아가 회원국간 생산요소가 자유롭게 이동하는 공동시장, 그리고 마지막으로 역내국간 단일시장을 형성하는 완전경제통합으로 구분된다.

정답 ①

02
자유무역협정에 대한 설명으로 잘못된 것은?

① 지역무역협정에서 가장 낮은 수준의 경제통합 형태이다.
② 자유무역협정은 1994년도 GATT 제24조에 합치되게 협정국간에 자유무역지대를 창설하는 것이다.
③ 자유무역협정의 발효에 따라 역내국간 무역창출과 기존 수입국에서 역내국으로 수입전환이 발생한다.
④ 자유무역협정도 WTO의 기본원칙인 최혜국대우 원칙이 예외없이 적용된다.
⑤ 자유무역협정에서도 WTO의 내국민대우 원칙은 그대로 적용되도록 규정하고 있다.

해설 체결국간 자유무역지대를 형성하는 자유무역협정은 WTO의 기본원칙인 최혜국대우원칙(MFN) 적용의 예외가 인정된다.

정답 ④

03

자유무역협정과 WTO에 대한 설명으로 잘못된 것은?

① WTO는 GATT 제24조 규정으로 자유무역협정을 인정하고 있다.
② GATT 제24조 적용으로 인하여 발생하는 모든 문제에 대해 WTO 분쟁해결절차가 적용될 수 있다.
③ 지역무역협정이 WTO 규범에 합치되는 여부의 검토와 감시를 위해 WTO는 지역무역협정위원회를 설립하였다.
④ 지역무역협정에서 자유무역지대를 형성하는 FTA가 관세동맹을 압도하고 있다.
⑤ 아세아·태평양 무역협정은 GATT 제24조의 조건을 충족하므로 FTA관세특례법의 적용대상이다.

해설 FTA를 제외한 일반특혜관세, 세계무역기구 개발도상국간 무역협정, 아세아·태평양 무역협정, 유엔무역개발회의 개발도상국간 특혜관세 등은 GATT 제24조 기준을 충족조하지 못해 FTA관세특례법의 적용대상이 아니다.

정답 ⑤

CHAPTER

02

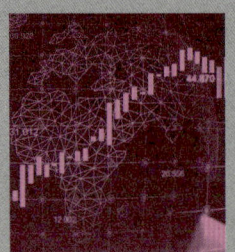

FTA 관세특례법 총칙
(Customs Special Act for FTA)

- 제1절　FTA 관세특례법 개요
- 제2절　FTA 관세특례법 제정목적
- 제3절　법령상 용어 정의와 해석
- 제4절　다른 법률과의 관계

FTA 관세특례법 개요

▶1 FTA의 국내법적 수용유형

FTA는 국회의 비준절차를 거치기 때문에 별도의 입법조치가 없더라도 국내에서 직접 적용된다고 볼 수도 있으나[23], 협정이 일반적인 원칙만을 규정하거나 협정내용이 국내법령과 상충되는 경우에는 협정의 원활한 집행을 위하여 FTA의 일반적인 이행에 필요한 이행절차법을 마련해 놓을 필요성이 있다.

FTA의 국내법적 수용유형은 미국형, EU형, 일본형으로 구분할 수 있다. 미국과 캐나다는 협정 그 자체만으로는 법원성을 인정하지 않는다.[24] 각 개별 협정별로 의회에서 별도의 이행법률을 제정해야만 효력이 발생한다. 이에 따라 FTA 이행을 위해서는 FTA별 이행법을 제정함과 동시에 국내법과 상충되는 내용에 대해서는 관세법령에 재규정하는 방식을 취한다. 한-미 FTA 이행을 위하여 한-미 FTA이행법을 제정(2011.10.21, 19 U.S.C. §3805, note)하여 특별법적 근거를 마련한 후 기존의 국내법령과 상충되는 내용은 국내 관세법령(19 CFR Part 10)에 재규정하는 입법방식을 사용

---

23) 헌법 제6조①헌법에 의하여 '체결·공포된 조약과 일반적으로 승인된 국제법규는 국내법과 같은 효력을 가진다'고 규정하여 조약이나 국제관습법과 같은 국제법규에 대해 국내법적 효력을 부여하고 있다.

24) 미국 법체계상 한-미 FTA는 법적인 효력이 없고, 동 협정을 이행하기 위한 이행법률을 제정하기 위한 참고자료일 뿐이다. 미국헌법에는 통상조약에 관한 법적인 언급이 없어 조약 자체에 법력인 효력을 부여하지 아니하고, 별도의 이행법률을 제정하는 것이 관례로 되어 있다.

미국의 한-미 FTA이행법은 "한-미 FTA 협정의 어느 규정도 미국의 연방법에 합치하지 않을 경우에는 효력이 없다고 규정하면서(제102조(a)(1)), 동 법의 어느 규정도 미국법을 개정하거나 수정하는 것으로 해석되어서는 아니 된다고 규정하고 있다(제102조(a)(2)). 또한, 주법과의 관계에서도 어떤 주법이나 그 적용은 해당 조항과 적용이 한-미 FTA협정에 불일치하는 이유로 무효로 선언될 수 없다고 규정하고 있다(제102조(b)(1)), 그리고 어느 개인도 한-미 FTA협정이나 이의 의회 승인을 근거로 소의 권리를 주장하거나 대항근거로 원용할 수 없다"고 규정하여 한-미 FTA협정의 직접효력(direct effect)을 인정하지 않고 있다.

그러나, 조약의 불이행에 대한 정당화의 방법으로 그 국내법 규정을 원용할 수 없으므로(조약법에 관한 비엔나협약 제27조), 위의 미국의 이행법률의 규정은 미국법 체계에 따른 규정이고, 미국의 국내법령에 어떠한 규정이 있더라도 한-미 FTA를 불이행할 경우 책임은 면할 수 없으므로 국제법상 유효한 조약으로 간주된다.

하였다. 다시말해 미국은 협정에 규정된 모든 분야의 내용 및 시행절차를 협정체결 시마다 개별적인 단일 법률에 규정하는 방식을 택하여 FTA의 국내법적 효력을 명확히 하고 협정의 통일적 이행 및 집중관리가 가능하다는 장점이 있으나, 반면 협정체결시마다 방대한 분야의 이행법안 제정에 많은 시간과 노력이 소요되는 문제점이 있다.

EU의 경우는 FTA이행과 관련해서 미국과 달리 협정 그 자체의 법적 효력을 인정한다. 따라서 별도의 이행법률 제정절차를 취하지 않는다. 협정에 국내 일반규정과 상충되는 내용이 있을 경우 시행상의 혼란을 방지하기 위해 집행이사회규정을 만들어서 시행한다.

일본의 경우는 일반적 이행절차법인 관세잠정조치법에 FTA 등 특혜관세협정의 주요내용을 반영하여 일반 관세법보다 우선적 효력을 인정하고, 국내법 개정을 최소화하기 위해 대부분 국내법의 틀 내에서 FTA를 체결하도록 노력하고 있다.

우리나라는 일본형과 유사하게 상품분야의 경우 FTA 관세특례법을 제정·시행하고 있으며, 협정의 각 분야별로 국내법에 수용하여 집행하고 있다. 예를 들어 한-미 FTA 각 분야별 관련 국내 법령은 다음과 같다.[25]

협정내용	관련 법령
상품·농업·섬유 (제2장~제4장)	- **자유무역협정의 이행을 위한 관세법의 특례에 관한 법률·령·규칙** - 개별소비세법·령·규칙 - 지방세법·령·규칙 - 대외무역법·령·규칙
의약품·의료기기 (제5장)	- 약사법·령·규칙 - 의료기기법·령·규칙 - 마약류 관리에 관한 법률·령·규칙
원산지(제6장)	- **자유무역협정의 이행을 위한 관세법의 특례에 관한 법률·령·규칙**
관세행정·무역원활화 (제7장)	- **자유무역협정의 이행을 위한 관세법의 특례에 관한 법률·령·규칙** - **관세법·령·규칙**

---

25) 진한 부분은 관세와 관련된 분야이다.

위생과 식물위생조치 (제8장)	- 검역법·령·규칙 - 축산물위생관리법·령·규칙 - 가축전염병 예방법·령·규칙 - 감염병의 예방 및 관리에 관한 법률·령·규칙 - 식물위생법·령·규칙 - 식물방역법·령·규칙 - 수산동물질병 관리법·령·규칙 - 보건범죄 단속에 관한 특별조치법·령·규칙
무역구제 **(제10장)**	**- 자유무역협정의 이행을 위한 관세법의 특례에 관한 법률·령·규칙** - 불공정무역행위조사 및 산업피해구제에 관한 법률·령·규칙
전자상거래 (제15장)	- 전자거래기본법·령·규칙 - 전자상거래 등에서의 소비자보호에 관한 법률·령·규칙 - 전자서명법·령·규칙
경쟁 (제16장)	- 독점규제 및 공공거래에 관한 법률·령·규칙 - 부정경쟁방지 및 영업비밀보호에 관한 법률·령·규칙 - 소비자기본법·령·규칙
지식재산권 (제18장)	- 상표법·령·규칙 - 저작권법·령·규칙 - 특허법·령·규칙 - 특허권 등의 등록령·규칙 - 실용신안법·령·규칙 - 디자인보호법·령·규칙 **- 관세법·령·규칙**

▶2 FTA 관세특례법의 성격

FTA에서 상품, 원산지, 관세행정·무역원활화, 무역구제, 지식재산권 등의 분야가 관세행정과 관련되어 있으며, 관련 법령으로는 관세법과 자유무역협정의 이행을 위한 관세법의 특례에 관한 법률(이하 FTA관세특례법이라 한다)이 있다. 관세법은 모든 국가의 교역 상품에 적용되는 일반법이며 FTA관세특례법은 FTA 특정 상대국 상품에만 적용되는 관세법의 특별법적인 성격을 갖는다.

FTA관세특례법은 우리나라가 체결한 자유무역협정의 효과적인 이행을 위한 일반적인 사항을 담고 있는 이행절차법으로서, 모든 FTA 이행의 실효성을 확보하고 FTA 체결시마다 이행절차법을 제정하여야 하는 번거로움을 해소하며, 관세행정절차의 공정성과 투명성을 제고하여 통관 및 납세편의 증대를 도모하고자 2005년 12월 31일 법률 제7842호로 제정되었고, 우리나라가 두 번째로 맺은 한-싱가포르 FTA가 2006년 3월 2일 발효되면서 동시에 시행되었다. 이후「FTA 관세특례법」이 제정되기 전부터 시행된「한-칠레 FTA 관세특례법」이 2010년 1월 1일 폐지되고,「FTA 관세특례법」으로 통합·시행되어 명실공히 FTA이행기본법이 되었다. 동 법은 2015년 12월에 납세자의 편의를 위해 전부 개정되어 2016년7월1일 시행되었다.

2004. 2. 16일 제정된 한-칠레 FTA 관세특례법과 같이 개별 FTA마다 이행특례법을 제정할 수도 있으나, 동시다발적으로 여러 국가 및 지역공동체 등과 FTA를 추진하는 과정에서 협정을 체결할 때마다 개별적인 이행특례법을 제정하는 것은 입법적·행정적 부담을 야기하고 협정발효를 지연시키며, 국내법 체계를 더욱 복잡하게 만드는 등의 문제가 있었다.

입법경제 달성과 신속한 협정발효, 그리고 FTA 협상과정에서 국내법을 내세워 협상의 주도권을 확보하기 위해서 FTA관세특례법과 같은 일반이행특례법을 제정해 놓을 필요가 있었던 것이다.

FTA관세특례법에서는 협정에서 합의된 관세양허계획에 따라 품목별·연도별로 적용되는 협정관세율의 결정방식과 체약상대국 물품의 수입급증으로 인한 국내산업 피해를 구제하기 위하여 관세율을 인상하거나 관세인하를 정지할 수 있는 양자간 세이프가드제도[26], 원산지 결정기준을 규정하고 수입물품의 원산지에 의문이 있는 경우 관세청장에게 사전심사를 신청할 수 있도록 하였

---
[26] 세이프가드(SG)조치는 관세의 인하를 정지하거나 협정 발효 전날과 SG 조치일 시점의 최혜국대우세율(MFN : WTO 모든 회원국에게 무차별적으로 적용되는 세율) 중 낮은 세율까지 관세인상을 할 수 있는 조치임.

으며, 원산지확인을 위하여 필요한 경우 체약상대국 관세당국에 원산지의 검증을 요청하거나 해외 수출자 또는 생산자를 대상으로 직접 검증할 수 있도록 하는 등의 내용을 담고 있다.

<표 2-1> FTA 법령체계

FTA협정	국내법령
◆ 한-칠레 FTA 협정 　(한-칠레 FTA 통일규칙) ◆ 한-싱가포르 FTA 협정 ◆ 한-EFTA FTA 협정 ◆ 한-ASEAN FTA 협정 ◆ 한-인도 CEPA 협정 ◆ 한-EU FTA 협정 ◆ 한-페루 FTA 협정 ◆ 한-미 FTA 협정 ◆ 한-터키 FTA 협정 ◆ 한-호주 FTA 협정 ◆ 한-캐나다 FTA 협정 　(한-캐나다 FTA 통일규칙 양해각서) ◆ 한-중 FTA 협정 ◆ 한-콜롬비아 FTA 협정 ◆ 한-베트남 FTA 협정 ◆ 한-뉴질랜드 FTA 협정 ◆ 한-중미 FTA 협정	◆ FTA 관세특례법·시행령·시행규칙 ◆ FTA 관세특례법 시행령 별표 ◆ FTA 관세특례법 시행령 제3조제4항의 규정에 의한 상호 대응세율표 ◆ FTA 관세특례법 시행규칙 별표 및 별지서식 〈관세청 고시〉 - 자유무역의 이행을 위한 관세법의 특례에 관한 법률 사무 처리에 관한 고시 - 원산지인증수출자 운영에 관한 고시 - 관세청장이 인정하는 원산지(포괄)확인서 고시 〈관세청 훈령〉 - 원산지조사 운영에 관한 훈령

3 FTA 관세특례법 전부개정(2016.7.1. 시행)

(1) 전부개정 이유

FTA 관세특례법은 2005년 제정된 이래 FTA가 체결될 때마다 부분적인 개정을 반복함에 따라 조문체계가 복잡하고, 납세자의 권리와 관련된 일부 내용들이 하위법령에 규정되어 법령체계와 내용을 납세자가 이해하기 어려운 문제점이 지속적으로 제기되었다. 이에 법률을 전반적으로 정비하고, 제도 운영상 나타난 일부 미비점을 개선·보완하기 위해 2015년 12월에 전부 개정하여, 2016년 7월 1일부터 시행되고 있다.

(2) 주요내용

첫째, 협정관세 적용의 절차에 따른 장(章) 편제의 도입과 주요 조문을 세분화 하였다. 납세자가 쉽게 이해할 수 있도록 조문순서를 협정관세 특례의 적용순서에 맞추어 재배열하고, 조문으로만 구성되어 있는 편제에 장(章)을 도입하며, 주요조문의 내용을 세분화하여 36개 조문으로 규정하던 것을 46개 조문으로 규정하였다.

둘째, 협정관세 적용요건 및 원산지증명의 일반원칙을 명확화 하였다. 일반 국민이 이해하기 쉽도록 협정관세가 적용되기 위한 요건과 수입자 및 수출자·생산자에 대한 원산지증명의 일반원칙을 별도의 조문으로 신설한 것이다. (제6조 및 제10조)

셋째, 원산지결정기준 중 직접운송요건을 명확화 하였다. 직접운송요건에 대한 협정 상 예외와 환적이나 일시적 보관에 따른 예외의 적용에 우선순위가 없는 것처럼 규정되어 있던 것을 협정 상 예외가 우선 적용됨을 명확하게 한 것이다. (제7조)

넷째, 원산지증빙서류 제출근거 마련 등 하위법령 규정사항을 상향 규정하였다. 즉, 협정관세 적용신청 시 세관장은 대통령령으로 정하는 물품에 대해서는 원산지증빙서류 제출을 요구할 수 없도록 하되, 협정관세의 적용을 사후에 신청할 경우에는 원산지증빙서류를 첨부하도록 하고(제8조), 원산지증명서 발급의 적정성 확인 또는 효율적 관리를 위하여 관세청장이 원산지증명서 발급기관에 대한 지도·감독을 할 수 있도록 하였다.(제9조), 또한, 관세청장 또는 세관장은 원산지증명 능력이 있는 수출자를 원산지인증수출자로 인증하여 협정에서 정하는 범위에서 해당 물품에 대하여 자율적으로 원산지를 증명할 수 있도록 하고, 원산지증명에 관하여 간소한 절차를 적용받을 수 있도록 하였고(제12조), 기획재정부장관은 긴급관세조치를 1년을 초과하여 적용하는 경우에는 일정한 기간의 간격을 두고 점진적으로 완화하는 조치를 취하도록 하였다.(제22조)

다섯째, 납세자의 권리보호를 강화하였다. 세관공무원이 원산지조사를 하는 경우에는 필요 최소한의 범위에서 조사를 하도록 하고 조사권을 남용하지 못하도록 함으로써 납세자의 권리보호를 강화하도록 한 것이다.(제17조제8항 및 제9항)

여섯째, 담보제공을 통한 협정관세 적용보류 해제제도를 도입하였다. 수입자가 원산지 조사기간 동안 조사대상 물품의 동일 수출자로부터 수입하는 동종동질의 물품에 대하여 납세담보를 제공하는 경우에는 세관장이 협정관세 적용보류를 해제할 수 있도록 함으로써 납세자의 납세부담을 완화한 것이다.(제21조제3항)

일곱째, 협정관세 적용제한자 지정제도를 명확화 하였다. 반복적으로 원산지증빙서류를 거짓 작성하는 등의 체약상대국수출자 등에 대하여 5년 범위에서 협정관세 적용을 제한할 수 있도록 규정하고 있으나, 그 지정 및 해제에 관한 구체적인 제도적 틀이 법률에 규정되어 있지 아니하였으나, 협정관세 적용제한자 지정 및 해제제도를 도입하여 구체적으로 정함으로써 법률관계를 명확히 한 것이다.(제37조)

여덟째, 중소기업 원산지 증명 지원의 근거를 마련하였다. 관세청장은 중소기업인 수출자, 생산자 또는 수출물품이나 수출물품의 생산에 사용되는 재료를 공급하는 자를 대상으로 원산지결정기준 및 원산지증명서의 작성 등 원산지 증명 절차 등에 관한 상담 및 교육 등의 지원사업을 할 수 있도록 한 것이다.(제13조)

아홉째, 협정관세 적용 물품에 대한 가산세 감경 등의 근거를 마련 하였다. 협정관세를 적용받은 물품에 대하여 가산세를 징수하는 경우 지금까지는 「관세법」에 따라 징수하여 왔으나, 앞으로는 이 법에 따라 징수할 수 있도록 하고, 수입자가 협정관세를 적용받은 물품에 대한 관세청장 또는 세관장의 원산지 조사의 통지를 받기 전에 해당 물품에 대한 수정신고를 하는 경우 등 대통령령으로 정하는 경우에는 가산세의 전부 또는 일부를 징수하지 아니할 수 있도록 하였다.(제36조)

(3) 개정 전·후 조문체계 비교(24조문→ 9장 46조문)

현행	개정
	제1장 총칙
제1조 목적	제1조 목적
제2조 정의	제2조 정의
제3조 다른 법률과의 관계	제3조 다른 법률과의 관계
	제2장 협정관세의 적용
제4조 협정관세	제4조 협정관세
제5조 세율 적용의 우선순위	제5조 세율 적용의 우선순위
	제6조 협정관세의 적용요건
제9조 원산지결정기준	제7조 원산지결정기준
제10조 협정관세의 적용신청 등	제8조 협정관세의 적용신청 등
	제9조 협정관세 사후적용의 신청
	제3장 원산지증명
	제10조 원산지증명
제9조의2 원산지증명서 작성 등	제11조 원산지증명서 작성·발급 등
	제12조 원산지인증수출자 인증
	제13조 중소기업의 원산지 증명 지원
제11조 원산지증빙서류의 수정 통보	제14조 원산지증빙서류의 수정통보
제12조 원산지증빙서류 등의 보관 및 제출	제15조 원산지증빙서류 등의 보관
	제16조 원산지증빙서류 등의 제출
	제4장 원산지조사
제13조 원산지에 관한 조사	제17조 원산지에 관한 조사
	제18조 체약상대국의 요청에 따른 원산지 조사
	제19조 체약상대국에 대한 원산지 확인 요청
제13조의2 원산지에 관한 체약상대국의 조사	제20조 원산지에 관한 체약상대국의 조사
제17조 원산지 조사 기간 중 협정관세의 적용 보류	제21조 원산지조사 기간 중 협정관세의 적용 보류
	제5장 무역피해 구제를 위한 관세조치
제6조 긴급관세조치	제22조 긴급관세조치
제7조 잠정긴급관세조치	제23조 잠정긴급관세조치
제7조의3 특정 농림축산물에 대한 특별긴급관세조치	제24조 특정 농림축산물에 대한 특별긴급관세 조치

제7조의 2 「관세법」제65조의 긴급관세 부과특례 제7조의 4 「관세법」 제68조의 농림축산물에 대한 특별긴급관세 부과 특례	제25조 「관세법」의 긴급관세 부과특례 등
제6조의 2 대항조치	제26조 체약상대국의 조치에 대한 대항조치
제5조의 2 덤핑방지관세·상계관세 협의 등	제27조 덤핑방지관세 협의 등 제28조 상계관세 협의 등
	제6장 통관특례 및 관세상호협력
제20조의 2 통관절차의 특례	제29조 통관절차의 특례
제8조 일시수입물품 등에 대한 관세의 면제	제30조 일시수입물품 등에 대한 관세의 면제
제14조 원산지 등에 대한 사전심사	제31조 원산지 등에 대한 사전심사
제15조 사전심사서 내용의 변경	제32조 사전심사서 내용의 변경
제18조 상호협력	제33조 상호협력
제19조 관세상호협의의 신청 등	제34조 관세상호협의의 신청 등
	제7장 협정관세의 적용제한
제16조 협정관세의 적용제한	제35조 협정관세의 적용제한
	제36조 가산세
	제37조 협정관세 적용제한자의 지정 및 지정해제
	제8장 보칙
제20조 비밀유지 의무	제38조 비밀유지 의무
제17조의 3 불복의 신청	제39조 불복의 신청
제17조의 2 불복 증거서류 및 증거물의 제출 등	제40조 불복 증거서류 및 증거물의 제출 등
제20조의 3 관계 자료의 제출요청	제41조 관계 자료의 제출요청
제21조 권한의 위임	제42조 권한의 위임
제25조 협정의 시행	제43조 협정의 시행
	제9장 벌칙
제22조 벌칙	제44조 벌칙
제23조 양벌규정	제45조 양벌규정
제24조 과태료	제46조 과태료

(4) 법률 변경사항 비교

구분	개정 전	개정 후
세율 적용의 우선순위 (제5조)	◆ 협정관세의 세율이 관세법에 따른 세율보다 높은 경우 관세법에 따른 적용세율을 우선하여 적용	◆ 협정관세의 세율이 관세법에 따른 세율과 같거나 그보다 높은 경우 관세법에 따른 적용세율을 우선하여 적용
세율 적용의 우선순위 (제5조)	◆ 다만, 덤핑방지관세, 상계관세, 보복관세, 긴급관세 및 농림축산물에 대한 특별긴급관세는 협정관세의 세율보다 우선 적용	◆ 다만, 덤핑방지관세, 상계관세, 보복관세, 긴급관세, 특정국물품 긴급관세 및 농림축산물에 대한 특별긴급관세는 협정관세의 세율보다 우선 적용
개정이유	◆ 협정관세의 세율은 관세법(제50조)에 따른 적용세율보다 낮은 경우에만 우선 적용하여 납세편의 제고 ◆ 관세법과의 일관성을 유지하기 위하여 협정관세의 세율보다 우선 적용되는 세율에 '특정국 물품 긴급관세'를 추가	
협정관세의 적용요건 (제6조)	〈신 설〉	〈협정관세의 적용 원칙〉 ◆ 해당 수입물품이 협정에 따른 협정관세의 적용대상일 것 ◆ 해당 수입물품의 원산지가 해당 체약상대국일 것 ◆ 해당 수입물품에 대하여 협정관세의 적용을 신청할 것
개정이유	◆ 협정관세적용의 3가지 일반원칙을 명문화	
원산지결정기준 (제7조)	〈원산지 결정의 직접운송요건〉 ◆ 원산지로 결정된 경우에도 해당 물품이 생산·가공 또는 제조된 이후에 원산지가 아닌 국가를 경유하여 운송되거나 원산지가 아닌 국가에서 선적(船積)된 경우에는 그 물품의 원산지로 불인정 ◆ 직접운송요건의 예외 - 협정에서 달리 정하는 경우 - 해당 물품이 원산지가 아닌 국가의 보세구역에서 운송 목적으로 환적(換積)되었거나 일시적으로 장치되었다고 인정되는 경우 〈신 설〉	〈원산지 결정의 직접운송요건〉 ◆ 원산지로 결정된 경우에도 해당 물품이 생산·가공 또는 제조된 이후에 원산지가 아닌 국가를 경유하여 운송되거나 원산지가 아닌 국가에서 선적(船積)된 경우에는 그 물품의 원산지로 불인정 ◆ 직접운송요건의 예외 - 〈삭 제〉 - 해당 물품이 원산지가 아닌 국가의 보세구역에서 운송 목적으로 환적(換積)되었거나 일시적으로 장치되었다고 인정되는 경우 ◆ 직접운송요건에도 불구하고 협정에서 직접 운송의 요건 등에 관하여 다르게 규정한 경우에는 협정에서 정하는 바에 따름

개정이유	◆ 직접운송요건 조문 정비 ◆ 협정요건이 예외조항보다 우선 적용됨을 명확화	
협정관세의 적용신청 등 (제8조)	◆ 협정관세 적용 신청시 원산지증빙서류 구비의무 ◆ 세관장 요구시 제출의무 〈단서 신설〉	◆ 협정관세 적용 신청시 원산지증빙서류 구비의무 ◆ 세관장 요구시 제출의무 ◆ <u>다만, 세관장은 대통령령으로 정하는 물품에 대해서는 원산지증빙서류 제출을 요구할 수 없음</u>
개정이유	◆ 협정에서 정하는 바에 따라 과세가격 1천불 이하 범위 내의 물품 등의 경우 원산지증빙서류 제출 제외 필요	
협정관세 사후 적용의 신청 (제9조)	〈신 설〉	◆ 협정관세 사후 신청시 원산지증빙서류 제출의무
개정이유	◆ 협정관세 사후 신청시 원산지증빙서류 제출이 필요함을 명확화	
세액의 보정 및 경정 (제9조제4항)	◆ 보정 또는 경정을 청구한 세액을 심사한 결과 타당하다고 인정시 그 세액을 보정하거나 경정하고 <u>관세를 환급</u>	◆ 보정 또는 경정을 청구한 세액을 심사한 결과 타당하다고 인정시 그 세액을 보정하거나 경정하고 <u>납부한 세액과 납부하여야 할 세액의 차액을 환급</u>
개정이유	◆ 환급액 범위를 '납부한 세액과 납부하여야 할 세액의 차액'으로 명확화(세액: 관세+내국세)	
원산지증명 (제10조)	〈신 설〉	◆ 원산지 증명의 일반원칙 - 수입자는 협정관세를 적용받으려는 수입물품에 대하여 협정 및 이 법에서 정하는 바에 따라 원산지를 증명하여야 함 - 수출자 및 생산자는 체약상대국에서 협정관세를 적용받으려는 수출물품에 대하여 협정 및 이 법에서 정하는 바에 따라 원산지증빙서류를 작성하거나 발급받아야 함
개정이유	◆ 원산지증명의 일반원칙을 명문화	
원산지증명서 작성·발급 등 (제11조)	◆ 원산지증명서 작성·발급 등 - 원산지증명서의 발급 방법 • 기관발급 / 자율발급 〈신 설〉	◆ 원산지증명서 작성·발급 등 - 원산지증명서의 발급 방법 • 기관발급 / 자율발급 - <u>관세청장의 원산지증명서 발급기관에 대한 자료제출 요구 및 지도·감독</u> • 원산지증명서 발급의 적정성 확인 또는 효율적 관리를 위하여 필요한 경우에는 원산지증명서 발급기관에 대하여 자료제출 요구, 지도·감독(발급을 담당하는 직원에 대한 교육 포함) 가능

개정이유	◆ 기관발급 방식의 원산지 증명서를 발급하는 기관에 대한 감독 필요	
원산지인증 수출자 인증 (제12조)	〈신 설〉	〈원산지인증수출자 인증〉 ◆ 관세청장 및 세관장은 수출물품에 대한 원산지증명능력 등 대통령령으로 정하는 요건을 충족하는 수출자를 원산지인증수출자로 인증 가능 ◆ 원산지인증수출자의 특혜 - 협정에서 정하는 범위에서 원산지 자율증명 - 원산지증명 절차 간소화 ◆ 요건 미충족시 인증 취소 가능 ◆ 원산지인증수출자 인증 및 그 취소의 절차, 인증유효기간과 그 밖에 필요한 사항은 기획재정부령으로 정함
개정이유	◆ 원산지인증수출자 지정을 통한 납세협력비용 완화 (규칙 상향 조정)	
중소기업 원산지증명 지원 (제13조)	〈신 설〉	〈중소기업 원산지증명 지원〉 ◆ 관세청장은 중소기업에 해당하는 수출자, 생산자 또는 재료공급자에 대해 지원사업 가능 - 원산지결정기준에 관한 상담 및 교육 - 원산지증명서 작성 및 발급 등 원산지 증명 절차에 관한 상담 및 교육 - 그 밖에 대통령령으로 정하는 사항
개정이유	◆ 중소기업 FTA 활용지원 법적근거 마련	
원산지에 관한 조사 (제17조)	◆ 원산지조사시 서면통지 - 관세청장 또는 세관장은 수출자등을 대상으로 서면조사 또는 현지조사를 할 때에는 수입자 및 체약상대국의 관세당국에 그 사실을 서면으로 통지하여야 함 〈신 설〉	◆ 원산지조사시 서면통지 - 관세청장 또는 세관장은 수출자등을 대상으로 서면조사 또는 현지조사를 할 때에는 수입자 및 체약상대국의 관세당국에 그 사실을 서면으로 통지하여야 함 - <u>이 경우 체약상대국의 관세당국에 대한 통지는 협정에서 정하는 경우에 한함</u>
개정이유	◆ 상대국 통지를 협정에 있는 경우로 한정(상호주의)	
원산지조사시 조력자의 범위 (제17조제8항, 제20조제2항)	◆ 현지조사, 원산지에 대한 체약상대국의 조사를 받는 조사대상자의 조사 참관 및 의견 진술시 조력자 1. <u>변호사</u> 2. <u>관세사</u>	◆ 현지조사, 원산지에 대한 체약상대국의 조사를 받는 조사대상자의 조사 참관 및 의견 진술시 조력자 - <u>관세법제112조를 준용함</u>

개정이유	◆ 조력자의 범위를 관세법과 일치	
세관공무원의 조사권남용금지 규정 (제17조제9항)	〈신 설〉	◆ 원산지조사를 수행하는 세관공무원은 필요한 최소한의 범위에서 조사를 하여야 하며, 다른 목적을 위하여 조사권을 남용해서는 아니됨
개정이유	◆ 관세법의 관세조사와 동일하게 세관공무원의 조사권남용금지규정 신설	
협정관세 적용보류의 해제 (제21조제3항)	◆ 협정관세 적용보류 - 원산지 조사시 조사대상자가 조사대상물품의 동일수출자로부터 수입하는 동종동질 물품에 대해 협정관세 적용을 보류 〈신 설〉	◆ 협정관세 적용보류 해제 신설 - (현행과 같음) - 납세자가 납세담보를 제공하고 협정관세 적용 보류의 해제를 요청하는 경우 협정관세 적용보류 해제 가능 ⇒ 협정관세 적용
개정이유	◆ 수입자가 협정관세 적용보류 물품에 대하여 납세담보를 제공하여 조세채권의 확보가 가능한 경우 협정관세를 적용하여 납세부담 완화	
긴급관세조치 (제22조제3항)	〈신 설〉	◆ 기획재정부장관은 체약상대국을 원산지로 하는 동일 물품에 대하여 협정에서 정하는 긴급관세조치와 관세법에 따른 긴급관세를 부과하는 조치를 동시에 적용할 수 없음
개정이유	◆ 협정상의 다자긴급관세조치와 양자긴급관세조치 병과금지 명확화	
긴급관세조치 (제22조제4항)	〈신 설〉	◆ 긴급관세조치의 점진적 완화 - 긴급관세조치를 1년을 초과하여 적용하는 경우 일정한 기간의 간격을 두고 점진적으로 완화하는 조치를 취하여야 함 - 다만, 대통령령으로 정하는 체약상대국 외의 국가에 대해서는 예외로 할 수 있다.
개정이유	◆ 협정상의 긴급관세조치의 점진적 완화 명확화	
협정관세의 적용제한 (제35조)	◆ 협정관세의 적용 제한 - 관세청장 또는 세관장이 요구한 자료를 기간 내 제출하지 아니하거나 거짓으로 또는 사실과 다르게 제출한 경우 - 세관장의 서면조사에 대하여 기획재정부령으로 정하는 기간 이내에 회신하지 아니한 경우 등 〈신 설〉	◆ 협정관세의 적용 제한 - 관세청장 또는 세관장이 요구한 자료를 기간 내 제출하지 아니하거나 거짓으로 또는 사실과 다르게 제출한 경우 - 세관장의 서면조사에 대하여 기획재정부령으로 정하는 기간 이내에 회신하지 아니한 경우 등 - 협정에 따른 협정관세 적용의 거부·제한 사유에 해당하는 경우

개정이유	◆ 각 협정에서 규정한 협정관세 적용제한 사유 추가	

가산세 (제36조)	〈신 설〉	〈가산세〉
		◆ 세관장은 협정관세 적용물품에 대해 「관세법」 제38조의3제1항 또는 제4항에 따른 부족세액 징수시 다음 각 호의 금액을 합한 금액을 가산세로 징수
		  1. 부족세액의 100분의 10에 상당금액. 다만, 수입자가 원산지증명서를 위조 또는 변조하는 등 부당한 방법으로 협정관세의 적용을 신청하여 부족세액이 발생한 경우에는 100분의 40에 상당금액.
		  2. 부족세액에 가목에 따른 일수와 나목에 따른 이자율을 곱하여 계산한 금액
		    가. 「관세법」에 따른 당초 납부기한(협정관세 사후적용 신청자에 대한 가산세 징수의 경우 관세를 환급한 날)의 다음 날부터 다음의 어느 하나에 해당하는 날까지의 일수
		      1) 수정신고일
		      2) 납세고지일
		    나. 금융회사 등이 연체대출금에 대하여 적용하는 이자율 등을 고려하여 대통령령으로 정하는 이자율
		◆ 수입자가 증명서 오류통지에 따라 수정신고를 하는 경우로서 원산지 조사 통지를 받기 전에 수정신고를 하는 경우 등 대통령령으로 정하는 경우(부당한 경우 제외)에는 가산세의 전부 또는 일부를 징수하지 아니함
		◆ 가산세의 전부 또는 일부를 징수하지 아니하는 경우 그 징수하지 아니하는 비율 및 방법 등은 대통령령으로 정함

개정이유	◆ 협정관세 적용제한시 추징사유 및 수입자 귀책에 따라 가산세를 면제·감면 할 수 있는 근거 신설	

협정관세 적용 제한자의 지정 및 지정해제 (제37조)	〈협정관세의 적용 제한〉 ◆ 요건: 협정에서 정하는 바에 따라 5년간 2회 이상 반복적으로 원산지증빙서류의 주요 내용을 거짓으로 작성하거나 잘못 작성한 수출자 ◆ 효과: 5년(협정에서 정한 기간이 5년을 초과하는 경우에는 그 기간)의 범위에서 해당 수출자등이 수출 또는 생산하는 동종동질(同種同質)의 물품 전체에 대하여 협정관세 적용 제한	〈협정관세 적용제한자의 지정 및 지정해제〉 ◆ 협정에서 정하는 바에 따라 5년간 2회 이상 반복적으로 원산지증빙서류의 주요 내용을 거짓으로 작성하거나 잘못 작성한 체약상대국수출자등 ◆ 효과: 대통령령으로 정하는 바에 따라 협정관세 적용제한자로 지정 - 적용제한자로 지정된 자가 수출 또는 생산하는 동종동질의 물품 전체에 대하여 대통령령으로 정하는 바에 따라 5년(협정에서 정한 기간이 5년을 초과하는 경우에는 그 기간)의 범위에서 협정관세 적용 제한
협정관세 적용 제한자의 지정 및 지정해제 (제37조)	◆ 협정관세의 적용제한을 받은 체약상대국 수출자등이 대통령령으로 정하는 바에 따라 원산지증빙서류를 성실하게 작성하였음을 입증하는 경우에는 협정관세의 적용 제한을 해제	◆ 협정관세적용제한자로 지정된 자가 대통령령으로 정하는 바에 따라 원산지증빙서류를 성실하게 작성하였음을 입증하는 경우에는 그 지정을 해제
협정관세 적용 제한자의 지정 및 지정해제 (제37조)	◆ 협정관세 적용의 제한 및 그 해제의 절차·방법과 그 밖에 필요한 사항은 대통령령으로 정함	◆ 제1항부터 제4항까지의 규정에 따른 적용제한자의 지정 및 그 해제의 절차·방법과 그 밖에 필요한 사항은 대통령령으로 정함
개정이유	◆ 반복적으로 원산지를 불성실하게 증명하는 수출자에 대한 제재 근거 명확화	
비밀유지 의무 (제38조)	◆ 비밀유지 의무의 예외 <신 설>	◆ 비밀유지 의무의 예외 (현행과 동일) - 다른 법률에 따라 비밀취급자료를 요구하는 경우
개정이유	◆ 관세법과 일치하도록 예외 규정 보완	

2
FTA 관세특례법 제정목적(법 제1조)

　이 법은 우리나라가 체약상대국과 체결한 자유무역협정의 이행을 위하여 필요한 관세의 부과·징수 및 감면, 수출입물품의 통관 등 「관세법」의 특례에 관한 사항과 자유무역협정에 규정된 체약상대국과의 관세행정(關稅行政) 협조에 필요한 사항을 규정함으로써 자유무역협정의 원활한 이행과 국민경제의 발전에 이바지함을 목적으로 한다.

　목적 규정으로 보면 이 법은 우리나라가 체결한 FTA의 원활한 이행과 그 이행을 통하여 국민경제의 발전 도모를 목적으로 제정한 법이다. FTA의 원활한 이행 수단으로 관세의 부과·징수 및 감면 및 수출입물품의 통관 등을 위하여 「관세법」의 특례사항과 체약상대국과의 관세행정 협조에 필요한 사항 등을 각각 규정함으로써 「관세법」의 특례법이면서 FTA의 효과적인 이행을 위한 이행절차법임을 명확히 하고 있다.[27]

---
27) FTA 관세특례법률 해설, 이종익·박병목. 2013. p.2

법령상 용어 정의와 해석

▶1 FTA 특례법 용어의 정의(법 제2조)

① "자유무역협정"이라 함은 우리나라가 체약상대국과 관세의 철폐, 세율의 연차적인 인하 등 무역의 자유화를 내용으로 하여「1994년도 관세 및 무역에 관한 일반협정」제24조에 따른 국제협정[28]과 이에 준하는 관세의 철폐 또는 인하에 관한 조약·협정을 말한다.

이 법의 적용대상이 되는 자유무역협정은 1994년도 GATT 제24조에 따른 최혜국대우(MFN) 원칙의 예외를 인정받는 자유무역지대를 설치하는 FTA와 GATT 제24조에 준하는 조약·협정이라 정의하고 있다. 'GATT 제24조에 준하는 조약·협정'에는 GATT 제25.5조(GATT 의무면제)와 개도국의 특혜를 인정한 권능조항(enabling clause)의한 APTA, GSTP, GSP 등의 특혜협정이 포함될 수 있으나, 이들의 자유화 수준이 GATT 제24조 미치지 못해 이 법의 적용대상이 될 수 없다.

② "체약상대국"이라 함은 우리나라와 자유무역협정(이하 "협정"이라 한다)을 체결한 국가(국가연합·경제공동체 또는 독립된 관세영역을 포함한다. 이하 같다)를 말한다.

국가 연합(國家聯合, 영어: confederation)은 각각 주권을 유지한 복수의 주권 국가들의 연합이다.

---

[28] 이 법의 대상이 되는 "자유무역협정"의 범위를 정하고 있다. GATT 협정 제24조는 GATT를 이끄는 기본원칙 중 하나인 최혜국대우(Most Favored Nation)원칙에 대해 예외를 인정하는 조항이다. 이 조항에서는 새로운 무역특혜협정 가입으로 비(非)회원국에 대한 무역장벽을 가입 전보다 높여서는 안된다고 명시하고 있다. GATT는 무역특혜협정에 관해 관세동맹(Customs Union)과 자유무역협정(Free Trade Agreement) 두 가지 형태의 경제통합을 용인하고 있다.

이는 조약의 체결 등을 통해서 약한 정도의 결집력으로 국가간의 통합을 이룬다. 국제법상 연방과 달리 국가 연합 자체가 하나의 주권 국가로 인정되지 않는 경우가 많다. 예를들어 독립국가연합(CIS), 유럽연합(EU), 동남아시아국가연합(ASEAN) 등이 국가연합이다.

경제공동체(Economic Union)는 회원국 간 금융, 재정 등 경제적인 분야에서 공동 정책을 수행하는 공동체로 공동시장보다 한 단계 발전한 경제협력체를 일컫는다. 상품, 서비스, 생산요소의 자유로운 이동은 물론이고 공동 조세정책과 단일화폐의 단계로 발전해 경제정책 통합을 위해 정치적 연합으로 발전할 수도 있다. 대표적인 예로 마스트리히트조약에 따라 1993년에 출범한 유럽연합(EU), 그리고 1921년 벨기에와 룩셈부르크의 경제동맹을 들 수 있다.

WTO규정 하에서 적용되는 "영역"은 다른 영역과의 무역을 하고, 고유의 관세 또는 기타 상업 관련규정을 가지고 있는 모든 영역을 의미한다. 관세영역이 꼭 주권국가일 필요는 없는데, 대만, 홍콩, 마카오 등이 국가가 아닌 관세영역의 자격으로 WTO 회원국이 되었다.[29]

우리나라의 경우 동남아시아국가연합인 아세안 및 EU와 FTA를 체결하였다. 여기서 유의해야 할 사항은 한-아세안 FTA의 경우 협정상대국은 아세안이 아닌 아세안회원국으로 한정되나, 한-EU FTA는 EU자체를 협정상대국으로 인정한다는 사실이다. 한-중 FTA에서는 협정 적용 영역[30]을 중국의 관세영역으로 규정하여 독립된 관세영역인 홍콩과 마카오를 제외하고 있다. 반면, 한-미 FTA에서 푸에르토리코는 미국의 관세영역에 포함하고 있다.

③ "관세당국"이라 함은 우리나라의 기획재정부장관·관세청장 또는 세관장을 말하며, 체약상대국의 관세 관련 법령 또는 협정(관세분야에 한한다)의 이행을 관장하는 당국을 말한다.

관세당국(customs authority)이란 당사국의 법에 따라 관세법령의 운영 및 집행을 책임지는 당국을 말한다.[31] 한-중 FTA의 경우 관세당국으로 한국은 기획재정부 및 관세청 또는 각각의 승계기

---

29) 완전한 자치권을 보유하는 독자적 관세영역은 자신과 세계무역기구 사이에 합의되는 조건에 따라 이 협정에 가입할 수 있다. (WTO설립을 위한 마라케쉬 협정 제12조)
30) 중국에 대하여, 이 협정은 육지, 내수, 영해 및 상공을 포함한 중국의 전체 관세영역, 그리고 중국이 국제법과 그 국내법에 따라 주권적 권리 또는 관할권을 행사할 수 있는 중국의 영해 밖의 지역에 적용된다. (한-중 FTA 제1.5조)
31) 완전한 자치권을 보유하는 독자적 관세영역은 자신과 세계무역기구 사이에 합의되는 조건에 따라 이 협정에 가입할 수 있다. (WTO설립을 위한 마라케쉬 협정 제12조)

관으로 규정하고 있으며, 중국은 해관총서 또는 그 승계기관으로 정의(협정 제1.6조)하고 있다.

④ "원산지"라 함은 관세의 부과·징수 및 감면, 수출입물품의 통관 등에 있어서 협정이 정하는 기준에 따라 물품의 생산·가공·제조 등이 이루어진 것으로 보는 국가를 말한다.

원산지는 상품의 생산, 제조, 가공국가를 의미한다. 상품의 단순 조립국, 경유국, 적출국, 자본투자국, 브랜드 소유국, 기술 제공국과 다르며, 상품의 품질이나 명성이 지리적 특성에 근거를 두고 있는 상품임을 알리는 지리적표시(예: 보르도와인, 보성녹차, 안동소주 등)와도 구분된다. 원산지를 결정하는 기준(rule)을 원산지규정이라 하는데 원산지규정은 관세상 특혜를 부여하는 특혜원산지규정과 원산지 표시 목적 등의 비특혜원산지규정으로 구분된다. 따라서 대외무역법에 근거한 수입물품의 원산지표시와 FTA 원산지규정은 관련성이 없다.

FTA의 원산지규정은 특혜원산지규정에 속하며, FTA에서 원산지가 중요한 이유는 원칙적으로 협정상대국 영역내에서 생산된 상품에 한정하여 특혜관세를 부여하기 때문이다. FTA에서 '원산지'란 협정의 원산지규정을 충족하는 것'을 의미하며 이러한 상품을 '원산지 상품'이라 한다.

⑤ "원산지증빙서류"란 우리나라와 체약상대국 간의 수출입물품의 원산지를 증명하는 서류(이하 "원산지증명서"라 한다)와 그 밖에 원산지 확인을 위하여 필요한 서류·정보 등을 말한다.

2013.1.1 이전에는 원산지증빙서류를 수출입물품의 원산지를 입증할 수 있는 것으로서 작성자, 기재사항, 유효기간 등 대통령으로 정하는 요건을 갖춘 서류로만 한정하였다. 이럴 경우 원산지증명서만 해당되어 시행규칙상 원산지확인서, 국내제조확인서, 원산지소명서 등의 서류와 실질적으로 원산지 확인이 가능한 정보 등은 원산지증빙서류의 범위에 포함되지 않아 기업의 불편을 초래할 여지가 많았다. 이러한 점을 감안하여 원산지증빙서류를 원산지증명서와 이 외의 원산지확인에 필요한 서류·정보로 명확히 구분하고 그 범위를 확대하였다.

⑤ "협정관세"란 협정에 따라 체약상대국을 원산지로 하는 수입물품에 대하여 관세를 철폐하거나 세율을 연차적으로 인하하여 부과하여야 할 관세를 말한다.

FTA는 협정 상대국 원산지상품에 대해 "특혜관세대우(preferential tariff treatment)"를 부여하는데, 이에 적용하는 세율을 FTA 관세특례법에서는 "협정관세"라 정의한다. 협정관세는 체약상대국 원산지상품에 한해 적용되는 것으로 우리나라 원산지상품이 상대국으로 수출된 후 재반입되는 경우에는 적용할 수 없다. 이 경우에는 관세법 제99조(재수입면세) 제도의 활용을 고려해 볼 수 있을 것이다.

이 법에 규정된 것 외의 용어에 관하여는 이 법에서 특별히 정한 경우를 제외하고는 「관세법」 제2조에서 정하는 바에 따른다.

2 FTA 특례법 시행규칙 용어의 정의(시행규칙 제2조)

1 "영역"이라 함은 다음 각목에 해당하는 지역을 말한다.

가. 대한민국: 대한민국의 주권이 미치는 영토·영해 및 영공과 국제법 및 국내법에 따라 주권적 권리 또는 관할권이 행사되는 영해의 외측한계선에 인접하거나 외측한계선 밖(협정에서 정하는 경우만 해당한다)의 해저·해저층을 포함한 해양지역

나. 칠레: 칠레의 주권이 미치는 영토·영해·영공 및 국제법과 칠레의 국내법에 따라 칠레의 주권적 권리 또는 관할권이 행사되는 배타적 경제수역과 대륙붕지역

다. 싱가포르: 싱가포르의 주권이 미치는 영토·영해(내륙수로를 포함한다) 및 영공과 영해 밖의 해양지역(해저 및 해저층을 포함한다) 중 천연자원의 탐사 및 개발을 위하여 국제법 및 싱가포르의 국내법에 따라 싱가포르가 주권적 권리 또는 관할권을 행사하는 지역

라. 유럽자유무역연합 회원국: 아이슬란드공화국, 리히텐슈타인공국, 노르웨이왕국 및 스위스연방(이하 "유럽자유무역연합회원국"이라 한다)의 주권이 미치는 영토·영해 및 영공과 국제법 및 유럽자유무역연합회원국의 각 국내법에 따라 주권적 권리 또는 관할권이 행사되는 영해의 외측한계선에 인접하거나 외측한계선 밖의 해저·해저층을 포함한 해양지역

마. 인도: 인도의 주권이 미치는 영토·영해·영공 및 국제법과 인도의 국내법에 따라 인도의 주권적 권리 또는 관할권을 행사하는 대륙붕과 배타적 경제수역을 포함한 해양지역

바. 페루: 페루의 국내법과 국제법에 따라 페루의 주권, 주권적 권리 또는 관할권이 행사되는 본토영역·도서(島嶼)·해양수역 및 그 상공

사. 미합중국: 50개의 주(州), 콜럼비아 특별구와 푸에르토리코를 포함하는 미합중국의 관세영역, 미합중국과 푸에르토리코에 위치하는 대외 무역지대 및 국제법과 미합중국의 국내법에 따라 미합중국이 해저 및 하부토양과 그 천연자원에 대하여 주권적 권리를 행사할 수 있는 미합중국 영해 밖의 지역

아. 터키: 터키의 주권이 미치는 영토·영해·영공 및 국제법에 따라 생물 또는 무생물 천연자원의 탐사, 개발 및 보전을 목적으로 터키가 주권적 권리 또는 관할권을 갖고 있는 해양지역

자. 콜롬비아: 콜롬비아의 주권이 미치는 영토·영해·영공 및 콜롬비아의 국내법과 국제법에 따라 콜롬비아의 주권, 주권적 권리 또는 관할권이 행사되는 그 밖의 지역

차. 호주: 호주의 주권이 미치는 영역[노퍽 섬, 크리스마스 섬, 코코스(킬링) 제도, 애쉬모어·카르티에 제도, 허드 섬·맥도널드 제도 및 코랄시 제도를 포함한다]과 국제법에 따라 호주가 주권적 권리 또는 관할권을 행사하는 영해, 접속수역, 배타적 경제수역 및 대륙붕

카. 캐나다: 캐나다의 주권이 미치는 영토·영공·내수 및 영해, 국제법과 캐나다의 국내법에 따른 배타적 경제수역 및 대륙붕

타. 뉴질랜드: 뉴질랜드의 주권이 미치는 영역(토켈라우는 제외한다)과 국제법에 따라 천연자원과 관련하여 주권적 권리를 행사하는 배타적 경제수역, 해저 및 하층토
파. 베트남: 국내법과 국제법에 따라 베트남이 주권, 주권적 권리 또는 관할권을 행사하는 본토와 섬을 포함한 영토·내수·영해 및 영역 위의 상공, 대륙붕, 배타적 경제수역 및 대륙붕과 배타적 경제수역의 천연자원을 포함한 영해 밖에 있는 해양지역
하. 중국: 육지·내수·영해 및 상공을 포함한 중국의 전체 관세영역[32]과 중국이 그 안에서 국제법과 그 국내법에 따라 주권적 권리 또는 관할권을 행사할 수 있는 중국의 영해 밖의 모든 지역

〈한-중미 FTA〉

가. 코스타리카 및 니카라과 : 국내 법규와 국제법에 따른 코스타리카 공화국 및 니카라과의 영역
나. 엘살바도르, 온두라스, 파나마 : 자국 주권하의 육지, 해양 및 상공, 그리고 국제법과 국내법에 따라 주권적 권리 및 관할권을 행사하는 배타적 경제수역 및 대륙붕

각 협정에서 규정하고 있는 장소적 적용범위인 영역(territory)의 정의는 매우 중요한 의미를 갖는다. 왜냐하면 FTA특혜적용 대상이 되는 상품(원산지상품)이 되기 위해서는 협정 당사국의 영역에서 생산되는 것이 중요한 요건이기 때문이다. 영역범위는 보편적으로 당사국의 주권[33]이 미치는 범위인 영토, 영해, 영공을 의미한다. 이 영역은 완전생산품 뿐 만 아니라 실질적 변형의 불완전생산품 및 원산지재료 생산품에도 동일하게 적용된다. 영역과 관련하여 문제가 될 수 있는 것이 영해와 배타적 경제수역(EEZ)[34]이다. 해양에서는 실질적변형과 관련된 생산이 발생할 여지가 없기 때문이다. 보편적으로 연안으로부터 12해리까지를 영해(territorial sea)[35]라 하고, 200해리까지의

---

32) 홍콩과 마카오는 중국과 독립된 관세영역으로 WTO 회원국으로 한-중 FTA 적용대상이 아니다. 이러한 점을 감안 중국은 홍콩과 CEPA를 체결·발효(2004.1.1.)하였다.
33) 주권은 국민·영토와 함께 국가를 구성하는 3요소의 하나로, 국가의사를 최종적으로 결정하는 최고성, 독립성, 절대의 권력을 가리킨다.
34) EEZ(Exclusive Economic Zone) : UN 해양법에 따라 연안국은 해저의 상부수역, 해저 및 그 하층토의 생물이나 무생물 등 천연자원의 탐사, 개발, 보존 및 관리를 목적으로 하는 주권적 권리와 해수·해류 및 해풍을 이용한 에너지 생산 등 경제적 개발 및 탐사를 위한 그 밖의 활동에 관한 주권적 권리를 보유한다.
35) 영토와 내수(육지부 내수면), 하천, 호수 등의 외측한계로부터 바다 쪽으로 향한 연안의 인접수역으로 연안국의 주권이 미치는 수역을 의미한다. 연안국의 주권은 영해라는 바다에만 미치는 것이 아니라 영해의 상공 및 해저와 하층토에까지 미친다. 영공과 관련해서 주의해야 할 점은 영공이 영토의 상부공간 만을 의미하는 것이 아니라 영토와 영해의 상부공간이라는 점이다.

수역을 배타적 경제수역(EEZ)[36]이라 하여 영해에서는 연안국에게 경찰권, 안보권, 관세권 등 배타적 관할권을 인정하고, 배타적 경제수역에서는 해양자원에 대한 배타적 이용권을 인정해 주고 있다.[37] 배타적 경제수역은 관세법상 공해(high sea)로 취급한다. 칠레·인도·호주·캐나다·베트남·뉴질랜드·중미(코스타리카 및 니카라과 제외)와의 FTA에서는 우리가 아닌 상대국의 '영역 범위'에 EEZ와 대륙붕을 명시적으로 포함시키고 있다. 그러나 칠레·싱가포르와의 협정에서는 한국의 영역에 대하여 '국제법과 자국의 국내법에 따라 주권적 권리 또는 관할권을 행사하는 영해의 외측한계선에 인접한 해저 및 하부토양을 포함한 해양지역'이라고 모호하게 규정하고 있다.

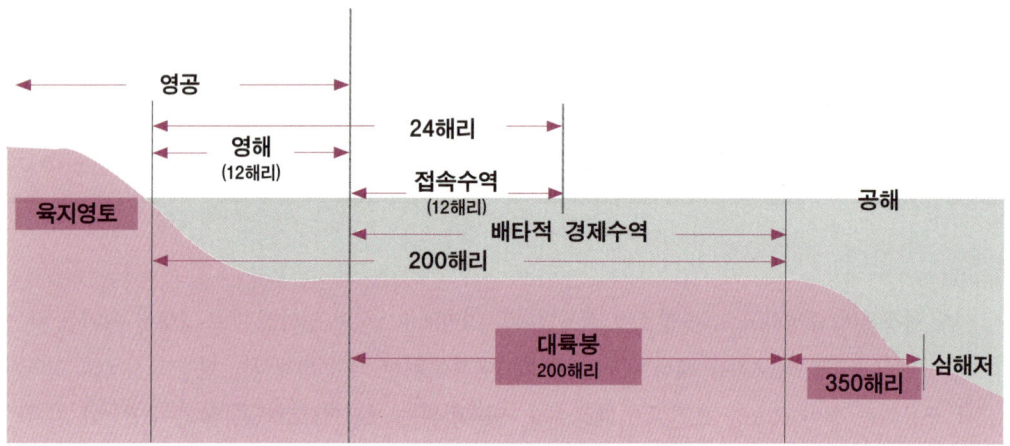

반면, EFTA·인도·미국·페루·호주·캐나다·콜롬비아·중국·베트남·뉴질랜드·중미와의 협정에서는 한국 영역의 범위에 배타적경제수역(EEZ)과 대륙붕이 포함되는 것으로 해석될 수도 있다. 이들 국가와의 협정에서 규정하고 있는 '영역'의 정의에서 '대한민국이 주권을 행사하는 육지·해양 및 상공'은 한국의 영토와 영해, 영공을 의미하며, '대한민국이 국제법과 그 국내법에 따라 주권적 권리[38] 또는 관할권을 행사할 수 있는 영해의 외측한계에 인접하거나 한계 밖에 있는 해저 및 하부토양을 포함한 해양지역'은 배타적경제수역과 대륙붕을 의미하기 때문이다. 하지만 동해, 서해, 동중국해

---

36) 외국의 영해가 아닌 EEZ는 관세법상 공해로 간주한다. 우리나라 선박이 우리나라 영해 또는 공해에서 포획한 수산물은 관세법 제2조에 따라 내국물품이나, 외국의 영해에서 잡은 수산물은 외국물품이다.
37) 「해양법에 관한 UN협약」제3조
38) 주권과 구별되는 개념으로 주권과는 달리 탐사, 개발, 관리 및 보존 등과 같은 기능적 이용에 한정된 권리로 주권보다는 좁은 개념의 권리라 할 수 있다.

수역의 폭이 좁은 관계로 일본 및 중국과 별도의 협정[39]에 따라 배타적 경제수역의 적용범위를 정하고 있다.

상기와 같이 배타적경제수역을 영역에 포함시킬 경우 특별한 조항을 두지 않는 한, 선박의 국적과 관계없이 배타적경제수역에서 획득한 수산물은 연안국을 원산지로 인정[40]하게 된다. 즉, 입어허가를 받은 일본국적의 선박이 우리나라 EEZ에서 포획한 수산물은 원산지가 협정에 따라 한국이 되는 것이다.[41] 이러한 문제 때문에 완전생산품인 수산물에 적용하는 원산지결정 영역을 영해로 제한하기도 한다.[42] 국내법에서는 영해를 "협정에서 다르게 정한 경우를 제외하고는 「해양법에 관한 국제연합 협약」에 따라 결정된 기선으로부터 12해리 이내의 수역으로서 국제법 및 각 체약당사국의 국내법에 따라 주권이 미치는 수역"으로 규정하고 있다.

---

39) 신한일어업협정(2001.1.22발효), 중국과 어업협정(2000)
40) 영해내에서 획득된 물품은 획득 선박 국적과 관계없이 연안국을 원산지로 인정(관세법, 대외무역법, 교토협약). 교토협약에서는 당해 국가의 영해 뿐 아니라 당해 국가가 독점이용권을 가진 영해 외 해저의 토양 또는 하층토에서 채취된 생산품에도 완전생산 기준을 적용하는 것으로 규정하고 있다.
41) 연안국 주의 : EEZ에서 획득한 수산물의 원산지를 연안국으로 정하는 원칙(한-칠레, 한-미)
42) 이런 경우, EEZ에서 획득한 수산물의 원산지는 선박의 국적(기국주의)으로 정해진다.

 어려워요!!

CHAPTER 2-3

EU의 협정적용 영역을 찾을 수 없습니다. 어디에서 찾을 수 있나요?

한-EU FTA 제15.15조(영역적 적용)에서 규정하고 있다. ①이 협정은 한편으로는 대한민국의 영역에 적용되며, 다른 한편으로는 **유럽연합조약 및 유럽연합의 기능에 관한 조약이 적용되는 영역**에 그 조약들이 규정하는 조건에 따라 적용된다.

②상품의 관세 대우와 관련된 규정에 관한 한, 이 협정은 ①의 적용대상이 아닌 **유럽연합 관세영역지역**에도 적용된다.

한-EU FTA에 따라 EU의 영역에서 생산 수입되는 상품은 특혜관세를 부여할 수 있다. 이때 적용되는 EU의 영역은 1993년 발효된 유럽연합조약(마스트리히트 조약)과 1958년 발효된 유럽연합의 기능에 관한 조약(로마조약)이 적용되는 영역과, 이외의 유럽연합 관세영역 지역이다. 유럽의 각국은 옛날 식민정책에 따라 전세계의 광범위한 지역을 지배하여, 아직도 우리에게 생소한 지역이 한-EU FTA 협정 적용대상이 될 수 있다.

Territorial Application of the EU-Korea Free Trade Agreement

The territorial application of the Free Trade Agreement between the European Union and its Member States, of the one part, and the Republic of Korea, of the other part ('EU-Korea FTA') is defined in Article 15.15 (entitled "Territorial application") of that Agreement:

"1. This Agreement shall apply, on the one hand, to the territories in which the Treaty on European Union and the Treaty on the Functioning of the European Union are applied and under the conditions laid down in those Treaties, and, on the other hand, to the territory of Korea. References to 'territory' in this Agreement shall be understood in this sense, unless explicitly stated otherwise.

2. As regards those provisions concerning the tariff treatment of goods, this Agreement shall also apply to those areas of the EU customs territory not covered by paragraph 1."

This note concerns only the territorial application of the Treaties in so far relevant for the EU-Korea FTA.

I. Territorial application pursuant to Article 15.15, paragraph1

Article 52 TEU and Article 355 TFEU define the territorial scope of the Treaties. The basic rule is that the Treaties apply to the territories of the 28 Member States of the European Union.

However, with regard to certain Member States, the Treaties do not apply, or with exceptions, to particular territories (A). Furthermore, the Treaties apply under certain conditions to the Crown Dependencies and to two of the British Overseas Territories, which are not part of the United Kingdom but for whose external relations the United Kingdom is responsible (B).

(A) In particular:
- with respect to the Kingdom of Denmark : the Treaties do not apply to the Faroe Islands; the Treaties do not apply to Greenland ;
- with respect to the French Republic : the Treaties do not apply to New Caledonia and Dependencies, French Polynesia, French Southern and Antarctic Territories, Wallis and Futuna Islands, Saint Pierre and Miquelon, Saint-Barthélemy ;
- with respect to the Republic of Cyprus : the application of EU law is suspended in those areas in which the Government of the Republic of Cyprus does not exercise effective control;
- with respect to the Kingdom of the Netherlands, the Treaties do not apply to Aruba, Bonaire, Curaçao, Saba, Sint Eustatius, Sint Maarten.

Further, although the Treaties do apply in principle to the following territories, these territories are not comprised in the EU customs territory:
- with respect to the Federal Republic of Germany : the EU customs territory does not comprise the island of Heligoland and the territory of Büsingen;
- with respect to the Kingdom of Spain : the EU customs territory does not comprise Ceuta and Melilla;

---

1 Greenland is one of the 'Overseas Countries and Territories' (OCT), listed in Annex II to the TFEU, to which the special regime of Part IV of the TFEU, on the association of the OCT, applies. However, the OCT do not fall under the expression "territories to which the Treaties apply"; they are not comprised in the EU customs territory.

2 These six territories are Overseas Territories and Countries (cf. footnote1).
3 These six islands are Overseas Territories and Countries (cf. footnote 1).

- with respect to the Italian Republic : the EU customs territory does not comprise the municipalities of Livigno and Campione d'Italia and the national waters of Lake Lugano which are between the bank and the political frontier of the area between Ponte Tresa and Porto Ceresio. It should be clarified that there is no impact on the territorial application of the EU-Korea FTA for these territories since the Treaties apply.

(B) The Treaties are applicable to the Channel Islands and the Isle of Man to the extent necessary to ensure the implementation of the arrangements for those islands set out in the 1972 Accession treaty. These islands are comprised in the EU customs territory.

The Treaties are not applicable to the Sovereign Base Areas of Akrotiri and Dhekelia in Cyprus except to the extent necessary to ensure the implementation of the arrangements set out in Protocol 3 to the 2003 Accession treaty. These territories are comprised in the EU customs territory.

The Treaties are applicable to Gibraltar, subject to the provisions of the 1972 Accession Treaty. Gibraltar is not comprised in the EU customs territory.

II. Territorial application pursuant to Article 15.15, paragraph 2

Article 15.15 paragraph 2 of the EU-Korea FTA provides that the provisions concerning the tariff treatment of goods shall also apply to those areas of the EU customs territory not covered by paragraph 1. This concerns only the territory of the Principality Monaco, which has concluded a customs convention with France.

III. Territory with specific provisions in the EU-Korea FTA

The Spanish territories Ceuta and Melilla are not comprised in the EU customs territory. However, the products exported from or imported into Ceuta and Melilla benefit from the same customs regime as that applied to products originating in the customs territory of the EU.

Finally, the EU has concluded a customs union with the Principality of Andorra and a customs union with the Republic of San Marino. In accordance with the Joint Declarations to the Protocol concerning the definition of 'originating products' and methods of administrative cooperation, (certain) products originating from those countries are to be treated as originating from the EU.

4 For the avoidance of doubt: the twelve other British Overseas Territories (Anguilla, Cayman Islands, Falkland Islands, South Georgia and the South Sandwich Islands, Montserrat, Pitcairn, Saint Helena and Dependencies, British Antarctic Territory, British Indian Ocean Territory, Turks and Caicos Islands, British Virgin Islands, and Bermuda), which are not part of 'the United Kingdom', are for EU law Overseas Countries and Territories' (OCT) (cf. footnote 1).

5 Section C (Title VII: Articles 31-32)) of the EU-Korea FTA Protocol concerning the definition of 'originating products' and methods of administrative cooperation.

유럽연합 관세영역에 세우타 및 멜리야는 포함되지 않음을 명시하고 있으나, 한-EU FTA에서는 세우타 및 멜리야를 원산지로 하는 제품에 대해서도 협정이 적용됨을 명시(원산지 의정서 제3절)하고 있다.

〈 EU-Korea FTA 적용 EU 영역 정리 〉

Territory	Territorial application pursuant to Article 15.15, paragraph 1 of the EU-Korea FTA	Territorial application pursuant to Article 15.15, paragraph 2 of the EU-Korea FTA	Territory with specific provisions in the EU-Korea FTA
Kingdom of Belgium	Yes		
Republic of Bulgaria	Yes		
The Czech Republic	Yes		
The Republic of Croatia	Yes		
The Kingdom of Denmark	Yes		
- Faeroe Islands	No	No	
- Greenland	No	No	
The Federal Republic of Germany	Yes		
- Island of Heligoland	Yes		
- territory of Büsingen	Yes		
The Republic of Estonia	Yes		
Ireland	Yes		
The Hellenic Republic	Yes		
- Mount Athos	Yes		
The Kingdom of Spain	Yes		
- Ceuta	Yes		Yes
- Melilla	Yes		Yes
- the Canary Islands	Yes		
The French Republic	Yes		
- French overseas departments: Guadeloupe, French Guiana, Martinique, Mayotte, Réunion and Saint-Martin	Yes		

- New Caledonia and Dependencies	No	No	
- Saint Pierre and Miquelon	No	No	
- Saint-Barthélemy	No	No	
- Wallis and Futuna Islands	No	No	
- French Polynesia (수도 : 타이티섬)	No	No	
- French Southern and Antarctic Territories	No	No	
The Italian Republic	Yes		
- the municipalities of Livigno and Campione d'Italia and the national waters of Lake Lugano which are between the bank and the political frontier of the area between Ponte Tresa and Porto Ceresio,	Yes		
The Republic of Cyprus	Yes		
The Republic of Latvia	Yes		
The Republic of Lithuania	Yes		
The Grand Duchy of Luxembourg	Yes		
The Republic of Hungary	Yes		
The Republic of Malta	Yes		
The territory of the Kingdom of the Netherlands in Europe	Yes		
- Aruba	No	No	
- Netherlands Antilles: • Bonaire, • Curaçao, • Saba, • Sint Eustatius, • Sint Maarten	No	No	
The Republic of Austria	Yes		
The Republic of Poland	Yes		
The Portuguese Republic	Yes		
- the Azores	Yes		
- Madeira	Yes		
Romania	Yes		

The Republic of Slovenia	Yes		
The Slovak Republic	Yes		
The Republic of Finland	Yes		
- Åland Islands	Yes		Yes
The Kingdom of Sweden	Yes		
The United Kingdom of Great Britain and Northern Ireland	Yes		
- Channel Islands	Yes	Yes	
- Isle of Man	Yes	Yes	
- Gibraltar	Yes		
- Anguilla	No	No	
- Cayman Islands	No	No	
- Falkland Islands	No	No	
- South Georgia and the South Sandwich Islands	No	No	
- Montserrat	No	No	
- Pitcairn	No	No	
- Saint Helena and Dependencies	No	No	
- British Antarctic Territory	No	No	
- British Indian Ocean Territory	No	No	
- Turks and Caicos Islands	No	No	
- British Virgin Islands	No	No	
- Bermuda	No	No	
Territory of the United Kingdom Sovereign Base Areas of Akrotiri and Dhekelia	No	Yes	
Monaco	No	Yes	
Andorra	No	No	Yes
San Marino	No	No	Yes

② "류(類)"·"호(號)" 또는 "소호(小號)"라 함은 「관세법 시행령」 제98조제1항에 따라 기획재정부장관이 고시하는 「관세·통계통합품목분류표」 (이하 "통합품목분류표"라 한다)에 따른 품목분류상의 2단위·4단위 또는 6단위의 품목번호를 각각 말한다.

품목별 원산지결정기준 설정시 가장 많은 품목에 적용되는 세번변경기준에 사용되는 2단위(류, Chapter), 4단위(호, Heading), 6단위(소호, Sub-Heading)를 정의하고 있다. 협정에서 원산지결정기준의 기본단위는 6단위 세번이다.

> 3 "재료"라 함은 다른 물품의 생산에 사용되는 원재료·구성물품·부분품 또는 부속품을 말한다.
> 4 "생산"이라 함은 재배·채굴·수확·어로·번식·사육·수렵·제조·가공·조립 또는 분해 등의 과정을 거쳐 물품을 획득하는 행위를 말한다.
> 5 "원산지물품" 또는 "원산지재료"라 함은 자유무역협정(이하 "협정"이라 한다)과 이 규칙에 따라 당해 물품 또는 재료의 원산지가 우리나라 또는 체약상대국으로 인정되는 물품 또는 재료를 말한다.
> 6 "비원산지물품" 또는 "비원산지재료"라 함은 협정과 이 규칙에 따라 당해 물품 또는 재료의 원산지가 우리나라 또는 체약상대국으로 인정되지 아니하는 물품 또는 재료를 말한다.
> 7 "대체가능물품"이라 함은 원산지재료와 비원산지재료가 상업적으로 동일한 질과 특성을 가지고 상호 대체사용이 가능하여 수출물품의 생산과정에서 이를 구분하지 아니하고 사용되는 재료 또는 물품을 말한다.
> 8 "완전생산기준"이라 함은 「자유무역협정의 이행을 위한 관세법의 특례에 관한 법률」(이하 "법"이라 한다) 제9조제1항제1호에 따라 당해 물품의 전부를 생산한 국가를 원산지로 인정하는 기준을 말한다.
> 9 "세번변경기준(稅番變更基準)"이라 함은 법 제9조제1항제2호가목에 따라 당해 물품이 2개국 이상에 걸쳐 생산된 경우로서 당해 물품의 품목번호와 당해 물품의 생산에 사용된 비원산지재료의 품목번호가 일정 단위 이상이 다른 경우 당해 물품을 최종적으로 생산한 국가를 원산지로 인정하는 기준을 말한다.
> 10 "부가가치기준"이라 함은 법 제9조제1항제2호나목에 따라 당해 물품이 2개국 이상에 걸쳐 생산된 경우 당해 물품에 대하여 일정 수준 이상의 부가가치를 창출한 국가를 원산지로 인정하는 기준을 말한다.
> 11 "공장도거래가격"이라 함은 물품을 생산 공장에서 반출하는 때에 해당 물품의 생산자에게 실제로 지급하였거나 지급하여야 하는 가격으로서 그 물품이 수출될 때 환급되는 내국세를 공제 한 가격을 말한다.
> 12 "본선인도가격(FOB)"이란 해당 물품을 본선에 인도하는 조건으로 실제로 지급하였거나 지급하여야 할 가격으로서 최종 선적항 또는 선적지까지 운송하는데 소요되는 운송비를 포함한 가격을 말한다.
> 13 "조정가격" 이란 「관세법」 제30조부터 제35조까지를 준용하여 결정된 수입물품의 과세가격에서 같은 법 제30조제1항제6호에 따라 결정된 수입항까지의 운임·보험료 기타 국제적 운송에 관련되는 비용을 제외한 가격을 말한다.
> 14 "영해"란 협정에서 다르게 정하는 경우를 제외하고는 「해양법에 관한 국제연합 협약」에 따라 결정된 기선으로부터 12해리 이내의 수역으로서 국제법 및 각 체약당사국의 국내법에 따라 주권이 미치는 수역을 말한다.

시행규칙 별표의 각 협정별 원산지규정에서 사용되는 주요 용어를 정의하고 있다.

> 15 "원산지증명서"란 우리나라와 체약상대국 간의 수출입물품의 원산지를 증명하는 서류를 말한다.
> 16 "원산지포괄증명"이란 장기간에 걸쳐 반복적으로 선적되거나 수입신고되는 동종동질의 물품에 대하여 원산지증명서의 증명 시작일부터 자유무역협정에서 정하는 일정기간을 초과하지 아니하는 범위 안에서 최초의 원산지증명서를 반복하여 사용하는 것을 말한다.

원산지증명은 일반적으로 수출국에서 수출신고 기준으로 발급 또는 작성·서명된다. 다만, 하나의 원산지증명서에 수출신고서의 각 품목번호별로 구분하여 작성·발급할 수 있으며 수출물품을 분할 또는 동시 포장하여 적재하는 경우에는 선하증권 또는 항공운송장별로 발급 또는 작성·서명할 수 있다.

수입 당사국에서 원산지증명은 '당사국 영역으로 하나 이상의 상품의 단일 선적 혹은 수입'에 적용됨을 명시하고 있다. 즉, 수출시 마다 원산지증명서를 발급함이 원칙인 것이다. 그러나 페루·미국·콜롬비아·호주·캐나다·뉴질랜드·중미와의 협정에서는 '서면 또는 전자 증명에 명시된 기간으로서 증명일로부터 12월을 초과하지 아니하는 기간[43](호주는 2년) 이내에 동일상품의 복수 선적 혹은 수입'까지 허용하고 있다.

이러한 협정의 근거에 따라 원산지포괄증명이 제도화 되었다. 이들 협정에서는 원산지 변경의 우려가 없는 동종동질 물품에 대해 수출신고시 매번 원산지증명서를 발급해야 하는 기업의 불편을 해소하기 위해 일정기간 최초 발급된 원산지증명서의 반복 사용을 허용한 것이다.

---

43) 한-호주 FTA에서는 원산지 증명서 유효기간(서명일 후 최소 2년)이내에 발생하는 그에 기술된 상품의 복수수입이라 규정하고 있어 원산지포괄증명을 2년까지 가능하다.

ISSUE 2-3 한-미 FTA에서 원산지포괄증명에 대한 논란

한-미 FTA 제6.15조 제4항에서 원산지포괄증명서는 '증명일로부터 12월을 초과하지 아니하는 기간 이내에 동일상품의 복수선적'하는 물품에 적용하도록 규정하고 있는데 양국간 원산지포괄증명이 사용될 때 포괄증명기간(증명일로부터 12월)의 적용기준에 대한 논란이 발생하였다.

> **쟁점 1** 원산지포괄증명기간의 시작일이 원산지증명서 작성일보다 빠를 수 있는지
> **쟁점 2** 원산지포괄증명기간에 발생해야 하는 행위가 수출물품 선적행위지 수입신고행위인지

이러한 논란은 협정에서 원산지증명서의 증명일과 작성일의 의미를 명확하게 규정하고 있지 않아 발생한 것이다. 페루·호주·캐나다·콜롬비아·뉴질랜드와의 FTA에서는 포괄증명기간은 '이 증명서의 서명일 보다 앞설 수 있고, 이 증명서를 근거로 협정관세 적용의 신청이 이루어지는 물품의 수입은 포괄증명기간 이내에 이루어져야 함'을 명시하고 있어 이러한 논란이 발생하지 않았다. 그러나 포괄기간은 C/O 서명일 보다 앞설 수 있으나 어떠한 경우라도 C/O의 유효기간을 초과하여 포괄기간을 명시할 수는 없다.

관세청은 이러한 논란을 해결하기 위해 적용지침을 시달(2014.8.18)하였다.
① 원산지포괄증명서 포괄증명기간의 시작일은 원산지포괄증명서의 발급일자와 다를 수 있으므로 포괄증명기간의 시작일 이후에 소급 발급되거나 포괄증명기간의 시작일보다 먼저 발급된 원산지포괄증명서는 인정되며 해당 수입물품은 협정관세 적용 대상

구 분	원산지포괄 증명기간	증명일자	협정관세 적용여부
(사례1) 소급발급되는 경우	2014.1.1~2014.12.31	2014.4.1 또는 2015.2.1	적용
(사례2) 먼저 발급되는 경우	2014.1.1~2014.12.31	2013.12.1일	적용

② 원산지포괄증명은 동일상품을 복수 선적할 때 적용하는 것이므로 원산지포괄증명기간에 협정체약 상대방인 수출국(미국)에서 선적된 물품에 적용
   - 포괄증명기간에 선적된 물품이 아닌 경우 보정을 요구하여 처리하되, 증빙이 되지 않는 경우 협정관세 적용 배제

구 분	원산지포괄 증명기간	선적일자	수입신고 일자	협정관세 적용여부
(사례1) 포괄증명기간에 선적된 경우	2014.1.1 ~ 2014.12.31	2014.12.15	2015.1.15	적용

(사례2) 포괄증명기간에 선적되지 않은 경우	2014.1.1 ~ 2014.12.31	2013.12.15	2014.1.15	적용배제

※ 이 지침은 2014.9.22(월)부터 협정관세적용을 신청하는 물품부터 적용하며 이 지침 시행에 따라 '한-미 FTA 원산지포괄증명 협정관세 적용 지침(청 자유무역협정집행기획담당관-1228('12.6.19)호'은 폐지한다.

미국의 경우는 FTA 특혜관세 적용시 원산지포괄증명서 유효성의 판단기준으로 수입신고일을 적용하고 있다. 따라서 원산지포괄증명서의 증명일(시작일)부터 포괄기간 종료일까지 수입신고 되는 경우 유효성이 인정된다.

> Field2 (blanket period): The importation of a good for which preferential treatment is claimed based on this Certificate must occur between these dates.
> 제2란 (원산지포괄증명기간): 이 증명서에 근거하여 **특혜관세가 요청되는 물품의 수입은 원산지포괄증명기간 사이에 발생**되어야 한다. (NAFTA)

CHAPTER 2-3 중요 질의 및 답변 사례

질의 1 푸에르토리코에서 생산된 물품의 원산지증명서에 원산지국가를 'US'로 표기한 경우 유효한지 여부?

답변 푸에르토리코는 한-미 FTA 협정적용 영역에 포함되며, 원산지지증명서 국가표기는 원칙적으로 'PR'로 표기해야 하나 'US'기재하더라도 협정관세적용이 배제되지 아니함

질의 2 미국 행정관할지역인 아메리칸 사모아 인근 태평양 해역에서 어획한 참치원어를 아메리칸 사모아에 위치한 공장에서 참치 캔과 파우치 제품을 생산하여 한국으로 수입시 협정관세 적용가능 여부?

답변 미국의 협정적용 영역에 괌, 사이판, 아메리칸 사모아 등 자치령은 포함되어 있지 아니하므로 아메리칸 사모아에서 생산된 상품은 원산지상품으로 인정되지 않아 협정적용 대상이 아님

질의 3 영국령 저지섬(Jersey)에서 생산된 버터를 프랑스 인증수출자가 Delivery Note에 작성한 원산지신고서로 협정관세 적용이 가능한지 여부?

답변 영국왕실 소유의 채널제도(Channel Islands)인 건지섬(Guernsey)과 저지섬(Jersey)은 유럽연합 관세영역에 포함되므로 프랑스 인증수출자가 협정에 따라 원산지신고서를 작성한 경우 협정관세 적용이 가능

다른 법률과의 관계 (법 제3조)

법률 적용 우선순위에 있어서 FTA 관세특례법은 관세법에 우선하여 적용한다. 다만, FTA 관세특례법에서 정하지 아니한 사항에 대하여는 「관세법」에서 정하는 바에 따른다. FTA 관세특례법이 관세법에 대한 특별법적인 지위임을 명확히 하고 있다. FTA 관세특례법은 협정상대국 상품에 대한 협정관세 적용 여부, 원산지 증명, 원산지 조사 방법 등을 규정하고 있는 반면, 협정관세의 실제적인 적용에 따른 관세의 부과, 징수, 면제, 환급 등은 관세법 절차를 따르고 있다.

또한 FTA 관세특례법 혹은 관세법이 협정과 상충되는 때에는 협정을 우선하여 적용한다. 일반적으로 국내 법률과 국회의 비준동의를 받은 조약 및 협정 등은 동등한 지위를 보장하고 있으나, FTA 관세특례법에서는 협정을 국내 법률에 우선하도록 하여 특별법적 지위를 부여하고 있다.

여기서, 상충(相衝, Conflict)이란 법률관계에 있어서 서로 맞지 않고 마주치거나 어긋나게 규정한 것을 의미한다. 즉, 동일사안에 대해 협정과 특례법이 다르게 규정할 경우 상충이라 할 수 있으며, 이런 경우에는 원칙적으로 협정을 따르는 것이 맞다는 것이다. 예를들어 칠레산 신선포도의 경우 한-칠레 FTA 발효(2004.4.1.) 이후 10년간 매년 9.1%씩 관세를 인하하고 이후 관세를 완전 철폐(2014.1.1.)하는 것으로 협의하였다. 다만 동 품목은 '계절관세'품목으로 상기의 관세 인하·면제 혜택은 매년 11~4월사이에 수입되는 물량에 한정되고, 국산 포도 출하시기인 5~10월 사이에는 기본관세(45%)를 유지하는 것으로 협정을 체결하였다. 그러나 FTA 관세특례법 시행령에 5~10월 수입물량에 대해서도 관세 인하·면제를 착오 규정하였다. 이는 한-칠레 FTA와 상충되는 것으로 협정에서 규정한 기본관세(45%)가 적용되어야 한다.

국회의 비준동의로 국내법 체계에 들어온 조약의 국내법과의 저촉·충돌에 있어서 해결원칙으로는 일반적으로 상위법우선의 원칙, 대등한 법 규정 상호 간에는 특별법우선의 원칙, 후법우선의 원칙, 국제법 우호적인 해석 등이 적용되고 있다. 그런데 우리나라의 경우 사실상 조약을 국내법에 대한 특별법으로 보고 있다. 체결되는 조약의 규정이 국내법 조항과 저촉되는 경우 당해 조약의 규정이 국내법에 대해 특별법적 효력을 가진다고 보아 국내법을 개정하고 있다. 그러나 이렇게 국내법의 관계에서 일률적으로 특별법으로 볼 경우 조약 등 국제규범에 대해 법률보다 상위의 효력을 사실상 인정하는 결과를 초래하므로 이에 대해 신중을 기할 필요가 있다.[44]

PLUS TIP 2-4 자유무역협정에 따라 철폐·인하 대상이 되는 '관세'의 범위는?(한-중 FTA)

관세는 모든 관세 또는 수입세와 상품의 수입과 관련한 모든 형태의 추가세 또는 추가금을 포함하여 그러한 수입과 관련하여 부과되는 모든 종류의 부과금을 포함하나, 다음 것은 포함하지 아니한다.[45](FTA 적용 대상이 아님)

가. 동종의, 직접적으로 경쟁적인, 또는 대체 가능한 당사국의 상품에 대하여, 또는 그 상품으로부터 수입 상품의 전체 또는 부분이 제조되거나 생산된 상품에 대하여 1994년도 GATT 제3조제2항에 합치되게 부과되는 내국세에 상당하는 부과금
나. WTO의 무역구제에 합치되게 당사국의 법에 따라 부과되는 관세(긴급관세, 덤핑방지관세, 상계관세 등)
다. 제공된 서비스의 비용에 상응하는 것으로서 수입과 관련된 수수료 또는 그 밖의 부과금
라. 수입수량제한 또는 관세율할당의 운영에 관한 모든 입찰제도로부터 발생하는 것으로서 수입품에 대하여 제공되거나 징수되는 할증금,
마. 세계무역기구협정의 일부인 「농업에 관한 협정」에 따라 취하여지는 모든 농업 긴급수입제한조치에 따라 부과되는 관세

---

44) 문병철, 국회보 2011년 10월호
45) 한국의 조정관세는 관세에 포함된다. 이 의미는 우리나라 협정 관세율표 기준관세율에 조정관세가 포함된다는 의미이다.

FTA 관련 자격시험   예 상 문 제

04
FTA 관세분야 이행 관련 설명으로 잘못된 것은?
① 우리나라는 FTA 이행절차법인 FTA관세특례법을 별도로 제정하였다.
② 한-칠레 FTA 관세특례법는 FTA관세특례법으로 통합되었다.
③ FTA이행 관련 법은 협정, FTA관세특례법, 관세법, 대외무역법이다.
④ FTA관세특례법은 관세법에 우선하여 적용한다.
⑤ FTA관세특례법 및 관세법이 협정과 상충하는 경우에는 협정이 우선 적용된다.

해설 관세분야 FTA이행관련 법은 협정, FTA관세특례법, 관세법이며, 대외무역법은 관련이 없다.
정답 ③

05
다음 FTA관세특례법령상 용어의 정의로 잘못된 것은?
① 자유무역협정이란 우리나라가 체약상대국과 관세의 철폐, 세율의 연차적인 인하 등 무역의 자유화를 내용으로 하여 1994 GATT 제24조에 따른 국제협정과 이에 준하는 관세의 철폐 또는 인하에 관한 조약·협정을 말한다.
② 체약상대국이라 함은 우리나라와 자유무역협정을 체결한 국가를 말한다. 다만, 홍콩과 같은 독립된 관세영역은 포함되지 아니한다.
③ 원산지증명서란 우리나라와 체약상대국 간의 수출입물품의 원산지를 증명하는 서류를 말한다.
④ 원산지라 함은 협정에 정하는 기준에 따라 물품의 생산·가공·제조 등이 이루어진 국가를 말한다.
⑤ 원산지증빙서류란 원산지를 증명하는 서류와 그 밖의 원산지 확인을 위하여 필요한 서류·정보 등을 말한다.

해설 체약상대국이라 함은 우리나라와 자유무역협정을 체결한 국가를 말하며, 국가연합·경제공동체 또는 독립된 관세영역을 포함한다.
정답 ②

06

협정에서 다르게 정하는 경우를 제외하고는 「해양법에 관한 UN 협약」에 따라 결정된 기선으로부터 12해리 이내의 수역으로서 국제법 및 각 체약당사국의 국내법에 따라 주권이 미치는 수역을 무엇이라 하는가?

① 영해
② 접속수역
③ 배타적경제수역
④ 공해
⑤ 연안

해설 「해양법에 관한 UN 협약」에 따라 결정된 기선으로부터 12해리 이내의 수역을 영해라 한다.

정답 ①

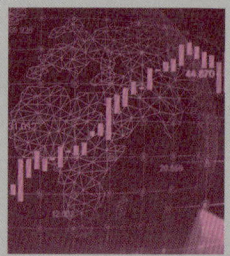

CHAPTER 03

협정관세

- **제1절** 협정관세 개요
- **제2절** 협정관세 적용순위
- **제3절** 협정관세 적용요건
- **제4절** 수입신고 수리 전 협정관세 적용
- **제5절** 수입신고 수리 후 협정관세 적용
- **제6절** 여행자 휴대품 등에 대한 협정관세 적용
- **제7절** 액체화물 등 특수물품의 협정관세 적용
- **제8절** 보세공장 물품 등에 대한 협정관세 적용

수입물품 FTA활용 절차

FTA 협정 발효국 확인
* 우리나라와 수입하고자 하는 국가간에 FTA 체결 후 발효되었는지 확인

품목번호 확인하기
* 품목번호(HS Code)에 따라 협정세율과 원산지결정기준이 정해짐
* 품목번호 확인을 위해 관세사 등 전문가와 상담 또는 관세평가분류원에 품목분류 사전심사 신청

FTA관세 혜택확인
* 수입물품의 품목번호를 찾은 후 관세율표상의 FTA관세혜택여부 확인
  [관세혜택=(한국일반세율-FTA세율)×수입금액]
* 관세청 FTA포탈(http://fta.customs.go.kr)에서 FTA세율 확인

증빙서류 준비하기
* 원산지증명서 등 증빙서류를 상대 수출자에게 요구
* 원산지증명서 양식, 발급기관, 인장, 원산지결정기준 등을 확인

협정세율 적용 신청하기
* 협정관세 적용은 수입신고 수리 전과 수리 후에 신청 가능
* 수입자가 FTA세율 적용을 받으려면 수입신고시 혹은 수입 후 1년 이내에「협정관세적용신청서」를 제출하여야 함

관련서류 보관하기
* FTA특혜적용에 대해서는 사후검증이 원칙이므로 수입자는 수출자·생산자 등으로부터 받은 증빙서류 보관 의무 부여
  - 수입자 : 협정관세적용 신청한 날의 다음날부터 5년간 보관

협정관세 개요

협정관세란 FTA에 따라 체약상대국을 원산지로 하는 수입물품에 대하여 관세를 철폐하거나 세율을 연차적으로 인하하여 부과하여야 할 관세를 말한다(법 제2조 제1항). 협정관세의 연도별 세율·적용물품·적용기간·적용수량 등은 협정에서 정하는 관세의 철폐·인하비율·수량기준·대상물품 등에 따라 FTA관세특례법 시행령에서 각 협정별로 정하고 있다(법 제4조 제1항).

협정관세는 관세법 제83조 용도세율과 제84조 품목분류체계의 수정 적용 대상이다. 용도세율이란 물품의 용도에 따라 적용될 세율을 다르게 정해 둔 것으로서 그 중 낮은 세율을 의미한다. 예를들어 금은 화폐용과 기타로 구분하여 화폐용에는 무세를 적용하고 기타의 금에는 3% 관세율을 적용할 때 화폐용 금에 적용되는 세율이 용도세율이다. 용도세율이 적용되는 세율은 기본세율, 잠정세율, 긴급관세, 특정국물품긴급관세, 농림축산물 특별긴급관세, 조정관세, 할당관세, 계절관세, 국제협력관세, 일반특혜관세(덤핑방지관세, 상계관세, 보복관세, 편익관세 제외)가 있으며 FTA에 의한 협정관세[46]도 포함된다.

관세법 제84조는 관세협력이사회의 권고 또는 결정이나 새로운 상품의 개발 등으로 별표 관세율표, 제73조 국제협력관세, 제76조 일반특혜관세의 규정에 따라 품목분류를 변경할 필요가 있으나, 그 세율이 변경되지 아니하는 경우 기획재정부장관이 새로 품목분류를 하거나 다시 품목분류를 할 수 있다는 규정으로 협정관세도 동 조항에 따라 품목분류체계의 수정 대상이 된다는 것이다. (법 제4조 제2항)

---

46) 협정관세율이 용도에 따라 2종류 이상의 세율이 존재하고 이 중 낮은 세율(용도세율)을 적용받은 경우에는 사후관리 대상이 된다.

1 관세율의 상호대응 제도 (영 제2조 제5항)

한-아세안 FTA에서는 관세율의 상호대응 제도를 도입하고 있다. 관세율의 상호대응이란 FTA 체약상대국이 자국 산업보호를 위해 관세를 양허하지 않고 고율의 관세를 유지하는 민감품목(ST: Sensitive Track)을 상대국에 수출할 경우, 비록 수입국이 협정에서 관세를 철폐하기로 약속한 일반품목(NT: Normal Track)이라 하더라도 상호주의에 따라 관세철폐를 하지 않거나, 수출 상대국 관세율 수준으로 관세를 부과할 수 있는 권리를 부여하는 제도를 말한다.

〈한-아세안 FTA 부속서 2 제7항〉 (상품무역협정 개정 3차 의정서, 2015.8.23.)
수출 당사국에 의해 E 그룹(관세양허 제외물품)이 아닌 민감품목군에 배치된 관세품목의 상호적 관세율 대우는, 그 동일 관세품목이 수입국에 의해 일반품목군에 배치된 경우, 다음의 조건에 따른다.

(1) 수출 당사국에 의해 E 그룹이 아닌 민감품목군에 배치된 관세품목의 관세율은 10% 또는 그 이하이어야 하며 수출 당사국은 상호주의를 향유하기 위하여 그 밖의 당사국들에게 그러한 취지로 통보하였다.
(2) 수출 당사국에 의하여 민감품목군에 배치된 관세품목에 적용되는 상호대응세율은 그 수출 당사국 관세품목의 관세율 또는 상호주의를 요청받는 수입 당사국의 동일한 관세품목의 일반품목군 관세율 중 높은 것이어야 한다.
(3) 전항에도 불구하고, 수입 당사국은 그 일반품목군 관세율이 수출 당사국의 관세율 보다 낮더라도 재량에 따라 일반품목군 관세율을 적용할 수 있다; 그리고,
(4) 수출 당사국에 의해 민감품목군에 배치된 관세품목에 적용되는 상호대응세율은 어떤 경우에도 상호주의가 요청되는 수입 당사국의 동일한 관세품목에 대한 최혜국대우 실행관세율을 초과하지 아니한다.

〈한-아세안 FTA 부속서 2 제7항의2〉
가. 이 부속서 제7항 및 「상호주의에 관한 주해」에도 불구하고, 둘 이상의 당사국들은 관세율 대우에 관하여 상호주의를 적용하는 자국의 권리를 포기하는 것을 서면으로 합의할 수 있다. 그러한 합의는 이행위원회에 보고된다.[47]
나. 가호에 언급된 합의가 이루어진 경우 해당 수출 당사국은 협정 부속서 1에서 구체화되고 그에 따라 적용되는 그 관세품목에 대한 해당 수입 당사국의 관세양허를 향유한다.
▶ 상호주의 포기 : 브루나이, 라오스, 말레이시아, 미얀마, 싱가포르, **베트남(미발효)**
▶ 2014.1.1.기준 상호주의 유지 : 캄보디아, 필리핀, 태국, 인도네시아

수출국의 해당 민감품목 세율>10%[48]	수출국의 해당 민감품목 세율≤10%
수입국은 당해 물품에 대해 MFN 세율 적용	수출국이 상대국에 해당 품목 및 세율을 통보할 경우 수입국은 수출국의 관세율과 수입국의 일반품목 특혜세율 중 높은 세율 적용 (미 통보한 물품은 MFN 세율 적용) ※ 양허제외품목은 상호대응 세율 적용 배제

동 제도에 의거 우리나라도 아세안국가가 자국 산업보호 등을 목적으로 우리나라 수출품에 대해 고관세를 유지하고 있는 민감품목 중 당해품목이 우리나라로 수입될 경우 향후 국내산업 피해가 우려되는 일부품목[49]에 대해서 우리가 협정에서 아세안측에 약속한 FTA 특혜관세 혜택을 부여하지 아니하고 FTA 미체결국에 적용되는 관세율(MFN세율)을 적용하도록 하였다.

예를 들면 인도네시아가 우리나라가 수출하는 승용차를 "민감품목"으로 분류하여 FTA 특혜관세 혜택을 부여하지 아니할 경우, 인도네시아에서 우리나라로 수입되는 승용차에 대하여는 FTA 특혜관세율 0%가 아닌 MFN 관세율 8%를 적용하게 된다.

다만, 협정관세의 적용이 배제되는 품목 중 아세안국가가 우리나라 수출품에 대해 적용하는 관세율이 10% 이하인 경우에는 우리나라도 아세안국가로부터 수입되는 동일한 물품에 대하여는 아세안국가와 동일한 관세율(상호대응세율[50])을 적용한다.[51]

예를 들면 인도네시아는 우리나라가 수출하는 트랙터에 대해 FTA 특혜관세 혜택을 부여하지 않고 있어, 우리나라도 FTA 특혜관세율인 0%가 아닌 MFN 관세율 8%를 적용해야 하나, 인도네

---

47) 상호주의를 적용하는 권리는 이 의정서가 한국과 관련 당사국에 대하여 발효되는 날부터 양자적으로 한국과 브루나이 간, 한국과 라오스 간, 한국과 말레이시아 간, 한국과 미얀마 간, 한국과 싱가포르 간, 그리고 한국과 베트남 간 영구적으로 포기된다. 한국과 캄보디아 간, 한국과 인도네시아 간, 한국과 필리핀 간, 그리고 한국과 태국간의 경우 상호주의가 적용되는 관세품목의 수는 2014년 1월 1일을 기준으로 증가되지 아니한다.

48) If the tariff of a Sensitive Track product in the exporting Party has not been reduced to 10% and below, the applicable tariff rate shall be the MFN rate of the importing Party for that same product. Nothing in the Agreement prevents an importing Party from granting Normal Track Rate to a Sensitive Track product whose tariff rate is over 10%(주해서)

49) 특례법 시행령 별표 5 아세아회원국이 원산지인 물품에 대하여 협정관세율 적용을 제한하는 물품

50) 특례법 시행령 제3조제4항 규정에 의한 상호대응세율표(기획재정부고시 제2008-14호, 2008.9.10.)

51) 최혜국 세율을 초과하지 아니하는 범위에서 ①아세안회원국이 우리나라를 원산지로 하는 상호대응세율적용물품과 같은 물품에 적용하는 관세율과 ②협정관세율 중 높은 세율을 적용하도록 규정하고 있으므로 아세안 회원국(수출국) 세율이 협정관세율보다 높아 아세안 국가세율이 적용된다.

시아의 현행 트랙터 관세율이 5%이므로 우리나라도 인도네시아로부터 수입되는 트랙터에 대하여 5%의 관세율을 적용하게 된다.

관세율의 상호대응 제도는 향후 아세안국가로부터 상호대응세율이 적용되는 물품의 수입이 급증할 경우 발생할 수 있는 국내산업 피해가능성을 예방하고, 우리나라 수출품에 대한 아세안측의 관세 조기인하를 유도하여 FTA 효과를 증대시키기 위한 목적으로 도입한 제도이며, 아세안측도 우리측 "민감품목"에 대하여는 동일한 제도를 운용하고 있다. 다만, 어떤 경우에도 적용세율은 수입국의 MFN 세율을 초과할 수 없으며, 상호대응 세율의 적용은 수입국의 선택사항이다. 우리나라도 이러한 점을 고려하여 일부품목에 대해서만 관세율의 상호대응 제도를 운영하고 있다.

PLUS TIP 3-1 : 한-아세안 FTA 세율표에는 일반품목(NT)으로 협정세율이 0%가 적용되어야 하나, 일부 아세안 국가의 세관에서는 협정세율 대신 다른 관세율을 적용하는데 그 이유는?

한국과 아세안 5개국(인도네시아, 태국, 필리핀, 캄보디아, 베트남)에서는 관세율의 상호대응 제도를 운영하고 있다. 이 경우 동일물품에 대해 우리나라는 민감품목이고 상대국은 일반품목일 개연성이 많다. 동 품목의 우리나라 관세율이 10%를 초과하면 상대국은 자국의 일반 관세율(MFN)을 적용하고, 10%이하라면 우리나라 관세율이 적용된다.
예를들어 베트남의 경우, 아래 표에서 오른쪽 끝 열의 국가 코드는 관세율의 상호대응으로 양허혜택을 누리지 못하는 국가를 의미한다.

HS Code				Description	AKFTA Rate (%)	Countries not eligible for AKFTA Concession
0207	11	00	00	- Not cut in pieces, fresh or chilled	20	KH, LA, MM, PH, KR
0207	12	00	00	- Not cut in pieces, frozen	20	KH, LA, MM, PH, KR
0207	13	00	00	- Cuts and offal, fresh or chilled	20	KH, MM, PH, KR

아세안 국가의 관세율 상호대응으로 인해 우리 수출기업이 피해를 보고 있는 경우 우리가 지정한 민감품목을 일반품목으로 전환이 가능한지?

한-아세안 FTA 상품무역협정 부속서 2 제6조에서는 일방당사국이 원하면 언제라도 민감품목군에 배치된 관세품목에 대한 관세인하 또는 철폐를 일방적으로 가속화시킬 수 있고, 이 협정상 어느 것도 일방당사국이 원한다면 언제라도 일정 관세품목을 민감품목에서 일반품목으로 이전하는 것을 금지하지 않는다고 규정하고 있다.

따라서 언제든지 우리 정부가 민감품목을 일반품목으로 전환할 수 있고, 민감품목에 대한 관세 인하·철폐율을 확대할 수 있다. 관세의 철폐비율, 인하비율, 수량기준 등에 대해선 FTA특례법이 대통령령에 위임하고 있어 국회동의 없이 행정부가 FTA특례법 시행령 개정으로 이러한 조치가 가능하다.

(법제처 유권해석 10-0481, 2011.2.24.)

〈아세안회원국에서 수입하는 페놀 등 6개 석유화학제품의 협정세율 인하〉
우리나라가 협정세율을 인하하는 경우 아세안회원국도 협정세율을 인하하여야 하는바, 우리나라가 수출하는 해당제품에 관한 아세안회원국의 협정세율 인하 유도 ('16.3.31)

▶ 페놀(2907111000), 무수프탈산(2917350000), 알킬벤젠(3187000000), 프로필렌공중합체(3902300000), 폴리옥시프로필렌(3907202000), 폴리아미드-6(3908101000)
▶ 기존세율(5%) → 변경세율(0%)

협정개정

'상호성(Reciprocity)'조항은 중-아세안 FTA에서 최초로 도입되었다. 10개 아세안 국가들이 자국의 민감품목을 보호하기 위해 자의적으로 교역량이 적은 품목들만 개방하는 것을 방지하기 위한 조치였으나, 각국의 민감품목이 서로 겹치는 부분이 많지 않고, 자국이 민감품목으로 지정하지 않았어도 상대국이 민감품목으로 지정한 경우 상호적인 특혜관세를 적용할 수 없어 협정 체결국간 관세 양허 수준이 낮아지는 결과를 낳았다.

이러한 상황을 고려하여, 상품협정의 개정 합의(2015.8.23)가 이루어 졌다. 한국과 아세안 4개국(인도네시아, 태국, 필리핀, 캄보디아)간 상호주의 제도를 유지하되, 적용 품목의 확대를 금지하고, 한국과 여타 6개국(브루나이, 라오스, 말레이시아, 미얀마, 싱가포르, 베트남)은 상호주의 제도를 영구적으로 폐지하기로 합의하였다. 동 개정사항은 2018년 12월 기준으로 인도네시아와 베트남을 제외한 모든 당사국에서 발효되었다.

▶ 2 중고물품의 협정관세 배제(영 제2조제8항)

한-페루 FTA 제2.3조 제3항에 따라 양당사국은 HS 제8703호 중고 차량을 제외한 중고품에 대해 특혜관세대우를 거부할 수 있다. 우리나라는 이러한 협정 조항을 근거로 페루를 원산지로 하는 중고품에 대해 협정관세의 적용을 배제할 수 있는 품목을 시행령 별표 9에서 규정하고 있다.

중고품이란 「관세법」 별표 관세율표의 호 또는 소호의 품명란에 '중고'로 표기된 것, 사용된 후 그 본래의 특성과 규격을 복구하거나 새 것이었을 때 지녔던 기능성을 복구하는 과정을 거쳐 재건·수리·재생·재제조된 것 또는 그 밖의 이와 유사한 물품을 말한다.

▶ 3 자동차에 대한 관세율 인상(영 제2조제9항)

자동차(HS 제8703호)가 한-미 FTA 협정 부속서 22-가 제5항에 해당하는 경우에는 협정상 양허 대상임에도 불구하고 최혜국 세율을 초과하지 아니하는 범위에서 관세율을 인상할 수 있으며, 그 적용품목 및 세율은 기획재정부장관이 정하여 고시한다.

한-미 FTA 부속서 22-가는 자동차의 대체적 분쟁절차를 규정한 것으로 협정당사국 간 분쟁 발생시 공동위원회에 회부하여 해결을 모색하고, 해결하지 못한 경우 분쟁해결패널(3인)을 설치하여 패널의 결정에 따라 조치를 취하는데, 패널의 결정이 침해나 실질적인 영향을 주었다고 결정하는 경우에 제소 당사국은 위반 제거시까지 양허관세를 MNF 관세율까지 인상[52]할 수 있다는 것이다.

〈한-미 FTA 부속서 22-가 제5항〉

최종 보고서에서 패널이 다음을 판정하는 경우, 제소 당사국은 관세세번 8703호의 원산지 상품에 대하여 그러한 상품에 대한 현행 최혜국 실행관세율을 초과하지 아니하는 수준까지 관세율을 인상할 수 있다.
  가. 피소 당사국이 이 협정상의 의무에 합치하지 아니하였거나, 또는 피소 당사국의 조치가 제22.4조 다호의 의미상 무효화 또는 침해를 초래하고 있다. 그리고
  나. 패널이 판정한 불합치나 무효화 또는 침해가 제소 당사국의 원산지상품의 판매·판매를 위한 제의·구매·운송·유통 또는 사용에 실질적으로 영향을 주었다.

---

52) SNAP-BACK 조항

4 수량별 차등협정관세 적용제도(영 제3조)

수량별 차등협정관세 제도란 동일물품에 대해 일정수량을 기준으로 세율이 2 이상인 경우 이 중 더 낮은 세율(한도 수량내 협정관세율)을 적용 받고자 하는 자는 주무부 장관 또는 그 위임을 받은 자의 추천을 받은 후 해당 추천서를 수입신고 수리 전까지 세관장에게 제출해야 하는 제도를 말한다. 다만, 선착순 방식이 적용되는 물품의 경우에는 추천서 필요없이 보세구역에 해당물품을 장치한 후 수입신고한 날을 기준으로 선착순으로 배정하고 적용수량에 달하는 날에는 남은 적용 수량을 그날 수입신고되는 수량에 비례하여 배정한다. 수량별 차등협정관세 적용품목(TRQ : Tariff-Rate Quotas)은 각 FTA에 따라 설정되어 있다. 여기서 주의할 사항은 추천서에 관계없이 협정에 따른 원산지증명서는 항상 보유하고 있어야 한다.

(1) 수입권 추천방식 TRQ 품목

적용시 추천이 필요한 TRQ품목은 수입권 공매방식 품목과 수입권 배분방식 품목으로 구분된다. '수입권 공매'라 함은 관세율할당물량의 수입권을 무역업자 등에 공매하여 낙찰된 자에게 배정하는 방식이고, '수입권 배분'은 관세율할당물량의 수입권을 접수된 신청순서에 따라 배정하거나, 과거 수입실적 등 일정요건을 기준으로 하여 과거 및 신규수입자에게 수입권을 배정하는 것을 말한다.

이 품목은 주무부 장관의 위임을 받은 기관(추천대행기관)[53]의 추천을 받은 후 해당추천서를 수입신고 수리전까지 세관장에게 제출하여야 하는데, 특히 주의할 사항은 협정에서 규정한 원산지증명서를 가지고 협정에서 정하는 물량을 추천기관에서 추천받아야 한다는 사실이다. WTO 일반특혜 원산지증명서 등 협정에서 정하지 아니하는 원산지증명서로는 협정관세 적용이 불가하다. 이러한 품목에 대해 세관에서는 전자적 방식에 따른 FTA 관세율할당물량 적용 추천서는 '세관장 확인대상 요건확인 시스템'으로 확인하고, 전산용 추천서가 확인되지 않는 경우에는 서류를 제출받아 확인한다.

---

53) 농수산물유통공사, 한국유가공협회, 한국단미사료협회, 한국대용유사료협회 등

협정별 수입권 추천방식 TRQ 품목 예시

한-EU: 탈지분유, 전지분유, 연유, 식용유장, 버터, 치즈류, 천연꿀, 오렌지, 맥주맥, 맥아, 조제분유, 보조사료, 덱스트린

한-미국: 탈지분유, 전지분유, 연유, 식용유장, 버터, 치즈류, 천연꿀, 감자(칩용 및 종자용 제외), 오렌지, 보리, 맥주맥, 맥아, 옥수수 전분, 식용대두, 수삼, 백삼, 사료용 식물, 조제분유, 보조사료, 덱스트린

한-호주: 버터, 치즈류, 오렌지, 맥아, 맥주맥, 식용대두, IP대두, 사료용 근채류, 조제분유(유아용)

한-캐나다A: 천연꿀, 보리, 감자분, 맥아, 식용대두, 사료용 근채류, 보조사료

한-콜롬비아: 탈·전지분유

한-중국: 낙지, 대두, 참깨, 아귀(냉동), 미꾸라지(활어), 바지락, 고구마전분, 팥(건조), 오징어(가공), 맥아, 복어(활어)

한-뉴질랜드: 치즈, 버터, 조제분유, 조제식품류, 탈지분유, 연유, 홍합(자숙)

한-베트남: 새우(냉동/가공)

[한-중 FTA에 따라 무관세 반입이 허용되는 중국의 원산지상품 목록]

번호	HSK 2012	품목	연간 물량 (메트릭톤)	추천대행기관	운영방식
1	0301999020	복어(활어)	140	한국수산무역협회	수입권 배분
2	0301999070	미꾸라지(활어)	3,200	한국수산무역협회	수입권 공매
3	0302899040	아귀(신선/냉장)	17	한국수산무역협회	수입권 배분
4	0303440000	눈다랑어[터너스오베서스(Thunnus obesus)](냉동)	270	-	선착순
5	0303899060	아귀(냉동)	1,900	한국수산무역협회	수입권 공매
6	0307511000	낙지(살아있는 것, 신선한 것 또는 냉장한 것)	6,100	한국수산무역협회	수입권 공매
7	0307591020	낙지(기타)	19,400	한국수산무역협회	수입권 공매
8	0307714000	바지락(살아있는 것, 신선한 것 또는 냉장한 것)	15,800	한국수산무역협회	수입권 공매
9	0307791030	바지락(냉동)	330	한국수산무역협회	수입권 배분
10	0307793020	바지락(염장 또는 염수장한 것)	290	한국수산무역협회	수입권 배분
11	0713329000	팥(기타)	3,000	한국농수산식품유통공사	수입권 공매
12	1107100000	맥아(볶지 않은 것)	5,000	한국농수산식품유통공사	수입권 배분 (선착순)
13	1108191000	그 밖의 전분(고구마로 만든 것)	5,000	한국농수산식품유통공사	수입권 배분 (선착순)
14	1201903000	대두(콩나물용)*	3,000	한국농수산식품유통공사	수입권 공매
15	1201909000	대두(기타)*	7,000	한국농수산식품유통공사	수입권 공매
16	1207400000	참깨	24,000	한국농수산식품유통공사	수입권 공매
17	1605542091	조미오징어	980	한국수산무역협회	수입권 공매
18	1605542099	오징어(기타, 조제 또는 저장처리)	1,300	한국수산무역협회	수입권 배분

19	1605592090	소라(기타, 조제/저장처리)	7	-	선착순
20	1605639000	해파리(기타, 조제/저장처리)	4	-	선착순
21	2308009000	식물성 물질 및 식물성 웨이스트, 식물성 박류 및 부산물(기타)	38,000	농협중앙회 한국사료협회 한국단미사료협회 한국버섯생산자연합회	수입권 배분 (선착순)

(2) 선착순 방식 TRQ 품목(기획재정부령이 정하는 물품)

우리나라에 수입되는 순서에 따라 정해진 수량까지는 무관세, 초과물량은 협정에 정해진 양허 유형에 따른 세율을 적용하는 품목이다. 예를들어 한-EU FTA의 넙치, 한-미 FTA는 넙치, 명태, 민어 한-중 FTA는 눈다랑어, 소라, 해파리가 해당된다. 이러한 품목은 다음과 같이 세관에서 운영되고 있다.

선착순 방식 수량별 차등협정관세 적용물품 수입통관 처리 지침('17.3.10)

가. 대상 : 보세구역에 장치한 이후 수입신고한 물품

나. 통관절차
- 적용수량에 도달하는 날의 전날까지 수입신고된 물품 : 선착순으로 수입신고하는 물품의 수량에 적용
- 적용수량에 도달한 날에 수입신고된 물품 : 남은 적용수량을 수입신고된 수량에 비례하여 각각 배정[54]
- 수입신고시점과 수리시점의 수량차이 발생 등으로 인한 재배정 방법

1) 신고오류 등의 이유*로 '신고시점'과 '수리시점'의 수량이 바뀌는 경우
  * HS 변경에 따른 차등협정관세 적용 대상물품의 수량 변동 등
  ① 신고정정으로 수량이 감소한 경우
   • 도달일 수입신고 건에 대해 수리시점 수량을 기준으로 재배정
   • 재배정 이후에도 적용수량이 남아있는 경우 도달일 이후 최초일 수입신고건에 대해 배정
  ② 신고정정으로 수량이 증가한 경우
   • 증가한 분에 대해 적용수량 배정하지 않음

2) 신고취하·반송으로 '신고시점'과 '수리시점'의 수량이 바뀌는 경우
  ① '신고취하·반송 후 수량'이 '최초 배정 수량'보다 많거나 같은 경우
   • 신고취하·반송신고 건에 대해 최초 배정수량 유지
  ② '신고취하·반송 후 수량'이 '최초 배정수량'보다 적은 경우
   • 신고취하·반송신고 건에 대해 '신고취하·반송 후 수량'만큼 재배정
   • 위 재배정 후 남은 적용수량은 도달일 수입신고 건에 대해 우선 배정

3) 수입신고 수리 후 신고수량이 바뀌는 경우 : 재배정 안함
   * 변경사유 : 수리후 분석에 따른 HS변경, 원산지조사 등에 따른 원산지 불인정 등

다. 배정에 따른 신고사항 정정
   - 통관지세관장 : 배분되어 조정된 수량을 수입자에게 통지
   - 수입자 : 수입통관 사무처리에 관한 고시 제49조에 따라 세액정정 및 보정

라. 잔여수량의 게시
   - 품목별 적용수량, 배정수량, 남은 적용수량을 관세청 YES FTA (fta.customs.go.kr)을 통해 게시

관련판례

CHAPTER 3-1

수입신고 수리 전에 추천서가 제출되었는지 여부(한-중 FTA)

청구인이 쟁점추천서를 정상적으로 발급받았고, 쟁점추천서가 UNI-PASS에 전송 및 저장되었으며, 당초 청구인이 쟁점물품 수입신고시 쟁점추천서 번호를 기재하여 수입신고한 점, 청구인이 세율 및 관련 세액 등 납세신고 사항은 정정하지 아니하고(납세정정 :X) 수입신고 내용만 정정(신고정정 : D)하는 것으로 수입·납세신고 정정승인을 신청한 점, 처분청도 쟁점추천서 번호를 삭제한 청구인의 정정신청을 그대로 승인한 후, 쟁점추천서 번호가 기재되지 아니하였음에도 협정관세율을 적용한 상태로 쟁점물품의 수입신고를 수리한 점, 현재에도 쟁점추천서가 UNI-PASS에 접수된 상태로 존재하고, 그 세부적인 추천내용이 확인가능한 점 등에 비추어 쟁점물품에 대하여 한도수량내 협정관세율을 적용함이 타당한 것으로 판단된다.

[조심2017관0323, 2018.4.13]

---

54) FTA 사무처리에 관한 고시 개정 시행('16.12.27)에 따라 적용 수량에 도달한 날의 잔량배정 기준을 "수입신고수리된 수량"에서 "수입신고된 수량"으로 변경(고시 제4조~제7조)

CHAPTER 3-1

중요 질의 및 답변 사례

질의 4 하우다 치즈(HS0406.90)에 대한 한-미 FTA 적용시 실수로 다른 업체의 추천서를 제출하여 협정관세 적용을 받은 경우 정당한 추천서로 정정신청이 가능한지 여부?

답변 FTA 관세특례법 시행령 제3조에 따라 유효한 추천서를 수입신고수리 전까지 세관장에게 제출해야 협정적용이 가능하므로 수량별 차등협정관세 적용이 불가하며, 사후적용 신청도 허용되지 않으니 주의가 필요

질의 5 '오징어젓갈'을 수입하고자 관세율할당(TRQs) 물량을 HSK1605.54-2099(오징어)로 수입권 배부를 받은 경우 협정관세적용 가능 여부?

답변 '오징어 젓갈'은 '조미오징어'(HSK 1605.54-2091)로 분류되므로 조미오징어의 관세율할당 물량에 대해 해양수산부장관 또는 그 위임을 받은 자로부터 추천서가 필요

질의 6 수입신고 이전에 추천서를 발급받아 구비하였으나 C/O를 구비하지 못하여 사후 협정관세 적용 신청시 동 추천서를 제출한 경우 협정적용 여부?

답변 한도수량내 협정관세율을 적용받기 위해서는 추천서를 수입신고수리 전까지 제출해야 하므로, 수입신고수리 후에 C/O와 함께 추천서를 제출하여도 한도수량내 협정관세율을 적용 받을 수 없음

질의 7 관세율할당 물량으로 협정관세적용 추천을 받아 특혜적용을 받은 후 계약상이로 일반수출한 경우 기 적용된 협정관세적용추천서를 취소할 수 있는지 여부?

답변 기 적용된 관세율할당 물량의 취소를 위해서는 해당 수입 건에 대한 수정신고가 가능하나 세율차액만큼 세액이 추징됨

질의 8

(정정전)		(정정후)	
C/O	TRQ 추천서	C/O	TRQ 추천서
한-아세안	한-베트남	한-베트남	한-베트남

한-베트남 FTA 적용을 받을 목적이었으나 원산지증명서를 잘못 발급받아 협정관세적용에 오류가 발생한 경우 기존 협정관세적용신청의 정정과 정정후 TRQ 적용은 가능한지?

답변 협정관세 재적용 제한은 동일 FTA 협정을 기준으로 적용하는 것이 타당하므로 한-아세안 FTA 적용을 받은 해당 물품을 세액보정·수정 또는 경정 후 한-베트남 FTA로 다시 협정관세를 적용하는 것은 협정관세 재적용 제한에 해당되지 아니함
수입신고 당시 유효한 추천서를 제출하고 협정관세적용을 신청한 경우라면 사후에 협정관세 재적용 시에도 수입신고 당시 적용 가능한 양허세율(관세율할당 협정세율)이 적용됨이 타당

FTA 관련 자격시험 예상문제

07
다음 중 FTA 협정관세에 대한 설명으로 잘못된 것은?

① 한도 수량내 협정관세율을 받고자 하는 자는 수입신고 수리 전까지 관련 추천서를 세관장에게 제출하여야 한다.(선착순방식 품목 제외)
② 협정관세는 관세법 제83조 용도세율의 적용대상이다.
③ 한-아세안 FTA에서는 관세율의 상호대응 제도를 두고 있다.
④ 인도를 원산지로 하는 중고물품에 대해선 협정관세 적용을 배제할 수 있다.
⑤ 한-미 FTA에서 자동차(제8703)에 대해 스냅백(snap-back)조항을 도입하였다.

해설 중고물품에 대해선 협정관세 적용을 배제할 수 있는 협정은 한-페루 FTA이다.
정답 ④

08
A품목에 대해 태국은 민감품목(기본 5%), 우리나라는 일반품목(기본 8%, 협정 0%)으로 지정시, A가 우리나라로 수입될 때 부과하여야 할 관세율은? ※ 관세율의 상호대응 적용

① 8% ② 0% ③ 5% ④ 4% ⑤ 13%

해설 수출국이 동일품목에 대한 민감품목, 수입국이 일반품목으로 지정시 관세율의 상호대응이 가능하다. 수출국 관세율이 10%이하인 경우 수입국 협정관세와 수출국 실행관세율 중 높은 세율이 적용되므로 수출국 세율(상호대응세율)인 5%가 적용된다.
정답 ③

PLUS TIP 3-1 : 영국의 EU 탈퇴(브렉시트)에 따른 특혜원산지 적용 변화(EU 집행위 발표)

- ▶ 탈퇴일 현재 영국은 무역협정이 적용되지 않는 제3국으로 분류되기 때문에 영국물품은 비원산지 물품으로 분류됨
- ▶ EU에서 수출한 물품의 경우 영국 부품이 비원산지재료로 분류됨에 따라 협정 상대국이 탈퇴일 이전에 EU 특혜원산지를 인정했던 물품을 비원산지물품으로 분류할 가능성이 있음
- ▶ 원산지검증에 있어서 EU 27개국 수출자는 수출품의 원산지가 EU임을 증명해야 하며 이 경우 영국산 재료는 고려하지 않음
- ▶ EU가 수입한 물품의 경우 협정 상대국에서 제조된 물품에 포함된 영국 부품은 탈퇴일 현재 비원산지 재료로 분류됨에 따라 누적기준이 적용되지 않음

◆ 영국이 EU를 탈퇴(2019.10.31까지 연기)하므로 한-EU FTA 적용대상에서 제외되며, EU산 제품이나 한국 제품에 한-EU FTA 누적기준이 적용되지 않고 영국산 부품은 비원산지재료로 간주됨
  ※ 상기 내용은 영국과 EU의 협상 결과에 따라 달라 질 수 있음

임시적 한-영 FTA 타결('19.6.10)

〔상품관세〕 모든 공산품의 관세철폐 유지를 위해 발효 8년차인 한-EU FTA 양허 동일하게 적용, 우리 주요 수출품 현재와 동일하게 무관세 수출가능
- 농업 긴급수입제한조치(ASG) : EU보다 발동기준 낮추고(쇠고기, 돼지고기, 사과, 설탕, 인삼, 맥아·맥주맥, 발효주정, 변성전분, 감자전분 등 9개 품목)
- 국내생산이 부족한 맥아와 보조사료는 관세율할당(TRQ) 제공

〔원산지〕 EU산 재료를 사용해 생산한 제품 3년간 한시적으로 역내산 인정, EU 경유 물품도 3년 한시적으로 직접운송 인정 (우리 기업도 EU물류기지를 경유 수출하여도 협정적용 가능)

〔협정 개선〕 브렉시트 상황이 안정되는 경우, 한-EU FTA 플러스 수준으로 2년 내 협정 업그레이드 근거조항 마련

협정관세 적용순위(법 제5조)

협정관세의 세율이 「관세법」 제50조[55]에 따른 적용세율과 같거나 그 보다 높은 경우에는 「관세법」 제50조에 따른 적용세율을 우선 적용한다. 즉, FTA에 의한 협정관세의 세율이 관세법에 의한 적용세율보다 낮은 경우 우선 적용하고, 반대로 더 높은 경우에는 관세법에 의한 적용세율을 적용한다는 의미이다. 다만, 관세법의 덤핑방지관세(제51조), 상계관세(제57조), 보복관세(제63조), 긴급관세(제65조), 특정국물품 긴급관세(제67조의2), 농림축산물 특별긴급관세(제68조), 공중도덕 보호 등을 위한 조정관세(제69조제2호)는 협정관세의 세율보다 우선하여 적용한다.

〈표 3-1〉 관세율의 적용순위

순위	세율의 종류
1	덤핑방지관세, 상계관세, 보복관세, 긴급관세, 특정국긴급관세, 농림축산물특별긴급관세,, 조정관세(제69조제2호에 한함)[56]
2	FTA 협정세율(3,4,5,6,7,8 보다 낮은 경우 우선 적용)
3	편익관세·국제협력관세[57](4,5,6,7,8보다 낮은 경우)
4	WTO양허 관세 중 국내외 가격차에 상당한 율로 양허하거나 기본세율보다 높은 율로 양허한 농림축산물 양허관세와 단순 양허한 농림축산물 중 시장접근물량 설정품목의 양허관세 (세율이 높아도 7,8 보다 우선 적용)
5	조정관세, 계절관세, 할당관세(6 보다 낮은 경우 우선 적용)
6	일반특혜관세
7	잠정관세
8	기본관세

---

55) 세율 적용의 우선순위

MFN 실행세율은 모든 국가의 수입물품에 대해 무차별적으로 적용되는 관세율을 말한다. FTA 협정관세는 MFN의 예외를 인정받지만 MFN 세율 보다 높게 부과할 수 없다. 반면, 1 순위의 덤핑방지관세, 상계관세 등은 WTO 협정에서 정한 범위에서 MFN를 초과하여 부과할 수 있도록 허용하고 있다. 어찌 보면 1순위 관세율이 FTA보다 우월한 지위에 있으므로 우선 적용되고, FTA 특례법에 의한 협정관세가 관세법의 그 이외 관세보다 특별적 지위에 있으므로 우선 적용된다 하겠다. 1순위 관세율은 2순위부터 8순위에서 결정된 실행관세율에 추가(보복관세 제외)하여 부과되므로 덤핑방지관세가 부과되는 품목도 실행관세에 대해선 협정 요건을 갖추면 FTA 특혜적용이 가능하다.

> **PLUS TIP 3-2** 터키로 합성필라멘트사 직물(HS 5404호)을 수출하는 경우, 터키는 동 품목에 34.4% 덤핑방지관세를 부과하고 있는데 한-터키 FTA 적용이 가능한지?
>
> 덤핑방지관세가 부과되는 품목의 관세는 '실행관세율+덤핑방지관세율'이다. 터키는 이 품목에 대해 42.4%(8%+34.4%)의 관세율을 적용하고 있다. 한-터키 FTA 발효에 따라 한국의 원산지상품인 경우 발효 1년차에는 실행관세율이(8%→6.6%) 협정관세 적용으로 인하되므로 적용 관세율은 41%(6.6%+34.4%)가 된다.
>
> 미국의 경우도 마찬가지이다. 미국은 한국산 스텐레스 코일 등에 반덤핑관세를 부과 중인데, 반덤핑관세 부과 대상이라도 반덤핑 관세는 따로 계산해서 별도 납부하고, 특혜관세가 무세라면 관세를 낼 필요가 없다.

---

56) 공중도덕 보호, 인간·동물·식물의 생명 및 건강보호, 환경보전, 유한 천연자원 보존 및 국제평화와 안전보장 등을 위하여 필요한 경우(GATT 상 예외사유)

57) 순위 4를 제외한 WTO양허관세, TNDC, GSTP, APTA 등을 의미한다. 협정관세와 국제협력관세의 차이점은 ①국제협력관세는 탄력관세로 국회 비준동의가 필요 없으나 협정관세는 필요하고, ②협정관세는 MFN원칙이 적용되지 않으나 국제협력관세는 MFN원칙이 적용된다. 즉, 특정국가에 관세를 양허하면, 모든 WTO회원국에게 인하된 세율을 적용해야 한다.

FTA 관련 자격시험 예상문제

09
관세법 및 FTA 관세특례법에 따른 관세율의 적용 순서에 대한 설명으로 틀린 것은?

① 농림축산물특별긴급관세는 세율의 높낮이에 관계없이 우선 적용된다.
② FTA협정세율이 편익관세보다 높은 경우 편익관세가 적용된다.
③ 덤핑방지관세가 부과되는 품목은 FTA협정관세를 적용할 수 없다.
④ 조정관세와 일반특혜관세 경합시 세율의 높낮이에 관계없이 조정관세가 적용된다.
⑤ WTO 양허 관세 중 국내외 가격차에 상당한 율로 양허한 관세는 세율의 높낮이에 관계없이 항상 기본관세보다 우선 적용된다.

해설 덤핑방지관세는 MFN 실행관세에 추가하여 부과되므로 수입물품이 양허 대상이라면 MFN 실행관세는 협정관세가 될 수 있다.

정답 ③

3

협정관세 적용요건

1장에서 살펴본바와 같이, 자유무역협정(FTA)이란 협정상대국 영역간에 세계무역기구협정의 일부인 「1994년도 관세 및 무역에 관한 일반협정(1994년도 GATT)」 제24조[58]에 합치되게 자유무역지대(Free Trade Area)를 설립하는 것이며, 자유무역협정을 통해 협정당사국 영역간의 상품교역시 부과하던 관세 및 상업적 제한이 철폐된다. 다만, 이러한 관세철폐 등은 역외국에 대해 협정 체결전보다 전반적으로(on the whole) 높지 않을 것을 조건으로 협정당사국에만 적용된다. 따라서 자유무역협정의 혜택이 협정당사국에만 적용되므로 이의 적용을 위해선 협정에서 규정한 여러 조건에 부합하여야 한다.

협정당사국간 교역되는 상품에 대해 부과되는 협정관세는 협정에서 규정하고 있는 협정당사국에 거주하는 인(人)이 협정당사국간 양허된 품목(협정관세 적용 대상) 중 역내국에서 생산되고 협정에서 정한 원산지기준을 충족하는 원산지상품(원산지가 해당 체약상대국)을 상호간 거래하고, 동 수입상품에 대해 협정관세 적용을 신청하는 경우에 적용될 수 있다.(법 제6조[59]) 실무적으로 협정관세 적용을 위해서 수입자는 협정에서 규정한 운송요건을 충족하는 수입상품에 대해 원산지상품임을 입증하는 원산지증명서를 구비하고, 협정관세적용을 세관당국에 신청하여야 한다. 그럼 세부적인 요건들을 살펴보자.

---

58) 일정한 조건 아래에서 지역경제통합(관세동맹, 자유무역지대, 양자에 이르기 위한 잠정협정)에 대하여 GATT 제1조의 최혜국대우원칙(MFN)의 적용을 면제(세 가지 형태의 지역경제통합에 대하여 각각 그 정의와 기준 및 조건을 정하고, 어떤 지역협정이 동 기준 및 조건에 합치될 때에는 자동적으로 GATT상 의무로부터의 일탈을 허용)

59) 제6조(협정관세의 적용요건) 협정관세는 다음 각 호의 요건을 모두 충족하는 수입물품에 대하여 적용한다. 1. 해당 수입물품이 협정에 따른 협정관세의 적용 대상일 것 2. 제7조에 따라 결정된 해당 수입물품의 원산지가 해당 체약상대국일 것 3. 해당 수입물품에 대하여 제8조 또는 제9조에 따라 협정관세의 적용을 신청할 것

1 거래당사자와 당사국

(1) 거래당사자

협정관세 적용을 위한 첫 번째 요건은 협정상 거래당사자에 부합하여야 한다. FTA에서 거래당사자는 보편적으로 당사국에 거주하는 수출자, 수입자, 생산자를 의미한다. '수출자'의 경우는 통상적인 거래계약당사자, 수입신고서의 해외 공급자와는 다른 개념으로 원산지와 관련되어 있으며, 상품이 수출되는 당사국의 영역에 '소재'하면서 그 상품을 수출하는 자연인 또는 법인이며 원산지증명서 발급 또는 발급신청의 주체로서 관련 자료의 보관의무를 부담하고, 세관당국이 그 진정성에 대한 검증을 수행할 때 피검증자로서 자료제출 의무를 지는 자를 말한다. 따라서, 거래당사자가 아닌 제3국 소재 자연인 또는 법인이 원산지증명서를 발급한 경우에는 협정관세를 적용할 수 없다는 것에 주의하여야 한다. 한-캐나다 FTA에서는 수출자, 수입자, 생산자를 아래와 같이 정의하고 있으며, 다른 협정도 이에 준하여 이해하면 될 것이다.

수출자	수출자란 당사국 영역 내에 있는 수출자 및 이 장에 따라 상품의 수출에 관하여 그 당사국 영역 내에 기록을 유지하는 것이 요구되는 수출자를 말한다. Exporter means an exporter located in the territory of a Party and exporter required under this Chapter to maintain records in the territory of that Party regarding exportations of a good
수입자	수입자란 당사국 영역 내에 있는 수입자 및 이 장에 따라 상품의 수입에 관하여 그 당사국 영역 내에 기록을 유지하는 것이 요구되는 수입자를 말한다. Importer means an importer located in the territory of a Party and importer required under this Chapter to maintain records in the territory of that Party regarding importations of a good
생산자	생산자란 당사국 영역에서 상품의 생산에 종사하는 인을 말한다. Producer means a person who engages in the production of a good in the territory of a party

> **PLUS TIP 3-3 협정관세적용신청서 작성시 수출자는 어디에서 확인해야 하나?**
>
> 중계무역 등의 다단계 거래가 발생하는 경우, 수입신고서의 수출자와 협정관세적용신청서의 수출자가 상이할 수 있다는 것에 유의해야 한다. 협정관세적용신청서 작성시 수출자는 반드시 원산지증명서 또는 원산지신고서에서 확인해야 하며, 제3국의 인(人)이 수출자로 기재되어서는 안된다.

(2) 당사국

당사국(a Party)은 협정 적용의 주체로써 당사국이 양국인 경우는 명확하여 논란이 없으나 다국이 참여하는 협정의 경우는 그 의미를 정확하게 이해할 필요가 있다. 한-EU FTA의 경우는 당사국을 대한민국과 유럽공동체설립조약에서의 유럽공동체(EU) 및 그 회원국으로 규정하여 EU가 당사국으로 인정되나, 한-아세안 FTA의 경우는 대한민국 혹은 동남아시아국가연합 회원국으로 규정하여 동남아시아국가연합(ASEAN) 자체는 당사국으로 인정되지 않는다. 또한, 한-EFTA FTA의 유럽자유무역연합(EFTA)과 한-중미 FTA[60]도 마찬가지이다. EU가 당사국으로 인정되면서 EU 역내를 하나의 단일국의 개념으로 보아 EU역내에서 가공·생산되고 협정상 원산지기준을 충족하는 물품은 협정관세적용 대상이 된다. 이와는 달리 대외무역법령상 원산지표시 규정[61]에서는 EU를 국가로 인정하지 않으므로 'Made in EU'는 허용되지 않음에 유의하자.

협 정	당사국 정의
EFTA	대한민국·아이슬란드·노르웨이·스위스를 말함. 리히텐슈타인을 원산지로 하는 상품은 스위스를 원산지로 간주 Party means Korea, Iceland, Norway and Switzerland. Due to the customs union between Switzerland and Liechtenstein, products originating in Liechtenstein are considered to be originating in Switzerland.
아세안	대한민국 혹은 동남아시아국가연합 회원국(인도네시아, 태국, 싱가포르, 말레이시아, 필리핀, 브루나이, 미얀마, 라오스, 캄보디아, 베트남) Party menas Korea or ASEAN Member country
EU	대한민국과 유럽연합조약 및 유럽연합의 기능에 관한 조약에서 도출된 그들 각각의 권한 범위에서 유럽연합이나 그 회원국 또는 유럽연합 및 그 회원국(벨기에, 불가리아, 체코, 덴마크, 독일, 에스토니아, 아일랜드, 그리스, 스페인, 프랑스, 이탈리아, 사이프러스, 라트비아, 리투아니아, 룩셈부르크, 헝가리, 몰타, 네덜란드, 오스트리아, 폴란드, 포르투갈, 루마니아, 슬로베니아, 슬로바키아, 핀란드 스웨덴, 영국, 크로아티아) the Parties mean, on the one hand, the European Union or its Member States or the European Union and its Member States within their respective areas of competence as derived from the Treaty on European Union and Treaty on the Functioning of the European Union (hereinafter referred to as the "EU Party"), and on the other hand, Korea
기타 협정	칠레·싱가포르·인도·미국·페루·터키·호주·캐나다·중국·콜롬비아·베트남·뉴질랜드와의 FTA에서는 양쪽 체약국이 모두 1개 국가이므로 별도 규정을 두고 있지 아니함

---

60) 이 협정의 규정은 한국과 코스타리카, 엘살바도르, 온두라스, 니카라과, 파나마 간에 개별적으로 간주되어 적용된다. 이 협정은 중미 국가 간에는 적용되지 않는다(제1.5조).

61) 대외무역관리규정 제76조("원산지 : 국명 또는 국명 산", Made in 국명" 또는 "Product of 국명", "Made by 제조자 회사명, 주소, 국명", "Brewed in 국명" 또는 "Distilled in 국명", 물품 크기자 작은 경우 국명만 표기와 같이 원산지표시에는 모두 국명이 표기되어야 함)

> **PLUS TIP 3-3** 싱가포르 혹은 베트남에서 수입되는 물품에 대한 협정관세 적용시 한-아세안 FTA, 한-싱가포르 FTA 혹은 한-베트남 FTA 중 어느 협정을 적용해야 하는지?
>
> 협정관세가 유리한 협정을 적용하면 되나, 주의해야 할 점은 원산지증명서는 선택한 협정에 부합하여야 한다는 것이다. 예를들어, 베트남산 물품에 대한 협정적용시 베트남은 한-아세안 FTA 혹은 한-베트남 FTA의 협정 당사국이기 때문에 양허품목이라면 어느 협정을 선택하여 적용하든지 문제는 없다. 그러나 협정적용의 근거가 되는 원산지증명서는 선택한 협정의 것이여야 한다. 즉, 한-베트남 FTA를 선택한 것이라면 원산지증명서도 한-베트남 FTA에서 규정하고 있는 원산지증명서를 가지고 있어야 한다.

▶ 1-1 거래당사자의 확장(제3국 송장)

협정국간에 소재하는 당사자간에 발생하는 무역거래는 수출자가 명확하나 비당사국의 제3자가 개입하는 경우에는 수출자의 개념이 달라질 수 있다. 대표적인 사례가 중계무역(intermediary trade) 형태인데, 비당사국에 위치하고 있는 중계무역업자가 협정상대국의 물품을 수입하여 동 물품을 또 다른 협정상대국에 수출하는 경우로, 일부 협정에서는 '비당사국 운영인(제3국)의 송장 발행'으로 규정하고 있다. 즉, "제3국 송장"이란 수출당사국의 수출자가 아닌 제3자인 비당사국 운영인이 송품장을 발급한 경우이다.

칠레·아세안·인도·페루·중국·베트남과의 협정에서는 수출체약국이 아닌 비체약국에서 송품장을 발급한 경우(제3자가 송품장 발행) 원산지증명서에 송품장을 발급한 제3자의 정보(회사명, 주소 등)를 기재하여야만 특혜적용이 가능하다. 예를들면, 아래 그림과 같이 한국의 수입자(A)가 칠레산 와인(생산자 B)을 수입할 때 협정 비당사국인 미국에 거주하는 중계인(C)을 통해서 무역거래를 하는 경우이다.

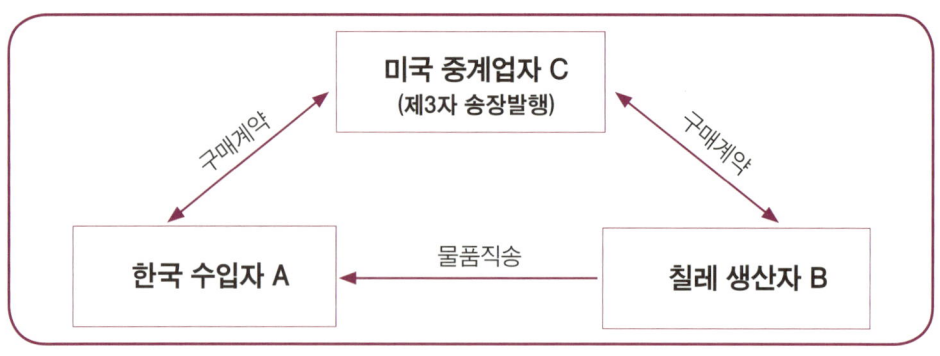

물품은 칠레에서 한국으로 직접 운송되면서, 대금은 한국의 수입자(A)가 중계인(C)에게 지급하기 때문에 중계인(C)가 송품장을 발행하게 된다. 이때 협정 당사자는 한국 수입자(A)와 칠레 생산자(B)이나 중계인(C)은 수입자(A)에게 물품 송장을 발행하므로 일반적인 무역거래에서 수출자로 간주된다. 그러나 협정관세를 신청하기 위해서는 중계인(C)이 발행하는 원산지증명서가 아닌 칠레 생산자(B)가 발행한 원산지증명서가 필요하고, 동 증명서상에 중계인(C)의 정보(송품장 발행 회사상호, 국가명 등)가 기재되어 있어야 한다는 것이다. 그 이유는 중계인(C)은 협정상 당사국에 소재하는 거래당사자가 아니기 때문이다.

FTA	내용
칠레	〈제5.6조 비당사국 운영자에 의한 송장 작성〉 거래되는 상품의 송장이 비당사국 운영자에 의해 작성될 때, 원산지 당사국의 생산자 또는 수출자는, 각 원산지 증명서의 비고란에 신고의 대상이 되는 상품에 대해 그 비당사국으로부터 송장이 작성될 것임을 기재하여야 하며, 최종적으로 목적지까지의 운영에 대한 송장을 작성할 운영자의 성명, 회사명과 주소를 포함한다. ※ 원산지증명서 서식 9번(Remarks)란에 "송품장이 비당사국에서 작성되었을 경우 송품장 작성자 이름, 회사명 주소를 기재"한다.
아세안	〈부속서 3 제21조〉 1. 상업송장이 제3국에 소재하는 기업 또는 그 기업의 계산으로 수출자에 의하여 발급된 경우에도, 수입 당사국의 관세당국은 원산지증명서를 수리할 수 있다. 다만, 그 물품이 부속서 3의 요건을 충족하여야 한다. 2. 물품의 수출자는 원산지증명서에 "제3국 발행송장 대상"임을 명시하고, 송장을 발행하는 회사의 명칭 및 국적과 같은 정보를 기재하여야 한다. ※ 수출당사국이 아닌 제3국에서 송품장이 발급된 경우 원산지증명서 13번의 "제3국 송품장(Third country invoicing)"란에 "√" 표시를 한다. 이 경우 제7란에는 송장을 발행한 회사의 상호 및 국가명을 적는다.
인도	〈제4.6조 비당사국 운영인의 송장발행〉 1. 매매송장이 제3국에 소재하는 운영인에 의하여 또는 그 운영인의 계산으로 수출자에 의하여 발급된 경우 그 상품이 제3장(원산지 규정)의 요건을 충족한다면 수입당사국의 관세당국은 원산지증명서를 수리할 수 있다. 2. 상품의 수출자는 원산지증명서에 "제3국 송장 발행"임과 송장을 발행하는 운영인의 이름·주소 및 국가와 같은 정보를 표시한다. ※ 수출당사국이 아닌 제3국에서 송품장이 발급된 경우 원산지증명서 14번 의 "제3국 송품장(Third country invoicing)"란에 "√" 표시를 한다. 이 경우 제7란에는 송장을 발행한 회사의 상호 및 국가명을 적는다.
중국 베트남	〈제3.22(21)조 비당사국 송장〉 수입 당사국은 이 장에 따른 요건들이 충족되는 경우, 송장이 비당사국에서 발급되었다는 이유만으로 원산지 증명서를 거부하지 아니한다.

중국 및 베트남과의 협정에서는 비당사국 송장에 대한 원론적인 내용을 규정하면서, 원산지증명서 발급요령에서 비당사국 송장 발행인의 법적이름과 국가를 기재하도록 규정하고 있다.

다른 협정은 이러한 제한을 두고 있지 않으므로 비당사국에서 송품장이 발급된다할 지라도 협정상 거래당사자인 수출자 혹은 생산자가 원산지증명서를 발급한 경우에는 원산지물품으로 인정될 수 있다. 특히, 정형화된 서식이 없이 일반적으로 인정되는 상업서류(송품장, 포장명세서 등)에 원산지 문구를 기재하여 원산지신고서로 인정받는 EFTA·EU·터키와의 FTA는 유의하여야 한다. 이 경우 제3자가 발행한 송품장에 원산지문구를 기재하면 유효한 원산지신고서로 인정받을 수 없고 당사국 내 수출자가 발행한 송품장 등에 원산지신고서를 작성하여야 한다. 터키·호주와의 FTA에서는 제3국 송장에 대한 조항은 있으나 별도의 제한을 두고 있지는 않다.

FTA	내 용
터키	〈제27조 제3국 송장〉 수입 당사국의 관세당국은 해당 상품이 이 의정서의 요건을 충족하는 한, 제3국에 소재하는 기업에 의하여 또는 수출자에 의하여 그 기업의 계정으로 판매 송장이 발급된 경우 원산지신고서를 수리할 수 있다.
호주	〈제3.26조 비당사국 송장〉 수입 당사국의 관세행정기관은 송장이 비당사국 영역에서 발급되었다는 이유만으로 원산지증명서를 거부하지 아니한다.

중요 질의 및 답변 사례

질의 9

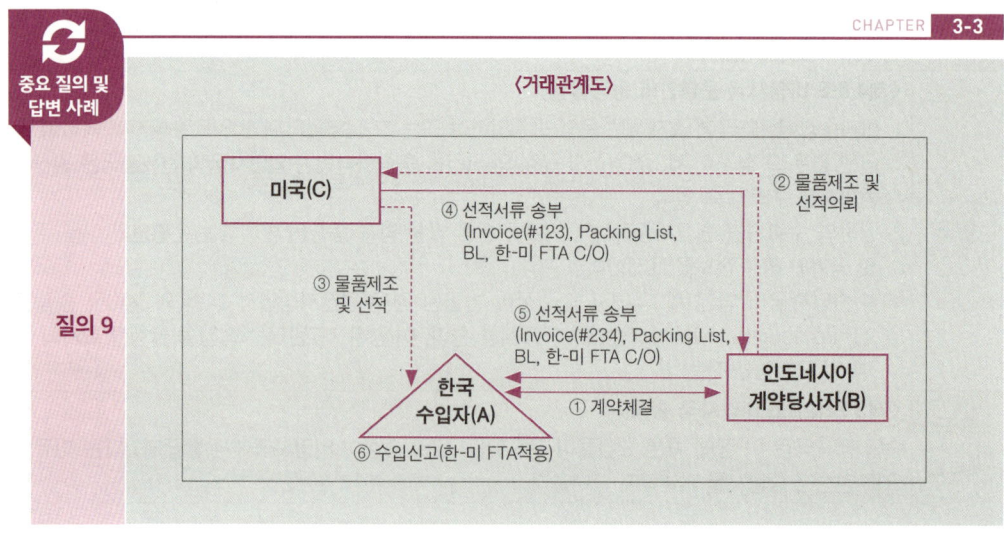

〈거래관계도〉

질의 9	한-미 FTA 원산지증명서 관련, 제3국 송장거래(미국-인도네시아-한국)에서 수출당사국인 미국의 생산자가 원산지증명서를 작성한 경우 Q1. 원산지증명서의 수출자가 인도네시아의 업체로 기재되면 원산지증명서의 형식적요건에 충족하는지? Q2. C/O에 '제3국 발행송장'임을 표시해야 하는지? Q3. 상기 거래에서 미국에서 발행된 B/L에 선적자(Shipper)가 인도네시아의 업체가 표시된 경우 협정관세 적용이 가능한지?
답변	한-미 FTA 원산지 증명시 상품의 '수출자'는 '수출당사국의 수출자'를 의미하는 것으로, 상기 사례와 같이 수출당사국인 미국의 생산자가 원산지를 증명하고, 원산지가 증명된 물품과 수입물품과의 동일성이 확인되는 경우에는 - 원산지증명서의 '수출자'에 '제3국 송장발행인'을 기재한 경우에도 협정관세를 적용할 수 있으며 - 협정 규정이 없으므로 원산지증명서에 '제3국 발행송장'임을 표시하지 않아도 협정관세를 적용할 수 있음 또한 수출당사국의 업체가 물품을 생산·수출하고 그 업체가 원산지를 증명한 경우에는 - 선하증권의 '선적자'가 수출당사국의 수출업체가 아닌 제3국 송장발행인이어도 협정관세를 적용할 수 있음
질의 10	아래의 경우 제3국 송장발행으로 볼 수 있는지? 1) 수출자 : 태국의 ○○PRECISION(THAILAND) CO., LTD 〈송장문구〉 ○○PRECISION (THAILAND) CO., LTD ON BEHALF OF ○○PRECISION INC 2) 적출국: 태국에서 한국으로 수출(직접운송 충족) 3) 송장발행: ○○PRECISION(THAILAND)이 일본의 ○○회사를 대신해서 발행한다는 문구가 표기 4) 대금송금: ○○PRECISION INC (일본회사)로 송금
답변	한-ASEAN FTA에서 제3국은 수출입당사국이 아닌 국가를 말하며, 송장이 ①제3국에 소재하는 기업에 의하여 발급된 경우 혹은 ②제3국에 소재하는 기업의 계산으로(for the account) 수출자에 의하여 발급된 경우 제3국 송장발행이라 할 수 있음 동 질의 건은 일본기업의 계산으로 태국 수출자에 의해 C/O가 발급된 경우라 할 것이므로 제3국 송장발행으로 볼 수 있음
질의 11	한-아세안 FTA에서 최종송품장 발행국이 수입국인 한국일 경우에도 제3국 발행 송장에 해당하는지 여부? | 생산자 / 수출자	송품장 발행	수입자
---	---	---
베트남 업체 (C/O 발행)	한국 업체(A사) (송품장 발행)	한국 업체(B사)	
답변	한-아세안 FTA 협정 제1조 정의에 따라 "제3국"이라 함은 수입당사국 또는 수출당사국이 아닌 당사국 또는 비당사국을 의미하므로, 수입국과 동일한 국가에서 제3자가 발행한 송품장은 제3국 송장으로 볼 수 없음

질의 12	한-아세안 FTA에서 제3국에서 복수의 거래가 이루어진 경우, 국내 수입자에게 최종 송장을 제출하는 회사가 아닌 다른 회사명(국가명 포함)이 기재된 경우 원산지증명서의 유효성 여부?
답변	협정관세 적용대상 물품(원산지증명서상 물품)과 실제 거래 물품과의 동일성 확인이 필요하므로 한국 소재 수입자에게 최종적으로 송품장을 제출한 회사명과 국가명을 C/O에 기재하여야 한다. 다만, 최종송장 국가의 정보가 아닌 경우에도 거래내역을 확인할 수 있는 서류가 추가로 제출되어 확인되는 경우에는 적용이 가능
질의 13	EU 역내 수출자가 아닌 비당사국에서 재발행한 송장에 원산지 신고문안이 기재된 경우 유효성 여부?
답변	한-EU FTA 제15조(일반요건) 및 제16조(원산지신고서 작성 조건)에 따라 원산지신고서는 EU의 수출자가 송품장 등 상업서류에 작성하여야 하므로, 비당사국에서 재발행한 송장에 원산지 신고문안이 기재된 경우에는 유효성 인정이 불가
질의 14	한-아세안 FTA 협정에서 (1) "체약당사국"이란 수출당사국 한 국가만을 의미하는 것인지, 아세안 국가 전체를 의미하는 것인지 질의 (2) 누적기준 적용시 "a Party"의 의미 (3) WO-AK(어느 당사국 영역에서 완전 획득 또는 생산된 물품)에서 "any Party"라 함은 수출 혹은 수입당사국을 의미하는지, 아세안 회원국 중 한 국가만 해당되는지 질의
답변	(1) 한-아세안 FTA에서 "체약당사국"의 정의는 없음. 다만, "당사국(Party)"이란 대한민국 또는 동남아시아국가연합 회원국을 의미하며, "당사국들(Parties)"이란 대한민국과 동남아시아국가연합 회원국들을 집합적으로 의미 (2) 한-아세안 FTA 제2조 당사국(Party) 정의에 따라 대한민국 또는 아세안 회원국 중 하나의 당사국을 의미 - 아세안회원국(10개 국가)이 당사자이므로 품목별 기준 등에서 다국 누적을 배제하는 경우를 제외하고 다국 누적이 인정됨 (3) WO-AK 적용시 "any Party"의 의미 - 'Wholly Obtained or Produced in the territory of any Party'에서 any Party란 특정하지 아니한 당사국인 대한민국 또는 아세안 회원국을 지칭
질의 15	독일(원산지), 네델란드(선적), 스위스(인보이스, B/L발행)의 거래 구조에서 네델란드의 인증번호가 스위스에서 발행된 B/L에 표기된 경우 협정관세 적용이 가능한지?
답변	한-EU FTA에 따른 원산지신고서는 체약당사국에 소재하는 수출자(물품가격이 6,000불을 초과하는 경우 인증수출자)가 발행해야 한다. 따라서 EU회원국이 아닌 제3국에 소재하는 자가 작성한 원산지신고서는 유효한 신고서로 인정될 수 없음

질의 16	복수의 제3국 송장이 발행되는 경우 인도측 C/O발급기관에서 최종 수출자의 정보가 아닌, 최초 제3국 송장발행 수출자 정보를 기재하여 C/O을 발급한 경우 협정관세적용 가능 여부 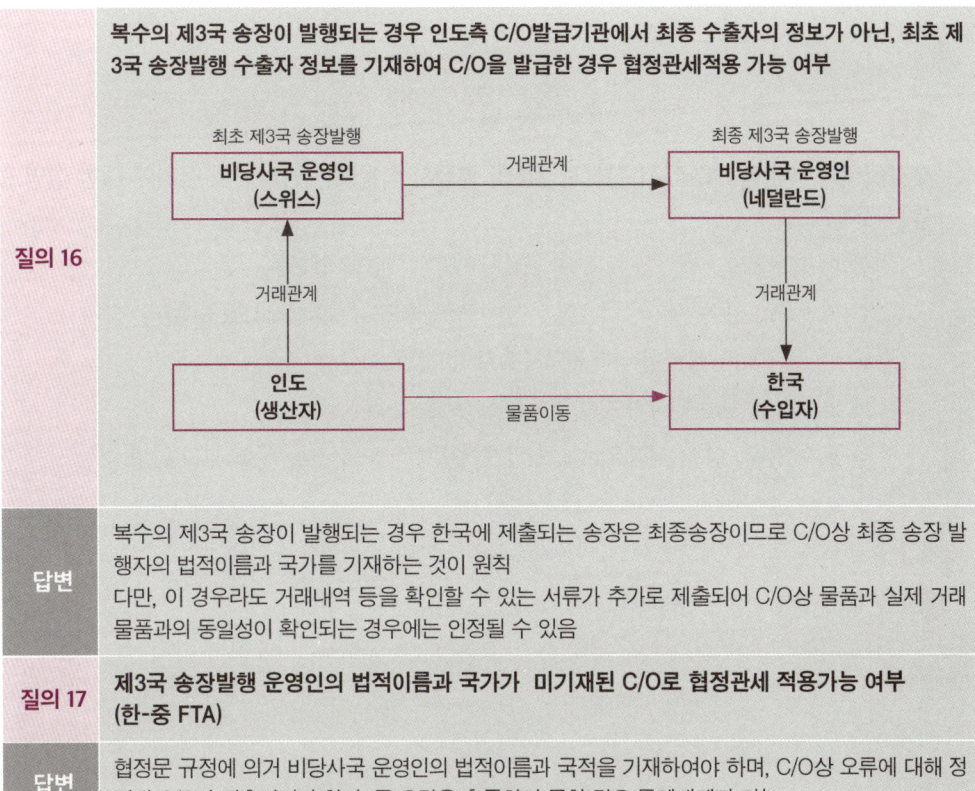
답변	복수의 제3국 송장이 발행되는 경우 한국에 제출되는 송장은 최종송장이므로 C/O상 최종 송장 발행자의 법적이름과 국가를 기재하는 것이 원칙 다만, 이 경우라도 거래내역 등을 확인할 수 있는 서류가 추가로 제출되어 C/O상 물품과 실제 거래 물품과의 동일성이 확인되는 경우에는 인정될 수 있음
질의 17	제3국 송장발행 운영인의 법적이름과 국가가 미기재된 C/O로 협정관세 적용가능 여부 (한-중 FTA)
답변	협정문 규정에 의거 비당사국 운영인의 법적이름과 국적을 기재하여야 하며, C/O상 오류에 대해 정정된 C/O가 제출되어야 한다. 동 요건을 충족하지 못한 경우 특혜배제가 가능

FTA 관련 자격시험   예 상 문 제

10
우리나라가 체결한 FTA에서 원산지상품의 결정시 적용되는 당사국의 정의에 대한 설명으로 틀린 것은?

① 한-아세안 FTA : 대한민국 혹은 동남아시아국가연합 회원국
② 한-미 FTA : 양쪽 체약국이 1개 국가이므로 별도 규정을 두고 있지 않다.
③ 한-EFTA FTA : 대한민국과 유럽자유무역연합
④ 한-EU FTA : 대한민국과 유럽공동체(EU) 및 그 회원국
⑤ 한-호주 FTA : 양쪽 체약국이 1개 국가이므로 별도 규정을 두고 있지 않다.

해설 한-EFTA FTA의 당사국은 대한민국, 아이슬란드, 노르웨이, 스위스이다.

정답 ③

11
다음 거래관계에 대한 설명으로 옳은 것은?

> 협정상대국에 소재하는 A사는 원산지상품인 원유를 홍콩 소재 B사에게 판매하고 B사는 동 물품을 한국의 C사에게 판매하였다. 다만, 동 물품은 협정상대국에서 한국으로 직접운송 되었다.

① 한-아세안 FTA의 경우 한국의 C사가 특혜관세 대우를 적용받기 위해서는 A사가 송부하는 원산지증명서상에 제3국 발행 송장 대상이 명시되고, B사의 명칭 및 국적과 같은 정보가 기재되어 있어야 한다.
② 한-캐나다 FTA의 경우는 제3자 송장을 인정하고 있지 않아 A가 원산지증명서를 발급한 경우라도 C는 특혜관세를 적용받을 수 없다.
③ 한-칠레 FTA의 경우, 상기거래와 같이 송품장이 비당사국에서 발행되어도 협정상 특별한 제한 규정이 없으므로 특혜적용을 받는데 문제가 없다.
④ 한-미 FTA의 경우는 상기 거래와 같이 송품장이 비당사국에서 발행되는 경우 수출자가 원산지증명서에 제3자 송장 발급자 정보를 기재하여야만 FTA관세특혜를 받을 수 있다.
⑤ 한-호주 FTA의 경우 한국의 C사가 특혜관세 대우를 적용받기 위해서는 A사가 송부하는 원산지증명서상에 제3국 발행 송장 대상이 명시되고, B사의 명칭 및 국적과 같은 정보가 기재되어 있어야 한다.

해설 제3국 송장인 경우 칠레·아세안·인도의 경우 원산지증명서에 제3국 송장 발행자의 명칭 등 정보를 기재하여야 특혜적용이 가능하나, 이외의 FTA는 당사국에 소재하는 수출자가 원산지증명서를 발급하면 특혜적용이 가능하다.

정답 ①

▶2 품목요건

품목요건이란 협정관세는 협정당사국간에 관세를 인하 혹은 철폐하기로 합의(양허)한 품목에 한해서 적용한다는 것이다. 즉, 협정관세는 각 협정에서 정한 특정한 품목에 한하여 적용되고, 협정별·국가별·연도별로 품목과 적용되는 세율도 상이할 수 있다. 예를 들면, 채소는 한-인도CEPA에서 대부분 양허대상에서 제외하고 있으나, 한-아세안 FTA의 경우는 대부분 양허대상에 포함하고 있다. 또한 한-아세안 FTA의 경우, 동일한 FTA임에도 당사국으로 참여하는 국가별로 관세양허 되는 품목과 관세인하 스케줄이 다르다.

특히, 우리나라는 모든 FTA에서 쌀 및 쌀 관련 16개 품목은 양허대상에서 제외하고 있으며, 국내외 가격차가 크거나 관세율이 높아 관세를 완전히 철폐할 경우 심각한 영향이 우려되는 품목은 현행관세를 유지하는 등 국내산업 보호를 위한 다양한 방안을 도입하고 있다. 또한 아래의 표에서 보듯 품목분류코드 4412.94-1000호의 합판의 경우를 보면 동일한 품목임에도 불구하고 협정마다 적용되는 협정세율이 서로 다름을 알 수 있다.

〈표3-2〉 합판의 협정별 세율

품 명 (품목번호)	연도별	적용대상국별 세율			
		아세안	인도	미국	비FTA국가
합 판 (4412.94-1000)	2015	13%	3%	7.2%	8%
	2016	5%	1.5%	6%	8%
	2017	5%	0%	4.8%	8%
	2018	5%	0%	3.6%	8%

대부분의 협정에서는 부속서에 당사국별 관세양허표에 HS코드별로 양허유형을 명시하고 있다. 다음표는 한-미 FTA에서 채택한 관세양허 유형이다.

[한-미 FTA 관세철폐 유형]

구분	양허유형	설 명
A	즉시철폐	발효일(이행 1년차)부터 관세철폐
B	2년 균등철폐	발효일을 시작으로 2단계에 걸쳐 매년 균등하게 철폐되어, 이행 2년차 1월 1일부터 무관세 적용
C	3년 균등철폐	발효일을 시작으로 3단계에 걸쳐 매년 균등하게 철폐되어, 이행 3년차 1월 1일부터 무관세 적용
D	5년 균등철폐	발효일을 시작으로 5단계에 걸쳐 매년 균등하게 철폐되어, 이행 5년차 1월 1일부터 무관세 적용
E	6년 균등철폐	발효일을 시작으로 6단계에 걸쳐 매년 균등하게 철폐되어, 이행 6년차 1월 1일부터 무관세 적용
F	7년 균등철폐	발효일을 시작으로 7단계에 걸쳐 매년 균등하게 철폐되어, 이행 7년차 1월 1일부터 무관세 적용
G	10년 균등철폐	발효일을 시작으로 10단계에 걸쳐 매년 균등하게 철폐되어, 이행 10년차 1월 1일부터 무관세 적용
H	15년 균등철폐	발효일을 시작으로 15단계에 걸쳐 매년 균등하게 철폐되어, 이행 15년차 1월 1일부터 무관세 적용
I	10년 비선형 철폐	발효일을 시작으로 10단계에 걸쳐 매년 다르게 정해진 비율로 철폐되어, 이행 10년차 1월 1일부터 무관세 적용
J	12년 비선형 철폐	이행 1년차부터 이행 8년차까지 기준세율을 유지하고, 이행 9년차 1월 1일을 시작으로 4단계에 걸쳐 매년 균등하게 철폐되어, 이행 12년차 1월 1일부터 무관세 적용
K	무관세 지속	기존의 무관세 적용 지속
L	9년 균등철폐	발효일을 시작으로 9단계에 걸쳐 매년 균등하게 철폐되어, 이행 9년차 1월 1일부터 무관세 적용
M	12년 균등철폐	발효일을 시작으로 12단계에 걸쳐 매년 균등하게 철폐되어, 이행 12년차 1월 1일부터 무관세 적용
N	16년 비선형 철폐	발효일을 시작으로 16단계에 걸쳐 매년 다르게 정해진 비율로 철폐되어, 이행 16년차 1월 1일부터 무관세 적용
O	18년 균등철폐	발효일을 시작으로 18단계에 걸쳐 매년 균등하게 철폐되어, 이행 18년차 1월 1일부터 무관세 적용
P	20년 균등철폐	발효일을 시작으로 20단계에 걸쳐 매년 균등하게 철폐되어, 이행 20년차 1월 1일부터 무관세 적용
Q	2014년 1월 1일 철폐	발효일을 시작으로 매년 균등하게 철폐되어, 2014년 1월 1일부터 무관세 적용

T	15년 비선형 철폐	이행 1년차부터 이행 10년차까지 기준세율을 유지하고, 이행 11년차 1월 1일을 시작으로 5단계에 걸쳐 매년 균등하게 철폐되어, 이행 15년차 1월 1일부터 무관세 적용
U	계절관세	12월 1일부터 4월 30일까지: 발효일부터 무관세 적용 5월 1일부터 11월 30일까지: 이행 1년차부터 7년차까지 기준관세율 유지되고, 이행 8년차 1월 1일을 시작으로 8단계에 걸쳐 매년 균등하게 철폐되어, 이행 15년차 1월 1일부터 무관세 적용
V	계절관세	5월 1일부터 10월 15일까지: 발효일을 시작으로 17단계에 걸쳐 매년 균등하게 철폐되어, 이행 17년차 1월 1일부터 무관세 적용 10월 16일부터 4월 30일까지: 발효일을 시작으로 24%로 인하되고, 이행 2년차 1월 1일을 시작으로 4단계에 걸쳐 매년 균등하게 철폐되어, 이행 5년차 1월 1일부터 무관세 적용
W	계절관세	9월 1일부터 2월 말일까지: 기준관세율 유지 3월 1일부터 8월 31일까지: 발효일을 시작으로 30%로 인하되고, 이행 2년차 1월 1일을 시작으로 6단계에 걸쳐 매년 균등하게 철폐되어, 이행 7년차 1월 1일부터 무관세 적용
X	관세 유지	기준관세율 유지
Y	양허 제외	협정상 관세와 관련된 모든 의무 면제 (쌀 16개 품목)
R	-	미국 통합상품명 및 부호체계(HTSUS) 제98류에 적용
S	-	미국 통합상품명 및 부호체계(HTSUS) 제98류에 적용

▶ 협정별 양허품목 관세율 확인 : 관세청 FTA포털(http://www.customs.go.kr/portalIndex.html)

PLUS TIP 3-3 관세가 무세인 물품도 FTA혜택이 있을까?

한-미 FTA에서는 가능하다. 미국은 모든 수입 건에 대해 물품취급수수료(Merchandise Processing Fee)를 최대 $485까지 부과하고 있다. 그러나 한국의 원산지상품에 대해서는 협정문 제2.10조에 따라 동 수수료가 면제된다. 84류 및 85류 물품 중 대부분의 IT관련 제품은 무세인데 미국으로 수출시 원산지증명서를 발급해 주면 미국의 수입자는 물품취급수수료를 내지 않아도 된다. 다만, 원산지상품에 한하여 동 혜택이 주어지므로 상품에 대한 원산지관리가 선행되어야 한다. 원산지증명서가 발급되므로 미국세관의 원산지검증 대상이 될 수 있음을 유의해야 한다.

쌀의 관세화와 FTA

우리정부가 1994년도 우루과이라운드(UR) 협상타결 이후 20년간 유지해온 쌀 관세화 유예조치를 더 이상 연장하지 않기로 결정함에 따라 2015.1.1부터 쌀의 관세화(쌀의 전면개방)가 시행되고 있다. 쌀의 관세화란 쌀을 수입할 때 내야하는 관세 수준을 정해 관세를 납부하면 누구나 해당 품목을 수입할 수 있도록 허용하는 것이다. 쌀의 기본관세는 5%이나 관세화에 따라 실제 부과되는 관세는 513%이다. 따라서 쌀 개방은 WTO에 의한 것이지 FTA와는 관련이 없다.

PLUS TIP 3-3 한-중 FTA의 상품양허 결과에 대해 알아 보자.

양측은 협정 발효 후 최장 20년 이내에 전체 품목의 90% 이상에 대한 관세를 철폐하기로 합의하였다.
- 품목수 기준, 중국측은 전체 품목의 91%(7,428개)에 해당하는 품목에 대한 관세를, 우리는 전체 품목의 92%(11,272개)를 최장 20년 이내에 철폐한다.
- 수입액 기준, 중국측은 對한국 수입 85%(1,417억불)에 부과되는 관세를, 우리는 對중국 수입 91%(736억불)에 부과되는 관세를 협정 발효 후 최장 20년 이내에 철폐한다.

[한 중 FTA 상품양허 결과]

(단위 : 백만불, %)

양허유형	우리 양허				중국 양허			
	품목수	비중	對중국 수입액	비중	품목수	비중	對한국 수입액	비중
즉시	6,108	49.9	41,853	51.8	1,649	20.1	73,372	44.0
(무관세)	1,983	16.2	33,811	41.9	691	8.4	64,658	38.8
(유관세)	4,125	33.7	8,042	9.96	958	11.7	8,714	5.2
5년	1,433	11.7	3,098	3.8	1,679	20.5	5,830	3.5
10년	2,149	17.6	17,330	21.5	2,518	30.7	31,250	18.7
(10년내)	9,690	79.2	62,281	77.1	5,846	71.3	110,453	66.2
15년	1,106	9.0	7,951	9.8	1,108	13.5	21,917	13.1
20년	476	3.9	3,406	4.2	474	5.8	9,375	5.6
(20년내)	11,272	92.2	73,638	91.2	7,428	90.7	141,744	85.0
부분감축	87	0.7	2,276	2.8	129	1.6	10,014	6.0
현행관세+TRQ	21	0.2	569	0.7	-	-	-	-
협정배제	16	0.1	77	0.1	-	-	-	-
양허제외	836	6.8	4,209	5.2	637	7.8	14,994	9.0
총 합계	12,232	100	80,768	100	8,194	100	166,752	100

■ 전체 품목 양허 수준 비교
  ○ 즉시철폐 : (韓) 품목수 50%, 수입액 52% ↔ (中) 품목수 20%, 수입액 44%
  ○ 10년내 철폐 : (韓) 품목수 79%, 수입액 77% ↔ (中) 품목수 71%, 수입액 66%
  ○ 20년내 철폐 : (韓) 품목수 92%, 수입액 91% ↔ (中) 품목수 91%, 수입액 85%
■ 농수산물(우리측 양허)
  ○ 우리는 품목수 기준 30%, 수입액 기준 60%를 관세철폐 대상에서 제외하고, 전체 수입액의 30%를 양허 제외하는 등 기체결 FTA 대비 가장 높은 수준으로 시장 보호
    - 쌀, 양념 채소류(고추, 마늘, 양파 등), 육고기(쇠고기, 돼지고기 등), 과실류 (사과, 감귤, 배 등), 수산물(조기, 갈치, 오징어 등)을 비롯한 국내 주요 생산 농수산물을 양허 제외하여 시장 개방 최소화

	한-미	한-EU	한-호주	10개국 평균	한-중
우리 농수산 자유화율	98.9%(품) 99.1%(수)	97.2%(품) 99.8%(수)	88.6%(품) 98.6%(수)	78.1%(품) 89.0%(수)	70%(품) 40%(수)

[한·중 FTA 상품 양허 유형별 주요 품목]

양허유형	우리 양허		중국 양허	
	주요 품목	품목수	주요 품목	품목수
즉시철폐 (무관세)	메모리반도체, 휴대용컴퓨터, 중후판, 화물선, 무연탄, 컴퓨터부품, 열연강판, 전분박, 치어(돔, 농어)	1,983	집적회로반도체, 인쇄회로, 기타컴퓨터주변기기, 플라스틱금형, 평판디스플레이 제조용장비, 채소종자, 맥주, 소금	691
즉시철폐 (유관세)	기타주철제품, 크레오소트, 합성수지(PE, ABS, PC), 합성고무(BR, SBR, NBR), 견사, 비스코스사, 플라스틱금형, 화학기계, 리튬이온축전지, 일부 열대산단판, 대두박, 생사, 누에고치	4,125	철밎비합금강L형강, 동괴. 동박, 폴리우레탄, 항공 등유, 초산비닐, 견사, 마사, 모사, 비스코스사, 스위치부품, 밸브부품, 플라스틱금형, 고주파의료기기, 일부 기타변압기, 건축용목제품, 단판, 사료첨가제, 냉동새우	958
5년 철폐	페로실리콘, 반도체제조용 금, 석유화학제품(파라페닐렌디아민/기타), 기타순견직물, 고무플라스틱가공기계부품, 농기계부품(가금사육용), 전동기부품, 목탄, 사료첨가제	1,433	기타 철 구조물, 이온교환수지, 연료유(No.5-7), 액화 프로판, 기타 직물, 면, 마, 편직물, 방모직물, 부직포, 일부 전화기부품, 전동기부품, 농기계(이앙기), 지게차, 냉동새우, 커피	1,679

10년 철폐	관연결구류(주철), 실리콘오일, 마사, 직물제 의류(양모코트및자켓), 일부 순면 생지, 일부 금속공작기계 부품, 식품가공기계(커터), 차체 부분품, 브레이크 부품, 엔진섀시(승용차용), 기타전선(점화용와이어링), 광학렌즈 (사진기용/기타) 일부 기타 중전기기 부품, 냉장고, 세탁기, 에어컨, LCD 패널, 기타운동용구(체조·육상/기타), 일부 직물제가방, 합성수지제가방, 화강암(절단), 일부 기타단판, 충전재용 깃털, 캔디, 자라	2,149	스테인레스 냉연강판(0.5-1mm), 중후판(10mm미만), 스테인레스 열연강판(3-4.75mm), 알루미늄 박, 에틸렌, 프로필렌, LCD 패널, PPS 수지, 직물제의류(운동복), 편직제의류(유아복,운동복), 기타식품 포장기계, 농기계(세정기), 액체용 여과/청정기, 집진기, 편광재료 판, 충격흡수기, 냉장고(500L 이하), 세탁기(10kg 이하), 에어컨, 전기밥솥, 진공청소기, 조립식 건축물(목제), 충전재용깃털, 토마토케첩, 송이버섯, 소시지, 김, 꽃게, 굴	2,518
15년 철폐	페로망간(합금철), 폴리염화비닐, 편직제의류(면티셔츠), 편광재료판, 일부 베어링, 일부 볼트및너트, 기어박스, 에어백, 클러치, 일부 소형직류전동기, 일부 변환/변압기, 기타석제품, 사료, 해삼	1,106	착색아연도강판, 톨루엔, 나프타, 석유아스팔트, 윤활기유, 폴리카보네이트, 순면사, 프레스 금형, 일부 기체펌프, LCD부품, 디젤트럭, 안전벨트, 기타TV 카메라부품, 일부 합판(열대산목재), 일부 섬유판(5mm 이하), 액정디바이스부품, 비스킷 초콜렛, 문어	1,108
20년 철폐	편직제의류(면스웨터), 로드휠, 기타 납축전지, 기타배전및제어기(1000v이하), 기타가죽제가방, 목재펠릿, 도라지, 도토리, 새우살	476	스티렌, ABS수지, 폴리스티렌, 일부폴리에스터직물, 기타원동기(유압식), 목재가공기계, 디젤버스, 브레이크, 차체부품, TV카메라(범용), 대형냉장고, 기타플라스틱상자, 콘텍트렌즈, 혼합조미료, 조미김	474
부분감축	안전유리, 방모사, 면직물, 직물제의류(여성용 합섬코트및자켓), 스포츠화, 일부 밸브부품, 원동기(리니어액팅), 섬유판(미가공 일부), 제재목(적송), 김치, 혼합조미료, 기타소스, 꽃게(냉동), 굴(냉동, 염장), 김	87	방향성 전기강판, 스테인레스선재, 염화비닐수지, 기타폴리에스터사, 일부 타이어코드, 인쇄기계, 머시닝센터, 자동기어변속장치, 마이크 부품, 샴푸, 린스, 기타조제식료품	129
현행관세 +TRQ	낙지, 대두, 참깨, 아귀(냉동), 미꾸라지(활어), 바지락, 고구마전분, 팥(건조), 오징어(가공), 맥아, 복어(활어)	21	-	-

협정배제	쌀(멥쌀, 찹쌀, 벼, 쌀가루 등)	16	-	-
양허제외	주철관, 동판, 니켈괴, 초산, 초산에틸, 판유리, 타일, 순면사, 소모사, 기타 폴리에스터사, 직물제의류(남성용 합섬코트및자켓), 편직제의류(합섬스웨터), 기타신발, 볼베어링, 전기드릴, 승용차. 화물차. 엔진샤시(승용차외), 합판(열대산목재 일부), 화강암(기타), 보리, 감자, 쇠고기, 돼지고기, 닭고기, 분유, 치즈, 버터, 꿀, 감귤류·오렌지, 사과, 배, 포도, 키위, 호박, 고추, 마늘, 양파, 인삼류, 조기(냉동), 갈치(신선, 냉동), 고등어(신선, 냉동, 염장), 넙치(냉동 활어), 홍어(냉동), 문어, 소라, 멸치(건조), 돔(냉동, 활어), 오징어, 민어(냉동, 활어), 북어, 볼락(냉동), 꽃게(냉장, 활어) 등	836	일부 전기아연도강판, 일부 용융아연도강판, 일부 전기강판, 파라자일렌, 테레프탈산, 폴리프로필렌, 에틸렌글리콜, 공업용 방직 섬유, 나일론사, 굴삭기, 승용차, 기어박스, 핸들, 클러치, 컬러TV, OLED, 귀금속 장식품, 기타벽지, 목제창문틀, 목재펠릿, 일부 섬유판(5-9mm), 파티클보드,쌀, 설탕, 건조 인삼, 밤(미탈각), 식물성 유지, 밀크와 크림, 밀, 밀가루, 당류, 샥스핀	637
총 합계		**12,232**		**8,194**

기준관세율: FTA에 따른 관세양허의 기준이 되는 관세율이다. 한-중 FTA의 경우 기준관세율은 2012.1.1.자 양국의 최혜국 관세율이다.

한-아세안 FTA 특혜대상 품목 및 관세철폐 일정

◆ 한-아세안 FTA의 경우 아세안 회원국별 특혜대상 품목과 관세철폐 일정이 상이하므로 각 국별로 이를 확인하는 것이 중요하다. 아세안의 경우 2016년부터 본격적으로 관세가 인하되었으므로 활용의 여지가 많아진다는 것도 알아두자

구 분		일반품목군 (Normal Track)	민감품목군(Sensitive Track)	
			일반민감품목	초민감품목
대 상		일반품목 대상 - 한국, ASEAN 6 (품목수90%↑, 총수입액 90%↑)	민감품목 최대상한 - 한국, ASEAN 6 (관세품목10%, 총수입액10%) - 베트남 (관세품목10%, 총수입액25%) - CLM (관세품목10%)	초민감품목 최대상한 - 한국, ASEAN 6 (HS 6단위 200개 품목 또는 관세품목3%, 총수입액3%) - CLMV* (HS 6단위 200개 품목 또는 관세품목3%)

국 가 별	한국	10년까지
		관세철폐 완료
			16년까지
			0~5%로 인하
				한국/ASEAN6는 16년, 베트남은 21년, CLM은 24년까지 다양한 방식으로 보호인정
				- A그룹 50%
				  관세율 상한 설정
				- B그룹 20%만큼
				  관세인하
				- C그룹 50%만큼
				  관세인하
				- D그룹 최소 수입물량
				  적용
				- E그룹 관세양허 제외

	아세안6	10년까지 관세철폐 완료	16년까지 0~5%로 인하	
	베트남	16년까지 관세철폐 완료	21년까지 0~5%로 인하	
	CLM	18년까지 관세철폐 완료	24년까지 0~5%로 인하	

* CLMV : 캄보디아, 라오스, 미얀마, 베트남
* 단, 모든 관세품목의 5%를 초과하지 않는 범위내에서 ASEAN 6는 2012년, 베트남은 2018년, CLM은 2020년까지 관세철폐 완료

한-미 FTA 재협상 결과와 발효(2019.1.1.)

1. 우리측 관심 개정이슈

ISDS 개선

- 개정협상의 결과로서 △ ISDS 남소 제한, △ 정부의 정당한 정책권한 보호 요소를 협정문에 반영
  - 투자자의 ISDS 남소 제한 요소, 본안 전 항변단계에서 중재절차 신속 종료 요소 등을 추가하여 정부의 응소 부담 완화
  - 내국민대우/최혜국대우 위반 여부 판단에 공공복지 목적 등을 종합적으로 고려하도록 하여 정부의 정당한 정책권한 보호

- ISDS 남소 제한
  ① 동일한 정부의 조치에 대해 다른 투자 협정을 통해 ISDS 절차가 개시/진행된 경우, 한미 FTA를 통한 ISDS 절차 개시/진행 불가
  ② 중재판정부가 본안 전 항변 단계에서 신속절차를 통해 결정할 수 있는 사유에 명백히 법률상 이유(legal merit)가 없는 ISDS 청구 추가
  ③ 다른 투자협정 상의 분쟁해결절차 조항을 적용하기 위해 최혜국대우(MFN) 조항을 원용할 수 없음을 명확화
  ④ ISDS 청구시 모든 청구요소에 대한 투자자의 입증책임을 명확화
  ⑤ '설립 전 투자'를 투자를 위한 구체적인 행위(허가 또는 면허 신청 등)를 한 경우로 제한하여 '설립 전 투자' 보호범위 확대 해석 방지

- 정부의 정당한 정책권한 보호
  ① 내국민대우/최혜국대우 관련, '동종상황' 판단에 있어 달리 대우하는 것이 정당한 공공복지 목적에 의해 정당화 되는지 여부 등을 고려
  ② 당사국의 행위가 투자자 기대에 부합하지 않는다는 사실만으로는 투자에 손해가 발생하였더라도 최소기준 대우 위반이 아님을 명확화

- 향후 ISDS 절차 개선이 가능하도록 투자챕터 추가 개정근거 마련

무역구제 투명성/절차 개선

- 현지실사 절차 규정과 덤핑·상계관세율 계산방식 공개 합의로 미국 수입규제 조사관행 명문화를 통해 최소한의 절차적 투명성 확보

- 현지실사 절차 규정
  - 현지실사 개최 일자 사전 통지, 실사 이전 실사 개요 및 준비 필요서류 사전 통지, 실사 이후 정보 검증 결과 등을 설명하는 서면보고서 작성 등 절차 도입

정보 검증 결과 등을 설명하는 서면보고서 작성 등 절차 도입

- 덤핑·상계관세율 계산방식 공개
  - 계산방식에 대한 상세한 설명 및 공개, 수출기업에게 공개된 정보에 대응할 수 있는 충분한 기회 제공 등 규정 도입

섬유 원산지 기준 개정 추진

- 일부 공급이 부족한 원료품목(업계건의 반영)의 경우 역외산을 사용하더라도 이를 사용하여 특정 최종재 생산시 역내산으로 인정 추진
  * (현재 한미 FTA 섬유·의류 원산지 기준) 섬유·원사(yarn)부터 역내산 사용, 역내 생산시 원산지 인정(원사 기준)되나 일부 공급부족 품목에 대해 예외 인정
  - 미측은 해당 원료의 역내산 공급부족 여부 판단절차*를 신속히 진행하고, 공급부족 판정시 한미 FTA 섬유·의류 원산지 기준 변경
    * 美 旣체결 FTA의 경우 동 절차 진행에 1년2개월~최장 6년까지 소요된 사례
    - (역내 공급부족 여부 입증을 위한 美 국내절차) Public Comment, USITC 경제적 영향 평가, ITAC(업계 무역자문위) 검토, 의회 검토 등

❷. 미측 관심 개정이슈

자동차 관세

- 미측의 화물자동차에 대한 관세철폐 기간을 현재의 10년차 철폐('21.1.1 철폐)에서 추가 20년('41.1.1 철폐) 연장(관세 25%를 '40년까지 유지)
  * (대상 세번) 87042100(디젤/5톤이하), 87042250(디젤/5-20톤), 87042300(디젤/20톤초과), 87043100(가솔린/5톤이하), 87043200(가솔린/5톤초과), 87049000(기타)

자동차 안전기준

- 연간 제작사별 50,000대까지 미국 자동차 안전기준(FMVSS) 준수시 한국 자동차 안전기준(KMVSS)을 충족한 것으로 간주(기존 25,000대)
  * ('17년 美 Big 3사 對韓 수출 현황) 포드 8,107대, GM 6,762대, 크라이슬러 4,843대
  - 우리정부에서 미국산 자동차 안전기준 해석을 요청할 경우 기존 미국정부의 '회신의무' 대비 '신속한 회신의무(without undue delay)'로 개정

- 미국산 자동차를 수리하기 위한 자동차 교체부품에 대해 미국 자동차 안전기준 충족시 우리 안전기준을 충족한 것으로 간주
  - 국내규정* 상 자기인증한 자동차에 장착된 자동차부품은 부품자기인증을 한 것으로 간주해 왔는 바, 이를 개정협의 결과로 반영
    * 자동차 관리법(제30조의 2 제5항) 상 부품자기인증 조항

○ 자동차 교체부품에 대한 자동차관리법 등에 따른 사후관리 권한을 명시하고 예외적인 긴급조치 권한을 규정

- 자동차 교체부품에 대한 대한민국인증(KC)마크 표시의무는 유지하되 표시 방식상의 부담을 완화
  * 해당 부품이 장착되는 △차량을 추적가능한 경우에 한해 △최종소비자가 볼 수 있는 포장재에 △스티커 형식으로 KC마크 표시를 허용

자동차 환경기준

- 연비/온실가스 기준 관련, 차기기준('21-'25) 설정시 美 기준 등 글로벌 트렌드 고려 및 소규모 제작사 제도 유지 ※ 현행('16~'20) 기준 유지
  ○ 미국 포함 국제적인 온실가스 기준 동향 등을 감안하여 차기 기준 설정 예정(향후 의견수렴 예정)
  ○ 현행('16~'20) 소규모 제작사 제도*를 차기('21-'25) 기준에서도 유지하되, 소규모 제작사의 상세 기준 및 완화 비율은 추후 확정
    * 한국내 자동차 판매량('09년 기준)에 따라 4,501대 이상 판매시에는 '일반제작사', 4,500대 이하 판매시에는 '소규모제작사'로 분류

- 친환경 기술개발 인센티브인 에코이노베이션 크레딧* 인정 상한 확대(현행 14.0g/km에서 17.9g/km)
  * 통상적인 연비/온실가스 측정방법을 이용하여 측정할 수 없는 연비 향상/온실가스 저감 기술을 자동차에 적용시 추가 크레딧을 인정하여 주는 제도

- 휘발유 차량에 대해 배출가스 시험절차 및 방식을 미측과 조화
  ○ 기존 한미 FTA에 따라 우리나라 휘발유 차량 배출가스 기준은 미국 기준과 조화하기로 되어 있는 바, 우리측 의무이행 사항을 재확인

❸. 이행 이슈

글로벌 혁신신약 약가 우대제도

- 현재 개정검토 중인 글로벌 혁신신약 약가 우대제도 개정(안)을 한미 FTA에 합치하는 방향으로 '18년말까지 마련 합의('18.10월말까지 개정초안 공표)
  ○ 건강보험심사평가원 차원에서는 '18.12.31까지 동 제도 시행을 유예하고 추가적인 개정사항을 검토 중인 상황

원산지 검증

- 양국 공통 적용 원산지검증 원칙 합의, 원산지검증 작업반 신규 설치

▶ 3 원산지상품

협정관세는 특례법 및 협정의 원산지결정기준에 따라 결정된 해당 수입물품의 원산지가 해당 체약상대국일 때만 적용된다. 협정에서는 이러한 요건에 부합한 상품을 원산지상품이라 규정하고 있다. 따라서 원산지상품이란 당사국에서 생산되고 협정에 규정되어 있는 원산지 기준(일반기준과 품목별기준)을 충족하는 상품으로 협정관세 적용을 신청하는 상품의 원산지가 협정상대국이어야 한다는 의미이다.

대부분의 협정에서 원산지상품은 역내국의 완전생산품, 원산지재료 생산품, 그리고 실질적 변형 발생물품 등으로 규정하고 있다. 이러한 원산지상품을 결정하는 기준이 원산지규정(Rules of Origin)이며, FTA협상의 핵심 이슈 분야 중에 하나다. 상품의 원산지기준을 어떻게 설정하느냐에 따라 당사국 산업의 특혜이익이 달려 있기 때문이다.

한-중 FTA 원산지 상품(제3.2조)

이 장에 달리 규정된 경우를 제외하고, 다음의 경우 상품은 당사국의 원산지 상품으로 간주된다.

가. 상품이 전적으로 당사국에서 완전하게 획득되거나 생산되는 경우
나. 상품이 원산지 재료로만 전적으로 당사국에서 생산되는 경우, 또는
다. 상품이 비원산지 재료를 사용하여 전적으로 당사국에서 생산되고 부속서 3-가
   (품목별원산지결정기준)에 합치되는 경우

자유무역협정(FTA)에서 원산지규정(rules of origin)은 역내산 상품과 역외산 상품을 차등 대우하는 기준이 되어, 관세인하조치의 실효성을 확보하는 수단이 된다. 즉 역외국 상품에 대해서는 무역장벽의 역할을 하고, 역내국간에는 교역 및 투자를 증대시키는 효과를 갖게 된다.

FTA 원산지규정에 대해선 제4장에서 개략적으로 설명한다.

▶ 4 운송요건

(1) 개요

수출국에서 원산지가 결정된 '원산지상품'은 원칙적으로 당사국 간에 '직접운송'되어야 수입 당사국에서 원산지를 인정한다. 당사국 외의 제3국을 경유하는 경우 원산지를 인정하지 않는다는 것이다. 대부분의 협정에서는 당사국간 직접운송을 원칙으로 하면서, 제3국의 단순환적 등에 대해선 예외를 인정하고 있다. 여기서 '예외'란 원산지상품이 제3국을 거치더라도 경유국에서 세관의 관할 하에 하역(cargo-working)[62] 등 운송에 필요한 작업 이외의 다른 행위가 없으면 일정조건 하에서 직접운송 된 것으로 간주하는 것을 말한다.

협정별 운송요건의 규정 형식은 직접운송요건을 두면서 그 예외로 제3국 경유시 허용되는 작업범위를 함께 규정하는 경우(유럽형)와 직접운송요건은 두지 않고 제3국에서의 작업범위만을 규정(미주형)하여 전자보다 요건을 완화하는 경우가 있다.

무엇보다도 중요한 것은 비당사국 경유시 수입자가 협정상 운송요건을 충족하였음을 서류로 입증하는 일이다. 상품의 원산지 입증은 주로 당사국 수출자 혹은 생산자의 책임이나, 운송요건은 수입자의 책임이며, 수입자가 세관당국에 입증하지 못하면 협정관세 적용이 검증절차 없이 배제될 수 있다.[63] 기본적으로 비당사국 경유물품은 경유국 세관 관할 하의 보세구역에 있어야 하며, 협정에서 허용되는 작업외의 다른 행위가 없어야 한다. 특히, 경유국에서 운송에 필요한 작업 외의 다른 행위가 없었음을 증명하는 서류와 세관당국 통제사실 입증 서류는 그 나라를 떠난 후에는 입수하기 어렵기 때문에 경유국 출항 전에 수출자 또는 운송회사와 사전에 협의하여 반드시 확보하여야 한다.

이러한 운송요건을 두는 이유는 역내 운송업 이용을 촉진하고, 운송과정에서 비체약국산 물품이 체약국 원산지물품으로 둔갑되는 것을 방지하기 위한 것이다. 즉, 운송요건이 없을 경우 비체약국산 물품을 체약국에 반입한 후 원산지증명서를 허위로 발급하는 사례를 방지하거나 이들 물

---

[62] 운송, 보관, 포장의 전후에 부수하는 물품의 취급으로서, 선박 등으로 운송되는 물품의 적재, 적부, 양륙 등의 일체의 작업을 말한다.

[63] 한-EU FTA「주해에 관한 공동선언」에서 ①직접운송 요건이 충족되지 아니한 경우, ②원산지증명이 초기에 부정으로 수입되었던 상품에 대하여 그 이후 제시되었을 경우, ③원산지증명이 비당사자의 수출자에 의해 발행되었을 경우, ④수입자가 기간 이내에 관세당국에 원산지증명서를 제시하지 못한 경우에는 원산지 검증없이 특혜를 배제할 수 있도록 규정하고 있다.

품에 대한 사후 원산지 검증이 어렵다는 것을 반영한 것이다. 이러한 점에서 충분가공원칙 등 다른 원산지결정기준이 부분적 원산지 둔갑 방지규정이라면, 운송요건은 완전 둔갑 방지규정이라 할 수 있다.

운송요건은 물품의 생산공정 수행장소나 재료의 조달처와는 무관하게 제조가 완료된 물품의 운송경로에 따라 원산지물품 여부가 좌우될 수 있다는 점에서 순수한 의미의 원산지결정기준과는 구별될 수 있다. 즉, 협정에서 규정하고 있는 대부분의 원산지결정기준이 수출국에서 적용하는 상품의 원산지 판정기준인데 반해, 운송요건은 수입국에서 원산지상품여부를 결정하는 기준이라 할 수 있다.

협정 이행을 위한 FTA관세특례법(제7조 제2항)에서도 "원산지로 결정된 경우에도 해당 물품이 생산·가공 또는 제조된 이후에 원산지가 아닌 국가를 경유하여 운송되거나 원산지가 아닌 국가에서 선적(船積)된 경우에는 그 물품의 원산지로 인정하지 아니한다. 다만, 해당 물품이 원산지가 아닌 국가의 보세구역에서 운송 목적으로 환적(換積)되었거나 일시적으로 장치되었다고 인정되는 경우에는 그러하지 아니하다"라고 운송원칙을 규정하면서, 세부적으로 시행규칙 제5조(원산지가 아닌 국가를 경유한 물품 등의 원산지결정)에서 "①관세청장 또는 세관장은 수입자가 법 제7조제2항 단서에 따른 요건을 입증하지 못하는 경우에는 해당 물품의 원산지를 인정하지 아니한다. ②관세청장 또는 세관장은 원산지가 아닌 국가 또는 지역에서 생산 또는 작업과정이 추가된 경우(수입항까지 국제운송에 필요한 하역·선적·포장에 필요한 작업이나 물품을 양호한 상태로 보존하는데 필요한 작업과정이 추가된 경우)는 제외 혹은 해당 물품이 원산지가 아닌 국가의 관세당국의 통제 또는 감독하에 있지 아니한 경우에는 원산지를 인정하지 아니한다"고 명시하고 있다.

<표3-4> 협정별 운송요건 비교표

협정	직접운송원칙 명시여부	비당사국 영역 경유 또는 환적시 직접운송 인정요건				
		경유국 작업 인정범위	세관통제요건	추가 충족요구 조건 및 제3국 BWT거래 및 전시물품 인정여부		
				추가충족 요구조건	제3국 BWT	전시용품
싱가포르	○	하역, 재선적, 크레이팅, 포장, 재포장, 상품 양호상태 유지	○	×	○	○
아세안	○	하역, 재선적, 상품 양호상태 유지	×	- 지리적 이유, 운송상 이유 정당화 - 경유국 거래 또는 소비금지 ※ 수출당사국발행 통과선하증권	×	○
인도	○	하역, 재선적, 상품 양호상태 유지	○	- 경유국 거래 또는 소비금지	×	×
EFTA	○	하역, 재선적, 탁송품 분리, 상품양호상태 보존, 파이프라인 운송	○	×	○	○
EU	○	하역, 재선적, 상품 양호상태 보존	○	- 단일 탁송화물만 허용 - 자유유통을 위한 반출 금지 ※ 단일운송서류/경유국 세관발행 증명서		
터키	○	하역, 재선적, 상품 양호상태 보존	○			
페루	○	하역, 재선적, 재포장, 상품 양호상태 유지	○	- 경유국 거래 또는 교역금지		
호주	○	하역, 재선적, 보관, 재포장, 재라벨링, 운송목적 분리, 상품 양호상태 보존	○	×		
중국	○	하역, 운송목적 분리, 재선적, 상품 양호상태 보존	환적 × 보관 ○	- 지리적 이유, 운송상 이유 정당화 - 경유국 거래 또는 소비금지 - 보관기간 3개월로 제한 ※ 홍공세관 발행 비가공증명서 제출	×	×
베트남	○	하역, 재선적, 상품 양호상태 유지	×	- 지리적 이유, 운송상 이유 정당화 - 경유국 거래 또는 소비금지 ※ 수출당사국발행 통과선하증권	×	×
뉴질랜드	○	하역, 일시보관·운송목적 분리, 재선적, 보존 및 운송 필요공정	○	×	○	○
콜롬비아	○	하역, 운송목적 분리, 재선적, 상품 양호상태 보존	○	- 경유국 거래 또는 소비금지	×	×

중미	○	하역, 재선적, 재포장 또는 상품 양호상태 유지 공정	○	×	○	○
미국	× (통과·환적)	하역, 재선적, 상품 보존 및 운송 필요공정	○	×	○	○
칠레	× (환적)	하역, 재선적, 상자포장, 포장과 재포장, 상품보존·운송필요공정	○	×	○	○
캐나다	× (통과·환적)	하선, 운송목적 분리, 재선적, 상품보존 필요공정	○	- 경유국 거래 또는 소비금지	×	×

(2) 직접운송 원칙을 두는 유럽형

싱가포르·아세안·인도·EFTA·EU·터키·페루·호주·중국·베트남·뉴질랜드·콜롬비아·중미와의 FTA는 직접운송원칙을 규정하고, 예외적으로 제3국 경유 운송을 허용한다. 예외를 인정받기 위해서는 보편적으로 제3국 세관의 통제하[64]에서 하역 및 재선적, 재포장 또는 상품을 양호한 상태로 유지하기 위한 작업 이외의 어떠한 가공 또는 작업도 없어야 하고 이를 수입화주가 서류로 입증하여야 한다.

제3국 허용작업 중 일부협정에서 포함하지 아니하는 '상자포장, 포장, 재포장'은 상품보존 혹은 운송필요 공정에 포함할 수 있으므로 모든 협정에서 허용되는 것으로 판단되나, 한-호주 FTA에서의 '재라벨링'은 타 협정에서는 허용되지 않는다. '재라벨링(relabelling)'은 수입 당사국의 요건을 충족(예시: 식품위생법에 의한 한글표시 부착 등)하기 위해 필요한 라벨을 붙이는 것으로 수입당사국의 보세구역 반입 후 충분히 이루어질 수 있고, 협정당사국의 재라벨링 산업 활성화를 위해서도 굳이 제3국에서 이루어질 필요는 없다. 이러한 이유로 이제까지 우리가 체결한 협정에서는 허용하지 않았으나, 대륙들과 떨어져 있는 호주 특수성을 감안하여 허용한 것으로 판단된다.

한-EU 및 한-터키 FTA의 경우 "이 협정에 규정된 특혜대우는 이 의정서의 요건을 충족하면서 양 당사자[65]간 직접적으로 운송되는 제품에만 적용된다. 그러나 단일 탁송화물을 구성하는 제품은 상황이 발생하면 다른 영역에서 환적 또는 일시적으로 창고 보관되어 그 다른 영역을 통해 운송될

---

64) 지정장치장, 세관검사장, 보세창고, 보세전시장, 자유무역지역(FTZ) 등 세관이 관리하는 보세구역(Bonded Areas)을 의미한다.
65) 한-EU FTA의 경우 협정에서 EU를 당사국으로 인정하고 있어 한국과 EU 간에 운송이 발생하면 운송요건을 충족하게 된다. 즉 EU역내에서 운송은 내국운송으로 간주된다.

수 있다. 다만, 그 제품이 통과 또는 창고 보관하는 국가에서 자유로운 유통(free circulation)[66]을 위해 반출되지 아니해야 하고, 하역, 재선적 또는 제품을 양호한 상태로 보존하기 위해 고안된 공정 이외의 공정을 거치지 아니해야 한다"라고 직접운송원칙을 규정하면서, 단일 탁송화물 구성제품에 대해서만 상황에 따라 제3국 경유를 허용하고 있다. 그러나 제3국 경유국 세관관할(보세구역)하에 있고, 원산지변형이 발생할 수 있는 공정을 하지 않는 조건을 부여하고 있다.

여기서 탁송화물(consignment)은 "수출자로부터 수하인에게 일시에 송부된 제품이거나, 수출자로부터 수하인으로의 선적에 대한 단일의 운송서류에 의하여, 또는 그러한 서류가 없는 경우 단일의 송품장에 의하여, 다루어지는 제품을 의미한다"라고 규정하고 있어, 제3국에서 분할 선적된 물품(FTZ보관/BWT거래)은 단일 탁송화물(EU에서 수출시 최종 목적지가 한국인 경우)에 부합하지 않으므로 협정적용시 문제가 있음에 유의해야 한다.

사실 많은 EU 기업들이 홍콩이나 싱가포르에 아세안 물류기지를 운영하고 있어 여기에서 수입되는 물품은 직접운송원칙에 위배되어 협정적용이 배제되는 경우가 다수 발생하고 있다. 주로 최종목적지가 정해지지 않은 상태에서 제3국 물류기지로 운송되고, 동 물류기지에서 거래가 성사되어 협정 당사국으로 분할·운송되는 경우가 해당된다. 이러한 거래유형에는 ①수출자가 상품에 대한 소유권과 처분권을 유지한 채 제3국 창고에 보관하였다가 일방 체약국으로 수출하는 경우, ②수출자가 제3국의 특수관계인에게 수출하고 당해 특수관계인이 일방 체약국으로 수출하는 경우, ③수출자가 제3국의 독립법인에게 수출하고 그 독립법인이 일방 체약국으로 수출하는 경우 등이 있을 것이다. 이러한 형태의 물품에 대해 협정적용을 인정하기 위해선 협정문의 개정 등을 포함한 양측 간의 협의[67]가 필요할 것으로 생각된다.

한-EFTA FTA의 경우 '탁송품의 분리'와 '파이프라인 운송'을 허용하고 있다. 동일한 개념의 탁송품을 규정하면서도 단일 탁송화물을 구성하는 제품만 제3국 경유를 허용하고 있는 한-EU FTA와 달리 한-EFTA FTA에서는 이를 규정하고 있지 않아, 제3국 보세창고도 거래(BWT) 등 허용 여부에 대한 논란이 많았다. 이에 대해 관세청 원산지확인위원회에서는 '최종 목적지가 사전에 정해지지 않은 원산지상품을 제3국 보세창고로 송부·보관 후, 일부 물품을 분할하여 한국에 판매한 경우'도 직접운송 규정을 충족하는 것으로 결정하고, 이를 지침으로 시달(2015.1.7)하였고, 양국 간 합의가 이루어 졌다.[68]

---

66) 세관통제를 벗어나는 수입통관을 의미하므로, 제3국 통관물품은 협정관세적용대상이 아니다. EU의 경우 회원국 중 어느 한 회원국에서든 통관이 완료된 상품은 EU 모든 지역에서 자유유통이 보장된다.(EC협약 제23조)
67) EU측에서 공식적으로 동 규정의 개정을 요청하고 있으며, EU측도 꾸준히 고수해온 기존의 Pan-Euro 방식의 단일탁송화물 개념의 운송규정을 물류시스템의 변화에 따라 삭제할 것으로 예상된다.
68) 한-EFTA FTA 부속서 I의 주해서(Explanatory notes)가 발효(2017.5.3)되었다.

한-EFTA FTA 직접운송-분리 예시(한-EFTA FTA 부속서 Ⅰ의 주해 '17.5.3.발효)

[예시1]
한국 수출자는 선박을 이용해 유럽으로 상품을 보낸다. 일반적으로 해당 화물의 목적지는 비당사국의 항구이고 하나의 단일 탁송품으로 이루어져 있다. 한국에서 출발할 때 수출자는 해당 탁송품에 포함된 개별 상품의 최종 목적지를 모른다. 운송 중에 탁송품의 일부를 EFTA의 한 회원국에 운송하는 결정이 내려지고 나머지는 비당사국에 있는 고객에게 운송될 수 있다. 비당사국의 항구에 도착 즉시 화물은 보세창고에 보관된다. 보세창고에 있고 관세당국의 감시하에 있는 동안, 해당 단일 탁송품은 분리된다. 일부는 비당사국에 있는 고객에게 인도되고 나머지는 더 운송되어 EFTA 회원국의 고객에게 인도된다. EFTA 회원국에 도착 즉시 수입자는 수출 이후 즉 운송/보관 중에 발행되는 원산지 신고서를 제출한다.

[예시2]
스위스의 한 회사가 스위스에서 제품을 생산하고 제품을 하나의 화물로 유럽연합(예, 네덜란드-제3국)에 있는 보세창고에 일시 보관을 위해 수출한다. 한국의 고객으로부터 받은 주문을 토대로 초기 화물의 일부가 한국으로 보내진다. 그 때, 스위스 수출자는 소급하여 원산지 신고서를 발행하고 이르 한국의 수입자에게 송부한다. 원하는 경우, 한국의 관세당국은 생산자로부터 네덜란드까지의 전체의 운송을 포괄하는 스위스로부터의 운송서류와 네덜란드로부터 한국으로의 운송을 포괄하는 운송서류를 요청할 수 있다. 스위스 및 네덜란드에서 발행되는 운송서류에는 한국으로 수입된 특정 제품을 확인하는 데 필요한 정보가 포함되어야 한다고 요구할 수도 있다.

호주·캐나다·중국·뉴질랜드·콜롬비아와 FTA에서의 '운송상 이유로 인한 분리'는 거대중량, 선복부족 등으로 운송 목적상 불가피하게 분리·운송될 수밖에 없는 상품에 대해 분할선적(splitting of consignment)을 허용하여 특혜관세가 적용될 수 있도록 해석상 명확성을 부여한 것이라 판단된다. 원칙적으로 분할선적은 직접운송원칙을 충족하고 예외적으로 제3국 경유를 허용하는 최종 목적지가 정해진 상황에서 운송목적상으로만 허용될 수 있다.

아세안·중국·베트남과의 FTA는 수출입 당사국이 아닌 제3국 경유 사유를 지리적 또는 운송상의 이유로만 한정하고, 나아가 제3국에서 거래 또는 소비가 발생하지 않아야 한다는 요건을 추가하고 있는 것이 특징이다. 한-아세안 및 한-베트남 FTA에서는 제3국 세관통제 요건을 두고 있지 않으나, 직접운송의 입증서류로 수출 당사국에서 발행한 통과선하증권(Through B/L)을 수입국 세관에 필수적으로 제출하도록 규정하고 있다.

통과선하증권(Through B/L) 의미와 적용범위 (서울고법, 2016누30363, 2016.9.8)

통과선하증권이란 운송물이 목적지까지 운송되는 동안 여러 명의 운송인이 개입하여 같은 종류 또는 2종 이상의 운송수단을 교대로 사용하여 운송되는 경우 한 명의 운송인이 전 운송구간에 대하여 발행하는 선하증권을 의미한다.

통과선하증권에는 자기의 운송담당구간에 대하여만 책임을 진다는 책임한도약관이나 분할책임약관이 있어 실제로 각 운송인은 그 담당운송구간에 대하여 생긴 손해만 책임을 지는 경우도 있으나, 통과선하증권의 발행인은 그 담당운송구간을 제외한 나머지 구간에 대해서 적어도 송하인의 운송대리인으로서의 지위를 유지하고 있고 통과선하증권은 발행시점에 이미 수출자, 수입자, 운송경로, 운송수단 등이 특정되어 있으므로, 수출참가국에서 통과선하증권이 발행되는 경우 제3경유국에서의 추가가공이나 원산지세탁이 방지되는 효과가 있고 통과선하증권은 이를 간접적으로 확인해 주는 서류이다.

'수출참가국에서 발행한 통과선하증권'은 좁은 의미가 아니라 수출참가국에서 한 명의 운송인이 운송물의 수령지에서 인도지까지 자신의 운송구간을 제외한 나머지 구간을 포함하여 전체 운송구간에 대하여 발행하는 단일의 운송증서도 포함하는 넓은 의미로 해석하여야 한다. 따라서, '복합운송증권(Multimodal Transport B/L)' 및 '항공화물운송장(Air Waybill)'도 '수출참가국이 발행한 통과선하증권'에 직접 해당하는 서류라고 볼 수 있다.
한-아세안 FTA 원산지증명절차(OCP) 제19조상 통과선하증권(Through BL)에 대한 정의와 관련하여 '수출국에서 수입국까지의 전체 운송 경로가 명시된 모든 운송서류를 포함(Any transport documents which, when read in combination, cover the entire transport route of a good from the exporting Party to the importing Party)'하기로 제26차 관세소위원회에서 합의하여 직접운송 입증서류 범위를 확대하였다.

인도네시아로 수출되는 제3국 경유물품의 직접운송 입증서류(관세청, '16.11.11)

인도네시아 세관은 제3국 경유 물품의 한-아세안 FTA 적용시 직접운송 원칙을 엄격히 적용하여 우리 기업의 특혜관세 배제 사례가 빈번히 발생, 양국 관세당국 간 협의를 통해
① 제3국 세관 발생 비조작증명서를 선사(항공사)가 사전에 발행하고 서명한 (비조작)증명서로 대체할 수 있도록 하였고
② 선적지와 도착지가 표시된 선하증권(B/L, Airwaybill 등)의 참고란에 경유지를 모두 명시하여 발생한 경우 통과선하증권으로 인정키로 하였다.

우리나라-복수국가 FTA의 직접운송 적용 범위

구분	한-EU	한-EFTA	한-ASEAN
운송 요건	■ 물품의 원산지 지위가 변경되지 않는 이상 제한 없이 EU 회원국 경유 가능	■ 원칙적으로 수출 당사국과 수입 당사국 간 직접 운송	
협정 당사자	유럽연합(EU)	EFTA 회원 개별국가(4개국)	ASEAN 회원 개별국가(10개국)

한-중 FTA는 통과·환적을 제외한 일시보관 또는 컨테이너 개장의 경우는 비당사국 세관 통제 요건을 두면서, 보관기간도 3개월(불가항력[69]시 6개월)로 제한하고 있다. 또한 수입국 세관에 제출하는 입증서류도 B/L 등 운송서류와 비당사국 관세당국이 제공하는 증빙서류를 규정하고 있다. 증빙서류라 함은 중국에서 홍콩을 경유하여 한국으로 오는 화물은 홍콩세관, 한국에서 홍콩을 경유하여 중국으로 가는 화물은 홍콩세관 혹은 China Inspection이 발급하는 비가공증명서(우리나라가 환적화물에 발급하는 원상태 반출증명서와 동일)를 말한다.

---

69) 자연재해나 천지지변(Act of God)을 포함하여 외부로부터 발생한 일로서 보통 필요하다고 인정되는 수단을 다하여서도 피할 수 없었던 것을 지칭하는 법률용어이다. 주로 사법(私法)상의 책임 또는 채무 그 밖의 불이익을 면하게 하는 항변 사유가 되는 관념이다. 불가항력의 대표적인 예로서 자연사, 폭풍우, 홍수, 지진, 낙뢰(이상은 인간의 힘이 전혀 가해지지 않고 상당한 주의를 했더라도 방지할 수 없는 것과 같은 자연현상으로 보아야 할 사고이다), 화재, 산업혼란, 재앙, 정부법령의 변동, 폭동, 반란, 전쟁 등이 있다.

[홍콩해관 비가공증명서(Certificate of Non-manipulation) 발급 기준]

■ 비가공증명서 교부(직접교부)

발급장소	해관 '환적화물'사무소 新界葵涌貨櫃碼頭南路63號 海關大樓7樓	해관 항공화물터미널 컨트럴센터 赤г角香港國際機場 超級一號貨運站1樓
근무시간	월~토 09:00~17:00 (공휴일도 동일, 일요일 휴무)	24시간
전화번호	(852) 3152 0233	(852) 2116 2024

■ 비가공증명서 발급기준(중국⇒한국) ('17.4.10.(월) 수입신고분부터 적용)

내용	유형	화물종류	보관 유무	발급 필요 여부
단일 통과선하증권(Single Through Bill of Lading)[1] 발급을 통해 전체 운송구간이 커버되는 화물	Mode 1	컨테이너 및 벌크화물	보관 유무 불문	불필요
단일 통과선하증권이 발급되지 않는 화물	Mode 2	컨테이너 화물[2]	보관 유무 불문	불필요
	Mode 3	벌크화물[3]	홍콩에서 미보관	불필요
			홍콩의 지정된 장소에서 일시보관[4]	불필요
			홍콩에서 보관	필요
홍콩에서 재포장 등으로 품명, 포장수량, 중량이 변경되는 화물 및 컨테이너에서 적출되는 화물	Mode 4	컨테이너 및 벌크화물	보관 유무 불문	필요

1. "단일 통과선하증권(Single Through Bill of Lading)"이란 수출국에서부터 수입국까지 전체 운송경로 정보(출발지, 경유지, 도착지), 화물 품목 및 수량 등의 상세한 선적정보를 담고 있는 선하증권으로서, 특정 운송인이 모든 구간의 운송에 대해 책임을 지는 단일의 선하증권(Air Waybill 포함)을 의미한다.
2. 컨테이너 번호와 실(seal) 번호가 모든 운송과정에서 변경되지 않았음을 증명할 수 있는 "일련의 운송서류*"를 제출할 수 있어야 한다.

   * "일련의 운송서류"란 전 운송과정을 증명하는 운송서류의 결합으로서, 중국에서 한국으로의 운송과정이 재화청단(중국→홍콩) 및 선하증권(홍콩→한국)에 의해 증명이 되는 경우 재화청단 및 선하증권이 일련의 운송서류가 됨

3. 상품의 품명, 포장수량 및 중량이 전 운송과정에서 변경되지 않았음을 증명할 수 있는 일련의 운송서류를 제출할 수 있어야 한다.

4. 다음의 지정된 장소에서 7일 이내의 보관에 한정한다.

> Kwai Tsing Container Terminals(1~9), Tuen Mun River Trade Terminal, Super Terminal One, The Hong Kong International Airport Express Centre, Cathay Pacific Cargo Terminal, Asia Airfreight Terminal, DHL Central Asia Hub

5. 적용 순서 : 유형별로 순차적 적용(Mode 1 → Mode 2 → Mode 3 → Mode 4)
   ※ (예) Mode 1에 해당되면 Mode 2 ~ Mode 4 확인 없이 비가공증명서 발급 불필요

▶ 신청절차 : 홍콩 도착 1일전까지 E-mail, Fax, 직접 방문을 통해 사전에 '비가공증명서' 신청서 및 관련 증빙서류 제출
- E-mail : fta_other_application@customs.gov.hk / Fax : (852) 3152 0183
- 비가공증명서 신청시 필요서류 : 신청인의 사업등록증, 통과선하증권(필요시), 원산지증명서, 화물명세서(벌크화물, 화물통합, 컨테이너 적출입 화물), 화주(貨主)위임장(필요시), 홍콩 경유(환적)기간 동안의 보관기록(한국행 환적화물에 한함), 기타 화물적재 증빙서류(필요시)
  ※ 운송방식에 따라 기본 서류심사 비용(HK$ 155)과 부가비용(HK$625~1,470) 발생

▶ 홍콩경유 환적화물에 대한 홍콩해관의 비조작증명서 발급은 한-중 FTA 관련 환적화물에 대해서만 발급가능하며, 한-EU FTA 등 여타 협정관련해서는 발급이 안 된다.

〔홍콩해관 발행 비가공증명서〕

確認書號碼.:
Certificate No.:

香港海關
Hong Kong Customs and Excise Department

中轉確認書
Certificate of Non-manipulation

致 申請者:
To Applicant:

為符合內地與不同國家及地區所簽訂的自由貿易協定下的「直接運輸」之要求，下列貨物在香港押留期間曾接受香港海關之監管，詳情如下:
To fulfill the requirement of 'Direct Consignment' under the Free Trade Agreement (FTA) signed by the Mainland with other countries and regions, the following consignment has been under the control of the Hong Kong Customs in Hong Kong. Details are as follows:

第一部分 貨物詳情 Part I Consignment Particulars

來源地 Place of Origin:	
目的地 Place of Final Destination:	
香港運送方式: Mode of movement in HK:	從 空運/陸運/海運* ( ) 至 空運/陸運/海運* ( ) From Air/Land/Sea* ( ) To Air/Land/Sea* ( )
抵港船隻/車輛/航班編號:* Incoming Vessel/Vehicle/ Flight no.:*	提單/空運提單 (首程運輸工具) 號碼:* Bill of Lading/Airway Bill (1st conveyance):*	實際抵港 日期/時間: ATA:
離港船隻/車輛/航班編號:* Outgoing Vessel/Vehicle/ Flight no.:*	提單/空運提單 (尾程運輸工具) 號碼:* Bill of Lading/Airway Bill (2nd conveyance):*	預計離港 日期/時間: ETD:
貨物名稱: Description of goods:	
件數/重量: Pieces/Weight:	

施加海關封條詳情 Details of affixing Customs seal		貨櫃號碼/載具號碼/ 運載車輛編碼 Container no./ULD no./ ULD vehicle no.	封條號碼: Seal no.	施加封條地點 Place of affixing seal	施加封條日期/時間 Date/Time of affixing seal
	抵港 Incoming				
	離港 Outgoing				

貨物有否在香港被處理 Consignment further handled in Hong Kong?
☐ 有 ☐ 裝貨/卸貨 ☐ 重新包裝 ☐ 儲存 ☐ 其他 ☐ 保持貨物原本狀態 ☑ 否
☐ Yes ☐ Vanning/Devanning ☐ Repacking ☐ Storage ☐ Others ☐ Original status of consignment maintained ☑ No

文件查閱: Document check:
☐ 提單 ☐ 艙單 ☐ 原產地證明書 (號碼:_____) ☐ 其他 (_____)
☑ Bill of Lading ☐ Manifest ☑ Country of Origin (No.: _____) ☐ Others (_____)

第二部分 貨主資料 Part II Particulars of Cargo Owner

公司名稱: Company Name:	
公司地址: Address:	
電話號碼: Telephone no.:	傳真號碼: Fax no.:	電郵地址: E-mail address:
負責人姓名: Name:		日期: Date:

香港海關印鑑:
Chop of Hong Kong Customs.

海關關長
( )
( )
for Commissioner of Customs and Excise

海關查詢電話 (852) 3152 0233
Enquiry tel. no.:

簽發日期:
Date of issue:

*請剔不適用者去. Delete as appropriate

인도·페루·콜롬비아와의 협정에서는 경유국(비당사국)에서 거래되거나 교역(소비)되지 않아야 한다는 조건이 있다. 제3국을 거쳐 운송되는 경우 수입자가 세관에 제출해야 하는 서류 등은 협정별로 차이가 있을 수 있으니 각 협정에 규정되어 있는 조항을 유심히 검토해야 할 것이다. 앞에서도 언급했듯이 수입자에게 입증책임이 있는 운송규정을 충족하지 못하는 경우에는 검증 절차 없이 협정관세 적용이 배제될 수 있으니 더욱 주의할 필요가 있다.

FTA	협 정 내 용
싱가포르	**〈제4.15조 직접운송〉** 상품이 제4.2조의 요건을 충족시키면서 생산되었다 하더라도, 그 상품이 생산된 후 다음의 경우에 해당한다면 그 상품은 당사국의 원산지상품으로 간주되지 아니한다. 　가. 상품이 타방 당사국의 영역으로 직접 운송되지 아니한 경우. 또는 　나. 상품이 이 협정상의 당사국이 아닌 국가의 영역을 통하여 운송되거나 환적된 경우 수입자가 제5.9조 다호에 규정된 요건을 충족시키지 못한 경우 **〈제5.9조 다. 특혜관세대우의 거부〉** 　다. 상품이 이 협정상 당사국이 아닌 국가의 영역을 통하여 선적되거나 그 영역에서 환적된 경우 그 상품의 수입자가 수입 당사국의 관세행정기관이 요청하는 다음을 제공하지 아니한 경우 　(1) 상품이 비당사국의 영역에 있는 동안 세관의 통제 하에 있었음을 수입 당사국의 관세행정기관이 만족할 수 있는 수준으로 나타내는 세관관리문서의 사본 　(2) 하역·재선적·크레이팅·포장·재포장 또는 상품을 양호한 상태로 유지하는데 필요한 그 밖의 작업 이외의 작업을 비당사국에서 거치지 아니하였음을 입증하는 것으로서 비당사국의 관세행정기관 또는 그 밖의 관련기관이 제공하는 정보. 또는 　(3) 하역·재선적·크레이팅(상자)·포장·재포장 또는 상품을 양호한 상태로 유지하는데 필요한 그 밖의 작업 이외의 작업을 비당사국에서 거치지 아니하였음을 입증하는 것으로서 수입자가 제출하는 그 밖의 정보 또는 상업서류
EFTA	**〈제1조 정의〉** "탁송품"이라 함은 수출자로부터 수하인에게 송부된 상품이거나 수출자로부터 수하인으로의 선적과 관련된 하나의 운송서류에 의하여 다루어지는 상품 또는 그러한 운송서류가 없는 경우 하나의 송장에 의하여 다루어지는 상품을 말한다.

EFTA	〈제14조 직접 운송〉 1. 이 협정상 규정된 특혜대우는 이 부속서의 요건을 충족하고 대한민국과 유럽자유무역연합 회원국 간 직접 운송되는 상품에만 적용한다. 그러나 그 상품이 하역, 재선적, 탁송품의 분리, 또는 상품을 양호한 상태로 보존하기 위하여 마련된 작업을 제외한 작업을 거치지 아니할 경우, 비당사국의 영역을 경유하여 운송될 수 있다. 그 기간동안 그 상품은 경유국 세관의 감시 하에 있어야 한다. 2. 수입자는 관세당국의 요청시 제1항에서 규정된 요건을 충족하였다는 적절한 증거를 수입 당사국의 법령에 따라 관세당국에 제공한다. 3. 제1항의 적용의 목적상, 원산지 상품은 대한민국 또는 유럽자유무역연합 회원국 간 영역 외의 영역을 통과하는 파이프라인을 통하여 운송될 수 있다.

아세안	〈부속서3 제9조 직접운송〉
	1. 특혜관세대우는 이 부속서의 요건을 충족하고, 수출 당사국과 수입 당사국 영역간에 직접 운송된 상품에 적용된다.
	2. 제1항의 규정에 불구하고, 상품이 수출 당사국 및 수입 당사국 영역이 아닌 하나 또는 그 이상의 경유하는 제3국을 경유하여 운송되더라도, 다음을 조건으로, 직접 운송된 것으로 간주한다.
	  가. 그 경유가 지리적 이유로 또는 오직 운송 요건에만 관련된 고려에 의하여 정당화될 것
	  나. 그 상품이 경유국에서 거래 또는 소비되지 아니하였을 것, 그리고
	  다. 그 상품이 하역, 재선적 또는 그 상품을 좋은 상태로 유지하는데 요구되는 공정 외의 어떠한 공정도 거치지 아니하였을 것
	※ "제3국"이라 함은 수입당사국 또는 수출당사국이 아닌 당사국 또는 비당사국을 말한다.
	
	〈부록1 제19조〉
	원산지 규정에 관한 부속서 3 제9조의 이행 목적상, 수출 당사국과 수입 당사국의 영역이 아닌 하나 또는 그 이상의 중간 경유국의 영역을 통하여 운송이 이루어지는 경우, 다음의 각 호의 서류를 수입 당사국의 관련 정부당국에 제출하여야 한다.
	가. 수출 당사국에서 발행한 통과선하증권
	나. 원산지증명서 원본
	다. 물품의 상업송장 원본의 부본
	라. 그 밖에 부속서 3 제9조의 요건을 충족하였다는 증거인 증빙서류가 있는 경우 그 서류
	※ 해당 운송서류가 통과선하증권으로 인정되고 동 자료 등을 통하여 단순환적임을 확인할 수 있는 경우라면 라호에서 규정하고 있는 그 밖의 증빙서류를 추가적으로 제출할 필요는 없다고 판단됨

인도	〈제3.15조 직접운송〉 1. 특혜관세대우는 이 장의 요건을 충족하고 수출 당사국과 수입 당사국의 영역 간에 직접적으로 수송된 상품에 적용된다. 2. 제1항에도 불구하고, 상품이 수출 당사국과 수입 당사국의 영역 이외에 하나 또는 그 이상의 중간 제3국을 경유하여 수송되더라도 직접적으로 운송된 것으로 간주된다. 다만,

인도	가. 그 상품이 경유국에서 거래 또는 소비되지 아니하였어야 한다. 나. 그 상품이 하역 및 재선적 또는 그 상품을 좋은 상태로 유지하는데 요구되는 공정 이외의 어떠한 공정도 거치지 아니하였어야 한다. 그리고 다. 그 상품이 경유국에서 세관의 통제 하에 남아있었어야 한다. **〈제4.8조 특혜관세대우의 신청〉** 3. 제1항라호의 목적상, 수입 당사국의 관세당국은 수입자에게 그 상품이 제3.15조(직접운송)에 따라 선적되었음을 증명하기 위하여 다음을 제출하도록 요구할 수 있다. 가. 상품의 수입 전 운송경로와 모든 선적 및 환적 지점을 나타내는 선하증권 또는 화물운송장, 그리고 나. 비당사국을 거쳐 선적되거나 비당사국에서 환적되는 상품의 경우, 그 상품이 비당사국에서 세관의 통제 하에 있었음을 나타내는 세관 통제 서류의 사본

EU
터키
	〈제1조 정의〉
	탁송화물이란 수출자로부터 수하인에게 일시에 송부된 제품이거나, 수출자로부터 수하인으로의 선적에 대한 단일의 운송서류에 의하여, 또는 그러한 서류가 없는 경우 단일의 송품장에 의하여, 다루어지는 제품을 말한다.
	
	〈제13조 직접 운송〉
	1. 이 협정에 규정된 특혜대우는 이 의정서의 요건을 충족하면서 양 당사자간 직접적으로 운송되는 제품에만 적용된다. 그러나 단일 탁송화물을 구성하는 제품은 상황이 발생하면 다른 영역에서 환적 또는 일시적으로 창고보관되어 그 다른 영역을 통해 운송될 수 있다. 다만, 그 제품이 통과 또는 창고보관하는 국가에서 자유로운 유통을 위해 반출되지 아니해야 하고, 하역, 재선적 또는 제품을 양호한 상태로 보존하기 위해 고안된 모든 공정 이외의 공정을 거치지 아니해야 한다.
	2. 제1항에 규정된 조건이 충족되었다는 증거는 수입당사자에 적용가능한 절차에 따라 관세당국에 다음을[70] 제출하여 제공된다.
	가. 제3국에서 원산지 제품의 환적 또는 보관과 관련된 상황의 증거
	나. 수출당사자에서 경유국을 통한 통과를 다루고 있는 단일 운송서류, 또는
	다. 경유국의 관세당국이 발행한 다음의 증명서
	  1) 제품의 정확한 설명을 제공하는 것
	  2) 제품의 하역 및 재선적 일자, 적용가능한 경우, 선박명 또는 사용된 다른 운송수단을 기재하는 것, 그리고
	  3) 제품이 경유국에 머물러 있는 그 상태를 증명하는 것
	▶ 수입국 세관에 제출해야하는 서류는 가, 나, 다 중 택일로 해석키로 합의
	(제1차 한-EU FTA 관세이행위, 2011.12)

---

[70] 한-터키 FTA에서는 "다음 중 하나를 제출하여 제공된다."라고 명확하게 규정하고 있다.

페루	**〈제3.14조 직접운송〉** 1. 원산지 상품이 그 원산지 지위를 유지하기 위해서는, 그 원산지 상품은 양 당사국간 직접 운송되어야 한다. 2. 제1항에도 불구하고, 다음의 상품은 수출 당사국에서 수입 당사국으로 직접 운송된 것으로 간주된다. 　가. 비당사국의 영역을 통과하지 않고 운송된 상품, 그리고 　나. 그러한 비당사국에서의 환적 또는 일시적 보관 여부와 관계없이, 하나 이상의 비당사국을 관세당국의 통제하에 경유하여 운송된 상품, 다만, 그 상품은 　　1) 그러한 비당사국에서 거래되거나 교역되지 않아야 한다. 그리고 　　2) 그러한 비당사국에서 하역 및 재선적, 재포장 또는 그 상품을 양호한 상태로 유지하기 위해 필요한 공정 외의 어떠한 공정도 거치지 않아야 한다. 3. 제1항 및 제2항의 준수는 수입 당사국의 관세당국에 다음의 문서를 제출함으로써 증명된다. 　가. 경유 또는 환적의 경우, 각 경우에 맞게, 원산지 국가로부터 수입국으로의 운송을 증명하는 항공화물운송장, 선하증권 또는 복합 또는 결합 운송 문서와 같은 운송 문서, 그리고 　나. 보관의 경우, 각 경우에 맞게, 원산지 국가로부터 수입국으로의 운송을 증명하는 항공화물운송장, 선하증권 또는 복합 또는 결합 운송 문서와 같은 운송 문서와 더불어 그 비당사국의 국내 법령에 따라 이 작업을 승인한 관세당국 또는 그 밖의 권한 있는 당국이 발행한 문서
호주	**〈제3.14조 직접 운송〉** 1. 원산지 상품은 제3.1조에 따라 결정된 원산지 지위를 유지한다. 다만, 그 상품은 비당사국 영역을 통과하지 아니하고 수입 당사국으로 직접 운송되어야 한다. 2. 비당사국 영역을 통하여 운송되는 원산지 상품은 다음의 경우에는 제3.1조에 따라 결정된 원산지 지위를 유지하지 아니한다. 　가. 그 상품이 하역, 재선적, 보관, 재포장, 재라벨링[71], 운송상의 이유로 인한 화물 분리 또는 상품을 양호한 상태로 보존하거나 당사국 영역으로 운송하기 위하여 필요한 그 밖의 공정 이외에, 양 당사국의 영역 밖에서 어떠한 그 이후의 생산이나 그 밖의 공정을 거치는 경우, 또는 　나. 그 상품이 비당사국의 영역에서 세관당국의 통제하에 머물러 있지 아니하는 경우
콜롬비아	**〈제3.15조 직접 운송〉** 1. 비당사국의 영역을 통해 운송되는 원산지 상품은 다음이 증명될 수 없는 한 비원산지 상품으로 간주된다. 　가. 그 상품이 하역, 운송 이유로 한 분리, 재선적 또는 상품을 양호한 상태로 보존하기 위하여 필요한 그 밖의 모든 공정 이외에, 비당사국의 영역에서 어떠한 추가 생산이나 그 밖의 공정도 거치지 아니한다는 것

---

[71] 이 항의 목적상, "재라벨링"이란 수입 당사국의 요건을 충족하기 위하여 필요한 라벨을 붙이는 것을 말하며, "재포장"이란 수입 당사국 영역으로 상품을 운송하기 위하여 필요한 포장 공정을 말한다.

콜롬비아	나. 그 상품이 한쪽 또는 양 당사국의 영역 밖에서 세관 통제 하에 머물러있다는 것, 그리고
	다. 그 상품이 그 비당사국의 영역에서 거래 또는 소비되지 아니한다는 것
	2. 제1항에 규정된 조건이 충족되었다는 증거는 요청이 있는 경우 수입 당사국에서 적용가능한 절차에 따라 관세당국에 다음을 제출함으로써 제공된다.
	  가. 비당사국의 영역에서의 상품의 환적 또는 보관과 관련된 상황의 증거, 또는
	  나. 비당사국의 관세당국 또는 그 밖의 권한있는 당국이 발급하고 제1항에 규정된 조건이 충족되었음을 적시하는 서류

중국	〈제3.14조 직접운송〉
	1. 특혜관세대우를 주장하는 당사국의 원산지 상품은 당사국 간 직접 운송된다.
	2. 하나 이상의 비당사국에서 경유하여 운송되는 상품은 그러한 비당사국에서 환적 또는 일시 보관을 하는지에 상관없이 다음을 조건으로, 당사국 간 직접 운송된 것으로 간주한다.
	  가. 통과를 위한 상품의 반입은 지리적 이유 또는 오직 운송 요건에만 관련된 고려에 의하여 정당화될 것
	  나. 그 상품이 그 비당사국에서 거래 또는 소비되지 아니할 것, 그리고
	  다. 그 상품이 하역, 운송상의 이유로 인한 화물의 분리, 그리고 재선적 또는 그 상품을 양호한 상태로 보존하기 위하여 필요한 공정 외에 비당사국에서 그 밖의 어떠한 공정도 거치지 아니할 것.
	
	상품이 이 항에 규정된 대로 비당사국에서 일시 보관되는 경우, 그 상품은 보관되는 동안 그 비당사국 관세당국의 통제 하에 머물러 있어야 한다. 그 비당사국에서 상품이 보관되는 기간은 상품의 반입일부터 3개월을 초과하지 아니한다. 불가항력의 상황이 발생하는 경우, 그 비당사국에 상품이 보관되는 기간은 상품의 반입일부터 3개월을 초과할 수 있으나 6개월을 초과해서는 아니 된다.
	3. 이 조 제2항의 목적상, 다음의 서류가 상품의 수입 신고 시에 수입 당사국의 관세당국에 제출된다.
	  가. 통과 또는 환적의 경우에는, 항공화물운송장, 선하증권, 또는 수출 당사국에서부터 수입 당사국까지의 전체 운송 경로가 포함된 복합운송이나 결합운송 서류와 같은 운송서류, 그리고
	  나. 보관 또는 컨테이너를 적출하는 경우, 항공화물운송장, 선하증권, 또는 수출 당사국에서부터 수입 당사국까지의 전체 운송 경로가 포함된 복합운송이나 결합운송 서류와 같은 운송서류, 그리고 비당사국 관세당국이 제공하는 증빙서류. 수입국 관세당국은 그러한 증빙서류를 발급할 수 있는 그러한 비당사국의 그 밖의 권한 있는 기관을 지정하고 그러한 지정에 대하여 수출국 관세당국에 통보할 수 있다.

베트남	〈제3.8조 직접 운송〉 1. 특혜관세대우는 이 장의 요건을 충족하면서 양 당사국의 영역 간에 직접 운송되는 상품에 적용된다. 2. 제1항에도 불구하고, 상품이 양 당사국의 영역 외에 하나 이상의 비당사국을 경유하여 운송되더라도, 다음의 경우, 직접 운송되는 것으로 간주한다.

베트남	가. 그 통과가 지리적 이유로 또는 오직 운송 요건에만 관련된 고려에 의하여 정당화되는 경우 나. 그 상품이 경유국에서 거래 또는 소비되지 아니한 경우, 그리고 다. 그 상품이 하역 및 재선적 또는 그 상품을 양호한 상태로 유지하기 위하여 요구되는 공정 외의 어떠한 공정도 거치지 아니한 경우

뉴질랜드	〈제3.16조 직접 운송〉
	1. 원산지 상품은 제3.2조에 따라 결정된 원산지 지위를 유지한다. 다만, 그 상품은 비당사국 영역을 통과하지 아니하고 수입 당사국으로 직접 운송되어야 한다.
	2. 비당사국 영역을 통하여 운송되는 원산지 상품은 다음의 경우에는 원산지 지위를 유지하지 아니한다.
	   가. 그 상품이 하역, 일시적 보관, 운송상의 이유로 인한 화물분리, 재선적 또는 상품을 양호한 상태로 보존하거나 수입당사국 영역으로 운송하기 위하여 필요한 그밖의 공정외에, 양당사국의 영역 밖에서 어떠한 그이후의 생산이나 그밖의 공정을 거치는 경우, 또는
	   나. 그 상품이 비당사국의 영역에서 세관당국의 통제에서 벗어난 경우
	
	〈제3.26조 직접 운송-준수〉
	제3.16조에서 규정된 직접운송 규정의 준수는 적절한 서류를 제공함으로써 입증될 수 있다. 이러한 서류는 관련된 상업 선적 또는 화물 운송 서류를 포함하되 이에 한정되지 아니한다.

중미	〈제3.14조 직접운송〉
	1. 상품이 그 원산지 지위를 유지하기 위해서는 수출당사국에서 수입당사국으로 직접운송 된다.
	2. 제1항에도 불구하고, 하나 이상의 당사국 또는 비당사국을 경유하여 운송되는 상품은 경유국에서의 환적 또는 일시보관 여부와 관계없이 다음을 조건으로, 수출당사국에서 수입당사국으로 직접운송된 것으로 간주된다.
	   가. 그 상품이 관세당국의 통제 하에 있을 것, 그리고
	   나. 그 상품이 경유국에서 하역 및 재선적, 재포장 또는 그 상품을 양호한 상태로 유지하기 위하여 요구되는 공정이외의 어떠한 공정도 거치지 아니 할 것
	3. 제2항에 규정된 조건이 충족되었다는 증거는 수입 당사국의 관세당국에 다음을 제출하여 제공된다.
	   가. 수출당사국으로부터 경유국을 통한 통과를 다루고 있는 단일 운송서류
	   나. 경유국으로부터 수입당사국까지의 통과를 다루고 있는 운송서류와 다음을 포함하고 있는 경유국 관세당국이 발행한 증명서
	      1) 제품의 정확한 설명
	      2) 제품의 하역 및 재선적 일자, 그리고 적용 가능한 경우, 선박명 또는 사용된 다른 운송수단, 그리고
	      3) 제품이 경유국에 머물러 있는 그 상태, 또는
	   다. 이를 제공하지 못하는 경우, 제4장(통관 절차 및 무역원활화)에 설립된 원산지 규정 및 원산지 절차와 통관 절차 및 무역원활화 위원회에서 당사국들이 합의한, 수입 당사국의 관세당국을 만족시키는 모든 입증 서류

5 직접운송 원칙을 두고 있지 아니한 미주형

칠레 및 미국과의 FTA는 직접운송원칙을 규정하지 않고, 협정당사국 물품이 운송 중 비당사국을 통과·환적[72]시 원산지상품의 간주 조건만을 규정하고 있다. 따라서 원산지 상품을 수출 당시 수출체약국에서 수입체약국을 최종목적지로 하여 발송될 필요가 없고, 수입자가 정해지지 않은 상태에서 제3국 보세구역에 장치하였다가 구매자가 나타나면 그 때 계약하여 수입당사국으로 운송한 경우에도 원산지물품으로 인정될 수 있다. 제3국 세관의 통제하에서 하역, 재선적 또는 상품을 양호한 상태로 유지하기 위한 작업 외의 어떠한 가공 또는 작업도 없어야 한다는 점은 직접운송요건을 두는 경우와 같다.

한-캐나다 FTA의 경우는 직접운송원칙을 규정하고 있지는 아니하나, 비당사국에서 거래 또는 소비가 허용되지 아니하므로 제3국에서 거래가 발생하는 BWT 등의 거래는 제한될 것으로 판단된다.

FTA	주 요 내 용

칠레	〈제4.12조 환적〉
	상품이 제4.2조의 요건을 충족시키면서 생산되었다 하더라도 그 상품이 생산된 후 당사국 영역 밖에서 다음 경우에 해당될 경우에는 그 상품은 원산지 상품으로 간주되지 아니한다.
	  가. 하역, 재선적, 상자포장, 포장과 재포장 또는 상품을 좋은 상태로 보존하거나 당사국의 영역까지 수송하기 위해 필요한 모든 다른 종류의 작업 이외의 추가적 생산이나 작업을 거친 경우, 또는
	  나. 비당사국의 영역내의 세관당국의 통제 또는 감독 하에 있지 않은 경우.
	
	〈통일규칙 제6-1조 환적〉
	1. 협정 제4장 및 제5장의 목적상, 일방당사국의 상품이 제3국을 통하여 운송될 경우
	  가. 최종목적지가 기재된 선하증권이 제3국에서 발급되는 경우, 그 상품에 대한 특혜관세대우 신청은 그 상품이 수입당사국의 영역으로 수입되기 전까지의 운송경로 및 모든 선적·환적 경로를 나타내는 송장, 선하증권 또는 화물운송장과 같은 증빙서류로 입증되어야 한다.
	  나. 제3국을 경유하거나, 제3국에서 환적된 수출당사국 상품에 대하여 수입당사국영역으로의 수입 기간 제한은 두지 아니한다.
	2. 이 조 제1항의 목적상, 제3국을 통하여 운송되는 당사국 상품은 협정 제4장과 제5장의 규정을 충족하여야 한다.

---

[72] 이 항의 목적상, "재라벨링"이란 수입 당사국의 요건을 충족하기 위하여 필요한 라벨을 붙이는 것을 말하며, "재포장"이란 수입 당사국 영역으로 상품을 운송하기 위하여 필요한 포장 공정을 말한다.

미국	**〈통일규칙 제11조 특혜관세 대우의 거부〉** 협정의 부속서 3.4의 목적상, 당사국은 협정 제5.3조제2항의 요건과 각 당사국의 국내법에 의한 법적 요건이 충족되었다 하더라도, 다음 각호에 해당하는 경우에는 자국의 영역내로 수입되는 원산지 상품에 대하여 동 부속서에서 규정한 특혜관세 대우를 거부할 수 있다. 　가. 당사국의 법률에 반하여 당해 상품에 대한 특혜관세 대우의 요구가 당사국 영역 안으로 당해 상품이 수입되기 전까지의 운송경로, 모든 선적지 및 환적지를 표시하고 있는 송장, 선하증권 또는 화물운송장과 같은 증거서류에 의하여 입증되지 아니하는 경우 　나. 당해 상품이 이 협정의 당사국이 아닌 국가를 통하여 선적 또는 환적된 경우, 당사국 세관당국의 요청에 따라 당해 상품의 수입자가 당해 상품이 비당사국에 있는 동안 비당사국 세관당국의 통제하에 있었음을 증명하는 세관통제서류 사본을 당사국 세관당국이 만족할 정도로 제출하지 아니한 경우 **〈제6.13조 통과·환적〉** 각 당사국은 다음의 경우 상품이 원산지 상품으로 간주되지 아니하도록 규정한다. 　가. 그 상품이 하역·재선적 또는 상품을 양호한 상태로 보존하거나 당사국의 영역으로 운송하기 위하여 필요한 그 밖의 공정 이외에, 양 당사국의 영역 밖에서 이후의 생산이나 그 밖의 어떠한 공정이라도 거치는 경우, 또는 　나. 그 상품이 비당사국의 영역에서 세관당국의 통제하에 머물러 있지 아니하는 경우
캐나다	**〈제3.16조 통과 및 환적〉** 비당사국 영역을 통해 운송되는 원산지 상품은 다음 사항을 입증하지 못하는 경우, 비원산지 상품으로 간주된다. 　가. 그 상품이 하역, 운송상 이유로 인한 분리, 재선적 또는 상품을 양호한 상태로 보존하기 위하여 필요한 그 밖의 모든 공정 이외에, 그 비당사국의 영역에서 어떠한 추가 생산이나 그 밖의 공정을 거치지 아니한다는 것 　나. 그 상품이 한쪽 또는 양 당사국 영역 밖에서 세관 통제하에 있다는 것, 그리고 　다. 그 상품이 그 비당사국의 영역에서 거래 또는 소비되지 아니하는 것 **〈통일규칙 제7조〉** 이 협정 제4.2조 제1항 라호에 따라 수입 참여국의 관세행정기관이 요청하는 경우, 수입자는 그 상품이 이 협정 제3.16조(통과 및 환적)에 따라 선적되었음을 그 참여국의 관세행정기관에 다음을 제출하면서 입증해야 할 것이다. 　가. 상품의 수입 전 운송경로와 모든 선적 및 환적지점을 나타내는 선하증권 또는 화물운송장, 그리고 　나. 상품이 비참여국의 영역을 경유하여 운송되는 경우, 그 상품이 그 비참여국에 있는 동안 세관의 통제하에 있었음을 그 관세행정기관에 나타내는 세관 통제 서류의 사본

▶ 6 비당사국 보세전시용품의 특례

원산지상품이 제3국의 보세전시장에서 전시기간 중 일부가 판매되어 전시가 끝난 후 협정당사국으로 운송된 경우, 협정관세 적용시 협정에서 규정하고 있는 운송요건을 고려하여야 한다. 원칙적으로 제3국에서 거래를 금지하는 아세안·인도·페루·캐나다·중국·콜롬비아·베트남과 FTA와 단일탁송화물만 제3국 경유를 허용하고 있는 EU 및 터키와 FTA는 협정적용이 가능하지 않다. 이러한 사항을 고려하여 아세안·터키와 FTA에서는 별도 조항을 두어 제3국에서 전시를 위하여 발송된 원산지 물품이 일정조건을 충족하는 경우 협정적용이 가능하도록 규정하고 있다. 싱가포르·호주·미국·칠레·뉴질랜드와의 FTA에서는 제3국 보세전시용품도 운송요건만 충족하면 특혜적용이 가능하다. 동 물품은 비당사국 경유물품과 동일하기 때문이다.

(1) 한-아세안 FTA 보세전시용품 특례(부속서 3의 부록1 제20조)

한-아세안 FTA의 경우 부속서 3 제9조(직접운송)[73]에 불구하고 제3국에서의 전시를 위하여 수출당사국의 영역으로부터 발송되고 전시기간 중 또는 전시 후에 일방 당사국으로의 수입을 위하여 판매된 물품에 대해 원산지 규정 부속서의 요건을 충족하는 것을 조건으로 특혜관세대우를 부여한다. 다만, ① 수출자가 그 물품을 수출 당사국의 영역으로부터 전시회가 개최된 국가로 발송하고, 그 물품을 그 국가에서 전시한 사실 ② 수출자가 수입 당사국의 화주에게 그 물품을 판매하거나 인도한 사실 ③ 물품이 전시회 기간중 또는 전시회 직후에 전시 목적으로 발송된 상태로 수입 당사국의 영역으로 발송한 사실을 수입 당사국의 관세당국이 만족할 수 있도록 입증하여야 한다. 전시용품의 협정적용을 위해 수입 당사국의 관련 정부당국에 원산지증명서 원본을 제공하여야 하며, 원산지증명서 상에 전시회의 명칭 및 장소가 표시되어야 한다. 수입국의 관세당국은 물품의 확인 및 그 전시 상태에 대한 증빙으로, 전시회를 개최한 국가의 관련 정부 당국이 발급한 원산지증명서를 직접운송 요건 충족을 입증하는 증빙서류와 함께 요구할 수 있다. 전시물품에 대한 특혜적용은 전시물품이 전시기간 동안 세관의 통제하에 있는 경우, 외국물품판매목적의 모든 무역, 농업 또는 공예품 전시회, 박람회 또는 이와 유사한 전람회, 또는 상점내 또는 사업장내 전시에 적용된다.

---

73) 비당사국 경유물품이 직접운송된 것으로 간주되기 위한 조건으로 비당사국에서 거래 또는 소비금지

(2) 한-터기 FTA 보세전시용품 특례(원산지의정서 제14조)

한-터키 FTA의 경우 직접운송원칙[74]에도 불구하고 비당사국의 영역에서 전시를 위하여 발송되고 전시 후에 어느 한쪽 당사국으로의 수입을 위하여 판매된 원산지 제품은 수입시 이 협정의 혜택을 받는다. 다만, ① 수출자가 그 제품을 어느 한쪽 당사국으로부터 전시회가 개최된 국가로 운송하고, 그 제품을 그 국가에서 전시한 사실 ② 수출자가 어느 한쪽 당사국의 인에게 그 제품을 판매 또는 달리 처분한 사실 ③ 제품이 전시회 기간 중 또는 전시회 직후에 전시를 위하여 발송된 상태로 운송된 사실, 그리고 ④ 제품이 전시를 위하여 운송된 후 전시회에서 전시 이외의 목적으로 사용되지 아니한 사실이 관세당국이 만족할 수 있도록 입증되어야 한다. 원산지증명서는 협정에 따라 작성되어야 하고 수입당사국에서 적용가능한 절차에 따라 수입 당사국의 관세당국에 제출되어야 한다. 전시회의 명칭 및 주소는 원산지증명서에 표시되어야 하며, 필요한 경우 제품이 전시되었던 상태에 대한 추가 증빙서류를 요구할 수 있다.

전시물품에 대한 특혜적용은 전시기간 동안 전시제품이 세관의 통제하에 있는 경우, 외국제품 판매를 목적으로 하여 개인적인 목적으로 개최되지 아니한, 상점 또는 사업장내 모든 무역, 산업, 농업 또는 공예품 전시회, 박람회 또는 이와 유사한 공개전시에 적용된다.

아세안·터키와 FTA에서 규정하고 있는 조건들은 거의 동일하나, 한-아세안 FTA에서는 적용범위가 외국물품 판매목적의 모든 무역으로 제한이 없으나 한-터키 FTA는 개인적인 목적으로 개최되는 전시는 제외하고 있는 점이 상이하다.

7 제3국 경유물품의 원산지확인 방법

특례고시 제8조에는 환적 또는 일시장치물품의 원산지확인 방법에 대해 규정하고 있는데, 세관장은 규칙 제5조제1항에 따라 수입자가 제출한 ① 체약상대국으로부터 우리나라에 도착하기까지의 전체 운송경로를 입증할 수 있는 선하증권 등 운송서류 일체, ② 원산지가 아닌 국가에서 추가적인 가공 또는 작업이 발생하지 않았음을 입증하는 서류, ③ 원산지가 아닌 국가의 관세당국의 통제 또는 감독 하에 있었음을 입증하는 서류, ④ 개별 협정에서 별도로 정한 서류 등을 검토하여 원산지를 확인할 수 있다. 다만, 국제우편물은 주소지표지 또는 우편송장을 제출받아 원산지

---

[74] 비당사국 경유물품이 직접운송된 것으로 간주되기 위한 조건으로 비당사국에서 자유로운 유통을 위한 반출 금지

를 확인할 수 있다. 수입자는 원산지가 아닌 국가를 경유한 물품에 대해 협정관세의 적용을 신청하는 때에는 세관장이 원산지 확인을 위해 요구하는 상기 각호의 서류를 제출하여야 한다.

유의해야 할 점은 협정별로 운송규정이 상이하고 케이스별로 상황이나 내용이 다를 수 있으므로 FTA특례법령 규정을 일률적으로 적용하기 어렵다는 것이다. 필수적으로 협정을 확인해 볼 필요가 있다. 협정우선 원칙은 여기서도 적용된다.

비당사국 관세당국의 감시하에 있음을 증빙하는 서류 예시

- 항공화물운송장, 선하증권 또는 도로화물탁송장 또는 해당하는 경우 복합운송서류와 같은 운송서류
- 비당사국의 관세당국이 발행하는 비가공증명서, 이 증명서는 날짜, 포장개수, 무게, 도착일, 출발일, 운송수단(예, 선박명, 컨테이너번호) 그리고 물품이 비당사국에 체류하는 동안 관세당국의 감시하에 있었으며 비당사국에서 허용된 작업 이상으로는 어떤 방식으로도 처리 되지 않았다는 확인이나 물품이 경유 중에는 비당사국의 관세당국의 감시하에 있었다는 증거를 제공하는 세관통제서류 사본을 포함하고 있는 것
- 상기 언급된 서류가 없을 경우에 수입자는 기타 다른 증빙서류를 제공할 수 있음

직접운송 원칙과 연계된 한-아세안 FTA 연결원산지증명서(Back-to-Back C/O) 제도

'연결원산지증명서'란 협정대상물품이 당사국들의 영역을 통과하는 동안 중간경유 당사국의 발급기관이 생산자 또는 수출자의 신청을 받아 최초 수출국의 원산지증명서 원본을 근거로 발급하는 원산지증명서이다. 다만, 중간 경유 당사국의 수입자와 중간 경유 당사국에서 동 원산지증명서 발급을 신청하는 수출자가 동일하여야 한다.

※ 연결원산지증명서는 경유국에서 보세상태 또는 수입신고 수리 후와 관계없이 발행될 수 있을 것으로 판단됨 (영역은 보세구역만을 지칭하고 있는 것이 아님)

〔활용〕
한-아세안 FTA는 엄격한 직접운송원칙을 규정하고 있다. 즉, 경유국이 협정 당사국이더라도 수출입 당사국이 아닌 경우 운송원칙 위반으로 간주된다. 이러한 규정의 엄격성을 완화해 주는 제도가 바로 연결원산지증명서 제도이다. 경유국이 수출입당사국이 아닌 협정 당사국이라면 동 제도를 통해 직접 운송 원칙의 적용을 받지 않고 특혜적용이 가능하기 때문이다.

〔싱가포르 세관 B-to-B C/O(type 22)발급시 요구서류〕
①최초 수출당사국 C/O, ②수출자 송장, ③분할 작업지시서(working sheet for partial consignments)

관련판례

CHAPTER 3-3

협정 비당사국을 경유하였다가 최종적으로 당사국으로부터 우리나라로 운송된 경우에 한-EU FTA 직접운송 원칙에 위배되는지 여부

한-EU FTA에서 제3국 거래(비당사국에 소재한 판매자가 당사국에 소재한 원산지 물품을 거래)를 제한하고 있지 않고, 제3국 거래시 수출자 또는 생산자와 판매자간에 1차 거래가 수반되는 것이 일반적이라 할 것이며, 상업거래의 대금결제를 위해 발행되는 송품장과 해당 물품의 직접운송 여부에 대한 판단은 별개로 다루어져야 하는 점, OOO서류는 세관 수입절차 등이 보류된 보세운송서류에 해당하고 처분청도 이를 인정하고 있는 점, 이 건의 경우 수출자 또는 생산자로부터 제3국 소재 판매자에게 물품이 수출판매된 상태에서 다시 판매자가 수입자에게 물품을 재판매하여 제3국으로부터 우리나라로 물품이 운송되는 거래와 달리, 쟁점물품은 청구법인에게 판매가 예정된 상황에서 OOO로부터 OOO 세관 보세창고로 보세운송OOO되었다가 당일 동일한 차량으로 다시 OOO로 보세운송OOO된 후 최종적으로 OOO에서 우리나라로 선적된 점, 그 과정에서 보세운송서류인 OOO서류와 비조작증명서가 순차적으로 발급되어 쟁점물품의 원산지 지위가 변하지 않은 사실이 입증되는 점, OOO로부터 OOO로 쟁점물품 재반입시 한-EU FTA 의정서 제12조의 영역원칙에 따라서도 원산지 지위를 유지하는 것으로 보이는 점, OOO로 보세운송되기 전에 수출자가 청구법인에게 원산지신고서를 발행하였고 처분청도 원산지신고서의 유효성을 인정하고 있는 점 등에 비추어 쟁점물품은 최종적으로 OOO에서 우리나라로 직접운송되었으므로 청구법인의 한-EU FTA 협정관세 사후적용 신청 및 경정청구를 거부한 이 건 처분은 잘못이 있다고 판단된다.

[조심2016관0123, 2016.12.16]

운송요건 입증서류

구분	한-아세안, 한-베트남, APTA	그 외 FTA
직접운송	B/L, Air Way Bill	B/L, Air Way Bill
3국 경유	수출당사국 발행 통과선하증권 원산지증명서 원본 상업송장 원본의 부본 기타 증빙서류	선하증권(출발→도착) 경유지 보세구역 입출고 내역서 수출자/수입자 운송기록 거래계약서, 물품의 씨리얼 번호 컨테이너 씨리얼 번호 환적증명서 및 하역관련 서류 등

EU의 T1서류(보세운송)

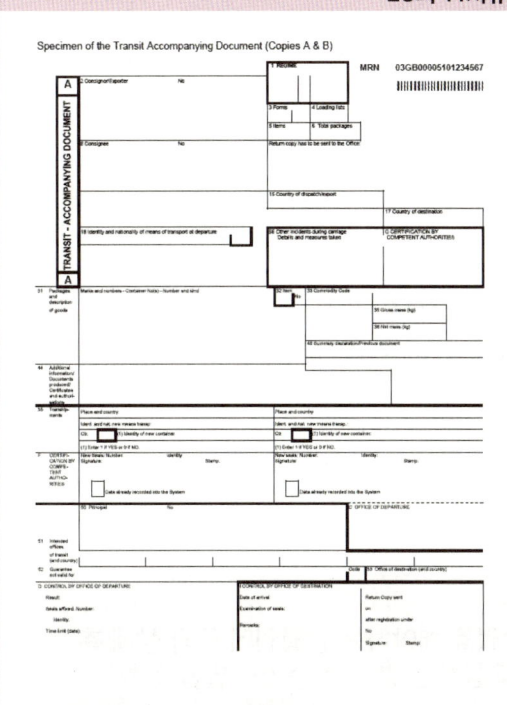

T1은 EU 역외국, 즉 스위스나 노르웨이 등의 세관에서 발생하고 해당 물품이 EU 역내로 들어온 이후, 다시 제3국으로 반출되는 경우 이를 확인하는 보세운송 서류이다.

특정물품이 EU 역내에서 수입통관되지 않고, 바로 제3국으로 환적되는 경우 수출국 세관에서는 T1을 발행하면, 도착지 세관에서는 이를 확인하고, 정해진 절차에 따라 환적 처리한다. 수출국 세관에서는 도착국 세관의 도착확인을 전산으로 확인하고 종결한다. 직접운송 요건 중 세관통제 요건이 충족되었음을 입증하는 서류로 사용될 수 있다.

[싱가포르 세관의 비조작증명서(Certificate of Non-Manipulation)]

1. Name & Address of Shipping Agent/Freight Forwarder	Original SINGAPORE CUSTOMS 55 Newton Road #07-02 Revenue House Singapore 307987 Tel : 63552000 Fax : 63376361 E-mail : customs_roo@customs.gov.sg **CERTIFICATE OF NON-MANIPULATION** issued pursuant to Regulation of 36(1) of The Regulation of Imports & Exports Regulations No. ....

2. Details of Consignment

a) Description of Goods	
b) Country of Origin of Goods	c) Bill of Lading No.
d) Date of Discharge in Singapore	e) Date of Departure from Singapore
f) Country of Final Destination	g) via (Name of Vessel & Voyage No.)

3. Declaration by Shipping Agent/Freight Forwarder

I/We declare that
a) the goods described above were transhipped to the above country of final destination from Singapore without any alteration or manipulation; and
b) all information provided for above is true and correct.

Authorised Signature:
Name:
Designation:
Date: (company stamp)

4. CERTIFICATION BY SINGAPORE CUSTOMS

We certify that, to the best of our knowledge, the declaration by the exporter is true and correct.
This Certificate is issued without any prejudice or liability whatsoever on our part arising from any circumstances.

Authorised Signature:
Name:
Designation:
Date:

SC-A-009 (Ver 2 – 08/05)

PLUS TIP 3-3 : 부산항에서 컨테이너 재작업을 해야하는 상황인데 중국 상해 측에서 비가공증명서를 요청하는 경우 동 증명서 발급 절차

부산항에서 환적을 거치는 물품에 대해 비가공증명서를 발급받고자 하는 경우, 『환적화물 처리절차에 관한 특례고시』제12조에 따라, 다음의 서류를 부산세관 통관지원과 또는 신항통관지원과(신항에서 환적시)에 제출하시면 환적화물 원상태 반출증명서(즉, 비가공증명서)를 발급 받을 수 있음.
- 보세구역 운영인 또는 자유무역지역 입주허가를 받은자가 발행한 일시장치 확인서
- 환적화물 원상태 반출증명 신청서
- 환적신고서(해당물품에 한함)
- 입출항 B/L 사본

미국 세관 보세운송 서류 〈CBP FORM 7512*〉

* Transportation entry and manifest of goods subject to CBP inspection and permit
- 미국 내 반입된 보세물품 관리를 위해 반입 포트(Sea/Air/Land etc)에서 타 운송수단 이동 또는 타 지역으로 보세운송 시 작성·제출하는 서류
- 보세운송 유형

구분	약칭	설명
Type 61	IT (내륙보세운송)	한 항구에 도착한 외국물품이 대체신고가 이루어지는 다른 항구에 보세상태로 운송되는 것을 허용 * 두 개의 세관항 포함: 양륙항 / 통관항
Type 62	T&E (보세운송 후 환적)	세관이 반입항에서 수출항까지의 화물 운송을 통제하며, 미국을 경유하여 다른 나라로 수출되는 것을 의미 * 두 개의 세관항 포함: 양륙항 / 수출항
Type 63	I&E (환적을 위한 Port 내 운송)	제3국 물품이 미국 내로 반입된 후 미국 내에서 보세운송 없이 반입한 항에서 바로 재수출되는 것을 의미 * 한 개의 세관항 포함: 양륙항 = 수출항

※ 동 보세운송 신고서류(CBP Form 7512)가 폐지되고, 전자적 방법에 의한 신고시스템(ACE시스템) 방식으로 미 관세법 시행령 개정됨.(`17.11.27.) 따라서 시스템에 의한 신고·승인 내역 출력물이 보세운송 확인서류로서의 효력이 있을 것으로 판단됨.

FTA
협정 및
법령해설

19 CFR 10.60, 10.61, 123.41, 123.42	TRANSPORTATION ENTRY AND MANIFEST OF GOODS SUBJECT TO CBP INSPECTION AND PERMIT U.S. Customs and Border Protection	OMB Control Number: 1651-0003 Expiration Date: 05/31/2017
Entry No. _____ Port _____ Date _____	PORT CODE NO. _____ FIRST U.S. PORT OF UNLADING _____	Entry No. _____ Class of Entry _____ (I.T.) (T.E.) (WD.1E) (Drawback, etc.)

PORT OF _____ DATE _____

Entered or imported by _____ Imported/IRS # _____ to be shipped

In bond via _____ (C.H.L. number) _____ (Vessel or carrier) _____ (Car number and initial) _____ (Pier or station) _____ consigned to

CBF Port Director _____ Final foreign destination _____ (For exportation entry)

Consignee _____ (At CBP port of exit or destination)

Foreign port of lading _____ B/L No. _____ Date of sailing _____
(Above information to be furnished only when merchandise is imported by vessel)

Imported on the _____ (Name of vessel or carrier and motive power) _____ Flag _____ on _____ (Date imported) _____ via _____ (Last foreign port)

Exported from _____ (Country) _____ on _____ (Date) _____ Goods now at _____ (Name of warehouse, station, pier, etc.)

Marks and Numbers of Packages	Description and Quantity of Merchandise Number and Kind of Packages (Describe fully as per shipping papers)	Gross Weight in Pounds	Value (Dollars only)	Rate	Duty

G.O. No. _____ ☐ Check if withdrawn for Vessel supplies (19 U.S.C. 1309)

CERTIFICATE OF LADING FOR TRANSPORTATION IN BOND AND/OR LADING FOR EXPORTATION FOR

_____ (Port)

WITH THE EXCEPTIONS NOTED ABOVE, THE WITHIN-DESCRIBED GOODS WERE:

Delivered to the Carrier named above, for delivery to the CBP Port Director at destination sealed with CBP seals Nos. _____ or the packages (were) (were not) labeled, or corded and sealed.

Laden on the—
_____
(Vessel, vehicle, or aircraft)
which cleared for—
_____
on _____ (Date)
as verified by export records.

_____
(Inspector)
_____
(Date)

_____
(Inspector)
_____
(Date)

I hereby declare that the statements contained herein are true and correct to the best of my knowledge and belief.

Entered or withdrawn by _____

To the Inspector: The above-described goods shall be disposed of
_____
For the Port Director

Received from the Port Director of the above CBP location the merchandise described in this manifest for transportation and delivery into the custody of the CBP officers at the port named above, all packages in apparent good order except as noted hereon.

_____
Attorney or Agent of Carrier

CBP Form 7512 (02/12)

INSTRUCTIONS

Consult CBP officer or Part 18, Customs Regulations, for the appropriate number of copies required for entry, withdrawal, or manifest purposes.

For the purpose of transfer under the cartage or lighterage provisions of a proper bond to the place of shipment from the port of entry, extra copies bearing a stamp, or notation as to their intended use may be required for local administration.

As the form is the same whether used as an entry or withdrawal or manifest, all copies may be prepared at the same time by carbon process, unless more than one vessel or vehicle is used, in which case a separate manifest must be prepared for each such vessel or vehicle.

Whenever this form is used as an entry or withdrawal, care should be taken that the kind of entry is plainly shown in the block in the upper right-hand corner of the face of the entry.

This form may be printed by private parties provided that the supply printed conforms to the official form in size, wording arrangement, and quality and color of paper.

RECORD OF CARTAGE OR LIGHTERAGE
Delivered to Cartman or Lighterman in apparent good condition except as noted on this form

Conveyance	Quantity	Date	Delivered	Received	Received	
			(Inspector)	(Cartman or Lighterman)	(Date)	(Inspector)
			(Inspector)	(Cartman or Lighterman)	(Date)	(Inspector)
			(Inspector)	(Cartman or Lighterman)	(Date)	(Inspector)
Total			(Warehouse proprietor)			

CERTIFICATES OF TRANSFER. (If required)

I certify that within-described goods were transferred by reason of _____ to _____ on _____, at _____ and sealed with _____ or seals Nos. _____, and that goods were in same apparent condition as noted on original lading except _____

_____
Inspector, Conductor, or Master

I certify that within-described goods were transferred by reason of _____ to _____ on _____, at _____ and sealed with _____ or seals Nos. _____, and that goods were in same apparent condition as noted on original lading except _____

_____
Inspector, Conductor, or Master

INSPECTED

at _____
on _____ (Date)
and seals found _____

_____
Inspector.

If transfer occurs within city limits of a CBP port or station, CBP officers must be notified to supervise transfer.

INSPECTOR'S REPORT OF DISCHARGE AT DESTINATION

Port _____ Station _____, _____ (Date)

TO THE PORT DIRECTOR: Delivering line _____ Car No. _____ Initial _____

Arrived _____ (Date) Condition of car _____, of seals _____, of packages _____

Date of Delivery to Importer, or Gen. Order	Packages	No. and Kind of Entry or General Order	Bonded Truck or Lighter No.	Conditions, Etc.

I certify above report is correct. _____, Inspector.

PAPERWORK REDUCTION ACT NOTICE: The Paperwork Reduction Act says we must tell you why we are collecting this information, how we will use it, and whether you have to give it to us. We ask for the information in order to carry out the laws and regulations administered by U.S. Customs and Border Protection. These regulations and form apply to carriers and brokers who are transporting merchandise in-bond from a port of importation to another CBP port prior to final release of the merchandise from CBP custody. It is mandatory. The estimated average burden associated with this collection of information is 10 minutes per respondent depending on individual circumstances. If you have any comments regarding the burden estimate you can write to U.S. Customs and Border Protection, Office of Regulations and Rulings, 799 9th Street, NW, Washington, DC 20229.

CBP Form 7512 (02/12)

중요 질의 및 답변 사례

CHAPTER 3-3

질의 18

원소유자		구매자		수입자
미국소재 수출자(B사)	⋯▶	싱가포르 소재 국제석유 거래상(A사)	⋯▶	한국소재 ○○공사(C사)

〈거래 및 운송 관계〉
① 싱가포르 소재의 국제석유 거래상인 A사가 미국에 소재한 B사의 방카씨유(HS 2710.19)를 구매
② 미국에서 싱가포르로 운송하던 중 국내에 소재한 C사와 A사 매매계약 체결
③ 미국에서 출항한 본선이 싱가포르항에 입항전 공해상에서 ship to ship 방식으로 환적하여 국내항에 도착

〈원산지증빙서류 관련〉
① 원산지증명서 : 미국소재 B사가 구매자인 A사에게 발행
② 서베이어레포트 : 최초운송선박명, 출발지, B/L번호, 수량, 국내로 환적한 선박명 등과 ship to ship 방식으로 환적하였다는 내용 기술(싱가포르 A사가 발행)

상기와 같은 운송과 거래방법으로 한-미 FTA 협정관세 적용이 가능한지 여부?

답변

한-미 FTA 협정에서 통과·환적물품은 협정 당사자의 영역밖(공해)에 있어도 원산지제품으로 인정하는 바, Ship To Ship 방식으로 물품을 다른 운송수단으로 재선적하는 것은 가능

하지만 통과·환적물품은 세관당국의 통제하에 있어야만 원산지제품으로 인정할 수 있는 바, 세관당국의 통제하에 있을 수 없는(공해) 운송형태에 따른 제품은 원산지제품으로 인정할 수 없으므로 협정관세를 적용할 수 없음

질의 19

인도네시아에서 우리나라(보세구역)에 도착후, 일본에 판매할 목적으로 운송하였다가 다시 반송한 물품에 대해 한-ASEAN FTA의 직접운송 충족 여부?

인도네시아	①⋯▶	한국 (보세구역)	②⋯▶ ◀⋯③	일본 (보세창고)

※ 부산항 입항시점에 일본에서 발주가 오자, 부산항 보세구역에서 바로 재선적하여 일본으로 운송 일본(보세창고)에서 보관하던 중 결제가 지연되자 다시 부산으로 운송
◆ 일본세관 통제하에 있었음을 증빙하는 서류: 요코하마 세관에서 발행한 비조작증명서 (Certificate of Non-Mamipulation)

답변

협정에서 허용하는 운송방법은 아래 2가지로 한정
1. 수출당사국과 수입 당사국 영역간에 직접 운송
2. 다음 모든 조건으로 제3국을 경유하는 경우
　가. 지리적 이유 또는 오직 운송 요건인 경우
　나. 경유국에서 거래 또는 소비되지 아니하였을 것
　다. 하역, 재선적 또는 보존공정 외의 어떠한 공정도 거치지 아니하였을 것

답변	즉, 우리나라에 도착한 후 다시 비당사국을 경유하여 운송하는 방법은 허용하고 있지 않으며, 지리적·운송상의 이유*에 한정하여 제3국 경유가 허용되는 바, 동 건은 이에 해당하지 아니함 *제3국에서 물량조정 또는 안전재고의 활용을 위한 보관 목적의 일시장치인 보세창고인도거래는 '지리적·운송상 이유'에 해당하지 아니함(조세심판원)

```
   미얀마  ─(당초) 동일선사 선박으로 환적 예정─→  한국
        ↘                               ↗
           싱가폴
   (변경) 수입화주 요청으로 타 선사 선박으로 환적
```

질의 20	한-아세안 FTA 관련, 제3국을 경유하여 운송되는 경우
	당초 미얀마-한국간 직항 선박노선이 없어 동일선사 선박으로 제3국에서 환적하여 한국으로 운송할 예정이었으나
	수입화주가 빠른 운송을 요청하여 제3국에서 타 선사의 선박으로 환적하여 운송함
	
	① 아래 서류를 제출하면 운송조건에 충족하는지?
	   가. 미얀마→한국 간 선하증권, 싱가폴→한국 간 선하증권
	      ※ 미얀마→싱가폴→한국 간 통과선하증권은 없음
	   나. 싱가폴 세관 발행 비조작증명서(미얀마→한국 간 선하증권번호 기재)
	② 미얀마→한국 간 선하증권에 선사의 선박명이 기재되어 있지 않아도 유효한 서류인지?

답변	① 직항노선이 없는 운송상의 이유로 3국을 경유하였고, 제3국에서 단순환적만 있었으므로 직접운송 간주조건은 충족한다고 볼 수 있으나, 이를 입증할 필수서류인 수출 당사국에서 발행한 통과선하증권을 제출하지 아니하였으므로 직접운송 입증조건은 충족하지 못함. 다만, 통과선하증권의 의미가 "수출국에서 수입국까지 전체 운송경로가 입증되는 모든 서류"로 확대됨에 따라 이에 합당한 서류를 제출한다면 충족 가능 ② 미얀마-한국 간 선하증권에 선사의 선박명의 기재여부는 수입물품에 대한 과세관청에서 수입물품과 원산지증명된 물품과의 동일성을 확인하는 과정에서 판단하여야 할 사항임

질의 21	인도네시아 수출업자가 구매자가 정해지지 않은 상태에서 제3국인 싱가포르 보세구역으로 운송 후 보관중인 물품을 우리나라 수입자가 수입하면서, 물품대금을 인도네시아 수출자에게 직접 지급하지 아니하고 싱가포르 소재 현지법인을 거쳐 지급하는 경우 직접운송원칙 충족 여부 및 한-아세안 FTA 협정세율 적용 가능여부?
답변	한-아세안 FTA 협정문에는 수입물품이 수출국에서 수입국으로 직접 운송되지 않고 제3국을 경유하여 운송된 경우에는 원칙적으로 협정관세를 적용받을 수 없도록 되어 있고, 다만 부속서 3(원산지규정) 제9조(직접운송) 제2항의 요건을 모두 충족한 경우에만 예외적으로 제3국 경유를 허용 인도네시아 수출자가 갑자기 발생할 수 있는 거래에 대비하기 위하여 제3국인 싱가포르 보세구역으로 운송한 것은 지리적 이유 또는 오직 운송요건에 관련된 경우에 해당되지 않으며, 거래형태 및 대금지급 형태 등을 볼 때 인도네시아 수출자가 제3국인 경유국에서 국내수입자의 현지법인과 거래한 것으로 보이므로 경유국 거래, 소비 금지 조항 또한 충족했다고 볼 수 없음

질의 22	스위스에서 사용 중인 EU산 설비를 네덜란드 수출자가 한국으로 수출시 한-EU FTA 적용 여부?
답변	이태리, 영국, 독일 등에서 제조한 물품을 스위스에서 사용한 후 다시 우리나라로 수출되는 물품은 한-EU FTA의 직접 운송 규정을 충족하지 못하므로 협정적용 불가
질의 23	한-미 FTA 관련, 제3국의 물류창고에 보관하였던 물품을 우리나라로 수입하는 경우, 운송원칙 입증서류 및 협정관세 적용여부?
답변	한-미 FTA 제6.13조(통과 및 환적)에 따라 비당사국에서 보관하던 원산지상품을 수입하는 경우에도 협정에서 정하는 아래의 사항에 모두 해당하지 않는 경우에는 원산지제품으로 인정하도록 규정 ① 그 상품이 하역·재선적 또는 상품을 양호한 상태로 보존하거나 당사국의 영역으로 운송하기 위하여 필요한 그 밖의 공정 이외에, 양 당사국의 영역 밖에서 이후의 생산이나 그 밖의 어떠한 공정도 거치는 경우 ② 그 상품이 비당사국의 영역에서 세관당국의 통제 하에 머물러 있지 아니하는 경우 이 때 경유국 세관당국에서 '단순경유'임을 확인하여 발행한 서류 등으로 상기 사항이 입증되고, 원산지증명서와 무역운송서류(선하증권 등)에 의해 수출국에서 수출한 물품과 동일한 물품이 우리나라로 수입되는 것이 확인되는 경우에는 동 협정에 따른 협정관세 적용이 가능함
질의 24	아래 'Licence'가 한-미 FTA 운송원칙을 충족하는 유효한 서류로 인정할 수 있는지 여부? * 운송과정: 미국(생산·제조) → 싱가폴(Warehouse) → 한국 [Licenced Warehouse from Customs] This Licence covers only those areas approved for the warehousing of dutiable motor vehicles as indicated on the plan(s) endorsed by Singapore Customs dated 12 June 2012, and any subsequent amendments.
답변	(상기 서류는 싱가포르의 보세창고에 대한 싱가포르 세관당국의 Licence로 추정되는 바, 동 서류를 포함하여 아래와 같은 서류 등으로 수출국에서 수출한 물품과 동일한 물품이 우리나라로 수입되는 것이 확인되는 경우 동 협정에 따른 협정관세 적용 가능

답변	① [미국 → 싱가폴] 선하증권, 송품장, C/O(미국 수출자 발행) ② [싱　가　폴] 보세창고의 반출입증명서 또는 비조작증명서 ③ [싱가폴 → 한국] 선하증권, 송품장 등 선적서류
질의 25	o 수출자 호주, 수입자 한국 o 호주⇒싱가포르, 싱가포르⇒한국 각 운송경로별로 B/L발행 o 싱가포르 세관 발급 비조작증명서 구비 | 구분 | 출발국 | ⇒ | 경유국 | ⇒ | 수입국 | |---|---|---|---|---|---| | 경로 | 호주 (DARWIN) | B/L발행 | 싱가포르 | B/L발행 | 한국 | 직항경로가 없는 관계로 출발국⇒경유국⇒수입국(각가 B/L발급, 운항선사 상이)으로 운송되고 경유국에서 싱가포르 세관 발급 비조작증명서가 발급되는 경우 한-호주 FTA 직접운송원칙 충족 여부?
답변	한-호주 FTA에서는 직접운송원칙을 규정하고 있음. 제3국을 경유하는 경우 인정되는 가공범위(하역, 재선적, 보관, 재포장, 재라벨링, 운송상 화물 분리 또는 보존, 당사국 영역으로 운송하기 위하여 필요한 공정)와 세관 통제하에 있음을 수입자가 증명 필요 따라서 싱가포르 세관의 비조작증명서, 싱가포르 및 우리나라 세관에 제출된 적하목록상 물품의 동일성이 확인되는 경우 직접운송 충족
질의 26	A상사는 이태리의 수출자와 거래계약이 완료된 자동 Bending 기계 1세트를 수입함에 있어 중국에서 동 기계를 일주일간 보세전시장에 전시 후 수입한 경우 한-EU FTA 특혜관세 적용 여부? | 이태리 | ⇒ | 중국 보세전시장 | ⇒ | 한국(A상사) | |---|---|---|---|---| | 선적 | | 전시 (국제 기계·공구 전시회) | | 도착 |
답변	전시물품은 계약완료 시점에 따라 아래와 같이 2가지로 구분하여 협정관세 적용 여부 검토 필요 (1) 수출국에서 계약이 완료된 물품이 제3국 전시회에 참가한 다음 수입되는 경우, 제3국에서 일시 보관된 것으로 볼 수 있는데 FTA에서 제3국에서 상품 일시보관은 허용하고 있으며, 관세법에서도 관세당국의 통제를 조건으로 전시회 등 행사에 전시하기 위한 제3국 경유를 인정 　① (EU, EFTA)　　단일 탁송화물이면 적용 가능 　② (인도)　　　　　적용 가능 　③ (아세안, 터키)　별도 규정이 있으므로 적용 가능 　④ (미국, 칠레)　　직접운송원칙이 없으므로 적용 가능 (2) 전시목적으로 수출한 물품이 제3국 전시회에서 계약 체결되어 수입되는 경우 　① (아세안, 인도, 페루, 캐나다, 중국, 콜롬비아, 베트남) 경유국에서의 '거래'를 금지하고 있으므로 원칙적으로 적용 불가. 　　- 다만, 아세안은 전시에 대한 별도 규정이 있으므로 적용 가능 　② (EU, 터키) 단일탁송화물이 아니므로 원칙적으로 적용 불가. 　　- 다만, 터키는 전시에 대한 별도 규정이 있으므로 적용 가능 　③ (미국, 칠레) 직접운송원칙이 없으므로 적용 가능 동 사례의 경우 제3국 전시물품이 다음의 요건을 충족하면 한-EU FTA 협정관세 적용 가능

답변	① 제품이 단일 탁송화물이고 관세당국의 통제하에 전시에 사용될 것 ② 수출국에서 계약이 완료된 물품이 제3국 전시회에 참가한 다음 수입될 것 ③ 한-EU FTA 협정의 직접운송 인정요건을 충족할 것 ④ 수입당사자가 상기 요건이 충족되었다는 증거를 관세당국에 제출할 것
질의 27	칠레산 와인(한 병당 1,000ml)을 미국 보세구역 반입 후 500ml 2개로 분할 병입하는 경우, 한-칠레 FTA에서 규정하고 있는 포장, 재포장 범위에 해당하는지 여부?
답변	칠레산 와인을 미국 보세구역에서 분할 병입하는 작업은 한-칠레 FTA협정상 당사국 영역밖에서 인정되는 포장, 재포장 범위에 해당하지 않음
질의 28	[운송경로] 중국 → 홍콩(기차/트럭) → 한국(항공) - 중국에서 포장된 상태 그대로 항공으로 국내 반입 - 홍콩에 도착 후 1~2일내에 항공기에 적재(7일 이내 환적) - 일반화물에 해당(컨테이너 적출입이 아니며 팔레트에 하나의 포장상태로 운반되는 개별박스포장 물품) - 홍콩에서 화물통합, 재포장 또는 컨테이너 적출·입되는 사실이 없으며 내륙운송된 상태 그대로 항공기에 실어짐(ULD도 사용하지 않음) ※ 제시서류: 중국해관 수출화물 집중신보청단, AWB 위 경우가 비가공증명서의 발급대상에 해당되는지 여부?
답변	물품이 중국에서 컨테이너에 적입되지 않고 팔레트에 하나의 포장상태로 운반되어 그대로 항공기에 적입된다는 사실을 확인할 수 있는 자료(항공사에서 동 물품을 Pallet형태로 기적하였는지를 확인할 수 있는 작업내역서 또는 확인서류)등을 제시하는 경우 비가공증명서 발급대상이 아닌 것으로 판단됨
질의 29	[운송경로] 중국 → 홍콩(트럭) → 한국(항공) - 홍콩 도착일로부터 7일 이내 환적(컨테이너 적출입, 보관, 소비 없음) - 홍콩을 선적국으로 항공화물운송장 발행 * Remark란에 최초 출발지인 중국 지명 미표기 직접운송 입증에 필요한 서류는 무엇인지?
답변	항공화물의 특성상 화물의 통합, 컨테이너 적출입이 이루어지므로 세관통제 서류(비가공증명서 등)가 필요. 중국에서 홍콩까지 운송을 증빙하는 서류와 홍콩세관에서 발행한 비가공 증명서, 홍콩에서 한국까지의 운송서류를 제시하는 경우 직접운송 인정 가능
질의 30	① 중국포워더가 발행한 CARGO RECEIPT(화물인도영수증)가 통과선하증권을 대체하여 사용될 수 있는지? (운송주선인이 전 운송구간을 책임지며 출항지, 경유지, 도착지 명시되어 있고 지리적, 운송상 목적에 의해 단순 환적) ② 중국-홍콩경유-한국수입 되는 경우에도 홍콩세관이 발행하는 중국-대만 양안경제협력기본협정(ECFA: Economic Cooperation Framework Agreement) 서류가 정식으로 발행되고 동일한 서식을 쓰면 되는 것인지 ③ 제3국에서 일시보관 또는 컨테이너적출이 없는 단순경유(지리적운송상, 제3국 거래소비X, 3개월경과 X 등 요건 모두 충족)의 경우 비조작증명서와 같은 입증서류를 법적으로 제출하지 아니해도 무방한 것인지

답변	① 중국 포워더가 발행한 CARGO RECEIPT*(화물인도영수증)은 항공화물운송장, 선하증권, 복합운송서류로 인정할 수 없으므로 통과선하증권을 대체할 수 없음 ② 중국-홍콩경유-한국수입 되는 경우 홍콩세관에서 발행하는 비가공증명서가 필요함 ③ 제3국에서 일시보관 또는 컨테이너적출이 없는 단순경유의 경우에도 세관당국의 통제하에 있어야 함. 다만 홍콩을 경유하는 경우로 7일 이내 환적이 이루어지는 경우 비가공증명서를 제출하지 않아도 됨
질의 31	캄보디아와 베트남은 같은 아세안 회원국이므로, 캄보디아 물품을 베트남에서 선적되어도 직접운송원칙 충족되는지 여부?
답변	한-아세안 FTA 협정문 제9조(직접운송)제1항에서는 특혜관세 대우는 부속서의 요건을 충족하고, 수출 당사국(exporting Party)과 수입 당사국(Importing Party) 영역간에 직접 운송된 상품에 적용되는 것으로 규정 같은 아세안 회원국이라 하더라도 수출당사국이 아닌 아세안 영역내의 다른 국가에서 우리나라로 수입되는 물품은 직접운송원칙을 충족한 물품으로 볼 수 없음 그러므로 한-아세안 FTA 협정문 부록 1『원산지 규정을 위한 원산지 증명 운영절차』제19조에 따라 중간 경유국의 영역을 통하여 운송이 이루어지는 경우 통과선하증권을 필수적으로 구비해야 직접운송원칙 충족. 다만, 통과선하증권의 의미가 "수출국에서 수입국까지 전체 운송경로가 입증되는 모든 서류"로 확대됨에 따라 이에 합당한 서류를 제출한다면 충족 가능
질의 32	미국산 띠톱날을 역외국인 중국 Free Trade Zone에서 절단(수입자 주문 길이만큼 절단) 또는 절단 및 용접(원형 톱날 형태) 가공 후 한국으로 수출되는 경우 중국에서 가공이 한-미 FTA에서 규정하고 있는 통과 및 환적 규정에 위배되는지 여부?
답변	한-미 협정에서 규정하고 있는 비당사국에서의 공정은 상품을 양호한 상태로 보존하기 위한 공정으로 제한하고 있음 절단 또는 절단 및 용접 공정은 상품의 동일성(모델·규격·형상 또는 최소 상품 거래단위)의 변형을 초래하므로 협정에서 허용하고 있는 가공의 범위를 벗어난 것으로 판단됨
질의 33	스위스에서 생산한 제품을 비당사국인 네덜란드 보세구역에서 한글 라벨링(재라벨링) 작업 후 수입하는 경우 협정관세 적용가능 여부?
답변	한-EFTA FTA에서 비당사국의 영역 경유 시 허용되는 작업은 하역, 재선적, 탁송품의 분리, 또는 상품을 양호한 상태로 보존하기 위하여 마련된 작업임 재라벨링 작업은 협정에서 허용되는 작업이 아니므로 비당사국에서 동 작업이 이루어진 경우에는 직접운송 요건 미충족으로 협정관세적용 불가
질의 34	〔운송경로〕미국 → 캐나다 → 한국 FCL건으로 Multimodal Transport B/L(복합운송서류) ① 미국 내에서 물품을 수령하여 출발 ② 전체 운송경로가 기재 ③ 미국에서 B/L이 발행되는 경우 운송규정 충족여부?

답변	다음 사실을 입증할 수 있는 서류가 있는 경우 협정에 부합 《 입증 서류 》 ① [미국→제3국] 운송서류(B/L 등), 송품장, 원산지증명서 ② [제 3 국] 보세구역 보관서류 또는 비조작증명서 등 ③ [제3국→한국] 운송서류(B/L 등), 송품장 동 사례의 경우는 제3국에서 세관통제 하에 있었음(단순 경유 등)을 증명하는 서류 등이 필요함
질의 35	〔운송경로〕룩셈부르크(트럭) → 독일(철도) → 중국(해상) → 한국 Multimodal Transport B/L(복합운송서류)로 운송경로, 운송수단, 컨테이너 정보가 기재되어 있고, 과경화물보관단으로 중국내 이동 및 단순환적을 증명하는 경우 한-EU FTA 운송규정 충족여부?
답변	단일 운송서류로 전체 운송경로를 확인할 수 있고, 중국에서 단순경유 된 사실을 '과경화물보관단'을 통해 확인할 수 있어 운송요건을 충족하는 것으로 판단됨 〈 중국의 단순경유 입증서류 〉 ▶ 내륙운송의 경우: 중국세관 발행 과경화물보관단 ▶ 항공 및 해상운송의 경우: 중국세관 발행 진구화물재화청단(환적시 운송기구 미변경시) 또는 외국화물전운준단(운송기구 변경시) ▶ 중국내 보세구역 또는 보세창고에 일시보관후 재반출 되는 경우: 중국세관 발행 진(출)구화물보관단* *중국내 보세구역에서 일시보관후 재반출되는 화물의 증명으로 동 서류의 무역방식란에 보세창고화물 코드(1233)표시
질의 36	〔운송경로〕캐나다 → 미국(N항) → 미국(S항 환적) →한국 캐나다 선적지와 한국을 최종목적지로 하는 B/L를 구비하는 경우 한-캐나다 FTA 운송요건을 충족하는지 여부?
답변	상품의 수입 전 운송경로와 모든 선적 및 환적지점을 나타내는 선하증권(화물운송장)과 비당사국 경유시 세관 통제 서류 사본이 필요하므로 이를 갖추지 아니한 동 건은 한-캐나다 FTA 운송요건을 충족하지 못함 〈 미국의 단순경유 입증서류 〉 ▶ 미국을 경유하여 다른 나라로 수출하는 경우 'CBP Form 7512'에 화물의 상태를 세관직원이 확인하는 항목이 있음. 단 동 서류는 세관직원의 확인과 함께, 미국을 경유하여 다른 나라로 수출되는 것이라는 내용을 확인할 수 있어야 함
질의 37	수출자/생상자(A)(중국) → 제3국 거래처(B) → [거래관계] → 제3국 거래처(C) → 수입자(D)(한국) 거래관계 물품이동(B/L 1) / 제3국 송장거래 홍콩 당순경유 / 거래관계 물품이동(B/L 2) 전 운송 과정에서 컨테이너 번호와 실(seal) 번호 변경은 없으나 제3국에서 다수의 거래관계로 인하여 B/L 상의 수하인과 송하인이 상이할 경우 한-중 FTA 운송규정 충족여부?

답변	비당사국(홍콩)에서 거래가 발생하는 거래형태이므로 협정의 직접운송 요건*을 충족하지 못함 * 그 상품이 그 비당사국에서 거래 또는 소비되지 아니할 것
질의 38	중국 여러 공장에서 생산된 제품들이 홍콩에 집결 후 한국으로 배송되는 물품만 취합 후 한국으로 배송(화물통합) ① [중국 →홍콩] 트럭운송(재화청단 보유) ② [경유국:홍콩] 수행되는 작업 없음. ③ [홍콩→한국] 항공운송(AWB) 한-중 FTA 협정관세 적용을 위해 '비가공증명서'가 필요한지?
답변	한국으로 배송되는 화물이 홍콩에서 분류 작업 후 화물통합이 이루어지므로 전체 운송경로가 포함된 운송서류와 함께 홍콩해관 발행 비가공증명서가 필요함.
질의 39	중국 여러 공장에서 생산된 제품들이 홍콩에 집결 후 단순가공 후 한국으로 배송(화물통합) ① [중국 →홍콩] 트럭운송(재화청단 보유) ② [경유국:홍콩] 제품 라벨작업, 재포장, 원산지표시 작업수행 ③ [홍콩→한국] 항공운송(AWB) 한-중 FTA 운송요건 충족여부?
답변	라벨작업 및 재포장, 원산지표시(식각) 작업 등은 비당사국에서 허용되는 작업이 아니므로 직접운송 미충족

FTA 관련 자격시험 예 상 문 제

12
다음은 우리나라가 체결한 각 FTA에서 정한 운송규정에 대한 설명이다. 잘못 설명하고 있는 것은?

① 한-EU FTA에서는 단일 탁송화물이 비당사국에서 자유로운 유통을 위해 비당사국의 보세구역에서 반출되지 아니하고 그 상품이 하역, 재선적 또는 상품을 양호한 상태로 보존하기 위한 작업만을 한 경우 FTA특혜대상이 될 수 있다.

② 한-인도 CEPA에서 수입당사국의 관세당국은 그 상품이 직접운송 원칙에 따라 선적되었음을 증명하기 위하여 필요한 자료를 수출자에게 제출하도록 그 의무를 부여하고 있다.

③ 한-아세안 FTA에서는 직접운송 원칙의 예외를 정하면서 그 경유가 지리적 이유 또는 오직 운송상의 요건에만 관련된 고려에 의하여 정당화 될 것을 요구하는 등 다른 FTA 협정에 비해 더욱 강화된 기준을 정하고 있다.

④ 한-EFTA FTA에서 직접운송원칙의 예외로서 원산지 상품을 비당사국의 영역을 통과하는 파이프라인을 통하여 운송될 수 있도록 규정하고 있다.

⑤ 한-미 FTA에서는 직접운송요건을 두고 있지는 않으나 통과·환적시 경유국 세관의 통제하에서 상품이 하역, 재선적 또는 상품을 양호한 상태로 보존하기 위한 작업 이외의 공정을 못하도록 규정하고 있다.

해설 운송요건의 입증은 수입자 책임이다.
정답 ②

13
원산지상품이 비당사국 경유시 직접운송으로 간주되기 위해 '비당사국내 거래'를 금지하고 있는 협정은?

①한-호주 FTA ②한-캐나다 FTA ③한-칠레 FTA ④한-미 FTA ⑤한-EFTA FTA

해설 비당사국내 거래금지를 명시하고 있는 협정은 한-아세안, 한-인도, 한-페루, 한-콜롬비아, 한-캐나다. 한-중국, 한-베트남 협정이다.
정답 ②

14

원산지상품이 비당사국에서 환적 혹은 일시보관 후 반입되는 경우 협정적용에 대한 설명으로 잘못된 것은?

① 한-EU FTA의 경우 단일탁송화물만이 협정적용이 가능하다.
② 한-칠레 FTA의 경우 비당사국에서 일시보관은 원칙적으로 3개월로 제한된다
③ 한-호주 FTA의 경우 비당사국에서 재라벨링 작업후 반입되는 물품은 협정적용이 가능하다.
④ 한-아세안 FTA의 경우 비당사국 경유물품은 수출국에서 발행한 통과선하증권을 세관에 제출하여야만 협정적용이 가능하다.
⑤ 한-캐나다 FTA의 경우 비당사국에서 운송상 이유로 인한 분리 후 반입되는 물품은 협정적용이 가능하다.

해설 비당사국 일시보관시 보관기간의 제한(3개월)이 있는 협정은 한-중 FTA가 유일하다.
정답 ②

15

한국의 수입자 A는 비당사국에서 개최된 보세전시회를 참관하던 중 협정당사국 물품(전체 10개에서 1개)을 구매하여 반입하였다. 동 반입물품에 대한 협정적용에 대한 설명으로 바른 것은? (원산지증명서 보유)

① 한-아세안 FTA의 경우 협정적용이 불가하다.
② 한-페루 FTA의 경우 협정적용이 가능하다.
③ 한-인도 CEPA의 경우 협정적용이 가능하다.
④ 한-터키 FTA의 경우 협정적용이 가능하다.
⑤ 한-EU FTA의 경우 협정적용이 가능하다.

해설 한-아세안 FTA의 경우 비당사국에서 거래가 발생하고, 한-터키 FTA의 경우 단일탁송화물이 아니므로 원칙적으로 협정적용이 불가하나 전시용품에 대한 특례 조항에 따라 원산지증명서 등의 요건이 총족되면 협정적용이 가능하다.

정답 ④

중요 판례 Study

CHAPTER **3-3**

한-아세안 FTA 직접운송 원칙

쟁점	'직접운송원칙'을 입증하는 원산지 증빙서류 미제출 등을 이유로 FTA 협정세율 적용을 배제할 수 있는지 여부

사건 개요	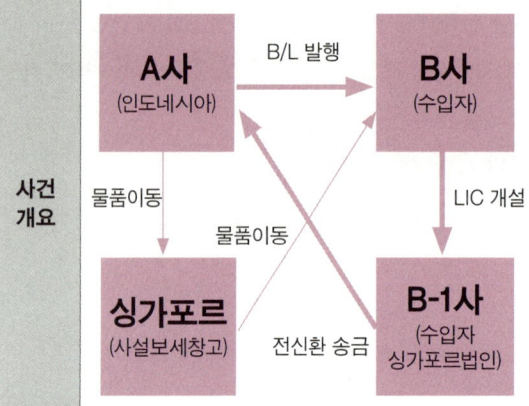	• (원고) 인도네시아 소재 A사가 싱가포르에 주석괴를 수출 후, 원고가 싱가포르 소재 현지 법인으로부터 이를 수입하며 한-아세안 FTA 협정세율 (0%) 신청하여 수입통관 • (피고) 한-아세안 FTA 부속서3 제9조의 직접운송원칙을 충족하지 못하는 것으로 판단(제3국경유)하고 16백만원 부과고지

판결	심급	법원	사건번호	결과	선고일자
	1심	서울행정법원	2011구합43607	원고 패	2012.7.20
	2심	서울고등법원	2012누2581	항소기각	2013.5.9

판결 요지	한-아세안 FTA는 특혜적용 대상물품이 제3국 경유시 통과선하증권과 같은 증빙서류를 반드시 제출하도록 하는 등 원산지증명절차를 명확하게 규정하고 그 절차를 준수하지 않는 경우 특혜관세를 배제할 수 있도록 제도화한 것으로 보이므로 과세관청은 이 사건 주석괴에 대한 통과선하증권 미제출을 이유로 협정관세율 적용을 거부할 수 있다.

시사점	특혜관세의 적용과 관련하여 원산지증명절차 준수 여부의 법적 효력을 입증한 사건으로, 비록 진정한 원산지로 확인(추정)되었다 하더라도 원산지증명절차상 필수적으로 요구되는 서류가 미제출된 경우에는 협정관세를 배제할 수 있음을 판시. 즉, 특혜적용의 실질적 요건인 원산지상품이라 하더라도 협정에서 규정하고 있는 형식적·절차적 요건이 미비된 경우에는 특혜관세 적용 배제가 가능하다는 판례

1심 서울행정법원 판결 주요내용(2011구합43607)

원고 주장	인도네시아에서 대한민국으로 직접 이 사건 주석괴를 운송할 수 없어 싱가포르를 경유하여 수입하였고, 싱가포르에서 거래되거나 소비되지 아니하였으므로, 한·아세안 자유무역협정의 직접운송간주요건을 충족한다. 또한 통과선하증권은 직접운송간주 요건 충족 여부 판단을 위한 예시적 증빙자료에 불과하다. 따라서 통과선하증권을 제출하지 않았더라도 한·아세안 자유무역협정 관세율을 적용해야 한다.
판단	**(1) 이 사건 주석괴 거래에 관하여** AAA가 수출신고서에 구매자를 BBB로 기재한 점, 싱가포르로 주석괴를 운송한 BBB가 선하증권에 수하인을 CCC으로 기재한 점, AAA가 싱가포르 세관으로부터 발급받은 보세창고 입고허가증에 수입자를 CCC으로 기재한 점, 원고가 DDD로부터 이 사건 주석괴를 구매하는 계약을 체결하고 DDD에게 대금을 지급한 점, ○○○가 AAA에게 이 사건 주석괴 대금을 지급한 점, 원고가 수입 신고시 ○○○를 공급자로 기재한 점 등은 인정된다. 그러나 ① 계약 및 대금지급; 원고와 AAA가 주석괴 공급계약을 체결하고 대금을 전신환으로 송금하기로 한 점, 원고가 DDD에게 신용장을 개설하여 주고 ○○○로 하여금 이 사건 주석괴 대금을 지급하게 한 점, ○○○가 AAA에게 전신환으로 이 사건주석괴 대금을 지급한 점, DDD와 AAA가 주석괴 공급계약을 체결한 증거가 없는 점, ② 공급물품: AAA가 원고에게 공급하기로 한 주석괴 종류와 원고가 공급받은 주석괴 종류가 일치하는 점. ③ 관련서류; 이 사건 주석괴 원산지증명서에 '수출자: AAA, 수입자: 원고'로 기재되어 있는 점, 이 사건 주석괴 원산지증명서에 기재된 상업송장과 DDD가 작성한 상업송장이 일치하는 점, ④ 거래의 특징; AAA는 인천항 도착시까지의 위험을 부담하기로 한 점, 원고가 개설한 신용장에 "수출자가 대한민국항 도착시까지의 위험을 부담한다"고 기재되어 있는 점, 보세창고도거래(Boned Warehouse Transaction)는 "수출자가 수입자 소재국 보세창고에 입고시킨 화물을 수입자에게 인도함으로써 책임과 위험을 면하는 거래"인 점 등을 고려할 때, 원고는 AAA로부터 이 사건 주석괴를 매수하되 대금결제의 편의를 위하여 대우로부터 매수하는 형식을 취한 것으로 봄이 상당하다. **(2) 직접운송간주요건에 관하여** 한·아세안 자유무역협정은 수출 당사국의 원산지 상품에 특혜 관세 혜택을 부여하는데(동 부속서 제15조), 비당사국이 우회수출입을 통하여 특혜 관세 혜택에 무임승차하는 것을 방지하고 자유무역협정의 이익을 극대화하려면, 원산지 규정을 충족하는 상품이라 하더라도 수출 당사국에서 수입 당사국으로 직접 운송된 상품에 한하여 특혜관세 혜택을 부여할 필요가 있다. 이에 따라 동 부속서 3 제9조 제1호는 "특혜관세 대우는 이 부속서의 요건을 충족하고, 수출 당사국과 수입 당사국 영역 간에 직접운송된 상품에 적용된다"고 규정하고 있다. 한편 동 부속서 3 제9조 제2호는 "상품이 수출 당사국 및 수입 당사국 영역이 아닌 하나 또는 그 이상의 제3국을 경유하여 운송되더라도, ① 그 경유가 지리적 이유로 또는 오직 운송 요건에만 관련된 고려에 의하여 정당화되고, ② 그 상품이 경유국에서 거래 또는 소비되지 아니하였으며, ③ 그 상품이 하역, 재선적 또는 그 상품을 좋은 상태로 유지하는데 요구되는 공정 외의 어떠한 공정도 거치지 아니한 경우"에는 직접 운송된 것으로 간주하더라도 비당사국이 우회수출입을 통하여 특혜 관세혜택에 무임승차할 위험이 없기 때문에 직접 운송된 것으로 간주하도록 규정하고 있다.

| | 이 사건으로 돌아와 보건대, Muntok항에는 주석괴를 수입국으로 바로 운송할 수 있는 정기선과 이를 보관·관리할 수 있는 물류창고가 없기 때문에, AAA는 지선 수송업체를 통하여 수출용 주석괴를 싱가포르로 운송하여 보세창고에 적치하여 두었다가 해당 수입국으로 운송하여 주는 점, 이 사건 주석괴는 내수통관절차를 거치지 않고 싱가포르 소재 보세창고에 장치되었다가 우리나라로 수입된 점 등을 고려할 때, 이 사건 주석괴의 경유는 지리적 이유 또는 운송 요건에만 관련된 고려에 의하여 정당화되고, 이 사건 주석괴는 경유국에서 거래 또는 소비되지 아니하였으며, 이 사건 주석괴는 하역, 재선적 외의 어떠한 공정도 거치지 아니하였으므로, AAA가 싱가포르를 경유하여 이 사건 주석괴를 원고에게 공급한 것은 한·아세안 자유무역협정의 직접운송간주요건을 충족한다.

(3) 증빙서류에 관하여

(가) 원산지증명서에 관하여

이 사건 주석괴 중 'Banka Tin Four Nine' 3톤은 BBB의 'Bg. Falcon V.363 SN'로 운송되었음에도 이 사건 주석괴 원산지증명서에 이에 관한 기재가 누락된 점, 이 사건 주석괴 원산지증명서에 기재된 출발일과 BBB가 발행한 선하증권에 기재된 선적일이 불일치하는 점은 인정된다. 그러나 한·아세안 자유무역협정 부속서 3 부록 1 제12조 제1호는 "물품의원산지에 대한 의심의 여지가 없는 경우, 원산지증명서에 기재된 수입절차상 수입 당사국의 관세당국에 제출된 서류에 기재된 내용의 경미한 차이가 물품과 사실상 일치한다면 그 경미한 차이로 인해 원산지증명서의 효력을 사실상 무효화해서는 안 된다"고 규정한 점, 이 사건 주석괴는 인도네시아 Muntok항에서 선적되어 싱가포르까지 운송된 후 이 사건 보세창고에 입고되었다가 인천항으로 운송된 점 등을 고려할 때, 이 사건 주석괴의 원산지가 인도네시아임을 의심할 여지가 없으므로, 이 사건 주석괴 원산지증명서는 유효한 것으로 봄이 상당하다.

(나) 통과선하증권에 관하여

① 한·아세안 자유무역협정 부속서 3 부록 1 제19조는 "동 부속서 제9조의 이행목적상, 수출 당사국과 수입 당사국의 영역이 아닌 하나 또는 그 이상의 중간 경유국의 영역을 통하여 운송이 이루어지는 경우, 수출 당사국에서 발행한 ㉠ 통과선하증권, ㉡ 원산지증명서 원본, ㉢ 물품의 상업송장 원본의 부본, ㉣ 그 밖에 동 부속서 제9조의 요건을 충족하였다는 증거인 증빙서류가 있는 경우 그 서류를 수입 당사국의 관련 정부당국에 제출하여야 한다"고 규정한 점, ② 통과선하증권은 "송하인이 운송화물을 목적지까지 운송하면서 다른 선박회사의 선박을 이용하거나 해운과 육운을 교대 이용한 경우 최초의 운송업자가 전구간의 운송에 대하여 모든 책임을 지기로 하고 발행하는 선하증권"인 점, 원산지증명서에는 '송하인, 수하인, 운송수단 및 경로, 물품의 원산지 등 내용명세' 등이 기재되는 점, 상업송장은 "물품 거래가 원격지간 이루어질 경우 매도인이 작성하여 매수인에게 송부하는 선적화물의 계산서 및 내용명세서"인점 한·아세안 자유무역협정은 현재 발효된 대한민국의 다른 자유무역협정(대한민국 정부와 칠레공화국 정부 간의 자유무역협정 통일규칙' 제11조, '대한민국 정부와 싱가포르공화국 정부 간의 자유무역협정'제5.9조 다목, '대한민국과 유럽자유무역연합 간의 자유무역협정' 부속서 1 제14조, '대한민국과 인도공화국 간의 포괄적 경제동반자협정' 제4.8조 제3호 나목, "대한민국과 유럽연합 및 그 회원국 간의 자유무역협정 '원산지 제품'의 정의 및 행정협력의 방법에 관한 의정서" 제13조 제2호, '대한민국과 페루공화국 간의 자유무역협정' 제

판단|

판단	3.14조 제3호 가, 나목, '대한민국과 미합중국 간의 자유무역협정' 제6.19조 제4호 아목)과 달리 직접운송간주요건을 입증하기 위한 선하증권의 종류를 통과선하증권으로 한정하고 있는 점, ④ 동 부록 제9조는 "수입자가 특혜관세 대우 신청을 하려면 수입시에 신고서, 증빙서류(즉 송장 그리고 요구시 수출 당사국에서 발급된 통과선하증권)를 포함한 원산지증명서와 수출 당사국의 국내법령에 따라 요구되는 기타 서류를 수입 당사국의 관세당국에 제출하여야 한다"고 규정하고, 동부록 제17조는 "이 부록에 달리 규정된 경우를 제외하고, 물품이 동 부속서 3의 요건을 충족하지 아니하거나, 이 부록의 관련 요건이 충족되지아니하는 경우 수입 당사국은 자기 나라의 법령에 따라 특혜관세대우 신청을 배제하거나 관세를 추징할 수 있다"고 규정하고 있는 점 등을 고려할 때, 통과선하증권, 원산지증명서, 상업송장은 직접운송간주요건 중 "상품의 경유가 지리적 이유로 또는 오직 운송 요건에만 관련된 고려에 의하여 정당화된다"는 것과 "당해 상품이 경유국에서 거래 또는 소비되지 아니하였다"는 것을 증명하는 서류이고, 수입자는 직접운송간주요건 충족 증빙서류로 통과선하증권을 반드시 제출하여야 하므로, 피고는 수입자로부터 통과선하증권을 제출받지 못한 경우 협정관세율 적용을 거부할 수 있다고 봄이 상당하다. 따라서 원고가 피고에게 통과선하증권을 제출하지 않은 사실은 당사자 사이에 다툼이 없으므로, 피고는 통과선하증권 미제출을 이유로 원고에 대하여 협정관세율 적용을 거부할 수 있다.

2심 서울고등법원 판결 주요내용(2012누25851)

원고는 항소심에서도, 통과선하증권은 직접운송 간주요건의 충족 여부를 판단하기 위한 예시적 증빙자료에 불과하므로, 통과선하증권을 제출하지 않았더라도 직접운송 간주요건을 충족하는 이 사건 주석괴의 수입에 관하여는 한·아세안 자유무역협정 소정의 특혜관세율을 적용해야 한다고 거듭 주장한다.

그러나 제1심 판결이 들고 있는 사정[제1심 판결문 제11쪽 (나)항]에다가, 아세안-오스트레일리아 자유무역협정, 아세안-중국 자유무역협정, 아세안-인도 자유무역협정에서 도 통과선하증권을 반드시 제출하도록 규정하고 있는 점(을 제11 내지 13호증), 「자유 무역협정의 이행을 위한 관세법의 특례에 관한 법률」 제10조 제1항은 '협정관세를 적용받으려는 수입자는 세관장에게 협정관세의 적용을 신청할 때 원산지증빙서류를 갖추고 있어야 하며, 세관장이 요구하면 이를 제출하여야 한다'고 규정하고 있고, 같은 조 제2항은 '세관장은 수입자가 제1항에 따라 요구받은 원산지증빙서류를 제출하지 아니 한 경우에는 협정관세를 적용하지 아니할 수 있다'고 규정하고 있는데, 통과선하증권은 원산지증빙서류의 일종이므로 이를 제출하지 않은 경우 협정관세율을 적용하지 않을 수 있는 점, 원고는 AAA로부터 2008. 8. 10.자 및 2008. 10. 28.자 통과선하증권(갑 제 16호증의 2, 갑 제17호증의 2)을 발급받아 제출함으로써 관세를 면제받은 적이 있으므로, 주석괴 수입과 관련하여 일반적으로 통과선하증권을 발급받는 것이 불가능하다고 할 수 없는 점, 이 사건 주석괴는 인도네시아에서 선적될 당시 그 수입자 및 물량이 특정되어 있지 않았고, 싱가포르에 있는 CCC의 보세창고에서 수입자 및 물량이 비로소 특정되었으므로, 직접운송 간주요건을 충족하였는지 여부가 분명하지 않고(피고는 항소심에서도 이 사건 주석괴가 직접운송 간주요건을 충족하지 않았다고 주장하고 있다),
관세의 경우 수입국 과세관청은 상대국 수출자 등을 상대로 원산지의 진정성이나 직접운송 간주요건 충족 여부 등을 확인할 수 있는 방법이 매우 제한되어 있으므로, 한·아세안 자유무역협정은 원산지증명서 및 통과선하증권과 같은 증빙서류를 반드시 제출하도록 하는 등 원산지증명절차를 명확하게 규정하고, 그 절차를 준수하지 않는 경우 특혜관세를 배제할 수 있도록 제도화한 것으로 보이고, 위와 같은 원산지증명절차의 불이행에 기인하는 특혜관세 배제라는 불이익은 수입자가 부담하여야 하는 점 등의 사정을 보태어 보면, 피고는 이 사건 주석괴에 대한 통과선하증권의 미제출을 이유로 원고에 대하여 협정관세율의 적용을 거부할 수 있다고 할 것이다. 따라서 이와 같은 전제에서 선 이 사건 처분은 적법하므로, 원고의 주장은 받아들일 수 없다.

〈통과선하증권(Through B/L) 예시〉

중요 판례 Study

한-EU FTA 직접운송 원칙 (2013구합10466, 수원지방법원, '13.11.21)

원고 주장	원고는 국내 와인시장의 악화 등 부득이한 사정으로 스페인 등으로부터 수입한 와인 중 수입통관 후 보세구역에 남은 물량을 홍콩으로 반송하여 보세구역에 창고 보관하였다가 재반입한 후 수입신고하였는바, 위 반송 와인이 홍콩에서 거래되거나 소비되지 않았기 때문에 한-EU FTA 직접운송간주요건을 충족한다. 따라서 한-EU FTA 협정관세를 적용하여야 한다.
판단	① 원고의 주장은 유럽연합 회원국으로부터 우리나라로 직접운송되어 온 와인 중 수입통관 후 남은 물량이 통관지연에 따른 위험을 피하기 위하여 제3국인 홍콩으로 반송되어 창고 보관되어 있다가 재반입된 것으로 제3국을 경유하게 된 이유가 지리적 이유 또는 운송요건에 관련한 상황으로 인한 것이 아니고, 이 과정에서 각각의 거래에 대해 그 수출자를 달리하는 별개의 운송서류 및 송품장이 발급되어 이를 한-EU FTA에서 직접운송으로 간주하는 단순환적이나 일시적 창고보관에 해당한다고 볼수 없는 점 ② 원고가 유럽 수출업자로부터 재발행받아 제출한 송품장 하단에 원산지증명문구의 기재가 있기는 하나, 최초 수입물량 중 수입통관되고 남은 물량이 반송됨으로써 최초수입물품과 재반입물품의 품명 및 수량 등의 변동이 있어 홍콩 수출업자와 사이에 송품장이 새로이 발행되었으므로 최초 송품장에 기재된 위 원산지증명문구가 재반입된 이 사건 쟁점물품의 원산지를 증빙하는 효력이 있다고 보기 어려운 점 ③ 이 사건의 경우 당초 제3국을 경유하여 운송되기로 예정된 경우가 아니라서 통과선하증권이 존재하지 않고, 경유국인 홍콩의 관세당국이 발행한 증명서도 제출되지 않는 바, 관세의 경우 수입국 과세관청은 상대국 수출자 등을 상대로 원산지의 진정성이나 직접운송 간주요건 충족여부 등을 확인할 수 있는 방법이 매우 제한되어 있으므로 위와 같은 증명절차의 불이행에 기인하는 특혜관세 배제라는 불이익은 수입자가 부담하여야 한다 할 것인 점 등을 종합하여 보면, 이 사건 쟁점물품은 그 원산지나 한-EU FTA 당사국 간에 직접운송된 물품임이 충분히 입증되었다고 볼 수 없으므로 원고에 대한 협정관세율 적용을 거부한 이 사건 처분은 적법하다.

8 신청요건

협정관세는 수입자가 협정상대국의 원산지물품에 대해 수출자 등이 발급한 원산지증명서를 가지고 협정관세의 적용을 신청하여야 한다. 협정에서 양허가 되는 품목이라 하더라도 수입자의 신청행위가 없으면 FTA에 따른 특혜관세를 부여할 수 없다. 협정관세의 신청은 법적 강행요건으로써, 일반적으로 관세감면, 분할납부 등 관세법상 수입자에게 특혜가 부여되는 제도는 신청요건을 두고 있다.

협정관세를 적용 받으려는 자(수입자)는 수입신고 수리 전까지(수입신고 수리 전까지 신청하지 못한 수입자는 해당 물품의 수입신고 수리일부터 1년 이내) 세관장에게 협정관세의 적용을 신청하여야 한다. 협정관세적용신청서는 특례법 시행규칙 별지 제1호 서식을 사용한다. 수입자가 세관장에게 협정관세적용신청서를 제출한 후 변경사항 등[75]이 발생한 경우에는 즉시 그 변경사항을 세관장에게 통보하여야 한다. 이 경우 특례고시 별지 제1호서식의 협정관세 적용신청 정정신청서와 증빙서류를 세관장에게 제출하여야 하며, 세관장은 그 신청내용을 심사하여 타당하다고 인정하는 경우에는 정정된 사항을 전자통관시스템에 입력한다.

---

75) 시행령 제4조 제2항 제1호부터 제3호까지에 해당하는 기재사항, 원산지결정에 영향을 미치지 않는 기재사항의 수정

CHAPTER 3-3

미국의 특혜통관 절차에 대해 알아 봅시다.

◆ FTA 특혜신청은 수입신고서상의 특별프로그램표시(SPI)를 포함하여 수입시 신청 가능, SPI는 각 FTA에 사용됨
  예) KORUS - KR, NAFTA - CA or MX, AUFTA - AU 등
- FTA 특혜적용신청은 미국세관 서식 7501에 품목분류 번호 앞에 특별프로그램(SPI) 표시 "KR"등을 삽입하고, 수입자 기록란에 서명을 함으로서 수입자는 FTA 특혜관세적용을 신청하는 효력이 발생
◆ 하나의 송품장에 원산지물품과 비원산지물품이 동시에 기재되어 하나의 선적분으로 반입되는 화물에 대하여, 원산지물품을 입증하는 포괄원산지증명서를 제출할 경우 FTA 특혜통관 절차는?
- 동일 수입신고서상에 원산지물품은 특별프로그램표시(SPI)를 포함하여 FTA 특혜신청을 하고, 비원산지물품에 대하여는 수입신고서 28번 란(Line No.)을 분리하여 신고함으로서 1건으로 수입신고 가능

협정관세적용신청 제도 도입 이유

한-칠레 FTA의 경우(2010.1.1 법 폐지 전) 수입통관시 원산지증명서를 세관에 제출해야만 협정관세 적용이 가능하였다. 협정적용시 마다 세관에 원산지증명서를 제출해야 하므로 수입자의 불편이 가중되고, 서류없는 전자통관시스템에도 역행하는 결과를 초래하였다. 따라서 한-싱가포르 FTA에서는 "특혜관세대우 신청시 자국 법령에 규정된 수입신고서의 일부로서 원산지증명서 등을 기초하여 협정관세적용신청서를 제출"하도록 규정하였다. (한-싱 FTA 제5.3조)

■ 자유무역협정의 이행을 위한 관세법의 특례에 관한 법률 시행규칙 [별지 제1호서식]

협정관세 적용신청서 (갑지)

※ 세관기재란(For Official Use Only)			
접수일자		처리기간	즉시

1. 수입신고번호			
2. 수입자	상호	성명	
	주소	전화번호	
	전자우편주소	팩스번호	
	사업자등록번호	통관고유부호	
3. 수출자	상호	성명	
	주소 및 국가	전화번호	
		팩스번호	
4. 생산자	상호	성명	
	주소	전화번호	
		팩스번호	
5. 란 번호			
6. 품명·모델·규격		7. 신청일	
8. 원산지증빙 서류 종류	원산지증명서 [ ] 사전심사서 [ ] 동종동질물품 [ ]		
9. 원산지증명서발급· 작성주체	기관 [ ] 자율(수출자) [ ] 자율(생산자) [ ] 자율(수입자) [ ]		
10. 원산지		11. 기관명 및 종류	국가기관 [ ] 상공회의소 [ ] 비국가기관(기타) [ ]
12. 발급·작성번호		13. 발급·작성일	
14. 총순중량		15. 적출국	
16. 적출항		17. 출항일	18. 환적국
19. 환적항		20. 환적일	
21. 연결원산지 증명서발급국가		22. 제3국송품장 발급국가	
23. 원산지인증 수출자번호		24. 협정적용 순중량	
25. 분할차수		26. 품목번호 (HS No.)	27. 협정관세율 (관세율구분부호)
28. 원산지결정 기준	완전생산기준 [ ] 세번변경기준 [ ] 부가가치기준 [ ] 결합기준 [ ] 특정공정기준 [ ] 역외가공기준 [ ] 기타원산지기준 [ ] 자율발급 [ ]		

「자유무역협정의 이행을 위한 관세법의 특례에 관한 법률」제8조·제9조에 따라 위와 같이 협정관세적용 신청을 합니다.

년 월 일

신청인: (서명 또는 인)

○ ○ 세 관 장   귀 하

210mm╷mm[백상지 80g/㎡(재활용품)]

■ 자유무역협정의 이행을 위한 관세법의 특례에 관한 법률 시행규칙 [별지 제1호서식]

협정관세 적용신청서 (을지)

※ 작성방법을 읽고 작성하여 주시기 바라며, [ ]에는 해당되는 곳에 "√"를 기재합니다.   (5쪽 중 제1쪽)

5. 란 번호			
6. 품명·모델·규격			
7. 신청일			
8. 원산지증빙서류 종류	원산지증명서 [ ] 사전심사서 [ ] 동종동질물품 [ ]	원산지증명서 [ ] 사전심사서 [ ] 동종동질물품 [ ]	원산지증명서 [ ] 사전심사서 [ ] 동종동질물품 [ ]
9. 원산지증명서 발급·작성주체	기관 [ ] 자율(수출자) [ ] 자율(생산자) [ ] 자율(수입자) [ ]	기관 [ ] 자율(수출자) [ ] 자율(생산자) [ ] 자율(수입자) [ ]	기관 [ ] 자율(수출자) [ ] 자율(생산자) [ ] 자율(수입자) [ ]
10. 원산지			
11. 기관명			
기관종류	국가기관 [ ] 상공회의소 [ ] 비국가기관(기타)[ ]	국가기관 [ ] 상공회의소 [ ] 비국가기관(기타)[ ]	국가기관 [ ] 상공회의소 [ ] 비국가기관(기타)[ ]
12. 발급·작성번호			
13. 발급·작성일			
14. 총순중량			
15. 적출국			
16. 적출항			
17. 출항일			
18. 환적국			
19. 환적항			
20. 환적일			
21. 연결원산지증명서발급국가			
22. 제3국 송품장 발급국가			
23. 원산지 인증수출자 번호			
24. 협정적용 순중량			
25. 분할차수			
26. 품목번호(HS No.)			
27. 협정관세율(관세율구분부호)			
28. 원산지결정기준	완전생산기준 [ ] 세번변경기준 [ ] 부가가치기준 [ ] 결 합 기 준 [ ] 특정공정기준 [ ] 역외가공기준 [ ] 기타원산지기준 [ ] 자 율 발 급 [ ]	완전생산기준 [ ] 세번변경기준 [ ] 부가가치기준 [ ] 결 합 기 준 [ ] 특정공정기준 [ ] 역외가공기준 [ ] 기타원산지기준 [ ] 자 율 발 급 [ ]	완전생산기준 [ ] 세번변경기준 [ ] 부가가치기준 [ ] 결 합 기 준 [ ] 특정공정기준 [ ] 역외가공기준 [ ] 기타원산지기준 [ ] 자 율 발 급 [ ]

210mm┌mm[백상지 80g/㎡(재활용품)]

(5쪽 중 제3쪽)

항 목	작 성 방 법	
	작 성 내 용	작 성 례
1. 신고번호	○ 수입신고서의 수입신고번호를 기재합니다.	41234-56-7890123-
2. 수입자 　- 상호 　- 성명 　- 주소 　- 전화번호 　- 팩스번호 　- 전자우편주소 　- 사업자등록번호 　- 통관고유부호	○ 원산지증명서 수입자 관련사항을 기재합니다. 　- '상호'는 반드시 원산지증명서 수입자의 상호를 기재합니다. 　- 그 외의 항목은 물품양수도 등의 이유로 수입신고인이 원산지증명서'수입자'의 관련사항을 알 수 없는 경우에는 수입신고서의 '납세의무자'의 해당 항목을 기재합니다.	- ○○통상(주) - 홍○○ - △△도 □□시 ○○구 ○○로 123 - 02-1234-5678 - 02-2345-6789 - ○○○@abcd.com - 123-45-6789 - ○○통상1234567
3. 수출자 　- 상호 　- 국가 　- 성명 　- 주소 　- 전화번호 　- 팩스번호	○ 체결상대국의 수출자 관련사항을 기재합니다. 　- 원산지증명서상의 회사명을 기재합니다. 　- 원산지증명서상 수출자가 소재하는 국가명을 기재합니다. (통계부호표 국가명 참조) 　- 원산지증명서상의 대표자 성명을 기재합니다. 　- 원산지증명서상의 주소지를 기재합니다. 　- 회사 또는 담당부서의 전화번호를 기재합니다. 　- 회사 또는 담당부서의 팩스번호를 기재합니다. (수입자가 아는 경우에 한합니다.)	- ○○○○ Corporation - 칠레의 경우 : CL - 미국의 경우 : US - Jhon △△ - 12 ○○○○ Road #10 　□□□□ Singapore - 68-1234-5678 - 68-1234-5679 *(국가코드)-(지역번호)-(전화번호) 순으로 기재
4. 생산자 　- 상호 　- 성명 　- 주소 　- 전화번호 　- 팩스번호	○ 체결상대국의 생산자 관련사항을 기재합니다. 　- 회사명을 기재합니다. 　- 대표자 성명을 기재합니다. 　- 회사의 주소지를 기재합니다. 　- 회사 또는 담당부서의 전화번호를 기재합니다. 　- 회사 또는 담당부서의 팩스번호를 기재합니다. * 생산자관련 정보는 수출자와 생산자가 다른 경우로서 원산지증명서상에 생산자가 기재되어있거나 수입자가 알고 있을 때에만 기재합니다.	- □□□□ Corporation - AI △△ - 123 ○○○○ Road #12-34 □□□□ Singapore - 68-1234-9876 - 68-1234-9875 * (국가코드)-(지역번호)-(전화번호) 순으로 기재
5. 란 번호	○ 협정관세 적용 신청 물품의 일련번호를 기재합니다. 　- 적용 신청 물품이 다수일 경우 을지에 기재합니다.	- 001. 002, 003,…, 999
6. 품명·모델·규격	○ 협정관세 신청 물품의 품명·모델·규격을 기재합니다.	- strength mount / ○○○mount / 12*34*56(mm)
7. 신청일	○ 협정관세 적용 신청일을 기재합니다.	- 2016/07/01
8. 원산지증빙서류 종류	○ 원산지물품 확인 및 협정관세 적용신청의 해당 근거자료에 "√"를 기재합니다.	- 원산지증명서를 소지하고 협정관세 적용신청을 하는 경우 　원산지증명서　[√] 　사전심사서　　[ ] 　동종동질물품　[ ]

(5쪽 중 제4쪽)

9. 원산지증명서발급·작성주체	○ 해당하는 원산지증명서 발급·작성주체에 "√"를 기재합니다.	- 싱가포르 세관에서 발급한 원산지증명서 　기　관　　　　[√] 　자율(수출자)　[ ] 　자율(생산자)　[ ] 　자율(수입자)　[ ] - 한-미 FTA 수출자가 자율 작성한 경우 　기　관　　　　[ ] 　자율(수출자)　[√] 　자율(생산자)　[ ] 　자율(수입자)　[ ]	
10. 원산지	○ 원산지증명서류상의 원산지(국가부호)를 기재합니다. - 원산지: FTA 원산지기준에 의하여 결정된 원산지 * 한-EU FTA 적용물품으로 원산지가 EU 당사국내 어느 한 국가가 아닌 경우 'EU'로 기재 가능합니다.	- 원산지가 싱가포르인 경우: SG - 원산지가 미국인 경우: US * 국가부호: 국가별 ISO코드(무역통계부호표 참조, '이하 동일')	
11. 기관명 및 종류	○ 원산지증명서의 발급기관명을 기재합니다. ○ 해당하는 원산지증명서 발급기관의 종류에 "√"를 기재합니다. * 9번 항목이 "기관"인 경우에만 기재합니다.	- 싱가포르 세관에서 원산지증명서를 발급 　기관명 Singapore Customs 　기관종류 국가기관　　[√] 　　　　　상공회의소　[ ] 　　　　　비국가기관(기타)[ ]	
12. 발급·작성번호	○ 원산지증명서의 발급·작성번호를 기재합니다. * 다만, 사전심사서의 경우 승인번호를 기재합니다. * 동종동질물품의 경우 해당 품목번호(HS No.)를 기재합니다. * 띄어 쓰지 않고 대문자로 기재합니다. * 특수문자('-',',','/'등)는 생략합니다. * 발급번호가 중복되는 경우 뒤쪽에 발급일을 기재합니다. * 같은 날짜에 발급번호가 중복되는 경우에는 뒤쪽에 일련번호를 기재합니다.	- 자율발급인 경우 해당서류 번호를 기재 - 해당서류번호가 없을 경우 송품장 번호를 기재 - VN-KR/02 71인 경우: 　'VNKR0271' 　'VNKR0271(20160701)' 　'VNKR0271(2016070102)'	
13. 발급·작성일	○ 원산지증명서상의 발급일 또는 작성일을 기재합니다. - 기관발급의 경우 : 발급일을 기재합니다. - 자율증명의 경우 : 서명일을 기재합니다. * 다만 사전심사서의 경우 승인일을 기재합니다. * 동종동질물품의 경우 생략합니다.	- 발급일이 2016.7.1인 경우: 　2016/07/01	
14. 총순중량	○ 원산지증명서상의 총순중량을 기재합니다.	- 100kg	
15. 적출국	○ 선하증권(B/L)상의 선적국을 기재합니다. - 선적국의 국가부호를 기재합니다.	- 선적국이 미국인 경우: US	
16. 적출항	○ B/L상의 선적항을 기재합니다.	- 적출항이 싱가포르 항구인 경우: Singapore	
17. 출항일	○ B/L상의 B/L 발행일을 기재합니다.	- B/L상의 발행일(Date of issue of B/L)이 2016.7.1인 경우: 2016/07/01	
18. 환적국	○ 최초 선적지 발행 B/L 또는 운송사의 운송정보를 통하여 확인된 환적국을 기재합니다.	- 싱가포르에서 출발하여 일본에서 환적한 경우: JP	
19. 환적항	○ 최초 선적지 발행 B/L 또는 운송사의 운송정보를 통하여 확인된 환적항을 기재합니다.	- 환적항이 요코하마 항구인 경우: Yokohama	
20. 환적일	○ 최초 선적지 발행 B/L 또는 운송사의 운송정보를 통하여 확인된 환적일을 기재합니다.	- 환적일이 2016.7.1인 경우: 2016/07/01	
21. 연결원산지증명서 발급국가	○ 한-아세안 FTA의 규정에 따라 생산국의 원산지증명서를 근거로 다른 체약상대국이 연결원산지증명서를 발급한 경우, 최초로 발급한 국가의 국가부호를 기재합니다.	- 베트남 원산지물품을 싱가포르에서 다시 수출하며 연결원산지증명서를 발행하는 경우: 'VN'	

22. 제3국 송품장 발급국가	○ 제3국 송품장이 발급된 경우 발급된 국가의 국가부호를 기재합니다.		- 일본에서 제3국 송품장이 발행된 경우:'JP'
23. 원산지인증 수출자번호	○ 수출자가 원산지인증수출자인 경우 인증수출자 번호를 기재 * 특수문자('/', '-' 등)는 생략합니다. * 공란은 제거합니다.(붙여서 기재)		- IT-001-○○123인 경우:'IT001○○123'
24. 협정적용 순중량	○ 수입신고 물품 중 협정관세적용신청 물품의 순중량을 기재합니다. - 원산지증명서를 분할하여 수입하는 경우 분할 수입신고하는 물품의 순중량을 기재합니다.		- 원산지증명서상의 윤활유 1,000kg 중 500kg에 대해 수입신고 및 협정관세 적용을 신청하는 경우: 500kg
25. 분할차수	○ 원산지증명서의 물품을 분할하여 수입하는 경우 분할차수를 기재합니다.		- 2회차 분할신고시: 2
26. 품목번호(HS No.)	○ 원산지증명서상의 품목번호 6단위를 기재합니다. * 수입신고서의 품목번호와 원산지증명서상의 품목번호가 불일치할 경우에는 원산지증명서를 기준으로 기재합니다. * 협정에 따라 원산지증명서상 품목번호를 기재하지 않아도 되는 경우 수입신고서상의 품목번호를 기재합니다.		- 원산지증명서상 품목번호 6단위: 2710.19
27. 협정관세율 (관세율구분부호)	○ 협정관세율(관세율구분부호)을 기재합니다. - 적용받고자 하는 협정관세율과 해당 관세율구분부호를 기재합니다.		- 한-싱 자유무역협정세율이 0%인 항공기용 기관오일(2710.19-7110)를 수입한 경우: 0.0(FSG)

＜협정관세적용 신청 전 원산지증명서 확인 실무＞

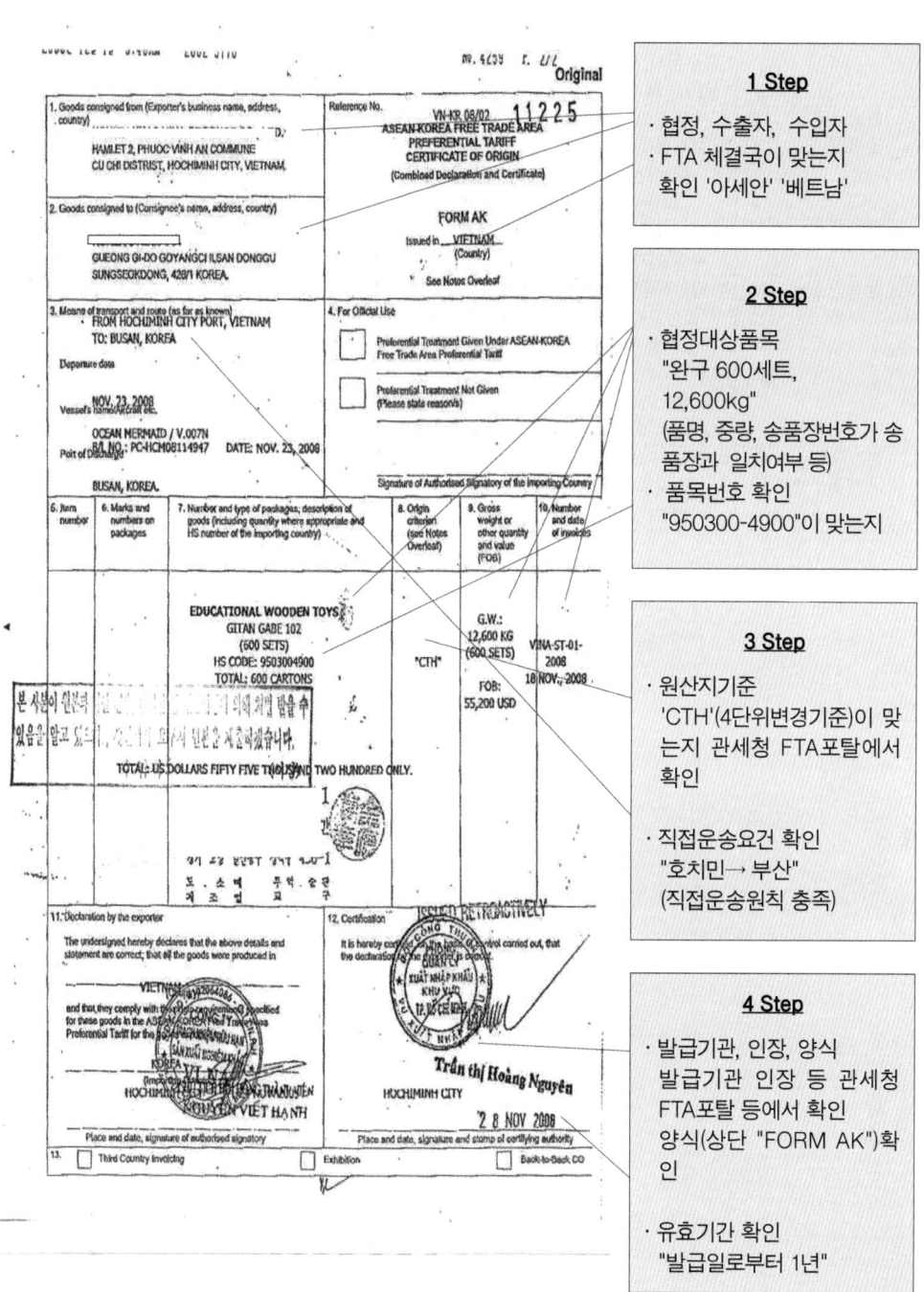

⟨B/L과 원산지증명서를 대조하여 물품의 동일성, 운송경로 확인⟩

"직접운송"

"대상품목, 수량·중량"

〈Invoice와 원산지증명서를 대조하여 수출자, 수입자, 물품 동일성 확인〉

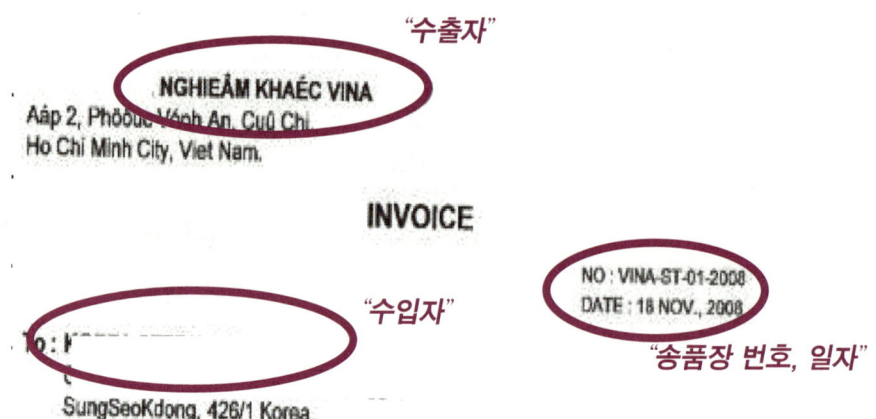

미국 관세청의 한-미 FTA 이행지침('12.3.12)[76]

[특혜관세대우 신청]
특혜관세대우는 수입신고 시 적용 가능한 물품의 품목분류번호를 CBP 양식 7501에 특별무역프로그램 표시 "KR"을 기재하여 신청 할 수 있다.

[허위 또는 근거없는 특혜관세대우 신청 정정]
허위로 또는 근거없이 특혜관세대우를 신청한 수입자는 발견일로부터 30일 이내에 정정신청서를 제출하여야 하며, 모든 관세와 물품취급수수료를 지불해야 한다. 자발적으로 즉시 정정신청을 하고 납부해야 할 관세를 납부하는 경우 해당 수입자는 처벌되지 아니한다.

[원산지 증명서와 다른 정보요청]
수입자는 (1) 수출자 또는 생산자가 서면으로 또는 전자형태로 발급한 원산지 증명서를 기초하여 또는 (2) 상품이 원산지 상품으로서의 자격을 갖추고 있다는 생산자의 진술에 대한 자신의 합리적인 신뢰를 포함한 수입자의 인지를 기반으로 하여, 특혜관세대우를 신청할 수 있다. CBP의 요청 시, 수입자는 반드시 원산지증명서와 특혜대우신청을 증빙하는 정보를 제공해야 한다. 이러한 경우, 수입자는 요청된 증빙서류를 제공할 책임이 있으며, 이 증빙서류라 함은 수출자 또는 생산자가 CBP에게 직접 제출하는 정보도 포함한다.

원산지증명서는 정해진 형식이 없으며 전자형태로 제출될 수 있고, 단 한번의 수입 또는 최대 12개월 기간 안의 동일상품의 복수 수입에 적용할 수 있다. 원산지증명서는 반드시 첨부A에 명시된 사항들을 포함 하여야 하며 영어 또는 한국어로 작성될 수 있다. 만약 한국어로 작성된 증명서가 제출된다면, CBP측은 영어로의 번역을 요구할 수 있다.

수입자는 자신의 원산지 증명서 또는 수출자 또는 생산자가 작성한 원산지증명서를 제출할 수 있다. CBP에 제출된 정보의 출처에 관계없이 제공된 서류에 대한 합리적인 주의와 이에 대한 정확성의 보장은 수입자 책임이다.
CBP는, 수입건이 미국 법률과 규정을 침해하거나 이를 준수하지 않는 일련의 수입의 일부가 아닌 경우, 2500불 이하의 수입 건은 관련정보 또는 원산지증명서를 요구하지 않을 것이다.
수입자는 수입자 소유의 모든 원산지증명서와 수입에 관한 모든 기록을 수입일로부터 5년간 보관하여야 한다.

[특혜관세대우 사후신청]
수입자는 19 USC(미국법전) 1520 (d)에 따라 한미FTA 특혜관세대우 신청을 수입일로부터 일년 내에 사후신청 할 수 있다. 수입자는 아래 사항을 포함하여 반입항 세관에 서면으로 특혜관세대우를 신청할 수 있다.

1. 수입 당시 해당 물품이 원산지 물품의 자격을 충족한다는 사실을 명시하는 서면신고서 그리고 물품의 반입건수와 반입일
2. 수입 당시 해당 물품이 원산지 물품이라는 사실을 증명하는 첨부 A에 명시된 내용을 포함한 원산지증명서 사본
3. 관세신고(Entry Summary) 또는 이와 대등한 서류가 다른이에게 전달이 되었는지에 대한 여부 진술
4. 이의신청, 진정 또는 재경정요청이 해당 물품과 관련하여 제기/신청/요청 되었는지에 대한 여부와 그러한 제기/신청/요청사항을 확인하는 진술

만일 CBP가 (1) 원산지증명서를 읽을 수 없도록 작성 되었다고 또는 (2) 원산지증명서 표면상에 결함이 있다고 판단하는 경우 또는 (3) 사후신청이 요구조건을 준수하지 않는다고 판단할 경우, 이러한 결함을 명시하는 진술을 통해 특혜관세대우가 거부될 것이다. 모든 결함이 수입일로부터 1년의 기간이 만료되기 전에 통보되는 한, CBP는 특혜관세대우 사후 재신청을 허용할 것이다.

CBP는 해당 물품의 원산지지위를 검증할 권한이 있고 만약 특혜관세대우 신청이 부적절하게 증명되었거나 또는 해당 물품이 한미 FTA 특혜관세대우 조건을 충족하지 못한 경우, 특혜관세대우를 거절할 수 있는 권한이 있다.

---

76) 원문 참고 http://www.cbp.gov/sites/default/files/documents/Korea%20Imp%20Ins.pdf

대한민국과 미합중국 간의 자유무역협정에 따른 통관원칙('18.9.24.합의)

대한민국과 미합중국은 다음 원칙을 확인한다.

① 특혜관세 대우를 신청하기 위하여 수입자, 수출자, 또는 생산자에 의하여 제공된 원산지증명서 또는 수입자의 지식에 의존하는, 협정에 따라 규정된 '인지기반' 자율증명 제도에 대한 약속을 재확인함

② 소재나 주소와 관계없이 수출자 또는 생산자에 의하여 원산지증명서가 작성되도록 허용함

③ 수입자, 수출자, 또는 생산자가 증명서, 질문지 또는 그 밖의 문서의 사소한 오류나 불일치를 벌칙 없이 정정할 수 있도록 허용함. 그러한 사소한 오류나 불일치의 경우, 수입자, 수출자 또는 생산자가 정정된 증명서, 질문지 또는 그 밖의 문서의 사본을 관세당국에 제공할 수 있도록 근로일 기준 5일 이상의 기간을 허용함

④ 원산지 검증은 수입자, 수출자, 또는 생산자에 대한 정보 요청을 통하여 수입 당사국에 의하여 수행됨을 보장함

⑤ 원산지 검증[77]은 관세당국이 상품의 원산지 지위를 의심하는 경우에만, 저위험 상품의 이동을 원활하게 하는 위험 관리 원칙에 기초하여 수행될 것임을 재확인함

⑥ 상품이 원산지 상품인지 여부의 질문에 대하여 수입자, 수출자, 또는 생산자에 의한 서면 요청이 있는 경우, 구두 조언보다는 서면 사전심사 결정서를 제공함

⑦ 원산지 검증을 통하여 수행되는 정보요청은 검증되는 특정 상품을 명확히 적시하고, 상품이 원산지 상품인지 여부를 결정하기 위하여 필요한 범위의 정보로 제한되고, 원산지를 증명하기 위하여 제공되어야 할 특정 정보에 대하여 수입자, 수출자 또는 생산자에게 명확한 지침을 제공할 것을 보장하기 위한 노력을 증대함

⑧ 원산지 검증을 가능한 한 신속하게 하여, 결정을 내리기 위하여 필요한 정보를 수령 한 후 90일 이내, 그리고 검증 개시 이후 12월 이내에 완료하도록 노력하고, 예외적인 경우 그 기간의 연장을 허용함

---

77) 보다 명확히 하기 위하여, 이 원칙은 수출자 또는 생산자에 대한 감사에는 적용되지 아니한다.

한-중 FTA 중국 발행 원산지증명서 처리지침(관세청, '16.7.13시행)

1 목적 : 중국에서 발행한 원산지증명서의 효율적인 특혜심사를 위함
  * 근거: 「FTA관세특례법」 제8조(협정관세의 적용신청 등)

2 처리방법
- 한-중 원산지자료교환시스템(EODES)를 통해 원산지증명서 진본여부와 세부내용이 확인되는 경우에는 특혜 적용(원칙)
  ※ FTA관세특례법 제9조에 따른 협정관세 사후적용 신청의 경우에도 동일하게 적용
- 수입 C/S에서「서류제출」로 선별되었더라도, 원산지자료교환 시스템(EODES)에서 확인 가능하면 P/L 처리 가능
- 원산지자료교환시스템(EODES)에서 C/O 조회가 안 되는 경우, 원산지증명서와 증빙서류(필요한 범위 내)의 제출을 요청*
  * 수입통관사무처리에 관한 고시 제15조(수입신고시 제출서류), 제25조(보완요구)
  ○ 원산지증빙서류의 종류는 다음과 같음

  - 거래계약서, 송품장, 포장명세서, 직접운송서류(B/L, AWB, 비가공증명서 등)
  - 대외무역사업자와의 위임장 또는 계약서
  - 중국 해관에 신고한 수출내역서 사본

  ○ 협정관세적용신청 내역, 원산지증명서, 원산지증빙서류가 일치하거나 동일성을 확인할 수 있으면 특혜관세를 적용
- 추가확인이 필요한 경우 특혜적용하고 원산지 검증을 의뢰
- FTA관세특례법 제16조제2항의 기간 이내에 자료제출을 못한 경우 같은 법 제35조제1항에 따라 특혜배제
  ※ "한-중 FTA 원산지증명서 수출자 관련 업무처리 지침('16.3.24.)"은 폐지

〈한-중 FTA 중국 발행 원산지증명서 제8란(품명) 기재사항 처리 지침, '16.8.17〉

- **(원칙)** 제8란(품명)은 모델·규격별로 작성되어야 함
- **(예외)** 원산지증명서와 송품장의 품명·수량·총중량·송품장 번호 등이 일치하여 동일한 것으로 확인되면 제8란(품명)이 모델·규격별로 작성되지 않아도 예외적으로 인정처리
- **(소급적용)** 지침 시행 전에 작성된 원산지증명서도 소급 적용

중국 발행 원산지증명서 확인방법

① 전자통관시스템의 수입신고서와 협정관세적용 신청관리 화면의 "원산지매핑내역"의 중국 CO조회 → 한-중 FTA 수입 CO정보 조회
② 한-중 자료교환시스템(EODES) 임시 시스템에서 확인
③ 중국 발행기관 홈페이지를 통해 C/O 발행여부를 확인
  ◇ 질검총국: WWW.CHINAORIGIN.GOV.CN
  ◇ 무역촉진위원회: WWW.CO-CCPIT.ORG

▶ 원산지증명서 제13란(수출자 신고)
  한-중 FTA에서는 "수출자"에 대한 정의를 규정하고 있지 않으나, FTA에서 '수출자'는 ① 수출국에 소재 ② C/O발급 책임이 있고 ③ 자료보관 의무와 ④ 원산지검증의 대상이 되는 인( )으로 판단하고 있음.
  중국의 대외무역사업자가 위 요건을 모두 충족하고 있을 경우 '수출자'의 범주로 인정가능. 다만 대외무역사업자의 브로커가 서명한 C/O는 인정하지 아니함

※ 중국은 대외무역경영자로 등록한 사업자만이 수출입화물의 통관 및 통과수속 등 대외무역업무가 가능하여 미 등록 사업자는 대외무역사업자에게 동 업무를 위탁함. 따라서, 원산지증명서 발급시 송품장상 수출자가 아닌 수출대행자(대외무역사업자)를 기재하는 사례 증가

수입신고 수리 전 협정관세 적용
(법 제8조, 영 제4조)

▶1 협정관세 적용 신청방법의 구분

협정관세 적용신청 방법은 수입신고수리 시점을 기준으로 수리 전 신청과 수리 후 신청이 있다. 전자는 수입자가 원산지증명서를 수입신고 수리 전에 구비하고 협정관세 적용신청을 하는 경우이고, 후자는 수입신고 수리 후에 원산지증명서를 구비하여 협정관세 적용신청을 하는 경우이다.

▶2 협정관세 적용신청과 원산지증명서 제출면제(영 제4조제3항)

수입자가 수입신고 수리 전 협정관세를 적용 받고자 하는 경우에는 규칙 제6조제2항에서 규정한 협정관세적용신청서와 「관세법 시행규칙」별지 제1호의3에 따라 협정관세율과 관세율 구분부호가 기재된 수입신고서를 세관장에게 제출[78]하여야 한다. 이 경우 수입자는 협정관세를 신청할 때 원산지증빙서류를 갖추고 있어야 하며, 세관장이 요구하면 제출하여야 한다. 다만, 세관장은 아래와 같은 물품에 대해서는 원산지증빙서류 제출을 요구할 수 없다. 즉, 원산지증빙서류를 가지고 있지 않아도 협정관세 적용신청이 가능한 경우이다.[79]

① 과세가격이 미화 1천불(협정에서 금액을 달리 정하고 있는 경우[80]에는 그에 따른다) 이하로서 협정에서 정하는 범위내의 물품. 다만, 수입물품을 분할하여 수입[81]하는 등 수입물품의 과세가격이 미화 1

---

[78] 「관세법」제327조제2항에 따라 국가관세종합정보망에 전자신고 등으로 하는 것을 원칙으로 하며, 전자신고등에 따른 전자문서는 원본으로 한다.
[79] 협정에서는 원산지증명(신고)의 면제(waiver of certificate of origin)로 규정하고 있다.
[80] 한-아세안 FT는 FOB $200이하, 한-중 FTA 과세가격 $700이하, 한-베 FTA FOB $600이하
[81] 하나의 선하증권 또는 항공화물운송장으로 반입된 물품을 분할하여 수입신고하는 경우 또는 입항일을 기준으로 같은 날짜에 같은 해외공급자로부터 두건 이상의 물품을 반입하여 수입신고하는 경우

천불을 초과하지 아니하도록 부정한 방법을 사용하여 수입하는 물품은 제외한다.

수입신고서를 활용한 소액물품의 협정관세 적용신청

소액물품에 대한 협정관세 적용신청은 별도 협정관세적용신청서 제출 없이 수입자가 수입신고서에 다음 각 호의 사항을 기재하여 세관장에게 제출하는 것으로 간이하게 한다.
1. 수입신고서 19번(원산지증명서 여부)란에 'X'표시
2. 수입신고서 46번(원산지)란에 상품의 원산국 국가부호 기재
3. 수입신고서 50번(세율)란에 FTA관세율 구분부호 기재

② 동종·동질물품을 계속적·반복적으로 수입하는 경우로서 해당 물품의 생산공정 또는 수입거래의 특성상 원산지의 변동이 없는 물품 중 관세청장이 정하여 고시하는 물품

동종동질물품에 대한 원산지증빙서류 제출면제물품(특례고시 별표2)

적용협정	HSK	품명·규격	원산지	원산지 결정기준
아세안 회원국 과의 협정	2505100000	SILICA SAND (규사)	VN, MY	완전 생산 기준
	2521001000	LIMESTONE (석회석)	VN, MY	
	2905173000	STEARYL ALCOHOL (알코올)	ID, PH	
	2922413000	L-LYSINE MONOHYDROCHLORIDE (아미노화합물)	ID	
	3823120000	OLEIC ACID (공업용 지방산)	MY, ID	
	4408319011	MALAYSIAN DIRIED VENEER (베니어용 단판)	MY	
	7403110000	COPPER CATHODE (정제구리)	PH	
	8001100000	TIN INGOT (주석)	MY, ID	
싱가포르 와의 협정	2912193000	BUTYRALDEHYDE (유기화합물)	SG	
	2915600000	PENTANEDIOL MONOISOBUTYRATE (유기화합물)	SG	
	3206110000	TITANIUM DIOXIDE (안료)	SG	
	3707902920	DEVELOPERS (사진용 화학 제품)	SG	
	3811210000	LUBRICATING OIL ADDITIVE (윤활유 첨가제)	SG	

다만, 원산지가 아닌 국가를 경유하여 운송하는 물품, 원산지가 아닌 국가에서 선적된 물품, 원산지가 아닌 국가에서 발행된 송장 물품은 원산지증빙서류 제출면제물품에서 제외한다.

③ 관세청장으로부터 원산지에 대한 사전심사를 받은 물품. 다만, 사전심사를 받은 때와 동일한 조건인 경우만 해당한다.

④ 물품의 종류·성질·형상·상표·생산국명 또는 제조자 등에 따라 원산지를 확인할 수 있는 물품으로서 관세청장이 정하여 고시한 물품[82]

그러나 관세청장 또는 세관장은 관세탈루의 우려 등 필요하다고 인정하는 경우에는 수입자에게 원산지증빙서류의 제출을 요구하여야 한다.

▶ 3 협정관세 적용신청의 심사

(1) 통관단계에서 신청서류 확인
수입자가 수입신고 수리 전 협정관세 적용을 신청한 경우, 세관장은 다음 각 호의 사항을 확인하여야 한다.

① 협정관세 적용대상 품목 여부
② 원산지와 협정관세율 및 관세율 구분부호 일치 여부
③ 협정관세적용신청서가 기재요령에 맞게 작성되었는지 여부
④ 직접운송 관련서류 구비 여부
⑤ 그 밖에 협정관세 적용신청의 적합성 확인을 위해 필요한 사항

(2) 원산지증빙서류 제출요구
세관장은 다음 각 호의 어느 하나에 해당하는 물품에 대해서는 수입자에게 원산지증빙서류의 제출을 요구할 수 있다.

① 수입신고서와 협정관세적용신청서의 원산지가 다른 물품
② 품목번호와 원산지결정기준이 부합하지 않은 물품
③ 제3국 선적물품 등 직접운송 위반 우려물품
④ 물품의 특성, 수출국의 산업구조 등을 고려하여 원산지증빙서류 제출대상 품목으로 관세청장이 지

---
[82] 현재 관세청장이 정하여 고시한 품목은 없다.

정한 물품

⑤ 그 밖에 원산지확인이 필요하다고 인정하는 물품

수입자는 세관장으로부터 보완요구서를 통지받은 때에는 30일[83] 이내(30일을 초과하지 아니하는 범위에서 한 차례 연장 가능)에 수입신고서에 원산지증빙서류를 첨부하여 서류제출 방식으로 세관장에게 제출하여야 한다. 이 경우 세관장은 체약상대국과의 원산지 전자자료교환시스템을 통해 원산지증명서의 내용을 확인 할 수 있는 경우에는 원산지증명서의 제출요구를 생략할 수 있으며, 수입자는 세관장이 특별한 사유로 원본을 요구한 경우가 아니면 원산지증명서 원본을 스캔 등의 방법으로 전자이미지화 한 것 또는 원산지증명서 사본 제출 스탬프를 날인하여 제출할 수 있으며, 원산지증명서 사본 제출을 허용한 협정[84]의 경우에는 스탬프 날인을 생략할 수 있다.

> 본 사본이 원본과 다를 경우 관세법 등 관련법령에 의해 처벌 받을 수 있음을 알고 있으며, 세관에서 요구시 원본을 제출하겠습니다.
>
> 수입자 OOO 서명

세관장은 수입자가 제출한 원산지증빙서류로 협정관세 관련 사항을 확인할 수 있는 경우에는 즉시 협정관세를 적용한 수입신고를 수리하여야 한다. 수입자가 제출한 원산지증빙서류에도 불구하고 원산지 또는 협정관세 관련 사항을 확인하기 곤란한 때에는 협정관세 적용 후에 수입자의 주소지를 관할하는 세관의 원산지조사부서에 원산지조사를 의뢰할 수 있다.

다만, 수입자가 원산지증빙서류를 제출하지 아니하거나(세관장의 보완요구 불이행) 수입자가 제출한 원산지증빙서류만으로 해당 물품의 원산지를 인정하기가 곤란한 경우에는 협정관세를 적용하지 아니할 수 있다.

세관장은 수입자가 제출한 원산지증빙서류의 오·탈자 등 경미한 오류가 있으나, 물품의 원산지 등 실질에 영향을 미치지 않는 경우나 기타 관세청장이 정하는 경우에는 당해 서류의 효력 전체를 부인해서는 아니 되며, 경미한 오류를 송품장, 무역계약서 등에 의하여 확인할 수 있는 경우에는 원산지증빙서류의 보완요구를 하지 아니할 수 있다.

---

[83] 페루 및 뉴질랜드와의 협정의 경우 요구받은 날부터 90일(시행규칙 제21조 제2항)
[84] 한-미FTA(제6.19조), 한-페루FTA(제4.5조), 한-호주FTA(제3.17조), 한-캐나다FTA(제4.2조), 한-콜롬비아(제3.19조)

수입자가 협정관세의 적용을 신청할 당시에 갖추어야 할 원산지증명서는 수입신고일 기준으로 협정 및 법령에 따른 유효기간 이내의 것이어야 한다. 다만, 유효기간에는 ①원산지증명서의 유효기간이 지나기 전에 물품이 수입항에 도착한 경우, 물품이 수입항에 도착한 다음 날부터 해당 물품에 대한 협정관세 적용을 신청한 날까지의 기간과 ②천재지변 등 불가항력에 따른 운송지연, 그 밖에 이에 준하는 사유가 발생한 경우, 해당 사유가 발생한 다음 날부터 소멸된 날까지의 기간은 제외한다.

한-아세안 FTA 부록1 제10조

1. 원산지증명서는 국내법령에 따라 수출당사국의 발급기관이 발행한 날부터 12월 이내에 수입당사국의 관세당국에 제출하여야 한다.
2. 제1항의 제출기한 만료 이후에 수입국의 관세당국에 제출된 원산지증명서가 생산자 또는 수출자의 통제를 벗어난 불가항력 또는 그 밖의 타당한 사유로 인해 기한을 준수하지 못한 때에는 수리되어야 한다.
3. 어느 경우라도 원산지증명서의 제출기한 만료 전에 물품이 수입되었다면 수입 당사국의 관세당국은 그러한 원산지증명서를 수리할 수 있다.

세관장은 협정관세의 적용신청을 받은 경우에는 수입신고를 수리한 후에 심사한다. 다만, 협정관세 적용 제한자가 생산·수출 또는 수입하는 물품, 관세를 체납하고 있는 자가 수입하는 물품(체납액이 10만원 미만이거나 체납기간이 7일 이내인 경우는 제외)은 수입신고를 수리하기 전에 심사한다.

수입신고수리 전 협정관세 사전 심사물품의 협정관세 적용절차

가. 「협정관세 적용제한자」에 대한 협정관세 적용절차

① 수입자는 법 제37조제3항에 따른 협정관세 적용제한자가 수출 또는 생산하는 동종동질의 물품이 원산지 등 협정관세 적용요건을 충족함을 입증하는 원산지증빙서류를 갖추고 있는 경우에는 통관지세관장에게 협정관세 적용신청을 할 수 있다.

② 통관지세관장은 제1항에 따른 협정관세 적용신청을 받은 때에는 수입신고 수리 전에 다음 각 호의 사항을 심사한다.
 1. 협정관세 적용신청 물품의 원산지결정기준 등 특혜적용의 요건 충족 여부
 2. 협정 및 규칙 제15조에 따른 원산지증명서의 적정 여부
 3. 법 제7조제2항에 따른 직접운송의 요건 충족 여부
 4. 제1호부터 제3호까지의 내용을 입증할 수 있는 증빙자료의 적정 여부

③ 통관지세관장은 제2항 각 호의 사항을 심사하여 수입신고를 수리하기 전에 협정관세적용 요건을 충족하는 경우에는 협정관세를 적용할 수 있다. 이 경우 협정관세 적용요건 등의 심사에 장시간이 필요한 경우에는 「수입통관 사무처리에 관한 고시」 제38조에 따른 신고수리전 반출을 승인할 수 있다.

④ 통관지 세관장은 원산지 등 협정관세 적용요건에 대한 추가 확인이 필요한 경우에는 협정관세 적용제한자를 지정한 세관장에게 법 제17조제1항 또는 법 제19조제1항에 따른 원산지조사를 의뢰할 수 있다.

⑤ 통관지세관장은 제3항 전단에 따라 협정관세를 적용하여 수입신고를 수리한 경우에는 관세청장과 협정관세 적용제한자를 지정한 세관장에게 보고(통보)하여야 한다.

나. 관세체납자에 대한 협정관세 적용절차

세관장은 규칙 제6조제1항제2호의 물품에 대한 협정관세 적용여부를 심사하는 경우에는 「수입통관사무처리에 관한 고시」 제24조제3항 및 제4항을 준용한다.

한-중 FTA 제3.17조 특혜관세대우의 청구

1. 이 장에 달리 규정된 경우를 제외하고, 특혜관세대우를 청구하는 수입자는
 가. 상품이 원산지 상품의 자격을 갖추었음을 적시하는 서면 진술서를 세관신고시 작성한다.
 나. 가호에 언급된 수입세관 신고 시 유효한 원산지 증명서를 소지한다.
 다. 각각의 국내법과 규정에 따라 원본 원산지 증명서 및 상품의 수입에 관련된 그 밖의 증빙서류를 제출한다. (중국은 원산지증명서를 특혜적용 신청시 의무적으로 제출해야 하나, 우리의 경우 세관장 요구시에만 제출)
2. 수입자가 신고의 근거가 된 원산지 증명서가 정확하지 아니한 정보를 포함하고 있다고 믿을만한 이유가 있는 경우, 그 수입자는 신속하게 신고서를 정정하고 납부하여야 할 모든 관세를 납부한다.

<표3-5> 수입신고 수리전 협정관세 적용신청 절차도

< 수입자 >

① 원산지증명서 수령
- 수출자로부터 원산지증명서 수령

⇩

② 원산지확인 및 신청서작성
- 원산지증명서를 근거로 원산지 확인 후 협정관세적용신청서 작성

⇩

③ 협정관세 적용신청(수입신고)
- 협정관세율 및 구분부호

⇨ 수입 P/L

< 세 관 >

④ 신청서 기재사항 심사
- 협정관세율 등 기재여부 확인

⇩

⑤ 협정관세 적용요건 심사
- 직접운송, 수출자 요건 확인
- 수입물품 검사(검사건의 경우)

⇩

⑥ 협정관세 적용(신고수리)
- 신고필증, 신고납부서 교부

⇐

⑦ 관세납부
- 협정관세율로 관세납부

[협정 적용 시점]

특례법에서 "이 법은 이 법 시행 후 최초로 수입신고 또는 수출신고하는 분부터 적용한다"라고 규정하고 있어, 협정 발효 전에 보세구역에 반입된 물품도 협정 발효 이후에 수입신고되는 경우, 운송요건에 부합하고 소급된 원산지증명서 등을 제출하면 특혜관세 적용이 가능하다. 다만, 한-중 FTA는 발효일부터 3개월 이내, 한-베 FTA는 발효일부터 12개월 이내 특혜를 신청하여야 한다. 한-뉴질랜드 FTA의 경우는 협정발효 전에 작성되고 서명된 원산지 신고서도 인정이 가능하다.

수입신고 수리 후 협정관세 적용
(법 제9조, 영 제5조)

수입자가 수입신고의 수리 전까지 원산지증빙서류 등을 갖추지 못하여 협정관세의 적용을 신청하지 못한 경우에는 해당 물품의 수입신고 수리일부터 1년 이내에 법령이 정하는 바에 따라 협정관세의 적용을 신청할 수 있다. 수입신고의 수리 후에 협정관세 적용을 신청 하고자 하는 자는 '협정관세적용신청서'에 다음 서류를 첨부하여 세관장에게 제출하여야 한다.

① 원산지증명서 원본(체약상대국과 원산지 전자자료교환시스템을 통해 원산지증명서 내용을 확인할 수 있는 경우는 제출생략 가능). 다만 세관장이 인정하는 경우에는 원산지증명서 원본을 스캔 등의 방법으로 전자이미지화 한 것 또는 원산지증명서 사본 제출 스탬프를 날인한 사본으로 제출할 수 있다.

② 「수입통관 사무처리에 관한 고시」제48조제2항에 따라 경정청구내역을 기재한 수입·납세신고정정신청서[85]

③ 법 제2조제1항제5호에서 정하는 원산지증빙서류(세관장이 요구하는 경우에만 해당)

수입자가 협정관세의 적용을 신청할 당시에 갖추어야 할 ①의 원산지증빙서류 중 원산지증명서는 수입신고일 또는 협정관세 적용신청일을 기준으로 유효기간 이내의 것이어야 한다. 다만, 유효기간에는 ①원산지증명서의 유효기간이 지나기 전에 물품이 수입항에 도착한 경우, 물품이 수입항에 도착한 다음 날부터 해당 물품에 대한 협정관세 적용을 신청한 날까지의 기간과 ②천재지변 등 불가항력에 따른 운송지연, 그 밖에 이에 준하는 사유가 발생한 경우, 해당 사유가 발생한 다음 날부터 소멸된 날까지의 기간은 제외한다.

---

85) 실제 업무처리상 세액부족으로 인한 보정(관세법 제38조의2)은 없으며, 과다 납부에 따른 경정청구만 발생하기 때문에 동 서류를 제출한다.

관련판례

CHAPTER 3-5

물품 수입 후 소급 발급된 한-아세안 FTA C/O 유효성 여부

처분청은 "FTA특례법 시행령 제11조 제2항 제1호의 규정은 물품이 수입항에 도착한 후에 C/O를 유효기간 내에 제출하지 못하는 경우 이를 구제하기 위하여 그 유효기간을 연장시키는 것으로, 반드시 물품이 수입항에 도착하기 이전에 C/O가 발급되어 유효기간이 진행되고 있는 상태에서 물품이 수입항에 도착한 경우에만 제한적으로 적용되어야 한다"는 의견이나,

FTA특례법 시행령 제11조 제2항 제1호의 규정은 C/O의 유효기간의 예외를 두고 있는 것으로서, 그 문구의 해석상 반드시 C/O의 유효기간 이내 즉, C/O의 유효기간 기산일과 만료일 사이에 물품이 수입항에 도착하여야 하는 것이 아니라, 발급된 C/O의 유효기간이 지나기 전에 물품이 수입항에 도착한 경우 적용되는 것이고, 이 건의 경우 C/O의 유효기간이 지나기 전에 쟁점물품이 수입항에 도착하였으므로 "쟁점물품이 수입항에 도착한 다음 날부터 협정관세 적용을 신청한 날까지의 기간"은 제외하여 C/O의 유효기간을 계산하여야 하는 점, 그 기간을 제외할 경우 이 건 C/O는 유효기간이 연장되어 유효한 것으로 인정된다.

[조심2014관0290, 2016.1.7]

수리 후에 협정관세의 적용을 신청한 수입자는 당해 물품에 대하여 이미 납부한 세액의 보정을 신청하거나 경정을 청구할 수 있다. 세액의 보정신청 또는 경정청구를 받은 세관장은 협정관세 적용신청서 및 원산지증빙서류의 기재사항을 검토하여 수입수리 전 협정관세 적용 신청시 확인해야 할 사항과 함께 ①수입신고 수리일부터 1년 이내인지 여부, ②경정청구내역의 세액계산이 정확한지 여부 ③원산지증명서가 협정 및 규칙 제15조에서 규정한 각 협정별 서식과 일치하는지 여부 등을 확인·심사하여야 한다. 심사한 결과 필요한 경우 원산지증빙서류의 추가제출을 요구할 수 있다. 심사 등을 완료한 세관장은 협정관세 적용 신청이나 경정청구를 받은 날부터 2월 이내에 협정관세의 적용 및 세액의 보정이나 경정 여부를 신청인 또는 청구인에게 통지하고 관세를 환급한다. 세액의 보정·경정 및 환급에 대해선 관세법 제38조의2제1항·제2항, 제38조의 3제2항 후단, 같은 조 제3항·4항, 제46조, 제47조 및 제48조를 준용한다.

관련판례　　　　　　　　　　　　　　　　　　　　　　　　CHAPTER 3-5

수입신고수리 전에 한-EU FTA 협정관세를 적용받았다가 인증수출자번호 오류로 인해 협정관세를 배제하고 보정신고·납부한 경우, 수입신고수리 후 그 오류를 보완하여 다시 협정관세 적용을 신청할 수 있는지 여부

청구법인은 OOO 이 건 경정청구시 정정사유를 "FTA 협정관세 사후신청"으로 기재하였으나 FTA특례법 시행령 제11조 제1항에 따른 협정관세적용신청서를 제출하지 않아 청구법인의 경정청구를 협정관세의 사후적용신청으로 보기 어려운 점, FTA특례법 제11조 제2항 및 같은 법 시행규칙 제15조에서 원산지증빙서류를 작성한 사람으로부터 원산지증빙서류의 내용에 오류가 있음을 통보 받은 경우 그 통보 받은 날부터 30일 이내에 경정청구 등을 하도록 규정하고 있는데, 청구법인은 OOO수출자로부터 오류를 정정한 원산지증빙서류를 송부 받았고, 그 날부터 30일 이내인 OOO 이 건 경정청구를 하였으며, 해당 기간에 달리 관세청장이나 세관장의 서면조사통지도 없었던 점 등에 비추어 청구법인의 경정청구를 거부한 이 건 처분은 잘못이 있는 것으로 판단된다.

[조심2015관0251, 2016.5.30]

 관련판례　　　　　　　　　　　　　　　　　　　　　　　　CHAPTER 3-5

원산지증명서 부본으로 협정관세 사후적용이 가능한지 여부

관련 법령 등은「한-인도 CEPA」협정관세의 사후적용을 위해서는 원산지증명서 원본을 제출하여야 하고, 구「FTA 특례법 사무처리에 관한 고시」에서도 원산지증명서 원본을 제출하는 경우에만 관세환급을 할 수 있다고 규정하고 있으므로, 부본으로 협정관세율을 사후적용하여 달라는 주장은 받아들이기 어렵다.

[조심2014관0020, 2014.4.3]

세액의 보정·경정 및 환급에 관한 관세법의 준용조항

제38조의2(보정)

① 납세의무자는 신고납부한 세액이 부족하다는 것을 알게 되거나 세액산출의 기초가 되는 과세가격 또는 품목분류 등에 오류가 있는 것을 알게 되었을 때에는 신고납부한 날부터 6개월 이내(이하 "보정기간"이라 한다)에 대통령령으로 정하는 바에 따라 해당 세액을 보정(補正)하여 줄 것을 세관장에게 신청할 수 있다.

② 세관장은 신고납부한 세액이 부족하다는 것을 알게 되거나 세액산출의 기초가 되는 과세가격 또는 품목분류 등에 오류가 있다는 것을 알게 되었을 때에는 대통령령으로 정하는 바에 따라 납세의무자에게 해당 보정기간에 보정신청을 하도록 통지할 수 있다. 이 경우 세액보정을 신청하려는 납세의무자는 대통령령으로 정하는 바에 따라 세관장에게 신청하여야 한다.

제38조의3(수정 및 경정) 제2항 후단

② 납세의무자는 신고납부한 세액이 과다한 것을 알게 되었을 때에는 최초로 납세신고를 한 날부터 5년 이내에 대통령령으로 정하는 바에 따라 신고한 세액의 경정을 세관장에게 청구할 수 있다. 이 경우 경정의 청구를 받은 세관장은 그 청구를 받은 날부터 2개월 이내에 세액을 경정하거나 경정하여야 할 이유가 없다는 뜻을 청구한 자에게 통지하여야 한다.

③ 납세의무자는 최초의 신고 또는 경정에서 과세표준 및 세액의 계산근거가 된 거래 또는 행위 등이 그에 관한 소송에 대한 판결(판결과 같은 효력을 가지는 화해나 그 밖의 행위를 포함한다)에 의하여 다른 것으로 확정되는 등 대통령령으로 정하는 사유가 발생하여 납부한 세액이 과다한 것을 알게 되었을 때에는 제2항 전단에 따른 기간에도 불구하고 그 사유가 발생한 것을 안 날부터 2개월 이내에 대통령령으로 정하는 바에 따라 납부한 세액의 경정을 세관장에게 청구할 수 있다.

[집행기준]

원산지검증에 따른 경정고지 후 관세법 제112조제2항제1호에 따라 사후감면 신청시 관세법 제21조제1항의 제척기간이 경과하였더라도 관세법 제38조의3제3항에 따라 후발적 경정청구에 따른 환급이 가능하다.

[기획재정부 관세제도과-159, 2013.3.12]

④ 세관장은 납세의무자가 신고납부한 세액, 납세신고한 세액 또는 제2항 및 제3항에 따라 경정청구한 세액을 심사한 결과 과부족하다는 것을 알게 되었을 때에는 대통령령으로 정하는 바에 따라 그 세액을 경정하여야 한다.

관련판례

CHAPTER **3-5**

과세처분이 있은 후에 증액 경정처분이 있는 경우, 당초 과세처분은 경정 처분에 흡수되어 독립적인 존재가치를 상실한다.

감액경정처분을 한 경우에는 처음의 과세처분 전부를 취소한 다음에 새로이 잔액에 관하여 조세채무를 확정시키는 효과를 갖는 것이 아니라 처음의 과세처분이 감액된 범위 내에서 존속하게 된다.

[대법원 2000두2013, 2000.9.22]

세관장이 부과고지한 세액은 법 제38조의2제2항의 경정청구 대상이 아니다.

[대구지법 2011구합831, 2011.8.31]

구체적인 세목, 세액, 산출근거 등이 기재되지 않는 납부고지서에 의해 납세의무자에게 부과 처분한 것은 부과처분의 내용을 상세히 알리지 아니하여 불복의 권리를 침해하는 것으로서 위법하다.

[서울고법96구46721, 1997.10.24]

제46조(관세환급금의 환급)

① 세관장은 납세의무자가 관세·가산금·가산세 또는 체납처분비의 과오납금 또는 이 법에 따라 환급하여야 할 환급세액의 환급을 청구할 때에는 대통령령으로 정하는 바에 따라 지체 없이 이를 관세환급금으로 결정하고 30일 이내에 환급하여야 하며, 세관장이 확인한 관세환급금은 납세의무자가 환급을 청구하지 아니하더라도 환급하여야 한다.

② 세관장은 제1항에 따라 관세환급금을 환급하는 경우에 환급받을 자가 세관에 납부하여야 하는 관세와 그 밖의 세금, 가산금, 가산세 또는 체납처분비가 있을 때에는 환급하여야 하는 금액에서 이를 충당할 수 있다

③ 납세의무자의 관세환급금에 관한 권리는 대통령령으로 정하는 바에 따라 제3자에게 양도할 수 있다.

④ 제1항에 따른 관세환급금의 환급은 「국가재정법」 제17조에도 불구하고 대통령령으로 정하는 바에 따라 「한국은행법」에 따른 한국은행의 해당 세관장의 소관 세입금에서 지급한다.

제47조(과다환급관세의 징수)

① 세관장은 제46조에 따른 관세환급금의 환급에 있어서 그 환급액이 과다한 것을 알게 되었을 때에는 해당 관세환급금을 지급받은 자로부터 과다지급된 금액을 징수하여야 한다.

② 세관장은 제1항에 따라 관세환급금의 과다환급액을 징수할 때에는 과다환급을 한 날의 다음 날부터 징수결정을 하는 날까지의 기간에 대하여 대통령령으로 정하는 이율에 따라 계산한 금액을 과다환급액에 더하여야 한다

제48조(관세환급가산금)

세관장은 제46조에 따라 관세환급금을 환급하거나 충당할 때에는 대통령령으로 정하는 관세환급가산금 기산일부터 환급결정 또는 충당결정을 하는 날까지의 기간과 대통령령으로 정하는 이율에 따라 계산한 금액을 관세환급금에 더하여야 한다. 다만, 제41조제4항에 따라 같은 조 제1항부터 제3항까지의 규정을 적용받지 아니하는 물품에 대하여는 그러하지 아니하다.

※ FTA 사후적용에 따른 관세환급가산금 기산일은 관세 납부일이 아닌 협정관세 적용 등의 통지일이다(관세법 시행령 제56조제2항제5호).

〈한-중 FTA 제3.18조 수입 이후 특혜관세대우〉

1. 각 당사국은, 원산지 상품이 수입된 경우 수입자가 수입일 후 1년 이내에 수입 당사국의 관세당국에 다음을 제시하면, 그 상품에 특혜관세대우가 부여되지 아니한 결과로 납부하였던 초과 관세, 예치금 또는 보증금의 환급을 신청할 수 있도록 규정한다.
   가. 상품이 수입 시에 원산지 상품이었음을 입증하는 유효한 원산지 증명서, 그리고
   나. 수입 당사국이 요청할 수 있는, 상품 수입과 관련된 그 밖의 문서
2. 제1항을 저해함이 없이, 각 당사국은 자국의 법과 규정에 따라 수입자가 특혜관세대우신청에 대한 사전조건으로서 수입 시 관세당국에 공식적으로 신고하도록 요구할 수 있으며, 이를 이행하지 못하는 경우 특혜관세대우가 부여되지 아니할 수 있다.

→ 중국의 경우 특혜관세 사후적용 사전조건으로 "수입통관시 사후 특혜관세를 적용하겠다는 의사표시"를 요구하나 우리의 경우 요구하지 않는다.

한-아세안 FTA에서 사후 협정관세 적용

한-아세안 FTA에서는 사후 협정관세 적용에 대한 조항을 두고 있지 않다. 우리나라의 경우에는 특례법에서 수입신고수리일로부터 1년에는 특혜적용을 허용하고 있지만, 일부 아세안 국가들은 문제가 될 수 있다. 따라서, 아세안 국가로 수출되는 물품은 상대국에서 수입신고시에 특혜적용이 가능하도록 사전에 원산지증명서를 발급하여 보낼 필요가 있음에 유의하자.

[한-아세안 FTA 당사국별 협정관세 사후신청기간 및 요건]

국가	신청기간	신청요건
브루나이	수입 후 1년 이내	수입 시 관세당국에 특혜관세 사후신청 의사 통지
캄보디아	소급 기간 없음	수입 시 원산지증명서 제출
인도네시아	소급 기간 없음	수입 시 원산지증명서 제출
라오스	수입 후 1년 이내	수입시 특혜관세 소급적용 신청 의사 통지 수입자는 지급해야 하는 관세와 세금에 대해 보증금 120%를 납부
말레이시아	수입 후 1년 이내	수입시 관세당국에 특혜관세 소급적용 신청에 대한 의사통지
미얀마	소급 기간 없음	수입시 원산지 증명서 제출
필리핀	수입일 후 6개월 이내	입시 관세당국에 특혜관세 소급적용 신청에 대한 의사 통지 MFN 세율과 AKFTA 협정세율간의 차이에 상응하는 사후보증서(Post guarantee bond)*제시 * 수입 후 6개월 내에 원산지증명서가 제시되면 bond는 취소, 미제시 보증서 몰수
싱가포르	수입 후 1년 이내	수입허가를 신청할 때, 특혜관세 소급적용 신청에 대한 의사를 표명 특혜관세 사후신청 및 적용 이후에 수입자에게 관세(duties) 환불
태국	수입 후 1년 이내	수입시 관세당국에 특혜관세 소급적용 신청에 대한 의사통지
베트남	수입신고로부터 30일 이내	수입시 소급적용신청 의사를 관세당국에 통지

 한-인도 CEPA 특혜관세 사후적용 (인도측)

▶ 수입자는 특혜관세를 수입통관 이후 적용할 의사가 있음을 수입신고 시에 서면으로 수입신고세관에 의사표시를 하여야 함
▶ 사후 적용신청 의사가 있는 경우 수입신고 시에 해당 담보를 제공 (잠정부과)
▶ 사후특혜적용결과 세액이 담보금액보다 적은 경우 차액을 환급
  ※ 관련근거: 인도 1962년 관세법 제17조 및 제18조

1개국 2개 이상 협정[86]이 적용되는 수입물품에 대한 협정관세 사후적용 지침('18.8.14)

◇ **적용대상**

FTA 관세특례법에 따라 협정관세를 적용받은 물품에 대해 이미 적용받은 협정과 다른 협정으로 동법 제9조제1항에 따라 수입신고수리 후 협정관세의 적용을 받고자 하는 경우

◇ **적용절차**

관세법 제38조의2 또는 제38조의3 규정에 따라 보정·수정 등 절차를 통해 이미 적용받은 협정관세 적용을 배제하고 새로 신청하고자 하는 다른 협정의 유효한 원산지증명서를 갖추어 수입신고수리일로부터 1년 이내에 협정관세의 사후적용 신청을 하는 경우 다른 협정으로 협정관세 적용가능

※ 이 경우 이미 적용된 협정관세를 배제하는 과정에서 부족한 세액을 납부할 때에는 FTA 관세특례법 제36조(가산세) 규정을 준용함

〈두개 협정의 사후 재적용 절차_예시〉

한·아세안 협정관세(2%) → 수입신고 수리 →[협정관세 배제] MFN세율(8%) *협정관세적용취소 →[협정관세 사후신청] 한·베트남 협정관세적용(0%)

수정신고(가산세)   경정청구

【세액의 오류 수정 비교】[87]

구분	정정신고	보정신청	수정신고	경정청구	경정
주체	납세의무자	납세의무자	납세의무자	납세의무자	세관장
시기	세액납부전	신고납부후 6개월이내	보정기간 이후	신고납부일부터 5년	납부 전후
대상	신고세액	납부세액	납부세액	납부세액, 과세가격 조정	신고, 납부세액, 경정청구세액
원인	과부족	부족	부족	과다	과부족
세액증감	증액·감액	증액	증액	감액	증액·감액
이자	없음	가산	없음	없음	없음
가산세	없음	없음	부과	없음	부과
납부기한	당초기한	보정신청 날 다음 날	수정신고 날 다음 날	-	고지받은 날부터 15일

---

86) 싱가포르(한-아세안 / 한-싱가포르 FTA), 베트남(한-아세안 / 한-베트남 FTA)
87) 이종익 외2명, 관세법 해설(2015), 협동문고, p132

【수리 후 협정관세 적용신청 절차도】

< 수입자 >　　　　　　　　　　< 세 관 >

① 수입신고 수리

② 원산지증명서 수령
- 수출자로부터 원산지증명서 수령

③ 원산지확인 및 신청서작성
- 원산지증명서를 근거로 원산지 확인 후 협정관세적용신청서 작성

④ 협정관세 보정신청 또는 경정청구
- 수입신고 필증 사본
- C/O원본 등 서류 준비

→ 신청 →

⑤ 신청서 등 기재사항 심사
- 협정관세율 등 기재여부 확인
- 보정신청 또는 경정청구 심사

⑥ 협정관세 적용요건 심사
- 직접운송, 수출자 요건 확인

⑦ 보정 또는 경정 통지
- 관세환급 결정

⑧ 관세환급금 수령
- 협정세율 적용 차액분

협정관세적용 신청서의 정정
(영 제4조제5항)

협정관세적용 후 협정관세 적용오류로 인해 세액보정·수정 또는 경정되어 세액이 정정된 물품에 대해서는 협정관세의 적용을 다시 신청하는 것을 허용하지 않는다. 따라서 협정관세적용 후에 발견되는 오류사항에 대해선 세액 정정 전에 협정관세적용신청서의 정정이 가능한지를 검토할 필요가 있다. 협정관세적용신청서의 정정이 가능한 경우는 영 제4조제5항의 변경사항(해당 물품의 수입자·수출자·생산자의 상호·성명·주소·전호번호 및 팩스번호 등)과 원산지결정에 영향을 미치지 않는 기재사항의 수정이다. 수입자가 협정관세적용신청서를 정정하려는 때에는 특례고시 별지 제1호서식의 협정관세 적용신청 정정신청서와 증빙서류를 세관장에게 제출하여야 하며, 세관장은 이를 심사하여 정정내용이 타당하다고 인정하는 경우에는 정정된 사항을 전자통관시스템에 입력한다.

> **PLUS TIP 3-6**
> 비당사국 발행 원산지증명서로 한-캐나다 FTA 협정관세를 적용하여 수입통관하였으나, 원산지조사 前 자율점검 기간 중에 이를 발견, 당사국 발행 원산지증명서를 다시 제출하는 경우 협정관세적용신청서의 정정이 가능한지 여부
>
> ▶ 권한없는 자가 발급한 원산지증명서는 법·협정 해석상 발급주체 의무위반으로 특혜관세 적용 배제대상
>
> ▶ 비당사국 영역의 수출자는 원산지증명서 발급 권한이 없는 자에 해당하고 협정관세 적용신청 시 수입자가 유효한 원산지증명서를 소지하지 않았으므로 협정관세 적용제한 사유임
>
> ▶ 비당사국 원산지증명서는 협정에 위배되는 중대한 오류사항으로 보완의 대상이 아니며, 협정관세적용신청의 정정의 범위에 해당하지 않음

자유무역협정관세 재적용 처리 지침 (관세청 2014.11.5)

- 「자유무역협정의 이행을 위한 관세법의 특례에 관한 법률」 제10조제1항에 따라 수입신고 수리 전 협정관세의 적용을 신청하여 협정관세를 적용받은 물품 중
  - 협정관세 적용오류로 인해 세액보정·수정 또는 경정되어 세액이 정정된 물품에 대해서는 같은 법 제10조제3항에 따른 수입신고 수리 후 협정관세의 적용을 다시 신청할 수 없음

- 또한, 같은 법 제10조제3항에 따라 수입신고 수리 후 협정관세의 적용을 신청하여 협정관세를 적용받은 물품 중
  - 협정관세 적용오류로 인해 세액보정·수정 또는 경정되어 세액이 정정된 물품에 대해서는 사후신청 허용기간(1년) 이내에 협정관세의 적용을 다시 신청할 수 없음

◇ **시행시기**: 2014년 12월 1일

◇ **적용기준**: 시행일 이후 협정관세 적용을 신청하는 분부터 적용
   ※ 시행일 이전에 같은 법 제10조제1항 및 제3항에 따라 협정관세적용을 신청한 물품은 인정 처리(별도 추징조치 없음)

해설

협정관세 적용오류로 인해 세액보정·수정 또는 경정된 물품에 대해선 어떠한 경우라도 협정관세 재적용을 할 수 없다는 의미이다. 예를 들어 수입자가 수출자가 제공한 원산지증명서로 협정관세를 적용한 이후 수출자로부터 원산지증명서의 내용이 잘못된 사실을 통보받고, 수입자는 특혜받은 관세를 수정신고로 납부했다. 이후 수입신고수리일로부터 1년 이내에 새로운 원산지증명서를 수입자가 받은 경우 수입자는 이미 협정관세 적용을 신청하였으므로 다시 협정관세적용 신청을 하지 못한다.

다만, "법률상의 위임근거가 없는 관세청 내부의 사무처리준칙에 불과하여 대외적으로 법원이나 국민을 기속하는 법규적 효력이 없다."라는 판결(2016구합68442, 2017.6.21.)이 있고, 세관의 실질적인 원산지심사 없이 수입자가 보정한 후 재적용한 경우에 대해 "협정관세 적용신청은 수입신고와 구별되는 독자적인 법률행위로 협정관세 적용 심사에 따른 처분이 이루어질 때까지는 취소·철회할 수 있다."라고 판시하여 재적용을 허용하는 판결(2017누59934, 2018.8.14.)도 있다.

자유무역협정관세 적용 관련 업무처리 지침 (관세청 2015.6.25)

◇ 배경
○ 자유무역협정관세 재적용업무 처리지침('14. 11. 5.)의 확대해석 적용을 방지하기 위해
  ① 수입물품의 원산지오류 수정신고 절차,
   - (사례) 체약상대국의 수출자가 원산지증명서 상 HS 등 변경 통보
  ② 원산지 증빙서류 오류가 아닌 수입신고 오류시 처리절차 및
   - (사례) 수입신고수리 후 분석결과 HS 및 세율 변경 등
  ③ 원산지 심사물품에 대한 오류발견시 원산지 증빙서류 보정요구 절차를 명확히 할 필요성이 있음.
   - (사례) 직접운송요건 충족서류 중 통과선하증권 등 제출(보정) 요구

1 목적
본 지침은 자유무역협정의 이행을 위한 관세법의 특례에 관한 법률(이하 "FTA 관세특례법")에서 규정한 자유무역협정관세 적용과 관련하여 원산지증빙서류 및 수입신고 오류 등이 있을 경우 협정관세 적용업무에 대한 처리절차를 마련하는데 그 목적이 있음

2 적용범위
FTA 관세특례법 제10조제1항 또는 제10조제3항의 규정에 의하여 협정관세의 적용을 신청하여 협정관세를 적용받은 후 세액보정·수정 또는 경정으로 세액이 정정되지 않은 물품

※ 세액보정·수정 또는 경정되어 세액이 정정된 경우에는 해당되지 않으며,「자유무역협정관세 재적용업무 처리방법 시달」지침* (FTA집행기획담당관-2556, '14.11.5) 적용

* FTA 관세특례법 규정에 따라 협정관세의 적용을 받은 물품 중 협정관세 적용오류로 인해 세액이 정정된 물품은 협정관세 재적용 불가

3 수입자가 원산지증빙서류의 오류를 통보받은 경우의 원산지증빙서류 수정
가. 원산지증빙서류 수정신고 대상(법 제11조제2항, 규칙 제15조)
  ○ 협정관세를 적용받을 목적으로 원산지증빙서류를 작성·제출한 후 체약상대국의 물품에 대한 원산지증빙서류를 작성한 사람이나 해당 물품에 대한 수입신고를 수리한 세관장으로부터 원산지증빙서류의 내용에 오류가 있음을 통보받은 경우로서, 납세신고한 세액 또는 신고 납부한 세액에 과부족이 있을 경우
나. 수정신고 주체
  ○ 원산지증빙서류의 내용에 오류가 있음을 통보받은 수입
다. 수정신고 기간
  ○ 수입자가 원산지증빙서류의 내용에 오류가 있음을 통보받은 날부터 30일이내로서 관세청장

또는 세관장으로부터 해당물품에 대하여 법 제13조제2항에 따른 서면조사(원산지에 관한 조사)통지를 받기 전날까지

※ 동 기간까지 수정신고를 하지 않을 경우 법 제24조제2항4호에 따른 과태료 부과

라. 처리방법

(1) 협정관세 적용신청서 정정신청(승인)
  ○ 확인서류 : 수출자 등으로부터 원산지증빙서류의 내용에 오류가 있음을 통보받은 서류
  ○ 심사사항
    - 수정신고 대상 여부
    - 원산지오류 수정신고기간
(2) 관세법 제38조(신고납부), 제38조의2(보정) 및 제38조의3(수정 및 경정)을 준용하여 처리

4 원산지증빙서류 오류가 아닌 수입신고 또는 품목분류 오류 등의 경우 처리

가. 조건
  ○ 가격변경 및 세번변경 등이 있어도 세관에 제출한 원산지증명서가 유효한 경우
  ○ 협정관세의 적용신청을 수리하고 배제되지 아니한 상태

예시사례

한·EU FTA 협정관세 적용대상물품에 대하여 수입신고시 수리후 분석대상으로 지정되었고, 신고한 세번과 이에 따른 협정세율을 적용·신청하여 수리되었으나 수리 후 분석결과 세번이 변경되는 경우(세율은 같거나 다를 수 있음)
※ 한·EU FTA 원산지신고서 상 HS 미기재(필수기재사항이 아님)

나. 처리방법
(1) 협정관세 적용신청 정정신청(승인)
  ○ 확인서류 : 수리후 분석결과 통보서 등 입증서류
  ○ 심사사항
    - 정정사유를 입증하는 제출서류 확인
    - 세번변경 등에 따른 원산지증명서 유효성 여부(HS가 필수기재사항인지 여부, 또는 HS가 변경되어도 원산지결정기준을 충족하는지 여부 등)
    ※ 원산지증명서의 유효성 여부가 확인되지 않는 경우 원산지증빙서류 수정요건 심사대상임
(2) 관세법 제38조(신고납부), 제38조의2(보정) 및 제38조의3(수정 및 경정)을 준용하여 처리

5 원산지심사물품에 대한 오류 발견시 처리 방법

가. 세관장의 원산지 심사사항
(1) 원산지의 확인

              (2) 협정관세의 적용
        나. 세관장의 자료 제출 요구
              ○ 상기 "5-가" 내용을 심사하는 데 필요하다고 인정하는 경우
        다. 처리방법
            (1) 원산지의 확인, 협정관세의 적용 등에 대한 심사를 위해 제출받은 원산지증명서가 원산지결정에 영향을 미치는 경우
                (가) 심사를 하는 세관장은 상기사항 발생시 FTA 관세특례법 시행규칙 제16조제5항의 규정에 따라 원산지증명서를 제출한 자에게 반드시 보정을 요구하여야 하며, 보정요구 기간은 5일 이상 30일 이내의 기간으로 함(규칙 제16조제5항)
                (나) 원산지증명서를 협정규정에 맞게 보정할 경우에는 협정세율 인정
                (다) 해당 원산지증명서를 협정규정에 맞게 미보정하거나 세관장이 요구한 자료를 미제출하는 경우에는 협정규정에 따라 협정세율을 배제하거나 검증의뢰
            (2) 원산지의 확인, 협정관세의 적용 등에 대한 심사를 위해 제출받은 원산지증명서가 원산지결정에 영향을 미치지 아니한 경우에는 협정세율 인정

6 시행일 : 이 지침은 공문 시행일부터 시행한다.
7 경과규정
   ○ 이 지침 시행일 이전에 협정관세 적용신청 수리되어 있는 수입물품에 대한 원산지증빙서류 수정, 원산지증명서 보정요구 및 수입신고 오류에 따른 세액정정·세액보정신청, 수정신고 또는 경정청구는 이 지침을 적용할 수 있다.

해설

협정관세의 적용을 신청하여 협정관세를 적용받은 후 세액보정·수정 또는 경정으로 세액이 정정되지 않은 물품에 한하여, 협정 적용에 근거가 되는 기존 원산지증명서의 유효성이 훼손되지 아니한 사유가 발생한 경우에는 최초 협정관세적용신청의 정정을 허용하여 사후적인 치유가 가능토록한 조치이다. 이는 기존 지침의 "협정관세 재적용 불가"라는 표현이 최초 협정관세적용 신청 내용에 대해 수정자체가 불가한 것으로 확대해석하는 것을 방지하기 위함이다. 예를들어 기존 제출한 원산지증명서의 인증수출자 번호나 HS코드 등이 잘못 기재된 경우, 한-아세안 FTA 관세율을 적용해야 하나 착오로 한-인도 CEPA 관세율을 적용한 경우 등을 들 수 있다.

PLUS TIP 3-6

협정관세 재적용 제한 대상

협정관세 재적용 제한은 동일 FTA 협정을 기준으로 적용하는 것이 타당
1국의 원산지가 2개 이상의 협정적용이 가능한 경우, 세율차 등의 사유로 수입 시 적용 받은 협정관세를 취소하고 다른 협정의 특혜관세 사후적용이 가능함. 다만, 가산세 부과는 FTA특례법 제36조(가산세)에 따라 처리
(허용 예시: FAS1 > FVN1, FAS1 > A > FVN1)
(미 허용 예시: FAS1 > A > FAS1)

APTA에서 FTA로 세율정정

당초 APAT 특혜세율 적용오류가 없는 경우 기본세율로 수정신고* 하지 않고 한-중 FTA협정관세로 경정청구 가능 (APTA는 FTA 재적용 처리지침 미적용)
* 세액이 부족하다는 것을 알게 되거나, 세액산출의 근거가 되는 과세가격 또는 품목분류 등에 오류가 있는 것을 알게 되었을 때 수정 또는 보정신고

품목분류번호 해석 상이 등에 따른 업무처리 지침 (관세청 2017.6.12 시행)

1 목적
본 지침은 자유무역협정(FTA) 집행 및 일반특혜관세와 관련하여 우리나라와 협정상대국의 품목분류번호(이하 "HS번호"라 한다)가 다르거나 원산지증명서의 품명과 송품장의 품명이 다르게 기재된 경우에 대한 처리절차를 마련하는데 목적이 있음

2 업무처리 지침
1. 협정상대국과 수출물품의 HS번호가 다를 경우 원산지증명서 발급 방법 및 원산지인증수출자 인증 요령

   가. 원산지증명서 발급방법
   1) 협정상대국의 HS번호를 확인할 수 있는 공식서류를 원산지증명서 발급기관(관세청 또는 상공회의소)에 제출할 경우 협정상대국의 HS번호를 기재하여 원산지증명서 발급 가능
   2) 위 1)에서 규정한 공식서류는 당해품목에 대한 협정상대국 정부의 공식적 의견서로서 다음 중 어느 하나에 해당하는 서류
      가) 수입신고필증
      나) 품목번호 확인서
      다) 사전심사결정서(advance ruling)
      라) 협정상대국 관세·품목분류표에 명확하게 규정된 품목임을 증명하는 서류 및 정보
      마) 기타 세관장이 타당하다고 인정하는 서류
   3) 위 1)에서 규정한 공식서류의 제출 관련, 동일한 HS번호의 물품에 대하여 반복적으로 원산지증명서를 발급 신청하는 경우에는 최초 발급신청 시에 증빙서류를 제출하고 그 이후에는 최초 C/O 발급번호를 기재*하여 증빙서류 제출 생략 가능. 다만, 동일물품 여부 등이 확인되지 않은 경우에는 서류제출 필요(2017.6.12. 신설)
      * (세관) '메모' 란, (상공회의소) '발급기관 전달사항' 란

   〈예 시〉
   동 물품은 2017년 0월 0일 원산지증명서 발급신청(발급번호: 0000-00-0000000, 발급코드: 0000-0000) 시 상대국 HS번호를 확인할 수 있는 공식서류를 제출한 물품과 동일한 HS번호의 물품이므로 증빙서류의 제출을 생략함

   나. 원산지인증수출자 인증 요령
   1) "1-가-2)"에서 정한 서류로 HS번호가 다름이 확인되고 품목별 원산지인증수출자 요건을 갖춘 경우 해당품목에 대해 협정상대국의 HS번호로 추가 인증 처리

2. 협정상대국에서 발급·작성되는 원산지증명서의 HS번호와 수입신고서의 HS번호가 다른 경우 특혜관세 적용업무 처리 요령

   가. 'HS번호'가 원산지증명서의 필수항목이 아닌 경우
   1) 'HS번호'가 원산지증명항목이 아니므로 원산지증명서상의 'HS번호'와 무관하게 협정관세 적용
   2) 관련협정
      가) 유럽연합당사자와의 협정(한-EU FTA)
      나) 유럽자유무역연합회원국과의 협정(한-EFTA FTA)
      다) 터키와의 협정(한-터키 FTA)
      라) 페루와의 협정(한-페루 FTA)

   나. 'HS번호'가 원산지증명서의 필수항목인 경우
   1) 원산지증명서의 HS번호에 따른 원산지결정기준이 수입신고서의 HS번호에 따른 원산지결정기준에 충족하는 경우 협정관세 적용
   2) 관련협정
      가) 아세안회원국과의 협정(한-아세안 FTA)
      나) 미국과의 협정(한-미 FTA)
      다) 칠레와의 협정(한-칠레 FTA)
      라) 인도와의 협정(한-인도CEFA)
      마) 싱가포르와의 협정(한-싱가포르 FTA)
      바) 중국과의 협정(한-중 FTA)
      사) 베트남과의 협정(한-베트남 FTA)
      아) 페루와의 협정(한-페루 FTA)
      자) 뉴질랜드와의 협정(한-뉴질랜드 FTA)
      차) 호주와의 협정(한-호주 FTA)
      카) 캐나다와의 협정(한-캐나다 FTA)
      타) 콜롬비아와의 협정(한-콜롬비아 FTA)
   3) 다음의 경우 협정관세 적용처리 후 수입자의 주소지 관할구역 원산지조사 부서에 검증의뢰
      가) 원산지증명서 HS번호의 원산지결정기준이 수입신고서 HS번호의 원산지결정기준을 충족하지 못하거나 충족여부 확인이 곤란한 경우

(적용예시)

원산지증명서 HS번호의 원산지결정기준	수입신고서 HS번호의 원산지결정기준	처 리 방 법
완전생산기준	완전생산기준 또는 역내가치발생기준 또는 세번변경기준	· 수출국에서 완전생산된 물품이므로 원산지제품에 해당 ⇒ **특혜관세 적용**
역내가치발생기준 40%	역내가치발생기준 35%	· 역내가치기준 35%를 초과하므로 원산지제품에 해당 ⇒ **특혜관세 적용**
역내가치발생기준 40%	(선택기준) 역내가치발생기준 40% 또는 세번변경기준	· 역내가치기준 또는 세번변경기준 중 어느 하나의 기준을 충족하면 원산지제품에 해당 ⇒ **특혜관세 적용**
역내가치발생기준 40%	(조합기준) 역내가치발생기준 40% 및 세번변경기준	· 세번변경기준 충족여부 확인 불가 ⇒ **특혜관세 적용 → 검증의뢰**
세번변경기준	세번변경기준	
역내가치발생기준 30%	역내가치발생기준 40%	· 수입국 원산지결정기준 불충족 ⇒ **특혜관세 적용 → 검증의뢰**
세번변경기준	완전생산기준	

다. 원산지결정기준에 세번변경기준이 적용되지 않는 경우
  1) 역내가치발생기준을 충족하면 원산지제품에 해당하므로 'HS번호'가 다른 경우에도 특혜관세 적용처리
  2) 적용 대상
    가) 아시아·태평양 무역협정 양허관세(제4라운드 협상내용 발효시 "2-나"를 적용한다.)
    나) 최빈개발도상국 일반특혜관세
    다) 개발도상국간 특혜무역제도의 양허관세(GSTP)
    라) 세계무역기구협정 개발도상국간의 양허관세(TNDC)

3. 원산지증명서의 품명과 송품장의 품명이 다른 경우 특혜관세 적용업무 처리 요령
  가. '품명'은 물품의 동일성을 확인하기 위한 중요한 정보로서 원칙적으로 원산지증명서와 송품장의 '품명'은 동일해야 함
  나. "가"항에도 불구하고 무역관행상 일반적으로 사용되는 '품명'과 원산지증명서의 '품명'이 다른 경우에도 동일한 물품임이 확인 된다면 특혜관세 적용처리

(적용예시)

원산지증명서의 품명	송품장의 품명	처리방법
machinery parts	Bolt, nut	협정관세 적용

③ **시행일자** : 2017. 6. 12.

④ **이 지침의 시행과 동시에 기존의 아래 지침은 폐지함**
1. 품목분류번호 해석 상이 등에 따른 업무처리 지침 통보(FTA집행기획담당관-1518, '16.6.23)

원산지증빙서류*의 HS Code 작성기준
* 원산지소명서, 원산지확인서, 원산지증명서 작성대장 등

원산지증빙서류는 협정에서 별도규정이 없는 한 법령에 따라 우리나라 HS세번을 기준으로 기록·관리해야 함

다만, 수입국 관세당국의 검증을 대비, 수입국의 해당 세번에 대해서도 관리할 필요가 있음

HS 상이 시 C/O발급 가능 여부

수입국 HS세번으로 C/O 발급신청 시, 수출국, 수입국 HS세번 모두에 대한 원산지기준 충족 시 C/O 발급 가능

원산지검증 시 기준이 되는 세번

체약상대국의 원산지확인 요청 시, 우리나라 수출국 HS세번 기준으로 원산지를 판정

다만, 수입국의 HS세번으로 C/O를 발급하였다면, 원산지 직접검증 등에 대비하여 수입국 HS세번 기준으로도 원산지증빙서류를 구비해야 할 필요가 있음

관련판례

CHAPTER 3-6

품목분류번호 변경에 따른 협정관세 적용

OOO 및 OOO세관 분석실은 쟁점물품에 대해 최초 OOO부터 최근 OOO까지 HSK 0404.90-1000호로 품목분류를 결정한바 있고, 원산지 증명서 검증 시점(2013.3.29.~2013.5.1.) 이후인 2013.6.21. 관세평가분류원은 쟁점물품을 HSK 1901.90-2010호로 품목분류 결정 회신한 바 있는 점, 쟁점물품을 최초 결정한 1993년 이후 15년 이상을 일관되게 제0404호로 처리하여 왔고, 최근에 와서 2013.6.21. 관세평가분류원에서 제1901호로 변경 결정하였으므로 처분청에서 경정·고지한 쟁점물품은 2008.12.19. 수입신고한 물품으로서 수입신고 당시에는 제0404호가 적용되는 시점인 점, 쟁점물품의 수입신고서상 품목번호 6단위(제0404.90호)와 원산지증명서상 품목번호 6단위(제1901.90호)가 서로 다르게 기재되었다 하더라도, 1993년부터 2013년 5월까지 처분청의 품목분류사전회시 및 분석을 통해 쟁점물품이 품목번호 제0404호에 분류된다고 통보받았으므로, 쟁점물품은 수입당시 우리나라 법령에 따라 협정세율 적용대상에 일응 해당하는 점 등을 종합적으로 고려해 보면, 처분청이 한-칠레 FTA 협정세율 적용 비대상 세번이 기재된 원산지증명서의 유효성을 보정요구 불응 등을 이유로 부인하고 칠레산 우유조제품에 대한 협정세율 적용을 배제하여 부과한 처분은 잘못이 있다고 판단된다.

[조심2014관0020, 2014.4.3]

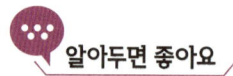 알아두면 좋아요

상품의 품목분류번호는 FTA에서도 가장 중요하다. 상품의 협정세율과 원산지가 품목분류번호로 결정되기 때문이다. 하지만, 기업이 상품의 품목분류번호(HS 코드)를 직접 결정하기는 쉽지 않다. 그래서 전문가인 관세사에게 의뢰하는 것이 보통이지만, 공신력이 떨어지는 것이 사실이다.

이러한 점을 반영하여 관세청에서는 수출입신고를 하기 전에 수출입자가 스스로 품목을 분류하는 데 어려움이 있는 경우 법령에서 정한 바에 따라 관세청 관세평가분류원장에게 신청하면 법적인 효력이 있는 품목번호를 결정하여 회신하도록 하는「품목분류 사전심사 제도」를 운영하고 있다.

FTA가 확대되면서 품목분류번호에 대한 분쟁은 국내외적으로 확대될 수 밖에 없다. 이러한 상황에서 수출입 기업이 가장 먼저 확인해야 할 것은 제품의 품목분류번호라는 것을 명심해야 한다. 구체적인 내용은 아래 사이트를 참고하길 바란다.

cvnci.customs.go.kr/민원서비스/품목분류

중요 질의 및 답변 사례

CHAPTER 3-6

질의 40	수입신고 수리 후 협정관세 적용신청을 수리 후 1년이내 신청하였으나, '2개의 란'이 아닌 '1개의 란'에 대하여만 신청하여, '2개의 란' 모두를 신청하기 위해 세관에 기각을 요청하였고 세관은 '기각'처리함. 이에 신청인은 다시 신청하였으나, 이미 1년이 지나 신청할 수 없게 되자, 최초 신청한 사항('1개의 란'에 대한 신청)에 대하여만 인정해 줄 것을 요청 상기와 같이 신청인의 요청으로 '기각' 처리한 협정관세 사후신청 건을 무효로 보아 최초 신청을 인정할 수 있는지 여부?
답변	협정관세 적용은 신청에 의하는 것이므로 신청인의 요청에 의해 기각 처리될 수 있으며, 신청인의 요청을 받아 '기각'한 것은 '하자없는 행정행위'인 바, 기각 처리된 '신청'은 더 이상 유효하지 않음 따라서 신청가능기간이 이미 경과하였으므로 '협정관세적용신청'을 다시 신청할 수 없음
질의 41	스위스에서 OEM으로 제조되어 독일 M사에 납품된 스위스산 커피메이커 제품의 한-EFTA FTA 특혜관세 적용 여부?
답변	스위스 수출자가 아닌 독일 수출자가 송장을 발행하고, 한-EFTA 회원국이 아닌 독일에서 한국으로 운송되어 직접운송원칙에 위배되므로 한·EFTA FTA 특혜관세 적용대상이 될 수 없음
질의 42	한-EU FTA 할당관세(추천방식)를 적용받은 수입건이 원산지증명의 문제(인증수출자로 인증받지 않은 수출자가 원산지를 증명)로 다른 세율이 적용된 후, 유효한 원산지증명서를 다시 구비하여 사후적용할 때 수입통관시 제출받은 추천서를 유효한 것으로 인정하여 한-EU 할당관세(추천방식)를 다시 적용 할 수 있는지?
답변	인증수출자로 인증받기 이전의 수출물품에 대하여도 원산지증명서는 소급발급할 수 있고, 수리후 1년내에는 협정 적용신청 가능 또한 동건 한-EU 할당관세 적용 추천서는 추천기관에서 정상적으로 발급되고 유효기간내 사용한 것이며, 관세는 수입신고 당시의 법령에 따라 부과하는 것이므로 '수리 후 협정관세 적용'시에도 수입신고 당시 관세율이 적용되므로, 수리후 협정관세적용시 한-EU 할당관세 추천서는 유효함
질의 43	한-EU FTA 협정은 '수리후 협정관세적용 신청기간'이 '수입 후 2년' 또는 '수입당사자의 법령에 명시된 기간'으로 규정(선택적으로 규정) 협정에 따르면 '수입 후 2년'이 가능한데도 국내법에서 '1년'으로 규정한 것은 수입자에게만 과다한 의무를 부과한 것 협정에 따라 '수입 후 2년'이내에 협정관세 적용을 신청할 수 있는지 여부?

답변	특례법에서는 협정과 국내법이 상충되는 경우 협정을 적용하도록 규정 협정에서는 '수리후 신청기간'을 2가지로 열거하여 원칙적으로는 2가지 중 1가지를 선택하여 적용할 수 있으나 - 「FTA특례법」에서는 2가지 중 1가지인'수입당사자의 법령에 명시된 기간'을 선택하여 '1년'으로 규정 - 이는 협정에 따라 국내법에서 정할 수 있는 것을 정한 것으로 협정과 '상충'되는 것이 아니므로 국내법에 따라 '1년'으로 해석하는 것이 타당
질의 44	해외임가공 물품 등의 감세 적용 신청을 위해 수입신고 란을 분리한 경우 수리비, 왕복운임, 임가공비의 FTA 협정관세 적용 여부?
답변	수입물품 과세가격 결정에 관한 고시에 따르면, 수리 또는 가공 후 재수입되는 물품의 과세가격은 당초 수출된 물품의 가격 뿐 아니라 수리 또는 가공에 소요된 비용 및 기타 제비용을 포함한 가격을 의미 FTA 특례법 제5조 규정에 의해 FTA협정 관세가 기본세율보다 낮은 경우 협정관세가 우선하여 적용하므로 해외임가공 물품 등의 감세 적용 대상이 아닌 수리(가공)비용 및 왕복운임에 대해서도 협정관세 적용 가능
질의 45	미국에서 분할선적된 물품이 국내에서 동일한 날짜, 동일한 장소에서 동시에 각각 수입신고. 이를 하나의 완성품으로 보아 완성품의 세번(HS8501.34)로 수입통관 이 경우 완성품에 대한 원산지증명이 있다면 각각 수입신고되는 물품에 대해 한-미 FTA 협정관세 적용이 가능한지?
답변	한-미 FTA에서 분할선적물품의 원산지증명에 대한 규정이 없지만 아래의 모든 조건을 충족하는 물품에 대하여는 조립된 완성품에 대해 협정관세를 적용할 수 있음 1. 수출국에서 생산되어 선적한 원산지 제품으로서'관세·통계통합품목분류표의 해석에 관한 통칙2'에 따른 완성물품의 주요특성을 가진 물품일 것 2. 포장, 운송 등의 편의를 위해 분할해서 수입하는 물품일 것 3. 우리나라에서 단순조립 이상의 추가가공이 발생하지 않을 것 4. 관세법 제17조(적용법령)에서 정하는 물품에 대한 원산지증명이 있을 것
질의 46	한-아세안 FTA 관련, 1건의 원산지증명서상의 물품이 항공기의 공간부족으로 2차례에 나누어서 운송됨 - 1차로 도착된 화물의 긴급통관을 위해 적하목록을 정정하고 우선 도착된 화물만 수입통관하고, 이후 2차로 나머지 화물이 도착하여 수입통관함 FTA원산지증명서를 분할하여 사용할 수 있는지?
답변	한-아세안 FTA 원산지증명서는 수출시 또는 수출직후 곧 발급하도록 규정. 즉, 매 수출시 마다 원산지증명서를 발급해야 하는 것이므로 수출선적되는 단위인 B/L단위로 발급하는 것이 원칙 동 협정, FTA특례법 및 관세법에 원산지증명물품의 분할선적과 분할수입에 대한 규정은 없으나, 원산지제도 운영에 관한 고시에서는 원산지증명서는 동일B/L건에 한하여 사용하도록 규정하면서 선복부족 등의 경우에는 분할사용을 허용하고 있음 따라서 국내법규를 참고하여 선복부족 등 부득이한 사유로 분할 선적한 경우에는 원산지증명서 분할사용이 가능함

질의 47	한·미 FTA 관련, 한국 수출자가 사용하는 HS CODE와 미국 수입자가 사용하는 HS가 상이한 경우 원산지관리는 어떤 세번에 따라 해야 하는지?
답변	특혜관세의 적용여부는 수입당사국의 법령에 따라 결정되므로 미국 관세청의 품목분류 결정에 따라 원산지관리를 하는 것이 유효함 **(Tip)** 한·미 FTA 협정 적용 시 품목분류에 이견이 있는 경우에는 동 협정문 제7.10조(사전심사결정) 또는 FTA 특례법 시행령 제19조(원산지 등에 관한 사전심사)에 따라 사전심사*를 통하여 정확한 품목분류 확인 가능. * 한국 : 관세평가분류원「품목분류 사전심사제도」 * 미국 : CBP「Advance Rulings」
질의 48	한-EU FTA 관련 송품장에 기재된 HS번호와 수입신고시 HS 번호가 다른 경우 협정관세 적용 여부?
답변	한-EU FTA의 원산지신고서에는 품목분류번호(HS번호)를 기재하도록 규정하고 있지 않기 때문에 수출자가 작성한 송품장에 기재된 품목분류번호는 협정관세 적용시 고려사항에 해당하지 않음 따라서, 송품장(원산지신고서)에 기재된 품목분류번호와 수입신고하는 품목분류번호가 일치하지 않은 경우에도 협정관세 적용 가능
질의 49	한-아세안 FTA 협정관세 사후적용 신청 시, 원산지증명서와 수입신고서상의 품목분류가 상이하나 원산지결정기준이 동일한 경우 특혜적용이 가능한지?
답변	원산지증명서와 송품장의 HS가 다른 이유가 원산지증명서의 오류로 인한 것이라면「자유무역협정 이행을 위한 관세법의 특례에 관한 법률 시행규칙」제21조제5항에 따라 세관장은 5일 이상 30일 이내의 기간을 정하여 보정을 요구한 후 그 결과에 따라 처리 단, 협정관세 적용 요건 충족 여부 확인이 어렵거나 시일이 소요될 경우*에는 우선 세액보정 또는 경정처분 하되, 그 내용을 신청인에게 통지하고 제출서류 일체를 FTA 검증부서에 인계 * 품명·HS 불일치, FOB 가격 불일치, 제3국 송장·연결원산지 증명서 표기 누락, 진정등본·소급발급 문구 누락 등
질의 50	해외(FTA 체결국)에서 생산되어 국내에 유통되는 OEM* 생산제품 중 우리나라 회사 브랜드를 부착한 경우 FTA 협정상 국내산으로 인정되는지 여부 질의? * OEM(Original Equipment Manufacturer) : 생산자가 물품을 주문한 회사의 상표를 물품에 부착하는 주문자 상표 부착 생산을 말함
답변	우리나라와 FTA가 체결된 국가에서 생산된 OEM 생산제품의 원산지는 국내 회사의 상표가 부착되어 있는지 여부와 관계없이 각각의 FTA 협정에서 정한 원산지 결정기준에 따라 결정 원산지 결정기준을 충족한 경우에도 원산지 증명서 등 증빙서류를 갖추고 있어야 하며, 운송요건 등 원산지 요건을 충족해야 FTA 협정관세 적용 가능
질의 51	한-EU FTA 관련 분할수입 신고시 협정세율 적용 신청을 하지 않고 수입신고 수리전 반출 승인을 받고 반출한 물품도 완성품 수입신고 수리전까지 협정에서 정하는 C/O를 첨부하여 협정세율 적용신청을 할 수 있는지?

답변	한-EU FTA에서 분할수입의 경우에는 부품에 대한 원산지증명이 아닌 제품에 대한 원산지증명서를 제출하는 경우 협정관세 적용가능
	
	◇ **한-EU FTA 제20조(분할수입)**
	HS 통칙 2(a)의 의미에서 HS 제16부 및 제17부 또는 제7308호 및 9406호에 해당하는 분해되거나 미조립된 제품이 분할 수입되는 경우, 그 제품에 대한 단일 원산지 증명이 첫 번째 분할 수입시 관세당국에 제출된다.
	◇ **한-EU FTA 제7조(원산지 자격 단위)**
	1. 이 의정서의 규정의 적용을 위한 자격 단위는 HS의 상품분류체계를 사용하여 분류를 결정하는 경우 기본 단위로 간주되는 제품이다. 따라서
	  가. 물품의 집단 또는 집합으로 구성된 제품이 HS 상에서 단일의 호로 분류되어 있을 때, 그 전체가 원산지의 자격단위를 구성한다.
	  나. 탁송화물이 HS의 동일한 호에 분류된 많은 동일한 제품으로 구성되어 있을 때, 이 의정서의 규정을 적용할 때 각 제품이 개별적으로 다루어져야 한다.

질의 52	2014년 8월 1일에 수입신고시 한-EU FTA 협정세율은 7%이고, 2015년 7월 2일 수리 후 협정적용시 협정세율은 5%이다. 이 경우 협정세율 적용은 7%인지 5%인지 여부?
답변	2014년을 기준으로 7%를 적용한다. 수입물품은 수입신고 당시의 물품의 성질과 수량에 따라 세율이 결정되고, 수입신고 시 원산지증명서를 보유하고 있지 않아 협정적용을 못한 자에 대해 수입신고 수리일로부터 1년 이내에 원산지증빙서류를 제출하는 경우 협정적용이 가능하기 때문
질의 53	관세범의 조사결과에 따라 원부자재에 대해 감면요건(관세법 제101조) 불충족으로 세액경정 후 세액을 납부한 경우, 한-아세안 FTA 협정관세 사후적용 신청이 가능한지 여부?
답변	해당 상품이 협정관세 적용대상이고 체약상대국의 원산지 상품이면 수입신고의 수리 전까지 협정관세 적용신청을 못한 경우 FTA 특례법 제9조(협정관세 사후적용의 신청)에 따라 협정관세 사후적용 신청 가능
질의 54	한-아세안 FTA 협정관세 적용을 받았으나, 세율이 낮은 한-베트남 FTA 협정관세로 다시 적용을 받을 수 있는지 여부 및 처리절차는?
답변	한-아세안 FTA 협정관세 적용 신청 당시 유효한 한-베트남 FTA 원산지증명서를 소지하지 않았고, 고시에서 규정한 정정 대상에 해당하지 않음 해당 상품이 협정관세 적용대상이고 체약상대국의 원산지 상품이면 수입신고의 수리 전까지 협정관세 적용신청을 못한 경우 FTA 특례법 제9조(협정관세 사후적용의 신청)에 따라 협정관세 사후적용 신청 가능
질의 56	부피 및 중량이 과다하여 운송상 이유로 완성품 1대를 4건의 선적으로 분할수입, 4건의 수입신고는 개별 구성의 이름, 가격, HS CODE로 신고하여 통관완료 완성품에 대해 재발행 된 송품장(원산지신고서) 1건으로 4건의 수입신고에 대한 협정관세 사후적용 신청이 가능한지 여부?

답변	협정관세 적용을 위해서는 수입신고 물품과 원산지신고서상 물품이 동일해야 함 HS 통칙2(a)에 따라, 완성품 세번으로 수입신고 된 분해 또는 미조립된 제품의 경우, 단일의 원산지증명서로 분할 수입 시 협정관세 적용 가능하나, 동 건의 경우 이미 개별 구성품으로 수입신고 수리된 물품으로 개별 구성품에 대한 원산지신고서 제출이 필요
질의 57	수입 통관시 생산지원비를 과세가격에 포함하여 처리하였으나, 협정관세 사후적용 신청 시 생산지원비를 제외하고 물품의 과세가격에 대한 일부금액만 협정관세 적용 받은 경우, 누락된 생산지원비에 대해 협정적용이 가능하는 여부?
답변	관세법 제30조 규정에 따라 생산지원비가 수입물품의 과세가격에 포함되므로 과세기술상 수입신고란을 분리하더라도 당해 수입물품 전체에 대해 협정관세 적용이 가능 다만, 생산지원으로 생산된 모든 수입물품이 동 협정규정에 따라 원산지로 충족된 경우에만 생산지원비 전액에 대해 협정관세 적용이 가능함
질의 58	<table><tr><th>생산자 / 수출자</th><th>HS세번</th><th>품명</th><th>원산지기준</th></tr><tr><td>수입신고서 (분류원 회신세번)</td><td>5911.90</td><td>공업용의 기타 방직용 섬유제품</td><td>CC</td></tr><tr><td>원산지증명서</td><td>8421.29</td><td>기타 산업용 필터</td><td>CTSH</td></tr></table> 상기표와 같이 세번이 상이한 경우 협정관세적용 여부는?
답변	한-미 FTA와 같이 HS번호가 원산지증명서의 필수항목인 경우, 원산지증명서의 HS번호에 따른 원산지결정기준이 수입신고서의 HS번호에 따른 원산지결정기준에도 충족하는 경우 협정관세 적용 그러나, 동 사례와 같이 세번변경기준의 충족여부 확인이 불가한 경우 특혜관세 적용 후 검증 의뢰
질의 59	견적송장(Proformal Invoice)을 근거로 발행한 원산지증명서로 협정관세적용이 가능한지 여부?
답변	견적송장은 수출업자가 당해물품의 가격을 견적해 주는 송장으로 실제로 거래된 물품에 대한 임시 송장이나 상업송장의 하나로 간주 되므로 협정관세 적용 가능 〈 송장종류 〉 <table><tr><th>구분</th><th>상업송장(Commercial Invoice)</th><th>공용송장(Official Invoice)</th></tr><tr><td>내용</td><td>상거래용으로 작성 ※ 일반적인 송장을 지칭 함</td><td>수입통관시 과세가격의 결정, 덤핑방지 등의 목적으로 제출</td></tr><tr><td>세분류</td><td>견적송장(Proforma Invoice) 선적송장(Shipping Invoice)</td><td>세관송장(Customs Invoice) 영사송장(Consular Invoice)</td></tr></table>
질의 60	유럽의 2군데 제조자(수출자)와 계약을 맺고 6천유로를 초과하지 아니한 각각의 원산지신고서(송품장)를 받음 2개의 송품장을 1개의 B/L로 화물을 통합하여 수입할 때 인증수출자가 아닌 수출자가 발행한 원산지신고서로 협정관세 적용이 가능한지 여부?
답변	전체가격 6천유로의 판단기준은 당사자 영역의 개별 수출자가 수하인에게 일시에 송부된 제품의 물품가액을 의미하므로 서로 다른 수출자가 작성한 송품장의 물품가액이 6천유로 이하인 경우 인증수출자가 아니어도 원산지신고서 작성 가능 ※ 단일 수출자로부터 단일 수하인에게 동시에 송부된 물품이 여러 개인 경우에는 동시에 송부된 물품 가격의 합계

여행자휴대품 등에 대한 협정관세 적용

한-EU FTA 등에서는 사인 간 소포로 송부되었거나 여행자의 개인 수하물의 일부를 구성하는 미화 1,000달러이하 제품은 원산지 증명의 제출을 요구함이 없이 원산지 제품으로 인정된다. 이러한 물품에 대해 정상적인 수입신고 절차없이 간이한 방법으로 협정관세를 적용할 수 있도록 절차를 마련하여 시행하고 있다.

▶1 여행자 휴대품

신속한 여행자 통관을 위해 여행자 휴대품에 대해선 기존의 휴대품통관 절차를 적용하되, FTA 특혜관세 적용을 위해 물품의 가격·협정세율·원산지확인을 위한 절차를 신설하였다. 예를 들어 한-EU FTA의 경우 적용대상은 'EU에서 구매한 원산지가 EU인 물품'에 대해 휴대품 신고 시 휴대품신고서에 협정세율 적용여부를 표시함으로서 협정적용신청을 한 것으로 간주한다.

 FTA 적용을 위한 절차

- (과세가격 산출) 현재 여행자 휴대품의 과세가격 산정방법과 동일한 방법($600을 공제한 잔여금액)으로 과세가격을 산정
- (협정세율 확인) 현장에서 물품별로 상이한 협정세율을 신속하게 적용하기 위해 「FTA세율 조견표」를 활용
- (원산지 확인) 신고의 진실성을 담보하기 위한 최소한의 절차로 구매영수증·현품의 원산지표시 등을 확인

구 분		내 용	비 고
FTA 비 적용		휴대품신고, 간이세율 적용	
FTA 적용	$1,000이하	FTA 적용신청, 협정세율 적용	구매영수증, 원산지 표시 확인
	$1,000초과	FTA 적용신청, 협정세율 적용	구매영수증 내 원산지 신고 문안·판매자 서명기재 확인

한-EU FTA 여행자 휴대품 원산지증명서 확인업무 처리지침 (관세청, '16.9.1)

1 목적
여행자휴대품*에 대한 FTA 원산지증명 및 협정관세 적용에 대한 세부처리 사항을 규정
* 「여행자 및 승무원 휴대품 통관에 관한 고시」에서 규정한 여행자 휴대품을 말함

2 적용대상 협정 : 한-EU FTA
3 적용대상 물품 : 여행자가 EU국가에서 구입한 EU산 제품
4 인정가능한 원산지증명서
   가) 제품을 기술하는 송품장, 인도증서, 상업서류에 원산지신고문안(아래 내용)과 작성자 성명 및 서명 등이 기재된 것

<원산지신고문안: 한-EU FTA 원산지의정서 부속서3>

The exporter of the products covered by this document (customs authorisation No*인증수출자번호) declares that, except where otherwise clearly indicated, these products are of '제품의 원산지**' preferential origin.

* "Customs authorisation NO": 6천유로 이하의 경우 기재 생략 또는 공란처리
** 제품의 원산지 표기방법: EU표기(EC, European Community, UE, ES, EE, EC) 국가명, 국가명의 ISO 코드, 당사국의 형용사 표기(Danish, German, French 등)

   나) 상업서류에 작성된 원산지증명서가 없는 경우 성실신고를 담보하기 위해 구매영수증에 원산지 신고문안과 수기서명 기재된 것

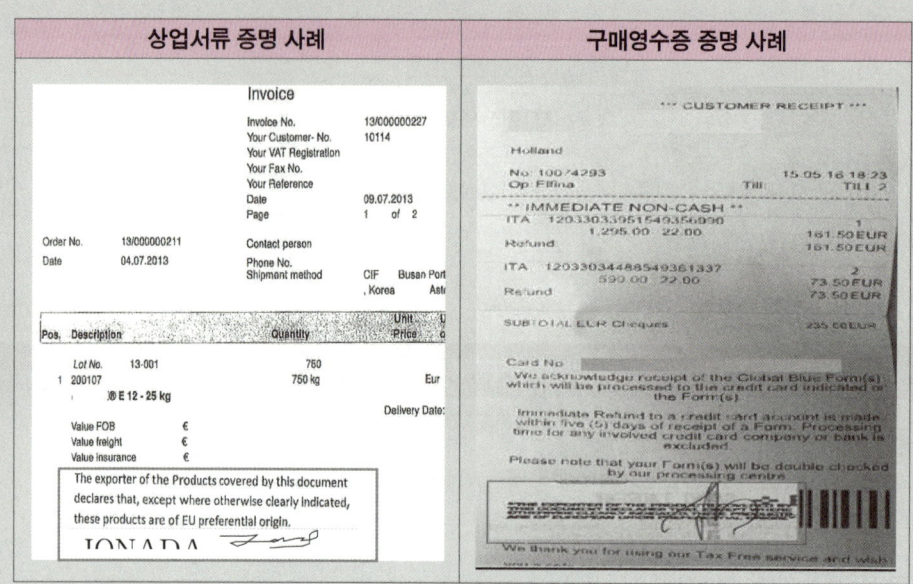

다) 구매영수증 뒷면에 원산지신고문안과 서명이 기재된 것
라) 구매영수증의 사이즈가 작아 원산지신고문안 등이 기재될 공간이 없는 경우에는 별도용지에 원산지신고문안과 서명이 기재된 것

5 별도용지에 기재된 구매영수증 인정요건

가. 기본요건

① A4용지와 같은 별지에는 원산지신고문안이 인쇄, 타자로 치거나 스탬프 또는 수기로 기재되어야 함
② 구매영수증은 접착제 또는 스테이플러로 별지에 부착(고정)
③ 작성일자, 작성자 이름 및 서명이 영수증과 별지 간 동일해야 함
  * 구매영수증에 날짜가 있는 경우 별지에는 작성일자 기재 생략 가능
④ 작성자의 이름과 서명이 간인(접인)형태로 구매영수증과 별지에 걸쳐 수기로 작성(기재)되어야 함

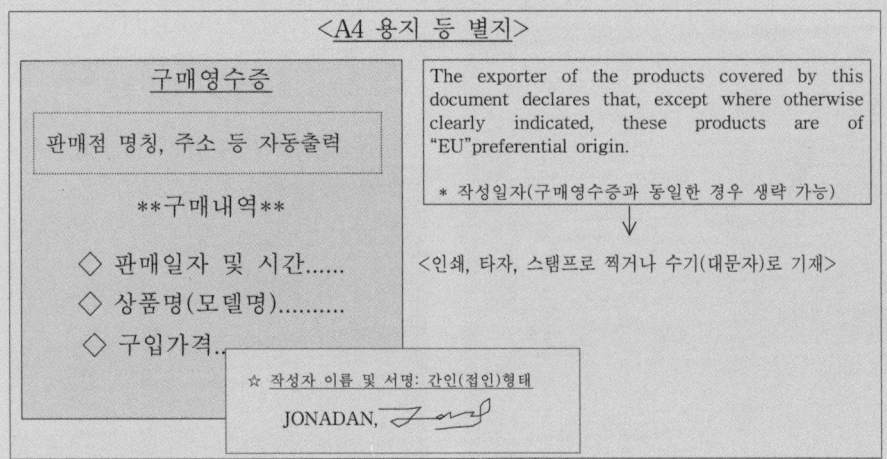

나. 예외적 인정
① 작성자의 이름 및 서명이 간인(접인)형태는 아니지만, 작성자의 이름이 명확하고 구매영수증과 별지에 기재된 서명이 모두 동일한 경우
② 원산지신고문안(스탬프)이 구매영수증과 별지에 걸쳐 찍히고 작성자의 이름과 서명이 별지에 기재된 경우

다. 불인정 대상
① FTA 부정특혜 신청이 의심*되거나 판매자(작성자)를 확인하기 곤란한 경우
   * 현지 여행가이드 또는 여행자가 원산지신고문안 작성·서명하여 특혜 신청
② 판매자(작성자)의 이름이 없는 경우
③ 구매영수증에는 서명만 기재되고 나머지 사항은 모두 별지에 작성된 경우
④ 원산지신고문안, 작성자 이름 및 서명이 모두 별지에 작성 되고, 별지에 단순히 구매 영수증을 부착한 경우

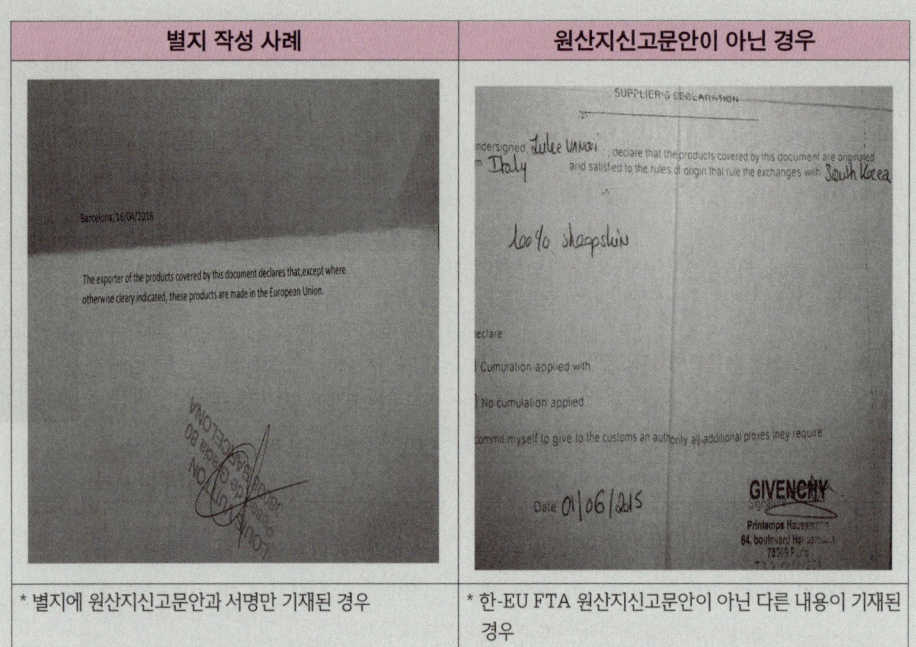

별지 작성 사례	원산지신고문안이 아닌 경우
* 별지에 원산지신고문안과 서명만 기재된 경우	* 한-EU FTA 원산지신고문안이 아닌 다른 내용이 기재된 경우

6 여행자 휴대품 협정관세 신청 및 적용

가. 적용대상 : EU에서 구매한 물품으로서 원산지가 EU인 물품

※ EU가 아닌 국가(미국, 홍콩 등)에서 구매한 EU산 물품은 적용대상이 아님

나. 신청절차 : 「여행자 휴대품 신고서」세관 신고사항 "2. FTA 협정국가의 원산지물품으로 특혜관세를 적용받으려는 물품"란 "있음"에 체크

〈여행자 휴대품 신고서(관세법 시행규칙 제49조의2 별지 제43호서식)〉

다. 기준금액: 여행자가 구매한 EU산 제품의 총 금액

라. 구비서류

1. 미화 1,000 달러 이하

◆ 원산지증명서 제출이 면제*되나, 신고의 진실성을 담보하기 위해 EU지역 구매영수증 또는 현품의 원산지표시 등을 확인

  * 근거법령: FTA관세특례법 제8조제2항 및 같은 법 시행령 제4조제3항

2. 미화 1,000 달러 초과 ~ 6,000유로 이하

◆ 「4. 인정가능한 원산지증명서」에서 규정한 서류

3. 6,000유로 초과

- ◆ EU국가의 인증수출자가 발행한 원산지증명서*
  - * 근거: 한-EU FTA 원산지의정서 제15조~제17조

마. 과세가격 결정

- ◆ 여행자 및 승무원 휴대품 통관에 관한 고시 제24조*에 따름
  - * 여행자휴대품의 과세가격은 제18조(여행자 1인당 관세면제금액), 제23조(신고금액 인정)에 따라 결정한다. 다만, 이 고시에서 정하지 아니한 경우에는「수입물품 과세가격 결정에 관한 고시」에 따른다.

바. 협정관세 사후신청 및 적용

- ◆ 적용대상: 여행자 휴대품 신고시 FTA 협정세율 적용의사가 있는 자 중 원산지증빙자료가 불충분하여 협정적용이 어려운 자

- ◆ 적용기간: 수입신고 수리일로부터 1년 이내

- ◆ 절차
  - ○ 일반 수입신고로 전환 후 FTA관세특례법 제9조에 규정된「일반수입신고시 사후 협정적용절차」준용
  - ○ 일반 수입신고로의 전환이 어려운 여행객은 물품을 유치한 후 유치기간 내 요건을 구비하여 협정적용 신청 가능

<여행자 휴대품 사후 협정관세 신청 및 적용절차>

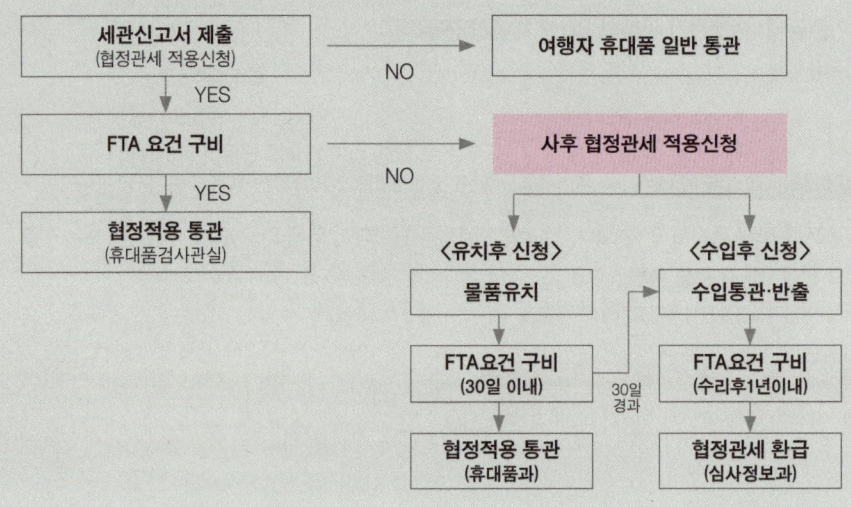

7 원산지증명서의 '단순실수·명백한 형식적 오류' 처리방법

가. 원칙적으로는 협정에서 규정한 대로 원산지신고문안이 작성되어야 함
나. 다만, 세관장이 '단순실수, 명백한 형식적 오류'라고 인정한 경우에는 협정관세 적용 가능

<명백한 형식적 오류 예시>

① 단어의 철자를 잘못 작성한 경우
  (예) 'these products'를 'these produtcs'로 작성한 경우
② 협정문에서 정한 단어 이외의 단어를 사용한 경우
  (예) 'these products'를 'these goods'로 작성한 경우
     'these products are'를 'this product is'로 작성한 경우
③ 단어 순서 또는 항목 위치가 바뀌어 작성된 경우
  (예) 인증수출자번호·제품의 원산지를 다른 위치에 기재한 경우
④ 협정에서 정하는 원산지신고문안을 수기로 작성하면서 소문자로 작성한 경우
⑤ 원산지신고문안의 각주 또는 설명내용을 기재하지 않은 경우
  (예) '(customs authorisation No.)', '(Place and Date)'를 기재하지 않은 경우

2 우편물

현행 우편물은 물품 금액에 따라 ①1,000불 이하 우편물은 현장면세 또는 현장과세(간이세율) ② 1,000불 초과 우편물은 간이 또는 일반수입신고를 하고 있다. 우편물의 간이한 협정관세적용은 '사인간 소포로 송부[88]된 미화 1,000불 이하로 신고한 물품'을 대상으로 하며 반드시 「국제우편물 간이통관 신청서」에 협정관세 적용 신청을 하여야 한다. 이와 함께 원산지증명 면제물품의 구매처(국가), 가격 정보를 담고 있는 구매영수증 등을 제출하여야 한다. 세관장은 제출된 구매영수증 등의 구매처(국가)와 현품에 표시된 원산지가 일치하는지 확인한 후 협정관세 적용여부를 결정한다. 1,000불 초과물품은 일반 수입신고 절차를 활용하므로 원산지증명서를 보유하고 협정관세적용신청을 세관장에게 하여야 한다.

---

[88] 한-EU FTA 협정의 경우 원산지증명 면제가 개인간 비상업적 물품에 한정되므로 전자상거래(인터넷) 구매물품은 원산지증명서를 제출하여야 협정관세 적용을 받을 수 있다. 다만 경매사이트(e-bay 등)를 통한 개인간의 온라인 거래는 구매영수증 등으로 협정관세를 적용받을 수 있다.

FTA 적용을 위한 절차

- (과세가격 산출) 현재 특송물품의 과세가격 산정방법과 동일한 방법(운임·수수료 등을 포함한 가격)으로 산정
- (원산지 확인) 물품의 구매처(국가) 및 가격정보를 담고 있는 구매영수증(인보이스)·원산지표시 등을 확인

구 분		내 용	비 고
FTA 비 적용		간이신고, 간이세율 적용	일부품목은 일반신고
FTA 적용	$1,000이하	FTA 적용신청, 협정세율 적용	구매영수증 등 확인
	$1,000초과	FTA 적용신청, 협정세율 적용	원산지증명서 필요

▶ FTA적용 국제우편물품에 대한 직접운송 요건은 「만국우편협약」 규정에 의해 수출국 우정당국이 발행하는 우편물에 대한 화물운송장인 "우편송장(주소기표지)"으로 확인한다. 이는 선하증권 또는 세관통제 입증서류 확보가 어려운 국제우편물의 특성을 감안한 것이다. (특례고시 제8조)

3 특송물품

현행 특송물품은 금액에 따라 목록통관($150이하)[89], 수입신고서를 활용한 간이수입신고($151~$2,000), 일반수입신고($2,000초과) 물품으로 구분하여 운영하고 있다. 목록통관 물품은 비과세 되므로 협정관세 적용과 관련이 없으나, 간이수입신고 대상물품 중 '사인간 특송업체를 통해 배송된 미화 1,000불 이하 신고 물품'은 원산지증명서 없이 협정관세 적용이 가능하다. 이 경우 구매처(국가), 가격 정보가 담긴 구매영수증 등을 세관장에게 제출하여야 한다.

FTA 적용을 위한 절차

- (과세가격 산출) 현재 특송물품의 과세가격 산정방법과 동일한 방법(운임·수수료 등을 포함한 가격)으로 산정
- (원산지 확인) 물품의 구매처(국가) 및 가격정보를 담고 있는 구매영수증(인보이스)·원산지표시 등을 확인

---
[89] 한-미 FTA의 경우 $200

협정별 원산지증명서 면제 기준

- 비상업용 미화 $1,000 이하 : 한-EU, 한-EFTA, 한-인도, 한-터키
- 상업용 여부 관련 없이 미화 $1,000 이하 : 한-칠레, 한-싱가포르, 한-페루, 한-콜롬비아, 한-미국, 한-호주, 한-캐나다, 한-뉴질랜드, 한-중미
- 상업용 여부 관련 없이 미화 $700 이하 : 한-중국
- 상업용 여부 관련 없이 미화 $600 이하 : 한-베트남
- 상업용 여부 관련 없이 미화 $200 이하 : 한-아세안

CHAPTER 3-7

중요 질의 및 답변 사례

질의 61	한-EU FTA에서 여행자 휴대품 간이통관시 구매영수증에 판매자의 서명이 누락된 경우 협정세율 적용이 가능한지?
답변	한-EU FTA 제16조(원산지 신고서 작성 조건) 및 제21조(원산지증명의 면제)에 따라 여행자 개인 수하물이 미화 1,000달러 이하의 경우 원산지 신고서 제출 없이도 원산지 제품으로 인정되나, 미화 1,000달러 초과 물품은 수출자의 원본 서명이 수기로 작성된 원산지 신고서가 제출되어야 하며 수출당사자의 관세당국에 서면약속을 제출한 인증수출자에 한해 서명 면제 가능 따라서 판매자의 서명이 누락된 구매영수증은 적정한 원산지 증명서로 인정될 수 없음
질의 62	여행자휴대품 통관 시, 한-EU, 한-미 FTA 협정에 따라 미화 1,000달러 이하의 제품은 무관세 통관이 가능한지?
답변	한-EU, 한-미FTA 모두 여행자 휴대품에 대한 면세규정은 없음. 다만, 미화 1,000불 이하 여행자휴대품은 원산지증명서 제출 면제 이 경우 한-EU FTA는 비상업용에 해당하는 물품에 한해 원산지증명서 제출을 면제하나, 한-미 FTA는 상업용을 구분하지 않고 면제 여행자휴대품에 대한 협정관세율 적용방법은 전체 구매 가격에서 여행자 면세한도 600불을 공제한 나머지 금액에 대해 협정세율을 적용 (관세만 해당, 부가가치세 등 내국세는 부과됨)
질의 63	수출자 개인이 송품장에 작성한 원산지 신고문안을 한-EU FTA 협정에 규정된 원산지신고서로 인정 가능한지 여부? 〈사례 1〉 유럽 현지인이 백화점에서 핸드백을 구매한 후, 국내 친지에게 국제우편으로 발송하면서 송품장에 원산지 신고문안 작성 〈사례 2〉 국내구매자가 국내 전자상거래업체에 구매대행을 의뢰한 후, 전자상거래업체의 유럽 현지 지인이 물품을 구매하여 국제우편으로 발송하면서 송품장에 원산지 신고문안 작성

답변	한-EU FTA 제16조 규정에 의거 원산지신고서는 인증수출자 또는 탁송화물의 수출자인 경우에만 작성할 수 있으며, 원산지신고는 상업서류에 하도록 규정하고 있는바,
	유럽 현지에서 물품을 구매한 현지인은 거래 당사자인 수출자에 해당하지 아니하며, 발행된 송장도 동 협정에서 규정하고 있는 상업서류에 해당하지 아니하므로 그 유효성을 인정할 수 없음
질의 64	해외직구를 통해 EU에서 상품*을 구매(998유로)한 경우 한-EU FTA 원산지증명 방법 및 관세법 시행령(제236조제2항)에 따른 개인 자가소비용 물품으로 볼 수 있는지 여부? *현품에 "Made in France"로 표기되어 있음
답변	한-EU FTA 규정상 해외직구를 통해 구매한 물품은 사인 간 소포 또는 여행자의 개인수화물의 일부를 구성하는 물품이 아니므로 원산지증명서 제출면제에 해당하지 아니함으로 협정관세 적용을 위해서는 EU역내 수출자가 작성한 원산지신고서가 필요
	관세법에 따른 원산지증명서 제출면제는 FTA 특혜관세적용을 제외한 일반특혜관세 등에 적용과 관련된 규정으로 EU 당사국을 원산지로하는 물품에는 적용되지 아니함

 관련판례

CHAPTER 3-7

서명이 누락된 구매영수증을 근거로 한 협정적용(한-EU FTA)

관세법 관련규정에는 구매가격에 관계없이 여행자휴대품은 원산지증명서 제출면제대상이라는 점, 쟁점물품 판매자가 쟁점물품 구매영수증에 원산지가 EU회원국산이고 한·EU FTA 협정세율 적용 대상이라는 스탬프를 날인한 점, 쟁점물품 구매영수증에 판매자의 서명이 없으나 TAX FREE 서류에 판매자의 서명이 있고 이를 편철하여 구매영수증과 함께 청구인에게 발급한 점으로 보아, 이 건의 경우 「FTA관세특례법시행령」 제2조 제2항 제2호의 규정에 부합하는 협정관세대상으로 보여지므로 처분청이 쟁점물품에 대한 협정관세 적용배제는 취소됨이 타당하다고 판단된다.

[조심2013관0015, 2013.4.29]

PLUS TIP 3-7 逆 직구시 중국내 면세한도가 궁금합니다.

- 자가물품 분류(간이세율 적용대상 여부)기준은 제품가격 1,000위안 기준이다. 그 물품의 수입세액(관세, 소비세, 증치세 등)이 50위안 이하 물품은 면세가 된다.
- 수입세액이 50위안 이상인 경우에는 간이세율이 아닌 정상 수입세액을 납부하여야 하며, 관세+소비세(약30%)+증치세(17%)를 납부하고 수입해야 한다. 과세가격 미화 700불 또는 이에 상응하는 자국통화에 해당하는 물품은 원산지증명서 제출이 면제된다.
- 관세청 YES FTA 홈페이지(http://fta.customs.go.kr)에서 한-중 FTA 품목별 세율 확인이 가능하다.

액체화물 등 특수물품의 협정관세 적용

　체약상대국과 체약상대국이 아닌 국가로부터 수입된 원유, 곡물 등 액체화물 등이 국내 보세구역 내 하나의 저장시설에 혼합 보관된 경우 체약 상대국으로부터 수입된 액체화물 등의 원산지와 수량은 당해 물품의 원산지증명서 및 선하증권에 의하여 결정한다. 다만, 선하증권 상의 수량과 실제 수입된 수량이 다른 경우에는 실제 수입된 수량을 우선 적용하며, 이 경우 세관장은 물리적으로 구분되어 원산지 지위를 부여하는 경우보다 더 많은 원산지 지위를 부여하지 아니하도록 하여야 한다. 세관장은 체약상대국의 액체화물 등이 우리나라 영역에 도달하기 전에 비체약국 액체화물 등과 혼합 보관되는 경우에는 원산지 상품으로 인정하지 아니할 수 있다.(특례고시 제9조)

　액체화물 등이 수입되는 경우 보관상의 이유로 원산지물품과 비 원산지물품이 혼합 보관될 수 있는 점을 감안하여, FTA협정관세 적용은 원산지증명서 및 선하증권의 원산지와 수량에 한정하여 적용할 수 있다는 내용이다. 여기서 유의해야 할 사항은 수입국에 수입상품의 원산지를 결정하는 권한을 부여하는 것이 아니라, 이미 생산국에서 원산지가 결정된 상품에 대해 단지 보관상 특수성을 인정한 것일 뿐이라는 사실이다. 따라서 협정관세 적용시 세관과 마찰을 줄이기 위해서는 화물 반입시 생산국에서 원산지 결정이 완료되었음을 입증하는 원산지증명서가 있어야 한다. 논리적으로 수입국에서 원산지 및 비원산지 상품이 혼합된 이후에 생산국 상품의 원산지를 결정한다는 것은 모순이기 때문이다. 이러한 액체화물은 원칙적으로 B/L단위로 수입통관되어야 한다. 수입자가 B/L에 적시된 원산지상품의 수량만큼 협정세율을 적용받으므로 세수손실은 발생하지 아니하고, 협정관세를 적용 받을 목적으로 원산지별로 분리보관을 위한 탱크시설을 건설토록 하는 것은 업계의 관행 및 현실성 등의 측면에서 많은 마찰의 소지가 있다는 것을 고려한 것이다.

액체화물 통관요령 (수입통관사무처리에 관한 고시 제104조)

제104조(액체화물) ① 이 조에서 "액체화물"이라 함은 보세구역의 탱크시설에 장치할 액체화물(원유, 당밀, 동물류, 식물류, 광물류, 유무기액체제로 액체상의 물품)을 말한다.

② 액체화물은 B/L별 통관을 원칙으로 한다. 다만 다음 각 호의 경우에는 제16조에 따라 B/L분할통관을 할 수 있다.
   1. 수출화물 제조에 사용될 원료 수입의 경우
   2. 협회, 조합 등에서 일괄 수입한 물품으로서 실수요자별로 수입신고하려는 경우
   3. 저장탱크별로 통관하여도 과세수량 확정과 화물관리에 지장이 없는 경우

③ 하나의 탱크시설에 원산지가 다른 액체화물이 혼합 보관된 경우 해당물품의 원산지는 원산지증명서에 의하며, 수량은 B/L상의 수량에 의하되 검정보고서(Survey Report)상의 검정수량과 일치하지 않는 경우에는 검정수량을 우선 적용한다.

CHAPTER 3-8

중요 질의 및 답변 사례

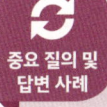

질의 65

아래 각 CASE 별 협정세율 적용 가능 여부?
○ CASE 1 : 단일 원산지의 단일 유종 저장
 - (예) EU産 Forties 원유를 비축기지에 저장 후 국내 정유사에 판매
○ CASE 2 : 단일 원산지의 서로 다른 유종 저장
 - (예) EU産 Forties 원유와 Brent 원유를 비축기지 내 동일 저장시설에 혼합 저장 후 국내 정유사에 판매
○ CASE 3 : 서로 다른 원산지의 서로 다른 유종 저장
 - (예) EU産 Forties 원유와 중동産 원유를 비축기지 내 동일 저장시설에 혼합 저장 후 국내 정유사에 판매

〈공통 전제조건〉
 - 보세구역 내에서 B/L 양수도 진행 후 국내로 수입통관
  * 보세구역 반입 시 화주 : 공사 또는 국제공동비축 고객사
  * 수입통관 주체 및 관세납부 의무자 : 국내 정유사
 - 저장시설 내 모든 물량을 출고한 후, 빈 시설에 FTA 체결국産 원유 입고
  * 저장시설의 구조상 물리적으로 출하가 불가능한 일부 물량(Deadstock) 제외
 - 물량 입고 후 출고 시점까지 기지 내 보관중인 타 유종과 엄격히 분리 저장하여 혼유 방지

답변

FTA 특례고시 제9조(혼합 보관된 액체화물 등의 원산지확인 방법)에 따라 FTA 해당물품과 非해당물품이 혼합 보관된 경우
 - 해당 물품의 원산지증명서 및 선하증권에 따라 해당 수량에 적용 가능
 - 또한, 수입통관고시 제104조(액체화물) 제2항에서 액체화물은 B/L별로 통관을 원칙으로 하고 있으나, 협회, 조합 등에서 일괄 수입한 물품으로서 실수요자별로 수입신고하는 경우에는
 - B/L을 분할 통관할 수 있으며, 제3항에서 하나의 탱크시설에 원산지가 다른 액체화물이 보관된 경우 원산지증명서별로 수량을 관리하도록 규정
 - 따라서, 원산지별로 수량관리가 가능한 경우에는 원산지증명서와 B/L에 의거하여 수입통관을 할 수 있으며, 필요한 경우 증명서와 B/L의 잔량관리를 통해 분할하여 수입통관 가능
 - 규정에 따라 B/L을 분할 통관할 수 있으며, 제3항에서 하나의 탱크시설에 원산지가 다른 액체화물이 보관된 경우 원산지증명서별로 수량을 관리하도록 규정

결론적으로 CASE 1,2,3 모두 원산지증명서에 따라 협정세율 적용이 가능함. 다만, 수량관리가 되지 않는 Deadstock의 물량은 원산지확인이 곤란하므로 협정관세 적용 불가

보세공장 물품 등에 대한 협정관세 적용

보세공장, 보세건설장, 종합보세구역, 자유무역지역 등에 체약 상대국으로부터 반입되는 원산지 상품의 통관시 협정관세적용 여부에 대한 논란이 지속적으로 제기되어 왔다. 이들 지역은 관세법 등에 의해 관세가 유보되는 지역(외국으로 간주)으로 반입된 물품이 보세상태에서 제조·가공·건설 등의 작업이나 공정이 이루어진다. 이러한 작업 등이 수행된 이후, 국내 반입을 위해서는 수입통관 절차를 거쳐야 하는데, 이때 협정관세 적용여부가 문제가 된다.

▶1 보세공장

보세공장이란 외국물품을 원료 또는 재료로 하거나 외국물품과 내국물품을 원료 또는 재료로 하여 제조·가공 기타 이와 비슷한 작업을 하는 특허보세구역이다. 협정관세 적용시 문제가 되는 것은 협정상대국의 원산지 재료 등을 사용하여 우리나라 보세공장에서 제품을 생산, 국내로 반입하는 경우 보세공장에서 생산된 제품에 대해 협정관세 적용이 가능한지 여부이다. 보세공장에서 제조·가공된 물품을 수입할 때 과세하는 방법은 일반적인 수입의 경우와 차이가 있다. 제품과세 또는 원료과세 방법에 의해 과세하는 것이다. 제품과세는 외국물품 또는 외국물품과 내국물품을 원료로 하거나 재료로 하여 보세공장에서 작업을 하는 때에는 그로써 생긴 물품[90]은 외국으로부터 우리나라에 도착된 물품으로 보고[91] 동 물품의 성질과 수량에 따라 과세하는 것을 말한다. 다만, 세관장의 승인을 받고 외국물품과 내국물품을 혼용한 때에는 그로써 생긴 제품 중에서 그 원료 또는 재료 중 외국물품의 가격이 차지하는 비율에 상응하는 분만이 외국으로부터 우리나라에 도착한 물품으로 보아 제품 중 일부분만이 과세대상이 된다. 제품과세시 적용하는 관

---

[90] 보세공장에서 제조·가공 중 발생하는 부산물 등은 우리나라 영역에서 생산된 완전생산품이다.
[91] 관세법 제188조제1항

세율은 원재료가 아닌 해당 제품의 관세율인데, 이 때 협정관세의 적용은 불가하다는 것이 보편적인 입장이다. 협정관세는 체약상대국을 원산지로 하는 수입상품에 대해서만 적용되는 것[92]으로 국내 보세공장에서 생산되어 원산지가 우리나라인 상품에는 협정관세를 적용할 수 없기 때문이다.

[보세공장 업무 처리절차]

외국물품 원재료
내국물품 원재료
타 보세공장 원재료
보세공장 사용 기계, 소모품

→ 보세공장 (보세공장 반입 → 사용신고 → 제조·가공) (관세납부 유예)

→ 수출·반송
→ 수입[내수]
→ 타 보세공장 원재료

▶ 기계, 기구, 소모품 등은 반입하여 수입통관 후 사용가능

반면 제조·가공된 물품에 대해 과세를 함에 있어 원재료의 사용신고를 한때의 그 원재료의 성질 및 수량에 따라 관세를 부과하는 원료과세의 경우는 협정관세 적용이 가능하다. 이 경우 적용하는 과세가격은 외국물품인 해당 원재료에 대해 과세가격 결정방법에 따라 결정된 과세가격이며, 관세율은 생산된 제품이 아닌 원재료의 관세율이기 때문이다. 원료과세 방법으로 과세하고 통관하기 위해서는 원료의 사용신고 전에 미리 원료과세 적용신청서를 세관장에게 제출하여야 하고, 세관장은 보세공장 반입 시에 원료과세 적용이 신청된 물품에 대해 검사[93]할 수 있도록 규정하고 있다. 원료과세시 협정세율을 적용하기 위해선 반입된 재료에 대한 원산지증명서 보유 등 협정에서 규정하고 있는 제반요건을 충족하여야 한다.

종합보세구역에서 생산된 물품은 관세법에 의거 보세공장에 준하여 처리가 가능하나 관세법의 적용을 받지 아니하는 자유무역지역의 생산시설에서 제조되는 물품의 경우는 적용상 어려움이 있다. 그러나, 제조공정을 거치지 아니하는 원상태 반입물품 등은 협정상 제반요건만 갖추면 협정

---

[92] 협정에 따라 체약상대국을 원산지로 하는 수입물품에 대하여 협정관세 부과(특례법 제4조)
[93] 실제 과세는 생산된 제품이 수입통관될 때이므로 원료의 보세공장 반입시 검사하도록 규정하고 있다.

적용이 가능하다.[94]

2 보세건설장

보세건설장이란 특허보세구역의 하나로 산업시설의 건설에 소요될 외국물품인 기계류, 설비용품 또는 공사용 장비를 설치·사용하여 건설공사를 하는 구역을 말한다. 보세건설장제도는 세관장에게 반입 신고한 물품에 대해 사용 전에 수입신고를 하여 세관검사만 받아 놓고 보세(미통관)상태에서 물품들을 조립하거나 공사에 투입하여 건설을 진행하다가 하나의 시설물이 완성(HS코드별 과세단위)될 때마다 세관장이 신고수리를 하도록 하는 제도로서 기업에게 건설 및 과세상의 편의를 제공하고 건설공사 기간만큼 자금 부담을 덜어주기 위한 제도이다.

협정관세 적용시 문제가 되는 사항은 건설장 반입물품의 경우 수입신고시에는 부분품 상태로 반입[95]하여 공사완료 후 완성품으로 신고수리 되므로, 수입신고시와 신고수리시의 물품이 상이하다는 것이다. 이 경우 수입신고시 부분품의 원산지증명서는 가지고 있으나 신고수리시 완성품의 원산지증명서는 보유하고 있지 않아 신고수리시 협정관세 적용이 문제가 된다. 이는 관세법 제16조[96]에 의거 사용 전 수입신고 시점에 과세물건은 확정되나, 관세법 제17조[97]에 따라 품목의 분류 및 세율은 수입신고 수리시에 확정되기 때문에 발생하는 문제이다.

[원산지 자격단위]
이 의정서의 규정의 적용을 위한 자격 단위는 HS의 상품분류체계를 사용하여 분류를 결정하는 경우 기본 단위로 간주되는 제품이다. 따라서 물품의 집단 또는 집합으로 구성된 제품이 HS 상에서 단일의 호로 분류되어 있을 때, 그 전체가 자격의 단위를 구성한다.

[한-EU FTA 원산지의정서 제7조]

---

94) 자유무역지역에 반입된 물품의 경우 사용소비신고 이후에는 보세화물관리가 B/L단위로 이루어지지 않고, 반입넘버별로 자체적으로 관리하게 되므로, 협정에서 정한 기준을 충족(원산지증명서 구비, 직접운송원칙 충족)하고, 자유무역지역 보관물품과 수입신고물품의 동일성이 확인되는 경우 협정적용이 가능하다.
95) 반입신고시 품목번호는 국내에서 조립되어 완성된 물품의 품목번호로 미리 신고한다.
96) 관세는 수입신고(입항전수입신고 포함)를 하는 때의 물품의 성질과 그 수량에 따라 부과한다.
97) 관세는 수입신고 당시의 법령에 따라 부과한다. 다만, 제192조에 따라 보세건설장에 반입된 외국물품은 사용전 수입신고가 수리된 날에 시행되는 법령에 따라 부과한다.

또한, 보세건설장에 원산지물품, 비원산지물품, 내국물품 등이 반입되어 조립되는 경우 완성품의 원산지를 어디로 볼 것인지, 이 경우 완성품에 대한 원산지증명을 협정 상대국 수출자가 할 수 있는지 등 보세건설장 물품은 상황에 따라 여러 가지 논란이 제기될 여지가 많은 것이 사실이다. 따라서 보세건설장 물품의 협정관세 적용 여부는 사안에 따라 개별적으로 판단하여야 한다.

보세건설장은 우리나라 관세법에 규정하고 있으나 FTA협정이나 국제협약 어디에도 근거가 없는 우리나라의 독특한 제도이다. 다만, EU·터키·EFTA[98]와 이 FTA에서 보세건설장 일부 물품 같이 분할 수입되는 물품에 대해 완성품에 대한 단일 원산지 신고서(증명서)를 첫 번째 분할 수입시 관세당국에 제출하면 특혜적용이 가능하도록 규정[99]하고 있을 뿐이다. 그러나 이 조항은 완성품을 구성하는 모든 부분품이 협정 상대국에서 분해되거나 미조립된 상태로 수입되는 경우로서 국내에서 단순 조립작업(나사 등으로 고정 또는 리벳팅이나 용접으로 조립하는 수준)만을 전제로 하는 물품으로 「관세율표」 통칙 2(가)에서 정한 단순 조립공정 수준 이상이거나 내국물품이 결합하여 완성품을 이루는 대부분의 보세건설장 물품에 적용하기에는 한계가 있다.

보세건설장 반입물품의 협정관세 적용시 세관과의 마찰을 피하기 위한 가장 좋은 방법은 보세건설장 반입시 부분품 상태(원산지증명 단위)로 협정관세를 적용한 후 내국물품 상태로 물품을 반입하거나 완성품의 원산지증명서를 구비(반입신고시 제출)하는 것이다. 이 경우 FTA 특혜적용은 가능하나 내국물품화에 따른 관세법상 보세건설장 혜택을 볼 수 없다는 단점이 있다.

---

[98] 본 조항의 규정을 이용하고자 하는 수입자는 첫 번째 분할 수출이 되기 이전에 완제품에 대한 단일 원산지 신고가 필요하다는 것을 수출자에게 알려야 한다.(한-EFTA FTA 부록 I 주해)

[99] 수입자의 요청이 있는 경우, 그리고 수입 당사국의 관세당국이 규정한 조건에 따라 HS의 일반해석규칙 2(a)의 의미에서 HS 제16부 및 제17부 또는 제7308호 및 제9406호에 해당하는 분해되거나 미조립된 제품이 분할 수입되는 경우, 그 제품에 대한 단일 원산지 신고서가 첫 번째 분할 수입시 관세당국에 제출된다.(한-EU FTA 원산지의정서 제19조)

보세건설장 건설물품에 대한 FTA 협정관세 적용지침 (관세청, 2017.3.13시행)

◆ 아래와 같이 수입신고수리되고, FTA 원산지증명서를 제출한 경우에는 FTA 협정관세 적용 가능

과세단위 (완성물품) 구성	수입신고 수리 및 C/O 제출 유형
(유형1) 부분품1 (EU산) 부분품2 (EU산) 부분품3 (EU산)	① 과세단위인 완성품으로 수입신고 수리되고, 해당 완성품에 대한 C/O를 제출한 경우 ② 과세단위인 완성품으로 수입신고 수리되고, 완성품을 구성하는 부분품에 대한 C/O를 모두 제출한 경우 ③ 부분품으로 수입신고 수리되고, 해당 부분품 C/O를 제출한 경우
(유형2) 부분품1 (중국산/국내산 등) 부분품2 (EU산) 부분품3 (EU산)	④ 일부 물품(부분품1)은 사용전신고와 별도로 통관하여 내국물품화하고, FTA협정 당사국으로부터 반입되어 사용 전 수입신고된 물품(부분품2, 부분품3)이 완성품으로 수입신고 수리되고 당해 완성품(부분품2+ 부분품3)에 대한 C/O를 제출하거나 당해 완성품의 모든 부분품에 대한 C/O를 제출한 경우 - 다만, HS 해석통칙 2(가)에 따라 완성품으로 분류될 수 있어 완성품 (과세단위)로 신고한 경우에 한함
	⑤ 부분품으로 수입신고 수리되고, 해당 부분품 C/O를 제출한 경우

※ 영 §제47조③ 제1호, 제2호에 해당하는 경우에는 별도의 면제신청 없이 세액정정신청서에 면제대상 표시 및 면제사유코드(신설) 입력

중요 질의 및 답변 사례

CHAPTER 3-9

질의 66

한-EU FTA에서 EU역내 수출자가 비당사국 수출자에게 판매한 후 비당사국 수출자가 다시 우리나라에 판매한 물품으로서

EU 역내에서 협정발효일 이전에 직접운송되어 우리나라의 자유무역지역에 있는 창고에 보관하고 있는 물품을 우리나라의 수입자에게 판매하는 경우 협정관세 적용 여부?

답변

원산지신고서의 유효기간은 발급일로부터 12개월이나, 수입물품이 우리나라의 수입항에 도착한 다음날부터는 유효기간에 산입하지 않으므로

당해물품이 원산지신고서 유효기간 안에 우리나라의 수입항에 도착하였다면 협정관세 적용 가능

따라서 협정발효일 이전에 자유무역지역에 반입된 물품은 직접운송 증빙서류와 함께 원산지신고서를 제출하면 협정관세 적용 가능

질의 67

한-아세안 FTA에서 자유무역지역에 원산지제품을 원재료로 반입한 후 가공처리한 물품의 협정관세 적용 여부?

답변

한-아세안 FTA 부속서3(원산지 규정) 제2조(원산지 기준)에 의거 수입물품이 협정관세를 적용하기 위해서는 수출국의 영역에서 생산되어야 함

따라서, 자유무역지역에 원산지제품을 원재료로 반입한 후 가공처리한 물품에 대하여는 협정관세 적용 불가

질의 68

다음의 경우 보세건설장에서 수입되는 물품에 대해 한-미 FTA 특혜관세 적용이 가능한지?
- 일부설비는 미국에서, 일부설비는 중국에서 국내 보세건설장에 반입
- 반입 후 보세건설장에서 하나의 SET 물품으로 조립하여 수입통관

답변

한-미 FTA 제6.17조(특혜관세대우 신청)제4항에 따라 원산지 증명은 당사국 영역으로 상품이 단일 선적되는 경우 적용되고,

관세법 제17조(적용법령)에 따라 보세건설장에 반입된 외국물품은 사용 전 수입신고가 수리된 날의 법령을 적용

따라서 한-미 FTA에 따른 원산지증명서의 물품과 법령 적용시점의 물품과 동일해야 동 협정에 따른 특혜관세 적용이 가능

미국과 중국에서 각각 따로 국내 보세건설장에 반입되어 조립된 물품에 대해 원산지증명을 할 수 없으며,

미국에서 반입된 설비에 대한 원산지증명서는 보세건설장에서 수리되는 물품과 다르므로 특혜관세를 적용할 수 없음

질의 69	보세건설장 반입설비에 대한 한-EU FTA 적용과 관련하여 아래의 수입신고방법이 적정한지 여부 및 협정관세 적용 여부? ① 반입설비를 보세건설장으로 보세운송하여 수입통관 후 건설에 사용하는 방법 ② 반입설비를 당사 보세창고로 보세운송하여 수입통관 후 보세건설장에 반입하여 사용하는 방법 ③ 반입설비를 입항지 보세구역에서 수입통관 후 보세건설장에 반입하여 사용하는 방법
답변	보세건설장에서는 산업시설의 건설에 사용되는 외국물품인 기계류 설비품이나 공사용 장비를 장치·사용하여 건설공사를 할 수 있음 관세법 통칙에 따라 보세건설장에는 산업시설 건설에 사용되는 외국물품인 기계류 설비품과 공사용 장비, 사무소 등 부대시설을 건설하기 위한 물품 등을 반입할 수 있음 관세법 제183조(보세창고)에 따라 보세창고에는 외국물품이나 통관을 하려는 물품과 내국물품을 장치할 수 있음 상기 수입신고방법은 모두 적정하며, 동 수입신고방법에 의한 수입물품과 한-EU FTA 원산지신고서의 물품과 동일한 경우에는 협정관세 적용 가능
질의 70	미국에서 국내의 자유무역지역(FTZ)에 반입한 원산지제품(정수기)과 비원산지제품으로 아래와 같은 공정을 수행한 후 재포장된 경우, 재포장된 제품 전체가 원산지 상품인지 여부 및 협정관세 적용 대상인지 여부? | FTZ 반입물품 ||| FTZ내 공정	수입신고
품 명	HS No	원산지	1. 정수기 박스개봉, Label 부착 2. 재포장 3. 박스에 Label 부착	재포장된 정수기를 수입신고
(미완성)정수기	8421.21	미국		
Faucet(수도꼭지)	8421.99	영국		
Power Adapter	8504.40	중국		
Lit Pack(매뉴얼)	4901.99	미국			 〈자유무역지역 수행 공정〉 ① 미국에서 반입된 정수기 박스 개봉 후 정수기에 상품 Label 부착 ② 영국, 중국에서 반입되어 있던 Faucet, Power Adapter, Lit Pack을 박스에 넣어 재포장 ③ 포장박스에 Label 부착 ④ 국내로 수입신고
답변	협정관세 적용 대상 물품은 체약당사국에서 수출되어 우리나라의 영역으로 수입된 원산지제품에 적용하는 것이므로 미국에서 수출되지 않은 물품은 특혜관세 적용이 불가 따라서, 동 물품은 수출국 원산지상품과 수출국의 원산지상품이 아닌 물품이 혼재되어 있는 바, 완성품 전체에 대해 FTA 협정관세 적용은 불가

질의 71	미국에서 국내의 자유무역지역에 아래의 원산지제품을 반입 - 원산지가 미국인 반입하는 제품 ① 세제 및 섬유유연제 등 가정용 세정제품 ② 음료에 비타민, 미네랄, 감미료 등을 첨가하기 위한 분말제품 동 물품에 아래의 보수작업을 수행 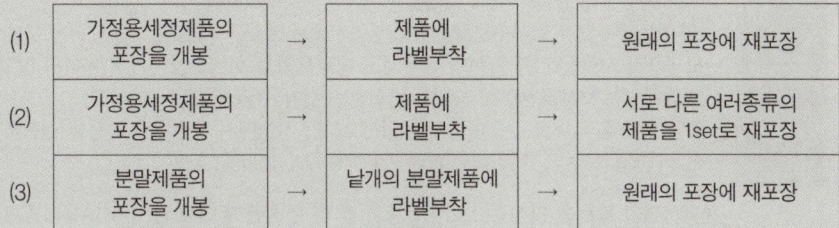 ※ 라벨은 한글로 표시되어 있으나, 미국에서 제작되어 송부된 물품 상기 물품을 수입할 때, 한-미 FTA 협정관세 적용여부?
답변	• 미국에서 수출할 때 원산지가 '미국'인 물품으로서 완성물품의 주요특성을 가진 제품(세정제품)이며 라벨 부착작업은 매우 단순한 작업으로 원산지가 변경될 만한 충분한 가공으로 볼수 없으므로 원산지는 '미국'인 물품 - 따라서 자유무역지역에 반입된 물품과 수입신고되는 물품의 동일성을 입증하기 위한 서류(수입물품의 원산지증명서, 운송서류 등)가 제출되는 경우 협정관세 적용 가능 • 또한 분할 운송되어 보세구역 등에 장치 후 수입되는 물품의 협정관세 적용여부는 아래와 같이 적용해 왔으며, 동 물품도 아래의 기준에 부합 1. 수출국에서 생산되어 선적한 원산지 제품으로서 '관세·통계통합품목분류표의 해석에 관한 통칙 2'에 따른 완성물품의 주요특성을 가진 물품일 것 2. 포장, 운송 등의 편의를 위해 분할해서 수입하는 물품일 것 3. 우리나라에서 단순조립 이상의 추가가공이 발생하지 않을 것 4. 관세법 제17조(적용법령)에 따라 수입물품에 적용되는 당시의 물품에 대한 원산지증명이 있을 것 5. 수출국에서 선적된 수출당사국의 원산지제품으로만 우리나라에서 조립될 것
질의 72	보세공장 반입물품에 대해 '사용신고' 후에 제품 생산 중단 등의 사유로 사용하지 않은 원상태로 수입하는 경우 (1) FTA관세특례법 제10조제1항에 따른 '수리 전 협정관세 적용' 신청을 보세공장 사용신고시 해야 하는지 수입신고시 해야 하는지? (2) FTA관세특례법 제10조제3항에 따른 '수리 후 협정관세 적용신청'은 보세공장 사용신고 후 1년 이내에 할 수 있는지?

| 답변 | 1. 보세공장에서 사용하기 위해 외국물품을 반입한 후, 사용하지 아니하고 원상태로 국내로 수입하는 경우는 2가지
　(1) 국내로 수입된 물품의 하자보수용
　(2) 제품생산 중단 등의 사유로 사용하지 않은 원재료인 잉여물품이 발생한 경우
따라서 제품생산 중단 등의 사유로 사용하지 않은 원재료인 잉여물품이 발생한 경우에는 보세공장에 반입한 물품을 원상태로 국내로 수입할 수 있음

2. 보세공장 반입물품의 국내 수입통관시 수입신고수리시점
　관세법상 '수입'은 보세구역을 경유하는 경우에는 보세구역으로부터 반입하는 것을 말하는 것으로
- 보세공장 '사용신고'한 물품의 경우에도 해당물품을 보세공장에서 사용하지 않고 국내로 반입하는 경우에는 보세공장에서 국내로 반입하는 것이 '수입'에 해당
- 해당 물품을 국내로 수입하면서 수입신고하는 시점에서 협정관세 적용을 신청하는 것이며, 수입신고 수리일로부터 1년이내에 협정관세 적용을 신청할 수 있음 |

질의 73

분할선적된 물품을 완성품으로 수입통관 할 때 완성품에 대해 한-미 FTA협정관세를 적용할 수 있는지 여부?

사례1	• 미국에서 원산지 제품을 수차례 분할선적 • 보세건설장에 반입하여 완성품으로 조립 　(미 수출자가 완성품에 대해 C/O 발급)
사례2	• 일부물품은 미국에서, 일부물품은 비당사국에서 선적 • 보세건설장에 반입하여 완성품으로 조립 　(미 수출자가 완성품에 대해 C/O 발급) • 완성품 전체에 대해 협정관세 적용여부
사례3	• 일부물품은 미국에서, 일부물품은 비당사국에서 선적 • 비당사국 선적물품은 입항지 등에서 수입통관 • 보세건설장에 반입하여 완성품으로 조립 　(미 수출자가 완성품에 대해 C/O 발급) • 미국에서 선적된 물품에 대한 완성품에 협정관세 적용여부
사례4	• 미국에서 원산지 제품을 수차례 분할선적 • 완성품의 세번을 적용 받고자 '신고수리전 반출'신고 　(미 수출자가 완성품에 대해 C/O 발급)

| 답변 | ① '분할선적'한 물품에 대한 원산지증명이 허용되는지 여부
　(분할선적의 정의) 수출국의 선적시점에서 이미 완성품의 특성을 갖추었으나 거대중량 등의 사유로 하나의 운송수단에 적재할 수 없는 물품을 2개 이상의 운송수단 또는 수회에 걸쳐서 분할하여 선적하는 물품

협정상 원산지증명은 '단일선적' 또는 '복수선적'물품에 적용할 수 있도록 규정하고 있으나
- 동 규정에서 사용된 '단일선적'은 '복수선적'과 대비되어 사용된 것으로, 분할선적을 금지하는 규정은 아님
- 즉, '분할선적물품'에 대해 원산지증명을 금지하고 있지 않으므로 허용되는 것으로 판단
- 따라서 '분할선적물품'의 통관에 관한 사항은 국내법령에 따라 적용함이 타당 |

| 답변 | ② '한국'에서 '조립'된 물품에 대한 협정관세 적용여부
협정상 '미국' 원산지상품(재료)이 '한국'에서 상품에 결합(incorporated) 혹은 조립되면 원산지가 한국이 될 수 있어 협정관세 적용이 불가할 수 있으나
- 분할선적물품은 수출선적시점에서 이미 원산지제품의 특성을 갖춘 물품(원산지가 '미국'인 제품)인 바,
- 단순히 '한국'에서 '조립'되었다는 이유로 생산국을 '한국'으로 해석하는 것은 무리
※ [참고] 수리전 반출 적용 요건 (통관기획과 지침 '11.5월)
1. 완성품 세번으로 분류될 수 있는 물품(HS 통칙 2(가))
2. 포장, 운송 등의 편의를 위해 분할해서 수입하는 물품
3. 수입통관 후 단순조립(연결, 리벳, 용접 등) 이상의 추가가공을 필요로 하지 않는 물품
4. 단일계약에 의해 1개국에서 동일수출자로부터 수입하는 물품 (2개국 이상의 국가 또는 회사에서 수입하는 경우는 제외)

③ 수출당사국이 아닌 물품과 조립된 경우 협정관세 적용여부
원산지 증명은 수출국에서 생산되어 선적하는 원산지제품에 대해 하는 것
- 즉, 수출이 완료되어 다른 당사국에 반입된 이후 다른 물품과 조립된 완성품에 대하여는 증명할 수 없음
- 또한 한국에서 한국산 물품과 조립되는 경우에도 수출물품이 아닌 물품이 조립되는 것이므로 적용하기 어려움

결론적으로 한-미 FTA에서 분할선적된 물품의 원산지증명에 대한 규정이 없지만 아래의 모든 조건을 충족하는 물품에 대하여는 조립된 완성품에 대해 협정관세를 적용함이 타당하다.
1. 수출국에서 생산되어 선적한 원산지 제품으로서 '관세·통계통합품목분류표의 해석에 관한 통칙 2'에 따른 완성물품의 주요특성을 가진 물품일 것
2. 포장, 운송 등의 편의를 위해 분할해서 수입하는 물품일 것
3. 우리나라에서 단순조립 이상의 추가가공이 발생하지 않을 것
4. 관세법 제17조(적용법령)에 따라 수입물품에 적용되는 당시의 물품에 대한 원산지증명이 있을 것
5. 수출국에서 선적된 수출당사국의 원산지제품으로만 우리나라에서 조립될 것
⇒ 따라서 질의 1,4번은 적용 가능, 2,3번은 적용 불가 |

| 질의 74 | 수입시 FTA협정관세를 적용받은 물품을 보세공장에 반입 후 원상태로 다시 국내에 반출하기 위해 수입통관 할 경우

보세공장에 반입되었다가 원상태 그대로 국내에 다시 수입되는 물품이므로 수입당시에 적용되었던 FTA를 적용할 수 있는지? |

| 답변 | 협정관세는 협정당사자간의 상품무역에 적용하는 것인바 수입이 완료된 내국물품이 보세공장에 반입되었다가 다시 국내로 반입되는 경우에는 협정당사자간의 상품 무역에 해당하지 않으므로 협정관세 적용 불가 |

질의 75	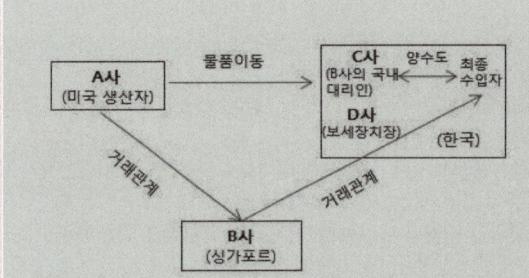 (A사) 미국의 생산자, C/O 작성 (B사) 비당사국 수출자 (C사) B사의 국내대리인(포워딩) (D사) 보세장치장, C/O상 수입자 (1) 수입자가 미지정 되는 BWT 거래특성상 C/O발행 시 화물도착지인 'D사'가 C/O상 수입자로 기재되고 최종 수입자가 결정 되어 수입자가 상이한 경우 동 C/O로 협정관세적용이 가능한지 여부? (2) Bulk상태로 입항된 해당 물품 중 일부가 BWT거래 시 동 구매물량 만큼 드럼상태로 재포장 보세작업*이 이루어지는 경우 협정관세적용이 가능한지 여부? 　* 재포장 후 Article no.(물품번호)가 새롭게 생성되어 C/O상 Article no.와 상함. 　　(단, 관리시스템 상 재포장 전후 물품의 동일성 여부 확인 가능
답변	(1) 미국 내 소재 생산자가 발행한 것으로 유효한 원산지증명서로 인정(제3국 송장발행 무역거래)되고, 물품이 국내 보세창고 도착 후 구매가 이루어지는 BWT 거래로 C/O상 기재된 수입자(화물도착지)와 최종 수입자가 상이할 경우 관련 무역서류를 통해 거래내역 등을 확인하여 원산지증명서상 물품과 실제 거래 물품과의 동일성이 확인되는 경우 인정 가능 (2) 재포장 전·후 물품의 동일성 여부를 원산지관리시스템 등으로 증명이 가능한 경우 인정할 수 있다고 판단됨.

> **관련지침**
>
> **분할선적된 보세건설장 물품의 구성품을 완성품이 아닌 부분품으로 신고 가능한지 여부**
>
> 분할선적물품(부분품)이 FTA 원산지기준을 충족하는 경우 부분품으로 수입신고하는 것을 허용하되, 해당 부분품을 제외한 구성품의 품목분류 및 수입신고 방법에 대해서는 세관과 협의가 필요(보세건설장 반입물품을 입항지 또는 보세창고에서 수입통관하여 보세건설장에 반입가능 여부). 보세창고에 외국물품을 반입 장치할 수 있고 보세건설장 물품에 대한 반입제한 규정은 없음. 또한 보세건설장으로 내국물품 반입이 가능하므로 운영인 선택에 따라 기통관된 물품도 반입할 수 있다.
>
> [관세청 수출입물류과, 2012.7.9]

관련판례

CHAPTER 3-9

보세건설장 반입물품에 대한 협정관세 적용

한-EU FTA 원산지증명서는 정형화된 서식이 아닌 '원산지신고서 문안을 송품장에 기재하는데, 쟁점물품 원산지증명서(송품장) 기재내역을 살펴보면, 송품장 번호, 송품장 발급일자, L/C 번호, 주문번호, 품명, 가격 등이 기재되어 있고, "전체 계약금액 OOO유로의 압연기 OOO호의 분할 선적", 수출자인증번호 OOO, 원산지신고문안 OOO으로 기재되어있음이 확인된다. 그리고 수출자가 청구법인에게 2013.7.17. 소급하여 발급한 압연기 완제품에 대한 원산지증명서(송품장)를 보면 "전체계약금액 OOO유로의 압연기 1set, OOO호의 선적"으로 기재되어 있음이 확인된다.

수입신고번호 OOO호 등 20건의 원산지증명서(송품장)를 보면 거대한 압연설비의 특성상 분할선적에 따른 각각의 송품장 번호와 부분품 품명을 기재하였을 뿐, "전체계약금액과 압연기 OOO호의 분할 선적"으로 기재하고 있어 압연기 원산지증명서로 볼 수 있는 점, 압연기는 완제품이든 부분품이든 한-EU FTA 협정관세 적용대상인 점, 청구법인은 수출자로부터 2013.7.16.자로 소급하여 쟁점물품 압연기 완제품 원산지증명서를 발급받아 제출한 점, 관세청 수출입물류과에서는 "분할선적물품이 FTA 원산지 기준을 충족하는 경우 부분품으로 수입신고하는 것을 허용하되 해당 부분품을 제외한 구성품의 품목분류 및 수입신고 방법에 대하여 세관과 협의 필요(수출입물류과-2162)"라고 한 점 등을 감안할 때, 처분청의 이 건 경정거부처분은 부당한 것으로 판단된다.

[조심2013관0026, 2013.11.13]

FTA 협정관세 적용시 주요한 오류 유형

1. 원산지증명(신고) 사항

① 원산지증명 누락 : 1천불 이상물품을 소액물품과 동일하게 간이한 방법으로 협정신청, 원산지증명서 없이 FTA 협정세율 적용, 협정에 따라 원산지증명서 제출면제 기준이 다른 한-아세안 FTA($200), 한-중 FTA($700) 적용물품에 대해서도 일률적으로 1천불의 기준을 적용

② 협정에 부합하지 아니한 원산지증명서로 협정세율 적용 : NAFTA 원산지증명서로 한-미 FTA 협정세율을 적용한다든지, 한-싱가포르 FTA 원산지증명서로 한-아세안 FTA 협정세율 적용

③ 거래당사자가 발급하지 아니한 원산지증명서로 협정적용 : 제3국에 물류기지를 운영하고 있는 다국적기업에서 많이 발생하는 오류로 당사국내 수출자, 생산자가 원산지증명서를 발급하지 아니하고 제3국에서 발급

※ 송장 원산지신고방식을 채택하고 있는 EU, EFTA 등에서 자주 발생하고 있으며, 특히 상업서류가 아닌 별도의 서류에 물품의 구체적인 기술없이 송장번호와 신고문안과 서명이 기재된 원산지신고서는 불인정됨을 유의

④ 원산지증명서에 기재되는 원산지결정기준 부호에 유의 : 한-아세안 FTA에서 의류에 대한 CTC+SP는 불인정됨

⑤ 원산지포괄증명이 허용되는 한-미 FTA의 경우, 포괄증명일의 시작일은 발급일과 상이할 수 있으며, 포괄증명기간에 선적된 물품에 적용되므로, 포괄증명기간에 선적된 물품이 아닌 경우에는 협정적용이 배제될 수 있음

2. 품목분류 및 세율적용 사항

① 협정적용은 수출국 기준이 아닌 수입국의 HS분류에 따라야 함에도 수출국 기준으로 신청하는 사례 빈번

② 협정세율 적용물품에 대해 관세면제 이외의 주세 및 교육세 등 내국세 누락

③ 협정대상물품에 대한 세율적용 착오(FUS1 적용물품에 FUS2 적용 등)

④ 한-아세안 FTA 적용배제품목(관세율의 상호대응)에 협정적용

3. 제3국 경유·환적·보관 물품에 대한 협정별 운송입증 자료 미제출 등

※ 한-아세안 FTA, APTA 등에서 수출국 발행 통과선하증권 제출 등

# FTA 관련 자격시험　예　상　문　제

16
FTA관세특례법령에서 규정하고 있는 협정관세 적용에 대한 설명으로 잘못된 것은?

① 협정관세는 관세법 제83조에 따른 용도세율 규정의 적용이 가능하다.
② 관세율의 상호대응 제도는 한-인도 CEPA에서 적용된다.
③ 한도수량내 협정관세율을 적용받고자 하는 자는 주무부 장관 등의 추천서를 수입신고수리 전까지 제출하여야 한다.(선착순 배정물품 제외)
④ '농림축산물에 대한 특별긴급관세율'이 협정관세율 보다 높은 경우에도 '농림축산물에 대한 특별긴급관세율'을 우선 적용한다.
⑤ 한-페루 FTA에서 협정에서 정하는 있는 페루를 원산지로 하는 중고품에 대해서는 협정관세 적용을 배제할 수 있다.

해설 관세율의 상호대응 제도는 한-아세안 FTA에서 적용된다.
정답 ②

17
FTA 관세특례법령에서 규정하고 있는 협정관세 적용에 대한 설명으로 잘못된 것은?

① 협정관세 적용보류 대상자가 수입하는 물품에 대한 협정관세적용 신청은 수입신고수리전에 심사한다.
② 협정관세를 적용받으려는 수입자는 협정관세 적용신청서를 세관장에게 제출하여야 한다.
③ 관세청장으로부터 사전심사를 받은 물품과 동일한 물품이 수입되는 경우는 협정관세적용신청시 원산지증명서 제출이 면제된다.
④ 원산지증명서의 유효기간이 지나기 전에 물품이 수입항에 도착한 경우는 수입항에 도착한 다음 날부터 협정관세 적용을 신청한 날까지 원산지증명서 유효기간 계산시 제외한다.
⑤ 수입자가 체약상대국 수출자로부터 원산지증명서 내용에 오류가 있음을 통보 받은 경우, 통보 받은 날부터 30일 이내로서 세관장으로부터 해당 물품에 대하여 원산지서면조사통지를 받기 전 날까지는 신고납부세액에 대한 수정신고를 할 수 있다.

해설 수입신고수리 전 협정관세 적정여부 심사물품은 협정관세적용 제한자가 생산·수출 또는 수입하는 물품과 관세체납자가 수입하는 물품이다.
정답 ①

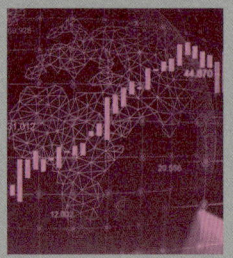

CHAPTER
04

원산지결정기준

- 제1절　우리나라 원산지규정 개관
- 제2절　FTA 원산지결정기준

우리나라 원산지규정 개관

▶1 원산지 개념

원산지(原産地 : country of origin)란 '상품이 생산된 국가'를 말하며, '상품의 국적'이라고도 할 수 있다. 여기서 '생산'이란 상품을 재배, 채굴, 수확, 어로, 사육, 덫사냥, 수렵, 제조, 가공, 번식, 조립 또는 분해하는 것[100]으로 정의되므로, 원산지란 '상품 생산이 발생한 장소'를 의미한다고 하겠다. 여기서 장소는 일반적으로 정치적 실체를 지닌 하나의 국가를 의미하나 한 나라의 국경선 밖에 있는 식민지, 속령 또는 보호령과 중국 귀속 후 홍콩 등과 같이 국가가 아닌 특정지역도 독립된 관세영역인 경우에는 원산지가 될 수 있다.

원산지를 어떤 물품의 생산지로 정의하는 경우, 생산의 범위를 어디까지로 볼 것인가 하는 것이 문제가 된다. 한 국가 내에서 자연적으로 자란 식물이나, 동물성 생산품의 원산지에 대하여는 이론적으로 논란의 여지가 없다. 그러나 한 국가에서 자란 식물이 다른 나라로 옮겨져 일정기간 다시 재배되거나, 2개국 이상의 재료를 사용하여 여러 나라에서 분업 가공된 공산품의 경우 원산지 결정이 매우 어려워진다. 최근 국제무역과 생산공정의 세계화 현상이 갈수록 심화되어 이러한 어려움은 더욱 가중될 것으로 보인다.

세계 각국은 무역정책상 제품의 원산지결정을 위한 독자적인 원산지결정기준을 유지하고 있을 뿐만 아니라, 한 국가 내에서도 소비자 보호를 위한 원산지표시 목적의 결정기준과 국가별로 다른 관세 대우를 위한 원산지결정기준을 달리 운영하고 있는 실정이다. 이렇게 다양한 원산지결정 기준은 개별 국가의 정책 목적에 따라 무역장벽으로 사용되기도 한다.

따라서 국제무역의 증진과 원활화를 위하여 원산지규정을 최대한 국제적으로 조화시킬 필요가

---

100) 한-미 FTA 제6.22조 정의

있다. 세계관세기구(World Customs Organization)는 교토협약을 통하여 이러한 노력을 전개하여 왔으며, WTO 차원에서는 우루과이라운드 협상의 결과로 마련된 원산지규정 제정(원산지규정에 관한 협정)의 기본원칙에 따라 비특혜 분야에 적용될 통일원산지규정(Harmonized Rules of Origin) 제정을 추진하고 있다.

2 우리나라 원산지규정 체계

우리나라 실정법상 특혜무역과 비특혜무역에 적용되는 각종 원산지규정은 존재형식에 따라 국제법과 국내법으로 분류할 수 있는데 국제법에는 WTO통일원산지규정, WCO 교토협약(부속서 K), 미국·EU 등과의 자유무역협정상 원산지규정 등이 있으며, 국내법으로는 관세상 특혜 대우를 주로 규정하는 것으로서 관세법, 자유무역협정이행에관한특례법 및 남북교류협력에관한법률이 있고, 비특혜 규정으로는 대외무역법, 농수산물의원산지표시에관한법률, 수산물품질관리법, 식품위생법, 표시·광고의공정화에관한법률[101] 등이 있다.

그런데 특혜문제를 다루고 있는 관세법, 남북교류협력에 관한 법률에도 원산지표시에 관한 규정이 포함되어 있고, 대외무역법에도 수출물품에 대한 관세특혜 목적의 원산지증명서 발급규정과 같은 특혜적 성격의 규정이 있으므로 법률로 특혜, 비특혜 규정으로 엄격히 구분하기에는 무리가 따른다.

하위규정인 관세청의 '원산지제도 운영에 관한 고시'의 경우 관세법과 대외무역법 양쪽에 근거를 두고 있어서 특혜 및 비특혜적 성격을 동시에 가지고 있다. 또한 일부 조항이기는 하나 내국거래로 간주되는 남북교역물품에도 적용될 수 있으며, FTA 특혜를 규율하여 특혜적 성격을 가지는 FTA 관세특례고시가 있다.

이상의 내용을 간단히 표로 정리한 것이 다음의 '원산지 관련 규정체계'이다.

---

[101] 제3조에서 원산지를 비롯한 모든 상품표시 사항을 허위 또는 과장 표시하거나, 오인을 일으키도록 기만적으로 표시하는 행위를 금지하고, 제17조 및 제19조에서 엄격한 처벌규정을 두고 있다.

<표4-1> 원산지 관련 법령체계

구분	국제법	국내법
특혜분야	〈FTA특혜〉 - 한-칠레 FTA - 한-싱가포르 FTA - 한-EFTA FTA - 한-아세안 FTA - 한-인도 CEPA - 한-EU FTA - 한-미 FTA - 한-페루 FTA - 한-터키 FTA - 한-호주 FTA - 한-캐나다 FTA - 한-중 FTA - 한-베트남 FTA - 한-뉴질랜드 FTA - 한-콜롬비아 FTA - 한-중미 FTA	〈FTA특혜〉 - FTA 관세특례법·시행령·규칙
	〔일반특혜〕 - 아시아태평양 무역협정(APTA) - WTO개도국간 협정(TNDC) - UN개도국간 협정(GSTP)	〔일반특혜〕 - 관세법 - 최빈개발도상국에 대한 특혜관세공여 규정
비특혜분야	- WTO 원산지규정에 관한 협정	- 대외무역법 - 관세법 - 남북교류 협력법 - 농산물·수산물 품질관리법 - 표시·광고의 공정화에 관한 법률 - 부정경쟁방지법 - 품질경영 및 공산품 안전 관리법 - 전기용품 안전 관리법
특혜/비특혜	- WCO 쿄토협약(부속서 K)	- 대외무역법 - 관세법

▶3 우리나라 원산지결정기준 개요

우리나라의 특혜 및 비특혜원산지규정은 원산지결정기준의 원칙으로 한 국가에서 모든 생산과정이 완전히 이루어진 물품에 대한 '완전생산기준'과 2개국 이상에 걸쳐 생산된 물품에 대한 '실질적변형기준'을 중심으로 한다. 실질적변형기준은 세번변경기준을 주로 하고 부가가치기준, 가공공정기준을 보완적으로 사용하는 기본 구성의 틀은 동일하나 구체적인 결정기준은 FTA특례법과 관세법 및 대외무역법에서 조금씩 다르게 규정하고 있다. 여기서는 우리나라가 체결한 양자간 FTA에 의한 원산지결정기준을 협정 및 FTA특례법을 중심으로 개괄적으로 살펴본다. 세부적인 내용은 각 협정과 FTA특례법시행규칙 별표를 참고하기 바란다.

▶4 FTA 원산지규정 체계

일반적으로 FTA에서 원산지 분야는 원산지규정(원산지결정기준)과 원산지절차(통관절차)로 구분된다. 원산지규정은 순수하게 상품의 원산지를 판정하는 기준이며, 원산지 절차는 원산지 증명, 특혜관세 적용, 원산지 검증 등 물품 통관관련 절차를 규정하고 있다. 칠레·싱가포르·인도·페루·캐나다와의 FTA에서는 원산지규정과 원산지 절차를 별도의 장에서 구분하여 규정하고 있으나, EFTA·아세안·EU·터키·미국·콜롬비아·호주·중미와의 FTA에서는 하나의 부속서 혹은 장에서 별도 절로 구분하여 규정하고 있다. 원산지규정과 원산지절차가 장으로 구분되든 혹은 같은 장에서 절로 구분되든 표면적인 체계는 다르지만 내용에는 큰 차이가 없다. 다만, 한-미 FTA 섬유상품에 대해 별도의 장(Textile and Apparel Chapter)을 두고 있는 점이 특이하다. 이제까지 우리나라가 체결한 협정문에서 섬유를 따로 구분하여 별도의 장으로 구분한 전례는 한-미 FTA가 유일하다. 대부분 FTA에서 원산지 관련 내용과 품목별원산지기준 등은 원산지규정 장에서, 세관협력과 신속통관 등과 관련된 내용은 관세행정 및 무역원활화 장에서 다루고 있다. 그러나 미국은 섬유산업이 자국의 민감산업[102]임을 감안 섬유분야를 별도의 장으로 구분하고 섬유와 관련된 긴급 수입제한조치, 원산지 관련 사항, 불법 환적 등에 대한 세관협력, 품목별원산지기준 등의 내용을 규정하고 있다.

---

[102] 미국은 전통적으로 섬유산업 보호를 위해 고관세를 부과하고 있으며 섬유에 대한 평균 MFN 관세율은 7.9%, 의류는 11.6%로 제조업 평균 관세인 3.5%를 크게 상회 (한국무역협회)

한-중 FTA에서는 협정문 제3장에서 원산지규정(제1절)과 원산지이행절차(제2절)로 구분하여 아래와 같이 규정하고 있다.

제1절 원산지규정	제2절 원산지이행절차
제3.1조 정의 제3.2조 원산지상품 제3.3조 특정상품의 취급 제3.4조 완전획득 혹은 생산물품 제3.5조 역내가치포함비율 제3.6조 누적 제3.7조 최소가공 혹은 공정 제3.8조 최소허용수준 제3.9조 대체가능재료 제3.10조 중립재 제3.11조 세트 제3.12조 포장재료 및 용기 제3.13조 부속품, 예비부품 및 공구 제3.14조 직접운송	제3.15조 원산지증명서 제3.16조 권한있는 기관 제3.17조 특혜관세대우의 신청 제3.18조 수입 이후 특혜관세대우 제3.19조 원산지증명서 제출의무 면제 제3.20조 기록유지요건 제3.21조 사소한 불일치 및 오류 제3.22조 비당사국 송장 제3.23조 원산지검증 제3.24조 비밀유지 제3.25조 특혜관세대우의 거부 제3.26조 통과 혹은 보관 중인 상품에 대한 경과규정 제3.27조 전자적 원산지 자료 교환시스템 제3.28조 원산지규정에 관한 소위원회

또한 부속서 3-A에서는 HS 6단위별로 제1류에서 제97류까지 원산지결정기준을 명시하고 있고, 부속서 3-B에서는 역외가공 허용 물품(310개), 부속서 3-C에서는 원산지증명서 서식과 작성요령을 규정하고 있다.

5 원산지상품(Originating Goods)

FTA에서는 '원산지상품'만이 특혜관세 적용을 받을 수 있다. 일반적으로 원산지상품이란 당사국에서 생산되고 협정상 원산지기준을 충족하며, 협정에서 규정하고 있는 운송요건에 부합한 상품을 의미한다. 즉, 원산지상품은 특혜관세대우를 받을 자격을 가지는 상품이라 할 수 있겠다.

> **원산지물품 및 비원산지물품의 정의 (특례법 시행규칙 제2조)**
>
> 원산지물품 또는 원산지재료란 협정과 이 규칙에 따라 해당 물품 또는 재료의 원산지가 대한민국 또는 체약상대국으로 인정되는 물품 또는 재료를 말한다.
>
> ---
>
> 비원산지물품 또는 비원산지재료란 협정과 이 규칙에 따라 해당 물품 또는 재료의 원산지가 대한민국 또는 체약상대국으로 인정되지 아니하는 물품 또는 재료를 말한다.

거의 모든 FTA에서 원산지상품을 규정하고 있으며, 내용은 거의 동일하다. 협정에서 규정하고 있는 원산지상품은 ① 당사국 혹은 당사국들 영역 내에서 전적으로 완전하게 획득되거나 생산된 상품, ② 원산지재료만으로 당사국 혹은 당사국들 영역 내에서 전적으로 생산된 상품, ③ 비원산지 재료를 사용하여 당사국 혹은 당사국들 영역 내에서 전적으로 생산된 경우에는 품목별원산지 결정기준을 충족한 상품이며, 추가적으로 이 상품은 그 밖의 모든 적용되는 원산지규정 상의 요건을 충족하여야 한다. 저자는 ①의 상품을 '완전생산품', ②의 상품을 '원산지재료 생산품', ③의 상품을 '불완전생산품'이라 칭한다.

원산지상품 (한-미 FTA 제6.1조)	원산지제품 (한-EU FTA 원산지의정서 제2조)
이 장에 달리 규정된 경우를 제외하고, 각 당사국은 다음의 경우 상품이 원산지 상품임을 규정한다. 가. 전적으로 어느 한 쪽 또는 양 당사국의 영역에서 완전하게 획득되거나 생산된 상품인 경우 나. 전적으로 어느 한 쪽 또는 양 당사국의 영역에서 생산되고, 1) 상품의 생산에 사용된 각각의 비원산지 재료가 부속서 4-가(섬유 또는 의류 품목별 원산지 규정) 및 부속서 6-가에 명시된 적용가능한 세번변경을 거치거나, 2) 상품이 부속서 4-가 및 부속서 6-가에 명시된 적용가능한 역내가치포함비율이나 그 밖의 요건을 달리 충족시키며, 그리고, 이 장의 그 밖의 모든 적용가능한 요건을 충족시키는 경우 또는 다. 원산지 재료로만 전적으로 어느 한 쪽 또는 양 당사국의 영역에서 생산된 경우	특혜관세대우의 목적상 다음의 제품은 당사자가 원산지로 간주된다. 가. 제4조의 의미상 당사자내에서 완전히 획득된 제품 나. 당사자내에서 완전히 획득되지 아니한 재료를 결합하여 그 당사자내에서 획득된 제품. 다만, 그러한 재료는 제5조의 의미상 해당 당사자내에서 충분한 작업 또는 가공을 거친 경우에 한한다. 또는 다. 이 의정서에 따라 당사자내에서 원산지 제품으로 자격을 부여받은 재료로만 획득된 제품

(1) 완전생산품

완전생산품이란 순수한 의미로 보자면 다른 국가의 재료가 전혀 사용되지 않고 그 물품의 모든 생산과정이 한 국가 내에서 수행된 물품을 의미한다. 이러한 의미로 보자면 농산물의 경우 종자부터 원산지물품이어야 하고, 공산품의 경우 부품 또는 그 부품의 원재료까지도 다른 나라 재료 또는 원산지를 알수 없는 불명 재료가 사용되지 않아야 한다. 그러나, 현실에서는 이렇게 순수한 의미의 완전생산품 기준을 그대로 운영하지 않고 크게 완화하여 규정하고 있다.

일반적으로 FTA에서 규정하고 있는 완전생산품은
- ㉠ 광물성 생산물
- ㉡ 재배·수확한 식물성 생산물
- ㉢ 출생 및 사육된 산동물과 이들로부터 획득한 물품
- ㉣ 영역내 수렵·어로·양식에 의하여 획득한 물품
- ㉤ 역내 선박(역내 국가에 등록되고 그 국기를 게양한 것)이 영해 밖 바다에서 획득한 수산물 및 그 가공물품
- ㉥ 해저 탐사권이 있는 역내인이 역외 해저에서 채취한 물품
- ㉦ 역내 국가 또는 기업이 우주에서 취득한 물품(EFTA·EU·인도·페루·터키·중국·뉴질랜드와의 협정에는 이 규정이 없음)
- ㉧ 역내의 생산과정에서 발생된 폐기물 및 부스러기
- ㉨ 역내에서 수집되어 사용이 끝난 물품(원재료 회수용으로 적합한 것)
- ㉩ 역내 국가의 영역 또는 선박에서 ㉠ 내지 ㉨의 물품을 원재료로 하여 생산한 물품 등이다. 협정별 세부내역은 다음 장에서 살펴본다.

(2) 원산지재료 생산품

원산지재료 생산품에서 원산지재료란 협정의 원산지기준을 충족하여 원산지자격을 부여받는 재료를 의미하고, 원산지재료 생산품이란 이러한 원산지재료만으로 일방 또는 양 당사국 영역 내에서 전적으로 생산한 상품을 말한다. 다시말해 역외산 원료 등으로 재료를 생산한 경우, 동 재료가 협정에서 정한 원산지기준을 충족하여 원산지 지위를 부여받고, 원산지 지위를 획득한 재료만으로 제품을 생산한 경우라 할 수 있다. 이 경우 제품에 소요되는 재료 생산에 비역내산 원료가 사용되었으므로 완전생산품이 아니고, 최종 제품은 원산지재료만으로 제조되므로 불완전생산품도 아니어서 협정에 따라서는 별도로 구분하고 있다.

예를 들어 우리나라 소재 A회사에서 소 생가죽(HS4101)을 미국에서 수입하여, 원피(HS4104)를 만들고, B회사는 동 원피를 가공하여 안경케이스(HS4202.30)를 만들어서 미국이 아닌 다른 FTA 체결국에 수출한다고 가정하자. 원피(HS4104)의 원산지기준이 '다른 호에서 제4104호로 변경(4단위 세번변경기준)'일 경우 원피는 비원산지 재료인 소 생가죽(HS4101)과 4단위 세번이 상이하므로 원산지 지위를 획득한 원산지재료가 된다. B회사는 동 원산지재료인 원피와 기타 다른 원산지 재료를 가지고 안경케이스를 생산한다면, 동 상품은 원산지재료만으로 생산된 원산지상품이 된다.

A사		B사
역외 생가죽(4101)→가공→원피(4104)	판매 ⇒	원피(4104)→가공→안경케이스
CTH 충족, 원피 원산지자격 획득		사용된 재료가 KR이므로 상품도 역시 KR로 인정

사실 원산지재료생산품은 크게 본다면, 생산 과정에서 역외산 원료가 사용되므로 불완전물품에 속한다고 할 수 있으나 최종상품의 생산자가 재료 공급자로부터 공급받은 재료의 생산에 사용된 세부적인 원료 목록을 받지 않는 현실을 감안하면 별도 구분할 실익이 있다 하겠다. 한-아세안 FTA 및 한-인도 CEPA를 제외한 모든 협정에서 '원산지재료 생산품'을 규정하고 있다.

원산지기준 (한-아세안 FTA 부속서 제2조)	원산지상품 (한-중 FTA 원산지의정서 제3.2조)
1. 이 협정의 목적상, 당사국의 영역으로 수입된 상품은 그것이 다음 어느 하나의 원산지 요건에 부합하는 경우 원산지 상품이며 특혜관세대우를 받을 수 있는 것으로 본다. 가. 제3조에 규정되고 정의된 바와 같이 전적으로 수출국의 영역 내에서 전부 완전 획득되거나 생산된 상품 나. 그 상품이 제4조, 제5조, 제6조 또는 제7조에 따라 원산지 자격이 있는 것을 조건으로, 수출국의 영역 내에서 완전 획득되거나 생산되지 아니한 상품 2. 제7조에 규정된 것 외에는, 이 부속서에 규정된 원산지 지위 획득을 위한 조건은 수출국의 영역 내에서 중단없이 충족되어야 한다.	이 장에 달리 규정된 경우를 제외하고, 다음의 경우 상품은 당사국의 원산지 상품으로 간주된다. 가. 제3.4조에 규정된 바와 같이 상품이 전적으로 당사국에서 완전하게 획득되거나 생산되는 경우 나. 상품이 원산지 재료로만 전적으로 당사국에서 생산되는 경우, 또는 다. 상품이 비원산지 재료를 사용하여 전적으로 당사국에서 생산되고 부속서 3-가에 합치되는 경우 그리고 그 상품이 이 장의 적용 가능한 규정을 충족하는 경우

(3) 불완전생산품

당해 물품의 전부를 역내에서 생산·가공 또는 제조한 나라를 원산지로 인정하는 완전생산(Wholly obtained or entirely produced)기준이 적용된 상품이 완전생산품이라면, 당해 물품이 2개국 이상에 걸쳐 생산·가공 또는 제조된 경우에 당해 물품의 본질적인 특성을 부여하기에 충분한 정도의 실질적인 변형[103]이 최종적으로 수행된 나라를 원산지로 인정하는 실질변형(Substantially transformation)기준을 적용한 상품이 불완전생산품이라 할 수 있다. 즉, 불완전생산품은 외국에서 수입한 원재료 등을 사용하여 물품을 가공·생산한 경우이며, 대부분의 가공생산품이 이에 해당된다.

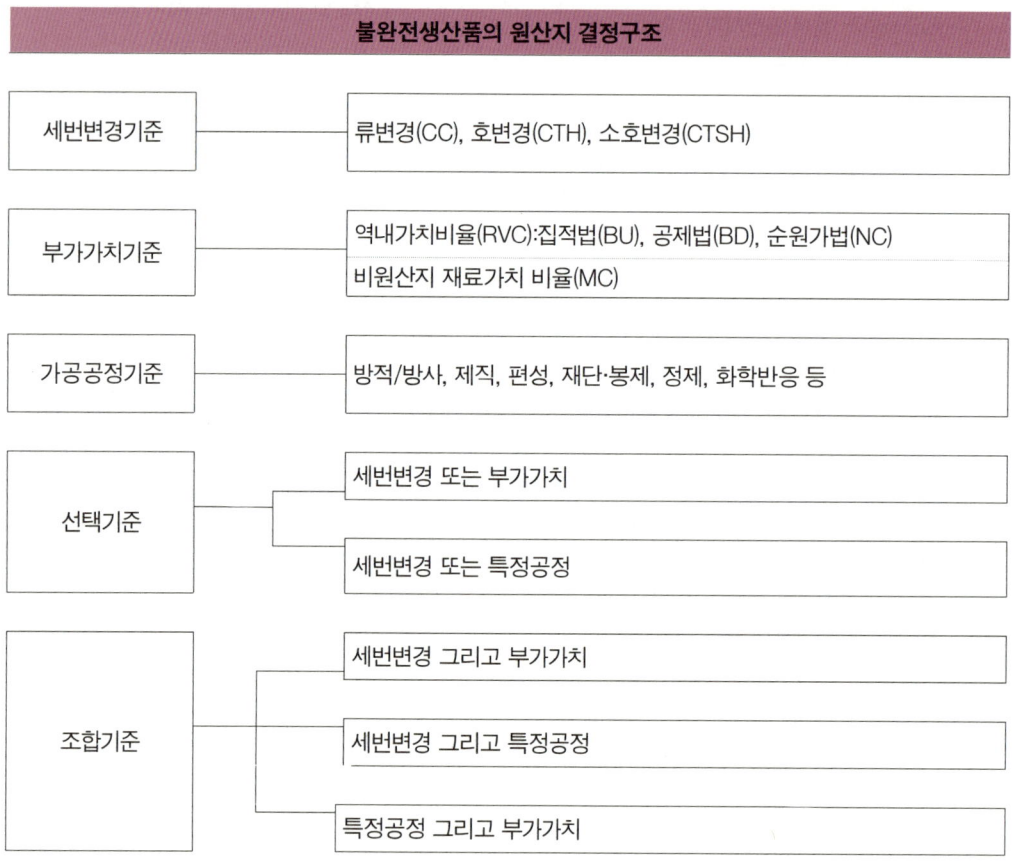

불완전생산품의 원산지 결정구조

---

103) 특정물품의 생산, 제조, 가공과정을 통해 원재료가 그 본질적 특성을 잃을 정도로 새로운 명칭(name), 특성(character) 또는 용도(use)의 물품으로 변화시키는 활동

불완전생산품의 실질적 변형 판정은 세번변경기준(change in tariff classification criterion)과 부가가치기준(value added criterion)을 주요 원칙으로 하고 가공공정기준(process operation criterion)을 보완적으로 사용하거나 이 기준들을 서로 선택·조합하여 사용하기도 한다. 이들 각 기준들은 각각 장단점을 지니고 있어, 어느 한 기준을 일률적으로 적용하기 곤란한 점이 있다. 따라서 물품의 특성별로 선택하거나 서로 조합하여 사용하기도 한다.

실질변형기준의 종류	
세번변경기준	당해 물품이 2개국 이상에 걸쳐 생산된 경우로서 당해 물품의 품목번호와 당해 물품의 생산에 사용된 비원산지재료의 품목번호가 일정 단위 이상이 다른 경우 당해 물품을 최종적으로 생산한 국가를 원산지로 인정하는 기준
부가가치기준	당해 물품이 2개국 이상에 걸쳐 생산된 경우 당해 물품에 대하여 일정 수준 이상의 부가가치를 창출한 국가를 원산지로 인정하는 기준
가공공정기준	제품의 제조공정 중 각 제품에 가장 중요하다고 인정되거나 당해 제품의 주요한 특성을 발생시키는 기술적 제조, 가공작업을 열거하여 지정된 공정이 역내에서 수행된 경우 원산지로 인정하는 기준

세번변경기준는 비원산지원재료와 제품의 HS번호(세번) 변경여부를 기초로 원산지를 결정하므로 원산지결정이 신속·정확하고 객관적이어서 가장 보편적으로 사용되고 있다. 그러나 HS품목분류체계상 상당한 가공이 수행되었어도 동일 품목번호로 분류되는 물품은 적용하기 곤란한 단점이 있다.

세번변경기준 종류	
류(2단위) 변경 (CC, Change in Chapter)	다른 류에 해당하는 재료로부터 생산된 것
호(4단위) 변경 (CTH, Change in Heading)	다른 호에 해당하는 재료로부터 생산된 것
소호(6단위) 변경 (CTSH, Change in Sub-Heading)	다른 소호에 해당하는 재료로부터 생산된 것

부가가치기준은 역내에서 발생된 부가가치가 일정 비율 이상인 경우 원산지를 인정하는 것으로 이론적으로는 간단·명료하여 협상하기도 용이하고 규정하기에도 쉽고 간편하다. 그러나 이 기준은 제품 및 원재료의 가격등락에 따라 원산지가 수시로 변할 수 있고, 계산이 복잡하며, 원가조작의 가능성이 있는 등 원산지결정에 이견이 발생될 소지가 있다.

부가가치기준 종류 및 예시	
역내가치포함비율(RVC)	• 공제법의 경우 45% 또는 집적법의 경우 30%이상의 역내부가가치가 발생한 것 • 40%이상의 역내부가가치가 발생한 것
비원산지재료가치비율(MC)	• 해당 물품의 생산에 사용된 모든 비원산지재료의 가격이 해당 물품의 공장도가격의 50%를 초과하지 아니한 것

가공공정기준은 특정 공정 수행이 있는지 여부에 따라 원산지를 결정하므로 객관성은 확보되지만 생산 공정을 왜곡시키거나 새로운 기술의 개발과 도입을 저해하는 부작용을 발생시킬 수 있다.

선택기준은 세번변경기준과 부가가치기준(또는 가공공정기준)을 동시에 제시하고, 그중에서 하나를 수출자가 자율적으로 선택하여 적용할 수 있도록 한 경우이다. 대부분 FTA의 경우, 2단위 또는 4단위 세번변경기준과 부가가치기준 중 하나를 선택하여 적용할 수 있게 규정하고 있으며, 세번변경기준이나 가공공정기준 또는 부가가치기준 중 하나를 선택하는 경우도 있다.

선택기준이 적용되는 품목 예시 (한-중 FTA)

품목번호	품명	원산지 인정요건
6101.20	면제 남성의류	다음 각 호의 어느 하나에 해당하는 것에 한정한다. 1. 다른 류에 해당하는 재료로부터 생산된 것 2. 40% 이상의 역내부가가치가 발생한 것
8525.80	텔레비전 카메라	다음 각 호의 어느 하나에 해당하는 것에 한한다. 1. 다른 호에 해당하는 재료로부터 생산된 것 2. 40% 이상의 역내부가가치가 발생한 것

조합기준은 단일기준의 두 가지 이상의 기준을 모두 충족하여야 역내산으로 인정하는 방식이다. 여기에는 세번변경기준과 부가가치기준을 충족해야 하는 경우와 세번변경기준과 가공공정기준을 충족해야 하는 경우가 있다.

조합기준이 적용되는 품목 예시 (한-중 FTA)

품목번호	품명	원산지 인정요건
8457.10	머시닝센터	4단위 세번변경기준 그리고 체약 당사국내에서 발생한 부가가치가 50퍼센트 이상일 것. 다만, 제8537호 또는 제9032호 제품의 원산지 규정 충족 하에 컴퓨터 수치 제어(CNC) 시스템이 원산지 지위를 획득한 것에 한한다.

불완전생산품의 원산지결정은 협정에서 HS Code별로 품목별기준(Product Specific Rule)으로 따로 정하고 있는바, 세부사항에 대해선 품목별기준 장에서 별도 설명한다.

<표4-2> 실질변형 원산지기준별 장단점 비교[104]

구분	주요 장단점
세번변경기준	• 비원산지재료와 완제품간의 HS번호 변경여부 확인 • 신속 정확하고 객관적이나, HS체계상 가공단계별로 분류되어 있지 아니한 품목은 적용 곤란 • 모든 FTA에서 가장 많이 활용됨(품목의 70%이상)
부가가치기준	• 협정문이 간단 명료하여 협상시간 단축 • 이론적, 논리적으로는 가장 이상적인 기준이나 국별 회계기준이 상이 할 수 있어 원산지조작 및 마찰 가능성 상존 • 제품 및 원재료의 가격등락에 따라 원산지가 수시로 변동되어 안정적 특혜세율 적용이 곤란
특정공정기준	• 역내에서 특정공정 수행 여부 확인 • 객관적이고, 원산지입증이 쉬우나 빠른 속도로 출현하는 새로운 제품의 생산공정을 반영하기 곤란 • 화학, 섬유 등 일부 상품에 한정하여 적용

▶ 6 FTA 원산지결정기준 개요

FTA협정에서 상품의 원산지 결정은 전적으로 어느 한 쪽 또는 양 당사국의 영역에서 완전하게

---

[104] 정인교 등, "우리나라 FTA 원산지규정 연구 및 실증분석", 한국경제연구원

획득되거나 생산될 때 적용되는 완전생산기준(완전생산품)과 전적으로 어느 한 쪽 또는 양 당사국의 영역에서 생산되고, 상품 생산에 비원산지 재료가 사용될 때 적용하는 실질적 변형(세번변경, 부가가치, 가공공정) 기준(불완전생산품)으로 크게 나누어진다. 협정에 따라서는 1차적으로 비원산지재료가 가공과정을 거쳐 원산지자격을 획득한 원산지 재료로만 전적으로 어느 한 쪽 또는 양 당사국의 영역에서 생산된 경우(원산지재료생산품)까지도 세분화하기도 한다. 또한 원산지결정 프로세스를 쉽게 하고, FTA효과를 극대화하기 위한 보충적 특례규정으로 미소기준(De Minimis), 누적기준 등에 대한 규정도 두고 있다.

FTA 관세특례법에서는 상품의 원산지결정기준을 다음과 같이 완전생산, 실질적변형 생산(세번변경, 부가가치, 공정)으로 구분하면서 원산지상품이 제3국을 경유하는 경우 원산지상품 지위상실에 대한 규정을 두고 있다.

FTA 관세특례법 제7조(원산지결정기준)

① 협정 및 이 법에 따른 협정관세의 적용, 수출입물품의 통관 등을 위하여 물품의 원산지를 결정할 때에는 협정에서 정하는 바에 따라 다음 각 호의 어느 하나에 해당하는 국가를 원산지로 한다.
1. 해당 물품의 전부를 생산·가공 또는 제조한 국가
2. 해당 물품이 둘 이상의 국가에 걸쳐 생산·가공 또는 제조된 경우에는 다음 각 목의 어느 하나에 해당하는 국가
   가. 해당 물품의 품목번호(「HS 협약」에 따른 품목분류표상의 품목번호를 말한다.)가 그 물품의 생산·가공 또는 제조에 사용되는 비원산지 재료 또는 구성물품의 품목번호와 일정 단위 이상 다른 경우 해당 물품을 최종적으로 생산·가공 또는 제조한 국가
   나. 해당 물품에 대하여 일정 수준 이상의 부가가치를 창출한 국가
   다. 해당 물품의 생산·가공 또는 제조의 주요 공정을 수행한 국가
3. 그 밖에 해당 물품이 협정에서 정한 원산지 인정 요건을 충족시킨 국가

② 제1항에 따라 원산지로 결정된 경우에도 해당 물품이 생산·가공 또는 제조된 이후에 원산지가 아닌 국가를 경유하여 운송되거나 원산지가 아닌 국가에서 선적(船積)된 경우에는 그 물품의 원산지로 인정하지 아니한다. 다만, 해당 물품이 원산지가 아닌 국가의 보세구역에서 운송 목적으로 환적(換積)되었거나 일시적으로 보관되었다고 인정되는 경우에는 그러하지 아니하다.

③ 제2항에도 불구하고 협정에서 직접 운송의 요건 등에 관하여 다르게 규정한 경우에는 협정에서 정하는 바에 따른다.

원산지규정은 세부적으로 일반기준과 품목별기준으로 대별되며 원칙적으로 양자를 충족하여야 원산지물품으로 인정된다. 일반기준(General Rules)은 품목에 관계없이 공통적으로 적용되는 총칙 규정으로서 협정 체계상 '원산지규정'본문이며, 품목별 원산지결정기준[105](PSR : Product Specific Rules)은 품목분류번호별 해당품목에 한정하여 적용되는 각칙으로서 통상 '별표'로 규정된다.

(1) 일반기준

일반기준은 다시 원산지규정의 기반을 이루는 공통 기본원칙과 품목별 기준의 엄격성 또는 원산지 결정과정의 복잡성을 완화하기 위한 분야별 특례규정으로 구성된다.

기본원칙은 당사국 영역 내에서 가공 등이 중단없이 수행될 것을 요구하는 영역원칙, 사용되는 재료와 모든 공정이 1개국 내에서 수행되는 경우 조건없이 원산지로 인정해주는 완전생산품원칙, 역내에서 수행된 가공이 비록 품목별원산지결정기준을 충족한 경우라도 그 가공이 단순가공(불인정공정)이라면 원산지를 인정할 수 없고 충분한 가공이 수행되어야 한다는 충분가공원칙[106], 협정에 따라 원산지지위를 획득한 상품이라도 당사국이 아닌 제3국을 경유하는 경우 원산지를 인정하지 아니하는 직접운송원칙 등이 있다.

분야별 특례규정에는 1국 내 가공원칙을 완화하는 누적기준, 세번변경 요건을 완화하는 최소허용수준, 재료비 산정기준을 완화하는 중간재 규정, 원산지 결정 편의를 위한 대체가능품, 간접재료, 부속품, 포장용품, 세트 등에 대한 특례가 있다.

〈표4-3〉 분야별 특례규정

특례기준	정 의
누적 (Acumulation)	국내산이 아닌 FTA 상대국 원산지재료를 사용한 경우 그 재료를 우리나라 원산지재료로 간주하여 상품의 원산지를 판정하는 기준
최소허용수준 (De Minimis)	역외산 수입재료의 비율이 미미한 경우 세번변경기준이 충족되지 않더라도 원산지 인정

---

105) 재료가 세번의 변경 또는 특정한 제조 또는 가공공정을 거쳤거나 특정한 역내부가가치 기준 또는 이러한 기준들의 결합된 기준을 충족하였음을 특정하는 규정을 말한다.(한-아세안 FTA)
106) 통상, '완전생산기준'에 대응하는 개념으로 '실질변형기준'이라는 용어가 사용되고 있는 바, 이는 '역내가공원칙'과 '충분가공원칙'을 포괄하는 개념이라 할 수 있다.

구분	내용
중간재 (Intermediate Material)	최종제품 생산에 사용되는 중간단계의 부품이 그 자체 원산지기준을 충족한 경우 중간부품 전체(비원산지재료 포함)를 원산지재료로 간주하여 최종품의 역내가치비율 산정
대체가능물품 (Fungile Goods) 원산지결정	상업적으로 동일한 질과 특징을 가지고 상호대체사용이 가능한 원산지재료와 비원산지재료가 물리적으로 구분되지 아니한 경우 회계적인 재고관리기법에 따라 원산지를 결정할 수 있도록 허용
간접재료 (Indirect Material)	물품의 생산, 시험 또는 검사에 사용되지만 그 물품에 물리적으로 결합되지 아니한 재료로 일반적으로 상품의 원산지결정시 미고려
부속품, 예비부품 및 공구	일반적으로 상품의 원산지기준이 세번변경기준일 경우 고려하지 아니하고, 부가가치기준인 경우에는 원산지/비원산지 고려
포장재료 및 용기	소매용의 경우 상품의 원산지기준이 세번변경기준일 경우 고려하지 아니하고, 부가가치기준인 경우에는 원산지/비원산지 고려 운송용 포장재료 및 용기는 상품의 원산지결정시 고려하지 아니함
세트물품	일부 협정에서 HS통칙 3의 적용에 따른 세트물품 원산지결정시 세트물품을 구성하는 비원산지 상품가치가 세트전체 가격에서 일정비율을 초과하지 아니한 경우 그 세트 전체를 원산지로 인정
재수입물품	일부 협정에서 영역원칙의 예외로 비당사국으로 수출된 물품이 재반입된 경우 동 물품이 수출된 상품과 동일하고, 수출되는 동안 양호한 상태로 보존하기 위해 필요한 것 이상의 공정을 거치지 아니한 경우 원산지 인정
전시용품	일부 협정에서 운송원칙 예외로 비당사국에서 보세전시 후 반입되는 물품이 협정에서 정한 조건을 충족하는 경우 원산지상품으로 인정

(2) 품목별 원산지기준

HS코드별로 규정되는 품목별기준은 다시 공통기준과 개별기준으로 구분된다. 공통기준은 특정품목군에 한정하여 공통적으로 적용되는 것으로 세 가지 유형으로 나누어 볼 수 있다. ①원산지규정의 별표인 품목별기준표에서 '부(Section)', '류(Chapter)'등의 '주(Note)'로 규정하는 것이 가장 일반적인 형태이다. ②일부품목은 개별기준으로 정하고 나머지는 개별기준을 두지 않고 공통기준을 적용하는 경우(예 : 한-아세안 FTA, 한-인도 CEPA), ③재료와 제품의 세번이 같은 품목에 대하여 세번변경기준 적용을 배제하고 부가가치기준 등 다른 개별기준을 적용하도록 하는 경우가 있다(예 : 한-칠레 및 한-캐나다 FTA)

개별기준은 해당품목에 한정하여 적용되는 것으로 원산지규정 별표에 각 품목번호별(HS Code)

로 정해진다. 물품의 본질적 특성의 변화에 기반한 세번변경기준 및 가공공정기준, 물품의 경제적 가치를 기초로 하는 부가가치기준이 주를 이룬다. 이들 중 2개 이상을 제시하고 모두 충족하도록 규정하는 조합기준, 규정된 복수의 기준 중 수출자가 유리한 쪽을 적용할 수 있는 선택기준이 있다.

품목별원산지결정기준은 품목분류번호로 설정되어 있으므로 개별상품의 원산지결정 단위는 HS 6단위(Sub-Heading)이다. HS 6단위는 모든 국가가 공통적으로 사용하는 세번의 최소단위이기 때문이다. 또한, 물품이 집단 또는 집합으로 구성된 경우라도 HS 상 단일의 호로 분류되면, 그 물품전체의 HS 호가 원산지 자격단위가 된다.

원산지 자격단위 (한-EU FTA 원산지의정서 제7조)

이 의정서의 규정의 적용을 위한 자격 단위는 HS의 상품분류체계를 사용하여 분류를 결정하는 경우 기본 단위로 간주되는 제품이다. 따라서
   가. 물품의 집단 또는 집합으로 구성된 제품이 HS 상에서 단일의 호로 분류되어 있을 때, 그 전체가 자격의 단위를 구성한다. 그리고
   나. 탁송화물이 HS의 동일한 호에 분류된 많은 동일한 제품으로 구성되어 있을 때, 이 의정서의 규정을 적용할 때 각 제품이 개별적으로 다루어져야 한다.

<표4-4> 원산지규정 구분

구 분		종 류
일반기준 (총칙)	기본원칙	- 영역원칙(재수입물품 특례) - 완전생산원칙 - 충분가공 원칙(불인정공정) - 운송원칙(전시용품 특례)
	분야별 특례 (보충규정)	- 누적 - 최소허용수준 - 중간재 - 대체가능물품 - 간접재료 - 부속품·예비품 - 포장·용기 - 세트물품
품목별기준 (각칙)	공통기준	- 일반 주 - 부·류·호의 주
	개별기준	- 세번변경기준 - 가공공정기준 - 부가가치기준 - 조합기준 - 선택기준

결론적으로 FTA 원산지규정은 특혜대상이 되는 '원산지상품'을 결정하는 체계라 말할 수 있다. 이러한 점을 감안하면 다음과 같은 형식으로 그릴 수 있을 것이다. 다만, 비당사국 보세전시장을 경유하여 반입되는 물품은 운송요건(직접운송원칙)과 직접적 관련성이 있으므로 운송요건에 포함하여 다룰 필요가 있다.

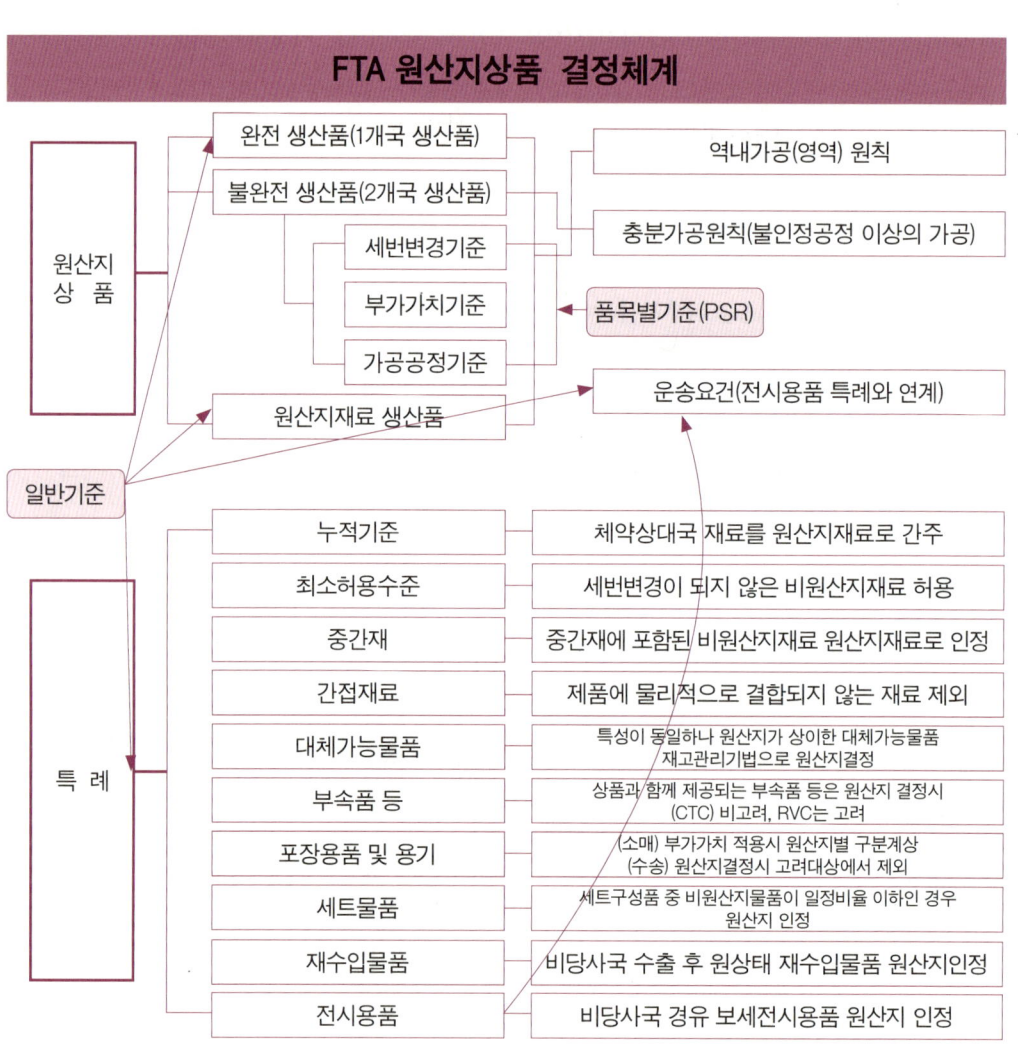

관련판례

CHAPTER 4-1

한국산 중고자동차에 대한 협정세율 적용(한-미 FTA)

FTA협정관세는 협정에 따라 체약상대국을 원산지로 하는 수입물품에 대하여 적용한다는 「FTA특례법」 제4조 제1항과 미합중국과의 협정 제2.3조 및"대한민국과 미합중국 간의 자유무역협정에 관한 서한교환" 제1절에 따라 원산지가 미합중국인 물품으로 인정되는 경우에 수입통관시 협정세율을 적용할 수 있도록 규정되어 있고, 청구법인이 수입통관한 쟁점차량은 대한민국에서 제조(가공)하여 수출한 현대자동차로 원산지가 대한민국이라는 사실이 관련 수입신고필증에서 확인되는 점 등을 고려해 볼 때, 쟁점차량에 대하여 한-미 FTA협정세율를 거부한 처분청의 처분은 달리 잘못이 없다고 판단된다.

[조심2012관0145, 2012.9.28]

[주요 용어 정의]

상품이라 함은 모든 제품, 생산품, 물품 또는 재료를 말한다.

생산이라 함은 재배·채굴·수확·어로·번식·사육·수렵·제조·가공·조립 또는 분해 등의 과정을 거쳐 물품을 획득하는 행위를 말한다.

재료라 함은 다른 상품의 생산에 사용되는 원재료·구성물품·부분품 또는 부속품을 말한다.

간접재료란 상품의 생산·시험 또는 검사에 사용되지만 그 상품에 물리적으로 결합되니 아니한 상품 또는 상품의 생산과 관련된 건물의 유지나 설비의 운영에 사용되는 상품이다.

사용된이란 상품의 생산에 활용되거나 소비된 것을 말한다.

일반적으로 인정되는 회계원칙이라 함은 수입·경비·비용·자산 및 부채의 기록, 정보의 공개, 그리고 재무제표의 작성에 대하여 당사국의 영역에서 인정되는 컨센서스 또는 실질적이고 권위있는 지지를 말한다. 일반적으로 인정되는 회계원칙은 세부 표준, 관행 및 절차뿐만 아니라 일반적인 적용을 위한 폭넓은 지침을 포함할 수 있다.

CHAPTER 4-1

중요 질의 및 답변 사례

질의 76	한국의 회사가 OEM 방식으로 중국에서 물품을 생산하였다. 이 물품의 원산지는 어디이고, FTA 적용이 가능한지?
답변	OEM 등의 거래형태와 관계없이 물품 생산국이 원산지이며, 우리나라에서 생산되지 아니한 물품은 FTA 적용이 불가능
질의 77	한국에서 모든 부품을 제작하여 중국으로 수출한 후, 중국공장에서 조립만 하여 동 완제품을 국내로 수입한 경우 원산지는?
답변	FTA는 역내에서 생산이 중단없이 수행될 것을 요구하는 영역의 원칙이 적용되므로, 상기물품은 중국이 원산지가 됨 다만, 대외무역법이 적용되는 원산지표기 분야는 한국이 가능. 해외 임가공시 HS 6단위 변경이 발생하지 않기 때문 임. 이는 국내부품 전부를 수출할 경우 HS 코드를 완제품으로 분류하는 규정(HS 통칙 2호 가목)에서 기인하며, 대외무역관리규정에서 원산지판정기준은 6단위 세번변경기준 임
질의 78	미국으로 물품을 수출하는 기업인데, 한-미 FTA 원산지 판정기준을 충족하여 한국산으로 인정받았는데 이 경우 별도로 일반원산지증명서 발급을 생략할 수 있는지?
답변	일반 원산지제도와 FTA 원산지제도는 그 운영 목적이 다르므로 별도로 일반 원산지증명서를 발급 받아야 함 일반원산지는 소비자에게 물품의 정보를 제공하고 생산자를 보호하며, 공정한 거래질서 유지를 목적으로 하고 있고, FTA원산지는 물품의 수입시 협상 체결국간 상호 양허한 관세율을 적용하기 위한 요건으로서의 원산지로 체결국간 정한 원산지증명서를 근거로 양허관세 적용 함 따라서, 일반원산지증명서를 발급받은 경우라도 FTA에 따른 관세혜택을 받을 수 없고, FTA원산지를 발급받은 경우라도 물품에 원산지 표시를 못할 경우도 있음

FTA 관련 자격시험  예 상 문 제

18
우리나라가 체결한 FTA 원산지규정에 대한 설명으로 틀린 것은?
① 일반적으로 원산지규정은 그 적용 목적에 따라 관세상 특혜를 부여하는 특혜 원산지 규정과 원산지표시, 쿼터 등 관세혜택 이외의 목적에 적용하는 비특혜 원산지 규정으로 나눌 수 있다.
② FTA 원산지규정은 세부적으로 여러 품목에 공통적으로 적용되는 총칙규정으로서의 일반기준과 해당 품목에 한정하여 적용되는 각칙으로서 통상 '별표'로 규정하는 품목별 기준으로 구분할 수 있다.
③ FTA 원산지규정은 역내산 물품에 대해 특혜관세를 부여하기 위한 제도이다.
④ FTA 원산지규정은 협정과 국내법에서 규정하고 있으며, 국내법이 협정과 다르면 협정을 우선 적용한다.
⑤ 품목별 기준을 충족하면 일반기준을 충족하지 못하더라도 원산지상품으로 인정된다.

해설 원산지상품이 되기 위해서는 일반기준과 품목별 원산지기준 모두를 충족하여야 한다.
정답 ⑤

19
다음 중 FTA 원산지규정에 대한 설명으로 잘못된 것은?
① FTA 원산지규정은 역내산 물품에 대해 협정관세를 부여하기 위한 것이다.
② FTA 원산지규정은 역내산 상품과 역외산 상품을 차등대우하는 기준으로 관세인하 조치의 실효성을 확보하는 수단이다.
③ FTA 원산지규정은 세부적으로 여러 품목에 공통적으로 적용되는 총칙규정으로서의 일반기준과 해당 품목에 한정하여 적용되는 각칙으로서 통상 '별표'로 규정하는 품목별 기준으로 구분할 수 있다.
④ FTA 원산지규정은 협정과 국내법에서 규정하고 있으며, 국내법이 협정과 다르면 국내법을 우선 적용한다.
⑤ FTA 원산지규정을 충족하는 물품을 원산지상품이라 하며, FTA 특례적용 대상이 되는 물품이다.

해설 FTA 원산지규정이 국내법과 협정이 상충되면 협정을 우선 적용한다.
정답 ④

FTA 원산지결정기준
(Rules of Origin)

▶1 원산지결정의 기본원칙

(1) 영역의 원칙

가. 개요

자유무역협정에서는 어떤 상품이 특혜관세 적용을 받기 위한 원산지 상품 자격을 획득하기 위해선 협정이 규정하고 있는 조건들[107]이 당사국 영역에서 중단없이 충족되어야 한다. 이를 협정에서는 "영역 원칙"[108]이라 하는데, FTA의 가장 기본이 되는 원칙이다. 다시말해, 어떤 물품이 원산지물품으로 인정되기 위해서는 그 물품 생산이 체약국 역내에서 수행되고, 협정이 제시하고 있는 규정들에 부합되어야 한다는 것이다.

생산(Production)의 정의 (특례법 시행규칙 제2조)

재배·채굴·수확·어로·번식·사육·수렵·제조·가공·조립 또는 분해 등의 과정을 거쳐 물품을 획득하는 행위

생산(生産)은 육지·강·바다 등에서 물품을 취득하거나 원재료·부품 등으로 물품을 만드는 모든 행위나 그 과정을 의미하는 포괄적 개념으로 사용되며, FTA에서는 상품의 원산지를 부여하는 원칙으로 영역 내에서 생산을 요구하고 있다.

이러한 원칙에 따라 완전생산품의 경우 역내에서 완전하게 획득된 재료를 사용하여 역내에서

---

107) 원산지결정 기준(일반/품목별 기준), 원산지증명절차 등
108) FTA협정상 특혜대우를 받는 원산지상품의 지위를 부여 받기 위해서는 당사국 영역에서 완전히 제조되거나 실질적 변형이 이루어져야 한다는 원칙으로 누적조항과 역외가공 규정은 이 원칙의 적용을 예외로 하고 있다. (한-EFTA, 한-아세안, 한-인도, 한-EU, 한-터키, 한-페루, 한-콜롬비아, 한-중, 한-베트남 등)

생산할 것을 요구하고, 상품 생산에 비원산지 재료가 사용되는 불완전생산품이나 원산지재료 상품도 생산과 협정 규정의 조건이 역내에서 충족될 것을 요구한다. 영역원칙은 '역외생산 금지원칙'으로도 표현 할 수 있다.

영역원칙은 물품의 생산 활동 등이 역내에서 이루어지도록 유도함으로써 생산업체의 해외이전을 줄이고, 해외자본의 역내투자를 유치하여 역내산업을 발전시키기 위한 것이다. 최근 중국에 진출한 우리 기업들이 다시 국내로 생산기지를 이전하는 기업들이 증가하고 있는데, 이는 중국의 인건비 상승, 환경규제 강화 등의 이유와 함께 우리가 체결한 FTA를 전략적으로 활용하기 위한 것도 하나의 요인으로 판단된다.

그러나 오늘날과 같이 국제적 분업생산이 일반화된 상황에서 영역의 원칙을 고수할 경우 기존에 형성된 해외위탁 가공산업이 위축될 수 있고, 싱가포르 및 홍콩 같은 도시국가는 산업입지 확보가 어려워지며, 우리나라는 개성공단과 같은 특수지역을 활용할 수 없기 때문에 일정한 조건하에서 영역원칙의 예외(역외가공)를 인정하고 있다. 이러한 이유로 우리가 체결한 싱가포르·EFTA·아세안·인도·페루·콜롬비아·중국·베트남과의 FTA에서 지역이나 품목에 제한을 두어 일정부분 역외가공을 허용하고 있다.

현재 우리나라에서 자유무역협정상 역외가공 조항에 따라 혜택을 받을 수 있는 대표적인 지역이 개성공단이다. 영역[109]원칙상 우리나라 주권이 미치지 아니한 개성공단은 명백히 역외지역이며 따라서 개성공단생산품은 자유무역협정상 원산지상품으로 인정될 수 없다. 그러나 역외가공 허용 조항에 따라 개성공단에서 생산되는 일부 품목에 대해서도 한국산으로 인정받아 FTA 특혜수출이 가능해지게 된 것이다.

또한, 영역원칙의 예외에는 '재수입물품'이 있다. FTA 원칙상 당사국 영역을 벗어난 재반입된 상품은 원산지가 인정되지 아니하나 일부 협정에서는 일정요건을 충족한 경우 원산지상품으로 인정한다.

---

109) 우리나라 주권이 미치는 영토·영해 및 영공과 국제법 및 국내법에 따라 주권적 권리 또는 관할권이 행사되는 영해의 외측 한계선에 인접하거나 외측한계선 밖의 해저·해저층을 포함한 해양지역(FTA관세특례법 시행규칙 제2조)

나. 역외가공

역외가공(outward processing)이란, 생산품의 원산지 판정시 자유무역협정상 영역의 원칙에서 벗어나 FTA 당사국 영역이 아닌 역외지역에서 생산, 가공된 제품 등을 일정한 조건에 따라 원산지상품으로 인정하거나 그 상품을 단순히 일방 당사국에서 타방 당사국으로 선적·수출되는 제품에 대해 역내산으로 인정해 주는 여러 유형의 방식을 총칭한다. 역외가공방식은 크게 두가지로 구분되는데 일반적인 역외가공(Outward Processing: OP)방식과 통합 인정 방식(Integrated Sourcing Initiative: ISI)이다.

가장 보편적인 OP방식은 FTA 일방 당사국에서 생산된 원산지 재료(부품)의 전부 또는 일부를 역외인 제3국으로 수출하여, 추가 가공을 거쳐 제조된 물품을 당해 당사국으로 재수입 후 당사국에서 최종 가공 후 혹은 원상태로 FTA 타방 당사국으로 수출할 경우, 수출되는 물품에 대해 일정한 요건 하에 역내 원산지상품으로 인정하여 FTA특혜수출을 허용하는 방식이다.

일반적으로 한번 역외로 나갔던 물품은 다시 역내에 반입되더라도 그 물품전체는 비원산지로 간주한다. 따라서 비록 역외에서 생산된 물품에 역내산 재료 등이 포함되어 있다 하더라도 최종품의 원산지판정시 역외에서 반입된 그 물품은 비원산지 재료에 포함된다. 이러한 이유로 상품의 원산지판정이 부가가치기준이 적용되는 경우에 역외에서 반입된 재료는 비원산지재료비로 산정되어 역내가치에서 제외된다.

그러나, 역외가공이 허용되는 경우 최종품 원산지 결정시 역외지역으로 수출된 원산지재료 가치(초기 국내 창출 부가가치)를 원산지재료비로 포함할 수 있게 되어 원산지 판정시 매우 유리해 진다.

〈그림4-1〉 일반적 OP방식 도해

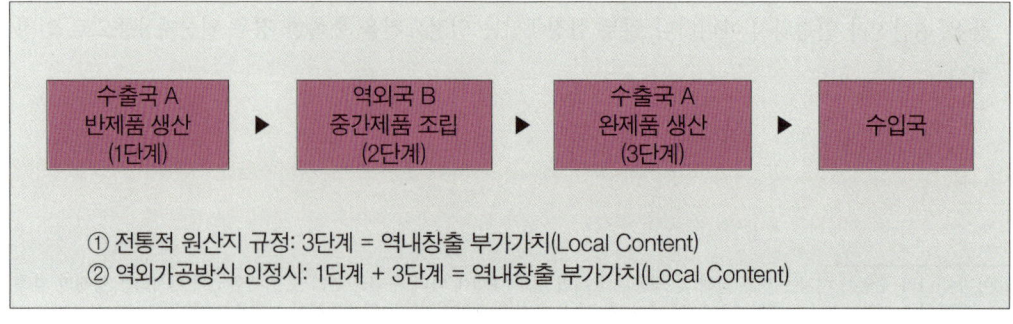

〈그림4-1〉의 과정에서 ①의 전통적 원산지규정을 적용하면 '3단계'만이 역내에서 창출된 부가가치로 인정되나, ②의 OP방식에서는 '1단계'와 '3단계'를 합하여 역내부가가치로 인정되어 원산지기준 충족이 매우 쉬워진다. 이러한 OP방식은 역외가공을 허용하고 대부분의 FTA에서 채택하고 있다.

　다음으로 싱가포르·미국 FTA에서 처음 도입된 ISI 방식이다. ISI방식은 당사국이 합의하여 협정에서 열거한 일정품목의 제품에 대해 실제 원산지 여하를 불문하고 상대국에서 수출되는 경우 무조건 역내산으로 인정하는 방식이다. ISI에 적용되는 품목은 일부 IT제품 및 의료장비와 같이 이미 관세율이 0%인 제품으로, 협정상대국 기업들에게 글로벌 소싱 네트워크의 유연성과 효율성[110]을 제공한다. ISI 대상품목에 대해선 일방당사국에서 타방당사국으로 선적되어 반입(비당사국 경유포함)된다면 무조건 원산지상품으로 간주된다. 이 방식에 따라 수출자 및 수입자의 원산지입증 부담이 획기적으로 줄어들게 되어 협정활용이 매우 쉬워진다. 이 방식은 한-싱가포르 FTA에서 개성공단 생산품에 대해 적용하고 있다.

　한-싱가포르 FTA에서 처음으로 역외가공이 허용되었으며, 이후 한-EFTA, 한-아세안, 한-인도, 한-페루, 한-콜롬비아, 한-중국, 한-베트남 FTA 등에서 도입되었으나, 협정마다 대상물품, 구체적인 요건 및 적용방법이 서로 상이하다. 다만, 미국·EU·터키·호주·캐나다·뉴질랜드·중미와의 FTA에서는 발효 후 한반도 역외가공지역위원회 설치 후 다시 논의할 여지는 남겨 두었다.

---

110) ISI방식이 적용되는 물품이 다른 물품의 생산에 사용되는 경우 이 물품은 원산지입증 서류 없이 무조건 원산지재료로 간주되므로 협정상대국간 재료 소싱관계가 쉽게 형성될 수 있다.

<표 4-3> FTA별 역외가공 조항 비교

구 분		싱가포르		EFTA		아세안	인도	페루, 콜롬비아, 베트남	중국	미국, EU 터키, 호주 캐나다 뉴질랜드
적용방식		ISI	OP	OP		OP	OP	OP	OP	한반도 역외 가공 지역 위원회 설치 후 논의
허용지역		개성공단	양 당사국 적용	모든지역 양당사국 적용	개성공단 등	개성공단	개성공단	개성공단	개성공단	
적용대상 품목(HS6단위)		4,625 품목	134 품목	제한없음	267품목	아세안 국별 100품목	108품목	100품목	310품목	
별도 원산지 기준	비원산지 투입 요소 총가치	한국에서 수출	최종품 관세가격 40% 이하	최종품 EXW 가격 10% 이하	최종품 EXW가격 40% 이하	최종품 FOB가격 40% 이하	최종품 FOB가격 40% 이하	최종품 FOB가격 40% 이하	최종품 FOB가격 40% 이하	
	수출 원산지 재료 가치		최종품의 관세가격 45% 이상		역외가공 물품 총 재료비 중 60% 이상	역외가공 물품 총 재료비 중 60% 이상	역외가공 물품 총 재료비 중 60% 이상		역외가공 물품 총 재료비 중 60% 이상	
품목별 원산지 기준 동시 충족 여부		충족 필요없음		충족필요		충족 필요없음	충족필요 (베트남은 충족 불필요)	충족 필요 없음		
근거규정		제4.3조 및 부속서 4B	제4.4조 및 부속서 4C	부속서I 제13조 및 부록4 제1조 외	부속서I 제13조 및 부록4 제2조 외	부속서3 제6조 및 양해각서	제3.14조 부속서 3-나	부속서 3-나	제3.3조 부속서 3-나	
C/O 요건		-	-	영역원칙 예외표기		세관발급 Rule6 표기	세관발급 OP표기	세관/자율 OP/D 표시	OP표시	
후속조치		협의 통해 적용품목의 추가 가능	역외가공 장소 서면통보	협정발효 3년후 특례규정개정 및 이행상황 점검		대상품목 개정가능, 특별세이프가드 발동가능, 5년후 철회 가능성 명시	대상품목 개정가능, 특별세이프가드 발동가능, 5년후 철회 가능성 명시	대상품목 개정가능, 특별세이프가드 발동가능, 5년후 철회 가능성 명시 (페루)	역외가공 위원회 설치	

상기 표에 보듯 싱가포르·아세안·인도·페루·콜롬비아·중국·베트남과의 FTA는 특정품목 역외가공만 허용하고 있으며, 한-EFTA FTA는 품목 제한없이 적용하는 일반 역외가공과 특정품목 역외가공으로 구분한다. 지역적으로는 한-EFTA FTA는 역외가공지역 제한이 없기 때문에 수입물품과 수출물품에 모두 허용되나, 아세안·인도·페루 등과의 FTA는 개성공단 생산품으로 한정하고 있으므로 아세안·인도·페루·콜롬비아·베트남·중국 등에서 수입되는 물품은 역외가공이 허용되지 않는다. 한-싱 FTA는 개성공단으로 한정되는 경우와 지역제한이 없는 경우가 있다. 가공비의 경우에도 역외에서 투입되는 재료비, 가공비 및 운송비의 합계가 완제품 가격의 40% 이하일 것을 요건으로 하는 경우와 10% 이하인 경우가 있다. 한-싱가포르 FTA는 개성공단 생산품의 경우 남한으로부터 수출될 것을 요건으로 한다. 개성공단 생산품의 대부분을 한국산으로 인정하는 한-중 FTA의 역외가공 인정 요건은 한-아세안 FTA와 거의 유사하다. 그러나 인정요건 중 하나인 '비원산지 재료의 총가치가 수출가격(FOB)의 40% 이하'계산시 한-아세안 FTA에서는 비원산지 투입가치(input)에 수송비를 포함한 역외가치(개성공단 근로자 임금 등)가 모두 포함되나 한-중 FTA에서는 이를 제외한 순수한 비원산지 재료(material)만 계산되어 우리 기업에게 매우 유리하다.

PLUS TIP 4-2 개성공단 생산품의 한-중 FTA 전략적 활용 방안[111]

중국은 개성공단 생산품에 대해 다른 FTA보다 폭넓게 한국산으로 인정하였고, 북한산 물품에 대한 인식도 다른 국가보다 더 나은 편이어서 FTA를 전략적으로 잘 활용한다면 우리기업에겐 중국시장 확대의 중요한 기회가 될 수 있다. 우리기업이 한-중 FTA를 잘 활용하기 위해선 다음과 같은 협정상 조건들을 충족하여야 한다.

첫째, 한-중 FTA가 적용되는 거래당사자는 당사국 영역에 소재하면서 해당 상품의 원산지증명서의 발급신청의 권한이 있는 자(수출자, 생산자)이다. 따라서 북한, 홍콩, 마카오, 대만에 주소를 두고 있는 자는 협정상 거래당사자가 될 수 없다. 아울러, 거래유형은 협정당사국 일방이 다른 당사국에 수출하기 위해서 원부자재를 역외가공지역에 수출(반출)하고 임가공을 한 후 다시 재수입(반입)한 역외가공 허용품목(부속서 3-B)에 대해서만 원산지 지위를 인정한다. 즉, 대한민국에 주소를 두고 있는 개인사업자 또는 법인이 개성공단에 원부자재를 반출하여 임가공한 후 재반입한 제품에 한해서 FTA특혜적용이 가능하다는 의미이다.

둘째, 역외가공지역은 한-중 FTA체결 이전 한반도 내 운영 중인 공업지구에 한정된다. 즉, 개성공단 1단계 3.3㎢만을 의미한다. 다만, 역외가공지역의 추가지정 및 확장은 협정발효 후 설립되는 역외가공지역위원회에서 협의할 수 있도록 하였다.

셋째, 협정의 역외가공 허용기준에 충족하여야 한다. 다른 원산지기준에도 불구하고 개성공단 생산품 중 ①비원산지 재료비의 총가치가 완제품 FOB가격의 40%이하이고 ②한국에서 수출된 원산지재료비가 임가공에 사용된 전체 재료비의 60%이상일 경우 원산지상품으로 인정된다. 한-중 FTA에서는 다른 FTA와 달리 비원산지투입요소(비원산지재료비+임가공비+해외운송비 등)의 비율 대신 비원산지재료비의 비율로 원산지를 판정함에 따라 북측 근로자의 임금인상에 따른 비원산지 투입요소 상승문제와 상관없이 지속적인 FTA활용이 가능하다.

<두개 협정의 사후 재적용 절차_예시>

기체결 FTA	한-중 FTA
$\dfrac{\text{비원산지 투입가치(임금 포함)}}{\text{FOB}} \times 100 \leq 40\%$	$\dfrac{\text{비원산지 투입가치(임금 제외)}}{\text{FOB}} \times 100 \leq 40\%$

넷째, 역외가공 허용품목에 해당되어야 한다. 협정에서는 완전생산기준 품목(육류, 어류, 채소류 등)[112], 중국측 초민감품목[113] 및 LCD패널을 제외한 310개 품목에 대해 역외가공을 허용하고 있다. 허용품목 중 56.8%(176개)에 해당하는 「섬유·신발·가방」 품목군의 경우 낙하산 등 8개 품목은 발효 즉시, 면제의 티셔츠, 어망 등 11개 품목은 5년 내, 언더팬츠, 유아용 의류 등 136개 품목은 10년 내, 이불·베개 등 14개 품목은 15년 내, 합성섬유제의 남성용 슈트 등 7개 품목은 20년 관세가 철폐된다. 허용품목의 6.8%(21개)인 「화학·플라스틱」의 경우, 소매용 글로브 등 2개 품목은 5년 내, 플라스틱제의 뚜껑, 볼펜, 목탄 등 12개 품목은 10년 내, 플라스틱제의 포장대 등 3개 품목은 15년 내, 플라스틱제의 상자, 연필, 크레용 등 4개 품목은 20년 관세가 철폐된다. 허용품목의 15.1%(47개)를 차지하는 「전기·전자」는 인쇄회기, 광섬유케이블 등 20개 품목은 발효즉시, 전동기·발전기 부분품 등 4개 품목은 5년 내, 자화한 영구자석, 오븐·쿠커 등 13개 품목은 10년 내, 플라스틱제 절연물품 등 6개 품목은 15년 내, 기타 기기의 전기식 부분품 등 4개 품목은 20년 내 관세가 철폐된다. 허용품목의 16.8%(52개)를 차지하는 「기계·금속」은 액체펌프의 부분품 등 8개 품목은 발효 즉시, 연료 급유용 펌프 등 6개 품목은 5년 내, 주방용품, 손목시계 등 21개 품목은 10년 내, 조명기기의 부분품 등 11개 품목은 15년 내, 자동차 부분품 등 6개 품목은 20년 내 관세가 철폐된다. 전체 품목의 4.5%(14개) 기타 품목은 완구 등 6개 품목은 즉시, 도자제의 식탁용품·주방용품 등 5개 품목은 10년 내, 종이 바닥깔개·종이부채 등 3개 품목은 15년 관세가 철폐된다.

다섯째, 개성공단 생산품이 역외가공 허용기준을 충족하였음을 입증하는 원산지증명서를 발급받아야 한다. 타 FTA와 같이 원산지증명서는 세관에서만 발급할 것으로 예상되며, 한-중 FTA에서 규정한 원산지증명서 서식을 사용하며, 원산지결정기준 박스에 "OP"문구를 삽입하여야 한다.

---

111) 이영달(2015), 개성공단 생산품의 FTA 활용 방안 연구, 관세학회지 제16권 2호
112) 껍데기 벗긴 밤, 고춧가루, 전분류, 참깨, 식용의 해초류, 참기름과 그 밖의 기름 등
113) 종이봉투, 장부·노트·연습장, 광섬유용·케이블용 커넥터, 램프의 부분품, 머플러 등

다. 재수입물품

FTA에서 적용되는 영역원칙상 당사국에서 비당사국으로 수출된 원산지상품은 재반입시 비원산지상품으로 간주한다. 다만, 한-EFTA, 한-인도, 한-EU, 한-터키, 한-페루, 한-캐나다, 한-콜롬비아 FTA에서는 비당사국으로 수출되었다가 원상태로 재수입된 물품에 대해 ①재반입된 상품이 수출된 상품과 동일하고 ②재반입된 상품이 수출되는 동안 좋은 상태로 보존하기 위하여 필요한 것 이상의 공정을 거치지 아니한 것을 수입 당사국 관세당국에 충실히 입증하면 원산지를 그대로 인정한다. 한-아세안 FTA의 경우는 협정상에서 규정되어 있지는 않으나, 국내법령인 FTA관세특례법시행규칙 별표4에서 규정하고 있다.

이와 달리 한-칠레, 한-미, 한-싱가포르, 한-호주, 한-중, 한-뉴질랜드, 한-베트남 FTA에서는 원상태 재수입물품에 대한 특례조항이 없다. 따라서 비당사국에서 재수입한 물품에 대해서는 원산지가 인정되지 않는다.

여기서의 '원산지 인정'은 수출된 물품이 재수입시 FTA에 따른 특혜관세 적용이 가능하다는 것을 의미하는 것이 아니라, 동 물품이 당사국 영역에 있는 물품과 동일하게 당사국 영역을 벗어나지 않았다고 간주되는 것을 말한다. 즉, 원산지상품의 지위를 유지하는 것이다.

예컨대 한국에서 생산한 가전제품(협정의 원산지기준 충족)을 비당사국인 일본으로 수출하였다가 원상태로 재반입한 물품을 협정 상대국인 스위스로 재수출할 경우 영역을 벗어나지 아니한 원산지상품으로 간주하여 재수입자인 수출자는 원산지증명서를 발급하여 특혜수출을 할 수 있다는 것이다. 다만, 한국 수입자는 수출물품과 수입물품의 동일성을 입증해야 하는 의무가 있다.

동 특례조항은 특혜관세 적용대상 물품의 범위를 당사국 영역에 한정하지 않고 탄력적으로 확대시킴으로써 역내에서 실질적으로 생산된 물품의 교역을 촉진시킨다는 장점은 있으나, 세관의 행정부담을 증가시킬 수 있는 단점도 있다.

【협정별 재수입물품 원산지 인정 근거】

FTA	협정내용
EFTA(12조) 인도(3.13조) EU(12조) 터키(12조) 페루(3.15조) 캐나다(3.15조) 콜롬비아((3.16조)	〈영역원칙〉 2. 다음의 사항에 대하여 수입 당사국의 법령에 따라 관세당국에 충분히 입증하지 아니할 경우, 당사국에서 비당사국으로 수출된 원산지 상품은 재반입시 비원산지 상품으로 간주한다. 가. 재반입된 상품이 수출된 상품과 동일할 것 나. 재반입된 상품이 수출되는 동안 좋은 상태로 보존하기 위하여 필요한 것 이상의 공정을 거치지 아니할 것

한-중미 FTA에서는 '상품의 재수출(제3.16조)'규정을 두고 있다. 비당사국으로부터 반입되고 그 이후 재수출 당사국의 영역 내에 위치한 자유지역에서 다른 쪽 당사국으로 재수출되는 상품에 대한 통제 및 감시를 재수출증명서로 증명하는 경우 원산지 상품으로 인정한다. 이러한 상품의 원산지 지위는 그 비당사국과 다른 쪽 당사국 간에 발효 중인 무역협정에 따라 결정된다. 다만, 당사국의 자유지역 내에서 그 상품이 그 원산지 지위를 변화시키는 변형 공정을 거치지 아니하고, 그 상품이 관세당국의 통제와 감시 하에 머물러 있어야 하며, 그 상품에 수행된 공정[114]이 당사국 영역 내 자유지역의 관세당국이 발행한 재수출증명서에 명시되어야 한다.

CHAPTER 4-2

중요 질의 및 답변 사례

질의 79	아세안 당사국 물품을 국내 자유무역지역에 반입하여 생산한 물품에 대한 한-아세안 FTA 적용여부?
답변	한-아세안 FTA의 원산지상품이 되기 위해선 수출국 영역에서 생산되어야 하는바, 질의와 같이 수입국인 국내에서 생산된 물품에 대해선 FTA를 적용할 수 없음
질의 80	아래와 같은 생산 공정을 통해 만들어진 플라스틱 케이스를 EU 및 미국으로 수출하는 경우, 완제품의 원산지판정은? [생산공정]개성공단에서 사출한 사출물 국내 반입 → 사출물 표면에 인쇄 및 코팅 작업 → 부자재 부착 및 완제품(플라스틱 케이스) 생산
답변	개성공단은 협정상 역외지역에 위치하고 있으며, EU 및 미국과의 FTA에서는 역외가공을 인정하고 있지 않아 개성공단에서 반입된 재료는 비원산지재료로 간주 따라서, 개성공단에서 반입된 사출물을 비원산지재료로 처리하여 협정의 원산지결정기준을 적용

---

114) 보다 명확히 하기 위하여, 그리고 이 조의 목적상, 그러한 공정은 당사국과 비당사국 간 무역협정에 따라 허용되는 환적, 하역, 보관, 화물의 분해 또는 분리, 송장, 재선적, 재포장, 라벨링, 포장 또는 취합, 또는 상품의 원산지 지위를 변형하거나 변경시키지 아니하는 그 밖의 모든 공정과 같은 물류 공정을 포함 할 수 있다.

질의 81	한-터키 FTA 원산지신고서를 발행하여 한국에서 터키로 수출한 물품이 터키에서 협정관세를 적용·수입통관 후 추가가공 없이 일부는 사용하고 나머지를 한국으로 재수출하는 경우, 당초 한국에서 발행한 원산지신고서를 근거로 물품의 원산지를 한국으로 기재한 원산지신고서를 발행하여 협정 적용이 가능한지?
답변	협정관세 적용은 다른쪽 당사국의 원산지 상품에 대하여 적용하는 것으로, 본 건의 경우 한국산 제품이 추가가공 없이 한국으로 재반입되는 것으로 협정에서 정하는 터키산 상품이 아니므로 협정관세 적용이 불가함 아울러, 원산지신고서는 당사국을 원산지로 하는 제품에 대하여 수출자가 발급하므로 터키의 수출자가 원산지신고서 상에 원산지를 한국산으로 기재할 수도 없음
질의 82	건강기능식품(제2106.90호)의 생산과정이 아래와 같은 경우 한-EU FTA에 따른 원산지상품 여부? [생산] 프랑스(캡슐 형태로 제작) → 스위스(플라스틱 병에 담는 포장 작업) → 프랑스 운송 → 한국 수출
답변	영역의 원칙에 따라 원산지 지위를 획득하는 조건은 당사자 내에서 중단없이 충족되어야 한다. 동 건은 생산 과정의 일부인 포장작업이 역외에서 수행되므로 원산지인정 불가
질의 83	미국에서 피칸(제0802.90호)을 수확 → 멕시코(보세구역)에서 세척, 살균, 탈각, 포장 작업 → 미국 운송 → 한국 수입 한-미 FTA 상 원산지상품인지 여부?
답변	한-미 FTA에서 원산지상품으로 인정되기 위해서는 전적으로 어느 한 쪽 또는 양 당사국의 영역에서 생산되어야 하며, 생산은 상품을 재배·채굴·수확·어로·번식·사육·덫사냥·수렵·제조·가공·조립 또는 분해하는 것으로 정의하고 있음 세척, 살균, 탈각, 포장 작업은 최종 상품을 만들기 위한 제조·가공의 일부분에 해당하므로, 협정 당사국의 영역이 아닌 지역에서 생산되었으므로 원산지 상품으로 인정할 수 없음(영역원칙 위배)
질의 84	해외(FTA 체결국)에서 생산되어 국내에 유통되는 OEM* 생산제품 중 우리나라 회사 브랜드를 부착한 경우 FTA 협정상 국내산으로 인정되는지 여부?
답변	우리나라와 FTA가 체결된 국가에서 생산된 OEM 생산제품의 원산지는 국내 회사의 상표가 부착되어 있는지 여부와 관계없이 각각의 FTA 협정에서 정한 원산지 결정기준에 따라 결정 원산지 결정기준을 충족한 경우에도 원산지 증명서 등 증빙서류를 갖추고 있어야 하며, 운송요건 등 원산지 요건을 충족해야 FTA 협정관세 적용 가능

FTA 관련 자격시험

예 상 문 제

20
다음 중 FTA 역외가공에 대한 설명으로 바른 것은?

① 싱가포르·EFTA·아세안·인도·페루와의 FTA는 역외가공을 제한적으로 허용하고 있다.
② 싱가포르·아세안·인도와의 FTA는 특정품목 역외가공만 허용하고 있으며, EU와의 FTA는 품목 제한 없이 적용하는 일반 역외가공과 특정품목 역외가공으로 구분하였다.
③ 싱가포르·아세안·인도·페루와의 FTA는 역외가공 허용을 개성공단 생산품으로 한정하고 있으므로 이들 국가에서 수입되는 물품은 역외가공이 허용되지 않는다.
④ 한-칠레 FTA는 역외가공지역의 제한이 없기 때문에 가공비 한도 내에서 수입 물품과 수출물품에 모두 허용된다.
⑤ 미국과의 FTA에서도 개성공단 생산품에 대한 역외가공을 제한적으로 허용하고 있다.

해설 싱가포르·EFTA·아세안·인도·페루와의 FTA는 역외가공을 제한적으로 허용하고 있다.
정답 ①

21

다음 내용에 대한 설명으로 바른 것은?

① 한-EFTA FTA 경우 중국에서 수입되는 P의 총 추가가격이 최종제품 A의 공장도가격의 10%를 초과하지 아니한 경우는 원산지재료로 간주한다.
② 한-아세안 FTA 경우 중국에서 수입되는 P의 총 추가가격이 최종제품 A의 FOB의 10%를 초과하지 아니한 경우는 원산지재료로 간주한다.
③ 한-터키 FTA 경우 중국에서 수입되는 P의 비원산지 투입의 총가치가 최종제품 A의 공장도가격의 40%를 초과하지 아니한 경우는 원산지재료로 간주한다.
④ 한-칠레 FTA의 경우 중국에서 수입되는 P의 비원산지 투입의 총가치가 최종제품 A의 조정가격의 40%를 초과하지 아니한 경우는 원산지재료로 간주한다.
⑤ 한-인도 CEPA의 경우 중국에서 수입되는 P의 총 추가가격이 최종제품 A의 FOB의 10%를 초과하지 아니한 경우는 원산지재료로 간주한다.

해설 한-EFTA FTA의 역외가공 규정으로 한국에서 수출되고 추후 재수입되는 재료는 총 추가가격이 최종제품의 공장도 가격의 10퍼센트를 초과하지 아니한 경우에는 원산지재료로 간주한다. 다만, 수출시 동 재료는 원산지재료이어야 한다.

정답 ①

(2) 충분가공원칙과 불인정 공정

물품의 원산지결정시 적용되는 기본원칙의 두 번째는 충분가공원칙이다. 이는 생산과정에 역외산 재료가 투입되는 불완전생산품은 '충분한 정도의 공정'을 수행한 경우만 원산지물품으로 인정한다는 것이다. 여기에서 '충분한 정도의 공정'이란 비원산지재료가 전혀 새로운 상품으로 변형될 만한 정도의 공정을 의미하며, 구체적으로는 각 협정에서 정한 일반기준과 품목별기준을 충족한 경우를 말한다.

그런데 기존 상품의 실질을 변화시키는 공정을 모두 분석하여 협정을 타결시키려면 과도한 시간이 걸릴 수 있다. 또한 제조공법의 변화 또는 새로운 상품의 등장을 미리 예측하여 반영하기도 어렵다. 이러한 한계점을 보완하기 위하여 각 협정은 비록 「품목별기준」 등 다른 기준을 충족하더라도 그것이 단순한 공정의 수행 결과라면 원산지물품으로 인정할 수 없도록 하고 있으며, 이는 최소공정(Minimal Operation), 불인정공정(Non-qualifying Operation), 불충분공정 또는 단순가공 등으로 불린다.

다음 사례와 같이 중국산 멸치(HS 0301)를 한국에서 건조하여 마른 멸치(HS 0305)로 가공할 경우 4단위 세번변경이 발생하며, 미국산 쌀(HS 1006)을 수입하여 국내에서 분쇄공정을 거쳐 가공한 쌀가루(HS 1102)는 2단위 세번변경이 발생한다. 즉 단순한 건조작업 또는 분쇄공정만 거쳐도 4단위 또는 2단위의 세번변경이 발생하게 된다. 또한 포장에 의해서도 4단위 이상의 세번이 변경될 수 있다. 페니실린(HS 3003)을 수입하여 소매용으로 포장(HS 3004)한 경우에도 4단위의 세번변경이 발생한다. 이와 같이 건조·분쇄 및 포장작업과 같이 비교적 단순·경미한 가공작업만 거친 물품에 대하여 원산지를 인정하고 특혜관세를 부여할 경우 우회수입 또는 관세회피의 수단으로 악용될 소지가 있다.

투입원료	생산공정	생산제품
멸치(0301)	건조	마른 멸치(0305)
쌀(1006)	제분	쌀가루(1102)
화강암(2516)	분쇄	자갈(2517)
페니실린(3003)	포장	소매용 페니실린(3004)

따라서 대부분의 FTA에서는 이러한 점을 방지하기 위하여 단순·경미한 가공작업만을 거쳐 세번변경이 발생되거나 부가가치가 발생한 경우에는 원산지를 불인정하도록 하고 있다. 불인정공정의 대표적인 예로는 ① 운송이나 저장 목적으로 물품을 양호한 상태로 보존하기 위한 작업 또는 공정, ② 포장·재포장 및 포장상태를 변경하는 작업, ③ 완제품의 부분품을 단순히 조립하거나 분해하는 작업, ④ 원산지가 상이한 물품의 단순한 혼합 작업 등이 있으며, 각 FTA별로 불인정공정의 유형을 구체적으로 예시하고 있다.

협정에서 불인정공정은 원산지규정의 일반기준에 규정하고 있으며, 규정방식은 대표적인 것을 예로 제시하는 예시방식(illustrate list/ open list)과 불인정공정을 하나하나 나열하는 열거방식(exhaustive list/ closed list)으로 구분할 수 있다. 대부분의 협정에서는 열거방식을 채택하고 있으나, 한-싱가포르 FTA에서는 예시방식을 채택하고 있다. 한-칠레 FTA는 불인정공정의 중요 항목은 열거하면서, 동 항목에 대해 예시하는 혼용방식을 채택하고 있는 점이 특징이다. 예시방식은 협정에 규정되어 있지 아니한 다른 공정도 세관당국의 해석에 따라 불인정공정으로 포함될 수 있는 여지가 있어 원산지결정의 불확실성을 확대시킬 수 있는 우려가 있으며, 열거방식은 급속하게 발전하는 글로벌 생산 환경에 부합하지 않는다는 단점이 있다. 이러한 점을 감안 한-중 FTA는 "양 당사국이 합의하는 경우"에는 불인정공정을 추가할 수 있도록 규정하고 있다.

한-캐나다 FTA에서는 불인정공정 규정을 도입하지 않았으며, 한-미 FTA는 일반기준에서 규정하지 않고 품목별기준 일반주해에서 제1류에서 제40류 상품에 대한 단순희석 공정과 제20류 주석에서 냉동, 물·소금물·천연주스를 사용한 포장, 볶음으로 조제 또는 저장처리한 채소·과일 및 견과류 등은 원산지를 불인정하고 있을 뿐이다[115]. 이는 캐나다 및 미국 측이 총칙규정(일반기준)에 불인정공정 조항이 없어도 세트조항이나 품목별원산지기준에서 충분히 해결될 수 있으며, 오히려 관세행정에 부담을 초래한다는 입장을 반영한 결과이다. 한-아세안 FTA는 특이하게 불인정공정을 일반품목과 섬유류로 구분하여 폭넓게 규정하고 있는 것이 특징이다. 한-중 FTA에서는 다른 FTA에서는 언급하지 아니한 slitting(철강코일 절단), bending(코일구부리기), coiling(감기), uncoiling(풀기)도 단순공정에 포함하였다. 여기서 유의할 사항은 어떤 생산 공정이 최소공정에 해당하는지를 판단할 경우 당사국내에서 수행된 모든 공정을 함께 고려하여야 한다는 것이다. 즉, 당사국 내에서 최소가공 이상의 공정을 수행한 경우에는 원산지를 인정받을 수 있는 것이다.

---

115) NAFTA에서는 일반기준에 불인정공정을 규정하고 있으나 불인정공정을 단순희석으로 한정하여 한-미 FTA와 내용상 차이가 없다. TPP(환태평양경제동반자협정)에서는 불인정공정을 규정하고 있지 않다.

"단순히" 또는 "단순한"의 의미 (FTA 특례법시행규칙)

해당 물품을 생산하는 경우 특별한 기술이나 특별히 제작 또는 설치된 기계·장비 또는 기기가 필요하지 아니하는 일반적인 작업을 말한다.

"단순 혼합"의 의미 (FTA 특례법시행규칙)

해당 물품을 생산하는 경우 특별한 기술이나 특별히 제작 또는 설치된 기계·장비 또는 기기가 필요하지 아니하는 일반적인 작업을 말한다. 다만 화학적인 반응[분자 내의 결합을 해체하여 분자 내 결합을 새로이 형성하거나 분자 내 원자의 배열을 변형하여 새로운 구조의 분자를 만드는 공정(생화학공정을 포함)을 말한다]을 거치는 공정은 제외한다.

<표 4-4> FTA 불인정공정 예시

한-아세안	한-EU	한-호주	한-중국
운송·저장 위한 보전 작업·포장·재포장, 포장상태 변경	운송·저장 위한 보전 작업·포장상태 변경, 포장 해체/조립	운송·보관 위한 보존공정·포장 변경, 포장물 해체·조립	운송·보관 위한 보존공정 포장 변경, 포장물 해체·조립
먼지·녹 등의 세척·세정·제거 단순 페인트칠 및 광택작업	세탁, 세척, 먼지 등 제거 섬유 다림질 또는 압착 단순페인트칠/광택작업	세탁, 세척, 먼지 등 제거	세탁, 세척, 먼지 등 제거 단순페인팅 및 광택
탈피, 표백, 연마, 도정	탈각, 표백, 연마, 도정	-	탈각, 표백, 연마 및 도정
당류 착색, 각설탕 작업	당류 착색, 착향, 각설탕 작업	-	당류 착색, 착향, 각설탕 작업, 결정당 의 부분/전체 제분
과일 등 탈피, 씨제거, 탈각	과일 등 탈피, 씨제거, 탈각		과일 등 탈피, 씨제거 및 탈각 건조, 염장, 냉동/냉장
연마, 단순분쇄/단순절단 체질·선별·구분·분류·등급, 세트구성, 단순혼합	연마, 단순분쇄/단순절단 체질·선별·구분·분류·등급, 세트구성, 단순혼합	연마, 단순분쇄, 단순절단	단순분쇄, 단순절단, 체질·선별·구분·분류·등급, 세트구성, 단순혼합, 쪼개기, 구부리기, 감기 또는 풀기
동물도축	동물도축	-	동물도축
단순조립, 제품분해, 단순시험 또는 측정, 포장에 상표·의장·라벨 부착 등	부분품 단순조립, 제품분해 시험/측정, 표식·라벨·로고 등 포장에 부착, 병등에 단순 적입 및 단순포장	분해, 상품 재분류 병 등에 단순적입, 단순포장 표식·라벨·로고 등 부착	병 등에 단순넣기, 카드 등 붙이기, 그밖의 모든 단순 포장, 라벨 등 부착/인쇄, 시험/측정, 단순희석, 단순조립
상기 작업의 조합	상기 작업의 조합	상기 작업의 조합	상기 작업의 조합
<섬유 및 의류 불인정공정> 다림질, 프레싱, 종횡제단, 끝단봉제, 스티칭, 오버로킹 트리밍, 탈색, 방수, 줄임 등			방직용 섬유의 다림질/압착

중요 질의 및 답변 사례

CHAPTER 4-2

질의 85

폐 PET병을 수거하여 선별, 분쇄 등의 공정을 통하여 생산한 PET WASHED FLAKE*의 제조공정이 한-아세안 FTA 불인정공정에 해당하는지 여부?

*섬유용(화학솜) 및 포장용기를 생산하는 원료로 사용

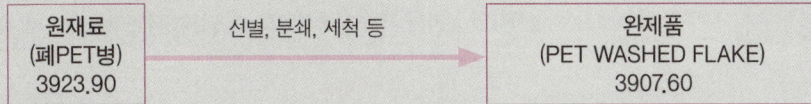

[제조공정]

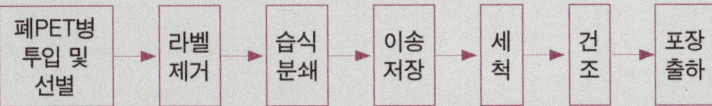

[제3907.60 PSR] CTH OR RVC 40%

답변: 비록, 협정 규정에 선별, 단순분쇄 및 세척 등의 개별 공정이 불인정공정으로 명시되어 있다하더라도, 선별, 라벨제거, 분쇄 등의 전체 공정이 특허를 가지고 있는 기계 등을 이용하여 수행되므로 단순한 공정으로 볼 수 없음

질의 86

한국의 I사는 완제품의 부분품을 수입하여, 국내에서 조립 및 검사공정 등을 통해 제8518.80호의 융착기(Splicer)를 생산한다. 생산공정이 아래와 같은 경우 조립 및 검사공정이 한-EU FTA에서 명시한 불인정공정에 해당하는지 여부?

[조립공정] 모듈 1차조립 ⇒ 모듈 2차조립(전극봉 장착 및 안정화) ⇒ 외부케이스 조립 ⇒ 품질검사 ⇒ 포장

답변: 텅스텐 카바이드 Rod를 직접 절단·연삭하여 특별한 전극봉을 생산 부품으로 사용하는 등 조립공정이 특별히 생산되거나 설치된 기술, 도구를 사용하여 수행되고 있어 충분공정으로 인정 가능

※ '단순 조립'이상이 되기 위해선 특별한 기술 및 특허 등이 요구되는 부품을 가공하거나 기계를 사용하여야 함

질의 87

역외산 밀(제1001호)을 국내에서 제분한 밀가루(제1101호)를 구매·가공하여 생지(제1901.20호)를 생산한 경우 한-아세안 FTA 적용시 원산지상품인지 여부?

제1901.20호	생지(빵의 반죽)
PSR	다른 호에 해당하는 재료로부터 생산된 것. 다만, 제10류 및 제11류에 해당하는 재료는 체약당사국의 원산지물품인 것에 한한다.

답변: 국내에서 생산된 밀가루(제1101호)가 원산지지위를 획득(2단위 세번변경기준 충족, 제분공정은 불인정공정이 아님)하므로, 원산지재료인 밀가루로 만든 생지도 원산지상품으로 인정됨

질의 88	단위기기 수입 → 셋팅 및 간단히 케이블연결 작업 수행 → 국내에서 개발된 엔지니어링 소프트웨어 장착 → 지속적 시뮬레이션 수행 → 소프트웨어 수정보완 → 공장자동 제어시스템으로 수출 ※ 전 공정의 95%정도가 소프트웨어 엔지니어링 작업 한-아세안 원산지 규정 8조(불인정 공정) 단순조합에 해당 여부?
답변	공장자동 제어시스템을 운영하기 위해 특별한 기술이 포함된 소프트웨어를 활용하므로 불인정공정에 해당되지 않는 것으로 판단됨. 다만 불인정공정 해당 여부는 해당 제품의 생산공정에 대한 상세 내역과 필요한 경우 현지확인 절차를 거쳐 최종적으로 세관장이 확인해야 할 사항 임

FTA 관련 자격시험 예상문제

22
다음 보기 중 A열은 수입원재료를 B열은 생산제품을 말하며, 생산제품의 원산지 결정기준이 4단위 세번변경(CTH)라고 가정하자. 다음 중 불인정공정(non-qualifying operation 또는 minimal operation)이 아닌 것은? ( )의 숫자는 HS 4단위를 말함

	A	생산공정	B
①	멸치(0301)	건조	마른멸치(0305)
②	쌀(1006)	제분	쌀가루(1102)
③	안경테(9003)/안경렌즈(9001)	조립	안경(9004)
④	면사(5205)	제직	면직물(5208)
⑤	원목(4403)	절단	제재목(4407)

해설 건조, 제분, 단순절단, 단순조립 등은 불인정공정에 해당하며 제직은 실질적인 변형을 발생하는 공정이라 할 수 있다.

정답 ④

23
다음 내용에 대한 설명으로 바른 것은?

> 가. 다림질 또는 프레싱, 세탁 또는 드라이크리닝
> 나. 종횡 제단 및 끝단 봉제
> 다. 끈, 밴드, 구슬, 코드, 고리 등과 같은 장식품을 깁고, 누비고, 잇고 부친 트리밍
> 라. 탈색, 방수, 줄임, 머서라이징
> 마. 자수 상품의 전체 면적의 5% 미만에 해당하는 자수

① 상기 공정들은 한-칠레 FTA에서 규정하고 있는 불인정공정 사례이다.
② 상기 공정들은 한-페루 FTA에서 규정하고 있는 불인정공정 사례이다.
③ 상기 공정들은 한-아세안 FTA에서 규정하고 있는 불인정공정 사례이다.
④ 상기 공정들은 한-미 FTA에서 규정하고 있는 불인정공정 사례이다.
⑤ 상기 공정들은 한-EFTA FTA에서 규정하고 있는 불충분한 가공 사례이다.

해설 섬유 및 의류(제50류~제63류)에 대해 일반품목과 별도로 불인정공정 규정을 두고 있는 협정은 한-아세안 FTA이다.

정답 ③

▶2 완전생산품(Wholly Obtained Goods)

(1) 개요

완전생산품이란 순수한 의미로 보자면 다른 국가의 재료가 전혀 사용되지 않고 그 물품의 모든 생산과정이 한 국가 내에서 수행된 물품을 의미한다. 이러한 의미로 보자면 농산물의 경우 종자부터 원산지물품이어야 하고, 공산품의 경우 부품 또는 그 부품의 원재료까지도 다른 나라 재료 또는 원산지를 알수 없는 불명 재료가 사용되지 않아야 한다. 그러나, 현실에서는 이렇게 순수한 의미의 완전생산품 기준을 그대로 운영하지 않고 크게 완화하여 규정하고 있다.

완전생산품은 크게 3개의 유형으로 구분할 수 있다.
1국 완전생산품은 1개 당사국 내에서 완전생산된 물품으로 가령, 수출국에서 생산된 종자를 파종해서 1개국가내에서 재배하고 수확한 쌀 같은 경우이다.

역내 완전생산품은 2개 이상의 당사국 영역내에서 완전생산된 물품을 의미하고, '완전생산 간주물품'이란 역외에서 생산되거나 역외산 재료 또는 원산지불명재료를 쓴 경우에도 예외적으로 완전생산품으로 인정해 주는 것으로 역내선박이 공해상에서 채취한 수산물이나 고물 등이 있다.

완전생산품 기준은 산업분야에 제한없이 적용될 수 있는 일반기준이지만 대체적으로 천연상품이나 광산물, 농수산물에 적용되는 경우가 많고 공산품에는 상대적으로 적다. 하지만 농수산물도 재배, 사육, 양식등의 생산과정이 여러 국가에 걸쳐서 이루어지는 경우에는 완전생산품이 될 수 없고, 공산품의 경우도 완전생산이 불가능한 것은 아니다. 가령, 역내에서 출생하고 사육된 양의 털로 짠 직물이나, 역내에서 출생하고 사육된 소로부터 취득한 우유나 치즈는 완전생산품이다.
그래서, 완전생산품 여부를 판단하기 위해서는 역외산 재료가 사용되었는지 여부나, 원산지를 판단할 수 없는 원산지불명재료가 사용되었는지 여부, 생산과정의 일부가 다른 나라에서 수행되었는지 여부 등을 확인하는 것이 중요하다.

협정별로는 완전생산품을 EFTA·아세안·인도·EU·터키·중국·베트남·중미와의 FTA에서는 당사국의 영역, 칠레·싱가포르·미국·페루·호주·캐나다·뉴질랜드와의 FTA에서는 일방 또는 양 당사국의 영역 내에서 완전하게 획득되거나 생산된 상품으로 정의하고 있다. 원산지결정 영역이 양 당사국까지 설정되어 있는 경우 완전생산품도 누적이 인정되며, 당사국으로 한정되는 경우에는 상품 생산국에서 완전생산 되어야 하므로 누적이 인정되지 않는다.

(2) 완전생산품
일반적으로 협정에서 규정하고 있는 완전생산품은 아래와 같으며, 세부적인 내용은 각 협정별로 확인하기 바란다.

- ㉠ 광물성 생산물
- ㉡ 재배·수확한 식물성 생산물
- ㉢ 출생 및 사육된 산동물과 이들로부터 획득한 물품
- ▶ 산동물은 모든 협정에서 출생요건을 규정하고 있으나 산동물로부터 획득된 물품(양털, 우유 등)의 경우 한-미와 한-EU는 출생요건을 두고 있지 않다.
- ㉣ 영역내 수렵·어로·양식에 의하여 획득한 물품
- ▶ EU·터키와의 협정에서는 양식의 경우 당사국 치어를 사용한 경우에만 원산지가 인정된다.
- ㉤ 역내 선박(역내 국가에 등록되고 그 국기를 게양한 것)이 영해 밖 바다에서 획득한 수산물 및 그 가공물품
- ㉥ 해저 탐사권이 있는 역내인이 역외 해저에서 채취한 물품
- ㉦ 역내 국가 또는 기업이 우주에서 취득한 물품(EFTA·EU·인도·페루·터키·중국·뉴질랜드·중미와의 협정에는 이 규정이 없음)
- ㉧ 역내의 생산과정에서 발생된 폐기물 및 부스러기
- ㉨ 역내에서 수집되어 사용이 끝난 물품(원재료 회수용으로 적합한 것에 한함) ㉩역내 국가의 영역 또는 선박에서 ㉠ 내지 ㉨의 물품을 원재료로 하여 생산한 물품 등이다.
- ▶ 한-미 FTA에서는 다른 협정과 달리 재제조 상품[116]의 생산에 소요되는 재생상품[117]도 원산지와 관계없이 완전생산품으로 간주하고 있다는 것이 특징이며, 한-캐나다 FTA는 당사국 영역에서 수집된 중고품으로부터 회수된 부분품이 좋은 성능을 유지하는데 필요한 가공을 거친 경우(재생부품) 완전생산품으로 인정한다.

각 협정에 규정하고 있는 상기의 완전생산품은 우주에서 취득한 물품을 제외하고 나머지 내용

---

116) HS 제84류, 제85류, 제87류 또는 제90류나 제9402호로 분류되는 상품 중 전적으로 또는 부분적으로 제6.22조에서 정의된 재생용품으로 구성되고, 그러한 신상품과 유사한 제품수명을 가지며, 유사한 공장품질보증을 향유하는 것을 말한다(협정 제1.4조 정의).

117) 재생상품 : 중고품을 개별 부품으로 해체하여 정상 작동할 수 있도록 세척·검사·테스트 등을 거쳐서 나온 부품 형태의 재료(협정 제6.22조 정의)

은 대체로 동일하다. 다만, 영해 및 배타적경제수역(EEZ)에서 획득한 수산물의 원산지를 연안국 혹은 선박국적으로 결정할 것인지에 대해 협정별 차이가 있다. 영해에서 획득한 수산물은 선박국적에 관계없이 연안국을 원산지로 인정하는데 한-페루 및 한-콜롬비아 FTA에서는 예외적으로 선박국적으로 인정한다. EEZ에서 획득한 수산물은 보편적으로 선박 등록국을 원산지로 인정하는 기국주의를 채택하고 있으나, 칠레 및 미국과의 FTA에서는 연안국을 원산지로 인정한다. 당사국 선박의 요건에 관하여는 한-EFTA FTA의 경우 기국 요건만 충족하면 되므로 기국 요건과 등록요건을 동시에 충족해야 하는 한-칠레 등 다른 FTA 원산지규정보다 완화되었다.

특히, 한-EU와 한-터키 FTA에서는 등록선박에 대한 소유요건(당사국 국민 등이 50% 이상의 지분 소유)이 별도로 규정되어 있다는 것에 유의하여야 한다.

【역내선박 인정요건】

칠레, 싱가포르, 아세안, 미국, 인도, 페루, 호주, 캐나다, 콜롬비아, 중국, 베트남, 뉴질랜드, 중미	EFTA	EU,터키
당사국 등록 + 당사국 국기게양	당사국 국기게양	당사국 등록 + 당사국 국기게양 + 소유요건

〈완전생산품 인정을 위한 Check Point와 준비서류〉[118]

1. Check Point
 - 생산에 사용된 재료가 역외국 재료 및 원산지미상재료가 없는지 확인
 - 상품의 생산공정이 모두 역내에서 수행되었는지 확인

2. 준비자료

구분	농산물	수산물	축산물
원재료 생산	경작지 등록자료 (연간 생산시설) 조합원 확인서류 연간생산량 및 생산시설 비료 등 농자재구매내역 출하확인서	선박국적증명서 원양어업허가증 원양어획반입신고확인서 어업권 원부 어업면허 수면 위치	목장등록자료 조합원확인서류 사료 등 구매내역 연간생산량 및 생산시설
구매	수매확인서/거래명세서 원산지확인서 대금결제내역 친환경 농산물 인증서 농산물 우수관리 인증서 농산물 이력추적관리등록금 지리적표시 등록금	거래확인서 원료공급검수성적서 등 원산지확인서, 대금결제내역 친환경 농산물 인증서 농산물 우수관리 인증서 농산물 이력추적관리등록금 지리적표시 등록금 물김 수매 확인서	거래확인서 검역증, 원산지확인서 대금결제내역
제품 가공	원재료수불부, 재고관리대장, BOM, 제조허가증, 제조공정도 및 설명서		
판매	제품 수불부, 공장출고내역, 송품장, B/L		

---

118) 출처: 광주본부세관이 발간('14.12)한 「수출기업 원산지검증 자기주도 학습서 똑똑하게 즐겨라」

CHAPTER 4-2

질의 89	국내에서 재사용 목적으로 수집된 중고 자동차부품이 한-EU FTA 및 한-아세안 FTA 적용상 완전생산품인지 여부? [공정]자동차 폐차장에서 재활용을 위하여 구입한 중고 자동차 부품(Used Alternator와 Start Motor)을 완전 분해 → 재사용할 수 있는 부품을 선별 → 선별된 부품을 재가공하여 새로운 부품으로 제조 → 재제조 부품과 일부 새로 구입한 부품을 조립하여 중고부품과 동일한 제품 생산
답변	[한-EU FTA] 중고품이 협정상 완전생산품이 되기 위해선 당사자에서 수집된 것으로 원재료 회수용 또는 폐기물 용도로만 적합한 물품이여야 함 따라서 상기와 같이 수집된 중고 자동차부품은 원재료 회수용(the recovery of raw material)이 아닌 재사용 목적이므로 완전생산품이 아님 [한-아세안 FTA] 당사국 영역에서 수집된 물품으로서 더 이상 본래 목적을 수행할 수 없고 저장 또는 수리할 수 없으며 원재료의 부품의 처분이나 회수, 또는 재활용 목적으로만 적당한 물품이여야 함 상기 물품은 중고 자동차부품을 완전분해하여 사용할 수 있는 부품을 재제조하는 경우로, 국내에서 수집된 중고 자동차부품은 협정에서 규정하고 있는 '부품 회수용'으로 볼 수 있으므로 완전생산품으로 간주할 수 있음
질의 90	주물제품 생산에 사용되는 원재료로 국내 철강업체에서 발생하는 철스크랩을 수집하여 사용하는데, 이 경우 철스크랩은 각 협정의 완전생산기준을 충족하는지와 완전생산기준에 충족한다면 고철 공급자로부터 원산지확인서를 제공받지 않아도 되는지 여부?
답변	모든 협정에서 역내 생산과정에서 발생하는 부스러기(원재료 회수용)는 완전생산품으로 간주 체약당사국 영역의 생산과정에서 발생한 스크랩인 것을 재료공급자가 확인해야 완전생산기준에 충족한다고 입증되는 것이므로 재료공급자로부터 원산지확인서를 제공받아야 함
질의 91	국내에서 동 스크랩(HS 7404.00)을 원료로 동의 박(HS 7410.11)을 제조하는데, 동 스크랩은 피복을 벗겨낸 구리전선(순도 99.9%)으로 최초 전선으로 생산된 제품이 일정 기간을 경과하여 수명이 다하여 교체 및 철거 등의 사유로 전선의 기본 기능이 상실되고 구리 금속 상태로 유통 되어지는 재활용 제품임 상기 동 스크랩을 국내에서 수집하여 국내 리사이클링 업체를 통한 수급하는 경우 완전생산품으로 판정할 수 있는지 여부?
답변	당사국 영역에서 본래의 목적으로 사용할 수 없는 원재료 회수용으로 수집된 물품으로 협정상 완전생산품에 해당됨

질의 92	아연 괴 제조과정에서 발생하는 부산물인 황산을 인도로 수출하는 경우, 원산지 판정시 한-인도 CEPA 제3.3조(완전하게 획득되거나 생산된 상품)으로 판정할 수 있는지 여부? 결산보고서의 부산물명세서가 원산지 입증자료로서 효력이 있는지 여부?
답변	아연 괴 제조공정에서 발생한 황을 약산·전화공정을 통해 황산으로 생산하는 것은 한-인도 협정 제3.3조의 완전하게 획득되거나 생산된 제품에 해당 됨 황산에 대한 생산수불관리를 기록한 부산물명세서는 생산관련 회계자료로서 원산지 증빙자료의 일부로 간주 할 수 있음

▶ 3 불완전생산품

(1) 개요

둘 이상의 국가에 걸쳐 생산·가공 또는 제조되는 불완전생산품의 원산지결정은 '실질적변형기준'에 의하여 원산지를 결정한다. 불완전생산품의 실질적변형 판정은 세번변경기준(Change in Tariff Classification Criterion)과 부가가치기준(Value Added Criterion)을 주요 원칙으로 하고 주요공정기준(Specific Process Criterion)을 보완적으로 사용하거나 이 기준들을 서로 조합하여 사용하기도 한다. 이들 각 기준들은 각각 장단점을 지니고 있어, 어느 한 기준을 일률적으로 적용하기 곤란한 점이 있다. 따라서 물품의 특성별로 선택하거나 서로 조합하여 사용하기도 한다. 불완전생산품의 원산지결정은 협정에서 HS Code별로 품목별기준(Product Specific Rule)으로 따로 정하고 있다.

세번변경기준은 원재료와 제품의 HS번호(세번) 변경여부를 기초로 원산지를 결정하므로 원산지결정이 신속·정확하고 객관적이어서 가장 보편적으로 사용되고 있다. 그러나 HS품목분류체계상 상당히 가공되었음에도 동일 품목번호로 분류되는 물품은 적용하기 곤란한 단점이 있다.

부가가치기준은 협정문이 간단·명료하여 협상하기도 용이하고 규정하기에도 쉽고 간편하다. 그러나 이 기준은 제품 및 원재료의 가격등락에 따라 원산지가 수시로 변할 수 있고, 계산이 복잡하며, 원가조작의 가능성이 있는 등 원산지결정에 이견이 발생될 소지가 있다.

특정공정기준은 특정 공정 수행이 있는지 여부에 따라 원산지를 결정하므로 객관성은 확보되지만 생산 공정을 왜곡시키거나 새로운 기술의 개발과 도입을 저해하는 부작용을 발생시킬 수 있다.

(2) 세번변경기준(Change in Tariff Classification Criterion)
가. 개요

세번변경기준은 불완전생산품에 대한 원산지결정기준의 한 종류로써 역내 생산과정에서 투입된 비원산지재료의 세번과 다른 세번의 상품이 생산되면 그 상품을 원산지물품으로 인정하는 것이다.

'세번'은 국제무역에서 거래되는 상품의 품목분류 체계(HS)에 따라 특정품목에 부여된 품목번호를 말하며 HS code로도 불린다. HS 품목분류체계는 통상 가공도에 따라 번호를 부여하므로 번호가 바뀌면 상품의 본질적특성이 변경된다는 원리다. 이러한 원리를 활용할 수 있어 원산지결정기준의 제정이 용이하고, HS가 국제적으로 널리 채택되고 있어 투명성을 확보할 수 있기 때문에 세계 대부분의 FTA에서 이 기준이 널리 채용되고 있다.

그런데 모든 세번이 상품의 본질적 특성을 기준으로 번호가 정해진 것은 아니다. 예를 들면 페니실린을 대용량으로 포장한 경우 제3003호이나, 소매용으로 포장된 것은 제3004호가 된다. 본질적 특성의 변화가 없는데도 품목번호는 바뀐다.

또한 제7019호에 분류되는 유리섬유를 직조(織造)하여 직물을 만들면 상품의 특성이 섬유에서 직물로 바뀌나 세번은 변하지 않는다. 품목분류체계가 이러한 한계를 가지고 있기 때문에 세번변경기준 적용 품목에서 배제하거나, 세번변경기준을 채택하더라도 특정공정 또는 부가가치 요건을 추가하는 경우가 많다.

세번변경기준에서는 세번이 어느 정도 수준에서 변해야 원산지가 변하는 것으로 볼지가 중요하다. 통상 6단위, 4단위, 2단위 기준 등 세 가지 유형이 있다. 단위수가 커질수록 기준을 쉽게 충족할 수 있기 때문에 각국은 경쟁력이 강한 품목은 6단위, 중간 수준인 경우 4단위, 약한 품목은 2단위 기준을 채택하려는 경향이 있다.

품목별기준의 대부분을 구성하고 있는 세번변경기준을 적용함에 있어서 '개별기준'과 '공통기준'을 함께 검토하여 원산지물품으로 인정되지 않더라도 일반기준의 특례규정(누적·최소허용기준·간접재료·부속품·포장용품 등 규정)을 적용하여 기준을 충족할 여지가 있다는 점에 유의할 필요가 있다.

〈표 4-5〉 세번변경기준 구조

```
                        세번변경기준
                    ┌────────┴────────┐
                 일반기준              품목별기준
              ┌─────┴─────┐        ┌─────┴─────┐
           HS 협약    FTA 일반기준   공통기준      개별기준
           ·통칙      ·누적          ·일반 주      ·2단위 기준
           ·품목표    ·최소허용수준  ·부·류·호 주  ·4단위 기준
                     ·간접재료                    ·6단위 기준
                     ·부속품 등                   ·조합 기준
                     ·포장용품                    ·선택 기준
```

나. 세번변경기준의 종류

2단위 변경기준(CC : Change of Chapter)의 예시를 보면, 한-칠레 FTA에서 제13류에 해당하는 물품의 원산지기준은 "다른 류에 해당하는 재료(제2939.11호의 양귀비 줄기 농축물에 해당하는 것은 제외[119])로부터 생산한 것"이다. 이를 해석하면 제2939.11호를 제외한 다른 류(2단위)의 비원산지 재료를 사용하여 제13류 제품을 생산하면 원산지상품으로 인정받는 다는 의미로 2단위 세번변경이 이루어 질것을 요구한다. 원산지기준에 나오는 재료는 모두 비원산지재료를 전제로 하며, 세번변경기준은 비원산지재료에 대해서만 적용된다.

품목번호	품명	원산지 인정요건
제13류	락·검·수지 및 기타 식물성 수액과 엑스	다른 류에 해당하는 재료(제2939.11호의 양귀비 줄기 농축물에 해당하는 것은 제외한다)로부터 생산한 것

---

119) 비원산지 재료에서 제외되므로 제2939.11호의 양귀비 줄기 농축물은 역내산을 사용해야 한다.

가령, 중국에서 미삼(12류)을 수입하여 국내에서 추출 및 첨가제 혼입과정을 거쳐서 인삼엑기스(13류)를 만들어 칠레에 수출할 경우, 2단위 세번이 변경되었으므로 한국산으로 인정될 수 있다. 반면에 중국산 인삼엑스분(13류)을 수입하여 인삼엑기스(13류)를 만든 경우 2단위 세번이 변경되지 않으므로 역내산으로 인정되지 않는다.

4단위 변경기준(CTH : Change of Tariff Heading)의 예시를 보면, 한-미FTA에서 제7210호의 아연도금 평판의 원산지기준은 "다른 호에 해당하는 물품에서 변경"이다. 즉, 제7210호가 아닌 다른 호(4단위)의 비원산지재료를 사용하여 제품을 생산하면 원산지가 인정된다는 의미이다.

품목번호	품명	원산지 인정요건
7210호	아연도금평판	다른 호로부터 변경된 것

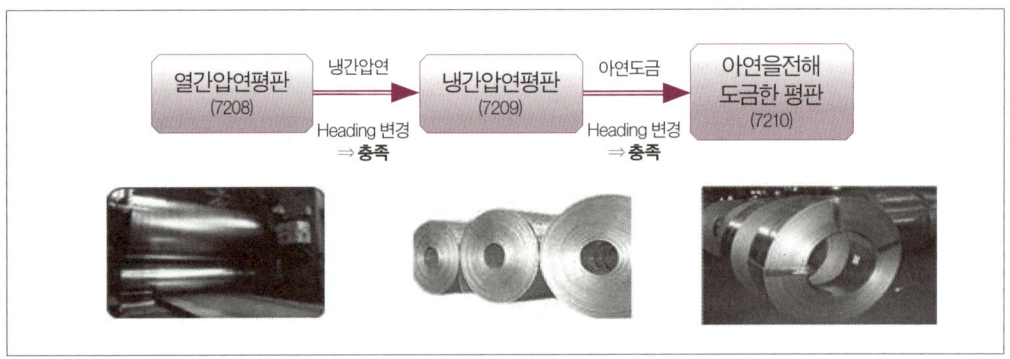

6단위 변경기준(CTSH : Change of Tariff Subheading)의 예시를 보면, 한-미FTA에서 제0901.21호의 볶은커피의 원산지기준은 "다른 소호에 해당하는 물품에서 변경"이다. 즉, 제0901.21호가 아닌 다른 소호(6단위)의 비원산지재료를 사용하여 제품을 생산하면 원산지가 인정된다는 의미이다.

품목번호	품명	원산지 인정요건
0901.21	볶은커피	다른 소호로부터 변경된 것

<한-EU FTA 원산지기준 해석 사례, 캔디 HS1704>

모든 호(그 제품의 호는 제외한다)에 해당하는 재료로부터 생산된 것. 다만, 해당 물품의 생산에 사용된 제17류에 해당하는 모든 비원산지재료의 가격이 해당 물품의 공장도가격의 30%를 초과하지 아니한 것에 한정한다.

제1704호를 제외한 다른 호의 역외산 재료를 사용하여 제1704호 제품을 생산한 경우 원산지 인정가 인정된다. 다만, 생산시 사용하는 제17류의 비원산지 재료(설탕, 기타 재료)의 가격이 완제품 공장도가격의 30%를 초과하지 않아야 한다. 즉, 역내가치가 70%이상이여야 한다.

한-EU FTA에서 "모든 호의 재료로부터의 생산"이라는 표현을 사용하는 경우, 모든 호(들)의 재료가(제품과 동일한 상품명 및 호의 재료까지도) 사용될 수 있다. (주석 3.3) 하지만, 불인정공정 이상의 작업 또는 가공이 발생한 경우에만 원산지상품으로 인정될 수 있음을 유의해야 한다.

세번변경기준 관련 중요 특례사항

① 협정상대국에서 수입된 재료 중 원산지증명서가 있는 재료는 한국산 원산지재료로 간주
  ▶ 비원산지재료가 아니므로 세번변경이 요구되지 않는다. (누적기준)
② 비원산지재료가 세번변경이 발생하지 않은 경우라도, 세번변경이 발생하지 아니한 비원산지재료의 가치가 제품 가격에서 차지하는 비중이 일정수준 이내라면 원산지 인정(미소기준)
  ▶ 칠레(8%), 싱가포르·아세안·인도·EFTA·미국·EU·터키·페루·호주·캐나다·중국 등(10%)
③ 생산과정에는 사용되지만 제품에 물리적으로 결합되지 아니한 간접재료는 비고려
④ 기계, 기구, 장치 등과 함께 제공되는 부속품, 예비부품, 공구 등은 원산지결정시 비고려
⑤ 상품과 함께 분류되는 소매판매를 위한 포장재와 용기는 원산지결정시 비고려
⑥ 상품의 운송에 소요되는 포장 및 용기는 원산지결정시 비고려

[칠레 및 캐나다와의 FTA에서 세번변경기준 적용 배제 특례]

1. 한-칠레 FTA에서 품목별 원산지기준이 세번변경기준이 적용되는 경우라 하더라도 비원산지재료의 하나 이상이 다음이 경우에 해당되어 세번변경이 이루어지지 않은 경우 부가가치기준(공제법 45%, 집적법 30%)이 적용된다.
   ① 비원산지재료 중에 "당해물품이 미조립 또는 분해된 상태로 수입되었으나,「관세율표의해석에관한통칙 2」[120]에 의하여 완성된 물품으로 분류" 되어 비원산지재료와 완제품의 세번이 동일한 경우
   ② "완제품과 그 원재료가 동일한 호 또는 소호[121]에 속하는 경우"에 해당되어 비원산지재료와 완제품의 세번이 동일한 경우. 다만, 제61류 내지 제63류(의류, 섬유제품)에 해당하는 물품은 제외한다.

2. 한·캐나다 FTA는 상품과 그 상품의 생산에 사용된 하나 이상의 비원산지 재료가 동일한 소호 또는 더 이상 소호로 세분화되지 않는 동일한 호로 분류되기 때문에 그 상품이 품목별원산지결정기준을 충족할 수 없는 경우[122]에는 그 상품과 동일한 소호 또는 더 이상 소호로 세분화되지 않는 호로 분류되는 비원산지 재료의 가치가 그 상품의 공장도가격의 55%를 초과하지 아니하면 원산지상품으로 인정된다. 다만, 이러한 기준은 HS 제1류부터 제21류까지, 제3901호부터 제3915호까지, 또는 제50류부터 제63류까지의 상품에는 적용되지 아니한다. (제3.3조 제2항)

【세번변경기준 유형 예시와 해석】

구분	예시
2단위 변경 (CC)	다른 류에 해당하는 재료로부터 생산된 것 ▶ 2단위 세번이 다른 비원산지재료를 사용하여 역내에서 생산할 것
	다른 류에 해당하는 재료(제1901.90호 및 제2106.90호의 것은 제외한다)로부터 생산된 것 ▶ 괄호안의 제외되는 세번의 재료는 원산지재료를 사용할 것
	다른 류에 해당하는 재료로부터 생산된 것. 다만, 제3류에 해당하는 재료는 체약당사국의 영역에서 완전생산된 것에 한정한다. ▶ 제3류의 재료가 사용되는 경우, 동 재료는 체약당사국에서 완전생산된을 사용할 것
4단위 변경 (CTH)	다른 호에 해당하는 재료로부터 생산된 것 모든 호(그 제품의 호는 제외한다)에 해당하는 재료로부터 생산된 것 ▶ 4단위 세번이 다른 비원산지재료를 사용하여 역내에서 생산할 것

---

120) 미조립 또는 분해된 상태로 제시되는 물품이 완전 또는 완성된 물품의 본질적 특성을 지니고 있는 경우 완전 또는 완성품의 HS코드에 분류
121) (예시) 신변장식용품과 그 부분품(제7113.11호), 철강제의 닻과 그 부분품(제731600)
122) HS 제871500호(유모차와 그 부분품)와 같이 제품과 부분품이 동일한 소호 등을 말함

	제3701호부터 제3703호까지 외의 다른 호에 해당하는 재료로부터 생산된 것 ▶ 제3701호부터 제3703호의 비원산지재료을 제외한 4단위 세번이 다른 비원산지재료를 사용하여 역내에서 생산할 것
	다른 호에 해당하는 재료(제5307호부터 제5308호까지의 것은 제외한다)로부터 생산된 것 ▶ 괄호안의 제외되는 세번의 재료는 원산지재료를 사용할 것
	다른 호에 해당하는 재료로부터 생산된 것. 다만, 제12류에 해당하는 재료는 체약당사국의 영역에서 완전생산된 것에 한정한다. ▶ 제12류의 재료가 사용되는 경우, 동 재료는 체약당사국에서 완전생산된 것을 사용할 것
	다른 호에 해당하는 재료로부터 생산된 것. 다만, 제0401호, 제0402호, 제0403호, 제0404호, 제10류 및 제11류에 해당하는 재료는 체약당사국의 원산지물품인 것으로 한정한다. ▶ 제0401호, 제0402호, 제0403호, 제0404호, 제10류 및 제11류의 재료는 체약당사국의 완전생산품이거나 원산지자격을 갖춘 불완전생산품을 사용할 것
	다른 호에 해당하는 재료로부터 생산된 것. 다만, 제1류, 제2류 및 제5류에 해당하는 재료는 수출당사국의 영역에서 완전생산된 것에 한정한다. ▶ 제1류, 제2류 및 제5류에 해당하는 재료는 체약당사국 중 하나인 수출당사국에서 완전생산될 것
6단위 변경 (CTSH)	다른 소호에 해당하는 재료로부터 생산된 것 ▶ 6단위 세번이 다른 비원산지재료를 사용하여 역내에서 생산할 것
	다른 소호에 해당하는 재료(제2711.21호의 것은 제외한다)로부터 생산된 것 ▶ 제2711.21호의 비원산지 재료를 제외한 6단위 세번이 다른 재료를 사용하여 역내에서 생산될 것
	다른 소호에 해당하는 재료로부터 생산된 것. 다만, 유효 성분의 전 중량의 50%이상이 원산지물품인 경우에 한정한다. ▶ 6단위 세번이 다른 재료를 사용하여 역내에서 생산될 것. 다만 제품을 구성하는 유효성분의 50% 이상은 원산지물품을 사용할 것
	제7304.49호에 해당하는 재료로부터 생산된 것 ▶ 제7304.49호의 비원산지재료를 사용하여 역내에서 생산할 것
	제7325.10호부터 제7326.20호까지 외의 다른 소호에 해당하는 재료로부터 생산된 것 ▶ 제7325.10호 내지 제7326.20호의 비원산지 재료를 제외한 6단위 세번이 다른 비원산지재료를 사용하여 역내에서 생산할 것
	같은 소호에 해당하는 다른 물품 또는 다른 호에 해당하는 재료로부터 생산된 것 ▶ 6단위 세번은 동일하나 물품이 상이한 비원산지 재료나 4단위 세 번이 다른 비원산지 재료로 생산할 것
	같은 소호 또는 다른 소호에 해당하는 재료로부터 생산된 것 (한-아세안, 제8517.70호, 제8523.52호, 제8529.90호) ▶ 모든 비원산지 재료사용이 가능하며, 역내에서 불인정공정 이상의 공정을 수행하면 원산지 인정 ※ 최초 협정은 CTSH였으나 HS 2002에서 HS 2007 변환시 변경됨

6단위 변경 (CTSH)	다른 소호에 해당하는 재료로부터 생산된 것 ☞ 6단위 세번이 다른 비원산지재료를 사용하여 역내에서 생산할 것
	다른 소호에 해당하는 재료(제2711.21호의 것은 제외한다)로부터 생산된 것 ☞ 제2711.21호의 비원산지 재료를 제외한 6단위 세번이 다른 재료를 사용하여 역내에서 생산될 것
	다른 소호에 해당하는 재료로부터 생산된 것. 다만, 유효 성분의 전 중량의 50%이상이 원산지물품인 경우에 한정한다. ☞ 6단위 세번이 다른 재료를 사용하여 역내에서 생산될 것. 다만 제품을 구성하는 유효성분의 50% 이상은 원산지물품을 사용할 것
	제7304.49호에 해당하는 재료로부터 생산된 것 ☞ 제7304.49호의 비원산지재료를 사용하여 역내에서 생산할 것
	제7325.10호부터 제7326.20호까지 외의 다른 소호에 해당하는 재료로부터 생산된 것 ☞ 제7325.10호 내지 제7326.20호의 비원산지 재료를 제외한 6단위 세번이 다른 비원산지재료를 사용하여 역내에서 생산할 것
	같은 소호에 해당하는 다른 물품 또는 다른 호에 해당하는 재료로부터 생산된 것 ☞ 6단위 세번은 동일하나 물품이 상이한 비원산지 재료나 4단위 세 번이 다른 비원산지 재료로 생산할 것
	같은 소호 또는 다른 소호에 해당하는 재료로부터 생산된 것 (한-아세안, 제8517.70호, 제8523.52호, 제8529.90호) ☞ 모든 비원산지 재료사용이 가능하며, 역내에서 불인정공정 이상의 공정을 수행하면 원산지 인정
	※ 최초 협정은 CTSH였으나 HS 2002에서 HS 2007 변환시 변경됨

세번변경기준 실무적 적용방법

① **전제 조건**
- 세번변경기준 적용 품목일 것

> 개별기준으로 세번변경기준이 정해져 있으나, 공통기준에 의하여 적용이 배제되고 가공공정기준이나 부가가치기준이 적용되는 품목이 아닌지 확인

- 상품 생산공정이 역내에서 수행되었을 것
  - 생산공정을 상품 생산자가 직접 수행했는지, 외주인지 검토
  - 공정 단계별 수행업체, 수행장소, 수행내용 검토
  - 역내에서 불인정공정 이상의 공정이 수행되었는지 여부

> 역외가공이 허용된 경우를 제외하고 상품 생산공정이 모두 역내에서 수행되지 않았거나, 불인정공정만 수행된 경우 세번변경기준을 충족하더라도 원산지물품이 될 수 없음

  - 공정 단계별 수행 내용은 생산자의 공정도 및 설명서를 확인하되, 세부 기술적인 사항은 외부 전문가 자문을 적극 활용

- 비원산지재료가 사용되었을 것

> 사용된 모든 재료가 원산지재료로 인정되는 경우 '완전생산품' 또는 '원산지재료로 인정되는 재료만으로 생산된 물품'에 해당하므로 세번변경기준 적용 불필요

② **재료 원산지 확인**
- 생산자의 BOM, 공정단계별 설명서, 서비스매뉴얼, 사용자매뉴얼 등을 기초로 재료 품명, 규격, 소요량 확인

> 재료별 소요량을 확인해야 비원산지재료 누락 여부 파악 가능

- 거래계약서, 거래명세서, 송장 등에 의하여 재료별 공급자 및 생산자 확인

> 국내 구입 재료 중에도 수입한 비원산지재료 또는 원산지 불명재료(원산지 입증서류가 없는 재료)가 있을 수 있음에 유의

- 재료별 원산지 확인
  - 재료별로 적용할 원산지결정기준(일반기준+품목별기준) 확인
  - 재료별 원산지확인서, 국내제조확인서 등 증빙서류 확인

③ **상품 원산지 결정**
- 제품의 원산지결정기준(일반기준+품목별기준) 확인
- 제품과 같은 세번의 비원산지재료 유무 확인
- 제품과 같은 세번의 비원산지재료가 있을 경우 불충족
  - 최소기준에 의하여 허용되는 범위 내의 물품일 경우 충족
  - 세번이 같은 비원산지재료가 모두 간접재료, 부속품, 포장용품인 경우에는 협정별 충족가능

<세번변경기준 적용물품의 Check Point와 준비서류>[123]

1. Check Point
   - 제품과 소요되는 비원산지재료의 품목분류 번호가 정확한지 여부(품목분류 전문가 확인 필요)
   - 국내 공급받은 원재료 중 역외산 재료 또는 원산지 불명재료가 포함되어 있는지 여부
   - 제조공정이 역내에서 수행되고 협정에서 원산지를 인정하지 않고 있는 불인정공정에 해당 되는지 여부
   - 재료명세서에 누락한 비원산지재료가 없는지 여부 등

2. 준비자료

구분		자료내역	
원재료 구매	수입 원재료	수입신고필증, 계약서 등 통관 기본서류 대금지급자료 원산지증명서 (재료세번=제품세번인 경우) 품목분류 근거자료 (사전심사서, 질의회신서, 용도설명서)	구매원장 자재원장
	국내조달재료	거래명세서, 세금계산서, 구매확인서 등 원산지확인서, 국내제조확인서	
생산 (제조)	일반	생산공장 등록증 제조공정도 및 작업지시서 BOM(최소허용기준 적용시 가격, 중량, 반드시 포함) 원재료 수불부	
	임가공 등	임가공 거래계약서(대금 지불자료) 및 납품서 유상사급 증빙(구매전표, 매출전표, 판매원장 등) 무상사급 증빙(임가공비 전표 등)	
판매		계약서 수출신고필증, 대금영수증빙, 제품 수불부, 공장 출고내역 매출전표, 판매원장	

---

123) 출처: 광주본부세관이 발간('14.12)한 「수출기업 원산지검증 자기주도 학습서 똑똑하게 즐겨라」

CHAPTER **4-2**

중요 질의 및 답변 사례

질의 93	[가공공정] 미국산 보리 → 캐나다 수입 → 캐나다 공장에서 미 국산 보리를 가공하여 맥아 생산 → 한국 수입 한-캐나다 FTA 특혜적용 가능 여부?
답변	맥아의 원산지결정기준은 2단위 세번변경기준 임 보리(1003)가 맥아(1107)로 류 변경이 발생하므로 원산지결정기준 충족 (한-캐나다 FTA는 불인정 공정 규정이 없음)
질의 94	아래 밑줄친 한-미 FTA 품목별 원산지결정기준의 의미는 무엇인지? | HS | 품목별 원산지 결정기준 | |---|---| | 3907 | 다른 호에 해당하는 물품에서 제3901호 내지 제3915호에 해당하는 물품으로 변경된 것. 다만, 제3901호 내지 제3915호에 해당하는 원산지 구성중합체가 중량으로 전체 구성중합체의 50퍼센트 이상인 경우에 한한다. |

답변	동 원산지결정기준은 제품을 생산할 때 원재료로 구성중합체가 사용되지 않은 경우와 사용된 경우로 구분할 수 있음
	① 구성중합체가 사용되지 않은 경우 : 세번변경기준(CTH)만 적용
	② 구성중합체가 사용된 경우 : 아래 모든 조건을 충족하여야 함
	   가. 세번변경기준(CTH)
	   나. 원료로 사용되는 전체 구성중합체(폴리머)의 중량에서 HS 3901~3915호의 역내산 원산지 구성중합체의 중량이 50%이상 구성되어야 한다는 의미

질의 95	가나에서 금괴(약 98%, HS 7108.13)를 수입하여 국내에서 추가 가공한 금괴(99.9%, HS 7108.13)를 중국으로 수출하는 경우 원산지상품인지 여부?
답변	한-중 FTA의 원산지결정기준은 6단위 세번변경기준으로, 순도에 따라 세번이 변경되지 않아 원산지상품으로 인정할 수 없음
질의 96	필리핀산 원료(코코넛 오일, HS 1513.11-0000) → 미국에서 기름 압착 등 가공(HS 1513.11-0000) → 한국 수입(HS 1513.19-9000)의 경우 원산지상품 여부?
답변	HS 1513.11호의 원산지결정기준은 '다른 류에 해당하는 재료로부터 생산된 것'임 미국에서 가공을 하였지만 미국 내에서 류 변경이 발생하지 않았으므로 원산지상품이 아님
질의 97	수입업체(한국)는 귀금속촉매 원재료인 Palladium(74류)을 미국에서 구매하여 독일로 공급 ⇒ 독일 수출업체는 귀금속촉매(3815.15) 제작 후 인보이스상에 촉매제작비용만 기재하여 한국 수출 과세표준(C)은 촉매제작비(A)+원재료비(B)로 산정 ① 귀금속촉매(3815.15)의 원산지결정기준을 충족하는지 여부? ② 전체 금액 C에 대해 한-EU FTA 적용가능 여부?
답변	① 귀금속촉매(3815.15)의 원산지결정기준은 모든 호(그 제품의 호는 제외한다)에 해당하는 재료로부터 생산된 것으로 독일에서 74류에서 38류로 세번변경 되었으므로 한-EU FTA의 원산지상품임 ② 인보이스상에 촉매제작비용만 기재된 경우도 독일로 원산지가 변경되었으므로 과세표준 전체에 대하여 협정관세 적용 가능

FTA 관련 자격시험 예상문제

24

FTA에서 규정한 세번변경기준에 대한 설명으로 옳은 것은?

① 세번변경기준을 충족하려면 생산에 소요되는 비원산지재료와 완제품 세번이 일정단위 이상 변경되어야 한다.
② 한-아세안 FTA에서는 개별기준이 정해져 있지 않는 경우 반드시 세번변경기준과 부가가치기준을 충족하여야 한다.
③ 세번변경기준 적용시 세번 단위가 커질수록 기준충족이 어렵기 때문에 각국은 경쟁력이 강한 품목은 2단위 기준을 채택하려는 경향이 있다.
④ 완제품 HS번호와 비원산지재료의 세번이 동일하면 다른 규정을 적용하여 원산지물품으로 인정받을 수 있는 여지가 없다.
⑤ 한-미 FTA에서는 완제품 세번과 비원산지재료의 세번이 동일하여 세번변경기준의 충족이 되지 않는 경우는 공통적으로 부가가치기준을 적용할 수 있다.

해설 세번변경기준(Change in Tariff Heading)은 자유무역협정 체결회원국의 역내 가공단계에서 비원산지재료에서 제품으로의 변경부분에 대해 실질적인 변형을 세번변경으로 판정하는 방식으로, 국제적인 통일 상품분류 방식인 류, 호, 소호 체계내에서 변경이 이루어졌는지를 검토한다.

정답 ①

25

해당상품의 원산지결정기준이 세번변경기준이나 품목분류의 특성상 해당제품과 생산에 사용된 비원산지재료의 세번이 동일하여 원산지기준을 충족하지 못하는 경우 공통적으로 부가가치기준의 적용을 허용하고 있는 협정으로 바르게 짝지어진 것은?

① 한-싱가포르 FTA, 한-칠레 FTA
② 한-칠레 FTA, 한-호주 FTA
③ 한-칠레 FTA, 한-캐나다 FTA
④ 한-미 FTA, 한-뉴질랜드 FTA
⑤ 한-중 FTA, 한-베트남 FTA

해설 칠레 및 캐나다와 FTA에서 품목분류 특성상 세번변경기준을 충족하지 못하는 경우 공통적으로 부가가치기준의 적용을 허용하고 있다.

정답 ③

(3) 부가가치기준(Value Contents Criterion)
가. 개요

부가가치기준은 불완전생산품에 대한 원산지결정기준의 한 종류로써 역내에서 일정한 수준의 부가가치가 창출된 경우에 원산지물품으로 인정하는 것이다. 이는 창출된 경제적 가치를 기준으로 실질적변형 여부를 판단하는 것으로, 논리적으로 보면 원산지의 개념에 가장 부합하는 기준이다.

이 기준에서 부가가치 비율을 정할 때는 "특정국가에서 발생한 부가가치가 일정비율 이상일 것"과 같이 규정하는 「RVC방식 : Regional Value Contents Method」 또는 "특정국가 이외의 국가에서 생산된 원재료의 가치가 일정비율 이하일 것"으로 규정하는 「MC방식 : iMport Contents Method」이 사용된다. 어느 방식으로 결정하거나 핵심은 원산지로 인정할지 여부를 결정할 대상 국가에서 당해 상품에 기여한 부가가치가 어느 정도인가를 파악하는 것이다.

요구되는 부가가치 수준은 각국의 품목별 경쟁력을 기초로 정해진다. 경쟁력이 강한 품목은 비율을 낮게 정하여 수출을 촉진하고, 경쟁력이 낮은 품목은 비율을 높게 정해 수입을 억제하기 위함이다.

부가가치 비율은 협정에 따라 통상 30%~60%로 다양하게 정해지는데, RVC는 이 비율이 높을수록, MC는 이 비율이 낮을수록 원산지 인정이 까다롭게 된다. 부가가치기준은 기준이 간단하고 명료하여 FTA에서 협상이 비교적 쉽게 이루어질 수 있는 점이 장점이다. 세번변경 기준이 2단위 혹은 4단위 등의 품목별로 자세하게 정해지는 것과 비교해 보면 알 수 있다.

그러나 실제 부가가치를 계산하여 원산지를 결정하고 이를 증명·확인하는 과정에서는 적지 않은 문제가 발생한다. 부가가치로 표시된 각종 가격을 계산하는 것도 복잡하지만 회계기준이 나라마다 다르다는 점은 이 기준을 적용하는데 어려움을 더하는 요인이다. 또한 생산에 소요된 경비의 조정이나 환율의 변동 등을 활용하여 원산지의 왜곡도 가능하다는 점, 제품 및 원재료의 가격등락에 따라 원산지가 수시로 변동될 수 있는 점도 문제점으로 지적된다. 물론 이러한 문제가 발생하는 것은 평가대상인 재료의 가격비율이 원산지 인정기준선 부근인 경우에 주로 일어나게 된다.

이와 같이 운영상의 어려움이 예견됨에도 협정에서는 부가가치비율 산출을 위한 기본적인 사항을 정하고 있을 뿐이다. '일반기준'으로 부가가치비율 계산공식, 상품 및 재료 가격 계상기준 중 기본적인 사항, '개별기준'으로 품목별로 요구되는 부가가치비율을 정하고 있을 뿐이다. 재료비에 포함되는 물품의 구체적인 범위, 제조경비·이윤 및 일반경비 등의 계상기준은 관세평가협정, 인코텀즈 및 각국에서 일반적으로 인정된 회계기준을 따르도록 하고 있다.

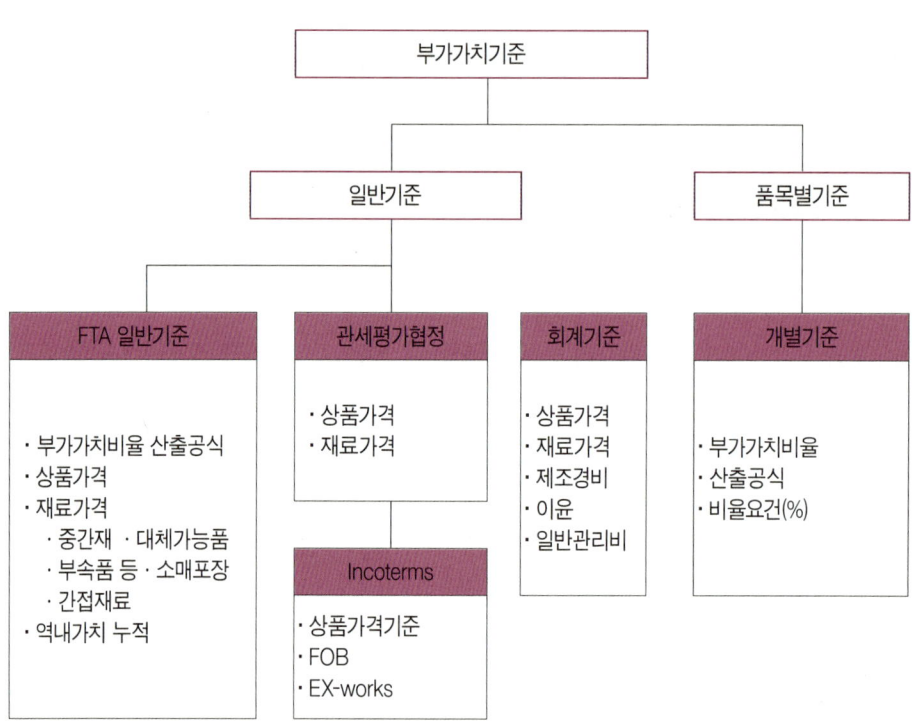

〈표 4-4〉 부가가치기준 구조

나. 부가가치비율 계산방법

FTA에서 역내가치비율 요구 수준은 두 가지 방식으로 규정된다. 첫째 역내 역내가치비율이 일정수준 이상일 것을 요구하는 RVC법과 역외가치가 일정수준 이하일 것을 요구하는 MC법이 있다. RVC법은 다시 공제법, 집적법, 순원가법으로 나뉜다.

FTA별로 채택하고 있는 산출공식을 보면 한-싱가포르, 한-인도 FTA, 한-중 FTA는 공제법만을 두고 있다. 한-칠레, 한-페루, 한-호주, 한-베, 한-뉴질랜드, 한-아세안[124], 한-중미 FTA는 공제법과

---

124) 당사국별 하나의 방법만을 선택(우리나라는 공제법 선택)하였으나, 기업이 유리한 방법을 선택할 수 있도록 상품협정 개정(2016.1.1) 다만, 동일한 회계연도 동안에는 선택한 RVC법 지속사용

집적법을 두고 수출자가 유리한 쪽을 선택하도록 하고 있다. 한-미 및 한-콜롬비아FTA에서는 공제법, 집적, 순원가법(자동차상품만 해당) 중 수출자가 유리한 쪽을 선택한다. EFTA·EU·터키·캐나다와의 FTA는 단일한 MC방식이기 때문에 선택의 여지가 없다. 다만, 한-캐 FTA에서는 자동차 상품(HS 제8701호~제8706호)에 대해 집적법[125]을 선택적으로 적용할 수 있다.

RVC법에는 공제법, 집적법, 순원가법이 있다. 공제법과 집적법은 적용되는 품목이 따로 정해져 있지 않다. 그러나 순원가법을 적용할 수 있는 품목은 한-미 FTA 및 한-콜롬비아 FTA에 의한 자동차 및 그 부분품으로 한정되어 있다.

(a) 집적법(BU : Build-up Method)은 생산자가 상품의 생산에 사용한 원산지재료비가 상품의 가격에서 차지하는 비율을 역내가치로 보는 방식이다. 따라서 원산지재료비의 비중이 높은 경우 적용하면 쉽게 부가가치비율을 충족할 수 있다. 원재료의 국내 생산·조달 비율이 높은 경우 사용하면 유리하다.

$$부가가치비율(RVC)^* = \frac{원산지재료비(VOM)^*}{상품가격(AV)^*} \times 100$$

* RVC: % 표시된 역내가치포함비율
* AV: FOB가격으로 조정된 상품의 거래가격 / 공장도 가격(한-캐 FTA)
* VOM: 생산자가 그 제품 생산을 위하여 사용한 원산지재료의 가격

(b) 공제법(BD : Build-down Method)은 상품가격에서 비원산지재료의 가격을 제외한 나머지 부분을 역내가치로 보는 방식이다. 따라서 원산지재료비 비율이 낮으나 가공비 비율이 높은 경우에 적용하면 유리하다.

$$부가가치비율(RVC)^* = \frac{상품가격-비원산지재료비(VNM)^*}{상품가격(AV)^*} \times 100$$

* RVC: % 표시된 역내가치포함비율
* AV: FOB가격으로 조정된 상품의 거래가격
* VNM(Value of Non-Originating Material): 생산자가 그 제품 생산을 위하여 사용한 비원산지재료의 가격

---

125) 수출자 또는 생산자의 선택에 따라 "상품의 생산에 사용된 원산지 재료 가치가 그 상품의 거래가격 또는 공장도 가격의 일정비율 이상인 경우" 원산지상품으로 인정한다.

(c) 순원가법(NC : Net Cost Method)은 공제법의 일종이다. 공제법은 상품의 가격을 수출국에서 출발할 때의 가격(FOB)을 기준으로 하는데 비하여, 순원가법은 그 가격에서 판매비용 등 일정비용을 제외한 순원가로 한다는 점이 다를 뿐이다.

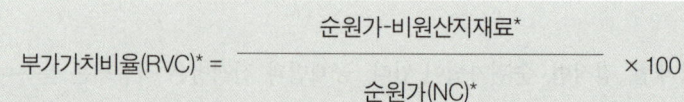

$$부가가치비율(RVC)^* = \frac{순원가 - 비원산지재료^*}{순원가(NC)^*} \times 100$$

* RVC: %로 표시된 역내가치포함비율
* NC(Net Cost): 순원가는 총비용에서 판촉·마케팅·A/S·로열티·운송·포장 관련비용 및 허용범위를 벗어난 이자비용을 뺀 가격
* VNM: 생산자가 그 제품 생산을 위하여 사용한 비원산지재료의 가격

순원가는 총비용에서 "판촉·마케팅·판매 후 서비스·로열티·운송·포장 관련 비용 및 허용범위를 벗어난 이자비용"을 뺀 것을 말한다. 순원가법은 한-미 FTA에서만 채택하고 있으며, 이 방식이 적용될 수 있는 품목은 자동차류(자동차 및 그 부분품)에 한정된다. 자동차 및 그 부분품의 원산지결정은 수출자·생산자·수입자가 공제법·집적법·순원가법 중 하나를 선택하여 적용할 수 있다.

〈표 4-5〉 한-미 FTA 순원가법이 적용되는 자동차류

한-미 FTA	품 명	한-콜롬비아 FTA
8407.31 8407.32 8407.33 8407.34	왕복이나 로터리 방식으로 움직이는 불꽃점화식 피스톤 엔진(제 87류의 차량 추진용 왕복 피스톤 엔진)	-
8408.20	압축점화식 피스톤 내연기관(87류의 차량추진용 엔진)	-
8701	트랙터	8701
8702	10인 이상 수송용의 자동차	8702
8703	주로 사람을 수송할 수 있도록 설계제작된 승용자동차와 기타의 차량	8703
8704	화물자동차	8704
8705	특수용도차량	8705
8706	엔진을 갖춘 섀시	8706
8707	차체	-
8708	부분품과 부속품	-

(d) MC(iMport Contents)법은 '비원산지재료비가 상품가격의 일정비율 미만일 것'으로 정하는 방식이다. EFTA·EU·터키·캐나다와의 FTA에서 채택하고 있다. 아시아태평양무역협정(APTA), GATT 개도국간 특혜협정(TNDC), 최빈국에 대한 특혜규정에서도 MC법 채용을 채택하고 있는데 다른 점은 상품가격을 FOB로 하고 있는 점이다.

$$부가가치비율(MC)^* = \frac{비원산지재료(VNM)^*}{공장도가격(EXW)^*} \times 100$$

* MC: %로 표시된 비원산지재료비 비율
* VNM: 생산자가 그 제품 생산을 위하여 사용한 비원산지재료의 가격
* EXW(EX-Work Price): 제품의 공장도가격에서 환급되는 모든 내국세를 공제한 가격

한-캐나다 FTA에서는 가치평가(value test) 조항에 "상품의 생산에 사용된 비원산지 재료의 가치가 그 상품의 거래가격 또는 공장도가격의 일정비율을 초과하지 아니 할"경우 원산지상품으로 인정하는 MC법을 규정하고 있다. 자동차 상품인 HS 제8701호 내지 제8708호에 대해선 "상품의 생산에 사용된 비원산지 재료의 가치가 그 상품의 거래가격 또는 공장도가격, 또는 그 상품의 순원가의 일정비율을 초과하지 아니 하도록 하여"상품의 가격에 순원가를 추가하여 가치평가시 선택할 수 있다. 이와함께 제8701호부터 제8706호까지 상품은 수출자 또는 생산자의 선택에 따라 "상품 생산에 사용된 원산지 재료의 가치가 상품의 거래가격(공장도가격)의 일정비율 이상"인 경우도 원산지를 인정하는 집적법도 도입하고 있다.

〈표 4-6〉 협정별 부가가치기준 비교

구 분	싱가포르	인도 중국	칠레	ASEAN 베트남	미국 콜롬비아	EFTA EU/터키	페루 뉴질랜드 중미	호주	캐나다
산출공식	공제법	공제법	공제법 집적법	공제법 집적법	공제(순원가)법/ 집적법	MC	공제법 집적법	공제법 집적법	MC 집적법
상품가격 계상기준	관세가격	FOB	조정 가격	FOB	조정가치	공장도 가격	FOB	조정 가치	공장도 (거래) 가격

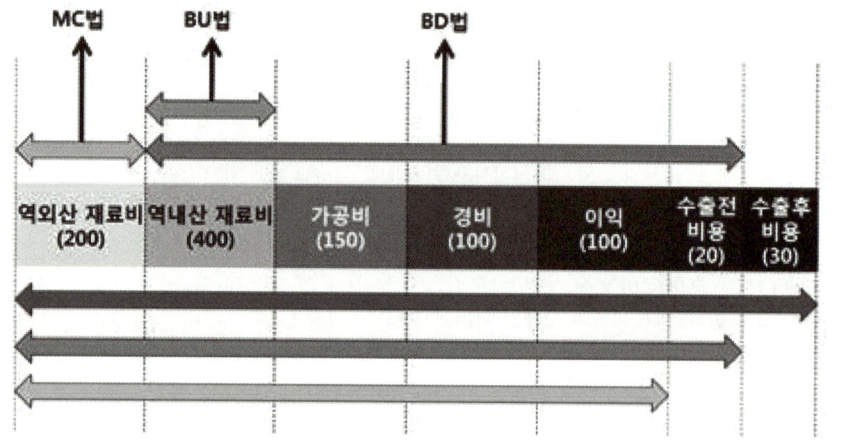

[부가가치 산정기준에 따른 의미]

MC법: 제품의 공장도가격에서 차지하는 역외산 재료 허용치 200/950×100=21%
BU법: 제품 FOB에서 차지하는 원산지재료가치 비율 400/970×100=41%
BD법: 제품 FOB에서 역외산 재료비를 공제한 가치가 제품 FOB에서 차지하는 비율 (970-200)/970×100=79%

다. 상품가격 산정

역내가치비율을 산출하기 위해서는 우선 분모값인 상품가격이 결정되어야 한다. 상품가격은 FTA에 따라 상이할 수 있는데, 대략적으로 보아 EFT·EU·터키·캐나다와의 FTA의 경우 공장도가격(EX-works)[126] 기준, 아세안·페루·뉴질랜드와의 FTA는 FOB[127], 인도·중국·베트남·중미는 관세평가협정에 따른 FOB, 나머지 FTA는 FOB에 근접한 가격을 기준으로 한다고 말할 수 있다. 그러나 엄밀하게 볼 때는 인코텀즈에서 규정하는 가격과는 차이가 있을 수 있음에 유의해야 한다.

예로서 칠레·싱가포르·미국·콜롬비아 등과의 FTA를 보면 상품가격인 조정가격(가치)을 "역내가치포함비율 공식 및 최소허용기준의 적용목적상 관세평가협정 제1조 내지 제8조, 제15조 및 이들 조항의 주해에 따라 산정된 가격(거래가격: 우리나라에 수출판매된 가격, 실제지급 혹은 지급할 가격, 가

---

126) 동 가격에는 제조에 사용된 모든 공급된 재료의 가격과 제품 생산에 있어 발생한 모든 비용(재료비 및 기타비용)이 포함된다. 동 비용에는 물품 제조를 위해 제조자가 지불한 지적재산권 관련 모든 비용도 포함되며, 조기대금지급 또는 대량배송에 따른 가격 인하 등과 같은 상업적 가격 인하는 고려하지 않는다. (한-EFTA FTA 주해서, 2017.5.3 발효)
127) 구매자(수입자)가 판매자(수출자)에게 실제지급 또는 지급할 가격에 최종 선적항/선적지 까지 운송비를 포함한 가격

산·공제요소 조정가격, 적용배제요건에 해당되지 않는 가격)을 말하며, 필요시 당사국의 국내법에 따라 이미 제외되지 않은 수출국으로부터 수입국까지 상품을 국제적으로 운송하는데 발생하는 모든 운송, 보험 및 관련서비스 비용, 부과금 및 경비를 제외하여 조정한 가격을 말한다"고 규정하였다. FOB에 근접한 가격이지만 관세평가협정상 조정요소에 따라 상이 할 수 있다는 의미이다.

원산지 결정대상인 제품가격의 파악방법은 WTO의 관세평가 협정 원칙에 따르고, 수출국으로부터 수입국까지의 운송 등과 관련하여 발생한 각종 비용을 제외한다는 것이다. FTA나 개발도상국에 대한 특혜관세 적용에서 공제법과 집적법, 비원산지재료가치 계산방법 등의 부가가치기준에 적용하는 가격의 파악은 칠레·싱가포르·미국 FTA 등에서와 같이 WTO 관세평가협정의 원칙을 적용한다. 하지만 그 기준시점은 차이를 보인다. WTO 관세평가협정은 상품의 거래가격을 관세의 과세가격으로 함을 원칙으로 하되, 수출국에서 수입항 도착시까지 발생하는 운임, 보험료 등 각종 비용에 대한 과세가격 포함여부를 협정을 적용하는 회원국이 임의로 선택하여 적용하도록 하였다. 이에따라 우리나라는 수입항 도착시까지 발생된 모든 운임 및 운송관련비용, 보험료 등을 과세가격에 포함(CIF)하는데, 한-칠레 FTA 등의 규정은 원산지 결정에서 부가가치기준을 적용함에 있어 상품의 조정가격을 계산할 때 이를 제외하도록 명시하고 있는 것이다. 따라서 결국에는 칠레와의 협정 등에서 규정하고 있는 조정가격은 수출국의 "FOB에 근접한 가격"이라 할 수 있다.

결론적으로 FTA에서 부가가치 산정을 위한 상품의 가격은 Incoterms® 2010에서 규정하고 있는 공장도가격(EX-WORK)과 본선인도가격(FOB)으로 구분되고, 협정에 따라 상품가격 산정시 관세평가협정에 따른 가산·공제요소 등을 감안하여 결정해야 할 것이다. 하지만, 수입물품에 적용되는 WTO관세평가협정을 수출물품에 적용하여 상품의 가격을 산출하기란 쉬운일은 아니다. 관세평가협정 제1조의 원칙에 따라, 관세평가협정 제8조에 따라 조정된, 상품 판매자의 거래에 대하여 실제로 지불하였거나 지불할 상품이나 재료의 가격이 없거나 상품가격을 산정할 수 없는 경우, 관세평가협정 제2조 내지 제7조(동종·동질물품 가격, 유사물품 가격, 역산가격, 산정가격, 합리적인 가격 등)에 따라 가격을 결정하여야 하기 때문이다.

관세평가협정의 원칙은 상황을 고려한 적절한 수정을 통해 국제거래에 적용되는 것처럼 국내거래에도 적용되며, 관세평가협정 규정과 FTA협정 규정이 상이한 경우에는 FTA협정이 우선 적용된다. 각 협정에서 언급된 모든 비용은 상품이 생산된 당사국의 영역내에서 적용가능한 일반적으로 인정되는 회계원칙에 따라 기록되고 유지되어야 한다.

생산자가 상품의 일정기간 역내가치포함비율을 예상원가(표준원가) 기준으로 산출한 경우, 생산자는 상품 생산에 대하여 그 기간 동안 발생한 실제 비용을 일정단위 기간별(월, 분기, 반기, 연간)로 분석하여 적용해야 한다. 만약 상품이 그 기간 동안 실제원가 기준에 따라 역내가치포함비율 요건을 충족시키지 못할 경우, 생산자는 그상품에 대한 원산지 증명서를 제공한 모든 이에게 즉시 서면으로 비원산지 상품임을 통지해야 한다.

〈표 4-7〉 협정별 상품[128]가격 계상기준

FTA	기준가격	공제요소
칠레	조정가격(평가협정 산정가격)	국제운송 관련 모든 비용 (운임·보험료 등)
싱가포르	FOB가격에 기초 조정된 관세가격	상품 수출시 경감 면제 또는 환급된 내국소비세
미국, 콜롬비아	조정가치(평가협정 산정가격)	국제운송 관련 모든 비용 (운임·보험료 등)
EFTA/EU/터키	공장도가격	환급 내국세[129]
아세안, 페루, 뉴질랜드, 중미	FOB	-
인도, 중국, 베트남	평가협정에 따라 결정된 FOB	-
호주	조정가치(평가협정에 따라 결정된 FOB)	-
캐나다	공장도가격(거래가격)	-

128) 상품이라 함은 모든 제품·생산품·물품 또는 재료를 말한다 / Good means any merchandise, product, article, or material(한-미 FTA 제6.22조)
129) 환특법에 의한 환급관세, 부가가치세, 지방소비세, 개별소비세, 주세, 교육세, 교통·에너지·환경세, 농어촌특별세 등 (제품 생산에 사용된 비원산지재료 가치에 포함된 내국세가 있는 경우 공제)

◇ Incoterms®2010의 규칙

구 분	가 격 조 건	약어
한 가지 이상의 모든 운송 수단에 사용되는 규칙	· 공장인도(Ex Works : insert named place of delivery) · 운송인인도(Free Carrier : insert named place of delivery) · 운송비지급인도(Carriage Paid To : insert named place of destination) · 운송비보험료지급인도(Carriage and Insurance Paid To : insert named place of destination) · 터미널인도(Delivered At Terminal : insert named terminal at port or place of destination) · 목적지인도(Delivered At Place : insert named place of destination) · 관세지급인도(Delivered Duty Paid) : insert named place of destination)	EXW FCA CPT CIP DAT DAP DDP
해상운송 내륙수로 운송에 사용되는 규칙	· 선측인도(Free Alongside Ship : insert named port of shipment) · 본선인도(Free on Board : insert named port of shipment) · 운임포함인도(Cost and Freight : insert named port of destination) · 운임보험료포함인도(Cost, Insurance and Freight : insert named port of destination)	FAS FOB CFR CIF

◇ Incoterms®2010에 따른 FTA 상품가격 산정(FOB, 매도자 기준)

구분	원가		수출지				국제운송			수입지	
종류	기본 원가	간접 원가	포장 검사	내륙 운송	수출 통관	적재	운임	보험	양륙	수입 통관	내륙 운송
EXW				+	+	+					
FOB											
FCA											
CPT							−		−		
CIP							−	−	−		
DAT							−		−		
DAP							−				
DDP							−			−	−
FAS						+					
CFR							−				
CIF							−	−			

▶ 각 무역거래조건를 각 협정별 규정에 따라 FOB, EXW로 조정하여 상품가격을 결정

상품의 조정가격(FOB) 결정시 검토 사항

〔조정가격에 대한 기초 검토〕
- 해당물품의 관련서류를 확인하여 각 협정별 조정가격 금액을 확인
- 수출거래에서 생성되는 상업송장과 포장명세, 선하증권 및 검사증명서 등을 통해 거래가격과 거래수량을 확인
- 수출관련서류에 기재된 거래금액은 인코텀스2010에서 규정한 무역조건에 따른 금액으로 기재되어 있는데 우리나라가 체결한 FTA는 Ex-works 혹은 FOB 조건임.
- 수출자가 협정에서 규정하고 있는 않는 다른 조건으로 거래하였다면 각 단계별로 발생한 비용을 가감하여 협정에서 규정하는 조건으로 조정

〔거래당사자의 특수관계 검토〕
- 거래당사자가 특수관계자로서 그 특수관계가 거래가격에 영향을 미친 경우, 수출관계서류상의 거래가격은 부인되고 관세법에 의해 합리적으로 거래가격 결정 (2방법 내지 6방법)
- 위와 같이 결정된 거래가격에 운임, 보험료 등의 비용이 포함된 경우에 이를 제외하여 당해물품의 조정가격(FOB)을 산정

〔조정가격 결정을 위한 관련 서류〕

구분	Cycle Process	확인내용	관련 서류
외화조정가격	매출 수익인식및대금청구	수출서류상의 FOB나 Ex-work 금액	■ Commercial invoice ■ BL / Packing list ■ 매출보조부
환율	NA	원산지증명서 서명일이 속하는 날의 관세청장 고시 수출환율	NA
운임	자금,재무보고 입출금관리 전표및증빙관리	수입항까지의 운임	■ 운송장 ■ 운송비원장 ■ 운송비청구서와 지급증빙
보험료	총무,재무보고 보험관리 전표및증빙관리	보험료	■ 보험계약서 ■ 보험증서 ■ 보험료원장 ■ 보험료지급증빙

라. 재료비 산정

　재료비는 부가가치비율 산출을 위해 분자값을 결정하는데 필수적인 비원산지재료(VNM : Value of Nonoriginating Materials)와 원산지재료(VOM : Value of Originating Materials) 가치를 구분하여 규정하고 있다. 공제법과 순원가법 및 MC법의 경우 비원산지재료비를 알아야 분자값을 산출할 수 있으며, 집적법의 경우 원산지재료비를 알아야 분자값이 결정된다.

[재료의 의미]

　재료란 <u>다른 상품의 생산에 사용되며, 그 상품에 물리적으로 결합된 상품</u>을 말한다.
- ⋯→ 재료는 원산지판정의 대상이 되는 상품 생산에 사용된 원재료를 의미하며, 제품에 직접적으로 결합되어야 한다. 따라서, 부가가치 계산시 제품을 물리적으로 구성하고 있음을 입증할 수 있는 자재명세서(BOM)가 필요하다.

　동일하고 교환 가능한 원산지 및 비원산지 재료가 상품의 제조에 사용되는 경우, 그 재료는 보관하는 동안 <u>원산지에 따라 물리적으로 분리되어야 한다</u>.
- ⋯→ 자재명세서를 구성하고 있는 재료는 물리적으로 추적·구성되어야 한다. 즉, 제품을 구성하고 있는 원재료가 언제, 누구한데, 얼마에 구매한 것인지 추적되어야 한다.

　「FTA특례법 시행규칙」 별표에서 정한 바와 같이 비원산지재료의 가격결정은 그 물품의 생산자가 취득한 단위를 기준으로, (가) 생산자가 직접 수입한 재료는 그 수입재료의 과세가격(CIF), (나) 생산자가 자국에서 구입한 재료는 실제 구입가격, (다) 생산자가 직접 생산한 재료 중 생산자가 지정한 중간재는 그 중간재의 제조원가에 이윤과 일반경비를 합한 가격(이 경우 이윤과 일반경비의 계산에 관하여는 관세법시행령 제27조 4항을 준용), (라) 생산자가 무료로 취득한 재료는 관세법 제35조를 준용하여 산정한 합리적 가격을 기준으로 계산한다. 이러한 기준에 따라 일부 협정에서는 비원산지재료의 가격을 산정할 때 다음 비용이 포함되어 있는 경우 이를 공제한다. (가) 생산자의 생산 장소까지 국내운송과 관련하여 발생한 운임·보험료·포장비 그 밖의 운송관련비용, (나) 재료비와 관련하여 지불된 관세·내국세(환급 등으로 회수 가능 세금 제외) 및 통관비용, (다) 물품의 생산에 사용된 재료에서 발생하는 폐기물의 처리비용 중에서 재활용할 수 있는 부스러기 또는 부산물의 가치를 차감한 비용, (라) 비원산지재료의 생산에 사용된 원산지재료의 비용.

<비원지재료비 공제요소>

FTA	공제요소				
칠레, 미국, 호주, 콜롬비아, 뉴질랜드	운송비 (국제+국내)	조세 (환급액 제외)	관세사 수수료	폐기물비용 (재활용분 제외)	역내 생산 비원산지재료에 포함된 원산지재료비
싱가포르	운송비 (국내)				

원산지재료의 가격결정은 상기 비원산지재료의 가격결정기준을 준용하되 공제요소에 해당하는 사항은 원산지재료의 경우 공제하지 않는다. 말하자면, 비원산지재료의 가격은 수입시 과세가격(CIF) 기준으로 조정하고, 원산지재료는 생산자의 공장도가격 기준으로 조정(CIF+가산요소)하여 산정되는 원리이다. 여기서 유의할 점은 수입물품에도 원산지재료가 있을 수 있고 국내 구입물품에도 비원산지재료가 있을 수 있다.

<원산지재료비 가산요소>

FTA	가산요소			
칠레, 미국, 호주, 콜롬비아, 뉴질랜드	운송비 (국제+국내)	조세 (환급액 제외)	관세사 수수료	폐기물비용 (재활용분 제외)

협정별 규정 내용(비원산지재료=수입시 CIF, 원산지재료=생산자 공장도가격 기준)은 대체로 같으나, 한-인도 FTA의 경우 공제법만을 사용하므로 비원산지재료비에 한하여 같은 내용을 규정하고 있으며, 한-아세안 및 한-베트남 FTA의 경우(공제법/집적법)는 원산지재료의 가격과 비원산지재료의 가격(CIF)을 구분하여 규정하고 있으나 '원산지재료가치'를 원산지재료비용, 노무비, 간접비, 이윤과 그 밖의 비용을 포함한 가치(비원산지재료비를 제외한 본선인도가격의 의미)로 규정하고 있는 것이 특징이다.

이상과 같이 부가가치비율 산출과 관련한 재료비와 순원가, 총원가, 공장도가격, FOB 가격 등 상품가격 구성요소를 도표화하여 설명하면 다음과 같다.

<부가가치비율 산출과 관련한 상품가격 구성요소>

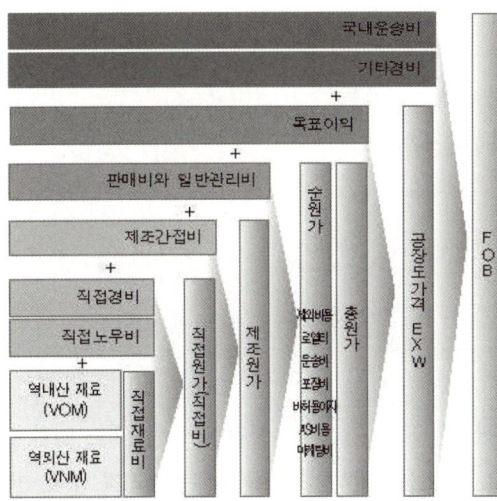

▶ RVC(역내부가가치)
국내에서 생산활동을 통해 창출된 부가가치

▶ EXW(공장도가격)
= 총원가 + 목표이익

▶ 순원가
= 총원가 - 제외비용
(로열티, 마케팅비 등)

▶ FOB(본선인도가격)
= EXW + 국내운송비 + 기타경비(보험료 등)

1) 직접재료비
- 특정제품 생산 시 투입된 원재료 중 추적가능한 원가

예)자동차 생산 시 투입된 엔진 원가, 라면 생산 시 투입된 밀가루 원가

* VNM : Value of nonoriginating materials(역외산 재료)
* VOM : Value of originating materials(역내산 재료)

2) 직접노무비
- 특정제품 생산 시 투입된 노무비 중 직접적으로 추적이 가능한 원가

예)제품 생산 라인에 직접 참여한 생산직 종업원의 급여

3) 직접경비
- 특정제품에 직접 투입된 비용 중 직접재료비, 직접노무비를 제외한 원가

예)해당 제품의 설계비, 특허사용료

4) 직접원가(직접재료비+직접노무비+직접경비)
- 제품생산에 직접적으로 사용하여 추적이 가능한 원가

5) 제조간접비

- 제품생산에 투입된 원가 중 추적이 불가능한 원가
  1) 간접재료비 : 윤활유, 통합제조공정에 사용된 소모성 공구 비용 등
  2) 간접노무비 : 공장장 등 공장전체 업무를 보는 직원의 임금 등
  3) 간접경비 : 가스, 수도료, 전기료, 공장전체의 감가상각비 등

6) 제조원가(직접원가+제조간접비)

- 제품생산에 투입된 원가

7) 판매비와 일반관리비

- 제조분야가 아닌 사무분야 및 영업분야 관련한 모든 인건비와 물건비로 판매비는 영업사원의 급여, 전기·통신비, 감가상각비, 광고료 등을 지칭하며 및 관리비는 관리직 급여, 전기·통신비, 감가상각비 등을 지칭
- 제조시점에 수익에 대응하는 비용으로 발생하는 원가임
  ⇒ FTA 부가가치기준에서 사용되는 재료비는 모두 직접 추적이 가능한 직접재료가 대상이다.

부가가치기준 관련 중요 특례사항

① 협정상대국에서 수입된 재료 중 원산지증명서가 있는 재료는 한국산 원산지재료로 간주
  ▶ 원산지재료의 가치가 증가하므로 부가가치비율이 커진다. (누적기준)
② 상품이 협정에 규정된 요건을 충족하여 원산지자격을 획득하고, 동 상품이 다른 상품의 생산에 재료로 사용된 경우 동 상품에 결합된 비원산지재료는 고려하지 아니함
  ▶ 원산지자격을 획득한 재료에 포함된 비원산지재료도 원산지재료로 간주(중간재)
③ 생산과정에는 사용되지만 제품에 물리적으로 결합되지 아니한 간접재료는 비고려
  단, 칠레, 호주, 뉴질랜드와의 FTA에서는 원산지재료비에 가산
④ 기계, 기구, 장치 등과 함께 제공되는 부속품, 예비부품, 공구 등은 원산지결정시 고려
⑤ 상품과 함께 분류되는 소매판매를 위한 포장재와 용기는 원산지결정시 고려
  단, 캐나다와의 FTA에서는 비고려
⑥ 상품의 운송에 소요되는 포장 및 용기는 원산지결정시 비고려

【부가가치 기준 예시】

협정	예 시	표시방법
싱가포르 아세안	50%이상의 역내부가가치가 발생한 것	RVC 50%
EFTA·EU·터키	해당 물품의 생산에 사용된 모든 비원산지재료의 가격이 해당 물품의 공장도거래가격의 50%를 초과하지 아니한 것	MC 50%
EU·터키 (HS2008.19)	해당 물품의 생산에 사용된 제0801호, 제0802호 및 제1202호부터 제1207호까지에 해당하는 모든 원산지 견과류 및 채유용에 적합한 종자의 가격이 해당 물품의 공장도가격의 60%를 초과하는 것	OM 60%
미국	아래의 역내부가가치가 발생한 것(이 경우 세번변경은 요구되지 않는다) 가. 집적법 35% 이상, 또는 나. 공제법 55% 이상, 또는 다. 순원가법 35% 이상	BU 35% BD 55% NC 35%

FTA 부가가치 산정을 위한 기초회계

1. 재무제표

① 재무상태표
일정한 시점에서 기업의 자산·부채·자본을 기록한 것이다. 총재산을 차변(借邊)과 대변(貸邊)으로 구분해 나타내는데, 차변에는 실제로 보유하고 있는 자산이 표시되고 대변에는 부채와 자본이 기재된다. 일정시점에 대한 내용이므로 xx년 xx월 xx일 현재로 표시된다.

② 손익계산서
일정 기간의 수익과 그에 대응하는 비용을 하나의 표로 나타내어 그 기간의 순이익을 표시한 것이다. 일정 기간에 대한 내용이므로 xx년 xx월 xx일 부터 xx년 xx월 xx일까지로 표시된다.

③ 이익잉여금처분계산서
미처분 이익잉여금의 처분내용을 표시한 것이며, 결손금처리계산서는 미처리결손금의 처리내용을 표로 나타낸 것이다.

④ 재무상태변동표
기업재무자원의 원천 및 운용과 순운전자본의 증감을 보고하기 위해 일정 회계기간중의 총 재무자원 변동상태를 나타내는 재무제표이다.
제조원가명세서는 회사의 재무제표를 구성하는 항목은 아니며, 제조원가계산을 위하여 내부적으로 관리하는 문서, 손익계산서는 회상의 영업현황을 표시하는 것, 제조원가명세서는 제조원가 현황을 표시한다.

2. 수불부
원재료, 재공품 및 제품의 입출고를 관리하는 문서이다. 어떤 물건이 얼마나 나가고 들어오며, 어느 정도가 남아 있는지를 관리하기 위하여 작성하는 문서이다. 각 국가별 수출되는 제품의 원재료 가치 및 원산지를 구분하기 위한 핵심문서이다. 원재료, 제공품, 제품수불부가 있다.

3. 재고평가방법: 선입선출법, 후입선출법, 평균법이 사용된다.

FTA 부가가치 산정을 위한 기초회계

① **생산공정 확인(전제 조건)**
- 상품 생산공정이 역내에서 수행되었는지 여부
  - 생산공정을 상품 생산자가 직접 수행했는지, 외주하였는지 여부
  - 공정 단계별 수행업체, 수행장소, 수행내용 확인
- 역내에서 '불인정공정' 이상의 공정이 수행되었는지 여부
- 공정 단계별 수행 내용은 공정도 및 설명서를 확인하여 검토

② **재료의 가격 및 원산지 확인**
- 재료별 품명, 규격, 소요량 확인
  - 생산자의 BOM, 공정단계별 설명서, 서비스매뉴얼, 사용자매뉴얼 등을 기초로 하여 비원산지재료 누락 여부, 비원산재료를 원산지재료로 계산하였는지 여부, 투입하지 않은 원산지재료를 투입한 것으로 처리하지 않았는지 확인
- 재료별 가격 확인
  - 재료 종류별 협정별 계상기준 적용 적정성 확인
    * 수입재료/국내조달재료/무료(할인)조달재료/자가생산재료
    * 원산지재료 가산요소/비원산지재료 공제요소
- 재료별 원산지 확인
  - 재료별 협정별 원산지결정기준(일반기준+품목별기준) 확인
  - 거래계약서, 거래명세서, 송장 등에 의하여 재료별 공급자 및 생산자 확인
    * 국내 구입 재료 중에도 수입한 비원산지재료가 있을 수 있음에 유의
  - 재료별로 원산지결정기준(일반기준+품목별기준) 충족 여부 확인

③ **상품의 원산지 결정**
- 상품의 원산지결정기준(일반기준+품목별기준) 확인
- 상품가격 계상기준 적용의 적정성
  - 협정별 부가가치 산출 공식 적용 적정성
  - 협정별 상품가격(분자값) 계상 적정성
  - 노무비, 제조간접비, 판매비, 관리비, 이윤 계상의 적정성
  - 생산자 또는 수출자 거래자료 및 원가계산 근거자료에 의하여 확인

<부가가치기준 적용물품의 Check Point와 준비서류>[130]

1. Check Point
   - 원재료에 대한 원산지/비원산지 구분이 명확한지 여부
   - 원산지재료에 대한 입증서류가 있는지 여부
   - 제조공정이 역내에서 수행되지만 협정에서 원산지를 인정하지 않고 있는 불인정공정에 해당 되는지 여부
   - 재료비 구매서류와 기업의 재무자료가 일치하는지 여부
   - 상품가격 산정이 적정한지 여부

2. 준비자료

구분		자료내역	
원재료 구매	수입 원재료	수입신고필증, 계약서 등 통관기본서류 대금지급자료 원산지증명서(원산지재료비 계산시 활용)	구매원장 자재원장
	국내조달재료	거래명세서, 세금계산서, 구매확인서 등 원산지확인서, 국내제조확인서	
생산 (제조)	일반	생산공장 등록증 제조공정도 및 작업지시서 BOM 원재료 수불부 중간재(재료명세서, 품목분류근거, 원산지증빙자료, 소요량, 단가, 중량) 대체가능물품(분류근거, 재고관리기법)	
	임가공 등	임가공 거래계약서(대금 지불자료) 및 납품서 유상사급 증빙(구매전표, 매출전표, 판매원장 등) 무상사급 증빙(임가공비 전표 등)	
판매		계약서 수출신고필증, 대금영수증빙, 제품 수불부, 공장 출고내역 매출전표, 판매원장	

---

[130] 출처: 광주본부세관이 발간('14.12)한 「수출기업 원산지검증 자기주도 학습서 똑똑하게 즐겨라.」

[부가가치기준 적용 사례(한-미 FTA)]

가. 물품 설명

품명		오일 팬 어셈블리 (Oil Pan Assembly)	
세번	HSK	8409.91-1000	
	HTS	8409.91.30 / 8409.91.50	
미국 수입 세율		기본세율	한-미 FTA협정세율 : (2015년)
		2.5%	0% (즉시 철폐)
사진			

제8409.91호에는 부분품의 분류에 관한 일반규정에 의하여 제8407호 또는 제8408호의 피스톤식 엔진 부분품을 분류한다.

나. 주요 원재료 및 생산공정

- 오일 팬 어셈블리의 주요 원재료는 오일 팬과 크랭크 케이스, 그리고 기타 조립에 필요한 각종 부품들이다. 이들을 규격에 맞게 조립하여 완성한다.

품 명	HS	설 명
오일 팬	8409.91	오일을 담는 오일 팬 어셈블리의 외부용기로 알루미늄 합금으로 제조
크랭크 케이스	8409.91	오일 팬 내부에 장착된 크랭크를 둘러싸고 있는 케이스로 알루미늄 합금으로 제조
볼트	7318.15	조립대에서 오일 팬과 크랭크 케이스를 조립하는 공정에서 사용되는 볼트
플레이트	8409.91	오일 팬 내부에 장착되어 주행 중 윤활유 표면의 변동을 억제하는 기능을 수행하는 부품으로 강판으로 제조됨

다. 원산지 결정기준 해설

8409	아래의 역내부가가치가 발생한 것(이 경우 세번변경은 요구되지 않는다) 가. 집적법 35퍼센트 이상, 또는 나. 공제법 55퍼센트 이상, 또는 다. 순원가법 35퍼센트 이상

- 제8409.91호에 속하는 PAN ASS'Y - OIL ALUM에 적용되는 원산지 결정기준은 부가가치기준으로 집적법이나 순원가법을 사용할 경우 35%, 공제법을 사용할 경우 55% 이상의 역내부가가치가 창출되어야 한다. 원산지 판정을 위한 주요 원재료의 가치는 다음과 같다고 가정한다.

	품 명	HS	원산지	금액 (원)
1. 재료비	1-1. 오일 팬	8409.91	한국	3,000
	1-2. 크랭크 케이스	8409.91	한국	2,000
	1-3. 볼트	7318.15	불명	500
	1-4. 플레이트	8409.91	불명	1,300
	1-5. 볼트	7318.15	중국	100
2. 직접노무비				500
3. 제조간접비				250
4. 판매 및 일반관리비				2,000
5. 이익				1,000
6. 국내 운송비				500
7. 국제운송비				1,500
8. 보험료				300
총 합계				12,950

공제법을 사용할 경우, 공식에 따라 다음과 같이 계산한다.

$$\frac{조정가격\ (AV) - 비원산지재료의\ 가격\ (VNM)}{조정가격\ (AV)} \times 100 = 부가가치비율\ (RVC)$$

조정가격이란 관세법 제30조부터 제35조까지에 따라 결정된 수입물품의 과세가격에서 같은 법 제30조 제1항 제6호에 따라 결정된 수입항까지의 운임, 보험표, 기타 국제적 운송에 관련되는 비용을 제외한 가격을 말한다. 따라서 총 가격에서 국제운송비와 보험료를 제한 가격을 조정가격이라 할 수 있다.

비원산지재료의 가격은 원산지를 알 수 없거나, 제3국으로부터 수입된 재료의 가격이므로 위의 재료중, 1-3번, 1-4번, 1-5번에 해당하는 것을 비원산지재료로 볼 수 있다. 이를 종합하여 부가가치비율을 산정하면 다음과 같다.

$$\frac{조정가격\ (11,150) - 비원산지재료의\ 가격\ (1,900)}{조정가격\ (11,150)} \times 100 = 83.0\ \%$$

- 역내부가가치비율이 83% 이므로, 품목별원산지결정기준에서 정한 55%를 초과하며, 따라서 최종제품 오일 팬 어셈블리는 원산지를 충족한다고 볼 수 있다.

CHAPTER 4-2

질의 98	내수판매물품과 수출판매물품이 혼재되어 운송되고 있으며, 물품판매시 국내운송비를 포함해서 대금을 수취하는 상황, 총 판매물품의 운송비가 국내매출액에서 차지하는 비율을 산정하여 일괄적용시 한-EU FTA의 공장도가격 산정방법 ① 수출판매물품과 내수판매물품 중에서 원산지확인서를 작성하는 내수판매물품의 운송비를 따로 분리해야 하는지? ② 가격산정방법이 바뀌는 경우, 종전에 작성·제공한 원산지확인서를 수정하여 소급 발급해야 하는지?
답변	① 협정에서 공장도가격은 '생산공장에서 인도될 당시에 실제 지급되었거나 지급되어야 할 가격'으로 규정하고 있어 개별물품의 인도가격으로 산정해야 함 ② 공장도 가격을 다시 산정하여 원산지가 변경된 경우 다시 원산지확인서를 작성·제공하지 않으면 수출자는 원산지증명서의 수정통보를 할 수 없으므로, 다시 작성·제공해야 함
질의 99	싱가포르 수출자가 싱가포르 제조자에게 물품을 구입하고 추가 가공없이 우리나라로 수출하는 경우 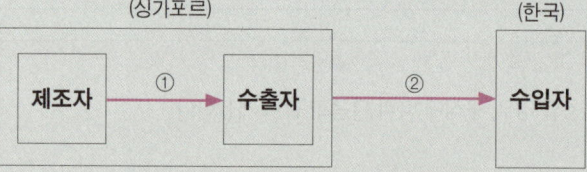 역내가치포함비율 계산시 FOB금액은 다음 중 어느 금액을 사용해야 하는지? ① 제조자가 수출자에게 판매한 금액 ② 수출자가 한국의 수입자에게 판매한 금액
답변	동 협정 원산지규정에서 'FOB'는 '생산자로부터 해외 최종 선적항 또는 선적지까지의 운송비를 포함한 상품의 본선 인도 가격'으로 규정 * FOB = EXW + 선적항(선적지)까지의 운송비 따라서 싱가포르 수출자가 우리나라로 판매한 금액의 본선인도가격이 협정상 FOB금액임
질의 100	한-아세안 FTA협정상 제3국 송장이 발행되는 경우, 원산지증명서상 FOB금액은 최초 수출자의 수출가격을 기재하여야 하는지 아니면 제3국 발행 송장금액을 기재해도 되는지?
답변	한-아세안 FTA 적용과 관련하여 아세안회원국에서 우리나라로 수출하는 물품에 대한 원산지증명서는 제3국에서 송장이 발행되는 경우에도 최초 아세안회원국 수출자의 수출가격(FOB기준)이 기재되어야 함 다만 이행위원회에서 제3국의 송장금액의 기재도 허용하기로 합의(제7차 한-아세안 FTA 이행위원회, '12.7.9) 원칙적으로 원산지결정기준 충족여부 확인을 위한 부가가치기준은 최초 수출자의 수출가격으로 계산하는 것이 합당하므로 동 가격을 확인할 수 있는 근거자료를 제시하여야 함

질의 101	완제품 생산자(A)가 수출자(B)에게 원산지확인서를 발급할 경우, RVC 산출시 가격은 A의 국내판매가격인지 B의 수출가격인지 여부?
답변	원산지확인서는 생산자가 수출물품을 공급받는 수출자에게 원산지를 확인하여 제공하는 서류이며, 생산자가 공급하는 물품에 대한 원산지 확인이므로 수출자의 이윤까지 고려할 필요는 없음

FTA 관련 자격시험 예상문제

26

FTA에서 규정한 부가가치기준에 대한 설명으로 잘못된 것은?

① 한-싱가포르, 한-인도, 한-중 FTA는 공제법만을 두고 있다.
② 한-미, 한-콜롬비아 FTA는 자동차상품에 대해 순원가법을 사용할 수 있다.
③ MC법은 상품의 가격으로 공장도가격을 사용한다.
④ 한-칠레, 한-미, 한-콜롬비아 FTA는 비원산지재료비에 대한 공제요소 규정을 두고 있다.
⑤ 한-중 FTA는 원산지재료 가격을 원산지재료 비용, 직접 노동비용, 직접 경상비용, 운송비용과 이윤을 포함하여 계산한다.

해설 원산지재료 가격을 원산지재료 비용, 직접 노동비용, 직접 경상비용, 운송비용과 이윤을 포함하여 계산하는 협정은 한-아세안 FTA이다.

정답 ⑤

27

다음은 한국에서 인도로 자동차용 엔진을 수출하고자 하는 A의 가격구성내역이다. 한-인도 CEPA에 따라 부가가치기준을 적용하고자 할 경우 부가가치비율은 얼마인가? (소수점 이하는 버림)

가격구성요소	품명	원산지	가격(원)
원재료	a	일본	70,000
	b	독일	45,000
	c	인도	25,000
	d	한국	60,000
노무비 및 경비			8,000
제조이윤			3,000
수출시 국내 운송비용			2,000

※ 원재료비에는 비원산지 재료 수입시 지불한 관세사 수수료 및 공장까지의 내륙운송비 4,000원이 포함되어 있고, 원산지관련 증빙서류는 보유하고 있음

① 39% ② 46% ③ 47% ④ 48% ⑤ 52%

해설 한-인도 CEPA는 공제법만 사용하므로,
FOB : (70,000+45,000+25,000+60,000+8,000+3,000+2,000)=213,000원
VNM(비원산지재료비) : (70,000+45,000)-4,000=111,000원
BD : (213,000-111,000) / 213,000*100 = 47.8%

정답 ③

(4) 가공공정기준(Processing Operation Criterion)

가. 개요

가공공정기준(Processing Operation Criterion)은 불완전생산품에 대한 원산지결정기준 중 품목별기준의 한 종류로써 제품의 제조공정 중 각 제품에 대해 가장 중요하다고 인정되거나 당해 제품의 주요한 특성을 발생시키는 기술적 제조·가공작업을 열거하여 지정된 공정이 역내에서 수행된 경우 원산지물품으로 인정하는 것이다.

<한-EU FTA 공정기준 사례>

품명	HS	원산지기준
황산테레빈유	380510	다음 각 호의 어느 하나에 해당하는 것에 한정한다. 1. 황산테레빈원유를 증류 또는 정제에 의해 정화한 것 2. 해당 물품의 생산에 사용된 모든 비원산지재료의 가격이 해당 물품의 공장도가격의 40%를 초과하지 아니한 것
제재목	440710	대패질, 연마 또는 엔드-조인트한 것
베니어용 단판	440810	이어붙임, 대패질, 연마 또는 엔드-조인트한 것
고도밀화 목재	441300	구슬형가공 또는 주형가공한 것
바트용접용 연결구	730723	단조 반가공품을 터닝, 드릴링, 리밍, 드레딩, 디버링 및 샌드블라스팅한 것. 다만, 해당 물품의 생산에 사용된 비원산지 단조 반가공품의 가격이 해당 물품의 공장도가격의 35%를 초과하지 아니한 것에 한정한다.

황산테레빈유의 경우는 역외산 황산테레빈원유를 수입하여 역내에서 증류 또는 정제 공정을 통해 정화하면 원산지상품으로 인정받을 수 있다. 제재목은 비원산지 제재목을 수입하여 역내에서 대패질, 연마 등의 작업을 수행하면 원산지가 인정된다. 바트용접용 연결구의 경우는 비원산지 단조 반가공품을 반입하여 역내에서 터닝, 드릴링, 리밍, 드레딩, 디버링 및 샌드블라스팅을 수행하면 원산지상품 자격을 획득한다. 다만, 해당 물품의 생산에 사용된 비원산지 단조 반가공품의 가격이 해당 물품의 공장도가격의 35%를 초과하지 않아야 한다.

이 기준은 세번변경기준나 부가가치기준에 비하여 적용되는 품목의 범위가 좁은 편이다. 어류·

식물성 생산품·석유제품·화학제품·플라스틱·섬유제품 등에 채택하고 있으며, 세번변경기준 등과 병용하거나 선택적으로 사용된다.

어류·식물성 생산품·석유제품·화학제품·플라스틱제품 등은 세번변경기준와 가공공정기준 중 하나를 골라 적용할 수 있는 선택기준으로, 섬유제품은 세번변경기준 또는 부가가치기준과 동시에 충족하도록 하는 조합기준 형태가 주를 이룬다.

<선택기준 예시> 한-미 FTA에서 제2710호의 석유제품의 원산지기준은 "① 같은 호에 해당하는 비원산지 다른 물품으로부터 화학반응, 상압증류 또는 감압증류를 거쳐 생산되든지 혹은 ② 다른 호에 해당하는 비원산지재료(품목번호 2207의 것은 제외한다)로부터 생산될 것이다. 이 경우 ①의 가공공정기준과 ②의 세번변경기준 중 유리한 것을 선택하여 사용할 수 있다.

<조합기준 예시> 한-EFTA FTA에서 품목번호 제5112호의 직물의 원산지결정기준은 "최소한 2 이상의 예비공정 또는 마무리공정을 수반한 염색 또는 날염공정을 거친 것. 다만, 해당 물품의 생산에 사용된 염색 또는 날염되지 않은 직물의 가격이 해당 물품의 공장도거래가격의 50%를 초과하지 아니한 것에 한정한다."이다. 이 경우 염색 또는 날염공정의 공정기준과 염색 또는 날염하지 아니한 비원산지 직물가격이 제품가격의 50%를 초과하지 않아야 하는 부가가치기준의 일종인 MC기준 모두를 충족하여야 한다.

가공공정기준의 또 다른 특징은 '공통기준'으로 규정되는 경우가 많다는 것이다. 섬유류는 '개별기준'이 많으나, 어류·식물성 생산품·석유제품·화학제품·플라스틱제품 등은 대부분 '공통기준'으로 정해져 있다.

<표 4-8> 가공공정기준 구조

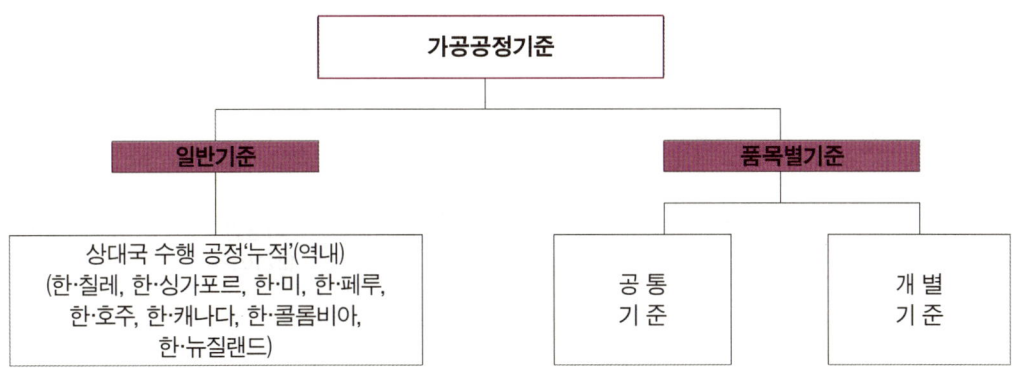

나. 가공공정기준의 적용

가공공정기준이 적용되는 사례를 살펴보면, 먼저 미국·페루·캐나다 등과의 FTA에서 어류(제3류)를 들 수 있다. 어류의 원산지결정 개별기준으로 2단위 세번변경기준을 두면서 또한 제3류 '주'에서 공통기준으로 "비원산지 치어 또는 유생으로부터 양식된 어류, 갑각류, 연체동물 및 기타 수행 무척추동물"을 원산지물품으로 인정하도록 하고 있다. 따라서 역외산 치어를 역내에서 양식한 경우 세번변경 여부를 불문하고 원산지물품으로 인정된다.

두 번째는 식물성 생산품의 경우이다. 칠레·싱가포르·미국·페루·캐나다 등과의 FTA는 제2부 식물성 생산품에 대하여 개별기준으로 대부분 세번변경기준을 채택하고 있다. 그러나 품목별원산지 결정기준 부의 주 또는 각주에 가공공정기준을 추가하여 운영하고 있다. 그 예로 한-미 FTA 제2부 '주'에서 "이 부에 해당하는 물품 중 비당사국에서 수입한 씨앗·인경·근경·삽수·접수 또는 기타 산식물의 일부에서 성장한 농산물 및 원예물품은 그 성장한 나라를 원산지로 한다."고 규정하고 있다. 따라서 역외산 씨앗 등을 심어 역내에서 재배한 경우 세번변경 여부를 불문하고 원산지물품으로 인정된다.

세 번째는 석유제품으로 미국·페루·호주·캐나다·콜롬비아·뉴질랜드와의 FTA에서 제27류(광물성 연료, 광물유와 이들의 증류물, 역청물질 및 광물성 왁스)는 품목별로 세번변경기준을 두고 있다. 그러나 제27류 주(Note)에서 특정 공정을 거친 경우에도 원산지물품으로 인정하도록 하고 있다. 따라서 세번변경기준을 충족한 경우에도 원산지가 인정되고 세번의 변경이 발생하지 않더라도 주에서 정한 공정을 거치면 원산지물품이 된다.

가령, 아래그림에서 보듯 벙커시유를 화학반응시켜 가솔린을 만드는 경우 세번이 2710호로 동일하여 세번변경기준을 충족하지 못하나, 상기 제27류의 '주'에 해당하는 공정(상압, 감압증류)을 거친 경우 원산지물품으로 인정될 수 있다.

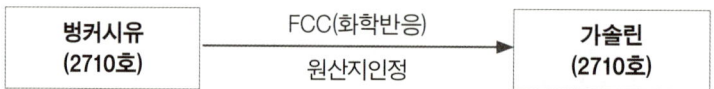

네 번째는 화학·플라스틱·고무제품 등으로 미국·콜롬비아·뉴질랜드와의 FTA는 제6부(화학공업제품) 및 제7부(프라스틱제품, 고무제품)에 대하여 품목별로 정한 세번변경기준 또는 부가가치기준을 충족하는 경우는 물론 화학반응, 정제, 혼합, 입자 크기의 변화, 이성체분리 등의 공정을 거친 경우에도 원산지물품으로 인정하도록 하고 있다. 호주 및 캐나다와의 FTA에서는 제6부(화학공업제품)에 대해서만 한-미 FTA와 같은 공정기준을 도입하고 있는데 한-캐나다 FTA에서는 "화학반응, 정제, 분리금지"만을 규정하고 있다.

마지막으로 가공공정기준이 적용되는 대표적인 품목인 섬유제품이다. 섬유제품은 원료에서 최종제품이 생산되기까지 여러 단계의 생산과정을 거치게 된다. 아래 그림에서 보는 바와 같이 천연섬유 혹은 화학재료에서 방적 혹은 방사공정을 거치면 실(yarn)이 된다. 실을 천으로 짜는 제직공정을 거치면 직물(fabric)이 된다. 직물을 용도에 맞는 크기와 형태로 자르는 재단공정(cutting)을 거쳐서 실로 박음질을 하는 봉제공정(sewing)을 마치면 최종제품인 옷 등이 만들어진다.

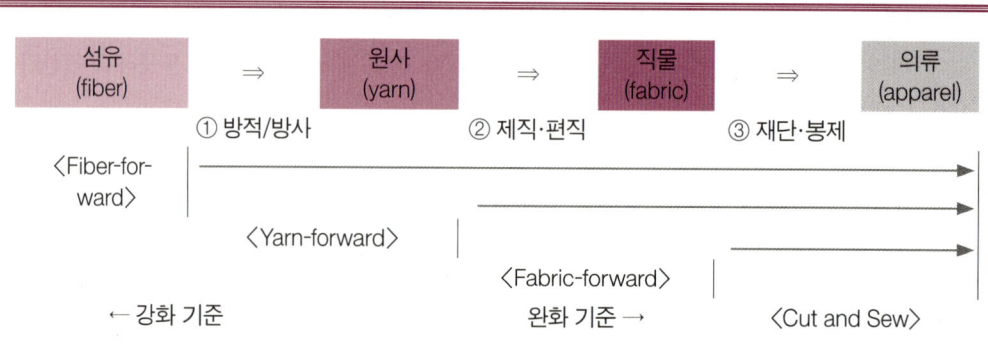

- ▶ **방적(Spinning):** 천연섬유 또는 인조스테이플섬유와 같은 짧은 섬유를 모아 꼬임을 가하여 실을 만드는 것, 이 방법으로 만들어진 실은 단섬유사, 방적사라 함
- ▶ **방사(Extrusion):** 플라스틱제의 수지 또는 천연셀룰로오스의 변성물을 용해 또는 용융시켜 액체상으로 만든 후 작은 구멍을 통해 방사하여 연속적인 장섬유 형태로 만드는 것
- ▶ **제직(Weaving):** 경사와 위사를 직각으로 교차하여 천을 만드는 것
- ▶ **편직(Knitting):** 한 가닥의 실을 연속적으로 루프를 형성하고 이를 연결하여 천을 만드는 것
- ▶ **염색(Dyeing):** 사나 직물을 염료가 균일하게 용해되어 있는 염색욕에 넣고 가열·후처리하여 전체에 균일한 색상을 부여하는 공정
- ▶ **날염(Printing):** 천을 접거나 묶는 조작 이후 염색욕에 담그거나 실크스크린 인쇄 등의 원리를 이용하여 무늬 또는 다양한 색상을 부여하는 공정
- ▶ **재단(Cutting) 및 봉제(Sewn):** 직물을 일정한 폭과 너비의 천을 형상에 따라 자르고 이를 코바늘, 접착제 또는 재봉사를 이용한 봉제 등의 방식으로 연결하여 제조하는 것
- ▶ **편성(Kint-to-Shape):** 양말이나 장갑처럼 별도의 추가적인 재단·봉제없이 편직을 통해 그대로 최종 제품의 형상을 만드는 것

> ⋯ 상품의 원산지를 부여하는 실질적변형공정은 방적/방사, 제직/편직, 편성, 재단 및 봉제이다. 협정에 따라 역내에서 1단계, 2단계, 3단계 등의 공정을 수행하도록 요구하고 있다.

    섬유제품의 원산지결정기준은 이들 제조공정의 특성을 반영한 특정 공정기준이 많이 채택되고 있으며, 전통산업으로서의 민감성 때문에 다른 품목에 비하여 매우 엄격한 기준을 둔 경우가 많다. 칠레·미국·페루·콜롬비아·중미(엘사바도르)와의 FTA는 직물 및 의류의 공통 기본원칙으로 「원사기준(yarn forward)」을 채택하고 있다. 이 기준을 충족하려면 실(yarn)을 만드는 공정에서부터 시작하여 직물을 만드는 공정, 재단·봉제공정까지 해당국에서 수행되어야 한다. 하지만 EU·터키 FTA를 제외한 대부분의 협정에서는 섬유산업의 이러한 단계별 공정을 근간으로 하면서도 원산지결정기준 체계는 세번변경기준(재단 및 봉제 수반) 형태로 표현하고 있다.

【섬유·의류의 품목분류 구조】

원료	섬유(fiber)	사(yarn)	직물(fabric)	특수직물	편물	의류	섬유제품
누에고치 5001~5003		5004~5006	5007	56류 - 59류	60류	편물 61류	63류
모(Wool)	5101~5105	5106~5110	5111~5113				
면(Cotton)	5201~5203	5204~5207	5209~5212			편물이외 62류	
식물성섬유	5301~5305	5306~5308	5309~5311				
고분자중합체 (39류)		5401~5406	5407~5408				
고분자중합체 (39류)	5501~5507	5508~5511	5512~5516				

공정을 수행하면 세번이 변경됨

방적(spining)/방사(extrusion)   제직공정(weaving/knitting)   재단(cutting) 및 봉제(sewing)공정/편성

섬유제품의 품목분류체계에 따른 세번변경기준과 특정공정의 관계

섬유·의류제품은 원료에서 최종제품이 생산되기까지 여러 단계의 생산과정을 거치게 된다. 원료를 섬유(fibers)상태로 만들어 방적공정을 거치면 실(Yarns)이 되고, 이후 제직공정을 거치면 직물(woven fabrics) 또는 편물(knit fabrics)이 된다. 직물을 용도에 맞는 크기와 형태로 자르는 재단공정(cutting)을 거쳐 실로 박음질을 하는 봉제공정(sewing)을 마치면 최종 제품인 옷 등이 만들어진다. 섬유의류제품의 품목분류체계 역시 이러한 가공도에 따른 원재료·제품의 변화가 반영되어 있음을 알 수 있다. 제50류 내지 제55류에 이르는 각 류 내부의 호 분류체계가 섬유 → 사 → 직물의 가공도 순으로 배열되어 있다는 점, 제50류 내지 제55류의 직물이 재단봉제가공을 거쳐 제62류의 물품으로 분류된다는 점, 제50류 내지 제55류의 사(Yarns) 역시 편직공정을 거쳐 제60류로 분류되고 다시 재단봉제공정 거쳐 제61류로 분류된다는 점에서 원재료의 세번이 변경되기 위해서는 특정한 공정이 수행되어야만 한다는 것을 알 수 있다. 이러한 품목분류 구조를 활용한 이유의 적용은 특정공정기준의 개념으로도 해석 될 수 있음을 의미한다. 예를들어 한-EFTA FTA의 양모직물의 원산지기준을 보자

> **〈제5111호 내지 제5113호에 대한 한-EFTA FTA 원산지결정기준〉**
> 다음 각 호의 어느 하나에 해당하는 것에 한한다.
> 1. 다른 호(Heading)에 해당하는 재료로부터 생산된 것
> 2. 최소한 2 이상의 예비공정 또는 마무리공정을 수반한 염색 또는 날염공정을 거친 것일 것. 다만, 해당물품의 생산에 사용된 염색 또는 날염되지 않은 비원산지 직물의 가격이 해당물품의공장도 거래가격의 50%를 초과하지 아니한 것에 한한다.
>
> **해석**
> 양모직물을 생산할 때 사용되는 사(Yarns)는 양모사 또는 기타 혼방사일 것이다. 양모직물을 생산할 때 모두 역외산 사를 사용했다 하더라도, 해당 사(Yarns)의 4단위세번은 최종 양모직물이 분류가능한 호인 제5111호 내지 제5113호에 결코 해당될수 없다. 즉, 이러한 원산지결정기준이 적용되는 경우, 사용되는 사(Yarns)의 원산지 여부에 관련 없이 우리나라에서의 제직공정을 통해 원재료의 4단위 세번변경이 일어나게 되므로, 역외산 사(Yarns)을 사용하여 제조된 양모직물은 역내산으로 취급될 수 있다. 이를 특정공정 기준으로 해석한다면 "우리나라에서 제직공정을 수행하여 생산된 양모직물"의 의미가 된다.

(가) 한-EU 및 한-터키 FTA

전형적인 특정 공정기준을 채택하고 있는 한-EU(터키) FTA의 경우는 섬유·의류의 순차적 제조공정을 고려하여 이중실질변형(Double Substantial Transformation) 기준을 도입하였다. 즉, 원사(Yarn) 제조에 수반되는 ①방적 또는 방사공정, 직물제조에 수반되는 ②제직 또는 편직공정, 편성공정, 의류 제조에 수반되는 ③재단·봉제공정을 상품의 원산지를 부여하는 주요한 "실질적 변형(Substantial Transformation)[131]"으로 간주한다. 수출되는 상품이 제조되는 과정에서 당사국 내에서 적어도 두 개 이상의 실질적 변형을 거쳤다면 원산지 상품으로 인정한다. 예를들어 직물(Woven fabrics)이 우리나라에서 제직 및 그 직전의 사 제조공정인 방적(방사) 공정이 발생한 경우 원산지를 인정한다. 이때, 사 제조공정 전의 섬유의 재배·수확(플라스틱 수지의 중합) 공정이 역내국에서 수행되었는지 여부는 고려하지 않는다.

---

[131] 원산지결정기준에 별도의 언급이 없는 경우, 염색이나 날염, 기타 후가공 공정은 실질적 변형에 해당하지 아니한다. 다만, EU·터키·EFTA와 FTA의 경우 예외적으로 역외산 직물을 수입하여 역내에서 날염 또는 염색을 수행한 경우 부가가치기준을 충족하면 역내산으로 인정되는 품목도 있다.

해석사례

한-EU FTA 제61류 원산지기준
① 천연 그리고/또는 인조 스테이플섬유의 방적 또는 인조필라멘트사의 방사와 이에 수반되는 편성(니팅) 공정(제품의 성형을 위한 것)을 거친 생산
② 편직(니팅) 및 절단을 포함한 완성공정을 거친 생산(모양으로 절단되었거나 직접 모양을 갖춘 편물 또는 뜨개질 편물의 두조각 이상을 맞추어 제조한 한 것)

▶ 한-EU FTA는 제61류에 분류되는 편물제 의류에 대한 원산지결정기준으로 특정공정기준을 제시하고 있으며, 역내에서 실(Yarns)을 생산하고 그 실로 직접 모양을 성형하는 편성(Knit-to-Shape)의 경우 ①과 역외산 사로 편물 등을 생산하고 그 편물을 재단·봉제하는 경우 ②로 구분하고 있다.

▶ 동 기준의 ①과 ②는 제61류 모든 제품에 일률적으로 적용되는 것이 아니라, 제품의 생산가공 형태에 따라 선택적으로 적용되어야 한다. 예를들어 재단·봉제공정 없이 편성공정을 통해 생산되는 양말이나 장갑은 ①을 적용해야지 ②를 적용할 수 없다.

    EU 및 터키와의 FTA에서는 섬유·의류 제품의 원산지결정시 품목별원산지결정기준에서 사용이 허용되지 아니하는 비원산지 기초방직재료나 방직재료가 그럼에도 불구하고 일정한 허용치만큼 사용될 수 있다. 다만, 협정의 품목별원산지결정기준에서 주석5 또는 주석6을 참조하도록 표시된 경우에 한한다. 원칙적으로 최종제품의 중량대비 10%까지 허용되나, 둘 이상의 기초방직 재료로부터 만들어진 혼방 제품에만 적용된다는 점, 탄성사 등과 알루미늄 스트립을 결합한 제품은 각각 20%, 30%로 허용치가 완화되어 있다는 점에 유의한다.

    일반적으로 의류제품을 제외한 제50류 내지 제55류, 제60류의 물품에 대해서는 주석5를 참조하고, 의류제품 등에는 주석6를 참조토록 되어 있다.

해석사례

한-EU FTA 제62류 원산지기준 4가지 중 선택

① 제조공정(절단을 포함한다)을 수반한 직조공정을 거친 것
▶ 비원산지 사로 제직공정부터 봉제공정까지 역내에서 수행

② 제조공정(절단을 포함한다)을 수반한 자수공정을 거친 것. 다만, 사용된 자수되지 아니한 비원산지 직물의 가격이 그 제품의 공장도가격의 40%를 초과하지 아니하여야 한다.
▶ 비원산지 직물로 자수공정부터 봉제공정까지 역내에서 수행. 다만, 사용된 자수되지 아니한 비원산지 직물가격이 그 제품 공장도가격의 40%미만이여야 함

③ 제조공정(절단을 포함한다)을 수반한 도포공정을 거친 것. 다만, 사용된 자수되지 아니한 비원산지 직물의 가격이 그 제품의 공장도가격의 40%를 초과하지 아니하여야 한다.
▶ 비원산지 직물로 도포공정부터 봉제공정까지 역내에서 수행. 다만, 사용된 도포되지 아니한 비원산지 직물가격이 그 제품 공장도가격의 40%미만이여야 함

④ 날염작업과 이에 수반하는 최소한 두 가지 준비 또는 마무리 공정(정련, 표백, 머어서라이징, 열처리, 기모, 캘린더링, 방축가공, 영구마감처리, 데커타이징, 침투, 보수 및 벌링과 같은 것을 말한다)을 한 후 완성공정을 거쳐 생산된 것. 다만, 날염되지 아니한 비원산지 직물의 가격이 그 제품의 공장도가격의 47.5%를 초과하지 아니하는 것에 한정한다.
▶ 비원산지 직물로 날염공정부터 봉제공정까지 역내에서 수행. 다만, 사용된 날염되지 아니한 비원산지 직물가격이 그 제품 공장도가격의 47.5%미만이여야 함

※ 제6217호의 재단된 칼라 및 커프스의 심감 : CTH+MC 40%

【한-EU FTA에서 완화된 원산지결정기준이 적용되는 품목(쿼터 적용물품)】

HS	품명	원산지기준	수출 쿼터(연간)
5204	면 재봉사(소매용의 것인지의 여부를 불문한다)	인조스테이플섬유(카드, 코움 또는 그 밖의 방적준비 처리한 것을 제외한다)로부터 생산된 것	86M/T
5205	면사(면의 함유량이 전 중량의 100분의 85 이상인 것에 한하며, 재봉사와 소매용의 것을 제외한다)	인조스테이플섬유(카드, 코움 또는 그 밖의 방적준비 처리한 것을 제외한다)로부터 생산된 것	2,310M/T *한-터키 FTA 에서도 적용 (200M/T)
5206	면사(면의 함유량이 전 중량의 100분의 85 미만인 것에 한하며, 재봉사와 소매용의 것을 제외한다)	인조스테이플섬유(카드, 코움 또는 그 밖의 방적준비 처리한 것을 제외한다)로부터 생산된 것	377M/T
5207	면사(재봉사를 제외하며 소매용의 것에 한한다)	인조스테이플섬유(카드, 코움 또는 그 밖의 방적준비 처리한 것을 제외한다)로부터 생산된 것	92M/T

상기 5204, 5205, 5206, 5207호의 제품이 연간 수출쿼터를 초과하는 경우 아래의 원산지기준이 적용된다. 다음 각 호의 어느 하나로부터 생산된 것에 한정한다. 1. 생사 또는 견웨이스트 (카드, 코움 또는 그밖의 방적준비 처리를 한 것에 한정한다) 2. 천연섬유(카드, 코움 또는 그 밖의 방적준비 처리한 것을 제외한다) 3. 화학재료 또는 방직용 펄프 4. 제지 원료 ※ 방직용 재료의 혼합으로 제조된 상품과 관련된 특별조건인 경우 주석 6 참조

▶ 상기 품목은 역외산 화학재료(제39류) 또는 방직용 펄프(제47류) 등을 재료로 하여 역내에서 인조스테이플섬유를 생산하여 사를 제조한 경우에만 원산지가 인정되나, 정해진 쿼터까지는 역외산 인조스테이플섬유를 재료로하여 사를 생산한 경우에도 원산지를 인정한다.

HS	품명	원산지기준	수출 쿼터(연간)
5408	재생 또는 반합성필라멘트사의 직물(제5405호의 재료로 직조한 직물을 포함한다)	다음 각 호의 어느하나에 해당하는 것에 한정한다. 1. 인조필라멘트사로부터 생산된 것 2. 염색작업과 이에 수반하는 최소한 두 가지 준비 또는 마무리 공정(정련, 표백, 머어서라이징, 열처리, 기모, 캘린더링, 방축가공, 영구마감처리, 데카타이징, 침투, 보수 및 빌링과 같은 것을 말한다)을 한 것. 다만, 염색되지 아니한 비원산지 직물의 가격이 그 제품의 공장도가격의 50%를 초과하지 아니하는 것에 한정한다.	17,805,290SME *한-터키 FTA 에서도 적용 (200M/T)

상기 5408호의 제품이 연간 수출쿼터를 초과하는 경우 아래의 원산지기준이 적용된다.
1. 고무사를 넣은 경우: 단사로부터 생산된 것
※ 방직용 재료의 혼합으로 제조된 상품과 관련된 특별조건인 경우 주석 6 참조
2. 고무사를 넣지 않은 경우 : 다음 각 호의 어느 하나에 해당하는 것에 한정한다 1. 다음 각 목의 어느 하나로부터 생산된 것에 한정한다. 가. 코이어사 나. 천연섬유 다. 인조스테이플섬유(카드, 코움 또는 그 밖의 방적준비 처리한 것을 제외한다) 라. 화학재료 또는 방직용 펄프 마. 종이 2. 날염작업과 이에 수반하는 최소한 두 가지 준비 또는 마무리 공정(정련, 표백, 머어서라이징, 열처리, 기모, 캘린더링, 방축가공, 영구마감처리, 데커타이징, 침투, 보수 및 벌링과 같은 것을 말한다)을 한 것. 다만, 날염되지 아니한 비원산지 직물의 가격이 그 제품의 공장도가격의 47.5%를 초과하지 아니하는 것에 한정한다.
※ 방직용 재료의 혼합으로 제조된 상품과 관련된 특별조건인 경우 주석 6 참조

▶ 상기 품목은 역외산 인조스테이플섬유 등을 재료로 하여 역내에서 인조스테이플사 등을 생산하여 직물을 제조한 경우에만 원산지가 인정되나, 정해진 쿼터까지는 역외산 인조스테이플사를 재료로하여 직물을 생산한 경우에도 원산지를 인정한다.

5508	인조스테이플섬유의 재봉사(소매용의 것인지의 여부를 불문한다)	인조스테이플섬유(카드, 코움 또는 그 밖의 방적준비 처리한 것을 제외한다)로부터 생산된 것	286M/T
5509	합성스테이플섬유사(재봉사 및 소매용의 것을 제외한다)	인조스테이플섬유(카드, 코움 또는 그 밖의 방적준비 처리한 것을 제외한다)로부터 생산된 것	3,437M/T
5510	재생 또는 반합성스테이플섬유사(재봉사 및 소매용의 것을 제외한다)	인조스테이플섬유(카드, 코움 또는 그 밖의 방적준비 처리한 것을 제외한다)로부터 생산된 것	1,718M/T * 한-터키 FTA 에서도 적용 (200M/T)
5511	인조스테이플섬유사(재봉사를 제외하며, 소매용의 것에 한한다)	인조스테이플섬유(카드, 코움 또는 그 밖의 방적준비 처리한 것을 제외한다)로부터 생산된 것	203M/T

상기 5508, 5509, 5510, 5511호의 제품이 연간 수출쿼터를 초과하는 경우 아래의 원산지기준이 적용된다. 다음 각 호의 어느 하나로부터 생산된 것에 한정한다. 1. 생사 또는 견웨이스트(카드, 코움 또는 그밖의 방적준비 처리를 한 것에 한정한다) 2. 천연섬유(카드, 코움 또는 그 밖의 방적준비 처리한 것을 제외한다) 3. 화학재료 또는 방직용 펄프 4. 제지 원료
※ 방직용 재료의 혼합으로 제조된 상품과 관련된 특별조건인 경우 주석 6 참조

▶ 상기 품목은 역외산 화학재료(제39류) 또는 방직용 펄프(제47류) 등을 재료로 하여 역내에서 인조스테이플섬유를 생산하여 사를 제조한 경우에만 원산지가 인정되나, 정해진 쿼터까지는 역외산 인조스테이플섬유를 재료로하여 사를 생산한 경우에도 원산지를 인정한다.

HS	품명	원산지기준	수출 쿼터(연간)
1604.20	기타 조제어류 제품의 중량당 최소한 40%가 어류로 구성되고, 연육의 주요 원료로 명태 종(테라그라 찰코그라마)이 사용되는 어묵 조제품	제3류에 해당하는 재료로부터 생산된 것	이행 1년차 : 2,000M/T 이행 2년차 : 2,500M/T 이행 3년차 : 3,500M/T
\multicolumn{4}{l}{상기호의 제품이 연간 수출쿼터를 초과하는 경우 아래의 원산지기준이 적용된다. 제1류의 동물로부터 생산된 것. 다만, 제3류에 해당하는 모든 사용재료는 체약당사국에서 완전생산된 것}
\multicolumn{4}{l}{▶ 상기 품목 생산시 사용되는 제1류(산동물) 및 제3류(수산물)의 재료는 완전생산된 것이 요구되나, 정해진 쿼터까지는 역외산 수산물(제3류)을 사용한 경우도 원산지를 인정한다.}
1905.90	비스킷	모든 호(그 제품의 호는 제외한다)에 해당하는 재료로부터 생산된 것	270M/T
\multicolumn{4}{l}{상기호의 제품이 연간 수출쿼터를 초과하는 경우 아래의 원산지기준이 적용된다. 모든 호에 해당하는 재료(제11류의 것은 제외한다)로부터 생산된 것}
\multicolumn{4}{l}{▶ 상기 품목 생산시 사용되는 제11류의 재료(밀가루, 호밀가루 등)는 원산지재료가 사용되어야 하나, 정해진 쿼터까지는 역외산을 사용한 경우도 원산지를 인정한다.}
2402.20	궐련(담배를 함유한 것만 해당한다)	모든 호(그 제품의 호는 제외한다)에 해당하는 재료로부터 생산된 것	250M/T
\multicolumn{4}{l}{상기호의 제품이 연간 수출쿼터를 초과하는 경우 아래의 원산지기준이 적용된다. 사용된 제2401호의 잎담배 및 담배부산물 중량의 70% 이상은 원산지재료일 것}
\multicolumn{4}{l}{▶ 상기 품목 생산시 사용되는 제2401호의 잎담배 및 담배부산물은 최종제품 중량의 70% 이상이 원산지재료가 사용되어야 하나, 정해진 쿼터까지는 역외산을 사용한 경우도 원산지를 인정한다.}

상기 표의 제품들은 연간 쿼터가 소진될때까지 상기표상의 완화된 원산지기준을 적용하여 EU로 FTA특혜수출을 할 수 있다.

상기제품에 대한 원산지증명(신고)서는 인증수출자가 "Derogation - Annex II(a) of Protocol …"문구를 포함하여 아래와 같이 작성하여야 한다.

Derogation - Annex II(a) of Protocol, the exporter of the products covered by this document (customs authorisation No ...) declares that, except where otherwise clearly indicated, these products are of ... preferential origin.

특히, 한-터키 FTA에서 주의가 요구된다. 제5205호, 제5408호, 제5510호 상품의 특혜수출시 완화된 원산지결정기준이 적용되는 경우에는 원산지신고서에 "Derogation - Annex II(a) of the Protocol on Rules of Origin and Origin Procedures" 문구를 추가로 기재하여 작성해야 한다. 터키 당국은 섬유 및 의류제품에 원산지검증을 집중하고 있어 주의가 요구된다.

원산지 증명이 어묵 조제품(제1604.20호의 일부)에 대한 예외물량에 대하여 작성되는 경우, 원산지 증명은 어묵 조제품이 그 제품의 중량 당 최소 40퍼센트의 어류로 구성되고, 명태 종이 연육의 주요 원료로 사용되었다는 증빙서류를 동반해야 한다.

원산지 증명이 염색된 직물(제5408.22호 및 제5408.32호)에 대하여 작성되는 경우, 그 원산지 증명은 염색되기 전 사용된 직물이 그 제품의 공장도 가격의 50퍼센트를 초과하지 아니한다는 증빙서류가 동반되어야 한다.

상기의 모든 물량은 유럽연합의 유럽집행위원회에 의해 관리되며, 선착순방식으로 운영된다.

(나) 한-인도 CEPA

한-인도 CEPA의 경우는 제50류 내지 제60류 해당물품(사·직물 등)은 4단위 세번변경기준와 역내부가가치 40%기준(CTH+RVC 40%)을 동시에 충족하여야 한다. 제61류 내지 제63류 해당물품의 원산지기준은 "비원산지 원사로부터 생산"이다. 이의 의미는 역내국에서 역외산 원사로 직물을 생산하여 동 직물로 의류를 생산하면 원산지를 인정해 주는 "fabric forward"기준을 단일하게 채택한 것이다. 이 경우도 중량기준으로 비원산지 재료가 제품의 7%까지 사용이 허용된다.(최소허용수준[132])

---

132) 한-미 FTA도 중량기준으로 7%의 역외산 사의 사용을 허용한다. 그러나 '탄성사'에 대해서는 이러한 최소허용수준의 적용이 배제되고 역내산 만을 사용해야 한다.

결정사례

한-인도 CEPA 의류 등(제61류~제63류)에 대한 미소기준 적용여부

'비원산지 원사로부터 생산'은 의류제조 공정측면을 표현한 것으로, 동 공정이 수행되면, 비원산지 사(HS 5004~5006, 5204~5207, 5306~5308, 5401~5406, 5508~5511)에서 직물(HS 5007, 5111~5113, 5209~5212, 5309~5311, 5407~5408, 5512~5516)이 생산되고, 동 직물에서 제61류 또는 제62류 의류제품 이 생산되므로, 공정의 발생은 세 번변경을 동반하고 있음

한-인도 CEPA 제3.8조 제1항 나목에서 최소허용기준의 적용범위에 '관세율표 제61류와 제62류의 의류제품을 포함하고 있으며,

한-EU FTA 협정 등 모든 FTA 협정에서 일반품목 뿐만 아니라 의류제품에 대하여도 중량 기준으로 미소기준을 적용할 수 있도록 규정하고 있으므로 미소기준이 적용된다고 해석함이 타당하다. (관세청 원산지확인위원회, 2013년)

(다) 한·칠레, 한·미, 한·페루, 한·콜롬비아, 한·중미[133] FTA

칠레·미국[134]·페루·콜롬비아와의 FTA는 NAFTA 방식을 원용하고 있으며, 50류에서 제60류까지 품목별원산지결정기준으로 대부분 '세번변경기준+예외규정'방식을 채택하고 있다. 류변경(CC), 호변경(CTH), 소호변경(CTSH)을 기준으로 제시하되, 특별히 사용되는 원료로서 특정소재·특정 규격의 섬유 또는 사에 대해서는 세번변경기준 적용 예외를 규정한다.

---

[133] 섬유류 일부품목(제54류, 제55류, 제60류, 제62류, 제63류)에 대하여 원산지결정기준을 협정상대국 마다 상이하게 설정하고 있으며, 의류 제품에 대해서는 엘살바도르만 엄격한 Yarn-forward 규정을 적용하고 다른 국가들은 역외 산 직물을 역내에서 재단·봉제 공정만 거쳐도 원산지를 충족한다.

[134] 한-미 FTA 섬유제품 원산지결정기준의 또 다른 특징은 규정체계에서도 나타난다. 다른 FTA와 달리 섬유제품의 원산지규정을 제4장에서 별도로 정하고 있다. 제4장은 제42류(여행가방), 제50류 내지 제63류(방직용 섬유와 그 제품), 제7019호 유리섬유, 제9404.90호 이불·베개 등에 적용된다.

해석사례

한-미 FTA 면 방적사(제5204 내지 제5207호) 원산지기준
① 다른 류에 해당하는 물품에서 제5201호 내지 제5207호에 해당하는 물품으로 변경된 것.(② 제5401호 내지 제5402호, 소호 제5403.33호 내지 제5403.39호, 소호 제5403.42호 내지 제5405호, 또는 제5501호 내지 제5507호로부터 변경은 제외한다)

▶ 원산지기준은 "① 류 변경기준(CC)+② 제외규정"으로 구성되어 있다. 면 방적사 생산시 사용되는 면섬유(제5201~5203)를 역외산을 사용할 경우는 류 변경을 충족하지 못한다. 또한 괄호 안에 명시되어 있는 제외되는 재료(인조 필라멘트, 인조스테이플 섬유)는 원산지재료를 사용해야 한다. 결론적으로 방적사 제조시 사용되는 면섬유와 괄호안의 제외되는 재료는 역내산을 사용하여야 함을 의미한다. 공정기준의 의미로는 역내에서 역내산 섬유를 사용하여 방적 혹은 방사 공정을 수행하여야 한다.

제61류 및 제62류 의류제품[135] 등에 대해 한-미 FTA에서는 아래와 같이 7가지 유형의 원산지기준을 가지고 있다. 한-칠레 FTA의 경우 A와 C유형이 없으며, 한-페루 FTA 등은 B와 F유형이 있다. 이들 협정은 공정측면에서 보면 역내산 사와 직물 사용을 요구하는 원사기준(Yarn-forward rule)이라 할 수 있으며, 세부적인 내용은 협정을 참고하기 바란다.

유형	내용
A TYPE	CC+예외규정+재단·봉제+안감규정
B TYPE	CC+예외규정+재단·봉제
C TYPE	특정품목 : CC+예외규정+재단·봉제 일반품목 : CC+예외규정+재단·봉제+안감규정
D TYPE	특정재료 : 특정재료+재단·봉제 일반재료 : CC+예외규정+재단·봉제
E TYPE	CC+예외규정+재단·봉제+앙상블 부분품 안감규정
F TYPE	CC+재단·봉제
G TYPE	CC+예외규정+재단·봉제+스키슈트 부분품 안감규정

---

135) 의류의 원산지 판정에 있어 원사기준은 그 상품의 세번을 결정하는 구성요소에만 적용한다. 따라서, 세번을 결정하는 구성요소가 아닌 의류 부속품(예: 금속제 후크, 직물제 단추, 커프스 등)은 원산지판정시 제외된다. (한-미 FTA 제61류 규칙2, 제62류 규칙 3/ 한-EU FTA 주석 6.2)

> **해석사례**
>
> **한-미 FTA 남성용 의류(제6101.20호) 원산지기준 : TYPE A**
> ① 다른 류에 해당하는 물품에서 소호 제6101.20호 내지 제6101.30호에 해당하는 물품으로 변경된 것. (②제5106호 내지 제5113호, 제5204호 내지 제5212호, 제5307호 내지 제5308호, 제5310호 내지 제5311호, 제5401호 내지 제5402호, 소호 제5403.33호 내지 제5403.39호, 소호 제5403.42호 내지 제5408호, 또는 제5508호 내지 제5516호, 또는 제6001호 내지 제6006호로부터의 변경은 제외한다.) 다만, 가. ③그 상품은 한쪽 또는 양 당사국의 영역 내에서 재단(또는 모양을 갖추도록 편직) 및 봉제되거나 달리 결합되어야 한다. 그리고 나. ④의류 제품에 사용된 보이는 안감 재료는 제61류에 대한 류 규칙 1의 요건을 충족하여야 한다.
>
> ▶ 2단위 세번변경기준을 채택하고 있으면서 비원산지재료에서 제외되는 재료(원산지재료, 세번변경이 제외되는 재료)를 괄호안에 명기하고 있다. 괄호 안의 재료는 사(yarn)와 직물이며, 동 재료가 원산지재료가 되기 위해선 역내에서 사를 제조하는 공정인 방적 또는 방사, 제직 또는 편직 공정이 수행되어야 하고, 최종적으로 의류 제조공정인 재단 및 봉제 공정도 이루어져야 한다. 그리고 안감규정도 충족되어야 한다. 공정기준의 의미로는 역내에서 방적·방사, 제직, 재단·봉제 공정(3단계)이 수행되어야 한다.

[한-미 FTA에서 완화된 원산지기준이 적용되는 섬유·의류 상품: 원사기준 비적용]
한-미 FTA 품목별원산지기준 제11부 방직용 섬유와 그 제품의 규칙1, 규칙2, 규칙3은 협정 부속서 4-나의 규정에 따라 「상업적인 물량으로 이용 가능하지 아니한 섬유원료·원사 및 직물」에 해당한다고 미국이 부록4-나-1 목록에 등록한 재료는 ①제51류, 제52류, 제54류, 제55류, 제58류, 제60류 ②제61류 및 제62류의 상품 생산과 ③역내산 안감 사용이 요구되는 의류 생산시에 역외산 조달이 허용된다. 허용물량은 ①과 ② 각각 5년간 매년 1억평방미터 상당이다.

상기 물품에 대해 최소허용수준 규정이 적용(비원산지 재료가 중량으로 7%까지 허용)되나, 탄성사는 역내산만을 사용하여야 한다.

①의 경우는 품목에 따라 역외산 섬유원료 또는 사가 허용되는 것이며 ②의 경우는 역외산 사 또는 직물이 허용된다는 의미이다.

현재 미국정부는 아래와 같은 품목을 부록4-나-1에 등재하고 있다.
1. Textured and non-textured cuprammonium rayon filament yarns classified in HTS subheading 5403.39.
2. 100% cashmere 2-ply yarns classified in HTS subheading 5108.10 & 5108.20.
▶ 확인 가능한 미 정부 사이트 : http://otexa.trade.gov/ ⇒ korea FTA

(라) 싱가포르·EFTA·아세안·호주·캐나다·중국·베트남·뉴질랜드와의 FTA

싱가포르·EFTA·아세안·호주·캐나다·중국·베트남·뉴질랜드와의 FTA에서는 제50류에서 제60류(사·직물)은 세번변경기준을 원칙으로 하면서, 부가가치기준을 선택적 혹은 조합하여 사용하고 있다. 의류제품의 경우에는 주로 역내국에서 2단위 세번변경(다른 류에 해당하는 재료로부터 생산된 것)만을 요구하거나 협정에 따라 부가가치기준을 도입하는 경우도 있으나 타 협정에 비해 매우 완화된 기준을 적용하고 있다. 공정기준으로 해석하면 비원산지 직물로 역내에서 재단·봉제 공정 등을 통해 의류를 생산한 경우 원산지를 인정하는 "Cut & Sew rule"이라 할 수 있다. 하지만 품목에 따라 상이할 수 있으니 세부적인 내용은 협정을 참고하기 바란다.

> 섬유 및 의류제품에 대해서는 대부분 중량기준으로 최소허용수준(미소기준)을 적용하나, 일부 FTA(한-중, 한-EU, 한-터키)에서는 가격기준으로 적용하기도 한다. 이때에는 해당 협정에 따른 부가가치기준 계산방법에 따라 최소허용수준 충족여부를 계산하여야 한다.

유권해석

한-아세안 FTA 제61류 원산지결정기준, 산업통상자원부 '15.6.9.
재단 및 봉제공정 없이 원사로부터 편성(knit to shape)을 통해 제조된 의류는 한-아세안 FTA 품목별 원산지기준을 불충족

▶ 편직제 의류(제61류)는 제조상 ①원사로부터 편성을 거쳐 봉제 후 제작 ②편물을 재단한 후 봉제를 거쳐 제작하는 경우로 구분, 한-아세안 FTA 품목별원산지 기준은 상기 "②"공정만을 인정하고 있음
통상 협상시 재단(Cut) 및 봉제(Sew)를 편성(Knit to shape)과 별도의 공정으로 간주하고 협상, 편성을 협정에 반영시에는 별도로 명문화하고 있음
▶ 한-EFTA FTA의 경우도 원산지결정기준이 "재단 및 봉제 또는 기타의 방법으로 결합된 것"이므로 양말과 같이 재단공정이 없는 물품은 원산지지위를 갖지 못함(연방스위스관세청 해석)

<가공공정기준 적용물품의 Check Point와 준비서류>[136]

1. Check Point
   - 당해물품의 원산지기준이 가공공정기준 해당여부
   - 국내제조확인서 등에 의한 생산공정의 역내수행 및 역외가공 여부
   - 누적규정 적용의 적정성 여부 확인

2. 준비자료

구분		자료내역	
원재료 구매	수입 원재료	수입신고필증, 계약서 등 통관기본서류 대금지급자료 원산지증명서	구매원장 자재원장
	국내조달재료	거래명세서, 세금계산서, 구매확인서 등 원산지확인서, 국내제조확인서	
생산 (제조)	일반	생산공장 등록증 생산일지 및 생산관리대장 제조공정도 및 작업지시서 BOM 원재료 수불부, 재고관리대장	
	임가공 등	임가공 거래계약서(대금 지불자료) 및 납품서 유상사급 증빙(구매전표, 매출전표, 판매원장 등) 무상사급 증빙(임가공비 전표 등)	
판매		계약서 수출신고필증, 대금영수증빙, 제품 수불부, 공장 출고내역 매출전표, 판매원장	

---

136) 출처: 광주본부세관이 발간('14.12)한 「수출기업 원산지검증 자기주도 학습서 똑똑하게 즐겨라」

CHAPTER 4-2

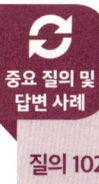
중요 질의 및 답변 사례

질의 102	한-미 FTA 혼합물 규정에 따라 수지(resin)에 착색제를 첨가하는 경우 원산지상품인지 여부?
답변	한-미 FTA 협정 제7부 규칙 2(혼합 및 배합 원산지)에 따라 수지(resin)에 착색제를 첨가한 것은 혼합 및 배합의 결과로 상품의 원래의 목적 또는 용도와는 다른 중요한 물리적·화학적 특성을 가지는 상품이 생산되었다고 볼 수 없음
질의 103	국산 원단(fabric)을 이용하여 인도에서 재단, 봉제 후 최종 의류 완제품을 생산하였을 경우 가공공정기준 적용 가능 여부?
답변	한-인도 CEPA 의류의 원산지기준은 "비원산지 원사로부터 생산된 것"으로 역내에서 직물을 생산하는 제직공정을 수행해야 함 국내산 원단을 사용하여 인도에서 옷을 생산하므로 누적조항을 활용하면 역내산으로 인정될 수 있음
질의 104	영국산 직물로 스페인에서 재단, 봉제한 경우 원산지가 스페인지 여부?
답변	한-EU FTA 협정에서 정한 62류 원산지결정기준 중 '제조(절단을 포함)를 동반하는 직조'라는 것은 역내에서 제직과 재단 및 봉제공정을 수행하라는 의미 영국과 스페인 EU역내이므로 영국에서 직조되고 스페인에서 재단 및 봉제하여 생산된 의류는 원산지기준을 충족함
질의 105	아래 제6103.43호 한-아세안 FTA 원산지결정기준 C/O상 표기방법은 무엇인지? 다른 류에 해당하는 재료로부터 생산된 것. 다만, 체약당사국의 영역에서 재단 및 봉제의 방법으로 가공한 것에 한정한다.
답변	'Specific Processes', 'CTC+Specific Processes', 'CC+Specific Processes' 모두 인정
질의 106	중국산 스판덱스 원사(제5402.44호)와 국내산 원사를 편직하여 원단(제6004.10호)을 생산한 경우 한-EU FTA 원산지결정기준 충족여부?
답변	제6004.10호의 원산지기준은 "천연섬유, 인조스테이플섬유 또는 화학재료 또는 방직용 펄프에서 생산될 것"이므로 역내에서 방적 혹은 방사공정을 통해 사를 생산해야 한다. 즉, 역내산 실을 사용해야 하므로 동 건은 원산지기준을 충족하지 못함
질의 107	비원산지 '실'을 사용 베트남에서 편물제 의류의 각 부분(앞판, 뒷판, 소매 등) 편직(Knitting) → 각 부분을 봉제(Sewing)하여 완성품(HS6110)을 제작하는 경우 아래 원산지기준 충족여부? ※ 넥(Neck), 암홀(Armhole) 일부에만 재단(Cutting) 발생
답변	원사(Yarn)로부터 편직(Knitting)을 거쳐 봉제(Sewing) 후 완성품이 제작되므로 재단(Cutting)공정이 수반되지 않아 원산지기준 불충족 의류 패턴에 따라 편직(Knitting)을 거쳐 봉제(Sewing) 후 마무리 작업으로 넥(Neck), 암홀(Armhole)을 단순 절단하는 작업은 원산지 인정 작업에 해당하지 않음

(5) 선택 및 조합기준

불완전생산품의 원산지결정기준 중 선택기준은 세번변경기준과 부가가치기준 또는 가공공정기준을 동시에 제시하고, 그 중에서 하나를 수출자가 자율적으로 선택하여 적용할 수 있도록 한 경우이다. 대부분 FTA의 경우, 2단위 또는 4단위 세번변경기준과 부가가치기준 중 하나를 선택하여 적용할 수 있게 규정하고 있으며, 세번변경기준이나 가공공정기준 또는 부가가치기준 중 하나를 선택하는 경우도 있다.

가령, 한-아세안 FTA에서 2009.90호의 혼합쥬스는 2단위 세번변경이 되거나 혹은 역내에서 40%이상의 부가가치가 발생하면 원산지를 인정하며, 5007호의 견직물은 4단위 세번변경, 염색 또는 날염공정, 40%이상의 역내부가가치 중 하나만 충족하면 원산지가 인정된다.

품목번호	품명	원산지 인정요건
2009.90	혼합쥬스	다음 각호의 어느 하나에 해당하는 것에 한정한다. 1. 다른 류에 해당하는 재료로부터 생산된 것 2. 40% 이상의 역내부가가치가 발생한 것
5007	견직물	다음 각호의 어느 하나에 해당하는 것에 한한다. 1. 다른 호에 해당하는 재료로부터 생산된 것 2. 최소한 2이상의 예비공정 또는 마무리공정을 수반한 염색 또는 날염공정을 거친 것 3. 40% 이상의 역내부가가치가 발생한 것

조합기준은 단일기준의 두 가지 이상의 기준을 모두 충족하여야 역내산으로 인정하는 방식이다. 여기에는 세번변경기준과 부가가치기준을 충족해야하는 경우와 세번변경기준과 가공공정기준을 충족해야 하는 경우가 있다. 예를 들어, 한-인도 CEPA에서 7318.23호 리벳의 경우 4단위 세번이 변경되고, 40%이상의 역내부가가치가 발생한 경우만 원산지가 인정된다.

품목번호	품명	원산지 인정요건
7318.23	리벳	다른 호에 해당하는 재료로부터 생산한 것 다만, 40% 이상의 역내부가가치가 발생한 것에 한정한다.

품목별 원산지결정 기준 예시

FTA	원산지결정기준 예시	표시
한-칠레	공제법으로 80% 이상의 역내부가가치가 발생한 것 공제법의 경우 45% 또는 집적법의 경우 30% 이상의 역내부가가치가 발생한 것 다른 소호에 해당하는 재료로부터 생산된 것. 다만, 공제법의 경우 45% 또는 집적법의 경우 30% 이상의 역내부가가치가 발생한 것에 한정한다. 다른 호에 해당하는 재료로부터 생산된 것. 다만, 공제법의 경우 45% 또는 집적법의 경우 30% 이상의 역내부가가치가 발생한 것에 한정한다.	BD 80% BD 45% OR BU 30% CTSH+BD45% CTSH+BU30% CTH+BD45% CTH+BU30%
한-미	다른 류에 해당하는 재료로부터 생산된 것. 다만, 집적법의 경우 35%, 공제법의 경우 45% 이상의 역내 부가가치가 발생한 것에 한정한다. 집적법 또는 순원가법의 경우 35%, 공제법의 경우 55% 이상의 역내 부가가치가 발생한 것	CC+BU35% CC+BU45% BU35%, NC 35% BD 55%
한-아세안 한-인도 한-호주	40%이상의 역내부가가치가 발생한 것 다른 소호에 해당하는 재료로부터 생산된 것. 다만, 35% 이상의 역내부가가치가 발생한 것에 한정한다.	RVC 40% CTSH+RVC35%
한-EU 한-터키 한-EFTA	해당 물품의 생산에 사용된 모든 비원산지재료의 가격이 해당 물품의 공장도가격의 50%를 초과하지 아니한 것	MC 50%
한-캐나다	비원산지재료의 가격이 해당 물품의 거래가격 또는 공장도가격의 55%를 초과하지 않거나 해당 물품의 순원가의 65%를 초과하지 않는 것 원산지재료의 가격이 해당물품의 거래가격 또는 공장도 가격의 35% 이상인 것	TV 55% NC 65% BU 35%
한-중	4단위 세번변경기준 그리고 체약 당사국내에서 발생한 부가가치가 50 퍼센트 이상일 것. 다만, 제8537호 또는 제9032호 제품의 원산지 규정 충족 하에 컴퓨터 수치 제어(CNC) 시스템이 원산지 지위를 획득한 것에 한함	CTH+RVC50%
한-뉴질랜드	4단위 세번변경기준 또는 체약당사국내에서 발생한 부가가치가 30 또는 40퍼센트 이상일 것	CTH RVC(30/40) *BU/BD

FTA 관련 자격시험   예 상 문 제

28
아래 박스에 대한 설명으로 바른 것은?

> A 구슬형가공 또는 주형가공한 것
> B 역내국에서 재단 및 봉제 또는 기타의 방법으로 가공한 것
> C 날염작업과 이에 수반하는 최소한 두가지 준비 또는 마무리 공정한 것
> D 상압증류법 : 석유가 증류탑에서 끊는점에 따라 분획되고 증기를 냉각하면 상이한 액화분획물이 되는 분리공정

① 상기 내용은 세번변경기준에 대한 것이다.
② 상기 내용은 가공공정기준에 대한 것으로 세번변경기준이나 부가가치기준에 비하여 적용되는 품목의 범위가 광범위하다.
③ 상기 내용은 부가가치기준에 대한 것이다.
④ 한-미 FTA에서는 의류의 공통 기본원칙으로 직물을 만드는 공정에서부터 시작하여 재단·봉제공정까지 해당국에서 수행되어야 하는 원사기준을 채택하고 있다.
⑤ 한-미 FTA에서 석유제품(제27류)에 대해선 원칙적으로 세번변경기준을 채택하였으나 주(Note)에 특정공정을 거친 경우에도 원산지물품으로 인정하도록 규정하고 있다.

해설 한-미 FTA에선느 제27류에 대해 품목별로 세 번변경기준을 두고 있으나 제27류 주(Note)에서 특정공정을 거친 경우에도 원산지물품으로 인정하고 있다.

정답 ⑤

29

다음은 한-EU FTA 제64류 신발류의 품목별 원산지결정기준이다. 이에 대한 해석으로 옳은 것은?

> 모든 호의 재료로부터의 생산. 다만, 제6406호의 안창 또는 기타 바닥이 부착된 갑피(제6406.10호)의 조립으로부터의 생산은 제외 또는 사용된 모든 재료의 가치가 그 제품 공장도 가격의 50퍼센트를 초과하지 아니하는 생산

① 당사국에서 별도 분리된 비원산지 갑피와 안창으로 신발 완제품을 생산하면 원산지제품으로 인정받는다.
② 제6406.10호의 갑피는 원산지재료를 사용해야 한다.
③ 제품의 공장도 가격에서 차지하는 원산지재료가치가 50%를 초과하지 않으면 원산지제품으로 인정받는다.
④ 세 번변경기준의 전형적인 사례로 CTH로 표기할 수 있다.
⑤ "사용된 모든 재료의 가치가 그 제품 공장도 가격의 50%를 초과하지 아니한 생산"은 RVC 50%로 표기한다.

해설 한-EU FTA 품목별원산지기준에서 '재료'는 비원산지재료를 의미하며, 상기 신발류의 원산지결정은 모든 호의 비원산지재료의 사용은 허용되나, 갑피와 안창 또는 기타바닥이 부착된 재료에서의 생산은 제외하고 있다. 즉, 분리된 비원산지 갑피와 안창(바닥)으로 당사국내에서 생산하면 원산지상품으로 인정된다는 의미로 해석된다.

정답 ①

FTA 관련 자격시험

예 상 문 제

30

다음은 한-칠레 FTA HS 9001.10호 광섬유케이블의 품목별원산지기준이다. 이에 대한 설명으로 잘못된 것은?

> 다음 각 호의 어느 하나에 해당하는 것에 한정한다. 1. 다른 류에 해당하는 재료(제7002호의 것은 제외한다)로부터 생산된 것 2. 제7002호에 해당하는 재료로부터 생산된 것. 다만, 공제법의 경우 45% 또는 집적법의 경우 30% 이상의 역내부가가치가 발생한 것에 한정한다.

① 7002호를 제외한 다른 류의 비원산지재료에서 생산되면 원산지상품이다.
② 7002호의 비원산지재료에서 생산되는 경우는 공제법 적용시 45%이상의 역내부가가치가 발생하면 원산지상품으로 인정된다.
③ 7002호의 비원산지재료에서 생산되는 경우는 집적법 적용시 30%이상의 역내부가가치가 발생하면 원산지상품으로 인정된다.
④ 가의 경우라 하더라도 7002호의 비원산지재료는 가격기준으로 제품가격의 8%까지는 사용할 수 있다.
⑤ 상기물품이 한국에서 생산된 경우 칠레산 7002호의 원산지재료는 한국산 재료로 간주될 수 없다.

해설 누적기준을 적용하여 칠레산 원산지재료는 한국산 원산지재료로 간주될 수 있다.
정답 ⑤

31

다음은 FTA별 품목별 원산지결정기준을 나열한 것이다. 표기법이 잘못 연결된 것은 무엇인가?

① 모든 호(그 제품의 호는 제외한다)에 해당하는 재료로부터 생산된 것 - CTH
② 해당물품의 생산에 사용된 모든 비원산지재료의 가격이 해당물품의 공장도가격의 40%를 초과하지 아니한 것 - MC 40%
③ 다른 소호에 해당하는 재료로부터 생산된 것. 다만, 35%이상의 역내부가가치가 발생한 것에 한정한다 - CTHS + RVC 35%
④ 다른 호에 해당하는 재료로부터 생산된 것. 다만 공제법의 경우 45% 이상의 역내부가가치가 발생한 것에 한정한다. - CTH+BU 45%
⑤ 다른 류에 해당하는 재료로부터 생산된 것. 다만 순원가법의 경우 35% 이상의 역내부가가치가 발생한 것에 한정한다. - CC+NC 35%

해설 BU(Build-Up)는 집적법을 의미하며, 공제법은 BD(Build-Down)로 표기한다.
정답 ④

5 원산지결정의 특례(보충)

(1) 누적(Accumulation)

가. 개념

어떤 물품의 원산지 결정시 체약상대국에서 발생한 생산과정 투입요소를 자국의 것으로 간주하는 것을 누적이라 한다. 예를 들면 우리나라에서 어떤 상품 생산과정에 칠레산 원산지재료를 사용한 경우 그 재료를 우리나라 원산지재료로 인정한다.

누적은 투입요소 측면과 지역적 범위 측면에서 일정한 제한하에서 허용된다. 투입요소는 재료와 공정의 누적이 허용된다. 재료누적에 의하여 세번변경기준 또는 부가가치기준 충족이 용이해진다. 공정누적에 의하여 가공공정기준을 쉽게 충족할 수 있게 된다.

【누적기준의 효과】

나. 누적의 형태

FTA에서 적용되고 있는 누적기준 형태로는 양자누적(bilateral cumulation), 완전누적(full cumulation), 교차누적(cross cumulation) 등 세가지가 있다.

양자누적은 협정 상대국 원산지 상품이나 재료를 누적하는 것이며, 완전누적은 단일의 특혜 영역으로 간주되는 복수국가간 적용하는 방식으로 협정당사국들에서 수행된 모든 작업이나 가공을 최종품 원산지결정시 고려한다. 따라서 추가적인 작업이나 가공을 위해 한쪽 당사국에서 다른 쪽 당사국으로 수출될 때 양자누적과 달리 누적대상이 되는 재료나 상품이 원산지 지위를 획득하지 않아도 된다.

교차누적은 당해 지역무역협정의 당사국이 아닌 일정 국가들에 의해 공급된 재료가 일정 조건 하에서 '역내산'으로 간주되는 것을 의미하는데, 한-캐나다 FTA에서 자동차 상품(HS 제8701호부터 제8706호) 생산에 사용된 미국산 부품(제84류, 제85류, 제87류 및 제94류)에 대해 도입[137]하였다. 즉, 미국에서 한국 혹은 캐나다로 수입되는 자동차 부품이 한-캐나다 FTA에 따른 원산지기준을 충족한 경우 원산지재료로 간주된다는 의미로 해석된다. 아울러 EU-베트남 FTA는 한국산 직물에 대해 베트남 원산지 자격을 부여하는 교차누적조항을 채택[138]하고 있기도 하다. 한-중미 FTA는 향후 양 당사국이 유사누적(양 당사국이 모두 무역협정을 체결한 비당사국과의 원산지 누적) 도입을 위한 논의를 진행 할 수 있는 조항을 도입하였다.[139]

누적할 수 있는 지역적 범위는 양국누적과 다국누적으로 나누어 볼 수 있다. 양국누적은 기본적인 모형으로 협정 당사국이 양쪽 다 1개국인 경우 1+1방식으로 상호간 누적을 인정하는 것이다. 다국누적은 한쪽 또는 양쪽 당사국이 여러 국가로 구성된 경우에 1+n 또는 n+n방식으로 누적을 인정하는 것이다. 아세안, EFTA 및 중미[140]와의 FTA에서 1+n방식이 채용되고 있으나, 품목별기준에서 다국누적을 제한하는 경우가 있으므로 주의가 필요하다. 한-EU FTA의 경우 EU를 당사국으로 인정하고 있으므로 양국누적(1+1)이라 할 수 있다.

누적을 두는 이유는 원산지 영역을 확대하여 역내산 재료 사용 및 역내 가공을 촉진하여 시장 통합의 효과를 극대화하기 위한 것이다. 이런 의미에서 누적기준은 단순한 보충적 기준이 아니라 기본 원칙적 성격을 가지고 있다.

다. 누적의 유형

누적의 유형은 재료(상품)누적과 공정(부가가치)누적으로 구분할 수 있다. 재료누적이란 상대국 원산지 재료를 최종품 생산국 원산지 재료로 간주하는 것으로 모든 FTA에서 허용하고 있는 가장 기본적인 유형이다. 한-캐나다 FTA를 제외한 모든 FTA에서 재료누적의 조건으로 "상대국의 원산

---

[137] 체약당사국에서 제8701호부터 제8706호까지에 해당하는 물품의 생산에 사용된 제84류, 제85류, 제87류 및 제94류에 해당하는 재료는 다음 각 호의 요건을 모두 충족하는 경우 원산지재료로 인정한다. ①미합중국으로부터 체약당사국으로 수입될 것 ②미합중국이 캐나다와의 협정에 따라 설치된 자유무역지대의 일부라고 가정할 경우 캐나다와의 협정의 적용 가능한 원산지 기준에 따라 원산지재료로 인정할 수 있는 것

[138] 한-EU FTA 원산지기준을 충족한 한국산 직물을 사용해 베트남에서 의류제품(HS 61 및 62) 생산 후 EU로 수출하는 경우, 한국산 직물은 베트남산으로 인정받을 수 있게 됨. 다만, 한국산 직물이 베트남 내에서 불충분한 작업 및 가공이상의 공정을 거쳐 제조되는 경우에만 가능함 (원산지 관련 협약 제 3조 7항). 다만, 완제품생산 이후 베트남에서 발행될 원산지 증명서에는 'Application of Article 3(7) of the Protocol of the EU/Vietnam FTA'라는 문구가 기입되어야 함.

[139] 한국과 최소 1개의 중미 공화국은 양 당사국 모두 무역협정을 체결한 제3국과 원산지를 누적하기 위한 목적으로 원산지규정의 규약을 개선 할 가능성을 고려 할 수 있다(제3.6조 제2항).

[140] 원산지 누적은 동일한 품목별원산지규정을 가진 공화국들 간에만 적용된다. 동 규정은 섬유제품에 대해 적용되는데, 동일 품목에 대해 협정상대국의 원산지결정기준이 다른 경우에는 누적할 수 없다는 것이다. 이러한 현상은 대부분 엘살바도르가 엄격한 원사기준을 적용하기 때문에 발생하는 것이다.

지 상품 또는 재료가 다른 쪽 당사국 영역에서 상품에 결합(incorporated)될 것"을 요구하고 있다.

"결합된(incorporated)"이라 함은 상품 생산과정에서 상품에 물리적으로 결합된 재료를 말하며, 여기에는 그 재료나 이후에 생산된 재료가 상품 생산에 사용되기 전 물리적으로 다른 재료에 결합된 재료도 포함된다.[141] 재료가 물리적으로 결합되기 위해선 상품 생산국에서 충분한 작업이나 공정이 발생해야 하므로, 결론적으로 협정상 "불인정공정 이상의 공정이나 작업"이 수행되어야 재료누적이 인정된다는 의미로 해석 할 수 있다. EFTA·EU·터키와의 FTA에서는 이를 명확하게 규정하고 있으며, 다른 협정에서도 불인정공정 조항이 원산지 규정 부속서 전체에 적용된다는 것을 명시하거나, 이 장의 그 밖의 모든 적용 가능한 요건을 충족하도록 조건을 부여하고 있어 이와 같은 의미로 해석할 수 있다. 다시말해, 재료누적 조건은 ①최초 수출국에서 원산지기준을 충족하고, ②누적국에서 불인정공정 이상의 공정을 수행하여야 한다는 것이다.

한-캐나다 FTA는 "상품이 원산지 상품인지 여부를 결정하는 목적상, 한쪽 또는 양 당사국의 영역을 원산지로 하는 상품은 어느 한쪽 당사국 영역의 원산지 상품으로 간주된다."라고 규정하고 있다. 동 조항은 두가지로 해석될 여지가 있다. 첫째, 상품은 제품, 생산품, 물품 또는 재료를 의미[142]하므로 다른 FTA와 같이 상대국 상품이 당사국 제품 생산에 재료로 사용되는 재료누적 개념으로 해석할 수 있고, 둘째는 상대국의 상품이 최종품의 재료로 사용되지 아니하고 추가적인 가공이 없더라도 당사국 상품으로 간주할 수 있다는 것으로 해석할 수 있다. 다만, 이 경우에는 해석상 논란이 될 수 있으므로 당사국 간 협의가 우선되어야 할 것인바, 현재로는 재료누적 개념으로 보는 것이 문제가 없을 것으로 생각된다.

공정누적이란 상대국 수행 생산공정을 자국 수행 생산공정으로 간주하는 것으로 상품의 원산지 결정 영역이 당사국 뿐 만아니라 상대국까지 포함하고 있는 칠레·싱가포르·미국·페루·호주·캐나다·콜롬비아·뉴질랜드와의 FTA 등에서 인정된다. 공정누적의 허용은 협정당사국 간의 완전누적(full cumulation) 개념과 거의 유사하다. 즉, 쌍방 당사국에서 복수의 제조업자들에 의하여 생산과정이 복합적으로 이루어진 경우에 누적이 인정되므로 여러 국가에 존재하는 생산시설들을 연계하여 생산하는 기업들에게는 이익이 될 수 있다. 다만, 이와 같은 누적이 가능하기 위해선, 쌍방 당사국 기업 간 원가자료 등을 상호 교환하거나, 우리나라의 '국내제조확인서'와 같은 개념의 서류

---

141) 'incorporated' means, with respect to the production of a good, a material that is physically incorporated into that good, and includes a material that is physically incorporated into another material before that material or any subsequently produced material is used in the production of the good (NAFTA 원산지규정 제2절 정의 및 해석)
142) 한-캐나다 FTA 제3.20조 정의

가 필요한데 현실적으로 가능할지 의문이다.

<표4-9> 협정별 누적조항 비교

누적유형	대상 FTA
재료누적	(양국) 한-인도, 한-EU, 한-터키, 한-중, 한-베트남
	(다국) 한-아세안, 한-EFTA, 한-중미
재료 및 공정누적	(양국) 한-칠레, 한-싱가포르, 한-페루, 한-미, 한-호주, 한-뉴질랜드
	(양국+일부품목 교차) 한-캐나다

관련판례

CHAPTER 4-2

'누적기준' 적용을 위한 입증서류(원산지증명서)

한-아세안 FTA 부속서3은 특혜관세대우에 적격한 상품의 원산지 결정을 위한 규정들로 이루어져 있는데, 제1조(정의)는 '원산지 상품이라 함은 이 부속서의 규정에 따라 원산지 자격을 갖춘 생산품 또는 재료를 말한다'고 규정하고 있고, 제15조(원산지증명서)는 '상품이 특혜관세대우를 받을 수 있다는 신청은 부록1에 규정된 원산지증명 운용절차에 따라 수출 당사국에 의하여 지정되고 다른 모든 당사국에 통보된 권한 있는 당국이 발급한 원산지증명서에 의하여 뒷받침되어야 한다'고 규정하고 있다.

'누적기준'의 적용을 위해서는 '어느 당사국 영역의 원산지 상품이 다른 당사국 영역에서 최종재의 재료로 사용되어야 한다'는 요건을 갖추어야 하므로, '누적기준' 적용 여부를 가리기 위해서는 원재료가 한-아세안 FTA 당사국의 원산지 상품인지 여부가 권한있는 당국이 발급한 원산지증명서에 의하여 뒷받침되어야 하는 것이 당연하다.

[서울행정법원 2017구합75262, 2018.8.17]

중요 질의 및 답변 사례

질의 108 한-EU FTA에서 누적기준 적용시 유럽연합 전체를 하나의 당사자로 볼 수 있는지?

답변 한-EU FTA 협정문 '서문'에 한쪽 당사자는 대한민국으로, 다른 쪽 당사자는 EU 28개국과 유럽 연합으로 규정하고 있어 누적 적용시 유럽연합'전체를 하나의 당사자로 적용할 수 있음

질의 109 한-인도 CEPA 원산지 결정기준과 관련하여 완전생산품에 대한 누적적용 가능여부?

답변 한-인도 CEPA 제3.3조(완전하게 획득되거나 생산된 물품)에 따라 수출당사국 영역 내에서 완전하게 획득되거나 생산된 것을 원산지 상품으로 규정하고 있으므로 누적조항 적용 불가

질의 110 아세안 국가(예: 태국)에서 원재료를 다른 아세안 국가(예: 필리핀)에 수출할 때 한-아세안 원산지증명서(Form AK)를 발급하고, 원재료 수입국(예: 필리핀)에서 물품을 가공하여 한국으로 수출(Form AK발행)하는 경우 아세안 국가 사이의 누적원칙이 적용될 수 있는지 여부?

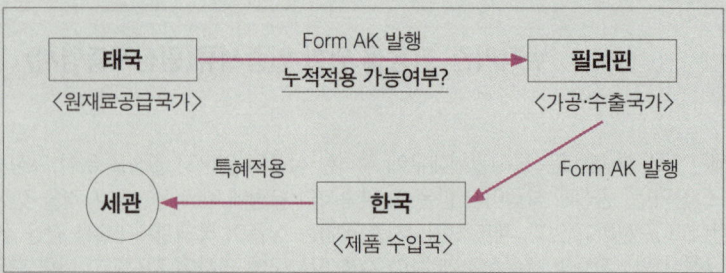

답변 당사국이란 아세안 개별 국가를 의미하며, 아세안 내 개별국가의 원산지 상품이 다른 국가의 제품 생산에 사용되는 경우, 누적기준을 적용하여 최종물품 생산국가의 역내산 원재료로 간주 가능 (다국 누적 허용)
한-아세안 FTA의 원산지 상품임을 증명하는 원산지증명서는 Form AK로 정하고 있어, 질의 내용의 원재료는 누적기준 적용 가능

질의 111 미국에서 원사를 수입하여 그 수입한 실로 양말을 편직해서 미국으로 수출을 할 경우에 관세혜택을 받을수 있는지 여부?

답변 한-미 FTA에서 미국을 원산지로 하는 재료(역내산 실 사용)가 한국에서 상품에 결합되는 경우 상품의 원산지를 한국으로 인정(누적)

질의 112	[거래] 아세안 국가에서 물품 수입 → 국내에서 동 원재료로 제품 생산 → 아세안 국가로 수출 재료누적을 이용해서 한-아세안 C/O를 발급하고자 하는 경우 ① 한-아세안에서 수입하는 물품(원재료)의 소명 자료로 ⓐ"수입신고필증"으로 역내산 입증이 가능한지, ⓑ특혜 C/O를 받아야 하는지 ⓒ비특혜 C/O로 인정 가능한지? ② 원산지 소명서 작성시 "12번 원산지"란에 아세안 국가를 기재해야 되는지 "KR"을 기재해야 하는지? ③ 아세안 국가에서 수입하여 아세안 국가로 수출하는 경우 국내에서 수행된 공정이 한-아세안 협정상의 "충분가공원칙"을 충족하지 않는 경우에 한-아세안 C/O 발급이 가능한지 여부?
답변	① 한-아세안 FTA의 원산지 상품임을 증명하는 원산지증명서는 Form AK로 정하고 있어, 재료누적의 원산지증빙서류로 한-아세안 C/O가 타당 ② 원산지소명서 제12란에는 원재료의 원산지 국가명을 기재해야 하므로 아세안 국가명을 기재 ③ 한국에서 수행된 공정이 불인정공정에 해당하는 경우 당사국 영역(한국) 상품으로 간주할 수 없으므로 한국산으로 한-아세안 FTA C/O발급 불가

(2) 최소허용수준(De minimis)

어떤 물품의 생산과정에 사용된 비원산지 재료가 당해물품에서 차지하는 비중(가격 혹은 중량)이 아주 미미한 경우에는 협정에서 규정한 품목별 원산지요건(세번변경기준 등)을 충족하지 못하더라도 원산지물품으로 인정할 수 있도록 하는 규정이다. 이를 원산지인정의 최소허용수준 또는 미소기준(De minimis or tolerance rule)이라고 한다.

예를 들면 아래 그림에서 보는 바와 같이 국산 인플레이터와 중국산 커버 및 쿠션을 사용하여 자동차용 에어백(원산지기준 : CTH)을 생산, 미국에 수출하는 경우로서 비원산지 재료인 쿠션의 가격이 에어백 가격의 10%를 초과하지 않는다면 동 쿠션의 세번이 변경되지 않더라도 에어백을 원산지물품으로 인정한다.

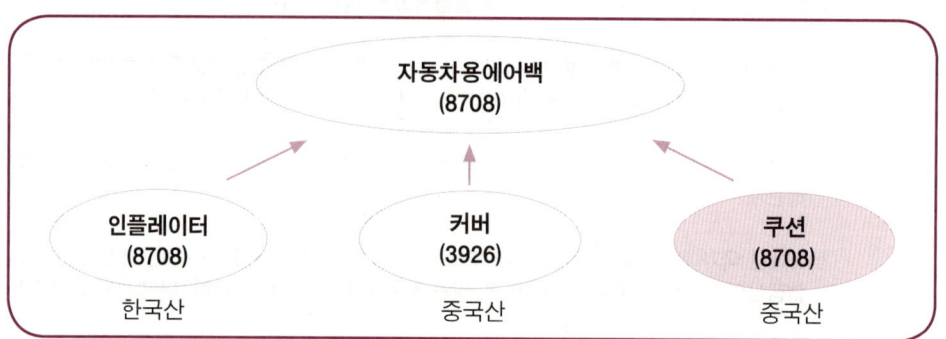

【최소허용수준 개념도】

　여기에서 문제는 미미한 재료를 어떤 기준으로 어느 선까지 허용할 것 인가 이다. 협정 및 품목에 따라 가격, 중량, 가격 혹은 중량을 기준으로 최대 10%까지 허용하는 경우가 대부분이다. 품목별로 보면 섬유류(제50류~제63류)는 일반품목에 비하여 허용범위를 좁게 인정하고, 농수산물(제1류~제24류)은 민감성을 고려하여 최소허용수준의 범위를 최소화 한다.

　이 기준은 품목별기준에서 일반적으로 제품의 원산지결정기준으로 세번변경기준(CTC)을 채택한 경우에 주로 적용된다. 이로써 세번변경기준의 요건이 완화되어 원산지 인정범위가 확대되고 원산지 확인 비용이 축소된다. 만약 이 기준이 없다면 단 0.1%의 비원산지재료까지도 제품 제조과정에서 세번이 변경되어야 그 제품이 원산지물품으로 인정된다. 다만, 최소허용수준의 대상이 되는 비원산지재료의 가치는 역내가치포함 비율 요건(부가가치 기준)을 충족하기 위해서는 비원산지 재료의 가치에 포함되어야 함에 유의해야 한다. EU권의 Pan-euro 방식의 FTA에서는 세번변경기준 뿐 만 아니라 공정기준까지도 미소기준의 적용을 확대하고 있다.

　이는 EU권의 원산지결정기준이 세번변경기준을 채택하고 있는 미국 등과 달리 비원산지재료에 수행해야할 공정 및 작업을 기준으로 설정되어 있기 때문이다. 이러한 개념에 따라 최소허용수준(미소기준)도 미국 등은 세번변경기준을 충족하지 아니한 비원산지재료에 대해 일정수준 비원산지재료 사용을 허용하는 것으로 설정하는 반면, EU는 비원산지재료에 수행해야할 공정 및 작업(품목별원산지결정기준) 목록에 사용되지 않도록 설정한 비원산지재료도 일정수준을 사용토록 규정하고 있다. 즉, EU는 상품 생산과정에서 허용되지 아니한 비원산지재료를 일정수준 폭넓게 허용하고 있는 것이다.

<표4-10> 협정별 최소허용수준 비교

구 분		칠레	싱가포르	아세안 베트남	인도	EFTA	미국	EU·터키	페루	호주	캐나다	콜롬비아	중국	뉴질랜드	중미
가격 기준	일반 품목	8%	10%		10%	10%	10%		10%	10%	10%	10%	10%	10%	10%
	농수 산물	1류~24류 CTSH 충족하면 적용 가능	1류~14류 적용제외 15류~24류 CTSH 충족하면 적용 가능	10%	1류~14류 적용 제외	1류~24류 CTSH 충족하면 적용가능	1류~24류 CTSH 충족하면 적용가능 (일부제외)	10%	1류~14류 적용 제외	1류~14류 CTSH 충족하면 적용 가능[105]	1류~21류 CTSH 충족하면 적용 가능	1류~24류 CTSH 충족하면 적용 가능(일부제외)	15류~24류 CTSH 충족하면 적용 가능	1류~14류 단순 혼합이상 인 경우 적용	1~14류 적용제외 15~24류 CTSH 충족하면 적용 가능
	기준 가격	조정가격	관세가격	FOB	FOB	공장도 가격	조정가치	공장도 가격	FOB	조정가치	공장도 가격	공장도 가격	FOB	FOB	FOB
중량 기준	섬유	8%	8%	10%	7%	10%	7%	8~30% 일부 가격 기준	10%	10%	10%	10%	10% (가격)	10% (가격)	10%

규정해석

한-중 FTA 제3.8조 최소허용수준
부속서 3-가(품목별원산지결정기준)에 규정된 세번변경요건을 충족하지 아니하는 상품은 그럼에도 불구하고 다음의 경우 원산지 상품이다.
① 통일상품명 및 부호체계(HS)의 제15류부터 제24류까지 그리고 제50류부터 제63류까지에 규정된 것을 제외한 상품에 대해서는, 필요한 세번변경이 이루어지지 아니한 그 상품의 생산에 사용된 모든 비원산지재료의 가치가 그 상품의 본선인도가격의 10퍼센트를 초과하지 아니하는 경우

▶ 완제품과 비원산지재료 세번이 동일하여 세번변경기준을 충족하지 못한 경우라도 세 번이 동일한 비원산지재료 가치가 완제품 FOB가격의 10%이하인 경우에는 원산지상품으로 인정(단, HS 제15류-제24류, 제50류-제63류는 제외)

② 통일상품명 및 부호체계(HS)의 제15류부터 제24류까지에 규정된 상품에 대해서는, 비원산지 재료가 이 호에 따라 원산지가 결정되는 상품의 소호와 다른 소호에 규정된다는 것을 조건으로, 필요한 세번변경이 이루어지지 아니한 그 상품의 생산에 사용된 모든 비원산지재료의 가치가 그 상품의 본선인도가격의 10퍼센트를 초과하지 아니하는 경우

▶ HS 제15류 내지 제24류 상품에서 완제품과 비원산지재료 세번이 동일하여 세번변경기준(4단위)을 충족하지 못한 경우 완제품과 세번이 동일한 비원산지재료의 6단위 세번(소호)이 상이하면 상기의 최소허용수준 적용이 가능

③ 통일상품명 및 부호체계(HS)의 제50류부터 제63류까지에 규정된 상품에 대해서는, 필요한 세번변경이 이루어지지 아니한 그 상품의 생산에 사용된 모든 비원산지재료의 중량이 그 상품의 총 중량의 10퍼센트를 초과하지 아니하는 경우, 또는 필요한 세번변경이 이루어지지 아니한 그 상품의 생산에 사용된 모든 비원산지재료의 가치가 그 상품의 본선인도가격의 10퍼센트를 초과하지 아니하는 경우,

▶ HS 제50류 내지 제63류 상품에서 완제품과 비원산지재료 세번이 동일하여 세번변경기준을 충족하지 못한 경우 세번이 동일한 비원산지재료 총 중량이 완제품 총 중량의 10%이하이거나 세 번이 동일한 비원산지재료 가치가 완제품 FOB가격의 10%이하인 경우에는 원산지상품으로 인정

한-EU FTA 제1905.32호 원산지기준 해석

모든 호에 해당하는 재료(제11류의 것은 제외한다)로부터 생산된 것

"제11류의 것은 제외한다"의 의미는 제11류의 재료는 원산지재료를 사용하라는 것이다. 다만, 한-EU FTA에서는 해당 물품의 생산에 사용되어서는 안되는 비원산지재료가 최소허용수준 내(제품 공장도가격의 10%)에서 사용될 수 있으므로 제11류의 비원산지재료도 허용수준까지는 사용 가능하다.

한-페루 FTA 제5307.20호 원산지기준 해석

다른 호에 해당하는 물품(제5306호부터 제5308호까지의 것을 제외한다)에서 변경된 것

'제5306호부터 제5308호까지의 것을 제외한다'의 의미는 제5306호부터 제5308호까지는 원산지재료를 사용하라는 것이다. 이는 달리말해 제5306호부터 제5308호까지 비원산지재료에서 세번변경을 제한하고 있다. 다만, 한-페루 FTA에서는 세번변경 제한을 완화하는 최소허용수준(물품 중량의 10%) 조항이 규정되어 있으므로 비원산지 제5306호부터 제5308호의 재료도 허용수준까지는 사용 가능하다고 해석한다.

최소허용기준의 적용사례(가격) : 한·미FTA

1. 생산·거래과정

한국 A업체가 미국산, 일본산 부품과 국내에서 생산된 부품을 조달하여 볼 베어링을 제조한 후 미국에 수출하는 경우

2. 제품 및 재료내역

- 제품: 볼베어링(제8482.10호), 9,530원(FOB)
- 재료내역

품 명	품목번호	금 액(원)	원산지
Cage	8482.99	350	일본
Ball	8482.91	960	미국
Molded Seal	8482.99	980	한국
Outer Ring	8482.99	1,790	한국
Inner Ring	8482.99	1,190	미국
재료비계		5,270	-

3. 품목별 원산지결정기준(한·미 FTA)

8482.10	· 다른 소호에 해당하는 물품(제8482.10호 내지 제8482.80호 및 제8482.99호의 것을 제외한다)에서 제8482.10호 내지 제8482.80호에 해당하는 물품으로 변경된 것; 또는 · 다른 호에 해당하는 물품에서 변경된 여부와 관계없이 제8482.99호에 해당하는 물품에서 제8482.10호 내지 제8482.80호에 해당하는 물품으로 변경된 것. 다만, 아래의 역내부가가치가 발생한 것에 한한다. 1. 집적법 40% 이상 또는 2. 공제법 50% 이상

4. 검토결과

- 첫번째 기준은 제8482.99호의 비원산지재료 사용을 금지하고 있으나, 일본산 Cage가 동호에 해당하므로 일단 세번변경요건을 충족하지 못함
  - 그러나 최소허용기준(10%)을 적용해 보면 Cage의 가격이 상품가격의 3.7%에 불과하므로 이 볼베어링은 원산지상품으로 인정된다.

$$\text{비원산지재료의 가치} = \frac{350}{9,530} \times 100\% = 3.7\%$$

중요 질의 및 답변 사례

CHAPTER 4-2

질의 113
한-미 FTA 제6104.12호 원산지 결정기준 해석에 있어서 5106호~5113호는 사용될 수 없는 것인지?

> 다른 류에 해당하는 재료(품목번호 5106부터 5113까지, 5204부터 5212까지, 5307부터 5308까지, 5310부터 5311까지, 5401부터 5402까지, 5403.20, 5403.33부터 5403.39까지, 5403.42부터 5408까지, 5508부터 5516까지 및 6001부터 6006까지의 것은 제외한다)로부터 생산된 것. 다만, 다음 각 호의 요건을 모두 충족한 것에 한정한다.
> 1. 체약당사국에서 재단[또는 편성(knit to shape)]이 이루어지고, 봉제 또는 기타의 방법으로 결합공정이 수행된 것
> 2. 보이는 안감이 제61류의 주 1에 따른 요건을 충족한 것

답변
5106호~5113호 등 괄호의 제외되는 재료는 원산지재료를 사용하여야 한다는 의미. 다만, 제외되는 재료라 하더라도 최소허용수준까지(한-미 FTA는 7%) 역외산 사용 가능
"제외한다."라고 규정된 것이 아닌 재료(예: 50류의 견사 및 견직물)는 비원산지재료를 사용할 수 있음

질의 114
한-아세안 FTA 제1904.90호의 원산지기준 해석은?

> 다른 호에 해당하는 재료로부터 생산된 것. 다만, <u>체약당사국이 아닌 국가로부터 수입된 비원산지재료의 품목번호와 해당 물품의 품목번호가 동일한 6단위 품목번호로 분류되는 경우 원산지인정의 최소기준은 적용하지 아니한다</u>

답변
원칙적으로 비원산지재료인 제1904호가 생산에 사용된 경우 원산지기준을 충족할 수 없으나, 최소허용수준(제품가격 10%)까지는 사용가능. 그러나 단서 규정에 따라 최소허용수준의 적용은 재료와 제품의 소호가 다른 경우에만 적용할 수 있음

질의 115
한-아세안 FTA HS6205(의류) 물품은 특정공정(재단 및 봉제)이 체약당사국에서 수행되어야 하나, '최소인정수준'에 따라 총중량의 10%이하는 비원산지 재료를 사용할 수 있음
최소인정수준(총중량의 10% 이하)에 해당되는 재료도 특정공정(재단 및 봉제)이 수행되어야 하는 것인지 여부?

답변
최소인정기준(중량기준 10%이하)은 사용재료의 일정부분을 역외산 재료를 사용할 수 있도록 허용한 것으로 역외산 재료를 사용하더라도 제품 생산시 필요한 재단공정과 봉제공정은 역내에서 수행되어야 함

질의 116
국내 A업체는 8537.10호 물품을 제조하여 납품하며, 동 물품 제조시 8538호의 비원산지재료(판매가격 대비 2%)를 사용하는 경우 원산지상품 여부?

> 다른 호에 해당하는 재료(제8538호의 것은 제외한다)로부터 생산된 것

답변
제외된 특정 세번으로 분류되는 재료는 원칙적으로 원산지 재료여야 하나, 협정에서 정하는 최소허용수준까지의 비원산지재료는 사용가능

따라서, 비원산지재료인 제8538호의 물품이 제8537호의 생산에 사용된 경우에도 최소허용수준 충족시 원산지물품으로 인정 가능

(3) 중간재

가. 개념

'중간재'는 최종제품 생산에 투입하기 위하여 원산지재료와 비원산지재료를 사용하여 최종제품 생산자가 직접 생산한 원산지재료를 말하는 것이 일반적이다. 즉, 최종제품 생산자가 생산한 '자가 생산재료' 중 협정에 따른 원산지기준을 충족한 재료라 할 수 있다. 아래 그림을 예로 설명하면 국내 A업체는 자동차를 생산하여 미국으로 수출한다. A가 국산 엔진블럭과 중국산 샤프트를 구입하여 엔진을 직접 만든 경우 그 엔진은 중간재로서의 지위를 갖는다.

【 중간재 개념도 】

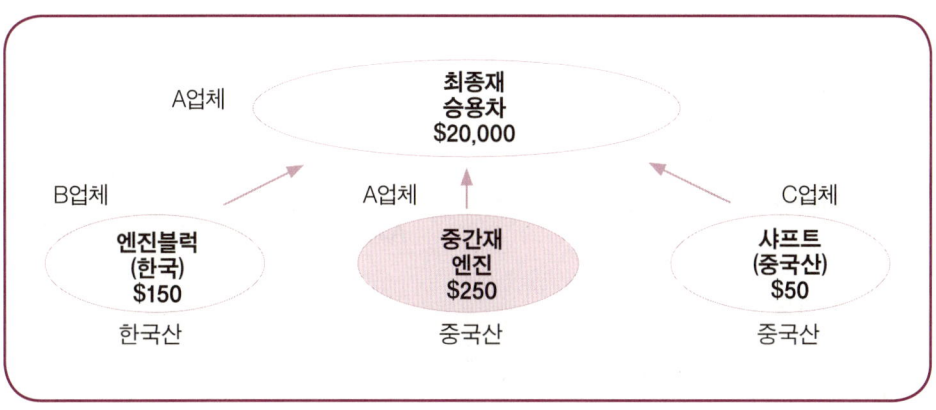

협정의 중간재 규정은 엔진이 자신의 원산지결정기준을 충족하여 원산지재료로 인정되는 경우 중간재인 엔진의 가격 산정시 비원산지(중국)재료 가격을 포함한 엔진 가격 전체를 원산지재료비에 계상할 수 있도록 하고 있다. 이를 Roll-up 혹은 흡수원칙이라고도 한다.

이 사례의 경우 자동차 생산자가 수입한 중국산 샤프트 가격 $50은 비원산지재료비에 계상하는 것이 원칙이나, 중간재 규정에 의하여 이를 포함한 전체 $250이 역내가치로 계산되므로 역내부가가치 증대 효과를 갖는다.

중간재 규정은 원산지재료비 계상기준을 완화하여 특혜대상물품 인정범위를 확대하며 수직적으로 통합된 생산라인을 가진 제조자를 개별 공급자로부터 재료를 구매하는 생산자와 동등하게 대우하기 위해 도입되었다. 즉, 중간재 규정이 없을 경우 수평적 생산라인 제조자는 역내 다른 업체에서 생산된 원산지기준을 충족한 물품(A, B, C)을 구입하면 재료에 포함한 비원산지재료 가치를 포함한 구입가격 전체를 역내가치에 포함될 수 있으나, 수직적 생산라인 제조자는 재료를 직접생산하기 때문에 재료(A+B+C)에 포함된 비원산지재료 가치를 역외가치로 계상하여야 하므로 불리하기 때문이다.

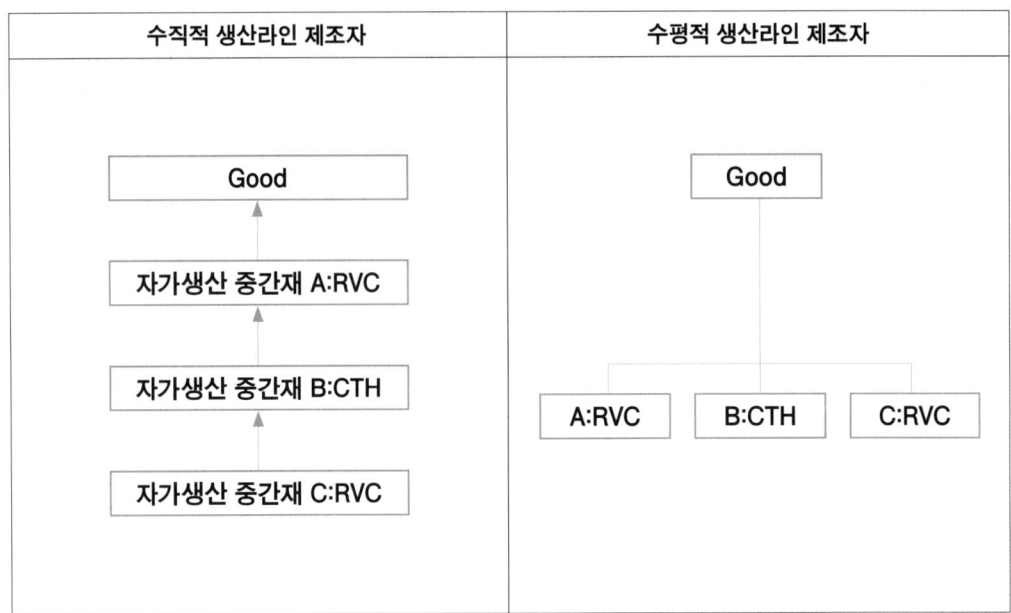

나. 협정별 비교

칠레 및 싱가포르와의 FTA에서는 중간재 조항을 별도로 두어 자가생산 재료를 중간재로 지정할 수 있도록 함으로써 Roll up을 인정하고 있다. 한-미 FTA에서는 상품의 생산자에 의해 생산되고 그 상품의 생산에 사용된 원산지 재료를 '자가생산재료'라 정의함으로써 Roll-up[143]을 명확히 하고 있다.

페루·호주·콜롬비아와의 FTA에서는 중간재 규정은 별도로 두고 있지만 자가생산품만을 한정하지 않고 역내생산품까지도 폭넓게 인정하고 있다. 하지만, 역내생산품이라 하더라도 타인으로부터 공급받는 재료는 타인이 제공한 원산지확인서로 재료의 원산지를 확인하므로 결국에는 상품

---

[143] 원산지물품과 비원산지물품을 투입하여 생산한 재료가 원산지기준을 충족하면 그 재료비 전체를 원산지재료비에 계상하는 것을 roll up이라 하고, 기준을 충족하지 못하면 그 재료비 전체를 비원산지재료비에 계상하는 것을 roll down이라 한다.

생산자가 자가생산한 재료만 Roll-up 대상이 되므로 의미는 동일하게 된다.

EFTA·EU·터키·캐나다·중국·베트남·뉴질랜드와의 FTA는 중간재 규정을 별도로 두고 있지는 않으나, 부가가치 계산 혹은 재료의 가치 부분에서 "원산지 상품이 그 이후 다른 상품의 생산에 사용되는 경우, 그 이후에 생산된 상품의 원산지 지위를 결정하는 목적상 원산지 상품에 포함된 비원산지재료는 고려되지 아니한다."고 규정하여, 자가생산한 재료는 물론이고 역내에서 생산된 원산지재료를 외부로부터 구입하여 사용한 경우에도 Roll up을 인정한다. 중미와의 FTA는 중간재 규정을 두고 있으나 내용은 이와 동일하다.

한-캐나다 FTA에서는 '자가생산 재료'조항(제3.6조)을 별도로 두어, 생산자의 선택에 따라 자가생산 재료가 그 자체의 원산지기준을 충족한 경우 그 재료 전체를 원산지재료로 또는 불충족한 경우 비원산지재료로 지정할 수 있도록 하고 있다.

한-아세안 FTA는 중간재에 대한 규정이 없지만, 우리나라 FTA특례법 시행규칙 별표[144]에서 이를 인정하고 있다. 한-인도 CEPA에서는 협정이나 국내법에서 중간재 규정을 두고 있지 않으므로 유의해야 한다.

<표4-11> 협정별 중간재 규정 비교

구분	칠레 싱가포르	미국	페루 콜롬비아	EFTA	EU· 터키	호주	캐나다	베트남	중국	뉴질 랜드	중미	아세안 인도
중간재 인정	○	○	○	○	○	○	○	○	○	○	○	×
대상	자가 생산품	자가 생산품	역내 생산품	역내 생산품	역내 생산품	역내 생산품	역내 생산품	역내 생산품	역내 생산품	역내 생산품	역내 생산품	×
중간재 지정의무	○	×	×	×	×	×	×	×	×	×	×	×

다. 적용 품목 지정

칠레 및 싱가포르와의 FTA에 의하여 중간재로 인정받으려면 최종제품 생산자가 사전에 해당재

---

144) 중간재의 원산지결정 : 중간재의 원산지결정에 관하여는 별표 2(한-싱가포르 FTA)의 제2호마목을 준용한다.

료를 지정하는 절차를 거쳐야 한다. 반면 한-미 FTA는 이러한 요건이 없으므로 지정하는 절차를 거치지 않아도 중간재로 인정받을 수 있다.

칠레 및 싱가포르와의 FTA는 중간재를 구성하는 전단계 재료가 부가가치기준 적용 품목인 재료는 중간재로 지정할 수 없도록 하고 있으나, 한-미 FTA는 이 요건이 없으므로 전단계 재료가 부가가치기준 적용 품목인 경우에도 중간재 규정을 적용할 수 있다.

라. 가격 계상 기준

싱가포르·미국·EU·페루·터키·호주·콜롬비아·뉴질랜드 등과의 FTA는 자가생산 재료의 가격을 일반경비를 포함하여, 재료의 생산에서 발생한 모든 비용과 통상적인 거래과정에서 부가되는 이윤에 상당하는 이윤액을 합한 금액으로 규정하고 있다. 한-캐나다 FTA에서는 '그 상품의 생산자에 의해 생산된 모든 상품에 대해여 발생되어, 그 자가 생산재료에 합리적으로 할당될 수 있는 총비용 또는 그 자가생산 재료에 대하여 발생되어, 그 자가생산 재료에 합리적으로 할당될 수 있는 총비용을 포함하는 모든 비용의 합'으로 규정하여 이윤부분을 고려하지 않고 있다. 칠레·EFTA와의 FTA는 이에 대한 규정은 없으나 일반적으로 인정되는 기업회계기준을 적용한다.

자가생산 재료가 아닌 외부 구입재료에 대한 가격의 산정은 보편적으로 국내에서 구입한 경우 그 매입가격, 체약국에서 수입하는 경우 과세가격으로 하지만 협정별로 상이할 수 있으니 각 협정의 부가가치기준 중 재료비 계상기준을 참고하기 바란다.

원산지물품과 비원산지물품을 투입하여 생산한 재료가 원산지기준을 충족하지 못하고, 동 재료가 그 이후의 다른 상품의 생산에 사용된 때에는, 그 이후에 생산된 상품의 재료비 계산시 그 재료 전체를 비원산지재료비로 계상할 필요는 없다. 즉, 비원산지와 원산지를 구분하여 각각의 재료비 항목으로 계산할 수 있다.

규정해석

한-페루FTA 제3.4조 중간재

① 원산지 상품이 후에 다른 상품의 생산에 사용된 때에는, 원산지 상품에 포함된 비원산지 재료는 그 이후에 생산된 상품의 원산지 지위를 결정하는 목적으로는 고려되지 않는다.

▶ 원산지자격을 획득한 상품이 다른 상품의 생산에 사용되는 경우, 원산지자격을 획득한 상품에 포함된 비원산지재료는 이후 다른 상품의 원산지결정시 고려하지 않고, 전체를 원산지재료가치로 계산한다.

② 비원산지 상품이 후에 다른 상품의 생산에 사용된 때에는,
  가. 그 이후에 생산된 상품의 비원산지 재료의 가치를 산정하는 목적으로는, 비원산지 상품에 포함된 비원산지 재료만 고려한다. 그리고
  나. 그 이후에 생산된 상품의 원산지 재료의 가치를 산정하는 목적으로는, 비원산지 상품에 포함된 원산지 재료만 고려한다.

▶ 원산지자격을 획득하지 못한 상품이 다른 상품의 생산에 사용된 경우에는 그 이후 상품의 원산지결정시 원산지자격을 획득하지 못한 상품의 비원산지재료와 원산지재료를 각각 구분하여 고려한다.

CHAPTER 4-2

한국의 A사는 아래 제조공정을 통해 난소화성 말토덱스트린(HS 1702.90-9000)을 생산 EU로 수출한다.

> 옥수수(수입) → 전분 생산 → **배소덱스트린*** → 난소화성 말토덱스트린**

질의 117

옥수수를 수입하여 국내에서 난소화성 말토덱스트린을 만드는 경우 한-EU FTA 원산지결정기준 충족여부?

HS	품목	원산지 지위를 부여하는, 비원산지 재료에 수행된 작업 또는 가공
3505.10	덱스트린	제3505호의 그 밖의 재료를 포함한 모든 호의 재료로부터의 생산 또는 사용된 모든 재료의 가치가 그 제품의 공장도 가격의 40퍼센트를 초과하지 아니하는 생산
1702.90	난소화성말토덱스트린	<u>사용된 모든 재료가 원산지 재료인 생산</u>

답변

[쟁점] 최초 수입된 옥수수도 원산지재료여야 하는지 여부

비원산지 재료가 충분한 작업 또는 가공을 거쳐 원산지 제품이 되어, 그 제품이 그 이후 다른 제품의 생산에 사용되는 경우, 그 제품에 포함된 비원산지 재료는 고려되지 않음

비원산지 재료인 옥수수가 충분한 작업 또는 가공을 거쳐 원산지 제품(덱스트린)이 되고 최종물품 생산에 사용되는 경우 최종 물품의 원산지도 한국산으로 인정 가능

질의 118

아래 밑줄친 한-미 FTA 품목별 원산지결정기준의 의미는 무엇인지

구성요소		HS	생산	가격($)	비고(거래형태 등)
CCTV 카메라(①+②)		8525	한국 S사	37	- 최종 수출물품 - 수출가격 : EX-W - 최종 수출자 : 한국 S사
① MAIN PCB ASSY (③+④+⑤)		8529	한국 A사	8	- A사가 ③-⑤ 조립후 S사에 공급 - 임가공비 : $8 [재료비($4+$2)+가공비($2)]
	③ IC	8542	한국 B사	4	- B사 제조후 A사에 납품 - ③-④ : 한국산 확인
	④ DIODE	8541		2	
	⑤ PCB	8534	일본	7	- S사가 수입하여 A사에 무상공급 - ⑤ : 일본산
② BARREL ASSY (⑥+⑦+⑧)		8529	한국 K사	10	- K사가 ⑥-⑧ 조립후 S사에 공급 - 임가공비 : $10

	⑥ 1ST LENS	9001		3	- ⑥-⑧은 한국S사가 일본에서
	⑦ 2ST LENS	9001	일본	2	수입후 K사에 무상공급
	⑧ COVER	3926		4	- ⑥-⑧ : 일본산
	노무비+경비+이윤			3	

① 한-EU FTA 협정에 따라 상기 쟁점물품의 원산지 판정시 MAIN PCB ASSY(①)와 BARREL ASSY(②)를 중간재로 볼수 있는 지 여부?
② 질의 1의 결과가 중간재로 볼 경우 Roll-up 방식에 따라 원산지 판정시 ①과 ②의 원산지는?

답변

① 한-EU FTA 협정에는 "중간재" 규정이 없으나, 원산지규정 제5.1 가호에서 "비원산 재료가 충분한 작업 또는 가공을 거쳐 원산지 제품이 되어, 그 제품이 그 이후 다른 제품의 생산에 사용되는 경우, 그 제품에 포함된 비원산지 재료는 고려되지 아니한다"라고 Roll-up 원칙의 적용을 규정하고 있으므로 본 질의물품 "MAIN PCB ASSY(①)"와 "BARREL ASSY(②)"도 Roll-up 원칙의 적용이 가능

② 상기 쟁점물품 "MAIN PCB ASSY(①)"와 "BARREL ASSY(②)"를 Roll-up 원칙을 적용하여 판단할 경우 "한국산"지위를 획득하는 것으로 확인됨

(4) 대체가능물품(Fungible Goods or Materials)

가. 개념

동종 동질의 곡물, 과일, 볼트, 너트, 베어링, 타이어 등과 같이 물품의 특성이 본질적으로 동일하여 원산지가 서로 다르더라도 상업적으로 대체하여 사용할 수 있는 상품 또는 재료를 대체가능물품이라 한다.

원산지 결정 목적상 원산지물품과 비원산지물품은 물리적, 회계적으로 구분하여 관리하는 것이 원칙이다. 그러나 물리적으로 구분 보관하는데 기술적 어려움이 있거나 상당한 비용이 소요되는 때에는 재고관리기법에 따라 원산지를 결정할 수 있도록 하는 특례가 인정된다. 이 규정에 의하여 물품의 재고관리 또는 원산지결정 비용 등을 줄일 수 있다.

대상물품의 종류에 제한이 없으므로 다이오드, 액정판넬과 같은 공산품에도 적용할 수 있다. 따라서 대체가능성 여부에 대한 판단기준을 둘러싸고 생산자측과 검증을 담당하는 세관당국간에 분쟁의 여지가 많다.

나. 대체가능물품의 원산지결정 방법

재고관리기법은 생산국에서 일반적으로 인정되는 것을 말하며, 개별법, 선입선출법, 후입선출법, 평균법 등이 있다. 그 중 평균법이 가장 많이 적용되고 있다. 생산자가 한 기법을 선택하면 당해 회계연도 중 계속 적용하여야 한다.

(개별법) 물품의 원산지재료와 비원산지 재료를 구분하여 각 재료의 원산지에 따라 그 물품의 원산지를 결정하는 방법

(선입선출법) 생산자가 물품의 생산을 위하여 취득한 후 입고(入庫)한 재료 중 먼저 입고한 재료가 먼저 출고(出庫)된 것으로 보아 먼저 입고된 재료의 원산지나 가격 등을 기준으로 그 물품의 원산지를 결정하는 방법

(후입선출법) 생산자가 물품의 생산을 위하여 취득한 후 입고한 재료 중 가장 최근에 입고한 재료가 먼저 출고된 것으로 보아 최근에 입고된 재료의 원산지나 가격 등을 기준으로 그 물품의 원산지를 결정하는 방법

(평균법) 보관 중인 원산지 재료와 비원산지재료의 구성비율을 기준으로 그 물품의 원산지를 결정하는 방법[145]. 이 경우 원산지재료와 비원산지재료의 구성비율 계산은 보관 또는 취득한 원산지재료와 비원산지재료의 취득가격이나 수량 등을 기준으로 하며, 취득가격은 「법인세법 시행령」 제74조제1항제1호라목 또는 마목에 따른 총평균법[146] 또는 이동평균법[147]에 따라 계산한다.

칠레·싱가포르·미국·페루·호주·캐나다·콜롬비아·베트남·뉴질랜드·중미와의 FTA는 대체가능물품 규정 적용범위를 상품 및 재료로 규정하고, 일단 지정한 재고관리기법은 회계년도 중 계속 적용하도록 하고 있다. 그러나, 아세안·EFTA·EU·인도·터키·중국과의 FTA는 적용대상을 재료로만 한정

---

145) NAFTA는 "제12절에 따른 수출자 또는 인이 평균법을 선택한 경우, 1개월 또는 3개월의 기간 동안 완성품 목록에서 나온 대체가능 상품 각 선적(each shipment)의 원산지는 그 수출자 또는 인의 선택에 따라 1개월 또는 3개월 이전의 기간 동안 완성품 재고의 원산지상품 또는 비원산지 상품 비율을 기초로 결정된다."라고 규정하여 각 선적단위로 원산지를 결정한다.

146) 라. 자산을 품종별·종목별로 당해 사업연도개시일 현재의 자산에 대한 취득가액의 합계액과 당해 사업연도 중에 취득한 자산의 취득가액의 합계액의 총액을 그 자산의 총수량으로 나눈 평균단가에 따라 산출한 취득가액을 그 자산의 평가액으로 하는 방법(이하 "총평균법"이라 한다)

147) 마. 자산을 취득할 때마다 장부시재금액을 장부시재수량으로 나누어 평균단가를 산출하고 그 평균단가에 의하여 산출한 취득가액을 그 자산의 평가액으로 하는 방법(이하 "이동평균법"이라 한다)

하고 있다.

　EFTA·EU·터키와의 FTA에서는 생산자의 증빙서류 보관책임 및 정보제공 의무를 다른 FTA 보다 강하게 요구하고 있으며, 또한 당사국이 재고관리기법 적용을 위한 세관당국의 사전승인제를 운영할 수 있도록 한 점이 특징이다.

〈표4-12〉 대체가능물품 협정별 비교

적용대상	협 정
재료	아세안·EFTA·EU·인도·터키·중국과의 FTA
재료·상품	칠레·싱가포르·미국·페루·호주·캐나다·콜롬비아·베트남·뉴질랜드·중미와의 FTA

협정원문

한-중 FTA 제3.9조 대체가능재료
① 생산에 사용된 재료가 원산지 재료인지를 결정할 때, 모든 대체가능한 재료는 다음에 의하여 구별한다.
　가. 각 대체가능 재료의 물리적 분리, 또는
　나. 생산이 이루어지는 당사국의 일반적으로 인정되는 회계원칙에서 인정되는 모든 재고관리 기법의 사용
② 특정 대체가능 재료에 대하여 제1항에 따라 선택된 재고관리기법은 회계연도 동안 그 재료에 대하여 지속적으로 사용된다.

관련판례

CHAPTER 4-2

평균법에 의한 재고관리 상품의 원산지결정

한미 FTA 협정에서 물리적 구분이 불가능한 대체가능 상품 또는 재료에 대하여 일반적으로 인정된 회계원칙에 따라 재고관리를 하는 경우 예외적으로 특혜관세대우를 신청할 수 있도록 규정한 것은 재고자산의 흐름에 대한 합리적인 가정을 인정한 것이다. 그 중 평균법은 대체가능 상품 또는 재료의 원산지 상품과 비원산지 상품의 구분 비율을 결정함에 있어 원산지 상품과 비원산지 상품이 고르게 섞여 판매되고 있다는 가정을 인정한 것으로 볼 수 있다. 따라서 평균법에 따라 재고관리를 하는 경우 대체가능 상품 또는 재료의 판매 시 일정한 비율에 따라 원산지 상품과 비원산지상품이 판매되는 것으로 보는 것이 타당하다.

[서울행정법원 2017구합75262, 2018.8.17]

질의 119	재고자산, 재료비 평가를 회계보고서 상 선입선출법 채택, 원산지관리는 평균법 사용. 이와같이 ERP 회계관리기법과 원산지판정시 관리기법이 서로 상이한 경우 적정성 여부?
답변	대체가능물품의 원산지결정을 위해 채택한 재고관리기법이 해당 업체에서 사용하고 있는 일반 재고물품 관리용 재고관리기법과 다른 경우라도 문제는 없으나 사용된 재고관리기법이 상품 생산국에서 일반적으로 인정되어야 하며, 생산자가 한 기법을 선택하면 당해 회계연도 중에는 계속 적용하여야 함
질의 120	원산지가 상이한 유리원판을 사용하여 절단, 표면세척/건조, 가열, 성형, 급냉, 검사 등의 공정을 통해 차량용 강화 안전유리(제7007.11-1000호)를 생산하는 경우 원산지별로 구분 보관하지 아니한 유리원판의 원산지를 재고관리기법(평균법)에 따라 결정할 수 있는 지 여부?
답변	해당 원판유리는 차량용 강화 안전유리에 사용되는 재료로서, 완제품이 생산되면 국내산과 중국산 중 어떤 것이 사용되었는지 확인 불가한 바, 상업적으로 서로 호환가능하고, 본질적으로 동일한 특성을 갖고 있다고 판단되므로 대체가능 재료로 인정 가능 따라서 원판유리는 우리나라에서 일반적으로 인정되는 회계원칙에 따른 재고관리기법(평균법)에 따라 원산지를 결정할 수 있음

(5) 간접재료(중립재)

'간접재료'(indirect materials)는 제품의 생산 및 검사 과정에 사용되지만, 그제품에 물리적으로 결합되지 않은 재료 또는 설비나 건물을 유지하기 위한 물품을 말한다. 중립재라고도 한다.

원산지 결정시 간접재료는 '재료'로 보지 않는 것이 일반적이다. 따라서 세번변경기준 적용에 있어서는 그것이 비원산지물품이라 하더라도 세번변경 요건을 충족할 필요가 없고, 부가가치기준 적용시에는 재료비에 계상하지 않고 제조간접비에 포함시키게 되므로 원산지결정기준을 쉽게 충족시키게 하고 또한 원산지 결정비용을 절감하는 효과가 있다.

그러나, 칠레·호주·뉴질랜드와의 FTA에서는 간접재료 중 비원산지물품을 원산지재료로 간주할 수 있도록 하고 있으므로, 역내부가가치 증대 효과가 있다.

간접재료는 생산에 사용되는 촉매·연료·공구, 검사용 설비 및 소모품, 건물 유지보수용품 등으로 그 종류가 매우 다양하고, 규정도 예시적이다. 또한 협정은 물리적 결합 여부에 따라 직접재료와 간접재료를 구분하나, 기업회계에서는 중요성 원칙에 따라 고가품은 직접재료 저가품은 간접재료로 처리하는 경우가 많다.

이렇게 직접재료와 간접재료를 구분하는 기준이 FTA와 기업회계에 있어서 서로 상이하기 때문에 생산자는 양쪽의 기준을 잘 비교하여 처리함으로써 외국 세관당국의 사후 원산지 검증에 대비할 필요가 있다.

【간접재료 예시】

- ◆ 생산용 재료 : 촉매, 연료, 공구, 주형, 작업복, 윤활유
- ◆ 시험용 재료 : 상품의 시험 및 검사용 설비, 장치, 소모품
- ◆ 설비용 재료 : 설비, 건물 유지보수용 부품, 재료
- ◆ 생산에 사용된 그 밖의 재료로서 합리적으로 입증될 수 있는 것

<표4-13> 협정별 간접재료 비교

구분	협 정
직접재료에서 제외	싱가포르·EFTA·아세안·미국·페루·콜롬비아·인도·EU·터키·캐나다·중국·베트남·중미와의 FTA
원산지재료로 간주	칠레·호주·뉴질랜드와의 FTA

협정원문

한-EU FTA 제10조 중립재
제품이 원산지 제품인지 여부를 결정하기 위하여, 그 상품의 생산에 사용되었을 수 있으나, 그 제품의 최종 구성품에 투입되지 아니하거나 투입되기 위한 것이 아닌 상품의 원산지를 결정하는 것은 필요하지 아니하다.

한-호주 FTA 제3.11조 간접재
① 상품이 원산지상품인지 여부를 결정하는데 있어, 간접재료는 원산지재료로 취급된다.
② 제1항의 목적상, "간접재료"란 상품의 생산에 사용되나, 그 상품에 물리적으로 결합되지도 아니하고 그 일부를 구성하지도 아니하는 물품을 말한다.

중요 질의 및 답변 사례

CHAPTER 4-2

질의 121	제7228호의 물품의 생산할 때, 첨가제로 사용되는 물품(75류, 76류)에 대한 원산지는 최종제품의 원산지 판정시 고려해야 하는지?
답변	한-EU FTA 원산지규정 제10조(중립재)에 따라 제품의 최종 구성품에 투입되기 위한 것이 아닌 물품은 원산지결정시 고려할 필요가 없으나, 제품의 최종 구성품에 투입되는 경우에는 원산지 결정시 고려해야 함 HS7228호의 물품을 생산할 때 첨가제로 사용되는 물품은 그 제품의 최종구성품을 구성하므로 원산지 결정시 고려해야 함
질의 122	PCB에 들어가는 약품(용제), 드라이 필름이 원재료 명세서(BOM)의 구성 원재료가 되는지 여부 드라이 필름의 경우에는 약품과 반응하여 일부만 남고, 약품(용제)의 경우에는 PCB를 구성하는 것은 아니지만 드라이 필름 등의 기타 원재료와 반응해서 특정 역할을 하는 필수 요소임(여러번 사용 가능함) 약품(용제), 드라이필름을 구성재료로 보아야 하는지, 간접재료로 보아야 하는지 여부?
답변	일반적으로 간접재료는 제품의 생산 및 검사 과정에 사용되지만 그 제품에 물리적으로 결합되지 않은 재료 또는 설비나 건물을 유지하기 위한 물품을 말하며 각 협정별로 예시 규정을 두어 운영하고 있음 동 질의 물품인 약품 및 드라이 필름은 제품에 결합되는 재료에 해당되므로 간접재료로 인정하기 곤란
질의 123	역내산 황화스트론튬(제2830.90호)에 역외산 탄산나트륨(제2830.20호)을 첨가하여 화학반응에 의해 제조(분리·추출)한 탄산스트론튬(제2836.92호)의 원산지기준 충족여부(한-중 FTA, CTH)?
답변	탄산나트륨이 촉매(보조제)로 사용되는 경우에는 생산품에 잔존하지 않아 간접재료로 간주 원산지를 고려할 필요가 없으나, 동 건에서 탄산스트론튬은 황화스트론튬과 탄산나트륨의 화학반응을 통해 생성되므로 탄산나트륨은 촉매가 아니고 원재료에 해당된다. 따라서, 생산제품과 역외산 재료인 탄산나트륨의 호가 동일하므로 원산지기준 미충족. 다만, 호 변경에 관계없이 화학반응을 인정하고 있는 한-미 FTA 등의 경우는 원산지를 인정받을 수 있음

(6) 부속품·예비부분품·공구

어떤 상품의 원산지를 결정함에 있어서는 먼저 그 상품을 구성하는 재료 또는 부분품 각각에 대한 원산지 확인이 선행되어야 한다. 예를 들면 세번변경기준을 적용함에 있어서는 먼저 전체 구성품을 확인하고, 그 중에서 원산지재료와 비원산지재료를 가린 후, 비원산지재료의 세번과 상품의 세번를 대조하여 서로 다르면 그 상품을 원산지물품으로 인정한다.

그러나 기계, 기구, 장치 또는 차량 등과 함께 수입되는 부속품, 예비부분품 및 공구가 본체인 기계등과 별도로 송품장이 발행되지 아니하고 그 가격 및 수량으로 보아 통상 부속품, 예비부분품 및 공구라고 인정되는 경우, 본체인 기계등의 원산지결정이 세번변경기준을 적용하는 경우에는 해당 부속품, 예비부분품 및 공구의 원산지는 고려하지 않고, 기계등의 원산지결정이 부가가치기준을 적용하는 경우에는 해당 부속품, 예비부분품 및 공구의 원산지 여부를 고려하여 본체인 기계등의 역내부가가치비율을 계산한다.

우리나라가 체결한 모든 FTA에서 본체의 원산지기준이 세번변경기준을 적용한다면 부속품 등의 원산지는 고려할 필요가 없다. 부가가치기준 적용시에는 일반적으로 부속품의 등의 원산지를 고려하나 아세안·캐나다·베트남과의 FTA에서는 고려하지 아니한다.

한-EFTA의 경우는 협정문에 "일반 장비의 일부로서 그 가격에 포함되거나 송장이 별도로 발부되지 아니하고, 장비, 기계, 도구 또는 차량과 함께 발송되는 부속품·예비부품 및 공구는 해당 장비, 기계, 도구, 또는 차량과 일체로 간주한다."라고 규정하고 있어 해석상 논란이 있을 수 있으나, FTA관세특례법시행규칙 별표에서 한-싱가포르 FTA 규정을 준용하도록 하고 있으므로 이를 따르도록 한다. EU 및 터키와의 FTA는 한-EFTA FTA와 규정상 차이가 없으므로 동일하게 해석하면 될 것이다.

어떤 물품이 부속품 등에 해당하는지에 대하여는 협정에서 별도로 규정하고 있지 않다. 따라서 그 용도·성상·거래조건 등을 고려하여 판단하여야 한다. 다만, 협정에서는 하나의 송품장에 의하여 본체와 함께 공급되어 본체와 같은 세번에 속하고, 그 수량과 가치가 통상적인 수준의 범위 내일 것을 요구하는 것이 일반적이다.

【부속품·예비부품·공구 예시】

◆ 부 속 품: 전자제품 코드, 덮개, 매뉴얼
◆ 예비부품: 에어콘 먼지 수집기, 예비타이어
◆ 공   구: 차량용 잭, 자전거 도구세트

〈표4-14〉 협정별 부속품 등 비교

구 분	원산지 미 고려(재료가 아님)	원산지별로 구분 고려
부가가치기준 적용시	아세안, 캐나다, 베트남	칠레, 싱가포르, EFTA, 인도, 미국, EU, 페루, 터키, 호주, 콜롬비아, 중국, 뉴질랜드, 중미
세번변경기준 적용시	모든 협정에서 원산지 미 고려	

협정원문

한-중 FTA 제3.13조 부속품, 예비부품 및 공구
① 수입 시에 상품과 함께 인도되고 제공된 부속품, 예비부품 또는 공구는 상품의 원산지를 결정함에 있어, 다음을 조건으로, 고려되지 아니한다.
　가. 그 부속품, 예비부품 또는 공구가 그 상품과 같이 분류되고, 그 상품과 별도로 송장이 발부되지 아니할 것, 그리고
　나. 그 부속품, 예비부품 또는 공구의 수량과 가치가 그 상품에 대하여 통상적인 수준일 것
② 상품이 역내가치포함비율 요건의 적용대상이 되는 경우, 제1항에 기술된 부속품, 예비부품 또는 공구의 가치는 그 상품의 역내가치포함비율 산정에 있어서 각 경우에 맞게 원산지 또는 비원산지 재료로 고려된다

(7) 소매용 포장·용기

상품의 원산지를 결정함에 있어서 그 상품을 구성하는 모든 재료에 대하여 각각 원산지를 확인하여 결정하여야 하나, 악기나 면도기의 케이스 등 소매용 포장·용기는 제외하고 결정하는 예외가 인정된다.

대부분의 FTA는 내용물이 세번변경기준 품목인 경우 소매용 포장·용기를 제외하고 결정하도록 동일하게 규정하고 있다. 부가가치기준 품목인 경우 각각의 원산지별로 재료비에 계상하도록 동일하게 규정하고 있다. 다만, 한-캐나다 FTA의 경우는 세 번변경기준 뿐 만 아니라 부가가치기준이 적용되는 경우도 고려되지 아니한다.

소매용 포장·용기의 범위와 예시는 「관세·통계 통합 품목분류표의 해석에 관한 통칙」 제5호에 규정하고 있으며, 이들에 해당하는 물품의 분류기준을 제시하고 있다. 그 요지는 포장·용기로서의 용도와 특성을 가지고 있어서 내용물과 같은 세번에 분류되고, 같이 공급되어야 한다는 것이다.

【소매용 포장·용기 예시】

- ◆ 신변장식용품 상자와 케이스(제7113호)
- ◆ 전기면도기 케이스(제8510호)
- ◆ 쌍안경·망원경 케이스(제9005호)
- ◆ 악기의 케이스·상자 및 가방(예 : 제9202호)
- ◆ 총케이스(예 : 제9303호)

〈표4-15〉 소매판매용 포장 및 용기의 협정별 비교

구 분	원산지 미 고려(재료가 아님)	원산지별로 구분 고려
부가가치기준 적용시	캐나다	칠레, 싱가포르, EFTA, 아세안, 인도, 미국, EU, 페루, 터키, 호주, 콜롬비아, 중국, 뉴질랜드, 베트남, 중미
세번변경기준 적용시	모든 협정에서 원산지 미 고려	

질의 124	한-EU FTA에서 소매용 포장용기도 원산지 판정시 고려해야 하는지?
답변	소매용 포장용기가 관세통계통합품목분류표 통칙 제5호에 따라 내용물과 함께 분류되는 경우에는 상품의 원산지결정에 포함되며, 상품이 원산지 물품인 경우 소매용 포장용기도 원산지 물품으로 간주됨 즉, 포장용기와 내용품의 세번이 동일하므로, 내용물품의 원산지기준이 세번변경기준인 경우에는 소매용 포장용기를 제외하고 원산지를 결정하며, 부가가치기준인 경우에는 소매용 포장용기도 각각 원산지를 확인하여 내용물의 원산지를 결정하는 것으로 해석
질의 125	비원산지 염산(제2806.10)을 구매하여 불순물을 걸러내는 필터링 공정 수행 후 포장용기(제3923.30호)에 담아 염산(제2806.10호)을 미국으로 수출할 경우 한-미 FTA 원산지결정기준(CTH) 충족여부와 포장용기 처리방법은?
답변	세번변경기준 적용시 포장용기(소매용 또는 운송용)는 상품의 원산지 상품 여부를 결정하는데 고려사항이 아니며, 동 상품의 경우 세번변경이 발생하지 않아도 역내 수행공정이 제6부 주석2에 따른 정제공정에 해당되는 경우에는 원산지기준을 충족할 수 있음

(8) 운송(수송) 포장·용기

운송(수송)용 포장 및 용기의 경우는 모든 FTA에서 내용품의 원산지결정시 전혀 고려대상이 아니라고 규정하고 있다. 운송(수송)용 포장 및 용기는 안전한 운송을 위해 사용되어지는 나무박스, 컨테이너 등을 의미한다.

칠레·싱가포르·아세안·인도·미국·호주·캐나다·콜롬비아·뉴질랜드·중국·베트남·중미와의 FTA는 수송용 포장재료 및 용기를 제외하고 내용물의 원산지를 결정하도록 명시하고, EFTA·EU·터키와의 FTA는 이런 규정이 없다. 그러나 국내법에서 다른 FTA과 같은 내용으로 규정하고 있기 때문에 결과적으로 모두 동일하게 적용된다.

> **협정원문**
>
> **한-중 FTA 제3.12조 포장재료 및 용기**
> ① 상품의 운송을 위하여 사용된 포장재료 및 용기는 상품의 원산지를 결정함에 있어 고려되지 아니한다.
>
> ② 상품의 소매용 포장에 사용되는 포장재료 및 용기는, 그 상품과 함께 분류되는 경우, 그 상품의 생산에 사용된 모든 비원산지 재료가 품목별 원산지 규정의 적용 가능한 세번변경을 거치는지 여부를 결정하는 데 있어 고려되지 아니한다. 그러나 그 상품이 역내가치포함비율 요건의 적용 대상이 되는 경우, 소매용으로 사용되는 포장재료 및 용기의 가치는 그 상품의 원산지를 결정할 때 각 경우에 맞게 원산지 또는 비원산지 재료로 고려된다.

(9) 세트물품

세트물품은 서로 다른 성질의 물품을 특정 목적을 위해 하나로 조합한 것을 말한다. 원산지 결정은 각각의 물품별로 하므로 세트물품도 그 구성품 별로 원산지를 결정하는 것이 원칙이나, 세트 구성품 중 비원산지물품이 차지하는 비율이 일정수준 이하일 경우 그 세트 구성품 전체를 원산지물품으로 간주하는 예외가 인정된다.

세트물품의 분류기준에 대해서는 「관세·통계 통합 품목분류표의 해석에 관한 통칙」 제3호에서 아래와 같이 규정하고 있다.

【세트물품 분류기준】

> "소매를 위하여 세트로 된 물품"이라 함은 다음의 요건을 갖춘 물품을 의미한다.
> (a) 일견 서로 다른 호에 분류될 수 있을 것으로 보이는, 최소한 둘이상의 서로 다른 물품으로 구성되어야 한다(예 : 동일한 6개의 포크세트는 이 통칙이 의미하는 세트로 간주할 수 없다)
> (b) 어떤 요구를 충족시키기 위해서나 또는 어떤 특정의 활동을 행하기 위해 함께 조합한 제품이나 물품으로 구성되어야 한다.
> (c) 재포장 없이 소비자에게 직접 판매하는데 적합한 방법으로 조합한 것이어야 한다.(예 : 상자 또는 케이스 속 또는 판위에 등)
> 이와 같은 '세트'의 경우, 구성요소 또는 함께 조합된 구성요소들에 따라 분류하여야 하는데, 전체로 볼 때 그들이 그 세트의 본질적인 특성을 부여하고 있는 것으로 간주될 수 있는 것이어야 한다.

【세트물품 예시】

◆ 이발세트(8510)
- 구성품: 전기식헤어클리퍼(8510), 빗(9615), 가위(8213), 브러쉬(9603), 직물제타올(6302), 가죽케이스(4202)

◆ 제도키트(9017)
- 구성품: 자(9017), 계산판(9017), 제도용 콤파스(9017), 연필(9609), 연필깍기(8214), 플라스틱 케이스(4202)

EFTA·EU·미국·페루·터키·캐나다·콜롬비아·중국·중미와의 FTA에서는 세트물품에 대한 예외를 인정하나, 나머지 FTA는 인정하지 않는다.

세트가 원산지물품과 비원산지물품으로 구성된 경우 EFTA·EU·터키·캐나다와의 FTA는 비원산지물품이 공장도가격의 15%이하, 페루·중국·중미와의 FTA는 FOB가격의 15%이하인 경우 세트 전체를 원산지상품으로 인정하는 단일기준을 적용하나, 한-미 FTA는 조정가치를 기준으로 일반품목은 15%, 섬유류는 10%, 한-콜롬비아 FTA는 조정가격의 15%기준을 적용한다.

세트물품이 없는 FTA의 경우 품목분류기준상 세트 전체가 분류되는 호에 상관없이 상품이 개별상품이었고 세트에 포함되지 않았다면 분류되었을 호에 해당하는 원산지기준을 충족해야 한다.[148]

〈표4-16〉 협정별 세트상품 비교

| 구 분 | EFTA·EU·터키·캐나다 | 미 국 | | 페루·중국·중미·콜롬비아 | 칠레·싱가포르·아세안·인도·호주·베트남·뉴질랜드 |
		일반품목	섬유류		
세트물품 예외 인정 여부	○	○	○	○	×
비원산지물품 허용한도	공장도 가격의 15% 이하	조정가치의 15% 이하	관세가치의 10% 이하	FOB(조정가치)의 15% 이하	×

---

148) 한-EFTA FTA 부속서 I의 주해(2017.5.3 발효)

협정원문

한-중 FTA 제3.11조 세트
① 통일상품명 및 부호체계(HS)의 일반해석규칙의 규칙3에 정의된 세트는 세트의 모든 구성품이 원산지 상품인 경우 원산지 상품으로 간주된다.
② 그럼에도 불구하고, 세트가 원산지 및 비원산지 상품으로 구성되는 경우, 제3.5조에 따라 결정되는 비원산지 상품의 가치가 그 세트의 본선인도가격의 15퍼센트를 초과하지 아니하는 경우에 한정하여, 그 세트는 전체가 원산지 상품으로 간주된다.

중요 질의 및 답변 사례

CHAPTER 4-2

질의 126
「HS 해석에 관한 통칙」제3호의 규정에 의하여 "소매용 세트물품"으로 분류된 상품의 경우 원산지 결정기준은 어떻게 적용하여야 하는지?

답변
협정문에 세트물품 규정이 없는 경우(칠레, 싱가포르, 아세안, 인도 등) 「HS 해석에 관한 통칙」제3호의 규정에 의하여 분류된 세트물품 세번에 대한 원산지 결정기준을 적용하여 원산지 충족여부를 판단
협정문에 세트물품 규정이 있는 경우(EFTA, EU, 터키, 미국, 페루 등) 세트 구성품 각각의 세번에 해당되는 원산지 결정기준의 충족여부를 판단하며, 다만 특정 구성품이 비원산지물품으로 판정되었다 하더라도 이 구성품의 가격이 총 세트물품 가격의 일정수준 이하라면 예외적으로 그 세트물품 전체를 원산지물품으로 간주

질의 127
아래와 같이 여러개의 개별기기가 하나의 세트물품으로 분류되는 경우, 전체로 원산지증명서를 발행해야 하는지 또는 개별기기 단위로 원산지증명서를 발행해야 하는지?

※ 물품명 : 4D PLEX SYSTEM (바람, 번개, 향기, 비눗방울 등 특수효과를 발생시켜 영화의 현실감을 제공하는 시스템)
○ 물품 구성
  - 4D Chair : 바람, 진동 등을 느끼도록 움직이는 의자
  - Fan : 영화에 맞춰 바람효과를 느끼게 하는 기기
  - Strobe : 영화에 맞춰 번개효과를 느끼게 하는 기기
  - Bubble Machine : 비눗방울을 분사하는 기기
  - Fog Machine : 연기를 분사하는 기기
  - Scent Machine : 화약냄새, 꽃냄새 등 향기를 분사하는 기기
  - Control System : 4D Chair와 개별기기를 제어하는 기기

※ 동 물품에 대해 관세평가분류원은 여러 기기가 조합된 복합시스템으로 보아 전체물품에 대해 9508.90-0000으로 품목번호 결정

답변
4D PLEX SYSTEM 전체를 하나의 물품으로 수출할 때에는 그 물품에 대해 원산지증명서를 발행하는 것이며,
개별 구성기기(4D Chair, Fan, Strobe 등)를 각각의 물품으로 수출할 때에는 각각의 물품에 대해 원산지증명서를 발행하는 것임

원산지결정 특례조항 적용시 입증서류(기록보관 가이드라인, 관세청 '13.3.19)

1 중간재 기준
① 자가 생산, 제조, 가공 증빙자료
② 중간재에 사용된 원재료명세서(HS, 소요량·단가/중량, 원산지 등 원산지결정시 고려된 경우 기재 필수)
③ 중간재 및 중간재에 사용된 원재료의 품목분류 근거자료
④ 중간재에 사용된 원재료의 원산지 증빙자료
⑤ 중간재 및 중간재에 사용된 원재료의 가치 또는 중량 증빙자료

2 누적기준
① 당해 물품에 사용된 원재료, 부품, 부분품, 상품 등의 원산지 증빙자료
② 당해 물품에 사용된 원재료, 부품, 부분품, 상품 등의 생산·제조·가공 공정 및 지역 증빙자료

3 최소허용기준
① 당해 물품 및 원재료의 품목분류 근거자료(품목분류 사전심사서, 품목분류 질의회신서, 용도·기능·성분 등 물품 설명서)
② 당해 물품에 사용된 원재료명세서(HS, 소요량·단가/중량, 원산지 기재 필수)
③ 당해 물품 및 원재료의 가격 또는 중량 증빙자료(판매 또는 구매 관련 대금 영수·지급 증빙자료 포함)
④ 당해 물품 및 원재료의 판매 또는 구매 관련 운송·보험·통관 등 부대비용 명세서

4 대체가능물품
① 대체가능물품으로 분류할 수 밖에 없는 근거 자료
  - 원산지 및 비원산지 재료를 구분·보관하는데 상당한 비용 또는 중대한 어려움 등으로 구분·관리하지 못함을 입증하는 자료
  - 원산지 및 비원산지 재료가 상업적으로 동종·동질이며, 동일한 기술적 및 물리적 특성을 보유하고 있음을 입증하는 자료
② 대체가능물품의 관리에 적용된 재고관리기법 및 동 기법에 따른 계산 근거 자료

5 세트물품
① 당해 물품이 세트물품으로 분류될 수 있는 근거 자료
② 당해 세트물품의 품목분류 근거자료
③ 당해 세트물품의 구성 요소 및 요소별 품목분류 근거자료
④ 당해 세트물품 및 구성요소별 가격 증빙자료
⑤ 당해 세트물품의 구성요소별 원산지 증빙자료

6 간접재료(원산지결정시 고려된 경우)
　① 당해 물품에 사용된 간접재료 목록 및 간접재료의 용도·기능·성분 설명서 등
　② 당해 물품에 사용된 원재료명세서(HS, 소요량, 단가 기재 필수)

7 부속품·예비부품·공구(원산지결정시 고려된 경우)
　① 당해 부속품·예비부품·공구의 품목분류 근거자료
　② 당해 부속품·예비부품·공구의 가격 증빙자료
　③ 당해 부속품·예비부품·공구의 원산지 증빙자료

8 소매용 포장·용기(원산지결정시 고려된 경우)
　① 당해 소매용 포장·용기의 품목분류 근거자료
　② 당해 소매용 포장·용기의 가격 증빙자료
　③ 당해 소매용 포장·용기의 원산지 증빙자료

FTA 관련 자격시험 예 상 문 제

32
FTA 최소허용수준에 대한 설명으로 잘못된 것은?

① 어떤 물품의 생산과정에 사용된 재료 중에서 차지하는 비중이 아주 미미한 재료가 원산지 요건을 충족하지 못하더라도 그 재료를 원산지물품으로 인정할 수 있도록 하는 제도이다.
② 한-아세안 FTA는 섬유류(50류~63류)를 제외한 일반품목과 농수산물(1류~24류)에 대하여 차이를 두지 않고 세번변경이 일어나지 아니한 그 생산에 사용된 모든 비원산지 재료의 가격이 그 상품의 FOB 가격의 10%를 초과하지 아니하면 원산지 상품으로 간주한다.
③ 농수산물(1류~24류) 및 섬유류(50류~63류)를 제외한 일반품목에 대하여 한-미 FTA는 그 상품의 생산에 사용되었지만, 적용 가능한 세번변경이 이루어지지 아니한 비원산지재료의 가치가 그 상품의 조정가치의 8%를 초과하지 아니하는 경우 원산지상품으로 규정한다.
④ 한-EFTA FTA에서는 섬유류(50류~63류)에 대하여 상품생산에 사용되어서는 아니되는 비원산지 기초 섬유재료의 총 중량이 사용된 모든 기초 섬유재료의 총 중량의 10%를 초과하지 아니하는 경우 원산지 상품으로 간주한다.
⑤ 한-EFTA FTA 및 한-EU FTA에서는 일반품목의 제품가격은 공장도가격을 적용한다.

해설 한-미 FTA는 일반물품에 대하여 그 상품의 생산에 사용되었지만, 적용 가능한 세번변경이 이루어지지 아니한 비원산지재료의 가치가 그 상품의 조정가치의 10퍼센트를 초과하지 아니하는 경우 원산지 상품으로 간주한다.
정답 ③

33
우리나라가 체결한 FTA 원산지결정기준 중 특례규정에 대한 설명으로 잘못된 것은?

① 칠레·싱가포르·미국·페루·콜롬비아와의 FTA는 수출국에서 대체가능한 원산지와 비원산지 상품이 혼합된 경우라도 재고관리기법을 사용하여 동 상품의 원산지결정이 가능하다.
② 대부분의 FTA에서 상품에 물리적으로 포함되지 아니한 간접(중립)재료는 상품의 원산지 결정시 원산지를 판정할 필요가 없다.
③ 한-페루 FTA에서 상품과 함께 제공되는 비원산지 부속품은 상품의 원산지를 부가가치기준을 적용하여 판정함에 있어 고려되지 아니한다.
④ 한-아세안 FTA에서 상품이 RVC기준에 따라 원산지를 결정하는 경우, 상품과 함께 일체를 이루는 비원산지 소매용 포장재는 상품의 원산지 판정시 고려한다.
⑤ 한-인도 FTA에서는 중간재 규정을 두고 있지 않다.

해설 한-페루 FTA에서 상품과 함께 제공되는 비원산지 부속품은 RVC로 상품의 원산지를 판정하는 경우에는 고려하여야 한다.
정답 ③

34

우리나라가 체결한 FTA에서 규정하고 있는 '중간재(Intermediate materials)'에 관한 설명이다. 잘못된 것은?

① 한-칠레 FTA에서 중간재란 자체 생산되어 상품의 생산에 사용되고 지정된 재료이다.
② 중간재인 물품이 원산지결정기준을 충족하여 원산지물품으로 인정되는 경우 비원산지재료 가격을 포함한 전체가격을 원산지재료비에 계상할 수 있다.
③ 한-싱가포르 FTA에 의하여 중간재로 인정받으려면 최종제품 생산자가 해당재료를 중간재로 지정하여야 한다.
④ 중간재의 가격계상은 일반적으로 제조원가에서 일반경비와 이윤을 공제한 금액이다.
⑤ 한-EU FTA에서는 비원산지재료가 충분한 작업 또는 가공을 거쳐 원산지물품이 되고, 그 물품(중간재)이 다른 제품의 생산에 사용되는 경우, 그 중간재에 포함된 비원산지재료는 고려되지 아니한다.

해설 자가생산된 물품의 가격계상은 제조원가에 일반경비와 이윤을 합한 금액이다.
정답 ④

35

아래 박스에 대한 설명으로 잘못된 것은?

> 한국의 대한화학은 울산항 액체탱크에 중국에서 생산된 질산나트륨과 한국에서 생산된 질산나트륨(원산지상품)을 혼합 보관한다. 동 화물은 대체가능상품이고 재고관리기법에 따라 관리된다.

① 동 제품을 칠레로 수출시 대한화학은 한국산 질산나트륨에 대해 한-칠레 FTA 원산지증명서를 발급할 수 있다.
② 동 제품을 미국으로 수출시 대한화학은 한국산 질산나트륨에 대해 한-미 FTA 원산지증명서를 발급할 수 있다.
③ 동 제품을 페루로 수출시 대한화학은 한국산 질산나트륨에 대해 한-페루 FTA 원산지증명서를 발급할 수 있다.
④ 동 제품을 터키로 수출시 대한화학은 한국산 질산나트륨에 대해 한-터키FTA 원산지증명서를 발급할 수 있다.
⑤ 동 제품을 인도로 수출시 대한화학은 한국산 질산나트륨에 대해 한-인도 CEPA 원산지증명서를 발급할 수 없다.

해설 대체가능한 원산지 및 비원산지상품이 혼합된 경우 재고관리기법에 따라 원산지결정이 가능한 FTA는 한-칠레 FTA, 한-싱가포르 FTA, 한-미 FTA, 한-페루 FTA이다
정답 ④

【 FTA 원산지기준 비교표 】

협정명 원산지기준	칠레	싱가포르	EFTA	아세안	인도	페루	콜롬비아	중국	베트남	EU	미국	터키	호주	캐나다	뉴질랜드	중미
원산지상품 - 완전생산품 - 실질변형품 (품목별기준)	○	○	○	○	○	○	○	○	○	○	○	○	○	○	○	○
- 원산지재료생산품				X	X											
누적	○	○	○	○	○	○	○	○	○	○	○	○	○	○	○	○
최소허용수준	○	○	○	○	○	○	○	○	○	○	○	○	○	○	○	○
중간재(Roll-up)	○	○	○	X	X	○	○	○	○	○	○	○	○	○	○	○
대체가능물품	○	○	○	○	○	○	○	○	○	○	○	○	○	○	○	○
부속품·예비부품 및 공구	○	○	○	○	○	○	○	○	○	○	○	○	○	○	○	○
간접재료(중립재)	○	○	○	○	○	○	○	○	○	○	○	○	○	○	○	○
소매용 포장재료 및 용기	○	○	○	○	○	○	○	○	○	○	○	○	○	○	○	○
수송용 포장재료 및 용기	○	○	X	○	○	○	○	○	○	X	○	X	○	○	○	○
불인정공정	○	○	○	○	○	○	○	○	○	X	○	○	X	○	○	○
세트물품	X	X	○	X	X	○	○	X	○	○	○	X	○	X	○	○
재수입물품	X	X	○	X	○	○	○	○	○	○	X	○	X	○	X	○
전시용품	X	X	X	○	X	X	X	X	X	X	X	○	X	X	X	X
직접운송(환적/경유)	○	○	○	○	○	○	○	○	○	○	○	○	○	○	○	○
역외가공	X	○	○	○	○	○	○	위원회설치 후 협의								

각 협정별 원산지결정기준 확인:
(관세청) http://www.customs.go.kr/kcshome/site/index.do?layoutSiteId=ftaportalkor
(무역협회) http://okfta.kita.net/main.do?method=index#
원산지기준별 입증 준비서류 : 관세청 발간 표준 준비자료(2014년 7월)
http://www.customs.go.kr/download/ftaportalkor/ebook/FTA-Guidebook/customs/JBook.htm

협정별 HS 적용기준 ('19.1.1 기준)

협정	PSR (CO기재)	수입세율	HS 단위 (상대국)	비고
한-칠레	2012	2017	8	
한-싱가포르	2012	2017	8	
한-EFTA	2012	2017	8	
한-아세안	2012	2017	말련·인니·미얀마·브루나이 10, 그 외 국가 8	
한-인도	2007	2017	8	HS 기준을 변경하기 위해선 상대국과 개정협상이 완료되어야 하므로 상당한 시간이 소요 (조약개정 절차 적용)
한-EU	2007	2017	8	
한-페루	2007	2017	10	
한-터키	2007	2017	10	
한-미국	2012	2017	8	
한-호주	2012	2017	8	
한-캐나다	2012	2017	8	
한-뉴질랜드	2007	2017	8	
한-중국	2012	2017	8	
한-베트남	2012	2017	8	
한-콜롬비아	2012	2017	8	
한-중미	2012	2017	8	

※ 조약개정절차 : (외교부) 법제심사, 차관·국무회의 및 대통령 재가 후
　　　　　　　　(산업부) 외교각서 교환

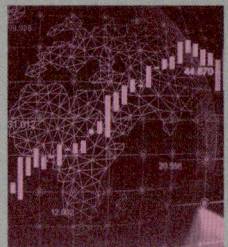

CHAPTER 05

원산지증명

- 제1절   원산지증명 개요
- 제2절   원산지증명서 작성·발급
- 제3절   원산지증명 방식 비교
- 제4절   협정별 원산지증명 서식 및 작성요령
- 제5절   원산지확인서
- 제6절   수출용 원재료의 국내제조확인서
- 제7절   원산지인증수출자
- 제8절   원산지증빙서류 수정통보
- 제9절.   원산지증빙서류 등의 보관
- 제10절   원산지증빙서류 등의 제출

수출물품 FTA 활용 절차도

FTA 협정 발효국 확인
- 우리나라와 수출하고자 하는 국가간에 FTA 체결 후 발효되었는지 확인

품목번호 확인하기
- 품목번호(HS Code)에 따라 협정세율과 원산지결정기준이 정해짐
- HS가 우리나라와 다르게 분류될 수 있으므로 상대국 수입자로부터 확인 필수

FTA관세 혜택확인
- 수출물품의 품목번호를 찾은 후 상대국의 FTA관세혜택여부 확인
  [관세혜택=(상대국 일반세율-FTA세율)×수출금액]
- FTA세율은 수출 상대국의 양허관세율표

원산지결정기준 확인
- FTA관세혜택을 받기 위해서는 HS별 원산지결정기준 충족 필요
- 원산지결정기준
  - 일반기준(기본원칙, 분야별특례)과 품목별기준이 있음

원산지증명서 발급하기
- 수출상대국에서 FTA세율 적용을 위해 한국산 제품임을 증빙하는 필수·공식적인 서류
- 각 협정에서 정한 규격 및 지침에 따라 정확하게 발급하여야 상대국 세관에서 FTA세율 적용 가능

수출 및 관련서류 보관하기
- FTA특혜적용에 대해서는 사후검증이 원칙이므로 이를 위해 수출자·생산자에게 자료보관의무 부여
  - 수출자: 수출신고 수리일부터 5년간 보관
  - 생산자: 원산지증빙서류를 작성한 날부터 5년간 보관

원산지증명 개요

▶1 원산지증명의 의의

특혜무역에서 원산지증명이란 수출입되는 물품이 FTA 등 특혜대상인 원산지상품임을 증빙서류와 신빙성있는 정보에 기초하여 증명하는 것으로 협정관세 적용 신청의 근거가 되는 가장 중요한 제도이다. 수입자는 협정관세를 적용받으려는 수입물품에 대하여 협정 및 FTA 관세특례법에서 정하는 바에 따라 원산지를 증명하여야 하고, 수출자 및 생산자는 체약상대국에서 협정관세를 적용받으려는 수출물품에 대하여 협정 및 FTA 관세특례법에서 정하는 바에 따라 원산지증빙서류를 작성하거나 발급받아야 한다.(법 제10조)

다시말해, 원산지증명은 체약상대국의 상품이 협정에서 규정하고 있는 원산지기준을 충족한다는 것을 서류로 확인시켜 주는 것이며, 상대국 세관에서 FTA관세특혜를 부여하는 법적 기반이 된다.

원산지 증빙서류에는 당해물품의 원산지를 증명하는 서류인 원산지증명서와 원산지증명서의 내용을 확인하기 위하여 필요한 서류 및 정보로 구분할 수 있다.

▶2 원산지증명서 종류

원산지증명서에는 일반원산지증명서와 특수원산지증명서로 나누어 볼 수 있다. 통상적으로는 발급되는 일반원산지증명서는 그 내용상 문제가 없는지 확인하면 되나, 특수원산지증명서 가운데는 원산지 자체를 증명하는 것이 아니라, 단순 가공국 또는 경유국임을 증명하는데 불과한 것도 있으니 유의할 필요가 있다. 특수원산지증명서에는 아래와 같은 것이 있다.

① 가공원산지증명서(Processing Certificate of Origin)

발행국 법령에 의할 때 당해물품의 실질에 변화를 주는 공정이 수행되지 않고, 단순한 가공만을 거친 경우에 발행한다. 따라서 그 자체가 원산지를 증명하는 것이 아니므로 우리 법령의 기준에 의하면 원산지를 엄격하게 확인할 필요가 있다.

② 재수출·환적 원산지증명서(Re-export/Transshipment Certificate of Origin)

운송상의 이유 등으로 생산국이 아닌 나라를 통과하는 경우에 그 국가에서 단순히 경유하였다는 사실을 증명하는 서류이다. 따라서 가공원산지증명서와 마찬가지로 정밀한 확인이 필요하다.

③ 소급원산지증명서(Issued Retroactively Certificate of Origin)

수출시에 원산지증명서가 발급되지 아니한 경우, 선적 후 발급하는 것으로 대부분의 FTA는 일정기간을 정하여 원산지증명서의 소급발급을 허용하고 있다.

④ 연결(Back-to-Back) 원산지증명서

한-아세안 FTA에서 규정하고 있는 것으로 협정대상물품이 당사국들의 영역을 통과하는 동안 중간경유 당사국의 발급기관이 생산자 또는 수출자의 신청을 받아 최초 수출국의 원산지증명서 원본을 근거로 발급하는 원산지증명서이다. 다만, 중간 경유 당사국의 수입자와 중간 경유 당사국에서 동 원산지증명서 발급을 신청하는 수출자가 동일하여야 한다.

한-아세안 FTA 부록1 제7조 제2항

2. 중간 경유 당사국의 발급기관은 물품이 그 영역을 통과하는 동안 생산자/수출자의 신청이 있는 경우에 연결 원산지증명서를 발급할 수 있다. 다만, 다음 각 호의 요건을 충족하여야 한다.
   가. 정당한 원산지증명서 원본을 제출할 것
   나. 중간 경유 당사국의 수입자와 중간 경유 당사국에서 연결 원산지증명서 발급을 신청하는 수출자가 동일 할 것
   다. 제14조에 규정된 검증절차가 적용될 것

한-아세안 FTA 연결원산지증명서 확인업무 지침(관세청, '17.3.14)

- **연결원산지증명서 유효기간 산정 기준**
  - 최초 수출국 C/O 발급일로부터 유효기간 산정
- **기재 방법**
  - 연결원산지증명서 7번란(포장·품명·규격란)에 '최초 수출국 원산지증명서 발급일자 및 발급번호' 기재
- **7번란에 미기재된 경우 처리방법**
  - C/O 발급시
  - C/O 발급 담당자는 신청인에게 C/O 7번란에 최초 수출국 원산지증명서 발급일자 및 번호를 기재토록 조치 후 발급
  - 협정관세 적용심사시
  - (원칙) C/O 7번란에 최초 수출국 C/O 발급번호 및 발급일자 기재 필요
  - (예외) 한-아세안 FTA 협정 개정전까지는 기재되지 않은 C/O도 사용 가능하며, 기재되지 않은 경우에도 유효기간 기산일은 최초 수출국 C/O 발행일 기준
  - ※ 미기재 또는 기재된 정보가 불확실한 경우 원산지증명서 등 요구 가능 (FTA 특례고시 제12조·제19조)

CHAPTER 5-1

중요 질의 및 답변 사례

질의 128

협정대상물품을 캄보디아에서 생산하여, 한국에서 연결원산지증명서를 발급받아 미얀마로 수출할 예정

중간 경유 당사국인 한국에서 연결원산지증명서 발급을 신청 할 때, 협정대상물품을 통관단계에서 보세상태로 신청하여야 하는지 아니면 수입신고 수리후 반출한 뒤에 신청해도 되는지?

답변

"연결 원산지증명서"라 함은 최초 수출당사국이 발행한 원산지증명서를 근거로 경유하는 수출당사국에 의하여 발행되는 원산지증명서임

협정문상 "if an application is made by the exporter while the good is passing through its territory"는 "물품이 그 영역을 통과하는 동안 수출자의 신청이 있는 경우"로 해석되는바 "영역"이라 함은 보세구역만을 지칭하지 않음

또한 경유국에서의 수입자와 수출자가 동일하도록 요구하고 있으나 경유국으로의 수입을 제한하고 있지 않음

따라서 경유국에서의 연결원산지증명서는 보세상태 또는 수입신고 수리 후와 관계없이 경유국에서 발행될 수 있음

▶3 원산지증명서 유효조건(영 제6조)

원산지증명서가 유효하기 위해선 원산지증명서의 기재사항, 기재방법 및 유효기간이 협정에서 개별적으로 규정한 경우를 제외하고는 아래의 요건을 충족해야 한다.

① 해당 물품의 수출자·품명·수량·원산지 등 기획재정부령으로 이 정하는 사항이 기재되어 있을 것
② 영문으로 작성될 것
③ 원산지증명서에 서명할 자가 지정되어 있어야 하고, 그 서명할 자가 서명하여 발급할 것
④ 각 협정에 따른 원산지증명서의 유효기간은 아세안 및 베트남과의 FTA는 1년(다만, 협정에 따라 잘못 발급된 원산지증명서를 대체하기 위하여 재발급되는 원산지증명서의 경우에는 당초 발급된 원산지증명서의 발급일[149]부터 12개월), 칠레·호주·캐나다·뉴질랜드와의 FTA는 2년, 한-미FTA 4년이고 그 외 협정은 발급일(서명일)로부터 1년. 다만, 한-페루 FTA에서는 원산지증명서에 기재된 물품이 비당사국 관세당국의 관할하에 일시적으로 보관된 경우에는 2년으로 한다.

---

149) 한-베트남 FTA에서는 '발급일의 다음날'부터 1년으로 규정

원산지증명서 작성·발급

▶1 협정별 원산지증명 방식(법 제11조, 규칙 제7조~제8조)

원산지증명서 발급은 법령에 규정된 자가 법령에 정해진 방식으로 발급하여야 한다. 원산지증명서 발급방식은 크게 기관발급과 자율발급으로 구분할 수 있다. 기관발급은 협정이 정하는 방법과 절차에 따라 원산지국가의 세관 그 밖의 발급권한이 있는 기관이 당해 물품에 대하여 원산지를 확인하여 원산지증명서를 발급하는 방법이며(법 제11조제1항제1호), 자율발급은 협정이 정하는 방법과 절차에 따라 수출자·생산자 또는 수입자가 자율적으로 당해 물품에 대하여 원산지를 확인하여 증명서를 발급하는 방법(법 제11조제1항제2호)으로, EU·EFTA·터키·뉴질랜드[150]와의 FTA에서 당해 물품의 상업송장 또는 이에 갈음하는 서류에 수출자가 원산지를 기재하는 것을 포함한다.

기관발급제는 싱가포르·아세안·인도·중국·베트남와의 FTA이며, 자율발급제는 칠레·EFTA·미국·EU·터키·호주(호주측은 기관/자율)·캐나다·뉴질랜드·콜롬비아·중미와의 FTA에서 채택하고 있다. 다만, 한-EU FTA에서는 6천유로 초과의 물품에 대해서는 세관의 수출자 인증이 요구된다. 페루와의 FTA는 발효 5년 동안에는 기관발급제와 자율발급제를 혼용하고 하였으나, 5년이 지난 현재는 자율발급제를 운용하고 있다.

아세안회원국의 발급기관은 브루나이 외교통상부, 캄보디아 상무부, 인도네시아 통상부, 라오스 상공회의소, 말레이시아 국제통상산업부, 미얀마 상무부, 필리핀 세관, 싱가포르 세관, 태국 상무부, 베트남 산업무역부이며, 인도는 수출검사위원회 및 섬유위원회(Textile Committee) 및 수산물수출개발원(Marine Products Export Development Authority), 페루는 통상본부, 중국은 해관총서

---

[150] 한-뉴질랜드 FTA 경우는 원산지 신고 방식과 함께 증명서 방식도 병행하고 있다.

(GACC)[151] 또는 국제무역촉진위원회(CCPIT), 호주는 상공회의소(Australian Chamber of Commerce and Industry, ACCI)와 산업협회(Australian Industry Group, AIG)가 발급기관으로 지정되어 있다.

<한-중 FTA 제3.15조 원산지 증명서>

1. 부속서 3-다에 규정된 원산지 증명서는 수출자, 생산자 또는 수출자의 책임 하에 그의 권한을 부여받은 대리인의 신청에 따라, 해당 상품이 이 장의 요건들을 충족한다는 조건 하에 국내 법률에 따라 수출 당사국의 권한 있는 기관에 의하여 발급된다.
2. 원산지 증명서는
   가. 고유한 증명번호를 포함한다.
   나. 이 장의 목적상, 상품이 원산지 상품의 자격을 갖춘 것으로 간주될 수 있는 근거를 기술한다.
   다. 서명 및 인장과 같은 보안상 특징을 포함하며, 인장은 수출 당사국이 수입 당사국에 통보한 것과 합치한다. (당사국 간 서명통보 생략)
   라. 영어로 작성된다. 그리고
   마. 인쇄본이며, 권한 있는 기관에 의해 수기 또는 전자적으로 서명되고 인장이 찍힌 원산지 증명서로 양해된다. 원산지 증명서의 원본은 단 1부만 인쇄되어야 한다.
3. 원산지 증명서는 해당 상품의 선적 전 또는 선적 시 또는 선적일 후 7근무일 이내에 발급된다. 원산지 증명서는 수출 당사국에서 발급일부터 1년간 유효하다.
4. 원산지 증명서가 불가항력, 뜻하지 아니한 실수, 누락 또는 그 밖의 유효한 사유로 인하여 선적 전 또는 선적 시 또는 선적일 후 7근무일 이내에 발급되지 아니한 경우, 원산지 증명서는 "소급발급"이라는 문구를 기재하여 소급하여 발급하되, 선적일부터 1년을 넘지 아니하도록 하여 발급될 수 있다.
5. 원산지 증명서의 도난, 분실 또는 사고로 인한 멸실의 경우, 수출자나 생산자는 이전에 발급된 원본이 더 이상 사용되지 아니함이 입증된 경우에 한정하여, 진정등본을 발급하여 줄 것을 수출 당사국의 권한 있는 기관에 서면으로 요청할 수 있다. 진정등본은 "~일에 발급된 ~번 원산지 증명서 원본의 진정등본"이라는 문구를 포함한다.

한-EFTA FTA의 경우 수출자 또는 생산자가 자율적 원산지증명서를 작성·서명하는데, 원산지인증수출자가 상업송장 또는 이에 갈음하는 서류에 기재된 사항에 대한 서면 확인서를 세관장에게 사전 제출한 경우에는 원산지증명서 서명을 생략할 수 있다. 다만, 스위스연방을 원산지로 하는 치즈(HS 0406.90.1000, 0406.90.2000, 0406.90.3000, 0406.90.4000, 0406.90.9000)에 대해서

---

151) 중국 국무원의 기구 개혁 계획(정부 조직개편)에 따라 질검총국(AQSIQ)의 출입국 검사, 검역 업무가 해관총서로 이관 됨. 해관총서 명의 원산지증명서는 2018.8.20부터 유효, 2018.8.20 이전에 질검총국(AQSIQ) 명의 원산지증명서는 유효기간까지만 유효함

는 스위스연방농업국이 인증한 기관[152]이 원산지증명서를 발급한다.

한-EU FTA의 경우 원산지인증수출자 또는 총가격이 6천유로를 초과하지 아니하는 물품의 수출자가 자율적으로 원산지증명서를 작성·서명하는데, 원산지인증수출자가 상업송장 또는 이에 갈음하는 서류에 기재된 사항에 대한 서면 확인서를 세관장에게 사전 제출한 경우에는 원산지증명서 서명을 생략할 수 있다. 이 경우 물품의 총가격은 단일의 운송서류(운송서류가 없는 경우에는 송품장)에 의하여 단일 수출자로부터 단일 수하인에게 송부된 물품의 총가격(단일 수출자로부터 단일 수하인에게 동시에 송부된 물품이 여러 개인 경우에는 동시에 송부된 물품 가격의 합계)을 기준으로 계산한다.

[한-EU FTA 특례제도를 이용한 관세포탈 사례]

독일로부터 카본브러쉬(관세율 8%) 등을 수입하면서 한-EU FTA 협정에 따른 세율(0%)을 적용받을 목적으로, 실제 물품가격이 6천유로를 초과하는 물품임에도 송품장을 분할하는 방법으로 세액 5,600만원 상당을 포탈, 즉 인증수출자 자격이 없는 자가 특혜관세를 적용 받기 위해 송품장을 고의로 분할하여 특혜관세를 적용 받아 적발된 사례임

---

152) Emmentaler Switzerland, Sbrinz Kase GmbH, SO Interprofession du Gruyere, Appenzeller Kase GmbH(4개)

〈한-EU FTA 원산지의정서 제5부 원산지증명〉

[제15조 일반 요건]

대한민국을 원산지로 하는 제품이 유럽연합 당사자로 수입될 때, 그리고 유럽연합 당사자를 원산지로 하는 제품이 대한민국으로 수입될 때, 이후 "원산지 신고서"라 지칭되는 신고서에 근거하여 이 협정의 특혜관세대우의 혜택을 받는다. 원산지 신고는 해당제품이 확인될 수 있도록 충분히 상세하게 그 제품을 기술하는 송품장, 인도증서 또는 그 밖의 상업서류 상에 수출자에 의해 행해진다. 원산지 신고서의 문안은 부속서 3에 기술되어 있다.

[제16조 원산지 신고서 작성 조건]

1. 이 의정서의 제15조제1항에 언급된 원산지 신고서는 다음에 의해 작성될 수 있다.
   가. 제17조의 의미상 인증수출자, 또는
   나. 전체 가격이 6,000유로를 초과하지 아니하는 원산지 제품을 포함하는 하나 이상의 포장으로 구성되는 탁송화물의 수출자

2. 제3항을 저해함이 없이, 해당 제품이 유럽연합 당사자 또는 대한민국을 원산지로 하는 제품으로 간주될 수 있고 이 의정서의 다른 요건을 충족하는 경우 원산지 신고서가 작성될 수 있다.

3. 원산지 신고서를 작성하는 수출자는, 국내 법령에 따른 공급자 또는 생산자의 진술서를 포함하여 해당 제품의 원산지 지위와 이 의정서의 다른 요건의 충족을 증명하는 모든 적절한 서류를 수출당사자의 관세당국이 요청하는 경우 언제라도 제출할 준비가 되어야 한다.

4. 원산지 신고서는 부속서 3에 규정된 언어본 중 하나를 사용하고 수출 당사자의 국내법에 따라, 송품장, 인도증서 또는 다른 상업서류에 부속서 3에 나타난 문안을 타자로 치거나 스템프로 찍거나 인쇄함으로써 수출자에 의해 작성된다. 그 신고서가 수기로 작성되는 경우에는 잉크를 사용하여 대문자로 작성된다.

5. 원산지 신고서에는 수출자의 원본 서명이 수기로 작성된다. 그러나, 제17조의 의미상 인증수출자는, 자신임이 확인되는 원산지 신고서에 대해 본인에 의해 수기로 서명된 것 처럼 모든 책임을 지겠다는 서면약속을 수출당사자의 관세당국에 제공한 경우에 한하여, 그러한 신고서에 서명하도록 요구받지 아니한다.

6. 원산지 신고서는 수출자에 의해 관련된 제품이 수출될 때, 또는 송품장신고서가 관련된 제품의 수입 후 2년 또는 수입 당사자의 법령에 명시된 기간 내에 수입 당사자에서 제시된다는 조건으로 수출 후 작성될 수 있다.

칠레 및 터키와의 FTA는 수출자, 호주·캐나다·콜롬비아·뉴질랜드와의 FTA에서는 수출자 또는 생산자가 자율적으로 원산지증명서를 작성하는데, 호주를 원산지로 하는 물품은 기관(호주상공회의소 또는 호주산업협회)발급도 가능하다.

한-미 FTA에서는 수출자, 생산자 또는 수입자도 자율적으로 원산지증명서를 작성할 수 있다. 다만, 수입자가 원산지증명서를 작성하는 경우에는 원산지입증책임이 수입자에게 있으므로 수입자가 원산지상품임을 증명하여야 한다.[153] 따라서 수입자 원산지증명서는 세관의 검증이 집중될 수 있으니 유의해야 한다.

원산지증명서는 협정에서 다르게 규정하지 않았으면 수출신고 기준으로 작성하거나 발급받아야 한다. 이 경우 하나의 원산지증명서에 수출신고서의 각 품목번호별로 구분하여 작성·발급할 수 있으며 수출물품을 분할 또는 동시 포장하여 적재하는 경우에는 선하증권 또는 항공운송장별로 원산지증명서를 작성·발급할 수 있다.

〈한-미 FTA 제6.15조 특혜관세대우 신청〉

1. 각 당사국은 수입자가 다음 중 하나에 기초하여 특혜관세대우를 신청할 수 있도록 규정한다.
   가. 수입자·수출자 또는 생산자에 의한 서면 또는 전자 증명

2. 각 당사국은 증명이 정하여진 형식으로 이루어질 필요는 없음을 규정한다. 다만, 그 증명이 서면 또는 전자 형태로 되어야 하며, 다음 요소를 포함하나 이에 한정되지 아니한다.
   가. 필요한 경우 연락처 또는 그 밖의 신원확인 정보를 포함하여, 증명인의 성명
   나. 상품의 수입자(아는 경우에 한한다.)
   다. 상품의 수출자(생산자와 다른 경우에 한한다.)
   라. 상품의 생산자(아는 경우에 한한다.)
   마. 통일 상품명 및 부호체계에 따른 품목분류와 품명
   바. 상품이 원산지 상품임을 증명하는 정보
   사. 증명일, 그리고
   아. 제4항나호의 규정에 따라 발급되는 포괄증명의 경우, 증명 유효기간

---

[153] 수입자의 증명 또는 인지가 신청의 기초를 이룰 때에, 수입당사국의 요청이 잇는 경우, 상품이 원산지상품 요건을 충족한다는 것을 포함하여 원산지상품이라는 것을 증명할 것(제6.19조)

한-아세안 FTA의 경우, 발효 초기부터 일부 아세안 국가에서 우리발급기관이 전자적으로 발급한 원산지증명서를 인정하지 않아 우리 기업의 불편이 가중되고 상대국 세관당국과의 마찰이 지속되어 왔다. 이러한 상황을 고려하여 전자적으로 발급한 원산지증명서도 공식 인정토록 협정문 개정에 합의(2015.8.23)하여 수출기업의 FTA활용에 도움이 될 것으로 판단된다.

〈한-아세안 FTA 협정 부속서 3 부록1 제5조제1항〉

1. 원산지증명서는 다음과 같다.
   가. 인쇄된 형태로

   > 인쇄된 형태는 수출 당사국의 발급 당국에 의하여 직접, 수기로 또는 전자적으로 서명되고, 인장이 찍히고, 발급되는 원산지증명서를 말한다.

   나. A4 크기 용지에
   다. 첨부된 양식(AK서식)에 따라, 그리고
   라. 영어로 작성

한-중 FTA는 다른 협정과 달리 협정 제3.27조에「전자적 원산지 정보 교환 시스템」구축을 규정하고 있다. 동 규정에 따라 한국 관세청은 CO-PASS를 구축·운영('16.12월)하고 있으며, 수출기업의 원산지증명절차가 간소화 되어 FTA활용 확대에 기여하고 있다. 우리 수출기업은 원산지증명서 서류제출 없이 특혜관세를 받을 수 있다.[154]

---

154) 한-중 APTA 물품에 대해서도 적용하고 있다.

관세청 전자원산지증명시스템(CO-PASS)

◇ **CO-PASS 개요**
e-C/O 교환·관리·지원시스템 표준모델로 국가 간 e-C/O 자료교환, 통계, 진위여부 조회 등을 한 화면에서 일괄 처리하는 시스템의 통합 브랜드명을 말함

◇ **원산지 자료교환 프로세스**

1단계	2단계	3단계	4단계	5단계
원산지 증명정보 송부	원산지 증명정보⇔ 수출신고내역 대사	원산지 증명정보 수입국 세관 전송	원산지 증명정보⇔ 특혜관세 신청내역 대사	특혜관세 적용내역 수출국 세관 피드백
발급기관⇒ 수출국 세관	수출국 세관	수출국 세관⇒ 수입국 세관	수입국 세관	수입국 세관⇒ 수출국 세관

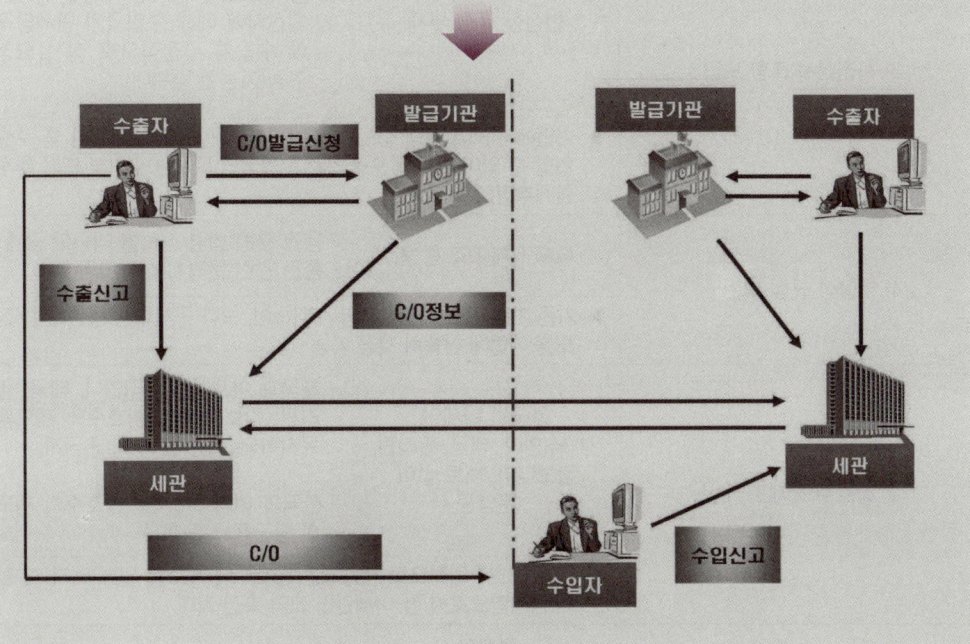

한-아세안 FTA 상품협정 개정의정서 주요내용(2015.8.23 합의)

구분		현행	개정내용
1. 무역원활화 규정 도입			
	1) 전자발급 원산지증명서 인정 명문화	협정상 규정 부재	협정상 규정 도입
		▶ 지금까지 이행위원회 합의를 근거로 인정하여 왔으나, 협정에 전자발급 원산지증명서 인정 규정을 명문화함으로써 불확실성 제거	
	2) 기업별 역내 부가가치 계산 방식 선택 허용	국별 일률적 적용 (우리나라: 공제법)	기업별로 공제법 또는 집적법 중 선택 적용
		▶ 기업별로 유리한 역내부가가치 계산방식을 선택할 수 있어 특혜관세 활용이 용이	
	3) 사전심사 조항 도입	협정상 규정 부재	수입자/수출자/생산자가 ① 품목코드, ② 관세평가 관련 문의, ③ 원산지에 대해 수입국의 관세당국에 수입前 사전적으로 심사 요청 가능(가능한 범위내)
		▶ 기업에서 FTA 혜택 향유 가능여부를 사전적으로 확인한 후 수출입할 수 있어서 실제 수출입시 수입국의 특혜관세 거부 또는 추후 관세추징의 우려 해소	
	4) 투명성 규정 보완	GATT 제10조 준용	- 통관 관련 법령/정보를 대중에 공개 - 통관 관련 문의처 신설
		▶ 기존 기본적인 투명성 조항에 더하여, 보다 구체화된 통관 관련 정보를 기업에 신속히 제공 가능	
2. 상호주의 제도 개선		한국과 아세안 5개국(인니, 태국, 필리핀, 캄보디아, 베트남)이 운영중	- 한국과 아세안 4개국(인니, 태국, 필리핀, 캄보디아)간 상호주의 제도를 유지하되, 적용 품목 확대 금지 - 한국과 여타 6개국은 상호주의 제도를 영구적으로 폐지
		▶ 현재 보호주의적으로 적용되는 상호주의 제도를 일부 폐지 및 확대 금지함으로써 한-아세안간 교역 촉진 기대	
3. 양허표(관세인하일정) 첨부		협정상 품목 목록만 존재	연도별·품목별 세율 명시
		▶ 기업이 보다 편리하게 아세안측 세율을 파악할 수 있고, 2024년까지 연도별 적용세율을 적시함으로써 향후각국이 적용할 세율을 명확화	

자료: 산업통상자원부 보도자료(2015.8.24)

우리나라 원산지증명서 발급 절차 개관

[기관발급] 세관, 대한상공회의소

◆ **세관 발급**
> 온라인

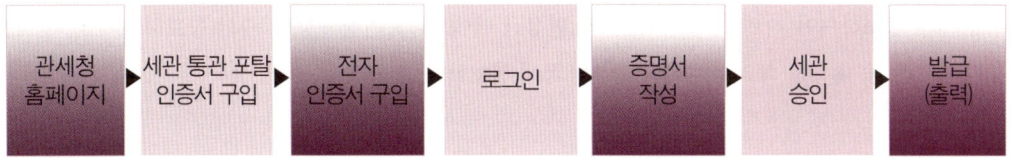

◆ **대한상공회의소 발급**
> 온라인

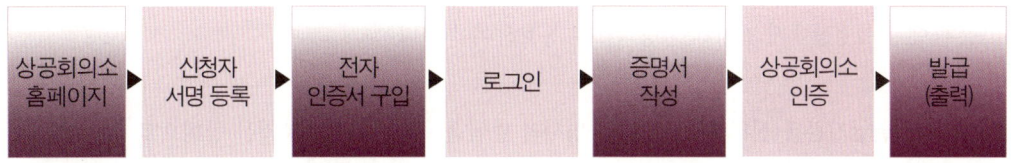

> 오프라인(직접)
> 서류를 작성하여 직접 상공회의소를 방문하여 제출 후 발급

[자율발급] 수출자, 생산자(협정에 따라 발급허용 여부 상이)

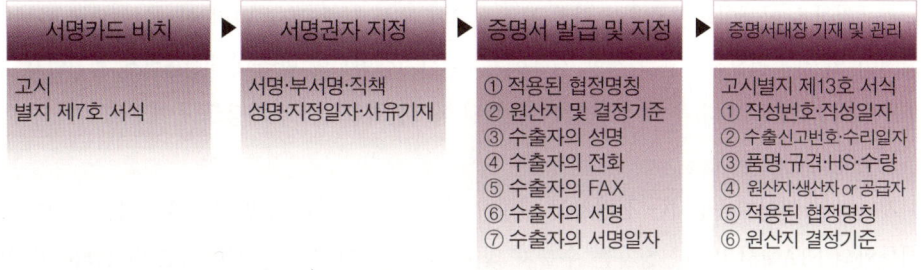

원산지증명서 발급 자체가 중요한 것이 아니라 증명서 내용의 진정성을 입증할 수 있는 서류·자료(자재명세서, 원산지확인서 등)를 준비하고 보관하는 것이 더 중요하다. 입증자료가 체계적으로 관리되는 경우 세관당국의 원산지검증에 쉽게 대응할 수 있기 때문이다.

2 원산지증명서 기관발급(법 제11조제1항제1호)

(1) 발급기관의 의무(규칙 제9조)

우리나라의 FTA원산지증명서 발급기관[155]은 세관[156]과 대한상공회의소이며, 발급기관은 증명서 발급기관이 된 날로부터 10일 이내에 ① 발급기관의 명칭·주소·전화번호 및 모사전송번호 ② 증명서 발급 담당자의 소속인적·직위·성명 및 서명 견본 ③ 증명서 발급기관의 인장 견본을 관세청장에게 통보하여야 하며, 통보한 내용에 변경된 때에도 그 변경사항을 즉시 통보하여야 한다. 관세청장은 동 내용을 체약상대국의 관세당국에 통보한다.

증명서 발급기관은 원산지증명서 발급대장을 작성·관리하여야 하며, 원산지증명서 발급대장, 원산지증명서 발급신청서류 원본 또는 사본을 5년간 보관하여야 한다. 다만, 중국의 경우에는 중국과의 협정 제3.20조에 따라 3년간 보관하여야 한다. 또한 증명서 발급내역을 매 매일 업무를 마칠 때에 관세청장에게 전자적인 방식으로 통보하여야 한다.

증명서발급기관은 신청자가 원산지증명서의 발급을 속임수 또는 부정한 방법으로 신청한 사실을 알게 되었거나 원산지결정의 기준을 충족하지 아니하여 원산지증명서의 발급신청을 반려한 때에는 지체없이 동 내용을 관세청장에게 통보하여야 하고, 관세청장은 통보받은 사실을 지체없이 다른 증명서발급기관에 알려야 한다.

관세청장은 아세안회원국과의 협정 부속서 3의 부록 1 제5조에 따라 아세안회원국 관세당국의 요청이 있거나 필요하다고 인정할 경우에는 원산지증명서의 발급내역(발급번호, 발급일자, 수출자, 생산자 및 품명을 말한다)을 해당 물품이 수출된 아세안회원국의 관세당국에 제공할 수 있다.

기관발급 원산지증명서는 신청자의 신청이 있는 경우에 한하여 발급할 수 있는데, 싱가포르 및 페루와의 FTA에서 발급신청자는 수출자 및 수출자로부터 권한을 서면으로 위임받은 자이며, 아세안·인도·중국·베트남과의 FTA의 경우 생산자 또는 수출자와 생산자 또는 수출자로부터 권한을

---

155) 한-싱가포르 FTA의 경우 '자유무역지역의 지정 및 운영에 관한 법률'에 따른 자유무역지역에 입주한 기업체에 한정하여 자유무역지역관리원도 발급이 가능하나, 다른 협정에서는 가능하지 않다.

156) 한-아세안 FTA, 한-인도 CEPA, 한-페루 FTA, 한-중 FTA, 한-베트남 FTA에서 개성공업지구에서 생산된 물품의 원산지증명서 발급기관은 세관으로 한다.

서면으로 위임받은 대리인[157]이 된다.

> **⋯ 수출업무 대행사(관세사) 명의로 원산지증명서 발급이 가능한가?**
> 협정에서 정하는 원산지증명서 발급관련 위임 규정은 원산지증명서의 발급 신청에 한하여 위임을 인정하고 있으므로, 대행사 명의로 원산지증명서를 발급하는 것은 인정되지 않는다.

기관발급 원산지증명서를 발급받으려하는 자는 수수료를 건당 7천원 범위 내에서 증명서발급기관이 정하는 금액을 납부해야 한다. 다만, 세관장이 원산지증명서를 발급하는 경우에는 원산지증명서 발급 수수료를 면제한다.

(2) 원산증명서 선적전 발급(규칙 제10조제1항 및 제2항)

원산지증명서 발급 신청[158]은 원칙적으로 수출물품의 선적이 완료되기 전[159]까지 관세청장이 정하는 원산지증명서 발급신청서에 다음 각 호의 서류를 첨부하여 증명서 발급 기관에 제출하여야 한다. 다만, 원산지인증수출자는 첨부서류의 제출을 생략할 수 있다. 또한 원산지인증수출자로부터 공급받은 제품을 추가 가공없이 수출하는 자에 대하여는 원산지증명서 발급신청서 및 원산지확인서를 제외한 그 밖의 서류의 제출과 원산지 확인절차를 생략할 수 있다.

① 수출신고의 수리필증 사본(증명서발급기관이 수출사실 등을 전산으로 확인할 수 있는 경우에는 제출을 생략할 수 있다) 또는 이에 갈음하는 서류(자유무역지역 생산품은 국외반출신고서 사본, 개성공단 물품은 보세운송신고서 사본, 우편물·탁송품 및 별송품은 영수증·선하증권 사본 또는 그 밖에 체약상대국으로 수출하였거나 수출할 것임을 나타내는 서류)

② 송품장 또는 거래계약서

③ 원산지확인서(최종물품에 대한 원산지확인서로서 해당 물품의 생산자와 수출자가 다른 경우로 한정)

④ 원산지소명서. 다만, 수출자와 생산자가 다른 경우 생산자는 원산지소명서를 증명서발급기관에 직접 제출할 수 있다.

---

157) 「관세사법」제3조에 따른 관세사, 관세법인 또는 통관취급법인
158) 전자적인 방법으로 원산지증명서 발급기관에 신청하는 것을 원칙으로 하며, 발급기관의 장이 인정하는 경우에는 서면으로 신청할 수 있다.
159) 한-아세안 FTA 협정당사국인 인도네시아의 경우에는 선적 전 발행된 원산지증명서를 세관에서 불인정하고 있으므로 선적 후에 신청하여야 한다.

[한-싱 FTA 제5.1조 정의]

"원산지소명서"라 함은 상품의 원산지 지위를 판정하기 위하여 역내부가가치의 산정, 상품의 품목분류번호 및 그 상품에 사용된 비원산지재료에 대하여 생산자가 작성한 신고서를 말한다. 신고서는 지정된 권한 있는자, 일반적으로 회사의 이사 또는 회계담당자가 서명하여야 한다. 수입자 또는 수출자가 상품의 생산 관련 정보를 가지고 있는 경우, 수입자 또는 수출자가 신고서를 작성할 수 있다. 위 규정에도 불구하고, 생산자가 수입자 또는 수출자에게 정보를 제공하도록 요구되는 것은 아니다.

[FTA 관세특례고시 제2조 정의]

"원산지소명서"란 원산지증명서의 발급·신청시 첨부하는 서류로서 해당물품의 원산지를 입증하기 위해 원산지 결정기준, 주요 생산공정, 사용된 원재료 등을 소명하는 서류를 말한다.

여기서 원산지증명서 발급시 및 원산지인증수출자 인증신청시 공통적으로 작성 제출해야하는 원산지소명서에 대해 살펴보자. 원산지소명서는 제품이 원산지상품임을 일목요연하게 보여주는 중요한 서류로 원산지검증에도 사용된다. 원산지소명서의 작성 예시는 아래와 같다.

원 산 지 소 명 서 (작성 예시)				
1. 수출자	상 호	(주)ABC	사업자등록번호	123-45-67890
	대표자(성명)	김알파	전화 / 팩스	500-6000/ 500-7000
	주소(전자주소)	서울시 강남구 00동 00-00(www.abc.co.kr)		
2. 생산자	상 호	(주)가나다	사업자등록번호	789-12-34560
	대표자(성명)	박한글	전화 / 팩스	600-5000/ 600-6000
	주소(전자주소)	경기도 안양시 00구 00동 00-00(www.han.co.kr)		
물 품 명 세				
3. 품명/규격	COLORED PENCILS/ 8X120MM		4. HS No.	9609.10

5. 물품가격	가격조건	FOB ( ), Ex-Works(○)	6. 원산지결정기준	세 번변경기준 (CTH)
	금 액	850원/EA		
7. 주요생산공정	(1) 안료 배합 및 심 제조 공정		(4) 색칠 공정	
	(2) 종이 줄치기 공정		(5) 절단, 표시, 깎기 공정	
	(3) 종이 감기 공정		(6) 검품 및 포장 공정	

원재료명세서

8. 연번	9. 재료명	10. HS No.	11. 원산지	12. 가격 수량	12. 가격 가격(원)	13. 공급자 (생산자)
1	PARAFFIN WAX	2712.20	미상	105g	150	(주)○○○
2	STERIC ACID	3823.11	미상	70g	100	(주)△△△
3	GLYCERIN MONO-STERATE	1516.20	미상	53g	75	(주)□□□
4	PAPER	4823.90	한국	53g	75	(주)색종이
5	PAINT	3208.90	미상	25g	35	서울페인트
6	이산화티타늄 안료	3206.11	미상	25g	35	강남컬러
7	실	5204.20	미상	19g	30	강북명주
14. 합 계			원산지재료(국산)		75	
			비원산지재료(수입산)		425	
			합 계		500	

원산지인정요건 검토

15. 완전생산기준 충족여부	예 □ 아니오 ■	16. 세번변경기준 충족여부	예 ■ 아니오 □
17. 부가가치기준 충족여부	예 □ 아니오 ■ (부가가치비율: %)		
18. 세번변경기준과 부가가치기준 동시 적용 품목	예 □ 아니오 ■	19. 최소기준 적용여부	예 □ 아니오 ■
20. 누적기준 적용여부	예 ■ 아니오 □	21. 역외가공기준 적용여부	예 □ 아니오 ■

22. 직접운송 여부	예 ■ 아니오 □	23. 기 타	예 □ 아니오 ■
24. 원산지 결정	충족 (○)	불충족 ( )	

(한-EU) 자유무역협정과 「자유무역협정의 이행을 위한 관세법의 특례에 관한 법률 시행규칙」에 따라 작성·제출합니다.

작 성 자 : 김대한 (서명)
직 위 : 과 장
상 호 및 주 소 : (주) A B C 서울시 강남구 00동 00-00
작 성 일 자 : 2018. 2. 1

	원산지소명서 작성 요령	
번호	기재항목	기 재 내 용
1	수 출 자	● 물품을 실제로 수출한 자의 회사명, 사업자등록번호, 대표자 성명, 전화 및 팩스번호, 회사주소(전자주소 포함)를 적습니다.
2	생 산 자	● 물품을 수출한 국가에서 실제로 생산한 자의 회사명, 사업자등록번호, 대표자 성명, 전화 및 팩스번호, 회사 주소(전자주소 포함) 등을 적습니다. 생산자가 다수인 경우에는 별지에 적습니다.
3	품명/규격	● 물품의 품명, 모델명, 규격 및 상표명 등을 적습니다. (예시) 휴대폰 ; Samsung MX-2700 ; anycall ● 품명은 송품장에 적은 것과 같아야 합니다.
4	HS. No.	● 물품의 6단위의 품목번호를 적습니다.
5	물품가격	● 가격조건: 본선인도가격 조건인 경우에는 FOB, 공장도거래가격 조건인 경우에는 Ex-Works에 "○" 표기합니다. ● 금액: 물품의 거래가격을 적습니다. 통화단위는 송품장에 적은 것과 같아야 합니다.
6	원산지결정기준	● 물품의 원산지를 결정하는데 적용한 기준을 적습니다. (예시) 세번변경기준을 적용한 때에는 "세번변경기준"을, 부가가치기준을 적용한 때에는 "부가가치기준"을, 세번변경기준과 부가가치기준을 동시에 충족하여야 하는 조합기준을 적용한 때에는 "조합기준"으로 적습니다.

7	주요생산공정	● 물품의 주요 제조과정 및 공정방법을 적습니다. (예시) 면사를 수입하여 직물을 가공한 후 의류를 제조하는 경우 ① 직조 : 면사 85%, 합성사 15%로 면직물 제조(3m×100m) ② 날염 : 면직물에 국내 ○○업체가 생산한 염료로 염색 ③ 재단 및 봉제 : 남성용 셔츠 제작(50Pcs)
8	연 번	● 물품의 생산에 사용된 원재료의 일련번호를 적습니다.
9	재 료 명	● 물품의 생산에 사용된 원재료의 품명을 적습니다.
10	HS No.	● 원재료의 6단위 품목번호를 적습니다.
11	원 산 지	● 원재료의 생산국명을 적습니다.
12	가 격	● 물품의 생산에 사용된 원재료의 수량과 가격을 적습니다. 다만, 그 물품이 세번변경기준 적용품목이면 적지 않아도 됩니다.
13	공급자 (생산자)	● 원재료의 공급자(생산자)의 상호·주소·전자주소·전화번호 및 팩스번호를 적습니다.
14	합 계	● 재료 중 원산지재료(국산)와 비원산지재료(수입산)의 가액과 그 합계액을 적습니다.
15 ~23	원산지기준	● 물품의 원산지결정에 적용된 기준의 충족여부를 표기합니다. (예시) 부가가치기준을 충족할 경우 "예"로 표기합니다. ● 19~21란에 "예"로 표기한 경우 세부 내역을 별지에 작성하여 첨부하여야 합니다.
24	원산지결정	● 이 원산지소명서에 적은 내용으로 원산지결정이 가능한 경우에는 "충족"에, 불충분한 경우에는 "불충족"에 "○"를 표기합니다.

증명서발급기관이 제출 서류로 해당물품이 원산지결정기준에 적합한지를 확인할 수 없다고 인정하는 경우는 원산지소명서에 기재된 내용을 입증할 수 있는 서류·정보 및 국내제조확인서 등을 발급신청자에게 요청할 수 있다. 이 경우 요청 받은 자는 해당 서류를 발급기관에 제출하되, 수출자와 생산자가 다른 경우 생산자는 동 서류를 직접 증명서발급기관에 제출해도 된다.

상기에서 원산지소명서에 기재된 내용을 입증할 수 있는 서류·정보라 함은 다음 각 호의 서류를 말한다.
　　① 세번변경기준 적용 물품은 원료구입명세서, 자재명세서(BOM), 생산공정명세서, 사용자매뉴얼, 홍보책자 등 세번변경 관련 입증서류
　　② 부가가치기준 적용 물품은 자재명세서(BOM), 원료구입명세서, 원료수불부, 원가산출내역서 등 비

원산지재료, 원산지재료 및 수출물품의 가격관련 입증서류
③ 원산지(포괄)확인서, 국내제조(포괄)확인서
④ 그 밖에 해당 물품의 생산자·생산장소·생산공정 등 원산지 확인이 객관적으로 가능한 서류

원산지증명 간이발급대상 물품의 경우 국내제조(포괄)확인서는 ⓐ공급물품명세 '주요 생산공정' 란에 '간이발급대상물품'문구를 추가로 기재하거나 ⓑ재료명세 중 '품목번호·원산지재료 해당여부·가격'내역은 기재를 생략하는 등 간이하게 작성할 수 있다.

> **증명서 발급시 원산지소명서 입증 서류·정보 제출생략 기준(특례고시 제26조제3항)**
>
> ③ 신청인이 제출한 서류로 다음 각 호의 요건을 확인할 수 있는 경우에는 "원산지소명서에 기재된 내용을 입증할 수 있는 서류·정보"의 제출을 생략 할 수 있다.
>   1. 원산지증명서 발급 신청물품이 발급 신청일로부터 1년 이내에 발급받은 원산지증명서의 물품과 동일하고 수출국이 동일한 경우
>   2. 원산지 결정에 영향을 미칠 수 있는 실질적 내용이 원산지증명서 발급 신청물품의 원산지소명서에 기재된 것과 발급 신청일로부터 1년 이내에 발급받은 원산지증명서의 원산지소명서에 기재된 것과 동일한 경우
>   3. 원산지증명서 발급 신청인이 원산지증명서 발급 신청시 제1호나 제2호의 요건에 해당되는 것을 확인할 수 있는 원산지증명서의 발급번호(Reference No)를 제출하는 경우
> ④ 신청인이 제출한 서류 및 국내제조확인서로 제조과정의 특성상 국내에서 제조 가공한 사실로 원산지 확인이 가능한 물품에 대해서는 "원산지소명서에 기재된 내용을 입증할 수 있는 서류·정보"의 제출을 생략하게 할 수 있다.
> ⑤ 제4항에 해당하는 물품은 별표2-2(이하 "원산지증명 간이발급대상 물품"이라 한다)와 같다.

(3) 원산증명서 선적 후 발급(규칙 제10조제3항)

수출자의 과실·착오 그 밖의 부득이한 사유로 인하여 수출물품의 선적이 완료되기 전까지 원산지증명서 발급을 신청하지 못한 자는 수출물품의 선적일로부터 1년 이내에 원산지증명서의 발급을 신청할 수 있다. 이 경우 발급기관은 원산지증명서상에 "ISSUED RETRO-ACTIVELY"또는 "ISSUED RETROSPECTIVELY"스탬프를 날인하여야 한다.

<표5-1> 협정별 선적 후 발급 스탬프

협정의 종류	C/O 서식	선적 후 발급 스탬프
인도와의 협정	6번 란에 날인	"ISSUED RETROSPECTIVELY" (세로 0.8cm, 가로 7cm)
싱가포르와의 협정	15번 란에 날인	"ISSUED RETROACTIVELY" (세로 0.8cm, 가로 7cm)
아세안회원국과의 협정	12번 란에 날인	
베트남과의 협정	22번 란에 날인	
중국과의 협정	5번 란에 날인	

다만, 아세안회원국 및 베트남과의 협정에 따른 원산지증명서를 선적일로부터 3근무일 이내(선적일 포함)에 발급할 때와 인도 및 중국과의 협정에 따른 원산지증명서를 선적일로부터 근무일수 7일 이내(인도는 선적일 포함/중국은 선적일 불포함)에 발급할 때에는 선적 후 발급 스탬프를 날인하지 아니한다.

(4) 현지확인(규칙 제10조제4항)

가. 현지확인 기준과 절차

증명서 발급기관은 다음의 어느 하나에 해당하는 경우 원산지증명서를 발급하기 위하여 관세청장이 정하는 바에 따라 신청인의 주소·거소·공장 또는 사업장 등을 방문하여 원산지의 적정여부를 확인하는 "현지확인"을 할 수 있다. 다만, 원산지인증수출자는 그 확인을 생략할 수 있다.

① 국내 생산시설이 없는 자가 증명서 발급을 최초로 신청한 경우
② 해당 물품을 직접 생산하지 아니하는 자가 원산지증명서 발급을 최초로 신청한 경우
③ 원산지증명서 신청 오류의 빈도, 협정·법·영 및 이 규칙의 준수도, 생산공장의 유무, 제조공정 및 물품의 생산특성 등을 고려하여 관세청장이 정하여 고시하는 현지확인의 기준에 해당하는 자가 신청한 경우

관세청장이 정하는 현지확인 대상 선정기준 및 해제 (특례고시 제30조)

① '관세청장이 정하여 고시하는 현지확인'의 대상선정 기준은 다음 각 호와 같다.
  1. 전년도 원산지증명서 발급신청 오류 등의 비율이 5%를 초과하는 자. 이 경우 '오류 등의 비율'은 '신청서류 반려건수'를 전체 원산지증명서 발급신청 건수로 나눈 것의 백분율로 한다.
  2. 전년도에 법 제44조 내지 제45조 및 「관세법」 제268조의2, 제269조, 제270조, 제270조의2, 제276조 위반으로 2회 이상 처벌받은 사실이 있는 자.
  3. 그 밖에 원산지증명서 발급기관의 장이 생산공장의 유무, 제조공정(예 : 단순 가공 공정) 및 물품의 특성(예 : 부가가치기준이 적용되는 물품으로서 원재료의 가격 변동이 심한 물품) 등을 고려하여 원산지결정기준을 충족하기 어렵다고 판단하는 경우

② 관세청장은 제1항의 현지확인 기준에 해당하는 자를 매년 2월 1일까지 지정하여 증명서 발급 기관에 통보하여야 한다. 다만, 제1항 각 호의 기준에 해당하는 자를 긴급히 지정할 필요가 있다고 인정되는 경우에는 현지확인 대상자를 지정할 수 있으며, 이 경우 즉시 증명서 발급기관에 통보 하여야 한다.
③ 세관장이 현지확인을 한 결과 이상이 없는 경우에는 관세청장에게 현지확인 지정대상 해제를 요청할 수 있다.

④ 속임수 또는 부정한 방법으로 원산지증명서의 발급을 신청한 것으로 의심되는 경우
⑤ 체약상대국의 관세당국으로부터 원산지의 조사를 요청받은 수출자 또는 생산자가 신청한 경우
⑥ 그 밖에 신청자가 제출한 서류만으로 원산지를 확인하기 곤란하다고 인정하는 경우

세관장이 규칙 제10조제4항에 따라 현지확인을 하는 경우에는 ①현지확인 이유 및 법적 근거 ②현지확인 기간 및 방문자 ③확인대상 내용 ④확인 거부시 처리내용을 기재한 "현지확인 예정통보서"를 신청인에게 송부하여야 한다. 신청인은 세관장이 통지한 현지확인 기간에 현지확인을 받기 곤란한 경우에는 연기하려는 기간과 사유를 기재한 "현지확인 연기신청서"를 세관장에게 제출할 수 있다. 현지확인을 실시하는 세관장은 현지확인 장소가 관할구역이 아닌 경우에는 그 장소를 관할하는 세관장에게 현지확인을 의뢰할 수 있으며, 현지확인을 수행한 세관장은 그 결과를 의뢰한 세관장에게 통보하여야 한다.

나. 대한상공회의소 현지확인 요청(규칙 제10조제5항)

대한상공회의소 현지확인은 세관에서 수행하는데, 이 경우 대한상공회의소의 장은 현지확인을

요청하는 구체적인 사유와 현지 확인을 하여야 할 사항을 기재한 "현지 확인 요청서"에 원산지증명서 발급신청서 및 구비서류를 동봉하여 원산지증명서 발급 신청인의 사업장을 관할하는 세관장에게 현지확인을 요청하여야 한다. 현지확인을 요청 받은 세관장은 그 요청을 받은 사실을 즉시 관세청장에게 보고하고, 그 요청을 받은 날부터 7일(공휴일·토요일 및 근로자의 날 제외) 이내에 현지확인을 완료하고 원산지인정요건 충족여부 및 그 증빙서류를 대한상공회의소회장 및 관세청장에게 송부(보고)하여야 한다.

(5) 증명서 발급심사(규칙 제10조제6항 및 제7항)

증명서 발급기관은 원산지증명서 발급신청자가 제출한 서류가 미비한 경우에는 5일 이상 10이내의 기간을 정하여 보정을 요구할 수 있으며, 이 경우 보정기간은 발급기간에 계산하지 않는다. 발급기관은 ① 원산지증명서 신청자가 신청 자격이 있는지 여부 ② 원산지증명서 발급신청일이 선적일부터 1년이 경과되었는지 여부 ③ 체약상대국의 협정관세 양허품목인지 여부 ④ 원산지결정기준 충족 여부, ⑤ 원산지증명서 발급신청서가 기재요령과 일치하는지 여부 ⑥ 원산지증명서 발급 신청서류 구비 여부 등을 심사한다.

그러나, ①원산지인증수출자(인증받은 물품과 동일한 경우에 한함) ②법규준수도 우수업체(수출입 안전관리 우수 공인업체(AEO) AA등급 이상) ③최근 1년이내 원산지조사 결과 '이상없음'으로 확인된 업체에 해당하는 자[160]가 원산지증명서 발급을 신청하는 경우에는 매 1년마다 1년의 기간동안 심사를 생략할 수 있다.

증명서 발급기관은 증명서 발급신청을 받은 날로부터 3일 이내 (현지확인이 필요한 경우 10일)[161]에 발급하여야 하며, 원산지증명서 신청서류 심사 또는 수출물품의 원산지확인 결과 세관장의 현지확인을 거부하는 경우, 원산지 증명 발급요건을 충족하지 못한 경우에는 신청서류를 반려한다. 증명서발급기관은 신청인이 발급신청을 고의 또는 허위로 하는 경우에는 범칙조사의뢰(고시 제60조)를 할 수 있다.

(6) 증명서 발급 및 보관(규칙 제10조제6항)

증명서발급기관은 발급심사를 완료한 때에는 원산지증명서를 전자적인 방법으로 발급한다. 이

---

160) 관세청장은 "원산지증명서 발급신청 심사생략 대상자"를 선정하여 증명서 발급기관에 통보한다.
161) 공휴일·토요일 및 근로자의 날 제외

경우 원산지증명서의 발급은 1회를 원칙으로 한다. 증명서발급기관은 인도와의 협정의 경우 원본 1부와 부본 2부, 그 밖의 협정은 원본 1부와 부본 1부를 신청인에게 발급하여야 하며, 원산지증명서 부본1부를 협정에서 정한 기간 동안 보관하여야 한다.

(7) 증명서 재발급(규칙 제6조제8항 및 제9항, 제11조)

원산지증명서는 수출물품에 대하여 1회 발급을 원칙으로 하지만, 원산지증명서를 발급받은 자가 분실·도난·훼손 및 그 밖의 부득이한 사유로 원산지증명서의 재발급을 신청하는 경우에는 원산지증명서를 재발급할 수 있다. 이 경우 원산지증명서 발급 신청서 및 재발급신청사유서 등[162]을 증명서 발급 기관에 서면 또는 전자적인 방법으로 제출하여야 하며, 신청사유가 타당하다고 인정되는 경우에는 신청자에게 원본 원산지증명서 발급일자로 원산지증명서를 재발급할 수 있고, 원산지증명서 상에 "CERTIFIED TRUE COPY"라는 스탬프를 날인[163]하여야 한다.

증명서발급기관은 아세안회원국 및 베트남과의 협정에 따라 수출자 또는 생산자가 잘못 발급된 원산지증명서를 대체하기 위한 원산지증명서 재발급을 신청한 경우에도 원산지증명서를 재발급할 수 있다. 이 경우 증명서발급기관은 당초 발급한 원산지증명서의 발급일자를 확인하여 재발급하는 원산지증명서에 기재하여야 한다. 따라서 원산지증명서의 재발급은 증명서 유효기간인 1년 이내에 이루어져야 한다.

(8) 증명서 정정발급(규칙 제6조제8항 및 제9항)

원산지증명서를 발급받은 자가 수출신고 수리필증의 정정, 원산지증명서의 오탈자, 수량, 품목번호 등의 착오, 누락 또는 기재오류 등 원산지증명서의 기재내용에 잘못이 있는 경우에는 원산지증명서의 정정을 신청할 수 있다. 원산지증명서 정정발급을 신청하려는 자는 ① 원산지증명서발급신청서, ② 원산지증명서 원본(아세안회원국과의 협정 또는 베트남과의 협정에 따른 원산지증명서의 경우 사본제출이 가능하며, 사본 제출시에는 정정신청일로부터 30일 내에 원본을 제출하여야 한다), ③ 정정발급 신청 사유서, ④ 정정사유를 입증할 수 있는 서류을 발급기관에 서면 또는 전자적인 방법으로 제출하여야 한다.

신청을 받은 증명서발급기관은 정정사유가 타당하다고 인정하는 때에는 원산지증명서를 정정

---

[162] 인도와의 협정에서는 원산지증명서 제4부본 제출이 필요하다.
[163] 한-싱가포르 FTA 증명서 15번 란, 한-아세안 및 한-베트남 FTA 증명서 12번 란, 한-인도 CEPA 증명서 6란, 한-중 FTA 증명서 5란에 날인하고 "of original Certification of Origin number(발행번호) dated(날짜)"를 추가로 기재

하여 원산지증명서를 서면 또는 전자적인 방법으로 정정발급 할 수 있다.

제출받은 원산지증명서의 원본을 정정하는 경우에는 다음 각 호와 같이 협정에서 정하는 방법을 따라야 한다.
① 아세안회원국·인도·베트남과의 협정 : 수정하려는 글자 중앙에 선을 긋고 정정하며, 정정한 곳에 서명권자의 서명과 발급기관 인장을 날인
② 그 밖의 협정 : 수정하려는 글자 중앙에 선을 긋고 정정하며, 정정한 곳에 발급기관 인장을 날인

(9) 증명서 신청취하(고시 제36조)
원산지증명서를 발급신청한 자가 그 신청을 취하하려는 경우에는 해당 증명서 발급기관장에게 발급 전까지 원산지증명서 발급취하신청서로 발급취하를 신청할 수 있으며, 증명서 발급기관장은 신청인이 단순실수로 원산지증명서발급을 신청한 경우 등 취하신청이 타당하다고 인정하는 경우에는 그 발급신청을 취할 수 있다.

C/O 발급신청에 대한 증명서 발급기관의 심사방법에 관한 지침(관세청, '17.6.14)

제1조(목적)
이 지침은 「자유무역협정의 이행을 위한 관세법의 특례에 관한 법률 사무처리에 관한 고시(이하 "고시"라 한다」제32조에 따라 수출물품의 원산지증명서에 대한 증명서발급기관의 심사방법을 정하는 것을 목적으로 한다.

제2조(심사방법)
증명서발급기관이 원산지증명서를 심사하는 방법은 다음 각 호와 같다.
1. 일반심사 : 「자유무역협정의 이행을 위한 관세법의 특례에 관한 법률 시행규칙」제10조제1항에 따라 제출받은 서류심사 및 같은 조 제4항에 따른 현지확인
2. 자동심사 : 고시 제32조제2항에 따른 심사생략 대상자가 원산지증명서 발급을 신청하는 경우로서 관세청장이 정하는 기준(접수시간부터 2시간)이 경과하면 자동으로 승인

제3조(일반심사대상)
① 제2조제1호에 따른 일반심사방법은 다음 각 호의 물품에 대하여 적용한다.
1. 제4조 제1항 각호의 자동심사대상에 해당하지 않는 물품
2. 원산지인증수출자가 매년 최초로 발급신청한 물품
3. 증명서발급기관이 일반심사대상으로 변경하는 물품
4. 증명서발급기관이 원산지증명서 발급 신청인에게 보정을 요구하는 경우 해당물품
5. 원산지증명서 정정발급신청 또는 재발급을 신청하는 물품
6. 제5조제1항에 따라 일반심사대상으로 지정된 원산지증명서 발급신청자가 신청하는 물품
7. 고시 제26조제1항에 따른 전자문서로 신청하지 않은 물품
8. 관세청장이 무작위로 일반심사대상으로 선별하는 물품(선별비율은 20% 이하로 한다)
9. 세번변경기준만으로 업체별 원산지인증수출자 인증을 받은 자가 부가가치기준을 적용하여 발급신청한 물품

② 관세청장은 제1항 각 호의 심사대상이 변경되는 경우에는 발급기관에 통보한다. 다만, 세관에 대한 통보는 전자통관시스템에 등록하는 것으로 대신 한다.

제4조(자동심사대상)
① 제2조제2호에 따른 자동심사방법은 다음 각 호에서 정하는 경우로서 제3조에 해당하지 않는 물품에 대하여 적용한다.
1. 업체별 원산지인증수출자가 발급신청하는 경우
2. 품목별 원산지인증수출자가 인증받은 품목에 대해 발급신청하는 경우
3. AA등급 이상의 종합인증우수업체(AEO업체)가 발급신청하는 경우

4. 수출물품의 원산지조사 결과 '이상없음'으로 확인된 업체가 발급신청하는 경우(조사결과 등록일부터 1년 이내로 한다)

② 제1항제1호부터 제3호에 해당하는 경우는 각 호에 해당하는 자격의 유효기간 이내에만 적용한다.

제5조(일반심사대상 지정 및 해제요청)
① 증명서발급기관은 제4조제1항의 자동심사 대상을 일반심사대상으로 변경할 필요가 있는 경우에는 관세청장에게 별지 제1호서식의 원산지증명서 발급신청인에 대한 일반심사대상 지정요청서를 제출하여 요청할 수 있다.
② 증명서발급기관은 제1항에 따라 일반심사대상으로 변경된 신청인을 해제할 필요가 있는 경우에는 관세청장에게 별지 제2호서식의 원산지증명서 발급신청인에 대한 일반심사대상 해제요청서를 제출하여 해제를 요청할 수 있다.
③ 관세청장은 제1항 또는 제2항에 따른 요청을 받은 때에는 이를 심사하여 일반심사 대상으로 변경 또는 일반심사대상에서 해제한다.
④ 관세청장은 제3항에 따른 결정에 대해 발급기관에 통보 하는 때에는 제3조제2항을 준용한다.

제6조(자동심사대상의 특례)
① 관세청장은 제4조제1항 제1호부터 제3호에 해당하는 자동심사대상 업체가 인증의 취소 또는 인증효력의 정지가 발생하는 경우에는 일반심사 대상으로 변경한다. 다만, 인증의 재취득 또는 인증효력의 정지가 해제되는 때에는 자동심사대상으로 재지정할 수 있다.
② 관세청장은 제4조제1항에 해당하는 자동심사대상 업체가 수출하는 물품에 대해 원산지조사를 실시하여 법령을 위반한 사실을 확인하는 경우에는 조사결과 등록일로부터 1년 간 일반심사대상으로 변경한다.

부 칙 〈2016.11.1〉
제1조(시행일) 이 지침은 2016년 11월 1일부터 시행한다.
제2조(심사대상의 적용례) 제3조 및 제4조의 심사대상은 지침 시행일 이후 새로이 지정하여 전자통관시스템에 등록한다.

부 칙 〈2017.6.14〉
제1조(시행일) 이 지침은 2017년 6월 14일 원산지증명서 발급신청분부터 시행한다.

> **PLUS TIP 5-2** 한국 세관 및 상공회의소에서 발급된 원산지증명서 진위확인
>
> 우리나라 세관이나 상공회의소에서 정상적으로 발급된 원산지증명서라면 수입자(상대국 세관)가 인터넷을 통해 원산지증명서 진위를 확인할 수 있다.
> - 관세청 영문싸이트 방문 (http://www.customs.go.kr/ ▷English) ⇒ Information Plaza ⇒ Certificate of Origin ⇒ C/O상 ID (Reference No.) 및 PW (Reference Code) 입력 후 확인 가능
> - 대한상공회의소 홈페이지 (http://cert.korcham.net/search)에서 조회가능, C/O상 ID (Reference No.) 및 PW (Reference Code) 입력 후 확인 가능
>
> 아세안 국가 세관 등에서 우리나라 발행 원산지증명서 진위여부를 신속하게 확인할 수 있으므로 협정 적용시 상대국과의 마찰해소에 도움이 된다.
>
> ※ 중국해관 발급 원산지증명서는 http://origin.customs.gov.cn 을 통해 확인 가능

한-아세안 FTA에서 원산지증명의 특례 (원산지규정 및 절차 제18조)

특정 당사국의 영역으로 수출될 상품의 전부 또는 일부의 목적지가 그 당사국의 영역에 도착 전 또는 도착 후에 변경된 경우, 다음의 각 호의 사항을 준수한다.

가. 상품이 특정 수입 당사국의 영역 내로 이미 수입된 경우에도, 그러한 수입당사국의 관세당국은 수입자가 원산지증명서 원본의 제출과 함께 특혜관세 대우를 서면으로 신청하는 경우 상품의 전부 또는 일부에 대하여 원산지증명서를 배서하여 양도한다. 그리고

나. 원산지증명서상에 규정된 수입 당사국의 영역으로의 운송도중 목적지가 변경된 경우, 생산자 및/또는 수출자는 상품의 전부 또는 일부에 대하여 기 발급 원산지증명서와 함께 서면으로 신규 발급 신청을 한다.

(10) 증명서 발급기관의 자료제출 및 지도·감독(규칙 제11조)

관세청장은 수출입물품의 원산지조사 및 체약상대국 요청에 따른 원산지조사를 하기 위해 필요한 경우, 발급된 원산지증명서의 적정성에 대한 확인 등 원산지증명서 발급의 효율적 관리를 위해 필요한 경우, 중소기업의 원산지증명 지원사업을 위해 필요한 경우에는 증명서발급기관에 해

당 자료의 제출을 요구할 수 있다.

요청을 받은 증명서발급기관은 그 요청받은 날부터 7일(공휴일·토요일 및 근로자의 날을 제외한다) 이내에 해당 자료를 관세청장에게 제출하여야 한다.

관세청장은 증명서발급기관의 원산지증명서 발급 담당 직원에 대하여 품목분류, 물품가격의 산정, 원산지결정기준, 그 밖에 원산지증명서의 발급과 관련된 교육을 하여야 한다.[164]

관세청장은 비밀취급자료의 보관 및 제공에 관한 사항(법 제38조), 증명서발급기관의 의무사항 준수에 관한 사항(법 제9조), 그 밖에 원산지증명서 발급과 관련하여 지도·감독이 필요한 사항에 대해 증명서발급기관을 지도·감독할 수 있으며, 지도·감독의 결과 시정하여야 할 사항이 있는 경우에는 증명서발급기관에 시정을 요구할 수 있다.

기관발급 원산지증명서 발급시 빈번 오류사항

1. 보정요구 사례
① 【위임장 누락】 수출자를 대리하여 관세사가 증명서 발급을 신청하는 경우 서면 위임장 제출, 위임장에는 위임기간 또는 수출신고번호가 기재되어야 함
② 【제3국 송장 미표시】 수출국이 아닌 제3국에서 송장을 발행하는 경우 송장발행 국가명 및 상호명 등을 증명서에 표기하여야 함
③ 【원산지소명서 누락·작성오류】 수출자가 원산지소명서를 작성하지 않고 물품공급자가 작성한 원산지확인서만 제출하거나 원산지소명서 잘못 작성
④ 【발급신청 항목 기재 오류】 수출신고서와 증명서의 수입자, 제조사 불일치, 포장개수·선적일자·출항일자·총중량·규격기재 오류 빈번, 품명 불분명(others) → 상대국에서 특혜적용을 부인하거나 원산지 검증의 빌미가 됨
⑤ 【HS코드 오류】 품명과 세번 불일치(품목은 부분품, 세 번은 완성품), 수출신고서의 HS가 아닌 수입국 기준 HS로 신청하면서 증빙서류 미제출,
⑥ 【선적 후 발급 신청 오류】 선적 3일이 지난 후 신청하면서 '선적후 발급'이 아닌 것으로 잘못 기재(한-아세안), 인도네시아 수출품에 대한 증명서는 가급적 선적 이후 발급(C/O발급일이 운송장 선적일과 같거나 늦어야 함)

---

164) 세관 및 대한상공회의소 증명서발급담당자는 매년 40시간 이상의 교육을 이수하여야 하며, 관세청장이 정하는 일정한 자격을 갖춘 사람에 대해서는 교육시간을 줄일 수 있다.

⑦ 【원산지결정기준 표기 오류】 한-인도 CEPA의 경우 "CTH+RVC 40%"로 표기해야 하나, "CTH+BD 45.3%"로 표기하거나, "CTC"를 "CC"로 표기(한-아세안 FTA) → 협정에서 규정하고 있는 표기요령으로 기재할 것
⑧ 【원산지인증수출자 오류】 품목별 원산지인증(HS 6단위)을 받지 아니한 자가 첨부 서류를 미제출하거나, 신청시 인증번호를 미입력
⑨ 【원산지확인서 오류】 발급기관에서 원재료에 대한 원산지확인서 요청시 포괄확인기간이 경과된 원산지확인서 제출

2. 반려·재발급 사례
① 【보정요구 관련 사항】 보정요구 기간이 경과하도록 보완하지 않거나 보정요구 건을 새로운 번호로 발급신청
② 【동일 건 중복신청】 하나의 수출신고 건에 대해 신청자 성명을 달리하여 2건으로 신청
③ 【인쇄 오류】 종이문서가 아닌 전자파일로 인쇄(발급기관 인장과 발급자 서명이 표시되지 않음)하거나, 컬러프린터를 사용하지 않고 흑백프린터 사용(컬러로 인쇄되지 않으면 일부 아세안 국가에서 원본으로 불인정), 증명서 뒷면 미인쇄(한-아세안 FTA의 경우 Overleaf Note 인쇄 요구)

▶ 3 원산지증명서 자율발급(법 제11조제1항제2호, 규칙 제14조)

수출자·생산자 또는 수입자가 원산지증명서를 자율적으로 발급하는 경우에는 원산지확인서, 원산지소명서 또는 그 밖에 원산지를 확인할 수 있는 서류·정보 등을 근거로 원산지증명서를 작성하여야 한다. 이 경우도 원산지증명서를 작성하는 수출자, 생산자 또는 수입자는 원산지증명서 작성대장(규칙 별지 제7호 서식)을 작성·관리[165]하여야 한다. 또한, 원산지증명서 서명권자를 지정·관리하기 위하여 원산지증명서 서명카드(고시 별지 제9호 서식)를 비치하여야 하고, 서명권자를 변경 또는 추가하고자 하는 경우에는 원산지증명서 서명카드에 새로운 서명권자의 서명·부서명·직책·성명·지정일자 및 사유를 기재하여야 하며 종전의 서명권자에 대하여는 서명 권한 해제일자 및 사유를 각각 기재하여야 하며, 관련 서류도 5년간 보관하여야 한다.

생산자(재료생산자)가 원산지(포괄)확인서, 국내제조(포괄)확인서, 원산지소명서의 서류를 작성·제

---

[165] 1.작성번호 및 작성일 2.수출입신고번호 및 수출입신고 수리일(생산자는 생략가능) 3.품명·품목번호(6단위)·수량·금액 및 원산지 4.원산지증명서를 작성하는 수출자, 생산자 또는 수입자의 거래 상대방에 대한 정보 5.해당 물품에 적용된 협정의 명칭 및 원산지결정기준

공한 경우에도 원산지 자율증명 절차를 준용하여야 한다.

칠레와의 협정에 따라 수출자와 생산자가 동일하지 않는 경우 수출자는 생산자가 작성·제출한 한-칠레 FTA 원산지신고서(고시 별지 제10호서식)에 근거하여 원산지증명서를 작성한다. 다만, 휴·폐업 등의 사유로 생산자에게 원산지신고서를 제출받기 곤란한 경우에는 규칙 제12조의 원산지확인서 또는 규칙 제13조의 수출용원재료의 국내제조확인서나 생산자·생산장소·생산공정 및 거래계약서 등 원산지를 확인할 수 있는 객관적인 자료 또는 사실에 근거하여 원산지증명서를 작성하여야 한다.

원산지증명서 자율발급 방식은 관세당국의 신뢰성 부족으로 기관발급 보다 세관당국의 검증위험이 높다. 따라서 증명서 발급의 근거가 되는 각종 서류들을 잘 보관할 필요가 있다.

원산지증명 방식 비교

관세 및 비관세장벽을 철폐함으로써 시장을 개방하고 무역을 촉진한다는 자유무역협정의 취지를 따를 경우 발급절차가 신속·편리하고 비용도 들지 않는 자율증명제가 가장 바람직할 것이다. 하지만 자율증명제는 신뢰성의 문제가 가장 크게 제기된다. 원산지증명서가 특혜적용의 근거서류가 되는 만큼 세관당국에서 신뢰하지 않으면 세관당국의 사후검증으로 인한 더 큰 피해가 발생할 수도 있기 때문이다.

신뢰성 측면에서는 자율증명방식보다 기관증명방식이 원산지의 허위증명을 방지하는데 효과적일 수 있다. 그러나 자율증명제를 채택한 여러 협정에서도 원산지 자율증명제 도입으로 인한 원산지 허위증명행위를 차단하기 위한 여러 가지 보완장치가 함께 도입하고 있다. 즉, 원산지 허위증명자에 대한 처벌을 강화하고, 수입자 및 수출자의 원산지 입증책임을 명시하여 원산지의 정확성이 자료를 통하여 충분히 입증하지 못하는 경우에는 협정관세를 배제하고 있다.

【원산지증명방식의 장·단점 비교】

	원산지 자율증명제	원산지 기관증명제
장점	- 발급절차 신속·편리 - 증명서 발급비용 절감 - 통관절차 간소화 - 계약당사간 자율책임 가능	- 공신력이 높아 우회수입방지 기대감 - 원산지검증 위험성 감소
단점	- 허위증명 가능성 * 원산지입증책임, 현지검증제도, 허위증명 처벌제등 보완제도 도입	- 수출신고와 증명서 발급절차 중복 - 절차 복잡, 시간·비용 증가 - 요식행위
사례	- 한·칠레, 한·EFTA, 한·EU, 한·미 FTA, 한·터키, 한·호주, 한·캐나다, 한·콜롬비아, 한·뉴질랜드	- 한·싱가포르, 한·아세안, 한·인도, 한·페루, 한·베트남, 한·중 FTA

어떤 방식을 채택할 것인지 여부에 대해서는 각국의 행정관행과 관련제도 등에 따라 입장이 상이하다. 미주지역의 경우 대부분이 원산지 자율증명제를 채택하고 있는 반면, 아세안·인도·중국 등은 원산지 기관증명제를 선호하고 있다. EFTA 국가들의 경우 대부분 원산지 자율증명제로 전환하고 있는 추세이며, EU도 과거에는 원산지 기관증명제를 선호하였으나 최근에는 제한적 자율증명제(원산지인증수출자)를 채택하고 있다. 우리나라는 원칙적으로 자율증명방식을 선호하나, 협정 상대국에 따라 기관증명방식도 채택하고 있다.

원산지증명서의 서식, 유효기간, 제출방식 등에 있어서도 FTA별로 상이하다. 원산지증명서 서식과 관련, EFTA·EU·터키·뉴질랜드와의 FTA는 기존의 특정 양식에 원산지를 증명하는 방식 대신에 송품장 또는 기타 상업서류에 당해 물품의 원산지를 기재하는 매우 간편화된 방식을 사용하고 있고, 미국은 정형화된 서식 없이 필수항목만 기재되어 있으면 원산지증명서로 인정받을 수 있다.

원산지증명방식은 세관당국의 원산지검증과도 관련성이 있다. 협정에 따라 일부 차이는 있으나 자율증명방식을 채택하고 있는 경우 기관증명보다 세관의 원산지검증이 더 많이 집중되는 경향이 있다. 이는 기관발급의 신뢰성이 더 높다고 판단하기 때문이다.

【FTA별 원산지증명방식 비교】

구분	한-칠	한-싱	한-EFTA	한-아세안 한-베트남	한-인도	한-EU	한-미국	한-페루	한-터키	한-호주	한-캐	한-중	한-콜	한-뉴	한-중미
발급방식	자율발급	기관발급	자율발급	기관발급	기관발급	자율발급	자율발급	자율발급	자율발급	한: 자율 호: 자율/기관	자율발급	기관발급	자율발급	자율발급	자율발급
발급주체	수출자	기관	수출자 생산자	기관	기관	(인증)수출자	수출자 생산자 수입자	수출자	수출자	한: 수출(생산)자 호: 수출(생산)자, 기관	수출자 생산자	기관	수출자 생산자	수출자 생산자	수출자 생산자
서식	통일서식	각자 증명서식	송장 등에 원산지 신고서 문안 기재	통일서식	통일서식	송장 등에 원산지 신고서 문안 기재	규정된 양식 없음	통일서식 원산지 신고서 문안기재	원산지 신고서 문안기재	표준서식	표준서식	통일서식	통일서식	통일서식 협정 규정 사항이 기재된 송장 등에 원산지신고	통일서식
유효기간	2년	1년	1년	1년	1년	1년	4년	1년	1년	2년	2년	1년	1년	2년	1년
제출면제	$1,000 이하	$1,000 이하	- 개인소포 ·한:$1,000이하 ·EFTA:€5000이하 - 여행자수화물 ·한:$1,0000이하 ·EFTA:€1,200 이하	FOB $200 이하 (AK) FOB $600 이하 (KV)	개인소포, 여행자 수화물 (국내 법적용)	EFTA와 동일	$1,000 이하	$1,000 이하	EU와 동일	$1,000 이하	$1,000 이하	$700 이하	$1,000 이하	$1,000 이하	$1,000 이하

4

협정별 원산지증명서 서식 및 작성요령(시행규칙/협정)

(1) 한-칠레 FTA (별지 제8호 서식)

칠레와의 협정에 따른 원산지증명서의 서식

KOREA-CHILE FREE TRADE AGREEMENT CERTIFICATE OF ORIGIN					
Issuing Number:				
1: Exporter (Name and Address) Tax ID No.				
2: Producer (Name and Address) Tax ID No.			3: Importer (Name and Address)	
4. Description of Good(s)	5. HS No	6. Preference Criterion	7. Regional Value Content	8. Country of origin

9. Remarks:

10: Certification of Origin

I certify that:
- The information on this document is true and accurate and I assume the responsibility for providing such representations. I understand that I am liable for any false statements or material omissions made on or in connection with this document
- I agree to maintain and present upon request, documentation necessary to support this certificate, and to inform, in writing, all persons to whom the certificate was given of any changes that could affect the accuracy or validity of this certificate.
- The goods originated in the territory of the Parties, and comply with the origin requirements specified for those goods in KOREA-CHILE FREE TRADE AGREEMENT, and there has been no further production or any other operation outside the territories of the Parties in accordance with Article 4.12 of the Agreement.

Authorized Signature	Company Name
Name (Print or Type)	Title
Date (MM/DD/YY)	Telephone / Fax / E-mail

210mm×297mm[보존용지(1종) 70g/㎡)]

칠레와의 협정에 따른 원산지증명서의 서식(을지)

KOREA-CHILE FREE TRADE AGREEMENT
CERTIFICATE OF ORIGIN
CONTINUATION SHEET

Issuing Number:

2. Producer	4. Description of Good(s)	5. HS No	6. Preference Criterion	7. Regional Value Content	8. Country of origin

210mm×297mm[보존용지(1종) 70g/㎡)]

번호	기재항목	기재요령
		작 성 방 법
	Issuing Number (발급번호)	● 원산지증명서 발급 일련번호 기재
1	Exporter(수출자)	● 수출자의 이름, 주소(국가포함), 사업자등록번호(칠레: Unique Tax Number) 기재.
2	Producer(생산자)	● 생산자 1명일 경우: 생산자 이름, 주소(국가, 전화번호, FAX, E-mail 포함), 사업자등록번호 기재 ● 생산자 2명 이상일 경우: "VARIOUS"를 기재하고 모든 생산자의 리스트를 첨부(생산자 이름, 주소, 국가, 전화번호, FAX, E-mail, 사업자등록번호) ● 생산자와 수출자와 같을 경우: "SAME" 기재 ● 생산자를 모를 경우: "UNKNOWN" 기재 ● 비밀로 할 경우: "Available to Customs upon request" 기재
3	Importer(수입자)	● 수입자 이름, 주소(국가포함) 기재 ● 수입자를 알지 못할 경우: "UNKNOWN" 기재 ● 수입자가 다수일 경우: "VARIOUS" 기재
4	Description of Good(s) (품명)	● HS 및 송품장과 관련시킬 수 있는 상세한 상품의 설명을 기재 ● 송품장번호 기재 ● 송품장번호를 모를 경우 shipping order, purchase order number 등 물품을 확인할 수 있는 관련번호 기재
5	HS No (품목번호)	● 항목4의 각 물품의 HS번호 6단위까지 기재

6	Preference Criterion (특혜기준)	● 항목4의 각 물품에 대하여 적용할 수 있는 특혜기준(A~D) 기재
		  A: 역내국에서만 완전하게 획득하거나 생산된 경우.
		  B: 물품이 일방 또는 양 당사국의 영역내에서만 생산되고 해당 물품의 생산에 사용된 비원산지재료에 대해 부속서(annex 4)에 규정된 세번변경기준, 부가가치기준, 주요공정기준 및 협정 4장에 규정된 다른 적용가능한 기준을 충족한 경우
		  C: 물품이 협정 제4.2조 제1(a)부터 제1(d)의 기준에 의한 원산지요건을 충족한 원산지재료로만으로 일방 또는 양 당사국의 영역내에서만 생산된 경우
		  D: 물품이 일방 또는 양 당사국 영역내에서 생산되었으나 그 물품의 생산에 사용된 하나 이상의 비원산지재료가 협정 4.2.1 C(i, ii) 규정에 해당하여 세번변경은 이루어지지 않았으나, 부가가치 기준을 충족한 경우

7	Regional value Content (역내부가가치)	● 부가가치기준 적용대상 물품으로
		  - 공제법(build-down method)에 의해 계산한 경우: "BD"
		  - 집적법(build-up method)에 의해 계산한 경우: "BU" 기재

8	Country of Origin (원산지국가)	● 원산지가 한국일 경우: "KR" ● 원산지가 칠레일 경우: "CL" 기재
9	Remarks (비고)	● 송품장이 비당사국에서 작성되었을 경우 작성자 이름, 회사명 주소를 기재

(2) 한-싱가포르 FTA (별지 제9호 서식)

싱가포르와의 협정에 따른 싱가포르 관세당국이 발급하는 원산지증명서

1. Exporter:	REPUBLIC OF SINGAPORE
	KOREA-SINGAPORE FREE TRADE AGREEMENT
2. Consignee:	PREFERENTIAL CERTIFICATE OF ORIGIN
	NO.
3. Departure Date:	NO UNAUTHORIZED ADDITION/ALTERATION MAY BE MADE TO THIS CERTIFICATE
4. Vessel's Name/Flight No.:	
5. Port of Discharge:	8 DECLARATION BY THE EXPORTER
	We hereby declare that the details and statements provided in this Certificate are true and correct.
6. Country of Final Destination:	Signature:
	Name:
7. Country of Origin of Goods:	Designation: Stamp
	Date:
9. Marks & Numbers	10. No. & Kind of Packages: Description of Goods: (include brand names if necessary) HS Subheading: Origin Criterion:	11. Quantity & Unit

12. CERTIFICATION BY THE COMPETENT AUTHORITY

    We hereby certify that evidence has been produced to satisfy us that the goods specified above originate in the country shown in box 7.

210㎜×297㎜(신문용지 54g/㎡(재활용품))

번호	기재항목	기재요령
	작 성 요 령	
1	Exporter(수출자)	수출자의 중앙등록번호(Central Registration Number), 성명, 주소를 적습니다. 중앙등록번호는 싱가포르 관세당국이 수출입업체에 발급한 고유번호를 말합니다.
2	Consignee(수하인)	수입자의 성명과 주소를 적습니다.
3	Departure Date(출항일)	선박이나 항공기가 항만이나 공항을 출항한 날짜를 적습니다.
4	Vessel's Name/Flight No. (선명/편명)	선박명이나 항공기의 편명을 적습니다.
5	Port of Discharge (양륙항)	물품이 하선이나 하기될 최종 목적(도착)항을 적습니다. 물품이 환적 되는 경우, 운송경로에 대한 추가 기재사항들은 10번 란이나 별지에 적습니다.
6	Country of Final Destination (최종 목적국)	최종목적국은 "한국(Korea)"으로 적습니다.
7	Country of Origin of Goods (물품의 원산지)	원산지는 "싱가포르(Singapore)"로 적습니다.
8	Declaration by the Exporter (수출자 신고)	수출자의 서명을 적습니다.
9	Marks & Numbers (표시 및 일련번호)	물품에 대한 표시 및 일련번호를 적습니다. 분량이 많을 경우 별지에 적습니다.
10	Number & Kind of Packages; Description of Goods (포장 개수 및 종류, 품명)	다음 사항을 적습니다. - 물품의 품명(송품장에 기재된 품명과 일치하여야 합니다) - 물품에 대한 HS 6단위 품목번호 - 물품에 적용된 원산지결정의 기준 ● A: Wholly Obtained (완전생산기준) ● B: HS Canged (세번변경기준) ● C: Value Added Contents (부가가치기준) ● D: Specific Process(Mixing) (특정공정기준)
11	Quantity & Unit (수량 및 단위)	물품의 수량과 측정단위(Kg 등)를 적습니다.
12	Certification by the Competent Authority (증명서 발급기관)	싱가포르 관세당국의 원산지증명서 발급담당자가 서명하고, 싱가포르 관세당국의 인장을 날인합니다.
	Certificate Reference Number (증명서 발급번호)	모든 증명서에는 싱가포르 관세당국에서 부여하는 원산지증명서 발급번호를 적습니다.

싱가포르와의 협정에 따른 대한민국의 원산지증명서 (별지 제10호 서식)

1. Exporter	Reference No.: KOREA - SINGAPORE FREE TRADE AGREEMENT PREFERENTIAL TARIFF CERTIFICATE OF ORIGIN				
2. Importer	:::				
3. Departure Date:	4. Vessel's Name/Flight No:.				
5. Port of Discharge and Route:					
6. Country of Final Destination:	7. Country of Origin:				
8. Item Number	9. Description of Goods	10. HS No.	11. Marks & Numbers	12. Quantity & Unit	13. Origin Criterion
14. Declaration by the exporter The undersigned hereby declares that the above details and statements are correct; that all the goods were produced in _____ _____ (Country) and that they comply with the origin requirements specified for these goods in the KOREA-SINGAPORE FREE TRADE AGREEMENT for the goods exported to _____ (Importing Country) Place and Date : Signature of Authorized Signatory	15. Certification It is hereby certified that the goods originated in the territory of Korea, and comply with the origin requirements specified for those goods in KOREA-SINGAPORE FREE TRADE AGREEMENT Place and Date: Signature and Stamp of Certifying Authority				

210㎜×297㎜(신문용지 54g/㎡(재활용품))

작 성 요 령

※ 이 서식은 영문으로 작성합니다.

1. Exporter(수출자) : 수출자의 성명, 주소, 수출국 및 사업자등록번호를 적습니다.
2. Importer(수입자) : 수입자의 성명, 주소 및 수입국을 적습니다.
3. Departure Date(출항일) : 물품을 운송하는 선박이나 항공기의 출항일을 적습니다.
4. Vessel's Name/Flight No.(선명/편명) : 선박명이나 항공기의 편명을 적습니다.
5. Port of Discharge and Route(적재항 및 운송경로) : 물품을 선적이나 기적하는 최종 항만이나 공항을 적습니다. 물품이 운송도중 제3국에서 환적되는 경우에는 본 란 또는 별지에 환적국가와 환적장소 등 모든 운송경로를 적습니다.
6. Country of Final Destination(최종 목적국) : 물품의 최종 목적국이 싱가포르인 때에는 "REPUBLIC OF SINGAPORE"로 적습니다.
7. Country of Origin(원산지) : 물품의 원산지는 "REPUBLIC OF KOREA"로 적습니다.
8. Item Number(물품번호) : 품목번호가 다른 물품들은 같은 종류별로 구분하여 일련번호를 부여합니다.
9. Description of Goods(품명) : 송품장에 기재된 품명과 동일하게 적습니다.
10. HS No.(품목번호) : 물품의 6단위 품목번호를 적습니다.
11. Marks & Numbers(표시 및 일련번호) : 물품의 표시 및 일련번호를 적습니다.
12. Quantity & Unit(수량 및 단위) : 물품의 수량 및 측정단위(pieces, Kg 등)를 같은 종류별로 구분하여 적습니다.
13. Origin Criterion(원산지결정 기준) : 물품의 원산지결정을 위하여 적용된 원산지결정의 기준을 다음과 같이 구분하여 영문으로 표시합니다.

    가. 완전생산기준 적용품목 : "WO"(Wholly Obtained Rule)
    나. 세번변경기준 적용품목 : "CTC"(Change of Tariff Classification Criterion)
    다. 부가가치기준 적용품목 : "VAC"(Value Added Criterion)
    라. 세번변경기준과 부가가치기준 동시 적용품목 : "CTC & VAC"
    마. 역외가공 적용품목 : "OP"(Outward Process)
    바. 개성공단 적용품목 : "Gaesung Products"
    사. 최소기준 적용품목 : "De Minimis"
    아. 그 밖의 기준 적용품목: "Others"
        ※ 제8란부터 제13란까지의 기재내용이 많을 때에는 별지에 적습니다.

14. Declaration by exporter(수출자 신고) : 수출자는 원산지증명서를 발급받은 후 원산지증명서에 기재된 신청일자, 장소, 수출국명 및 수입국명을 확인하고 서명합니다.
15. Certification(증명) 및 Reference No(증명서 발급번호) : 원산지증명서의 발급일자와 발급장소를 적고, 발급담당자가 서명을 한 후 발급기관의 인장을 날인합니다. 원산지증명서 우측 상단의 Reference No에는 증명서 발급번호를 적습니다.

(3) 한-EFTA FTA (별지 제11호 서식)

「대한민국과 스위스연방 간의 농업에 관한 협정」에 따른 스위스치즈 원산지증명서

Certificate of Authenticity	
1. Exporter (full name and address) (수출자)	CERTIFICATE for cheese designated as .... (Code ....of the Harmonized System Nomenclature) Nr. ORIGINAL
2. Consignee (full name and address) (수하인)	3. Authorized Organization (증명기관)
Notes	4. Number and date of the invoice (상업송장번호 및 발행일자)
5. Marks and numbers - Number and nature of the packages (포장의 표시 및 일련번호)	6. Gross weight (kg) (총중량)
	7. Net weight (kg) (순중량)
8. Visa of the Authorized Organization (증명기관의 인증) It is certified that the above mentioned invoice contains the designated Swiss cheese in conformity to the description in Appendix to Annex I of the Free Trade Agreement on Agricultural products between the Republic of Korea and Switzerland (위에서 언급된 송품장은 「대한민국과 스위스연방 간의 농업에 관한 협정」의 부속서 I의 부록에 따라 지정된 스위스 치즈를 포함하고 있음을 증명합니다.) Place and date: Signature: Seal of the Authorized Organization: (발행일자 및 장소) (서명) (증명기관 직인)	
9. Reserved for the customs authorities of the Republic of Korea (대한민국 세관용)	

한-EFTA FTA 원산지신고서 문안

◇ 한-EFTA FTA 부속서 I의 부록 3

"The exporter of the products covered by this document (customs authorization No '세관인증번호' ① declares that, except where otherwise clearly indicated, these products are of '제품의 원산지' ② preferential origin."

'장소 및 일시' ③
수출자의 서명, 서명인의 성명을 명확하게 기입할 것 ④
(특기사항) ⑤

① 인증수출자에 의하여 작성된 경우 인증번호 기재, 인증수출자에 의하여 작성되지 아니한 경우 공란으로 남겨둠
② 상품의 원산지 기재(대한민국, 아이슬란드, 노르웨이 또는 스위스). ISO-알파-2단위 코드의 사용이 허용됨(KR, IS, NO 또는 CH)
③ 해당 정보가 서류에 포함된 경우 생략 가능
④ 인증수출자의 서명(서명인의 성명 포함)은 요구되지 아니함
⑤ 부속서I 부록 4(역외가공 물품)가 적용되는 경우 기재

▶ 원산지 신고서 문안은 물품을 세부적이고 명확히 설명하고 있는 상업서류*에 작성 가능하며, 동 상업서류는 반드시 '수출자'의 성명, 주소 및 전화번호가 기재되고 체약 당사국에서 발행되어야 함
 * 송품장(invoice), 포장명세서(packing list), 인도증서(delivery order) 등

원산지 신고 지침(한-EFTA FTA 부속서 I의 주해, 2017.5.3.발효)

(a) 송장 신고서의 문구는 부속서 I의 부록 3가에 규정된 문구와 일치한다. 송장 신고서가 적용되는 상품의 원산지 국가가 한 개 이상이면, 해당하는 모든 국가의 국가명과 공식약어의 표시나 송장에 구체적으로 표시했다는 언급이 송장 신고서의 문구에 기재되어야 한다. 송장 또는 이에 상당하는 문서에는 모든 국가의 국가명 또는 공식 언어는 송장의 각 품목에 대해 표시한다.
(b) 비원산지 상품 그러므로 송장 신고서가 적용되지 않는 상품의 표시는 신고서 자체에는 하지 않아야 한다. 그러나, 이러한 표시는 오해를 방지하기 위한 정확한 방법으로 송장에 기재되어야 한다.
(c) 사본 송장에 하는 신고는 해당 신고서에 원본과 동일한 조건에 따라 수출자 또는 생산자의 서명이 있으면 인정된다. 송장 신고서에 서명을 하지 않아도 된다고 승인받은 인증수출자는 사본 송장에 하는 송장 신고에 서명할 필요가 없다.
(d) 송장 뒷면에 하는 원산지 신고는 인정된다.
(e) 원산지 신고는 송장의 별도의 종이가 명백히 송장의 일부이면 별도의 종이에 할 수 있다.
(f) 차후에 송장에 부착되는 라벨에 하는 원산지 신고는 라벨을 수출자가 부착했다는 것이 틀림없으면 인정된다. 예를 들어, 수출자의 도장이나 서명이 라벨과 송장에 모두에 걸쳐있어야 한다.

(4) 한-아세안 FTA (별지 제12호 서식)

아세안회원국과의 협정에 따른 원산지증명서의 서식

Original (Duplicate/Triplicate)	
1. Good consigned from(Exporter's business name, address, country)	Reference No. **KOREA-ASEAN FREE TRADE AREA PREFERENTIAL TARIFF CERTIFICATE OF ORIGIN** (Combined Declaration and Certificate) FORM AK Issued in _____ (country) ※ See notes overleaf
2. Goods consigned to (Consignee's name, address, country)	
3. Means of transport and route (as far as known) Departure date : Vessel's name/Aircraft etc. Port of Discharge	4. For Official Use ☐ Preferential Treatment Given Under Korea-ASEAN Free Trade Area Preferential Tariff _____ ☐ Preferential Treatment Not Given (Please state reason/s) _____ .... Signature of Authorized Signatory of the Importing Country

5. Item number	6. Marks and numbers on packages	7. Number and type of packages, description of goods(including quantity where appropriate and HS number of the importing country)	8. Origin criterion (see notes overleaf)	9. Gross weight or other quantity, and Value (FOB only when RVC criterion is used)	10. Number and date of invoices

11. Declaration by the exporter The undersigned hereby declares that the above details and statements are correct; that all the goods were produced in .... (Country) and that they comply with the origin requirements specified for those goods in the KOREA-ASEAN Free Trade Area Preferential Tariff for goods exported to .... (Importing country) .... Place and date, signature of authorized signatory	12. Certificate It is hereby certified, on the basis of control carried out, that the declaration by the exporter is correct. .... Place and date, signature and stamp of certifying authority
13. ☐ Third Country Invoicing ☐ Exhibition ☐ Back-to-Back C/O	

작 성 요 령

※ 이 서식은 영문으로 작성합니다.

1. 아세안회원국과의 협정에 따른 원산지증명서의 서식은 다음 국가에 적용됩니다.
   브루나이다루살람, 캄보디아, 인도네시아, 대한민국, 라오스, 말레이시아, 미얀마, 필리핀, 싱가포르, 태국, 베트남
2. 모든 물품은 각 해당 물품별로 아세안회원국과의 협정에 따른 협정관세를 적용받기 위해서 다음 각 호의 요건을 충족하여야 합니다.
   가. 협정관세 적용 대상 물품의 품명과 일치하여야 합니다.
   나. 아세안회원국과의 협정 부속서 3 제9조에 따른 직접운송요건을 충족하여야 합니다.
   다. 아세안회원국과의 협정 부속서 3의 원산지규정을 준수하여야 합니다.
3. 제1란에는 수출자의 성명(상호), 주소, 수출국을 적습니다.
4. 제2란에는 수입자의 성명(상호), 주소, 수입국을 적습니다.
5. 제3란에는 물품을 운송하는 선박(항공기)의 출항일, 선박명(편명), 양륙항 등 운송수단 및 운송경로를 알고 있는 범위에서 적습니다.
6. 제4란에는 수입당사국의 세관공무원이 해당 물품의 협정관세 적용여부를 "√" 표시한 후 서명합니다.
7. 제5란에는 품목번호가 다른 물품들은 같은 종류별로 구분하여 일련번호를 부여합니다.
   ▶ 품목번호가 동일한 품목이라도 물품이 다른 경우 품명, 규격, 품목번호, 원산지기준을 각 물품별로 기재
8. 제6란에는 물품에 대한 표시 및 일련번호를 적습니다.
9. 제7란에는 포장개수·포장형태·품명·수량·품목번호 등을 적습니다.
   가. 품명은 해당 물품을 검사하는 세관공무원이 확인할 수 있도록 상세하게 적고, 상표도 적습니다.
   나. 품목번호(HS No.)는 수입당사국의 「통일상품명 및 부호체계에 관한 국제협약」에 따른 품목번호를 적습니다.
10. 제8란에는 수출자(제조자 및 생산자 포함)가 해당 물품에 대한 원산지결정기준을 아래 표에 정한 방법으로 적습니다.

가. 수출당사국의 영역에서 완전생산된 물품	WO
나. 수출당사국의 영역에서 해당 물품을 생산할 때 「통일상품명 및 부호체계에 관한 협약」(HS)상 4단위 세번변경이 발생하였거나, 역내가치포함비율이 40% 이상인 물품	CTH 또는 RVC 40%
다. 품목별 원산지결정기준을 충족하는 물품 　(1) 세번변경기준을 충족하는 물품 　(2) 체약당사국의 영역에서 완전생산된 물품 　(3) 일정 역내가치포함비율을 충족하는 물품 　　(예: 역내가치포함비율이 45% 이상인 물품) 　(4) 세번변경기준과 역내가치포함비율을 동시에 충족하는 물품 　(5) 특정 공정을 수행한 물품(예: 재단 및 봉제공정)	 CTC WO-AK RVC % (예: RVC 45%) CTH + RVC % Specific Process
라. 아세안회원국과의 협정 부속서 3 제6조를 충족하는 물품(개성공업지구에서 생산된 물품)	Rule 6

11. 제9란에는 해당 물품의 총중량과 역내가치포함비율 기준이 사용된 경우로 한정하여 FOB가격을 적습니다. 다만, 캄보디아와 미얀마로 수출되는 물품에 대한 원산지증명서의 경우 이 서식 개정안 시행 후 2년 동안에는 사용된 원산지기준에 관계없이 FOB가격을 적습니다.
12. 제10란에는 송장의 일련번호 및 발급일자를 적습니다.
13. 제11란에는 수출자(제조자 및 생산자 포함)가 원산지증명서 수출국, 수입국, 신청일자, 장소를 적은 후 서명합니다.
14. 제12란에는 원산지증명서 발급담당자가 원산지증명서의 발급일자 및 발급장소를 적고, 서명한 후 발급기관의 인장을 날인합니다.
15. 제13란은 다음 구분에 따라 "√"표시를 합니다.
    가. 수출당사국이 아닌 제3국에서 송품장이 발급된 경우 "제3국 송품장(Third country invoicing)"란에 표시를 합니다. 이 경우 제7란에는 송장을 발행한 회사의 상호 및 국가명을 적습니다.
       ▶ 제3국에서 복수 거래가 이루어져 복수 송장이 발급된 경우 거래의 최종 송장을 발급한 회사의 국가정보와 이름을 기재한다.
    나. 수출당사국이 아닌 제3국에서의 전시를 위해 수출당사국에서 제3국으로 송부된 물품으로서 제3국에서 전시 도중 또는 전시 후에 수입당사국으로의 수입을 위해 판매된 경우 "전시(Exhibition)"란에 "√" 표시를 합니다.
    다. 연결원산지증명서인 경우 "연결원산지증명서(Back-to-Back CO)"란에 표시를 합니다.
       ▶ Invoice, Packing List 등이 수정 또는 재발급된 경우에는 이러한 서류에 따라 원산지증명서 수정발급

아세안회원국과의 협정에 따른 원산지증명서의 서식(을지) (별지 제13호 서식)

Original(Duplicate/Triplicate)
(Additional Page)

Reference No.

5. Item number	6. Marks and numbers on packages	7. Number and type of packages, description of goods(including quantity where appropriate and HS number of the importing country)	8. Origin Criterion (See Notes overleaf)	9. Gross weight or other quantity and Value (FOB only when RVC criterion is used)	10. Number and date of Invoices

11. Declaration by the exporter	12. Certification
The undersigned hereby declares that the above details and statement are correct; that all goods were produced in .... (Country) and that they comply with the origin requirements specified for these goods in the KOREA-ASEAN Free Trade Area Preferential Tariff for the goods exported to .... (Importing Country) .... Place and date, signature of authorised signatory	It is hereby certified, on the basis of control carried out, that the declaration by the exporter is correct .... Place and date, signature and stamp of certifying authority

13. ☐ Third Country Invoicing ☐ Exhibition ☐ Back-to-Back CO

Page _ of _

210mm×297mm[백상지 80g/㎡(재활용품)]

(5) 한-인도 CEPA (별지 제14호 서식)

인도와의 협정에 따른 원산지증명서의 서식

Certificate of Origin
Korea-India Comprehensive Economic Partnership Agreement
Original (Duplicate/Triplicate/Quadruplicate)

1. Exporter (name, address, country, e-mail address, telephone number, fax number)	Reference No.:
	KOREA-INDIA COMPREHENSIVE ECONOMIC PARTNERSHIP AGREEMENT
2. Producer (name, address, country) (optional)	**PREFERENTIAL CERTIFICATE OF ORIGIN**
	(Combined Declaration and Certificate)
	Issued in _____(Country) _____
3. Importer (name, address, country) (optional)	5. For Official Use
4. Means of transport and route (optional) Departure date: Vessel's name/Aircraft etc.: Port of Discharge	6. Remarks

7. HS Code (6 digit)	8. Description of goods, including quantity	9. Gross weight and value (FOB)	10. Origin criterion	11. Number and date of Invoices

12. Declaration by the exporter	13. Certification
The undersigned hereby declares that the above details and statement are correct; that all goods were produced in .... (Country) ... and that they comply with the origin requirements specified for these goods in the KOREA-INDIA Comprehensive Economic Partnership Agreement for the goods exported to .... (Importing Country)................... .... Place and date, signature of authorised signatory	It is hereby certified, on the basis of control out, that the declaration by the exporter is correct. .... Place and date, signature and stamp of issuing authority
14. ☐ Third country invoicing(name, address, country)	

210mm×297mm[보존용지(1종) 70g/m²)]

작 성 요 령

※ 이 서식은 영문으로 작성합니다.

1. 모든 물품은 각 해당 물품별로 인도와의 협정에 따른 협정관세를 적용받기 위해서 다음 각 호의 요건을 충족하여야 합니다.
   가. 협정관세 적용 대상 물품의 품명과 일치하여야 합니다.
   나. 인도와의 협정 제3.15조에 따른 직접운송요건을 충족하여야 합니다.
   다. 인도와의 협정 제3장의 원산지규정을 준수하여야 합니다.
2. 제1란에는 수출자의 성명, 주소, 수출국, 전화번호를 적습니다.
3. 제2란에는 생산자의 성명, 주소, 수출국을 적습니다.
4. 제3란에는 수입자의 성명, 주소, 수입국을 적습니다.
5. 제4란에는 물품을 운송하는 선박(항공기)의 출항일, 선박명(편명), 양륙항 등 운송수단 및 운송 경로를 알고 있는 범위에서 적습니다.
6. 제5란에는 수입당사국의 세관공무원이 해당 물품의 협정관세 적용여부를 "√" 표시한 후 서명합니다.
7. 제6란에는 원산지증명서 발급담당자가 원산지증명서를 소급발급한 경우에는 "소급발급", 재발급한 경우에는 "진정등본" 표시를 합니다.
8. 제7란에는 품목번호는 수입당사국의 「통일상품명 및 부호체계에 관한 국제협약」에 따른 품목번호를 적습니다.
9. 제8란의 품명은 그 해당 물품을 검사하는 세관공무원이 확인할 수 있도록 상세하게 적습니다.
10. 제9란에는 해당 물품의 총중량 및 본선인도가격을 적습니다.
11. 제10란에는 수출자(제조자 및 생산자 포함)가 해당 물품에 대한 원산지결정기준을 아래 표에 정한 방법으로 적습니다.

가. 수출당사국의 영역에서 완전생산된 물품	WO
나. 인도와의 협정 제3.4제1항제나호를 충족하는 물품	CTSH + RVC 35%
다. 품목별 원산지결정기준을 충족하는 물품 　(1) 세번변경기준을 충족하는 물품 　(2) 역내가치포함비율을 충족하는 물품 　(3) 세번변경기준 또는 역내가치포함비율을 충족하는 물품 　(4) 세번변경기준과 역내부가가치비율을 동시에 충족하는 물품 　(5) 특정 공정을 수행한 물품 　(6) 기타	CC, CTH, CTSH RVC % CC, CTH, CTSH 또는 RVC % CC, CTH, CTSH + RVC % SP Others
라. 인도와의 협정 3.14조를 충족하는 물품(개성공업지구에서 생산된 물품)	OP

12. 제11란에는 송장의 일련번호 및 발급일자를 적습니다.
13. 제12란에는 수출자가 원산지증명서 수출국, 수입국, 신청일자, 장소를 적은 후 서명합니다.
14. 제13란에는 원산지증명서 발급담당자가 원산지증명서의 발급일자 및 발급장소를 적고, 서명한 후 발급기관의 인장을 날인합니다.
15. 제14란에는 수출당사국이 아닌 제3국에서 송품장이 발급된 경우 "제3국 송품장(Third country invoicing)"란에 "√" 표시를 합니다. 이 경우 송장을 발행한 회사의 상호, 주소 및 국가명을 적습니다.

(6) 한-페루 FTA (별지 제15호 서식)

페루와의 협정 부속서 4-나에 따른 원산지증명서의 서식 (자율발급)

(앞쪽)

KOREA-PERU FREE TRADE AGREEMENT					
1. Exporter's Name and Address: Telephone: Fax: E-Mail	2. Blanket Period: YYYY MM DD YYYY MM DD From: ＿＿＿/＿/＿/ To: ＿＿＿/＿/＿/			
3. Producer's Name and Address: Telephone (optional): E-Mail (optional):	4. Importer's Name and Address: Telephone: Fax: E-Mail:			
5. Description of Good(s)	6. HS Tariff Classification#	7. Origin Criterion	8. Producer	9. Value Test	10. Country of Origin
11. Remarks:				

I certify that:

- The information in this document is true and accurate and I assume the responsibility for proving such representations. I understand that I am liable for any false statements or material omissions made on or in connection with this document.

- I agree to maintain, and present upon request, documentation necessary to support this Certificate, and to inform, in writing, all persons to whom the Certificate was given of any changes that would affect the accuracy or validity of this Certificate.

- The goods originate in the territory of one or both Parties and comply with the origin requirements specified for those goods in the Korea - Peru Free Trade Agreement.

This Certificate consists of ＿＿＿＿ pages, including all attachments.

12. Authorized signature:	Company:
Name:	Title:
YYYY MM DD Date: ＿＿＿/＿/＿/	Telephone: Fax:

210mm×297mm[백상지 80g/㎡(재활용품)]

작성방법

※ 이 서식은 수출자, 생산자가 명료하고 충분하게 작성해야 하며 협정관세의 적용을 신청할 때에 수입자가 갖추고 있어야 합니다. 이 서식은 영문으로 작성되어야 하며 타자로 치거나 인쇄체로 기재해야 합니다.

항목	기재내용
1. 수출자 정보	● 수출자의 법적이름과 주소(국가 및 도시를 포함합니다), 전화번호, 팩스번호 및 전자우편 주소를 기재합니다.
2. 포괄확인 기간	● 이 증명서가 12개월(포괄확인기간)까지의 특정 기간 동일한 수입자에 의해 대한민국 또는 페루로 수입되는 제5란에 기술된 바와 같은 동일 물품이 여러 번에 거쳐 반복하여 선적되는 경우 작성합니다. ● "부터"는 증명서가 포괄 증명서의 적용을 받는 품에 적용가능한 날이며(증명서 서명일보다 이전일 수 있음), "까지"는 포괄확인기간이 만료되는 날입니다. 이 증명서를 근거로 특혜관세 대우를 신청하고자 하는 물품의 선적은 이 기간 동안 선적되어야 합니다.
3. 생산자 정보	● 단일의 생산자일 경우, 해당 생산자의 법적 이름, 주소(국가 및 도시를 포함합니다), 전화번호(선택) 및 전자우편주소(선택)를 기재합니다. ● 다수의 생산자일 경우, "VARIOUS"로 기재하며, 제5란에 기재된 상품(들)과 상호 참조된 모든 생산자의 법적이름, 주소(국가 및 도시를 포함한다), 전화번호(선택), 전자우편주소(선택)를 포함하여 모든 생산자의 목록을 첨부하여야 합니다. 이 정보를 비밀로 유지하기를 희망하는 경우, "AVAILABLE UPON REQUEST"이라고 기재할 수 있습니다.
4. 수입자 정보	● 수입자의 법적이름, 주소(국가 및 도시를 포함한다), 전화번호, 팩스번호 및 전자우편 주소를 기재합니다.
5. 물품명세	● 각 물품의 물품명세를 기재합니다. 물품명세는 송품장상의 품명 및 물품의 품목번호(HS No.)와 연계할 수 있게 충분히 자세히 기재해야 합니다. ● 증명서가 단일 선적 분에만 한정되는 경우, 해당 선적분의 각 물품 수량, 일련번호를 기재합니다. 다만, 송품장번호(선택) 및 단위(선택)는 기재 가능한 경우에 기재합니다. ※ 다만, 송품장번호를 알 수 없는 경우, 배송주문번호, 구매주문번호 또는 각 물품을 구분할 수 있는 그 밖의 다른 양식의 번호와 같은 고유의 번호를 기재해야 합니다.
6. 품목번호 (HS No.)	● 제5란에 기재된 각 상품에 대해 품목번호(HS No.)를 6단위(6-digit)까지 기재합니다.

7. 원산지 결정기준	● 제5란의 기재된 각 물품에 대해, 아래 표를 참고하여 기준(A부터 D까지)중 어떤 기준이 적용되는 지를 확인하여 하나의 코드를 기재합니다. 원산지 결정기준은 협정 제3장(원산지 규정) 및 부속서 3가(품목별 원산지 규정)에 규정되어 있습니다. ● 원산지결정기준 표 | 원산지결정기준	기재방법
---	---
○ 해당 물품이 협정 제3.1조제1항가호에 언급된 바와 같이 어느 한 쪽 또는 양 당사국의 영역에서 "완전하게 획득되거나 전적으로 생산된"경우	A
○ 해당 물품이 협정 제3.1조제1항나호에 언급된 바와 같이 원산지 재료로만 전적으로 어느 한 쪽 또는 양 당사국의 영역에서 생산된 경우	B
○ 해당 물품이 협정 제3.1조제1항다호에 언급된 바와 같이 전적으로 어느 한 쪽 또는 양 당사국의 영역에서 생산되고 부속서3-가(품목별 원산지 규정)에 규정된 세부 원산지기준을 충족하는 경우	C
○ 해당 물품이 협정 제3.15조(영역 원칙)의 적용을 받는 경우	D		

8. 생산자	● 제5란에 기재된 각 물품에 대해, 작성자가 물품의 생산자인 경우 "YES"를 기재합니다.
	● 작성자가 상품의 생산자가 아닌 경우, "NO"를 기재하고 이 증명서가 다음 중 어느 것에 해당하는지에 따라 (1), (2) 또는 (3)을 기재합니다.
	  (1) 물품이 원산지물품의 자격을 갖추었다는 작성자의 인지
	  (2) 물품이 원산지물품의 자격을 갖추었다는 생산자의 서면 진술(원산지 증명서 이외에)에 대한 작성자의 신뢰
	  (3) 생산자가 수출자에게 자발적으로 제공한, 그 물품을 위해 작성되고 서명된 원산지 증명서	

9. 부가가치 산출기준	● 제5란에 기재된 각 물품에 대해, 해당 물품이 역내부가가치기준의 적용을 받는 경우, 역내부가가치비율이 공제법에 따라 산출된 경우에는 "BD"를, 집적법에 따라 계산된 경우에는 "BU"를 기재합니다. [참조 : 협정제3.3조(역내가치포함비율)]	
10. 원산지	● 원산지 국가의 이름을 기재합니다. ※ 페루로 수출되는 원산지 물품에 대해서는 "KR", 대한민국으로 수출되는 모든 원산지 물품에 대해서는 "PE"를 기재합니다.	
11. 비고	● 제5란에 기재된 물품이 품목분류 또는 재료의 가치에 대한 사전심사를 받은 물품인 경우와 같이 이 증명서와 관련한 추가적인 사항이 있는 경우에 해당사항을 기재합니다. 예) - 사전심사 결정물품일 경우, 사전심사 결정문 발급 당국, 발급번호 및 발급일을 기재합니다. - 협정 제3.7조 (최소허용수준)가 적용되는 경우	
12. 서명	● 수출자 또는 생산자가 작성 및 서명하고, 날짜를 기재합니다. 다만, 날짜는 해당 증명서가 작성·서명된 날입니다.	
참조	● 작성방법은 원산지 증명서를 작성하기 위한 참고용으로만 사용하며, 인쇄시 해당 증명서만 출력합니다.	

(7) 한-미 FTA(미국에서 한국으로 수입시 사용 권고) (별지 제17호 서식)

미합중국과의 협정에 따른 원산지증명서의 서식

Certificate of Origin
Korea-US Free Trade Agreement

1.Exporter (수출자)	Name (성명)		2. Blanket Period (원산지포괄증명기간)						
	Address(주소)								
	Telephone (전화)		YYYY (년)	MM (월)	DD (일)	YYYY (년)	MM (월)	DD (일)	
	Fax (팩스)		From __ __ / __ __ / __ __ (부터)			To: __ __ / __ __ / __ __ (까지)			
	E-mail (전자주소)								
3.Producer (생산자)	Name (성명)		4.Importer (수입자)	Name (성명)					
	Address(주소)			Address(주소)					
	Telephone (전화)			Telephone (전화)					
	Fax (팩스)			Fax (팩스)					
	E-mail (전자주소)			E-mail (전자주소)					

5. 원 산 지 증 명 대 상 물 품 내 역

Serial No. (연번)	Description of Good(s) (품명·규격)	Quantity & Unit (수량 및 단위)	HS No. (품목번호 HS 6단위)	Preference Criterion1) (원산지결정기준)	Country of Origin (원산지 국가)

6. Observations:
(특이사항)

I certify that:
본인은 다음 사항을 확인합니다.
- The information in this document is true and accurate and I assume the responsibility for proving such representations. I understand that I am liable for any false statements or material omissions made on or in connection with this document.
상기 서식에 기재된 내용은 사실이고 정확하며, 기재된 사항에 대한 책임은 본인에게 있습니다. 이 증명서 또는 이와 관련된 허위 진술 또는 중대한 사실 누락에 대해서는 본인에게 책임이 있음을 확인합니다.
- I agree to maintain, and present upon request, documentation necessary to support this Certificate, and to inform, in writing, all persons to whom the Certificate was given of any changes that would affect the accuracy or validity of this Certificate.
본인은 이 증명서를 입증하는데 필요한 문서를 보관하며, 요청이 있을 경우 이를 제출할 뿐 아니라, 이 증명서의 정확성이나 유효기간에 영향을 미치는 여타 변동사항에 대해서 이 증명서를 받은 관계자들에게 서면으로 통보할 것에 동의합니다.
- The goods originate in the territory of one or both Parties and comply with the origin requirements specified for those goods in the Korea -United State of America Free Trade Agreement.
해당 물품은 대한민국과 미합중국간의 자유무역협정에 따른 원산지결정기준을 충족하고 있음을 확인합니다.
This Certificate consists of _____ pages, including all attachments.
이 증명서는 첨부서류를 포함하여 총 __장으로 구성되어 있습니다.

7. Authorized Signature (서명권자의 서명)		Company (회사명)	
Name: (작성자 성명)		Title (직위)	
YYYY (년) __ __	MM (월) __ __ / DD (일) __ __	Telephone : (전화번호)	Fax: (팩스번호)

1) Originating goods in accordance with Article 6.1(a) of the Agreement(미합중국과의 협정 제6.1조 가호에 따른 원산지물품): WO
Originating goods in accordance with Article 6.1(b) of the Agreement(미합중국과의 협정 제6.1조 나호에 따른 원산지물품): PSR
Originating goods in accordance with Article 6.1(c) of the Agreement(미합중국과의 협정 제6.1조 다호에 따른 원산지물품): PE
* 수입자, 생산자 란은 기재 생략 가능하며, 한글본과 영문을 선택하여 사용할 수 있음

《원산지증명서 항목 [협정문 제6.15조 2항]》

① 증명인의 성명(필요한 경우 연락처 또는 그 밖의 신원확인 정보 포함)
② 상품의 수입자(아는 경우에 한한다.)
③ 상품의 수출자(생산자와 다른 경우에 한한다.)
④ 상품의 생산자(아는 경우에 한한다.)
⑤ 물품의 HS품목번호 및 품명
⑥ 상품이 원산지 상품임을 증명하는 정보
⑦ 증명일자
⑧ 증명서 유효기간(포괄증명의 경우)

한-미 FTA에서는 원산지증명이 정해진 형식으로 이루어질 필요가 없음을 규정하고 있다. 다만, 상기의 증명서 항목은 포함되어야 하며, 증명은 서면 또는 전자형태로 이루어져야 한다.(제6.15조제2항) 이와 같은 조치는 원산지증명으로 인한 기업의 불편을 해소하고자 하는 목적이었으나, 현실적으로는 협정에 규정한 증명서 식이 없으므로 인해 기업의 불편이 더 가중되는 경향이 있었다. 따라서 한국 관세청과 미 관세청은 나름의 권고서식을 제시하고 있으나, 제시 서식이 서로 상이한 점이 있어 상대국 세관에서 인정하지 않는 등의 문제가 발생하고 있다. 양국간 협의를 통해 공통서식을 마련하는 것이 좋을 것으로 판단된다.

(7) 한-미 FTA(한국에서 미국 수출시 사용 권고)

CERTIFICATION OF ORIGIN

OMB Number: 1651-0117
Expiration Date: 3-31-2015

US-Korea FTA (19 CFR 10 Subpart R)
www.cbp.gov/trade/free-trade-agreements/korea

Korea
Click To Reset

BLANKET ONLY:

IMPORTER
Name:
Address:
State/Province:
Zip/Postal Code:
Country: United States of America
Phone:
Email:

EXPORTER
Name:
Address:
State/Province:
Zip/Postal Code:
Country: Korea
Phone:
Email:

Additional Information / Notes

PRODUCER ☐ Same as Exporter
Name:
Address:
State/Province:
Zip/Postal Code:
Country: Korea
Phone:
Email:

Criterion (HTSUS GN 33(b) / UKFTA Art. 6.1) Summarized:

- **Criterion 1 (33(b)(I) / Art. 6.1(a)):** The good is wholly obtained or produced entirely in Korea or the United States.
- **Criterion 2 (33(b)(II)(A)&(B) / Art. 6.1(b)(I)&(II)):** Non-originating material(s) undergo(es) prescribed tariff shift and/or satisfies RVC requirements.
- **Criterion 3 (33(b)(III) / Art. 6.1(c)):** Good is produced entirely in Korea or US from materials described in Criterion 1 or 2.

Product(s) for which preference is claimed

Invoice Date	HTSUS #	Description	Quantity	Origin	Criterion

☒ Click this box to generate a second sheet with additional lines

I CERTIFY THAT:

The information on this document is true and accurate and I assume the responsibility for proving such representations. I understand that I am liable for any false statements or material omissions made on or in connection with this document;

I agree to maintain and present upon request, documentation necessary to support these representations;

The goods comply with all requirements for preferential tariff treatment specified for those goods in the United States-Korea Free Trade Agreement (UKFTA); and

This document consists of ____ pages, including all attachments.

Signature:
(click or hand sign)

Name & Title:
Date: Role:
Phone:
Email:

An agency may not conduct or sponsor an information collection and a person is not required to respond to this information unless it displays a current valid OMB control number and an expiration date. The control number for this collection is 1651-0117. The estimated average time to complete this format is 2 hours. If you have any comments regarding the burden estimate you can write to U.S. Customs and Border Protection Office of Regulations and Rulings, 90 K Street, NE, 10th Floor, Washington DC 20229.

Sheet 2 of 2

Product(s) for which preference is claimed (continued)

Invoice Date	HTSUS #	Description	Quantity	Origin	Criterion

Signature:
(click or hand sign)

Name & Title:

Date:

미국 관세청은 수출입기업이 쉽게 원산지증명서를 작성하도록 원산지증명서 템플릿을 제공하고 있다. 미국 수출시 이 템플릿을 사용하여 증명서를 작성한다면 미 세관의 원산지 검증시 유리하게 작용할 수 있다.
http://www.cbp.gov/sites/default/files/documents/Certification%20of%20Origin%20Template%20%28multi-agreement%29_0.pdf

(8) 한-EU FTA

◆ 한-EU FTA 원산지신고문안 확인업무 처리 지침('11.9.21)

1. 원산지신고문안의 형식적 요건 관련 확인 사항

> ※ 원산지신고문안 예시 : 영어 본
>
> The exporter of the products covered by this document (customs authorisation No '인증수출자번호' ①) declares that, except where otherwise clearly indicated, these products are of '제품의 원산지' ② preferential origin.
>
> '장소 및 일자' ③
> 수출자 또는 신고서 작성자의 성명 및 서명 ④

- 원산지신고문안은 협정문에서 정한 바와 일치해야 함
- ①란은 'customs authorisation No'없이 '인증번호'만 기재해도 인정 (예) ~~~ document (BE 74) declares that, ~~~
- ③란은 해당 서류에 표기되어 있는 경우, 생략 가능
    ※ - 상업송장에 발행일자가 표기되어 있으면 생략 가능
       - 상업송장 발행일자와 원산지신고서 작성일자가 다른 경우에는 기재
- ④란은 인증수출자가 원산지신고서를 작성한 경우, 생략 가능
- 원산지신고문안이 수기로 작성되는 경우, 잉크를 사용하여 대문자로 작성

2. 원산지신고문안의 '제품의 원산지표기' 관련 사항

(1) 원산지신고문안의 '원산지표기' 인정범위

- 협정문에 있는 당사자명 (예) THE FEDERAL REPUBLIC OF GERMANY, THE EUROPEAN UNION
- 국제적으로 통용되는 국가명 (예) Greece, England, Scotland, Wales
- 당사자 국가의 ISO 코드 (예) GR, GB, DE, IT
- 'EU'표기, 'EC' 및 'European Community'표기
- 원산지가 영국인 제품 : 'UK'표기 (협정문상 표기된 약어)

- 당사국의 형용사 표기 (예) Danish, German, Italian, French
- EU측 각 당사자 언어 협정문에 표현된 'EU'표기

언어종류	'EU'표기 (원어)	약어표기
스페인	Unión Europea	'UE'
프랑스	l'Union européenne	
이탈리아	dell'Unione europea	
폴란드	Unii Europejskiej	
포르투칼	União Europeia	
루마니아	Uniunii Europene	
말타	tal-Unjoni Ewropea	
라트비아	Eiropas Savienības	'ES'
리투아니아	Europos Sąwjungos	
그리스	Ευρωπαϊκής Ένωσης	'EE'
불가리아	Европейския съюз	'EC'

(2) 원산지표기 이외에 다른 문구가 추가로 기재되어 있는 경우
- '원산지표기'가 명확하게 표시되어 있으면, 다른 문구가 추가로 기재되어 있는 경우에도 인정
  (예) EEC/Germany, Europe/FR/EU

(3) 원산지제품과 비원산지제품이 하나의 원산지신고서에 혼재된 경우
- ②란 '제품의 원산지'에는 원산지제품의 원산지를 표기, 비원산지 제품은 구분될 수 있도록 해당서류에 달리 명확하게 표기
  ※ 구분표기하는 방법은 제한 없음

관련판례

CHAPTER 5-4

상공회의소 발행 원산지증명서에 근거한 협정세율 적용(한-EU FTA)

한-EU FTA 특혜관세 적용을 위해서는 유럽역내 인증수출자가 발행한 원산지신고서를 필수적으로 제출하여야 하나, 청구법인은 한-EU FTA협정에서 정한 인증수출자가 아닌 자국 상공회의소에서 발행한 원산지증명서를 제출하여 특혜관세를 적용하여 줄 것을 신청한 점 등을 고려해 보면, 처분청이 청구법인의 한-EU FTA 협정관세 적용을 배제한 처분은 달리 잘못이 없다고 판단된다.

[조심2013관0246, 2013.12.19]

(9) 한-콜롬비아 FTA (별지 제18호 서식)

콜롬비아와의 협정에 따른 원산지증명서의 서식

CERTIFICATE OF ORIGIN
KOREA-COLOMBIA FREE TRADE AGREEMENT

1. Exporter's Name and Address: Telephone: FAX: E-Mail:	2. Blanket Period: 　　　　YYYY MM DD　　YYYY MM DD From: _____/___/___/ To: _____/___/___/
3. Producer's Name and Address: Telephone (optional): E-Mail (optional):	4. Importer's Name and Address: Telephone: FAX: E-Mail:

5. Description of Good(s)	6. HS Tariff Classification #	7. Origin Criterion	8. Producer	9. Value Test	10. Country of Origin

11. Remarks:
I certify that: - The information in this document is true and accurate and I assume the responsibility for proving such representations. I understand that I am liable for any false statements or material omissions made on or in connection with this document. - I agree to maintain, and present upon request, documentation necessary to support this Certificate, and to inform, in writing, all persons to whom the Certificate was given of any changes that would affect the accuracy or validity of this Certificate. - The goods originate in the territory of one or both Parties and comply with the origin requirements specified for those goods in the Korea-Colombia Free Trade Agreement. This Certificate consist of _____ pages, including all attachments.

12. Authorized signature: Name: 　　　YYYY MM DD Date: _____/___/___	Company: Title: Telephone: Fax:

210mm×297mm[백상지 80g/m²(재활용품)]

작 성 요 령

※ 이 서식은 수출자에 의해 명료하고 충분하게 작성되어야 하며 협정관세의 적용을 신청할 때에 수입자가 갖추고 있어야 합니다. 이 서식은 수출자에게 사용될 목적으로 생산자에 의해 자발적으로 작성될 수도 있습니다. 이 서식은 영문으로 작성되어야 하며 타자로 치거나 인쇄되어야 합니다. 작성을 위한 추가 공간이 필요한 경우 별지를 사용하십시오.

1. 제1란에는 수출자의 성명, 주소(도시 및 국가를 포함한다), 전화번호, 팩스번호, 이메일주소, 그리고 사업자등록번호 등의 식별번호(선택기재)를 적습니다.
2. 제2란은 이 증명서가 제5란의 물품과 동일한 물품의 복수 선적에 적용될 경우 12개월을 넘지 않는 포괄증명기간을 적습니다. "FROM"은 증명서가 포괄증명물품에 적용 가능하게 되는 날이며(이 증명서의 서명일보다 앞설 수도 있습니다), "TO"는 포괄증명기간이 종료되는 날입니다. 이 증명서를 근거로 협정관세 적용의 신청이 이루어지는 물품의 수입은 두 날짜 사이에 이루어져야 합니다.
3. 제3란에는 생산자의 성명, 주소(도시 및 국가를 포함한다), 전화번호, 팩스번호, 이메일 주소, 그리고 사업자등록번호 등의 식별번호(선택기재)를 적습니다. 둘 이상의 생산자가 증명서에 포함될 경우에는 "VARIOUS"로 적고, 제5란의 증명물품과 관련된 모든 생산자의 성명, 주소(도시 및 국가를 포함한다), 전화번호, 팩스번호, 이메일 주소, 그리고 사업자등록번호 등의 식별번호(선택기재)가 적힌 생산자 목록을 첨부합니다. 수출자가 생산자에 대한 정보를 비밀로 유지하기를 원하는 경우에는 "AVAILABLE TO CUSTOMS UPON REQUEST"로 적습니다.
4. 제4란에는 제1란에 정의된 수입자의 성명, 주소(도시 및 국가를 포함한다), 전화번호, 팩스번호, 이메일 주소를 적습니다.
5. 제5란에는 각 물품에 대한 상세한 품명을 적습니다. 품명은 송품장 및 HS(국제통일상품분류체계)상의 품명과 연계할 수 있도록 충분한 세부내역을 포함해야 합니다. 이 증명서가 물품의 단일 선적에 적용될 경우에는 각 물품의 수량, 측정단위 및 고유의 참조번호(송품장번호, 배송주문번호, 구매주문번호 또는 물품을 식별하는 데 사용될 수 있는 번호 등)를 적습니다.
6. 제6란에는 제5란의 각 물품에 대한 HS 품목번호를 6단위까지 적습니다.
7. 제7란에는 제5란의 각 물품에 적용되는 원산지결정기준을 아래의 표에 따라 적습니다. 원산지결정기준은 콜롬비아와의 협정(이하 "협정") 제3장(원산지규정) 및 부속서3-가(품목별 원산지기준)에 규정되어 있습니다.

기재 문구	원산지결정기준
A	협정 제3.1조가호에 따라 체약당사국의 영역에서 완전생산된 경우
B	협정 제3.1조나호에 따라 체약당사국의 영역에서 전적으로 생산되고 품목별 원산지결정기준을 충족하는 경우
C	협정 제3.1조다호에 따라 체약당사국의 영역에서 전적으로 원산지재료로만 생산된 경우
D	협정 제3.16조(영역원칙)의 적용을 받는 경우

8. 제8란에는 제5란의 각 물품에 대해 본인이 생산자일 경우 'YES'를 적습니다. 본인이 생산자가 아닐 경우 'NO'를 적고, 이 증명서의 작성 근거를 아래의 표에 따라 적습니다.

기재 문구	증명서 작성근거
(1)	물품이 원산지물품으로서의 자격을 갖추었다는 본인의 인지
(2)	물품이 원산지물품으로의 자격을 갖추었다는 생산자의 서면 진술(원산지증명서는 제외한다)에 대한 본인의 신뢰
(3)	생산자가 수출자에게 자발적으로 제공한, 그 물품을 위해 작성되고 서명된 원산지증명서

9. 제9란에는 제5란의 각 물품에 대한 원산지결정기준으로 역내부가가치비율 기준이 적용되는 경우에, 역내부가가치가 공제법에 의해 계산되었다면 'BD', 집적법에 의해 계산되었다면 'BU'를 적습니다.(협정 제3.3조 참조)
10. 제10란에는 원산지 국가명을 적습니다. 콜롬비아로 수출되는 원산지물품에 대해서는 'KR', 대한민국으로 수출되는 원산지물품에 대해서는 'CO'를 적습니다.
11. 제11란에는 제5란의 물품에 대해 품목분류나 원산지에 대한 사전심사를 받은 경우 등 이 증명서와 관련된 다른 참고사항이 있는 경우에 그 발급기관, 사업자등록번호 등의 식별번호 및 발급일자를 적습니다.
12. 제12란은 수출자가 작성, 서명하고 날짜를 적어야 합니다. 수출자에게 사용될 목적으로 생산자가 증명서를 작성하는 경우에는 생산자가 작성, 서명하고 날짜를 적어야 합니다. 날짜는 이 증명서가 작성되고 서명된 날이어야 합니다.

(10) 한-호주 FTA (별지 제18호 서식)

호주와의 협정에 따른 원산지증명서의 서식

Korea-Australia Free Trade Agreement Certificate of Origin			
1. Issuing Number:			
2. Exporter- Name and contact details:	3. Blanket Period for multiple shipments: From: (DD/MM/YYYY)　　　　To: (DD/MM/YYYY)		
4. Producer- Name and contact details (optional field):	5. Importer- Name and contact details (optional field):		
6. Description of good(s) (including quantity, invoice number or other unique reference number where appropriate):	7. Harmonized System code(six digits):		8. Preference criterion:
9. Observations (optional field):			
10. Declaration: I certify that: - The information in this document is true and accurate and I assume the responsibility for proving such representations. I understand that I am liable for any false statements or material omissions made on or in connection with this document. - I agree to maintain, and present upon request, documentation necessary to support this Certificate, and to inform, in writing, all persons to whom the Certificate was given of any changes that would affect the accuracy or validity of this Certificate. - The goods originate in the territory of one or both Parties and comply with the origin requirements specified for those goods in the Korea - Australia Free Trade Agreement. This Certificate consist of _____ pages, including all attachments.			
11. Signature:	Company or Authorised Body		
Name:	Title:		
Date:	Contact details:		

210mm×297mm[백상지 80g/㎡(재활용품)]

작 성 요 령

※ 이 서식은 수출자, 생산자 또는 원산지증명서발급기관(호주의 발급권한이 있는 기관에 한정한다)이 명료하고 충분하게 작성해야 하며 협정관세의 적용을 신청할 때에 수입자가 갖추고 있어야 합니다. 이 서식은 영문으로 작성되어야 하며 타자로 치거나 인쇄체로 기재해야 합니다. 작성을 위한 추가 공간이 필요한 경우 별지를 사용하십시오.

1. 제1란에는 증명서의 고유번호(발급 일련번호)를 적습니다.
2. 제2란에는 수출자의 성명과 연락처(주소, 전화번호, 팩스번호, 이메일주소를 포함한다)를 적습니다.
3. 제3란은 이 증명서가 제6란의 물품과 동일한 물품의 복수 선적에 적용될 경우 포괄증명기간을 적습니다. "FROM"은 증명서가 포괄증명물품에 적용 가능하게 되는 날이며(이 증명서의 서명일보다 앞설 수도 있습니다), "TO"는 포괄증명기간이 종료되는 날입니다. 이 증명서를 근거로 협정관세 적용의 신청이 이루어지는 물품의 수입은 두 날짜 사이에 이루어져야 합니다.
4. 제4란의 기재는 선택사항으로 생산자의 성명, 연락처(주소, 전화번호, 팩스번호, 이메일주소를 포함한다)를 적습니다.
5. 제5란의 기재는 선택사항으로 수입자의 성명, 연락처(주소, 전화번호, 팩스번호, 이메일주소를 포함한다)를 적습니다.
6. 제6란에는 각 물품에 대한 상세한 품명을 적습니다. 품명은 송품장 및 HS(국제통일상품분류체계)상의 품명과 연계할 수 있도록 충분한 세부명세를 포함해야 합니다. 이 증명서가 물품의 단일 선적에 적용될 경우에는 각 물품의 수량, 측정단위(가능한 경우 일련번호를 포함한다)와 상업 송품장에 표시된 송품장 번호를 적습니다. 송품장 번호를 알 수 없는 경우 고유의 참조번호(배송주문번호, 구매주문번호 또는 물품을 식별하는 데 사용될 수 있는 번호 등)를 적습니다.
7. 제7란에는 제6란의 각 물품에 대한 HS 품목번호를 6단위까지 적습니다.
8. 제8란에는 제6란의 각 물품에 적용되는 원산지결정기준을 아래의 표에 따라 적습니다. 원산지결정기준은 호주와의 협정(이하 "협정") 제3장(원산지규정) 및 부속서3-가(품목별 원산지기준)에 규정되어 있습니다.

원산지결정기준	기재 문구
협정 제3.1조 가호에 따라 체약당사국의 영역에서 완전생산된 경우	WO
협정 제3.1조 나호에 따라 체약당사국의 영역에서 전적으로 원산지재료로만 생산된 경우	PE
협정 제3.1조 다호에 따라 체약당사국의 영역에서 전적으로 생산되고 품목별 원산지기준을 충족하는 경우	PSR
협정 제3장(원산지규정)에 따라 원산지 물품으로 인정되는 경우	Other

9. 제9란에는 제6란의 각 물품에 대해 사전심사를 받거나 비당사국에서 송품장이 발급되는 경우 등 이 증명서와 관련된 다른 참고사항이 있는 경우에 적습니다.
10. 제11란에는 수출자가 작성, 서명하고 날짜를 적어야 합니다. 수출자에게 사용될 목적으로 생산자가 증명서를 작성하는 경우에는 생산자가 작성, 서명하고 날짜를 적어야 합니다. 호주의 경우 수출자 또는 생산자가 서면 신청서를 제출하면 권한 있는 기관이 증명서를 발급할 수 있으며 권한 있는 기관은 이 란을 작성, 서명하고, 날짜를 적고, 관인을 날인해야 합니다. 이 란의 날짜는 이 증명서가 작성되고 서명된 날이어야 합니다.

호주 산업협회 원산지증명서 SAMPLE

ORIGINAL

EXPORTER – Name and contact details	CERTIFICATE No.
	EXPORTERS REFERENCE
(Optional) Producer – name and contact details	(Optional) Importer – name and contact details

AUSTRALIAN INDUSTRY GROUP
Level 2, 441 St Kilda Road
MELBOURNE VICTORIA 3004 AUSTRALIA
T: +61 (0)3 9867 0111 F: +61 (0)3 9867 0157

The Australian Chamber of Manufactures has merged with the MTIA to form the Australian Industry Group

KOREA - AUSTRALIA FREE TRADE AGREEMENT CERTIFICATE OF ORIGIN

BLANKET PERIOD (Optional) For multiple shipments.	FROM (DD MMM YYYY)	TO (DD MMM YYYY)

HARMONIZED SYSTEM CODE (SIX DIGITS)	PREFERENCE CRITERION	DESCRIPTION OF GOODS

I certify that:
- The information in this document is true and accurate and I assume the responsibility for proving such representations. I understand that I am liable for any false statements or material omissions made on or in connection with this document.
- I agree to maintain, and present upon request, documentation necessary to support this Certificate, and to inform, in writing, all persons to whom the Certificate was given of any changes that would affect the accuracy or validity of this Certificate.
- The goods originate in the territory of one or both Parties and comply with the origin requirements specified for those goods in the Australia – Korea Free Trade Agreement.

This Certificate consists of _____ pages, including all attachments.

SIGNED: ....

COMPANY: .... ID: ....

This Certificate is based on the information supplied to the Designated Issuing Authority by the Consignor and it is not to be taken as amounting to a warranty or representation of fact by the Designated Authority or its servants. The undersigned, duly authorised by the Designated Issuing Authority certifies on the basis of information supplied and to the best of his knowledge and belief that the goods designated above are of AUSTRALIAN origin, production or manufacture under the provisions of the Australia – Korea Free Trade Agreement.

NAME OF AUTHORISED OFFICER

SIGNATURE OF AUTHORISED OFFICER

TITLE

DATE

v.1

호주 상공회의소 원산지증명서 SAMPLE

2. Goods Consigned from (Exporter's name, address and country)	1. Certificate of Origin No.　　　　　Form KAFTA ORIGINAL
	KOREA – AUSTRALIA FREE TRADE AGREEMENT (KAFTA) CERTIFICATE OF ORIGIN (Combined Declaration and Certificate) Issued in **AUSTRALIA**
4. Producer, including contact details (optional)	
5. Goods Consigned to (Importer's/ Consignee's name, address, country)	3. Blanket Period for Multiple Shipments This Certificate is applicable to a single shipment only. **For Official Use** ☐ Preferential Treatment Given Under KAFTA ☐ Preferential Treatment Not Given (Please state reason/s)
Means of transport and route (if known) Shipment Date: Vessel's name/Aircraft etc.: Port of Loading: Port of Destination:	Signature of Customs Official of the Importing Country

6. Description of each good; including quantity (or unit of measurement), series number, and any other unique reference numbers where applicable	Invoice number(s) and date of invoice(s) for each good	7. Harmonized System Code (6 digits - for each good)	8. Preference Criterion (WO, PE, PSR or Other - for each good)

9. Observations (optional)			☐ De Minimis

| 10. Declaration by the exporter I am the authorised representative of: _____ (exporter) The information in this document is true and accurate and I assume the responsibility for proving such representations. I understand that I am liable for any false statements or material omissions made on or in connection with this document. I agree to maintain, and present upon request, documentation necessary to support this Certificate, and to inform, in writing, all persons to whom the Certificate was given of any changes that would affect the accuracy or validity of this Certificate. The goods originate in _____ (the territory of one or both of the Parties) and comply with the origin requirements specified for those goods in the Australia – Korea Free Trade Agreement. This Certificate consists of ____ pages, including all attachments. 11. _____ Signature of authorised representative of exporter _____ Printed name of authorised representative of exporter _____ Company name & telephone/ email address _____ Date | **Certification** On the basis of control carried out, it is hereby certified that the information herein is correct and that the goods described comply with the origin requirements specified in the Korea-Australia Free Trade Agreement. **AUSTRALIAN CHAMBER OF COMMERCE AND INDUSTRY** **ACCI** Level 3, Commerce House, 24 Brisbane Avenue, Barton A.C.T. 2600, Australia Telephone International (+612) 6273 2311 – Local (02) 6273 2311 ABN 85 008 391 795 Authorised to issue Certificates of Origin by the Government of the Commonwealth of Australia This form © Australian Chamber of Commerce and Industry 2015 (v.2) Document not certified unless authorised seal and signature appear in the space below. _____ Place and date, name and signature of issuing officer, and stamp of Issuing Authority/ Body |

호주 상공회의소(ACCI)에서 발행하는 원산지증명서 양식이 2015년5월27일자로 변경되었음에도 불구하고 신양식과 구양식을 병행하여 발급 중으로 구양식도 유효한 원산지증명서로 인정하여 협정관세 적용이 가능하다. **(관세청 지침, '15.8.6)**

(11) 한-캐나다 FTA (별지 제20호 서식)

캐나다와의 협정에 따른 원산지증명서의 서식

(앞쪽)

Certificate of Origin **Korea-Canada Free Trade Agreement**					
1. Exporter's Name and Address: Telephone: Fax: E-mail: Reference No.	2. Blanket Period: From: ___/__/__ 　　　YYYY MM DD To: ___/__/__ 　　YYYY MM DD				
3. Producers's Name and Address: Telephone: Fax: E-mail: Reference No.	4. Importer's Name and Address: Telephone: Fax: E-mail: Reference No.				
5. Description of Good(s)	6. HS Tariff Classification #	7. Preference Criterion	8. Producer	9. Value Test	10. Country of Origin

I certify that:

- the information in this document is true and accurate and I assume the responsibility for proving such representations. I understand that I am liable for any false statements or material omissions made on or in connection with this document.

- I agree to maintain, and present upon request, documentation necessary to support this Certificate, and to inform, in writing, all persons to whom the Certificate was given of any changes that would affect the accuracy or validity of this Certificate.

- The goods originate in the territory of one or both Parties and comply with the origin requirements specified for those goods in the Korea Canada Free Trade Agreement.

- This Certificate consists of _____ pages, including all attachments.

11. Authorized signature:	Company:
Name:	Title:
Date: ___/__/__ 　　　YYYY MM DD	Telephone: Fax:

210mm×297mm[백상지 80g/㎡(재활용품)]

작 성 요 령

※ 이 서식은 수출자가 명료하고 충분하게 작성하여야 하며 협정관세의 적용을 신청할 때에 수입자가 갖추고 있어야 합니다. 이 서식은 수출자에게 사용될 목적으로 생산자가 자발적으로 작성할 수도 있습니다. 이 서식은 영문으로 작성되어야 하며 타자로 치거나 인쇄체로 기재해야 합니다. 작성을 위한 추가 공간이 필요한 경우 별지를 사용하십시오.

1. 제1란에는 수출자의 성명, 주소(도시 및 국가를 포함한다), 전화번호, 팩스번호, 이메일주소 및 참조번호(선택기재사항)를 적습니다.
2. 제2란은 이 증명서가 제5란의 물품과 동일한 물품의 복수 선적에 적용될 경우 12개월을 넘지 않는 포괄증명기간을 적습니다. "FROM"은 증명서가 포괄증명물품에 적용 가능하게 되는 날이며(이 증명서의 서명일보다 앞설 수도 있습니다), "TO"는 포괄증명기간이 종료되는 날입니다. 이 증명서를 근거로 협정관세 적용의 신청이 이루어지는 물품의 수입은 두 날짜 사이에 이루어져야 합니다.
3. 제3란에는 생산자의 성명, 주소(도시 및 국가를 포함한다), 전화번호, 팩스번호, 이메일주소 및 참조번호(선택기재사항)를 적습니다. 둘 이상의 생산자가 증명서에 포함될 경우에는 "VARIOUS"라고 적고, 제5란의 증명물품과 상호 참조된 모든 생산자의 성명, 주소(도시 및 국가를 포함한다), 전화번호, 팩스번호, 이메일주소 및 참조번호(선택기재사항)가 적힌 생산자 목록을 첨부합니다. 수출자가 생산자에 대한 정보를 비밀로 유지하기를 원하는 경우에는 "AVAILABLE TO CUSTOMS UPON REQUEST"라고 적어야 합니다.
4. 제4란에는 수입자의 성명, 주소(도시 및 국가를 포함한다), 전화번호, 팩스번호, 이메일주소를 적습니다.
5. 제5란에는 각 물품에 대한 상세한 품명을 적습니다. 품명은 송품장 및 HS(국제통일상품분류체계)상의 품명과 연계할 수 있도록 충분한 세부내역을 포함해야 합니다. 이 증명서가 물품의 단일 선적에 적용될 경우에는 각 물품의 수량, 측정단위(가능한 경우 일련번호를 포함한다) 및 상업 송품장에 표시된 송품장 번호를 적습니다. 송품장 번호를 알 수 없는 경우 고유의 참조번호(배송주문번호, 구매주문번호 또는 물품을 식별하는 데 사용될 수 있는 번호 등)를 적습니다.
6. 제6란에는 제5란의 각 물품에 대한 HS 품목번호를 6단위까지 적습니다.
7. 제7란에는 제5란의 각 물품에 적용되는 원산지결정기준을 아래의 표에 따라 적습니다. 원산지결정기준은 캐나다와의 협정(이하 "협정") 제3장(원산지규정) 및 부속서3-가(품목별 원산지기준)에 규정되어 있습니다.

기재 문구	원산지결정기준
A	협정 제3.2조에 따라 체약당사국의 영역에서 완전생산된 경우
B	협정 제3.1조 가호 1목·2목·3목에 따라 체약당사국의 영역에서 전적으로 원산지재료만 생산된 경우
C	협정 제3장, 제3.1조 나호, 부속서3-가에 따라 체약당사국의 영역에서 전적으로 생산되고 품목별 원산지기준을 충족하는 경우
D	부속서3-가의 세번변경기준을 충족하지 않더라도 협정 제3.3조 제2항 및 제3.4조에 해당하는 경우

8. 제8란에는 제5란의 각 물품에 대해 본인이 생산자일 경우에는 "YES"를 적습니다. 본인이 생산자가 아닐 경우에는 "NO"를 적고, 이 증명서의 작성 근거를 아래의 표에 따라 적습니다.[예시: NO(1)]

기재 문구	증명서 작성근거
(1)	물품이 원산지물품으로서의 자격을 갖추었다는 본인의 인지
(2)	물품이 원산지물품으로서의 자격을 갖추었다는 생산자의 서면 진술(원산지증명서를 제외한다)에 대한 본인의 신뢰
(3)	생산자가 수출자에게 자발적으로 제공한, 그 물품을 위해 작성하고 서명한 원산지증명서

9. 제9란에는 제5란의 각 물품이 부가가치계산방법으로 순원가를 기준으로 적용하는 경우에는 "NC" 또는 거래가격이나 공장도가격을 기준으로 적용하는 경우에는 "TV"로 적습니다. 일정 기간에 걸쳐 순원가법으로 계산하는 경우에는 그 계산기간의 시작일과 종료일(YYYY/MM/DD~YYYY/MM/DD)을 적어야 합니다.
10. 제10란에는 캐나다로 수출되는 모든 원산지물품의 경우에는 "KR"을 적고, 한국으로 수출되는 모든 원산지물품의 경우에는 "CA"를 적습니다.
11. 제11란은 수출자가 작성, 서명하고 날짜를 적어야 합니다. 수출자에게 사용될 목적으로 생산자가 증명서를 작성하는 경우에는 생산자가 작성, 서명하고 날짜를 적어야 합니다. 날짜는 이 증명서가 작성되고 서명된 날이어야 합니다.

(12) 한-뉴질랜드 FTA (별지 제21호 서식)

뉴질랜드와의 협정에 따른 원산지증명서의 서식

<table>
<tr><td colspan="6" align="center">Origin Declaration
Korea-New Zealand Free Trade Agreement</td></tr>
<tr><td colspan="3">1. Exporter's Name and Address:

Telephone:　　　　Fax:

E-Mail:

Reference No.</td><td colspan="3">2. Blanket Period:

　　　YYYY　MM　DD　　　YYYY　MM　DD
From:　　/　/　　　To:　　/　/</td></tr>
<tr><td colspan="3">3. Producer's Name and Address:

Telephone:　　　　Fax:

E-Mail:

Reference No.</td><td colspan="3">4. Importer's Name and Address:

Telephone:　　　　Fax:

E-Mail:</td></tr>
<tr><td>5. Description of good(s)</td><td>6. HS Tariff Classification</td><td>7. Preference Criterion</td><td>8. Producer</td><td>9. Value Test</td><td>10. Country of origin</td></tr>
<tr><td></td><td></td><td></td><td></td><td></td><td></td></tr>
<tr><td colspan="6">11. Observations:</td></tr>
<tr><td colspan="6">I certify that:

- The information in this document is true and accurate and I assume the responsibility for proving such representations. I understand that I am liable for any false statements or material omissions made on or in connection with this document.

- I agree to maintain, and present upon request, documentation necessary to support this declaration, and to inform, in writing, all persons to whom the declaration was given of any changes that would affect the accuracy or validity of this declaration.

- The goods originate in the territory of one or both of the Parties and comply with the origin requirements specified for those goods in the Korea-New Zealand Free Trade Agreement.

This declaration consists of _____ pages, including all attachments.</td></tr>
<tr><td colspan="3">12. Authorized signature:</td><td colspan="3">Company:</td></tr>
<tr><td colspan="3">Name:</td><td colspan="3">Title:</td></tr>
<tr><td colspan="3">　　　YYYY　MM　DD
Date:　　/　/</td><td colspan="3">Telephone:　　　　Fax:</td></tr>
</table>

210mm×297mm[백상지 80g/㎡(재활용품)]

작 성 요 령

※ 이 서식은 수출자 또는 생산자(이하 '작성자')가 원산지신고서를 송품장 등에 기재방식이 아닌 신고서 방식으로 작성하고자 할 경우 사용할 수 있습니다. 작성자는 이 서식을 명료하게 빠짐없이 작성하여야 하며 협정관세의 적용을 신청할 때에 수입자가 갖추고 있어야 합니다. 이 서식은 영문으로 작성되어야 하며 타자로 치거나 인쇄체로 기재하여야 합니다. 작성을 위한 추가 공간이 필요한 경우 별지를 사용하십시오.

1. 제1란에는 수출자의 법적 이름, 주소(도시 및 국가 포함), 전화번호, 팩스번호, 이메일 주소, 참조번호(선택사항)를 적습니다.
2. 제2란은 이 증명서가 제5란의 물품과 동일한 물품의 복수 선적에 적용될 경우 포괄증명기간(최대 12개월)을 적습니다. "FROM"은 증명서가 포괄증명물품에 적용 가능하게 되는 날이며(이 증명서의 서명일보다 앞설 수도 있습니다), "TO"는 포괄증명기간이 종료되는 날입니다. 이 증명서를 근거로 협정관세 적용의 신청이 이루어지는 물품의 수입은 두 날짜 사이에 이루어져야 합니다.
3. 제3란의 생산자가 한 명인 경우에는, 제1란에서 정의한 바와 같이, 그 생산자의 법적 이름과 주소(도시 및 국가 포함), 전화번호, 팩스번호, 이메일 주소 및 참조번호(선택사항)를 적습니다. 둘 이상의 생산자가 신고서에 포함되는 경우에는, "다수"로 기재하고 제5란의 물품과 상호 참조되는, 모든 생산자의 법적 이름, 주소(도시 및 국가 포함), 전화번호, 팩스번호, 이메일 주소 및 참조 번호(선택사항)를 포함하여 모든 생산자의 목록을 첨부합니다. 이러한 정보의 비밀 유지를 희망하는 경우, 'AVAILABLE TO CUSTOMS UPON REQUEST'라고 기재할 수 있습니다.
4. 제4란에는 수입자의 법적 이름과 주소(도시 및 국가 포함), 전화번호, 팩스번호 및 이메일 주소를 적습니다.
5. 제5란에는 각 물품에 대한 상세한 품명을 적습니다. 품명은 송품장 및 HS(국제통일상품분류체계)상의 품명과 연계할 수 있도록 충분한 세부내역을 포함해야 합니다. 이 증명서가 물품의 단일 선적에 적용될 경우에는 각 물품의 수량, 측정단위(가능한 경우 일련번호를 포함한다) 및 상업 송품장에 표시된 송품장 번호를 적습니다. 송품장 번호를 알 수 없는 경우 고유의 참조번호(배송주문번호, 구매주문번호 또는 물품을 식별하는 데 사용될 수 있는 번호 등)를 적습니다.
6. 제6란에는 제5란의 각 물품에 대한 HS 품목번호를 6단위까지 적습니다.
7. 제7란에는 제5란의 각 물품에 적용되는 원산지결정기준을 아래의 표에 따라 적습니다. 원산지결정기준은 뉴질랜드와의 협정(이하 "협정") 제3장(원산지규정 및 원산지절차) 및 부속서3-가(품목별원산지기준)에 규정되어 있습니다.

기재문구	원산지결정기준
A	협정 제3.2조 가호에 따라 체약당사국의 영역에서 완전생산된 경우
B	협정 제3.2조 다호에 따라 체약당사국의 영역에서 전적으로 원산지재료로만 생산된 경우
C	협정 제3.2조 나호에 따라 체약당사국의 영역에서 전적으로 생산되고 품목별원산지기준을 충족하는 경우
D	체약당사국의 영역에서 전적으로 생산되지만 특정 비원산지 재료가 필요한 세번변경을 거치지 않아 품목별원산지기준을 충족하지 않는 경우
E	협정 부속서 3-나(한반도역외가공지역 위원회)에 근거하여 역외가공지역에서 생산된 경우

8. 제8란에는 제5란의 물품을 작성자가 생산한 경우 'YES'라고 적습니다. 작성자가 생산하지 아니한 경우 'NO'를 적고 그 옆에 아래의 표에 따라 (1), (2), (3) 중 해당하는 것을 적습니다.

기재 문구	원산지증명서 작성근거
(1)	물품이 원산지물품 자격을 갖추었는지에 대한 작성자의 인지
(2)	물품이 원산지물품 자격을 갖추었다는 생산자의 서면진술(원산지신고서를 제외한다)에 대한 작성자의 신뢰
(3)	생산자가 수출자에게 자발적으로 제공한 원산지신고서(해당 물품에 대하여 작성되고 서명)

9. 제9란에는 제5란의 물품이 역내부가가치 기준을 적용받는 경우에 한정하여, 협정 제3.4조의 공제법에 따라 계산된 경우 'BD', 집적법에 따라 계산된 경우 'BU'를 적습니다.
10. 제10란에는 해당 물품의 원산지국가('KR' 또는 'NZ')를 기재합니다.
11. 제11란에는 제5란의 각 물품에 대해 사전심사, 품목분류 및 역내부가가치 등에 대한 판정을 받은 경우 이 증명서와 관련된 다른 참고사항이 있는 경우에 적습니다.(발급당국, 참조번호 및 발급날짜 포함)
12. 제12란에는 수출자가 작성, 서명하고 날짜를 적어야 합니다. 수출자의 사용을 위하여 생산자가 증명서를 작성하는 경우에는 생산자가 작성, 서명하고 날짜를 적어야 합니다. 이 란의 날짜는 이 증명서가 작성되고 서명된 날이어야 합니다.

뉴질랜드와의 협정에 따른 원산지증명서에 기재할 사항
(제9조의13제1항관련)

상업 서류에 기재할 문안	I.....................¹⁾ being the ....²⁾ hereby declare that the goods enumerated on this invoice are originating from ....³⁾ in that they comply with the provisions of Chapter 3 (Rules of Origin and Origin Procedures) of the Korea-New Zealand Free Trade Agreement. Observations: ⁴⁾ Signature _____ Date: _____⁵⁾

작성
방법
	위 원산지신고 문안을 송품장 또는 물품과 관련된 그 밖의 서류(이하 "송품장 등")에 영문으로 다음과 같이 작성합니다.
	
	1) 작성자(수출자 또는 생산자)의 성명 및 직책을 기재합니다. 필요한 경우, 신원확인 정보를 얻기 위한 상세연락처를 포함할 수 있습니다.
	2) 수출자(exporter), 생산자(producer) 또는 생산 및 수출자(producer and exporter) 중 택일하여 기재합니다.
	3) 해당 물품의 원산지국가(the Republic of Korea 또는 New Zealand)를 기재합니다.
	4) 비고(Observations)란은 다음의 각 호의 사항을 포함하여 기재합니다. 다만, 송품장 등에 이미 그러한 정보가 포함되어 있는 경우에는 생략할 수 있습니다.
	  가. 물품의 수입자(아는 경우에 한한다)
	  나. 물품의 수출자(생산자와 다른경우에 한한다)
	  다. 물품의 생산자(아는 경우에 한한다)
	  라. 통일상품명및부호체계(HS Code)에 따른 6단위 세번 및 상품명
	  마. 해당 물품이 충족하는 원산지 기준
	  바. 원산지신고 일자
	  사. 협정 제3.19조제7항나호의 규정에 따른 포괄신고의 경우에는 원산지신고가 증명하는 포괄기간
	5) 서명한 일자를 기재합니다.

▶ 협상이 'HS 2007'로 타결되어, 원산지증명(신고)·협정관세 적용신청서는 HS2007 적용, 수출입신고서는 HSK2012로 작성하여야 한다.

(13) 한-베트남 FTA (별지 제22호 서식)

베트남과의 협정에 따른 원산지증명서의 서식

1. Goods Consigned from(Exporter's business name, address, country)	Reference No.
	KOREA-VIETNAM FREE TRADE AGREEMENT PREFERENTIAL TARIFF CERTIFICATE OF ORIGIN (Combined Declaration and Certificate) **FORM KV** Issued in _____ (country) See Notes Overleaf
2. Goods Consigned to(Consignee's name, address, country)	
3. Means of transport and route(as far as known) Departure date Vessel's name/Aircraft etc. Port of Discharge	4. For Official Use ☐ Preferential Treatment Given Under Korea-Viet Nam Free Trade Agreement _____ ☐ Preferential Treatment Not Given (Please state reason/s) _____ .... Signature of Authorized Signatory of the Importing Country

5. Item number	6. Marks and numbers on packages	7. Number and type of packages, description of goods (including quantity where appropriate and HS code of the good in the importing country)	8. Origin Criterion (See Overleaf Notes)	9. Gross weight or other quantity and Value(FOB only when RVC criterion is used)	10. Number and date of Invoices

11. Declaration by the exporter The undersigned hereby declares that the above details and statement are correct, that all goods were produced in .... (Country) and that they comply with the origin requirements specified for these goods in the Korea-Viet Nam Free Trade Agreement for the goods exported to .... (Importing Country) .... Place and date, signature of authorized signatory	12. Certification It is hereby certified, on the basis of control carried out, that the declaration by the exporter is correct. .... Place and date, signature and stamp of certifying authority

13. Remarks

210mm×297mm[백상지 80g/㎡(재활용품)]

작 성 방 법

※ 이 서식은 영문으로 작성합니다.

1. 베트남과의 협정에 따른 원산지증명서의 서식은 다음 국가에 적용됩니다.
   대한민국, 베트남사회주의공화국
2. 모든 물품은 각 해당 물품별로 베트남과의 협정에 따른 협정관세를 적용받기 위해서 다음 각 호의 요건을 충족하여야 합니다.
   가. 협정관세 적용 대상 물품의 품명과 일치하여야 합니다.
   나. 베트남과의 협정 제3.8조에 따른 직접운송요건을 충족하여야 합니다.
   다. 베트남과의 협정 제3장의 원산지규정 및 절차를 준수하여야 합니다.
3. 제1란에는 수출자의 성명(상호), 주소, 수출국을 적습니다.
4. 제2란에는 수입자의 성명(상호), 주소, 수입국을 적습니다.
5. 제3란에는 물품을 운송하는 선박(항공기)의 출항일, 선박명(편명), 양륙항 등 운송수단 및 운송경로를 알고 있는 범위에서 적습니다.
6. 제4란에는 수입당사국의 세관공무원이 해당 물품의 협정관세 적용여부를 "√" 표시한 후 서명합니다.
7. 제5란에는 품목번호가 다른 물품들은 같은 종류별로 구분하여 일련번호를 부여합니다.
8. 제6란에는 물품에 대한 표시 및 일련번호를 적습니다.
9. 제7란에는 포장개수·포장형태·품명·수량·품목번호 등을 적습니다.
   가. 품명은 해당 물품을 검사하는 세관공무원이 확인할 수 있도록 상세하게 적고, 상표도 적습니다.
   나. 품목번호(HS)는 수입당사국의 「통일상품명 및 부호체계에 관한 국제협약」에 따른 품목번호를 적습니다.
10. 제8란에는 수출자(제조자 및 생산자 포함)가 해당 물품에 대한 원산지결정기준을 아래 표에 정한 방법으로 적습니다.

제11란에 기재된 수출당사국의 생산 또는 제조환경	제8란 기입사항
가. 수출당사국의 영역에서 완전생산된 물품	"WO"
(c) 나. 품목별 원산지결정기준을 충족하는 물품 (1) 세번변경기준을 충족하는 물품 (2) 역내부가가치기준을 충족하는 물품 (3) 세번변경기준+역내부가가치기준 등 결합기준을 충족하는 물품 (4) 특정공정기준을 충족한 물품	"CTC" "RVC %"(예: RVC 45%) "CTH+RVC 40%" 등 "Specific Processes"
다. 원산지재료로만 전적으로 수출당사국의 영역에서 생산된 물품	"PE"
라. 베트남과의 협정 제3.5조를 충족하는 물품(개성공업지구 생산물품)	"Article 3.5"

11. 제9란에는 해당 물품의 총중량을 기재하고 물품의 원산지결정기준으로 역내부가가치기준이 사용된 경우로 한정하여 FOB가격까지 적습니다.
12. 제10란에는 송장의 일련번호 및 발급일자를 적습니다.
13. 제11란에는 수출자(제조자 및 생산자 포함)가 원산지, 수입국, 신청일자, 장소를 적은 후 서명합니다.
14. 제12란에는 원산지증명서 발급담당자가 원산지증명서의 발급일자 및 발급장소를 적고, 서명한 후 발급기관 인장을 날인합니다.
15. 제13란에는 필요 시 그 밖의 비고사항들을 적습니다. 특히, 체약당사국이 아닌 비당사국에서 송장이 발급된 경우 반드시 "비당사국송장(Non-Party Invoicing)"이라 적고 송장을 발행한 회사의 상호 및 국가명을 기재하여야 합니다.

베트남과의 협정에 따른 원산지증명서의 서식(을지)

Original(Duplicate/Triplicate)
(Additional Page)

Reference No.

5. Item number	6. Marks and numbers on packages	7. Number and type of packages, description of goods (including quantity where appropriate and HS code of the good in the importing country)	8. Origin Criterion (See Overleaf Notes)	9. Gross weight or other quantity and Value (FOB only when RVC criterion is used)	10. Number and date of Invoices

11. Declaration by the exporter

The undersigned hereby declares that the above details and statement are correct, that all goods were produced in

....
(Country)

and that they comply with the origin requirements specified for these goods in the Korea-Viet Nam Free Trade Agreement for the goods exported to

....
(Importing Country)

....
Place and date, signature of authorized signatory

12. Certification

It is hereby certified, on the basis of control carried out, that the declaration by the exporter is correct.

....
Place and date, signature and stamp of certifying authority

13. Remarks

210mm×297mm[백상지 80g/㎡(재활용품)]

(14) 한-중 FTA (별지 제24호 서식)

중국과의 협정에 따른 원산지증명서의 서식

ORIGINAL

1. Exporter's name and address, country:	Certificate No.:
2. Producer's name and address, country:	**CERTIFICATE OF ORIGIN** **Form for Korea-China FTA**
3. Consignee's name and address, country:	Issued in _____ (see Overleaf Instruction)
4. Means of transport and route (as far as known): Departure Date: Vessel/Flight/Train/Vehicle No.: Port of loading: Port of discharge:	5. Remarks:

6. Item number (Max 20)	7. Marks and Numbers on packages	8. Number and kind of packages; description of goods	9. HS code (Six-digit code)	10. Origin criterion	11. Gross weight, quantity (Quantity Unit) or other measures (liters, m³, etc.)	12. Number and date of invoice

13. Declaration by the exporter: The undersigned hereby declares that the above details and statement are correct, that all the goods were produced in (Country) and that they comply with the origin requirements specified in the FTA for the goods exported to (Importing country) Place and date, signature of authorized signatory	14. Certification: On the basis of control carried out, it is hereby certified that the information herein is correct and that the goods described comply with the origin requirements specified in the Korea-China FTA. Place and date, signature and stamp of authorized body

210mm×297mm[백상지 80g/m²(재활용품)]

작 성 요 령

※ 이 서식은 영문으로 작성합니다.
1. 제1란에는 수출자의 법적 이름과 주소(국가를 포함)를 적습니다.
   ※ 중국해관에서는 예외적으로 수출자의 대리인(대외무역사업자)도 중국법령에서 수출자의 범주에 포함한다.
2. 제2란에는 생산자의 법적 이름과 주소(국가를 포함)를 적습니다. 둘 이상의 생산자의 물품이 증명서에 포함되는 경우에는, 추가적인 생산자의 법적 이름과 주소(국가를 포함)를 적습니다. 수출자 또는 생산자가 이러한 정보의 비밀 유지를 희망하는 경우, 'AVAILABLE TO CUSTOMS UPON REQUEST'라고 기재할 수 있으며, 생산자와 수출자가 동일한 경우, 'SAME'이라고 적습니다.
3. 제3란에는 한국 또는 중국에 거주하는 수하인의 법적 이름과 주소(국가를 포함)를 적습니다.
4. 제4란에는 운송수단 및 경로, 출발일자, 운송수단의 번호, 선적항 및 하역항을 적습니다.
5. 제5란에는 비당사국의 운영인에 의하여 송품장이 발행되는 경우, 비당사국 운영인의 법적이름을 적습니다. 또한, 증명서가 소급발급된 경우에는 'ISSUED RETROACTIVELY', 인증된 진본의 경우에는 'CERTIFIED TRUE COPY of the original Certificate of Origin number (발행번호) dated (날짜)'를 적습니다.
6. 제6란에는 물품의 연번(최대 20개)을 적습니다.
7. 제7란에는 물품의 포장에 표시된 화인(shipping marks) 및 번호를 적습니다. 화인이 문자나 숫자가 아닌 이미지나 기호인 경우에는 'IMAGE OR SYMBOL(I/S)'를 기재하며, 그 외에는 'NO MARKS AND NUMBERS(N/M)'를 적습니다.
8. 제8란에는 포장의 수량 및 종류를 적습니다. 품명은 송품장 및 HS(국제통일상품분류체계)상의 품명과 연계할 수 있도록 충분한 세부내역을 포함해야 합니다. 물품이 포장되지 아니한 경우 'IN BULK'라고 적습니다.
9. 제9란에는 제8란의 각 물품에 대한 HS 품목번호를 6단위까지 적습니다.
10. 제10란에는 제8란의 각 물품에 적용되는 원산지결정기준을 아래의 표에 따라 적습니다. 원산지결정기준은 중국과의 협정(이하 "협정") 제3장(원산지규정 및 원산지이행절차) 및 부속서3-가(품목별원산지기준)에 규정되어 있습니다.

기재 문구	원산지결정기준
WO	협정 제3.4조 및 부속서3-가(품목별원산지기준)에 따라 체약당사국의 영역에서 완전생산된 경우
WP	체약당사국의 영역에서 협정 제3장에 부합하는 원산지재료로만 생산된 경우
PSR	체약당사국의 영역에서 비원산지재료를 사용하여 세번변경, 역내부가가치비율, 특정공정요건 또는 부속서3-가에 명시된 그 밖의 요건을 충족하여 생산된 경우
OP	협정 제3.3조(특정상품의 취급)을 적용받는 경우

11. 제11란에는 킬로그램(Kg)으로 표시된 총중량을 적습니다. 관례적으로 정확한 수량을 표시하는 그 밖의 측정단위(예: 물품의 부피 또는 개수)를 기재할 수도 있습니다.
12. 제12란에는 송품장의 번호 및 발행일을 적습니다. 비당사국의 운영인에 의하여 송품장이 발행되어 송품장의 번호 및 발행일을 알 수 없는 경우, 수출당사국에서 발행된 원본 송품장의 번호 및 발행일을 적습니다.
13. 제13란은 수출자가 작성, 서명하고 날짜를 적어야 합니다.
14. 제14란에는 원산지증명서의 발급 권한이 있는 기관의 권한 있는 발급담당자가 작성, 서명, 날짜를 기재하고 발급인장을 날인합니다.

HS 2017 개정에 따른 한-중 FTA 원산지증명서 발급 기준('17.1.16)

한-중 FTA 원산지증명서 9번란(HS번호)에는 HS2017에 따른 HS번호를 기재하고, 10번란(원산지기준)에는 HS2012에 기초한 품목별 원산지결정기준에 따라 원산지를 판정하면 됨

〈원산지증명서 작성 예시〉

품명	HS번호	C/O HS번호(9번란)	원산지기준(10번란)
전기자전거	(HS2012) 8711.90 → (HS2017) 8711.60	8711.60	PSR

(15) 한-중미 FTA (협정 부속서 3-다 서식)

중미와의 협정에 따른 원산지증명 서식

1. Exporter's Name and Address: Telephone: Fax (optional): E-Mail:	2. Blanket Period: 　　　　　YYYY MM DD　　　　　YYYY MM DD From: _ _ _ _/_ _/_ _/ To: _ _ _ _/_ _/_ _/
3. Producer's Name and Address: Telephone: E-Mail:	4. Importer's Name and Address: Telephone: Fax (optional): E-Mail:

5. Description of Good(s)	6. HS Tariff Classification #	7. Origin Criterion	8. Producer	9. RVC	10. Country of Origin

11. Remarks:

I certify that:

- The information in this document is true and accurate and I assume the responsibility for proving such representations. I understand that I am liable for any false statements or material omissions made on or in connection with this document.

- I agree to maintain, and present upon request, documentation necessary to support this Certificate, and to inform, in writing, all persons to whom the Certificate was given of any changes that would affect the accuracy or validity of this Certificate.

- The goods originate in the territory of one Party and comply with the origin requirements specified for those goods in the Free Trade Agreement between the Republic of Korea and the Republics of Central America.

This Certificate consists of _____ pages, including all attachments.

12. Authorized signature: Name: 　　　　YYYY MM DD Date: _ _ _ _/_ _/_ _/	Company: Title: Telephone: Fax (optional):

원산지 증명서 작성을 위한 설명

제1란: 수출자의 법적 이름, 주소(도시 및 국가를 포함한다), 전화번호, 팩스번호(선택) 및 이메일 주소를 기재한다.

제2란: 이 증명서가 1년(포괄증명기간)까지의 특정 기간 동안 당사국으로 수입되는 제5란에 기술된 바와 같은 동일 상품의 복수선적을 다룰 경우, 이 란을 작성한다. "부터"는 증명서가 포괄 증명서의 적용을 받는 상품에 적용 가능하게 되는 날이다(이 날은 이 증명서가 서명된 날보다 빠를 수 있다). "까지"는 서명일부터 1년을 초과하지 아니하는 포괄증명기간이 만료되는 날이다. 이 증명서를 근거로 특혜관세대우를 신청한 상품의 선적은 이 날짜들 사이에 발생하여야 한다.

제3란: 생산자가 한 명인 경우, 그 생산자의 법적 이름, 주소(도시 및 국가를 포함한다), 전화번호 및 이메일 주소를 기재한다. 둘 이상의 생산자가 증명서에 포함되는 경우에는 "다수"로 기재하고, 제5란에 기술된 상품(들)과 상호 참조된 모든 생산자의 법적 이름, 주소(도시 및 국가를 포함한다), 전화번호 및 이메일 주소를 포함하여 모든 생산자의 목록을 첨부한다. 이러한 정보의 비밀 유지를 바랄 경우, "요청에 따라 제공 가능함"이라고 기재하는 것은 수용가능하다.

제4란: 수입자의 법적 이름, 주소(도시 및 국가를 포함한다), 전화번호, 팩스번호(선택) 및 이메일 주소를 기재한다.

제5란: 각 상품의 물품명세를 제공한다. 물품명세는 그 물품명세를 그 상품에 대한 송장의 물품명세와 통일상품명 및 부호체계(HS)의 물품명세에 연계할 수 있도록 충분한 세부사항을 포함하여야 할 것이다. 증명서가 상품의 단일 선적을 대상으로 하는 경우, 상업 송장에 기재된 송장 번호를 기재한다. 이를 알 수 없는 경우, 배송주문번호, 구매주문번호 또는 상품을 식별하는 데 사용할 수 있는 그 밖의 번호와 같은 다른 고유 참조 번호를 기재한다. 다만, 그 상품에 대하여 수출 당사국의 영역 밖에 소재하는 인에 의하여 송장이 발부된 경우, 이전 정보의 포함은 선택사항이다.

제6란: 제5란에 기술된 각 상품에 대하여, 통일상품명 및 부호체계(HS) 세번 6단위까지 기재한다.

제7란: 제5란에 기술된 각 상품에 대하여, 아래 기준(A부터 D까지) 중 어떤 기준이 적용되는지를 기재한다(택일한다). 원산지 규정은 제3장(원산지 규정 및 원산지 절차)과 부속서 3-가(품목별 원산지 규정)에 포함되어 있다.

원산지 기준

A 상품이 제3.1조에 언급된 바와 같이 한쪽 당사국의 영역에서 "완전하게 획득되거나 전적으로 생산된" 경우

B 상품이 제3.1조에 언급된 바와 같이 전적으로 원산지 재료로만 한쪽 당사국의 영역에서 생산된 경우

C 상품이 제3.1조에 언급된 바와 같이 전적으로 한쪽 당사국의 영역에서 생산되고, 부속서 3-가(품목별 원산지 규정)에 규정된 세부 원산지 규정을 충족하는 경우

D 상품이 제3.15조(역외가공)의 적용을 받는 경우

제8란: 제5란에 기술된 각 상품에 대하여, 본인이 상품의 생산자인 경우 "예"를 기재한다. 본인이 상품의 생산자가 아닌 경우, "아니오"를 기재하고 이 증명서가 다음에 기초하는지에 따라 (1), (2) 또는 (3)을 기재한다: (1) 상품이 원산지 상품 자격을 갖추었는지에 대한 본인의 인지, (2) 상품이 원산지 상품 자격을 갖추었다는 생산자의 서면 진술(원산지 증명서는 제외한다)에 대한 본인의 신뢰, 또는 (3) 생산자가 수출자에게 자발적으로 제공한, 그 상품을 위하여 작성되고 서명된 원산지 증명서

제9란: 제5란에 기술된 각 상품에 대하여, 해당 상품이 역내가치포함비율(RVC) 요건의 적용을 받는 경우, 역내가치포함비율이 공제법에 따라 계산된 경우에는 "BD"를, 또는 집적법에 따라 계산된 경우에는 "BU"를 명기한다. [참조: 제3.3조(역내가치포함비율(RVC)]

제10란: 모든 원산지 상품에 대하여 원산지 국가의 이름을 기재한다: 한국(KR), 코스타리카(CR), 엘살바도르(SV), 온두라스(HN), 니카라과(NI), 파나마(PA).

제11란: 이 란은 제5란에 기술된 상품 또는 상품들이 품목분류 또는 재료가치에 대한 사전심사 또는 심사를 받은 경우와 같이 이 증명서에 관하여 추가 사항이 있는 경우에 사용될 수 있다. 발급 당국, 참조 번호 및 발급 날짜를 기재한다. 제3.6조(누적), 제3.7조(최소허용수준), 제3.8조(대체가능 상품 또는 재료) 또는 제3.9조(세트)가 적용되는 경우, 이 란에 기재될 수 있다. 그 상품에 대하여 제3국에서 송장이 발부된 경우, 이 란에 기재될 수 있다.

제12란: 이 란은 수출자 또는 생산자가 작성, 서명하고, 날짜를 기재하여야 한다. 날짜는 이 증명서가 작성되고 서명된 날짜이어야 한다.

참조: 여기의 지침은 원산지 증명서를 작성하기 위한 참고용으로만 사용되므로, 뒤쪽에 기재되거나 인쇄될 필요는 없다.

CHAPTER 5-4

중요 질의 및 답변 사례

질의 129	한-아세안 FTA 원산지증명서상 FOB금액과 인보이스 금액과 차이가 있는 경우 원산지증명서 유효성 여부?
답변	해당물품의 품목분류가 정확하고 원산지 결정기준을 판단하는데 특별한 하자가 없는 경우, FOB금액의 불일치로 인하여 원산지증명서의 효력이 무효화 될 수 없음
질의 130	노르웨이 세관에서 발행한 원산지증명서에 한·EFTA FTA협정문에서 규정한 원산지 신고문안과 서명이 있는 경우 적법한 C/O로 인정되는지 여부와 유효한 증명서가 아닌 경우 적정한 C/O로 인정받기 위한 요건은?
답변	세관에서 발행한 원산지증명서도 상업서류로 포함되고, 원산지 신고문안과 노르웨이 소재 수출자의 주소 및 서명이 기재되어 있으며, 수량·중량이 일치하는 등 C/O상 거래물품과 실제 수입물품의 동일성이 인정됨
질의 131	노르웨이 수출자가 선적서류 중 PACKING LIST에 원산지 신고를 할 경우 적정한 C/O로 인정될 수 있는지 여부(단, 이 경우에 거래의 특성상 구매자가 확정되지 않아 수하인과 송품장 번호가 기재되지 않음)
답변	원산지 신고문안 및 협정 당사국에 소재한 수출자의 성명, 주소 및 서명이 기재되어야 하고, 품명, 수량, 선박명 등이 기재되어 동일성 확인이 가능한 경우에는 유효한 C/O임
질의 132	한-ASEAN FTA 원산지증명서상 "제3국 송장" 기재시 제3국에 수입국도 포함되는지 여부?
답변	협정 제1조(정의)에 "제3국"이라 함은 '수입당사국 또는 수출당사국이 아닌 당사국 및 비당사국을 말한다.'라고 명시하고 있으므로, 수입국은 "제3국 발행 송장"에 해당되지 아니함
질의 133	원산지증명서의 '수입자'란에 'TO THE ORDER OF KOREA EXCHANGE BANK"라고 기재된 경우 유효성 여부?
답변	거래관계에 따른 무역서류(B/L, Invoice, L/C)의 증빙으로 '수입자'와 '납세의무자'를 확인할 수 있다면 원산지증명서의 효력을 부인할 수 없음
질의 134	원산지가 협정당사국인 물품과 당사국이 아닌 물품이 혼재된 경우 원산지 신고서 유효성 여부?
답변	한-EU FTA협정에서 정하고 있는 원산지신고문안은 해당제품이 원산지제품임을 기재하는 것이므로 원산지 제품과 비원산지 제품이 명확하게 구분될 수 있도록 작성한 경우에는 유효성 인정 가능
질의 135	한-EU FTA에서 송품장과 별도로 다른 서류에 원산지 신고문안을 작성된 경우 유효성 여부?
답변	상업서류의 종류에는 제한이 없으므로 원산지 물품내역이 충분히 상세하게 기술되어 있고, 수출자가 협정에서 정한대로 원산지신고서를 작성하여 발급한 경우에는 협정관세 적용 가능

질의 136	독일의 수출자가 네덜란드 원산지제품 수출하는 경우 독일의 수출자가 작성한 원산지 신고서의 유효성 여부?
답변	한-EU FTA에서는 EU지역 수출자가 EU 원산지제품을 수출하는 물품에 대해 적용이 되는 것이므로, 독일의 수출자가 네덜란드 원산지제품을 수출하는 경우에도 협정관세 적용 가능함
질의 137	한-EU FTA에서 송품장 등 상업서류가 비당사국에서 다시 발행된 경우 협정관세 적용 여부?
답변	무역거래 관행상 비당사국에서 송품장이 다시 발행되는 경우에도 동 협정 적용은 가능하지만, 이 경우에도 EU 역내 수출자가 해당 수출거래와 관련된 상업서류에 작성한 원산지신고서가 세관에 제출되어야만 협정관세 적용이 가능함
질의 138	원산지제품과 비원산지제품이 하나의 송품장에 혼재된 경우, 송품장의 각 품명 옆에 ISO국가부호(DE, TW) 또는 비원산제품임을 구분하는 표시(**: non preferential origin)를 사용한 경우 적정한 표시방법으로 인정 여부?
답변	원산지신고서에 비원산지제품에 대하여는 이를 구분하는 표시(**)를 사용한 것임을 기재하였고, 이에 따라 비원산지제품의 품명 옆에 그 표시를 한 것은 '달리 명확하게 표시'되었다고 볼 수 있음 하지만 물품명 옆에 단순히 ISO국가부호를 기재한 경우 그 부호를 한-EU FTA에 따른 원산지제품인지를 증명한 것으로 명확하게 표시되었다고 볼 수 없음
질의 139	원산지증명서를 송품장별로 각각 따로 작성하지 않고, 다수건의 송품장을 하나의 원산지증명서로 작성 가능 여부?
답변	원산지신고서는 물품을 수출할 때 그 제품에 대해 작성하는 것이므로, 여러 건의 송품장상의 물품을 하나의 상업서류에 작성한 원산지신고서는 유효한 원산지신고서로 볼 수 없음
질의 140	한-EU FTA 적용시, 제조자(스페인)와 수출자(독일, 인증번호소유)가 다른 경우 원산지 증명은 누가 해야 하는지?

답변	한-EU FTA제16조(원산지신고서 작성조건)에 따라 원산지신고서는 독일의 수출자가 작성해야 하며 전체가격이 6,000유로를 초과하는 경우에는 인증수출자만 발행할 수 있음
질의 141	한-아세안 FTA 관련 제3국 무역시 원산지증명서상(AK Form)에 기재되어야 하는 수출자, FOB가격(9번란)은?
답변	한-아세안 FTA 적용과 관련하여 우리나라에서 아세안회원국으로 수출하는 물품에 대한 원산지증명서는 제3국에서 송장이 발행되는 경우에도 우리나라 수출자의 수출가격(FOB기준)이 기재되어야 함. 다만, FOB가격은 원산지기준이 세번변경기준인 경우 기재불필요
질의 142	이탈리아 도매업체로부터 의류 등을 수입하여 판매하는 경우, 독일에 있는 배송 대행업체를 이용하여 물품을 받아도 한-EU FTA를 적용받을 수 있는지? 또한 인보이스에 상품별로 생산지가 적혀있는 경우 이를 원산지 증명서로 사용이 가능한지?
답변	한-EU FTA 제13조(직접운송)요건을 충족하므로 FTA 특혜관세를 적용받을 수 있는바, 송품장에 원산지 신고문안과 수출자의 서명이 있다면 유효한 원산지신고서로 인정 가능 또한, 여러 나라에서 생산된 제품들이 함께 기재되어 있는 송품장도 상품별로 원산지가 구분되어 기재된 경우에는 유효한 원산지신고서로 인정될 수 있음
질의 143	C/O에 해당물품이 한미FTA 적용물품이라는 명시적 문구가 없고, 수입자도 특정되지 않은 경우, 해당 원산지 증명서는 유효한지? C/O에서 협정6.15조(특혜관세대우 신청)의 8가지 항목을 모두 확인 할 수 있으나 해당물품이 한-미 FTA 적용물품이라는 명시적 문구가 없으며 NAFTA서식을 사용한 경우, 해당 원산지 증명서는 유효한지? C/O에 PREFERENCE CRITERIA "B", "NE" 등 타 FTA에서 사용하는 문구가 들어있는 경우 해당 원산지증명서는 유효한지?
답변	한-미FTA는 원산지증명서의 서식을 별도로 정하고 있지 않으므로 다른 협정의 서식을 사용하여 원산지증명을 할 수 있으나, 증명인의 성명, 연락처, 원산지 상품임을 증명하는 정보(표현) 등 8가지 필수기재 항목이 기재되어야 함
질의 144	한-아세안 FTA에서 특정공정을 수행한 경우 C/O에 원산지 결정기준을 'CTC + SP' 로 표시한 경우 인정 여부?
답변	협정문 부속서3 부록1(원산지 규정을 위한 원산지 증명 운영절차) "원산지증명서 서식 및 작성요령(Overleaf Note)"에 따라 "CTC + Specific Processes"로 작성되어야 함으로 'CTC + SP'는 불인정

질의 145	수입신고시 란별로 각각 구분하여 아래와 같이 CKD(Complete Knock-Down)상태로 신고수리된 물품에 대하여 원산지증명서가 SKD(Semi Knock-Down)상태로 증명된 경우 협정관세 적용 여부? <table><tr><th>송품장</th><th>수입신고</th><th>원산지증명서</th></tr><tr><td>UHF-02-02060000 UHF-02-07221100 UHF-02-07231100 UHF-02-07241100</td><td>HS : 4016.99-9000 품명 : Rubber Blanking</td><td rowspan="3">3040 CKD KIT</td></tr><tr><td>UHF-36-50340080 UHF-36-50340160</td><td>HS : 7318.15-2000 품명 : Steel Bolts</td></tr><tr><td>……… ………</td><td>……… ………</td></tr></table>
답변	수입물품에 대한 협정관세 적용은 원산지 증명된 제품에 대하여 적용하는 것이므로 원산지증명서의 물품과 수입신고 수리된 물품과 다른 물품인 경우에는 원산지결정기준이 다르므로 현재 상태로는 적용 불가 원산지 자격단위는 HS품목분류 원칙에 따라 분류되는 제품이며, CKD 또는 SKD의 물품은 세관장에게 제시된 상태를 기준으로 완전하고 완성된 물품의 본질적인 특성을 지닌 경우에는 완전하고 완성된 물품으로 분류 따라서 품목분류 원칙에 따라 수입신고서를 정정하여야 하며, 정정한 수입신고수리필증의 물품과 원산지증명서의 물품과 동일한 경우 협정관세 적용 가능
질의 146	인보이스 상 SELLER는 A(HK)로 기재되어있으나 실질 인보이스 발행자는 AA(독일)로서 해당서류에 Consignor로 병기하여 원산지증명서 발행(발행 장소 및 서명권자의 서명 포함) 이러한 경우, 상업서류 상 SELLER로 제3국 수출자가 기재된 원산지증명서는 한-EU FTA 협정관세 적용을 받을 수 없는 것인지? <table><tr><th>생산자·수출자</th><th>제3국 수출자명이 기재된 송품장 및 원산지신고서 발행</th><th>수입자</th></tr><tr><td>AA(독일 소재 인증수출자) 송품장에 Consignor로 기재</td><td>대금 결제처인 A(HK)를 인보이스, P/L등 상업서류에 'seller'로 기재하여 원산지신고서 발행</td><td>A 코리아</td></tr></table>
답변	독일 소재 인증수출자가 작성한 송품장의 'SELLER'란에 EU 회원국이 아닌 제3국에 소재하는 자가 기재된 경우에도 상업서류에 의해 수출자가 확인되는 경우에는 유효한 원산지 신고서로 인정 가능

질의 147	EU에서 수입했던 6,000유로 이하의 원산지제품을 수리를 목적으로 재수출했다가 다시 재수입되는 경우, 수리비를 탁송화물 전체가격에 포함해야 하는지 여부 및 인증 받지 않은 수출자가 원산지를 증명할 수 있는지? ※ [예시] 물품가액 : 5,000유로, 수리비 1,500유로
답변	수리 후 재수입하는 물품의 경우 수리비를 포함한 물품금액이 해당 탁송화물의 전체가격인 바, 물품금액과 수리비를 합산한 금액이 6,000유로를 초과한 경우에는 인증수출자만 원산지신고서 작성 가능
질의 148	아래의 거래형태에 대한 한-EU FTA 협정세율 적용 가능 여부? ① 벨기에업체(인증수출자)와 국내 기업 간에 수출계약 체결 ② 벨기에업체는 독일, 프랑스, 이탈리아에서 생산된 물품을 구매하여 한국으로 직접 운송 [Belgium Exporter (Approved Exporter) — Trade contract — Korea importer; Germany/France/Italy Shipper — Goods in transit — Korea importer] 원산지신고서 작성 : 인증수출자인 벨기에 업체가 발행한 인보이스상에 원산지신고문안을 기재하여 원산지신고서 작성
답변	유럽연합 역내에서 생산한 물품에 대해 역내의 다른 당사국에 소재하는 인증수출자가 작성한 원산지신고서는 한-EU FTA 15조의 원산지신고서 작성조건과 부합하므로 협정관세 적용 가능
질의 149	한-미 FTA 원산지포괄증명서가 아래와 같이 기재된 경우, 협정관세를 적용받을 수 있는 물품의 범위 질의 ○ 포괄증명기간 : 2019.1.1 ~ 2019.12.31 ○ 작 성 일 자 : 2018.11.15
답변	한-미 FTA는 포괄증명방식을 '서면 또는 전자 증명에 명시된 기간으로서 증명일로부터 12월을 초과하지 아니하는 기간* 이내에 동일상품의 복수 선적'으로 규정 * 포괄증명기간이 12개월 이내이어야 한다는 의미로 해석됨 따라서 수출자 발행 포괄원산지증명서는 증명기간 안에 선적된 물품에 대해 특혜관세 적용 가능 다만, 한-미 FTA의 경우 수입자도 원산지증명이 가능하므로 수입자가 작성한 포괄원산지증명서는 증명기간 안에 수입신고되는 물품에 특혜관세 적용이 가능한 것으로 판단됨

질의 150	한-미 FTA에서 상업서류에 작성된 원산지증명서와 원산지 결정기준을 기재한 원산지증명서의 인정 여부?
답변	송품장에 협정에서 정한 필수정보를 모두 기재하여 작성한 원산지증명서도 사용할 수 있으며, 또한 원산지결정기준과 같은 정보가 포함된 경우도 유효함
질의 151	(1) 수입자가 원산지증빙서류의 제출을 요구 받은 경우 C/O 사본 제출 스탬프를 날인하도록 한 규정이 강행규정인지 여부? 〈원산지증명서 사본제출 스탬프〉 본 사본이 원본과 다를 경우 관세법 등 관련법령에 의해 처벌 받을 수 있음을 알고 있으며, 세관에서 요구시 원본을 제출하겠습니다. 수입자 ○○○ 서명 (2) 원산지증명서 사본을 보관하는 경우에도 사본 제출 스탬프를 날인하여 보관하여야 하는지 여부
답변	(1) 원산지증빙서류 제출을 요구 받은 경우 원본을 제출하여야 하나 수입자의 편의를 위해 사본제출 스탬프를 날인할 것으로 조건으로 사본 제출도 인정 따라서 수입자의 스탬프 "날인"은 수입자가 원본을 제출하지 않고, 사본으로 특혜관세 적용을 받기 위한 요건이므로 강행규정임 (2) 수입자가 사본을 보관할 때 스탬프를 날인할 지 여부는 수입자가 판단할 사항이나 수입자는 반드시 원본을 확인 후 사본을 보관하여야 함 아울러 세관에서 원산지증명서를 요청한 경우에는 원본을 제출하여야 하고, 사본 제출시에는 원본과 일치한다는 것을 입증하는 스탬프를 날인하여 제출하여야 함
질의 152	송품장의 수량보다 원산지증명서의 수량이 적은 경우 원산지증명서의 수량만큼만 협정관세를 적용해야 하는지?
답변	자유무역협정에 따른 협정관세는 원산지증명서의 수량만큼만 협정관세를 적용할 수 있음
질의 153	원산지포괄증명의 경우 수량 및 단위는 생략해도 되는 것인지
답변	미합중국과의 협정에 따른 원산지증명의 경우 수량 및 단위는 필수항목은 아니며 협정관세적용 신청물품과 동일물품인지 확인되는 경우에는 협정관세를 적용할 수 있음
질의 154	BWT 거래의 특성상 수출 당시 실수입자가 확정되지 않아 제3국 송장 발행인이 수입자로 기재되고, 제3국 송장 정보는 기재되지 않은 C/O를 발급 받은 경우(한-아세안) 보세창고에 보관 중 실수입자가 확정되어 B/L을 양도 받은 실수입자가 수입통관시 해당 C/O로 협정관세 적용이 가능한지? 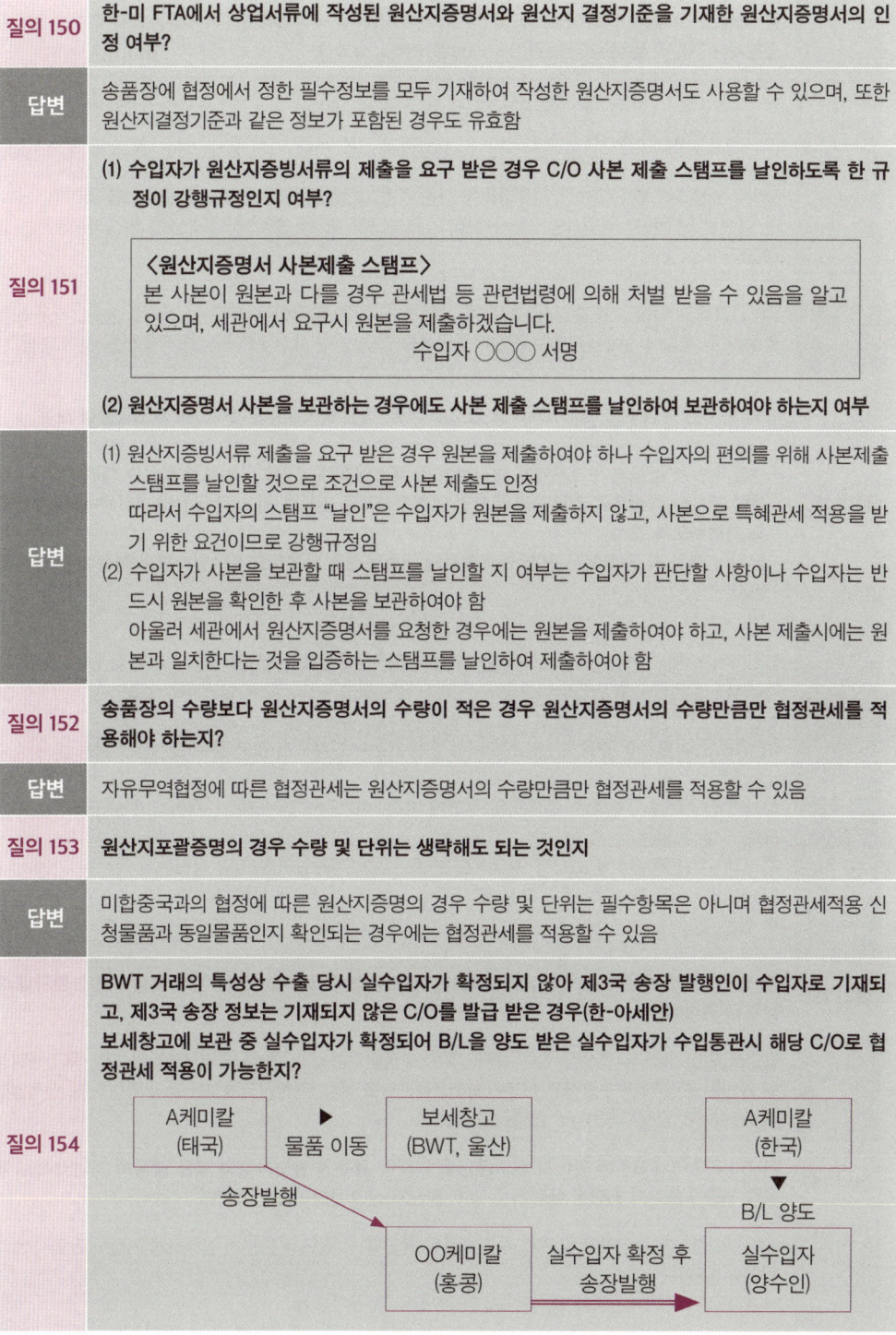

답변	한-아세안 FTA에서 송장이 제3국에 소재하는 기업에 의하여 발급된 경우 물품의 수출자는 원산지증명서에 "제3국 발행 송장과 관련된 정보를 기재하여야 함 ※ 원산지증명서 13번의 "제3국 송품장(Third couintry invoicing)" 란에 "√" 표시하고, 제7란에 송장을 발행한 회사의 상호 및 국가명 기재 제3국 송장 정보를 C/O상에 기재하도록 하는 것은 수입물품과의 동일성 확인을 위한 것이며, 한-아세안 FTA에서 의무사항으로 규정하고 있으므로 제3국 송장 정보가 없는 원산지증명서는 인정 불가 BWT 거래의 특성상 수출당시 수입자가 확정되지 않는 타당한 사유가 있으므로 실수입자가 모두 확정된 후 각각의 실수입자별로 원산지증명서를 발급 받아 사후 협정관세를 적용하는 것이 타당
질의 155	유럽 본사는 룩셈부르크에 소재하고 있으며 영국, 독일 등 EU역내 여러곳에 제조공장을 보유 - 수입자는 각 공장과 무역계약을 체결하여 각 제조공장에서 우리나라로 수출하는 형태 - 유럽 본사는 룩셈부르크 세관에서 단일 인증수출자로 인증을 받고 각 공장에서도 수출시 동 번호를 사용하도록 조치 - 상기의 경우 각 공장에서 단일 인증수출자 인증번호를 사용해도 FTA협정관세 적용에 문제가 없는지?
답변	협정에서 인증수출자는 수출당사자의 관세당국에서 수출당사자의 법과 규정에 따라 인증하도록 규정 따라서 단일인증수출자 인증번호를 사용할 수 있는지는 수출국의 법령에 따라 결정 6천유로 초과물품의 경우 원산지신고서에 인증번호가 기재되지 않은 경우 협정관세 적용 불가 하지만 인증수출자 번호는 수출국의 규정에 따라 부여되는 것이므로 인증번호가 올바른지는 수입국에서 알 수 없음 따라서 단일인증번호를 기재한 경우에도 인증번호가 기재되어 있으면 협정관세 적용은 가능하나, 원산지신고서의 진위여부와 정확성 등에 관한 사항은 '원산지에 관한 조사'업무가 수행될 때 확인할 수 있는 것임
질의 156	한-인도 CEPA의 경우 수출신고필증 1건에 대해 여러 건으로 원산지증명서 발급이 가능한지와 소급발급 가능여부?
답변	협정상 원산지증명서 발급단위는 선적단위로 수출신고품목과 원산지증명서 발급신청품목의 동일성을 확인할 수 있다면 수출신고 1건에 대해 선적단위로 여러 건 원산지증명서 발급 가능하며, 선적일부터 1년이내에 원산지증명서 소급발급도 가능
질의 157	한-EU FTA에서 B/L에 원산지 신고문안을 기재한 경우 수출당사국의 세관 당국에 서면약속을 제공한 인증수출자가 서명을 생략하는 경우 원산지 신고서의 유효성 여부?
답변	B/L은 수출자가 작성하지 않으며, 수입물품을 확인할 수 있도록 충분히 상세하게 기술하고 있지 않아 유효성 불인정 ※ 제3차 한-EU FTA 관세위('14.6월)에서 B/L 상업서류로 불인정 합의

질의 158	위탁자 A는 생산과 관련된 모든 원재료를 수탁자 B에게 무상공급하고 수탁자 B에게 외주 가공비만을 지급하는 무상사급* 방식으로 제품을 생산·수출한다. FTA 원산지증명서 발급시 위탁자 A를 생산자로 볼 수 있는지? * 사급 : 원청업체가 구매한 자재를 하청업체에 주고, 하청업체가 그 자재를 가공하여 원청업체에 납품하는 형태
답변	위탁자 A가 제품과 관련된 소유권 및 원산지결정 결정 근거자료를 보유하고 있으며, 실질적으로 원산지 여부를 판정할 수 있는 경우에는 위탁자 A를 생산자로 볼 수 있음

구분	유상사급	무상사급
거래 형태	- 원청업체가 하청업체에 물품의 대가를 받고 공급 - 세금계산서 발급 및 각 업체가 재고 관리	- 원청업체가 하청업체에 물품을 무상으로 공급 - 가공비만 지급하며 원청업체가 재고 관리
발급 서류	원청업체 원산지확인서 발급 → 하청체 물품제조 → 하체업체가 원청업체에게 원산지확인서 발급	원청업체가 재고관리하므로 하청체는 원산지확인서 발급 불필요

질의 159	인증수출자 원산지신고서 발급관련 송품장 6천유로 가격기준은?
답변	협정은 '일시에 송부된 탁송화물의 전체 가격(6000천유로)'에 대해 언급하고 있을 뿐 가격 기준은 규정하지 않음 다만, 역내국에서 발행한 부가가치 계산을 공장도 가격(EXW) 기준으로 규정하고 있으므로 'EXW' 기준으로 판단함이 적정하며, 송품장에 물품의 공장도가격과 기타비용으로 구분할 수 있다면 물품의 공장도 가액으로 판단가능

중고품에 대한 원산지증명 (한-EFTA FTA 부속서 Ⅰ의 주해, '17.5.3. 발효)

원산지 신고서는 중고 또는 기타 상품에 대해서도 한편으로는 생산일자 또는 수입일자와 다른 한편으로는 수출일자 간에 상당한 시간 차이가 있어, 정상적인 증빙 서류가 더 이상 이용가능 하지 않을 경우에 발행될 수 있다. 다만 다음에 해당해야 한다.
(a) 물품의 생산일자 또는 수입일자가 수출국의 개별 법률에 따라 무역업체들이 기록을 보관해야 하는 기간의 범위 밖이다.
(b) 물품이 생산자나 다른 무역업체의 신고서, 전문가의 의견, 물품에 대한 표시 또는 명세에 의한 것 등 다른 증거를 근거로 원산지 물품이라고 간주될 수 있다.
(c) 물품이 부속서 Ⅰ의 요건을 충족하지 않는다는 표시가 없다.

관련판례

CHAPTER 5-4

수입자 원산지증명서를 기초로한 협정관세 적용(한-미 FTA)

한미 FTA 협정은 대한민국이 체결한 다른 FTA 협정들과 달리 수입자가 발행한 원산지증명서에 기초하여 협정관세의 적용을 신청할 수 있는 것이 특징인데, 수입자 발행 원산지증명서는 수입자가 원하는 시기에 스스로 발행하여 협정관세 적용을 신청할 수 있기에 신속하고 편리하다는 장점이 있다. 다만, ① FTA 협정의 취지가 협정 당사국 간에 관세를 철폐하여 자유무역을 확대하려는 것이기는 하나 엄격한 원산지 검증을 통해 비당사국이 특혜 관세 혜택에 무임승차하는 것을 방지함으로써 자유무역협정의 이익을 궁극적으로 극대화할 수 있는점, ② 특히 한미 FTA 협정의 경우 수입자가 자체적으로 확보한 원산지 관련 자료를 토대로 직접 원산지결정기준을 판단하도록 하고 이에 대한 신뢰를 바탕으로 협정관세를 적용하는 만큼 원산지 상품인지에 관한 엄격한 사후검증이 필요하고 수입자가 원산지 판단의 기초가 된 자료를 보관해야만 그 검증이 가능한 점, ③ 앞서 본 바와 같이 한미 FTA 협정 제6.19조 제4항, FTA 관세법 제12조 제1항, 같은 법 시행령 제13조 제1항 제1호 가목이 수출자 또는 생산자의 증명에 기초한 경우와 달리 **수입자의 증명이 신청의 기초를 이루는 경우 수입자로 하여금 원산지증명서와 함께 이를 증빙하는 서류까지 보관하고 원산지 상품인지에 관한 직접적인 증명책임을 부담하도록 규정하고 있는 점**, ④ 한미 FTA 협정 제6.19조 제2항에 의하면 수입자가 기록유지의무를 준수하지 못하는 경우에도 특혜관세대우를 배제할 수 있도록 규정하고 있는 점 등에 비추어 보면, **수입자가 자신이 발행한 원산지증명서에 기초하여 특혜관세대우를 신청한 경우 한미 FTA 협정 제6.17조 제2항에 따라 유지하여야 할 '특혜관세대우의 자격이 있음을 증명하기 위하여 필요한 모든 기록'의 범위는 같은 조 제1항 각 호의 내용을 포함하여 생산자 또는 수출자가 증명을 제출한 상품이 원산지 상품이라는 것을 증명하는 데 필요한 모든 기록에 준하는 정도에 이른다고 봄이 타당하고**, 수입 당사국이 원산지 검증 과정에서 서면조사를 실시하였을 때 수입자가 해당 상품이 원산지 상품임을 증명하는 위와 같은 정보를 제출하지 못하는 경우 협정관세 적용이 배제될 수 있다.

[서울행정 2015구합70263, 2016.5.27]

[저자견해]

수입자가 원산지증명서를 발급하는 경우 명심해야 할 것은 원산지입증의 모든 책임이 수입자가 진다는 것이다. 증명관련 물품의 자재명세서, 원가자료 등 관세당국에서 요구하는 모든 서류를 수입자가 제출하여야 한다.

그러나, 현실적으로 이러한 서류를 수입자가 보유하기는 어렵다. 따라서, 대도록이면 수출자나 생산자가 발급한 원산지증명서로 협정적용을 하는 것이 원산지검증으로 인한 리스크를 줄일 수 있다.

관련판례

CHAPTER 5-4

비당사국 판매자가 원산지 신고문안을 작성하고 당사국 수출자가 서명한 경우 유효한 원산지신고서로 볼 수 있는 지 여부(한-EU FTA)

쟁점물품의 원산지가 유럽연합으로 확인되고 이에 대하여 다툼이 없는 점, OOO '제3차 한-EU FTA 관세위원회' 회의에서 양 당사자가 쟁점C/O와 같이 제3국 발행 송품장에 원산지신고가 작성된 것을 유효한 원산지신고서로 인정한 점, 같은 FTA 부속서 3에서 원산지 신고서 문안 '(7) 장소 및 일자'는 문서 자체에 그 정보가 포함되는 경우에는 그 표시를 생략할 수 있도록 규정하고 있는바, 쟁점C/O상 송품장 발행일자가 명기되어 있고, 쟁점수출자의 명판에 수출자의 주소가 기재되어 있어 장소 및 일자가 문서 자체에 포함되어 있는 것으로 볼 수 있는 점, 쟁점수출자가 쟁점판매자로부터 원산지 신고문안이 기재된 송품장을 직접 출력(print out)하여 서명하는 방식으로 원산지신고서를 작성한 것은 한·EU FTA에서 정하는 유효한 작성방법에 부합해 보이는 점 등에 비추어 등에 수입신고 당시 작성되어 있었던 쟁점C/O는 유효한 원산지신고서로 보이므로 쟁점물품에 대하여 협정관세율의 적용을 배제한 것은 잘못이라고 판단된다.

[조심2014관0311, 2016.10.28]

원산지확인서(규칙 제12조)

▶1 원산지확인서의 의의

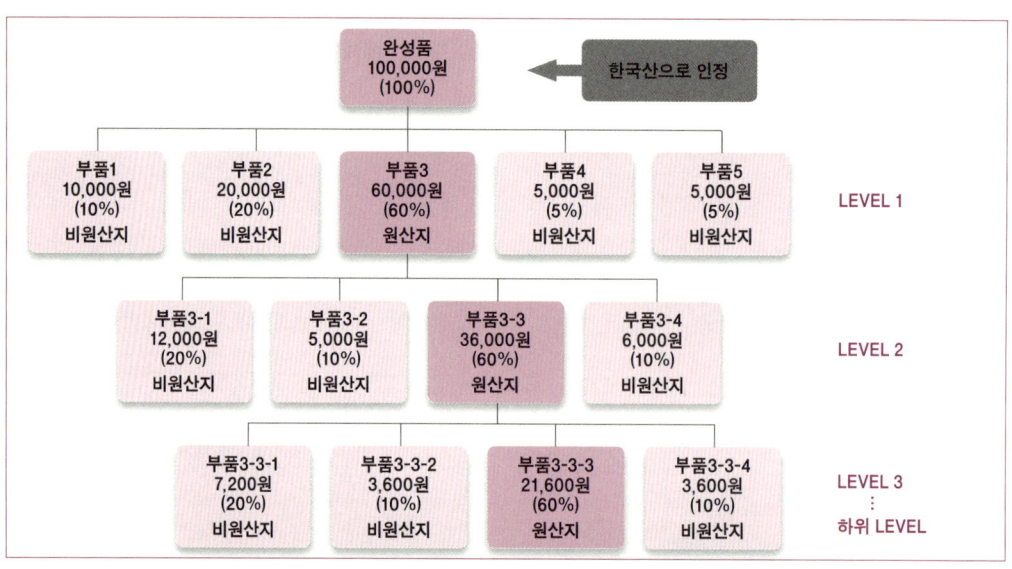

　상기 그림에서 완성품이 한국산으로 인정받기 위해선 완성품 제조에 소요되는 부품의 원산지 정보가 필요하다. 소요부품의 원산지가 결정되어야 완성품의 원산지결정이 가능하기 때문이다. 우리나라 산업구조상 완성품 생산자는 대부분 재료를 생산하지 않고, 공급받아 조립공정을 수행하기 때문에 공급받는 재료의 원산지를 알 수 없다. 이러한 문제점을 해소하기 위해 원산지확인서 제도가 도입되었다. 동 제도는 국내에서 공급되는 수출물품 또는 수출용 원재료에 대한 원산지확인절차를 마련하여 수출자의 원산지 입증부담을 경감하고, 원산지증명절차를 신속히 하기 위해 마련되었다.

국내에서 공급받는 완제품 및 수출용 원재료에 대하여는 수출자가 원산지 입증에 필요한 증빙서류를 갖추어야 하나, 현실적으로 공급자로부터 원산지증빙서류를 제공받기는 힘들다. 왜냐하면 부품명세서, 원재료 원가명세서, 제조공정설명서 등의 원산지증빙서류는 기업비밀을 함유하고 있어 외부노출을 기피하는 경향이 많기 때문이다.

흔히 국내에서 공급받는 재료는 "역내산"으로 오인할 수 있으나, 외국에서 수입한 재료를 바탕으로 추가 가공한 후 최종 제품 생산자에게 납품할 경우 해당 재료의 원산지 요건 충족여부에 대해서는 협정의 원산지결정기준에 따른 별도의 판단이 필요하기 때문에 모두 역내산이 될 수 없다.

또한 수출자가 원재료 원산지입증서류를 갖추지 못할 경우 원산지증명서 발급신청이 반려될 수 있으며, 수출 이후에 수입국 세관당국으로부터 원산지 인정을 받지 못하여 특혜관세의 적용이 배제될 수도 있다.

이러한 상황에서 공급자가 발행한 「원산지확인서 및 수출용 원재료의 국내제조확인서」를 수출자가 구비할 경우 당해 원재료에 대한 원산지 입증책임은 공급자가 부담하게 되어 안전한 FTA 특혜를 향유할 수 있다. 상대국 세관의 사후 검증시에도 그 원재료의 원산지 적정여부에 대해서는 원재료의 공급자를 대상으로 확인한다.

원산지확인서는 제품 혹은 재료 공급자가 공급하는 물품의 원산지를 결정하여 공급받는 자에게 제공하는 서류이다. 수출품의 원산지를 입증하는 서류가 원산지증명서라면 원산지확인서는 국내에서 유통되는 물품의 원산지를 입증하는 내국 원산지증명서라고 할 수 있다. 우리나라에서 생산한 물품이 FTA 특혜수출의 대상이 되는 원산지상품이 되기 위한 가장 기본적인 서류인 것이다. 원산지확인서의 제공은 법적 의무사항은 아니나 부품을 공급받는 수출자 혹은 생산자(대기업)가 요청하는 경우 발급을 거절하기는 쉽지 않은 것이 현실이다.

▶2 원산지확인서의 종류 및 작성

원산지확인서는 두가지로 구분될 수 있는데, ①수출물품 생산에 사용되는 재료 공급시 발급되는 원산지확인서와 ②생산된 완제품을 수출자에게 공급시 발급하는 원산지확인서이다. 원산지

확인서는 종이문서 뿐 만 아니라 전자문서로도 작성하여 제공할 수 있으며, 원산지확인서 발급에 있어서 동일한 재료 및 제품을 동일한 수출자 또는 생산자에게 장기간 계속·반복적으로 공급하는 경우 12개월을 초과하지 아니하는 범위에서 최초의 원산지확인서를 반복하여 사용할 수 있는 원산지포괄확인서도 발급할 수 있다. 여기서 알아두어야 할 사항은 원산지포괄확인서의 효력 기산일은 확인서 작성일이 아닌 물품공급일로 이는 공급물품의 원산지 여부를 실제로 입증할 수 있는 경우라면 소급 혹은 미래적 발급도 가능함을 의미한다.

이러한 원산지(포괄)확인서는 수출자 또는 생산자가 원산지증명서의 발급을 신청하거나 기업 자율적으로 원산지증명서를 작성할 경우 재료 및 상품의 원산지를 입증하는 서류로 활용된다.

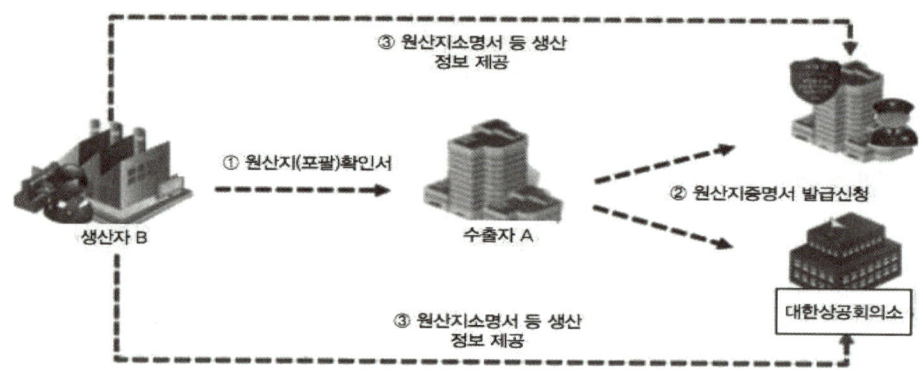

원산지확인서를 작성하는 자는 원산지확인서 작성대장(고시 별지 제6호 서식)에 ① 작성번호 및 작성일, ② 품명·품목번호·수량 및 단위, ③ 원산지·원산지결정기준, ④ 공급받는 자의 상호 및 사업자번호, ⑤ 원산지 포괄확인기간, ⑥ 자유무역협정의 사항을 기재·관리하여야 한다. 다만, 관세청장이 인정하여 고시한 원산지확인서를 제공한 자는 원산지확인서 작성대장을 기재·관리하지 아니할 수 있다.

▶ 3 원산지(포괄)확인서 세관장 확인

원산지(포괄)확인서를 작성한 자는 원산지(포괄)확인서 세관장 확인 신청서(고시 별지 제7호 서식)에 원산지(포괄)확인서 및 원산지(포괄)확인서에 기재된 내용을 입증할 수 있는 서류 및 정보를 첨부하여 세관장에게 확인을 신청할 수 있다. 세관장은 원산지결정기준 충족 여부, 원산지(포괄)확인서의 기재내용이 적정하게 작성되었는지 여부를 확인하여 신청을 받은 날부터 20일 이내에 신청인에게 원산지(포괄)확인서 세관장 확인서를 내주어야 한다.

세관장은 제출받은 서류가 미비한 경우에는 신청인에게 5일 이상 10일 이내의 기간을 정하여 원산지(포괄)확인서 세관장 확인 신청 보완요구서로 보완을 요구할 수 있다. 이 경우 보완기간은 확인서 발급기간에 산입하지 아니한다. 세관장은 원산지(포괄)확인서에 기재된 내용을 확인하기 위하여 필요하다고 인정하는 경우 신청인의 주소·거소·공장 또는 사업장 등을 방문하여 원산지결정기준 충족 여부 등의 사항을 확인할 수 있다. 원산지(포괄)확인서에 대한 세관장 확인 신청 및 그 확인은 전자문서의 방식으로 할 수 있으며, 신청 및 확인에 관한 세부절차는 관세청장이 따로 정하는 바에 따른다.

원산지확인서 세관장 확인제도란 원산지 확인서의 유효성을 제3자인 세관장이 확인해 주는 제도로서, 세관장 확인으로 대외 공신력을 향상시키고, 원산지확인서 발급의 어려움이 있는 중소기업을 지원하기 위해 마련되었다.

▶4 관세청장이 원산지확인서로 인정·고시하는 서류

농축산물 등 거래특성상 원산지결정기준 충족 입증서류 구비가 어려워 FTA활용에 어려움을 겪고 있는 수출자 또는 생산자의 원산지증빙서류 간소화를 위하여 2015년 6월 4일 부터 "간편 FTA 원산지 인정제도"를 시행하고 있다. 그 내용은 관세청장이 「농수산물 품질관리법 시행규칙」 제47조제7항에 따른 농산물이력추적관리등록증, 수산물이력추적관리등록증 또는 그 밖에 이와 유사한 서류를 관련 기관의 장과 사전협의하여 원산지확인서로 인정·고시하는 것이다.

현재 관세청장이 원산지확인서로 인정·고시한 서류로는 국립농산물품질관리원, 국립수산물품질관리원, 축산물품질평가원, 16개 수협, 한국식품연구원 등이 발급하는 친환경농산물인증서 등 여러 종류의 서류가 있다.

원산지(포괄)확인서로 인정하는 서류 및 품목

◆ [발급기관]
- 국립농산물품질관리원(법령에 의해 위임·위탁받은 자 포함)
- 국립수산물품질관리원(법령에 의해 위임·위탁받은 자 포함)
- 축산물품질평가원(법령에 의해 위임·위탁받은 자 포함)
- 16개 수협(강진, 완도소안, 고흥, 의창, 군산, 영흥, 서천서부, 목포, 신안, 해남, 완도금일, 진도, 옹진, 부산, 경기남부, 장흥(마른김에 한함))
- 한국식품연구원
- 사단법인 한국쌀가공식품협회

◆ [인정서류]

구분	서류명	발급근거	서식
농산물	① 친환경농산물 인증서	친환경농어업 육성 및 유기식품 등의 관리·지원에 관한 법률 제 19조(유기식품 등의 인증)	서식1
	② 농산물우수관리 인증서	농수산물 품질관리법 제 6조(농산물우수관리의 인증)	서식2
	③ 농산물 이력추적관리 등록증	농수산물 품질관리법 제 24조(이력추적관리)	서식3
	④ 지리적표시 등록증	농수산물 품질관리법 제 32조(지리적 표시의 등록)	서식4
	⑮ 정부양곡 국내산 가공용 쌀 공급확인서	양곡관리법 제 9조(정부관리양곡의 판매)	서식15
수산물	⑤ 물김 수매확인서	농수산물 유통 및 가격안정에 관한 법률 제32조(매매방법)	서식5
	⑥ 마른 김 수매확인서	농수산물 유통 및 가격안정에 관한 법률 제32조(매매방법)	서식6
	⑦ 수산물 품질인증서	농수산물 품질관리법 제14조(수산물 등의 품질인증)	서식7
	⑧ 수산물 지리적표시 등록증	농수산물 품질관리법 제32조(지리적표시의 등록)	서식8
	⑨ 수산물이력 추적관리 등록증	수산물 유통의 관리 및 지원에 관한 법률 제27조 (이력추적관리)	서식9
	⑩ 수산물 유기수산물 인증서	친환경농어업 육성 및 유기식품 등의 관리·지원에 관한 법률 제19조(유기식품 등의 인증)	서식10
축산물*	⑪ 축산물(소) 등급 판정확인서	축산법 제40조(등급의 표시 등), 축산법 시행규칙 제45조 (축산물 등급 판정확인서의 발급)	서식11
	⑫ 축산물(돼지) 등급 판정확인서		서식12
	⑬ 축산물(계란, 닭, 오리) 등급 판정확인서		서식13
전통식품	⑭ 전통식품 품질인증서	식품산업진흥법 제22조	서식14

* 국내에서 완전생산되어 도축 및 등급판정 된 축산물에 한정

◆ [품목]
농산물: 1,028개 품목 / 수산물: 81개 품목 / 축산물: 5개 품목/ 전통식품 32개 품목

▶5 원산지확인서 작성 예시

원산지(포괄)확인서(Declaration of Origin)

발급번호(Reference No) : A-001

※ 뒤쪽의 작성방법을 읽고 작성하여 주시기 바라며, [ ]에는 해당되는 곳에 √표시를 합니다.

1. 공급하는 자 (Supplier)	상호(Company Name) (주)ABC		사업자등록번호(Business Number) 123-45-67890
	대표자성명(Name of Representative) 이한국		전화번호(Tel. No.) 02-500-1234
			팩스번호(Fax. No.) 02-500-1235
	주소(Address) 서울 00구 00대로 000 전자우편주소(E-mail) abc@abc.com		인증수출자 인증번호(Customs Authorization No.) 010-11-000001
2. 공급받는 자 (Supplied to)	상호(Company Name) (주)한국통상		사업자등록번호(Business Number) 245-56-7890
	대표자성명(Name of Representative) 이지구		전화번호(Tel. No.) 031-100-1000
			팩스번호(Fax. No.) 031-100-1001
	주소(Address) 경기도 안양시 00대로 000 전자우편주소(E-mail) korea@korea.com		

공급물품 명세서 (Good Statements)

3.연번 (S/N)	4.적용대상협정 (Applicable FTA)	5.품목번호 (HS 6단위) (HS Code 6-digit)	6.품명·규격 (Description·Specification of Good(s))	7.원산지결정기준 (Origin Criterion)	8.원산지결정 기준 충족여부 (Fulfillment of Origin Criterion) 충족(Y)	8. 미충족(N)	9.원산지 (Country of Origin)	10.원산지포괄확인기간 (년 월 일~ 년 월 일) (Blanket period (YYYYMMDD ~ YYYYMMDD))
1	한미	848110	D-Valve	CTH	[√]	[ ]	KR	20191001~ 20200930
2	한EU	848110	D-Valve	MC50	[√]	[ ]	KR	20191001~ 20200930
3	한아세안	848110	D-Valve	RVC40	[√]	[ ]	KR	20191001~ 20200930
					[ ]	[ ]		
					[ ]	[ ]		

「자유무역협정의 이행을 위한 관세법의 특례에 관한 법률 시행규칙」제6조의3에 따라 위와 같이 원산지를 확인합니다.

The undersigned hereby declares the origin of the good(s) in accordance with Article 6.3 of the 'Enforcement Rules of the Act on Special Cases of the Customs Act for the Implementation of Free Trade Agreements'.

작 성 자(Declarer): 홍길동   (서명 또는 인)(Signature)
직 위(Position): 과장
상 호(Company Name): (주)ABC
주 소(Company Name/Address): 서울 00구 00대로 000
작 성 일 자(Date): 2019.10.1

〈FTA 활용 Tip〉 원산지확인서 작성방법

1. 재료내역(BOM 등)을 놓고 구입경로를 먼저 확인한다.

- BOM, part list 등 재료내역을 확인할 수 있는 서류를 준비한다.
- 원재료 가격이 나와 있으면 부가가치 계산하는데 도움을 줄 수 있다.
- BOM 등에 원산지결정에 필요한 구입경로, HS 코드 및 원산지 항목을 추가한다.
- 구입경로별로 자체 원산지확인 건과 납품업체 확인의뢰(원산지확인서 요청 등) 건을 분리하여 확인한다.

2. 공급물품의 HS 코드부터 먼저 확인해야

- 원산지결정기준이 HS코드에 따라 결정되므로 신중하게 결정해야 한다.
  * HS전문가가 작성한 HS코드 검토서, 관세평가분류원의 사전심사서, 기초원재료납세증명서 발급물품인 경우 해당 서류의 HS 코드 등을 참조하라

3. 공급물품 생산에 소요된 부품별 HS 코드 및 원산지를 확인한다.

- 부품별 HS 코드 확인절차는 협력업체 수입물품 > 재료공급자 수입물품 > 자가 생산물품 > 재료생산업체 납품물품 순이다.
- 쉬운 것에서 시작해서 어려운 것으로 마무리하는 방법이다.
- 각각의 FTA별로 원산지결정기준을 확인하고 그 기준에 따라 원산지를 결정하는 작업이다.

5. 원산지확인서를 작성한다.

- 서식에 맞게 원산지확인서를 작성한다.

원산지확인서 작성방법

번호	기재항목	기 재 내 용
	발급번호	● 원산지확인서를 발급하는 자가 자체적으로 관리하는 발급번호를 적습니다.
1	공급하는 자	● 물품을 실제로 공급하는 자의 상호, 사업자등록번호, 대표자 성명, 전화 및 팩스 번호, 주소(E-mail 포함)를 적습니다. ● 공급하는 자가 인증수출자인 경우, 인증수출자 인증번호를 적습니다.
2	공급받는 자	● 원산지확인서의 물품을 공급받는 자의 상호, 사업자등록번호, 대표자 성명, 전화 및 팩스 번호, 주소(E-mail 포함)를 적습니다.
3	연 번	● 종류가 다른 물품이 여러 개일 경우 각 종류별로 연번을 적습니다.
4	적용대상 협정	● 해당 공급물품의 원산지결정기준을 적용한 자유무역협정(FTA)의 명칭을 적습니다. (예시) 한-칠레, 한-싱가포르, 한-EFTA, 한-아세안 등
5	품목번호 (HS 6단위)	● 공급물품의 6단위 품목번호를 적습니다.
6	품명·규격	● 공급물품의 품명과 규격을 적습니다.
7	원산지 결정기준	● 물품의 원산지를 결정하는데 적용된 기준을 아래 표에서 정한 방법으로 적습니다. | 원산지결정기준 | 기재방법 | |---|---| | 가. 완전생산 물품 | - WO | | 나. 세번변경기준 　- 2단위세번변경기준 　- 4단위세번변경기준 　- 6단위세번변경기준 | - CC - CTH - CTSH | | 다. 부가가치기준 　- 공제법을 적용한 경우 　- 집적법을 적용한 경우 　- 역외산재료최대허용법을 적용한 경우 　- 순원가법을 적용한 경우 | - BD - BU - MC - NC | | 라. 선택기준 　- 실제 선택한 기준 　예) 6단위세번변경기준을 선택한 경우 　　　공제법에 따른 부가가치기준을 선택한 경우 | - CTSH - BD | | 마. 결합기준 　- 세번변경기준과 부가가치기준을 모두 충족한 경우 | - CC(CTH또는CTSH)+ BD(BU, MC 또는 NC) | | 바. 주요공정기준 | - SP | | 사. 역외가공기준(개성공단 생산물품) | - OP | | 아. 기타기준 | - Other |

8	원산지결정기준 충족여부	● 원산지결정기준 충족여부를 표시합니다. (예시) 원산지인정요건을 충족한 경우 "[√] 충족"에 표시합니다.
9	원산지	● 원산지결정기준을 충족할 경우 "KR" 또는 "한국"으로 적습니다.
10	원산지포괄확인기간	● 물품공급일로부터 12개월을 초과하지 아니하는 범위에서 반복하여 사용하려는 경우 그 반복사용기간을 적습니다. (예시) 2012.12.01 - 2013.11.30 ※ 원산지포괄확인기간을 적지 아니한 때에는 단수원산지확인서로 봅니다.

원산지확인서에 기재되는 원산지결정기준 기재방법 및 표준코드[166]

원산지결정기준 의미	기재방법	표준코드
다른 류에 해당하는 재료로부터 생산된 것 (HS 2단위 세번 변경)	CC	C2
다른 호에 해당하는 재료로부터 생산된 것 (HS 4단위 세번 변경)	CTH	C4
다른 소호에 해당하는 재료로부터 생산된 것 (HS 6단위 세번 변경)	CTSH	C6
사용된 모든 재료는 완전생산된 것일 것 (완전 생산기준)	WO	WO
사용된 XX류의 모든 재료는 완전생산된 것일 것 (특정 류의 물품의 완전생산 기준)	WO of XX	WOEX
사용된 모든 비원산지 재료의 가격이 공장도 거래가격의 50%를 초과하지 아니할 것	MC(50)	M50
세 번변경없이 역내가치포함비율이 (a) 집적법에 의거 최소 35% 이상일 것 혹은 (b) 공제법에 의거 최소 45% 이상일 것	RVC(35/45) - BU 35 - BD 45	R35/ R45
세번변경없이 순원가법에 의거 역내 부가가치 비율이 50%이상 일 것	NC(50)	N50
특정 호에 사용된 모든 비원산지 재료의 가격이 공장도 거래가격의 50%를 넘지 않을 것	MC(50) of XXXX	M50EX
다른 호의 제품 또는 해당호로 변경	ALL CTH	C4A
HS 4단위가 변경되거나, 또는 비원산지재료의 가격이 공장거래도 가격의 50% 초과하지 않을 것	CTH or MC(50)	C4/ M50

---

[166] 원산지확인서 원산지결정기준 표기방법을 통일하여 기업의 혼란을 방지할 목적으로 관세청이 마련·시행('14.8.30), 표준코드는 원산지관리시스템을 통한 원산지확인서 전자적 유통시 사용

기준	표기1	표기2
HS 4단위 변경되거나 세번이 변경되지 않고 역내부가가치 비율이 (a) 집적법에 의거 최소 35% 이상일것 혹은 (b) 공제법에 의거 45%이상일 것	CTH or RVC(35/45) - BU 35 - BD 45	C4/ R35/ R45
다른 류에서 특정호로 세번이 변경되거나, 특정 호에 사용된 모든 비원산지 재료 가격이 공장도 거래가격의 50%를 넘지 않을 것	CC or MC(50)	C2/ M50
HS4단위가 변경되고, 비원산지재료의 가격이 공장거래도 가격의 50% 초과하지 않을 것	CTH + MC(50)	C4M50
HS2단위가 변경되고, 비원산지재료의 가격이 공장거래도 가격의 50% 초과하지 않을 것	CC + MC(50)	C2M50
HS4단위가 변경되고 역내 부가가치 비율이 최소 (a) 집적법에 의거 35%보다 적지 않을 것 (b) 공제법에 의거 45%보다 적지 않을 것	CTH + RVC(35/45) - BU 35 - BD 45	C4R30/ C4R45
다른 류에서 해당호로 세변경조건, 단 XX류는 제외	CC ex. XX	C2EX
다른 호에서 해당호로 세변경조건, 단 XXXX호는 제외	CTH ex. XXXX	C4EX
특정XXXX호이 비원산지 재료로부터 해당호로 세변경조건, 단 XXXX호의 waste and scrap 제외	CTH ex. WS	C4WS
비원산지재료의 가격이 원산지 재료의 가격을 초과하지 않을 것	VNM/VOM	VN
HS4단위가 변경되고, 비원산지 재료의 가격이 거래가격의 40%를 초과하지 않을 것	CTH+TV(40)	C4T40
특정한 가공 공정이 수행될 것	Specific Processing	SP
재단 봉제 가공이 해당국 또는 양 당사국의 영역에서 수행될 것	SP cutting & sewing	SPCS
그 밖의 원산지결정기준	Other	ZZ

자재명세서(BOM : Bill of Material)

BOM(Bill of Material)은 특정 제품(Item)이 어떠한 부품(Item)으로 구성되는지에 대한 정보를 담고 있다. BOM에서 가장 기본이 되는 정보는 '제품 구조 정보(Product Structure)'라고 할 수 있다. 서로 다른 부품들로 구성된 제품의 구조를 나타내는 BOM은 Product Structure, Bill of Material, Part List 등으로 불리며, 정유나 화학 쪽의 생산업체에서는 Recipe, Formulation 등으로 불린다. 우리가 접하는 대부분의 제품들은 모두 여러가지 부품의 조립품이라고 볼 수 있다. 예를 들어, 볼펜, 전화기, 자동차, 컴퓨터, 키보드, 오디오, 비디오, 카메라, 세탁기, 청소기 등은 모두 많은 부품의 조립을 통해 만들어 진 것이다.

이러한 이유로 제품의 부품정보를 제공하는 BOM은 제품의 원산지를 결정할 때 가장 중요한 근거 자료가 된다. 따라서 제품의 원산지결정의 가장 기초는 BOM를 작성하는 것부터 시작된다. FTA에서 사용되는 BOM은 일반적으로 사용되는 BOM를 가지고 수정 혹은 조정 작업을 거쳐야만 오류를 줄일 수 있다.

BOM은 산업별로 다양한 구조로 되어 있지만 일반적으로 아래 표와 같은 형태를 가지고 있다.

[일반적인 BOM 예시]

NO	LEVEL					PART NO	PART NAME	규격	소요량 (ea)	가격
	1	2	3	4	5					
1			*				still plate		1	5,035
2			*				gasket		1	550
3			*				drain plug		1	1,253
합계										6,838

이러한 일반적인 BOM를 가지고서는 상품의 원산지를 결정하기가 어려우므로, 필요한 항목을 추가 조정하여 수정된 다음과 같은 FTA BOM를 만들어야 한다.

NO	LEVEL				PART NO	PART NAME	규격	소요량 (ea)	가격	HS 코드	원산지	구입 경로	입증 서류	연락처
	1	2	3	4										
1			*			still plate		1	5,035	-	KR	C	원산지 확인서	02-2616-0029

2	*		gasket	1	550	8484.10	CN	B	-	031-200-3000
3	*		drain plug	1	1,253	7318.15	CN	D	-	055-250-1000
합계					6,838					

생산제품의 원산지결정기준이 세 번변경기준이라면 BOM에 최소한 재료의 원산지와 비원산지 재료의 HS코드는 있어야 하고, 부가가치기준이라면 재료의 원산지와 가격이 있어야 한다.

구분	작성요령	비고
NO	부품의 일련번호를 기재한다.	
LEVEL	부품의 가공단계를 기재한다. 최종 완제품의 직전 가공단계로 LEVEL 2로 그 하부단위를 구성하는 부품은 LEVEL 3으로 구분 기재한다. * TIP: 중간재 지정을 위해서는 LEVEL 관리가 필수적이다. 자동차의 원산지를 부가가치기준으로 결정시 엔진을 중간재로 지정하여 역내 부가가치비율을 높일 수 있다.	
PART NO	회사에서 관리하는 PART NO를 기재한다.	
PART 명	부품명을 기재한다.	
규격	크기, 재질 등 회사에서 관리하는 규격을 기재한다.	
가격	구입가 또는 제조원가를 기재한다.	
구입 경로	〈구입경로 구분 코드〉 ● A(자가생산) : 생산업체가 직접 생산하는 재료 또는 부품 ● B(자가수입) : 생산업체가 직접 수입하는 재료 또는 부품 ● C(국산 구매) : 하청업체가 생산하여 납품하는 재료 또는 부품 ● D(수입산) : 하청업체가 수입하여 납품하는 재료 또는 부품	부품 또는 재료의원산지확인 주체를 결정하는 작업이다.
HS 코드	부품 또는 원재료의 HS 코드를 기재한다.	
원산지	원산지재료, 비원산지재료로 구분한다. 향후 FTA에 대비하여 국가명을 기재하여 둔다.	
입증서류	원산지재료, 즉 역내산 재료에 대해선 입증서류를 표기한다. *입증서류 : 원산지확인서, 국내제조확인서, 상대국 원산지증명서(누적)	
연락처	재료 공급처의 연락처를 기재한다.	

수출용 원재료의 국내제조확인서(규칙 제13조)

▶1 국내제조확인서 의의

원산지확인서가 재료 공급자 또는 최종물품 공급자가 수출자 또는 생산자 요청에 따라 공급물품의 원산지를 확인하여 서류 혹은 전자문서로 제공하는 것이라면, 국내제조확인서는 재료 생산 혹은 공급자가 생산자 또는 수출자의 요청에 따라 해당 재료의 국내제조 사실을 확인하여 서류 혹은 전자문서로 제공하는 것이다.

국내제조확인서는 공급재료가 원산지기준을 충족하지는 않지만 국내에서 생산되었다는 사실을 확인해 주는 서류로 국내에서 발생한 부가가치 누적 혹은 생산공정의 누적에 활용할 수 있다.

재료 생산자 등으로부터 국내제조확인서를 제공받은 생산자 또는 수출자는 이를 기초로 원산지증명서의 발급을 신청하거나 자율적으로 원산지증명서를 발급할 수 있다.

수출물품의 생산에 사용되는 재료를 동일한 수출자 또는 생산자에게 장기간 계속·반복적으로 공급하는 재료 생산자 등은 수출자 또는 생산자의 요청이 있는 경우 국내제조포괄확인서(물품공급일부터 12개월을 초과하지 아니하는 범위에서 최초의 국내제조확인서를 반복하여 사용할 수 있는 것을 말하며, 전자문서를 포함한다)를 작성하여 제공할 수 있다. 이는 매 건별 국내제조확인서 작성·제공에 따른 불편을 해소하기 위함이다.

국내제조확인서(영문)는 상대국과의 공정누적을 규정하고 있는 협정에서 공정누적의 근거서류로 사용될 수 있다고 판단된다.

2 국내제조확인서 활용사례

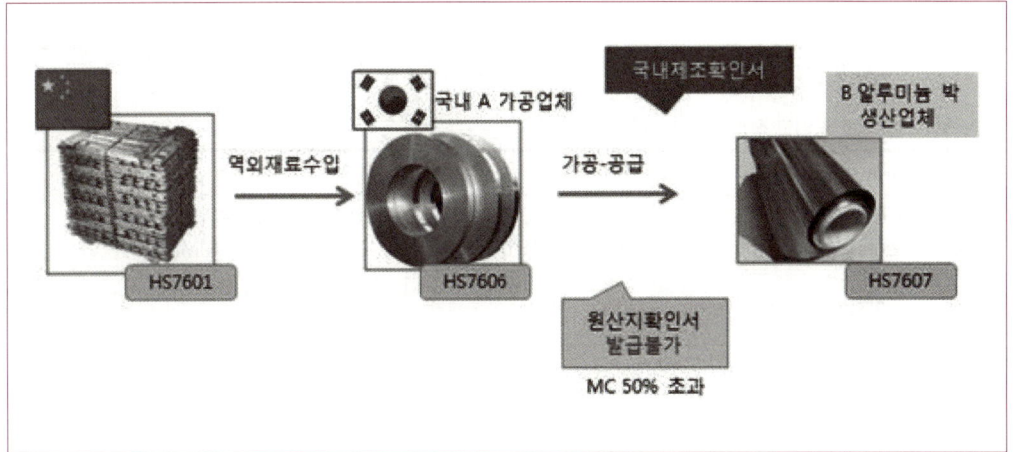

〈원산지결정기준〉

7606: 모든 호의 재료로부터의 생산. 다만 그 제품의 호의 것은 제외, 그리고 사용된 모든 재료의 가치가 그 제품의 공장도 가격의 50퍼센트를 초과하지 아니해야 함

7607: 모든 호의 자료로부터의 생산. 다만, 그 제품의 호와 제606호의 재료로부터의 생산은 제외

A가 역외산 알루미늄괴(HS7601)로 중간 원재료인 알루미늄판(HS7606)을 생산하여 알루미늄박을 생산하는 B사에게 판매한다. 이 경우 알루미늄판이 세번변경은 발생하지만, MC비율이 50%를 초과하여 원산지기준을 충족하지 못하므로 A사는 B사에게 원산지확인서를 발급할 수 없지만, 동 알루미늄 판의 생산은 국내에서 수행되었으므로 국내제조확인서를 발급하여 제공할 수 있다. B사는 비록 구매한 알루미늄 판이 비원산지 재료이지만, A사의 생산을 누적할 수 있으므로 결국 B가 역내에서 역외산 알루미늄 괴(HS 7601)로 최종 제품인 알루미늄 박(HS7607)을 생산 한 것이 된다. HS7607은 비원산지 재료인 HS7601에서 생산될 수 있으므로 원산지 자격을 획득한다. 이와 같이 국내제조확인서는 국내 생산 누적에 활용할 수 있는 여지가 많다.

3 국내제조확인서 작성예시

국내제조(포괄)확인서(Declaration of Inward Processing)

※ 뒤쪽의 작성방법을 읽고 작성하여 주시기 바랍니다.

1. 발급번호(Reference No.)	A-001	
2. 국내제조포괄확인기간 (Blanket period)	2019년 10월 1일부터 2020년 9월 30일까지 (From YYYY/ MM/ DD to YYYY/ MM/ DD)	
3. 공급하는 자 (Supplier)	상호(Company Name) (주)ABC	사업자등록번호(Business Number) 123-45-678990
	대표자성명(Name of Representative) 이한국	전화번호(Tel. No.) 02-500-1234 팩스번호(Fax. No.) 02-500-1235
	주소(Address) 서울 00구 00대로 000 전자우편주소(E-mail) abc@abc.com	
4. 공급받는 자 (Supplied to)	상호(Company Name) (주)한국통상	사업자등록번호(Business Number) 245-56-7890
	대표자성명(Name of Representative) 이지구	전화번호(Tel. No.) 031-100-1000 팩스번호(Fax. No.) 031-100-1001
	주소(Address) 경기도 안양시 00대로 000 전자우편주소(E-mail) korea@korea.com	

5. 공급물품 명세(Good Statements)

연번 (S/N)	품목번호(HS 6단위) (HS Code(6-digit))	품명·규격 (Description·Specification of Good(s))	수량 및 단위 (Quantity & Unit)	가격 (Value)	주요 생산공정 (Production Process)
1	철강제 부품	7324.90	1ea	40,000원	절단 및 용접

6. 재료 명세(Material Statements)

공급물품 연번 (S/N in Entry 5)	재료 연번 (S/N)	품목번호(HS 6단위) (HS Code(6-digit))	원산지재료 해당여부 (Originating Material(Y/N))	품명·규격 (Description·Specification of Good(s))	수량 및 단위 (Quantity & Unit)	가격 (Value)	비고 (Remarks)
1	1-1	7218.10	N	스테인레스강 (4.7mm)	1ea	25,000원	

「자유무역협정의 이행을 위한 관세법의 특례에 관한 법률 시행규칙」제6조의4에 따라 위와 같이 국내제조 사실을 확인합니다.
　The undersigned hereby declares the inward processing of the good(s) in accordance with Article 6.4 of the 'Enforcement Rules of the Act on Special Cases of the Customs Act for the Implementation of Free Trade Agreements'.

7. 작성자 성명(Name of Declarer) 홍 길 동	상 호(Company Name) (주)ABC
작성자 서명(Signature)	직 위(Position) 과장
2019년(YYYY) 10월(MM) 1일(DD) ＿＿ ＿＿ ＿＿ ＿＿／＿＿ ＿＿／＿＿ ＿＿／	전화번호(Tel. No.) 02-500-1234 팩스번호(Fax. No.)02-500-1235

번호	기재항목	기재내용
		국내제조확인서 작성방법
1	발급번호	국내제조(포괄)확인서를 발급하는 자가 자체적으로 관리하는 발급번호를 적습니다.
2	국내제조 포괄 확인기간	물품공급일로부터 12개월을 초과하지 아니하는 범위에서 반복하여 사용하려는 경우 그 반복사용기간을 적습니다. ※ 국내제조포괄확인기간을 적지 아니한 경우에는 단수 국내제조확인서로 봅니다.
3	공급하는 자	물품을 실제로 공급하는 자의 상호, 사업자등록번호, 주소, 대표자 성명, 전화 및 팩스 번호, E-mail 주소를 적습니다.
4	공급받는 자	국내제조(포괄)확인서상의 물품을 공급받는 자의 상호, 사업자등록번호, 주소, 대표자 성명, 전화 및 팩스 번호, E-mail 주소를 적습니다.
5	공급물품 명세	공급물품의 연번, 품목번호(HS 6단위), 품명·규격, 수량 및 단위, 가격(원화로 기재) 및 주요 생산공정(물품의 주요 제조과정 및 공정방법)을 적습니다.
6	재료 명세	- 5번 항목에 기재된 공급물품별로 그 속에 포함되어 있는 재료에 대하여 연번, 품목번호(HS 6단위), 품명·규격, 수량 및 단위, 가격(원화로 기재) 등을 적습니다. - 단, 공급물품의 생산에 사용된 재료 중 원산지의 확인에 필요한 재료의 내역만을 기재합니다.(필요시 원산지재료 내역만을 기재하거나 비원산지재료 내역만을 기재할 수 있습니다) - 원산지재료이면 '원산지재료 해당여부'란에 'Y', 아니면 'N'으로 기재합니다.
7	작 성 자	국내제조(포괄)확인서 작성을 담당하는 자의 성명, 상호, 서명, 직위, 작성일 및 전화번호·팩스번호를 적습니다.

CHAPTER 5-6

중요 질의 및 답변 사례

질의 160	원산지확인서 작성시 한-미 FTA 협정상 역내 부가가치비율을 산정하는 경우 조정가치(AV)를 적용하여야 하는데, 세금계산서상의 국내공급가액을 조정가치로 사용할 수 있는지?
답변	세금계산서 상의 공급가격이 제조비용·이윤 및 일반경비 등 협정에서 규정한 비용을 포함하였다면, 공급가격을 조정가치로 사용 가능
질의 161	국내공급가액(세금계산서상 금액)에 대하여 수입상품에 대한 것과 같은 방식으로 결정되는 가치로 환산하기 위하여 추가조정을 해야 한다면, 각 추가조정금액(화물비, 보험료, 포장비 등)에 대하여 실제로 지급한 비용이 없는 경우에는 어떤 자료를 기준으로 해야 하는 지?
답변	실제로 지급한 비용이 없다면 조정할 필요 없으며, 기준가격표는 존재하지 않음
질의 162	월별 판매가가 달라진다면 1년 단위의 포괄확인서가 아닌 월별로 상이한 원산지확인서를 작성·발급하여야 하는지?
답변	실제 판매가를 적용하며, 사후 정산과정에서 원산지결정기준을 불충족한 것으로 밝혀진 경우 즉시 그 사실을 수출자 등에게 통보하여야 함
질의 163	월별 판매가가 달라진다 하여도 협정의 원산지 결정기준에서 정하고 있는 역내부가가치비율을 총족시킨다면, 1년 단위 포괄확인서를 발급하는 것도 가능한 것 아닌지?
답변	포괄확인서의 발급이 표준원가 등의 적용을 통해 미리 발급되어지는 것이므로 월별 판매가가 변동되어도 역내 부가가치비율을 충족시킨다면 1년 단위 포괄확인서를 발급할 수 있음
질의 164	제품생산을 위한 원재료의 가치를 계산할 때, 수입가는 외화이고 국내매입은 원화로 되어 있어 부가가치기준 적용시 원화 환산과정이 필요한 데, 이럴 때 외화가격의 원화 환산가치는 어떤 기준으로 적용하여야 하는지?
답변	통화환산, 회계 등은 일반적으로 인정되는 회계원칙(GAAP)에 부합하는 일관된 기준에 따라야 하며, 보편적으로 생산자가 판매 또는 구매기록의 목적으로 사용한 환율을 적용
질의 165	동일 원재료를 일정기간에 걸쳐 나누어 수입하여 환율의 변동이 발생하게 되면 역내국 원료에 의한 부가가치율 또한 달라지게 되는데, 이럴 경우에는 원산지포괄확인서는 작성할 수 없는 것인지?
답변	원산지포괄확인서는 표준원가 혹은 추정원가 등을 적용하여 미리 발행되는 것이므로, 원산지포괄확인서의 작성은 가능하나, 실제생산시점에 실제원가를 적용, 부가가치비율을 재산정하여야 하며, 재산정후 원산지결정기준 '불충족시' 즉시 해당업체에 통보해야 함
질의 166	당사가 생산하는 최종제품에 대한 원산지결정기준이 부가가치기준에 해당되고, 당해 최종제품에 대한 원산지확인서를 작성하고자 할 때, 가공임을 지급하고 '사입'한 '모듈'에 대해서는 '자가생산된 재료'로 보아 협정 제6장 제6.3조(재료의 가치)다호에서 규정하는 바에 따라 재료의 가치를 산정할 수 있는 것인지?
답변	상기 모듈은 비록 부품 및 가공임을 지급하였다 하더라도 외주업체가 생산한 것이므로 자가 생산된 재료가 아님. 따라서 제6.3조 나호에 따라 재료 가치를 산정하여야 함

질의 167	특정업종(화학 및 섬유 등)에 국한 없이 모든 업종에서 국내제조확인서 사용이 가능한 지 여부?
답변	「FTA 특례 시행규칙」 제13조(수출용 원재료의 국내제조확인서)에 따라 국내제조확인서는 수출물품의 생산에 사용되는 재료를 생산하거나 공급하는 자가 생산자 또는 수출자에게 해당 물품의 국내제조 사실을 확인해주는 서류이며, 사용 범위를 특정 업종으로 제한하고 있지 않음
질의 168	세번변경 기준 또는 공정누적 기준에 국한 없이 국내제조확인서를 사용하여 확인한 국내부가가치 부분을 최종 수출물품의 원산지 판정시 역내산 재료비 가치로 간주하여 합산 반영할 수 있는지?
답변	원산지 인정을 받지 못한 원재료에 대하여 국내에서 발생한 부가가치 부분 또는 특정공정을 수행한 사실을 확인하여 최종물품의 원산지 결정시 반영할 수 있음
질의 169	원산지포괄확인서를 기존에 공급한 물품에 대해 사후에 소급하여 발급할 수 있는지 여부 ※ [예] 공급일 : '18.1.1~'18.6.30, 작성일 : '18.10.1 단수원산지확인서의 경우에도 사후발급이 가능한지?
답변	원산지확인서는 물품공급자가 공급물품의 원산지를 확인하여 공급받는자(생산자, 수출자)에게 제공하는 서류이며, 원산지포괄확인서는 동일한 자에게 장기간 공급하는 경우 제공하는 서류임(포괄확인기간은 최장 12개월) 즉, 원산지확인서는 원산지를 확인하기 위한 서류이며, 반드시 동 서류로 원산지를 확인하는 것은 아님 ※원산지확인서는 원산지소명서의 기재내용을 입증할 수 있는 원산지확인서류의 일종으로 볼 수 있음 따라서 공급자가 원산지확인서가 아닌 다른 종류의 원산지확인서류를 제공하여도 무방하며, 특례법 시행규칙에서 포괄확인기간을 '공급일로부터 12개월'로 규정하고 있어도 이를 사후작성이 불가능한 것으로 볼 수 없는 바, 원산지포괄확인서는 기존에 공급했던 물품에 대하여도 사후에 작성될 수 있음 단수원산지확인서도 법령에서 사후에 작성하는 것을 금지하고 있지 아니함
질의 170	공급자로부터 이미 발급받은 원산지확인서를 사후에 공급자가 재발급한 경우 유효성 여부
답변	FTA 특례법 등 국내 법령에서 원산지(포괄)확인서의 재발급을 금지하고 있지 아니함 따라서, 기 수취한 원산지(포괄)확인서를 재발급하는 경우 재발급일 당시의 원산지관리자가 서명한 원산지(포괄)확인서는 유효한 원산지(포괄)확인서로 인정될 수 있음
질의 171	부품 전체를 공급받아 제품 생산 후 납품하는 경우*, 생산자(외주조립업체)를 부품공급자의 생산처로 볼 수 있는지?(원산지확인서를 작성·제공하지 않아도 되는 것인지?) *부품을 공급하는 공급자가 제품의 전반적인 관리(설계, 도면, 설계변경 이력관리 등)을 진행하고 생산자는 공급자의 제품만 생산하는 관계
답변	원산지확인서를 작성, 제공한 생산자는 법령에서 정하는 바에 따라 그 내용을 입증할 수 있어야 하며, 현지조사 등 세관의 원산지조사를 받을 의무가 있음 따라서 생산자가 작성, 제공한 원산지확인서가 없더라도 물품을 공급받은 귀사가 그 물품의 원산지를 직접 입증할 수 있고 현지조사 등 세관의 원산지조사를 모두 수행할 수 있는 경우에는 생산자가 반드시 원산지확인서를 작성, 제공해야 하는 것은 아님

질의 172	각각 다른 법인이지만 대표자는 동일한 경우, 타법인 소속직원이 원산지증명서, 원산지확인서 등의 서명권자가 될 수 있는지
답변	원산지증명서는 해당물품을 수출하는 자가 발급을 신청하도록 규정(규칙§10①)되어 있으며, - 자율증명의 경우 수출자, 생산자 또는 수입자가 원산지를 확인하여 작성·서명하도록 규정(법§11조 ①의2) - 또한 원산지확인서와 국내제조확인서는 물품을 생산하거나 공급하는 자가 작성하는 서류 (규칙§12조①, 13조①) 법인은 설립등기를 함으로써 성립되는 것이며(민법§33), 정관으로 정한 목적의 범위내에서 권리와 의무의 주체가 되는 바(민법§34), - 법인은 각 법인별로 법인격이 있는 것 따라서 원산지증명서와 원산지확인서는 해당 법인에서 작성하는 것이므로, 타 법인 소속직원이 해당 서류의 서명권자가 될 수 없음
질의 173	수출국과 수입국의 HS세번이 상이하여 원산지확인서에 각각의 원산지결정기준 충족여부를 기재하여 작성하고 있으며, 원산지증명서는 수출국 HS세번으로 발급하는 경우 원산지증명서가 수출국 세번으로 발급되므로 원산지확인서도 수출국 세번의 원산지결정기준 충족여부만 기재하여도 검증 상 문제가 없는지?
답변	국내 관계법령 및 규정에 따라 우리나라 HS세번을 기재하는 것이 원칙이나, 수입국 관세당국의 검증요청 시 수입국 및 수출국 HS세번 모두에 대한 원산지 확인을 요청할 경우를 대비하여 해당 세번 모두에 대해 함께 작성·관리할 필요가 있음
질의 174	HS 2402.20호(권련)에 대한 한-아세안 FTA 원산지증명서 서식 제8란(원산기기준)의 표기 방법은? | HS세번	원산지결정기준
2402.20	다른 호에 해당하는 재료로부터 생산된 것. 다만, 제2403호에 해당하는 비원산지 재료의 가격이 해당 물품의 본선인도가격의 60%를 초과하지 아니한 것으로 한정한다.	
답변	동 세번의 원산지기준 단서조건이 특정 세번(제2403호)에 한정하고 있어 결합기준(세번변경+부가가치)으로 보기 어려움 따라서, 세번변경(CTC 또는 CTH)기준으로 표기하는 것이 적정

EU의 공급자 신고제도(Supplier's Declaration)[167]

EU는 수출자의 원산지 확인 부담을 덜어주기 위해 상품이나 부품 및 원재료 공급자가 수출자에게 원산지를 확인·보증하는 공급자신고제도(Supplier's Declaration)를 운영하고 있다. 동 제도는 우리나라의 원산지(포괄)확인서 및 국내제조(포괄)확인서 제도의 모태가 되었다.

EU의 공급자신고제도 관련 규정은 EU 이사회규칙 No 1207/2001에 명시되어 있으며, 동 규정은 모든 회원국에게 법적 구속력을 갖고 직접적으로 적용된다.

1) 공급자신고서 용도
공급자는 신고서(declaration)를 통해 EU의 특혜원산지 규정과 관련한 상품 지위에 대한 정보를 제공하며, 수출자는 제공받은 공급자신고서를 원산지증명서 발급이나 원산지입증 서류로 사용할 수 있다.

2) 공급자신고서 작성 방법
공급자는 각각의 탁송품(consignment of goods)에 대해 개별적으로 공급자신고서를 작성(1년을 초과하지 아니한 범위에서 포괄작성 가능)하며, 상품이 인도된 후에도 언제든지 신고서를 작성·제공할 수 있다. 공급자신고서는 공급자가 수기로 작성한 경우 서명을 포함해야 하고(컴퓨터로 작성된 경우 서명 생략 가능), 미리 인쇄된 양식(pre-printed form)으로도 작성될 수 있다.

3) 공급자신고서의 구분
공급자신고서는 상품의 원산지지위의 획득 유무에 따라 ⓐ특혜원산지지위를 획득한 상품의 공급자신고서 및 장기공급자신고서와 ⓑEU에서 작업 또는 가공을 거쳤으나 특혜원산지지위를 획득하지 않은 상품의 공급자신고서 및 장기공급자신고서로 구분된다. ⓐ는 우리나라의 원산지확인서에 해당되며, ⓑ는 우리나라의 국내제조확인서에 해당된다. 장기공급자신고서는 우리나라의 포괄확인서의 개념이다.

4) 장기 공급자신고서(Long-term supplier's declarations)
공급자가 특혜원산지 규정에 대한 지위가 상당 기간 동안 일정하게 유지되는 상품을 정기적으로 공급하는 경우, 이후에 탁송될 상품에 대해서는 단일신고서(single declaration)를 제출할 수 있는데, 이를 장기공급자신고서라고 하며, 신고서의 발급일부터 1년까지의 기간 동안 처음 발급한 신고서를 반복적으로 사용할 수 있다. 동 신고서는 소급발급이 가능하고, 유효기간은 발효일로부터 1년이며, 공급자는 공급된 상품에 대한 장기공급자신고서가 더 이상 유효하지 않을 경우 이 사실을 구매자(buyer)에게 즉시 통보하여야 한다.

---

[167] Council Regulation (EC) No 1207/2001 of 11 June 2001, Official Journal of the European Communities.

5) 정보증명서 INF 4(information certificates INF 4)

세관당국은 공급자신고서의 정확성 또는 진실성을 검증하기 위해서 공급자로부터 정보증명서 INF 4를 획득할 것을 수출자에게 요청할 수 있는데, 정보증명서 INF 4는 공급자가 소재한 회원국의 세관당국에 의해 발급한다. INF 4는 28개국 회원국간 거래되는 물품에 대해 공급자와 수출자가 상이한 경우 수출국의 세관당국이 원산지증명서 발급시[168] 공급자가 제공한 신고서의 유효성을 공급자 세관이 확인하여 제공하는 서류이다. 공급국 세관당국은 공급자가 정보증명서 INF 4에 대한 신청서를 제출한 후, 3개월 이내에 공급자가 제출한 공급자신고서가 정확한지 아닌지를 나타내는 정보증명서 INF 4를 발급하여야 한다.

6) 서류 보관

공급자신고서를 작성한 공급자는 적어도 3년 동안은 신고서의 정확성을 증명하는 모든 입증서류를 보관하여야 하며, 정보증명서 INF 4의 발급 신청이 이루어진 세관당국은 적어도 3년 동안 신청서를 보관해야 한다.

7) 공급자신고서 확인

수출자가 세관당국의 요청이 있은 후 4개월 이내에 정보증명서 INF 4를 제출할 수 없는 경우에, 수출 회원국의 세관당국은 공급자가 소재하는 회원국 세관당국에 특혜원산지규정과 관련하여 해당 상품의 지위를 확인할 것(검증)을 직접 요청할 수 있다.

검증을 요청한 날 이후 5개월 이내에 답변이 없는 경우 또는 답변에 상품의 실질적인 원산지를 증명할 만한 충분한 정보가 포함되지 않을 경우에는 수출국의 세관당국이 관련 자료를 기초로 하여 발급된 EUR1, 인보이스신고서 또는 EUR2를 무효로 할 수 있다.

---

[168] EU는 여러나라와 FTA체결시 기관발급 원산지증명제도를 채택한 경우가 많고, 이 경우 세관당국에서 원산지증명서(Movement certificates EUR.1)를 발급한다.

[특혜원산지 지위를 획득한 상품의 공급자 신고서 서식]

Suppplier's declaration for products having preferential origin status

The supplier's declaration, the text of which is given below, must be made out in accordance with the footnotes. However, the footnotes do not have to be reproduced.

DECLARATION

I, the undersigned, declare that the goods listed on this document . . . . ([1]) originate in . . . . ([2]) and satisfy the rules of origin governing preferential trade with. . . . . ([3]).

I undertake to make available to the customs authorities any further supporting documents they require.

. . . . ([4])

. . . . ([5])

. . . . ([6])

([1]) If only some of the goods listed on the document are concerned, they should be clearly indicated or marked and this marketing entered in the declaration as follows:
   '. . . listed on this invoice and marked . . . were originating in . . .'.
([2]) The Community, Member State or partner country.
([3]) State partner country or countries concerned.
([4]) Place and date.
([5]) Name and position in the company.
([6]) Signature.

[특혜원산지 지위를 획득한 상품의 장기공급자 신고서 서식]

Long-term declaration for products having preferential origin status

The supplier's declaration, the text of which is given below, must be made out in accordance with the footnotes. However, the footnotes do not have to be reproduced.

DECLARATION

I, the undersigned, declare that the goods described below:

.... (^{1})

.... (^{2})

....

....

which are regularly supplied to .... (^{3}), originate in .... (^{4}) and satisfy the rules of origin governing preferential trade with .... (^{5}).

This declaration is valid for all further shipments of these products dispatched from: ....
to .... (^{6}).

I undertake to inform .... immediately if this declaration is no longer valid.

I undertake to make available to the customs authorities any further supporting documents they require.

.... (^{7})

.... (^{8})

.... (^{9})

———

(^{1}) Description.
(^{2}) Commercial designation as used on the invoices, e.g. model No.
(^{3}) Name of company to which goods are supplied.
(^{4}) The Community, Member State or partner country.
(^{5}) State partner country or countries concerned.
(^{6}) Give the dates. The period should not exceed 12 months.
(^{7}) Place and date.
(^{8}) Name and position, name and address of company.
(^{9}) Signature.

[특혜원산지 지위를 획득하지 아니한 상품의 공급자 신고서 서식]

Supplier's declaration for products not having preferential origin status

The supplier's declaration, the text of which is given below, must be made out in accordance with the footnotes. However, the footnotes do not have to be reproduced.

DECLARATION

I, the undersigned, supplier of the goods covered by the annexed document, declare that:

1. the following materials which do not originate in the Community have been used in the Community to produce these goods.

Description of goods supplied (^{1})	Description of non-originating materials used	HS heading of non-originating materials used (^{2})	Value of non-originating materials used (^{3})
			Total:

2. all the other materials used in the Community to produce these goods originate in the Community.

I undertake to make available to the customs authorities any further supporting documents they require.

.... (^{4})

.... (^{5})

.... (^{6})

(^{1}) When the invoice, delivery note or other commercial document to which the declaration is annexed relates to a variety of goods, or goods not incorporating the same proportion of non-originating materials, the supplier must clearly differentiate between them.
 Example:
 The document covers different models of electric motor of heading 8501 to be used in the manufacture of washing machines of heading 8450. The nature and value of the non-originating materials used in the manufacture of the motors vary from one model to another. The models must be listed separately in column 1 and the information in the other columns must be given for each, so that the manufacturer of the washing machines can correctly assess the originating status of each of his products depending on the type of motor it incorporates.
(^{2}) To be completed only where relevant.
 Example:
 The rule for garments of ex Chapter 62 allows the use of non-originating yarn. Thus if a French garment manufacturer uses fabric woven in Portugal from non-originating yarn, the Portuguese supplier need only enter 'yarn' as non-originating materials in column 2 of his declaration, the HS heading and value of the yarn are irrelevant.
 A firm manufacturing wire of HS heading 7217 from non-originating iron bars must enter 'iron bars' in column 2. If the wire is to be incorporated in a machine for which the rule of origin sets a percentage limit on the value of non-originating materials used, the value of the bars must be entered in column 4.
(^{3}) 'Value' means the customs value of the materials at the time of import or, if this is not known and cannot be ascertained, the first ascertainable price paid for the materials in the Community.
 For each type of non-originating material used, specify the exact value per unit of the goods shown in column 1.
(^{4}) Place and date.
(^{5}) Name and position, name and address of company.
(^{6}) Signature.

[특혜원산지 지위를 획득하지 아니한 상품의 장기공급자 신고서 서식]

Long-term supplier's declaration for products not having preferential origin status

The supplier's declaration, the text of which is given below, must be made out in accordance with the footnotes. However, the footnotes do not have to be reproduced.

DECLARATION

I, the undersigned, supplier of the goods covered by this document, which are regularly sent to . . . . (^{1}), declare that:

1. the following materials which do not originate in the Community have been used in he Community to produce these goods:

Description of goods supplied (^{2})	Description of non-originating materials used	HS heading of non-originating materials used (^{3})	Value of non-originating materials used (^{4})
			Total:

2. all the other materials used in the Community to produce these goods originate in the Community.

This declaration is valid for all further shipments of these products dispatched from . . . .

to . . . . (^{5}).

I undertake to inform . . . . immediately if this declaration is no longer valid.

I undertake to make available to the customs authorities any further supporting documents they require.

. . . . (^{6})

. . . . (^{7})

. . . . (^{8})

(^{1}) Customer's name and address.
(^{2}) When the invoice, delivery note or other commercial document to which the declaration is annexed relates to a variety of goods, or goods not incorporating the same proportion of non-originating materials, the supplier must clearly differentiate between them.
Example:
The document covers different models of electric motor of heading 8501 to be used in the manufacture of washing machines of heading 8450. The nature and value of the non-originating materials used in the manufacture of the motors vary from one model to another. The models must be listed separately in column 1 and the information in the other columns must be given for each, so that the manufacturer of the washing machines can correctly assess the originating status of each of his products depending on the type of motor it incorporates.
(^{3}) To be completed only where relevant.
Example:
The rule for garments of ex Chapter 62 allows the use of non-originating yarn. Thus if a French garment manufacturer uses fabric woven in Portugal from non-originating yarn, the Portuguese supplier need only enter 'yarn' as non-originating materials in column 2 of his declaration. the HS heading and value of the yarn are irrelevant.
A firm manufacturing wire of HS heading 7217 from non-originating iron bars must enter 'iron bars' in column 2. If the wire is to be incorporated in a machine for which the rule of origin sets a percentage limit on the value of non-originating materials used, the value of the bars must be entered in column 4.
(^{4}) 'Value' means the customs value of the materials at the time of import or, if this is not known and cannot be ascertained, the first ascertainable price paid for the materials in the Community.
For each type of non-originating material used, specify the exact value per unit of the goods shown in column 1.
(^{5}) Give the dates. The period should not exceed 12 months.
(^{6}) Place and date.
(^{7}) Nom and position, name and address of company.
(^{8}) Signature.

[정보증명서 - INF4서식]

EUROPEAN COMMUNITY

1. Supplier (name, full address, country)	**INF 4** No 000.000 **INFORMATION CERTIFICATE** to facilitate the issue of movement certificates EUR.1 and the making-out of invoice declarations and forms EUR.2
2. Consignee (name, full address, country)	
3. Invoice(s) No(s) (¹) (²)	See notes overleaf before completing this form
	4. Observations
5. Item number — Marks and numbers — Number and kind of packages — Description of goods (³)	6. Gross mass (kg) or other measure (l, m³, etc.)
7. CUSTOMS ENDORSEMENT Declaration certified ☐ **correct** ☐ **not correct** Issuing country: .... Place ...., date .... (Signature) Stamp	8. DECLARATION BY THE SUPPLIER I, the undersigned, declare that the declaration(s) concerning the originating status of the goods described in box 5 and (⁴) ☐ on the invoice(s) shown in box 3 and attached to this certificate ☐ on my long-term declaration of .... (date) is (are) correct Place ...., date .... (Signature)

(¹) The term "invoice" also includes delivery notes or other commercial documents relating to the shipment or shipments concerned on which the declaration(s) are entered.
(²) This box need not be completed in the case of long-term declarations.
(³) Describe the goods entered in box 5 in accordance with commercial practice and in sufficient detail to enable them to be identified.
(⁴) Place a cross in the appropriate box.

FTA 관련 자격시험 예 상 문 제

36
FTA특례법령에서 규정하고 있는 원산지증명과 관련된 설명으로 잘못된 것은?
① 한-호주 FTA에서는 양당사국 원산지상품에 대해 수출자 혹은 생산자가 자율적으로 원산지증명서를 작성하는 자율증명방식만을 채택하고 있다.
② 한-캐나다 FTA에서는 원산지증명서 유효기간은 서명일로부터 2년이다.
③ 한-칠레 FTA에서는 원산지증명서를 수출자만이 자율적으로 발급할 수 있다.
④ 한-미 FTA에서는 원산지증명서를 수입자도 자율적으로 발급할 수 있다.
⑤ 한-EU FTA에서는 6천유로를 초과하는 상품의 원산지신고서는 원산지인증수출자만이 작성할 수 있다.

해설 호주를 원산지로 하는 상품은 기관발급도 가능하다.
정답 ①

37
FTA관세특례 법령에서 규정하고 원산지증명서 발급 등에 대한 설명으로 잘못된 것은?
① 원산지증명서 발급기관은 원산지증명서 발급대장, 원산지증명서 발급신청서류 원본 또는 사본을 5년간 보관하여야 한다.
② 관세청장은 대한상공회의소가 발급한 원산지증명서의 적정성을 확인하기 위해 필요한 경우에는 대한상공회의소에 관련 자료의 제출을 요구할 수 있다.
③ 수출물품의 원산지증명서 발급을 신청하는 경우, 원산지소명서는 필수 제출서류이나, 인증수출자는 제출을 생략할 수 있다.
④ 수출자의 과실·착오 그 밖의 부득이한 사유로 수출물품 선적이 완료되기 전까지 원산지증명서 발급을 신청하지 못한 자는 수출물품 선적일부터 1년 이내에 원산지증명서 발급을 신청할 수 있다.
⑤ 원산지확인서는 원산지증명서 발급신청시 필수서류로 발급기관에 반드시 제출하여야 한다.

해설 원산지확인서는 최종물품에 대한 원산지확인서로서 해당물품의 생산자와 수출자가 다른 경우에만 제출한다.
정답 ⑤

38

자유무역협정의 이행을 위한 관세법의 특례에 관한 법령의 규정에 따른 원산지증빙서류에 대한 설명을 잘못된 것은?

① 최종물품을 공급하는 자는 수출자의 요청이 있는 경우 최종물품의 원산지를 확인하여 작성한 원산지확인서를 수출자에게 제공할 수 있다.
② 최종물품을 동일한 수출자에게 장기간 반복적으로 공급하는 최종물품 생산자는 수출자의 요청이 있는 경우 원산지포괄확인서를 작성하여 제공할 수 있다(물품공급일부터 24개월을 초과하여 사용할 수 없다.)
③ 최종물품 생산자가 제공한 원산지확인서는 수출자가 원산지증명서 발급을 신청하거나 자율발급시 근거서류가 된다.
④ 수출물품의 생산에 사용된 재료를 생산하거나 공급하는 자는 수출자의 요청이 있는 경우 해당 재료의 국내제조 사실을 확인하여 작성한 국내제조확인서를 제공할 수 있다.
⑤ 수출물품 생산에 사용되는 재료를 동일한 수출자에게 장기간 반복적으로 공급하는 생산자는 수출자의 요청이 있는 경우 국내제조포괄확인서를 작성하여 제공할 수 있다.(물품공급일부터 12개월을 초과하여 사용할 수 없다.)

해설 최종물품을 동일한 수출자에게 장기간 반복적으로 공급하는 최종물품 생산자는 수출자의 요청이 있는 경우 원산지포괄확인서를 작성하여 제공할 수 있다(물품공급일부터 12개월을 초과하여 사용할 수 없다).

정답 ②

39

다음의 설명에 해당하는 원산지증명서의 명칭과 이러한 증명제도를 규정하고 있는 협정으로 바르게 짝지은 것은?

> 협정대상물품이 당사국들의 영역을 통과하는 동한 중간경유 당사국의 발급기관이 생산자 또는 수출자의 신청을 받아 최초 수출국의 원산지증명서 원본을 근거로 발급하는 원산지증명서

① Back-to-Back 원산지증명서 - 한-싱가포르 FTA
② Back-to-Back 원산지증명서 - 한-인도 CEPA
③ Back-to-Back 원산지증명서 - 한-아세안 FTA
④ 소급원산지증명서 - 한-칠레 FTA
⑤ 소급원산지증명서 - 한-EU FTA

해설 한-아세안 FTA에서 규정하고 있는 Back-to-Back(연결) 원산지증명서의 설명이다.

정답 ③

원산지인증수출자 (법 제12조)

▶1 원산지인증수출자 의미

관세당국이 원산지증명 능력이 있다고 인증한 수출자에게 원산지증명서 발급절차 또는 첨부서류 제출의 간소화나 원산지증명서를 발급할 권한을 부여하는 제도이다. 한-EU FTA에서 6천유로 이상인 물품에 대해 인증수출자만이 원산지증명서를 발급할 수 있게 되면서 제도가 본격 도입되었다. 이와 함께 기관발급 원산지증명서 신청시 수출자가 제출하는 각종 입증서류의 부담을 경감하기 위한 목적으로도 사용되고 있다.

한-EU FTA 원산지의정서 제17조 인증수출자(Approved Exporter)

1. 수출 당사자의 관세당국은 수출 당사자의 각 법과 규정의 적절한 조건에 따라 해당 제품의 가치와 관계없이 송품장신고서[169]를 작성하도록 이 협정에 따라 제품을 수출하는 수출자(이하 "인증수출자"라 한다)를 인증할 수 있다. 그러한 인증을 구하는 수출자는 제품의 원산지 지위와 이 의정서의 그 밖의 요건의 충족을 검증하는데 필요한 모든 보증을 관세당국이 만족할 정도로 제공해야 한다.
2. 관세당국은 그들이 적절하다고 간주하는 조건에 따라 인증수출자의 지위를 부여할 수 있다.
3. 관세당국은 송품장신고서에 나타나는 세관인증번호를 인증수출자에게 부여한다.
4. 관세당국은 인증수출자에 의한 인증의 사용을 감독한다.
5. 관세당국은 인증을 언제든지 취소할 수 있다. 관세당국은 인증수출자가 제1항에 언급된 보증을 더 이상 제공하지 아니하거나, 제2항에 언급된 조건을 더 이상 충족하지 못하는 경우, 또는 달리 인증을 부정확하게 사용하는 경우 인증을 취소한다.

---

[169] 이 의정서의 송품장신고서는 다음에 의해 작성될 수 있다.
  가. 제17조의 의미상 인증수출자, 또는
  나. 전체 가격이 6,000유로를 초과하지 아니하는 원산지 제품을 포함하는 하나 이상의 포장으로 구성되는 탁송화물의 수출자 (한-EU FTA 원산지의정서 제16조)

▶ 2 원산지인증수출자 혜택

인증수출자 지정에 따른 수출기업의 혜택을 구체적 살펴보면, 먼저 기관발급제를 채택하고 있는 아세안·싱가포르·인도·중국·베트남과의 FTA의 경우 원산지증명서 발급 신청시 인증수출자는 신청서만 제출하고, 5종 이상의 서류제출과 현지확인 면제, 그리고 기관의 원산지증명 관련 심사절차가 간소화 된다. 자율발급제를 채택하고 있는 한-EFTA FTA에서는 인증신청시 서면확약서를 제출할 경우 원산지신고서 작성시 수출자 서명을 생략할 수 있고, 한-EU FTA에서는 6,000유로 초과 물품 수출물품에 대한 원산지 증명서 자율발급 권한이 부여된다. 이와 같은 내용을 표로 비교하면 다음과 같다.

【협정별 원산지인증수출자 혜택비교】

협정	인증 前	인증 後
아세안 싱가포르 인도 중국 베트남	① 원산지증명서 발급신청서작성 ② 첨부서류 제출 　- 수출신고필증 사본 　- 송품장 또는 거래계약서 　- 원산지소명서 　- 원산지확인서(생산자·수출자 상이) 　- 그 밖의 원산지 증빙자료 ③ 현지확인(필요한 경우)	① 원산지증명서 발급신청서 작성 ② 첨부서류 제출 생략 ③ 현지확인 생략 가능
EFTA	① 원산지증명시 수출자 서명 필요 　* 전자문서 이용 불가능	① 원산지증명시 수출자 서명 생략 　* 전자문서 이용가능
EU	① 6,000유로 초과 물품 수출할 경우 특혜관세 혜택 불가능	① 6,000유로 초과 물품 수출시 원산지증명서 자율발급 가능

【원산지인증수출자 제도 연혁】

구분	생산공장보유업체 제도 ('07. 6.1 시행)	인증수출자 제도 ('10. 4. 1 시행)	인증수출자 제도 ('16. 7. 1 시행)
요건	- 생산시설 소유 및 임대자로원산지결정기준 충족하는 생산자 - 최근 2년간 수출 50건 이상, 연평균 100만불 이상자 - 최근 2년간 관세법 및 FTA특례법 미위반자 - 전년도 C/O발급실적 20건이상, 발급오류 비율 5%이하	〈업체별 인증수출자〉 - 원산지 증명능력 보유자 - C/O 작성대장 비치관리, 원산지전담관리자 지정자 - 최근 2년간 관세법 및 FTA특례법 미위반자 - 최근 2년간 속임수, 부정에 의한 C/O 미발급자 - 최근 2년간 5회이상 C/O 미반려자 〈품목별 인증수출자〉 - HS6단위 기준 원산지결정기준 충족물품 수출자 - C/O 작성대장 비치관리, 원산지전담관리자 지정자 - 최근 2년간 원산지조사 미거부자 - 최근 5년간 서류보관 미위반자	〈업체별 인증수출자〉 - 원산지증명능력 보유자 - 최근 2년간 원산지조사 미거부자 - C/O 작성대장 비치관리, 원산지전담관리자 지정자 - 최근 2년간 서류보관 미위반자 - 최근 2년간 속임수, 부정에 의한 C/O 미발급자 〈품목별 인증수출자〉 - HS6단위 기준 원산지결정기준 충족물품 수출자 - C/O 작성대장 비치관리, 원산지전담관리자 지정자
인증물품	- HS 6단위(모델·규격별)	- (업체별) 모든 물품 - (품목별) HS 6단위	- (업체별) 모든 물품 - (품목별) HS 6단위
현장확인	- 공장을 방문하여 수출품 생산 여부 확인	- 필요시 현장확인	- 필요시 현장확인

PLUS TIP 5-7 한-EFTA FTA 원산지증명서 작성시 EU와 같이 6천유로 초과 수출물품에 대해 인증수출자가 필수적으로 필요하나?

한-EFTA FTA에서는 한-EU FTA와 달리 6천유로 초과 물품에 대해 인증수출자를 필수적으로 요구하지는 않는다. 다시말해, 인증수출자 자격이 없다하더라도 수출자 혹은 생산자는 원산지증명서를 작성할 수 있다. 다만, 인증수출자 자격이 있고 인증시 서면확약서를 세관에 제출한 경우 원산지증명서의 서명(증명서에 인증번호 기재)을 생략할 수 있다. 전자서류 거래가 급증하고 있는 현실에서 물리적으로 프린트하여 서명하지 않고 증명서를 송부한다면 금전적, 시간적으로 매우 유용할 수 있다. 또한, EFTA의 경우 인증수출자는 성실업체라는 인식이 있어 검증에도 영향을 주고 있다.

▶3 원산지인증수출자의 종류·인증절차·사후관리 등

우리나라는 원산지인증수출자를 업체별인증수출자와 품목별인증수출자로 구분하여 운영하고 있다. 업체별인증수출자는 업체에 대해 원산지증명 능력이 있다고 인증을 부여하므로 모든 협정 및 모든 품목에 사용할 수 있으며, 품목별은 협정별 HS4단위로 인증이 부여되므로 인증받은 품목에 한하여 적용된다. 업체별은 신청요건이 품목별에 비해 어렵고 혜택에서는 별 차이가 없어 인증수출자의 80% 이상이 품목별인증수출자이다.

수출자 인증을 위한 신청자의 범위는 FTA 체약국에 수출을 하고 있는 자 뿐만 아니라 수출을 하고자 하는 자까지 포함된다. 수출자는 「관세사법」 제3조제1항의 관세사, 관세법인 또는 통관취급법인에게 원산지인증수출자 인증신청 업무의 대행을 서면으로 위임할 수 있다.

인증신청자는 법인 또는 사업장의 주소지를 관할하는 각 본부 혹은 직할세관장에게 인증을 신청하여야 한다. 다만, 생산자 주소지가 다른 세관에 소재하고 있는 경우에는 생산자 주소지 관할 세관장, 생산공장 주소지가 다른 세관에 소재하고 있는 경우는 생산공장 주소지 관할 세관장에게 인증을 신청할 수 있으며, 이 경우 인증신청세관 및 관할세관 변경신청(승인)서를 주소지 관할 세관장에게 제출하여야 한다. 인증신청은 사업자등록번호를 보유한 사업장 또는 법인별로 하며, 인증신청자가 다수의 사업장을 보유하고 있는 때에는 주된 사업장의 주소지를 관할하는 세관장에게 일괄하여 인증을 신청할 수 있다.

인증신청자는 인증에 필요한 서류를 관세청 전자통관시스템(UNI-PASS)을 이용하여 제출하여야 한다. 다만, 전자통관시스템을 이용할 수 없는 경우에는 서류로 제출할 수 있다. 세관장은 서류를 제출받은 경우에는 해당 서류를 확인하여 전자통관시스템에 등록하여 처리하고 제출받은 서류는 별도로 보관·관리하여야 한다. 수출자와 생산자가 다른 때에는 생산자가 수출자를 대신하여 원산지소명서와 원산지확인서류를 작성할 수 있으며, 생산자가 기업비밀 등의 사유로 수출자에게 제공하기 어려운 경우에는 세관장에게 직접 제출할 수 있다.

【원산지인증수출자 비교】

구분	업체별 원산지인증수출자	품목별 원산지인증수출자
혜택범위	모든 협정, 모든 품목	인증받은 협정별, HS 6단위
인증유효기간	5년	5년
인증기관	본부세관(서울·부산·인천·대구·광주) 및 평택 직할세관	
인증기준	원산지증명능력 및 법규 준수도, 원산지전담자 지정	HS 6단위별 원산지증명능력, 원산지전담자 지정

【원산지인증수출자 인증신청 및 관할세관】

인증신청 및 관할세관	관할구역
인천세관	인천세관, 인천공항국제우편세관, 안산세관, 수원세관, 김포공항세관, 부평세관비즈니스센터의 관할구역
서울세관	서울세관, 안양세관, 파주세관, 청주세관, 성남세관, 천안세관, 구로세관비즈니스센터, 도라산세관비즈니스센터, 의정부세관비즈니스센터, 충주세관비즈니스센터의 관할구역
부산세관	부산세관, 양산세관, 북부산세관, 김해공항세관, 마산세관, 창원세관, 경남서부세관, 경남남부세관, 부산국제우편세관비즈니스센터, 진해세관비즈니스센터, 사천세관비즈니스센터, 통영세관비즈니스센터의 관할구역
대구세관	대구세관, 구미세관, 포항세관, 울산세관, 속초세관, 동해세관, 온산세관비즈니스센터, 고성세관비즈니스센터, 원주세관비즈니스센터의 관할구역
광주세관	광주세관, 군산세관, 목포세관, 광양세관, 여수세관, 제주세관, 전주세관, 대전세관, 완도세관비즈니스센터, 익산세관비즈니스센터, 대산세관비즈니스센터의 관할구역
평택세관	평택세관의 관할구역

(1) 업체별 원산지인증수출자(영 제7조, 규칙 제17조)

업체별 원산지인증수출자란 다음의 인증요건을 모두 갖춘 수출자 또는 생산자를 말한다.

① 수출실적이 있는 물품 또는 새롭게 수출하려는 물품이 법 제7조에 따른 원산지 결정기준을 충족하는 물품(품목번호 6단위를 기준으로 한다)임을 증명할 수 있는 전산처리시스템[170]을 보유하고 있거

---

[170] 정부의 무료 원산지관리시스템 (FTA-PASS) 보급
 - http://www.ftapass.or.kr/ ☎ 031-600-0770(국제원산지정보원)
 - e-mail : fta-pass@origin.or.kr

나 그 밖의 방법으로 증명할 능력이 있을 것

② 원산지인증수출자 인증신청일 이전 최근 2년간 법 제17조제1항 또는 제18조제1항에 따른 서면조사 또는 현지조사를 거부한 사실이 없을 것

③ 원산지증명서 작성대장을 비치·관리하고 기획재정부령으로 정하는 원산지관리전담자를 지정·운영할 것. 원산지관리전담자란 변호사, 관세사, 공인회계사와 해당업체의 소속직원으로「자격기본법」제19조제1항에 따라 공인받은 원산지 관리에 관한 자격이 있는 자(원산지관리사) 혹은 원산지 관리에 관한 교육을 이수한 자 등 관세청장이 정하는 요건을 충족한 자를 말한다.

④ 원산지인증수출자 인증신청일 이전 최근 2년간 제10조제1항제2호에 따른 서류의 보관의무를 위반한 사실이 없을 것

⑤ 원산지인증수출자 인증신청일 이전 최근 2년간 속임수 또는 부정한 방법으로 원산지증명서를 발급 신청하거나 작성·발급한 사실이 없을 것

업체별 원산지인증수출자로 인증받기 위해서는 업체별 원산지인증수출자 인증 신청서(규칙 별지 제25호 서식)외에 ① 수출자가 수출 또는 생산하는 주요품목(품목번호 6단위 기준)의 원산지소명서(전산처리시스템 보유한 자는 그 시스템의 현황자료/전산처리시스템을 보유하고 있지 않은 경우에는 원산지관리 업무매뉴얼을 제출함으로써 원산지소명서 제출 생략 가능) ② 생산자와 수출자가 상이한 경우는 최종물품의 원산지확인서 ③ 원산지소명서에 기재된 내용을 입증할 수 있는 서류·정보 및 국내제조확인서(관세청장 또는 세관장이 필요하다고 인정하여 제출을 요구하는 경우로 한정) 등이 필요하다. 세관에서는 신청업체의 주요 품목(2개~5개) 위주로 원산지결정 기준 충족여부와 업체의 전반적인 원산지 관리 능력을 심사한다.

【업체별 원산지인증수출자의 원산지 증명능력 및 확인서류】

주요내용	세부내용	확인서류

① 수출제품 및 원재료의 품목 분류번호 및 원산지 관리	• 원재료의 품목분류번호 관리
	• 원재료의 원산지 관리
	  - 원산지확인서·국내제조확인서 등 원산지확인서류 확보
	• 주요 원재료 공급업체의 관리
	  - 주요 원재료 공급업체 선정기준 및 리스트
	  - 원재료 공급업체 대상 원산지 교육 현황 및 계획
	   (외부 위탁교육 가능)
		시스템 설명서, 업무매뉴얼, (삭제)

② 생산(수출)물품에 적용되는 협정별원산지기준 관리	• 해당품목의 상대국 품목분류번호 관리 • 해당품목의 협정별 원산지 기준 관리 • 품목분류, 원산지기준 추가·변경 시 반영 기능	

③ 원산지 판정의 정확성
(주요 수출·생산품을 선별하여 확인)
	• 주요 수출품목의 생산공정 확인
	  - 회사가 실존하고, 해당 품목의 생산시설을 갖추고 있는지 여부, 불인정공정 해당 여부
	  - 생산자로부터 최종수출물품을 공급받아 수출하는 경우 원산지확인서를 제출받았는지 여부 및 원산지확인서가 정확하게 작성되었는지 여부
		제품 생산공정 설명서, 원산지확인서, (삭제)

	• 원산지소명서 작성능력 확인
	1. 프로세스 적정여부 확인
	2. 주요 수출(생산)품목(5개 이내)에 대해 서류확인
	  - 원산지소명서 각 항목이 모두 기재되었는지 여부
	  - 원산지확인서·국내제조확인서등원산지확인서류가 정확하게 작성되고, 원산지소명서와 일치하는지 여부
	  - 원재료의 협정별·품목별 원산지기준이 정확한지 여부
	  - 수출품의 협정별·품목별 원산지기준이 정확한지 여부
	  - (부가가치 기준 적용품목의 경우) 각 협정에서 정하는 재료비 가감요소가 정확하게 반영되었는지 여부
	  - 원산지 최종 판정결과가 정확한지 여부
		1. 프로세스 적정여부 (시스템 설명서, 업무매뉴얼, 삭제)
		
		2.서류작성 적정여부 (품목별 소명서 및 소명자료, 삭제)

④ 원산지 증빙자료관리 (검증 대비)	• 시행령 제10조제1항제2호에 따른 수출자가 보관하여야할 서류의 보관(전자서류, 스캔 가능)
	  - 체약상대국의 수입자에게 제공한 원산지증명서 및 원산지증명서 발급 신청 서류
	  - 수출신고필증, 거래 관련 계약서
	  - 해당물품 및 원재료의 생산 또는 구입 관련 증빙서류
	  - 원가계산서·원재료내역서 및 공정명세서
	  - 해당물품 및 원재료의 출납·재고관리 대장 등
		시스템 설명서, 업무매뉴얼, (삭제)

원산지 관리에 관한 교육 이수 등 요건

◇ **원산지관리전담자 교육 이수점수**
- 업체별원산지인증수출자 원산지관리전담자: 다음 항목 총합 20점 이상
- 품목별원산지인증수출자 원산지관리전담자: 다음 항목 총합 10점 이상

- 다 음 -

① 관세청장이 인정하는 FTA 관련 교육* 이수
  (단, 교육 종료일이 인증 신청일로부터 2년 이내의 것)
  * 민간협회 및 공공기관에서 매년마다 사전에 관세청장과 협의한 FTA 교육

〈자유무역협정 관련 교육이수 인정기준〉

과목	내용	점수
자유무역협정 (FTA)법령	• FTA협정문중 원산지규정 • FTA관세특례법령 및 관련고시	시간당 2점 (최대 4점)
원산지 결정기준	• 원산지결정기준 이론 • 결정기준 판정 연습	시간당 2점 (최대 6점)
품목분류	• 품목분류 이론 • 산업별 품목분류 사례	시간당 2점 (최대 6점)
인증수출자	• 인증수출자 제도 • 인증수출자 지정 실무	시간당 2점 (최대 6점)
원산지관리 실무	• 증명서·소명자료 작성 실무 • 업무매뉴얼 작성·사례 실무 • 전산관리 시스템 실무	시간당 2점 (최대 6점)
원산지에 관한 조사	• FTA 협정문 등 원산지조사 관련 규정 • 원산지 증빙서류 등 보관 관련 규정	시간당 2점 (최대 6점)

② 관세, 상품학, 자유무역협정 관련 자격증* 소지자: 자격증당 2점(최대 6점)
  * 원산지관리사 자격증은 제외

③ 관세청 또는 관세사 등*으로부터 받은 자유무역협정 컨설팅: 건당 5점(최대 15점)
  * 관세사, 회계법인, 컨설팅 법인 등

⋯ 점수 획득이 가능한 무료 사이버 교육
  - 관세청 : http://ctc.customs.go.kr/front/notice/ExternalOpenstudyAction.do?method=extPop
  - 산업부 : http://ftaedu.cylearn.co.kr/servlet/controller.homepage.MainServlet

(2) 품목별 원산지인증수출자(영 제7조, 규칙 제18조)

업체별 인증기준을 충족하지 못하는 수출자 또는 생산자는 품목별 원산지인증수출자로 인증을 신청할 수 있다. 실질적인 기준은 해당 물품의 원산지결정기준 충족이다. 업체별 원산지인증수출자는 업체 전반적인 원산지증명능력이 기본적인 인증기준인데 비하여, 품목별 원산지인증수출자는 HS6단위 품목이 인증받으려는 협정에서 정한 원산지결정기준을 충족하면 된다. 법규준수도 요건은 없으며, 원산지증명서 작성대장을 비치·관리하고 관세청장이 정하는 바에 따른 원산지 관리전담자를 지정·운영하면 된다.

품목별 원산지인증수출자로 인증받기 위해서는 품목별 원산지인증수출자 신청서(규칙 별지 제29호 서식) 외에 ①HS 6단위별 원산지인증 신청품목별 원산지소명서(원산지인증수출자가 원산지를 확인한 물품을 공급받아 추가 가공 없이 수출하는 경우에는 제출 생략 가능), ②생산자와 수출자가 상이한 경우 최종물품의 원산지확인서 ③ 원산지소명서에 기재된 내용을 입증할 수 있는 서류·정보 및 국내제조확인서 등이다. 역시 HS 6단위별 모든 물품을 심사하는 것이 아니라 HS 6단위 기준으로 2개~5개 정도의 물품을 선별하여 원산지 증명능력을 확인한다.

 품목별원산지인증수출자에 대한 원산지검증 위험성 증가

HS코드 6단위 기준으로 인증되는 품목별원산지인증수출자에 대한 상대국 세관의 원산지검증이 증가하고 협정적용에 문제가 발생하고 있다. 그 이유는 HS코드가 우리나라와 상대국이 상이할 수 있기 때문이다. 우리나라 세관에서 우리의 HS코드로 인증을 부여하고 있으나 상대국 세관이 우리 상품에 대한 협정적용시 다른 HS코드로 적용한다면 인증받지 않은 품목이 되기 때문이다. HS코드 부여는 수입국 세관의 권한으로 이를 해결하기가 쉽지 않은 실정이다. 이러한 위험성을 줄이기 위해 우리 법령에서 인증서는 HS 4단위로 표기하도록 하였으나 인증혜택은 HS 6단위 기준으로 적용되기 때문에 근본적인 문제는 해결되지 않는다. 이러한 문제를 근원적으로 제거하기 위해선 업체별인증으로 전환하면 된다. 각 지역 본부세관 등에서 적극지원하고 있으니 이번 기회에 업체별로 전환하여 협정적용 리스크를 줄여보자.

【품목별 원산지인증수출자의 원산지 증명능력 및 확인서류】

주요 내용	• 신청서에 기재된 HS 6단위 물품의 대표품목(HS6단위별)을 선정하여 원산지결정기준 충족여부 확인
세부 내용	• 생산공정 확인 - 회사가 실존하고, 해당 품목의 생산시설을 갖추고 있는지 여부 - 불인정 생산공정에 해당하는지 여부 - 생산자로부터 최종수출물품을 공급받아 수출하는 경우 원산지확인서를 제출받았는지 여부 및 원산지확인서가 정확하게 작성되었는지 여부 • 원산지소명서 작성능력 확인 - 주요 수출(생산)품목(HS6단위별)선정 - 원산지소명서 각 항목이 모두 기재되었는지 여부 - 원산지확인서가 정확하게 작성되고, 원산지소명서와 일치하는지 여부 - 원재료의 협정별·품목별 원산지기준이 정확한지 여부 - 수출품의 협정별·품목별 원산지기준이 정확한지 여부 - (부가가치 기준 적용품목의 경우) 각 협정에서 정하는 재료비 가감요소가 정확하게 반영되었는지 여부 - 원산지 최종 판정결과가 정확한지 여부
확인 서류	• 원산지소명서, 원산지확인서, 국내제조확인서, 제품생산공정설명서 등

(3) 원산지인증수출자 인증절차

인증심사 절차를 살펴보면, 인증신청은 신청서와 첨부서류를 준비하여 관세청 인터넷 통관포탈 시스템인 전자통관시스템(UNI-PASS)에서 손쉽게 신청할 수 있으며, 별도 서류 제출 없이 전산시스템 화면에서 직접 입력을 하고, 첨부 서류는 전자문서로 전송하면 된다.

인증업무는 각 본부세관장 및 직할세관장으로 한정되어 있으며, 인증세관장은 신청을 받은 날부터 20일 이내에 인증요건 충족여부를 확인하여 요건이 충족하는 경우 신청자에게 인증서를 교부하고, 그 사실을 지체없이 관세청장 및 증명서발급기관에 통보하여야 한다. 이 경우 세관장은 인증 사실을 관세청장이 지정하는 정보통신망에 게시함으로써 통보에 갈음할 수 있다.

인증신청을 접수한 세관장은 사업자등록번호를 보유한 사업장 단위로 인증요건을 심사하고, 각각 인증번호를 부여하여야 한다. 다만, 법인의 본점이 다수의 사업장의 원산지 관리를 총괄하는 경우에는 본점의 인증요건을 심사 후 법인 단위로 인증번호를 부여할 수 있으며, 법인에 속하는 모든 사업장은 동일한 인증번호가 부여된 것으로 본다.

세관장은 제출받은 서류가 미비하거나 원산지결정기준의 충족여부를 심사하기가 곤란하다고 인정하면 5일 이상 10일 이내의 보정을 요구[171]하거나 현지확인을 할 수 있다. 이 경우 보정기간은 심사기간에 포함하지 아니한다.

세관장이 현지확인을 하려는 때에는 신청인에게 현지확인통보서를 현지확인을 시작하기 10일 전까지 송부하여야 한다. 다만, 세관장이 현지확인 기간에 대하여 신청인과 협의하는 경우에는 현지확인 예정일 이전에도 현지확인을 할 수 있다. 신청인은 세관장이 통지한 기간에 현지확인을 받기가 곤란한 때에는 세관장에게 현지확인의 연기를 신청할 수 있다. 이 경우 현지확인을 시작하기 5일전까지 연기 받고자 하는 기간과 연기사유가 기재된 현지확인연기신청서를 세관장에게 제출하여야 한다. 세관장은 신청자가 특별한 사유 없이 현지확인을 거부하는 때에는 인증신청을 반려할 수 있다.

인증수출자는 상호·주소·대표자의 성명·원산지관리전담자 등 인증사항이 변경된 때에는 인증사항 변경신고서에 따라 그 변경사항을 지체 없이 관세청장이 정하는 세관장(관할세관장)에게 신고하여야 한다. 다만, 기업의 합병·분할, 폐업 후 기업신설 등으로 인하여 기업의 동일성 및 연속성이 인정되지 않는 경우에는 해당 물품에 대하여 새로 인증[172]을 받아야 한다. 아울러, 품목별 원산지인증수출자의 경우에는 인증물품의 원산지결정기준 또는 인증물품의 종류가 변경된 때에도 새로운 인증[173]을 받아야 한다.

인증사항 변경신고를 받은 세관장은 변경신고를 받은 날부터 7일 이내에 그 신고내용을 확인하여 타당하다고 인정하면 인증사항 변경신고수리서를 교부하고, 그 사실을 지체 없이 관세청장 및 증명서발급기관에 통보하여야 한다.

업체별 원산지인증수출자의 유효기간은 5년이며 연장할 수 있다. 품목별 인증수출자의 경우는

---

[171] 세관장이 보정을 요구하는 때에는 보정요구서를 신청인에게 송부하여야 하며, 보정기간은 보정을 요구하는 날부터 10일로 한다.
[172] 개인 사업자의 경우 대표자·사업자등록번호가 변경되거나, 법인 사업자의 경우 사업자등록번호가 변경되는 등 기업의 분할, 인수합병 등으로 기업의 동일성 및 연속성이 인정되지 아니하는 경우
[173] 품목별원산지인증수출자의 인증품목에 대한 품목번호 오류가 있거나 원산지결정기준 또는 인증품목의 변경 등 인증사항에 실질적인 변화가 있는 경우

5년이며, 최근 2년간 법 원산지조사에 따른 조사를 거부한 사실이 있거나, 최근 2년간 서류 보관 의무를 위반한 사실이 있는 자에 대해서는 관세청장이 정하는 바에 따라 인증유효기간을 달리 할 수 있다.

원산지인증수출자로 인증한 세관장은 원산지인증수출자가 그 인증요건을 유지하고 있는지를 점검하고 자율원산지증명물품이 원산지결정기준을 충족하는지를 관리하여야 한다. 원산지인증 수출자가 관할세관을 변경하고자 하는 때에는 관할세관에 변경신청을 하여야 한다. 관할세관 변경신청을 접수한 세관장은 특별한 사유가 없는 한 신청인에게 관할세관변경승인서를 교부하고 변경된 관할세관장에게 신청인의 인증심사 자료를 지체 없이 인계하여야 한다.

세관장은 업체별 원산지인증수출자 인증서를 발급받은 자가 분실·도난·훼손 그 밖의 부득이한 사유로 인증서의 재발급을 신청하는 경우에는 이를 재발급할 수 있다. 이 경우 재발급신청자는 별지 제28호서식의 원산지인증수출자 인증서 재발급 신청서를 당초 원산지인증수출자로 인증한 세관장에게 제출하여야 한다.

관세청은 인증기업의 자긍심을 고취하고, 수출기업의 인지도 제고 등을 위해 '로고'를 도입 ('18.8)하여 운영 중이다.

◉ '인증수출자'를 협정(EU 등)에서 표기하고 있는 'Approved EXporter' 머리글자 사용, 또한 사용자 이해 편의를 위해 'Korea', 'FTA' 문구 삽입

[기본안] 사용자가 현판, 명함 등에 표기하여 사용할 수 있는 심플한 디자인	[활용안] 인증수출자 인증서에 표기되어 발행되며, 로고에 인증번호가 포함됨

(4) 인증유효기간 연장

관할세관장은 인증유효기간 만료일 2개월 전까지 원산지인증수출자에게 인증유효기간 연장 신청을 안내하여야 한다. 인증유효기간을 연장하려는 자는 인증유효기간 만료 30일 전까지 인증서를 발급한 세관장에게 인증유효기간의 연장을 신청하여야 한다.

품목별 원산지인증수출자가 품목별이나 협정별로 여러 건의 인증을 보유하고 있는 경우에는 인증유효기간 연장을 일괄로 신청할 수 있다. 이 경우 가장 먼저 유효기간이 만료되는 인증의 유효기간 만료일 30일 전까지 일괄로 연장 신청하여야 한다.

원산지인증수출자가 규칙 인증 유효기간이 만료되는 날까지 인증 유효기간의 연장 신청을 하지 아니한 때에는 인증 유효기간이 만료되면 인증이 자동 상실된 것으로 본다. 이 경우 원산지인증수출자 인증을 새로 신청하여야 한다.

관할세관장은 원산지인증수출자가 인증유효기간 연장을 신청하는 경우에는 인증요건을 유지하고 있는지를 심사하여 인증유효기간을 5년간 연장하고 이를 지체 없이 관세청장 및 증명서발급기관에 통보하여야 한다.

원산지인증수출자는 인증요건이 유지되고 있는지를 인증받은 날로부터 3년 이내(1회차), 인증유효기간이 만료되기 1년 이내(2회차)에 자율적으로 점검하고 그 결과를 인증일이 속하는 달의 말일까지 관할세관장에게 제출할 수 있으며, 그 결과가 이상이 없는 것으로 세관장이 확인한 경우에는 인증연장 심사를 간이하게 하고 인증 유효기간을 연장할 수 있다.

원산지인증수출자가 인증유효기간 만료일 전 1년 이내에 ① 세관장이 법 제18조에 따라 원산지조사를 실시한 결과 충족으로 판명된 경우 ② 세관장이 인증사후관리대상으로 선정하여 현지확인을 실시한 결과 이상이 없는 것으로 판명된 경우에는 자율점검을 생략할 수 있다.

세관장은 인증연장 신청자가 제출한 자율점검 결과를 확인하여 이상이 없는 경우에는 30일내에 검토의견을 회신하고 그 내용을 전자통관시스템에 등록하여야 하며 보완을 요구하고자 하는 때에는 보정요구절차를 준용한다.

품목별 원산지인증수출자가 품목별이나 협정별로 여러 건의 인증을 보유하고 있는 경우에는 인증유효기간 연장을 일괄로 신청할 수 있다. 이 경우 가장 먼저 유효기간이 만료되는 인증의 유효기간 만료일 30일 전까지 일괄로 연장 신청하여야 한다. 원산지인증수출자가 인증 유효기간의 연장 신청을 하지 아니한 때에는 인증 유효기간이 만료되면 인증이 자동 상실된 것으로 보며, 다시 원산지인증수출자로 인증을 받으려는 자는 인증 유효기간이 만료된 후 새로 인증을 받아야 한다.

> **PLUS TIP 5-7** 완제품을 수출자에게 납품하는 생산자가 원산지인증수출자 인증을 받아야 할 이유
>
> 수출자에게 완제품에 대한 원산지확인서만 제공하고, BOM 등 대외비 자료를 주지 않아도 된다. 완제품 공급자인 생산자가 원산지인증수출자라면 수출자가 원산지증명서 신청시 발급신청서와 원산지확인서만 제출하면 원산지증명서 발급이 가능하기 때문이다. 인증수출자는 수출하고 있는 자 뿐만 아니라 수출하려는 자(생산자)도 인증취득이 가능하다.

원산지인증수출자 연장시 중요한 자율점검표 및 결과보고서 작성방법을 안내하니 참고하기 바란다.

원산지인증수출자 자율점검표

1. 수출입 통관

점검 사항	점검 결과	
1-1. FTA 협정이 적용되는 수출입 품목 수는 몇 개인가? 　* HS 6단위 기준	수입	개
	수출	개
1-2. FTA 체결국 중 수출입 실적이 있는 국가를 모두 기재하시오. 　* EU는 국가명이 아니므로 독일, 프랑스 등 국가명으로 기재		

2. 인증사항 변경

점검 사항	점검 결과	
	예	아니오
2-1. 인증품목 중 원재료가 변경된 품목이 있는가?		
2-2. 원재료의 변경으로 완제품의 원산지가 변경되는 품목이 있는가?		
2-3. 인증일 이후 품목번호(HS 6단위)가 변경된 품목이 있는가?		
2-4. 인증품목중 원산지결정기준(PSR)이 변경된 품목이 있는가?		

3. 원산지증명서 서명카드 관리

점검 사항	점검 결과	
	예	아니오
3-1. 원산지증명서 서명카드를 작성 관리하고 있는가?		
3-2. 부서명·직책·성명·지정일자·지정사유 등 기재사항을 빠짐없이 작성하였는가?		
3-3. 서명카드에 등재되지 않은 자가 원산지증명서에 서명을 하였는가?		
3-4. 서명카드에 자필로 서명을 하였는가?		

4. 원산지증명서 작성대장 관리

점검 사항	점검 결과	
	예	아니오
4-1. 원산지증명서 작성대장을 작성 관리하고 있는가?		
4-2. 기재사항을 빠짐없이 작성하였는가?		

5. 원산지증명서 관리

점검 사항	점검 결과		
	예	아니오	해당 없음
[한-EU FTA C/O] *인증받은 협정일 경우에만 기재*			
5-1. 비원산지 물품이 혼재된 경우 송품장에 구분표시를 했는가?			
5-2. 인증받지 아니한 품목에 대한 원산지증명서를 발급했는가?			
발급하였다면 6,000유로 미만의 자율발급에 해당하는가?			
[한-EFTA FTA C/O] *인증받은 협정일 경우에만 기재*			
5-3. 인증수출자 번호를 정확히 기재했는가?			
[한-아세안, 한-인도, 한-중국, 한-베트남 C/O] *인증받은 협정일 경우에만 기재*			
5-4. 물품의 생산자가 여럿인 경우 물품별로 표기했는가?			
5-5. 원산지증명서를 소급하여 발급한 사실이 있는가?			
5-6. 원산지증명서를 재발급한 사실이 있는가?			
5-7. 자율발급한 원산지증명서에 대하여 수정통보한 사실이 있는가?			
있다면 그 사유를 간략히 기재하시오.			
5-8. 인증품목 중 원산지증명서를 발급하지 않는 품목이 있는가?			
있다면 HS 6단위 및 사유를 간략히 기재하시오.			
5-9. 원산지증명서 기관발급을 신청하였으나 반려된 사실이 있는가?			
있다면 그 사유를 간략히 기재하시오.			

6. 원산지(포괄)확인서

점검 사항	점검 결과		
	예	아니오	해당 없음
6-1 ~ 6-5 : 타업체로부터 제공받은 원산지(포괄)확인서가 있을 경우			
6-1. 제공받은 원산지(포괄)확인서의 포괄확인기간이 경과되었는가?			
경과되었다면 다시 제공받았는가?			
6-2. 제공받은 원산지(포괄)확인서의 원재료 또는 수출물품의 공급자가 변경되었는가?			
공급자가 변경되었다면 원산지결정기준에 영향을 주는가?			
6-3. 제공받은 원산지(포괄)확인서에 작성자의 서명·인장·직인 중 하나 이상 있는가?			
6-4. 제공받은 원산지(포괄)확인서에 기재된 원산지결정기준이 정확한가?			
6-5. 원산지(포괄)확인서 발급업체에 원산지관리 방법을 지원하는가?			
지원한다면 어떤 방식(*교육지원, 전화, 이메일 등*)으로 지원하는가?			
6-6, 6-7 : 타업체로 제공한 원산지(포괄)확인서가 있을 경우			
6-6. 발급하여 제공한 원산지(포괄)확인서는 몇 건인가? (제출월 기준 최근 1년)	____ 건		
6-7. 원산지(포괄)확인서 발급물품에 대한 품목분류를 관리하는가?			

7. 제조공정

점검 사항	점검 결과	
	예	아니오
7-1. 원산지증명서를 발급하는 인증물품의 제조공정도를 구비하고 있는가?		
7-2. 해외에도 생산공장이 존재하는가? 　　존재한다면 인증품목과 동일한 물품을 생산하는가?		
7-3. 인증물품의 생산공정이 모두 국내에서 이루어지는가?		
7-4. 불인정공정에 해당하는가? ※ 불인정공정의 범위 : 단순조립작업, 최초의 물품 특성이 변하지 않는 범위 내에서 원산지가 상이한 물품의 혼합, 포장개선 작업 등		
7-5. 제조공정도의 작성일자와 작성자가 기재되어 있는가?		
7-6. 인증 취득 후 인증물품의 제조공정이 변동되었는가? 　　변동되었다면 원산지결정기준에 영향을 주는가?		

8. 인증물품 서류 보관

점검 사항	점검 결과		
	예	아니오	해당없음
8-1. 원산지인증수출자 인증서를 보관하고 있는가?			
8-2. 원재료 명세서(B.O.M)를 정확하게 작성·관리하고 있는가?			
8-3. 원재료 거래관계·가격 증빙서류를 보관하고 있는가?			
8-4. 완제품 거래관계·가격 증빙서류를 보관하고 있는가?			
8-5. 수출신고필증을 보관하고 있는가?			
8-6. 임가공계약서를 보관하고 있는가?			
8-7. 제공받은 국내제조(포괄)확인서를 보관하고 있는가?			
8-8 기타의 원산지기준을 증빙하는 서류를 보관하고 있는가? 　　있다면 어떤 서류인가?			

※ 9~11 항목은 해당되는 경우에만 작성

9. 원산지소명서(<u>기관발급</u> 원산지 증명 신청분에 한함)

점검 사항	점검 결과	
	예	아니오
9-1. 원산지소명서와 송품장의 품명규격이 동일한가?		
9-2. 제품의 품목번호(HS 코드)의 결정방법을 선택하여 기재하시오. 　①관세청 품목분류 질의　② 관세사의 품목분류 의견서 　③ 유사물품 품목분류 사례　④ 해외 거래처의 요청 　⑤ 당사 수출입 품목　⑥ 해외 품목분류 사례		
9-3. 물품명세의 물품가격을 기관발급 협정의 기준가격으로 작성하였는가? *기준가격(FOB): 협정별 관세평가가격 규정에 따라 조정될 수 있음*		
9-4. 원재료명세서에 투입된 원재료를 빠짐없이 기재했는가?		
9-5. 작성자의 성명・서명 등이 기재되었는가?		

10. 원재료 관리(수출자가 인증물품을 직접 생산하는 경우 작성)

점검 사항	점검 결과	
	예	아니오
10-1. 원산지별로 구분하여 원재료의 재고관리를 하고 있는가?		
10-2. 적용하고 있는 원재료 재고관리기법을 기재하시오. 　　　(개별법, 선입선출법, 평균법 등)		
10-3. 완성품과 HS 4단위가 동일한 원재료(부분품)가 있는가? 　　　있다면 관리방법을 기재하시오.		

11. 원가관리(부가가치기준 적용품목)

점검 사항	점검 결과	
	예	아니오
11-1. 협정에서 정한 가격기준(EXW 또는 FOB)을 바르게 적용하여 제품가격을 산출했는가?		
11-2. 원가배분방식을 바르게 적용하여 원가계산서를 작성했는가?		
11-3. 판매비와 관리비, 이윤 등을 적정하게 책정했는가?		
11-4. 수입산 원재료의 가격을 CIF가격으로 책정했는가? 　　　그렇지 않다면 그 사유를 기재하시오.		
11-5. 비원산지 원재료 중 단가가 변동된 원재료가 있는가? 　　　있다면 원산지결정기준에 영향을 주는가?		

원산지인증수출자 자율점검표 작성방법

원산지인증수출자 자율점검 결과 통보서

1. 인증번호: ㅇㅇㅇ-ㅇㅇ-ㅇㅇㅇㅇㅇㅇ-(차수 ㅇㅇㅇ)	2. 인증구분 : 업체별　　, 품목별 ☐

3. 기본 정보	업체명		사업자등록번호	
	대표자		인 증 물 품	수출자 ☐, 생산자 ☐ 해당항목에 모두 체크
	주 소			

※ 인증물품 생산자가 다를 경우 [(생산자상호 : 　　　　) (사업자등록번호 : 　　　　)]

4. 인증 품목 [필요 시 별지 기재]

HS 6단위	품명	협정	원산지결정기준	C/O 발급건수	금액
		인증협정		제출월 기준 최근 1년	제출월 기준 최근 1년

5. 원산지관리전담자

소속	성명	이메일	전화	비고
				☐, 외부전담자☐
				내부전담자☐, 외부전담자☐
				내부전담자☐, 외부전담자☐

6. 원산지관리전담자 교육이력 관리

교육기간	시간	교육과정명	시행기관	교육이수자
최근 1년 동안 교육실적이 없을 경우 공란		제출월 기준 최근 1년		

7. 인증 기본사항 변경 관리 [인증 취득 이후 변경사항이 있을 경우에만 체크]

7-1.   변경 □, 대표자 변경 □, 주소 변경 □, 원산지관리전담자 변경 □

변경 전	변경 후	변경사유	신고일

상기 변경사항 세관신고 여부 □

위 항목 중 변경사항이 있을 경우 "원산지인증수출자 인증사항 변경신고(수리)서"(자유무역협정의 이행을 위한 관세법의 특례에 관한 법률 시행규칙 [별지 제27호 서식])을 작성하여 제출
※ 개인사업자의 경우 '대표자 변경'은 원산지인증수출자 신규 인증 신청

7-2 사업자등록번호 변경 □   신규 인증 신청 필요

8. 건의사항

건의사항이 없을 경우 공란 가능

첨부 : 원산지인증수출자 자율점검표

「자유무역협정의 이행을 위한 원산지인증수출자 제도 운영에 관한 고시」제16조에 따라 원산지인증수출자 인증요건 자율관리 결과를 제출합니다.

년   월   일

제출자   (서명)

○ ○ 세관장 귀하

(5) 원산지인증수출자 사후관리

인증세관장은 ①국제원자재 가격의 급격한 변동 등 인증물품의 원산지결정에 영향을 미치는 요인이 발생한 경우, ②인증물품의 생산공정이 변경된 경우, ③인증물품의 원산지결정기준이 변경된 경우, ④세관의 위험관리 분석결과 원산지 인증수출자가 위험관리 대상 업체로 선정된 경우, 세관장이 ⑤원산지인증수출자의 인증사항 변경에 관한 정·첩보를 입수한 경우, ⑥원산지인증수출자의 요청이 있는 경우 등을 종합적으로 고려하여 사후관리대상업체를 선정하고 필요한 서류제출을 요구하거나 원산지인증수출자의 사무실, 생산공장 등 현지확인을 통하여 인증요건을 유지하고 있는지를 확인 할 수 있다. 세관장은 원산지인증수출자가 현지확인에 거부·방해 또는 기피하거나 정당한 사유 없이 자료를 제출하지 아니하는 때에는 법 제17조제1항에 따른 원산지에 관한 조사를 할 수 있다.

인증세관장은 업체별 원산지인증수출자가 원산지증명능력요건(영 제7조제1호가목) 및 원산지증명서 작성대장 비치·관리와 원산지관리전담자 요건(영 제7조제1호다목) 중 어느 하나의 요건을 갖추지 못한 것이 확인되면 30일 이상의 기간을 주고 시정하도록 할 수 있으며, 업체별 원산지인증수출자가 정당한 사유 없이 기간 내에 시정하지 아니하면 업체별 원산지인증수출자의 인증을 취소하고 지체 없이 관련기관에 통보하여야 한다. 그 외 법규준수도 요건(영 제7조제1호나목·라목·마목) 중 어느 하나의 요건을 갖추지 못한 것이 확인되면 시정절차 없이 업체별 원산지인증수출자 인증을 취소한다. 품목별 인증수출자의 경우는 원산지증명서 작성대장을 비치·관리하지 않거나 원산지관리전담자를 지정·운영하지 않는 경우(영 제7제2호가목)만 업체별 원산지인증수출자와 동일한 시정명령 절차를 따른다.

(6) 원산지인증수출자 인증취소

원산지인증수출자의 인증을 취소하려는 세관장은 사전에 당해 원산지 인증수출자에게 통보하여 본인 또는 그 대리인으로 하여금 의견을 제출할 수 있는 기회를 주어야 하고, 청문을 하는 때에는 청문 예정일 10일 전까지 청문 예정일을 지정하여 당해 원산지 인증수출자에게 서면으로 통지하여야 한다.

통지를 받은 당해 원산지인증수출자는 지정된 날에 출석하여 의견을 진술하거나 지정된 날까지 서면으로 의견을 제출할 수 있으며, 당해 원산지 인증수출자 본인 또는 그 대리인이 출석하여 의견을 진술한 때에는 세관공무원은 그 요지를 서면으로 작성하여 출석자 본인으로 하여금 이를 확인하게 한 후 서명날인하게 하여야 한다. 원산지인증수출자가 정당한 사유 없이 청문에 응하지 않는 경우에는 의견 제출을 포기한 것으로 본다. 원산지인증수출자가 폐업한 경우에는 인증 효력이 상실된 것으로 본다. 관할세관장은 원산지인증수출자의 폐업사실을 확인한 때에는 전자통관 시스템에 인증취소를 등록하여야 한다.

〈인증수출자 인증심사 절차〉

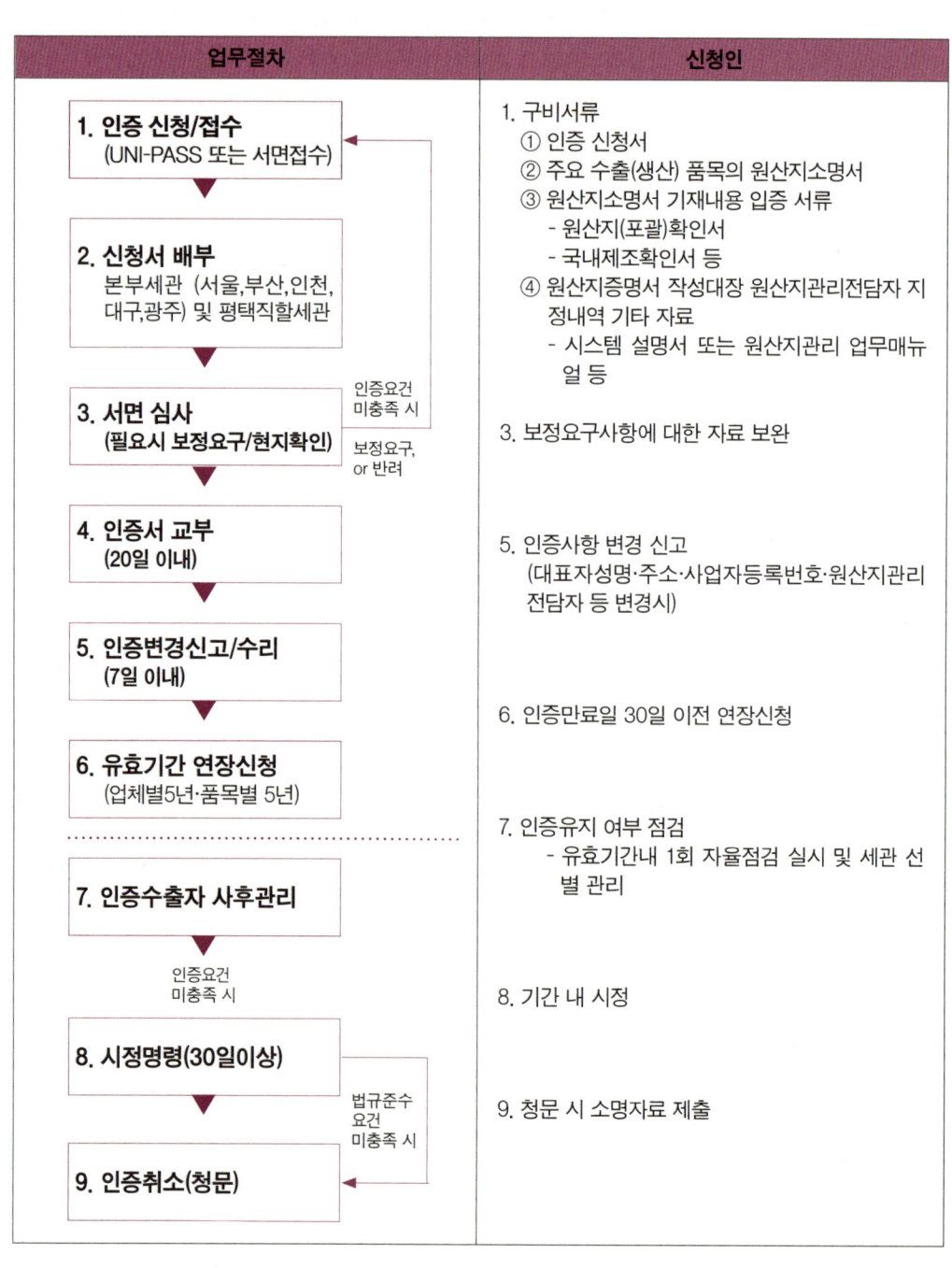

업체별 원산지 인증수출자 인증서(영문)

CERTIFICATE OF COMPANY-SPECIFIC APPROVED EXPORTER

○ Name of Company :

○ Address :

○ Representative :

○ Customs Authorisation No. :

○ Validity Period :

  We hereby certify that the above company is authorised as "Company-specific approved exporter" in accordance with Article 12.1 of 「The Act on Special Cases of the Customs Act for the Implementation of Free Trade Agreements」.

yyyy/mm/dd

Commissioner of
Korea Customs Service   seal
Head of ○ ○ Customs

품목별 원산지 인증수출자 인증서(영문)

[영문본]

CERTIFICATE OF PRODUCT-SPECIFIC APPROVED EXPORTER

○ Name of Company :
○ Address :
○ Representative :
○ Customs Authorisation No. :
○ Validity Period :

List of Certified Products

HS No.(4-digit)	Name of FTA

We hereby certify that the above company is authorised as "Product-specific approved exporter" in accordance with Article 12.1 of 「The Act on Special Cases of the Customs Act for the Implementation of Free Trade Agreements」.

yyyy/mm/dd

Commissioner of
Korea Customs Service   seal
Head of ○ ○ Customs

【한-EU FTA에 따른 EU회원국 인증수출자 번호 체계】

('19. 1. 1일 기준)

■ 인증번호체계: 국가명(/) 세관번호(/) 일련번호 등으로 구성
● '/'는 구분 설명하기 위한 것으로 예시에 표시된 경우에만 코드로서 사용

국 가	예 시	인증수출자 번호 체계	비 고
불가리아	BG/1223/009/08	국가코드(2)/세관코드(4)/인증번호(3)/인증연도(2)	
사이프러스	CY/NIC/000	국가코드(2)/세관코드(3)/인증번호(3)	
크로아티아	HR/10/001/13	국가코드(2)/세관코드(3)/인증번호(3)/인증연도(2)	
체코	CZ/02/0001/04, CZ/51/0001/13	국가코드(2)/세관코드(4)/인증번호(4)/인증연도(2)	세관코드 : 01-08 또는 51-65
덴마크	DK/51/04/237/00638 DK/04/000638	국가코드(2)/인증기관코드(2)/인증연도(2)/인증표시코드237또는239/인증번호(5) 국가코드(2)/인증연도(2)/인증번호(6)	
에스토니아	EE/001/2004	국가코드(2)/인증번호(3)/인증연도(4)	
핀란드	FI/50/110 FI/8/36 FI/0/2014	국가코드(2)/인증번호/세관코드(3) 국가코드(2)/인증번호/Åland지역코드(2) 국가코드(2)/인증번호/인증연도(4)	신규 추가('14.3.1)
프랑스	FR 003160/0025	국가코드(2)/세관코드(6)/인증번호(4)	
독일	DE/4711/EA/0007	국가코드(2)/세관코드(4)/인증수출자코드(EA)/인증번호(4)	
그리스	GR/01/1234/2004	국가코드(2)/세관코드(2)/인증번호(3)/승인연도(4)	세관코드 : 1-10
헝가리	HU123450N8000000000	국가코드(2)세관코드(5)/0/level코드(N or E)/인증연도(1)/인증번호(9)	N : National, E: Community
아일랜드	IE/05/06	국가코드(2)/인증번호/인증연도(2)	
이탈리아	IT/001/RM/06 IT/002/MXP/13	국가코드(2)/인증번호(3)/지역코드(2-3)/인증연도(2)	○ 지역코드: Milan, Rome, Naples, Genoa, Alexandria의 경우 지역코드 2자리에 1자리 숫자(1,2,3)*추가하여 구성 가능 * 1자리 숫자(Customs district 구분) - Rome, Naples, Genoa, Alexandria는 '1' 또는 '2' - Milan은 '1', '2', '3' 중 하나 (예) IT/032/MI2/11, IT/033/AL1/16 IT/034/GE2/16 ○ Malpensa 경우 MXP 3자리로 구성 (예) IT/002/MXP/13
라트비아	LV/100/2006	국가코드(2)/인증번호(1-3)/최초인증연도(4)	
리투아니아	LT/VM0/011	국가코드(2)/세관코드(문자(2),숫자(1))/인증번호(3)	
룩셈부르크	LU/ORDL/256	국가코드(2)/ORDL/인증번호(3)	인증번호: 1-500(국가인증), 501-999(단일인증)
몰타	MT/D/000	국가코드(2)/D/인증번호(3)	
네덜란드	NL/361/02/1234	국가코드(2)/세관코드(3)/인증연도(2)/인증번호(3-4)	
폴란드	PL/042010/0001	국가코드(2)/세관코드(6)/인증번호(4)	
포르투갈	PT/000/P	국가코드(2)/인증번호(3)/발급지역(P or L)	발급지역 : P(Porto), L(Lisboa)
루마니아	RO/DRVBV/025	국가코드(2)/세관코드(5*)/인증번호(3)	* : Bucharest의 경우 4자리(DRVB)
슬로바키아	SK/1050/010/05	국가코드(2)/세관코드(4)/인증번호(3)/인증연도(2)	
슬로베니아	SI/123/03	국가코드(2)/인증번호(3)/인증연도(2)	
산마리노공화국	SM/SM001/00/0000	국가코드(2)/세관부코드(5)/인증번호(2)/최초인증연도(4)	
스페인	ES/28/0001/98 ESEAOR17000035	국가코드(2)/지역코드(2)/인증번호(4)/인증연도(2) 국가코드(2)인증수출자코드(EAOR)인증연도(2)인증번호(6)	신규추가('17.5.5)
스웨덴	SE/SHF/123456	국가코드(2)/코드*(3)/인증번호(6)	*Mö의경우2자리
영국	GB 12345/06	국가코드(2)/인증번호(5)/인증연도(2)	

EU의 인증수출자 제도 소개 (해석은 EU특혜원산지 핸드북에서 발췌)

EU 관세법시행령(CCIP) 제90조
1. 수출국 관세당국은 해당 상품 가격에 관계없이 협정문에 따라 송장신고서를 작성하여 상품을 빈번하게 선적하는 인을 "인증수출자로" 승인할 수 있다. 승인을 구하는 수출자는 반드시 관세 당국에게 상품의 원산지 지위를 검증하고, 이 프로토콜의 다른 필요요건을 충족하는데 필요한 모든 자료를 제출하여야 한다.
2. 관세당국은 인증수출자 지위를 적절하다고 판단되는 경우에 한해 승인할 수 있다.
3. 관세당국은 송장신고서에 기입할 인증 수출자 번호를 부여해야 한다.
4. 관세당국은 인증수출자의 인증 사용을 감시해야 한다.
5. 관세당국은 언제든지 승인을 철회할 수 있다. 관세당국은 인증 수출자가 더 이상 제1항에 언급된 항목에 대한 보장을 하지 못하고, 2항에 따른 조건을 충족하지 않거나 혹은 승인을 부정확하게 사용하는 경우 승인을 철회할 수 있다.

해설

수출자는 상품을 소유하거나 이를 처분할 수 있는 법적 권리를 갖는 인이나 기업으로 간주된다. 수출자가 반드시 상품 생산자일 필요는 없다.

인증수출자는 관세당국이 부여한 특정 요건을 충족하고 따라서 관세당국으로부터 제출한 원산지증명서에 대하여 특정 권리를 승인 받은 인을 말한다. 인증수출자 지위를 부여 받기 위해서는 반드시 관세당국에게 자국법에 의거한 신청서를 제시해야 한다.

인증수출자는 관세당국을 만족시켰을 경우에만 인증을 받을 수 있다. 적격 여부를 결정하기 위해 관세당국은 그들이 적절하다고 판단하는 조건을 제시하고, 수출자는 반드시 이에 부응해야 한다. 수출자는 반드시 이 조 제1조항에 요구된 약속을 이행해야 한다. 일방 상대국에 부과된 조건이 다른 국가와 다를 수 있다는 사실을 알아야 한다.

수출자가 관세당국으로부터 인증을 받은 후 송장신고서에 기입할 인증번호를 부여 받게 된다. 수출자에게 있어 상대국 관세당국은 위원회 측에 인증수출자 지정에 사용된 국가 번호를 통보할 의무를 지닌다. 반대로 위원회는 이 정보를 다른 모든 회원국에게 전달한다.

또한, 세관은 인증수출자 지위 사용을 감시하고 인증수출자 지위가 남용되거나 잘못 사용되었음이 발각되면 그 권리를 철회할 수 있다. 다른 철회 사유로는 수출자가 이 조 제1항에 요구된 내용을 보장하지 못하는 경우가 있다.

1. 인증수출자의 의무

인증수출자는 그 지위를 부여받기 전 반드시 관세당국으로부터 적격성을 충족시켜야 한다. 그러나 인증수출자 지위를 획득하기 위해서는 반드시 다음의 조건과 의무를 충족해야만 한다.

가) 인증수출자는 필요한 모든 원산지 증명서나 회계 요소가 있는 상품에 대해서만 송장신고서를 발급해야 한다.
나) 인증수출자는 오용을 비롯한 모든 인증 사용에 대한 전적인 책임을 져야 한다.
다) 인증수출자는 송장신고서 작성에 책임이 있는 인은 원산지 규정을 이해함을 확인해야 한다.
라) 수출자는 반드시 신고서가 작성된 날로부터 최소 3년간 원산지 증빙서류를 보관하기로 동의해야 한다.
마) 세관의 요청이 있을 시 인증수출자는 언제라도 원산지 증명서를 발급하고, 관세당국의 심사를 허용해야 한다.

2. 인증수출자 지위 획득 방법

인증수출자 지위를 획득하고자 하는 인은 반드시 관세당국에 서면 신청서를 제출해야 한다. 관세당국은 이 조항에 따라 인증수출자 지위를 부여하기 전 적합한 수출자인지 여부를 검토할 필요가 있다. 적격성 검토 기준은 다음과 같다.

가) 수출자는 반드시 승인을 구하는 상품 종류를 정기적으로 체크하고 양호한 수출 기록을 갖추고 있어야 한다.
나) 신청 수출자는 반드시 상품의 원산지 지위에 대해 충분히 보장하고 이에 따른 의무를 이행해야 한다.
다) 이전 수출 기록에 비추어, 신청인은 반드시 수출된 상품의 원산지를 증명할 수 있는 위치에 있어야 한다.
라) 수출자가 생산도 하는 경우, 관세당국은 반드시 해당 상품 재고에서 상품 원산지 식별이 가능하다는 사실에 만족할 수 있어야 한다.
마) 무역업자/수출자의 경우, 관세당국은 인증 수출자 지위를 부여할 수 있는 가치가 있다는 사실을 검증하기 위해 통상적인 교역 흐름을 검토한다.

EU 차원에서 인증수출자제도에 대한 전반적인 가이드라인(CCIP Article 90)을 제공하고 EU 28개 각 회원국 관세당국이 자국의 기업에 대해 인증수출자 지위를 부여하고 있어, 세부적인 인증기준이나 절차 등은 회원국별로 상이할 수 있다. 다수의 회원국이 우리나라 업체별 성격의 인증제도를 운영하고 있으나, 프랑스 같은 일부 국가에서는 HS코드별 품목별 성격의 인증제도도 운영하고 있는 것으로 파악된다. 따라서 EU에서 수입되는 물품에 대한 협정관세 적용시 수출자의 인증서를 받아서 인증서 적용국가에 한국(KR)이 포함되어 있는 지 등을 확인하는 것이 좋다.

> EU는 인증범위를 회원국 국내 뿐 만아니라 타 회원국 수출물품까지 확장하는 단일인증(Single Authorisation)을 허용하고 있다. 영국에서는 단일인증을 받은 자를 "Wide Approved Exporter"라고 한다.
>
> Under certain conditions, a 'single authorisation' may be granted to an approved exporter, who is established in one Member State, where he keeps his records containing the evidence of origin, but whose products are exported from other Member States (European Commission)

【한-EFTA FTA에 따른 EFTA 회원국 인증수출자 번호 체계】

국가	인증수출자 번호 체계	예시
아이슬란드 (Iceland)	인증번호-IS인증연도(2)	0023-IS10
노르웨이 (Norway)	국가코드(2)/인증연도*(2)-인증번호(9)	NO/08 -123456789
스위스(Swiss)	인증번호(3자리 또는 4자리 또는 5자리)/인증연도(4)	123 또는 123/1998 1234 또는 1234/1998 12345 또는 12345/1998

EU의 인증수출자 확인 방법

◇ **현황 및 배경**
○ 한-EU FTA 활용 증가에 따라 원산지신고서에 인증수출자번호가 아닌 기타 번호를 기재하여 특혜적용 받는 사례 증가

〈EU 인증수출자번호 주요 오류 형태〉

◆ EU 인증수출자번호는 공란 및 "/"도 번호체계의 일부이나 누락 또는 오기재
◆ 인증수출자번호 대신 "EORI NO" 또는 "VAT NO"를 기재
◆ EORI 번호 또는 VAT 번호를 인증번호체계로 조작하여 기재
◆ 인증번호체계의 "세관부호", "지역코드", "세관관서코드"를 허위로 기재

○ 특혜통관 신청시 오류사항에 대한 심사를 강화하여 납세자의 자발적인 수정·보완 유도 및 사후검증에 따른 불이익 사전 방지
○ 이를 위해 인증수출자번호와 기타번호 구분방법 안내 필요

◇ **인증수출자 번호 확인 절차**
○ (1단계) EU에서 통보한 각 국가별 인증번호체계와 일치 여부 확인
  * EU 국가별 인증번호 체계 참조
○ (2단계) EU 집행위 홈페이지를 통해 EORI 번호, VAT번호 해당 여부 확인
  * EU 집행위 홈페이지 활용 방법 참조
○ (3단계) 인증수출자 인증서(사본)을 요구하여 유효성* 확인
  * 인증 받은 일자, 특혜대상국가에 한국 포함 여부 등
○ (4단계) 위의 단계로 확인 불가 및 인증서 미 제출시 우선 협정관세 적용 통관 후 검증부서에 이첩

EU집행위 홈페이지 활용방법

○ http://ec.europa.eu/taxation_customs/common/databases/index_en.htm

○ 접속 후 「EORI」 선택 후 Validate EORI number 클릭

○ http://ec.europa.eu/taxation_customs/common/databases/index_en.htm

o 접속 후「VIES」선택 후 국가를 선택하고 번호를 입력

<VAT번호 입력 화면>

<VAT 번호 조회결과 화면>

스페인 인증수출자 제도 안내

스페인은 EU 타 국가와 달리 신규 협정 발효시에도 기존의 인증 수출자 번호 사용이 가능하며, 특혜 수출 대상국가에 "한국"이 포함되지 않은 인증서도 유효

> 번호체계 : ES(국가명)/ 28(지역코드) / 0001(인증번호) / 98(인증연도)

따라서, 旣 통보한 스페인 인증번호체계와 일치하면 인증연도가 협정 발효일('11.7.1) 이전이라도 해당 원산지신고서는 유효하다.

〈스페인 인증서 발췌 영문〉
In the event that a new Preferential Agreement should enter into force after the date on which the present exporter approval is granted for the purposes of origin, this approval shall be valid for the same, provided that the conditions required in this approval are fulfilled, particularly with reference to compliance with the rules of origin contained in the Protocol or Annex corresponding to the new applicable Preferential Agreement. The same criteria on the validity of this approval shall be maintained in the case of amendments to the Protocols or Annexes of Origin of the current Preferential Agreements."

〈국문 번역〉
원산지 목적으로 인증수출자 지위를 지정받은 날 이후 새로운 특혜 협정이 발효되는 경우에도 이 인증(승인)의 지위는 동일하게 유효하다. 다만, 이 인증서에서 요구되는 조건이 충족되어야 하며, 특히 새로 체결된 특혜협정의 부속서 또는 의정서에서 원산지 규정의 준수에 관하여 규정된 경우에는 현재의 특혜협정의 원산지 관련 부속서 또는 의정서가 개정되는 경우에도 인증의 유효성에 관하여 동일한 기준이 적용된다.

독일의 인증수출자번호 체계 안내

독일 인증수출자번호체계는 3가지 형태로 구분·사용됨

인증수출자번호체계	사용목적
① DE/ 0000/ EA/ 0000 〈국가/세관부호(4)/EA/인증번호(4)〉	한-EU FTA 인증수출자번호
② DE/ 0000/ ZA/ 0000 〈국가/세관부호(4)/ZA/인증번호(4)〉	전자적으로 수출을 하는 업체에 부여되는 인증번호 ※ FTA와 관련 없음
③ DE/ 0000000 〈국가/ 일련번호(7)〉	단순 세관 등록번호 (1년에 3건이상 수출실적 있는 업체에 부여)

한-EU FTA '원산지증명서 발행 권한이 있는 수출자'에 대한 EU측 의견('16.1.22, 관세청)

[한국측 질의 내용]

◼ **[예시1]** 수출자·수입신고자(국): A국, 생산자·선적자(국): B국

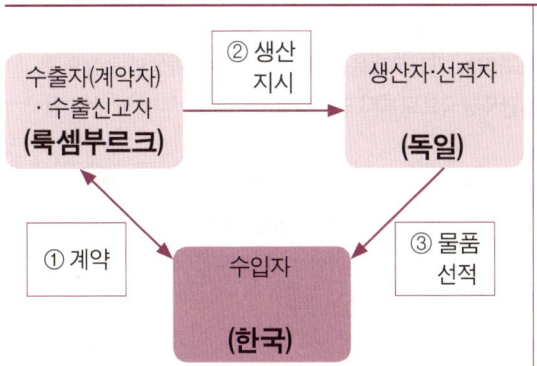

- 수출자(계약자) 및 수출신고자는 룩셈부르크 소재하며 룩셈부르크에서 수출신고
- 생산자 및 선적자는 독일에 소재하며 독일에서 선적
- ⋯ 수출자는 누구이며, 누구의 인증수출자번호로 누가 원산지신고서를 발행해야 하는지 여부

◼ **[예시2]** 수출자(계약자): A국, 생산자·수출신고자: B국

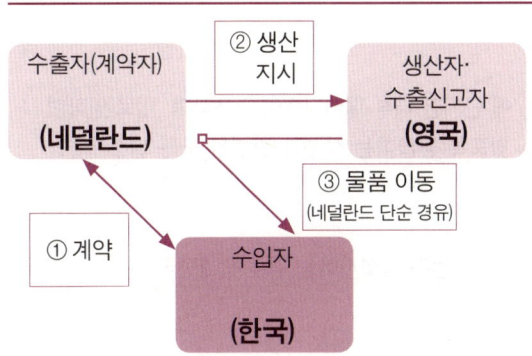

- 수출자(계약자)는 네덜란드 소재 회사
- 생산자 및 수출신고자는 영국 소재 회사
- ⋯ 수출자는 누구이며, 누구의 인증수출자번호로 누가 원산지신고서를 발행해야 하는지 여부

◼ **[예시3]** 수출자(계약자): A국, 생산자·수출신고자·선적자: B국

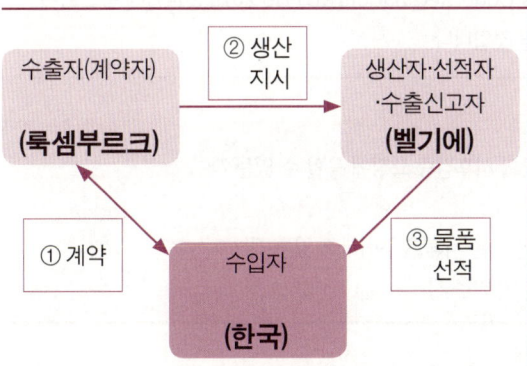

- 수출자(계약자)는 룩셈부르크 소재 회사
- 생산자, 수출신고자, 선적자는 벨기에 소재, 벨기에에서 선적
- ⋯ 수출자는 누구이며, 누구의 인증수출자번호로 누가 원산지신고서를 발행해야 하는지 여부

[EU측 답변]

귀측의 문의에 대한 답변을 할 때 가장 중요하게 살펴보아야 할 것은 바로 한-EU FTA 협정문 상에서 "수출자"라는 단어가 가지는 의미입니다. 한-EU FTA 의정서 제16(3)조 및 제17(1)조를 살펴본 결과, 저희는 원산지신고서를 작성하는 수출자는 상품의 원산지를 결정 및 입증할 수 있으며 사후검증을 위한 요청에 응할 수 있는 자(수출자 또는 생산자)를 의미한다고 이해하였습니다. 원산지신고서를 작성하는 수출자는 수출자가 상품의 원산지를 수출자가 소재한 관세당국에 입증하는데 필요한 모든 서류를 구비하고 있어야 합니다. 전체 가격이 6천유로를 초과하는 원산지제품을 포함하는 하나 이상의 포장으로 구성되는 탁송화물의 경우, 해당 수출자는 소재한 관세당국으로부터 인증수출자 지위를 부여 받아야 할 것입니다.

결과적으로, 질의한 3건의 수출 건과 관련하여 귀측 질의에 대한 답변은 모두 동일합니다. 두 업체(1번의 경우: Luxembourg/Germany, 2번의 경우: The Netherlands/UK, 3번의 경우: Luxembourg/Belgium)는 상품의 원산지를 결정 및 입증할 수 있으며 사후검증을 위한 요청에 응할 수 있다면, 비록 수출신고를 직접하지 않는다고 하더라도 원산지신고서를 발급할 수 있습니다.

만약, 원산지신고서를 작성하는 업체가 생산자가 아니라면(예를 들어, 1번 Luxembourg 업체라면), 해당업체는 생산자로부터 모든 필요한 서류를 전달받아 자신의 의무사항을 이행할 수 있도록 하여야 합니다.

EU에는 "원산지확인서(suppliers declaration)"에 근거한 내부 메커니즘이 존재하며, 이로 인하여 생산자들은 고객사가 원산지신고서를 작성할 수 있도록 공급하는 상품과 관련된 모든 필수서류를 고객사에게 제공합니다.

해당 프로세스로 인하여 "INF 4"라는 서식에 대한 사후검증을 실시하는 경우 관세당국이 개입하게 됩니다.

이러한 규정들은 Council Regulation (EC) No. 1207/2001에 명시되어 있습니다. 해당 규정의 내용은 현재 Implemeting Act of the Union Customs Code(Regulation(EU) No 2015/2447)에 통합되어 2015.11.24일에 공포되었고, 2016.5.1부터 적용될 것입니다.

[해설] C/O 작성 권한이 있는 수출자란

▶ 상품의 원산지를 결정·입증할 수 있고, 관세당국의 사후검증 요청에 응할 수 있는 자
 (수출자 또는 생산자)
▶ 상품의 원산지를 관세당국에 입증하는데 필요한 모든 서류를 구비하고 있는 자
▶ 소재한 관세당국으로부터 인증수출자 지위를 부여 받은 자

EU 회원국들에 적용되는 포괄인증수출자 제도

▶ **근거 규정**
- EU Council Regulation (EC) No 1207/2001, of 11 June 2001
- Models of Authorization numbers issued for Approved Exporters [TAXUD/B/TFI/AMM (2014), 2014.2.24]

▶ **주요내용**

① Models of Authorization numbers issued for Approved Exporters
- 검증요청은 물품을 수출한 국가가 아닌, 인증수출자 인정서를 발행한 국가(인증번호의 시작 국가 코드 2자리로 쉽게 인식)에게 송부되어야 한다.
- 이것은 EU내에서 한 회원국에서 발행된 인증수출자 인증서가 몇 개의 다른 회원국에서도 유효하다는 사실에 기인한다. 따라서 스페인 인증수출자는 이탈리아로부터 물품을 수출할 수 있다.

② EU Council Regulation (EC) No 1207/2001, of 11 June 2001

제1조(대상범위) 이 규정은 다음 각 호를 편리하게 하기 위한 기준을 정한다.
1. 회원국 당국에 의해 발행되는 EUR.1 운송증명서 발행, 공동체내 수출자에 의해 발행되는 송품장신고서 또는 EUR.2 서식 작성,
2. 다수의 회원국 내에서 유효한 인증수출자 인증서 발행,
3. 회원국들간의 행정적 협력방안 마련

제2조(공급자 신고서와 사용방법)
1. 공급자는 신고서에 의하여 공동체의 특혜 원산지 관련 물품의 지위에 관한 정보를 제공해야 한다.
2. 공급자 신고서는 수출자에 의해 증거자료, 특히, 운송증명서 EUR.1 발행을 위한 신청서를 뒷받침하거나 송품장신고서 또는 EUR.2 양식을 작성하기 위한 기초자료로 사용되어야 한다.

제3조(공급자 신고서의 작성)
제4조에서 제공되는 경우를 제외하고, 공급자는 개별 탁송품에 대하여 분리된 신고서를 제공해야 한다.
공급자는 해당 탁송품 관련 송품장, 인도지시서 또는 관련 상품을 인식할 수 있도록 충분히 상세하게 기술된 기타 상업서류상에 해당 신고서를 포함할 수 있다.
공급자는 항상 신고서를 제공할 수 있으며, 심지어 물품이 인도된 이후에도 신고서를 제공할 수 있다.

제8조(인증수출자 인증)
1. (회사가) 설립된 국가 외의 회원국으로부터 빈번하게 물품을 수출하는 수출자는 그러한 수출을 포괄하는 인증수출자 지위를 획득할 수 있다.
 그 목적을 위하여, 수출자는 (회사가) 설립되고 원산지증명을 위한 기록을 유지하고 있는 회원국의 권한 있는 세관당국에 신청서를 제출하여야 한다.
2. 제1항에 언급된 관세당국은 관련 협정의 원산지 의정서나 자율적인 특혜 체제와 관련된 공동체 법률에 규정된 조건이 충족되고, 공인인증서를 발급한 때에는 관련 회원국의 관세당국에 통지하여야 한다.

※ 포괄 인증수출자 제도를 인정하는 국가 : 프랑스, 스페인, 이탈리아, 영국, 아일랜드 등

[영국의 인증수출자 제도]

영국은 인증수출자를 ①UK Approved Exporter와 ②EC Wide Approved Exporter로 구분하여 관리하고 있다.

① UK Approved Exporter는 영국에서 수출하는 물품에 한하여 인증 부여
② EC Wide Approved Exporter는 영국과 다른 EU회원국(인증서상 표기된 국가 및 업체)에서 수출되는 물품에 인증 부여

※ ①의 수출자가 다른 회원국의 물품 수출시 인증수출자 자격이 없음에 유의중요

CHAPTER 5-7

중요 질의 및 답변 사례

질의 176 업체별인증수출자 인증 받은 기업이 사업부 분할로 신규 사업자등록번호가 추가되는 경우 기존 인증수출자 인증번호 사용가능 여부?

답변 법인 사업자가 기업의 분할 등 사업자등록번호가 변경된 경우 새로 인증을 받아야 함

질의 177 본사에서 여러 사업장(공장)을 총괄하고, 공장에서 생산되는 물품을 본사 명의로 본사의 책임하에 수출하는 경우 누가 인증수출자로 지정을 받아야 하는지?
그리고 본사의 원산지관리전담자가 다른 사업장의 원산지 관리를 수행할 수 있는지?

답변 본사 명의로 본사의 책임 하에 무역거래가 이루어지는 경우에는 본사가 인증수출자이어야 함
인증수출자 지정요건에 따라 원산지관리전담자는 인증수출자별로 지정·운영하여야 하며 다만, 특정 사업장이 다수 사업장을 통제하며 실질적으로 원재료 및 완성품의 원산지 관리를 수행하고 있다고 입증되는 경우 가능

질의 178 당초 이태리로부터 물품 수입 시, 수출자가 발행한 인증수출자번호가 기재된 인보이스를 제공받아 협정세율을 적용 받음.
수입물품의 일부를 이태리 본사로 수리목적 등의 이유로 수출하고자 하는데, 수출인보이스에 한국 수출자가 원산지협정문구를 기재(원산지는 이태리로)하여 발행하는 것이 가능한지 여부?

답변 인보이스에 원산지신고문안을 기재하여 원산지신고서를 발행하는 것은 수출상품이 당사국의 원산지상품임을 입증하기 위한 것으로
수리목적으로 수출되는 물품은 원산지가 이태리인 물품이므로, 한국 수출자가 원산지가 이태리인 물품에 대해 원산지신고서를 발행하는 것은 불가능

질의 179 당초 6개 사업장별로 업체별 인증수출자 인증을 받았으나, 최근 사업자단위과세 사업자로 전환되어 본사의 사업자등록번호 하나로 통합된 경우, 원산지증명서 자율발급시 어떠한 인증번호를 써야 하는지 여부?

답변 사업자단위과세 사업자인 경우 모든 사업장이 본점의 사업자등록번호를 사용하는 것이므로, 인증수출자 번호도 본점뿐만 아니라 모든 사업장에서 본점의 인증수출자 번호를 사용 가능함

질의 180 다음과 같은 거래형태의 경우에 있어서 'B(인증수출자)'의 물품에 대하여 한-EU FTA 특혜관세 적용이 가능한지 여부?

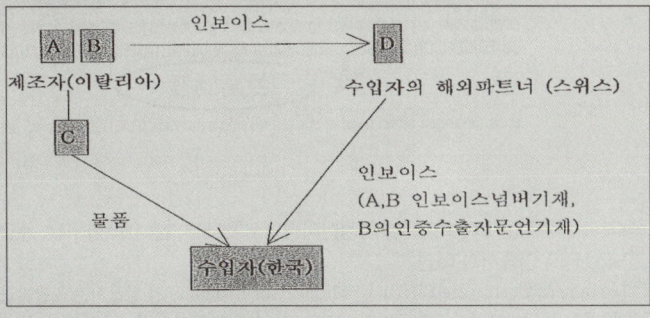

* A·B : 제조자(이탈리아),
* C : 오퍼상(이탈리아, 한국으로 배송·B/L발행)
* D : 수입자의 해외파트너로 대금지급처(스위스, 인보이스발행)

답변	EU 회원국 제조자가 생산한 물품에 대해 EU회원국이 아닌 제3국에 소재하는 자가 작성한 원산지 신고서는 유효한 신고서로 인정될 수 없음 수출자라 함은 FTA체결 상대국에 소재하고 있는 사업자이어야 하고 제3국의 수출자는 원산지신고서 작성권한 및 입증책임이 없으므로 제3국에서 작성한 송품장에 원산지신고문안이 기재되어도 원산지증명서류로 인정될 수 없기 때문이다.
질의 181	**EU 역내의 보세창고(Warehouse)에서 작성한 원산지신고서의 적정성 여부** ○ 인보이스 상 Exporter : 싱가포르 소재 업체 ○ 선하증권 상 Shipper : 스위스 소재 업체 ○ 선적지 : 폴란드(보세창고 소재지) ○ 원산지신고서 : 포장명세서 상에 작성 (발송인 : 스위스)
답변	한-EU FTA 협정에 따라 제3국 무역거래가 발생한 경우에도 원산지신고서는 EU 역내 소재 수출자만이 작성 가능 제출된 원산지 신고서는 Packing List상에 작성되었으나, 작성주체가 명확치 않고 폴란드 주소지의 업체는 보세창고로만 표기되어 있음 또한 송품장, 인도증서 등의 관련서류를 통해 폴란드 업체를 수출자로 확인하기 어려우므로 협정관세 적용 불가
질의 182	**관세청 지침과 상이*한 스페인 인증수출자 번호체계의 정확성 문의** * 관세청 지침상의 인증번호(4자리) /민원인 제출서류상의 인증번호(3자리) <u>관세청 지침에 의한 인증번호 체계</u> |		
---	---	---
그리스(Greece)	GR/01/1234/2004	국가(2)/세관부호(1-10)/인증번호(4)/인증연도(4)
★ 스페인(Spain)	ES/28/0001/98	국가(2)/지역코드(2)/인증번호(4)/인증연도(2)
프랑스(France)	FR 003160/0025	국가(2)/세관부호(6)/인증번호(4)	 스페인 공급자로부터 받은 인증번호 체계)8551996　Referencia: D5796012001704 expedición de las justificaciones de origen por procedimiento simplificado. 2. La Declaración en Factura o la Declaración en Factura EUR-MED deberá contener el texto correspondiente previsto en los Protocolos de Origen reseñados, debiendo figurar el NUMERO DE AUTORIZACION QUE SE CONCEDE POR ESTE DEPARTAMENTO DE ADUANAS E II.EE: ★  ES/08/409/12 ebas de origen simplificadas que la presente autorización permite extender, únicamente, se
답변	상기의 인증서는 EU가 기관발급원산지증명서(EUR.1)*를 채택한 FTA 체결국과 사용하는 인증서로 한-EU FTA 인증서가 아님 * Movement Certificate EUR.1 은 「Ministry of Economy」가 발급하는 기관발급 원산지증명서이며 EU가 칠레, 멕시코, 남아프리카 등의 국가와 체결한 FTA에서 인보이스 방식과 병행하여 사용하고 있음

질의 183	(1) 한-EU FTA 발효('11.7.1) 이전 EU 수출가가 취득한 인증수출자번호의 유효성 여부에 대해 질의? 1996 최초 인증 취득 — '11.7.1 발효 — '12.1.1 인증추가(EU) 협정관세 사후적용 (2) 한-EU FTA 발효 후 기존 인증에 대해 별도로 한-EU FTA 인증 추가, 갱신 등의 절차를 거쳐야만 유효한지 여부?
답변	(1) 인증수출자 제도는 수출당사국의 관세당국이 국내법에 규정된 요건 등을 충족하는 수출자에게 인증(번호)을 부여하는 것임 - 따라서 기존 인증이 있는 경우 한-EU FTA에 적용되는 인증이 추가로 필요한지 여부는 수출당사국의 국내법에 따라 결정 - 다만, 협정관세 사후적용 심사시에는 인증번호체계의 적정여부 등 원산지신고서의 형식적 요건을 확인하는 것이며, - 인증번호의 진위 여부 등 유효성 여부는 FTA 특례법 제17조에 따른 '원산지에 관한 조사' 업무가 수행된 이후에야 확정됨 (2) 기존 인증에 상당한 기간이 지난 후 한-EU FTA에 적용되는 인증을 추가로 받은 경우에는 인증 추가 전 한-EU FTA 협정관세를 적용받은 원산지 신고서는 유효하지 아니하므로 협정관세가 배제될 수 있음
질의 184	(1) 아래의 경우 한-EU FTA 제3국 발행송장 여부? ○ 수출자와 선적자는 독일, 송장은 프랑스에서 발행 ○ 원산지신고서는 송장(프랑스발행)에 작성 - 인증수출자번호는 독일 인증번호를 기재 ○ 프랑스와 독일은 동일 계열회사 (2) 질의 1에서 제3국 발행송장으로 보지 않는다면, ○ 프랑스 발행 상업송장에 독일 인증수출자번호를 기재하고 독일 업체가 서명한 경우 특혜관세 적용이 가능한지? ○ 독일이 인증수출자이므로 수출자 서명 생략이 가능한지?
답변	협정에서 한쪽 당사자는 대한민국이며 다른 쪽 당사자는 유럽연합회원국과 유럽연합이므로 유럽연합 내의 각각의 국가는 하나의 당사자에 해당하므로, 제3국 발행송장'은 아님 프랑스의 수출자가 수출거래에 따른 상업송장을 발행하고 동 서류에 독일업체의 인증수출자번호를 기재하고 독일업체가 서명할 수 있는지는 해당물품의 수출국인 프랑스와 독일의 법령에 따르는 것 또한 수출자의 서명도 수출당사국에 서면약속을 제공한 경우 생략할 수 있는 바 수출국의 법령에 따르는 것 동 원산지신고서의 수입물품에 대해 수입자가 협정관세적용을 신청하는 경우 협정관세 적용은 가능하나 원산지증빙서류의 진위여부 및 정확성은 원산지검증시 해당 수출국의 세관에 동 사항을 요청하여 확인하여야 함

질의 185	EU 역내 수출자(비인증수출자)와 생산자(인증수출자)가 상이 이 경우 생산자 발행 원산지신고서(Packing List)로 협정관세적용이 가능한지 여부?
답변	C/O를 작성하는 수출자는 상품의 원산지를 결정·입증할 수 있으며, 사후검증을 위한 요청에 응할 수 있는 수출자 또는 생산자(EU집행위 의견)이므로 인증수출자인 생산자가 원산지신고서를 발행한 경우에는 협정관세 적용이 가능함

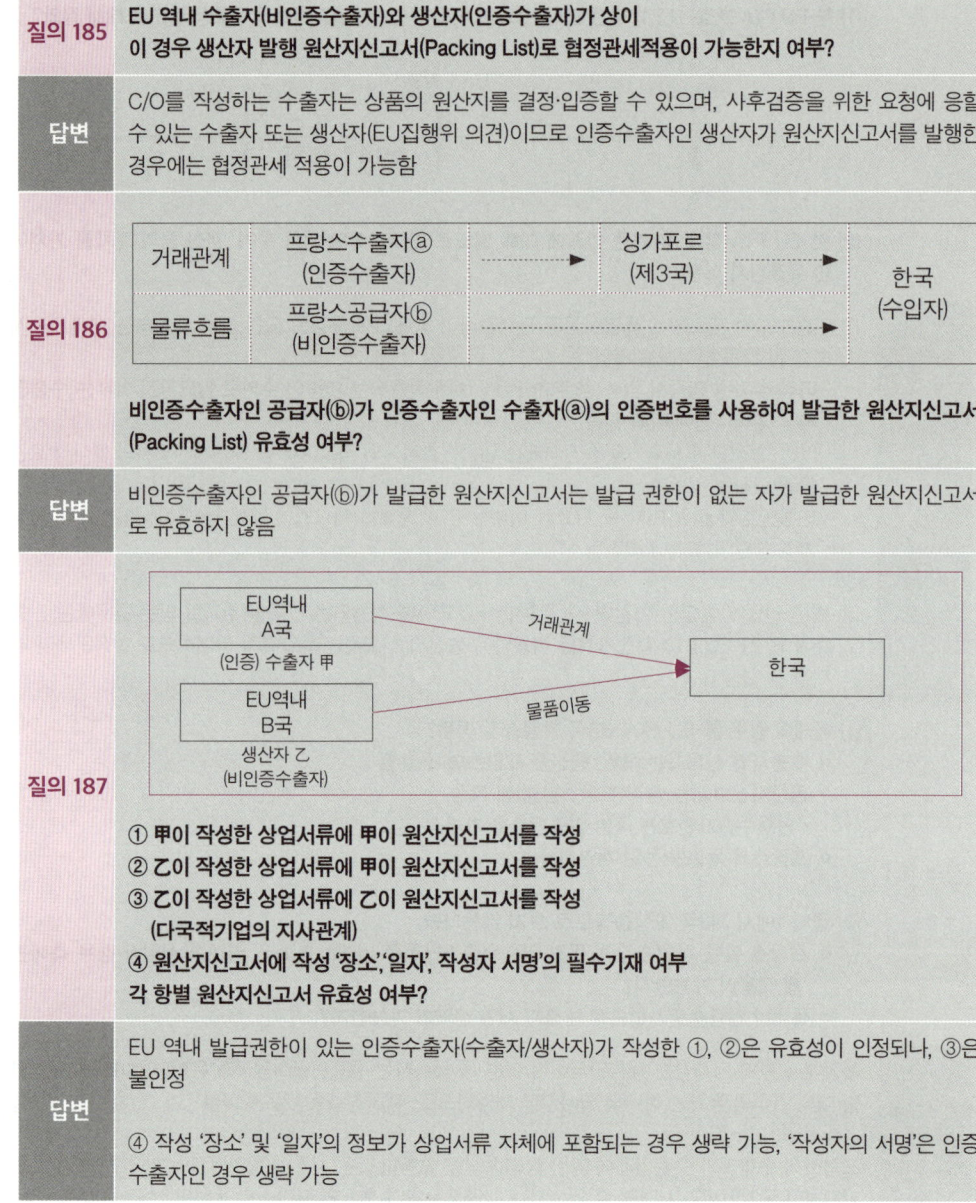

질의 186	비인증수출자인 공급자(ⓑ)가 인증수출자인 수출자(ⓐ)의 인증번호를 사용하여 발급한 원산지신고서 (Packing List) 유효성 여부?
답변	비인증수출자인 공급자(ⓑ)가 발급한 원산지신고서는 발급 권한이 없는 자가 발급한 원산지신고서로 유효하지 않음

질의 187	① 甲이 작성한 상업서류에 甲이 원산지신고서를 작성 ② 乙이 작성한 상업서류에 甲이 원산지신고서를 작성 ③ 乙이 작성한 상업서류에 乙이 원산지신고서를 작성 　(다국적기업의 지사관계) ④ 원산지신고서에 작성 '장소', '일자', 작성자 서명'의 필수기재 여부 각 항별 원산지신고서 유효성 여부?
답변	EU 역내 발급권한이 있는 인증수출자(수출자/생산자)가 작성한 ①, ②은 유효성이 인정되나, ③은 불인정 ④ 작성 '장소' 및 '일자'의 정보가 상업서류 자체에 포함되는 경우 생략 가능, '작성자의 서명'은 인증수출자인 경우 생략 가능

질의 188	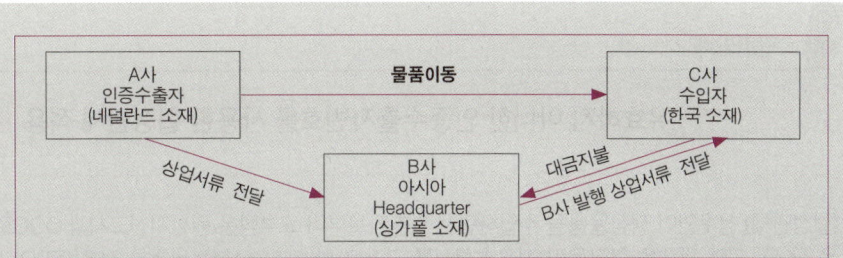 ① B가 발행한 송장에 B가 A의 인증수출자번호 및 원산지신고 문안을 작성하고 마지막으로 A가 서명한 경우 ② A가 발행 Packing List에 A가 원산지신고 문안을 작성한 경우 ③ A가 발행 Packing List를 근거로 B가 재발행한 Packing List에 B가 원산지신고 문안을 작성한 경우 각 항별 원산지신고서 유효성 여부?
답변	EU 역내 발급권한이 있는 인증수출자(수출자/생산자)가 작성한 ②만 유효성이 인정되고 나머지는 불인정 ※ A: 체약당사국 인증수출자 / B: 비당사국 수출자

PLUS TIP 5-7 | EU로 수출시 인증수출자로 지정되어 있지 아니한 경우에도 특혜관세를 받을 수 있어요!!!

한-EU FTA에는 수입신고 수리 후 인증수출자로 지정받아 원산지신고서를 제출한 경우의 협정관세 사후적용 근거는 없다. 다만, 협정에 명시되어 있지 않으나 양측 수석 대표 간에 사후적용 해주기로 하는 서한문을 교환(2011년 7월 14일~15일)하면서 특혜적용이 가능해 졌다. 수입통관시 미인증 업체의 경우도 수입 후 인증수출자로 지정받아 기한 내(EU 2년, 한국 1년) 원산지신고서를 제출하면 특혜관세 혜택을 소급하여 받을 수 있다.

관련판례

유효하지 아니한 인증수출자번호를 사용한 협정관세 적용

CHAPTER 5-7

(협정관세) 청구인이 쟁점물품을 수입하면서 수출자로부터 교부받은 원산지신고서와 OOO로부터 교부받은 한-EU FTA 관세율 할당물량 적용추천서를 근거로 한-EU FTA협정세율을 적용받았으나, 원산지신고서상 인증수출자번호로 기재된 것은 수출자의 EORI 번호에 불과하고 수출자는 쟁점물품의 수출 이후에 인증수출자번호를 부여받은 것으로 확인되는 점, 원산지신고서상 기재된 인증수출자번호에 잘못이 있어 한-EU FTA 협정세율 적용이 배제된 경우로서 WTO 양허관세 추천세율을 적용받기 위해서는 「관세법」제73조 및 같은 법 시행령 제94조에 따라 관련기관인 OOO로부터 WTO 시장접근물량 추천서를 교부받아 이를 수입신고 수리 전까지 세관장에게 제출하여야 하는 것임에도 청구인은 쟁점물품의 수입신고 수리 전까지 WTO 시장접근물량 추천서를 교부받아 제출한 사실이 없는 점, 쟁점물품의 수입신고 당시 OOO에 추천가능량이 상당히 남아있었다 하더라도 그러한 사정만으로는 청구인이 소급하여 WTO 시장접근물량 추천서를 교부받은 것으로 인정하기 어려운 점 등에 비추어 처분청이 쟁점물품에 대한 한-EU FTA 협정세율의 적용을 배제하고 WTO 양허관세 미추천세율을 적용하여 과세한 처분은 달리 잘못이 없다고 판단된다.

[조심2014관0323, 2015.3.11]

중요 판례 Study

CHAPTER 5-7

인증수출자 관련 판례 (대법 2016두41606, '16.5.18)

쟁점	인증수출자번호가 원산지증명서 유효성에 필수적 요소인지 여부
판결 요지	한-EU FTA 협정문 제16조 제1항, 제17조, 자유무역협정의 이행을 위한 관세법의특례에 관한 법률 제10조 등에 의하면, 수출 당사자의 관세당국은 수출 당사자의 각 법과 규정의 적절한 조건에 따라 원산지 신고서를 작성하도록 수출자에게 인증할 수 있는데, 그러한 인증을 구하는 수출자는 제품의 원산지 지위, 의정서의 그 밖의 요건의 충족을 검증하는데 필요한 모든 보증을 관세당국이 만족할 정도로 제공하여야 하고, 관세당국은 그들이 적절하다고 간주하는 조건에 따라 인증수출자의 지위를 부여할 수 있으며, 수입자가 협정세율을 적용받기 위해서는 인증수출자가 작성한 원산지 신고서를 제출해야 한다. 또한 수입자가 요구받은 원산지증빙서류를 제출하지 아니하거나 수입자가 제출한 원산지증빙서류만으로 해당 물품의 원산지를 인정하기가 곤란한 경우에는 세관장은 협정관세를 적용하지 아니할 수 있다. 살피건대, 위와 같은 관련 규정의 내용과 인증수출자제도는 관세당국이 원산지 증명능력이 있다고 인증한 수출자에게 원산지 신고서를 작성할 권한을 주고 원산지증명서의 발급절차나 첨부서류의 제출을 간이하게 하는 혜택을 부여하는 제도라는 점 등을 종합하여 보면, 인증수출자번호는 원산지 신고서에 기재되는 항목 중 하나에 불과한 사소한 사항이 아니라, 물품의 원산지를 증명하는 기능을 하는 것으로서 원산지 신고서의 유효성을 결정하는 주요한 항목이라고 봄이 타당하다. 또한, 원고들이 원고 E가 수입한 물품에 대한 실제 인증수출자번호라고 주장하는 'ES/08/1000/11'이 유효한 것인지도 확인할 수 없고, 달리 원산지 신고서의 제출 외에 이 사건 물품의 원산지가 증명된 바도 없으므로, 이 사건 물품에 대한 인증수출자번호의 오류가 한-EU FTA 협정문 제24조의 '원산지 증명에 기재된 내용과 제품을 수입하기 위한 절차를 수행할 목적상 관세당국에 제출된 서류에 기재된 내용 간 사소한 차이가 발견되더라도, 그 서류가 제출된 제품에 해당된다는 것이 적절히 입증된 경우'라고 보기 어렵다. 따라서 이 사건 물품에 대한 인증수출자번호가 유효하지 않은 이상, 이러한 인증수출자번호에 의하여 유효한 원산지 증명이 있었다고 할 수 없어서, 이 사건 물품에 대하여 한-EU FTA에 의한 협정세율을 적용할 수 없으므로, 원고들의 이 부분 주장은 이유 없다.
시사점	원산지 신고서에 기재되는 인증수출자번호는 원산지 신고서의 유효성을 결정하는 주요한 항목으로, 동 번호가 유효하지 아니하면 유효한 원산증명서로 간주될 수 없다는 판례

FTA 관련 자격시험   예 상 문 제

40
FTA 관세특례법령에 규정된 원산지 인증수출자에 대한 설명으로 잘못된 것은?
① 원산지인증수출자에 대한 지정권자는 관세청장 또는 세관장이다.
② 수출 또는 생산하는 물품의 원산지결정기준 충족여부를 증명할 수 있는 전산처리시스템을 보유하고 있거나 증명할 능력이 있는 자는 업체별 원산지인증수출자로 지정될 수 있다.
③ 원산지 인증수출자는 상호·주소·대표자 성명·원산지관리전담자 등 인증사항이 변경된 경우에는 지체없이 관세청장이 정하는 세관장에게 신고하여야 한다.
④ 원산지인증수출자 인증유효기간은 5년이며, 품목별 원산지인증수출자의 경우 관세청장이 정하는 바에 따라 인증유효기간을 달리할 수 있다.
⑤ 원산지인증수출자의 인증물품을 공급받아 추가 가공없이 수출하는 자가 품목별 원산지인증수출자 인증을 신청한 경우, 원산지소명서는 필수적으로 제출하여야 한다.

해설 원산지인증수출자의 인증물품을 공급받아 추가 가공없이 수출하는 자가 품목별 원산지 인증수출자 인증을 신청한 경우에는 원산지소명서 제출을 생략할 수 있다

정답 ⑤

41
다음 중 FTA관세특례법 시행규칙에 규정하고 있는 업체별 원산지인증수출자의 인증요건이 아닌 것은?
① 수출하는 물품의 원산지결정기준 충족여부를 증명할 능력이 있는 자
② 원산지증명서 작성대장을 비치·관리하고 원산지관리전담자를 지정·운영하는 자
③ 최근 2년간 5회 이상 원산지증명서 발급신청이 반려된 사실이 없는 자
④ 최근 2년간 서류 보관의무를 위반한 사실이 없는 자
⑤ 최근 2년간 부정한 방법으로 원산지 증명서를 발급 신청한 사실이 없는 자

해설 최근 2년간 5회 이상 원산지증명서 발급신청이 반려된 사실이 없는 자"의 요건은 2011.6.30자로 삭제되었다.

정답 ③

42

다음 중 원산지인증수출자와 관련이 없는 협정은 무엇인가?

① 한-아세안 FTA
② 한-인도 CEPA
③ 한-캐나다 FTA
④ 한-EU FTA
⑤ 한-EFTA FTA

해설 원산지인증수출자인 경우 기관발급 원산지증명서 발급시 서류제출이 생략되고, EU·EFTA·페루의 경우 원산지 자율증명의 권한을 부여하거나 서명이 생략될 수 있다.

정답 ③

원산지증빙서류 수정 통보

1 수출자 등의 수정통보(법 제14조제1항)

수출자 또는 생산자가 체약상대국의 협정관세를 적용받을 목적으로 원산지증빙서류를 작성·제출한 후 해당 물품의 원산지에 관한 내용에 오류가 있음을 안 때에는 협정이 정하는 바에 따라 30일 이내에 그 사실을 당해 물품에 대한 수출신고를 수리한 세관장 및 원산지증빙서류를 제출받은 체약상대국의 수입자에게 각각 통보하여야 한다. 이 경우 세관장은 동 사실을 관세청장이 정하는 바에 따라 체약상대국의 관세당국에 통보하여야 한다. 만약 수정통보를 하지 아니한 경우에는 300만원이하의 벌금에 처할 수 있다.

수정통보 방법은 원산지증빙서류를 작성하여 제출한 수출자 또는 생산자가 다음 각 호의 사항이 기재된 수정통보서를 작성하여야 한다.
　① 수출자, 생산자 및 체약상대국의 수입자
　② 수출신고번호 및 수출신고일
　③ 원산지증명서의 발급번호, 발급일 또는 작성일
　④ 당해 물품의 품명·규격 및 수량
　⑤ 오류내용 및 정정사항

<한-미 FTA 제6.20조 수출 관련 의무>

1. 각 당사국은 다음을 규정한다.
가. 제6.15조에 따라 서면 또는 전자 증명을 제출한 자국 영역의 수출자 또는 생산자는, 요청이 있는 경우, 수출 당사국에 사본을 제공한다.
나. 다른 쪽 당사국의 영역으로 수출될 상품이 원산지 상품이라는 자국 영역의 수출자 또는 생산자에 의한 허위 증명에는, 수입과 관련하여 허위 진술 또는 표시를 한 자국 영역의 수입자에게 적용되는 것에 동등한 벌칙을 적절한 수정을 가하여 적용한다. 그리고
다. 자국 영역의 수출자 또는 생산자가 증명을 제출하였고 그 증명이 부정확한 정보를 포함하거나 이에 기초하고 있다고 믿을 만한 사유가 있는 경우, 수출자 또는 생산자는 그 증명의 정확성 또는 유효성에 영향을 미칠 수 있는 모든 변경에 대하여 그 생산자 또는 수출자가 증명을 제공한 모든 인에게 서면으로 신속하게 통보한다.

2 오류통보 받은 수입자의 조치(법 제14조제2항)

체약상대국의 물품에 대한 원산지증빙서류를 작성한 자나 해당 물품에 대한 수입신고를 수리한 세관장으로부터 원산지증빙서류의 내용에 오류가 있음을 통보받은 수입자는 그 오류로 인하여 납세신고한 세액 또는 신고납부한 세액에 과부족이 있는 때에는 30일 이내 (관세청장 또는 세관장으로부터 당해물품에 대해 법 제17조제1항에 따른 서면조사통지를 받기 전 날까지)에 세액정정, 세액보정 신청, 수정신고 또는 경정청구를 하여야 한다. 이를 하지 아니한 경우에는 500만원이하의 과태료를 부과당할 수 있다.

9 원산지증빙서류 등의 보관(법 제15조)

협정 및 FTA 관세특례법에서는 협정관세 적용의 적정성과 효율적인 원산지검증 등을 위해 수입자, 수출자 및 생산자에게 원산지증빙서류 등의 서류를 5년간[174](협정에서 정한 기간이 5년을 초과하는 경우에는 그 기간 동안) 보관할 의무를 부여하고 있다. 동 의무를 해태한 경우에는 협정적용 배제와 함께 2천만원 이하의 벌금에 처한다. 수입자는 협정관세의 적용을 신청한 날의 다음날부터 5년[175], 수출자 및 생산자는 원산지증명서의 작성일 또는 발급일부터 5년(체약상대국이 중국인 경우는 3년)간 협정 및 법령에서 정하고 있는 서류들을 보관하여야 하며, 서류의 보관방법은 마이크로필름, 광디스크 등 자료전달매체를 이용하여 보관할 수도 있다.

〈한-중 FTA 제3.20조 기록유지 요건〉

1. 각 당사국은 자국의 생산자 또는 수출자가 원산지 증명서가 그 생산자 또는 수출자에게 발급된 날부터 3년간 원산지 관련 문서를 보관하도록 요구한다. 이러한 문서는 다음에 관한 기록을 포함하나 이에 한정되지 아니한다.
   가. 상품의 구매, 비용, 가치와 그에 대한 지불
   나. 상품의 생산에 사용된, 중립재를 포함한 모든 재료의 구매, 비용, 가치와 그에 대한 지불
   다. 수출되었던 형태로의 상품의 생산, 그리고
   라. 각 당사국의 법과 규정이 요구하는 그 밖의 그러한 서류
2. 각 당사국은 자국의 수입자가 자국의 법과 규정에 따라 수입과 관련된 모든 기록을 보관하도록 요구한다. (중국은 3년, 한국은 5년)
3. 각 당사국은 자국의 권한 있는 기관이 원산지 증명서의 사본과 상품의 원산지를 입증하기에 충분한 그 밖의 모든 증빙서류를 3년간 보관하도록 요구한다. (증명서 발급기관 : 3년)
4. 수출자, 생산자, 수입자 또는 권한 있는 기관은 자국의 법률에 따라 디지털, 전자, 광학, 자기 또는 서면 형태를 포함하되 이에 한정되지 아니하는, 신속한 검색이 가능한 매체를 이용하여 제1항부터 제3항까지에 명시된 기록을 유지하는 것을 선택할 수 있다.

---

174) 한-아세안 FTA는 3년이상, 한-중 FTA는 3년(수출자·생산자), 한-EFTA FTA는 최소 5년, 이외의 FTA는 최소 5년이상으로 규정하고 있다.
175) 자료보관기산일과 관세부과제척기간의 기산일을 일치시키기 위해 '수입신고 수리일'에서 '협정관세 적용신청일의 다음날'로 개정(2015.6.5)

주요 협정별 기록유지요건 비교

(한-미 FTA 제6.17조) 각 당사국은 자국 영역의 수출자 또는 생산자가 증명을 제출한 상품이 원산지 상품이라는 것을 증명하는 데 필요한 모든 기록을 그 증명이 발급된 날로부터 최소한 5년간 유지하도록 규정한다.

(한-EFTA FTA 제21조) 원산지신고서를 작성하는 수출자 또는 생산자는 원산지신고서 사본 및 서류 사본을 최소 5년간 동안 보관 한다[176].

(한-아세안 FTA 제13조) 원산지증명서 발급을 신청하는 생산자 또는 수출자는 수출 당사국의 국내 법령에 따라 신청관련 기록을 원산지증명서 발급일로부터 3년 이상 보관하여야 한다.

자료보관 방법(기록보관 가이드라인, 관세청 '13.3.19)

수출자·생산자·수입자는 당해 물품이 원산지임을 증빙할 수 있는 관련 자료를 일괄하여 원산지증명서 별로 출력하여 편철·보관함을 원칙으로 한다.

그러나 관련자료 중 일부 또는 전부를 이미지 또는 전자서식으로 보관하고자 하는 경우 원산지증명서 와의 관계를 나타내는 관리번호를 부여하고 디스크 또는 이와 유사한 전산매체에 보관하되 신속하게 검색할 수 있도록 조치하여야 한다.

[보관방법]
- 가. 1개의 원산지증명서에 관련된 모든 증빙자료를 일괄하여 원산지증명서별 1권(책)으로 편철하여 보관하되 날짜순으로 보관
- 나. 원산지증명서를 포함한 관련 증빙자료를 디스크 또는 이와 유사한 전산매체에 보관하되 관련 증빙자료와 원산지증명서와의 관계를 나타낼 수 있는 관리번호 부여·보관

[보관매체 및 검색 조건]
아래의 매체 중 하나의 방법으로 자료를 보관하되 관련 증빙자료를 신속하게 검색이 가능하도록 관리·보관하여야 함
- 가. (종이 서류) 모든 서류를 종이 서류로 출력하여 편철 보관
- 나. (이미지 전산파일) 모든 서류를 이미지 상태로 전산매체에 보관
- 다. (전자서식) 모든 서류를 전자서식으로 전산매체에 보관
- 라. (가, 나, 다 혼합 보관) 가·나·다를 혼합·연계하여 보관

---

[176] 보다 명확하게 하기 위하여, 수출 당사국의 관세당국은 원산지 신고를 완료한 날부터 5년이 지난 후에 접수된 사후 검증 요청에 응답할 의무가 없으며, 수입 당사국의 관세당국은 요청에 대한 응답을 받지 못하였다는 이유로 특혜관세 부여를 거부하지 아니하는 것으로 양해된다.(각주 신설, 2017.1.1)

수입자가 보관해야 하는 서류는 다음과 같다.

① 원산지증명서(전자문서 포함) 사본. 다만, 협정에 따라 수입자의 증명 또는 인지에 기초하여 협정관세 적용신청을 하는 경우로서 수출자 또는 생산자로부터 원산지증명서를 발급받지 아니한 경우에는 그 수입물품이 협정관세의 적용대상임을 증명하는 서류를 말한다.
② 수입신고필증
③ 수입거래 관련 계약서
④ 지식재산권거래 관련 계약서
⑤ 수입물품의 과세가격결정에 관한 자료
⑥ 수입물품의 국제운송 관련 서류
⑦ 사전심사서를 교부받은 경우 사전심사서 사본 및 사전심사에 필요한 증빙서류

수입자 보관자료(기록보관 가이드라인, 관세청 '13.3.19)

◇ 협정관세 적용신청과 관련하여 수입자가 보관·제출하여야 하는 자료는 원산지증명서 발행 주체에 따라 구분
○ 수출국 발행기관·수출자·생산자가 발행한 원산지증명서를 기초로 협정관세 적용을 신청한 경우
▶ 수입자는 FTA 특례법시행령 제10조제1항1호에서 정한 서류의 보관 및 제출
○ 수입자가 발행한 원산지증명서 또는 상품이 원산지상품이라는 수입자의 인지에 의하여 협정관세 적용을 신청한 경우
▶ "FTA 특례법시행령 제10조제1항1호"에서 정한 자료를 포함하여
▶ "한-미 FTA 협정 제6.17조제2항 및 제6.19조제4항제아호" 규정에 따라 수입자가 그 상품이 협정관세대우의 자격이 있음을 증명하기 위하여 필요한 모든 기록의 보관 및 제출

〈수출국 발행기관·수출자·생산자 발행 C/O를 근거로 협정관세 적용신청한 경우〉
① 당해 물품의 원산지증명서 사본
② 당해 물품의 수입신고필증 및 수입거래 관련 계약서
③ 당해 물품의 지식재산권 거래관련 계약서(해당되는 경우)
④ 당해 물품의 과세가격결정에 관한 자료
 - 관세법 제30조제1항 본문 전단에 따른 실제로 지급하였거나 지급하여야 할 가격을 입증할 수 있는 서류
 - 관세법 제30조제1항 각호 및 제2항 각호의 금액을 가감하여 조정할 필요가 있는 경우 각호의 금액을 입증할 수 있는 서류
⑤ 당해 물품의 국제운송 관련 서류(비당사국을 경유한 경우 아래의 서류 포함)
 - 비당사국에서 하역·재선적 또는 상품을 양호한 상태로 보존하거나 운송에 필요한 공정 이외에 어떠한 공정도 거치지 않았음을 증명하는 자료

- 비당사국에서 세관당국의 통제하에 있었음을 증명하는 자료
⑥ 당해 물품의 사전심사서 사본 및 사전심사에 필요한 증빙서류(사전심사서를 교부받은 경우)

〈수입자 발행 C/O를 근거로 협정관세 적용 신청한 경우〉

① "수출국 발행기관·수출자·생산자 발행 C/O를 근거로 협정관세 적용신청"시 증명하여야 할 자료
② 당해 물품이 협정관세대우의 자격이 있음을 증명하기 위하여 필요한 다음의 자료를 포함한 모든 기록
  - 수출자 및 생산자가 보관하여야 할 자료 중에서 수입자가 당해 물품이 원산지 상품임을 증명 또는 인지하는데 사용된 자료
③ (자료제출방법) 수입자는 당해 물품이 원산지상품임을 증명하는데 필요한 자료를 원산지검증 당국의 제출 요구가 있는 경우 다음의 방법 중에서 하나의 방법으로 제출
  - 수입자가 당해 물품이 원산지 상품임을 증명 또는 인지하는데 사용·보관된 자료를 수입자가 직접 제출
  - 수출자 또는 생산자에게 요청하여 수입자가 직접 제출
  - 수출자 또는 생산자에게 원산지검증 당국에 직접 제출할 것을 주선하여 수출자 또는 생산자가 원산지검증 당국에 직접 제출

수출자가 보관해야 하는 서류는 다음과 같다.
① 체약상대국의 수입자에게 제공한 원산지증명서(전자문서 포함) 사본 및 원산지증명서 발급신청서류(전자문서 포함) 사본
② 수출신고필증
③ 수출자 명의로 수입신고한 경우 해당 물품의 생산에 사용된 원재료의 수입신고필증
④ 수출거래 관련 계약서
⑤ 해당 물품 및 원재료의 생산 또는 구입 관련 증빙서류
⑥ 원가계산서·원재료내역서 및 공정명세서
⑦ 해당 물품 및 원재료의 출납·재고관리대장
⑧ 생산자 및 해당 물품의 생산에 사용된 재료를 공급하거나 생산한 자가 해당 물품의 원산지증명을 위하여 작성한 후 수출자에게 제공한 서류

> **수출자 보관자료(기록보관 가이드라인, 관세청 '13.3.19)**
>
> ① 당해 물품의 원산지증명서(신고서) 및 발급 신청서류 사본
> ② 당해 물품의 수출신고필증
> ③ 당해 물품에 사용된 재료의 수입신고필증(수출자의 명의로 직접 수입한 경우)
> ④ 당해 물품의 거래관계 증빙자료(거래계약서, 구매주문서, 세금계산서, 신용장, 구매확인서, 기초원재료납세증명서, 분할증명서, 송품장 등)
> ⑤ 당해 물품의 품목분5류 근거자료(품목분류 사전심사서, 품목분류 질의회신서, 용도·기능·성분 등 물품 설명서)
> ⑥ 당해 물품의 가격 증빙자료(판매 또는 구매 관련 대금 영수·지급 증빙자료 포함)
> ⑦ 당해 물품의 판매 또는 구매 관련 운송·보험·통관 등 부대비용 증빙자료
> ⑧ 당해 물품의 출납·재고관리대장
> ⑨ 당해 물품과 관련한 공급자 또는 생산자의 진술서·원산지확인서·원산지소명서 등 원산지확인서류
> ⑩ 당해 물품을 획득하기 위하여 수행한 증거(회계 또는 내부 장부 포함)
> ⑪ 당해 물품의 운송서류
> ⑫ 원산지증명서 서명카드 및 작성대장(수출자 자율증명에 한함)
> ⑬ 인증수출자 인증서(인증수출자에 한함)
> ⑭ 일반적으로 인정된 회계원칙에 따라 작성된 회계자료 및 증빙자료
>   - 회계감사보고서 및 재무제표, 매출전표, 외환거래 증빙자료, 제조원가명세서, 제품수불부, 거래처별 매입보조부, 국내매입 증빙자료 등

생산자가 보관하여야 하는 서류는 아래와 같다.

① 수출자 또는 체약상대국의 수입자에게 해당 물품의 원산지증명을 위하여 작성·제공한 서류

② 수출자와의 물품공급계약서

③ 수출자 명의로 수입신고한 경우 해당 물품의 생산에 사용된 원재료의 수입신고필증

④ 해당 물품 및 원재료의 생산 또는 구입 관련 증빙서류

⑤ 원가계산서·원재료내역서 및 공정명세서

⑥ 해당 물품 및 원재료의 출납·재고관리대장

⑦ 해당당 물품의 생산에 사용된 재료를 공급하거나 생산한 자가 해당 재료의 원산지증명을 위하여 작성한 후 생산자에게 제공한 서류

생산자 보관자료(기록보관 가이드라인, 관세청 '13.3.19)

① 수출자 또는 수입자에게 당해 물품의 원산지 증명을 위하여 작성·제공한 서류(원산지확인서, 수출물품 국내제조확인서 등)
② 수출자에게 제공한 물품의 생산에 사용된 원재료의 수입신고필증(생산자의 명의로 수입신고한 경우)
③ 수출자에게 제공한 물품 및 원재료의 거래관계 증빙자료(거래계약서, 구매주문서, 세금계산서, 신용장, 구매확인서, 기초원재료납세증명서, 분할증명서, 송품장 등)
④ 수출자에게 제공한 물품 및 원재료의 품목분류 근거자료(품목분류 사전심사서, 품목분류 질의회신서, 용도·기능·성분 등 물품 설명서)
⑤ 수출자에게 제공한 물품의 충분공정을 증빙할 수 있는 생산, 제조, 가공 공정 증빙자료
⑥ 수출자에게 제공한 물품 및 원재료의 가격 증빙자료(판매 또는 구매 관련 대금 영수·지급 증빙자료 포함)
⑦ 수출자에게 제공한 물품 및 원재료의 판매 또는 구매 관련 운송·보험·통관 등 부대비용 증빙자료
⑧ 수출자에게 제공한 물품의 원가계산서 및 원재료명세서(HS, 소요량·단가/중량, 원산지 등 원산지 결정시 고려된 경우 기재 필수)
⑨ 수출자에게 제공한 물품 및 원재료의 출납·재고관리대장
⑩ 재료 생산자가 해당 재료의 원산지 증명을 위하여 작성한 후 생산자에게 제공한 서류 및 당해 서류에 기재된 내용을 증빙할 수 있는 확인서류
⑪ 수출자에게 제공한 물품의 생산된 형태로의 생산에 관한 기록
⑫ 수출자에게 제공한 물품에 사용된 재료의 원산지를 증명하는 서류
⑬ 수출자에게 제공한 물품의 작업 또는 가공이 당사국 내에서 이루어졌다는 증명 서류
⑭ 수출자에게 제공한 물품이 영역 밖에서 행해진 작업 또는 가공 요건이 충족되었음을 입증하는 서류(필요한 경우)
⑮ 수출자에게 제공한 물품 및 원재료의 운송서류
⑯ 일반적으로 인정된 회계원칙에 따라 작성된 회계자료 및 증빙자료
  - 회계감사보고서 및 재무제표, 매출전표, 외환거래 증빙자료, 제조원가명세서, 제품수불부, 거래처별 매입보조부, 국내매입 증빙자료 등
⑰ 원산지확인서 서명카드 및 작성대장(원산지확인서를 발급한 경우)

CHAPTER 5-9

중요 질의 및 답변 사례

질의 175 협정관세 적용을 받은 수입자가 원산지증명서 보관과 관련하여 원본을 보관하여야 하는지 또는 사본을 보관해야 하는지 여부?

답변 FTA 개별협정 및 국내법 관련법령에 따르면, 원산지증명서 사본을 보관하도록 규정. 다만, 개별협정 및 국내법 관련규정* 등에 따라 수입자에게 원산지증명서 원본 제출을 요구하는 경우 원본을 구비하여 제출할 수 있어야 함

* 수입신고 수리 전 또는 수리 후 협정관세 신청 시 원산지증명서 원본제출을 요구하는 경우

관련판례

수출국 생산자 재료공급자(협력업체)의 기록보관 의무 관련 판례(한-미 FTA)

원고는, 수출 회사의 협력사들이 수출 회사에 부품을 공급하는 것은 미국 안에서의 국내거래이므로 해당 부품으로 제조한 기계를 어느 나라에, 언제 수출할지 알지 못한 협력사들의 부품에까지 개별적으로 원산지기준을 충족할 것을 요구할 수 없다고 주장한다. 살피건대, 이 사건과 같이 수출자가 원산지증명을 제출한 경우, 수출자는 원산지증명 발급일로부터 5년간 '수출된 상품의 생산에 사용된, 간접재료를 포함한 모든 재료의 구매·비용·가치와 그에 대한 지불'에 관한 기록을 포함하여 해당 상품이 원산지 상품이라는 것을 증명하는 데 필요한 모든 기록을 유지하여야 하는바(한미 자유무역협정 제6.17조 제1항), 이 사건 상품과 같이 역내가치포함비율의 요건을 충족시켜야 하는 경우에는 원산지재료가치를 산정할 수 있는 모든 기록을 유지하여야 하며, 이를 위해서는 수출자가 원재료 생산자에게 원재료의 미국 내 생산증빙, 가격증빙자료 등을 제출받아 확보한 상태에서 원산지증명서를 발행했어야 하므로, 비록 원재료 생산자들이 미국 내 국내거래로 수출자에게 부품을 공급하였다고 하더라도 수출자의 원산지증명서 발행에 앞서 수출자가 요구하는 원재료의 미국 내 생산증빙, 가격증빙자료 등을 갖추기 위해 해당 자료를 구비하였어야 하고, 수입 당사국의 검증시 수입자·수출자 또는 생산자가 이를 제출하지 못하면 당사국은 해당 상품에 대한 특혜관세대우를 배제할 수 있는 것이다(한미 자유무역협정 제6.18조 제3항)

[부산고법 2017누20965, 2017.10.27.]

10

원산지증빙서류 등의 제출(법 제16조)

관세청장 또는 세관장은 협정의 범위 안에서 원산지의 확인, 협정관세의 적용 등에 관한 심사를 하는데 있어서 필요하다고 인정하는 경우, 수입자, 수출자 또는 생산자 (체약상대국에 거주하는 수출자 및 생산자를 포함), 해당 물품의 생산에 사용된 재료를 공급하거나 생산한 자(체약상대국에 거주하는 자를 포함), 해당 물품의 거래, 유통, 운송, 보관 및 통관을 대행하거나 취급한 자에게 법 제15조에 따른 서류의 제출을 요구할 수 있다. 정당한 사유없이 요구한 서류를 제출하지 아니한 경우에는 협정적용 배제와 함께 벌금(거짓 서류 제출 2천만원 이하 벌금), 과태료(기간내 서류 미제출 1천만원 이하 과태료)가 부과될 수 있다.

서류제출 요구를 받은 자는 요구받은 날로부터 30일(페루 및 뉴질랜드와의 협정은 요구받은 날부터 90일) 이내에 서류를 제출하여야 한다. 다만, 관세청장 또는 세관장은 서류의 제출을 요구받은 자가 부득이한 사유로 서류제출 기한의 연기를 신청하는 경우에는 1회에 한하여 30일을 초과하지 아니하는 범위 내에서 그 기한을 연장할 수 있다. 서류제출기한의 연기를 신청하려는 자는 서류제출을 요구 받은 날부터 15일 이내에 희망하는 서류제출기한, 제출할 서류의 목록, 연기신청의 사유가 기재된 서류제출기한 연기신청서를 관세청장 또는 세관장에게 제출하여야 한다. 연기신청을 받은 관세청장 또는 세관장은 그 승인여부 및 서류제출기한을 신청인에게 알려야 한다.

관세청장 또는 세관장은 제출받은 원산지증명서의 기재사항이 일부 누락되었거나 오류 또는 흠이 있는 경우에는 5일 이상 30일 이내의 기간을 정하여 그 원산지증명서를 제출한 자에게 보완을 요구할 수 있다. 다만, 관세청장 또는 세관장은 이러한 사항이 원산지 결정에 영향을 미치지 아니하는 경미한 사항이라고 인정하는 경우에는 그러하지 아니한다.

〈세관요청 자료 준비시 유의사항〉
각 거래 단계별 현황과 서류상의 내역 일치(거래증빙의 일치성), 원재료명세서가 실제 원재료 내역과 일치(BOM 정확성), 품목분류 정확성 확인

FTA 관련 자격시험 예 상 문 제

44

다음은 FTA관세특례법령에 규정하고 있는 원산지증빙서류에 관한 설명이다. 잘못 설명하고 있는 것은?

① 수출자 또는 생산자자 원산지증명서를 작성·제출한 후 해당물품의 원산지에 관한 내용에 오류가 있음을 안 경우에는 안 날로부터 30일 이내에 그 사실을 세관장, 상대국 수입자에게 각각 통보하여야 한다.

② 수입물품의 원산지오류 수정신고기간은 수입자가 원산지증빙서류의 내용에 오류가있음을 통보 받은 날부터 30일 이내로서 관세청장 또는 세관장으로부터 해당물품에 대하여 서면조사 통지를 받기 전날까지로 한다.

③ 수입자·수출자 및 생산자는 원산지확인, 협정관세의 적용 등에 필요한 서류를 5년간 보관하여야 한다.

④ 당해 물품의 거래·유통·운송·보관 및 통관을 대행하거나 취급한 자의 경우도 원산지증빙서류 등의 보관 및 제출 의무가 있다.

⑤ 관세청장 또는 세관장으로부터 서류 제출을 요구받은 자는 요구받은 날로부터 30일이내에 서류를 제출하여야 하며, 이는 모든 FTA협정에서 동일하다.

해설 한-페루 FTA의 경우는 요구받은 날로부터 90일이내에 서류를 제출하면 된다.
정답 ⑤

45

다음 중 FTA관세특례법령 상 수입자가 보관해야할 서류가 아닌 것은?

① 수입신고필증
② 당해물품 및 원재료 출납·재고관리대장
③ 수입거래관련 계약서
④ 지식재산권거래 관련 계약서
⑤ 사전심사서를 교부받은 경우 사전심사서 사본 및 사전심사에 필요한 증빙서류

해설 당해물품 및 원재료 출납·재고관리대장은 수출자 혹은 생산자가 보관해야할 서류이다.
정답 ②

46

다음 중 FTA관세특례법령 세관장이 자료 제출 요구를 할 수 없는 자는?

① 수입자
② 상대국에 거주하는 당해물품 생산자
③ 상대국에 거주하는 당해물품 생산에 사용된 재료를 공급한 자
④ 우리나라에서 당해물품을 통관한 관세사
⑤ 상대국의 원산지증명서 발급기관

해설 상대국 원산지증명서 발급기관은 FTA관세특례법령상 자료 제출 요구자의 범위에 포함되어 있지 않다.

정답 ⑤

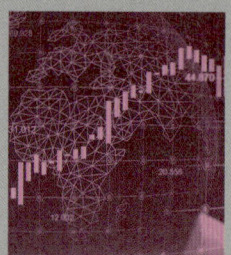

CHAPTER
06

원산지조사 (검증)

- **제1절** 원산지조사 개요
- **제2절** 수출물품 원산지조사
- **제3절** 수입물품 원산지조사
- **제4절** 수입물품 협정관세 적용보류
- **제5절** 조사결과 조치 및 이의제기
- **제6절** 미국세관의 원산지검증 절차와 대응

원산지조사 개요

▶1 원산지조사의 의미

　FTA 특혜관세 적용의 적정성과 실효성을 담보하기 위해 모든 FTA에서는 원산지 조사[검증(Origin Verification)[177]] 제도를 두고 있다. 원산지조사란 협의적으로는 협정 또는 국내법에서 정한 원산지요건을 충족하는 원산지상품인지 여부를 조사하는 것이며, 광의로는 원산지요건 뿐만 아니라 거래당사자, 세율, 운송요건 등의 모든 특혜요건의 충족여부를 확인하여 잘못된 것을 바로 잡거나 위반자에 대하여 제재조치를 취하는 일련의 행정절차라 할 수 있다. 관세청 훈령에서는 "원산지조사"란 관세청장 또는 세관장이 우리나라가 체결한 협정·조약 및 법에 따라 수출입물품의 원산지 및 원산지증빙서류의 진위 여부와 정확성 등을 조사하는 업무를 말한다고 정의하고 있다.

　원산지조사는 국내법 뿐 아니라 협정에 의해 체결국간 상호 의무 적용되는 강행행위이고, FTA 특혜적용의 전제가 되는 상품의 원산지를 확인하는 조사행위로 관세부과 제척기간(협정관세적용 신청일의 다음날부터 5년)이내에는 언제든지 수입국 관세당국에 의해 수입화물에 대해 사후조사가 가능하다.

　원산지의 입증주체는 관세당국이 아닌 특혜관세 적용을 받는 수입자 또는 수출자·생산자가 되며, 입증주체가 관련 서류로 원산지임을 입증하지 못하거나 각종 협정 또는 국내법에서 정한 요건을 충족하지 못할 경우 특혜적용이 배제되는 등 각종 불이익적인 사후조치를 받을 수 있다. 즉, 조사결과 원산지적용이 잘못된 경우, 수입자는 최대 5년 간 적용받았던 특혜관세를 추징당할 수 있게 되며, 특히 2013년 부가가치세법 개정에 따라 수정, 경정 시 수정수입세금계산서 발급이 제한되어 부가가치세를 환급받거나 공제받을 수 없게 된다.

---

177) 협정은 검증이라 하고, 국내법은 조사라 규정되어 있다.

<표 6-1> 수입물품의 원산지조사와 관세조사 비교

구분	원산지조사	관세조사
근거	FTA관세특례법 (제17조 및 제19조)	관세법 (제110조~제115조)
조사대상	1단계 : 국내조사(수입자)	국내조사(수입자)
	2단계 : 국제조사(수출자·생산자)	×
중점조사내용	원산지 요건 등 협정관세 적용요건 충족 여부 (형식적·실질적 요건 모두 조사)	◆ 과세가격 적정 여부 등 - 실제지급금액 적정성 - 가산요소 누락 여부 등 - 수출입 관련 의무 이행 여부
조사기간	장기(평균 11개월 이상) ◆ 수입자조사(국내) - 서면조사 : 30일 이내 - 방문조사 : 10일 이내 ◆ 수출자·생산자 조사(해외) - 최장 1년 이내 (협정별 상이)	단기(1~2월 이내) ◆ 방문조사 : 20일 이내 ◆ 서면조사 : 30일 이내
조사방법	원칙: 서면조사 (예외: 추가 확인 필요시 현지조사)	원칙: 방문조사 (예외: 기획심사의 경우 농산물 등 일부 서면조사)
입증책임	수출입업체가 자료 제시를 못하면 협정배제·추징	과세당국이 자료제시/확보 못하면 추징불가
특징	수출자의 잘못으로 선량한 수입자 피해 (구상권 문제 발생→ 무역계약서에 반영 필요)	구상권 문제의 소지가 없음

국내법령(법 제17조 및 제18조)에 규정하고 있는 원산지조사는 관세청장 또는 세관장이 우리나라가 체결한 협정·조약 및 FTA관세특례법에 따라 수출입물품의 원산지 및 원산지증빙서류의 진위여부 등을 서면[178] 혹은 현지조사[179]를 통해 확인하는 업무이며, 조사대상자는

① 수입자
② 수출자 또는 생산자(체약상대국에 거주하는 수출자 또는 생산자를 포함)
③ 원산지증빙서류 발급기관
④ 당해 물품의 생산에 사용된 재료를 공급하거나 생산한 자(체약상대국에 거주하는 자를 포함) 및 당해 물품의 거래, 유통, 운송, 보관 및 통관을 대행하거나 취급한 자이다.

---
178) 조사대상자로부터 서류나 장부 등을 제출받아 세관사무실에서 수행하는 원산지조사
179) 조사대상자의 사무실, 공장, 사업장 또는 주소지 등을 방문하여 수행하는 원산지조사

조사대상자 중 '체약상대국' 이 명시되어 있지 아니한 원산지증빙서류 발급기관과 당해물품의 거래, 유통, 운송, 보관 및 통관 대행자 등은 우리나라 발급기관 및 거주자를 의미하므로 상대국 발급기관 및 거주자는 조사할 수 없다. 우리 관세당국이 체약상대국의 수출자 또는 생산자를 직접 조사하는 것은 협정상 명확히 규정되어 있어 마찰의 소지가 없으나, 체약상대국의 재료공급자나 재료 생산자를 직접 조사하는 것은 협정에 따라 체약상대국과 마찰이 발생할 소지가 있다. 칠레 및 인도와의 협정에서는 '상품의 생산에 사용된 재료의 검증'조항을 별도로 두고 있어 문제가 없으나 다른 협정은 이러한 조항이 없기 때문이다.

<한-인도 CEPA 제4.13조 상품의 생산에 사용된 재료의 검증>

1. 당사국의 관세당국이 제4.11조 및 제4.12조에 따라 자국의 영역으로 수입된 상품의 원산지 검증시 상품의 생산에 사용된 재료의 원산지검증을 수행하는 경우, 그 재료의 검증은 제4.12조제1항에 규정된 절차에 따라 수행될 수 있다.
2. 당사국의 관세당국은, 재료의 생산자 또는 공급자가 그 재료가 원산지재료인지 여부를 결정하는데 필요한 정보에 대하여 다음 또는 그 밖의 방법으로 관세당국의 접근을 허용하지 아니하는 경우, 그 상품이 원산지 상품인지 여부를 결정함에 있어 그 재료를 비원산지 재료로 간주할 수 있다.
    가. 기록에 대한 접근거부
    나. 검증 질문서에 대한 미회신, 또는
    다. 제4.12조제1항이 적용되어 제4.12조제5항라호에 따라 통보를 받은 날부터 30일 이내에 검증방문에 대한 동의를 거부
3. 당사국은 제1항이 적용되어 제4.12조제5항마호에 따른 검증방문의 연기를 유일한 근거로 하여 상품의 생산에 사용된 재료를 비원산지 재료로 간주하지는 아니한다.

따라서, 우리 관세당국이 상대국의 재료공급자 등을 조사할 필요가 있는 경우, 상대국의 수출자 혹은 생산자를 통해 자료를 요구하거나 방문조사시에도 이들을 동행하여 마찰을 최소화하여야 할 것이다. NAFTA 원산지 조사를 수행하는 캐나다의 관세당국의 경우 미국에 소재하는 재료공급자(Local C/O 제공자만 해당)에 대해서는 서면조사를 진행하며(방문실사 최소화) 조사관련 질의서는 수출자 또는 생산자의 로고가 들어간 편지지에 세관에서 작성하여 수출자 또는 생산자가 서명한 후 재료공급자에게 발송한다. 재료공급자는 관련 답변서와 자료를 질의서 발송일로부터 30일 이내에 세관에 제출하여야 한다.

2 원산지조사 기능

(1) 불공정 무역행위 방지

원산지란 어떤 물품이 성장하거나 생산, 제조 또는 가공된 지역이나 국가를 의미한다. 그런데 국제경제가 세계화되고 상품의 생산과정에서 국제 분업화가 가속화되면서 하나의 상품 생산에 2개 국가 이상이 관여하게 되는 경우가 많아졌다. 여기에서 그 상품의 생산에 투하된 경제적 가치를 어떤 국가에 귀속시키는 것이 타당한가의 문제가 발생하고, FTA 원산지상품의 인정기준에 부합하지 않는 물품에 대해 특혜관세대우를 부여하는 것은 불공정한 무역행위로 간주될 수 있다. FTA에서 원산지조사는 특혜관세대우로 수입된 상품이 FTA에서 규정하고 있는 원산지상품에 해당되는지 여부를 조사하는 것이므로 불공정 무역행위를 방지하는데 기여하게 된다.

(2) 제3국 물품의 우회수출입방지를 통한 수출품의 국제경쟁력 강화

한-EU FTA와 한-미 FTA 등 FTA 확대에 따라 제3국 물품을 한국산으로 원산지를 세탁하여 우회 수출할 가능성이 증가하고 있다. 이와 관련하여 EU와 미국 등 FTA 체약상대국에서는 공식적인 통로를 통해 동 사안에 대한 우려를 지속적으로 표명하고 있고, 실질적인 방지책을 요구하는 실정이다. 특히, 중국과의 교역비중이 높은 우리 경제구조상 중국산 물품의 우회수출[180]에 대한 지속적인 조사 요청이 있을 것으로 예상되고 있다. 이와 관련 우리나라의 원산지 세탁 관련 제도 및 단속의지에 대한 FTA 상대국의 우려는 통상문제 뿐만 아니라, 체약상대국 세관의 한국산 수입품에 대한 검사 강화로 통관지체 등 우리 기업에게 선의의 피해를 야기시키며, 저품질 외국산의 한국산 둔갑은 해외시장에서 우리 상품의 '국가브랜드'에도 부정적인 영향을 미치게 된다. 따라서 FTA 원산지조사는 제3국 물품의 우회수출입을 방지하여 우리나라 수출물품의 국제경쟁력 확보에 기여한다.

(3) 세액탈루 방지

FTA 원산지상품은 협정상 특혜관세대우를 부여받을 자격이 주어지기 때문에 해당 협정의 관세양허표에 따라 철폐되는 관세의 혜택을 누릴 수 있게 된다. 그러므로 해당 FTA에서 규정하고 있는 원산지상품으로 인정될 수 없는 물품이 부정하게 특혜관세대우를 받게 된다면 관세탈루의 결과가 발생하는 것이므로 원산지조사는 불법적 관세탈루의 위험을 방지하는데 이바지 하게 된다.

---

[180] 한-미 FTA에서는 섬유 또는 의류상품의 불법적인 환적·원산지세탁을 방지하기 위해 세관협력조항(제4.3조)을 별도로 규정하여 특혜적용과 관련없는 불법행위까지 검증의 범위를 확대하고 있다.

(4) 체약국간 교역과 투자 촉진 보장

FTA는 체결당사국 영역 간 무역 및 투자를 자유화하고 확대하면서 양 체약당사국 영역 간 무역 및 투자에 대한 장벽의 축소 또는 철폐를 추구하고 있다. 따라서 FTA 체약당사국 영역 간 교역과 투자 촉진은 비원산지상품이 불법적으로 특혜관세대우를 받게 되는 경우에는 저해될 수 있는 것이므로 원산지검조사는 FTA 체결당사국 영역 간 무역 및 투자 촉진을 보장하는 역할을 하게 된다.

▶3 원산지조사 유형과 방법

(1) 원산지조사 유형

FTA 원산지조사의 유형은 조사대상 물품의 지위에 따라 수입물품에 대한 원산지조사와 수출물품에 대한 원산지조사로 대별할 수 있고, 조사대상자의 소재지에 따라 국내조사와 국제조사로 구별할 수 있다. 국내조사의 조사대상자로는 수입업체, 수출업체, 생산업체, 원재료 생산·공급업체, 원산지증명서 발급기관(대한상공회의소 및 지역상공회의소) 그리고 조사대상물품의 거래·유통·운송·보관 및 통관대행과 관련된 업체 등이 있다. 그리고 국제조사의 조사대상자로는 해외 수출업체, 해외 생산업체, 해외 원재료공급업체 등이 있다.

(2) 원산지조사 방법

원산지조사의 방법은 조사대상의 범위에 따라 서면조사와 현지조사로 구분되고, 조사의 주체에 따라 직접조사와 간접조사로 구분된다. "직접조사"란 수입국 관세당국이 주체가 되어 체약상대국(수출국)의 조사대상자를 직접조사는 것을 말하고, "간접조사"는 수입국 관세당국의 요청에 따라 체약상대국(수출국)의 관세당국이 수출국 내 조사대상자를 대상으로 조사하는 것을 말한다. 직접조사와 간접조사 방법의 장단점을 비교해 보면, 직접조사 방법은 수입국 세관당국의 주도적 조사가 가능하고, 수출국 세관당국의 부담이 경감될 수 있는 장점이 있다. 그러나 수입국 세관당국의 행정부담이 증가하고, 현지에서 언어소통과 정보부족의 애로가 있으며, 시간과 예산 등 현실적인 제약으로 조사성과에 대한 압박감이 발생하게 되는 단점이 있다. 한편 간접조사는 체약당사국의 관세당국 간 상호신뢰를 기반으로 하고, 체약상대국 세관당국의 적극적인 협조가 제공된다면 효율적일 수 있다. 그리고 체약상대국에 소재하는 조사 대상업체에 대한 실체적인 조사가 가능하고, 수입국의 행정비용이 절감되는 장점이 있다. 그러나 협정에서 정한 기간내 미회신, 정보제공의 회피, 부실조사의 우려와 자국 수출자를 보호하기 위한 조사결과의 왜곡 가능성이 상존하는 단점이 있다.

(3) 협정별 수입물품 원산지조사 방법

협정별 수입물품에 대한 원산지조사 방법은 다음과 같다.

수입국	조사 방법
싱가포르(한-싱FTA), 칠레, 미국, 캐나다	조사대상자를 직접 서면조사 또는 현지조사하는 방법(미국에서 수입된 섬유류의 경우 미국 세관에 조사요청, 미세관 당국과 함께 조사대상 사업장 방문 포함)
EFTA, EU, 터키	상대국의 관세당국에 조사를 요청하는 방법(필요한 경우 상대국의 동의를 얻어 우리측 공무원 참관가능)
아세안회원국, 인도, 베트남(한-베 FTA)	상대국 증명서발급기관에 조사를 요청하는 방법과 이후 상대국 증명서발급기관의 조사결과가 적정하지 아니하거나 원산지의 정확성을 결정하는데 필요한 정보가 포함되지 아니한 때에는 상대국 수출자 또는 생산자를 대상으로 직접 현지조사하는 방법
페루	페루 관세당국에 조사를 요청하는 방법과 페루 관세당국 공무원과 동행하여 페루의 수출자 또는 생산자를 대상으로 현지조사하는 방법
호주	호주 증명서발급기관에 조사를 요청하는 방법과 조사대상자를 직접 서면조사 또는 현지조사하는 방법
콜롬비아	콜롬비아 관세당국에 조사를 요청하는 방법 또는 조사대상자를 직접 서면조사하는 방법 또는 콜롬비아 관세당국 공무원과 동행하여 콜롬비아 수출자 또는 생산자를 대상으로 현지조사하는 방법
뉴질랜드	조사대상자를 직접 서면조사하는 방법 또는 뉴질랜드 관세당국 공무원과 동행하여 뉴질랜드 수출자 또는 생산자를 대상으로 현지조사하는 방법
중국	중국의 관세당국에 조사를 요청하는 방법과 이후 조사결과에 만족하지 아니한 경우 중국 관세당국 공무원과 동행하여 중국의 수출자 또는 생산자를 대상으로 현지조사하는 방법
중미	중미 관세당국에 조사를 요청하는 방법 또는 조사대상자를 직접 서면조사하는 방법 또는 중미 관세당국 공무원과 동행하여 중미 수출자 또는 생산자를 대상으로 현지조사하는 방법

<한-EU FTA 제27조 원산지 증명의 검증 : 간접검증>

1. 이 의정서의 적절한 적용을 보장하기 위하여, 양 당사자는 원산지 증명의 진정성 및 이 서류에 기재된 정보의 정확성을 확인하는 것을 관세당국을 통하여 서로 지원한다.
2. 원산지 증명의 사후 검증은 무작위로 또는 수입 당사자의 관세당국이 그 서류의 진정성, 해당 제품의 원산지 지위 또는 이 의정서의 다른 요건의 충족에 대하여 합리적인 의심을 갖는 경우 언제든지 수행된다.
3. 제1항의 규정을 이행할 목적상, 수입 당사자의 관세당국은 원산지 증명 또는 이 서류의 사본을 수출 당사자의 관세당국에 적절한 경우 조사의 이유를 기재하여 제출한다. 원산지 증명에 작성된 정보가 정확하지 아니함을 시사하는 획득된 모든 서류 및 정보는 검증을 위한 요청을 지원하기 위하여 전달된다.
4. 검증은 수출 당사자의 관세당국에 의해 수행된다. 이러한 목적상, 그 관세당국은 모든 증거를 요구하고 수출자의 계좌에 대한 조사나 적절하다고 판단되는 그 밖의 모든 점검을 수행할 권리를 가진다.

<한-중 FTA 제3.23조 원산지 검증 : 순차적 혼합검증(간접+직접)>

1. 다른 쪽 당사국으로부터 한쪽 당사국으로 수입된 상품이 원산지 상품의 자격을 갖추었는지 여부를 결정하기 위한 목적으로, 수입 당사국의 관세당국은 다음의 수단에 의하여 차례대로 검증 절차를 수행할 수 있다.
   가. 수입자로부터 수입된 상품의 원산지와 관련된 정보의 요청(수입자 검증)
   나. 수출 당사국의 관세당국에 대하여 상품의 원산지 검증을 요청(간접검증 요청)
   다. 수출 당사국의 관세당국에 대하여 수출 당사국의 수출자 또는 생산자에 대한 방문검증 요청(현지검증), 또는
   라. 양 당사국의 관세당국이 합의하는 그 밖의 그러한 절차

▶ 4 원산지조사 방식

원산지조사는 서면조사 또는 현지조사의 방법으로 수행하며 서면조사를 우선 실시한다. 다만, 서면조사 결과 원산지증빙서류의 진위 여부와 그 정확성 등을 확인하기 곤란하여 직접 확인할 필요가 있을 때에는 추가로 현지조사를 할 수 있다. 다만, 수출물품에 한하여 관세청장 또는 세관장이 조사대상자의 특성상 현지조사가 필요하다고 판단되는 경우(영 제11조제2항)에는 서면조사에

앞서 현지조사를 할 수 있다. 체약상대국에 소재한 조사대상자(수출자, 생산자, 재료공급자)에 대한 원산지조사는 국내조사를 완료한 후에 서면조사 또는 현지조사를 할 수 있다.

세관장은 국내에 소재한 조사대상자를 조사할 때 ① 조사대상자가 자료를 부실하게 제출하는 경우 ② 서면조사 과정에서 법 제7조제2항 또는 법 제35조제1항에 해당하는 사항을 인지하여 증거물의 확보 등이 필요한 경우 ③ 원산지 위반 등에 관한 제보나 밀수신고를 접수한 경우 ④ 체약상대국의 관세당국 등이 원산지증명서 오류 또는 원산지 위반에 관한 정보를 제공하여 조사하는 경우에는 서면조사를 현지조사로 변경할 수 있다. 세관장은 원산지조사 방법을 변경 또는 전환하는 경우에는 조사대상자에게 원산지조사 범위 확대(유형전환) 통지서를 보내야 한다. 세관장이 상기 사유로 서면조사를 현지조사로 변경하는 경우 조사대상자에게 현지조사 30일전에 원산지 현지조사 예정 통지서를 보내야 한다. 다만, 증거인멸 등으로 원산지조사 목적을 달성할 수 없다고 판단되는 경우에는 현지조사를 시작하는 날에 현지조사 통지를 할 수 있다.

세관장은 원산지조사와 관세조사, 범칙조사 또는 외환조사를 병행하여 수행하는 것이 효율적이라고 인정되는 경우 관세청장의 승인을 받아 통합하여 조사할 수 있다. 관세청장은 통합조사 요청이 있는 경우 심사·조사·외환검사부서와 협의하여 통합조사 여부를 결정할 수 있다. 원산지조사는 아래와 같은 원칙에 따라 성실하게 수행한다.

원산지 조사 기본원칙(원산지조사 운영 훈령)

1. 법 제20조에 따른 비밀유지
2. 「관세법」제5조제1항에 따른 법 해석의 기준
3. 「관세법」제5조제2항에 따른 소급과세금지
4. 「관세법」제7조에 따른 재량의 한계
5. 「관세법」제110조에 따른 납세자 권리보호
6. 「관세법」제111조제1항에 따른 조사권한의 남용금지
7. 「관세법」제111조제2항에 따른 중복조사의 금지
8. 상호 신의를 바탕으로 체약 상대국의 의견을 최대한 존중

원산조사 기본원칙과 관련된 관세법 조항

제5조(법 해석의 기준과 소급과세의 금지)
① 이 법을 해석하고 적용할 때에는 과세의 형평과 해당 조항의 합목적성에 비추어 납세자의 재산권을 부당하게 침해하지 아니하도록 하여야 한다.
② 이 법의 해석이나 관세행정의 관행이 일반적으로 납세자에게 받아들여진 후에는 그 해석이나 관행에 따른 행위 또는 계산은 정당한 것으로 보며, 새로운 해석이나 관행에 따라 소급하여 과세되지 아니한다.

제7조(세관공무원 재량의 한계)
세관공무원은 그 재량으로 직무를 수행할 때에는 과세의 형평과 이 법의 목적에 비추어 일반적으로 타당하다고 인정되는 한계를 엄수하여야 한다.

제110조(납세자권리헌장의 제정 및 교부)
① 관세청장은 제111조부터 제116조까지, 제116조의2 및 제117조에서 규정한 사항과 그 밖에 납세자의 권리보호에 관한 사항을 포함하는 납세자권리헌장(이하 이 조에서 "납세자권리헌장"이라 한다)을 제정하여 고시하여야 한다.
② 세관공무원은 다음 각 호의 어느 하나에 해당하는 경우에는 납세자권리헌장의 내용이 수록된 문서를 납세자에게 내주어야 한다.
  1. 제270조에 따라 관세포탈, 부정감면 또는 부정환급(「수출용원재료에 대한 관세 등 환급에 관한 특례법」 제23조제1항에 따른 부정환급을 포함한다)에 대한 범칙사건을 조사하는 경우
  2. 관세의 과세표준과 세액의 결정 또는 경정을 위하여 납세자를 방문 또는 서면으로 조사(제110조의2에 따른 통합조사를 포함한다. 이하 이 절에서 "관세조사"라 한다)하는 경우
  3. 그 밖에 대통령령으로 정하는 경우
③ 세관공무원은 납세자를 긴급히 체포·압수·수색하는 경우 또는 현행범인 납세자가 도주할 우려가 있는 등 조사목적을 달성할 수 없다고 인정되는 경우에는 납세자권리헌장을 내주지 아니할 수 있다.

제111조(관세조사권 남용 금지)
② 세관공무원은 다음 각 호의 어느 하나에 해당하는 경우를 제외하고는 해당 사안에 대하여 이미 조사받은 자를 다시 조사할 수 없다.
  1. 관세포탈 등의 혐의를 인정할 만한 명백한 자료가 있는 경우
  2. 이미 조사받은 자의 거래상대방을 조사할 필요가 있는 경우
  3. 이 법에 따른 이의신청·심사청구 또는 심판청구가 이유 있다고 인정되어 내려진 필요한 처분의 결정에 따라 조사하는 경우
  4. 그 밖에 탈세혐의가 있는 자에 대한 일제조사 등 대통령령으로 정하는 경우

▶ 5 세관의 원산지조사 분야

세관의 원산지조사 분야는 ① 원산지증명서에 관한 사항 ② FTA관세특례법 시행규칙 별표에서 정한 원산지 결정기준에 관한 사항 ③ 제품 및 당해 제품의 생산에 사용된 재료의 원산지에 관한 사항 ④ 제품 및 당해 제품의 생산에 사용된 재료의 품목분류와 적용세율에 관한 사항 ⑤ 제품 및 당해 제품의 생산에 사용된 재료의 가격, 원가 계산에 관한 사항 ⑥ 제품 및 당해 제품의 생산에 사용된 재료의 운송에 관한 사항 ⑦ 제품 및 당해 제품의 생산에 사용된 재료에 대한 대금지급·수령에 관한 사항(외국환을 포함) ⑧ 그 밖에 협정에서 정한 요건에 관한 사항이다.

▶ 6 원산지조사 기간

원산지조사 기간은 세관장이 「관세법 시행령」 제139조의2 제1항에 따라 조사대상자의 수출입규모, 조사인원·방법·범위 및 난이도 등을 종합적으로 고려하여 ①서면조사의 경우는 조사대상자가 자료 제출을 완료한 날부터 30일 이내 ②현지조사의 경우는 조사대상자의 사무실, 생산시설, 사업장 또는 주소지 등을 최초 방문한 날부터 20일 이내에서 정한다.

세관장은 상기 기간에도 불구하고 ①원산지조사 범위를 다른 품목이나 거래상대방 등으로 확대할 필요가 있는 경우나 ②그 밖에 사실관계의 확인이나 증거확보 등을 위하여 조사기간을 연장할 필요가 있는 경우에는 원산지조사 기간을 연장할 수 있으며, 2회 이상 연장하는 경우에는 관세청장의 승인을 받아 연장한다. 세관장이 원산지조사 기간을 연장하는 때에는 조사 대상자에게 원산지조사 연장 통지서를 보내야 한다. 기간 계산시 현지조사 기간은 현지조사 최초 방문일 부터 종료일까지의 기간으로 하며, 공휴일과 토요일은 계산에서 제외한다.

▶ 7 원산지조사시 조력자

법 제17조제8항 및 「관세법」 제112조에 따라 세관장은 조사대상자가 변호사, 관세사(대리인)의 조력을 받으려는 경우 그 권리를 보장하여야 한다. 이 경우 조력의 범위는 현지조사과정에 대리인의 참관 또는 의견의 진술로 한다.

대리인이 현지조사 과정에 참관하거나 의견을 진술하려는 경우 세관장은 대리인으로부터 위임장을 제출받아 자격여부를 확인하며, 대리인이 ① 위임장을 제출하지 않은 경우 ② 조력의 범위를 넘어 조사를 방해하거나 지연 하는 경우 ③ 허위로 진술하는 경우에는 대리인의 활동을 제한할 수 있고, 조사대상자의 직접적인 진술이 필요한 사항에 대해서는 조사대상자가 직접 의견을 진술하도록 요구할 수 있다.

PLUS TIP 6-1 관세 및 원산지조사 조력자의 범위

2014.1.1자 관세법개정으로 조력자의 범위가 변호사 및 관세사로 축소되었다. 기존에는 '20년 이상 일반직공무원으로 관세행정에 종사한 경력이 있거나' '그 밖에 관세에 관하여 학식과 경험이 풍부한 사람으로 세관장이 인정한 사람도' 조력이 가능하였다.

또한 관세사 등록을 한 자만 관세사 명칭을 사용할 수 있도록 규정하고 미등록자가 통관업 수행시 처벌(1년이하 징역 / 1천만원 이하 벌금)할 수 있도록 하였다.

위 임 장

○ 성 명 :   ○ 전화번호 :

○ 생 년 월 일 :   ○ 사업자등록번호 :

○ 사업장소재지(주소) :

○ 자 격 :   ○ 관 계 :

　　상기 대리인에게 　　세관에서 20 . . .부터 20 . . .까지 실시하는 원산지조사와 관련하여 「자유무역협정의 이행을 위한 관세법의 특례에 관한 법률」 제17조에 따른 "원산지 조사에 참관하거나 의견을 진술할 수 있는 권한"을 위임합니다.

　　　　　　　　　　　년 　　월 　　일

　　　　　　　　　위 임 자
　　　　　　　　　사업장소재지(주소) :
　　　　　　　　　법인명(상 　호) :
　　　　　　　　　사업자등록번호 :
　　　　　　　　　대표자(성　 명) : 　　.　　(서명 또는 인)

○○세 관 장 　귀하

※원산지조사에 입회하거나 의견을 진술한 대리인은 이 위임장을 ○○과 ○○○(전화: 　～　)에게 제출하여 주시기 바랍니다.

수출물품 원산지조사
(법 제17조제1항, 제18조제1항)

1 원산지조사 대상

수출물품에 대한 원산지조사는 ① 체약상대국의 관세당국으로부터 원산지증빙서류의 진위 여부와 그 정확성 등에 관한 확인(정보제공, 이의제기를 포함)을 요청 받은 경우 ② 체약상대국 관세당국으로부터 원산지 공동조사를 요청받은 경우 ③ 수출물품에 대해 원산지 위반 혐의 등을 인지한 경우 ④ 외부기관(감사원, 검찰, 경찰 등) 및 외부인 제보, 정보제공 또는 원산지조사 요청이 있는 경우 관세청장이 세관장에게 지시하여 개시하거나, 세관장이 수출물품 원산지증빙서류의 오류 및 원산지 위반 혐의를 인지하거나 외부인의 제보 등이 있을 경우에 착수할 수 있다.

2 국내 서면조사

세관장은 수출물품에 대해 원산지조사를 착수할 때에는 원산지조사 계획보고서를 작성하여 관세청장에게 보고하고 승인을 받아야 한하며, 원산지조사를 시작하는 경우에는 조사대상자에게 서면조사통지서와 ① 영 제10조제1항에서 정하는 서류 ② 원산지조사 표준 요구자료 목록표 중 해당되는 서류 ③ 원산지결정과 관련된 질문에 대한 답변서를 제출할 것을 통지 한다.

조사대상자는 협정에서 달리 정하는 경우를 제외하고 국내 서면조사통지서 및 자료제출 요청서를 받은 날부터 30일 이내에 해당 자료를 제출 하여야 한다. 다만, 부득이한 사유로 기한 내에 자료를 제출할 수 없는 경우에는 국내 서면조사 통지를 받은 날부터 15일 이내에 1회에 한하여 30일을 초과하지 않는 범위 내에서 기한의 연장을 신청하는 서류제출기한 연기신청서를 제출 할 수 있다. 세관장은 서류제출기한 연기신청을 받은 때에는 그 승인여부 및 연장기한을 통지한다.

세관장은 국내 서면조사를 완료한 경우 원산지조사 결과보고서에 상대국 관세당국에 원산지조사 결과를 통지할 서한문을 첨부하여 관세청장에게 보고한다. 관세청장은 조사결과 보고서를 검토하여 필요하다고 인정하는 경우 조사내용, 증빙자료의 보완, 서한문의 수정 및 벌칙적용 등을 지시할 수 있다.

세관장은 국내 서면조사 결과 원산지 기준 충족여부와 원산지증빙서류의 진위여부를 확인하기 곤란한 경우에는 국내 현지조사를 할 수 있으며, 관세청장의 승인을 받은 날부터 30일 이내에 조사대상자에게 국내 서면조사 결과를 통지한다. 이 경우 영 제15조에 따른 이의제기가 가능함을 함께 통지한다.

3 국내 현지조사

영 제11조제2항에 따라 다음의 어느 하나에 해당하는 경우에는 국내 서면조사에 앞서 국내 현지조사를 우선할 수 있다.

1. 조사대상자가 현지조사를 요청하는 경우
2. 체약상대국으로부터 공동조사 또는 참관의 요청이 있는 경우
3. 조사대상 원산지증명서가 법 제44조제2항 및 제3항에 해당하는 경우
4. 체약상대국에서 3회 이상 반복하여 원산지조사를 요청한 경우
5. 수출물품에 대한 정기조사를 하는 경우
6. 세관장이 조사대상 원산지증명서의 수량과 조사대상 물품의 범위 등을 고려하여 현지 조사를 우선할 필요가 있다고 인정하는 경우
7. 관세청장이 현지조사를 지시하는 경우

세관장은 국내 현지조사를 시작하기 30일 전까지 원산지 현지조사 예정통지서를 조사대상자에게 ①직접 교부 ②모사전송(FAX) ③등기우편 및 전자우편(e-Mail) 중 어느 하나의 방법으로 송달하고, 송달을 확인할 수 있는 근거서류를 보관하여야 한다.

조사대상자는 다음 어느 하나에 해당하는 사유로 인해 국내 현지조사를 받기 곤란한 경우에는 해당 세관장에게 국내 현지조사의 연기를 신청 할 수 있다. 이 경우 세관장은 연기신청 사유를 검

토하여 승인여부와 국내 현지조사 연기기한을 원산지 현지조사 연기신청(승인)서로 통지한다.
1. 천재지변으로 인하여 현지조사를 받기가 곤란한 경우
2. 화재나 그 밖에 재해로 사업상 심한 어려움이 있는 경우
3. 노동쟁의 등으로 현지조사를 정상적으로 진행하기 어려운 경우
4. 권한 있는 기관에 의해 장부 및 증빙서류가 압수 또는 영치된 경우

세관장은 국내 현지조사를 하는 경우 다음의 사항을 조사한다.
1. 영 제10조제1항의 원산지증빙서류 등의 보관 실태
2. 해당 제품의 생산시설·생산 장비 및 생산 공정
3. 해당 제품의 생산에 사용되는 각 원재료의 입고 및 출고 내역
4. 해당 제품 및 원재료의 원산지 입증자료의 보관 실태
5. 수입된 원재료의 품목분류 사전심사서
6. 원산지관리 시스템 및 전사적 자원관리 시스템(ERP)
7. 수출관련 계약서, 환율, 환급세액, 회계자료, 외국환 거래내역 등

세관장은 국내 현지조사를 완료한 경우 원산지조사 결과보고서에 상대국 관세당국에 원산지조사 결과를 통지할 서한문을 첨부하여 관세청장에게 보고한다. 관세청장은 조사결과 보고서를 검토하여 필요하다고 인정하는 경우 조사내용, 증빙자료의 보완, 서한문의 수정 및 벌칙적용 등을 지시할 수 있다.

세관장은 관세청장의 승인을 받은 날로부터 30일 이내에 조사대상자에게 국내 현지조사 결과를 통지한다. 이 경우 영 제15조에 따른 이의제기가 가능함을 함께 통지한다.

▶ 4 미합중국의 요청에 따른 섬유 관련 물품에 대한 원산지조사

관세청장은 미합중국과의 협정 제4.3조제3항에 따라 미합중국에 수출된 섬유 관련 물품에 대하여 미합중국의 관세당국으로부터 수출물품에 대한 원산지의 조사를 요청받았을 때에는 요청받은 날부터 6개월 이내에 원산지 등에 대한 조사를 완료하여야 한다. 관세청장은 조사를 완료하였을 때에는 관련 증빙자료 등을 포함하여 조사결과서를 미합중국의 관세당국에 통지하여야 한다.

관세청장은 원산지 등에 대한 조사를 할 때 미합중국의 관세당국으로부터 미합중국과의 협정 제4.3조제6항에 따른 원산지 검증요청(공동 현장 방문 및 미합중국의 검증지원 요청을 포함한다)이 있는 경우에는 특별한 사정이 없으면 이를 허락하여야 하며, 미합중국과의 협정 제4.3조제6항에 따라 제3항에 따른 공동 현장 방문을 할 때에는 「관세법시행령」 제139조 사전통지(보통의 경우 조사시작 7일전까지 통지) 없이 현장에서 조사통지를 할 수 있다. 이 경우 조사대상자가 공동조사에 동의하지 아니하는 경우에는 공동조사를 할 수 없다.(제6장 제6의 5 미국의 섬유류 현지검증과 대응 참조)

5 원산지조사 회신기간

협정 및 법령에서 규정하고 있는 조사결과 회신기한은 한-EFTA FTA는 원산지 조사를 요청한 날부터 15개월[181]이며, 아세안의 경우 조사요청을 접수한 날부터 2개월이나 상대국과 협의를 통하여 조사요청을 접수한 날부터 6개월의 범위에서 기간을 연장할 수 있다. 인도의 경우 조사요청을 접수한 날부터 3개월 이며 인도 관세당국과 협의하여 조사 요청을 접수한 날부터 6개월의 범위에서 기간을 연장할 수 있다. EU의 경우 10개월, 페루 및 콜롬비아는 150일, 터키 10개월이며, 호주의 증명서 발급기관에 요청한 경우는 요청한 날부터 30일, 다만, 호주 증명서 발급기관이 회신기간 연장을 요청한 경우 30일 내에서 연장가능 하다. 베트남 및 중국의 경우는 조사요청을 접수한 날의 다음날부터 6개월이다.

원산지조사를 완료한 때에는 법령에 규정한 사항을 기재한 조사결과서와 조사대상자로부터 제출받은 원산지증빙서류 사본(조사대상자의 동의를 받은 때에 한한다)을 조사를 요청한 협정상대국 관세당국에 송부하는 방법으로 조사결과를 통지하여야 한다.

---

[181] 10개월에서 15개월로 변경(2017.1.1)

▶6 정기조사

관세청장은 수출업체의 수출규모, 원산지증명서 발행규모, 원산지조사 이력 등을 기준으로 일정 기준에 해당하는 업체를 정기조사 대상군으로 지정할 수 있고, 정기조사 대상군으로 지정된 업체에 대하여 본사 또는 주사업장 소재지 및 세관별 원산지조사인력 등을 고려하여 관할세관을 지정하고 관할세관장에게 통보한다.

정기조사 대상군으로 지정된 업체에 대하여 관세청장은 수출입 신고내용, 품목분류, 원산지, 특혜 및 감면, 외국환 거래 등 다양한 정보를 상호·비교하는 등 특혜원산지 위험 모니터링을 실시한다.

정기조사 대상군에 대해서는 3년마다 조사하는 것을 원칙으로 한다. 다만, 수출입규모, 업체특성, 과거 원산지조사이력에 따른 실익을 고려하여 조사주기를 달리 할 수 있다.

정기조사 대상 선정기준은 ①위험 모니터링 결과 원산지 위반 위험이 높아 조사가 필요한 경우 ②최근 3년 이상 조사를 받지 아니한 업체에 대하여 업종, 규모, 이력 등을 고려하여 원산지조사가 필요하다고 인정되는 경우 ③무작위추출방식으로 표본조사가 필요한 경우이다.

다만, 관세청장은 ①최근 2년간 수출입신고 실적이 30억원 이하이고, ②최근 3년 이내에 체약상대국으로부터 원산지조사 요청을 받은 사실 혹은 법, 관세법, 수출입 관련 법령을 위반하여 통고처분을 받거나 벌금형 이상의 형의 선고를 받은 사실 혹은 관세 및 내국세를 체납한 사실이 없는 경우에는 정기조사 대상에서 제외할 수 있다.

정기조사는 현지조사를 원칙으로 수출물품의 국내 현지조사 절차를 준용한다. 수출기업에 대한 정기조사 결과는 법 제38조(비밀유지)에 따라 공개하지 않는 것을 원칙으로 한다. 다만, 세관장은 다음 어느 하나에 해당하는 경우 관세청장의 사전 승인을 받아 정기조사 결과의 일부를 공개할 수 있다.

1. 법 또는 「관세법」에서 정하는 공인 또는 공인취소와 관련하여 해당 부서에서 정보 제공 요청이 있는 경우
2. 수출입 관련 법령에서 정하는 사항의 위반을 확인한 경우로서 관계기관의 장에게 통보할 필요가 있는 경우
3. 협정에서 정하는 바에 따라 체약상대국 관세당국에 통보할 필요가 있다고 관세청장이 승인한 경우

정기조사 결과 원산지 충족으로 확인된 물품은 수출물품 원산지조사 대상에서 원칙적으로 제외한다. 다만, ①체약상대국의 요청에 의해 원산지조사를 하는 경우, 혹은 ②해당 물품의 원산지 위반에 관한 외부의 제보가 있는 경우에는 조사대상자의 자율점검 방법으로 원산지조사를 대신할 수 있다.

7 공동조사

관세청장은 협정에서 정하는 바에 따라 체약상대국으로부터 수출물품에 대한 공동조사 또는 참관[182]의 요청을 받은 때에는 특별한 사정이 없으면 이를 수락하고, 공동조사 일정 등을 체약상대국 관세당국과 협의할 수 있다.

세관장은 공동조사를 시작하기 30일전까지 조사대상자에게 원산지조사 사전통지를 하여야 한다. 다만, 협정 또는 영 제14조에서 별도로 정하는 경우에는 사전통지를 생략할 수 있다. 세관장은 조사대상자에게 공동조사 배경 및 법적근거를 설명하고, 조사대상자의 서면동의를 받아야 하며, 조사대상자가 동의하지 않으면 공동조사를 할 수 없다. 공동조사 절차에 관한 사항은 수출물품의 국내 현지조사 절차를 준용한다.

세관장은 협정에서 정하거나 양국 세관당국이 합의한 경우 조사대상자에게 직접 질문, 공장 확인, 자료 요청 등의 방법으로 체약상대국 세관직원이 공동조사에 참여하는 것을 보장 하며, 공동조사 과정에서 원산지 위반 혐의 등을 발견한 때에는 조사대상자로부터 관련 증거물과 범죄사실확인서를 제출 받아 범칙 예비조사로 전환 할 수 있다.

세관장은 당일 공동조사가 완료되면 체약상대국 관세당국과 협의하여 다음 날의 조사대상자를 선정할 수 있으며, 미국 관세당국과 공동조사를 하는 경우 조사대상자가 당일에 제출하지 못한 자료들은 공동조사 종료일로부터 14일 이내에 추가로 제출 할 것을 요구하며, 추가 제출된 자료들은 체약상대국 관세당국에 국제 등기우편(EMS), 전자우편(e-Mail), FAX 등의 방법으로 송부한다.

---

182) 공동조사 : 한-미 FTA(섬유·의류), 참관 : 한-EU, 한-터키, 한-EFTA FTA

관세청장은 공동조사가 완료되면 체약상대국 관세당국과 조사결과에 대한 사후 평가회의를 개최할 수 있으며, 세관장은 사후 평가회의가 완료된 날로부터 30일 이내에 원산지조사 결과통지서를 조사대상자에게 통지한다.

조사대상자는 결정서 내용에 이의가 있는 경우 원산지조사 결과통지서를 받은 날로부터 30일 이내에 이의제기를 신청할 수 있다. 세관장은 사후 평가회의 완료일로부터 협정에서 정하는 기간 또는 공동조사를 실시한 양 관세당국 간 합의한 기간 이내에 체약 상대국 관세당국에 공동조사 결과를 국제 등기우편(EMS), 전자우편(e-Mail) 등의 방법으로 송부하며, 관세청장은 체약상대국 관세당국으로부터 공동조사의 최종결과를 받은 때에는 세관장에게 전달한다.

〈그림 6-1〉 수출조사 절차도

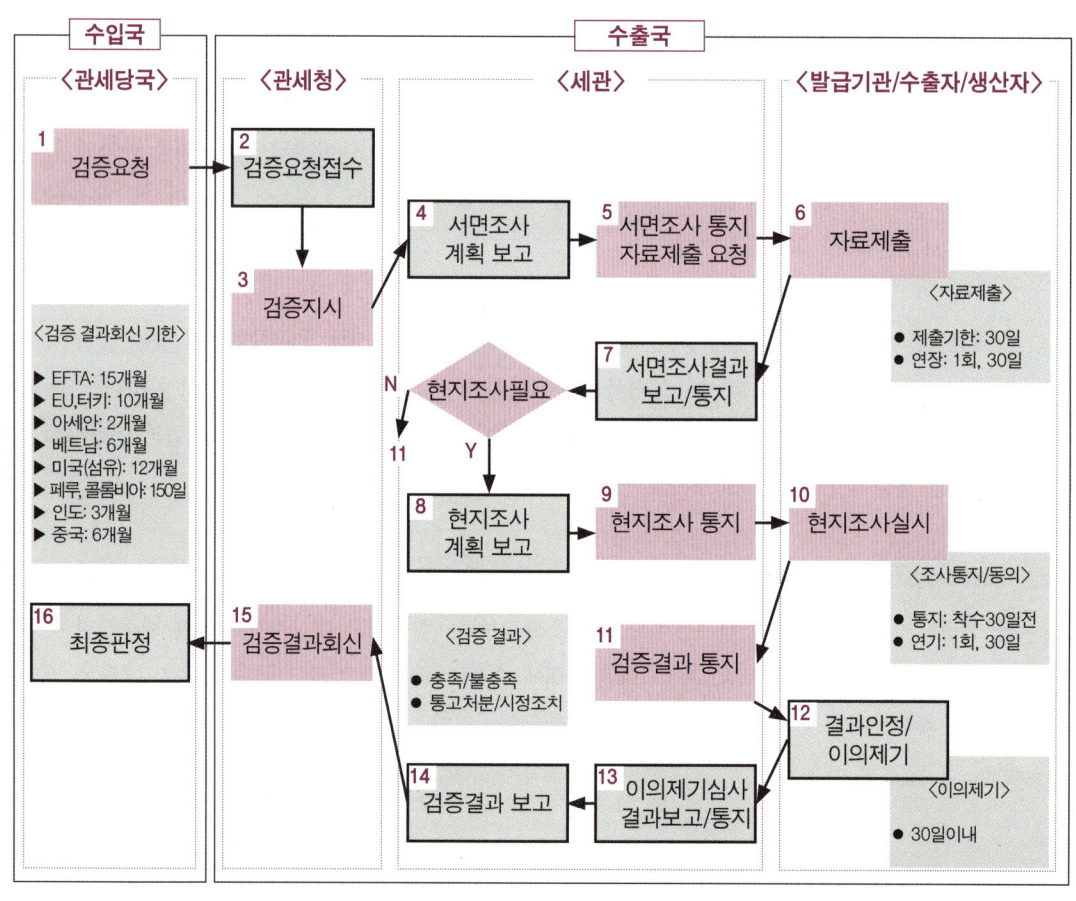

8 우리 수출품 원산지에 관한 체약상대국의 조사 (법 제20조)

체약상대국의 관세당국은 협정에서 정하는 범위에서 우리나라 수출자·생산자를 대상으로 수출물품에 대한 원산지 확인에 필요한 현지조사를 하는 경우에는 그 조사를 시작하기 전에 조사대상자에게 조사 사유, 조사 예정기간 등을 통지하여 조사대상자의 동의를 받아야 한다.

이 경우 조사를 받는 조사대상자의 조력을 받을 권리에 관하여는 「관세법」 제112조를 준용한다.

특혜적용 요건별 수출검증 사례

[사례-1] 거래당사자 원칙 위반

〔**상대국 요청**〕 터키 관세청은 가정용 물 여과기(HS 8421.21, PSR : CTH / MC50)에 대해 원산지기준 충족여부 확인 요청 (한-터키 FTA)

〔**거래관계**〕 한국 A사는 태국소재 중계인을 통해 제3국거래를 진행하면서 원산지 신고문구를 기재하지 아니한 패킹리스트를 태국 중계인에게 발행

〔**발급경위**〕 터키 수입자의 요청으로 태국 중계인이 패킹리스트에 원산지 신고문구를 작성하여 한국 수출자에게 이메일로 전송, 서명해 줄 것을 요청하여 한국 수출자가 이를 작성하여 서명, 이메일로 전송

〔**원산지기준**〕 생산설비자료와 제조공정도 등의 증빙서류를 통해 원산지결정기준 충족 입증 및 원산지증빙서류 보관상태 적정

[사례-2] 거래당사자 원칙 위반

〔**상대국 요청**〕 헝가리 관세청은 가정용 기계류(HS 8479.89, 7606.11, PSR : CTH / MC50)에 대해 원산지기준 충족여부 및 인증수출자 유효성 확인 요청 (한-EU FTA)

〔**인증수출자 여부**〕 수출자는 수출시점(2016.7/2017.4)에 인증수출자 지위를 갖추지 못해 상업서류에 원산지신고서를 작성하지 아니함, 수출이후 2017.7월에 인증수출자 지정을 받아 헝가리 수입자에게 인증번호 통보

〔**발급경위**〕 헝가리 수입자가 수출자의 인증번호를 임의로 기재하여 원산지신고서 작성

〔**원산지기준**〕 생산설비자료와 제조공정도 등의 증빙서류를 통해 원산지결정기준 충족 입증 및 원산지증빙서류 보관상태 적정

[사례-3] 원산지기준 불충족

〔**상대국 요청**〕 스위스 관세청은 장갑류(HS 6116.10, PSR : CC+재단+봉제/기타의 방법 결합)에 대해 원산지기준 충족여부 확인 요청 (한-EFTA FTA)

〔**원산지신고서**〕 상업송장에 신고문안을 정확히 기재하여 서명하였으므로 형식요건 적정

〔**원산지결정기준**〕 합성필라멘트사(HS5402)와 고무사(HS 5604.10) 등으로부터 생산되어 2단위 변경 조

조건은 충족하나, 원사를 사용하여 편성공정 후 바로 장갑이 생산되므로 재단공정을 거치지 않아 불충족
※ 스위스 연방관세청 의견 : 재단이 반드시 이루어진 후 봉제 또는 기타의 방법으로 결합되어야 하며, 양말과 같이 재단이 없는 품목은 원산지 지위를 갖지 못함

[사례4] 원산지기준 불충족

〔**상대국 요청**〕 인도네시아 관세청은 엘리베이터 부분품(HS 8431.39, PSR : CTH/RVC40)에 대해 원산지기준 충족여부 확인 요청 (한-아세안 FTA)

〔**원산지증명서**〕 한국 발급기관인 상공회의소에서 정상적으로 발급받음

〔**원산지결정기준**〕 수출자가 원산지증명서 발급신청시 제출한 원산지소명서 확인결과 엘리베이터 부분품 중 일부가 원산지가 미상으로 확인됨, 일부 원산지 미상 품목을 포함하여 부분품 전체로 원산지증명서를 발급받아 부적정

[사례5] 원산지기준 불충족

〔**상대국 요청**〕 독일 관세청은 신라면 등 25종(HS 1902.30, PSR : CTH)에 대해 원산지기준 충족여부 확인 요청 (한-EU FTA)

〔**원산지신고서**〕 상업송장에 신고문안을 정확히 기재하여 서명하였으므로 형식요건 적정

〔**원산지결정기준**〕 한-EU FTA협정에 따라 특정성분(고추가루 등)이 함유한 인스턴트 면류만 라면으로 특게하여 완화된 원산지결정기준 적용
그 외는 기타 파스타로 분류하여 '제10류 및 제11류에 해당하는 모든 곡물류와 그 부산물'은 체약당사국에서 완전생산되어야 원산지 기준을 충족
25개 검증 대상 품목 중 일부품목(메밀소바면)은 고춧가루가 미포함되어 한-EU 협정상 라면의 범위에 해당하지 않으므로 완전생산기준 적용
메밀소바면의 원재료 중 제11류에 해당하는 소맥분·감자전분·메밀가루의 원산지가 미상이므로 원산지기준 불충족

[사례6] 원산지기준 불충족

〔**상대국 요청**〕 터키 관세청은 면직물(HS 5208.33, PSR : 천연섬유/인조스테이플섬유 등으로부터 생산)에 대해 원산지기준 충족여부 확인 요청 (한-터키 FTA)

〔원산지신고서〕 상업송장에 신고문안을 정확히 기재하여 서명하였으므로 형식요건 적정

〔원산지결정기준〕 수출자가 중국으로부터 원단을 수입하여 추가가공없이 터키로 수출하였으므로 원산지 기준 불충족

[사례7] 직접운송원칙 위반

〔상대국 요청〕 인도네시아 관세청은 라미네이터 코팅머신(HS 8479.89, PSR : CTSH / RVC40)에 대해 직접운송 충족여부 검증 요청 (한-아세안 FTA)

〔직접운송〕 검증 대상물품은 홍콩을 경유한 뒤 싱가포르에서 하역·컨테이너 개장·물품 재분류 후 다른 컨테이너에 적입되어 환적되었으나 수출자는 통과선하증권 및 비조작증명서 등 직접운송 증빙자료를 제출하지 못하였음

[사례8] 품목분류 위반

〔상대국 요청〕 인도네시아 관세청은 플라스틱 블라인드 부분품(HS 3925.30, PSR : CTH/RVC40)에 대해 원산지기준 충족여부 확인 요청 (한-터기 FTA)

〔품목분류 적정성〕 수출자는 검증대상 C/O전체 13개 품목을 제3925.30호 '셔터·블라인드와 이와 유사한 물품, 이 들의 부분품'에 분류하여 수출하였으나

일부품목은 '관세율표의 해석에 관한 통칙 제2호-가목'에 따른 미조립 상태로 수출된 물품으로 플라스틱 블라인드 부분품의 본질적인 특성을 갖추지 못한 품목으로 각각 분류해야 함

비금속제의 브라켓, 스냅 등 6개 품목은 제8302.50호에 분류하여야 하며, 중국 등에서 수입된 물품으로 원산지 불충족

[사례9] 기재오류 등
〔스탬프 서명오류〕 한-EU FTA에서 수출신고 가격이 6천유로를 초과하지 아니하는 화물인 경우에도 원산지신고서에 원본 수기 서명해야 하나 스탬프 서명으로 오류발급

[사례10] 기재오류 등
〔원산지증명서 기재오류〕 한-아세안 FTA원산지증명서 기재방법에 의하면 'RVC 40%' 또는 'RVC 00% (실제 역내가치)로 기재하여야 하나, BD60%는 적정한 기재방법이 아님

EFTA(유럽자유무역연합)의 수출원산지 검증절차

◆ EFTA 측은 수입국 세관당국으로부터 원산지검증을 요청 받은 경우 다음 4단계에 따라 원산지 검증을 수행한다.

```
수출자         →   수출자          →   증빙서류     →   수출자
파일검토           검증통지 및         접수 및         사업장
                  자료제출 요구       검토           현장검증
```

- 수출자에게 요구하는 자료는 해당 물품의 수출신고서사본, 인보이스사본, 공급자 인보이스사본과 원산지확인서 등이며,
  - 해당 물품의 목적지, HS code, 특혜세율 대상물품, 원산지기준 및 생산 공정 등 5가지 요소를 집중 검토한다.
- 현장검증 시에는 해당 물품의 실제 가공공정 및 생산원가 확인을 위한 회계장부를 체크하며, 해당 업체 교육도 병행한다.
- 검증결과의 상대국 통보는 실제 검증을 수행한 지역세관이 직접 수행함이 원칙이나,
  - 검증대상 수출업체들이 여러 관할세관에 속하거나 복잡한 케이스의 경우에는 본청에서 취합하여 결과를 통보한다.

◆ 해당 수출업체가 원산지증명서를 잘못 발급(issued wrongly)한 경우 최대 40,000 CHF(스위스)의 과태료가 부과되며, 원산지 인증수출자 자격 취소 등 직접적인 제재를 받게 된다.

- 이와 함께 수입자로부터 손해배상 청구, 향후 수출물품에 대한 수입국 세관의 검증강화, 고객이탈, 회사 신용도 추락 등 간접적인 제재효과를 유발한다.

▶ 스위스세관은 Bale, Schaffhouse, Geneva, Lugano 지역의 4개 세관에서, 노르웨이 세관은 오슬로를 비롯한 전국 7개 지역세관에서 원산지검증업무를 수행하고 있다.

수출물품 원산지조사에 대한 대응 (표준질의서 작성 유의점)[183]

부문 I ▶ 거래자 정보

수출자 또는 생산자는 아래 해당하는 유형의 ☐ 에 √ 표시 후, 서식에 따라 기재하여 주시기 바랍니다.

☐ 수출자   ☐ 수출자/생산자   ☐ 물품 생산자   ☐ 원재료 생산자

업체명		해외공급자부호		국가명	
대표자		업종/업태			
사업장	(본사 주소)			전화	
				팩스	
	(공장1 주소)			전화	
임직원	(총원) ____ 명 (임원) ____ 명 (관리직) ____ 명 (생산직) ____ 명 (기타) ____ 명				
원산지업무인력	☐ 외부전문가 활용(관세사무소, 컨설팅업체, 원산지관리사) 업체명(성명) / ☎ ☐ 자체직원활용(성명) / ☎), 원산지업무경력 O년 기타 원산지관리 조직 및 인력 현황에 관한 정보를 제공하여 주시기 바랍니다.				
원산지관리체제	원산지관리 매뉴얼을 보유하고 있습니까? ☐ 예 ☐ 아니오 보유하고 있다면 원산지관리 매뉴얼을 제출하여 주시기 바랍니다. 원산지관리를 위한 별도의 시스템을 운영하고 있습니까? ☐ 예 ☐ 아니오				
검증대상물품 관련 주요생산설비	설비 명칭	대수	용도	설치장소	
	(※ 답변란이 부족할 경우, 별지를 사용할 수 있습니다)				
원산지관리 책임자	(소속) (직위) (성명) (전화) (e-mail)				

☐ 작성 포인트

❖ 질의서를 통해 수집된 기업 정보는 비밀취급자료로 관리되므로 업체특성, 원산지관리 능력 및 생산능력을 객관적 자료에 근거하여 기재

☐ 준비자료

구 분	자 료 명
업체현황	사업자 등록증, 법인등기부등본, 임직원 현황
원산지관리	원산지관리 매뉴얼, 시스템(코드표, 약어표)
생산설비	공장등록증, 생산설비 현황 자료, 연간 생산량 자료

183) 출처: 광주본부세관이 발간('14.12)한 「수출기업 원산지검증 자기주도 학습서 똑똑하게 즐겨라」

부문 II ▶ 일반사항 (수출신고건별 작성)

| 적용협정
(해당 □에 √표시) | □ 한-칠레
□ 한-EU
□ 한-호주 | □ 한-싱가포르
□ 한-페루
□ 한-캐나다 | □ 한-EFTA
□ 한-미국
□ 한-베트남 | □ 한-아세안
□ 한-중국
□ 한-뉴질랜드 | □ 한-인도
□ APTA
□ 최빈 |

1. 검증대상물품

수출신고번호		수출신고일자			
품 명		규 격			
HS부호		금 액		중량 또는 수량	

1-1 수출물품 품목분류(HS부호)를 어떻게 결정합니까? □ 자체결정 □ 관세사자문
                                                      □ 관세청사전회시 □ 기타(   )

1-2 수출물품의 품목분류 결정에 근거가 되는 해당 자료에 대해 □에 √ 표시 후, 사본을 제출바랍니다.

□ 거래계약서   □ 제조공정설명서   □ 원재료명세서(BOM)   □ 용도설명서

□ 견본품 (※ 분석에 소비되는 견본품은 반환되지 않습니다)

□ **작성 포인트**

❖ 당해 수출물품에 대한 해당 FTA 협정 체크

❖ 질의서는 수출신고 건별로 작성하므로 **해당 수출신고필증을 참고로 요구사항 기재**

❖ (1-1) 당해물품 품목분류 결정 주체 체크
  * 품목분류는 물품 용도, 가공정도, 소재에 따라 상이하고 최근 전자기기 및 IT관련 신제품은 복합·융합되는 추세이므로 **품목분류는 자체 결정하기 보다는 관세청이나 전문가 조력**을 받아 처리

❖ (1-2) 품목분류 근거 확인
  * 품목분류를 누가 했든지, 품목분류를 할 수 있는 근거자료를 요구하는 것이므로 해당항목 체크

□ **준비자료**

구 분	자 료 명
품목분류 근거	물품 사진 용도설명서(매뉴얼) 제조공정도(설명서) 소요원재료 명세서(BOM)

2. 원산지증명서

2-1	원산지증명서의 발급 주체는 누구입니까?	☐ 정부기관(　　　) ☐ 상대국수입자	☐ 수출자　☐ 생산자 ☐ 기타(　　　　)
2-2	수출자가 원산지증명서작성대장을 기재·관리하고 있습니까?	☐ 예 　☐ 아니오　☐ 모름	
2-3	생산자가 원산지증명서작성대장을 기재·관리하고 있습니까?	☐ 예 　☐ 아니오　☐ 모름	
2-4	원산지증명의 근거가 되는 해당 자료에 대해 ☐에 √ 표시 후, 증빙서류의 사본을 제출바랍니다.		

☐ 원산지증명서　　☐ 원산지증명된 송품장 (제3국 발행 송품장 포함)　　☐ 원산지소명서

☐ 원산지확인서류 (※ 원산지(포괄)확인서, 국내제조확인서, 수입신고필증 등)　　☐ 기타 (　　　　)

☐ **작성 포인트**

❖ (2-1) 원산지증명서 발급주체는 기관발급과 자율발급으로 구분되므로 착오없도록 주의

　＊ 기관발급 협정 : 싱가포르, 아세안, 인도, 페루, 중국, 베트남

　＊ 자율발급 협정 : 칠레, EFTA, EU, 페루, 미국, 터키, 호주, 캐나다, 콜롬비아, 뉴질랜드

　☞ *한-아세안 FTA 특혜 건임에도 자율발급의 수출자나 생산자가 체크된다면 수출자의 원산지관리 수준 의심*

❖ (2-2 / 2-3) 원산지증명서 작성대장의 관리여부를 확인하는 것임

　＊ 기관발급 협정 : ☑ 아니오,　자율발급 협정 : ☑ 예

❖ (2-4) 원산지증명 근거 자료 체크

　＊ 기관발급 협정: 기관발급 및 자율발급 중 일부협정

　＊ 원산지증명된 송품장 : 상업서류가 원산지증명 양식인 협정(EFTA, EU, 터키, 페루)

☐ **준비자료**

구 분	자 료 명
원산지증명서	원산지증명서(원산지신고서)
원산지증빙 확인서류	원산지소명서, 원산지확인서, 국내제조확인서 등

3. 운송관계

3-1 운송경로를 알 수 있는 해당 자료에 대해 ☐에 √ 표시 후, 사본을 제출바랍니다.

☐ B/L   ☐ AWB   ☐ 적하목록   ☐기타자료(   )

3-2 특혜관세적용 수출물품 운송과정에서 비당사국(역외국·제3국)을 경유 또는 환적하였습니까?   ☐ 예   ☐ 아니오

3-3 상기 3-2 질문에서 '예'를 선택한 경우, 특혜관세 적용 수출물품이 경유국 또는 환적국에서 세관통제 하에 있었음을 입증하시고, 관련 입증서류를 제출하여 주시기 바랍니다.

(※ 입증내용 기재, 답변란이 부족할 경우, 별지를 사용할 수 있습니다)

3-4 비당사국에서 하역, 재선적, 포장, 상품의 양호한 상태보존, 당사국으로 운송하기 위하여 필요한 작업 이외의 작업이나 공정을 수행하였습니까?   ☐ 예   ☐ 아니오

3-5 상기 3-4 질문에서 '아니오'를 선택한 경우, 세관 통제하에서 수행한 구체적 작업내용 또는 공정내용을 기재하시고, 관련 입증서류를 제출하여 주시기 바랍니다.

(※ 작업 내용 기재, 답변란이 부족할 경우, 별지를 사용할 수 있습니다)

☐ 작성 포인트

❖ (3-1) 직접운송원칙 **충족**여부를 확인하는 것이므로 해당 운송서류 체크

❖ (3-2 / 3-3) **제3국 경유 또는 환적시** 제3국세관 통제하에 있었음을 입증하지 못하는 경우 특혜배제가 가능하므로 증빙서류 철저 확인

❖ (3-4 / 3-5) **제3국 하역, 재선적, 포장** 등 협정에서 정한 최소한의 작업에 한해 특혜 가능하므로 수행 공정이 최소한의 것이었음을 입증

☐ 준비자료

구 분	자 료 명
직접운송	B/L, AWB
제3국경유·환적 제3국 하역, 재선적, 포장	수출당사국 발행 통과선하증권(한-아세안에 한함) 선하증권(출발→도착) 환적증명서 경유지 보세구역 입출고내역서 수출자/수입자 운송기록 물품의 씨리얼번호 컨테이너 씨리얼 번호 등

부문Ⅲ ▶ 원산지 결정 기준 (수출신고건별 작성)

4. 공통사항

4-1 귀사는 특혜관세를 적용받은 수출물품과 관련된 생산시설을 보유하고 있습니까? ☐ 예 ☐ 아니오
4-2 해당 수출물품은 협정 및 법률에서 정한 불인정 공정 이상의 가공을 수행 하였습니까? ☐ 예 ☐ 아니오
4-3 생산국가명을 기재하여 주십시오.
4-4 생산시설의 위치(주소)를 기재하여 주십시오.
4-5 불인정 공정 이상의 가공을 수행하였다면 이를 입증할 자료의 사본을 제출하여 주시기 바랍니다.
4-6 원산지 검증 대상 물품의 제조공정을 기재하여 주십시오.
 (※ 제조공정 기재, 답변란이 부족할 경우, 별지를 사용할 수 있습니다)

아래 해당하는 원산지결정기준의 ☐에 √ 표시 후 각 항목에 정한 서식에 따라 기재하여 주시기 바랍니다.

원산지 결정 기준			
	☐ 완전생산기준	5번 항목에 기재하여 주십시오.	선택기준의 경우 해당 기준 중 어느 하나만을 기재하면 되고, 조합기준의 경우 해당기준을 모두 기재하여야 합니다.
	☐ 세번변경기준	6번 항목에 기재하여 주십시오.	
	☐ 역내가치기준	7번 항목에 기재하여 주십시오.	
	☐ 가공공정기준	8번 항목에 기재하여 주십시오.	

☐ 작성 포인트

❖ (4-1) 수출물품 생산시설 보유여부 체크
 * 제조시설 허가증 등 객관적인 증빙자료로 확인

❖ (4-2) 불인정공정 이상의 공정을 수행하여야만 특혜 가능한 것이므로 수출자가 수행한 공정이 불인정공정에 해당되는지 체크
 * 불인정공정은 협정별로 상이하나 그 예를 들면 운송·저장위한 보전작업, 단순조립, 단순혼합, 건조, 냉장, 냉동, 시험, 측정 등이 해당되며 "단순한"은 특정작업을 수행하기 위하여 특별히 생산되거나 설치된 특별한 기술, 기계, 도구 또는 설비가 필요하지 아니하는 활동이 해당됨

❖ (4-6) 제조공정도를 참조하여 상세하게 기재
❖ 수출물품의 협정별 원산지결정기준을 확인하고 귀사에서 적용한 결정기준 체크

☐ 준비자료

구 분	자 료 명
생산시설	공장등록증, 제조시설 허가증 등
불인정공정	제조공정도 및 공정설명서

5. 완전생산기준

5-1 검증대상물품의 제조과정을 기재하여 주시기 바랍니다.

(※ 제조과정 기재, 답변란이 부족할 경우, 별지를 사용할 수 있습니다)

5-2 검증대상 수출물품 생산에 투입된 원재료를 다음 서식에 기재하여 주시기 바랍니다.

연번	원재료명	유형	HS부호	공급자	원산지

☐ 작성 포인트

❖ (5-1) 제조공정도를 참조하여 상세하게 기재

❖ (5-2) 자체 관리하고 있는 재료명세서(BOM)에 양식에서 누락된 항목(유형 등) 추가하여 활용 가능, "유형"란은 아래 표 참조, "HS부호"란은 협정에 정하는 바에 따라 6단위 또는 8단위로 기재

   *   원산지확인서 징구 보관

유형	상 세 내 용
a	당사국 영역에서 추출된 광물성 상품
b	당사국에서 재배되고 수확·채집된 식물 또는 식물성 생산품
c	당사국 영역에서 출생하고 사육된 살아있는 동물 또는 그 동물로부터의 제품
d	당사국 영역에서 수렵·덫사냥·어로·양식에 의하여 획득된 상품
e	당사국에 등록되고 당사국의 국기를 게양한 선박이 영해 밖에서 획득한 어획물 및 그 밖의 제품
f	우주에서 당사국 또는 사람이 획득하고 가공한 상품
g	당사자내에서 생산가공 공정에서 발생한 폐기물, 부스러기, 원재료 회수용으로 수집된 중고품
h	당사국에서 완전생산품 또는 그 파생품으로 만든 물품

. 영역, 산물의 종류는 각 협정에서 정하는 바에 따름

☐ 준비자료

구 분	자 료 명
제조공정	공장등록증, 제조시설 허가증 등
원 재 료	원재료명세서(BOM), 원산지(포괄)확인서,

6. 세번변경기준

6-1 제품 생산에 사용된 원재료를 다음 서식에 기재하고, 증빙서류를 제출하여 주십시오.

연번	원재료명	HS부호	공급자명	주소 및 연락처	원산지

(※ 답변란이 부족할 경우, 별지를 사용할 수 있습니다)

6-2 세번변경이 없는 비원산지재료가 있는 경우 다음 서식에 기재하고, 증빙서류를 제출하여 주십시오(미소기준).
※ 해당 협정에서 최소(미소)기준 산정방법이 가격기준인 경우 가격란에, 중량기준인 경우 중량란에 기재

연번	원재료명	HS부호	원산지	가격
			계	

(※ 답변란이 부족할 경우, 별지를 사용할 수 있습니다)

가격기준인 경우	가격	중량기준인 경우	중량
세번변경없는 비원산지재료 가격 총액 ①		세번변경없는 비원산지재료 총 중량 ①	
FOB기준 조정거래가격 총액 또는 물품가격 총액 ②		구성품의 총 중량 ②	
미소기준비율=①/②×100(%) ③		미소기준비율=①/②×100(%) ③	

□ 작성 포인트

❖ (6-1 / 6-2) 자체 관리하고 있는 재료명세서(BOM)에 누락된 항목(HS부호 등) 추가 활용하되 **"HS부호"란은 협정에 정하는 바에 따라 6단위 또는 8단위로 기재, "중량"은 HS부호체계에서 정하는 단위 기재**(kg, u kg, 2u, m kg, m² kg, m³ kg, ℓ kg, MW 등)

  * 국내구매 원재료중 제품세번과 원재료 세번이 동일한 경우 원산지확인서 징구 보관

❖ (6-2) 최소허용기준(미소기준)을 적용하여 원산지 판정시 작성하며 최소허용비율은 협정별로 상이

□ 준비자료

구 분	자 료 명
최소허용기준 적용 건	중량 및 가격이 명시된 원재료명세서(BOM) 원산지(포괄)확인서
최소허용기준 비적용 건	원재료명세서(BOM), 원산지(포괄)확인서

7. 역내가치(RVC)기준

7-1. 역내가치(RVC) 산정대상 회계기간

7-2. 제품 생산에 사용된 원재료 내역에 대하여 다음 표에 기재하고 원가계산서를 제출하여 주시기 바랍니다.

연번	원재료명	HS부호	공급자	원산지	소요량	단가	원재료 가격	
							원산지 원재료	비원산지 원재료
					계			

(※ 답변란이 부족할 경우, 별지를 사용할 수 있습니다)

□ 작성 포인트

❖ (7-2) 각 FTA 협정에서 정한 역내가치 산출방식을 숙지하고 집적법, 공제법, 순원가법, MC법 계산이 가능하도록 분자·분모값을 확정시켜야 함
- (분자값 / 재료 가격) 원산지재료비, 비원산지재료비
  * (칠레, 미국, 콜롬비아, 싱가포르) 국내조달재료, 수입재료, 자가생산재료 등 매입경로에 따른 재료비 계산시 가감요소 상이
  * (아세안, EFTA/EU/터키, 페루, 인도) 원산지지위별 계산
- 재료 원산지 확인 : 거래계약서, 거래명세서, 송장 등에 의하여 공급자 및 생산자 확인
- (분모값 / 상품 가격) 관세가격·조정가격(FOB가격 기초), 공장도가격(EXW)
  * 노무비, 제조간접비, 판매비, 관리비, 이윤 계상의 적정성

□ 준비자료

구 분	자 료 명
구매서류	구매계약서, 수입신고필증
제조서류	원재료 수불대장, 제품 불출대장 소요량 및 가격이 명시된 원재료명세서(BOM), 원산지(포괄)확인서, 국내제조확인서
회계서류	구매대금 영수증 노무비, 제조간접비, 판매비, 관리비, 이윤 계상의 적정성

8. 가공공정기준

8-1. 해당물품의 가공공정기준 충족여부를 기재하시고, 입증자료를 제출하여 주시기 바랍니다.

(※ 제조공정 기재, 답변란이 부족할 경우, 별지를 사용할 수 있습니다)

□ 작성 포인트
- ❖ (8-1) 원산지 결정기준이 "가공공정기준"인 경우 해당 공정을 충족할 수 있는지를 입증할 수 있어야 하므로 체약상대국 원산지결정기준 재확인
  - 공정단계별 수행업체 및 수행장소, 특정공정 역내 수행여부 확인
  - 공정누적을 인정하지 않는 FTA(EFTA, 아세안, 인도, EU, 터키) 관련물품에 누적 규정 적용 적정여부 체크

-미 FTA

(1) 석유제품 가공공정기준
2710호의 목적상 다음 공정들은 원산지로 간주한다
1. 상압증류법 : 석유가 증류탑에서 끓는 점에 따라 분획되고 증기를 냉각하면 상이한 액화 분획물이 되는 분리공정
2. 감압증류법 : 분자증류법보다 낮지 않지만 대기압 보다 낮은 압력에서 증류

(예시2) 플라스틱·고무제품 가공공정기준
주1 : 따로 명시된 것을 제외하고 제7부의 규칙 제1항 내지 규칙 제5항 중 하나 이상을 충족하는 이 부의 류 또는 호에 해당하는 물품은 원산지로 간주한다.

규칙 1 : 화학반응
규칙 2 : 혼합
규칙 3 : 정제
규칙 4 : 입자크기의 변화
규칙 5 : 이성체 분리

□ 준비자료

구 분	자 료 명
제조서류	원산지 소명서 제조공정도 및 설명서

9. 대체가능물품

9-1. 검증대상 물품에 대체가능물품이 포함되어 있습니까? ☐ 예 ☐ 아니오

9-2. 대체가능물품이 포함된 경우, 재고관리기법은 무엇입니까? ☐ 선입선출법 ☐ 후입선출법 ☐ 평균법 ☐ 개별법

9-3. 대체가능물품의 내역을 다음 란에 기재하여 주시기 바랍니다.
　　　(※ 대체가능물품 내역 기재, 답변란이 부족할 경우, 별지를 사용할 수 있습니다)

9-4. 검증대상물품에 대체가능원재료가 포함되어 있습니까? ☐ 예 ☐ 아니오

9-5. 대체가능원재료가 포함된 경우, 재고관리기법은 무엇입니까? ☐ 선입선출법 ☐ 후입선출법 ☐ 평균법 ☐ 개별법

9-6. 대체가능원재료의 내역을 다음 란에 기재하여 주시기 바랍니다.
　　　(※ 대체가능원재료 내역 기재, 답변란이 부족할 경우, 별지를 사용할 수 있습니다)

☐ 작성 포인트

❖ 각 협정에서 규정하고 있는 대체가능 상품 및 대체가능 재료에 대한 허용여부 숙지

구 분	칠레,싱가포르,미국,페루,콜롬비아	아세안,인도,EFTA,EU,터키
적용범위	상품 및 재료	재료

❖ (9-1 / 9-4) 상업적으로 동일한 질과 특성을 갖는 상품(재료)에 적용가능하므로 상업적 대체사용이 가능한지 확인
❖ (9-2 / 9-5) 당해 회계기간동안 일관되게 사용한 재고관리기법 체크

☐ 준비 자료

구 분	자 료 명
회계서류	거래 영수증 일자별 입출고 관리대장 원재료 사용 불출대장

부문Ⅳ ▶ 책임자 서명·확인

이 서류에 기재된 내용은 사실이고 정확하며 기재된 사항에 대한 책임은 본인에게 있습니다. 이 서류 또는 이와 관련한 허위진술 또는 중대한 사실 누락에 대해서는 본인에게 책임이 있음을 확인합니다.

업체명		작성일자	
대표자 직함		성명	(서명 또는 날인)
책임자 직위		성명	(서명 또는 날인)

세관 기재 사항

세관명	부서
직급	성명

【추가 질의 또는 정보요청사항】

※ 추가 질의 또는 정보요청 사항이 있는 경우 작성하고, 분량이 많을 경우 별지에 작성

□ 작성 포인트 및 유의사항

❖ 질문서 작성 후 반드시 **작성일자와 업체 관리책임자의 서명날인**
 기한 내에 회신하지 않을 경우 협정관세를 적용하지 아니하는 등 제재 조치가 진행될 수 있음에 유의

❖ 본 질문서를 통해 수집된 기업의 비밀정보는 원산지결정, 관세 등 세금의 부과징수 등 법령에 정한 목적으로만 이용되며, 필요한 경우 추가적인 정보 요구 가능

❖ 원산지증빙서류는 협정 및 특례법령에 의거 5년간 보관토록 규정하고 있는 바 이를 위반시 행정제재 부과 가능

수입물품 원산지조사
(법 제17조제1항)

▶1 서면조사통지 전 업체자율점검

협정관세 적용을 받은 수입물품에 대한 원산지조사는 협정에서 규정하고 있는 원산지조사 방식에 관계없이 먼저 국내 수입자를 대상으로 서면조사를 실시한다. 다만, 서면조사 통지 전에 ① 수출입 안전관리 우수 공인업체(AEO업체) ②「기업심사 운영에 관한 훈령」에 따른 법인심사 중인 업체 ③「관세법 시행령」 제135조의4의 소규모 성실사업자 ④ 원산지증명서의 오류를 스스로 판단하여 치유할 수 있다고 세관장이 인정하는 업체 중 어느 하나에 해당하는 수입자에게는 FTA 특혜관세 적용 수입물품 원산지 자율점검 안내서를 제공하여 스스로 점검한 결과를 제출하게 할 수 있다. 이 경우 자율점검결과 회신기한은 조사대상자가 자율점검 안내를 받은 날부터 5일 이상 30일 이내에서 세관장이 정하는 기한으로 한다. 수입자가 회신기간 이내에 자율점검 결과를 제출하지 않은 경우 즉시 원산지조사에 착수한다.

수입자가 회신기한 내 자율점검 결과를 제출한 경우 세관장은 점검결과를 검토하여 ①원산지 위반이 없다고 인정하는 경우에는 종결처리 ②원산지 위반 등이 확인된 경우 미납한 세액을 부과·징수(다만, 수입자가 자진하여 미납세액을 보정 또는 수정한 경우 제외) ③추가적인 확인이 필요한 경우 원산지조사를 착수한다.

세관에서 자율점검 안내를 통지받은 수입자는 이러한 자율점검 기회를 잘 활용할 필요가 있다. 자율점검 후 문제가 있는 경우 수입자 스스로 수정신고 등의 조치를 한 경우에는 부가세의 수정 수입세금계산서 발급이 제한되지 아니하나, 세관의 원산지조사 서면통지 이후에는 발급이 제한되기 때문이다.

원산지 검증 자율 점검표(수입)

Section I 업체 현황

수입자 현황				
업체명		사업자등록번호		
대표자		업종/업태		
시설	(사업장)			
	(공장 1)			
	(공장 2)			
종업원	(총원)____명 (관리직)____명 (기술직)____명 (생산직)____명 (행정직)____명 (기타)____명			
원산지업무 인력	☐관세사 활용(○○○관세사, ☎000-000-0000) ☐원산지관리사 보유(홍길동) ☐자체 직원 활용(박길동, 원산지 업무경력 0년)			
주요 생산설비	설비의 종류	대수	설비의 종류	
담당자	(전화번호)		(이메일)	

상대국 수출자 또는 생산자 현황(아는 경우에 한함)				
업체명		해외공급자부호		
대표자		업종/업태		
시설	(사업장)			
	(공장 1)			
	(공장 2)			
종업원	(총원)____명 (관리직)____명 (기술직)____명 (생산직)____명 (행정직)____명 (기타)____명			
원산지업무 인력	☐관세사 활용(○○○관세사, ☎000-000-0000) ☐원산지관리사 보유(홍길동) ☐자체 직원 활용(박길동, 원산지 업무경력 0년)			
주요 시설장비	설비의 종류	대수	설비의 종류	
담당자	(전화번호)		(이메일)	

주」 1. 자율점검표의 기재란이 부족할 경우 별지를 사용하여 첨부하시기 바랍니다.
　　2. 이 표의 "HS코드"란에는 가능한 한 HS 6단위(한-미 FTA의 경우 8단위) 이상을 기재하여 주시기 바랍니다.

SectionⅡ 원산지결정 전제요건 점검

적용협정	□칠레 □싱가포르 □EFTA □아세안 □인도 □EU □페루 □미국 □터키 □호주 □캐나다 □중국 □베트남 □뉴질랜드	
1. 품목분류		
1-1. 귀사가 수입한 물품은 협정에서 정한 특혜세율 적용 대상품목이 맞습니까?	□예 □아니오 □잘 모름	
1-2. 귀사는 수입물품의 품목분류(HS코드)를 어떻게 결정하고 있습니까?	□ 자체 결정 □ 수출자 통지 □ 관세사 자문 □ 관세청 사전회시 □ 기타( )	
1-3. 귀사는 수입물품의 품목분류 결정에 근거가 되는 자료(제조공정도, BOM 등)를 보관하고 있습니까?	□예 □아니오	
2. 원산지증명서		
2-1. 특혜적용 수입물품의 원산지증명서는 협정 및 법률에서 정하는 원산지증명서의 형식적 요건을 갖추고 있습니까?	□예 □아니오 □잘 모름	
2-2. 수입물품과 원산지증명서상 물품의 동일성에 대해 입증할 수 있습니까?	□예 □아니오 □잘 모름	
2-3. (한-미FTA 수입자 자율발급의 경우에만 해당) 귀사는 수입물품에 대한 원산지증명서를 협정 및 법령에서 정하는 절차에 따라 발급하였습니까?	□예 □아니오	
3. 협정관세 적용신청		
3-1. 원산지증명서의 유효기간 이내에 특혜적용을 신청하였습니까?	□예 □아니오 □잘 모름	
3-2. 송품장 상에 원산지가 다수인 물품이 있는 경우 비원산지물품에 대하여도 협정관세를 적용하지는 않았습니까?	□예 □아니오 □잘 모름	
3-3. 원산지증명서의 원산지와 현품의 원산지표시는 일치합니까?	□예 □아니오 □잘 모름	
3-4. 수량할당 협정관세 적용품목(TRQ)의 경우 주무장관의 추천서를 구비하였습니까? ※ WTO시장접근물량 할당관세 추천서로는 FTA특혜관세를 적용받을 수 없습니다.	□예 □아니오 □잘 모름	
4. 운송원칙		
4-1. 특혜관세 적용 수입물품은 체약상대국에서 출발하여 우리나라를 목적지로 운송되었습니까?		
4-2. 귀사는 운송원칙 여부에 대한 입증자료를 보관하고 있고 이에 대해 소명할 수 있습니까? ※ 운송원칙 충족 여부에 대한 입증 책임은 수입자에게 있습니다.		
4-3. 특혜관세 적용 수입물품의 운송 과정에서 비당사국(역외국, 제3국)을 경유 또는 환적한 사실이 있습니까?		

4-4. 비당사국(역외국, 제3국)에서 하역, 재선적, 포장, 상품의 양호한 상태 보존, 당사국으로 운송하기 위하여 필요한 작업 이외의 작업이나 공정을 수행한 사실이 있습니까?	
4-4-1. 만약, 있다면 구체적 작업 또는 공정 내용을 아래에 간략히 기재하여 주시고, 관련 입증서류를 제시하여 주시기 바랍니다.	
4-5. 특혜관세 적용 수입물품이 경유국 또는 환적국에서 세관 통제 하에 있었음을 입증을 할 수 있습니까	
5. 서류보관	
5-1. 특혜관세 적용 수입물품의 원산지증명서를 보유하고 있습니까?	□예 □아니오
5-2. 귀사는 「자유무역협정의 이행을 위한 관세법의 특례에 관한 법률」에서 정하는 서류를 5년간 보관하고 있습니까? 〈FTA관세특례법 §12-①, 같은 법 시행령 §13-①-1〉 수입자는 아래 서류를 수입신고 수리일부터 5년간 보관하여야 함. - 원산지증명서(전자문서 포함) 사본 - 수입신고필증 - 수입거래 관련 계약서 - 지적재산권 거래 관련 계약서 - 수입물품의 과세가격 결정에 관한 서류 - 사전심사서 사본 및 관련 증빙서류(해당하는 경우에 한함)	□예 □아니오

Section III 원산지 결정 기준 점검

6-1. 귀사와 수출자 또는 생산자와의 거래관계에 대해 표기하여 주십시오.	☐본-지사 ☐국내 대리점 ☐위탁가공 ☐기타
6-2. 특혜관세 적용 수입물품의 수출자 또는 생산자에 관한 정보를 보유하고 있습니까?	☐예 ☐아니오 ☐잘 모름
6-2-1. 만약, 보유하고 있다면 어떠한 정보를 가지고 있습니까?	☐주소 ☐생산시설 ☐보유장비 ☐인력현황 ☐생산공정 ☐기타( )
6-3. (한-미FTA 수입자 자율발급의 경우에만 해당) 원산지증명서의 발급 주체는 누구입니까?	☐해외 수출자, 생산자 ☐국내 수입자

(아래는 한-미 FTA에 있어 국내 수입자가 원산지증명서를 발급한 경우에 해당하는 추가 점검 항목입니다)

[참고: 한-미FTA협정 제6.19조4항아목]

	공통 사항	Part 1 질문으로 이동하십시오.	
개별사항	완전생산 기준	Part 2 질문으로 이동하십시오.	**선택기준**의 경우 해당 기준 중 **어느 하나만을 충족**하면 되고, **조합기준**의 경우 해당 기준을 **모두 충족**하여야 합니다.
	세번변경 기준	Part 3 질문으로 이동하십시오.	
	부가가치 기준	Part 4 질문으로 이동하십시오.	
	가공공정 기준	Part 5 질문으로 이동하십시오.	

▶ PART 1. 불인정공정 (공통사항)

7-1. 상대국 수출자 또는 생산자는 생산시설을 보유하고 있습니까?	☐예 ☐아니오
7-2. 상대국 수출자 또는 생산자는 특혜관세 적용 수입물품에 대해 협정 및 법률에서 정한 불인정 공정 이상의 가공을 수행하였습니까?	☐예 ☐아니오
7-3. 해당 물품의 생산과 관련된 제조공정을 아래에 간략하게 기재하여 주십시오.	

▶ PART 2. 완전생산기준

8-1. 귀사는 특혜관세 적용 수입물품에 대하여 완전생산기준을 적용하였습니까?	☐예 ☐아니오
8-2. 해당 수입물품은 협정 또는 법률에서 정한 기준에 맞게 완전 생산 또는 완전 획득되었습니까?	☐예 ☐아니오

▶ PART 3. 세번변경기준

9-1. 귀사는 특혜관세 적용 수입물품에 대하여 세번변경기준을 적용하였습니까?	☐예 ☐아니오

9-2. 제품 1단위 생산에 사용된 원재료에 대하여 아래에 간략하게 기재하여 주십시오.

연번	원재료명	HS코드	원산지	공급자명	주소 및 연락처

9-3. 귀사의 수입물품은 세번변경기준을 충족하였습니까? ※ 역외산(제3국산) 원재료의 HS코드와 완성품의 HS코드가 다를 경우 충족	☐예 ☐아니오
9-4. 세번변경기준을 불충족한 경우 미소(최소)기준을 사용하였습니까?	☐예 ☐아니오
9-5. 미소(최소)기준을 사용한 경우 세번변경기준을 충족하였습니까?	☐예 ☐아니오

9-6. 역외산(제3국산) 원재료 중 완성품과 세번이 동일한 재료에 대하여 아래에 간략하게 기재하여 주십시오.

연번	원재료명	HS코드	원산지	단가	제품1단위 (FOB 또는 EXW 가격)

▶ **PART 4. 부가가치기준**

10-1. 귀사는 특혜관세 적용 수입물품에 대하여 완전생산기준을 적용하였습니까?	□예　□아니오

10-2. 제품 1단위 생산에 사용된 원재료에 대하여 아래에 간략하게 기재하여 주십시오.

연번	원재료명	HS코드	원산지	소요량	단가	금액

※ 금액: FOB, EXW 등 협정이 정하는 가격

비원산지재료비 합계: _____
원산지재료비 합계: _____
물품의 가격: _____
부가가치비율(RVC): _____ %

▶ **PART 5. 가공공정기준**

11-1. 귀사는 특혜관세 적용 수입물품에 대하여 가공공정기준을 적용하였습니까?	□예　□아니오

11-2. 해당 물품의 생산과 관련된 제조공정을 아래에 간략하게 기재하여 주십시오.

SectionⅣ 기타 확인 사항

SectionⅤ 서명

위에 기재된 내용은 사실에 근거하여 작성하였음을 확인합니다.

．　．　．

작성자 : (소속)　　　(직책)　　　(성명)　　　(서명)

▶2 수입자에 대한 원산지증명서 등의 요청

세관장은 수입자에게 ①영 제10조제1항제1호의 수입자가 보관하여야 하는 서류 ②원산지조사 표준 준비자료 목록표 중 해당 서류를 원산지증빙자료 제출요청서로 요구할 수 있다. 수입자는 자료제출 요청서를 받은 날부터 30일[184] 이내에 요구서류를 제출하고 부득이한 사유로 기한 내에 서류를 제출할 수 없는 경우에는 30일을 초과하지 아니하는 범위에서 한 차례만 서류제출기한의 연장을 신청할 수 있다. 서류제출기한의 연장을 신청하려는 자는 세관의 서면조사 통지를 받은 날부터 15일 이내 신청서를 세관장에게 제출하여야 한다. 서류제출기한 연장 신청을 받은 세관장은 그 승인여부 및 서류제출기한을 신청인에게 알려야 한다.

세관장은 수입자로부터 제출 받은 자료 중 원산지증명서가 기재사항의 일부가 누락되었거나 오류 또는 흠이 있는 경우에는 5일 이상 30일 이내의 기간을 정하여 원산지증명서 오류 보완요구서로 보완을 요구할 수 있다. 다만, 원산지결정에 영향을 미치지 아니하는 경미한 사항이라고 인정하는 경우에는 그러하지 아니한다.

---

184) 한-페루 FTA의 경우 서류제출기한은 요구받은 날부터 90일이다.

[원산지조사 표준 요구자료 목록표]

1. 공통사항 요구자료

구 분	요구자료명	요구사유 및 확인할 사항	질의사항
업체 개요	● 업체 현황, 소개서 [예시: 사업자등록증, 법인등기부등본, 조직도, 임직원 현황] ● 본사·지사·계열사 설명 자료 (해당되는 경우)	● 검증 대상 업체의 명칭, 위치, 연락처 확인 ● 업체 특성 파악 ● 조직·인력 현황 확인 ● 본사·지사·계열사 파악 (해당되는 경우)	▶ 업체명, 대표자 성명 ▶ 사업자등록번호, 업종 ▶ 주소, 전화, 팩스, 홈페이지 ▶ 조직도·임직원 현황 ▶ 본사·지사·계열사 존재 여부, 각각의 역할
생산 능력	● 공장등록증 사본 ● 공장별 생산물품 정보 ● 생산설비 현황 정보 ● 연간 생산량 정보	● 생산 규모(능력) 확인 ● 생산 제품의 종류 확인	▶ 실제 생산 여부 ▶ 생산시설의 위치, 규모 ▶ 생산설비종류, 생산능력 ▶ 생산제품종류 및 생산량
원산지 관리 현황	● 원산지관리 조직 및 인력 현황 ● 원산지관리 매뉴얼 ● 원산지관리 시스템 설명 자료 [예시: 매뉴얼, 메뉴구성도, 코드표, 개체관계도(ERD), 약어표]	● 원산지관리 수준 확인 ● 원산지관리 주체 확인 ● 원산지관리 체계 확인 (매뉴얼, 시스템 등)	▶ 원산지관리 전담조직 유무 ▶ 원산지관리자 소속, 직책, 성명, 연락처 ▶ 원산지관리 매뉴얼 유무 ▶ 원산지관리 시스템 유무, 구성 체계
검증대상 물품정보	● 검증대상물품 소개 자료 [예시: 제품설명서, 카탈로그, 홍보자료 등] ● 품목분류(HS) 근거자료 [예시: 제조공정도, 원재료명세서(BOM), 용도설명서, 품목분류사전심사서 등]	● 검증대상물품의 기능·용도 등 정보 확인 ● HS 정확성 및 근거자료 확인	▶ 검증대상물품의 설명 ▶ 품목분류(HS)의 근거
거래관계	● 거래관계 증빙 자료 [예시: 무역계약서, 구매요청서(P/O), 송품장(Invoice), 포장명세서(Packing List), 수출입신고서] ● 운송경로 확인서류 [예시: 선하증권(B/L), AWB] ● 원산지증명서(C/O)	● 거래 당사자 파악 ● 운송 경로 파악 ● 원산지증명 관계 파악	▶ 무역거래관계의 설명 ▶ 직접운송원칙 충족 여부 ▶ 원산지증명서 유효성

2. 완전생산기준 요구자료

구 분	요구자료명	요구사유 및 확인할 사항	질의사항
농산물	① 수출자=생산자 ● 실제 생산자 및 농장의 증빙자료 [예시: 경작지등록자료, 조합원확인서류 등] ● 생산 능력 확인 자료 [예시: 연간 생산량, 생산시설, 생산인력 등]	● 실제 생산자 여부 확인 ● 생산 농장 현황 확인 ● 생산 사실 확인	● 검증대상물품의 실제 생산자에 대한 정보 요청 ● 검증대상물품의 실제 농장 현황 자료 요청 ● 생산사실 확인자료 요청
	② 수출자≠생산자 ● 생산지역(생산자)에서 집하지역(수출자)까지의 운송 증빙 자료, 거래 증빙 자료	● 생산지와 집하지간 운송 사실 확인 ● 생산자와 수출자간 거래사실 확인	● 생산자의 농장으로부터 수출자의 집하지까지의 운송증빙과 거래증빙자료 제출 요청
	③ 역외산 대체가능물품(재료)이 존재하는 경우 ● 역내산과 역외산 물품의 물리적 구분 증빙자료 또는 회계적 재고관리 증빙자료	● 집하지에서 역내산과 역외산 대체가능물품이 혼재되는 경우 구분 여부 확인	● 역외산 대체가능물품(재료)이 역내산 물품과 혼재하는 경우 양자를 구분할 수 있는 증빙자료 제출 요청
	● 생산 공정 설명자료 [예시: 생산공정도, 생산설명서 등]	● 생산 공정 확인	● 생산공정을 확인할 수 있는 자료 제출 요청
축산물	① 도축기준일 경우 ● 도축 사실을 확인할 수 있는 증빙자료 [예시: 검역증 등]	● 도축기준 충족 확인 자료	● 도축 사실을 확인할 수 있는 증빙자료 제출 요청
	② 완전생산기준일 경우 ● 실제 생산자 및 목장의 증빙자료 [예시: 목장등록자료, 조합원확인서류] ● 생산 능력 확인 자료 [예시: 연간 생산량, 생산시설, 생산인력 등]	● 실제 생산자 여부 확인 ● 목장 현황 확인 ● 생산 능력(규모) 확인	● 검증대상물품의 실제 생산자에 대한 정보 요청 ● 검증대상물품의 실제 농장 현황 자료 요청 ● 생산사실 확인자료 요청
	③ 역외산 대체가능물품(재료)이 존재하는 경우 ● 역내산과 역외산 물품의 물리적 구분 증빙자료 또는 회계적 재고관리 증빙자료	● 집하지에서 역내산 물품과 역외산 대체가능물품이 혼재되는 경우 구분 여부 확인	● 역외산 대체가능물품(재료)이 역내산 물품과 혼재하는 경우 양자를 구분할 수 있는 증빙자료 제출 요청
	● 생산 공정 설명자료 [예시: 생산공정도, 생산설명서 등]	● 생산 공정 확인	● 생산공정을 확인할 수 있는 자료 제출 요청

구분			
수산물	● 원양 생산 증빙자료 [예시: 선박국적증명서, 원양어업허가증, 원양어획반입신고확인서 등]	● 원양에서 어로·양식 등 생산한 사실 확인	● 원양에서 어로·양식 등 생산한 증빙자료 제출 요청
	● 근해 생산 증빙자료 [예시: 어업허가증, 출하확인서류, 수산물수매확인서 등]	● 근해에서 어로·양식 등 생산한 사실 확인	● 근해에서 어로·양식 등 생산한 증빙자료 제출 요청
	● 생산 공정 설명자료 [예시: 생산공정도, 생산설명서 등]	● 생산 공정 확인	● 생산 공정을 확인할 수 있는 자료 제출 요청

3. 세번변경기준 요구자료

구 분	요구자료명	요구사유 및 확인할 사항	질의사항
원재료 구매단계	① **수입 원재료** ● 원재료 구매 자료 [예시: 계약서, 수입신고필증, 송품장(Invoice), 선하증권(B/L), 포장명세서(Packing List), 대금지급자료 등] ● 원재료의 원산지 증빙자료 [예시: 원산지증명서(C/O)]	● 원재료의 구매사실 확인 ● 원재료의 구매처 확인 ● 원재료의 가격 확인 ● 원재료의 원산지, 기록보관규정 준수 여부 확인	▶ 원재료 구매 자료 제출 요청 ▶ 원재료의 원산지 증빙자료 제출 요청
	② **국내 조달 원재료** ● 원재료 구매 자료 [예시: 계약서, 거래명세서, 세금계산서, 구매확인서, 납품서, 입고증, 기납증, 분증, 내국신용장 등] ● 원재료의 원산지 증빙자료 [예시: 원산지확인서, 국내제조확인서]	● 원재료의 구매사실 확인 ● 원재료의 구매처(원산지) 확인 ● 원재료의 품목분류(HS) 부호 확인 ● 원재료의 원산지, 기록보관규정 준수 여부 확인	▶ 원재료 구매 증빙 자료 제출 요청 ▶ 원재료의 원산지 증빙자료 제출 요청
	● 원재료 구매 관련 회계 증빙자료 [예시: 구매원장, 자재원장, 구매전표, 구매비용전표, ERP시스템 출력자료]	● BOM의 정확성 확인 ● 구매증빙자료와의 일치성(구매목록, 공급처 등) 확인	▶ 원재료의 구매와 관련된 회계 증빙자료 제출 요청
생산단계	● 제조 공정 설명 자료 [예시: 제조공정도, 작업지시서, 공정이동표]	● 실제 제조 여부(지시자, 작업자, 작업부서) 확인 ● 공정내역, 가공순서, 제조일자, 불인정공정 이상 공정 수행 여부 확인	▶ 제조공정을 설명할 수 있는 자료 제출 요청

	● 원재료 내역 증빙자료 [예시: BOM, 철강재의 경우 Mill Sheet 등]	● 원재료의 부품번호(코드), 품명, 규격, 소요량, 공급처, 원산지, HS 등 확인 ● 제조공정도와의 연계성 확인	▶ 검증대상물품의 원재료 내역을 증빙할 자료 제출 요청
	● 검증대상물품 생산 관련 회계 증빙자료 [예시: 원재료/제품수불부, 노무비·제조간접비·기타경비·이윤내역, ERP 출력자료]	● 원재료의 입출고 내역, 소요량, 금액(단가) 확인 ● 생산증빙과의 일치성 확인 ● 생산에 투입된 원재료 가격의 정확성 확인	▶ 검증대상물품의 생산과 관련된 회계 증빙자료 제출 요청
	● 임가공 증빙자료 [예시: 임가공거래계약서, 작업지시서, 임가공비지불증빙, 납품서, 국내제조확인서 등] ● 유상사급 증빙자료 [예시: 구매전표, 구매원장, 매입처원장, 매출전표, 판매원장, 수불부 등] ● 무상사급 증빙자료 [예시: 임가공비 전표 등]	● 임가공(유상사급/무상사급) 사실 확인	▶ 임가공에 해당하는 경우 그 증빙자료 제출 요청
판매단계	● 검증대상물품의 판매 증빙자료 [예시: 계약서, 수출신고필증, 송품장(Invoice), 선하증권(B/L), AWB, 포장명세서(Packing List), 검역증, 대금영수증빙(신용장 등)] ● 검증대상물품의 원산지기준 충족 증빙자료 [예시: 역내가치산출표, 원산지증명서·작성대장, 원산지소명서, 서명카드] ● 검증대상물품 판매 관련 회계 증빙자료 [예시: 매출전표(A/R), 판매원장, 판매부대비용전표(운임·보험료·통관수수료), 표준원가정책, 실제원가결산자료, ERP 시스템 출력자료]	● 검증대상물품의 판매 사실, 판매처, 품명·규격·HS 등 확인 ● 검증대상물품의 원산지, 기록보관규정 준수 여부 확인 ● 판매증빙과의 일치성 확인(판매목록, 단가, 판매처 등)	● 검증대상물품 판매 관련 증빙자료 제출 요청 ● 검증대상물품의 원산지 기준 충족증빙자료 제출 요청 ● 검증대상물품의 판매와 관련된 회계 증빙자료 제출 요청

4. 역내가치기준(부가가치기준)

구 분	요구자료명	요구사유 및 확인할 사항	질의사항
원재료 구매단계	① 수입 원재료 ● 원재료 구매 자료 [예시: 계약서, 수입신고필증, 송품장(Invoice), 선하증권(B/L), 포장명세서(Packing List), 대금지급자료 등] ● 원재료의 원산지 증빙자료 [예시: 원산지증명서(C/O)]	● 원재료의 구매사실 확인 ● 원재료의 구매처 확인 ● 원재료의 가격 확인 ● 원재료의 원산지, 기록보관규정 준수 여부 확인	● 원재료 구매 자료 제출 요청 ● 원재료의 원산지 증빙자료 제출 요청
	② 국내 조달 원재료 ● 원재료 구매 자료 [예시: 계약서, 거래명세서, 세금계산서, 구매확인서, 납품서, 입고증, 기납증, 분증, 내국신용장 등] ● 원재료의 원산지 증빙자료 [예시: 원산지확인서, 국내제조확인서]	● 원재료의 구매사실 확인 ● 원재료의 구매처(원산지) 확인 ● 원재료의 품목분류(HS) 부호 확인 ● 원재료의 원산지, 기록보관규정 준수 여부 확인	● 원재료 구매 증빙 자료 제출 요청 ● 원재료의 원산지 증빙 자료 제출 요청
	● 원재료 구매 관련 회계 증빙자료 [예시: 구매원장, 자재원장, 구매전표, 구매비용전표, ERP시스템 출력자료]	● BOM의 정확성 확인 ● 구매증빙자료와의 일치성(구매목록, 공급처 등) 확인	● 원재료의 구매와 관련된 회계 증빙자료 제출 요청
생산단계	● 제조 공정 설명 자료 [예시: 제조공정도, 작업지시서, 공정이동표]	● 실제 제조 여부(지시자, 작업자, 작업부서) 확인 ● 공정내역, 가공순서, 제조일자, 불인정공정 이상 공정 수행 여부 확인	● 제조공정을 설명할 수 있는 자료 제출 요청
	● 원재료 내역 증빙자료 [예시: BOM, 철강재의 경우 Mill Sheet 등]	● 원재료의 부품번호(코드), 품명, 규격, 소요량, 공급처, 원산지, HS 등 확인 ● 제조공정도와의 연계성 확인	● 검증대상물품의 원재료 내역을 증빙할 자료 제출 요청
	● 검증대상물품 생산 관련 회계 증빙자료 [예시: 원재료/제품수불부, 노무비·제조간접비·기타경비·이윤 내역, ERP 출력자료]	● 원재료의 입출고 내역, 소요량, 금액(단가) 확인 ● 생산증빙과의 일치성 확인 ● 생산에 투입된 원재료 가격의 정확성 확인	● 검증대상물품의 생산과 관련된 회계 증빙자료 제출 요청

	• 임가공 증빙자료 [예시: 임가공거래계약서, 작업지시서, 임가공비지불증빙, 납품서, 국내제조확인서 등] • 유상사급 증빙자료 [예시: 구매전표, 구매원장, 매입처원장, 매출전표, 판매원장, 수불부 등] • 무상사급 증빙자료 [예시: 임가공비 전표 등]	• 임가공(유상사급/무상사급) 사실 확인	• 임가공에 해당하는 경우 그 증빙자료 제출 요청
판매단계	• 검증대상물품의 판매 증빙자료 [예시: 계약서, 수출신고필증, 송품장(Invoice), 선하증권(B/L), AWB, 포장명세서(Packing List), 검역증, 대금영수증빙(신용장 등)] • 검증대상물품의 원산지기준 충족 증빙자료 [예시: 역내가치산출표, 원산지증명서·작성대장, 원산지소명서, 서명카드] • 검증대상물품 판매 관련 회계 증빙자료 [예시: 매출전표(A/R), 판매원장, 판매부대비용전표(운임·보험료·통관수수료), 표준원가정책, 실제원가결산자료, ERP 시스템 출력자료]	• 검증대상물품의 판매 사실, 판매처, 품명·규격·HS 등 확인 • 검증대상물품의 원산지, 기록보관규정 준수 여부 확인 • 판매증빙과의 일치성 확인(판매목록, 단가, 판매처 등)	• 검증대상물품 판매 관련 증빙자료 제출 요청 • 검증대상물품의 원산지 기준 충족증빙자료 제출 요청 • 검증대상물품의 판매와 관련된 회계 증빙자료 제출 요청

5. 가공공정기준 요구자료

구 분	요구자료명	요구사유 및 확인할 사항	질의사항
원재료 구매단계	● 공정별 원재료 구매 증빙자료 [예시: 거래명세표, 원재료 수불부, 발주서, 원단재고목록, 인수증, 납품명세서, 재고관리대장, 생산관리대장] ● 원재료의 원산지 증빙자료 [예시: 원산지증명서(C/O)]	● 원재료의 구매사실 확인 ● 원재료의 구매처 확인 ● 원재료의 품명, 규격, 수량 확인 ● 원재료의 원산지, 기록보관규정 준수 여부 확인	▶ 공정별 원재료 구매 증빙자료 제출 요청 ▶ 원재료의 원산지 증빙자료 제출 요청
	● 원사(Yarn)의 원산지 및 구매 증빙자료 [예시: 원산지확인서, 구매 관련자료(거래명세서, 세금계산서 등)]	● 원사기준 원산지판정방식(Yarn-forward)일 경우, 원재료인 원사의 원산지 확인	▶ 원사(Yarn)의 원산지 및 구매 증빙자료 제출 요청
	● 직물(Fabric)의 원산지 및 구매 증빙자료 [예시: 원산지확인서, 구매 관련자료(거래명세서, 세금계산서 등)]	● 직물기준 원산지판정방식(Fabric-forward)일 경우, 원재료인 직물(원단)의 원산지 확인	▶ 직물(Fabric)의 원산지 및 구매 증빙자료 제출 요청
	● 재단·봉제(Cut and sew)공정을 위한 원재료의 원산지 및 구매 증빙자료 [예시: 원산지확인서, 구매 관련자료(거래명세서, 세금계산서 등)]	● 재단·봉제기준 원산지판정방식(Cut and sew)일 경우, 원재료인 직물(원단)의 원산지 확인	▶ 직물(Fabric)의 원산지 및 구매 증빙자료 제출 요청
생산단계	● 원재료 내역 증빙자료 [예시: BOM]	● 원재료의 부품번호(코드), 품명, 규격, 소요량, 공급처, 원산지, HS 등 확인 ● 제조공정도와의 연계성 확인	▶ 검증대상물품의 원재료 내역을 증빙할 자료 제출 요청
	● 가공공정별 설명 자료 [예시: 생산공정도(Flow Chart), 공정설명서, 공정사진, 국내제조확인서, 작업지시서, 생산일지, 생산관리대장, 입출고·재고관리대장]	● 공정의 순서 및 충분 가공 여부 확인 ● 공정 수행 지역, 수행자(생산자) 확인 ● 투입된 원재료와 생산된 상품의 규격·수량의 적정성 확인	▶ 가공공정의 개괄적 설명 자료 요청 ▶ 공정의 각 단계별 수행주체(업체) 설명자료 요청 ▶ 원재료와 생산량의 적정성 확인자료 요청

	• 임가공 증빙자료 [예시: 임가공거래계약서, 작업지시서, 임가공비지불증빙, 납품서, 국내제조확인서 등]	• 임가공, 외주가공이 있을 경우, 실제 생산주체 확인	▶ 임가공, 외주가공이 있었을 경우 계약 및 거래 증빙 자료 제출 요청
판매단계	• 검증대상물품의 판매 증빙자료 [예시: 계약서, 수출신고필증, 송품장(Invoice), 선하증권(B/L), AWB), 포장명세서(Packing List), 대금영수증빙(신용장 등)]	• 검증대상물품의 판매 사실, 판매처, 품명·규격·HS 등 확인	▶ 검증대상물품 판매 관련 증빙자료 제출 요청
	• 검증대상물품의 원산지 증빙자료 [예시: 원산지증명서·작성대장, 원산지소명서, 서명카드]	• 검증대상물품의 원산지, 기록보관규정 준수 여부 확인	▶ 검증대상물품의 원산지 증빙자료 제출 요청
	• 검증대상물품 판매 관련 회계 증빙자료 [예시: 매출전표(A/R), 판매원장, ERP시스템 출력자료]	• 판매증빙과의 일치성 확인(판매목록, 단가, 판매처 등)	▶ 검증대상물품의 판매와 관련된 회계 증빙자료 제출 요청

▶3 국내 서면조사

세관장은 서면조사를 착수하고자 하는 때에는 수입자에게 국내 서면조사 통지서 등을 사전 송부하여야 하고, 수입자가 서면으로 요청하는 경우 국내 서면조사와 국내 현지조사를 병행하여 수행할 수 있다. 이 경우 국내 현지조사 통지는 국내 서면조사 통지로 대신한다.

세관장은 서면조사시 수입자가 제출한 자료에 대하여 다음의 사항을 중점 확인한다.
   1. 원산지증명서가 협정에서 정한 요건을 갖춘 유효한 증명서인지 여부
   2. 법 제8조 및 제9조의 협정관세 적용신청 절차를 준수하였는지 여부
   3. 품목분류와 적용세율의 적정 여부
   4. 법 제7조제2항 및 협정에서 정한 직접운송의 충족 여부
   5. 법 제7조제1항 및 협정에서 정한 원산지결정기준의 충족 여부

6. 제53조에 따라 제출한 자료의 진위 여부

7. 별지 제32호서식의 원산지질문서와 증빙자료간의 일치 여부

8. 그 밖에 협정 또는 법령에서 정한 사항

세관장은 수입자가 제출한 서류로 상기의 사항을 확인하기 어려운 경우에는 수입자에게 보완할 사항, 보완을 요구하는 이유와 보완요구 기간이 기재된 원산지증빙서류 보완요구서로 보완을 요구 할 수 있다.

세관장은 국내 서면조사를 완료한 경우에는 원산지조사 결과보고서를 작성하여 관세청장에게 보고한다. 관세청장은 조사결과 보고서를 검토하여 필요하다고 인정하는 경우 조사내용 및 증빙 자료의 보완 등을 지시할 수 있다. 세관장은 관세청장의 승인을 받은 날로부터 30일 이내에 원산지조사 결과통지서를 수입자에게 통지한다. 이 경우 영 제15조에 따라 이의제기가 가능함을 함께 통지한다. 국내 서면조사를 실시한 결과 원산지증빙서류의 진위여부와 그 정확성 등을 확인하기 곤란하거나 추가로 확인이 필요한 경우 국내 현지조사를 실시하거나 국제조사를 할 수 있다.

▶ 4 국내 현지조사

영 제11조제2항에 따라 다음의 어느 하나에 해당하는 경우에는 국내 서면조사에 앞서 국내 현지조사를 우선할 수 있다.

1. 조사대상자가 현지조사를 요청하는 경우
2. 조사대상 원산지증명서가 법 제44조제2항 및 제3항에 해당하는 경우
3. 세관장이 조사대상 원산지증명서의 수량과 조사대상 물품의 범위 등을 고려하여 현지 조사를 우선할 필요가 있다고 인정하는 경우
4. 관세청장이 현지조사를 지시하는 경우

세관장은 국내 현지조사를 시작하기 30일 전까지 원산지 현지조사 예정통지서를 조사대상자에게 ①직접 교부 ②모사전송(FAX) ③등기우편 및 전자우편(e-Mail) 중 어느 하나의 방법으로 송달하고, 송달을 확인할 수 있는 근거서류를 보관하여야 한다.

조사대상자는 다음 어느 하나에 해당하는 사유로 인해 국내 현지조사를 받기 곤란한 경우에는 해당 세관장에게 국내 현지조사의 연기를 신청 할 수 있다. 이 경우 세관장은 연기신청 사유를 검토하여 승인여부와 국내 현지조사 연기기한을 원산지 현지조사 연기신청(승인)서로 통지한다.

1. 천재지변으로 인하여 현지조사를 받기가 곤란한 경우
2. 화재나 그 밖에 재해로 사업상 심한 어려움이 있는 경우
3. 노동쟁의 등으로 현지조사를 정상적으로 진행하기 어려운 경우
4. 권한 있는 기관에 의해 장부 및 증빙서류가 압수 또는 영치된 경우

세관장은 국내 현지조사를 하는 경우 다음의 사항을 조사한다.

1. 영 제10조제1항의 원산지증빙서류 등의 보관 실태
2. 해당 제품의 생산시설·생산 장비 및 생산 공정
3. 해당 제품의 생산에 사용되는 각 원재료의 입고 및 출고 내역
4. 해당 제품 및 원재료의 원산지 입증자료의 보관 실태
5. 수입된 원재료의 품목분류 사전심사서
6. 원산지관리 시스템 및 전사적 자원관리 시스템(ERP)
7. 수출관련 계약서, 환율, 환급세액, 회계자료, 외국환 거래내역 등

세관장은 국내 현지조사를 완료한 경우 원산지조사 결과보고서에 상대국 관세당국에 원산지조사 결과를 통지할 서한문을 첨부하여 관세청장에게 보고한다. 관세청장은 조사결과 보고서를 검토하여 필요하다고 인정하는 경우 조사내용, 증빙자료의 보완, 서한문의 수정 및 벌칙적용 등을 지시할 수 있다.

세관장은 관세청장의 승인을 받은 날로부터 30일 이내에 조사대상자에게 국내 현지조사 결과를 통지한다. 이 경우 영 제15조에 따른 이의제기가 가능함을 함께 통지한다.

세관장은 원산지조사 중에 조사대상자가 ① 법 제44조 및 협정에서 규정한 위반행위를 한 혐의가 있는 경우 ② 「관세법」 제268조의2, 제269조, 제270조, 제270조의2, 제276조에 규정된 위반행위를 한 혐의가 있는 경우 ③ 「대외무역법」, 「외국환거래법」 등 수출입관련 의무이행을 정하고 있는 다른 법령의 처벌규정에서 정하는 위반행위를 한 혐의가 있는 경우 범칙예비조사 대상으로 전환한다.

5 체약상대국에 국제 간접조사 요청(법 제19조)

관세청장 또는 세관장은 체약상대국에서 수입된 물품과 관련하여 협정에서 정하는 범위에서 원산지 또는 협정관세 적용의 적정 여부 등에 대한 확인에 필요하다고 인정하는 경우에는 원산지 증빙서류의 진위 여부와 그 정확성 등에 관한 확인을 체약상대국의 관세당국에 요청할 수 있다. 체약상대국에 대한 원산지 확인요청은 ① 법 제16조제1항에 따라 수입자를 대상으로 원산지증빙 서류 등의 제출을 요구한 결과 원산지를 확인하기 곤란하거나 추가로 확인할 필요가 있는 경우 ② 법 제17조제1항에 따라 수입자를 대상으로 원산지에 관한 조사를 한 결과 원산지를 확인하기 곤란하거나 추가로 확인할 필요가 있는 경우 ③ 무작위추출방식으로 표본조사를 하려는 경우 중 어느 하나에 해당하는 경우에 할 수 있다.

관세청장 또는 세관장은 체약상대국의 관세당국에 원산지 확인을 요청할 때에는 ① 원산지 확인 요청사유 및 요청사항 ② 해당 물품에 적용된 원산지결정기준 ③ 원산지 확인결과의 회신기간을 기재한 원산지확인요청서와 함께 수입자 또는 그 밖의 조사대상자 등으로부터 수집한 원산지 증빙서류 사본을 송부하여야 한다.

관세청장 또는 세관장은 체약상대국의 관세당국에 원산지의 확인을 요청하는 때에는 수입자에게 그 사실을 통보하여야 하며, 체약상대국 관세당국으로부터 원산지의 확인결과를 통보받은 때에는 그 회신내용과 그에 따른 결정내용을 수입자에게 통보하여야 한다.

관련판례

CHAPTER 6-3

국제간접검증 요청이 행정처분으로 이의제기의 대상이 되는 지

국제간접검증 요청은 협정관세 적용 등을 확인하기 위한 행정청의 절차적 단계 중 하나로서, '서면조사, 간접검증 요청, 현지조사, 협정배제 및 관세 추징'으로 이어지는 과정에서 체약 상대국 관세당국에 대하여 이루어진 중간행위에 불과하다. 따라서 서면조사 결과에 따라 추가 확인이 필요하다는 이유로 국제간 접검증을 요청하기로 하였다는 내용인 이 사건 통지는 이해당사자인 원고에게 예측가능성을 부여하고자 위와 같은 행정절차 진행 사실을 알린 것으로서 결국 '사실의 통지'에 불과하고, 이 사건 통지에 대한 원고의 이의제기에 대하여 이루어진 이 사건 결정은 원고의 의견에 대한 행정청의 입장을 밝힌 것일 뿐이어서, 이 사건 통지 및 이사건 결정은 모두 원고의 권리·의무에 직접적인 변동을 초래하는 항고소송의 대상이 되는 행정처분에 해당하지 않는다.

[서울행정법원 2018구합57810, 2018.12.20]

▶6 상대국 수출자 등에 대한 국제 서면조사

세관장은 협정에서 정하는 바에 따라 체약상대국에 소재하는 수출자, 생산자 또는 원재료공급자를 조사하고자 하는 경우에는 관세청장에게 보고하고 승인을 받아야 한다. 관세청장은 세관장의 계획보고서를 검토하여 영문서한문, 질문 내용 등을 조정할 수 있다.

세관장은 관세청장의 승인을 받은 경우 체약상대국 조사대상자에게 다음의 서류를 첨부하여 국제 등기우편(EMS) 및 전자우편(e-Mail)으로 국제 서면조사 통지서를 송부한다.
1. 원산지증빙서류 사본
2. 원산지입증자료 제출 요청서 및 제출대상서류 목록표
3. 서류제출기한 연장 신청서
4. 질문서

세관장은 통지서를 송부하는 때에는 규칙 제21조 제2항에 따른 서류제출기한을 명시한다. 조사대상자는 협정에서 달리 정하는 경우를 제외하고 국제 서면조사통지서 및 자료제출 요청서를 받은 날부터 30일 이내에 해당 자료를 제출 하여야 한다. 다만, 부득이한 사유로 기한 내에 자료를 제출할 수 없는 경우에는 국제 서면조사 통지를 받은 날부터 15일 이내에 1회에 한하여 30일을 초과하지 않는 범위 내에서 기한의 연장을 신청하는 서류제출기한 연기신청서를 제출 할 수 있다. 세관장은 서류제출기한 연기신청을 받은 때에는 그 승인여부 및 연장기한을 통지한다.

세관장은 체약상대국 조사대상자가 제출한 자료에 대하여 ① 체약상대국 조사대상자가 제출한 자료의 진위 여부 ② 협정 및 규칙 별표에서 정한 원산지 기준의 충족 ③ 원산지소명서 및 원산지질문서와 원산지증빙자료간의 일치 여부를 중점 확인한다.

세관장은 상대국 수출자 등에 대해 국제 서면조사를 통지한 때에는 수입자 및 체약상대국 관세당국에 그 사실을 서면으로 통지한다. 다만, 체약상대국 관세당국에 대한 통지는 협정에서 정한 경우에만 한다.

세관장은 국제 서면조사를 마친 때에는 원산지조사 결과보고서를 작성하여 관세청장에게 보고하며, 관세청장은 조사결과 보고서를 검토하여 필요하다고 인정하는 경우 조사내용 및 증빙자료

의 보완 등을 지시할 수 있다.

세관장은 관세청장의 승인을 받은날로부터 30일 이내에 원산지조사 결과통지서를 체약상대국 조사대상자, 국내 수입자 및 체약상대국 관세당국(협정에서 정하는 경우에 한함)에 국제 등기우편(EMS) 및 전자우편(e-Mail)으로 통지한다.

▶ 7 상대국 수출자 등에 대한 국제 현지방문조사

세관장은 국제 서면조사결과 원산지증빙서류의 진위여부와 원산지기준 충족여부 및 그 진위여부에 대해 추가로 확인이 필요한 경우 협정에서 정하는 방법으로 체약상대국 조사대상자를 직접 방문하여 현지조사를 실시할 수 있다. 다만 협정에서 서면조사를 우선하도록 정하지 않는 경우에는 현지조사를 우선할 수 있다. 세관장이 국제 현지조사를 하고자 하는 경우 관세청장에게 국제 현지방문조사계획을 보고하고 승인을 받아야 한다.

관세청장은 국제 현지조사 계획을 검토하여 효율적인 방문조사를 위해 국제현지조사팀의 구성과 조사일정, 조사대상자 및 조사대상 범위를 조정 할 수 있다.

세관장은 관세청장의 승인을 받은 경우 국제 현지방문조사 개시일 기준으로 최소 30일 전 까지 체약상대국 조사대상자에게 국제특급우편(EMS) 및 전자우편(e-Mail)으로 국제 현지조사 예정통지서를 송부한다. 이 경우 체약상대국 조사대상자가 예정통지를 받은 날부터 30일 이내에 국제 현지조사 동의 여부를 회신하도록 명시한다.

세관장은 체약상대국 조사대상자가 정한 기간 이내에 특별한 사유 없이 동의 여부를 통보하지 아니하거나 국제 현지조사를 거부하는 경우에는 그 사실을 수입자와 체약상대국의 관세당국에 통보한다. 이 경우 체약상대국의 관세당국에 대한 통지는 협정에서 정하는 경우에만 한다. 체약상대국의 조사대상자가 동의하지 아니한 경우에는 현지조사를 할 수 없다.

통지를 받은 체약상대국의 조사대상자는 관세청장 또는 세관장이 통지한 예정 조사기간에 조사를 받기가 곤란한 경우에는 그 통지를 한 관세청장 또는 세관장에게 조사의 연기를 신청할 수 있다. 조사의 연기를 신청하고자 하는 자는 현지조사에 관한 사전통지를 받은 날부터 15일 이내에 조사연기신청서를 사전통지를 한 관세청장 또는 세관장에게 제출하여야 한다. 조사연기의 신청은 1회에 한하며, 그 조사를 연기할 수 있는 기간은 사전통지를 받은 날부터 60일을 초과할 수 없다.

관세청장 또는 세관장은 조사의 연기를 승인하는 때에는 그 사실을 조사대상자와 체약상대국의 관세당국에 통지하여야 한다. 이 경우 체약상대국의 관세당국에 대한 통지는 협정에서 정하는 경우로 한정한다.

세관장은 국제 현지조사를 완료한 경우에는 원산지 현지조사 결과보고서를 작성하여 관세청장에게 보고하고 승인을 받아야 한다. 관세청장은 조사결과 보고서를 검토하여 필요하다고 인정하는 경우 조사내용과 조사결과에 대한 보완·수정을 지시할 수 있다.

세관장은 관세청장의 승인을 받은날로부터 30일 이내에 원산지 현지조사 결과통지서를 작성하여 체약상대국 조사대상자, 국내 수입자 및 체약상대국 관세당국에 국제 등기우편(EMS) 및 전자우편(e-Mail)으로 통지한다. 다만, 체약상대국 관세당국에 대한 통지는 협정에서 정하는 경우에만 한다.

<그림 6-2> 수입검증 절차도

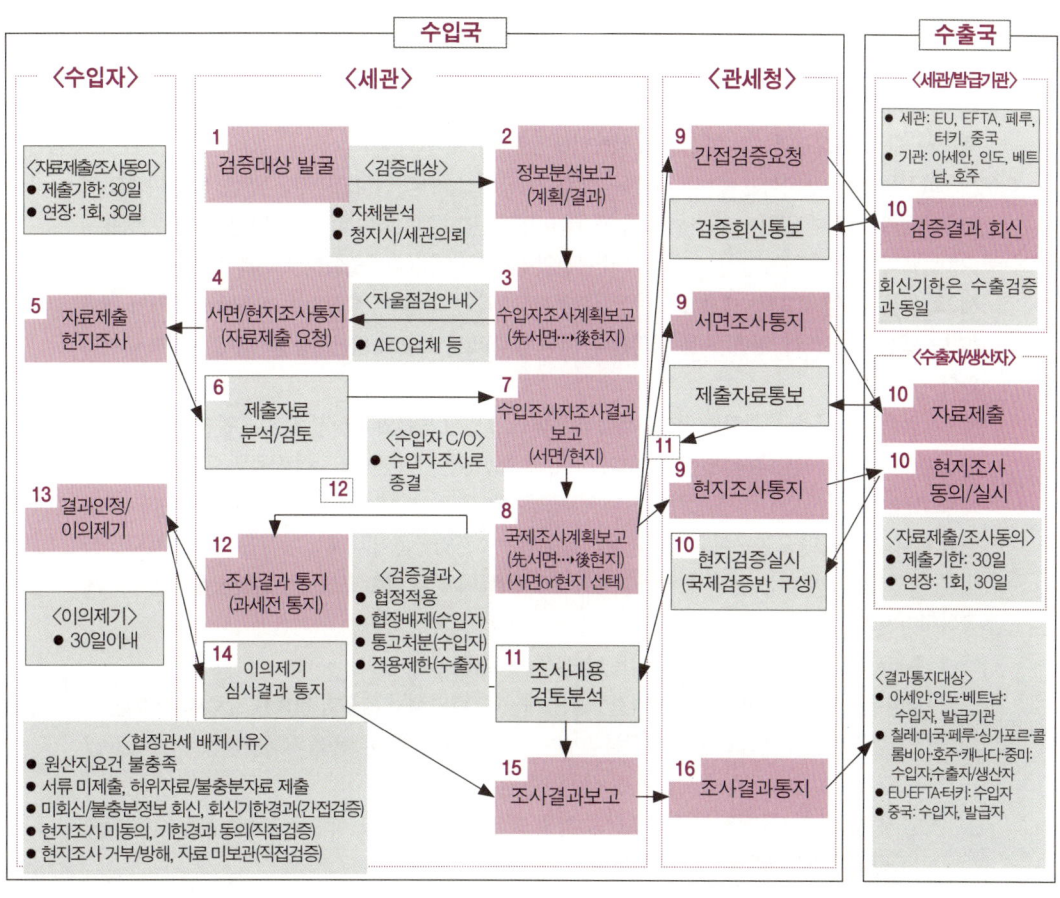

한-미 자유무역협정 통관원칙에 따른 원산지검증 업무지침('18.11.14.)

제1조(목적) 이 지침은 한-미 양국이 2018년 9월 24일 합의한 붙임「대한민국과 미합중국 간의 자유무역협정에 따른 통관원칙(Customs Principles under the Free Trade Agreement between the United States of America and the Republic of Korea)」의 8개 항목에 대한 이행원칙을 정함으로써「한-미 자유무역협정」의 원활한 쌍방이행을 목적으로 한다.

제2조(적용범위) 이 지침은「한-미 자유무역협정」(이하 '협정'이라 한다)과「자유무역협정의 이행을 위한 관세법의 특례에 관한 법률」(이하 '법'이라 한다), 같은 법 시행령(이하 '영'이라 한다) 및 시행규칙(이하 '규칙'이라 한다)이 정하는 바에 따라 협정관세가 적용되는 수출입물품에 대해 적용한다.

제3조(원산지증명서 효력) 세관장은 원산지증명서를 발급한 **수출자, 생산자의 주소나 소재지가 역외(域外, 협정 제1.4조의 '영역' 외를 의미한다. 이하 같다)라는 사유로 원산지증명서를 불인정하지 아니한다.**

제4조(검증대상 선별) 세관장은 협정관세를 적용받아 수입된 물품의 원산지 지위에 관한 합리적 의심이 있는 경우에는 원산지검증에 착수하여야 하며, 물품의 원산지결정에 필요한 자료를 요구할 수 있다.

제5조(원산지검증 기간) ① 세관장은「자유무역협정에 따른 원산지조사 운영에 관한 훈령」(이하 '훈령'이라 한다) 제15조에도 불구하고 협정관세가 적용되는 수출입물품에 대해서는 다음 각 호에서 규정하는 기간 중 먼저 도달하는 날 이내에 협정 제6.18조제5항에 따른 최종 결정을 수입자에게 서면으로 제공하여야 한다.

 1. 수입자가 원산지조사 통지서를 받은 날로부터 12개월
 2. 협정 제6.18조제4항에 따른 예비결정내용 제공 후 추가정보 제출이 완료된 날로부터 90일. 다만, 추가정보가 제출되지 아니한 경우에는 수입자가 예비결정내용을 제공받은 날로부터 30일이 경과된 날을 추가정보 제출이 완료된 날로 간주

② 세관장은 제1항에도 불구하고 다음 각 호의 어느 하나에 해당하는 경우에는 본청 승인 하에 원산지검증 기간을 연장할 수 있다.

 1. 미국 관세당국과의 협정 해석상 이견으로 검증이 지연되는 경우
 2. 쟁점이 동일하거나 유사한 선행 사건의 불복 진행 경과를 고려할 필요가 있는 경우
 3. 품목분류 등에 관하여 관세품목분류위원회의 심의가 필요한 경우
 4. 원산지조사 처분 심의회 개최가 필요한 경우
 5. 그 밖에 기간연장이 필요한 합리적 사유가 있는 경우

③ 제1항에 따른 기간 계산은「민법」에 따른다.

제6조(수입자 대상 원산지증빙서류 제출요청) 세관장은 훈령 제50조제1항제2호에도 불구하고 **수입자에게 영 제10조제1항제1호 외의 자료에 대해서는 제출을 요구하지 아니한다.** 다만, 수입자가 원산지증명서를 발급한 경우에는 영 제10조제1항제2호 마목부터 아목까지의 자료 등 물품의 실질적 원산지를 확인할 수 있는 자료의 제출을 요구할 수 있다.

제7조(역외 수출자, 생산자 대상 원산지증빙서류 제출요청) ① 세관장은 주소나 소재지가 역외인 수출자(이하 '역외 수출자'라 한다)가 원산지증명서를 발급한 경우에는 그 발급자에게 다음 각 호의 원산지증빙서류 제출을 요구할 수 있다. 다만, 이 경우 역외 수출자가 역내 생산자로부터 자료를 받아서 제출하거나, 역외 수출자의 요청을 받은 역내 생산자가 세관장에게 자료를 직접 제출하는 것도 허용한다.
　1. 영 제10조제1항제2호 또는 제3호에서 정하는 서류
　2. 훈령 별표 2의 원산지조사 표준 요구자료 목록표 중 원산지 확인에 필요한 서류
　3. 훈령 별지 제32호 서식의 질문서에 대한 답변서(이하 '답변서'라 한다)
　　② 세관장은 주소나 소재지가 역외인 생산자(이하 '역외 생산자'라 한다)가 원산지증명서를 발급한 경우에는 그 발급자에게 물품의 생산이 역내에서 이루어졌음을 증명하는 자료 제출을 요구할 수 있다. 다만, 이 경우 역외 생산자가 역내 생산자로부터 자료를 받아서 제출하거나, 역외 생산자의 요청을 받은 역내 생산자가 세관장에게 자료를 직접 제출하는 것도 허용한다.
제8조(제출서류의 보완) ① 세관장은 제출받은 원산지증명서, 답변서, 기타 문서의 기재사항에 사소한 오류 또는 불일치가 있는 경우에는 5일 이상 30일 이내의 기간을 정하여 그 자료의 제출자에게 보완을 요구하여야 한다.
② 세관장은 수입자, 수출자 또는 생산자가 제출한 서류가 미비할 경우 추가로 필요한 자료의 종류와 범위를 명확히 밝히고 5일 이상 30일 이내의 기간을 정하여 자료의 추가 제출을 요구할 수 있다.
제9조(협정관세 적용배제) 세관장은 제7조의 역외 수출자 또는 역외 생산자가 기한 내에 자료를 제출하지 아니하거나, 제출된 자료로는 물품의 원산지를 확인하기 곤란한 경우에는 역내 생산자에 대한 추가 조사 없이 협정관세 적용을 배제할 수 있다.
제10조(원산지 사전심사) ① 수입자, 수출자 또는 생산자의 원산지 사전심사 신청에 대하여는 사전심사서로 통지한다.
② 제1항에 따른 원산지 사전심사 신청 및 통지 등에 관하여는 법 제31조 및 제32조, 영 제37조부터 제40조, 규칙 제31조부터 제33조까지를 준용한다.
제11조(법령 등 적용원칙) 이 지침에서 정한 한-미 FTA 원산지검증에 관한 사항은 훈령에도 불구하고 이 지침을 우선하여 적용한다.
제12조(다른 지침 적용제외)「한-미 자유무역협정」에 따른 원산지검증에는「원산지증명서 오류에 대한 원산지 조사 처리 지침(원산지지원담당관실, 2017. 3. 6.)」을 적용하지 아니한다.

<u>부 칙</u>

제1조(시행일) 이 지침은 발령한 날부터 시행한다.
제2조(적용례) 이 지침은 2018년 9월 24일 이후의 수출입신고건과 원산지검증에 착수하는 수출입신고건(2018년 9월 24일 기준 원산지검증이 진행 중인 수출입신고건 포함)에 대하여 적용한다.

중요 판례 Study

CHAPTER 6-3

원산지조사의 절차적 하자 관련 판례(한-EU FTA)

1심 16구합 66743(2017.6.13), 2심 2017누 56799(2018.6.27), 3심 18두 54644(2018.12.13)	
쟁점 물품	중고크레인(HS 8705/MC 45%) 및 부분품(HS 8708/MC 50%)
쟁점	① 서면조사 결과 원산지 확인이 곤란한 경우에도 간접검증 전에 결과 통지 및 이의절차를 거쳐야 하는지 여부 ② 간접검증 절차 개시 사유가 있었는지(수입자에 대한 원산지 조사 결과 원산지를 확인하기 곤란한 경우 해당) 여부 ③ 체약상대국에 간접검증을 요청하면서 검증 결과를 뒷받침하는 원산지증빙자료의 제공을 요구한 것이 위법한지 여부 ④ 원산지 자율점검이 중복조사 금지 원칙이 적용되는 관세조사에 해당하는지 여부
판단	**(1) 서면조사결과 통지 없이 이루어진 간접검증이 중대한 절차상 하자인지 여부** 관계 법령의 내용 및 체계, 입법취지와 앞서 인정한 사실 및 변론 전체의 취지를 종합하여 알 수 있는 다음과 같은 사정에 비추어 보면, 피고가 원고에게 서면조사 결과를 통지하지 아니한 채 이 사건 간접검증을 진행한 것이 절차적으로 위법하다고 할 수는 없다. ① 피고는 '협정 관세특례법' 제13조 제2항, 제6항, 같은 법 시행규칙 제18조 제1항에 의거 원고에게 서면조사 통지를 하면서 특히 조사할 내용을 '원산지 결정기준 충족 여부, 인증수출자 사실 여부'로, 조사이유를 '협정관세율 적용 적정 여부'로 특정하여 미리 서면조사를 통지하였다. 이로써 피고는 원고에게 기 제출된 원산지 증빙서류의 진위 여부와 정확성을 확인할 필요성이 있음을 들어 원산지 결정기준의 충족 여부와 인증수출자 사실 여부를 중점적으로 조사할 것임을 미리 예측할 수 있을 정도로 알려주었다. 이처럼 '조사할 내용'이 이 사건 물품의 원산지 결정기준 충족 여부 등인 이상 서면조사 결과 통지는 처음부터 원산지 인정이 미확정된 상태에서는 예정하고 있지 않다고 봄이 자연스럽다. ② 원산지 조사 결과 통지서의 기재사항을 규정하고 있는 협정 관세특례법 시행규칙 제18조 제4항의 규정상 서면조사 결과통지서에 포함시킬 '조치할 내용'인 특혜관세의 배제, 관세의 부과·징수 또는 원산지의 불인정 등은 '조사결과'인 원산지의 적정 여부가 확정되어야 하는 것이므로, 위 규정은 이러한 확정이 없는 상태에서 단순히 추후 절차를 예정하고 있는 추가조사 또는 간접검증 진행 여부가 기재되는 것이 아니라 서면조사 자체의 결과만으로도 원산지 여부를 확정할 수 있는 때에 그에 따른 결정 내용, 즉 원산지 적정 여부에 따른 조사종결(원산지 인정의 경우) 또는 특혜관세 배제 및 관세 부과·징수(원산지 불인정의 경우)가 기재되는 것을 상정하고 있다고 해석된다. 따라서 위 관련 규정에 의하더라도 서면조사 결과 통지는 원산지 적정 여부에 대한 확정이 있을 때 이루어짐을 전제로 하고 있다고 볼 수 있다.

판단	③ 구 자유무역협정의 이행을 위한 관세법의 특례에 관한 법률 사무처리에 관한 고시(2012. 10. 10. 관세청고시 제2012-21호로 개정·시행된 것, 이하 '사무처리고시'에 규정된 '서면조사 결과통지서' 서식은 협정 관세특례법 시행령 제31조의 위임에 따라 마련된 것인데, 위 서식에는 그 기재 내용에 '세액경정 내용'이 포함되어 있고, 위 통지 내용에 대하여 바로 과세전 적부심사청구를 허용하고 있는 점 등에 비추어, 서면조사 결과통지는 서면조사 결과만으로도 원산지 여부 및 과세 여부를 확정할 수 있어서 현지조사 또는 국제간접검증 등의 추가조사를 할 필요가 없을 때 이루어짐을 전제로 하고 있다고 보아야 한다. ④ 위 사무처리고시의 '이의제기서' 서식은 '청구대상'란이 '처분의 내용: ○년 ○월 ○일 관세 등 ○원 납부고지'라는 형식으로 되어 있고, '처분이 있음을 안 날' 또는 '처분의 통지를 받은 날'도 기재하도록 하고 있는데, 이들 규정 및 서식의 내용에 비추어 보면, 협정 관세특례법 제13조 제8항에 정한 이의제기 절차는 서면조사만으로도 원산지 검증결과를 확정할 수 있어 서면조사 결과통지로써 세액경정처분을 받은 경우를 전제로 하고 있다고 보아야 하므로 서면조사 결과통지는 세액경정처분을 할 수 있을 만큼 원산지 검증결과가 확정되어야 이루어짐을 알 수 있다. ⑤ 서울세관장은 2017. 2. 27.경 조사대상자에게 원산지 서면조사결과 통지를 하면서 조사결과를 '원산지 결정 기준 추가 확인 필요' 등으로 기재된 원산지조사 결과통지서를 보낸 사실이 있기는 하나, 위 서식은 구 자유무역협정에 따른 원산지 검증 운영에 관한 시행세칙(이하 '검증운영세칙')이 2016. 1. 11. 관세청훈령 제1797호 '자유무역협정에 따른 원산지조사 운영에 관한 훈령'으로 개정·시행되면서 제75조 제1항에 규정된 것인데, 이 사건 처분 당시의 적용 훈령으로 볼 수 없을 뿐만 아니라 위 훈령 제75조 제1항도 서면조사의 경우 서면조사만으로 처분 내용을 확정할 수 있는 때에 한하여 결과통지서를 보내는 것을 전제로 하고 있다. ⑥ 협정 관세특례법령 및 검증운영세칙의 규정들을 살펴보아도 간접검증은 서면조사를 미리 거쳐야 함을 전제로 하고 있을 뿐, 서면조사에서 더 나아가 반드시 서면조사 결과통지 및 이에 대한 이의제기 절차까지 거쳐야 간접검증을 할 수 있는 것으로 규정하고 있지는 않다. 그리고 협정 관세특례법 시행령 제14조 제3항의 규정상 관세청장 등이 서면조사만으로 원산지 검증결과를 확정할 수 없어 간접검증에 나아간 경우에는 조사대상자에게 간접검증 요청사실의 통보는 물론 간접검증 요청에 대한 체약상대국 관세당국의 검증결과 회신 내용과 그에 따른 결정내용도 통보함으로써 조사대상자에게 예측가능성 및 절차별 단계에 따른 대처 가능성을 부여하고 있으므로 간접검증에 앞서 서면조사결과 통지가 필수적으로 행해져야 할 필요가 있다고 볼 수도 없다. ⑦ 간접검증 절차가 개시되면 수입자가 다소 불안한 지위에 놓이게 될 수는 있으나, 간접검증 절차가 개시된다는 것은 수입자가 제출한 원산지 증빙서류가 불명확·불완전하다는 것, 즉 수입자의 귀책성이 어느 정도 내재되어 있다는 것을 뜻한다고 보아야 한다. 게다가 간접검증 절차가 개시된 경우 수입자에게 간접검증 요청사실을 통보하면서 구체적으로

어떤 사항의 확인을 요청하였는지를 통지하므로, 위 원산지 확인 요청에 대하여 회신기한 이내에 원산지결정기준 충족 여부를 스스로 증명함으로써 협정관세 적용의 배제를 막을 수도 있다. 그런데 원고는 2012. 8. 17. 피고의 원산지 증빙서류의 제출 요구, 2012. 11. 15.부터 2012. 12. 14.까지의 서면조사, 2013. 3. 19. '회신기한 2013. 2. 19.부터 10개월'로 한 간접검증 요청사실의 통보 등으로 이어진 일련의 절차에서 피고로부터 통보를 받았음에도 회신기간인 2013. 12. 18.까지 수출자 또는 체약상대국 관세당국에 연락하여 필요한 자료를 제출받아 피고에게 제출하는 등 원산지 증명을 위한 적극적인 행위를 한 바 없다. 이처럼 원고가 이 사건 간접검증에 이르기까지 일련의 절차에서 취한 행위에 비추어서도 서면조사결과의 통지가 간접검증으로 나아가는 데에 있어 필수적인 전제가 되어야 한다고 보기 어렵다.

(2) 간접검증 절차 개시사유의 존부

협정 관세특례법 시행령 제14조 제1항은 '국제간접검증은 수입자를 대상으로 한 서면조사 또는 현지조사 결과 원산지를 확인하기 곤란하거나 추가로 확인이 필요한 경우에 한하여 실시할 수 있다'고 규정하고 있고, 원산지 관련 의정서 제27조 제2항은 "원산지증명의 사후 검증은 무작위로 또는 수입당사자의 관세당국이 그 서류의 진정성, 해당 제품의 원산지 지위 또는 이 의정서의 다른 요건의 충족에 대하여 합리적인 의심을 갖는 경우 언제든지 수행된다"라고 규정하고 있다.

판단

앞서 인정한 사실 및 변론 전체의 취지를 종합하여 인정할 수 있는 다음과 같은 사정에 비추어 보면, 피고가 이 사건 물품의 원산지 결정기준 충족 여부 및 인증수출자 여부에 관하여 합리적인 의심을 할 만한 사정이 있었고, 원고를 대상으로 한 서면조사 이후에도 그 결과만으로는 원산지를 확인하기 곤란하거나 추가 확인이 필요한 사정이 있었다고 봄이 타당하므로, 이 사건 간접검증 절차는 협정 관세특례법 제13조 제1항, 같은 법 시행령 제14조 제1항 및 원산지 관련 의정서 제27조 제2항의 요건을 충족하여 적법하다.

① 피고는 이 사건 협정이 발효된 이후 유럽연합으로부터 중고 크레인 수입량이 급증하고, 이 사건 물품이 장기간 유럽연합 역내에서 사용된 후 우리나라로 수출된 사실을 알게 되자 인증수출자 지위의 유효성과 원산지 결정기준 충족 여부에 대한 확인의 필요성을 갖게 되었다.

② 피고는 2012. 8. 17. 원산지 증빙서류의 제출 요구에 따라 원고로부터 제출받은 증빙자료만으로는 이러한 의심사항에 대한 충분한 확인이 되지 않자, 원고에 대한 서면조사를 실시하면서 추가 증빙자료의 제출을 요구하였다.

③ 중고 크레인의 원산지결정기준은 부가가치기준이 적용되는 물품인데, 피고는 원산지 자율점검 및 서면조사 단계에서 중고 크레인의 원산지 결정기준을 확인할 만한 충분한 자료를 확보하지 못하자, 비원산지재료 가격, 공장도가격, 원재료명세서 등을 확보하기 위해 독일 관세당국에 이 사건 간접검증을 요청하게 되었다.

	④ 협정 관세특례법령에 의하면, 세관장은 조사대상자에게 서면조사 통지를 하면서 원산지소명서, 원산지질문서의 작성·제출을 요구할 수 있는데, 이는 위 규정의 문언상 의무적인 것은 아니므로 피고가 서면조사 과정에서 원고에게 이를 요구하지 아니한 것이 이 사건 간접검증 절차의 개시가 위법하다는 근거가 될 수 없다. **(3) 독일 관세당국에 요구할 권한이 없는 서류의 제공을 요청하여 위법한지 여부** 다음 사정에 의하면 세관장 등은 체약상대국 관세당국에 간접검증을 요청하면서 체약상대국에 거주하는 수출자·생산자가 보관하고 있는 원산지 증빙서류의 제출을 요청할 수 있다고 보아야 한다. ① 협정 관세특례법령에 의하면, 원산지 확인, 협정관세 적용 등에 필요한 서류로서 수출자·생산자가 보관하여야 할 원산지증빙서류로서 원산지증명서, 거래계약서, 원가계산서, 원재료내역서 등을 규정하고 있고, 관세청장 등은 원산지의 확인 등에 관한 심사를 하는 데 필요한 경우에는 '체약상대국에 거주하는 수출자·생산자'에 대하여 그가 보관하고 있는 원산지증빙서류의 제출을 요구할 수 있으며, 체약상대국에 거주하는 수출자·생산자가 제출한 원산지증빙서류에 대하여 서면·현지조사도 할 수 있다. ② 협정 관세특례법 제13조 제1항은 원산지 확인을 위한 대상서류에 관하여 '제12조 제2항에 따라 제출된 원산지증빙서류'라고 규정하고 있으므로, 결국 관세청장 등이 체약상대국의 관세당국에 그 진위 여부 및 정확성에 관한 확인을 요청할 수 있는 원산지증빙서류는 같은 법 제12조 제1항, 같은 법 시행령 제13조 제1항에 정한 서류라고 할 수 있다. 이처럼 관세청장 등은 체약상대국에 거주하는 수출자·생산자가 보관하고 있는 증빙서류에 대한 제출을 요구할 수 있고, 그들이 제출한 증빙서류에 대한 서면조사 또는 현지조사도 할 수 있는 점에 비추어 간접검증 요청 시 체약상대국 관세당국에 이러한 증빙자료의 제출을 요청할 수 있다고 보아야 한다. ③ 원산지 관련 의정서 제27조 제4, 6항에 의하면, 간접검증을 요청받은 수출자의 관세당국은 수출자에게 모든 관련 증거를 요구하고 이를 검증할 권리를 가지며, 간접검증을 요청한 관세당국은 조사결과 및 사실관계를 포함한 검증결과를 통보받을 권리를 가지는 바, 이들 규정은 간접검증을 요청한 관세당국은 체약상대국 관세당국이 수출자로부터 수집한 모든 원산지 증빙서류를 체약상대국 관세당국으로부터 넘겨받을 수 있음을 당연한 전제로 하고 있다. **(4) 중복조사 금지 원칙 위반 여부** 다음 사정을 관세법 제111조 제2항 및 법리(대법원 2017. 3. 16. 선고 2014두8360 판결 등)에 비추어 살펴보면, 이 사건 서면조사통지 전에 이루어진 업체자율점검이 중복조사금지 원칙이 적용될 수 있는 '관세조사'라고 볼 수 없다. ① 검증운영세칙 제39조에서 정하고 있는 서면검증통지 전 업체자율점검은 조사대상자가 스스로 원산지증빙서류에 대하여 점검하고 오류를 시정하는 것으로서, 세관장은 조사대

판단	상자가 스스로 원산지증빙서류에 대하여 점검하고 오류를 시정하는 것으로서, 세관장은 조사대상자가 자발적으로 제출한 자율점검 결과를 수령하는 것에 불과하고, 여기에 세관장의 적극적인 조사행위가 개입되지는 아니한다. ② 업체자율점검 시 조사대상자가 제출하는 자율점검표의 항목들이 단순한 사실관계의 확인 또는 이에 수반되는 간단한 질문조사에 그치는 것이어서 조사대상자로도 이에 손쉽게 응답할 수 있고, 이러한 자율점검이 조사대상자의 권리에 미치는 영향이 크다고 보기 어렵다. ③ 조사대상자가 자율점검을 거부한다고 하더라도 세관장이 추후 서면조사 등의 원산지검증을 실시할 수 있는 하나의 사유가 될 뿐이지 어떠한 법률상 불이익이 구체적·확정적으로 주어지는 것은 아니다. ④ 조사대상자로서도 자율점검을 성실히 이행한 다음 그 결과를 제출하여 원산지증빙서류의 진위 여부에 대한 세관장의 의심을 해소할 수도 있으므로, 자율점검이 조사대상자에게 반드시 불리하다고 볼 수 없다.
시사점	원산지조사 전반에 걸친 주요 쟁점들이 망라된 사건으로 원산지조사(검증)시 협정 및 법령에 규정된 절차를 하자 없이 준수하는 것이 중요 법령에 서면조사 결과 원산지 확인이 곤란한 경우, 간접검증 요청 전에 결과 통지 및 이의절차 보장 여부를 명확히 하고, 세관 간 원산지 조사 절차를 통일할 필요가 있음

수입물품 협정관세 적용보류
(법 제21조)

▶1 협정관세 적용보류 의의

　수입물품에 대한 원산지조사(법 제17조에 따른 원산지 조사를 하는 경우 또는 제19조에 따른 원산지 확인 요청을 하는 경우)가 진행되는 경우 조사기간 중에 추가 수입신고 되는 동일물품에 대하여 조사가 종결될 때까지 협정관세의 적용을 일시 보류(중지)하는 제도로 대부분의 FTA에서 규정하고 있다.

　원산지조사결과 원산지기준이 충족되면 협정관세 적용보류 물품에 대하여 세관장은 세액을 경정하고 납부한 세액을 환급해야 하나, 원산지기준이 불충족되면 추가적인 조치없이 납부한 세액이 확정되므로 원산지조사기간 중 수입되는 물품에 대해 조사결과에 따라 관세추징, 가산세 징수 등의 추가적인 수입자 불이익을 방지하고 관세행정의 효율성을 제고하는 효과가 있다.

▶2 협정관세 적용보류 대상물품

　세관장은 조사대상 수입자에게 서면조사를 통지한 날로부터 원산지 조사 결과를 통지한 날까지의 사이에 조상대상 수입자가 추가로 수입하는 조사대상물품과 동종·동질의 물품[185]에 대하여 아래의 어느 하나에 해당하는 경우 협정관세의 적용을 보류할 수 있다. 이 경우 그 보류 대상은 해당 조사대상 물품의 동일한 수출자 또는 생산자로부터 수입하는 물품에 한정한다.

---

185) 해당물품의 수출국 또는 생산국에서 생산된 것으로서 물리적 특성, 품질 및 소비자 등의 평판을 포함한 모든 면에서 동일한 물품(외양에 경미한 차이가 있을 뿐 그 밖의 모든 면에서 동일한 물품을 포함한다)을 말한다.

① 원산지증빙서류의 작성 또는 법 제8조제1항에 따른 협정관세 적용의 신청에 관하여 불성실 혐의가 있다고 세관장이 인정하는 경우
② 원산지증빙서류를 속임수 또는 그 밖의 부정한 방법으로 작성 또는 발급받았거나 탈세 등의 혐의를 인정할 만한 자료 또는 구체적인 제보가 있는 경우
③ 그 밖에 세관장이 수집한 증거·자료 등을 근거로 수입자, 생산자 또는 수출자의 신고 또는 신청 내용이 법 제7조에 따른 원산지결정기준을 충족하지 못한 것으로 인정하는 경우

3 협정관세 적용보류 절차

세관장은 협정관세의 적용을 보류하고자 할 때에는 수입자에게 협정관세적용보류통지서를 보내고 전자통관시스템에 등록한다. 세관장이 적용보류 통지를 하는 때에는 그 사실을 관세청장에게 보고하여야 한다. 협정관세 적용보류 통지를 받은 수입자가 협정관세적용 보류기간 동안 적용보류된 물품과 동종·동질의 물품을 수입하는 경우에는 「관세법」제50조에 따른 세율(자유무역협정세율 제외)을 적용하여 같은 법 제38조제1항에 따른 신고를 하여야 한다. 적용보류된 물품과 동종·동질이 아닌 물품을 수입하는 경우는 협정관세 적용을 신청할 수 있다. 수입신고를 한 수입자가 협정관세의 적용 보류 대상물품에 대하여 협정관세 적용 보류기간의 만료 또는 제18조에 따른 협정관세 적용 보류의 해제 등의 사유로 협정관세를 적용받으려는 경우에는 법 제8조제1항 또는 제9조제1항에 따른 협정관세 적용신청을 하여야 한다.

4 협정관세 적용보류 해제

세관장은 원산지조사를 종료하는 때에는 협정관세적용보류해제통지서로 수입자에게 통지하고 그 내역을 전자통관시스템에 등록하고 통관지세관장에게 통보 한다. 세관장은 원산지조사 결과 법 제7조의 원산지결정 기준을 충족한 것으로 확인되는 경우에는 수입자에게 협정관세 적용보류 물품에 대한 세액을 경정하고 납부한 세액과 납부하여야 할 세액의 차액을 환급하여야 한다. 이 경우 세액의 경정 및 환급에 관하여 「관세법」제38조의3, 제46조 및 제48조를 준용한다.

세관장은 수입자가 적용 보류기간이 만료되기 전이고 며, 협정관세 적용을 받지 못하는 것으로

확인될 경우 추가로 납부하여야 할 세액(「관세법」제4조제1항에 따른 내국세 등을 포함)에 상당하는 담보를 제공하면서 협정관세 적용 보류의 해제를 요청하는 경우에는 이를 해제할 수 있다. 협정관세 적용의 보류를 해제한 세관장은 법 제17조 또는 제19조에 따른 조사대상물품에 대한 원산지조사 또는 원산지 확인 결과 그 물품이 협정관세 적용대상임을 확인한 경우에는 지체 없이 담보를 해제하여야 한다.

<한-중 FTA 제3.23조 원산지 검증>

4. 수입 당사국의 관세당국은 검증결과를 기다리는 동안 특혜관세대우 제공을 중지할 수 있다. 그러나, 수입 당사국의 관세당국은 상품이 수입금지 또는 제한의 적용대상이 되지 아니하고 사기혐의가 없는 경우, 필요하다고 간주되는 모든 행정조치를 조건으로 수입자에게 그 상품을 반출할 수 있다.

특혜적용 요건별 수입검증 사례

1. 거래당사자 요건

FTA에서 거래당사자는 보편적으로 당사국에 거주하는 수출자, 수입자, 생산자를 의미한다. '수출자'의 경우는 통상적인 거래계약당사자, 수입신고서의 해외 공급자와는 다른 개념으로 원산지와 관련되어 있으며, 상품이 수출되는 당사국의 영역에 '소재'하면서 그 상품을 수출하는 자연인 또는 법인이며 원산지증명서 발급 또는 발급신청의 주체로서 관련 자료의 보관의무를 부담하고, 세관당국이 그 진정성에 대한 검증을 수행할 때 피검증자로서 자료제출 의무를 지는 자를 말한다. 따라서, 거래당사자가 아닌 제3국 소재 자연인 또는 법인이 원산지증명서를 발급한 경우에는 협정관세를 적용할 수 없다. 거래당사자요건위반은 주로 제3국 소재 물류업체나 송장발행인이 원산지증명서를 발행하거나 자격없는 인증수출자가 원산지신고서를 발급하여 특혜적용을 받은 물품이 해당된다. 협정 당사자가 아닌 자가 원산지증명을 하는 경우에는 원산지 검증절차 없이 협정적용을 배제할 수 있다. 동 요건의 위반은 다국적 기업이 많은 한-EU 및 한-미 FTA에서 많이 발생하고 있다.

- 사례1) 미국산 조제감자에 대해 비당사국인 캐나다 지사가 원산지증명서 발급 (한-미)
- 사례2) 인도네시아산 목재에 대한 위조한 원산지증명서 발급 (한-아세안)
- 사례3) 미국산 화학제품에 대해 수출자가 아닌 수입자가 원산지증명서 발급, 이 경우 수입자가 원산지 입증책임이 있으나 이를 입증하지 못함 (한-미)

2. 원산지결정기준 요건

특혜관세는 특례법 및 협정의 원산지결정기준에 따라 결정된 해당 수입물품의 원산지가 해당 체약상국일 때만 적용된다. 협정에서는 이러한 요건에 부합한 상품을 원산지상품이라 규정하고 있다. 따라서 원산지상품이란 당사국에서 생산되고 협정에 규정되어 있는 원산지 기준(일반기준과 품목별기준)을 충족하는 상품으로 협정관세 적용을 신청하는 상품의 원산지가 협정 상대국이여야 한다는 의미이다. 대부분의 협정에서 원산지상품은 역내국의 완전생산품, 원산지재료 생산품, 그리고 실질적 변형 발생물품(불완전생산품) 등으로 규정하고 있다. 원산지결정기준요건위반은 HS코드별로 규정하고 있는 품목별원산지결정기준(PSR)을 충족하지 못하는 경우거나 이를 서류로 입증하지 못하는 경우가 대부분이다. 동 요건의 위반은 원산지기준이 까다로운 한-미 FTA 및 한-EU, 그리고 원산지관리가 미흡한 한-중 및 한-아세안 FTA에서 많이 발생하고 있다.

- 사례1) 미국산 전기레인지용 판유리(C/O 8516.90호)를 우리나라는 제7006.00호에 분류하므로 제7006.00호의 원산지결정기준 불충족 (한-미)
- 사례2) 미국산 차량용 후방 디스플레이 룸미러(C/O 7009.10호)를 우리나라는 제8528.59에 분류, 역외산 주요부품(LCD Module)과 세번이 동일하여 원산지결정기준 불충족 (한-미)

3. 특혜대상 품목요건

품목요건이란 협정관세는 협정당사국간에 관세를 인하 혹은 철폐하기로 합의(양허)한 품목에 한해서 적용한다는 것이다. 즉, 협정관세는 각 협정에서 정한 특정한 품목에 한하여 적용되고, 협정별·국가별·연도별로 품목과 적용되는 세율도 상이할 수 있다. 예를 들면, 채소는 한-인도CEPA에서 대부분 양허대상에서 제외하고 있으나, 한-아세안 FTA의 경우는 대부분 양허대상에 포함하고 있다. 또한 한-아세안 FTA의 경우, 동일한 FTA임에도 당사국으로 참여하는 국가별로 관세양허 되는 품목과 관세인하 스케줄이 다르다. 품목요건 위반은 대부분 품목분류번호(HS코드)의 오류나 분류의 잘못에서 기인한다. 원산지증명서는 수출국의 기관이나 수출자 및 생산자가 작성하게 되는데 이때 적용하는 HS코드는 대부분 수출국을 기준으로 한다. 하지만 협정관세적용은 수입국기준으로 적용하게 되는데 이때 수출국과 수입국간에 적용하는 HS코드가 상이하여 문제가 발생하는 것이다. 특히, 복합적인 기능을 가지고 있는 기계류나 여러 원료가 혼합되는 조제식료품 등에 많이 발생하고 있다. HS코드는 품목요건 뿐 아니라 원산지결정기준, 품목별 인증수출자 등 다양하게 활용하고 있어 FTA에 있어 중요한 요소이다. 동 요건의 위반은 비양허 품목이 많아 유사물품간 세율 불균형이 많은 한-아세안 및 한-중 FTA에서 주로 발생하고 있다.

- 사례1) 태국산 타피오카 전분을 제2106.90-9099(협정 0%)로 신고하였으나 우리나라는 제1108.14-1000(기본 8%, 유통공사 추천시 4.9% 등)에 분류(한-아세안)
- 사례2) 태국산 동부콩 제0713.90-0000(협정 0%)로 신고하였으나 우리나라는 제0713.39-0000(협정 27%)에 분류(한-아세안)
- 사례3) 베트남산 여성용바지(6204.62-9000, 13%)를 남성용 바지(6203.42-9000, 0%)로 협정적용(한-아세안)

4. 직접운송 요건

수출국에서 원산지가 결정된 '원산지상품'은 원칙적으로 당사국 간에 '직접운송'되어야 수입 당사국에서 원산지를 인정한다. 당사국 외의 제3국을 경유하는 경우 원산지를 인정하지 않는다는 것이다. 대부분의 협정에서는 당사국간 직접운송을 원칙으로 하면서, 제3국의 단순환적 등에 대해선 예외를 인정하고 있다. 여기서 '예외'란 원산지상품이 제3국을 거치더라도 경유국에서 세관의 관할 하에 하역(cargo-working) 등 운송에 필요한 작업 이외의 다른 행위가 없으면 일정조건 하에서 직접운송 된 것으로 간주하는 것을 말한다. 협정별 운송요건의 규정 형식은 직접운송요건을 두면서 그 예외로 제3국 경유시 허용되는 작업범위를 함께 규정하는 경우(유럽형)와 직접운송요건은 두지 않고 제3국에서의 작업범위만을 규정(미주형)하여 전자보다 요건을 완화하는 경우가 있다.

무엇보다도 중요한 것은 비당사국 경유시 수입자가 협정상 운송요건을 충족하였음을 서류로 입증하는 일이다. 상품의 원산지 입증은 주로 당사국 수출자 혹은 생산자의 책임이나, 운송요건은 수입자의 책임이며, 수입자가 세관당국에 입증하지 못하면 협정관세 적용이 검증절차 없이 배제될 수 있다. 기본적으로 비당사국 경유물품은 경유국 세관 관할 하의 보세구역에 있어야 하며, 협정에서 허용되는 작업 외의 다른 행위가 없어야 한다. 동요건의 위반은 3국 경유시 통과선하증권(Through B/L)을 필수제출 서류로 규정하고 있는 한-아세안(베트남 포함) 및 APTA 협정, 단일 탁송화물만 제3국 경유를 허용하는 한-EU FTA에서 주로 발생하고 있다.

- 사례1) 인도네시아 산 주석괴를 싱가포르(제3국)를 통해 한국으로 반입된 경우, 수출국 발행 통관선하증권 미 구비로 협정배제 (한-아세안)
- 사례2) 중국산 물품이 홍콩(제3국)을 경유 한국으로 반입된 경우, 전구간 운송을 입증하는 통과선하증권이 없어 협정배제 (APTA)
- 사례3) 스페인산 와인을 일부 통관하고 나머지를 홍콩으로 반송하여 재반입한 경우 이는 협정의 부득이한 경우(단순환적 혹은 일시보관)가 아니므로 협정배제 (한-EU)

5. 기타 요건 : 절차적 요건

FTA 협정관세 적용은 수입자가 유효한 원산지증명서를 구비한 후 신청하여야 한다. 수입자가 원산지증명서를 구비하지 못한 경우에는 수입신고 수리일로부터 1년 이내 사후적용신청을 하여야 한다. 절차적 요건 위반은 협정에 정한 원산지증명서 서식 미사용, 원산지증명서 유효기간 경과, 원산지증명서 인장 및 서명 불일치, 기관발급 원산지증명서 발급기관 부적정, 원산지증명서 작성요령 미준수, 자료보관 위반, 상대국 검증결과 미회신 등에서 발생한다.

- 사례1) 협정관세사후 적용시 원산지증명서와 경정청구서만 제출하고 협정관세적용신청을 하지 아니한 경우
- 사례2) 협정관세적용 신청은 한-아세안 FTA를 적용하였으나 원산지증명서는 한-베트남 FTA으로 발급받은 경우
- 사례3) EFTA 및 EU 관세당국에 간접검증을 요청하였으나 기한 내(10개월) 결과를 회신받지 못한 경우

조사결과 조치 및 이의제기
(법 제17조제7항, 제18조제2항)

▶1 원산지조사 결과에 따른 조치

원산지조사 결과에 따른 조치는 ①무혐의 종결 ②법 제35조제1항에 따른 협정관세 적용제한 ③특례법 제37조제1항에 따른 협정관세 적용제한자 지정 ④특례법 제44조에 따른 벌칙의 부과 ⑤특례법 제46조에 따른 과태료의 부과 등으로 구분할 수 있으며, 세관장은 조사대상자에게 조사결과 통지시 조사결과에 대한 이의제기가 가능함을 고지하여야 한다.

▶2 원산지조사 결과에 대한 이의제기

원산지조사 결과의 통지내용에 이의가 있는 조사대상자(체약상대국의 조사대상자가 생산 또는 수출한 물품을 수입한 자를 포함)는 조사결과를 통지받은 날부터 30일 이내에 관세청장 또는 세관장에게 이의를 제기할 수 있다.

원산지에 관한 조사결과에 대하여 이의를 제기하고자 하는 자는 이의제기 신청서에 이의제기 내용을 확인할 수 있는 자료를 첨부하여 관세청장 또는 세관장에게 제출하여야 한다.

관세청장 또는 세관장은 이의제기를 받은 때에는 이를 심사하여 이의제기를 받은 날부터 30일 이내에 그 결정내용을 상대방에게 통지하여야 한다.

관세청장 또는 세관장은 이의제기의 내용이나 절차가 적합하지 아니하거나 보정할 수 있다고 인정되는 때에는 20일 이내의 기간을 정하여 보정하여 줄 것을 요구할 수 있다. 다만, 보정할 사항이 경미한 때에는 직권으로 보정할 수 있다. 이 때 보정기간은 심사결정기간에 산입하지 아니한다.

〈표 6-3〉 수입물품에 대한 FTA별 원산지조사 방법 비교

협정	간접검증	직접검증	회신기한
칠레		① 서면질의 및 정보요청 ② 방문조사	
싱가포르 (순차적용)	① 수출국 세관을 통하여 수출자·생산자에게 원산지소명서 및 정보요청	② 수출자 방문조사 (서면동의 필요)	
EFTA	수출국 세관에 검증요청 (필요시 검증참관 가능)		10개월
아세안 (순차적용)	① 수출국 발급기관에 검증요청	② 수출자 방문조사 (서면동의 필요)	2개월 (최대 6개월)
인도 (순차적용)	① 수출국 발급기관에 검증요청	② 수출자 방문조사 (서면동의 필요)	3개월 (최대 6개월)
EU 터키	수출국 세관에 검증요청 (필요시 검증참관 가능)		10개월
페루	수출국 당국에 검증요청	① 수출국 당국을 통해 수출자에게 서면자료 요청 ② 수출자 방문조사	150일
미국	수출국 관세당국에 검증요청 (섬유류에 한함)	① 수출자에게 정보요청/서면질의 ② 수출자 방문조사(일반) (서면동의 필요)	
		합동현지조사(섬유)	수출:6개월 (조사완료기한) 수입:12개월
콜롬비아	수출국 관세당국에 검증요청	① 수출자에게 서면으로 정보요청 ② 수출자 방문조사	150일
호주	호주 원산지증명서 발급기관에 검증요청	① 수출자에게 서면으로 정보요청 ② 수출자 방문조사	30일
캐나다		① 수출자에게 서면질의 ② 수출자 방문조사	
중국 (순차적용)	① 수출국 세관에 검증요청	② 수출자 방문조사	6개월
베트남	① 수출국 발급기관에 검증요청	② 수출자 방문조사	6개월
뉴질랜드		① 수출자에게 서면으로 정보요청 ② 수출자 방문조사	
중미		① 수출자에게 서면으로 정보요청 ② 수출자 방문조사(수출관세당국 동행)	150일

PLUS TIP 6-5 원산지 검증 진행상황 온라인으로 확인하자

원산지검증은 검증절차에 따라 협정 상대국 업체까지 조사해야 하므로 검증시작에서 종결까지 상당한 시일이 소요된다. 특히, 실질적인 검증은 상대국 세관, 수출자, 생산자 측에서 수행되는 반면, 결과에 따른 추징은 한국의 수입자가 부담해야 하므로 수입자는 진행상황을 수시로 점검할 필요가 있다.

관세청에서는 기업이 쉽고, 빠르게 검증 진행경과를 파악할 수 있도록 '원산지검증 진행정보 안내서비스'를 Yes FTA포털에 구축하여 서비스하고 있으니 적극 활용하여 리스크를 최소화 하자.

◆ **관세청 홈페이지 (www.customs.go.kr)**

질의 189

세관장이 수입자에 대한 원산지조사 후 수출자에 대한 국제검증 등이 필요한 경우 수입자에게 통지하게 되는데, 수입자가 그 통지에 대해 이의제기 할 수 있는지 여부?

- 세관장은 수입자에 대한 원산지조사를 마치면 조사 결과와 그에 따른 결정 내용을 조사대상자에게 서면으로 통지하여야 하고(FTA관세특례법 제17조제6항),

- 통지내용에 이의가 있는 조사 대상자는 조사 결과를 통지받은 날부터 30일 이내에 관세청장 또는 세관장에게 이의를 제기할 수 있음(FTA관세특례법 제17조 제7항)

- 따라서 수입자조사결과 원산지가 확정되지 않은 경우에도 조사결과와 결정내용을 통지해야 하는데, 이 경우에도 수입자가 이의제기를 할 수 있는지 여부

답변

「자유무역협정의 이행을 위한 관세법의 특례에 관한 법률」제17조제6항에 따라 세관장이 조사결과와 그에 따른 결정내용을 조사대상자에게 통지하는 것은 조사결과 원산지가 결정된 경우에 하는 것임

따라서 질의한 바와 같이, 수입자에 대해 원산지를 조사한 결과 원산지를 확정할 수 없어서 추가적으로 수출자 등에 대한 조사를 진행하는 경우 세관장은 동 법 제17조제5항에 따라 수입자에게 통지하는 것인 바, 동 조 제7항에 따라 수입자가 이의제기할 수 있는 대상이 아님.

중요 판례 Study

스위스 금괴 관련 대법원 판례 (2014두5644, '16.8.24)

쟁점	스위스 자국 내 소송의 제기가 협정관세의 적용을 제한할 수 없는 "예외적인 경우"에 해당하는지 여부 등		
	원고(S물산 등)		세관(피고)
	스위스 관세당국은 회신기한 내에 소송제기를 이유로 회신이 지연될 수 있다는 양해를 구하였고, 법원 판결 이후 회신하였으므로 이는 특혜관세를 배제할 수 없는 '예외적인 경우'에 해당함		스위스 법원 조차 이 사건 금괴는 스위스산이 아니라고 판단하였으며, 스위스 자국내 소송은 특혜관세를 배제할 수 없는 '예외적인 경우'에 해당하지 않음

판결요지

〔쟁점〕 '소송의 제기'가 협정관세의 적용을 제한할 수 없는 "예외적인 경우"에 해당하는지 여부

- '소송의 제기'는 협정 당사국의 권리 또는 의무를 구현하는 데에 당사자들이 예측하지 못한 특단의 사정에 해당한다고 볼 수 없다.
- 최종 회신의 내용 역시 스위스 국내 행정소송의 경과를 반영한 것이라고 볼 수 없어, '소송의 제기'는 회신을 미루는 명분이 되었을 뿐, 지연·번복회신에 실질적인 영향을 미쳤다고 평가할 수 없다.

〔쟁점〕 검증결과 회신에 '충분한 정보'가 포함되어 있는지 여부

- 기존 회신을 번복하면서도 어떠한 객관적인 자료도 송부하지 않아 그 회신에 '해당서류의 진정성 또는 상품의 원산지를 판정할 수 있는 '충분한 정보'가 포함되었다고 볼 수 없다.

〔쟁점〕 이 사건 금괴의 세번 및 원산지가 스위스인지 여부 등

- 금괴의 원산지가 스위스인지 여부는 처분사유가 아니고, 스위스 관세당국의 지연회신에서도 제7108.12로 회신한 점을 볼 때, 금괴의 세번이 제7108.13 등이라는 원고의 주장을 받아들이기 어렵다.
- 관세원산지소위원회에 회부되어야만 특혜관세를 배제할 수 있다는 특별한 규정이 없으므로, 관세당국 간 의견 다툼이 있다고 하더라도 소위원회 회부 없이 특혜관세대우를 배제할 수 있다.

시사점

FTA 검증결과 회신지연 사유가 '예외적인 상황'에 해당하는지 여부에 대해 해석한 대법원의 확정 판례로, 원산지 검증절차의 중요성을 시사한 판결임(FTA 원산지 검증 및 제도운영에 파급효과가 클 것으로 예상됨)

	대법원 판결 주요내용(2014두5644)
판단	원심은 ① 당초 회신 이후 대한민국 관세청이 스위스 관세당국의 M에 대한 검증 과정에 참관하였을 때 당초 회신 내용과 달리 볼 만한 특별한 정황이 없었을 뿐만 아니라, 제네바 관세청은 이 사건 각 금괴의 원재료와 완제품이 동일한 HS 세번에 해당하여 원산지 요건을 충족하지 못한 것으로 보인다는 잠정적인 의견까지 제시하였으므로, 피고가 회신기간을 넘겨 스위스 관세당국의 추가 회신을 기다리기를 기대할 수는 없는 상황이었다고 보이는 점, ② A와 B가 스위스 관세당국을 상대로 스위스 연방행정법원에 당초 원산지 불충족 결정의 취소를 구하는 소송을 제기한 사실은 있지만, 스위스 관세당국은 그 소송에서 승소하고도 상소심 계속 중에 뒤늦게 자체 검증을 실시한 후 A가 생산한 금괴는 특정 공정으로 인하여 원산지 요건을 충족하였다고 보아 당초 결정을 취소하고 이 사건 최종회신을 하였으므로, 스위스 관세당국이 회신을 지연·번복한 데에 소송의 제기 등 외부적 요인이 실질적인 영향을 미쳤다고 볼 수 없는 점, ③ 이러한 상황이라면 스위스 관세당국으로서는 이 사건 최종회신 내용을 지지할 수 있는 상세한 설명과 증빙자료의 제시가 더욱 필요하였는데도 주장 내용을 담은 회신 외에는 어떠한 객관적 자료도 송부하지 아니하였는바, 이 사건 자유무역협정 제26조가 원산지 검증과 관련한 비밀에 대하여 당사국의 비밀유지의무를 규정하고 있음을 고려하면 단지 기업비밀이라는 이유만으로 원산지 판정에 관한 증빙자료를 제공하지 아니한 것을 정당화할 수 없는 점 등을 종합하여 보면, 스위스 관세당국이 이 사건 각 금괴에 관한 원산지 검증요청에 대하여 회신기간을 준수하지 아니하거나 그 원산지를 판정할 수 있는 충분한 정보를 제공하지 아니한 데에 이 사건 자유무역협정에서 정한 '예외적인 경우'에 해당하는 사정이 있었다고 볼 수 없다고 판단하였다. 위와 같은 원심의 판단을 앞서 본 규정과 법리 및 기록에 비추어 살펴보면, 원심의 일부 이유 설시에 미흡한 부분이 있지만, 이 사건 검증결과 회신에 관하여 위 '예외적인 경우'에 해당하는 사정이 볼 수 없다는 원심의 위와 같은 판단에 상고이유의 주장과 같이 이 사건 자유무역협정 부속서 I 제24조 제7항에서 정한 '예외적인 경우'의 해석 및 충분한 정보의 개념 등에 관한 법리를 오해한 위법이 없다.

	2심 서울고등법원 판결 주요내용(2013누8969)
원고 주장	**(1) 실체적 위법사유** 이 사건 FTA 협정은 수입 물품에 대한 원산지 결정기준으로 'HS6단위세번 변경기준'을 채택하고 있는데, 원고들이 수입한 금괴는 스크랩(세번 7112) 또는 도레(MineDore, 세번 7108.12)를 원재료로 하여 정련·주조 등의 공정을 거쳐 가공한 것으로 그 세번이 7108.13 또는 7108.2인 금괴에 해당하여 HS6단위세번 변경이 발생하였으므로 이 사건 금괴의 원산지는 스위스라고 보아야 할 것이고, 따라서 원고들이 수입한 이 사건 금괴에 대하여 이 사건 FTA 협정 소정의 협정세율이 적용되어야 한다. **(2) 절차적 위법사유** ㈎ 이 사건 FTA 협정 부속서 Ⅰ 제25조 위반 이 사건 FTA 협정 부속서 Ⅰ 제24조 제7항은 '검증요청일로부터 10월 이내에 회신이 없는 경우나 해당 서류의 진정성 또는 상품의 원산지를 판정할 수 있는 충분한 정보를 포함하지 아니하는 경우, 검증 요청 관세당국은 예외적인 경우를 제외하고 특혜관세대우를 배제할 권한을 가진다'고 규정하고 있는데, 위 규정 소정의 '예외적인 경우'의 범주에 관하여 체약 당사국들 사이에 다툼이 있으므로, 피고들은 위 부속서 제25조 규정에 따라 관세·원산지 소위원회에 회부하여 그 협의 결과가 있을 때까지 이 사건 각 처분을 보류하는 등의 조치를 취하였어야 함에도 그러한 절차를 거치지 않은 채 일방적으로 특혜관세를 배제하는 이 사건 처분을 하였는바, 이 사건 처분에는 이 사건 FTA 협정 부속서 Ⅰ 제25조를 위반한 하자가 있다. ㈏ 자유무역협정의 이행을 위한 관세법의 특례에 관한 법률 시행령 제14조 제3항 등 위반 대한민국 관세당국은 2010. 10. 4.과 2011. 2. 1. 두 차례 스위스 관세당국으로부터 원고들이 수입한 금괴의 원산지가 스위스라는 취지의 회신을 수령하고도 이를 원고들에게 통보하지 아니한 채 이 사건 처분을 하였는바, 이 사건 처분에는 '자유무역협정의 이행을 위한 관세법의 특례에 관한 법률 시행령' 제14조 제3항 또는 공공기관의 정보공개에 관한 법률 제9조를 위반한 하자가 있다. ㈐ 납세고지 방식 등의 하자 납세고지서에 해당 본세의 과세표준과 세액의 산출근거 등이 제대로 기재되지 않았다면 그 과세처분은 위법하다고 할 것인데, 피고들이 이 사건 처분을 함에 있어 관세 및 부가가치세와 관련하여 납세고지서에 최종 세액만을 기재하였을 뿐, 그 과세의 표준과 세액의 산출근거 등을 전혀 밝히지 아니하였는바, 이 사건 처분에는 납세고지 방식 등을 위반한 하자가 있다.
판단	**(1) 실체적 위법사유의 존부** ㈎ 이 법원이 판결 이유로 인용한 제1심 판결 이유에서 판시한 바와 같이 피고 서울세관장이 이 사건 처분의 근거로 삼은 처분사유는 '스위스 관세당국이 대한민국 관세청의 원산지 검증 요청일로부터 이 사건 FTA 협정 부속서Ⅰ제24조 제7항 소정의 회신기한인 10개월 내에 회신을 보내지 않았다'는 것과, '스위스 관세당국이 위 회신기한이지나 보내온 회신에 해당 서류의 진정성 또는 상품의 원산지를 판정할 수 있는 충분한 정보를 포함하지 않았다'는 것이므로, 원고들이 수입한 금괴의 원산지가 스위스인지 여부는 이 사건 처분의 처분사유라고 볼 수 없다.

	(내) 그러나 원고들이 당심에 이르러 이 사건 금괴의 원산지가 스위스라고 거듭 강조하면서 이 사건 처분의 적법 여부를 다투고 있으므로, 원고들이 수입한 금괴의 원산지가 스위스인지 여부에 관하여 살펴본다. 이 법원이 판결 이유로 인용한 제1심판결 이유에서 판시한 바와 같이 이 사건 FTA협정은 이 사건 금괴의 원산지 결정기준으로 'HS 6단위 세번 변경기준'을 채택하고 있는데, 'HS 6단위 세번 변경기준'에 따르면 비원산지 재료의 세번이 해당 국가에서의 제조·가공 등의 공정을 통해서 생산된 완제품의 세번과 상이할 경우 해당 국가를 원산지국으로 판정하게 된다. 그런데 이 법원이 판결 이유로 인용한 제1심 판결 이유에서 채택한 증거들에 변론전체의 취지를 보태어 인정할 수 있는 아래와 같은 사정들에 비추어 볼 때, 원고들이 제1심에서 제출한 증거들에 보태어 보아도 원고들이 수입한 금괴의 원산지가 스위스라고 인정하기 어렵고 달리 이를 인정할 만한 증거가 없으므로, 원고들의 위 주장은 이유 없다.
판단	① 이 사건 FTA 협정의 원산지 결정기준인 'HS6단위세번 변경기준'에 따라 원고들이 수입한 금괴의 원산지를 판정하기 위해서는 금괴의 세번과 그 생산에 투입된 재료의 세번을 비교·대조하는 절차가 반드시 필요하다고 할 것인데, 원고들이 수입한 금괴는 이미 수입된 후 모두 반출되어 현재 그 성상, 형태 등을 전혀 확인할 수 없으므로 그 세번을 정확히 알 수 없다. ② 원고들은 자신이 수입한 금괴가 스크랩(세번 7112) 또는 도레(세번 7108.12)를 재료로 하여 가공 등의 공정을 거친 것으로 그 세번이 7108.13(그 밖의 반가공한 모양의 것) 또는 7108.20(화폐용)인 금괴에 해당한다고 주장한다. 그러나 원고들이 수입한 금괴가 그 주장과 같은 HS세번으로 분류되는 금괴라고 볼 만한 뚜렷한 증거가 없고, 스위스 관세당국은 세 차례 대한민국 관세청에 A, B, C가 생산한 금괴에 대하여 원산지요건충족 여부를 검증하여 기존의 회신 내용을 일부 번복하는 내용의 회신을 하였는데 위 각 회신에서 A, B, C가 생산한 금괴는 모두 HS세번 7108.12호로 분류된다고 밝혔던 사실, 스위스 관세당국은 2012. 1. 17. 대한민국 관세청에 M이 생산한 금괴의 원산지요건 충족 여부에 대하여 회신하였는데 위 회신에서 M이 생산한 금괴는 HS세번 7108.12호로 분류된다고 밝혔던 사실, B가 스위스 연방관세청을 상대로 제기한 행정소송에서 아르고는 HS세번 7108.12호인 금괴를 화폐의 목적으로 수출하지 않았다는 취지로 주장한 사실 ③ 원고들이 수입한 금괴를 생산한 B, C, M은 이 사건 FTA 협정의 경우 스위스가 체결한 다른 FTA 협정과 달리 원산지 결정기준으로 'HS6단위세번 변경기준'만 적용된다는 사실을 인지하지 못하였고, 그런 연유에서인지 B, C, M은 아래에서 보는 바와 같이 원산지 및 비원산지 재료를 혼합하여 금괴를 생산하면서도 이 사건 FTA 협정 부속서 Ⅰ 제11조 규정에 위배되게 물리적으로나 구분회계기법상으로나 그 재료의 재고를 원산지에 따라 구분하여 보관하지 않았던 것으로 보여, 원고들의 금괴 수입 시로부터 약 6년이 지난 현재에 이르러 원고들이 수입한 개개의 금괴를 생산하는 데 투입된 재료가 무엇인지, 그 재료의 원산지가 어디인지를 확인하기가 사실상 불가능하다고 여겨진다.

판단	㉠ 스위스 연방관세청이 B, C, M이 생산한 금괴의 원산지 검증요청과 관련하여 2011. 2. 1., 2011. 2. 17., 2012. 2. 17. 대한민국 관세청에 보낸 회신에 의하면, B, C, M은 모두 4가지의 재료, 즉 i) 생산자, 다른 스위스회사 및 해외 기업의 생산 공정 중에 나오는 제조폐기물(HS세번 71.12), ii) 금광에서 채취한 원석괴(HS세번 7108.12), iii) 품질인증 및 미인증 금괴(용융된 경우 HS세번7108.12, 성형된 경우 HS세번 7108.13), iv) 고 보석, 금화 및 금메달(7108.12.가 아닌다른 HS 소호)을 금괴 생산의 기본 원재료로 사용하였다. ㉡ 이 사건 FTA 협정에서는 생산자가 원산지 및 비원산지 재료를 사용하여 금괴를 생산하는 경우 물리적으로 또는 구분회계기법상으로 그 재료의 재고를 원산지에 따라 구분하여 보관하도록 하고 있는데, 아래의 사정에 비추어 보면 원고들이 수입한 금괴의 생산자들은 원산지 및 비원산지 재료를 사용하여 금괴를 생산하면서도 그 재료의 재고를 구분회계기법 등에 따라 명확히 구분하여 보관하지 않았던 것으로 보인다. i) B는 자신이 생산한 금괴의 원산지를 스위스라고 한 원산지증명이 효력이 없다는 지방세관의 결정에 불복하여 제기한 이의신청을 기각한 스위스 연방관세청의 결정에 불복하여 스위스 연방관세청을 상대로 스위스 연방행정법원에 행정소송을 제기하였는데, 스위스 연방행정법원은 2009. 9. 8. 'B'가 HS세번이 동일한 스위스산 재료만을 사용하여 생산할 여건을 갖추지 못한 것으로 확인되고 구분회계기법을 통하여 재고관리를 하였음을 입증하지 못하였다'는 취지로 B의 청구를 기각하였다. ii) C가 자신이 생산한 금괴의 원산지와 관련하여 스위스 연방관세청을 상대로 제기한 행정소송에서, 스위스 연방항소법원은 C가 스위스산 재료와 제3국산 재료를 혼합하여 생산한 금괴에 대하여 이 사건 FTA 협정의 원산지 규정을 준수하지 못하여 금괴의 원산지를 결정할 수 없고 따라서 C가 발행한 원산지 증명은 잘못되었다'는 취지로 C의 청구를 기각한 것으로 보인다. iii) 스위스 관세당국이 2008. 7. 14. 시행한 M이 생산한 금괴의 원산지검증에 대한민국 관세청 소속 공무원이 참관하였는데, 그 당시 제네바 세관은 금괴의 생산에 사용된 원산지재료와 비원산지재료가 구분되지 않아 원산지 결정이 불가능하고, 금괴와 같은 세번인 외국산 도례를 사용하여 원산지 요건을 충족하지 못한 것으로 보인다는 잠정적인 의견을 제시하기도 하였다. ④ 원산지 및 비원산지 재료를 사용하여 금괴를 생산하는 생산자는 이 사건 FTA협정에서 정하는 바에 따라 금괴의 생산에 사용된 재료의 원산지와 관련한 모든 증빙자료를 보관하여야 하고 관세 당국의 요청 시 그에 대한 충분한 정보를 제공하여야 할 의무가 있고, 원산지신고서를 작성한 수출자도 수출국 관세 당국의 요청 시 각 상품의원산지 지위를 뒷받침하는 모든 서류의 사본을 제공하여야 할 의무가 있다고 할 것인데, 대한민국 관세청은 수차례 스위스 관세당국에 원고들이 수입한 금괴의 원산지와 관련하여 '원재료리스트(원산지 및 공급자 명시) 및 제조공정 설명' 등에 관한 자료를 제공하여 달라고 요청하였지만, 현재까지 스위스 관세당국으로부터 그에 관한 자료를 제공받지 못하고 있는바, 이는 원고들이 수입한 금괴의 생산자들이 개개의 금괴를 생산하는 데 사용된 재료의 원산지와 관련한 증빙자료를 보관하고 있지 않기 때문이 아닌가 하는 의심이 든다.

⑤ 2010. 1. 21. 채택된 한국-EFTA 공동위원회의 결정에서는 '가공되지 않거나 일차 제품의 형태의 HS7106, 7108, 7110호인 금과 관련한 이 사건 FTA 협정의 규정으로 인해 그러한 상품의 수출자들이 협정상의 특혜관세대우를 받는 것이 불가능하다는 것을 인식하였음'을 전제로 원산지 결정기준에 스위스 생산자들이 주로 담당하는 금의순도를 높이기 위한 전해, 열, 화학적 분리공정 등이 이루어진 경우를 추가하였는바, 이는 개정 전 규정에 따를 때 스위스 생산자가 생산한 금괴에 스위스 원산지의 지위를 부여하는 것이 거의 불가능한 것임을 시사한 것으로 보인다.

⑥ 스위스 관세당국은 2011. 2. 1. 대한민국 관세청에 기존의 회신과 달리 아르고가 생산한 금괴의 원산지가 스위스라고 간주되어야 한다'는 취지로 회신을 보낸 후, 그와 같이 상반된 회신 경위 등에 관한 대한민국 관세청의 요청을 받고 2011. 5. 27. 대한민국 관세청에 그에 관한 설명을 하면서 '다른 생산자에 대한 검증 과정에서 특정생산공정이 금괴의 원산지 지위에 긍정적 영향을 미친다는 것을 알게 되었다'고 밝히고 있을 뿐 그 특정 생산공정에 관하여 어떠한 정보를 제공하지 않았고, 그 후 대한민국 관세청의 거듭된 요청을 받고도 이에 응하지 않고 있는바, 이는 스위스 관세당국이 아르고가 생산한 금괴에 대하여 개정 후의 원산지 결정기준을 적용하여 기존의 회신과 달리 원산지 요건을 충족하였다는 취지로 회신한 것이 아닌가 하는 의심이 든다.

(2) 절차적 위법사유의 존부

㈎ 이 사건 FTA 협정 부속서 Ⅰ 제25조 위반 여부

이 사건 FTA 협정 부속서 Ⅰ 제24조 제7항에 의하면, 검증요청일로부터 10월 이내에 회신이 없는 경우나 해당 서류의 진정성 또는 상품의 원산지를 판정할 수 있는 충분한 정보를 포함하지 아니하는 경우, 검증 요청 관세당국은 예외적인 경우를 제외하고 특혜관세대우를 배제할 권한을 가진다고 규정하고 있는데, 위 규정 소정의 '예외적인 경우'의 범주에 '소송의 제기'가 포함되는지에 관하여 스위스 관세당국과 대한민국관세청 사이에 의견 다툼이 있는 사실은 앞서 본 바와 같다. 그런데 이 사건 FTA 협정 부속서 Ⅰ 제28조는 '이 부속서에 달리 규정된 경우를 제외하고, 수입 당사국은 상품이 이 부속서의 요건을 충족하지 아니하거나, 수입자, 수출자 또는 생산자가 이 부속서의 요건을 준수하지 아니한 경우에는 특혜관세대우를 배제하거나, 국내 법령에 따라 미납한 관세를 징수할 수 있다'고 규정하고 있는바, 비록 제25조가 '제24조 규정에 따른 검증절차와 관련하여 제기된 당사국들 간 분쟁이 당사국들관세당국 간에 해결될 수 없는 경우 또는 이 부속서의 해석에 대하여 의문을 제기하는 경우 제32조에 규정된 관세·원산지 소위원회에 회부한다'고 규정하고 있기는 하나, 이사건 FTA 협정 부속서 Ⅰ의 전체 규정을 살펴보더라도 제25조 소정의 사유가 발생하여 관세·원산지 소위원회에 회부되거나 그 회부가 예상되는 경우에 수입 당사국이 특혜관세대우를 배제하거나 미납된 관세를 징수하는 것을 금지 또는 보류하도록 하는 등의 특별한 규정이 없으므로, 설령 위 부속서 제24조 제7항 소정의 '예외적인 경우'의 범주에 대하여 체약 당사국 관세당국 사이에 의견 다툼이 있다고 하더라도, 검증 요청관세 당국은 그에 불구하고 관세·원산지 소위원회에의 회부 없이 특혜관세대우를 배제하거나 미납된 관세를 징수하는 처분을 할 수 있다고 할 것이므로, 그러한 전제에선 이 사건 처분에는 위 부속서 제25조 소정의 절차를 위반한 하자가 있다고 볼 수 없다.

	게다가 대한민국과 EFTA는 2008. 5. 27. FTA 제1차 공동위원회 및 제1차 관세·원산지 소위원회를,2009. 3. 31. 제2차 관세·원산지 소위원회를, 2010. 1. 20. 제3차 관세·원산지 소위원회를, 2012. 3. 13. 제4차 관세·원산지 소위원회를 각 개최하여 금, 은, 백금의 원산지결정기준 개정, 일부 제품의 관세 철폐 등에 관하여 지속적으로 논의하였고, 2012. 3.14. 제3차 공동위원회를 개최하여 장부 보관기간, 충분한 정보의 범위, 예외적인 사정의 범주 등 원산지 검증절차 분야에 대하여 상호 간의 업무 관행이나 협정 해석에 차이가 있음을 인정하고 상호 이해 증진을 위해 지속적으로 논의하기로 합의한 사실도인정할 수 있으므로, 원고들의 위 주장도 이유 없다.
판단	(나) 자유무역협정의 이행을 위한 관세법의 특례에 관한 법률 시행령 제14조 제3항 등 위반 여부 구 자유무역협정의 이행을 위한 관세법의 특례에 관한 법률 시행령(2012. 12. 14. 대통령령 제24232호로 개정되기 전의 것, 이하 '구 관세특례법 시행령'이라 한다) 제14조 제3항은 '관세청장 또는 세관장은 제2항의 규정에 따라 체약 상대국의 관세 당국에 원산지의 확인을 요청하는 때에는 수입자에게 그 사실을 통보하여야 하며, 체약상대국 관세당국으로부터 원산지의 확인 결과를 통보받는 때에는 그 회신내용과 그에 따른 결정내용을 수입자에게 통보하여야 한다'고 규정하고 있다. 위 규정에 비추어 살피건대, 피고들은 이 사건 처분을 함에 있어 현실적으로 이행 가능한 범위 내에서 구 관세특례법 시행령 제14조 제3항 규정을 준수한 사실을 인정할 수 있고, 원고들이 주장하는 스위스 관세당국의 회신은 모두 피고들이 이 사건 처분을 한 후에 비로소 수령한 것으로서 제1심 소송 과정에서 증거로 제출하였으며, 달리 피고들이 이 사건 처분을 함에 있어 구 관세특례법 시행령 제14조 제3항, 또는 공공기관의 정보공개에 관한 법률 제9조 에 정한 정보공개의무를 위반하였다고 볼 만한 자료가 없으므로, 원고들의 위 주장 또한 이유 없다.
	(다) 납세고지방식 등의 하자 납세고지서에 해당 본세의 과세표준과 세액의 산출근거 등이 제대로 기재되지 않았다면 특별한 사정이 없는 한 그 과세처분은 위법하다고 할 것이나(대법원 2012. 10. 18. 선고 2010두12347 판결 등 참조), 피고들은 원고들에게 이 사건 처분을 함에 있어 납세고지서 겸 영수증과 세액경정통지서를 함께 통지하였는데, 그 세액경정통지서에는 과세표준과 세액의 산출근거 등이 상세히 기재되어 있는 사실을 인정할 수 있으므로, 원고들의 위 주장 역시 이유 없다.

FTA 관련 자격시험

예상문제

46

자유무역협정의 이행을 위한 관세법의 특례에 관한 법령에 규정된 원산지조사에 관한 설명으로 잘못된 것은?

① 관세청장은 체약상대국의 관세당국으로부터 검증요청을 받은 경우에는 원산지증빙서류 발급기관을 대상으로 조사할 수 있다.
② 관세청장이 원산지에 대한 조사를 마치면 조사 결과와 그에 따른 결정내용을 조사대상자 및 체약상대국의 관세당국(협정에서 정하는 경우에 한함)에 통지하여야 한다.
③ 관세청장은 체약상대국에 거주하는 수출자를 대상으로 현지조사를 하는 경우에는 사전에 조사대상자의 동의를 받아야 한다.
④ 관세청장은 상대국 수출자를 대상으로 조사 할 때에는 수입자 및 체약상대국의 관세당국(협정에서 정하는 경우에 한함)에 그 사실을 서면으로 통지하여야 한다.
⑤ 원산지확인에 필요한 현지조사를 받는 조사대상자는 원산지관리사를 조사에 참관하게 하거나 의견을 진술하게 할 수 있다.

해설 원산지조사에 참관하거나 의견을 진술하게 할 수 있는 자는 변호사와 관세사이다.
정답 ⑤

47

체약상대국의 관세당국으로부터 수출물품에 대한 원산지조사 요청이 있는 경우 협정별 조사결과 통지 기간으로 잘못된 것은?

① 유럽자유무역연합회원국 - 조사요청일부터 15개월
② 아세안회원국 - 조사요청 접수일부터 2개월(6개월의 범위에서 기간 연장 가능)
③ 페루 : 조사 요청 접수일부터 180일
④ 유럽연합당사자 : 조사요청일부터 10개월
⑤ 터키 : 조사 요청일부터 10개월

해설 페루는 조사 요청 접수일부터 150일 이내이다.
정답 ③

48

FTA관세특례법령에서 규정하고 있는 원산지조사 등에 관한 설명으로 잘못된 것은?

① 수입된 상품에 대해 체약상대국에 원산지 검증을 요청한 경우, 세관장은 조사요청 사실과 회신 결과 등을 수입자에게 통보할 의무가 있다
② ①의 체약상대국에 대한 원산지 확인요청은 무작위추출방식으로 표본조사를 하려는 경우에도 가능하다.
③ 수출물품의 원산지에 관한 조사를 하는 때에는 서면조사를 원칙으로 한다.
④ 한-아세안 FTA에서 수입물품의 원산지조사 방법은 체약상대국 관세당국에 조사를 요청하되, 아세안회원국 조사결과가 적정하지 아니한 경우에는 아세안회원국 수출자 또는 생산자를 대상으로 현지조사를 할 수 있다.
⑤ 체약상대국의 조사대상자가 조사예정통지를 받은 날부터 30일 이내에 조사 동의 여부를 통보하지 아니하거나 동의하지 아니한 경우 현지조사를 할 수 없다.

해설 한-아세안 FTA에서 수입물품의 원산지조사는 아세안회원국 증명서발급기관에 조사를 요청한다.
정답 ④

49

FTA관세특례법령에서 규정하고 있는 원산지조사 대상자가 아닌 자는?

① 수입자
② 체약상대국의 수출자
③ 체약상대국 원산지증명서 발급기관
④ 체약상대국의 당해물품 생산에 사용된 재료공급자
⑤ 우리나라의 당해물품 통관 대행자

해설 체약상대국 원산지증명서 발급기관에 대한 조사 권한은 없다.
정답 ③

FTA 관련 자격시험   예상문제

50
다음 협정 중 원산지 검증방식이 상이한 것은?
① 한-싱가포르 FTA
② 한-터키 FTA
③ 한-칠레 FTA
④ 한-캐나다 FTA
⑤ 한-미 FTA

해설 한-터키 FTA는 간접검증 방식이며, 나머지는 직접검증 방식이다.
정답 ②

51
FTA 관세특례법령에 따른 협정관세 적용보류에 대한 설명으로 잘못된 것은?
① 세관장은 원산지조사를 하는 경우 조사대상자가 조사대상 물품과 동일한 수출자로부터 추가로 수입하는 동종·동질물품에 대해 협정관세 적용을 보류할 수 있다.
② ①의 협정관세 적용 보류기간은 수입자에게 서면조사를 통지한 날부터 원산지 조사 결과를 통지한 날까지이다.
③ 세관장이 협정관세 적용을 보류하고자 하는 경우에는 조사대상 수입자에게 협정관세 적용 보류통지서를 통보하여야 한다.
④ 세관장이 협정관세 적용 보류 통지를 한 경우에는 그 사실을 관세청장에게 보고하고, 관세청장이 지정하는 정보통신망에 게시하여야 한다.
⑤ 협정관세 적용 보류 통지를 받은 수입자는 협정관세 적용보류기간 동안에는 관세법 제50조 규정에 따른 세율을 적용한다.

해설 세관장이 협정관세 적용 보류 통지를 한 경우에는 그 사실을 관세청장에게 보고만 하고, 관세청장이 지정하는 정보통신망에 게시하지 아니한다.
정답 ④

미국 관세청의 한-미 FTA 이행지침('12.3.12)[186]

【원산지검증】

한미FTA상, 특혜관세대우신청의 정확성을 입증할 책임은 수입자에게 부여된다. 특혜관세대우신청은 원산지증명서, 다른 문서 또는 수입자의 인지를 기반으로 할 수 있다. CBP는 'CBP form 28-정보요청(Request for Information)' 이라는 양식을 수입자에게 제공함으로서, 원산지 검증을 개시한다.

요청이 있는 경우, 수입자는 원산지증명서와 해당 원산지증명서를 증빙하는 문서를 제공하여야 한다. 또한, 수입자는 상품의 원산지지위를 아래와 같은 서류(이것에 한정하지 아니함)로 입증하기 위해 준비하여야 한다.

- 업무 흐름도, 기술 명세서 그리고 제조과정을 설명하는 다른 문서들
- 물품이 일반주해 33조 나항의 '원산지 규정'과 일반주해 33조 너항의 '특별원산지규정'을 어떻게 충족하는지에 대한 설명
- 각 재료의 품목분류번호, 원산지 그리고 만약 물품이 RVC 산정법을 사용할 경우 각 재료의 비용을 나타내는 자재명세서
- 원산지 증명서 또는 각 원산지 재료가 규정된 세번변경기준을 충족하지 않았거나 또는 그 재료가 비원산지로 판단되는 사항에 대한 진술서
- 구매주문서(매입서)와 구체적인 가치의 지불 증빙 서류
- 재고관리기법, 간접재료 등과 관련된 서류, 또는
- 다른, 필요에 의한 (요구된) 문서

수입자는 CBP의 요구 시 적절한 증빙서류를 CBP에 제공할 것을 보장할 책임이 있다.

비밀유지를 위해 생산자는 요청된 서류를 CBP에 직접 제공할 수 있다. 수입자와 최초 연락을 취한 후, CBP는 재량껏 수출자 또는 생산자와 직접 연락을 취할 수 있다.

CBP는 당사국에서 규정한 절차에 따라 수출자 또는 생산자를 방문하는 현지검증을 통해 원산지 지위를 검증할 수 있다.

【원산지검증 결과】

만약 수입자가 물품이 원산지물품이라는 것을 입증하기 위한 충분한 정보를 제공하였다면, CBP는 CBP 양식 29 - 결과통보(Notice of Action)'를 통해 긍정적인 결과(특혜관세대우 적용)를 수입자에게 제공할 수 있다. 결과통보양식은 품목분류번호, 물품명세, 원산지 기준 뿐만 아니라 법적 권한과 규정을 포함한다. 만약 수입자가 물품의 원산지지위를 적절히 증빙하지 못한 경우, CBP는 CBP양식29를 통하여 부정적인 결과(20일 내 특혜관세대우 재신청 제안)를 통보 할 것이다. 이러한 통보는 제출된 서류가 불충분한 이유와 해당 물품이 비원산지인 이유를 명시하며, CBP 양식 29의 발급 전 추가적인 20일을 제공함으로서 서류를 재 제출하도록 허락한다.

---

186) 원문 참고 http://www.cbp.gov/sites/default/files/documents/Korea%20Imp%20Ins.pdf

【원산지 포괄증명서에 대한 부정적인 결정의 영향】
원산지 포괄증명서상의 물품에 대한 부정적인 결정은 원산지 포괄 기간에 해당하는 모든 동일상품의 특혜 원산지대우의 거부를 초래할 수 있다.

【반복적인 허위 또는 근거없는 특혜관세대우신청 (행위유형)】
검증 또는 다른 정보에 의해 수입자, 수출자 혹은 생산자가 일반주해 33조에 규정된 한미FTA 원산지 규정을 충족하는 물품이라고 지속적으로 허위 또는 근거없이 표기한 경우 CBP는 해당 수입자, 수출자 또는 생산자가 일반주해 33조를 준수한다는 결정을 내릴 때까지, 해당 수입자, 수출자 또는 생산자가 이후에 제공하는 진술서, 신고 또는 원산지증명서에 포함된 동일 상품에 대해 한미FTA의 특혜관세대우를 정지할 수 있다.

【이의제기권리】
수입자 또는 다른 이해관계 당사자는 경정일로부터 180일 안에 19 USC 1514의 규정에 따라 부정적인 원산지 결정에 대한 이의를 제기할 수 있다. 만약 이의제기가 승인된다면, 수입자는 관세 그리고/또는 물품취급수수료를 환급 받을 수 있다.

〈한-미 FTA 제6.18조 검증〉

1. 다른 쪽 당사국의 영역으로부터 자국 영역으로 수입되는 상품이 원산지상품인지의 여부를 결정하기 위한 목적으로, 수입 당사국은 다음의 수단에 의하여 검증을 수행할 수 있다.
   가. 수입자·수출자 또는 생산자에게 서면으로 정보요청
   나. 수입자·수출자 또는 생산자에게 서면으로 질의
   다. 제6.17조제1항에 언급된 기록을 검토하거나 상품의 생산에 사용된 시설을 시찰하기 위하여 다른 쪽 당사국 영역에 소재하는 수출자 또는 생산자의 사업장 방문
   라. 섬유 또는 의류 상품에 대하여는, 수출국 관세당국에 검증요청, 수출국 관세당국에 불법행위 및 원산지조사 요청(간접검증), 수출입 관세당국의 공동 현지검증
   마. 수입 및 수출 당사국이 합의하는 다른 절차
      수입 당사국이 가호 또는 나호에 언급된 수단으로 검증을 수행하는 경우, 그 수입 당사국은 수입자가 수출자 또는 생산자로 하여금 수입 당사국에게 정보를 직접 제공하도록 주선할 것을 요청할 수 있다.

4. 검증의 결과로 당사국이 상품이 원산지 상품이 아니라고 판단하는 경우, 그 당사국은 수입자에게 그러한 취지의 예비결정내용을 제공하고 상품이 원산지 상품이라는 것을 증명하는 추가 정보를 제출할 수 있는 기회를 제공한다. 각 당사국은 수입자가 수출자 또는 생산자에게 관련 정보를 그 당사국에 직접 제공하도록 주선할 수 있다는 것을 규정한다. (미국의 경우 수입자에게 주선의 의무를 부여하여 수입자 위주로 대부분의 검증을 수행하고 있어 검증소요 기간이 우리보다 짧다.)

> **집행기준**
>
> 한-미 양국 정부는 원산지검증 시 정부기관이 발행한 증명서를 원산지 입증자료로 고려될 수 있음을 합의('14.4.4)하였는바, 원산지 정보가 포함된 정부발행증명서(美 농무부 발생 품질증명서/韓 농식품부 발행 동식물 검역증는 상호인정, 여타 정부발급 증명서의 원산지정보는 검증시 증빙자료로 고려할 수 있음)가 제출된 경우 원산지 입증 자료로 인정하되, 합리적인 의심이 있는 경우 추가로 원산지 검증이 가능하다.
>
> [관세청 원산지지원담당관-1129, '14.5.2]

한-미 FTA 미국이행규정(19 CFR)

10.1005 Importer obligations.	수입자 의무
(a) **General.** An importer who makes a claim for preferential tariff treatment under § 10.1003(b) of this subpart: (1) Will be deemed to have certified that the good is eligible for preferential tariff treatment under the UKFTA; (2) Is responsible for the truthfulness of the claim and of all the information and data contained in the certification provided for in § 10.1004 of this subpart; and (3) Is responsible for submitting any supporting documents requested by CBP, and for the truthfulness of the information contained in those documents. When a certification prepared by an exporter or producer forms the basis of a claim for preferential tariff treatment, and CBP requests the submission of supporting documents, the importer will provide to CBP, or arrange	(a) 일반조항. § 10.1003(b)에 따라 협정관세 적용 신청을 하는 수입자는 (1) 한-미FTA 협정에 따라 상품이 협정관세 적용을 받을 자격이 있음을 증명하는 것으로 간주한다. (2) 협정관세 적용 신청 및 § 10.1004에 따른 원산지증명서에 포함된 모든 정보 및 기록의 진실성에 대해 책임이 있다. 그리고 (3) CBP에서 요청한 증빙자료의 제출 및 그러한 자료에 포함된 정보의 진실성에 대하여 책임이 있다. 수출자 또는 생산자가 작성한 원산지증명서가 협정관세 적용 신청의 근거가 되고 CBP가 증빙자료의 제출을 요구하는 경우 수입자는 CBP에 수출자 또는 생산자가 원산지증명서를 작성하는데 의존한 모든 정보를 제출하거나 수출자 또는 생산자로 하여금 CBP에 직접 제출하도록 주선하여야 한다.

for the direct submission by the exporter or producer of, all information relied on by the exporter or producer in preparing the certification. (b) ***Information provided by exporter or producer.*** The fact that the importer has made a claim or submitted a certification based on information provided by an exporter or producer will not relieve the importer of the responsibility referred to in paragraph (a) of this section. (c) ***Exemption from penalties.*** An importer will not be subject to civil or administrative penalties under 19 U.S.C. 1592 for making an incorrect claim for preferential tariff treatment or submitting an incorrect certification, provided that the importer promptly and voluntarily corrects the claim or certification and pays any duty owing (see §§ 10.1031 and 10.1033 of this subpart).	(b) 수출자 또는 생산자가 제공한 정보. 수입자가 수출자 또는 생산자가 제공한 정보에 근거하여 협정관세 적용 신청하거나 원산지증명서를 제출했다는 사실이 (a)에서 규정한 수입자의 책임을 경감하지 않는다. (c) 벌칙의 예외. 수입자는 부정확한 협정관세 적용 신청 또는 원산지증명서 제출에 대하여 신속하고 자발적으로 그 신청 및 원산지증명서를 정정하고 납부하여야 할 모든 관세를 납부하는 경우에는 19 U.S.C. 1592에 따라 벌금 또는 과태료를 부과하지 않는다.

미국세관의 원산지검증 절차와 대응[187]

1 미국의 검증동향[188]

한-미 FTA 발효 이후 현재까지 미국세관은 각 통관지 세관의 수입전문관(Import Specialist) 단위로 한국산 수입물품에 대해 간헐적으로 원산지 검증을 수행해 왔다. 미 세관은 한-미 FTA 협정발효 후 '16년까지 총1,914건의 검증을 실시했고, 검증결과 32.6%에 해당하는 633건에 대해 특혜관세가 거절된 것으로 나타났다. 이 중 한국산 섬유제품에 대한 원산지검증은 483건에 달하며, 이 중 56.1%인 271건이 원산지규정 위반으로 추징된 것으로 나타났다. 품목별로 보면 고세율 품목인 섬유제품에 미 세관의 원산지검증이 집중되고 있고, 이어서 자동차부품, 기계 및 전자류, 식품류가 타켓이 되고 있다. 미 세관의 원산지검증은 대기업과 중소기업을 가리지 않고 선정되는 것으로 나타난다.

〈표 6-2〉 한국산 물품에 대한 미세관의 원산지 검증동향('12~'16)

구분	전체	섬유제품	비섬유제품
검증건수	547	324	223
적발건수	266	198	68
적발비율	48.6	62.1	30.5

현지 지역세관에서 진행되는 검증은 체계적인 정보 분석에 의한 종합심사라기 보다는 수입전문관의 능력과 경험에 따라 건별로 선별하여 검증하는 것으로 판단된다. 미 세관의 원산지 검증을

---

187) 서울본부세관이 발간한『"한-미 FTA 원산지 검증대비 실무가이드 라인(2013.12)』발췌
188) 「한국산 물품에 대한 미 세관의 원산지검증 동향 및 시사점」, LA 관세관 김석오, 관세청

받은 업체 중 대기업 제품(타이어 및 자동차 부품 등)의 경우 체계적으로 잘 대응하는 것으로 나타나고 있다. 한국 수출업체의 적극적인 협조, 원산지규정에 대한 사전 이해를 바탕으로 한 정확한 자료 작성과 기한 내 자료 제출이 검증성공 요인이 되고 있다. 원산지 검증을 대응하지 못한 업체는 대부분 중소기업이다. 한국의 수출거래업체도 중소기업인데다 원산지규정에 대한 이해도 부족하고, 특히 원재료 원산지에 대한 원산지 증빙서류와 생산기록서류를 갖추지 못한 것이 실패의 원인으로 지목되고 있다.

미세관의 원산지검증은 대부분 서면검증 위주로 이루어지고 있으며, 현장검증은 섬유·의류품목에 한해 한정적으로 실시되어 왔다. 서면검증 실적은 지속적으로 증가하고 있으며, 서면검증을 받은 업종도 섬유류, 자동차부품, 기계류, 화학제품, 식품류, 측정장비, 타이어 등 매우 다양화 되고 있다. 우리나라 세관의 미국 수입상품에 대한 원산지검증도 대부분 서면검증을 하고 있으나, 최근 일부 식품류, 차량에 대해서는 현장검증을 실시하고 있다.

▶2 미국의 서면검증

(1) 서면검증 주체

한·미 FTA 원산지 검증의 주체는 공히 세관당국이다. 다만, 미국 세관당국은 개별 수입 건에 대한 검증을 일선세관에서 수행하지만, 섬유류에 대해서는 관세청 차원에서 서면검증을 한 후 필요시 본청에서 해외 현장검증팀(Textile Products Verification Team)을 구성하여 업체단위로 검증을 하기도 한다. 통관 후 해당물품의 세액의 적정성 등을 확인하는 미국세관의 사후심사 단계는 사후세액 심사(Post Entry Review)와 세액의 정산 및 확정을 위한 정산(Liquidation)으로 구분된다. 사후세액 심사는 수입통관지 관할세관의 사후심사팀(Commodity Specialist Team of each Customs District Port)에 의하여 이루어지며, 한·미 FTA 원산지 서면검증도 여기에서 수행된다.

미국세관의 수입통관 및 심사절차

미국의 수입통관제도는 수입통관단계와 사후심사단계로 이루어져 있으며, 수입통관단계는 ① 화물반입신고와 ② 납세신고로 이루어져 있으며, 사후심사단계는 ③ 사후세액심사와 ④ 정산단계로 이루어져 있다.

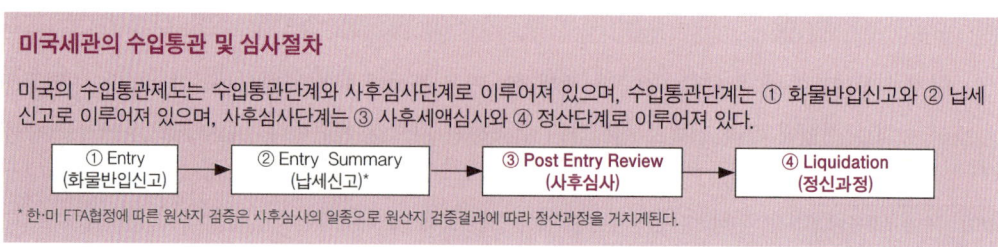

* 한·미 FTA협정에 따른 원산지 검증은 사후심사의 일종으로 원산지 검증결과에 따라 정산과정을 거치게 된다.

(2) 검증대상 선정

특정 수입신고 건의 FTA 검증을 위한 선별기준은 공식적으로 미국 세관에서 공표하지 않는다. 다만, 알려진 바에 따르면 ①미국 관세청에서 전략적으로 검증을 하려는 업종(예컨대 섬유류, 자동차 및 자동차 부품류 등)의 수입신고 건 ②부정수입 등의 정보가 있는 업체의 수입신고 건 ③법규 준수도 측정시스템(Compliance Measurement System)의 평가(Assesment) 점수가 낮거나, 내부통제(Internal control)가 잘 이루어지지 않아 위험도가 높은 업체(주로 수입실적이 최초이거나 소수 건인 업체 등)에서 수입신고한 건을 우선 선별한다.

따라서 검증대상이 되지 않기 위해서는 통관단계부터 정확한 신고를 하여야 하며, 특히 섬유류, 자동차 등과 같이 미국 관세청에서 가장 많은 관심을 갖고 있는 업종의 수입신고 건에 대해서는 검증대비를 철저히 하여야 한다.

(3) 서면검증 절차

미국세관의 한미FTA 원산지 사후검증 절차 중 서면검증 절차는 일선세관에서 우리나라 수출물품의 수입신고시 이루어지는 한미FTA 특혜관세 신청에 대해 사후세액심사의 일종으로 이루어지고 있으며, '정보제공요청서(CBP Form28)'를 수입자에 송부하면서부터 시작된다. 이때 수입자는 대부분 수출자에게 다시 '정보제공요청서(CBP Form28)'를 송부하여 해당정보를 요청하게 되는데, 이때 우리나라 수출자는 요청하는 정보를 수입자에게 송부하거나 기업비밀에 해당하는 원가정보, 원재료명세서 정보 등에 대해서는 해당 미국세관에 직접 송부할 수 있다.

미국세관에서 수출자 또는 생산자로부터 제공된 정보를 검토한 결과 이상이 없다고 판단되면 구두, 이메일, 이행통지서(CBP Form29) 등을 통하여 '이상없음'통보를 하고, 만약 이상이 있는 경우라면 이행통지서(CBP Form29)를 통하여 특혜관세에 해당되지 않는다는 '예비결정(Is Proposed)' 통보를 하고, 20일 이내 특혜관세 혜택을 위해 필요한 추가로 자료를 제출할 수 있는 기회를 부여한다. 이 기간 내에 자료를 제출하여 이상이 없을 경우에는 마찬가지로 '이상없음'을 통보하지만, 주어진 기간 안에 요청자료를 보완하지 못할 경우, 미국세관이 제출된 자료에 의하여 품목분류 착오 등을 이유로 특혜관세에 해당하지 않는다는 것을 확인한다면 이행통지서(CBP Form29)를 통하여 '확정(Taken Action)'을 통보하는데, 여기에는 품목분류 착오의 구체적 내용, 정정된 관세율, 납부할 관세액의 증가(부족 납부관세의 납부결정)와 납세고지서(Bill)가 발행된다는 사실도 통보한다.

그런데 수입자 등 사후검증을 받는 자가 확정통보를 받은 시점이 정산에 들어가기 전이라면 세관방문, 전화 등을 통해 해당세관에 이의신청(Appeal)을 할 수 있으며, 이때에도 설명이 받아들여진다면 특혜관세 신청이 적합하다는 것을 수정된 이행통지서(CBP Form29)를 통해 확정할 수 있다. 그러나 수입자 등 사후검증을 받는 자가 확정통보를 받은 시점이 정산에 들어간 경우라면 세관에서 정산에 착수한 지 180일 이내에만 해당 세관에 이의신청(보통 Appeal 또는 Protest라고 한다)이 가능하고, 이 과정은 우리나라의 행정구제제도인 심사청구 또는 심판청구와 유사하다. 만약 정산에 착수한 지 180일이 지났거나 행정구제절차를 통해서도 수입자의 주장이 받아들여지지 않을 경우에는 법원(Court of international trade)에 소송을 제기하여 권리구제 절차를 진행할 수 있다.

〈그림1 미국세관의 FTA 원산지 검증절차도〉

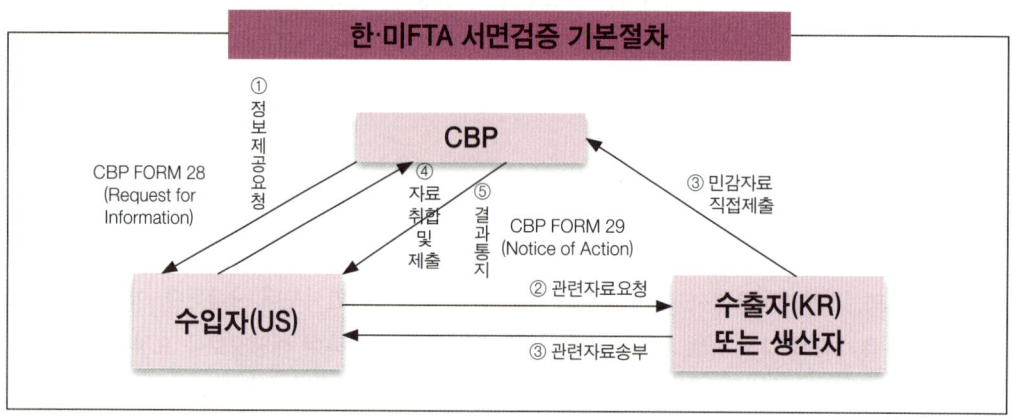

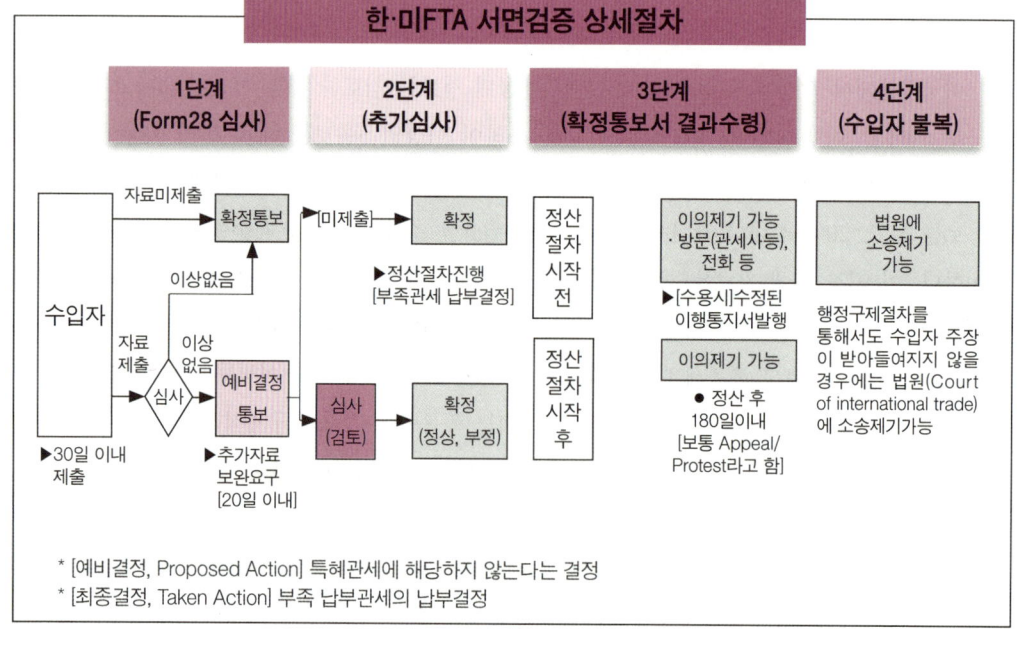

(4) 정보제공 요청

미국세관의 서면검증은 정보제공요청서(CBP Form 28, request for information)와 이행통지서(CBP Form 29, notice of action)을 사용하여 추가적으로 관련 정보를 요구하고, 심사와 결정을 한다. 미국세관에서는 수입자에게 원산지증명서와 입증자료를 요구하며, 수입자는 요구받은 날로부터 30일 이내에 제출하여야 한다.

① 기본 요구자료

FTA원산지 서면검증을 위해 기본적으로 요구하는 자료는 정보제공요청서(Request For Information, CBP Form 28)의 서식에 의하여 1. 원산지 증명서(C/O), 2. 원재료명세서(BOM; Bill of Material), 3. 제조원가 명세서(Cost Data), 4. 생산/제조 기록(Production and manufacturing records)을 요구하고, 심사 후 추가자료 요구를 위해 이 자료에 한정되지 않음(Such as but not limited to)이라는 문구를 기재한다.

①-1 원산지증명서

한-미FTA 원산지증명은 수입자, 수출자 또는 생산자가 서면 또는 전자적 방법으로 할 수 있으며, 수입자 자신이 가진 자료에 의하여 당해 물품의 원산지임을 신뢰할만한 정보가 있을 경우 직접 원산지를 증명할 수 있다.

미국 세관에 제출하는 FTA 특혜원산지증명서의 정해진 양식은 없으나 반드시 기재되어야 하는 필수정보는 규정되어 있다. 원산지증명서는 1) 단일 수입신고 건에 대한 원산지증명서와 2) 동일한 상품의 다수 수입 건에 대한 12개월 간 유효한 포괄 원산지증명서(a blanket certificate)로 구분되며, 포괄기간 이내에 수입신고가 이루어져야 한다. 증명서는 한글 또는 영문으로 작성될 수 있는데 미국 관세청에서는 영문번역을 요구한다.

①-2 원재료명세서(BOM; Bill of Material)

원재료명세서는 제품생산에 소요된 원재료의 목록과 소요량 등을 기재한 서류인데, 원산지 확인을 위해서 요구한다. 원재료명세서는 원산지 결정기준이 완전생산기준, 세번변경기준, 부가가치기준 등 어떤 것이든 기본적으로 요구하는 문서이며, 우리나라의 환급제도에서 사용되는 자율소요량증명서와 유사하다.

①-3 제조원가명세서(Cost Data)

제조원가명세서는 제품생산에 소요된 원재료의 가격명세를 나타내는 서류인데, 원산지 확인을 위해서 요구한다. 원가명세서는 원산지 결정기준이 완전생산기준, 부가가치기준이라면 당연히 필요하지만, 세번변경기준을 확인하기 위해서는 필요한 서류라고 볼 수 없으나, 미국세관에서는 대부분의 경우 당연한 서류로 요구하는 경향이 있다.

①-4 생산/제조 기록(Production and manufacturing records)

생산/제조 기록은 당해 수출제품의 생산/제조한 내역을 기록한 서류이며, 생산일지가 이에 해당할 것이다. 그러나 어떤 경우에는 당해 수출물품이 제조되는 과정을 사진을 통해 확인시켜주는 것이 보다 정확할 수도 있으므로 해당 공정을 사진을 촬영하여 제시하는 것도 하나의 방법이다.

①-5 이 자료에 한정되지 않음(Such as but not limited to)

이 문구는 위에서 열거한 자료 이외에도 추가적으로 자료를 요구할 수 있다는 것을 알리는 문구로서 대부분의 상세자료 요구시 언급하고 있다.

> 미국 세관은 상품의 원산지결정 기준에 관계없이 "제조원가명세서"를 요구하고 있다. 이는 미국세관의 심사목적이 상품의 원산지만을 확인하는 것이 아니라 상품의 과세가격, 품목분류 번호 등 수입통관과 관련된 모든 요소를 확인하기 때문이다. 따라서 미 세관에서 자료를 요구하는 경우에는 요구한 자료를 충실히 제출하는 것이 협정배제 등의 불이익을 당하지 않는 방법이다. CBP 검증의 시발점은 정보제공요청서(CBP Form 28)는 수입통관 전반에 걸친 조사시 사용되는 서식이다.

CBP Form 28 서식

DEPARTMENT OF HOMELAND SECURITY
U.S. Customs and Border Protection
REQUEST FOR INFORMATION
19 CFR 151.11

OMB No. 1651-0023
Exp. 03-31-2014

Any text that scrolls will not print

1. Date of Request	
2. Date of Entry and Importation	
3. Manufacturer/Seller/Shipper	4. Carrier	5. Entry No.
5a. Invoice Description of Merchandise	5b. Invoice No.	6. HTSUS Item No.
7. Country of Origin/Exportation	8. CBP Broker and Reference or File No.
9. TO:	10. FROM:

Production of Documents and/or Information Required by Law: If you have provided the information requested on this form to U.S. Customs and Border Protection at other ports, please indicate the port of entry to which it was supplied, and furnish a copy of your reply to this office, if possible.

11a. Port	11b. Date Information Furnished

General Information and Instructions on Reverse

12. Please Answer Indicated Question(s)

- ☐ A. Are you related (see reverse) in any way to the seller of this merchandise? If you are related, please describe the relationship, and explain how this relationship affects the price paid or payable for the merchandise.
- ☐ B. Identify and give details of any additional costs/expenses incurred in this transaction, such as:
  - ☐ (1) packing
  - ☐ (2) commissions
  - ☐ (3) proceeds that accrue to the seller
  - ☐ (4) assists
  - ☐ (5) royalties and/or license fees

13. Please Furnish Indicated Item(s)

- ☐ A. Copy of contract (or purchase order and seller's confirmation thereof) covering this transaction, and any revisions thereto.
- ☐ B. Descriptive or illustrative literature or information explaining what the merchandise is, where and how it is used, and exactly how it operates.
- ☐ C. Breakdown of components, materials, or ingredients by weight and the actual cost of the components at the time of assembly into the finished article.
- ☐ D. Submit samples:
  Article number and description _____
  from container _____
  mark(s) and number _____
  Samples consumed in analysis, and other samples whose return is not specifically requested, will not normally be returned.
- ☐ E. See item 14 below.

14. CBP Officer Message

15. Reply Message (Use additional sheets if more space is needed.)

16. CERTIFICATION — It is required that an appropriate corporate/company official execute this certificate and/or endorse all correspondence in response to the information requested. (NOTE: NOT REQUIRED IF FOREIGN FIRM COMPLETES THIS FORM.)

I hereby certify that the information furnished herewith or upon this form in response to this inquiry is true and correct, and that any samples provided were taken from the shipment covered by this entry.

16a. Name and Title/Position of Signer (Owner, Importer, or Corporate/Company Official)	16b. Signature	
	16c. Telephone No.	16d. Date

17. CBP Officer	18. Team Designation	19. Telephone No.

CBP Form 28 (03/11)

CBP Form 28 서식 국문 번역

CBP Form 28 : CBP 자료요구 사례 1

DEPARTMENT OF HOMELAND SECURITY
U.S. Customs and Border Protection

REQUEST FOR INFORMATION
19 CFR 151.11

OMB No. 1651-0023; Exp. 5-31-2011

1. Date of Request: 04/02/2013
2. Date of Entry and Importation: 09/06/2012   09/06/2012
3. Manufacturer/Seller/Shipper:
4. Carrier: Hanjin Oslo
5. Entry No.:
5a. Invoice Description of Merchandise: ALT'R TG9/ 90A 4G/ 90A 6G; Starter 700S; C-ALT'R; SC
5b. Invoice No.: VM-0820WS-1/2
6. HTSUS Item No.: 8511500000
7. Country of Origin/Exportation: KR   KR
8. Customs Broker and Reference or File No.: F.R.T. INTERNATIONAL, INC.
9. TO:
10. FROM: Millissa Nixon, 1000 2nd Ave, Ste 2100, Seattle, WA 98104-3629, US
11a. Port: 3002
11b. Date Information Furnished:

Production of Documents and/or Information Required by Law: If you have provided the information requested on this form to U.S. Customs and Border Protection at other ports, please indicate the port of entry to which it was supplied, and furnish a copy of your reply to this office, if possible.

General Information and Instructions on Reverse

12. Please Answer Indicated Question(s)

☑ A. Are you related (see reverse) in any way to the seller of this merchandise? If you are related, please describe the relationship, and explain how this relationship affects the price paid or payable for the merchandise.

☑ B. Identify and give details of any additional costs/expenses incurred in this transaction, such as:
  ☑ (1) packing
  ☑ (2) commissions
  ☑ (3) proceeds that accrue to the seller
  ☑ (4) assists
  ☑ (5) royalties and/or license fees

13. Please Furnish Indicated Item(s)

☑ A. Copy of contract (or purchase order and seller's confirmation thereof) covering this transaction, and any revisions thereto.

☑ B. Descriptive or illustrative literature or information explaining what the merchandise is, where and how it is used, and exactly how it operates.

☑ C. Breakdown of components, materials, or ingredients by weight and the actual cost of the components at the time of assembly into the finished article.

☐ D. Submit samples:
Article number and description _____
from container number _____
mark(s) and number _____
Samples consumed in analysis, and other samples whose return is not specifically requested, will not normally be returned.

☑ E. See item 14 below.

14. CBP Officer Message: *See continuation sheet*

15. Reply Message (Use additional sheets if more space is needed.)

16. CERTIFICATION: It is required that an appropriate corporate/company official execute this certificate and/or endorse all correspondence in response to the information requested. (NOTE: NOT REQUIRED IF FOREIGN FIRM COMPLETES THIS FORM.)

I hereby certify that the information furnished herewith or upon this form in response to this inquiry is true and correct, and that any samples provided were taken from the shipment covered by this entry.

16a. Name and Title/Position of Signer (Owner, Importer, or Corporate/Company Official)
16b. Signature
16c. Telephone No.
16d. Date

17. CBP Officer: Millissa Nixon
18. Team Designation: 790
19. Telephone No.: 206-553-1428

CBP Form 28 (08/08)

⟨그림 2-2⟩ CBP Form 28: CBP 자료요구 사례 1 (계속)

사례1은 우리나라 수출자가 미국으로 수출한 자동차용 교류발전기에 대하여 미국세관이 수입자에게 자료제출을 요청한 사례로 수입자가 한-미 FTA특혜세율을 적용한 물품에 대해 이를 증빙할 수 있는 자료인 ①물품의 상세 설명자료 및 용도, 재질 ②원산지증명서 ③제조공정도 및 설명자료 ④원산지기준 충족설명자료 ⑤원재료명세서 ⑥세번이 변경되지 아니한 원산지재료의 C/O 또는 확인서 ⑦구매관련 증빙자료 ⑧재고관리 및 간접재료 관련 자료 ⑨기타 증빙자료 등을 요구하고 있다.

② 상세 요구자료

미국세관에서 제출받은 원산지증명서가 미흡하거나 추가적인 조사가 필요하다고 결정할 경우 추가로 진행하는 절차가 수입자에 대해 원산지증명과 관련된 추가적인 근거서류 또는 해명서류를 요구하는 절차이고, 이때에도 정보제공요청서(CBP Form 28)의 서식에 필요한 서류명을 기재하여 송부한다.

미국세관은 원산지 검증을 위해 기본적으로 요구하는 정보 이외에도 업종과 품목에 따라서는 간단한 추가정보부터 매우 복잡하고 상세한 정보까지도 요구하고 있다. 특히, 섬유류 중 직물에 대해서는 기본서류 이외에 CBP Form 28의 별첨을 통해 매우 상세한 자료를 요구하고 있다.

수출자 또는 생산자가 수입자에게 원산지증명의 근거가 되는 원가자료(부가가치 기준에 의한 원산지 결정시만 해당되고, 세번변경 기준의 경우 해당되지 않으나, 요구자료 목록에 들어 있는 경우 제출하여야 함)를 송부하여 수입자로 하여금 세관에 제출토록 하는 경우 이 과정에서 수출자 또는 생산자의 원가자료가 공개되어 불이익이 초래될 수 있다고 판단되는 경우 수출자 또는 생산자는 수입자를 경유하지 않고 직접 미국세관에 제출할 수 있다. 이 경우 미국세관은 자료를 비공개로 하여 원산지 검증을 하게 된다.

미국세관에서 요구하는 회계자료는 한국과 미국이 원산지 검증을 위해 합의한 생산국의 일반적으로 인정된 회계원칙(Generally Accepted Accounting Principles)이 적용된 자료를 제출하면 된다. 미국세관에서 FTA원산지 서면검증을 위해 요구하는 자료는 원산지 결정기준별로 각각 다른데 구체적 내용은 아래와 같다.

(a) 완전생산기준(WO)
   1. 계약서(contract)
   2. 구매주문서(purchasing order)
   3. 송품장(invoice)
   4. 대금지급 증명(proof of payment)
   5. 생산자 이력(grower/producer/vender profile)
   6. 선하증권(bill of lading)
   7. 포장명세서(packing list)

(b) 세번변경기준(tariff-shift rule)

1. 원산지 증명서(C/O)
2. 제품의 원산지결정에 대한 임원수준의 설명(how good originates)
3. 생산공정도(Production flowchart)
4. 원재료명세서와 품목분류 번호 (Bill of Material with HTS numbers)
5. 모든 원산지재료에 대한 생산자의 증빙서류(affidavits from producers for all originating materials)
6. 모든 비원산지재료에 대한 품목분류(classification of all non-originating materials)
7. 세번변경의 증명(demonstration of tariff shift)
8. 직접수입을 증명하는 선하증권(B/L to confirm direct importation)

(c) 부가가치기준(RVC)

1. 제품제조에 사용된 원재료의 증빙자료와 원가자료 :BOM, 원재료수불부 등(Evidence of material used and cost)
2. 소요원재료 명세서(Bill of all materials(BOM) :소요량, 단가, 금액, HS코드, 원산지, 원재료공급자명 등 기재)
3. 원재료 구매인보이스 또는 거래명세서 등(Invoices for all materials)
4. 원산지재료에 대한 제조자 진술서(Affidavits of origin for originating material from the manufacturers)
5. 완제품의 생산기록: 제품 수불부 등(Production records of finished goods)
6. 일반비용 증빙(General expenses)
7. 포장비 증빙(Packing cost)
8. 보험료 증빙(Insurance cost)
9. 제품생산에 관련된 모든 비용에 대한 원가내역 :원가계산서 등(Cost breakdown of all expenses related to the production)
10. 생산자의 공장으로 원재료를 운송하는데 발생된 비용에 대한 증빙(All cost incurred in transporting the materials to the manufacturer's plant)
11. 제조공정 설명자료: 제조공정도등(Description and type of all manufacturing processes)
12. 제품가격책정 근거자료(Provide figures, calculations and supporting documentation showing how entered value was obtained)

13. 생산지원비, 재고관리기법, 간접재료 등 설명자료(Documentation pertaining to assists, inventory control management methods, indirect materials, etc)

14. 생산과 관련한 노무비 설명자료(Describe the labor cost for producing)

(d) 세번변경+부가가치기준(RVC)

1. 세번변경 기준의 모든 증빙서류
2. 소요원재료별 비용(A costed bill of materials)
3. 부가가치 계산근거(RVC computation)

(e) 원산지재료로만 전적으로 생산기준

1. 모든 투입재료에 대한 모든 공급자로부터 받는 증빙서류
2. 구매주문서, 대금지급 증명서, 계약서 등

원산지증명서 작성시 주의하세요!

최근 미국세관에서 한미FTA 사후검증시 우리나라 수출자가 한국 법령에서 제시한 서식을 사용한 증명서를 제출하였으나, 동 증명서 원산지결정기준(Preference criterion) 란에 'WO, PSR, PE' 중 하나를 기재한 것에 대하여 오류이므로 인정하지 않겠다는 의사를 표시하고, 해당 란은 미국 규정에 따라 GN33(b)(i) 또는 GN33(b)(ii)(A) 또는 GN33(b)(ii)(B) 또는 GN33(b)(iii) 또는 GN33(o)로 기재하도록 요청하는 메일을 발송한 바 있다. 미국으로 수출되는 물품은 미국 세관이 정하는 규정을 따르는 것이 원산지검증시 유리함을 기억하자.

(5) 검증대응 서류 작성

수출물품의 원산지를 논리적으로 입증하는 데 필수적으로 작성해야 할 서류가 원산지소명서(Origin Verification Questionnaire)이다. 아래는 세 번변경기준이 적용된 품목의 국영문 작성 사례 예시다.

원산지 소명서에 대한 설명

귀 세관에서 00년00월00일 ABC사에 요청한 00년00월00일 미국 XYZ사로 수출한 물품(Invoice No. ABC20130608-03)은 대한민국 경기도 양주시에 소재하는 당사의 공장에서 생산하여 수출한 물품으로한, 미 FTA 원산지결정기준을 충족하는 물품임을 아래와 같이 소명합니다.

- 수출물품 : Ball bearing, Invoice No. ABC20130608-03(2013.06.08)
- 품목분류 : 8482.10

Ball Bearing 품목분류 근거

물품설명
- 원통 형태의 외몸이 있고, 그 안의 케이지에 설강된 ball10개이 결합되어 있음. 케이지의 내접원과 부위에는 축(shaft)이 끼워지고 상하 움직임(직선운동)을 가능하게 함

품목분류 : 8482.10
- 관세율표 제8482호에는 "볼 베어링 또는 롤러 베어링"이 분류되며, 이 호의 해설서는 "이 호에는 볼·롤러 또는 니들 롤러들의 모든 베어링이 포함된다."고 해설
- 동 물품은 설강재의 강구(ball)를 구름재전도체로 사용하는 볼 베어링이므로 관세율표해석에관한통칙 제1호 및 제8호의 규정에 의거 볼 베어링이 해당하는 8482.10 소호에 분류

● 원산지결정기준
- 원산지결정기준 1 : CTSH(ex) 8482.10 ~ 8482.80, 8482.99)
- 원산지결정기준 2 : 8482.99호로부터의 변경 + (집적법 40 또는 공제법 50)
- ※ 한 · 미 FTA 협정 제6장 부속서 6-가의 품목별원산지결정기준에 의거 8482.10 ~ 8482.80에 해당하는 물품의 원산지결정기준은 2가지 임

원산지결정기준 1번	이 상품군 외의 소호에 해당하는 물품(제8482.99호에 해당하는 물품을 제외한다)에서 제8482.10호 내지 제8482.80호에 해당하는 물품으로 변경된 것.
원산지결정기준 2번	다른 호에 해당하는 물품에서 변경된 여부와 관계없이 제8482.99호에 해당하는 물품에서 제8482.10호 내지 제8482.80호에 해당하는 물품으로 변경된 것. 다만, 아래의 역내가가치가 발생한 것에 한 한다. 가. 집적법 40퍼센트 이상, 또는 나. 공제법 50퍼센트 이상

- 수출물품(Ball Bearing)에 적용된 원산지결정기준 : 원산지결정기준 1번
- 원재료명세서 : 수출물품은 1제품 당 8개의 원재료로 구성

연번	원재료명	HS CODE	원산지	수량	가격(\$)	공급자(생산자)
1	Molded Seal	8482.99	한국	2ea	1.00	(주)한국
2	Outer Ring	8482.99	한국	1ea	1.80	(주)한국
3	Inner Ring	8482.99	미국	1ea	1.20	USA ltd
4	Inner Ring	8482.99	미국	1ea	1.50	USA ltd
5	Ball	8482.91	미국	10ea	1.00	USA ltd
6	Grease	2710.19	한국	0.1g	0.05	(주)한국
7	Cage	8482.99	독일	1ea	0.10	Germany ltd
8	Seal	8482.99	일본	1ea	0.65	Japan ltd
	원산지재료비			-	6.55	
	비원산지재료비			-	0.75	
	간접재료비			-	2.25	ERP 자료
	물품가격(FOB)			-	9.55	수출 Invoice

● 원산지판정 : 한 · 미 FTA 협정에 따른 원산지제품(한국산), 최소허용기준 적용
- 원산지결정기준 : CTSH(ex) 8482.10 ~ 8482.80, 8482.99)
- 원재료 원산지결정기준 충족 판정

연번	원재료명	HS CODE	소호변경	증빙사유	증빙서류
1	Molded Seal	8482.99	충족	한국산원재료	원산지확인서
2	Outer Ring	8482.99	충족	한국산원재료	원산지확인서
3	Inner Ring	8482.99	충족	미국산원재료	원산지증빙서
4	Inner Ring	8482.99	충족	미국산원재료	원산지증빙서
5	Ball	8482.91	충족	미국산원재료 소호변경	원산지증빙서(8단위 소호변경)
6	Grease	2710.19	충족	한국산원재료 소호변경	원산지확인서
7	Cage	8482.99	불충족		최소허용기준 적용 (0.75\$)
8	Seal	8482.99	불충족		

- 최소허용기준 : 한 · 미 FTA협정 제6장 원산지 규정 및 원산지절차 제6.6조 최소허용수준 조항에 의거 세번변경이 이루어지지 아니한 모든 비원산지 재료의 가치가 그 상품의 조정가치의 10퍼센트를 초과하지 아니하는 경우에는 원산지상품으로 인정 함
- 최소허용기준 계산

계산방식	세번이 변경되지 아니한 모든 비원산지 재료의 가치/조정가치(AV)
계산결과	0.75 / 9.55 = 7.85% ≤ 10%

● Ball Bearing 원산지 판정 결과 : 동 물품은 한 · 미 FTA 협정에 따라 원재료의 소호변경 및 최소허용기준을 적용하여 충족한 한국산 원산지제품 임

2. 소명서 작성 예시(영문)

Statement of Origin

1. Exporter	Name of Company	ABC co.	Business Number	123-45-67890
	Representative	Hong, Gil Dong	Telephone & Fax No.	82+2-222-3333
	Address	00-0 00ro, Gangnam-gu, Seoul, Korea (www.abc.com)		
2. Producer	Name of Company	ABC co.	Business Number	123-45-67890
	Representative	Hong, Gil Dong	Telephone & Fax No.	82+2-999-3333
	Address	00-0 00ro, Yangju-si, Gyeonggi-do, Korea		

Description of Exported Goods : Invoice No. ABC20130608-03(08/06/2013)

3. Name & Model	Ball Bearing / ABC-6102-ZZ	4. HS No.	8482.10
5. Value	Term of Price: FOB (O), Ex-Works ( ) Price: @9.55	6. Origin Criteria	CTSH (ex 8482.10~8482.80, 8482.99)
7. Description of Production Process	Bearing(including Outer Ring) production ※ See attached Flow charts and Technical Specification		

List of Material (Per Unit)

8. No	9. Name of Material	10. HS No.	11. Country of Origin	12. Price		13. Supplier (Producer)
				Volume	USD	
①	Molded Seal	8482.99	Korea	2ea	1.00	Han Guk, Inc.
②	Outer Ring	8482.99	Korea	1ea	1.80	Han Guk, Inc.
③	Inner Ring	8482.99	U.S.	1ea	1.20	USA ltd
④	Inner Ring	8482.99	U.S.	1ea	1.50	USA ltd
⑤	Ball	8482.91	U.S.	10ea	1.00	USA ltd
⑥	Grease	2710.19	Korea	0.1g	0.05	Han Guk, Inc.
⑦	Cage	8482.99	Germany	1ea	0.10	Germany ltd
⑧	Seal	8482.99	Japan	1ea	0.65	Japan ltd
14. Total		Originating Materials			6.55	
		Non-Originating Materials			0.75	
		Indirect Materials			2.25	
		Total			9.55	

Origin Determination

15. Wholly Obtained Criterion	Yes ☐ No ☑	16. Tariff Shift Criterion	Yes ☑ No ☐
17. Value-added Criterion	Yes ☐ No ☐ (Ratio : %)		
18. Combined Criterion	Yes ☐ No ☑	19. De Minimis	Yes ☑ No ☐
20. Accumulation	Yes ☑ No ☐	21. Outward Processing	Yes ☐ No ☑
22. Direct Consignment	Yes ☑ No ☐	23. Other Requirements	Yes ☐ No ☑
24. Origin Determination	Qualified (o)	Non-Qualified ( )	

I certify that the information on this document is true and accurate, and I assume the responsibility for proving such representations. I understand that I am liable for any false statements or material omissions made in connection with this document.

Name : Lee, Jung Han (Signature)
Title : Director of Trade Department
Company & Address : ABC, Inc. /00-0 00ro, Gangnam-gu, Seoul, Korea
Date : DD/MM/YYYY

(Documentary Evidence)

1. Invoice (o)
2. List of Materials (o)
3. Payment Evidence for Material (o)
4. A Copy of Import Permit for Non-originating Materials (o)
5. Production Process Documents (o)
6. Direct Transportation Evidence (o)
7. Other Related Documents, if Required ( )

Supplementary Explanation for the Origin Determination

We hereby determine that the goods (Invoice No. ABC20120808-01), which ABC produced in our factory located in Yangju-si, Gyeonggi-do, Korea and exported to XYZ of U.S, on DD/MM/YY, meet the origin determination criteria under the Korea-US FTA.

- Exported Goods : Ball bearing (Invoice No. ABC20120808-01; Dated August 8, 2012)
- Tariff Classification(HS) : 8482.10

Tariff Classification Basis for Ball Bearing

Description of Good(s)
- It has a cylindrical rim in which 10 pieces of balls of iron or steel are combined in a cage. A shaft is inserted to the inscribed circle diameter of such cage, for up-and-down motion.

HS Code : 8482.10
- According to the Tariff Classification, the heading 8482 includes "Ball or roller bearings, and parts thereof." The explanatory notes of this heading provides, "This heading covers all ball, roller or needle roller type bearings."
- In accordance with Rule 1 and Rule 6 of General Rules for the Interpretation of the Harmonized System, the above goods are classified into the subheading 8482.10, because they are ball bearings that use a ball of iron or steel as a conductor.

- Criteria of the Origin Determination
  * Criterion 1: CTSH (except for 8482.10 ~ 8482.80, 8482.99)
  * Criterion 2: Change from 8482.99 + (Build-Up 40% or Build-Down 50%)
  ※ According to Annex 6-A (Specific Rules of Origin), Chapter 6 (Rules of Origin and Origin Procedures) of Korea-US FTA, two criteria of Origin determination are applicable for the goods, classified under subheading 8482.10 through 8482.80, as follows.

Criterion 1	A change to subheading 8482.10 through 8482.80 from any other subheading outside of that group, except from subheading 8482.99; or
Criterion 2	A change to subheading 8482.10 through 8482.80 from subheading 8482.99, whether or not there is also a change from any other heading, provided that there is a regional value content of not less than: (a) 40 percent under the build-up method, or (b) 50 percent under the build-down method.

- Applied Criterion to the exported goods(Ball Bearing) : Criterion 1
- List of Materials : eight materials per unit of the exported goods

S/N	Material Name	HS No.	Origin	Q'ty	Price (USD)	Supplier (Producer)
1	Molded Seal	8482.99	Korea	2ea	1.00	Han Guk, Inc.
2	Outer Ring	8482.99	Korea	1ea	1.80	
3	Inner Ring	8482.99	U.S.	1ea	1.20	USA ltd
4	Inner Ring	8482.99	U.S.	1ea	1.50	
5	Ball	8482.91	U.S.	10ea	1.00	
6	Grease	2710.19	Korea	0.1g	0.05	Han Guk, Inc.
7	Cage	8482.99	Germany	1ea	0.10	Germany ltd
8	Seal	8482.99	Japan	1ea	0.65	Japan ltd
	Originating Material(OM) Cost				6.55	
	Non-originating Material(NOM) Cost				0.75	
	Indirect Material Cost + Profit				2.25	as of ERP
	Unit Price of Goods (FOB)				9.55	as of Invoice

- Decision : Originating goods(Korea), in compliance with Korea-US FTA De Minimis standard applied
- Criterion for Origin Determination : CTSH (except for 8482.10~8482.80, 8482.99)
- Summary of Origin Determination

S/N	Material Name	HS No.	Change in Subheading	Originating Material	Supporting Document
1	Molded Seal	8482.99	Satisfied	Korea	Origin Confirmation
2	Outer Ring	8482.99	Satisfied		
3	Inner Ring	8482.99	Satisfied	US	C/O
4	Inner Ring	8482.99	Satisfied		
5	Ball	8482.91	Satisfied	US (Subheading Change)	C/O SH Change
6	Grease	2710.19	Satisfied	Korea (Subheading Change)	Origin Confirmation
7	Cage	8482.99	Dissatisfied	—	De minimis applied (0.75%)
8	Seal	8482.99	Dissatisfied	—	

- De Minimis standard : As provided in Article 6.6 (De Minimis), Chapter 6 of Korea-US FTA, a good is originating if the value of all non-originating materials that have been used in the production of the good and do not undergo the applicable change in tariff classification does not exceed ten percent of the adjusted value(AV) of the good.

Calculation	Value of all NMs without change in tariff classification/AV
Result	0.75 / 9.55 = 7.85% ≤ 10%

- Result of Determination : Originating Good(Korea) satisfying requirement of subheading change of materials and de minimis standard in accordance with Korea-US FTA.

[실제 세번변경기준에 대해 작성된 사례]

Origin Verification Questionnaire

1. Exporter	Name of Company		Business Number	
	Representative		Telephone & Fax No.	
	Address	HWANG SUNG-DONG, KYONGJU CITY, KYONGBUK, KOREA		
2. Producer	Name of Company		Business Number	
	Representative		Telephone & Fax No.	
	Address	HWANG SUNG-DONG, KYONGJU CITY, KYONGBUK, KOREA		

Description of Exported Goods

3. Name & Model	ALT. BOBCAT V2607, 13.5V 90A TG9A0002613848	4. HS No.	8511.50
5. Value	Term of Price: FOB (o), Ex-Works( )	6. Origin Criteria	CTSH
	Price / ea		
7. Description of Production Process	Refer to Attached the Manufacturing processing		

List of Materials(Parts)

8. S/N	9. Material Name	10. HS No.	11. Origin	12. Price		13. Supplier
				Volume	Cost	
	REFER TO ATTACHED CONTINUATION SHEET					

14. Total Cost	Originating Materials	
	Non-Originating Materials	
	Total	blind

REFER TO ATTACHED CONTINUATION SHEET

15. Wholly Obtained Criterion	Yes ☐ No ☑	16. Tariff Shift Criterion	Yes ☑ No ☐
17. Value-added Criterion	Yes ☐ No ☑ (Ratio : %)		
18. Combined Criterion	Yes ☐ No ☑	19. De Minimis	Yes ☐ No ☑
20. Accumulation	Yes ☐ No ☑	21. Outward Processing	Yes ☐ No ☑
22. Direct Consignment	Yes ☑ No ☐	23. Other Requirements	Yes ☐ No ☑
24. Origin Determination	Qualified (o)	Non-Qualified ( )	

I certify that the information provided in response to this questionnaire is true and accurate and I assume the responsibility of proving such representations. I agree to maintain, and present upon request, all records and documentation necessary to support the representations made in response to this questionnaire.

Name :   (Signature)
Title : FTA manager (Purchaing Planning Team)
Company & Address : HWANG SUNG-DONG, KYONGJU CITY, KYONGBUK
Date : 2013.04.26

List of Materials(Parts) − A0002613848

8. S/N	9. Material Name		10. HS No.	11.Origin	12.Price		13.Supplier
					Volume	Cost	
1	K504101	BALL BEARING-F.H	848210	KR	1 PC	blind	한국○○○케이(주)
2	K504432	BALL BEARING-R.T	848210	unknown	1 PC	blind	한국○○○케이(주)
3	TA258N01001	Bar Steel Cut.T	722860	unknown	1 PC	blind	○○기전(주)
4	C0302545308	BEAR'G COVER.T	851190	unknown	1 PC	blind	○○플라트(주)
5	F1252605352	BOBBIN.T	392690	unknown	1 PC	blind	○○플라트(주)
6	K101327	C/STEEL BAR.C	721499	unknown	127.4 MM	blind	○○산업(주)포항
7	D6292549591	CIRCUIT BOARD.D	851190	unknown	1 PC	blind	○○플라트(주)
8	K306422	CLEANING FLUID.W	382490	unknown	0.582 AL	blind	○○상사
9	K100134	COLD ROLL STEEL COIL.S	720917	unknown	0.961 KG	blind	○○철강(주)
10	K309829	CONDUCTING PAINT.F	320990	unknown	0 KG	blind	○○○○ MADER
11	B8002606770	COVER.T	851190	unknown	1 PC	blind	○○플라트(주)
12	K407227	DIODE−.A	854110	unknown	3 PC	blind	○○○○○○ TECHNOLOGY CORPORATION
13	K407226	DIODE+.A	854110	unknown	3 PC	blind	○○○○○○ TECHNOLOGY CORPORATION
14	K200112	ENAMEL COPPER WIRE.T	854411	KR	0.57 KG	blind	○○○전선(주)
15	G4022605342	F/BRACKET M/C.B	851190	unknown	1 PC	blind	○○산업(주)
16	F3702655472	FAN-F.T	841459	unknown	1 PC	blind	○○(주)
17	F3802655473	FAN-R.T	841459	unknown	1 PC	blind	○○(주)
18	E2212601715	FILM POLYESTER.D	392190	unknown	1.33 M	blind	○○○(주)
19	B1402655331	FLANGE NUT. M	731816	KR	2 PC	blind	○○정공(주) 울산공장
20	K306009	FLUX.N	851190	unknown	0.02 G	blind	○○상사(주)
21	D7182655069	HEAT SINK M/C.S	851190	unknown	1 PC	blind	○○엠티(주)
22	K200960	INGOT SOLDER. S	720719	unknown	0.5 G	blind	○○상사(주)
23	E3222608761	INSULATION TUBE. D	854720	unknown	3 PC	blind	○○전기(주)
24	K301595	LIQUID ARGON.A	280421	unknown	52 G	blind	○○코리아(주)
25	K301733	LIQUID EPOXY.A	320890	unknown	0.002 KG	blind	○○화학
26	K301773	LIQUID LUBRICANT.K	340399	unknown	16 G	blind	○○○코리아(주)
27	K302245	LIQUID LUBRICANT WHITE. C	271020	unknown	2.48 G	blind	○○○○켐택(주)
28	K300872	LIQUID OIL. S	271020	unknown	1 AL	blind	○○상사(주)
29	K300642	LIQUID S/HEADING OIL.M	340399	unknown	9.6 AL	blind	○○하우톤(주) 온산공장

8. S/N	9. Material Name	10. HS No.	11.Origin	12.Price Volume	12.Price Cost	13.Supplier
30	K300913	LIQUID THINNER VARNISH. S	320890	unknown	0.43	G	blind	○○화학
31	K300912	LIQUID VARNISH BASE. S	320810	unknown	43	G	blind	○○화학
32	C0062546997	LOCATION PIN.D	392690	unknown	1	PC	blind	○○공업사
33	K407139	Module.T	854231	unknown	1	PC	blind	○○○○ ANGERS
34	D5402547179	MOLD.M	392690	unknown	2	PC	blind	○○플라트(주)
35	B8702618983	NAME PLATE.B	391990	unknown	1.05	PC	blind	○○상사(주)
36	B0702655152	NUT HEX.T	731816	unknown	1	PC	blind	○○정공(주)울산공장
37	F3222614441	PAINT.N	321000	unknown	0.2	G	blind	○○상사(주)
38	K306128	PAINT.T	321000	unknown	0.001	KG	blind	○○○○○ MADER
39	K306128	PAINT.T	321000	unknown	0.001	KG	blind	○○○○○ MADER
40	F3172605691	POLE.T	851190	unknown	2	PC	blind	○○정밀(주)
41	L0002655050	PULLEY.S	848350	unknown	1	PC	blind	○○산기(주)대구지점
42	K300871	PUNCHING OIL. C	271020	unknown	1.992	AL	blind	○○상사(주)
43	C0102605340	R/BKT M/C.B	851190	unknown	1	PC	blind	○○크랑크
44	N0002605600	REGULATOR ASS'Y.B	851190	unknown	1	PC	blind	○○정공(주)
45	K306132	RESIN.TG.RA(G)POX 310-A/B.2	350699	unknown	0.003	KG	blind	○○○GI
46	G4062601799	RETAINER.T	851190	unknown	1	PC	blind	○○(주)
47	F317L605691	ROTOR POLE ANNEALING.T	851190	unknown	2	PC	blind	○○열처리
48	G4082655149	SCREW.T	731815	unknown	4	PC	blind	○○금속(주)
49	B1002655151	SCREW.Tighterning for Reg. M	731815	unknown	2	PC	blind	○○금속(주)
50	C0352656049	SEAL.S	401693	unknown	1	PC	blind	○○화학(주)
51	K302249	SHOT BALL. D	830890	unknown	4	G	blind	○○상사(주)
52	K303003	SILICONE.SG7K TG for REG.S	391000	unknown	0	KG	blind	○○○○○ MADER
53	F3302611317	SLIP RING ASS'Y.F	392690	unknown	1	PC	blind	○○플라트(주)
54	N9102545469	SLIP RING GUIDE ASS'Y.S	392690	unknown	1	PC	blind	○○산업
55	E2152548991	Slot Cell.T	392690	unknown	730	MM	blind	○○○(주)
56	B0102655047	SPACER-P. T	848790	unknown	1	PC	blind	○○피엠(주)
57	F3422655102	SPACER-RING.T	848790	unknown	1	PC	blind	○○피엠(주)
58	B1052655150	STUD BOLT. T	731815	unknown	1	PC	blind	○○산업(주)
59	B1052655150	STUD BOLT. T	731815	unknown	2	PC	blind	○○산업(주)
60	D7302655067	TERMINAL B+.S	731815	KR	1	PC	blind	○○산업(주)
61	K200085	THERMO SET WIRE.T	854411	unknown	0.361	KG	blind	○○○전선(주)
62	B7202655049	THROUGH BOLT. T	731815	unknown	4	PC	blind	○○산업(주)

Answer sheet for Question of CBP

	Question	Answer	Attached sheet
12. A	Are you related (see reverse) in any way to the seller of this merchandise? If you are related, please describe the relationship, and explain how this relationship affects the price paid or payable for the merchandise.	Not applicable	-
12. B	Identify and give details of any additional costs/expenses incurred in this transaction, such as: (1) packing (2) commissions (3) proceeds that accrue to the seller (4) assists (5) royalties and/or license fees	We were paid a commissions for this transaction to Uriman.	#1. Commissions Invoice (UR121107VMESK)
13. A	Copy of contract (or purchase order and seller's confirmation thereof) covering this transaction, and revisions thereto.	Please, refer to attached sheet #2. P/O and Distribution Agreement.	#2. PO and Distribution Agreement
13. B	Descriptive or illustrative literature or information explaining what the merchandise is, where and how it is used, and exactly how it operates.	Please, refer to attached sheet #3~4. Product sheet.	#3. Product sheet (Alternator) #4. Product sheet (Starter)
13. C	Breakdown of components, materials, or ingredients by weight and the actual cost of the components at the time of assembly into the finished article.	Please, refer to attached sheet #5. BOM, #6. Origin Verification Questionnaire, #11. Additional Data sheet.	#5. BOM #6. Origin Verification Questionnaire #11. Additional Data sheet
13. E	First, please provide detailed description / illustration of each of the parts. How will they be used? For what purpose? What are they made of?	Please, refer to attached sheet #3~4. Product sheet.	#3. Product sheet (Alternator) #4. Product sheet (Starter)
	Next, you are hereby required to produce supporting documentation to substantiate your claim for UKFTA, such as, but not limited to the following :	-	-
(1.4)	Flow charts, technical specifications and other documents explaining the manufacturing process.	We manufacture all products only in Kyongju, Korea. Please, refer to attached sheet #7~10. Manufacturing Process sheet.	#7. Kyongju Plants (in KOREA) #8. Manufacturing Process sheet A0002655302, A0002613848 #9. Manufacturing Process sheet TA0002608756, TA000A63701, TA000A48402 #10. Manufacturing Process sheet TM000A28901

Question	Answer	Attached sheet
An explanation of how the goods meets the GN 33(b) rule of origin or the GN 33(o) specific rule of origin.	HS CODE 8511.40 and 8511.50 specific rule of origin : ▶ A change to subheading 8511.10 through 8511.80 from any other subheading. (CTSH) Please, refer to attached sheet #6, Origin Verification Questionnaire.	#6. Origin Verification Questionnaire
A Bill of materials showing the classification number, origin, and cost(if the good is subject to a RVC calculation) or each material.	Please, refer to attached sheet #6, Origin Verification Questionnaire.	#6. Origin Verification Questionnaire
Purchase orders and proof of payment to substantiate values.	We are using SAP for ERP. Please, refer to attached sheet #11, Additional Data sheet.	#11. Additional Data sheet
Documentation pertaining to assists, inventory management methods, indirect materials etc.	1. Inventory management method : Averaging But, we are considering the originating status of the materials as "Fungible materials" following that: (1) if the materials purchased as fungible materials are all originating, the materials are considered as originating materials, (2) otherwise if any material is non-originating, the all materials purchased are considered as non-originating materials. 2. Indirect materials, etc : Please, refer to attached sheet #5, BOM	#5. BOM

Concerning your request, we would like to reply as above:
- The answer that related with the cost is regarded as confidential one in our company. In case, if you still need the cost to verify the data, then we can prepare and provide it with only after receiving a nondisclosure agreement.

We would appreciate your understanding.

Name :
Title : FTA manager (Purchaing Planning Team)
Date : 2013.04.26

(6) 이행 통지

정보제공요청서를 통하여 수입자로부터 제출받은 자료를 검토한 CBP 담당자는 원산지의 적정성을 확인한 후 수입자에게 그 결과를 통보한다. 만약 원산지가 적정하게 관리되어 제출한 자료에 이상이 없을 경우에는 수입자에게 유선으로 그 내역을 통보하는 것으로 종료되며, 원산지를 충족하지 못하여 부정적(negative) 결정을 내려할 경우에는 이행통지서(CBP Form 29, Notice of Action)를 이용하여 예비결정 또는 최종결정을 통보한다.

이행통지서에 기술된 내용은 근거법령, 통지서 발행일자, 운송사, 물품설명, 관세액을 증가시키는 예비결정인지, 최종결정인지, 세율증가, 가격증가, 중량변화 등의 처분종류 설명, 세관담당자 등이며, 이중에서 12번 항목인 관세액을 증가시키는 예비결정(Proposed Action)인지, 최종결정(Taken Action)인지가 핵심내용이라고 할 수 있다. 즉, 예비결정이라면 예비결정문에 이의가 있을 경우 이 통지서의 발행일로부터 20일 이내에 서면으로 사유를 제출하여야 하는 것이고, 최종결정이라면 당해 수입신고 건은 정산과정에 있고, 처리 세관에서는 더 이상 심사할 수 없다는 결정이다. 따라서 예비결정시는 추가 소명자료를 제출하였을 경우 바꿀 수 있는 여지가 있는 결정을 의미하며, 최종결정은 그 자체로 이미 확정성을 가지기 때문에 우선은 그 결정내용에 따르고, 정산 후 이의제기절차를 이용하여 구제요청을 하거나 소송을 통한 구제절차를 이용하여야 한다.

CBP Form 29는 Form 28과 마찬가지로 FTA원산지 검증만을 위하여 사용되는 서식은 아니고, 수입통관 후 원산지 검증과 더불어 관세율, 과세가격 등의 적정여부를 심사한 후 통보하는 과정에 일반적으로 사용되는 서식이다. FTA 특혜관세를 신청하여 수입통관한 물품도 심사대상이 되기 때문에 CBP Form 28이나 CBP Form 29 모두 원산지 검증에도 사용된다.

[최종결정(Taken Action) 사례]

DEPARTMENT OF HOMELAND SECURITY
U.S. Customs and Border Protection
NOTICE OF ACTION
19 CFR 152.2

This is NOT a Notice of Liquidation | 1. DATE OF THIS NOTICE

| 2. CARRIER | 3. DATE OF IMPORTATION | 4. DATE OF ENTRY | 5. ENTRY NO. |
| 6. MFR/SELLER/SHIPPER | 7. COUNTRY: Korea | 8. CBP BROKER AND FILE NO. |

9. DESCRIPTION OF MERCHANDISE

10. TO

11. FROM

12. THE FOLLOWING ACTION WHICH WILL RESULT IN AN INCREASE IN DUTIES,--

☐ IS **PROPOSED.** — IF YOU DISAGREE WITH THIS PROPOSED ACTION, PLEASE FURNISH YOUR REASONS IN WRITING TO THIS OFFICE WITHIN 20 DAYS FROM THE DATE OF THIS NOTICE. AFTER 20 DAYS THE ENTRY WILL BE LIQUIDATED AS PROPOSED.

☒ HAS BEEN **TAKEN.** — THE ENTRY IS IN THE LIQUIDATION PROCESS AND IS NOT AVAILABLE FOR REVIEW IN THIS OFFICE.

TYPE OF ACTION
A. ☒ RATE ADVANCE
B. ☐ VALUE ADVANCE
C. ☐ EXCESS ☐ WEIGHT ☐ QUANTITY
D. ☒ OTHER (See below)

13. EXPLANATION (Refer to Action letter designations above)

NOTICE OF ACTION TAKEN : Negative Determination

U.S. Customs and Border Protection has verified the origin of hobs pursuant to General Note 33 and 19 C.F.R. 10.1001-10.1034. The merchandise was imported into the U.S. on the entry summary listed above and a claim for UKFTA preferential tariff treatment was made. The verification revealed that the good does not qualify for preferential tariff treatment pursuant to General Note 33 to the Harmonized Tariff Schedule of the U.S. Specifically, although a narrative describing the manufacturing process was provided with an Origin Verification Questionaire, no substantiating documentary evidence was provided as requested, including, but not limited to, actual bills of material, cost data, as well as production and manufacturing records.

The hobs were classified under 8207.70.3060, which provides for Interchangeable tools for hand tools, whether or not power-operated, or for machine-tools ... Tools for milling, and parts thereof: With cutting part containing by weight over 0.2 percent of chromium, molybdenum, or tungsten or over 0.1 percent of vanadium, other. You provided general information about hobs. Hobs are more specifically provided for, and these hobs will be liquidated under 8207.90.3030, which provides for Interchangeable tools for hand tools, whether or not power-operated, or for machine-tools (for example, for pressing, stamping, punching, tapping, threading, drilling, boring, broaching, milling, turning or screwdriving), including dies for drawing or extruding metal, and rock drilling or earth boring tools; base metal parts thereof: Other Interchangeable

| 14. CBP OFFICER (Print or Type): Jeffrey Kiekenbush, Import Specialist | 15. TEAM DESIGNATION: CT 307 | 16. TELEPHONE: (847) 928-8079 |

CBP FORM 29 (03/95)

(7) 서면검증 후 조치

미국 세관장은 원산지 검증과 관련하여 검증 후 다음의 경우에 특혜관세의 부여를 거부할 수 있도록 권한을 부여하고 있다. 그 요건은 ①세관장에게 원산지 검증과 관련하여 불충분한 정보를 제공한 경우, ②수입자, 수출자 또는 생산자가 허위 또는 근거가 없는 FTA 원산지의 신고 또는 증명서 제출을 한 경우, 또는 ③수출자 또는 생산자가 현장검증(verification visit)에 동의하지 않는 경우이다.

또한, 수입자, 수출자 또는 생산자가 허위 또는 근거가 없는 특혜관세의 신청 또는 검증 관련 정보의 제공이 반복될 경우에는 동종 물품(identical goods)의 특혜관세 부여를 정지(suspend)할 수 있다.

검증결과 한·미 FTA 원산지기준을 충족하지 못할 경우 추징만으로 종료되는 경우도 있지만 수입자의 행위정도(죄질)에 따라서는 범죄혐의로까지 이어지는 경우도 있다. 수입자, 수출자, 생산자가 한·미 FTA와 관련하여 미국의 관세 관련 법률과 규정을 위반한 경우에는 관세관련 법령에 따라 제재조치(penalty)를 받을 수 있다. 미국 관세법 제1592조(사기, 중과실, 과실에 대한 제재)는 사기, 중과실 또는 과실에 의하여 수입 물품을 통관할 경우에 처벌하도록 규정하고 있다.

【사기, 중과실, 과실에 대한 미국 관세법의 제재 조치】

유형	최고 제재 수준
사기(fraud)	- 물품의 미국내 가치를 초과하지 않는 범위 내의 민사 제재
중과실 (gross negligence)	- 아래 (i) 또는 (ii) 중에서 작은 금액을 초과하지 않는 범위 내의 민사 제재 (i) 물품의 미국내 가치 또는 포탈된 관세·통관수수료의 4배 중에서 작은 금액, 또는 (ii) 위반사항이 관세 평가에 영향을 주지 않은 경우에는 물품 과세가액의 40%
과실 (negligence)	- 아래 (i) 또는 (ii) 중에서 작은 금액을 초과하지 않는 범위 내의 민사 제재 (i) 물품의 미국내 가치 또는 포탈된 관세·통관수수료의 2배 중에서 작은 금액, 또는 (ii) 위반사항이 관세 평가에 영향을 주지 않은 경우에는 물품 과세가액의 20%

다만, 예외적으로 수입자가 잘못된 특혜관세를 신청하였거나 잘못된 원산지증명서를 제시한 경우에 미국 관세청 규정에 따라서 신속하고 자발적(promptly and voluntarily)으로 이를 정정한 경우(올바른 신청(corrected claim)을 하고, 해당 관세를 납부한 경우)에는 미국 관세법 제1592조에 의한 민사상 제재 또는 행정상의 제재 조치를 받지 않을 수 있다.

3 미국의 현장검증

(1) 현장검증의 의의

현장검증이란 FTA 특혜관세 혜택을 받아 수입한 물품에 대하여 수입국의 검증당국에서 수입자, 수출자 또는 생산자에 대하여 직접 현장을 방문하여 특혜원산지의 진정성과 정확성 등을 확인하는 것을 말한다. 현장검증은 한국과 미국의 세관당국에 의해서 수행된다. 다만, 섬유류에 대해서는 협정 제4.3조에서 미국세관은 한국세관을 통해 원산지검증을 하되, 한국세관의 검증에 입회하여 확인할 수 있다고 규정하고 있으며, 결과적으로는 한국세관에 통보한 후 공동으로 현장검증을 할 수 있기 때문에 사실상 직접검증과 같다고 보고 이에 대비하여야 한다. 현장검증은 주로 미 관세청 차원에서 진행된다.

(2) 검증대상과 범위

현장검증을 위한 선별기준을 공식적으로 미국세관에서 공표하지 않는다. 다만, 알려진 바에 따르면 현장검증은 주로 미국의 관심 분야인 섬유·의류상품을 위주로 서면검증에서 원산지 부적합 판정을 받은 물품을 미국 내 다른 업체로 수출을 하였거나, 다른 물품을 미국 내 다른 업체로 수출을 한 사실이 있어 현장검증을 할 필요성이 있다고 판단하는 경우, 원산지 위조 등의 정보가 있는 업체, 수입이 급증하는 업체에 대해서도 현장검증을 할 가능성이 높고, 최초로 미국에 수입한 업체에 대해서는 검증과정이 없었기 때문에 마찬가지로 현장검증 대상으로 선정할 가능성이 높다. 실제 미국 관세청은 섬유·의류상품에 대해 현지 방문 검증을 2014년부터 지속적으로 실시하고 있다.

현장검증의 범위는 특정 회사를 중심으로 이루어지나 만약 검증결과 불법행위를 한 회사라는 것이 밝혀진 경우라면 현재의 수입신고 건 뿐만 아니라 과거의 수입신고 건에 대해서도 검증을 확대하고, 더 나아가 검증대상이 된 물품이 미국 내 다른 수입자에게도 수출되는지 여부에 대해서도 검증을 실시한다.

(3) 현장검증 절차

가. 서면통지

한-미FTA에서 현장검증을 위해 업체에 사전에 통지하여야 한다는 규정은 없다. 다만, 섬유류에 대한 현장검증시 세관당국에 통보하는 것은 당연한 것으로 보이나, 한국세관에 통보하였다고 하여 한국세관이 미국세관의 현장검증 이전에 대상업체에게 통보하는 것은 엄격히 금지되어 있다. 따라서 업체에서는 사전에 통지를 받지 못한 상태에서 현장검증을 받을 수 있음을 전제로 이에 대해 대비해야 한다.

보편적인 경우 미국세관은 먼저 조사대상자에게 이메일 등을 통하여 검증하고자 하는 내용에 대하여 질문서를 송부한다. 질문서의 내용은 원산지증명서(Certification)와 원산지증명서의 보완자료(Supplementary document of Certification)에서도 확인하지 못한 회사의 수출입에 대한 내부통제(Internal Control)가 제대로 이루어지고 있는지 여부를 중점적으로 확인하기 위한 것으로 회사의 조직, 운영, 회계 등과 수입부서의 운영 및 활동사항 등 총 40여개 항목에 대하여 질문서를 보낸다. 이후 미국세관은 조사 대상자의 사무실을 방문하여 제출된 서류의 진위여부, 수입부서의 존재여부 등 사실 확인을 하게 된다. 현장검증에 대해 세부적인 절차를 규정하고 있지 않아 미국세관의 현장검증은 NAFTA 방식을 원용할 것으로 예상되며, 이 경우 Form 446에 의한 원산지증명서 및 원산지증명서 발급과 관련된 근거서류 이외에 회사의 인원, 생산, 운송관련 제반자료의 제출을 요구할 수 있다.

NAFTA의 경우 현장검증을 진행하기 전 수출자에게 CBP Form 446인 질문서를 송부하여 수출자의 전반적인 원산지 관리상태를 판단한 후에 현장검증 여부를 결정한다.

나. 현장검증

현장검증의 기본절차는 현장견학(회사 방문 및 생산과정 시찰) → 문제된 건에 대한 추적조사(검증대상 수입건 중 샘플링하여 서류 추적 조사) → 서류심사(샘플링 건수 불일치시 확대 조사) → 전체 건에 대한 확장검증 순으로 이루어진다.

다. 핵심 현장검증 내용

현장검증의 내용은 물품의 종류나 회사의 사정에 다라 달라질 수 있다. 현장검증의 내용 중 핵심내용은 첫째, 미국으로 수출된 검증대상 물품이 실제로 수출국가의 공장에서 생산되어 원산지가 유효한지를 확인하는 것이고, 둘째, 수출국가 생산공장의 생산능력과 상품유형별 생산량을 확인한다. 셋째, 수출자가 원산지증명서의 증빙자료를 실제로 보관하고 있는지를 확인하고 내용의 정확성을 확인한다. 미국 관세청의 현장검증 내용도 우리나라 관세청의 현장검증과 거의 유사할 것으로 판단된다. 우리나라 관세청의 검증관련 주요 제출자료에 대한 검토사항과 현장확인시 점검사항은 아래와 같다.

[우리 관세청의 검증관련 주요 제출자료 검토사항 및 현장확인 점검사항]

검증관련 주요 제출자료 검토사항	검증관련 주요 현장확인 점검사항
① 원산지증명서의 형식적 요건 충족여부 ② 각 적용대상 협정별 원산지 결정기준 충족여부 ③ 수출물품의 기준가격, 수입원재료 기준가격 및 부가가치비율 산출 산식의 적정여부 (부가가치기준 적용 물품에 한함) ④ 대체가능재료를 사용한 경우 재고관리기법의 적정여부 ⑤ 누적기준을 적용한 경우 누적대상물품 및 누적방법의 적정여부 ⑥ 자가생산 중간재를 사용한 경우 그 중간재의 원산지 적정여부 ⑦ 국내산 재료를 사용한 경우 그 재료의 원산지 적정여부 ⑧ 직접운송원칙 및 충분가공기준 충족여부	① 검증대상물품의 생산시설, 생산장비 및 생산공정 ② 각 재료의 입고 및 불출내역 ③ 생산 완료후 제품포장 및 출고내역 ④ 원산지증빙서류별 실제 보관 및 관리실태 ⑤ 원산지증명서 작성대장 비치, 관리 및 서명자 지정여부 ⑥ 원산지 자율관리업무 매뉴얼 개발 및 운영여부 ⑦ 원산지 전산관리시스템의 적정여부 ⑧ 무역거래 계약서, 적용환율, 환급세액, 회계장부, 입출금 전표 및 증빙서류의 적정여부(부가가치기준)

[CBP Form 446- NAFTA 검증 질의서식]

[CBP Form 446-검증 질의서 내용번역 및 답변요령]

제1부 ▶ 생산 과정·절차

검증 대상인 물품/재료의 생산 과정에 대해 간략히 설명하시오.

> 검증대상 물품 및 재료의 생산공정을 작성합니다.
>
> 제조공정도 등을 첨부하여 작성이 가능합니다.

제2부 ▶ 비원산지 / 원산지를 알 수 없는 재료 또는 구성요소

검증 대상인 물품을 생산하는데 사용된 각 비원산지 재료나 구성요소 및 각 원산지를 알 수 없는 재료 또는 구성요소에 대한 다음 정보를 제공하시오. 만약 그런 재료나 구성요소가 쓰이지 않았다면, "없음" 이라고 기재하시오.

재료나 구성요소에 대한 설명	HS 코드

HS 코드 □ HS 코드의 6단위를 기재하거나 만약 물품의 원산지 규정상 8 단위가 요구되면 8 단위를 기재하시오.

> 비원산지 재료 및 원산지 미상의 재료 또는 구성요소에 대한 정보를 제공합니다.
>
> 실제 BOM을 반영하며, 누락되는 재료가 없도록 주의하여야 합니다.

제3부 ▶ 원산지 재료 또는 구성요소

검증 대상인 물품을 생산하는데 사용된 각 원산지 재료나 구성요소에 대한 다음 정보를 제공하시오. 만약 그런 재료나 구성요소가 쓰이지 않았다면, "없음" 이라고 기재하시오

재료 및 구성요소 명세	원산지 근거	공급자의 이름 및 주소 또는 정보가 있을 시 생산자의 이름이나 주소

> 원산지 재료 또는 구성요소에 대한 정보를 제공합니다.
>
> 실제 BOM을 반영하며, 누락되는 재료가 없도록 주의하여야 합니다.

재료 및 구성요소 명세:

만약 재료나 구성요소가 자가 생산되었으며 (자가 생산 재료 또는 구성요소가 물품 생산자로부터 생산된 재료나 구성요소이며 물품 생산에 사용) 중간재(중간재는 생산자로부터 지정된 자가 생산 재료나 구성요소로써, 원산지 규정을 충족하며 완제품에 투입됨)로 지정되었다면, 표에 기재한 재료나 구성요소의 이름 옆에 알파벳 "D", 라고 기재하시오. 만약 재료나 구성요소가 자가 생산되었지만 중간재로 지정되지 않은 경우, 이 자가 생산된 재료나 구성요소의 생산에 사용된 각 재료는 개별적으로 기입하시길 바랍니다.

원산지 근거:

재료나 구성요소의 원산지 상태를 결정하기 위해 의존한 정보의 종류(예를 들어 원산지 증명서, 확인서 등)에 대해 서술하시오.

> 재료 및 구성요서 명세란의 작성요령입니다.
>
> 특히, 중간재로 지정된 물품은 품명 옆에 알파벳 "D"를 붙여 표시합니다.

> 재료 및 구성요서 명세란의 작성요령입니다.
>
> 역내산의 근거로 원산지증명서(C/O), 원산지(포괄)확인서(M/A)를 제출할 수 있습니다.

CBP Form 446 (04/97)

제 4 부 ▶ 추가 질문

1. 생산된 재료나 구성요소 중 품목분류 사전심사를 받은 것이 있습니까? ☐ 네 ☐ 아니오

   만약 있다면, 사전심사 결정문 사본을 첨부하시길 바랍니다.

2. 검증 받는 물품이 원산지라는 결정을 하기 위해 미소기준이 적용되었습니까? ☐ 네 ☐ 아니오

3. 검증 받는 물품은 원산지의 대체품입니까? ☐ 네 ☐ 아니오

   만약 '네' 라고 표기했다면 다음 재고 관리 방법 중 사용한 방법을 표기하시오.

   ☐ 후입 선출법(LIFO) ☐ 선입 선출법(FIFO) ☐ 평균법(Average) ☐ 별도 방법

4. 물품 생산에서 사용된 원산지 재료 중 원산지 대체품에 해당하는 재료가 있습니까? ☐ 네 ☐ 아니오

   만약 '네' 라고 표기했다면 대체품 조항에 따라 물품 생산에 사용된 원산지 재료의 목록을 첨부하고 다음 방법 중 귀하가 사용한 재고 관리 방법을 표기하시오.

   ☐ 후입 선출법(LIFO) ☐ 선입 선출법(FIFO) ☐ 평균법(Average) ☐ 별도 방법

5. 물품·재료의 판매는 특수 관계자에게 됐습니까? ☐ 네 ☐ 아니오

6. 만약 검증 받는 물품의 원산지를 결정하는데 있어 부가가치기준(RVC)이 사용되었다면, 사용된 방법을 기재하시오.

   ☐ 거래가격법 ☐ 순원가법

7. 액내산으로 추정되는 액내가치 포함비율은 몇 퍼센트 정도입니까? _____ %

8. 액내포함가치 비율(RVC)계산시 누적기준이 사용되었습니까? ☐ 네 ☐ 아니오

   만약 '네' 라고 표기했다면 각 공급자의 이름과 주소를 기재하시오

> 추가 질문 사항입니다.
>
> 알사에 해당하는 내용에 check 후 관련 첨부자료를 제출 합니다.

제 5 부 ▶ 증명서

이 문서에 기재된 정보는 사실이고 정확하며 이 문서에 있는 내용에 대해 책임을 지겠습니다. 이 문서와 관련하여 허위 사실이나 관련된 누락 정보의 관련하여 책임이 있다는 것을 숙지하겠습니다.

서명	회사
성명	직급
전화번호	날짜 (MM/DD/YYYY)

> 문서 작성자의 정보를 기입합니다.
>
> 작성된 내용에 대한 책임이 작성자에게 있으므로 동의서의 설문은 신중하게 작성되어야 합니다.

PAPERWORK REDUCTION ACT 고지: 요청된 자료는 North American Free Trade Agreement 이행법 (NAFTA)을 시행하기 위하여 필요합니다. NAFTA 는 영역에 수입되는 물품이 원산지 물품인지 여부를 결정하기 위하여 CBP 가 서면 질문서를 통해 할 수 있다고 명기하고 있습니다. 요청된 자료를 제공하지 못 할 경우, NAFTA 규정에 따라 특혜관세 혜택을 못 받는 결과를 가져올 수 있습니다.

이 정보 수집과 관련하여 평균 소요시간은 개인의 상황에 따라 각 응답자나 기록관리자 당 45 분 입니다. 만약 이 평균 시간의 정확성 및 시간 단축에 대한 제안이 있으시면 워싱턴 DC 에 있는 CBP 의 Information Services Branch 와 워싱턴 DC 에 있는 Office of Management and Budget 의 Paperwork Reduction Project 로 연락 주시길 바랍니다.

CBP Form 446 (04/97)

▶ 4 성공적인 검증 대응전략

(1) 원산지증명서 발급 신중히/ 근거서류 철저히 보관하라

원산지증명서는 FTA특혜관세 적용의 근거가 되는 중요한 서류로 원산지증명서를 발급하기 위해선 사전에 재료명세서, 원산지확인서, 국내제조확인서 등으로 협정에서 규정한 원산지기준을 충족하는 경우에 한해 증명서를 발급하고, 근거가 되는 서류는 별도 파일로 최소 5년간 보관해야 해야 한다. FTA 검증시 세관은 장기간에 걸친 자료 제출을 요구하므로 사내 원산지전담자를 지정하여 신속히 대응할 수 있는 시스템을 갖추는 것이 중요하다.

(2) 미국세관의 정보제공요청서(CBP Form 28)에 당황하지 말고 충실하게 대응하라

미국세관의 검증시발점은 CBP Form 28에 의해 진행된다. 여기서 요청하는 원산지증명서, 원재료명세서, 제조원가명세서 등 원산지를 입증하는 서류를 충실하게 작성·제출하자. 동 요청서의 회신기간은 30일 이내이나 이를 준수하기 어려울 경우 수입자를 통해 미국세관과 협의하여 연장하는 것이 중요하다.

(3) 무역계약서류에 검증의 책임소재를 명기하라

미국세관의 검증결과에 따라 수입자, 수출자, 생산자간에 검증피해로 인한 분쟁이 발생할 소지가 많다. 무역계약서류에 책임의 범위를 명확화할 필요가 있다. 수입신고, 품목분류 등 수입통관 사항은 수입자가 책임지고, 원산지증명서 작성 등은 수출자가 지는 것이다.

(4) 협력업체과 긴밀한 네트워크를 형성하라

우리나라의 제품 생산구조상 재료를 공급하는 협력업체의 도움 없이는 완제품의 원산지를 결정하는 것은 굉장히 어렵다. 따라서 협력업체가 제공하는 원산지확인서는 FTA에서 쌀과 같은 중요한 서류임을 인식하고 협력업체의 원산지관리를 적극적으로 지원하라. 협력업체에 관세청 등에서 무료로 보급하고 있는 원산지관리 프로그램인 FTA-PASS 등을 설치하여 원산지확인서가 전자적으로 유통할 수 있는 체계를 구축하는 것도 좋은 방법이다.

(5) 관세청에서 배포한 자율점검 체크 리스트와 전문가를 활용하라

관세청에서 제공하고 있는 자율점검 체크 리스트는 우리회사의 FTA무역관리가 적절하게 진행되고 있는지를 스스로 점검해 보는 좋은 도구이다. 정기적으로 활용하고, 미국세관의 검증시 관세청, 관세사, 무역협회의 등의 전문가의 도움을 받는 것도 중요하다.

> **PLUS TIP 6-6** 검증결과 고의 또는 과실에 의한 원산지 조건을 충족하지 못하는 경우, 수입자와 수출자 또는 생산자 간에 책임소재에 대한 분쟁이 발생할 수 있다. 해결방안은?

주로 당사간의 타협 또는 화해를 통해 해결하든지 제3자 개입에 의한 알선, 조정, 중재, 소송 등을 통해 해결할 수 밖에 없다.
- 분쟁 발생 시 해결방법으로는 기본적으로 수출입계약서에 명시된 바에 따라 해결할 수 밖에 없다. 수출입계약서에 이러한 규정이 없다면 결국 중재나 관할 법원을 통한 소송을 통해 분쟁해결이 이루어지게 된다.
- 수출업체는 만약 소송 등을 통해 해결할 경우 과도한 추가비용이 발생할 수 있으므로 수출입계약서에 화해, 알선, 조정, 중재 등 해결방안을 명시하는 것이 좋다.

DDP(관세지급인도조건)무역조건과 원산지검증

DDP 거래조건은 수출자가 수입국의 관세를 부담하는 조건으로, 미국세관이 수입자에게 원산지 검증을 개시하는 경우 수입자가 관세부담이 없으므로 검증대응에 소극적일 수가 있다. 이러한 점을 감안하여 미리 수입자에게 세관의 원산지검증이 개시되면 즉시 알려 줄 수 있도록 고지할 필요가 있으며, 수입자의 미통지로 인한 피해 발생을 예방하기 위해 이러한 사항을 무역 계약서에 반영하는 것도 좋다.

미국세관 원산지검증 대응 실패사례 (한-미 FTA)[189]

미국 LA인근에서 소재하는 I사는 한국 인천에 위치하고 있는 중소기업으로부터 PVC비닐(HS 3921.12.1950)과 면사(HS 5204.11.0000)를 수입하여 자동차 시트카바를 생산한다. PVC비닐과 면사의 미 관세율은 각각 5.3%, 4.4%이나, '12.10월초 수입시 거래 관세사를 통해 한-미 FTA 특혜적용을 받아 관세와 물품취급수수료를 면제받았다. 통관 후 약 10개월이 흐른 뒤 '13.8월초 미 롱비치 세관의 수입전문관으로부터 해당 물품의 원산지증명서와 원산지를 입증할 수 있는 서류를 제출하라는 요구를 관세사를 통해 전달 받았다. 이 때 미 세관이 CBP Form 28에 따라 요구한 서류는 ①원산지증명서(Certificate of Origin) ②원재료 내역서(bill of material) ③생산원가 자료(cost data) ④생산 및 제조기록(production and manufacturing records)였다.

미국 I업체 담당자는 미 세관에서 요구한 자료의 의미가 뭔지 세부적으로 검토하지 않고, 한국 수출업체에게 그 영문 메일을 전달하면서 자료를 보내 달라고 했다. 한국 수출업체도 원산지증명서만 보내 주면 끝나는 것으로 생각하고 대수롭지 않게 여겼는데 막상 이런 자료 요구를 받고 보니 갈팡질팡 허둥 되었고, 결국 제출기한을 넘기고 말았다.

미 세관은 자료 제출을 요구한지 30일이 지나도 수입업체로부터 아무런 답신을 받지 못하게 되자 미 CBP Form 29에 따라 특혜관세 적용배제 예정 통지서(Proposed Notice of Action)를 수입업체에게 발송했다. 추가자료 제출에 필요한 시간이 20일이 주어졌다. I업체는 부랴부랴 한국 수출업체를 압박하여 자료를 제공받았고, 제공 받은 서류를 검토도 해보지 않고 그대로 미 세관에 전달했다. 이 때 미 세관에 제출한 서류는 ①한국 수출업체가 작성한 한국형 원산지증명서(관세청 권고양식) ②1장짜리 PVC 스폰지 비닐 생산매뉴얼(production manual record) ③제품의 안전 규격 데이터(material safety data sheet) ④PVC 비닐제품의 각 재료별 원가가 기재된 Cost Data였다. 이마저도 PVC비닐에 관한 것이고 면사는 한국의 도매시장에서 구입한 것이어서 원산지 증명서를 확보할 수 없었다고 한다. 미 세관은 I업체가 제출한 자료가 원산지를 입증하기에는 불충분하다며 특혜관세 적용배제 처분서를 보냈다. I업체는 PVC 비닐과 면사에 대해 각각 5.3%와 4.4%에 해당하는 관세를 납부하게 되었고, 미 세관의 불성실기업 리스트에도 기록되었다.

I업체가 제출한 자료를 보면 해당 물품과 원재료의 원산지를 입증하는 자료와는 거리가 먼 것들이었다. 생산매뉴얼은 해당 물품의 생산 사실을 입증하는 자료로 보기 곤란하고 제품의 안전규격데이터는 해당 제품과 원재료의 원산지를 판단하기 위한 정보가 아니라 제품의 안전 관련 데이터를 기록해 놓은 것이니 원산지 증빙서류로 인정해 줄 수가 없는 것이었다. Cost Data라고 내놓은 자료는 작성자의 서명과 작성일자도 없고, 원가산출 내역이 나와 있지 않아 신뢰감을 주기 어려운 것으로 보였다. 원산지증명서는 미 세관의 지침에 따라 작성한 것이 아니라 한국 관세청에서 사용하는 서식에 따른 것이었으니 미 세관 담당자가 이해하기

---
189) 「한국산 물품에 대한 미 세관의 원산지검증 동향 및 시사점」, LA 관세관 김석오, 관세청)'14.12)

어려운 것이었다. 또한 수출입업체 모두 원산지규정에 대한 초보적인 상식도 갖추지 않은 것으로 나타났다. PVC비닐의 원산지규정은 CTH(4단위세번변경), 면사는 CC(2단위 변경, 단 54류와 55류 제외)라는 것만 알았어도 증빙서류를 작성하는 대응자세가 달라지지 않았을까 생각한다.

I업체도 미 세관이 요구한 원재료 내역서, 생산원가 자료, 생산 및 제조기록이 무엇을 의미하는지 몰랐고, 해당물품의 원산지 결정 프로세스도 전혀 학습이 되어 있지 않았다.

주 품목인 PVC 비닐의 경우 제조에 사용된 각 원재료별 HS코드·원산지·공급자(업체명·주소 및 연락처)와 구입가격을 기재한 원재료내역서, 각 원재료별 원산지확인서, 생산일자 및 그 밖에 각 원재료 구입증빙서류를 갖추었다면 원산지를 인정받는데 별 문제가 없을 것이다. 동 재료의 제조공정과 원재료 내역을 보면 4단위 세번변경기준을 충분히 충족하기 때문이다.

【수입업체의 미 세관 원산지검증 대응자료 검토】

미 세관 요구자료	수입업체 제출자료	검토의견
1. Certificate of Origin	한국 수출업체 작성한 한국형 원산지증명서	미 세관 지침에 따른 증명서 필요
2. Bill of Material	제품의 안전 규격 데이타	원재료별 품명, HS코드, 원산지가 표기된 자료
3. Cost Data	PVC 비닐제품의 각 재료별 원가 자료	작성일자, 작성자 서명이 없고, 근거서류 미비로 신뢰감 상실
4. Production and manufacturing records	PVC 스폰지 생산 매뉴얼	해당 제품이 생산되었음을 보여주는 생산일지 필요

I수입업체는 원산지검증 과정에서 현지 전문가의 도움을 받지 못했다. 한국의 수출업체도 미 세관의 자료 제출 요구를 받았을 때 외부 전문가의 도움을 받아서 작성했다면 좀 더 나을 수 있었을 것이다.

한-미 FTA 수혜품목이 확대될수록 미 세관의 검증 빈도는 높아 질 것으로 보인다. 또한 세관의 속성상 원산지규정을 위반한 동종품목으로 원산지 검증을 확대해 나갈 것이다. 이러한 상황에서 세관의 원산지 검증에 매우 취약한 중소기업에 대한 정부차원의 지원이 필요하며, 원산지 규정, 원산지 증명, 서류보관 등 가장 기본적인 사항에 대한 기업의 이해가 무엇보다 필요한 시점이다.

미국 원산지검증(NAFTA)관련 판례 : 포드자동차(2001)

미국 포드자동차는 1996년부터 멕시코로부터 자동차 부품을 수입하기 시작했고, 수입신고시 포드사는 멕시코 코클리사를 대리한 포드사 직원에 의하여 발급한 원산지증명서를 기초로 특혜관세를 적용하였다.

2001.1.9일 미국 관세청은 포드사에 2001.2.8일까지 수입물품과 관련하여 작성된 서류 제출을 요청하였다. 이에 대해 포드사는 미국 관세청의 요청 서류가 U.S.C.§1509(a)(1)(A)에 정의된 수입신고 자료(Entry Record)에 해당하지 않는다고 (요청자료의 법적 부적합성)요청 서류 제출을 거부하였다.

이에 미국 관세청은 벌금 41,932천달러를 부과하였고, 포드사의 청원에 의하여 미국 관세청은 벌금액을 21,642천달러로 감액 조정하여 다시 부과하였다. 그럼에도 불구하고 포드사가 벌금 납부를 이행하지 않자 2006.1.11 당초 부과했던 벌금 41,932천달러의 징수를 요구하는 소송을 제기하였고, 법원은 2007.9.26 정부의 결정을 받아들여 벌금이 확정(포드사 패소)되었다.

〈핵심 쟁점 비교〉

문제점	포드사 주장	미법원 판결
법에서 정의한 수입/통관서류 (Entry Record)	원산지 증명서 등 특혜관련 요청자료는 수입/통관 서류가 아니고 해외 생산자 기록이다	(a)(1)(A) 리스트 Section 4에 명시됨 ⇢ NAFTA C/O and Supporting records 해외생산자가 관리하는 자료지만 수입/통관 서류로서 분류되며 <u>수입자의 책임</u>
	수입 서류와 원산지 서류는 관리주체 및 목적에서 다르다	Valuation (관세평가) &Importation(수입) ⇢ Origin (원산지) &Importation (수입)
생산자의 대리인으로 업무를 진행한 수입자	포드사가 원산지증명서 작성 및 서명한 사실은 관련이 없다	■ 원산지 결정은 담당자의 포괄적인 지식 또는 적합한 문서를 통하여 결정 ⇢ 포드사는 적합한 문서를 가지고 있었어야 함 ■ 수출자 또는 수출자가 임명한 대리인이 작성 ⇢ Coclisa는 포드사를 대리인으로 선정하지 않음

▶ 원산지 입증책임을 수입자에게 전적으로 부여하는 중요판례

미국 원산지검증 사례(과실적용) : Jean Roberts Inc(2006)

〈사건 개요〉

미국 관세청은 쟌 로버츠(Jean Roberts) 사가 아크릴 / 폴리에스테르 담요를 34차례 수입하면서 이를 편조가 아닌 직조물로 신고해 잘못된 NAFTA (특혜) 신고를 하게 되었다는 혐의를 두었다. 담요에 NAFTA 특혜 관세를 적용함에 따라 12만1천1백87.73 달러에 달하는 세수 손해를 보게 되었다.

해당 담요는 직조가 아닌 편조 방식으로 제작되었기 때문에 해당 기업은 NAFTA 특혜 대우를 받을 자격이 없었다. 세관은 사전 벌금 고지서를 통해 세액 손실액의 두 배를 벌금으로 고지할 생각이라고 밝혔다. 하지만 세관이 부과한 실제 벌금은 세액 손실 분의 한배였다. 이와 함께 세관 측은 해당 수입자의 보증인이 납부했던 관세도 납부할 것을 요구했다. 세관 측은 소장(訴狀)에서 손실 세액을 고려할 때 손실 세액의 두 배까지 벌금으로 부과할 수 있다고 밝혔다.

쟌 로버츠 측은 수입 서류 구비는 멕시코 제조업자가 책임을 져야하며, 자사는 이에 개입하지 않았다고 주장했다. 이들은 제조업자가 자사의 대리인 역할을 했다고 말했다. 더불어 이러한 제조업자의 과실을 확인하지 않은 상황에서 자사에게 과실 책임을 물어서는 안 된다는 의견을 피력했다. 더불어 수입자는 자사 수입품이 NAFTA의 특혜 대우 자격을 갖췄다고 확인한 세관의 결정을 합리적으로 따랐다고 주장했다. 해당 (특혜대우) 판정은 쟌 로버츠가 고용한 관세법인 관세사의 요청에 따라 내려진 것이다. 해당 관세사는 본의 아니게 실수로 해당 담요가 직조 섬유로 제작되었다고 기술한 요청서를 세관에 제출하였다.

〈결과〉

법원은 결석판결을 내렸고 해당 사업자에게 손실 관세의 두 배에 달하는 24만2천3백75.46 달러를 부과했다. (19 U.S.C 제1592조 위반)

미국 원산지검증 사례(사기 적용) : Matthews(2008)

〈사건 개요〉

상무부는 무게를 기준으로 96에서 99.99 퍼센트에 달하는 실리콘을 함유한 실리콘 메탈의 모든 중국 생산자 및 수출자에게 덤핑 마진의 139.49%에 달하는 금액을 반덤핑 관세로 부과하는 결정을 내렸다. 이 수입자들은 1999년에서 2001년까지 총 96차례의 수입을 진행했다. 세관에 제출된 반입 서류에는 해당 반입이 반덤핑 관세 대상이 되지 않는다는 것을 보여주는 반입 코드 01이 적혀있었다.

제출된 송장에는 원산지 국이 한국으로 되어있었으나 해당 반입이 일어난 기간에 한국에서는 실리콘 메탈 생산이 이뤄지지 않았다. 국제무역법원은 수입자들이 의도적으로 해당 실리콘 금속이 한국이 아닌 중국산 이란 정보를 적극 감췄다고 판단하였다. 예를 들어 이들 회사의 공급업자에게 만약 세관이 "made in china" 마크를 보게되면 상품에 176%의 세금이 붙는다고 사전에 알려 주었다.

〈결과〉

국제무역법원은 수입자가 의도적으로 상품의 원산지를 속였으므로 이는 사기에 해당한다고 판단했다. 결과적으로 해당 수입자들은 각 수입 건에 대해 139.49%에 달하는 세금을 내야 한다고 판단했다. 수입 가격은 수입자에 따라 41만7천844달러이거나 1천2백41만7천39달러이다. 또한 벌금을 경감시킬만한 증거가 제출되지 않았기에 국제무역법원은 기업들이 79만7천662달러와 2천300만293달러에 달하는 벌금을 내야 한다고 결정 내렸다. (19 U.S.C 제1592조 위반)

미국 원산지검증 사례(중과실 적용) : Chemical Importer(1998)

〈사건 개요〉

수입업자가 주재료로 브라질산 원료를 사용한 화학상품을 콜롬비아에서 제조해 반입했다. 세관은 수입업자의 직원 중 한명에게 해당 상품을 HS코드 3402.11으로 분류하는 결정을 전달했다. 수입자는 해당 상품의 7개 선적분을 수입하는 과정에서 이 상품을 2904.10으로 분류했다. 이 코드는 자동차상품무역법에 따라 무관세 상품 자격이 있다. 수입자는 수입 신고서를 상품이 콜롬비아산 재료로 완전생산된 것으로 보여주는 C/O를 통해 뒷받침했다. 또한 해당 화학상품이 2904.10으로 분류하는 것이 옳음을 보여주는 송장을 제출했다.

세관 분석소는 해당 상품의 샘플을 조사해 이 상품이 3402.11로 분류되는 것이 옳다고 권고했다. 또한 세관의 현장 수입 담당자(Field National Import Specialist)는 콜롬비아 재료와 콜롬비아에서 발생한 처리 공정은 완제품 평가 가치(Appraised Value)의 4.3퍼센트만 차지한다고 밝혔다. 일부 포장 및 운반 비용을 추가할 경우 그 비율은 19.4 퍼센트로 늘어났다. 이 두 수치 모두 자동차상품무역법에 따른 비관세 혜택을 받을 수 있는 기준인 35퍼센트를 넘지 못한다.

세관은 해당 상품의 적절한 코드가 3402.11이라고 결정한 후 44,064.56 달러 (과세 손실액의 4배)에 달하는 중과실 벌금 사전 공지를 재발급했다. 이에 대한 대응이 없자 세관은 같은 금액으로 벌금을 공지했다.

〈결과〉

수입자는 세관의 공지를 통해 해당 상품의 품목분류를 정확히 알고 있었으나 세관의 판정을 무시하고 다른 관세 규약에 따라 상품을 그릇된 방식으로 분류했다. 더욱이 수입자는 해당 화학 상품이 주로 브라질산 원재료로 구성돼있음을 알고 있었지만 반입신고서에는 해당 상품이 100% 콜롬비아산 이라고 잘못 언급했다. 세관은 수입자에게 중과실의 벌금 33만3천798.42 달러를 최종적으로 부과했다. (19 U.S.C 제1592조 위반)

▶ 5 미국의 섬유류 현지검증과 대응[190]

(1) 미국세관의 섬유류 원산지검증 현황

2012 회계연도를 기준으로 미국이 섬유류 수입과 관련하여 징수한 관세는 약 124억 달러로 전체 관세 징수실적의 약 41%를 차지하고 있으며, 높은 관세율과 복잡한 규정으로 인해 원산지 위반사례가 증가하고 있는 추세이다. 이에 따라 미국 관세청은 섬유와 의류제품에 대해서는 매년 원산지 위험국가와 우범기업을 선정하여 강력한 검증을 시행하고 있으며, 2012년도에는 섬유류 해외 검증팀이 9개국 174개 공장을 현지 검증하여 약 39%에 이르는 원산지 위반을 적발하였다.

섬유류에 대해서는 일선 세관에서 실시하는 사후 검증절차와 별도로 미국 관세청 산하 섬유위험관리센터(뉴욕 소재)가 우범물품 선별기법에 의하여 해외 현지검증 대상 업체를 선정하는 등 특별한 검증 제도를 운영하고 있으며, 섬유류 해외 현지 검증은 미국 CBP의 국제무역국(Office of International Trade)이 주관하는 업체단위 현장검증으로서 업체의 조직구조, 생산능력과 협력업체 등 전반적인 생산·거래부분에 초점을 맞추는 기업심사의 성격을 띠고 있다. 중점 검증사항은 수출국내 생산시설 확인 및 직접 생산 여부로, 한-미 FTA 발효이후 2014년부터 우리 수출기업에 대한 불시 현지방문 검증이 지속적으로 이루어지고 있어 대비가 시급하다.

〈한-미 FTA 섬유류 원산지검증 방법〉

구 분	대상자	검증 주체	검증 범위
① 간접검증	수출자·생산자	수출국 세관	원산지 검증
② 불법행위 등 조사		수출국 세관	원산지 검증 및 불법행위 조사
③ 합동 현지검증		한-미 세관 합동	원산지 검증 및 불법행위 조사

(2) 주요 검증 대상물품 및 업체

① 우리나라에서 생산되지 않았을 것으로 예상되는 물품이다. 제3국산 수입량이 많아 우회수출이 우려되는 물품 및 홍콩 등 제3국에서 송품장을 발행하는 거래형태의 물품 등 제3국산 물품

---

[190] 출처: 서울본부세관에서 발간('14.12) 「한-미 FTA 섬유류 현지검증 대응 가이드」

이 한국산 제품으로 원산지 세탁 후 미국으로 우회 수출된 것으로 의심되는 물품과 MID[191] 정보를 기초로 생산시설이 없다고 추정되는 업체의 수출품이 현지검증 대상이 될 수 있다. ② 원산지 결정기준 충족이 어려울 것으로 예상되는 품목이다. 한-미 FTA는 다른 FTA에 비해 섬유·의류의 원산지기준이 매우 엄격하다. 특히, 제품에 사용되는 면사는 반드시 한국산 또는 미국산 원면을 사용(Fiber-forward)[192]한 경우에만 원산지 결정기준을 충족하는 제60류의 편물제품과 탄성사를 원재료로 사용하는 제품[193]은 집중 검증 대상이 될 수 있다.

또한 미 관세청의 정보제공요청(CBP Form 28)에 대한 대응이 미흡하여 "입증자료 불충분"판단을 받은 업체와 미국 수입신고 시 신고된 MID 정보와 우리나라가 한-미 FTA 규정에 따라 제공한 섬유류 생산자의 "연례 기업정보"를 비교하여, MID에는 생산자로 기재되어 있으나 연례 기업정보는 그렇지 아니한 업체 또는 미국으로의 수입량이 연례 기업정보의 생산능력을 초과하는 업체는 현지검증 대상이 될 수 있다.

---

191) Manufacturer Identification Code, 미국의 섬유류 생산자 식별코드
192) 우리나라는 원면을 대부분 수입하고 있어 역외산 원면을 사용하거나 혼용하면 원산지결정기준을 충족할 수 없음. 즉, 면제 편물제품은 Yarn-forward가 아니므로 주의 요망
193) 원재료에 탄성사가 포함되는 모든 제품(예, 장갑, 양말, 스타킹 등)은 최소허용기준(비원산지 재료를 총 중량의 7%이내에서 사용 가능)이 적용되지 않으므로 반드시 역내산 탄성사를 사용해야 함(한-미 FTA 제4.2조 제7항)

[섬유류 연례 기업정보]

- 한-미 FTA(제4.3조)에 따라 우리나라가 매년 미국 측에 제공하는 對美 수출 섬유·의류 제품 및 그 원료 생산 기업의 생산관련 정보
  (제공경로: 한국섬유산업연합회 → 산업통상자원부 → 미국)
- 제공정보
  ① 업체명(상호), 주소(소유 설비 소재지 포함) ② 전화번호 및 e-mail 주소 ③ 경영진의 성명, 국적, 직위 ④ 근로자 수 및 업무 ⑤ 생산제품에 대한 설명 및 생산능력 ⑥ 보유설비 현황 ⑦ 주당 설비가동시간 ⑧ 원료 공급처 ⑨ 미국 내 고객정보

현지검증 대상은 미국으로 수출된 섬유 또는 의류 상품으로 한-미 FTA 부속서 4-가 섬유 및 의류에 관한 품목별 원산지 규정에 기재된 아래의 상품에 한정됨 된다.

검증 대상 물품	품목분류번호
방직용 섬유제의 가방	42류 중 HS 4202.12, 4202.22, 4202.32, 4202.92의 해당 물품
방직용 섬유와 섬유의 제품	50류~63류
유리섬유와 이들의 제품	70류 중 HS 7019
이불류	94류 중 HS 9404.90의 해당 물품

(3) 검증 세부절차

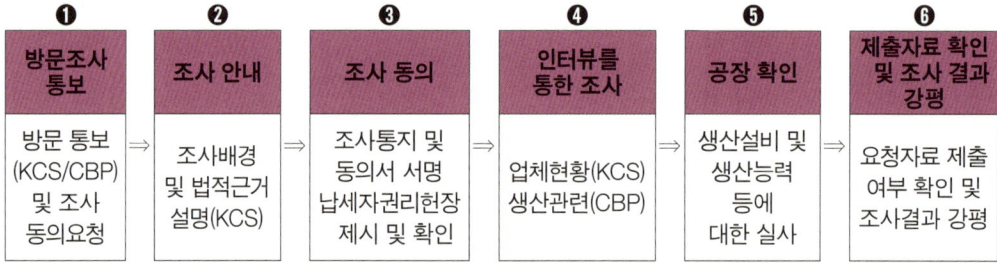

현지조사 절차는 ①인터뷰를 통해 업체현황을 파악하고 → ② 공장확인 전에 특정 송장건에 대한 증빙자료를 요청하고 → ③ 공장확인 통해 실제 생산과정 및 투입된 재료 및 상품의 관리실태

를 파악한 이후에 → ④ 특정 송장건에 대하여 업체가 제출한 증빙자료가 인터뷰 및 공장확인을 통해 확인된 내용에 부합하는지와 제출된 자료 상호간 일관성 있게 설명되고 있는지 및 원산지 입증자료로 간주될 수 있는지 여부를 확인하는 순서로 진행된다.

(4) 단계별 조사내용과 유의사항
① 방문조사 통지

우리나라가 체결한 다른 FTA에서는 관세당국이 현지검증 전에 조사계획을 통보하고 수출자 또는 생산자가 동의하는 경우에 방문조사를 실시하나, 한-미 FTA 섬유류에 대해서는 사전통보 없이 업체를 방문조사 하여 조사 거부시 특혜 배제가 배제될 수 있음을 알려 주고 방문조사를 수용할 의사가 있는지 문의하고, 동의하면 조사를 시작한다.

대다수 우리기업은 검증팀의 갑작스런 방문에 당황하여 조사에 동의하지 않거나 의사결정이 늦어지는 경우 조사를 기피하는 것으로 오해를 받게 되며, 이후 조사과정에서 해당업체에 대해 부정적인 인식을 가질수 있으므로 유의해야 한다. 책임자 부재시에도 조사 동의여부에 대한 신속한 결정이 필요하며, 평소 방문조사에 대비한 대응요령 훈련도 필요하다.

② 전반적인 생산·거래 실태확인

본격적인 조사의 첫 번째 단계로 업체 일반현황, 생산현황, 거래관계에 대한 조사가 인터뷰 형식으로 진행된다. 후속 절차인 특정수출 건에 대한 확인과 공장 확인를 실행하기 전에 업체의 개괄적인 현황을 파악하는 단계이며, 사업 현황(회사 설립일자, 생산시설 소재지, 연간 생산량, 관계회사, 협력업체 등)과 관련된 기본 수준의 질의와 응답을 통해 후속 절차에서 중점적으로 확인할 사항을 결정한다.

유의사항으로는 대응초기에 원산지관리가 잘 되고 있다는 인상을 주는 것이 중요하다. 방문조사에 소요되는 시간이 업체당 3~4시간 이내로 짧은 시간에 원산지 조사를 마치게 되므로 대응초기에 '우리 회사는 원산지 관리를 철저히 하고 있고, 증빙자료도 잘 관리하고 있다'는 인상을 주는 것이 중요하다. 검증팀의 질문 의도를 파악하여 명확하게 답변하고, 요청하는 증빙자료를 정확하게 제시할 수 있도록 해야 하고, 당황하여 잘못된 답변을 하거나 엉뚱한 자료를 제시하지 않도록 주의하여야 한다.

또한 인터뷰에 응할 담당자를 선정하는 것이 필요하다. 수출물품의 생산, 수출 및 원산지관리에 대해 전반적인 사항을 정확하게 파악하고 있는 직원이 답변하는 것이 바람직하며, 증빙자료는 최대한 현장에서 제출하되, 검증 종료일로부터 14일 이내 보완자료 추가 제출이 허용되므로, 필요한 경우 보완자료를 추후 제출하는 것도 가능하다.

아울러, 일관성 있는 답변이 중요하다. 전반적인 생산·거래 실태 확인은 다소 간단한 질문과 답변으로 진행되나, 인터뷰에서 제공된 모든 답변과 자료는 특정수출 건에 대한 인터뷰와 공장확인 단계에서 비교·대조하여 재확인되므로, 업체 일반 현황, 특정 수출 건, 공장확인 전 단계에 걸쳐 일관된 답변과 자료가 제시되어야 한다.

③ 특정 수출건 확인

최근 수출건에 대한 1~2건의 인보이스를 검증 대상으로 제시하고, 제3국 물품의 우회수출 가능성 여부, 원산지결정기준 충족 여부, 원산지 입증서류 구비 여부 등을 중점 확인한다.

특정 수출건에 대한 확인은 최근 수출된 물품의 인보이스를 제시하고, 수출 거래 사실, 실제 생산 여부, 원재료 구매처, 원산지결정기준 충족여부 등에 대한 조사를 인터뷰하는 형식으로 진행하며, 답변내용은 이전단계인 전반적 생산·거래 실태 확인 인터뷰 답변내용과 비교하여 일치되는지 여부를 확인하며, 이후 실시되는 공장확인과도 연계된다.

조사 대상이 되는 특정 수출 건에 대해 각 질문별로 요구되는 증빙 자료를 제시하여야 하며, 원산지결정기준 충족여부 및 입증서류는 원재료 구매 → 생산 → 선적 → 수출까지의 자료가 상호 연계가 가능한지를 중심으로 확인한다.

여기서 유의할 사항은 사실에 근거한 일관성 있는 답변과 근거자료를 제시하는 것이다. 검증팀은 업체가 일관성 있는 답변을 하는지를 염두에 두고 질문하므로 검증대상 수출건에 대한 답변이 이전 단계의 답변 내용과 다르면 원산지 확인 불가 또는 입증자료 불충분결정이 내려질 수 있다. 따라서 입증자료는 단계(원재료 구매→ 생산→수출)별로 순차적으로 상호 연계되어야 하며, 서류간에 일치되어야 한다.

또한 적극적으로 원산지를 소명하고 보관서류를 제시하는 것도 중요하다. 원산지 입증자료는 사실관계 확인이 가능할 경우 폭넓게 인정해주므로 다양한 자료를 적극 제시할 필요가 있다. 예를 들어 원재료 구매 사실 및 대금결재에 대해 세금계산서 뿐 아니라 업체 간 거래명세서, 입출금 통장사본 등도 인정된다. 그리고 방문조사 당일에 증빙자료를 제시하지 못하거나 제출하지 못한 경우 추가 자료준비, 영문 번역 등 번거로움이 있으므로 방문조사 현장에서 모든 것을 소명하고 제출한다는 적극적인 자세가 요구되며, 부득이한 사정으로 현장에서 자료를 제출하지 못하는 경우에는 사유와 제출 가능한 기한을 명확하게 제시하는 것이 바람직하다.

④ 공장확인

현지검증의 가장 핵심적인 절차로 실제 생산공정을 수행하는지 여부와 역외산 원재료가 수출물품 생산에 사용된 증거 또는 사용 가능성을 확인하는데 그 목적이 있다.

방문조사의 마지막 단계인 공장 확인은 업체 책임자의 안내로 검증팀이 실제 생산시설을 둘러보며 수출물품의 생산현장을 직접 확인하고 추가적으로 인터뷰하는 방법으로 진행된다.

앞서 진행된 조사에서 업체가 답변한 내용과의 일치여부 및 이후 제시되는 증빙자료와의 일관성 있는 연계 여부를 확인하게 되고, 업체에서 답변한 생산량을 생산할 수 있을 정도의 인력 및 설비를 갖추고 있는지 여부 및 원재료(사 또는 직물)의 포장박스가 제3국으로 표시되어 있는지도 집중적으로 확인한다. 이러한 공장확인을 통해 역외산 재료(상품)의 사용 증거 등을 확인하여 원산지기준 불충족 및 제3국 물품 우회수출 가능성을 점검하고자 한다.

이 단계의 유의사항으로는 역내산과 역외산 원재료를 엄격하게 구분관리하는 것이다. 모든 공정에서 역내산 원재료만을 사용하는 경우는 문제가 없지만, 수출품 생산라인 외의 다른 생산라인에서 역외산 원재료를 사용한다면, 역외산 원재료가 對美 수출품에는 사용되지 않는다는 것을 공장 확인에서 증빙하기 위해서는 반드시 원재료 구분관리가 필요하다. 또한 공장시설에 대한 사진촬영 동의 여부로 특정 생산시설 또는 특정 구역이 보안상 사진 촬영이 금지되는 경우에는 촬영에 동의하지 않아도 불이익은 없다.

아울러 미국 검증팀은 현지검증시 검증대상 업체가 섬유 또는 의류상품의 무역에 관해 불법행위에 관여하고 있는지에 대해서도 조사하므로 지적재산권 등 원산지와 관련 없는 분야에 대해서도 질의하는 경우가 있으니 이에 대비가 필요하다.

⑤ 추가소명

방문조사시 현장에서 제시하지 못한 자료가 있는 경우에는 추가로 제출해야하는 자료의 범위와 제출기간을 명확하게 한 후 허용하는 기간 내에 반드시 자료를 제출해야 한다. 만약 요청 자료를 제출하지 않거나 제출된 자료가 충분하지 않다고 판단되면 수입국에서는 특혜 관세를 배제 할 수도 있다.

[추가제출 자료 예시]

구 분		실제 제출된 자료 명칭
원자재 구매	거래사실	거래명세서(전자), 매도확약서, 판매거래처 원장, 자재발주서, 외화획득용 원료·기재 구매확인서, 인수증, 납품 명세서, 월별 운임현황, 비축발주의뢰, 거래명세표(출고증), 거래명세표(인수증)
	대금증빙	외환거래계산서(거래종류: 내국신용장 결제, 무역어음대출), 전자 영세율 세금계산서, 관리항목별 원장, 회계전표, 매도확약서(Offer sheet),취소불능 내국신용장
실제 생산 사실	시설증빙	공장 profile (사진포함), 사업자등록증, MID 정보 등록 내역, 공정설명도, 제조설명도, 연도별 출근현황, Attendance Table, Time Record
	현장내역	ERP 자료 (원재료 입출고 현황, 월별/일별 생산실적, 생산의뢰 및 실적 조회, 출하의뢰 및 실적조회), 작업일보, 생산관리보고서, 생산일지, Work Daily record(Dyeing/ Production/ Finishing)
	생산의뢰	발주의뢰서, 작업의뢰서, 원사소요내역서, 작업지시서, 발주서
	대금증빙	타행환송금명세 내역서, 통장사본, 월별 정산서, 은행 확인증
수출 거래	거래사실	Purchase order sheet (수입자의 구매주문서), Audit Form(선적 전 검사결과 보고서), 수출대행계약서, 수출신고서, Sales Contract, 선하증권
	대금증빙	외국환거래계산서, 수출대금 입금 통지서, 외환/금 거래계산서(외국환매매 영수증), 외환타발 송금지급 계산서
원산지 확인		국내제조(포괄)확인서, 원산지(포괄)확인서

추가 소명시 유의사항은 다음과 같다. 첫째, 검증팀이 추가로 요청하는 서류 목록과 제출 기간을 재확인이 필요하다. 현장검증이 이루어지는 중간 중간 서류 요청이 있으므로, 당일 검증 마무리단계에서 최종적으로 요청서류를 서면으로 명확히 해야 한다. 요청 서류와 제출된 서류가 일치하지 않을 경우, 검증결과와 직결되기 때문이다. 자료제출은 미국 검증팀이 출국하기 전에 제출하

는 것이 바람직하고, 어려운 경우 현지검증 종료 후 14일 이내에 반드시 한국세관을 통하여 제출해야 한다.

둘째, 미국 세관측이 확인 용이한 자료의 형태로 제출해야 한다. 미국에 추가 소명을 하는 것이므로 상대측이 자료를 쉽게 확인할 수 있도록 구매내역서, 거래대금 증빙, 거래명세서 등을 생산공정 단계별, 거래 업체별로 구분하여 제출하고, 모든 서류에 영문 참조가 불가능한 경우에는 최소한 목차라도 영문으로 준비하여 요구된 자료 일체가 준비되었음을 확인케 하여야 한다. 제출되는 자료는 영문으로 새로이 작성해서 제출하는 것이 아니라, 기존에 있는 한글 자료를 바탕으로 영문 번역본을 첨부하거나 영문 설명을 더하거나 해서 제출하면 된다.

⑥ 결과통지
섬유류에 대한 현지검증은 한국 및 미국 관세당국의 공동검증이므로 한국세관이 검증대상업체에게 현지(방문)조사 결과통지와 함께 이의제기 기간을 부여하고, 이의제기 기간이 경과된 후에 관세청에서 미국 관세청으로 한국 측 검증 결과를 업체별로 통보한다.

미국 관세청은 한국 측의 결과 통보 전까지는 특혜관세 배제 등의 조치를 유보하고, 한국 측의 결과 통지를 받은 날로부터 30일 이내에 최종결과를 미국 내 수입자 및 한국 세관에 통보한다.

(4) 섬유류 현지검증의 대응전략
① 평소 철저한 원산지 관리를 통해 검증에 대비하라
섬유류에 대해서는 미국세관의 지속적인 현지검증이 예상되므로 짧은 현지검증 시간 내에 원산지를 입증하기 위해서는 평소 현지검증을 염두에 둔 철저한 원산지관리가 중요하다.

미국은 NAFTA 발효 이후 FTA 특혜가 큰 산업을 위주로 집중적인 검증을 실시하고 있고, 초기에는 캐나다, 멕시코 등을 수차례 방문하여 현지검증을 하였으며, 특히 관세율(평균 13.4%)이 높은 섬유류와 국가 중요 산업인 자동차에 대해서는 지속적으로 해외 현지검증을 실시하고 있다.

미국은 우리나라의 對美 수출 섬유류에 대해서도 주기적으로 현지검증을 실시할 것으로 예상되므로 수출업체는 평소 철저한 원산지관리를 통해 검증에 대비할 필요가 있다.

미국의 현지검증 중점 점검사항은 첫째, 제3국산 물품의 한국산으로 원산지세탁 여부, 둘째, 실제 한국에서 생산되었는지 여부, 셋째, 한-미 FTA의 원산지기준 충족여부, 넷째, 원재료부터 수출까지 입증자료가 상호연결되고 체계적으로 관리되고 있는지 여부 등을 직접 생산시설이 있는 현장에서 확인하는 것이다.

따라서, 수출업체에서는 수출건별로 원재료 구매에서 생산·수출까지의 단계별 증빙자료를 상호 연계되도록 체계적으로 관리하고, 현지검증 중점 사항에 맞추어 거래관계, 설비현황, 생산공정 및 생산량 등의 입증자료를 확인하고 준비해야 한다.

그리고 미국의 섬유검증은 사전통보 없이 불시에 이루어지므로 일상적인 원산지관리가 더더욱 중요하다.

② 증빙서류의 유지관리는 필수이다.

한-미 FTA 협정규정에 따라 수출자 또는 생산자는 원산지 입증자료를 그 증명이 발급된 날부터 최소 5년간 보관하여야 하며, 현지검증에 효율적으로 대응하기 위해서는 인보이스 또는 P/O단위별로 자료를 관리하고 특히 생산일지 등 생산관련 입증자료를 보관해야 한다.

원산지 입증은 관련 서류가 제시되어야 하므로 원재료 구매, 수출품 생산, 수출거래 관련 기록이 중요하고, 실제 현지검증에서도 이러한 자료와 미국으로 수출된 특정 수출건과의 상호연계성을 확인한다.

대부분의 기업에서 원재료 구매나 수출거래 관련 자료는 잘 보관하고 있으나 상대적으로 생산관련 자료는 소홀히 생각하는 경향이 있다. 수출업체는 생산사실을 어떻게 입증할 것인지, 수출건과 어떻게 연계하여 소명할 것인지에 대해 한 번 더 확인할 필요가 있다.

③ MID 및 연례 기업정보를 정확하게 제공하라.

미국세관은 MID 정보와 섬유류 연례 기업정보를 분석하여, 실제 생산시설이 없거나 생산능력을 초과하여 수출하는 것으로 추정되는 업체를 선정하여 현지검증을 실시하므로 실제 생산자를 MID 정보로 제공하고, 정확한 연례 기업정보를 제공하면 불필요한 검증을 예방할 수 있다.

MID 정보는 원산지결정기준을 충족시키는 공정을 수행한 생산자 정보를 제공하여야 하며, 후가공 공정이나 포장 공정 등 원산지기준 충족에 영향을 미치지 않는 공정을 수행한 업체나 생산공정을 직접 수행하지 않고 수출만 하는 무역회사 등을 MID 정보로 제공해서는 안된다.[194]

섬유산업연합회의 「생산자섬유생산정보시스템(www.ftatex.or.kr)」에 연례 기업정보를 등록하였다면 그 내용이 정확한지, 등록된 생산능력을 초과하여 원산지증명서를 발급한 것은 아닌지 등을 확인해야 한다. 생산능력, 보유설비 현황 등 주요 항목의 소명 자료를 준비하고, 수출품 또는 원재료를 공급하는 국내 생산자도 상기 시스템에 등록되어 있는지 확인이 필요하다. 매년 자사의 연례 기업정보 입력사항을 확인하여 변경사항이 있으면 즉시 수정하고, 협력업체 정보도 매년 갱신될 수 있도록 조치하여야 한다.

④ 미국세관의 서면검사에 적극 대응하라

미국 수입자를 통해서 미국세관으로부터 정보제공요청서(CBP Form 28)를 받은 경우, 입증자료를 충실히 제출하여 현지검증 대상에 선정되지 않도록 하는 것이 중요하다.

미국세관은 수입통관 단계에서 의심이 있는 경우, 미국 내 수입자에게 정보제공 요청서를 송부하여 원산지 입증자료를 요청하며, 수입자는 한국의 수출자에게 미국 세관이 요청한 자료를 요구할 수 있다.

이 단계에서 우리나라 수출자가 원산지 입증 자료를 충분하게 제출하면 미국 세관은 긍정적인 결과를 통보하여 조사를 종결하지만, 수출자가 충분한 자료를 제시하지 못하면 현지검증 대상업체로 선정할 수 있다. 따라서, 수입자로부터 미국 세관의 정보제공요청서를 전달 받은 경우에는 적극적으로 원산지 입증서류(수입자에게 공개할 수 없는 사항은 미국세관에 직접 제출 가능)를 제공할 필요가 있다.

⑤ 검증결과에 대한 책임소재를 명확히 하라

한-미 FTA의 경우 수입자도 원산지증명서를 발급할 수 있어서, 수출자 확인 없이 수입자가 임의로 발급한 원산지증명서로 인한 책임 문제가 발생할 수 있으므로 계약단계부터 이부분에 대한

---

194) 제6115.10호 양말류의 경우 편직공정을 수행한 생산자를 MID 정보로 제공해야하며, 수출자나 무역회사를 MID 정보로 제공하면 현지검증 대상이 될 수 있다.

책임소재를 명확히 해야 한다. 실제 수출자가 원산지증명서를 발급하지 않았음에도 수입자가 수입시 FTA특혜를 신청하여 현지검증 대상에 포함된 기업도 있었다. 따라서 수출자의 예상하지 못한 손해를 방지하기 위해 수출품이 원산지기준을 충족하는지 여부 및 원산지증명서를 발행하지 아니한 수출품에 대해선 수출자의 책임이 없다는 점 등을 계약단계부터 명확하게 해 둘 필요가 있다.

⑥ 제한된 시간 내에 원산지상품임을 적극 입증하라

현장검증은 하루 2~3개 업체, 업체당 2~4시간이라는 제한된 시간내에 실시되므로, 수출자는 짧은 시간 내에 적극적으로 입증자료를 제시하여 원산지를 입증할 필요가 있다.

효과적으로 검증에 대응하기 위해서는 누가 인터뷰를 할 것인지가 매우 중요하므로 사전에 담당자를 선정하고 준비하여야 한다. 인터뷰는 수출거래 및 생산의 전반적인 내용을 잘 알고 있는 관리자가 하는 것이 바람직하다.

⑦ 현지검증을 對美수출 확대의 기회로 활용하라

철저한 준비와 적극적인 대응으로 원산지상품으로 인정받거나 검증에서 나타난 문제점을 보완하면, 향후 대미 수출시 통관지연 등의 불이익을 최소화할 수 있을 뿐만 아니라 안심하고 FTA혜택을 받을 수 있으므로 현지검증을 대미 수출 확대 기회를 활용할 수 있다.

[참고] 미국 세관의 섬유류 검증 질의서 상 질문내용

가. 업체 개요

Date Company Established:_____
회사 설립일자

Name and Location of Owner:_____
소유주의 성명/소재지

Related Companies and Locations (Request List):
관계 회사 및 소재지 (목록 요청)

나. 생산 현황

Merchandise Produced:_____
생산물품

Knit?____ (편물) Woven?____ (직물) Both?____ (둘 다 해당)

Estimated Production per Month: 월간 생산량

다. 거래관계

Percentage exported to U.S.:
미국 수출비율

Percentage to other countries:_____
기타 국가 수출비율

Percentage of exports to the U.S. claiming preference:
미국으로의 특혜신청 수출 비율

Subcontractors used (Request list of names and addresses):
생산에 동원된 협력업체 (업체명 및 주소 목록)

| Type of work performed by subcontractors: | Percentage: |
| 협력업체가 수행하는 작업의 유형 | 비율 |

Subcontract for (Request list of names and addresses):
협력계약의 대상 (업체명 및 주소 목록)

| Type of subcontracting performed: | Percentage: |
| 수행된 하도급 유형 | 비율 |

라. 수출 거래 사실 확인

Export documentation(수출서류):

List customers in the U.S.(미국 내 고객 목록):

Is a selling agent or trading company used? If so, please provide list.
판매대리인 혹은 무역회사가 동원됩니까? 만일 그렇다면, 목록을 제출하시오.

Price basis for sales (FOB, CIF, CMT[195])_____
판매가격의 기준 (FOB, CIF, CMT)

From whom do you receive your orders?
귀사는 누구로부터 주문을 받습니까?

마. 생산 시설 및 현황 확인

Date of Cutting(원단 재단일자):

Daily?_____ Was a subcontractor used?
매일?   협력업체가 동원되었는가?

Date of Sewing(봉제일자):

Daily?_____ Was a subcontractor used? Is the MID correct?
매일?   협력업체가 동원되었는가? MID가 정확히 맞는가?

Please provide the number of all employees working today, including the areas in which they are working, i. e., cutting, sewing, packing, etc.)
금일 근무 중인 전체 직원 수를 알려주십시오. 각 작업 분야별(예. 재단, 봉제, 포장, 기타) 포함.

Hours in Shift(교대 시간):

Shifts per day(일일 교대 횟수):

Work days per week(주당 작업일수):

Overtime hours per week(주당 초과근무 시간):

---

195) CMT는 Cutting, Making and Trimming 약자로 본사에서 디자인과 원단을 모두 공급하고 협력업체는 공급받은 자재를 '재단해서 봉제하고 마무리' 하는 공임조건

바. 원재료의 구매 사실 확인

What materials are purchased (yarn, thread, fabric, accessories):
구매하는 원재료는 무엇입니까? (원사, 재봉사, 원단, 부속품)

Fabrics/Components paid for by:
원단/구성요소의 대금결제 주체:

Country(countries) from which fabric/components are supplied:
원단/구성요소의 공급국가(들):

Please provide a list of the names, addresses and countries of origin for all materials suppliers.
모든 원재료 공급자의 업체명 및 주소, 원산지의 목록을 제출하시오.

사. 원산지 결정기준 충족 여부 확인

Affidavits for raw materials available?
원재료에 대한 원산지 확인서류가 있는가?

Origin of yarn (if yarn forward):
원사의 원산지 (Yarn Forward의 경우)

Names and addresses of yarn and fabric producers:
원사 및 원단 생산자의 업체명과 주소

Origin of fabric (if fabric forward):
원단의 원산지 (Fabric forward의 경우)
Names and addresses of fabric producers:
원단 생산자의 업체명과 주소

Country of cutting (if cut and sew requirement):
재단 국가 (재단과 봉제가 필요한 경우)
Names and addresses of cutters:
재단업체의 업체명과 주소

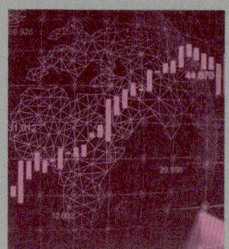

CHAPTER
07

협정관세 적용제한

- 제1절　　협정관세 적용제한
- 제2절　　가산세 징수와 면제
- 제3절　　협정관세 적용제한자 지정

협정관세 적용제한(추징)

1 협정관세 적용제한의 의의와 사유(법 제35조제1항)

　수입물품에 대한 원산지검증결과 원산지기준 미충족, 상대국의 검증결과 미회신 및 원산지증빙서류 미제출 등의 사유에 해당될 경우 협정관세의 적용을 배제하고 추징하는 제도이다. 동 제도는 FTA 이행의 실효성을 확보하기 위한 핵심적인 제도이며 모든 협정에서 당사국 관세당국에 권한을 부여하고 있다.

　협정관세 적용이 배제되는 사유는 다음과 같으며, 이 경우 세관장은 「관세법」 제38조의3제4항 및 제39조제2항에 따라 납부하여야 할 세액 또는 납부하여야 할 세액과 납부한 세액의 차액을 부과·징수하여야 한다.

구분	협정관세 적용 배재 사유
①	정당한 사유 없이 수입자, 체약상대국 수출자 또는 생산자가 관세청장 또는 세관장이 요구한 자료를 제16조제2항에 따른 기간 이내에 제출하지 아니하거나 거짓으로 또는 사실과 다르게 제출한 경우. 다만, 원산지증빙서류의 기재사항을 단순한 착오로 잘못 기재한 것으로서 원산지결정에 실질적인 영향을 미치지 아니하는 경우는 제외
②	체약상대국수출자등이 제17조제1항에 따른 관세청장 또는 세관장의 서면조사에 대하여 기획재정부령으로 정하는 기간 이내에 회신하지 아니한 경우 또는 제17조제2항에 따른 관세청장 또는 세관장의 현지조사에 대한 동의 요청에 대하여 제17조제4항에 따른 기간 이내에 동의 여부에 대한 통보를 하지 아니하거나 특별한 사유 없이 동의하지 아니하는 경우
③	제17조제1항에 따라 현지조사를 할 때 체약상대국수출자등이 정당한 사유 없이 원산지증빙서류의 확인에 필요한 장부 또는 관련 자료에 대한 세관공무원의 접근을 거부하거나 협정에서 정한 원산지증빙서류를 보관하지 아니한 경우

④	제17조에 따른 서면조사 또는 현지조사 결과 세관장에게 신고한 원산지가 실제 원산지와 다른 것으로 확인되거나 수입자 또는 체약상대국수출자등이 제출한 자료에 제7조에 따른 원산지의 정확성을 확인하는 데 필요한 정보가 포함되지 아니한 경우
⑤	제19조제1항에 따라 관세청장 또는 세관장이 체약상대국의 관세당국에 원산지의 확인을 요청한 사항에 대하여 체약상대국의 관세당국이 기획재정부령으로 정하는 기간 이내에 그 결과를 회신하지 아니한 경우 또는 세관장에게 신고한 원산지가 실제 원산지와 다른 것으로 확인되거나 회신 내용에 제7조에 따른 원산지의 정확성을 확인하는 데 필요한 정보가 포함되지 아니한 경우
⑥	제31조제1항에 따른 사전심사를 신청한 수입자가 사전심사의 결과에 영향을 미칠 수 있는 자료를 고의로 제출하지 아니하였거나 거짓으로 제출한 경우 또는 사전심사서에 기재된 조건을 이행하지 아니한 경우
⑦	협정에 따른 협정관세 적용의 거부·제한 사유에 해당하는 경우
⑧	법 제17조제1항에 따른 조사를 받는 자의 부도·폐업·소재불명, 그 밖에 이에 준하는 불가피한 사유로 인하여 관세청장 또는 세관장의 원산지에 관한 조사가 불가능하게 된 경우
⑨	법 제17조제1항에 따른 조사를 받는 자가 관세청장 또는 세관장의 서면조사 또는 현지조사를 거부·방해 또는 기피한 경우

⑤의 "기획재정부령으로 정하는 기간"(상대국 검증회신 기간)은 다음과 같다.

수입국	회신기간
EFTA회원국	원산지 확인을 요청한 날부터 15개월
아세안회원국	아세안회원국의 관세당국이 원산지확인 요청을 접수한 날부터 2개월. 다만, 관세청장 또는 세관장이 필요하다고 인정하는 경우에는 아세안회원국과의 협정 부속서 3 부록 1 제14조제1항라목에 따라 해당 확인요청이 접수된 날부터 6개월의 범위에서 그 기간을 연장할 수 있다.
인도	인도의 증명서 발급기관이 원산지확인 요청을 접수한 날부터 3개월. 다만, 관세청장 또는 세관장이 필요하다고 인정하는 경우에는 인도와의 협정 제4.11조제1항라목에 따라 해당 확인요청이 접수된 날부터 6개월의 범위에서 그 기간을 연장할 수 있다.
EU 및 터키	원산지 확인을 요청한 날부터 10개월
페루	페루의 관세당국이 원산지확인 요청을 접수한 날부터 150일
미국	원산지의 확인을 요청한 날부터 12개월
콜롬비아	원산지의 확인을 요청한 날부터 150일

호주	호주의 증명서발급기관에 원산지의 확인을 요청한 날부터 30일. 다만 호주의 증명서발급기관이 회신기간의 연장을 요청한 경우에는 30일을 초과하지 아니하는 범위에서 기한 연장 가능
베트남	베트남 원산지증명서 발급기관이 원산지 확인 요청을 접수한 날의 다음 날부터 6개월
중국	중국의 관세당국이 원산지 확인 요청을 접수한 날부터 6개월
중미	원산지의 확인을 요청한 날부터 150일

적용지침

한-EU FTA 원산지의정서 제27조제7항에서 수출국 관세당국이 10개월내 회신하지 아니한 경우에는 특혜적용을 배제할 수 있다. 다만, '예외적인 경우'는 제외한다고 규정하고 있는데, 여기서 '예외적인 경우'란 일반적으로 수출자 및 수출국 관세당국의 통제가 불가능한 특정한 상황(force majeure)을 의미한다.

(기획재정부, 2015.5.8)

관련판례

CHAPTER 7-1

한-아세안 FTA 적용시 '예외적인 상황'을 해석함에 있어서는 '원산지 검증제도가 제대로 작동하지 못하여 수출당사국 관세당국이 검증 내지 회신을 지연하거나 그 내용상의 부실을 정당화할 수 있는, 물품 생산자, 수출자, 수출 당사국 관세당국이 통제 불가능한 특정한 상황'으로 한정함이 타당하다. 따라서 수출국 내 검증기관의 운영상의 과실(인사이동 등)로 원산지검증결과회신이 지연된 것을 수출국의 통제 불가능한 상황이라고 볼 수 없다.

[대법원 2015두50399, 2016.8.18]

[참고] 주요 협정의 협정관세 적용 배제 사유

한-중 FTA 제3.25조	한-미 FTA 제6.18조, 제6.19조
당사국은 다음의 경우 상품에 대한 특혜관세대우를 거부할 수 있다. 가. 상품이 이 장의 요건을 충족하지 아니하는 경우 나. 수입자, 수출자 또는 생산자가 이 장의 관련요건들을 충족하지 못하는 경우 다. 원산지 증명서가 이 장의 요건들을 충족하지 아니하는 경우, 또는 라. 제3.23조제5항 아래의 경우 　ⓐ수입자가 관세당국의 정보 제공 요청에 1개월 이내에 회신하지 못하는 경우 　ⓑ수출 당사국의 관세당국이 검증결과를 6개월 이내에 수입 당사국의 관세당국에 제공하지 못하는 경우 　ⓒ수입 당사국의 관세당국에 제공된 검증결과 또는 방문검증 결과가 해당 상품의 원산지 지위의 진정성을 확인하는데 필요한 정보를 포함하지 아니하는 경우 　ⓓ수출 당사국의 관세당국이 수입 당사국의 관세당국으로부터의 방문검증요청을 거절하는 경우, 또는 　ⓔ수출 당사국의 관세당국이 수입 당사국의 관세당국의 방문검증 요청에 대하여 30일 이내에 회신하지 못하는 경우	당사국은 다음의 경우 상품에 대한 특혜관세대우를 배제할 수 있다. (제6.18조) 가. 수입자·수출자 또는 생산자가 당사국이 요청한, 상품이 원산지 상품이라는 것을 증명하는 정보를 제출하지 못하는 경우, 나. 방문에 대한 서면 통보를 접수한 후에 수출자나 생산자가 기록이나 그 시설에 대한 접근 제공을 거부하는 경우 다. 당사국이, 수입자·수출자 또는 생산자가 당사국의 영역으로 수입된 상품이 원산지 상품이라는 허위 또는 근거 없는 신고나 증명을 제출하였음을 나타내는 행위유형을 적발하는 경우 당사국은 수입자가 이 장의 어떠한 요건이라도 준수하지 못하는 경우 상품에 대한 특혜관세대우를 배제할 수 있다. **한-EU FTA 검증 없는 특혜배제 사유** 가. 직접운송 요건 불충족시 나. 원산지 증명이 초기에 부정으로 수입되었던 상품에 대하여 그 이후 제시되었을 경우 다. 원산지 증명이 비당사자 수출자에 의해 발행되었을 경우 라. 수입자가 기간 내에 수입당사국 관세당국에 원산지증명을 제시 못한 경우

2 관세부과 제척기간(법 제35조제2항)

협정관세 적용제한 사유에 해당하는 경우 세관장은 「관세법」 제38조의3(수정 및 경정)제4항[196] 및 제39조(부과고지)제2항[197]에 따라 납부하여야 할 세액 또는 납부하여야 할 세액과 납부한 세액의 차액을 부과·징수하여야 한다. 다만, 납부하여야 할 세액 또는 납부하여야 할 세액과 납부한 세액과의 차액은 수입신고 수리 전 협정관세의 적용을 신청(법 제8조제1항)한 때에는 그 적용신청을 한 날의 다음날 또는 수입신고 수리 후 협정관세의 적용을 신청(법 제9조제1항)한 때에는 그 적용신청을 한 날의 다음날로부터 5년이 지나면 부과할 수 없다. 다만, 「관세법」 제21조제2항 각 호에 해당하는 경우에는 그 해당하는 각각의 기간 내에는 경정 등 필요한 처분을 할 수 있다. 관세법(제21조)의 경우 해당관세를 부과할 수 있는 날부터 5년이 지나면 부과할 수 없다. 다만, 부정한 방법으로 관세를 포탈하였거나 환급 또는 감면받은 경우에는 관세를 부과할 수 있는 날부터 10년이 지나면 부과할 수 없다.

관세법 제21조 제2항 특례 제척기간

다음 각 호의 어느 하나에 해당하는 경우에는 관세부과의 제척기간에도 불구하고 제1호부터 제5호까지의 결정·판결이 확정되거나 회신을 받은 날부터 1년, 제6호에 따른 경정청구일 및 제7호에 따른 결정통지일로부터 2개월이 지나기 전까지는 해당 결정·판결·회신 또는 경정청구에 따라 경정이나 그 밖에 필요한 처분을 할 수 있다.
1. 이의신청, 심사청구 또는 심판청구에 대한 결정이 있은 경우
2. 「감사원법」에 따른 심사청구에 대한 결정이 있은 경우
3. 「행정소송법」에 따른 소송에 대한 판결이 있은 경우
4. 압수물품의 반환결정이 있은 경우
5. 관세법과 「자유무역협정의 이행을 위한 관세법의 특례에 관한 법률」 및 조약·협정 등이 정하는 바에 따라 양허세율의 적용여부 및 세액 등을 확정하기 위하여 원산지증명서를 발급한 국가의 세관이나 그 밖에 발급권한이 있는 기관에게 원산지증명서 및 원산지증명서 확인자료의 진위 여부, 정확성 등의 확인을 요청하여 회신을 받은 경우
6. 관세법 제38조의3제2항·제3항 또는 제38조의4제1항에 따른 경정청구가 있는 경우
7. 관세법 제38조의4제4항에 따른 조정 신청에 대한 결정통지가 있는 경우

---

[196] 세관장은 납세의무자가 신고납부한 세액, 납세신고한 세액 또는 경정청구한 세액을 심사한 결과 과부족하다는 것을 알게 되었을 때에는 대통령령으로 정하는 바에 따라 그 세액을 경정하여야 한다.

[197] 세관장은 과세표준, 세율, 관세의 감면 등에 관한 규정의 적용 착오 또는 그 밖의 사유로 이미 징수한 금액이 부족한 것을 알게 되었을 때에는 그 부족액을 징수한다.

관련판례

CHAPTER **7-1**

쟁송의 결정 등에 따른 재처분의 범위

행정심판 또는 행정소송의 결정·판결에 따른 특례제척기간은 '해당 결정·판결'이 확정된 날로부터 1년 내라 하더라도 납세의무가 승계되는 등의 특별한 사정이 없는 한, 당해 판결 등을 받은 자로서 그 판결 등이 취소하거나 변경하고 있는 과세처분의 효력이 미치는 납세의무자에 대하여서만 그 판결 등에 따른 경정처분 등을 할 수 있을 뿐 그 취소나 변경의 대상이 된 과세처분의 효력이 미치지 아니하는 제3자에 대하여서는 재처분을 할 수 있는 것은 아니다.

[대법원 2006.2.9. 2005두1688]

쟁송의 결정 또는 판결의 취지에 따라 과세단위(납세의무자와 과세기간)와 기초적 사실관계가 동일한 경우에는 과세관청이 선행처분의 위법을 바로잡아 특례제척기간을 적용하여 재처분을 할 수 있다.

[대법원 2001.7.23. 2000두6237]

간접검증 결과 "충족"으로 회신된 경우 「관세법」 제21조 제2항 제5호의 특례제척기간을 적용할 수 있는지 여부

「관세법」 제21조 제2항 본문 및 제5호에서 원산지증명서 발급기관에 간접검증을 요청하여 "회신"받은 경우 회신받은 날부터 1년 이내에 경정을 할 수 있도록 규정하고 있고, 쟁점특례제척기간이 적용되는 검증결과 "회신"을 "불충족 회신"으로 한정하도록 규정하고 있지 아니할 뿐만 아니라 FTA 관세특례법 제35조 제1항 제5호에서 수출국 관세당국의 회신이 있더라도 회신내용에 충분한 자료가 포함되지 아니한 경우 협정관세의 적용을 배제할 수 있도록 규정하고 있는 점, 처분청은 2차 검증결과 회신일부터 1년 이내에 처분을 한 점, 한-아세안 FTA에서 수출국 관세당국의 검증결과 회신이 있더라도 수입국 관세당국이 현지조사를 실시할 수 있도록 규정하고 있어 현지조사 유/무에 따라 쟁점특례제척기간이 달리 적용된다고 보기 어려운 점 등에 비추어 볼 때, 처분청이 쟁점물품에 대하여 쟁점특례제척기간을 적용하여 관세 등을 과세한 처분은 잘못이 없는 것으로 판단된다.

[조심2017관0142, 2018.07.09]

▶ 3 협정관세 적용배제시 과세전 통지(영 제44조제1항)

세관장은 경정 또는 부과(추징) 할 세액이 있는 경우로서 ①조사대상자로부터 영 제15조에 따른 이의제기가 없는 경우 ②영 제15조의 이의제기를 세관장이 심사하여 이유 없음 결정을 내리는 경우 ③체약상대국이 우리의 국제 간접조사 요청에 대해 기한 내 결과를 회신하지 않아 법 제35조

제1항제5호에 해당되어 원산지조사 결과통지를 하는 경우 ④영 제15조에도 불구하고 납세자가 과세전 통지해 줄 것을 서면으로 요청한 경우에는 「관세법」제118조(과세전적부심사)제1항의 규정에 따라 그 내용을 미리 수입자에게 서면(과세전 통지서)으로 통지[198]하여야 한다.

관세법 제118조 제1항(과세전 통지)

① 세관장은 제38조의3제4항 또는 제39조제2항에 따라 납부세액이나 납부하여야 하는 세액에 미치지 못한 금액을 징수하려는 경우에는 미리 납세의무자에게 그 내용을 서면으로 통지하여야 한다. 다만, 다음 각 호의 어느 하나에 해당하는 경우에는 그러하지 아니하다.
1. 통지하려는 날부터 3개월 이내에 제21조에 따른 관세부과의 제척기간이 만료되는 경우
2. 제28조제2항에 따라 납세의무자가 확정가격을 신고한 경우
3. 제38조제2항 단서에 따라 수입신고 수리 전에 세액을 심사하는 경우로서 그 결과에 따라 부족세액을 징수하는 경우
4. 제97조제3항 또는 제102조제2항에 따라 감면된 관세를 징수하는 경우
5. 제270조에 따른 관세포탈죄로 고발되어 포탈세액을 징수하는 경우
6. 그 밖에 관세의 징수가 곤란하게 되는 등 사전통지가 적당하지 아니한 경우로서 대통령령으로 정하는 경우

관련판례

CHAPTER 7-1

과세전적부심사 사전통지

관세법 제118조의제1항 본문에서는 세관장이 동법 제38조제5항 또는 제39조제2항에 의하여 납부세액이나 납부하여야 하는 세액에 부족한 금액을 징수하고자 하는 경우 미리 납세의무자에게 그 내용을 서면으로 통지하도록 하여 납세의무자로 하여금 세관장에게 그 통지 내용에 대한 적법성 여부에 관한 심사를 청구할 기회를 부여함으로써 세관장으로 하여금 처분에 신중을 기하도록 함과 아울러 위법한 관세부과로 인한 국민의 권익침해를 미연에 방지하도록 하고 있으므로 세관장은 위 법 제118조제1항 단서 소정의 제외대상에 해당하지 않는 한 과세전 적부심사를 위한 사전통지를 하여야 한다.

[대법원 2004.5.14. 2004두695]

---

198) 조사대상자로부터 영 제18조에 따른 이의제기가 없는 경우, 영 제18조의 이의제기를 세관장이 심사하여 이유 없음 결정을 내리는 경우, 국제간접조사에 대한 상대국 관세당국 회신결과가 법 제16조제1항제2호에 해당되어 수입자에게 원산지조사 결과통지를 하는 경우

▶ 4 한-아세안 FTA 협정관세 적용제한 특례(영 제45조제1항)

세관장은 아세안회원국에서 수입된 물품에 대하여 수입자가 거짓으로 또는 사실과 다르게 작성하였거나 발급된 원산지증명서를 제출함을 이유로(법 제35조제1항제1호) 협정관세의 적용제한 처분을 한 때에는 그 처분을 한 날부터 2월 이내에 대상물품, 적용제한이유 및 그 법적근거를 기재한 서류와 수입자가 제출한 원산지증명서를 관세청장이 정하는 방법에 따라 해당 원산지증명서를 발급한 아세안회원국의 권한 있는 당국에 통보하여야 한다.

아세안회원국의 권한 있는 당국은 우리 세관장이 통보를 한 날부터 2월 이내에 원산지증명서의 기재사항이 단순한 착오로 잘못 기재된 것으로서 원산지결정에 실질적인 영향을 미치지 아니하였음을 세관장에게 소명할 수 있다.

우리 세관장이 소명이 이유 있다고 인정한 때에는 그 사실을 수입자에게 통지하고 부과·징수한 세액을 환급하여야 한다. 이 경우 세액의 경정 및 관세의 환급에 대하여는 「관세법」 제46조(관세환급금의 환급) 및 제47조(과다환급관세의 징수)를 준용한다. 이 경우 「관세법」 제48조의 관세환급가산금은 지급하지 아니한다.

〈한-아세안 FTA 원산지 규정을 위한 원산지 증명 운영절차 제5조 제6항 및 제7항〉

6. 원산지증명서가 수입 당사국의 관세당국에 의하여 거부되는 경우, 이에 따라 해당 원산지증명서의 4번란에 표시하고, 원산지증명서 원본은 2개월을 초과하지 아니하는 합리적인 기간 내에 발급기관에 반송된다. 특혜관세대우 부인의 근거는 적절하게 발급기관에 통보된다.
7. 제6항에 기술된 바와 같이 원산지증명서가 인정되지 아니하는 경우, 수입당사국의 관세당국은 적절하다고 판단되는 때에, 원산지증명서를 인정하고 특혜관세대우를 회복하기 위하여 발급기관이 작성한 해명서를 인정하여야 한다. 수입당사국이 제기한 특혜관세대우 부인의 근거에 대한 해명서의 내용은 구체적이고 포괄적인 것이어야 한다.

▶5 한-미 FTA 섬유류의 협정관세의 적용제한 특례(영 제44조제4항)

세관장은 미합중국에서 수입된 섬유 관련 물품에 대하여 법 제35조제1항제5호(미 관세당국이 기간 내에 원산지 확인 결과 미회신)에 따라 협정관세의 적용을 제한하는 경우 그 내용을 미리 미합중국의 관세당국에 통보하여야 한다.

▶6 협정관세 적용배제

세관장은 원산지조사 결과 수입물품의 원산지증명서가 협정에서 정한 요건 및 영 제6조 제1항·제2항과 일치하지 않는 경우 유효한 원산지증명서로 인정하지 않을 수 있다. 세관장은 수입물품의 원산지조사 결과가 협정에서 정하는 특혜관세 배제 사유에 해당하거나 법 제7조제2항 또는 법 제35조제1항에 해당하는 경우에는 협정관세를 적용하지 아니할 수 있다. 세관장은 과세전 적부심사 청구기간 내에 해당 건에 대한 과세전 적부심사 청구가 제기되지 않거나 과세전 적부심사 청구에 대하여 채택하지 아니한다는 결정이 있는 때에는 해당 부족세액이나 과다환급액을 부과·징수하여야 한다.

수정수입세금계산서 발급에 관한 운영지침(관세청, '18.3.29)

제1조(목적) 「부가가치세법」 제35조제2항 및 「부가가치세법 시행령」 제72조제2항부터 제8항까지에 따라 세관장이 수정수입세금계산서를 원활히 발급하고 그 집행에 형평성·통일성을 도모할 수 있도록 운영에 필요한 세부사항을 제시함을 목적으로 한다.

제3조(적용범위) 이 지침은 세관장이 「부가가치세법」(이하 "법"이라 한다) 제35조제1항에 따라 수입세금계산서를 발급한 후, 과세표준 또는 세액 등이 변경되어 기존에 발행된 수입세금계산서를 변경하는 경우에 대하여 적용한다.

〈 일반원칙 〉

제4조(수정수입세금계산서의 발급) ① 세관장은 다음 각 호의 어느 하나에 해당하는 경우에는 법 제35조제2항제1호 및 「부가가치세법 시행령」(이하 "영"이라 한다) 제72조제2항 본문에 따라 수입자의 착오 또는 경미한 과실에 해당하는지 여부, 귀책사유의 유무와 관계없이 수정수입세금계산서를 발급하여야 한다.

1. 다음 각 목의 어느 하나에 해당하는 행위가 발생하기 전에 수입자가 수정신고하여 부가가치세를 징수하는 경우
   가. 세관장이 과세표준 또는 세액을 결정 또는 경정하는 행위
   나. 관세조사의 통지 등 제5호 각 호의 어느 하나에 해당하는 행위
2. 수입자가 보정신청하여 부가가치세를 징수하는 경우
3. 수입자가 경정청구하여 부가가치세를 환급하는 경우
4. 세관장이 감액경정 또는 환급결정하여 부가가치세를 환급하는 경우
5. 「관세법」 제28조제2항에 따라 수입자가 확정된 가격을 신고하여 부가가치세를 징수하거나 환급하는 경우

② 수입자의 착오 또는 경미한 과실로 확인되거나 수입자가 자신의 귀책사유가 없음을 증명하는 경우에는 법 제35조제2항제2호 및 영 제72조 제2항 단서에 따라 세관장이 과세표준 또는 세액을 결정 또는 경정하거나 수입자가 세관공무원의 관세조사 통지 등 제5호 각 호의 어느 하나에 해당하는 행위가 발생하여 세관장이 과세표준 또는 세액을 결정 또는 경정할 것을 미리 알고 「관세법」에 따라 수정신고하는 경우라 하더라도 세관장은 수정수입세금계산서를 발급한다.

제5조(수정수입세금계산서의 미발급) 법 제35조제2항제2호 본문 및 영 제72조제3항에 따라 세관장은 제4조제2항의 경우를 제외하고 세관장이 과세표준 또는 세액을 결정 또는 경정하는 경우나 수입자가 세관공무원의 관세조사 통지 등 다음 각 호의 어느 하나의 행위가 발생하여 세관장이 과세표준 또는 세액을 결정 또는 경정할 것을 미리 알고 「관세법」에 따라 수정신고하는 경우에는 수정수입세금계산서를 발급하지 않는다.

1. 관세조사, 관세 범칙사건에 대한 조사를 통지하는 행위
2. 세관공무원이 과세자료의 수집 또는 민원 등을 처리하기 위하여 현지출장이나 확인업무에 착수하는 행위
3. 그 밖에 제1호 또는 제2호와 유사한 행위

〈 수정수입세금계산서 미발급의 사유 및 시기 〉

제6조(세관장의 결정 또는 경정 행위) 제5조 본문에 따른 세관장이 결정 또는 경정하는 행위의 발생시기는 다음 각 호의 구분에 따른다.
1. 「관세법」제38조의 3제6항에 해당하는 경우: 세관장이 부족세액을 경정한 때(수입자가 세관장의 보정신청 통지에도 불구하고 보정신청하지 않아 세관장이 직접 경정하는 경우를 포함한다)
2. 「관세법」제39조에 해당하는 경우: 세관장이 부과고지한 때

제7조(관세조사 통지 행위) 제5조제1호에 따른 관세조사 통지의 발생시기는 다음 각호의 구분에 따른다.
1. 「관세법」제114조제1항 본문에 따라 세관장이 수입자에게 관세조사를 사전통지한 경우: 동 통지서가 수입자에게 도달한 때
2. 「관세법」제114조제1항제2호의 사전통지를 하게되면 증거인멸 등으로 조사 목적을 달성할 수 없는 경우에 해당하는 경우: 수입자가 관세조사의 착수 사실을 처음으로 알게 된 때

제8조(관세 범칙사건 조사 통지 행위) 제5조제1호에 따른 관세 범칙사건에 대한 조사(「관세법」제114조제1항제1호의 범칙사건에 대하여 조사하는 경우를 말하며 이하 "범칙조사"라 한다)를 통지하는 경우에는 수입자가 범칙조사의 착수 사실을 처음으로 알게 된 때(임의 현장방문, 압수수색 개시, 출석요구의 경우 등 중 빠른 때)를 해당 행위의 발생시기로 본다.

제9조(현지출장 또는 확인업무에 착수 행위) ① 제5조제2호에 해당하는 경우에는 세관공무원이 과세자료의 수집 또는 민원 등을 처리하기 위하여 현지출장이나 확인업무에 착수하여 수입자가 이를 처음으로 알게 된 때를 해당 행위의 발생시기로 본다.
② 제1항에 따른 현지출장이나 확인업무에 착수하는 행위에는 다음 각 호의 행위가 포함된다.
1. 수출입안전관리우수업체에 대해 종합심사를 위해 현장심사를 개시하는 행위
2. 관세조사·범칙조사 의뢰(예: 사전세액심사건)에 따라 세액탈루를 확인하기 위하여 수입자에게 자료제출 등을 요구 하는 행위
③ 제1항에 따른 현지출장이나 확인업무에 착수하는 행위에는 다음 각 호의 행위가 포함되지 않는다.
1. 통관부서에서 수입신고 수리전에 자료 등의 제출을 요구하는 행위
2. 납세심사부서에서 수입자의 보정신청, 수정신고, 경정청구에 대한 심사과정에서 자료 등의 제출을 요구하는 행위
3. 납세심사부서 등에서 보정심사 또는 확장심사 과정에서 세액의 오류가능 정보를 수입자에게 안내하는 행위(수입자가 이에 따라 보정신청·수정신고를 하는 경우로 한정한다)
4. 세관의 기업상담전문관(AM, Account Manager)이 세액의 오류가능 정보를 수입자에게 안내하는 행위(수입자가 이에 따라 보정신청·수정신고를 하는 경우로 한정한다)
5. 「자유무역협정의 이행을 위한 관세법의 특례에 관한 법률」제14조제2항에 따라 해당 수입신고를 수리한 세관장으로부터 원산지증빙서류의 내용에 오류가 있음을 통보 받은 경우(같은 법 제17조제1항에 따른 서면조사통지를 받기 전으로 한정한다) 또는 「자유무역협정에 따른 원산지조사 운영에 관한 훈령」제51조에 따라 원산지 자율점검 안내를 받은 경우

제10조(기타 유사 행위) 제5조제3호에는 다음 각호의 행위가 포함되며 이 때의 해당 행위의 발생시기는 다음 각호의 구분에 따른다.
1. 범칙조사 부서에서「외국환거래법」에 따른 외환검사를 위해 수입자에게 사전에 착수를 통지한 경우: 수입자가 외환검사의 착수 사실을 처음으로 알게 된 때
2. FTA부서에서 수입물품에 대한 원산지조사(검증)를 위해 수입자에게 사전에 착수를 통지한 경우: 동 통지서가 수입자에게 도달한 때

〈 수정수입세금계산서의 발급 사유(미발급의 예외) 〉

제11조(공통 분야) ① 제4조제2항에 따라 세관장이 수정수입세금계산서를 발급하는 경우에는 다음 각호의 경우가 포함된다.
1. 법 제35조제2항제2호나목에 해당하는 경우로서 합병에 따른 납세의무 승계 등으로 당초 수입자와 실제 수입자가 다른 경우
2. 영 제72조제4항제1호에 해당하는 경우로서 수입신고가 수리되기 전에 수입자가 세액을 납부하였으나 부족세액이 발생하여 수입신고가 수리되기 전에 수입자가 해당 세액을 수정신고하거나 세관장이 경정하는 경우
3. 수입자가 과세가격 결정방법, 품목분류, 세율 등에 의문이 있어 관세조사 등의 사전통지서가 도달되기 전에 다음 각 목의 어느 하나에 해당하는 행위를 한 경우로서 관세청장 등이 회신한 결과에 따라 회신을 받기 이전에 수입신고한 물품에 대하여 수입자가 수정신고하거나 세관장이 경정하는 경우(다만, 당초 사전심사 등의 결정의 기초가 된 수입자의 제시자료가 사실과 다르거나 사실관계 및 내용이 변경된 경우는 제외한다)
  가. 「관세법」제37조에 따른 과세가격 결정방법 등에 대한 사전심사 신청
  나. 「관세법」제86조에 따른 특정물품에 적용될 품목분류의 사전심사 신청
  다. 「자유무역협정의 이행을 위한 관세법의 특례에 관한 법률」제31조에 따른 원산지 등에 대한 사전심사 신청
  라. 기타 세법의 적용 및 해석에 관해 기획재정부장관, 관세청장, 관세평가분류원장 등에게 질의
4. 영 제72조제4항제6호에 해당하는 경우로서 기타 수입자의 착오 또는 경미한 과실로 확인되거나 수입자가 자신의 귀책사유가 없음을 증명하는 경우

② 제1항제4호에서 "수입자의 착오 또는 경미한 과실"의 경우란 수입자로서의 통상의 주의의무를 태만히 하거나 해태한 경우(주의의무의 태만·해태한 정도가 중대하지 아니한 경우로 한정한다) 또는 주의의무를 충분히 하였음에도 과세표준 또는 세액에 오류가 발생한 경우를 말하며 이에 해당하는지 여부는 세관장이 과세표준 또는 세액의 오류가 발생한 양적 빈도, 질적 중요성 등을 종합적으로 판단하여 결정한다.

③ 제1항제4호에는 다음 각 호의 경우가 포함된다.
1. 수입자가 착오로 송품장(Invoice), 선하증권(B/L), 원산지증명서 등에 기재된 내용과 다르게 수입신고서를 잘못 작성한 것이 확인된 경우

> **예시**
>
> 수입자 또는 신고인의 주의 소홀로 일부 수입건에 대하여 ① 인보이스 상의 통화와 다른 통화로 잘못 기입하거나 ② 다른 수입신고건의 운임을 잘못 기입하거나 ③ 수입신고를 하면서 여러 장의 인보이스 중 일부의 기입을 누락한 경우 등

    2. 수입자가 그간 과세가격 및 세율 등을 제대로 신고하여 왔으나 수입자 내부 부서간 또는 수입자와 신고인(관세사 등) 간 업무착오로 일부 수입신고건에 대하여 신고오류가 발생된 경우로서 수입신고 시점 전후에 작성된 서류, 이메일 등을 통해 업무착오였음을 수입자가 세관장에게 입증하는 경우

> **예시**
>
> 수입자가 그간 생산지원비를 과세가격에 포함하여 성실하게 수입신고하여 왔으나 일부 수입건(전체 수입건수의 1.5% 등)에 대하여 내부부서간 업무착오로 신고를 누락한 경우 등

    3. 「관세법 시행령」제39조제2항제5호의 수입자에게 정당한 사유가 있는 경우에 해당한다고 보아 가산세를 면제하는 경우
    4. 「관세법」제39조제1항에 따라 세관장이 부과고지 하였으나 부족세액이 발생하여 다시 경정하는 경우
    5. 수입자가 통상의 주의를 태만히 하거나 주의의무를 하였음에도 형식과 절차상의 일부 하자·오류를 인지하지 못하여 과세가격·세율·세액에 오류가 발생한 경우로서 이를 수입자가 세관장에게 입증하는 경우
    6. 수입자가 가격신고 시 과세가격의 결정에 관계되는 자료를 성실히 제출하는 등 가격신고는 제대로 하였으나, 신고인(관세사 등)이 수입신고서 상 과세가격 관련 항목을 잘못 작성하여 누락세액이 발생한 경우
    7. 제1호부터 제6호까지 및 제12조제1항, 제13조, 제14조제1항, 제15조에서 정한 사항 외에 기타 수입자의 착오 또는 경미한 과실로 확인되거나 수입자가 자신의 귀책사유가 없음을 증명하는 경우
    ④ 세관장은 제1항부터 제3항까지에도 불구하고 다음 각 호의 어느 하나에 해당하는 경우에는 수정수입세금계산서를 발급하지 아니할 수 있다.
    1. 수입자가 관세 관련 법령 및 고시 등에서 명백히 규정하고 있는 중요한 사항을 위반한 경우
    2. 수입자가 금액의 크기 또는 항목의 성격 만으로도 실제와 다르게 신고되었음을 충분히 의심할 수 있는 사항에 대하여 수입자로서의 주의의무를 현저히 결여한 경우
    3. 수입자가 과거 본인을 당사자로 한 세관장 등의 관세조사, 유권해석, 세액오류 가능성 정보의 안내 등에 비추어 보아 과세대상임을 충분히 인지가 가능한 사항에 대하여 수입자로서의 주의의무를 현저히 결여한 경우
    ⑤ 이 조에서 규정한 사항이 제12조부터 제15조까지에서 규정된 사항과 상충되는 경우 또는 제12조부터 제15조까지에서 정하지 않은 사항에 대하여는 이 조에서 규정한 사항을 적용한다.

제12조(과세가격 분야) ① 수입물품의 과세가격이 변경된 경우로서 제4조제2항에 따라 세관장이 수정수입세금계산서를 발급하는 경우에는 다음 각 호의 경우가 포함된다.
  1. 「관세법」 제30조 제1항 각 호(이하 "가산요소"라 한다)의 금액을 거래가격에 가산하지 않은 경우로서 다음 각 목의 어느 하나에 해당하는 경우
  가. 수입자가 가산요소의 존재를 인식하는 데 상당한 전문성이 요구되어 가산요소가 과세가격에 누락되었다는 인식이 없는 등 통상의 주의의무만으로 정확한 신고를 기대하기 어려운 경우

> **예시**
>
> 수입물품과 관련하여 제품개발비가 수입자와 수출자 이외의 제3자 간에 지급되어 수입자가 이를 인식할 수 없어 수입자에게 정확한 가격 신고의무 이행을 기대하는 것이 무리인 경우 등

  나. 수입자가 가산요소 금액의 누락 가능성을 직·간접적으로 인식하고 완전하지는 않더라도 이를 보완하려는 노력을 하였음을 수입자가 세관장에게 입증하는 경우

> **예시**
>
> 해당 물품을 거래하는 업계의 일반적인 상거래 관행상 기술비, 광고료 등이 별도 지급되는 점을 고려해 수출자에게 관련자료의 제공을 요구하고 입수가능한 범위내에서 자료를 확보해 과세가격에 포함한 경우 등

  2. 「관세법」 제31조부터 제35조까지에서 규정된 방법으로 과세가격이 결정되는 경우에는 다음 각 목의 요건을 모두 충족하는 경우
  가. 수입거래 상황을 종합하여 볼 때 수입자가 신고한 과세가격 결정방법을 일반적인 상거래 관행 등에 비추어 정상적인 것으로 인식하였을 것
  나. 수입자가 가목의 사실을 세관장에게 입증하는 경우

② 세관장은 제1항에도 불구하고 다음 각 호의 어느 하나에 해당하는 경우에는 수정수입세금계산서를 발급하지 아니할 수 있다.
  1. 수입자가 수입신고를 할 때 반드시 검토·확인이 필요한 기초적인 내용에 대하여 상당한 전문성을 요하지 않고 통상적인 주의의무만으로도 충분히 인식할 수 있음에도 불구하고 정확한 납세신고를 하기 위한 노력이 없는 경우

> **예시**
>
> 수입자가 외국 수출자에게 의류 임가공을 의뢰하면서 직접 구입해 제공한 원단 등의 가격(생산지원비), 수입자 본인이 직접 외환송금한 로열티·운송비 등을 과세가격에 포함시키지 않은 경우

  2. 수입자가 신고된 과세가격이 특수관계자간 거래 등 수입거래 상황을 종합하여 볼 때 일반적인 상거래 관행을 벗어나거나 비정상적이라는 인식을 하고 있었을 것으로 인정됨에도 「관세법」 제30조제1항에 따라 과세가격을 결정·신고한 경우 등

제13조(품목분류 분야) 수입물품에 적용하는 품목분류가 변경된 경우로서 제4조제2항에 따라 세관장이 수정수입세금계산서를 발급하는 경우에는 다음 각 호의 경우가 포함된다.
1. 「통일상품명 및 부호체계에 관한 국제협약」에 따른 관세협력이사회나 「관세법」에 따른 관세품목분류위원회에서 품목분류를 변경한 경우
2. 수입자가 세관장에게 세액심사 받고 해당 세액심사 이후에 수입된 동일·유사 물품에 대하여 세관장으로부터 통보받은 품목분류를 적용하여 수입신고 한 경우
3. 수입자가 수입신고 당시 수출자로부터 제공받은 물품 설명서 등을 토대로 적절히 품목분류하여 신고하였으나, 설명서 등이 실제 수입된 물품과 다르게 표기되었음에도 이를 인지하지 못하고 품목분류하였음을 수입자가 세관장에게 입증하는 경우
4. 수입자가 관세청장 또는 관세평가분류원장, 세관장이 당해 수입물품과 유사한 물품에 대해 과거에 결정한 품목분류 사례, 기준 등을 참고로 품목분류하여 수입신고한 경우로서 이를 수입자가 세관장에게 입증하는 경우
5. 수입자가 수입신고를 할 때에 당해 물품에 적용할 품목분류를 제대로 신고하였으나 착오 또는 경미한 과실로 세율을 잘못 적용한 경우로서 이를 수입자가 세관장에게 입증하는 경우

제14조(협정관세 분야) ① 수입물품에 적용한 협정관세가 배제되는 경우로서 제4조제2항에 따라 세관장이 수정수입세금계산서를 발급하는 경우에는 다음 각 호의 경우가 포함된다.
1. 영 제72조제4항제2호에 해당하는 경우로서 수입자의 귀책사유 없이 「관세법」등에 따른 원산지증명서 등 원산지를 확인하기 위하여 필요한 서류가 사실과 다르게 작성·제출되었음이 확인된 경우로서 다음 각 목의 어느 하나에 해당하는 경우
    가. 협정 또는 관련법령에 따라 수입자가 체약상대국의 수출자 등으로부터 제출된 원산지증빙서류를 갖추고, 제출된 사실과 일치하게 협정관세를 적용받았음을 수입자가 증명하는 경우
    나. 원산지증명서 발급자(수출자 또는 생산자)의 파산·폐업 등 불가피한 사유로 원산지 관련 자료 입수·제출이 불가능한 경우
2. 영 제72조제4항제3호에 해당하는 경우로서 「자유무역협정의 이행을 위한 관세법의 특례에 관한 법률」제36조제2항에 따라 가산세의 전부를 징수하지 않는 다음 각 목의 어느 하나에 해당하는 경우
    가. FTA 체약상대국의 관세당국에 원산지 확인을 요청한 사항에 대하여 상대국 관세당국이 기간내 미회신한 경우
    나. 체약상대국의 수출자 또는 생산자가 세관장 등의 요구자료를 기한내 미제출 또는 거짓 제출한 경우 등 수입자에게 정당한 사유가 있는 경우
3. 수출국 기관 또는 수출자 등이 발행한 원산지증명서 상의 원산지와 원산지 조사에 따른 원산지가 상이한 경우로서 다음 각 목의 요건을 모두 충족하는 경우
    가. 수입자가 원산지증명서 상의 원산지확인을 위해 통상의 주의의무를 다한 경우
    나. 원산지 판단에 근거가 되는 자료 또는 정보의 부실 제공 등의 행위에 해당하지 않는 경우
② 세관장은 제1항과 관련하여 다음 각 호의 어느 하나에 해당하는 경우에는 단순착오 등을 제외

하고 수정수입세금계산서를 발급하지 아니한다.
1. 수입자가 협정 또는 법령에 위반하는 원산지증빙서류를 작성·발급하여 협정관세를 적용받은 경우
2. 협정 또는 법령에서 정한 운송원칙을 위반하여 협정관세를 적용받은 경우
3. 협정 또는 법령에서 정한 중대한 요건을 위반한 원산지증명서로 협정관세를 적용받은 경우(다만, 수입자가 협정관세 적용신청을 하기 전에 수출자에게 요건을 확인한 경우에는 제외)

중대한 요건 위반의 예시

원산지증명서의 유효기한 경과, 무자격 발급권자(비당사국 수출자 등), 서명·인장 누락, 서식 상이

4. 협정관세 적용 신청 시 원산지증명서를 갖추지 아니하고 협정관세를 적용받은 것으로 확인된 경우

제15조(감면 분야) 수입물품에 적용한 감면이 배제되는 경우로서 제4조제2항에 따라 세관장이 수정수입세금계산서를 발급하는 경우에는 다음 각 호의 경우가 포함된다.
1. 영 제72조제4항제5호에 해당하는 경우로서「관세법」제38조제2항 단서에 따라 수입신고를 수리하기 전에 세액을 심사하는 물품에 대하여 감면대상 및 감면율을 잘못 적용한 경우
2. 「관세법」제97조제1항 및 제98조제1항에 해당하는 경우로서 수입할 때에는 세관장이 정하는 기한 내 재수출의 의사를 갖고 신고하였으나 수입자가 착오로 재수출기간을 도과하여 수출하거나 재수출기간 내에 세관장에게 용도외 사용 또는 양도승인을 받지 못하여 세관장이 면제·감면된 세액을 징수하는 경우

〈 관세조사 통지 등에 따른 조치사항 〉

제16조(미발급 등록) ① 세관장(발생부서)이 제6조부터 제8조까지, 제9조제1항 및 제10조에 따라 관세조사의 통지 등을 한 때에는 수정수입세금계산서가 발급되지 않도록 별표 1에 따른 조치를 하여야 한다.
② 관세조사 통지의 대상 등에 해당하지 않은 수입신고건에 대하여 수입자가 수정신고하는 경우에 수정수입세금계산서가 원활히 발급될 수 있도록 발생부서와 납세심사부서는 별표 2의 절차에 따라 수정수입세금계산서를 발급한다.

제17조(불복 등의 결과에 따른 조치) 다음 각 호의 어느 하나에 해당하는 경우에는 해당 부가가치세를 경정한 부서(발생부서) 또는 수정신고를 접수한 납세심사부서에서 수입자에게 수정수입세금계산서를 발급하여야 한다.
1. 이의신청, 심사청구, 심판청구,「감사원법」에 따른 심사청구 또는「행정소송법」에 따른 소송에 대한 결정이나 판결에서 수정수입세금계산서를 발급하도록 확정된 경우
2. 법 해석에 관한 질의 결과 법령해석 기관에서 수정수입세금계산서의 발급이 타당하다고 회신된 경우

〈 수정수입세금계산서 발급신청의 접수와 처리 〉

제18조(세액심사 중에 있는 사안) 세관장이 세액의 적정 여부를 심사 중에 있는 경우로서 수정수입세금계산서의 발급 또는 미발급 여부를 검토 중에 있는 사안에 대하여 수입자가 민원을 제기하는 경우에는 발생부서가 이를 접수하고 민원회신한다.

제19조(수입자가 수정신고하거나 세액이 납부된 사안) ① 부가가치세를 추가 납부하였으나 세관장이 수정수입세금계산서를 발급하지 않아 수입자가 영 제72조제6항에 따라 수정수입세금계산서의 발급을 신청하는 경우에는 해당 부가가치세를 징수한 세관의 납세심사부서에서 동 신청서를 접수한다. 이 경우의 수정수입세금계산서 발급신청서는 별지 제1호 서식과 같다.

② 제1항 전단에 따라 수정수입세금계산서 발급신청서가 접수된 경우 납세심사부서에서는 다음 각 호의 구분에 따라 처리한다. 이 경우 납세심사부서에서는 전자통관시스템 등을 활용하여 별표 2의 절차에 따라 수정수입세금계산서를 발급하거나 발급대상 여부를 발생부서에 확인요청한다.

1. 제17조 제1호 및 제2호의 경우: 영 제72조제7항에 따라 접수일로부터 2개월 이내에 수정수입세금계산서를 발급
2. 제1호 및 제2호에 해당하지 않는 경우: 제16조제1항에 따라 수정수입세금계산서의 미발급을 등록한 동일 세관 또는 다른 세관의 발생부서에 제1항 전단에 따라 접수한 신청서의 사본을 인계(내부 전자메일, 메모보고 등을 활용)

③ 제2항제2호에 따라 신청서의 사본을 인계받은 경우에 발생부서에서는 다음 각 호의 구분에 따른 조치를 하여야 한다. 이 경우 발생부서에서는 발급여부를 결정하여 전자통관시스템을 통해 별표 2의 절차에 따라 등록하는 방법으로 납세심사부서에 통보한다.

1. 수정수입세금계산서의 발급이 타당한 경우: 발급 대상에 해당한다는 취지와 사유를 해당 납세심사부서에 통보
2. 수정수입세금계산서의 발급이 타당하지 않은 경우: 발급 대상에 해당하지 않다는 취지와 사유를 해당 납세심사부서에 통보(전자통관시스템 이외에 공문 등으로 서면 통지 병행)

④ 제3항에 따라 발생부서에서 전자통관시스템을 통해 수정수입세금계산서를 발급하도록 등록한 경우 해당 부가가치세를 징수한 세관의 납세심사부서에서는 수정수입세금계산서를 수입자에게 발급한다. 이 경우 수정수입세금계산서는 전자통관시스템에서 해당 부가가치세를 징수한 세관장의 명의로 자동으로 발급한다.

⑤ 제3항제2호에 해당하는 경우 납세심사부서에서는 영 제72조제7항에 따라 수입자에게 접수일로부터 2개월이내에 발급할 이유가 없다는 뜻을 통지하여야 한다.

〈 부 칙 〉

제1조(시행일) 이 지침은 2018년 3월 29일부터 시행한다.

제2조(일반적인 적용례) 이 지침은 2018년 1월 1일 이후 최초로 수정신고하거나 결정·경정하는 분부터 적용한다.

제3조(자유무역협정의 이행을 위한 관세법의 특례에 관한 법률에 따라 가산세가 전부 면제되는 경우의 적용례) 제14조제1항제2호의 개정규정은 2018년 2월 12일 이후 최초로 수정신고하거나 결정·경정하는 분부터 적용한다.

관련판례

CHAPTER **7-1**

직접운송원칙 위반으로 경정된 물품의 수정수입세금계산서 발급

2013. 7.26. 법률 제11944호로 개정된 「부가가치세법」제35조 제2항 제2호 다목은 수정수입세금계산서 발급사유로 '수입자의 단순착오로 확인되거나 수입자가 자신의 귀책사유가 없음을 증명하는 등 대통령령으로 정하는 경우'를 규정하고 있고, 2013.6.28. 대통령령 제24638호로 개정된 같은 법 시행령 제72조 제4항 제2호는 '수입자의 귀책사유 없이 「관세법」등에 따른 원산지증명서 등 원산지를 확인하기 위하여 필요한 서류가 사실과 다르게 작성·제출되었음이 확인된 경우'를, 제3호는 '수입자의 단순 착오로 확인되거나 수입자가 자신의 귀책사유가 없음을 증명하는 경우'를 열거하고 있다.

이 건 청구법인이 납부한 부가가치세는 처분청의 경정처분에 따른 것이고 청구법인이 쟁점물품의 수입신고시 한-아세안FTA 협정세율을 적용하면서 원산지규정에 따른 통과선하증권을 제출하지 않은 것이 그 원인이라 할 것인데, 처분청이 청구법인에 대하여 2008년도 심사당시 통과선하증권 제출의 유무에 관계없이 협정관세를 적용한 바 있고, 이에 청구법인은 통과선하증권 없이 적하목록, 일반선하증권 등만으로 협정세율이 적용되는 것으로 알았으며 통관지세관장도 이를 인정하여 쟁점물품에 대하여 협정관세를 적용한 점, 이러한 사정 등을 고려하여 쟁점경정처분에 대하여 청구법인이 제기한 심판청구에 대하여 우리 원이 가산세를 면제할 정당한 사유가 있다고 인정한 점 등에 비추어 청구법인이 자신의 귀책사유가 없음을 증명한 경우라 볼 수 있으므로 청구법인이 납부한 부가가치세에 해당하는 수정수입세금계산서의 발급을 거부한 처분은 잘못이 있다고 판단된다.

[조심2017관0323, 2018.4.13]

2 가산세 징수와 면제(법 제36조)

▶1 가산세 의의

가산세란 관세의무의 확정단계에서 관세법에 규정된 의무를 성실히 이행하지 않은 자에 대하여 관세법에 의하여 산출된 세액에 가산하여 징수되는 관세채무이다. 가산세는 의무위반자에 대하여 제재를 가함으로써 의무가 성실히 이행되고 관세행정질서가 유지되도록 하는 역할을 함과 동시에 의무를 성실히 이행하는 자에 대하여 상대적으로 이익이 돌아가도록 함으로써 의무성실이행자를 보호하는 역할을 한다. 따라서 가산세는 부족하게 납부한 세액에 대한 징벌적 조치이자 행정상 제재로서 고의·과실은 고려되지 않는다. 다만, 납세의무자에게 정당한 사유가 있을 때에는 부과하지 않는다. 반면 가산금은 납부기한 이내에 세액을 납부하지 아니할 때에 이행 확보를 위한 부과금적 성격을 가지고 있다.

기존에는 협정관세 적용제한 시 추징사유에 관계없이 일률적으로 관세법(제42조)을 준용[199]하여 가산세를 부과하였다. 그러나 원산지검증 과정에서 상대국 정부의 FTA 협정 미준수 등으로 인해 협정관세가 배제되는 경우 수입자의 귀책사유가 없음에도 불합리하게 불성실신고 가산세가 부과되는 등의 문제가 지속적으로 제기되었고, 이러한 FTA 특수성을 감안 FTA 특례법에 가산세 부과, 면제 및 경감에 관한 조항을 신설('15.12.31)함으로써 불필요한 행정의 낭비를 제거할 수 있게 되었다.

---

199) '신고납부한 세액의 부족 등에 대하여 납세의무자에게 정당한 사유가 있는 경우' 가산세 면제, 정당한 사유란 '법령해석에 이견이 있는 경우', '납세자가 아닌 과세관청에 과실이 있는 경우'로서 납세자가 납세의무를 이행함에 있어 통제할 수 없는 상황에 해당하는 경우로 해석(대법원 판례)

▶ 2 가산세 징수(법 제36조제1항)

세관장은 협정관세 적용물품에 대해 「관세법」 제38조의3제1항(수정신고) 또는 제4항(세관장 경정)에 따른 부족세액 징수시 다음의 신고불성실 가산세와 납부불성실 가산세를 합한 금액을 가산세로 징수한다.

신고불성실 가산세	해당부족세액의 10%
납부불성실 가산세	해당부족세액×당초 납부기한(협정관세 사후적용 신청자에 대한 가산세 징수의 경우 관세를 환급한 날)의 다음 날부터 수정신고일 혹은 납세고지까지 기간×이율(1일 3/10,000)

다만, 수입자가 원산지증명서를 위조 또는 변조하는 등 대통령령(제47조제1항)으로 정하는 부당한 방법으로 협정관세의 적용을 신청하여 부족세액이 발생한 경우에는 다음의 불성실 가산세와 납부불성실 가산세를 합한 금액으로 가산세를 징수한다. 대통령령으로 정하는 부당한 방법은 아래와 같다.

① 수입자가 원산지증명서를 허위로 작성하거나 위조 또는 변조한 경우
② 수입자가 관세의 과세표준 또는 세액계산의 기초가 되는 사실의 전부 또는 일부를 은폐하기 위하여 원산지증빙서류 등 세액심사에 필요한 자료를 파기한 경우
③ 그 밖에 협정관세의 적용을 받기 위한 부정한 행위

신고불성실 가산세	해당부족세액의 40%
납부불성실 가산세	해당부족세액×당초 납부기한(협정관세 사후적용 신청자에 대한 가산세 징수의 경우 관세를 환급한 날)의 다음 날부터 수정신고일 혹은 납세고지까지 기간×이율(1일 3/10,000)

▶ 3 가산세 면제(법 제36조제2항, 영 제47조제3항)

수입자가 수출자 혹은 당사국 세관장의 원산지증명서 오류통지에 따라 원산지 조사 통지를 받기 전에 수정신고를 하는 경우 등 아래의 경우(가산세 40%가 부과되는 부당한 경우 제외)에는 가산세를 징수하지 아니한다.

① 수입자가 법 제14조제2항에 따라 원산지증빙서류의 내용에 오류가 있음을 통보받은 경우로서 법 제17조제1항에 따른 원산지 조사의 통지를 받기 전에 수정신고를 하는 경우(다만, 수입자에게 귀책사유가 없는 경우로 한정)

② 법 제19조제1항에 따라 관세청장 또는 세관장이 체약상대국의 관세당국에 원산지 확인을 요청한 사항에 대하여 체약상대국의 관세당국이 기획재정부령으로 정하는 기간 이내에 그 결과를 회신하지 아니한 경우

③ 체약상대국의 수출자 또는 생산자가 법 제16조제1항에 따라 관세청장 또는 세관장이 요구한 자료를 법 제16조제2항에 따른 기간 내에 제출하지 아니하거나 거짓 또는 사실과 다르게 제출한 경우 등 부족세액의 징수와 관련하여 수입자에게 정당한 사유가 있는 경우

법 제36조에 따른 가산세의 징수와 관련하여 이 조에서 정하지 아니한 사항에 대해서는 「관세법 시행령」 제39조제2항부터 제5항까지의 규정을 적용한다.

FTA관세특례법령상 가산세 면제에 관한 지침 (관세청, '17.7.5시행)

◇ **적용대상**

영 § 제47조③ 제3호에 해당하는 자로 협정관세 적용받은 물품에 대한 부족세액의 징수와 관련하여 '수입자에게 정당한 사유'가 있어 가산세를 면제받고자 하는 경우

◇ **면제신청 및 심사**

1. 면제신청 기한
   ▶ 가산세 등의 면제신청은 법 제35조제2항의 협정관세 적용배제에 따른 관세부과 제척 기간 이내에서만 신청 가능

2. 면제신청 방법
   ▶ FTA 가산세 면제신청은 납세업무 처리에 관한 고시 별지제12호 서식(가산세 면제신청서) 제출
   ▶ 가산세 면제신청서에 FTA 가산세면제 코드 및 정당한 사유 등을 입력하여 제출(관세행정정보시스템에 전송 또는 서면)

구분	관세법(영 제39조제2항)	FTA관세특례법(영 제47조제3항)	분류코드
가산세 (B)	사전세액납부물품 수리전 수정·경정		1
	잠정가격신고		2
	감면대상 및 감면율 착오		3
	국가 또는 지방자치 단체 및 우편물		4
	정당한 사유		5
	〈신설〉	원산지조사 통지를 받기 전에 수정신고(FTA특례법 시행령 제47조③ 제1호)	7
		상대국이 기한 내 검증결과를 미회신 (FTA특례법 시행령 제47조③ 제2호)	8
		FTA 부족세액의 징수와 관련하여 수입자에게 정당한 사유가 있는 경우 (FTA특례법 시행령 제47조③ 제3호)	9

※ 영 §제47조③ 제1호, 제2호에 해당하는 경우에는 별도의 면제신청 없이 세액정정신청서에 면제대상 표시 및 면제사유코드(신설) 입력

3. 면제여부 심사
   ▶ FTA 가산세 면제신청을 접수한 세관장은 '정당한 사유에 해당하는지 여부' 심사한 후 처리
     - 원산지조사부서에서 경정처분 하였거나 경정하고자 하는 건에 대해서는 당해 부서에서 접수하여 심사
   ▶ 세관장은 정당한 사유 해당여부를 심사하기 위해 신청인에게 입증자료 제출을 요구할 수 있음
   ▶ 세관장은 가산세 면제 여부를 심의하기 위해 「자유무역협정에 따른 원산지조사 운영에 관한 훈령」에 따라 '원산지조사 처분심의회'를 개최할 수 있음

관련판례

가산세 면제 해석

가산세는 과세권의 행사 및 조세채권의 실현을 용이하게 하기 위해 납세자가 정당한 이유 없이 법에 규정된 신고, 납세 등 각종 의무를 위반한 경우에 법이 정하는 바에 따라 부과하는 행정상 제재로서 납세자의 고의 과실은 고려되지 않는 것이나, 이와 같은 제재는 납세의무자가 그 의무를 알지 못한 것이 무리가 아니었다고 할 수 있어서 그를 정당시 할 수 있는 사정이 있거나, 그 의무의 이행을 당사자에게 기대하는 것이 무리라고 하는 사정이 있을 때 등 그 의무 해태를 탓할 수 없는 정당한 사유가 있는 경우에 이를 부과할 수 없다.

[대법원 2002두66, 2002.8.23.]

FTA관세법령상 "정당한 사유" 적용 기준에 관한 운영지침(관세청, '18.9.3)

제1조(목적) 이 지침은 「자유무역협정의 이행을 위한 관세법의 특례에 관한 법률」(이하 'FTA관세법') 시행령」 제47조제3항제3호에 따라 세관장이 가산세를 징수하지 아니하는 "정당한 사유"에 대한 적용기준을 규정함으로써 그 면제에 관한 법적 안정성 및 예측 가능성을 제고하여 성실한 납세자 권익을 보호함을 목적으로 한다.

제2조(정의) 이 지침에서 사용하는 용어의 뜻은 다음과 같다.
 1. "정당한 사유"란 납세의무자가 그 의무를 알지 못한 것이 무리가 아니었다고 할 수 있어서 그를 정당시 할 수 있는 사정이 있거나 그 의무의 이행을 당사자에게 기대하는 것이 무리라고 하는 사정이 있는 때 등 그 의무해태를 탓할 수 없는 사유를 말한다.
 2. "협정관세 적용제한 사유"란 「FTA관세법」 제35조제1항 및 같은 법 시행령 제2항에 따른 사유를 말한다.

〈 가산세 면제여부 심사시 정당한 사유의 적용 기준 〉

제3조(가산세 부과) 세관장은 부적정한 협정관세 적용의 원인 또는 협정관세의 적용제한 사유가 다음 각 호의 어느 하나에 해당하는 경우에는 정당한 사유에 해당하지 아니하므로 가산세를 부과·징수하여야 한다.
 1. 부적정한 협정관세 적용 또는 협정관세 적용제한 사유가 수입자의 고의 또는 과실에 의한 경우
 2. 부적정한 협정관세 적용 또는 협정관세 적용제한 사유가 수입자의 법령에 대한 무지 또는 착오에 의한 경우
 3. 부적정한 협정관세 적용 또는 협정관세 적용제한 사유가 수입자의 사실관계에 대한 착오 또는 오인에 의한 경우
 4. 부적정한 협정관세 적용 또는 협정관세 적용제한 사유와 관련하여 수입자가 가산세를 면제받을 목적으로 체약상대국 수출자 또는 생산자 등과 공모한 경우
 5. 수입자가 협정관세 적용신청 이전 또는 이후에 협정관세 적용 제한 사유나 오류 등을 인지하고도 수정신고 등을 하지 않은 경우
 6. 수입자가 발행한 원산지증명서(확인서)인 경우
 7. 「FTA관세법」 제35제1항제1호와 관련하여 수입자가 관세청장 또는 세관장이 요구한 자료를 같은 법 제16조제2항에 따른 기간 내에 제출하지 아니하거나 거짓으로 또는 사실과 다르게 제출하여 협정관세 적용이 제한된 경우
 8. 「FTA관세법」 제35제1항제4호와 관련하여 같은 법 제17조에 따라 수입자에 대한 서면 또는 현지조사 결과 제출한 자료에 제7조에 따른 원산지 정확성을 확인하는 데 필요한 정보가 포함되지 아니하여 협정관세 적용이 제한된 경우
 9. 「FTA관세법」 제35제1항제6호와 관련하여 같은 법 제31조제1항에 따른 사전심사를 신청한 수입자가 사전심사 결과에 영향을 미칠 수 있는 자료를 고의로 제출하지 아니하거나 거짓으로 제출 또는 사전심사서 조건을 이행하지 아니하여 협정관세 적용이 제한된 경우

10. 「FTA관세법」제35제1항제8호 및 같은 법 시행령 제44조제2항제1호와 관련하여 조사를 받는 수입자의 부도·폐업·소재불명 그 밖에 이에 준하는 불가피한 사유로 원산지 조사가 불가능하여 원산지 정확성을 확인할 수 없어 협정관세 적용이 제한된 경우
11. 「FTA관세법」제35제1항제8호 및 같은 법 시행령 제44조제2항제2호와 관련하여 조사를 받는 수입자가 서면조사 또는 현지조사를 거부·방해 또는 기피하여 원산지 정확성 여부를 확인할 수 없어 협정관세 적용이 제한된 경우
12. 기타 상기 사유에 준하여 세관장이 인정하는 경우

제4조(원칙적 가산세 면제) ① 세관장은 부적정한 협정적용 또는 협정관세 적용제한 사유가 제3조의 가산세 부과·징수 대상에 해당하지 않고 다음 각 호의 어느 하나에 해당하는 경우에는 가산세를 면제할 수 있다.
1. 「FTA관세법」제35조제1항제2호와 관련하여 체약상대국 수출자 또는 생산자(이하 "체약상대국 수출자 등")가 같은 법 제17조제1항에 따른 관세청장 또는 세관장의 서면조사에 기획재정부령에 정하는 기간 내에 회신하지 아니하여 협정관세 적용이 제한된 경우
2. 「FTA관세법」제35조제1항제4호와 관련하여 체약상대국 수출자 등이 같은 법 제17조에 따른 서면 또는 현지조사 결과 제출한 자료에 원산지 정확성을 확인할 수 있는 정보가 포함되지 아니하여 협정관세 적용이 제한된 경우
3. 「FTA관세법」제35조제1항제5호와 관련하여 같은 법 제19조제1항에 따라 관세청장 또는 세관장이 체약상대국 관세당국에 원산지 확인을 요청한 사항에 대하여 회신 내용에 원산지의 정확성을 확인하는 데 필요한 정보가 포함되지 아니하여 협정관세 적용이 제한된 경우
4. 「FTA관세법」제35조제1항제2호와 관련하여 같은 법 제17조제2항에 따라 관세청장 또는 세관장이 체약상대국 수출자 등에 대한 현지조사 동의 요청에 대해 같은 법 제17조제4항에 따른 기간 내에 동의여부를 통보하지 아니하거나 특별한 사유 없이 동의하지 아니하여 협정관세 적용이 제한된 경우
5. 「FTA관세법」제35조제1항제3호와 관련하여 같은 법 제17조제1항에 따른 현지조사시 체약상대국 수출자 등이 정당한 사유 없이 원산지증빙서류의 확인에 필요한 장부 또는 관련 자료에 대한 세관공무원의 접근 거부 또는 협정에서 정한 원산지증빙서류를 보관하지 아니하여 협정관세 적용이 제한된 경우
6. 「FTA관세법」제35조제1항제1호와 관련하여 체약상대국 수출자 등이 관세청장 또는 세관장이 요구한 자료를 같은 법 제16조제2항에 따른 기간 내에 제출하지 아니하여 협정관세 적용이 제한된 경우
7. 「FTA관세법」제35제1항제8호 및 같은 법 시행령 제44조제2항제1호와 관련하여 조사를 받는 체약상대국 수출자 등의 부도·폐업·소재불명 그 밖에 이에 준하는 불가피한 사유로 원산지 조사가 불가능하여 원산지 정확성을 확인할 수 없어 협정관세 적용이 제한된 경우

8. 「FTA관세법」 제35제1항제8호 및 같은 법 시행령 제44조제2항제2호와 관련하여 조사를 받는 체약상대국 수출자 등이 서면조사 또는 현지조사를 거부·방해 또는 기피하여 원산지 정확성 여부를 확인할 수 없어 협정관세 적용이 제한된 경우
9. 기타 상기 사유에 준하여 세관장이 인정하는 경우
② 세관장은 가산세 면제사유가 제1항 각 호인 경우라도 다음 각 호의 어느 하나에 해당하는 경우에는 제5조에 따른 조건부 가산세 면제대상으로 심사하여야 한다.
1. 수입자와 체약상대국 수출자 등이 「관세법」상의 특수관계인 경우
2. 「한-미 FTA」와 같이 협정에 협정관세 적용과 관련한 수입자의 의무사항이 별도로 규정되어 있는 경우

제5조(조건부 가산세 면제) ① 세관장은 부적정한 협정적용 또는 협정관세 적용 제한 사유가 다음 각 호의 어느 하나에 해당하는 경우에는 수입자의 의무이행 여부 등을 심사하여 가산세를 면제할 수 있다.

1. 「FTA관세법」 제35조제1항제4호와 관련하여 체약상대국 수출자 등에 대해 같은 법 제17조에 따른 서면 또는 현지조사 결과 세관장에게 신고한 원산지가 실제 원산지와 다른 것으로 확인되어 협정관세 적용이 제한된 경우
2. 「FTA관세법」 제35조제1항제5호와 관련하여 같은 법 제19조제1항에 따라 체약상대국의 관세당국에 원산지의 확인을 요청한 사항에 대하여 세관장에게 신고한 원산지가 실제 원산지 다른 것으로 확인되어 협정관세 적용이 제한된 경우
3. 「FTA관세법」 제35제1항제1호와 관련하여 체약상대국의 수출자 등이 관세청장 또는 세관장이 요구한 자료를 거짓으로 또는 사실과 다르게 제출하여 협정관세 적용이 제한된 경우
4. 「FTA관세법」 제35제1항제4호와 관련하여 같은 법 제17조에 따라 수입자에 대한 서면 또는 현지조사 결과 세관장에게 신고한 원산지가 실제 원산지와 다른 것으로 확인되어 협정관세 적용이 제한된 경우
5. 「FTA관세법」 제35조제1항제7호와 관련하여 협정에 따른 협정관세 적용의 거부·제한 사유로 인해 협정관세 적용이 제한된 경우
6. 기타 상기 사유에 준하여 세관장이 인정하는 경우

② 세관장은 제1항의 사유에 해당하는 경우에는 다음 각 호에서 정하는 수입자 의무 이행 여부를 심사하여 가산세 면제 여부를 결정하여야 한다.

1. 수출자 등의 유효한 인증수출자 해당 여부 또는 적법한 권한이 있는 자에 의한 원산지증명서(신고서) 발행 여부 확인 등 거래당사자와 관련된 사항
2. 협정관세 적용물품의 품목분류 적정성 확인 등 협정별 양허품목 해당여부와 관련된 사항
3. 원산지증명서(신고서)의 FOB 가격, 원산지(기준) 오류나 계약서류, 상업서류 등 수입자가 확인 가능한 무역서류의 특이사항 확인 등 원산지 기준과 관련된 사항
4. 협정 및 법령에 따른 적법한 기재 또는 유효기간 경과 여부 확인 등 원산지증명서(신고서)의 형식적 요건과 관련된 사항

5. 제3국 경유 등 직접운송 의심 물품에 대한 경유지 세관 또는 선사 등을 통한 확인 및 협정 또는 법령이 정하는 증빙서류의 적정 제출 여부 확인 등 직접운송과 관련된 사항
6. 기타 협정 또는 FTA관세법령에 기재된 수입자 의무 이행과 관련된 사항

③ 세관장은 제2항의 수입자 의무 이행여부를 제6조에 따라 심사하여야 한다.

제6조(심사기준 등) ① 수입자의 의무는 원칙적으로 협정적용 신청시까지 이행하여야 한다. 다만, 협정 및 법령에 협정적용 이후에도 수입자의 의무 사항이 규정되어 있는 경우에는 협정 등에서 정하는 바에 따른다.

② 동일 체약상대국의 수출자 등에게 동일 수입업체가 반복 수입하는 동일 물품과 관련된 수입자 의무는 최초 특혜적용 신청시까지 이행하여야 한다.

③ 수입자는 제5조제2항의 모든 의무 사항을 이행할 필요는 없으나, 특혜관세 적용 제한사유와 직접 관련된 의무사항 등은 이행하여야 한다.

④ 2개 이상 사유로 특혜관세 적용이 제한된 경우에는 제한 사유별로 가산세 면제 여부를 심사하여야 한다.

⑤ 수입자의 의무이행 여부는 수입자가 체약상대국 수출자 등에게 송부한 전산메일 또는 수출자 등의 진술 등 객관적인 자료를 통해 확인하여야 한다.

중요 판례 Study

CHAPTER 7-2

본세 없는 가산세 징수 부당

쟁점	한-EU FTA 협정관세 적용을 배제 후 관세법 등에 따른 감면신청 및 환급으로 추징당한 본세가 없는 경우 협정배제에 따른 가산세를 징수할 수 있는지 여부
사건 개요	수입자 A는 독일에서 항공기 부품을 수입하면서 관세법 89조에 따른 세율불균형물품의 면세와 부가세법에 따른 면세를 받아오다가, 한-EU FTA가 발효되면서 협정관세를 적용하였다. 그런데, 인증수출자가 아닌 자가 원산지신고서를 발행한 사실이 적발되어 세관으로부터 협정적용을 받은 관세, 부가가치세, 가산세 부과처분을 받았다. 처분일로부터 5일이내에 관세 및 부가가치세 본세에 대해 관세법 및 부가가치세법에 따른 감면 및 환급신청을 하여 본세는 돌려 받았으나, 가산세는 돌려받지 못해 소를 제기하였다.

판결	심급	법원	사건번호	결과	선고일자
	1심	대구지방법원	2014구합21686	원고 승	2015.1.30
	2심	대구고등법원	2015누4526	원고 승	2015.10.15
	3심	대법원	2015두56120	원고 승	2018.11.29

판결 요지	가산세의 종류에 따라서는 본세 납세의무와 무관하게 별도의 협력의무 위반에 대한 제재로서 부과되는 가산세도 있으나, 가산세 부과의 근거가 되는 법률 규정에서 본세의 세액이 유효하게 확정되어 있을 것을 전제로 납세의무자가 법정기한까지 과세표준과 세액을 제대로 신고하거나 납부하지 않은 것을 요건으로 하는 무신고·과소신고·납부불성실가산세 등은 신고·납부할 본세의 납세의무가 인정되지 아니하는 경우에 이를 따로 부과할 수 없다고 할 것이고, 이는 관세의 경우에도 마찬가지다. 이 사건 가산세 중 먼저 부가가치세 부분에 관하여 보면, 이는 국세기본법 제47조의3에 따른 과소신고가산세와 제47조의4에 따른 납부불성실가산세로서 모두 부가가치세의 본세 납세의무의 존재를 전제로 한다. 관세 가산세는 국세기본법의 무신고·과소신고·납부불성실가산세와 마찬가지로 본세 납세의무가 최종적으로 존재하는 것을 전제로 하는 것으로서, 성질상 그 부과의 기초가 되는 "부족한 관세액"이 없는 이상 가산세 납세의무만 따로 인정될 수 없다.
시사점	사후감면 등의 사유로 가산세 산정의 기준이 되는 본세가 취소되어 부존재한다면, 가산세 역시 존재하지 않아 가산세를 부과할 수 없다는 판결

협정관세 적용제한자 지정
(법 제37조)

▶1 협정관세 적용제한자 지정의 의의

체약상대국의 수출자 등이 최근 5년간 2회 이상 반복적으로 원산지증빙서류의 주요내용을 허위로 작성하거나 잘못 작성한 사실을 인정한 때에는 5년(협정에서 정한 기간이 5년을 초과하는 경우에는 그 기간)의 범위 안에서 당해 체약상대국 수출자 등이 수출 또는 생산하는 동종동질의 물품 전체에 대하여 협정관세 적용을 제한하는 제도이다.

세관장에 의하여 협정관세 적용제한자로 지정된 상대국 수출자 또는 생산자로부터 수입하는 물품에 대해서는 원칙적으로 협정관세 적용이 배제되는 것이므로 수입제한과 같은 효력이 있다. 관세청장은 원산지조사 결과 체약상대국의 수출자 등이 원산지증빙서류의 주요내용을 허위로 작성하거나 잘못 작성한 사실이 인정되는 경우에는 그 사실을 전산시스템에 등록하고 각 세관장에게 통보하여야 한다.

▶2 협정관세 적용제한자 지정절차

세관장은 협정관세를 적용하지 아니할 수 있는 자를 지정하고자 하는 때에는 30일의 기간을 정하여 그 지정대상자에게 구술 또는 서면에 의한 의견진술 기회를 부여하여야 한다. 이 경우 지정된 기일까지 의견진술이 없는 경우에는 의견이 없는 것으로 본다.

세관장은 협정관세 적용제한자를 지정하는 때에는 그 지정사실과 함께 적용제한자의 성명 및 주소, 협정관세 적용제한 물품의 품명, 모델, 규격, 품목번호 및 수출국, 협정관세 적용제한의 기간 및 사유를 관세청장에게 보고한 후 관세청장이 지정하는 정보통신망에 게시하여야 한다.

관세청장은 협정관세 적용제한자 지정에 관한 보고를 받은 때에는 그 사실을 즉시 지정대상자 및 체약상대국의 관세당국에 통보하여야 한다. 협정관세 적용제한자 지정의 효력은 세관장이 그 지정사실을 관세청장이 지정하는 정보통신망에 게시한 날부터 발생한다.

▶3 협정관세 적용제한자 수출물품에 대한 협정관세 적용

수입자는 협정관세 적용제한자가 수출 또는 생산한 물품에 대하여 원산지 등 협정관세 적용요건을 충족하여 원산지증빙서류를 송부하는 경우에는 통관지세관장에게 협정관세 적용신청을 할 수 있으며, 세관장은 동 수입물품에 대하여 수입신고수리 전에 협정관세 적용신청 물품의 원산지 요건 등 충족 여부, 원산지결정기준 확인 및 원산지증빙자료 작성절차 준수 여부, 이러한 내용을 입증할 수 있는 증빙자료의 적정 여부 등을 심사하여 원산지 등 협정관세 적용요건을 충족한 것으로 확인되는 경우에는 협정관세를 적용할 수 있다.

▶4 협정관세 적용제한자 지정해제

세관장은 협정관세의 적용제한을 받은 체약상대국 수출자 등이 원산지증빙서류를 성실하게 작성하였음을 입증하는 때에는 협정관세의 적용제한을 해제할 수 있다.

협정관세 적용제한자 지정을 해제받기 위해선 세관장에게 협정관세 적용제한 해제신청서와 원산지증빙서류(품목별로 작성한 원산지소명서, 원산지소명서 입증자료, 원산지증빙자료를 성실하게 작성하였다는 사실을 입증하는 자료로서 세관장이 요구하는 자료)를 구비하여 협정관세 적용제한자 지정 해제를 신청한다.

세관장은 협정관세 적용제한자 지정의 해제 신청을 받은 때에는 그 내용을 심사하여 원산지증빙서류를 성실하게 작성하였다고 인정되는 경우 협정관세 적용제한자 지정의 해제를 결정하고, 그 사실을 관세청장에게 보고한 후 해제를 결정한 날부터 7일 이내에 관세청장이 지정하는 정보통신망에 게시한다.

관세청장은 협정관세 적용제한자 지정의 해제에 관한 보고를 받은 때에는 그 사실을 즉시 신청인 및 체약상대국의 관세당국에 통보하여야 한다. 협정관세 적용제한자 지정의 해제 효력은 세관장이 그 해제사실을 관세청장이 지정하는 정보통신망에 게시한 날부터 발생한다.

CHAPTER 7-3

중요 질의 및 답변 사례

질의 190	△△코리아(주)는 수출입업무와 직접 연관되어 있지 않으며 본사(유럽)의 한국 내 판매관련 중간역할(보세창고 관리 및 서류 준비)만 하고 있음 이 경우에도 원산지에 대한 오류가 최근 5년내 다시 발생하게 되는 경우 △△코리아(주)가 거래하는 모든 한국내 거래처가 FTA관세혜택을 받지 못하는 것인지?
답변	△△코리아(주)는 본사(스위스)의 한국 내 판매관련 중간역할(보세창고 관리 및 서류 준비)을 담당하는 업체로서 수입자나 체약상대국의 수출자, 생산자에 해당하지 않음 스위스 소재 본사가 원산지가 '영국'인 물품을 원산지가 '미국'인 것으로 원산지증명서를 잘못 작성한 것이므로 협정관세적용제한의 대상자는 유럽에 있는 본사임.
질의 191	원산지 관련 내용을 최근 5년간 2회 이상 반복적으로 거짓으로 작성한다고 할 때, 최근 5년이라 함은 최초 서류작성 및 수입통관을 잘못한 날부터 시작하는 것인지 아니면 세관에서 관련규정에 대한 공문을 받은 날부터 시작하는 것인지?
답변	FTA특례법 제17조에 따라 '원산지조사를 통지한 날'부터 최근 5년간 2회 이상인 경우에 해당됨
질의 192	원산지 오류에 대한 문제는 5년이 지나면 더 이상 소급적용을 하지 않는 것인지?
답변	'원산지조사'에 따른 세액부과는 협정관세적용신청일로부터 5년이 지나면 부과할 수 없으나, 관세법 제21조제2항 각 호에 해당하는 경우에는 그 기간 내에 경정 등의 처분을 할 수 있는 것임

FTA 관련 자격시험 예 상 문 제

52
다음 중 FTA관세특례 법령에 규정된 협정관세 적용제한에 대한 설명으로 잘못된 것은?

① 세관장은 미합중국에서 수입된 섬유 관련 물품에 대하여 미합중국 관세당국의 검증미회신을 사유로 협정관세 적용을 배제하는 경우 그 내용을 미합중국 관세당국에 통보하여야 한다.
② 세관장이 협정관세 적용배제 처분을 하는 경우에는 그 내용을 미리 수입자에게 서면으로 통지하여야 한다.
③ 세관장은 협정관세 적용제한자로 지정된 자가 수출하는 동종동질물품에 대하여 5년의 범위에서 협정관세를 적용할 수 없다.
④ 수입자가 변조된 원산지증명서로 협정관세 적용을 신청하여 부족세액이 발생하는 경우에는 해당 부족세액의 100분의 40에 상당하는 금액을 가산세로 징수한다.
⑤ 수입신고 수리일 이후 협정관세 적용을 신청한 경우 관세부과제척기간은 협정관세적용을 신청한 날의 다음날부터 5년이다.

해설 협정관세 적용제한자가 수출하는 물품이라도 수입신고 수리 전에 심사하여 적용요건을 충족하는 경우에는 협정관세를 적용할 수 있다.

정답 ③

53
FTA 관세특례법령 상 협정관세 적용 신청 물품에 대한 관세부과 제척기간과 제척기간 기산일은?

	관세부과 제척기간	관세부과 제척기간 기산일
①	2년	수입신고 수리한 날
②	2년	협정관세 적용신청한 날
③	3년	수입신고 수리한 날의 다음 날
④	5년	협정관세 적용신청한 날의 다음 날
⑤	5년	수입신고한 날의 다음 날

해설 관세부과 제척기간은 협정관세를 적용 신청한 날의 다음 날부터 5년이다.

정답 ④

CHAPTER 08

무역피해 구제 관세조치

- 제1절　무역피해 구제제도 개요
- 제2절　FTA에서의 무역피해 구제제도

무역피해 구제제도 개요

무역구제제도는 교역 상대국의 불공정무역 등으로부터 국내산업을 보호하고자 도입한 것으로서, 미국, 호주, 캐나다 등에서 처음 이를 자국의 국내법에 도입한 이후 GATT 및 WTO협정을 통하여 국제법적 근거가 마련되었다. 특히 WTO가 공식적으로 인정하는 유일하고 합법적인 국내산업에 대한 보호수단이라는 점에 그 의미가 있다.

이러한 무역구제에 대한 국제규범들은 헌법에 의하여 체결·공포된 조약으로서 헌법 제6조에 따라 국내법과 동일한 효력을 가지거니와, 우리나라는 나아가 이들 협정의 구체적 이행을 위하여 이를 『불공정무역행위조사 및 산업피해구제에 관한 법률[200](약칭 '산업피해구제법')』 및 『관세법』 등 국내법으로 법제화하고 있으며, 이를 통하여 현재 덤핑방지관세제도와 상계관세제도 그리고 세이프가드(긴급관세)제도를 상세히 규정하고 있다.

이외에도 우리나라는 공정한 무역질서를 확립하고 국내산업을 보호할 목적으로 지적재산권 침해, 원산지 위반과 같은 불공정무역행위에 대하여 시정조치를 내릴 수 있는 불공정무역행위 조사제도와 WTO협정과 같이 국제무역규범에 위반되는 교역상대국의 법령·관행·사실을 조사하고 이에 상응하는 조치를 취할 수 있는 국제무역규범위반 조사제도를 운영하고 있다.

---

200) 이 법은 불공정무역행위 및 수입의 증가로 인한 국내산업의 피해를 조사하고 구제하는 절차를 정하여 공정한 무역질서를 확립함으로써 국민경제의 건전한 발전에 기여하는 한편, 「세계무역기구설립을위한마라케쉬협정」등 무역에 관한 국제협약의 이행을 위하여 필요한 사항을 규정함을 목적으로 한다.(제1조)

<표 8-1> 무역구제 제도 비교[201]

구분		반덤핑관세	상계관세	세이프가드
개념		해외 수출자가 정상가격(자국내 판매가격 등) 보다 낮은 가격으로 수출하여 국내산업에 피해를 주는 경우 이를 구제하기 위해 부과하는 관세	정부 또는 공공기관에 의한 재정적 기여행위 또는 소득·가격지원 형태의 조치가 이루어지고, 이로 인한 혜택이 부여된 경우 보조금이 존재한다고 간주하며, 이 보조금이 특정기업 또는 특정산업에 제한적으로 제공된 경우 反보조금조치로 부과하는 관세	특정 물품의 수입 증가로 국내 산업이 심각한 피해를 입고 있거나 입을 우려가 있을 경우 관련 국내 산업을 보호하기 위해 수입수량을 제한하거나 관세인상을 조치하는 제도 공정무역에 대한 수입규제이므로 덤핑·보조금 등 불공정무역을 규제하는 제도보다 발동요건이 엄격
법적 근거	국내	관세법, 불공정무역행위 조사 및 산업피해구제에 관한 법률		
	국제	GATT 제6조 WTO반덤핑협정	GATT 제16조 WTO 보조금 및 상계조치 협정	GATT 제19조, WTO세이프가드 협정
부과 실적		'87~'15년까지 총 147건의 조사신청이 있었고, 이중 104건(70.7%)에 대해 반덤핑관세 부과	부과 사례가 없음	'87~'14년까지 총 34건(품목 기준)이 제소되었고, 그 중 22건(64.7%)에 세이프가드조치 발동

---

201) 출처: 무역위원회(http://www.ktc.go.kr)

FTA에서의 무역피해 구제제도

자유무역협정이 체결되어 있다하더라도 협정상대국의 수입으로 인해 국내산업에 심각한 피해 또는 피해가 우려되는 경우에는 긴급관세를 부과할 수 있으며, 협정상대국의 불공정한 무역행위로 인한 실질적 피해 발생시에는 관세법에 따라 덤핑방지관세나 상계관세도 부과할 수 있다. 또한 협정상대국이 우리나라의 권익을 부인 또는 제한할 때에는 보복관세의 부과도 가능하다.

▶1 긴급관세조치(법 제22조)

(1) 긴급관세 개요

관세법(제67조) 및 FTA관세특례법(협정)에서는 특정물품의 수입증가로 인하여 동종물품 또는 직접적인 경쟁관계에 있는 물품을 생산하는 국내산업의 피해를 구제할 목적으로 긴급관세조치를 규정하고 있다.

〈표 8-2〉 관세법과 FTA관세특례법의 긴급관세 조치 비교

항목	관세법	FTA관세특례법
조치대상	원산지와 관련없는 특정물품의 수입증가	체약상대국을 원산지로 하는 특정물품의 수입증가
발동요건	국내 산업이 심각한 피해를 받거나 받을 우려	국내 산업의 심각한 피해 또는 국내 시장의 교란이 발생하거나 발생할 우려
조치범위	심각한 피해 등을 방지, 치유하고 조정 촉진을 위한 필요범위	심각한 피해 등을 구제하기 위한 필요범위
조치방법	필요한 범위에서 관세추가 부과 (최혜국 세율 초과 가능)	협정관세 연차적 인하 중지 세율 인상(최혜국 세율까지)

<표 8-2>에서 보는 바와 같이 FTA관세특례법에서는 특정 체약국 물품의 수입증가에 한정하나, 그 범위는 국내산업의 피해 뿐 아니라 국내 시장 교란까지 확대하고 있다. 다만, 이에 따른 조치 범위는 관세법에서는 피해 구제 뿐 아니라 예방 및 조정까지 가능토록 넓게 규정하고 있으나 FTA관세특례법은 피해 구제를 위한 필요범위만 설정하고 있다. 또한 조치방법에서는 관세법 상 긴급관세의 부과는 최혜국세율인 WTO양허세율을 초과하여 부과할 수 있으나 FTA관세특례법에서는 최혜국 세율을 초과하여 부과할 수 없다는 차이점이 있다.

(2) 긴급관세조치 결정절차

　당해 국내산업에 이해관계가 있는 자 및 당해 국내산업을 관장하는 관계 중앙행정기관의 장, 당해 산업에서 차지하는 생산량 또는 업체수의 비중이 20% 이상인 생산자(또는 생산자집단) 다만, 농림수산업인 경우는 5인 이상의 생산자집단, 산업별 노동조합 또는 당해산업을 관장하는 중앙행정기관장이 설립허가한 당해물품의 국내생산자 단체(협회. 조합)는 무역위원회에 관세율의 조정조치 시행을 위한 조사를 신청함으로서 절차가 시작된다. 무역위원회는 조사를 시작하였거나 조사 시작을 하지 않기로 결정한 때에는 즉시 기획재정부장관에게 통보하여야 하며, 조사시작 사실은 체약상대국 정부에 통보하여야 한다.

　무역위원회가 조사한 결과 국내산업의 심각한 피해 또는 국내 시장의 교란이 발생하거나 발생할 우려가 있는 것으로 판정한 때에는 FTA관세특례법 시행령 제20조제3항 각 호의 사항이 기재된 서류를 첨부하여 기획재정부장관에게 긴급관세조치를 건의할 수 있다.

　기획재정부장관은 건의 받은 날부터 30일 이내에 해당 국내산업의 보호 필요성, 국제통상관계, 긴급관세 부과에 따른 보상 수준 및 국민경제 전반에 미치는 영향 등을 검토하여 조치 여부 및 내용을 결정하여야 하며, 필요하다고 인정하는 경우에는 20일의 범위 안에서 그 결정기간을 연장[202]할 수 있다. (체약상대국과 협의기간 불포함)

　정부는 긴급관세조치 여부 및 그 내용을 결정하기 전에 FTA에서 정하는 바에 따라 당해 수입 물품의 체약상대국 정부와 적절한 보상방법 등에 대해 사전협의[203]를 하여야 한다. 협정에서 다르게 규정하지 않는 한 협의를 요청한 날부터 30일 이내에 합의가 이루어지지 않으면 긴급관세조치를 할 수 있다.

---

[202] 관세법상 긴급관세는 연장규정이 없다.
[203] 긴급관세조치는 협정 상대국의 불공정 행위로 인해 취해지는 조치가 아니므로 상대국과 사전협의가 선행되어야 한다.

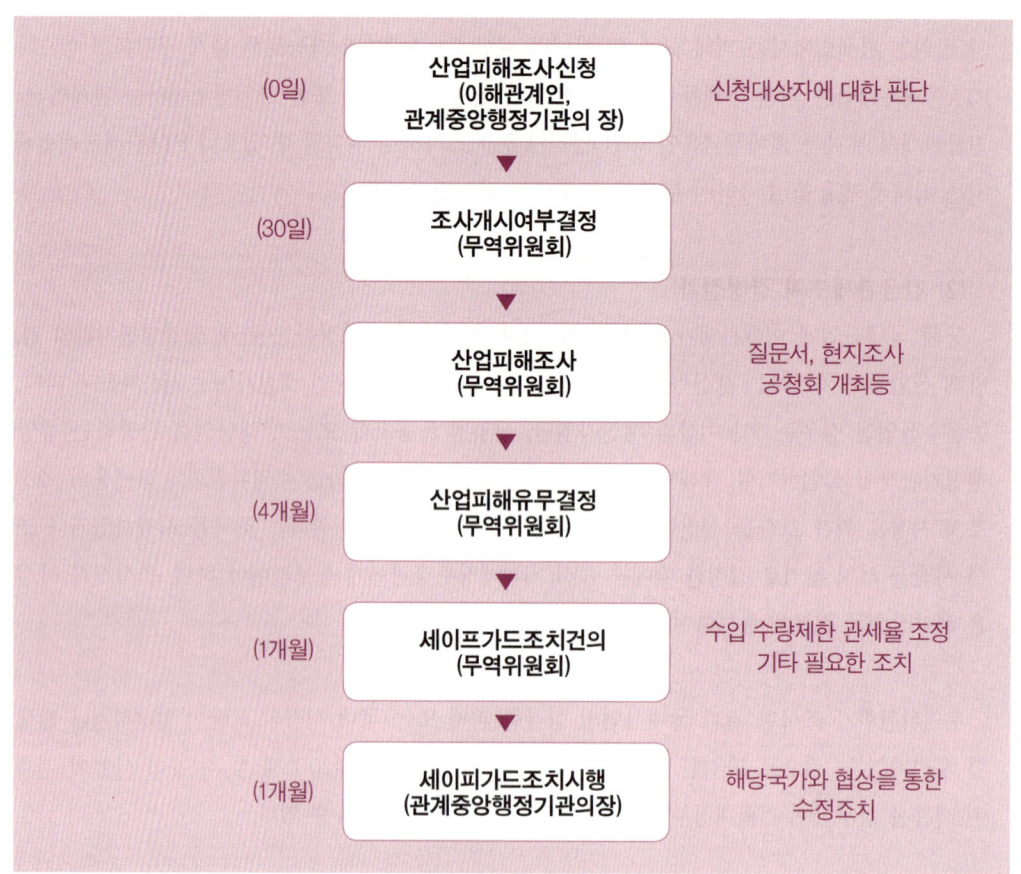

<그림 8-1> 긴급관세조치 결정 절차도

긴급관세 및 잠정긴급관세의 부과는 각각의 부과조치 결정 시행일 이후 수입되는 물품에 한정하여 적용한다. 기획재정부장관은 부과중인 긴급관세에 대하여 무역위원회가 그 내용의 완화·해제 또는 연장 등을 건의하는 때에는 그 건의가 접수된 날부터 1월 이내에 재심사하여 긴급관세부과의 완화·해제 또는 연장 등의 조치여부를 결정하여야 하며, 필요하다고 인정되면 20일의 범위에서 그 결정기간을 연장할 수 있다.

재심사시 검토하여야 하는 사항은 ①긴급관세조치 시행 이후 그 조치의 내용변경이 필요하다고 인정할 만한 상황이 발생하였거나 발생할 가능성이 있는지 여부 ②긴급관세조치의 종료로 인하여 국내산업이 피해를 입을 우려가 있는지 여부 ③그 밖에 품목분류의 변경 등 긴급관세조치의 적용대상 물품 또는 그 적용요건에 변동이 있는지 여부이다. 재심사로 변경된 내용은 최초의 조치내용보다 더 강화되어서는 아니 된다.

또한 긴급관세조치를 1년을 초과하여 적용하려는 경우에는 일정한 간격을 두고 점진적으로 완화하는 조치를 취하여야 한다. 이러한 조치는 체약상대국이 싱가포르, 페루, 미국(자동차 제외), 터키, 호주, 콜롬비아, 중국, 베트남, 뉴질랜드외의 국가인 경우에는 적용하지 아니할 수 있다.

(3) 협정별 긴급관세조치의 특례

각 협정에서는 공통적으로 긴급관세조치로 ①협정관세에 따른 세율의 연차적인 인하적용을 중지하고, 그 중지한 날에 적용되는 협정관세의 세율을 계속하여 적용하는 조치. 다만, 이 조치에 따른 세율이 최혜국세율보다 높은 경우에는 최혜국세율을 적용한다. ②긴급관세조치를 하는 날에 당해 물품에 적용되는 최혜국세율과 상대국과의 협정이 발효되기 전날에 당해 물품에 적용되는 최혜국세율 중에서 낮은 세율을 초과하지 아니하는 범위 안에서 세율을 인상하는 조치를 할 수 있다.

미국·호주·캐나다·뉴질랜드와의 협정에서는 계절관세 부과 물품에 대해 긴급관세조치를 하지 직전의 각 계절별 해당물품에 적용되는 최혜국세율과 상대국과 협정이 발효되기 직전의 각 계절별 해당 물품에 적용되는 최혜국세율 중에서 낮은 세율을 초과하지 아니하는 범위에서 세율을 인상하는 조치도 할 수 있다. 각 개별협정별 조치는 다음표와 같다.

<표 8-3> 협정별 긴급관세조치 특례 비교

협 정	내 용
싱가포르	- 긴급관세조치기간은 2년 초과 금지 (잠정긴급관세조치 기간을 포함하며, 잠정긴급관세조치 기간은 200일 초과금지) - 긴급관세조치기간 연장시에도 총 적용기간 4년초과 금지
EFTA	- 긴급관세조치기간은 1년 초과 금지 (잠정긴급관세조치 기간을 포함하며, 잠정긴급관세조치 기간은 200일 초과금지) - 긴급관세조치기간 연장시에도 총 적용기간 3년초과 금지 - 긴급관세조치 종료 후 3년내 동일물품 긴급관세조치 불가
아세안	- 과도기간(관세철폐 일 또는 마지막 단계의 세율인하 일 이후 7년) 내에서만 긴급관세조치 가능, 과도기간 경과시 종료 - 조치 대상 물량이 조사대상기간 동안 전체 각 아세안회원국으로부터 수입된 물량의 3/100를 초과하지 않으면 긴급관세조치 금지 - 긴급관세조치기간은 3년 초과 금지 (잠정긴급관세조치 기간을 포함하며, 잠정긴급관세조치 기간은 200일 초과금지) - 긴급관세조치기간 연장시에도 총 적용기간 4년초과 금지 - 관세법상 긴급관세조치와 동시 적용 불가
인도	- 과도기간(관세철폐 일 또는 마지막 단계의 세율인하 일 이후 10년) 내에서만 긴급관세조치 가능, 과도기간 경과시 종료 - 긴급관세조치기간은 2년 초과 금지 (잠정긴급관세조치 기간을 포함하며, 잠정긴급관세조치 기간은 200일 초과금지) - 긴급관세조치 종료 후 3년내 동일물품 긴급관세조치 불가 - 긴급관세조치기간 연장시에도 총 적용기간 4년초과 금지 - 관세법상 긴급관세조치와 동시 적용 불가
칠레	- 칠레산 특정농산물에 대한 잠정긴급관세조치 기간은 120일 초과 금지
EU	- 과도기간(관세철폐 일 또는 마지막 단계의 세율인하 일 이후 10년) 내에서만 긴급관세조치 가능 - 긴급관세조치기간은 2년 초과 금지 (잠정긴급관세조치 기간을 포함하며, 잠정긴급관세조치 기간은 200일 초과금지) - 긴급관세조치기간 연장시에도 총 적용기간 4년초과 금지 - 관세법상 긴급관세조치와 동시 적용 불가

페루	- 과도기간(협정발효일 다음날부터 10년. 관세철폐기간이 10년 이상인 경우 5년을 더함) 내에서만 긴급관세조치 가능 - 긴급관세조치기간은 2년 초과 금지 (잠정긴급관세조치 기간을 포함하며, 잠정긴급관세조치 기간은 180일 초과금지) - 긴급관세조치기간 연장시에도 총 적용기간 4년초과 금지 - 관세법상 긴급관세조치와 동시 적용 불가 - 긴급관세조치 연장시 페루에 즉시 통보 - 조치 종료물품은 종료 후 그 조치 기간에 해당하는 기간(1년미만은 1년)이 지나기 전까지 긴급관세조치 금지
미국 콜롬비아	- 과도기간(협정발효일부터 10년. 10년 초과의 경우 관세철폐가 이루어지는 날까지 기간) 내에서만 긴급관세조치 가능 - 긴급관세조치기간은 2년 초과 금지 (잠정긴급관세조치 기간을 포함하며, 잠정긴급관세조치 기간은 200일 초과금지) - 긴급관세조치기간 연장시에도 총 적용기간 3년초과 금지 - 관세법상 긴급관세조치와 동시 적용 불가
미국 (섬유)	- 긴급관세조치시 미국에 지체없이 통보, 미국 협의요청시 협의 - 과도기간(협정발효일부터 10년) 내에서만 긴급관세조치 가능 - 긴급관세조치기간은 2년 초과 금지 - 긴급관세조치기간 연장시에도 총 적용기간 4년초과 금지 - 긴급관세조치가 끝난 물품과 동일물품은 재조치 금지 - 관세법상 긴급관세조치와 동시 적용 불가
미국 (자동차)	- 과도기간(협정발효일부터 10년) 내에서만 긴급관세조치 가능 - 긴급관세조치기간은 2년 초과 금지 (잠정긴급관세조치 기간을 포함하며, 잠정긴급관세조치 기간은 200일 초과금지) - 긴급관세조치기간 연장시에도 총 적용기간 4년초과 금지 - 관세법상 긴급관세조치와 동시 적용 불가 - 긴급관세조치시 미국에 협의 기회제공
터키	- 과도기간(협정발효일부터 10년) 내에서만 긴급관세조치 가능 - 긴급관세조치가 끝난 물품과 동일물품은 재조치 금지 - 긴급관세조치기간은 2년 초과 금지 (잠정긴급관세조치 기간을 포함하며, 잠정긴급관세조치 기간은 200일 초과금지) - 긴급관세조치기간 연장시에도 총 적용기간 3년초과 금지 - 관세법상 긴급관세조치와 동시 적용 불가

호주	- 조사 개시 사실을 호주에 서면통보 후 호주와 협의 - 과도기간(관세철폐 일 또는 마지막 단계의 세율인하 일 이후 5년) 내에서만 긴급관세조치 가능 - 긴급관세조치기간은 2년 초과 금지 (잠정긴급관세조치 기간을 포함하며, 잠정긴급관세조치 기간은 200일 초과금지) - 긴급관세조치기간 연장시에도 총 적용기간 3년초과 금지 - 긴급관세조치가 끝난 물품과 동일물품은 재조치 금지 - 관세법상 긴급관세조치와 동시 적용 불가
캐나다	- 조사 개시 사실을 캐나다에 서면통보 후 캐나다와 협의 - 과도기간(협정발효일 10년간 또는 15년간 중 먼저 도달한 기간) 내에서만 긴급관세조치 가능 - 긴급관세조치기간은 2년 초과 금지 (잠정긴급관세조치 기간을 포함하며, 잠정긴급관세조치 기간은 200일 초과금지) - 긴급관세조치기간 연장시에도 총 적용기간 4년초과 금지 - 관세법상 긴급관세조치와 동시 적용 불가
중국	- 조사 개시 사실을 서면통보 후 협의 - 과도기간(협정발효일부터 10년. 10년 초과의 경우 관세철폐가 이루어지는 날까지 기간) 내에서만 긴급관세조치 가능 - 긴급관세조치기간은 2년 초과 금지 (잠정긴급관세조치 기간을 포함하며, 잠정긴급관세조치 기간은 200일 초과금지) - 긴급관세조치기간 연장시에도 총 적용기간 4년초과 금지 - 관세법상 긴급관세조치와 동시 적용 불가
뉴질랜드	- 조사 개시 사실을 서면통보 후 협의 - 과도기간(관세철폐 일 또는 마지막 단계의 세율인하 일 이후 5년) 내에서만 긴급관세조치 가능 - 긴급관세조치기간은 2년 초과 금지 (잠정긴급관세조치 기간을 포함하며, 잠정긴급관세조치 기간은 200일 초과금지) - 긴급관세조치기간 연장시에도 총 적용기간 3년초과 금지 - 긴급관세조치가 끝난 물품과 동일물품은 재조치 금지 - 관세법상 긴급관세조치와 동시 적용 불가
베트남	- 조사 개시 사실을 서면통보 후 협의 - 과도기간(협정발효 후 10년, 10년 초과의 경우 관세철폐 기간) 내에서만 긴급관세조치 가능 - 긴급관세조치기간은 2년 초과 금지 (잠정긴급관세조치 기간을 포함하며, 잠정긴급관세조치 기간은 200일 초과금지) - 긴급관세조치기간 연장시에도 총 적용기간 3년초과 금지 - 긴급관세조치가 끝난 물품과 동일물품은 재조치 금지 - 관세법상 긴급관세조치와 동시 적용 불가

중미	- 조사 개시 사실을 서면통보 후 협의 - 심각한 피해의 방지·구제 및 구조조정의 촉진을 위해 필요한 한도 내 적용, 조사개시 후 1년 내에 종결 - 과도기간(협정발효 후 10년, 10년 초과의 경우 관세철폐 기간에 3년을 더한 기간) 내에서만 긴급관세조치 가능 - 긴급관세조치기간은 2년으로서 2년 연장 가능 - 기 조치 상품에 대해서는 이전 조치 기간 동안 재적용 금지(최소 2년) - 예상 조치 기간이 1년을 넘는 경우 점진적 자유화 실시 - 관세법상 긴급관세조치와 동시 적용 불가

(4) 잠정긴급관세조치(법 제23조)

기획재정부장관은 긴급관세조치를 위한 조사가 시작된 물품에 대하여 그 조사기간에 발생하는 심각한 피해 등을 방지하지 아니한 경우 회복하기 어려운 피해가 발생하거나 발생할 우려가 있다고 판단하면 조사가 끝나기 전에 심각한 피해 등을 구제하거나 방지하기 위하여 잠정적으로 긴급관세조치를 할 수 있다.

무역위원회가 잠정긴급관세조치가 필요하다고 인정하여 건의하는 경우 기획재정부장관은 그 조치여부 및 내용을 건의가 접수된 날부터 30일 이내에 결정하여야 하며, 조치를 시행하기 전에 동 사실을 체약상대국 정부에 통보하여야 한다. 당해 조치를 시행한 후에 즉시 체약상대국정부와 협의를 시작하여야 한다.

기획재정부장관이 긴급관세조치를 결정한 때에는 잠정긴급관세조치를 중단하여야 하며, 잠정긴급관세가 적용중인 물품에 대하여 긴급관세조치를 결정한 경우로서 긴급관세조치에 따른 관세액이 잠정긴급관세조치에 따른 관세액을 초과하는 경우에는 그 차액을 징수하지 아니하고, 긴급관세조치에 따른 관세액이 잠정긴급관세조치에 따른 관세액보다 적거나, 무역위원회가 국내산업에 피해가 없다고 판정·통보한 경우에는 그 차액에 상당하는 관세 혹은 납부된 관세를 환급하여야 한다.

협정에 따른 잠정긴급관세조치의 특례로는 미국, 캐나다, 콜롬비아, 베트남을 원산지로 하는 수입물품(미국의 경우 자동차 제외)에 대해서는 긴급관세조치를 위한 조사 시작일부터 45일이 지나기 전까지는 잠정긴급관세조치를 할 수 없다. 이 경우 무역위원회가 조사 예비판정을 하기 전에 해당

긴급관세조치를 요청하는 신청서 공개본의 취득방법을 관보에 게재하고, 관보 게재한 날의 다음 날부터 20일 이상의 기간 동안 잠정긴급관세조치에 대한 자료 및 의견을 제출할 수 있는 기회를 제공하여야 한다.

(5) 특정 농림축산물에 대한 특별긴급관세조치(법 제24조)
가. 특별긴급관세조치 개요

FTA관세특례법과 협정에서는 체약상대국과 협정에 따라 양허한 특정 농림축산물의 수입물량이 일정한 물량(기준발동물량)을 초과하면 그 농림축산물에 대해 양허한 세율을 초과하여 관세를 부과하는 조치[204]를 할 수 있도록 규정하고 있다.

관세법(제68조)에서도 우루과이라운드(UR) 농업협정에 기반한 농림축산물에 대한 특별긴급관세를 규정하고 있으며, FTA와 달리 물량기준[205] 외에도 가격기준에 따라서도 발동할 수 있다.

나. 특별긴급관세조치 절차

특별긴급관세조치 대상물품·기준발동물량·세율·적용기간 및 적용방법 등은 협정에서 미리 정하고 있으며, 이를 그대로 FTA특례법시행령에 규정하고 있다. 시행령 별표 18~별표 24에서 정한 세율이 특별긴급관세조치를 적용하는 날에 해당하는 물품에 적용되는 최혜국세율과 협정당사자와 협정이 발효되기 전날에 해당물품에 적용되는 최혜국세율 중 낮은 세율을 초과하는 경우에는 그 낮은 세율을 적용한다.

특별긴급관세조치를 하는 경우 FTA관세특례법(제22조) 및 관세법 상 긴급관세조치(제65조)와 관세법상 특별긴급관세 부과 조치(제65조)를 동시에 할 수 없다. 관세청장은 기준발동물량이 초과되는 경우 즉시 그 내용을 기획재정부장관에게 통보하고 관세청장이 지정하는 정보통신망에 게재하여야 하며, 특별기급관세조치에 따라 관세가 부과된 내용을 기획재정부장관에게 지체 없이 보고하여야 한다.

기획재정부장관은 특별긴급관세조치를 한 날부터 60일 이내에 해당 사실 및 관련 자료를 당사국에 서면으로 통보하여야 하며, 상대국이 서면으로 협의를 요청하는 경우에는 협의하여야 한다.

---

204) 한-EU, 한-페루, 한-미, 한-호주, 한-캐나다, 한-콜롬비아, 한-뉴질랜드 FTA에서 규정
205) 양허세율의 1/3까지 추가한 세율 적용가능, 해당 연도 말까지 수입되는 분에 한하여 적용

한-EU 및 한-뉴질랜드 FTA에서는 특별긴급관세조치를 하기 전에 계약이 체결되어 운송 중인 물품은 특별긴급관세조치 적용 대상에서 제외토록 규정[206]하고 있으며, 한-EU FTA의 경우 한도수량내 협정정관세율(TRQ)을 적용 받는 물량에 대해서도 특별긴급관세조치 적용을 배제한다.

한-호주 FTA 제6.7조(농업 긴급수입제한조치) 제7항 해석

농업 긴급수입제한조치가 적용되기 이전에 체결된 계약에 근거하여 운송중인 상품은 긴급수입제한조치의 적용으로부터 면제된다. 다만 이 물량은 차기연도에서의 제1항 규정의 발동 목적상 차기 연도 동안 해당 상품의 수입물량으로 계산될 수 있다.

- ▶ 기준발동물량을 초과한 날에 특별긴급관세가 조치되므로, 특별긴급관세 조치 전에 계약이 체결되어 운송 중인 물품에 대해서만 적용 면제. 따라서 기준발동물량 초과일(특별긴급관세조치일)에 선적된 물량은 특별긴급관세 부과대상에 해당
- ▶ "운송중인 상품"이란 운송서류 상에 선적일(B/L on board date)을 기준으로 판단
- ▶ 기준발동물량 소진일 이전에 계약이 체결된 계약에 근거하여 보세구역에 반입된 물품은 특별긴급관세가 면제됨

---

(6) 관세법 제65조 긴급관세 부과특례(법 제25조)

인도, 페루, 미국, 호주, 캐나다, 콜롬비아, 뉴질랜드 및 베트남을 원산지로 하는 물품의 수입증가가 같은 종류의 물품이나 직접적인 경쟁관계에 있는 물품을 생산하는 국내산업이 받는 심각한 피해 또는 심각한 피해를 받을 우려의 실질적인 원인이 아닌 것으로 조사를 통해 확인되면 그 물품은 관세법에 따른 긴급관세 부과대상물품에서 제외할 수 있다.

기획재정부장관은 관세법 제68조에도 불구하고 미국 및 중국을 원산지로 하는 농림축산물에 대해서는 협정에서 정하는 범위에서 관세법 제68조에 따른 농림축산물에 대한 특별긴급관세(SSG) 부과대상에서 제외할 수 있다. 중국을 원산지로 하는 농림축산물 중 관세법 제68조의 농림축산물에 대한 특별긴급관세 부과대상에서 제외하는 물품은 FTA관세특례법 시행령 별표 22와 같다. 다만, 별표 22에 규정한 물품 중 중국과의 협정에 따른 양허유형이 "15"또는 "20"인 물품은

---

[206] 적용 대상에서 제외한 해당 물량의 수입량은 차년도 기준발동물량 계산시 포함

관세철폐가 이루어지는 날부터 부과대상에서 제외된다. 특별긴급관세 조치를 하지 않기로 한 품목은 우리가 관세를 철폐하기로 한 44개 농산물(농업용 기초원자재, 사료용 원료 등)이며, 동 품목도 관세철폐이행기간(최장 20년)에는 SSG 조치가 가능하다. 과거 SSG 발동 실적이 있는 품목(고구마 전분, 녹두, 대두, 땅콩, 인삼류, 율무, 팥, 홍삼류 등)을 포함하여 118개 주요 농산물에 대한 SSG 발동 권리는 기존과 동일하게 유지된다.

(7) 협정상대국의 긴급관세 조치 등에 따른 대항조치(법 제26조)

정부는 우리나라를 원산지로 하는 특정물품에 대하여 체약상대국 정부가 ①협정에 따라 긴급관세조치 또는 잠정긴급관세에 해당하는 조치를 하는 경우 ②협정에 따른 관세철폐 또는 관세인하 등 관세 양허 의무를 이행하지 아니하거나 지연하는 경우에는 체약상대국 정부와 해당조치에 대한 체약상대국의 적절한 보상방법 등에 관하여 협의[207]할 수 있다. 상대국과 협의가 이루어지지 않거나 협의 개시일부터 30일 이내에 합의가 이루어지지 않으면 협정에 따라 체약상대국의 조치에 상응하는 수준의 대항조치를 할 수 있다. 다만, 일부협정[208]에서는 상대국의 긴급관세조치가 협정에 부합하는 경우에는 긴급관세 부과 2년 이내에는 대항조치를 할 수 없도록 규정하고 있다.

---

207) 긴급관세의 부과는 수출국의 잘못이 없는 공정한 무역하에서 이루어 지는 것으로 상대국과 적절한 협의가 이루어지지 않으면 실질적으로 동등한 양허 또는 그 밖의 의무 적용을 정지할 수 있다.(GATT 제19조 제3항)
208) 한-인도, 한-EU, 한-미, 한-터키, 한-캐나다, 한-베트남, 한-중

2 덤핑방지관세·상계관세 협의 등(법 제27조, 제28조)

정부가 체약상대국 수입물품에 대해 관세법 제51조에 의한 덤핑방지과세 및 관세법 제57조에 의한 상계관세의 부과 요청을 받으면 국내 산업의 피해를 조사하기 전에 체약상대국 정부에 그 사실을 통보하고 협의할 수 있도록 규정하고 있다. 이는 체약상대국의 수입물품에 대해 반덤핑 또는 상계관세의 부과 요청이 있는 경우 무역위원회가 국내산업의 피해 조사를 하기 전에 상대국과 협의를 통해 상대국의 적극적인 소명을 유도하여 반덤핑 제소 등을 사전에 예방하기 위한 제도적 장치라 할 수 있다.

인도·EU·페루·미국·터키·호주·캐나다·콜롬비아·중국·베트남·뉴질랜드·중미와 FTA에서 이러한 협의제도를 규정하고 있으며, 대부분의 협정에서 무역위원회에 이들 국가에서 수입된 물품에 대한 덤핑방지관세 또는 상계관세 부과에 필요한 조사신청이 접수되면 당사국에 서면으로 통보토록 규정하고 있다. 또한 덤핑방지관세 부과에 대한 재심사 결과에 따라 덤핑방지관세의 부과가 끝난 경우에는 끝난 날부터 일정기간 이내에는 조사를 시작할 수 없도록 하고 있다.

FTA관세특례법에 따른 덤핑방지관세·상계관세 협의 대상은 협정적용대상이 되는 상대국 원산지상품에만 한정하지 않고 당사국에서 수입된 모든 상품에 적용될 수 있음을 유의하기 바란다. 법에서 "체약상대국으로부터 수입된 물품"이라고 규정하고 있기 때문이다. 따라서 상대국에서 수입된 물품(선적국이 체약상대국)이면 모두 협정의 원산지규정 적용과 관계없이 덤핑방지관세 및 상계관세의 특례규정이 적용된다 하겠다.

〈한-중 FTA 제7.8조 통보 및 협의〉

1. 한쪽 당사국의 권한 있는 당국이 다른 쪽 당사국으로부터의 수입에 대하여 적절하게 서류를 갖춘 반덤핑 신청을 접수한 후, 그리고 조사를 개시하기 전 7일 내에, 그 당사국은 자국의 법과 합치되게, 신청의 접수에 관하여 다른 쪽 당사국에 서면 통보를 제공하고, 신청에 관하여 회의 또는 그 밖의 이와 유사한 기회를 다른 쪽 당사국에 부여할 수 있다.

2. 한쪽 당사국의 권한 있는 당국이 다른 쪽 당사국으로부터의 수입에 대하여 적절하게 서류를 갖춘 상계관세 신청을 접수한 후, 그리고 조사를 개시하기 전에, 그 당사국은 신청의 접수에 관하여 다른 쪽 당사국에 가능한 한 조속히 서면통보를 제공하고, 조사 개시 전 양 당사국은 상호 수용 가능한 해결책을 찾기 위하여 협의한다.

FTA 관련 자격시험

예 상 문 제

55

다음 중 FTA관세특례법 및 관세법 등에 규정된 무역피해 구제 조치에 대한 설명으로 잘못된 것은?

① FTA 체결국에서 수입되는 물품으로 인해 국내산업이 심각한 피해가 있는 경우 해당물품에 대해 긴급관세를 부과할 수 있다.
② FTA 협정상대국의 불공정한 무역행위로 인해 실질적 피해가 있는 경우에는 덤핑방지관세나 상계관세도 부과할 수 있다.
③ FTA관세특례법상 긴급관세도 최혜국세율을 초과하여 부과할 수 있다.
④ 우리 정부는 긴급관세조치 여부 및 그 내용을 결정하기 전에 당해 수입물품의 체약상대국 정부와 적절한 보상방법 등에 대해 사전협의를 하여야 한다.
⑤ 우리 정부는 우리나라를 원산지로 하는 특정물품에 대해 상대국이 협정에 따라 긴급관세조치를 하는 경우에는 대항조치를 할 수 있다.

해설 관세법상 긴급관세 부과는 최혜국세율을 초과하여 부과할 수 있으나, FTA 관세특례법상 긴급관세 부과는 최혜국세율을 초과할 수 없다.

정답 ③

56
다음 중 FTA관세특례 법령에 규정된 무역피해 구제제도에 대한 설명으로 잘못된 것은?

① 긴급관세 조치는 특정 체약국 물품의 수입증가에 한정하나 그 범위는 국내산업의 피해 뿐 아니라 국내시장 교란까지 확대하고 있다.
② 긴급관세조치의 조사는 무역위원회에서 수행한다.
③ 긴급관세조치를 1년을 초과하여 적용하려는 경우에는 일정한 간격을 두고 점진적으로 완화하는 조치를 취하여야 한다(일부 협정 예외).
④ 잠정긴급관세가 적용중인 물품에 대하여 긴급관세조치를 결정한 경우, 긴급관세조치에 따른 관세액이 잠정긴급관세조치에 따른 관세액을 초과하는 경우에는 그 차액을 징수하지 아니한다.
⑤ 관세법에 따른 덤핑방지관세 또는 상계관세 부과 요청시 국내 산업 피해 조사 전에 체약상대국에 동 사실을 통보하고 협의하여야 하는데, 여기서 협의대상 물품은 협정상대국의 원산지상품에만 한정된다.

해설 FTA 관세특례법 상 덤핑방지관세 상계관세 협의 대상물품은 체약상대국 원산지물품 뿐 만 아니라 모든 수입물품이다.

정답 ⑤

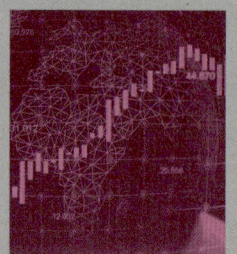

CHAPTER 09

통관특례와 관세 상호협력

- **제1절**   통관특례
- **제2절**   일시수입물품 등의 관세면제
- **제3절**   원산지 등에 대한 사전심사
- **제4절**   사전심사 내용의 변경
- **제5절**   상호협력제도

통관특례 (법 제29조)

관세청장은 협정에서 정하는 범위에서 체약상대국으로부터 수입되는 물품에 관하여 신속하고 간이한 통관절차를 적용할 수 있다.

인도·페루·미국·콜롬비아·중국·뉴질랜드·베트남·중미와의 협정에서는 특송화물에 대한 신속한 통관을 규정하고 있다. 특히, 미국·콜롬비아·뉴질랜드·중미와의 FTA에서는 미국으로부터 수입되는 미화 200달러, 중미로부터 수입되는 미화 150달러, 콜롬비아 및 뉴질랜드로부터 수입되는 미화 100달러 이하 특송물품은 관세 또는 세금이 부과되지 아니하고 공식적인 반입서류로 요구하지 않도록 규정하고 있다.

한-미 FTA 제7.7조 특송화물

각 당사국은 적절한 통관 통제 및 선별을 유지하면서 특송화물을 위한 신속한 통관절차를 채택하거나 유지한다. 이러한 절차는
- 가. 특송화물을 위하여 별도의 신속한 통관절차를 규정한다.
- 나. 특송화물이 도착하기 전에 그 화물의 반출에 필요한 정보가 전자적으로 제출되고 처리되도록 규정한다.
- 다. 가능하다면 전자적 수단을 통하여, 특송화물에 포함된 모든 상품을 적용대상으로 하는 단일 적하목록의 제출을 허용한다.
- 라. 가능한 한도에서, 특정 상품이 최소한의 서류로 통관되도록 규정한다.
- 마. 통상적인 상황 하에서, 화물이 도착한 경우, 필요한 통관서류가 제출된 후 4시간 이내에 특송화물이 통관되도록 규정한다.
- 바. 특송화물의 중량 또는 관세가격에 관계없이 적용된다. 그리고
- 사. 통상적인 상황 하에서, 미화 200달러 이하 특송화물의 경우 관세 또는 세금이 부과되지 아니하고 공식적인 반입서류도 요구되지 아니하도록 규정한다.[209]

---

209) 사호에도 불구하고 당사국은 특송화물이 항공 화물운송장이나 그 밖의 선하증권을 수반하도록 요구할 수 있다. 보다 명확히 하기 위하여 당사국은 수입제한 상품에 대하여 관세 또는 세금을 부과할 수 있고 공식적인 반입서류를 요구할 수 있다.

이러한 규정에 따라 관세청에서는 특송화물에 대해 수입신고를 생략하는 등 간이한 통관절차를 적용하고 있다.

 특송물품에 대한 통관절차 (특송물품 고시)

1. 국내거주자가 수취하는 자가사용물품 또는 면세되는 상용견품 중 물품가격이 미화 100달러(미합중국과의 협정에 따른 특송물품 통관의 특례에 해당하는 물품은 미화 200달러) 이하에 해당하는 물품(이하 "목록통관특송물품"이라 한다)은 특송업체가 통관목록을 세관장에게 제출함으로써 법 제241조제1항의 수입신고를 생략할 수 있다.
2. 물품가격이 미화 100달러(미합중국과의 협정에 따른 특송물품 통관의 특례에 해당하는 물품은 미화 200달러)를 초과하고 2,000달러 이하인 물품(이하 "간이신고특송물품"이라 한다)은 간이한 방법으로 신고할 수 있다.
3. 물품가격이 미화 2,000달러를 초과하는 물품(이하 "일반수입신고특송물품"이라 한다)은 법 제241조제1항에 따른 수입신고를 하여야 한다.

일시수입물품 등의 관세면제
(법 제30조)

▶1 관세면제 대상

체약상대국에서 수입되는 것으로 다음 어느 하나에 해당하는 물품은 협정에서 정하는 범위에서 그 원산지에 관계없이 관세를 면제할 수 있다. 여기에 해당하는 물품은 일시적으로 수입 또는 수출하여 재수출 또는 재수입한 물품으로 관세법 제97조 재수출면세과 제101조제1항제2호 해외임가공 물품 등의 감세와 유사하다. 이러한 조항을 두는 이유는 FTA 체결국 간 일시반출입 물품에 대한 통관절차를 간소화하고 역내간 교역활동을 지원하기 위함이다.

(1) 체약상대국의 일시수입물품

가. 대상협정 및 물품

수입신고의 수리일부터 1년의 범위 안에서 세관장이 일시수입거래계약서 등 관련서류, 수입사유, 당해물품의 상태·내용연수 및 용도 등을 고려하여 인정하는 기간 이내에 다시 수출하기 위하여 일시적으로 칠레·페루·미국·캐나다·콜롬비아·뉴질랜드·베트남 및 중미에서 수입하는 아래의 물품(호주는 ⑥, 중국은①~④에 한정). 부득이한 사유가 있다고 인정될 때 1년의 범위에서 기간 연장이 가능하다.

① 언론장비, 텔레비전 방송용 장비, 소프트웨어, 방송·영화 촬영 장비 등 일시 입국하는 사람의 영업활동, 거래 또는 직업 수행에 필요한 전문장비

② 전시 또는 시연을 위한 물품(구성부품, 보조기구와 부속품 포함)

③ 운동경기용 물품(시범용 및 훈련용 물품 포함)

④ 상용 견품

⑤ 광고용 필름 및 기록물(물품 또는 용역을 판매하거나 임대하기 위하여 그 성질·작동 등을 보여주는 시연용 영상 또는 음향 기록매체로서 일반대중을 위한 방송용은 제외)

> **용어정의**
>
> **광고용 필름 및 기록물**이라 함은 기록된 시각매체 또는 음향자료로서, 본질적으로 영상 그리고/또는 음향으로 구성되며, 당사국의 영역에 설립되거나 거주하는 인에 의한 판매 또는 대여를 위하여 제공되는 상품 또는 서비스의 성질이나 작동을 보여주는 것을 말한다. 다만, 그러한 자료는 장래의 고객을 대상으로 하는 시연용으로는 적합하나 일반대중에 대한 방송용으로는 적합하지 아니한 종류의 것이어야 한다.
>
> 【한-미 FTA 제2.15조】

⑥ 수리 또는 개조를 위한 물품

나. 관세면제 요건

상기 물품(⑥의 물품은 제외)이 관세면제를 받기 위해선 다음의 요건을 충족하여야 한다.

ⓐ 체약상대국의 국민 또는 체약상대국에 거주하는 자(칠레·캐나다로부터 수입되는 물품은 칠레·캐나다의 국민 또는 칠레·캐나다에 거주하는 자가 해당 물품을 반입하는 자여야 한다)의 영업활동, 거래 또는 직업 수행에 필요한 범위에서 사용되거나 직접적인 감독하에서 사용될 것

ⓑ 우리나라에서 판매 또는 임대되지 아니할 것

ⓒ 재수출될 때까지 다른 물품과의 식별이 가능할 것

ⓓ 사용 목적을 고려하여 세관장이 타당하다고 인정하는 합리적인 수량 이내일 것

세관장은 다음의 어느 하나에 해당하는 물품에 대하여 면제되는 세액(관세법 제4조에 따른 내국세 등 포함)의 100분의 110(ⓒ~ⓔ의 경우 100분의 100)을 초과하지 아니하는 범위에서 담보를 제공하게 할 수 있다. 이 경우 「관세법」 제24조, 제25조 및 제108조를 준용한다.

ⓐ 페루 및 미국과의 협정에 따라 관세를 면제받고자 하는 ①~⑤까지에 해당하는 물품

ⓑ 칠레와의 협정에 따라 관세를 면제받고자 하는 ①~③까지에 해당하는 물품(칠레가 원산지인 물품은 제외)

ⓒ 캐나다와의 협정에 따라 관세를 면제받으려는 ①~③까지에 해당하는 물품(캐나다가 원산지인 물품은 제외)

ⓓ 콜롬비아·뉴질랜드·베트남과의 협정에 따라 관세를 면제받고자 하는 ①~⑤까지에 해당하는 물품

ⓔ 중국과의 협정에 따라 관세를 면제받으려는 ①~④까지에 해당하는 물품

①의 물품에 대해선 관세법 제97조(재수출면세)를 준용하여, 재수출 이행 기간 내에 정한 용도 외의 다른 용도로 사용 및 양도가 금지(세관장 승인시 예외)되며, 기간 내 재수출 불이행 혹은 용도 외 사용 시 면제된 관세를 즉시 징수한다. 또한, 재수출 불이행시 500만원을 초과하지 않는 범위에서 부과될 관세의 20/100에 해당하는 금액을 가산세로 징수한다.

(2) 체약상대국에서 수리 또는 개조 후 재수입 물품

수리 또는 개조[210] 등을 할 목적으로 체약상대국(칠레·페루·미국·캐나다·호주·콜롬비아·베트남·뉴질랜드·중미)에 수출하였다가 다시 수입하는 물품. 다만, 아래 어느 하나에 해당하는 경우는 관세면제 대상에서 제외한다.

① 「관세법」 또는 「수출용원재료에 대한 관세 등 환급에 관한 특례법」에 따른 환급을 받은 경우
② 보세가공물품 또는 장치기간(藏置期間) 경과물품을 재수출 조건으로 매각함에 따라 관세가 부과되지 아니한 경우

한-미 FTA 제2.6조 수리 또는 개조 후 재반입되는 상품

1. 어떠한 당사국도, 다음의 경우에 관계없이, 수리 또는 개조를 위하여 자국영역에서 다른 쪽 당사국의 영역으로 일시적으로 수출된 후 자국 영역으로 재반입되는 상품에 대하여 그 상품의 원산지와 관계없이 관세를 적용할 수 없다.
   가. 수리 또는 개조를 위하여 그 상품을 수출한 당사국의 영역에서 수리 또는 개조가 이루어질 수 있는지 여부, 또는
   나. 수리 또는 개조가 그 상품의 가치를 증가시켰는지 여부
2. 어떠한 당사국도 수리 또는 개조를 위하여 다른 쪽 당사국의 영역으로부터 일시적으로 반입된 상품에 대하여 그 상품의 원산지와 관계없이 관세를 적용할 수 없다.

해설

관세법 제101조제1항제2호 해외임가공물품 등의 감세는 수리 물품의 수출신고가격에 해당하는 부분에 대해 관세를 경감하고 왕복운임과 수리비에 대해선 과세하고 있으나, 한-미 FTA의 경우 "수리 또는 개조가 그 상품의 가치를 증가시켰는지 여부"와 관계없이 관세가 면제되므로 수출신고가격과 왕복운임 및 수리비 모두에 대해 관세가 면제되고, 다음의 기준에 따라 부가가치세도 면제된다.

---

[210] 수리 또는 개조의 범위에는 "물품의 본질적인 특성을 파괴하거나 새로운 물품 또는 상업적으로 다른 물품을 생산하는 작업이나 과정" 또는 "미완성 상태의 물품을 완성품으로 생산 또는 조립하는 작업이나 과정"의 경우는 제외한다.(한-미 FTA 등)

[집행기준]
한-미 FTA에 따라 우리나라에서 미합중국으로 수리 또는 가공하기 위하여 일시적으로 수출되었다가 다시 수입되는 물품의 경우 「부가가치세법」 제12조제2항제12호와 같은 법 시행령 제44조, 「부가가치세법」 제12조제2항제15호와 같은 법 시행령 제465조제15조 모두를 적용하여 부가가치세를 면제 받을 수 있다.

【국세청유권해석, 2012.5.18】

관련판례

CHAPTER 9-2

관세법 제101조제1항 "제조, 가공·수리"의 의미

「관세법」에는 가공·수리와 제조라는 개념에 대하여 명확한 규정이 따로 없으므로, 일반적으로 제조는 원재료에 노력을 가하여 원재료와 전연 동일성을 인식할 수 없을 정도로 변경된 새로운 물건을 만들어 내는 것이다.
이에 대하여 가공은 원재료에 노력을 가하여 원재료와 동일성을 유지할 수 있을 정도의 변경을 가하는 것이다. 수리는 물건 용도에 따른 기능이 불완전하여 그 기능을 회복시켜 주는 것을 의미한다. 모양·규격·형식·수량·용도가 동일하면 수리로 본다.

【대법원 86누27, 1986.12.23】

(3) 체약상대국에서 수입되는 상용견품·광고용품

칠레·페루·미국·캐나다·호주·콜롬비아·중국·베트남·뉴질랜드·중미에서 수입되는 아래의 상용견품·광고용품 등 이다. 다만, 뉴질랜드와의 협정에 한하여 담배는 제외하며, ③의 물품은 미국, 콜롬비아, 뉴질랜드 및 베트남으로부터 수입되는 물품에 한정한다.

① 상용견품(견품 이외의 용도로 판매되거나 사용되기에 부적합하도록 천공, 절단 등 견품화 처리가 된 물품 또는 과세가격 미화 250달러 이하 물품으로 견품으로 사용될 것으로 인정되는 물품에 한정)
② 인쇄광고물(소책자, 전단지, 상품목록 및 단체 발간 연감 등 품목번호 제49류에 분류되는 것으로서 물품 또는 용역의 판매를 촉진하거나 광고하기 위하여 무료로 제공되는 물품에 한정)
③ 영 제25조에 따라 수입신고가 생략되는 물품[211]

---

211) 미국은 미화 200달러, 콜롬비아 및 뉴질랜드는 미화 100달러 이하 특송화물

2 관세면제 절차

일시수입물품 등에 대한 관세면제 절차는 「관세법 시행령」제112조, 제114조, 제115조제1항 및 제116조를 준용하는데, 주요 내용은 다음과 같다. 일시수입물품 등에 대한 관세를 면제받으려는 자는 해당 물품의 수입신고 수리 전에 관세감면 신청서를 세관장에게 제출하여야 한다. 다만, 관세청장이 정하는 경우에는 감면신청을 간이한 방법으로 하게 할 수 있다. 그러나 ① 관세법 제39조(부과고지)제2항에 따라 관세를 추징하는 경우 해당 납부고지를 받은 날부터 5일 이내 ②그 밖에 수입신고수리전까지 감면신청서를 제출하지 못한 경우 해당 수입신고수리일부터 15일 이내(해당 물품이 보세구역에서 반출되지 아니한 경우로 한정)에 감면신청서를 제출할 수 있다.

일시수입물품의 재수출기간은 1년으로 범위 내에서 세관장이 정하는 기간이나, 부득이한 사유가 있다고 인정될 때에는 1년의 범위에서 연장할 수 있는데, 이 경우 연장기간과 연장사유를 기재한 신청서를 당해 물품의 수입지세관장에게 제출하여야 한다. 다만, 관세청장이 정한 물품에 대해서는 수입세관외의 세관에서도 재수출기간의 연장승인을 할 수 있다.

세관장은 일시 입국하는 자가 본인이 사용하고 재수출할 목적으로 직접 휴대하여 수입하거나 별도로 수입하는 신변용품·취재용품 및 이와 유사한 물품의 경우에는 입국후 처음 출국하는 날까지의 기간을 재수출기간으로 정한다. 이 경우 재수출면세물품이 행정당국에 의하여 압류된 경우에는 당해 압류기간은 재수출면세 기간에 산입하지 아니한다.

관세면제를 받은 일시수입물품 등을 재수출하고자 하는 자는 수출신고시에 당해 물품의 수입신고필증 또는 이에 대신할 세관의 증명서와 기타 참고서류를 제출하여야 하며, 세관장은 제출한 수입신고필증 또는 이에 대신할 세관의 증명서에 수출된 사실을 기재하여 수출신고인에게 교부하여야 한다.

PLUS TIP 9-2 FTA 협정세율 적용물품도 관세감면 신청이 가능하다.

FTA 협정세율 적용과 관세감면은 별개 독립적인 사안으로 FTA 협정세율을 적용 받았다고 관세감면 신청을 제한 받거나, 관세감면을 신청하였다고 FTA 협정세율을 적용할 수 없는 것은 아니다. 수입물품에 대한 세율적용과 관세감면은 다른 사안이다.

예를들어, 수입신고서 란을 구분하여 (1)란은 관세법 101조에 따른 해외임가공물품 감면신청을 하고 (2)란은 수리비와 왕복운임 등을 FTA 관세법 제30조 및 동법 시행규칙 제30조 제4항에 의거 관세의 감면 신청 가능

<표 9-1> FTA 일시 재수출면세물품 처리(법§30, 령§36, 규칙§30)

구분	조문	내용		
재수출면세	법§30①	2년 범위 내에 다시 수출하기 위하여 일시 수입물품으로 협정에서 정하는 바에 따라 기재부령으로 정하는 물품		
면제절차	영§36① 영§36③	수입신고수리일로부터 1년 범위 내(1년벙위내 연장 가능) 관세법 시행령 제112조, 제114조, 제115조제1항, 제116조 준용		
면제대상	규칙§30①	칠레·페루·미국·캐나다·콜롬비아·뉴질랜드·베트남은 다음 제1호~6호에 해당하는 물품 호주는 다음 제6호에 해당하는 물품 중국은 다음 1~4호에 해당하는 물품 1. 언론장비 등 직업용구 2. 전시용품 3. 상용견품 4. 시연용 영상 또는 기록매체 5. 운동경기용 물품 6. 수리 또는 개조를 위한 물품		
면제요건	규칙§30②	다음 각 호 요건 충족(수리 또는 개조를 위한 물품 제외) 1. 체약상대국 국민의 영업활동 등 범위 내에서 사용 2. 판매 또는 임대되지 않을 것 3. 재수출 될 때까지 식별 4. 세관장이 타당하다고 인정하는 합리적 수량이내		
담보	규칙§30③	면제세액의 110%담보	칠레: 규칙§조① 제1호~6호	
			미국 및 페루: 규칙§조①제1호~5호	
		면제세액의 100%	콜롬비아: 규칙§조①제1호~5호	
			캐나다: 규칙§조①제1호~3호	
			뉴질랜드 및 베트남 : 규칙§조①제1호~5호	
			중국: 규칙§조①제1호~4호	
		이 경우 관세법 제24조, 제25조, 제108조 준용		

〈표 9-2〉 주요국 FTA 일시 재수출면세 규정요약

협정	조문	대상물품	담보	요건
미국	제2.5조	- 언론장비 등 직업용구 - 전시용품 - 상용견품 - 시연용 영상 또는 기록매체 - 운동경기용 물품	면제세액의 110%	• 당사국의 국민 또는 거주자에 의하여서만 • 판매되거나 임대되지 아니할 것 • 최종 수입 시에 부담하게 될 부과금의 110퍼센트를 초과하지 아니하는 액수로서 그 상품의 수출 시에 반환될 수 있는 담보를 수반할 것 • 그 상품이 수출될 때 식별이 가능할 것 • 당사국이 설정할 수 있는 일시 반입의 목적에 관련된 그 밖의 기간 • 그 상품이 의도된 사용을 위한 합리적인 수량 • 당사국 영역 내로 달리 반입 가능할 것
	제2.6조	- 수리 또는 개조를 위한 물품		• 상품의 원산지와 관계없이 관세를 적용할 수 없다.
중국	제2.6조	- 언론장비 등 직업용구 - 전시용품 - 상용견품 - 시연용 영상 또는 기록매체 - 운동경기용 물품	면제세액의 100%	• 그 상품이 다른 쪽 당사국의 국민 또는 거주자에 의해서만 • 판매되거나 임대되지 아니할 것 • 최종 수입 시에 부담하게 될 부과금을 초과하지 아니하는 액수로서 그 상품의 수출 시에 반환될 수 있는 채권이나 담보의 공탁 • 그 상품이 수출될 때 식별이 가능할 것 • 일시 반입의 목적에 관련된 그 밖의 기간에 • 합리적인 수량을 초과하지 아니하게 • 당사국 영역 내로 달리 반입 가능할 것
호주	제2.4조	- 수리 또는 개조를 위한 물품		• 상품의 원산지와 관계없이 관세를 적용할 수 없다.

관련판례

CHAPTER 9-2

일시수입물품의 협정관세 사후적용 기산일(한-미 FTA)

「관세법」제2조 제1호에서 '수입'이란 외국물품을 우리나라에 반입하는 것으로 규정하고 있고, 같은 법 제97조에서 수입신고수리일로부터 정한기간내에 다시 수출하는 것을 재수출로 규정하고 있으며, A.T.A.까르네 고시 제2조의 정의에서 "일시수입이란 「관세법」 등 국내법령과 「물품의 일시수입을 위한 일시수입통관증서에 관한 관세협약」 제3조에 규정된 다음 각 목의 협약에 따라 수입관세 등이 면제되는 물품을 일시적으로 수입하는 것을 말한다"라고 규정하고 있는 바, 쟁점물품은 A.T.A.까르네 일시수입증서에 따라 일반적으로 국내에 전시 등을 목적으로 일시수입한 후에 전시 등이 종료된 후 재수출하는 것이 전제되어 있으므로 재수출면세조건부로 일시수입된 것으로 보이는 점, 쟁점물품과 같이 국내에 전시 등을 목적으로 일시수입한 후에 판매 등의 목적으로 용도 외 사용승인이 되면 그 용도 외 사용승인서는 전시 등의 특정의 용도로 사용함을 이유로 관세 등을 면제받아, 전시 등 특정 용도로 사용하던 물품을 다른 용도로 사용할 수 있도록 승인한 것을 증명하는 서류이지 그 물품의 수입을 증명하는 서류가 아닌 점, 용도 외 사용승인은 쟁점물품을 우리나라에 반입하는 수입신고 수리행위가 아니라 이미 일시수입신고 수리된 쟁점물품을 다른 용도로 사용 할 수 있도록 용도변경을 승인하는 점 등에 비추어 용도 외 사용승인일을 수입신고수리일로 보기는 어렵다고 할 것이므로 처분청이 쟁점물품의 FTA협정관세 사후적용신청 적용시 "1년 이내"의 기산점을 A.T.A.까르네 수입물품의 '일시수입신고수리일(2012.10.19.)'로 보고 그로부터 1년이 경과된 후에 청구법인이 신청(2013.11.8.)한 한-미 FTA 협정관세 사후적용에 대하여 협정관세적용을 배제한 이 건 처분은 잘못이 없다고 판단된다.

[조심2014관0368, 2014.12.30]

[저자견해]

협정관세 사후적용은 환급 받을 대상세액이 존재해야 신청할 수 있다는 점에서 수입자의 납세의무가 확정되지 아니한 '일시반입물품의 수입신고수리일'을 협정관세 사후적용 기산일로 보는 것은 무리가 있다는 생각이다.

일시반입을 한 자는 일시반입에 따른 제한을 지키는 한 관세를 면제 받으므로, 보정 또는 경정을 청구할 대상세액 자체가 존재하지 않아, 협정관세 적용 신청을 할 이유가 없기 때문이다. 사후 협정관세 적용시점은 납세의무자의 납세의무가 완전히 종료된 수입물품의 내국물품화의 시점이라 생각된다.

3
원산지 등에 대한 사전심사
(법 제31조)

▶1 사전심사제도 개요

수입자, 체약상대국 수출자 및 생산자(대리인 포함)가 협정관세 적용에 기초가 되는 사항으로 해당 수입물품의 원산지결정기준 충족 여부 등을 수입신고 전에 관세청장에게 관련 서류를 갖추어 미리 심사하여 줄 것을 신청하는 제도를 말한다. 다만, 협정[212]에서 사전심사에 관한 사항을 정하지 아니한 경우에는 그러하지 아니하다. 이 제도는 관세법 시행령 제236조의2 원산지 등에 대한 사전확인 제도와 유사하다.

▶2 사전심사 대상범위[213]

수입자 등이 관세청장에게 사전심사를 요청할 수 있는 대상범위는 아래와 같다.
① 당해 물품 및 당해 물품의 생산에 사용된 재료의 원산지에 관한 사항
② 당해 물품 및 당해 물품의 생산에 사용된 재료의 품목분류·가격 또는 원가결정에 관한 사항
③ 당해 물품의 생산·가공 또는 제조과정에서 발생한 부가가치의 산정에 관한 사항
④ 해당 물품에 대한 관세의 환급·감면에 관한 사항
⑤ 해당 물품의 원산지 표시에 관한 사항
⑥ 수량별 차등협정관세의 적용에 관한 사항
⑦ 그 밖에 협정관세의 적용 또는 관세면제에 대한 기초가 되는 사항으로 기획재정부령이 정하는 사항

---

212) 한-EFTA FTA는 관련조항이 없다. 한-아세안 FTA의 경우 기존 협정에는 사전심사 조항을 두고 있지 아니하나, 상품협정 개정 합의(2015.8.23)에 따라 사전심사 조항을 도입하였다.
213) 협정에 따라 사전심사 범위가 상이(한-미의 경우는 범위가 넓으나, 한-중은 좁다)

사전심사 관련 권한(④~⑥외 제외)은 관세평가분류원장에게 위임되어 있으므로 사전심사의 신청, 결과 통지 및 이의제기, 사전심사서 내용 변경 및 변경내용의 통지 등은 관세평가분류원장이 처리한다.

〈표 9-1〉 사전심사 대상과 담당부서

사전심사 대상	담당부서
당해물품 및 재료의 원산지에 관한 사항	관세평가분류원
당해물품 및 재료의 품목분류·가격 또는 원가결정에 관한 사항	
당해물품의 제조과정에서 발생한 부가가치의 산정에 관한 사항	
관세환급, 납기연장에 관한 사항	관세청 세원심사과
관세감면의 적용여부	관세청 통관기획과
원산지국가 표시	관세청 특수통관과
양 당사국이 합의하는 그 밖의 사안	각 담당부서

▶3 사전심사 절차

사전심사를 신청하고자 하는 자는 다음 각 호의 서류를 관세평가분류원장 혹은 관세청장에게 제출하여야 한다.

① 다음 각 목의 사항이 기재된 사전심사신청서

　i) 신청인, 수입자 및 수출자(수출자와 생산자가 동일인이 아닌 경우에는 생산자를 포함한다)

　ii) 해당 물품의 품명, 규격, 품목번호 및 가격

　iii) 당해 물품의 생산에 사용된 재료별 품명, 품목번호, 가격 및 원산지

　iv) 당해 물품의 제조공정(필요한 경우에 한한다)

　v) 사전심사를 원하는 구체적인 내용

　vi) 그 밖에 관세청장이 정하는 사항.

② 거래계약서, 원가계산서, 원재료내역서, 공정명세서 등 신청내용에 대한 심사에 필요한 서류 그리고 신청 물품 당 3만원의 수수료를 납부하여야 한다.

관세청장은 사전심사를 위해 제출된 서류가 미비하여 원산지결정기준의 충족 여부 등의 신청사항을 심사하기가 곤란하다고 인정되는 때에는 일정한 기간을 정하여 보정을 요구할 수 있다. 다음 각 호의 어느 하나에 해당하는 경우에는 사전심사의 신청을 반려할 수 있다.

① 보정요구에 응하지 아니한 경우
② 당해 물품과 동일한 물품에 대하여 법 제13조(원산지에 관한 조사)의 규정에 따라 원산지에 관한 조사가 진행되고 있는 경우
③ 사전심사의 신청내용과 동일한 사안에 대하여 이의신청, 심사청구, 심판청구 또는 소송제기 등의 불복절차가 진행 중인 경우.

관세청장은 사전심사의 신청을 받은 때에는 사전심사의 신청을 받은 날부터 90일(보정기간은 제외) 이내에 이를 심사하여 사전심사서를 신청인에게 통지하여야 한다. 다만, 제출자료의 미비 등으로 인하여 사전심사가 곤란한 때에는 그 사유를 신청인에게 통지하여야 한다. 관세청장은 전례가 없는 사항 등의 사유로 사전심사 담당부서에서 원산지를 결정하는 것이 곤란하다고 판단되는 경우나 동일물품에 대한 이전의 원산지 결정내용을 변경하여야 할 것으로 판단되는 경우에 해당하는 경우 「관세법」 제232조의3의 규정에 의하여 원산지확인위원회에 상정하여 처리할 수 있다. 사전심사서의 유효기간은 정해져 있지 않다.

▶ 4 사전심사서 효력

세관장은 수입자가 사전심사서에 따라 협정관세의 적용 등을 신청하는 경우에 수입신고된 물품의 내용이 사전심사서의 내용과 동일하다고 인정하는 때에는 특별한 사유가 없는 한 사전심사서의 내용에 따라 협정관세를 적용하여야 한다. 이 때 "특별한 사유"라 함은 다음 각 호의 어느 하나에 해당되는 경우를 말한다.

① 사전심사 후 수입신고 전에 협정 또는 관계 법령의 개정이나 사전심사의 기초가 되는 사실 또는 상황이 변경되어 사전심사의 내용이 변경된 사정을 반영하지 못하게 되는 경우
② 신청인이 허위의 자료를 제출하거나 사전심사에 필요한 자료를 제출하지 아니하여 사전심사에 중대한 착오가 있는 경우
③ 사전심사의 신청내용과 동일한 사안에 대한 이의신청, 심사청구, 심판청구 또는 소송제기 등을 받은 권한 있는 기관 또는 법원의 최종결정 또는 판결이 당해 사전심사의 내용과 다르게 된 경우.

수입자가 사전심사서의 내용에 따라 협정관세 적용을 신청하는 경우에는 수입신고 수리 전에 협정관세적용신청서를 첨부하여 수입신고를 하여야 한다. 이 경우 세관장은 위에서 언급한 특별한 사유가 없는 한 협정관세를 적용하여야 한다. 세관장은 사전심사서와 수출자 또는 생산자를 포함하여 사전심사서에 기재된 물품과 당해 수입물품이 동일한 경우에는 사전심사서의 반복사용 여부를 불문하고 사전심사서를 인정할 수 있다. 요약하면, 수입자가 협정에 따른 원산지증명서를 가지고 있지 않아도 협정관세 적용을 신청할 수 있다는 의미이다.

▶5 사전심사 결과에 대한 이의제기

사전심사의 결과에 이의가 있는 자(사전심사서의 내용변경 통지를 받은 자를 포함)는 그 결과를 통지받은 날부터 30일 이내에 관세청장에게 이의를 제기할 수 있다.

사전심사에 이의를 제기하려는 자는 이의제기 신청서와 이의제기 내용을 확인할 수 있는 자료와 사전심사서 사본을 첨부하여 관세청장에게 제출하여야 한다. 이의제기 절차에 관해서는 원산지 조사결과에 대한 이의제기 절차를 준용한다.

사전심사 내용의 변경
(법 제32조)

▶1 변경의 사유

관세청장은 협정에서 정하는 바에 따라 사전심사서의 근거가 되는 사실 관계 또는 상황의 변경 등 사유가 있는 때에는 사전심사서의 내용을 변경할 수 있다. 변경의 사유란 아래의 어느 하나에 해당하는 경우를 말한다.

① 사전심사서의 근거가 되는 사실관계 또는 상황이 변경된 경우
② 협정 또는 관계 법령의 개정에 따라 당해 물품의 원산지결정기준이 변경되거나 원산지결정의 기초가 되는 품목분류 등이 변경된 경우
③ 사전심사 대상물품 또는 재료의 품목분류, 부가가치비율의 산정 등에 착오가 있는 경우, 신청인이 허위의 자료를 제출하거나 사전심사에 필요한 자료를 제출하지 아니하여 사전심사에 중대한 착오가 있는 경우
④ 사전심사의 신청내용과 동일한 사안에 대한 이의신청, 심사청구, 심판청구 또는 소송제기 등을 받은 권한 있는 기관 또는 법원의 최종결정 또는 판결이 당해 사전심사의 내용과 다르게 된 경우.

사전심사서를 교부받은 자도 1의 어느 하나에 해당하는 사유가 발생하였음을 알게 된 때에는 관세청장에게 그 변경내용을 수정통보 할 수 있으며, 이 경우 다음 각 호의 서류를 제출하여야 한다.

① 다음 각 호의 사항이 기재된 사전심사 수정통보서
 i) 수정통보를 하는 자의 성명, 주소 및 사업자등록번호
 ii) 변경사항을 알게 된 날
 iii) 당해 사전심사서에 따라 협정관세를 적용받은 수입물품의 목록(수입신고번호, 수입신고 수리일자, 품명, 수량, 가격 및 원산지가 기재된 것이어야 한다)
 iv) 변경된 내용.
② 사전심사서 원본
③ 변경 내용을 입증하는 증빙서류.

▶2 변경통지와 적용

관세청장은 필요하다고 인정하는 때와 사전심사서를 교부받은 자의 통보를 받은 때에는 그 변경사실을 심사하여 사전심사서의 내용을 변경 또는 철회할 수 있으며, 이 경우 변경 내용을 사전심사 신청인에게 통지하여야 한다.

사전심사서의 내용을 변경한 경우에는 그 변경일 후에 수입신고되는 물품에 대하여 변경된 내용을 적용한다. 다만, 협정에서 달리 정하는 때에는 그러하지 아니한다. 그러나 사전심사서의 내용변경이 자료제출 누락 또는 허위자료제출 등 신청인의 귀책사유로 인한 때에는 당해 사전심사와 관련하여 그 변경일 전에 수입신고된 물품에 대하여도 소급하여 변경된 내용을 적용한다.

▶3 협정에 따른 사전심사서 변경 효력의 특례

싱가포르·칠레·캐나다와의 협정에서는 사전심사의 내용을 신뢰한 선의의 수입자가 변경된 사전심사서의 내용을 적용받는 경우 손해가 발생할 것임을 입증하는 때에는 사전심사서의 내용이 변경된 날부터 일정한 기간(싱가포르 60일, 칠레 및 캐나다 90일)을 초과하지 아니하는 범위에서 변경 전의 사전심사의 내용을 적용할 수 있다.

동 특례의 적용을 받기 위해 수입자는 아래의 서류를 사전심사서의 변경내용을 통지받은 날(통지대상자가 아닌 자는 변경 사실을 안 날)부터 15일 이내에 관세청장에게 제출하여야 한다.

① 다음의 사항이 기재된 사전심사변경 적용유예신청서
　i) 신청인의 성명·주소 및 사업자등록번호
　ii) 변경내용을 통지 받은 날(사전심사서 변경내용의 통지대상자가 아닌 자의 경우에는 사전심사서의 내용이 변경된 사실을 안 날)
　iii) 사전심사서 변경일 이후에 수입되었거나 수입될 예정인 물품의 품명·수량 및 금액과 수입시기 또는 수입예정시기
② 수입거래계약서 또는 이에 갈음하는 서류
③ 예상되는 손해내역과 그 증빙서류

유예신청을 받은 관세청장은 신청일부터 7일 이내에 이를 심사하여 타당하다고 인정하면 사전심사서 변경적용을 유예할 것임을 신청인에게 통지하여야 한다.

<표9-2> 사전심사 처리절차

단계	세부단계	주체	주요 내용
신청	사전심사 신청	신청인	▶ 서류제출(신청서, 심사요청관련서류) ▶ 수수료(3만원)
접수	신청서류 확인	접수부서	▶ 해당부서가 아닌 경우 담당부서로 이송
	사전심사 접수	주관부서	▶ 담당부서가 2개 이상인 경우, 접수부서가 주관부서로서 해당부서에 심사사항 통보 ▶ 사전심사 신청대장 기록, 수수료 수납
검토 결정	신청내용 심사·검토	주관부서	▶ 신청 받은날로부터 90일 이내 법정처리
		심사부서	▶ 담당부서가 2개 이상인 경우, 사전심사담당부서는 결과를 주관부서로 통보(만료7일전까지)
	반려 및 보정	주관부서	▶ 반려 사유에 해당하는 경우 신청 반려 ▶ 보정: 5일 이상의 기간
	위원회 상정·검토	주관부서 심사부서	▶ 위원회 상정: 심사부서에서 결정이 곤란하다고 판단 (예:원산지확인위원회)
통지 공표	사전심사서 통지	주관부서	▶ 사전심사 결과를 신청인에게 통지 ▶ 처리기간: 접수일로부터 90일 이내
	심사결과 인터넷 공표	주관부서	▶ 한-미 FTA의 경우 FTA 포털 사전심사 공표시스템에 사전심사 결과 등재
사후 관리	이의제기	신청인	▶ 심사결과에 이의가 있는 경우 ▶ 이의제기 기간: 통지받은 날부터 30일
		주관부서	▶ 처리기간: 접수일부터 30일 ▶ 보정요구 가능: 20일 이내
	사전심사 변경	신청인 주관부서	▶ 사실관계, 상황변경 등의 경우 사전심사내용 변경·철회

〈한-미 FTA 부속서 22-가 제5항〉

1. 각 당사국의 관세당국은 수입자, 수출자 또는 그 당사국[214]의 영역 내에 있는 그 밖의 모든 신청자의 서면 요청에 따라, 자국 영역으로 상품이 수입되기 전에, 사전심사 요청을 처리하는 데 필요한 정보의 상세설명을 포함하여 신청자에 의하여 제공된 사실 및 상황을 기반으로 서면 사전심사서를 발급한다. 사전심사서는 다음 사안에 대하여 발급될 수 있다.
   가. 품목분류
   나. 이 협정에 따른 상품의 원산지, 그리고
   다. 양 당사국이 합의할 수 있는 그 밖의 사안

2. 관세당국은, 신청자가 국내 법과 규정 및 규칙에 따라 요구되는 모든 정보를 제출한 경우, 신청 후 90일 이내에 사전심사서를 발급한다. 사전심사는 그 결정의 근거가 된 사실 또는 상황에 변동이 없는 경우, 그 발급일부터 효력이 발생한다.

3. 효력이 발생한 사전심사는 다음과 같은 경우에 취소, 수정 또는 철회될 수 있다.
   가. 사전심사 결정이 기반하는 정보가 거짓이거나 부정확하다는 점이 사실 또는 상황에 의하여 입증되는 경우. 이 경우, 관세당국은 신청자에 대하여 자국의 국내 법에 따른 민사, 형사 및 행정적 조치, 벌칙 또는 그 밖의 제재를 포함하는 적절한 조치를 적용할 수 있다.
   나. 관세당국에 의한 명백한 오류로 인하여 원래의 사전심사와 동일한 사실과 상황 하에서 관세당국이 다른 기준을 적용하는 것이 바람직하다고 보는 경우. 이 경우, 개정 또는 철회는 그 변경이 있는 날부터 적용된다. 또는
   다. 그 행정적 결정이 그 기반이 되는 법, 규정 및 규칙의 변화로 인하여 영향을 받는 경우. 이 경우, 그 사전심사는 그러한 개정이 공표된 날부터 자동적으로 효력이 중단된다.

다호에 언급된 사안의 경우, 관세당국은 사전에 공표하는 것이 불가능한 경우를 제외하고, 이해당사자가 고려할 수 있도록 그러한 개정이 효력을 발생하기 전에 충분한 시간을 두고, 검토된 정보를 이해당사자에게 이용 가능하게 한다.

4. 각 당사국은 자국의 법, 규정 및 규칙의 기밀유지 요건에 따라 자국의 사전심사를 공표한다.
5. 당사국은 사전심사의 근거가 되는 사실 또는 상황이 행정적 또는 사법적 재심의 대상이 되는 경우 사전심사서의 발급을 거부할 수 있다.

〈한-아세안 FTA 제4조의2 사전심사〉

1. 각 당사국은 자국 각각의 법령 및 행정적 결정이 허용하는 한도에서, 이 조의 제2항가호에 기술된 인의 신청이 있는 경우, 자국의 관세 행정기관 및/또는 그 밖의 관련 당국을 통하여 품목분류, WTO협정 부속서 1가의 「1994년도 관세 및 무역에 관한 일반협정 제7조의 이행을 위한 협정」(관세평가협정)의 원칙을 적용함에 있어 발생하는 질의사항 및/또는 상품의 원산지에 관하여, 사전심사를 서면으로 제공한다.

▶ 일부 아세안 국가 관세당국의 일관성 없는 품목분류, 자의적인 과세가격 및 원산지 결정 등으로 우리 수출기업의 통관 애로가 지속적으로 발생하고 있다. 기존 한-아세안 FTA에서는 사전심사 제도를 도입하지 않아 우리 기업의 애로를 해소하는데 한계가 있었다. 하지만, 협정개정으로 2016.1.1부터 사전심사제도를 도입하게 됨에 따라 특혜적용에 중요한 품목분류, 원산지 등에 대한 협정적용 전 사전확인이 가능해져 아세안 수입국의 특혜관세 거부 또는 추후 관세추징의 우려를 일정부분 해소할 수 있게 되었다.

아세안 국가로 수출하는 기업은 아세안 국가내 수입자 등을 통해 아세안 국가 세관에 미리 수출상품의 품목분류코드 등을 확인, 원산지증명서를 발급함으로써 상대국 세관의 특혜거부 등에 적극적으로 대응할 필요가 있다.

PLUS TIP 9-4 상대국과 통관애로 어떻게 해결하나요?

- 기업이 자체적으로 상대국 세관을 상대하기는 어렵다. 이런 경우 관세청의 도움을 받으면 해결이 쉬워진다.
- 관세청 YES FTA 홈페이지(http://fta.customs.go.kr)에서 "고객의소리" 》 "수출입기업지원센터 지원 요청" 클릭 》 수출입기업지원센터 지원서 작성 후 "보내기" 클릭
- 해당세관에서 접수, 상대국 세관당국과 협의를 통해 해결을 지원한다.

【관세청 수출입기업지원센터】

세관	전화번호	팩스	E-mail
서울본부세관	02-510-1384 02-510-1389	02-548-0211	seoulsupport@customs.go.kr
인천본부세관	032-452-3637	032-891-9203	incheonsupport@customs.go.kr
부산본부세관	051-620-6953	051-620-1118	busansupport@customs.go.kr
대구본부세관	053-230-5252	053-230-5626	fta120@customs.go.kr
광주본부세관	062-975-8052	062-975-8049	fta071@customs.go.kr
평택직할세관	031-8054-7047	031-8054-7046	fta016@customs.go.kr

---

214) 중국의 경우, 사전심사의 신청자는 중국 세관에 등록되어야 한다.

상호협력 제도

▶1 관세청장의 체약상대국 관세당국과 협력(법 제33조)

관세청장은 협정을 통일적이고 효율적으로 시행하기 위하여 필요한 통관 절차의 간소화, 다른 법률에 저촉되지 아니하는 범위에서의 정보 교환, 세관기술의 지원, 원산지의 확인에 필요한 상호 행정지원에 관한 사항, 원산지와 관련되는 법령의 교환에 관한 사항, 서류 없는 통관절차의 구축, 전자무역환경의 증진 등 통관절차의 개선·발전에 관한 사항, 세관공무원과 통관종사자에 대한 교육·훈련에 관한 사항, 수출입물품의 원산지에 관한 조사에 필요한 정보교환, 그 밖에 특례법 제33조제1항의 규정에 따른 관세협의기구에서 합의한 사항 등에 관하여 협정에서 정한 바에 따라 체약상대국의 관세당국과 협력할 수 있다.

또한, 관세청장은 체약상대국에서 수입된 물품에 대한 원산지 또는 협정관세 적용의 적정 여부를 확인하기 위하여 필요한 경우에는 협정에서 정하는 범위에서 체약상대국의 관세당국에 필요한 자료의 제공을 요청하는 행위, 체약상대국과 동시에 원산지 조사를 하는 행위, 체약상대국에 세관공무원을 파견하여 직접 원산지 조사를 하게 하거나 체약상대국의 원산지 조사에 참여하게 하는 행위, 체약상대국의 관세당국이 협정에 따라 원산지 조사에 협력해 줄 것을 요청하는 경우 이를 수락하는 행위 등을 할 수 있다. 이러한 상호협력 조항을 두는 이유는 협정관세 적용대상 물품에 대한 원산지 확인 및 결정 등을 위해선 상대국의 협력과 협조가 절대적으로 필요하고, 상대국 간 상이한 통관절차 등으로 인한 당사국 수출입 기업들의 피해를 막기위한 조치이다.

관세청장은 원산지에 관한 조사의 협력의 절차·방법 및 범위 등 관세행정협력을 위하여 필요한 사항을 체약상대국의 관세당국과 협의할 수 있다. 이와 관련 협정에서는 관세위원회 등을 설치하여 운영하도록 규정하고 있다.

> **〈한-중 FTA 제4.19조 관세위원회〉**
>
> 1. 이 장 및 제3장(원산지 규정 및 원산지 이행 절차)의 효율적인 이행 및 운영을 위하여, 통관절차및무역원활화소위원회 및 원산지규정소위원회로 구성되는 관세위원회(이하 "위원회"라 한다)가 공동위원회 아래 설립된다.
>
> 2. 통관절차및무역원활화소위원회의 기능은 다음과 같다.
>   가. 이 장의 올바른 기능을 보장하고 그 적용으로부터 발생하는 모든 사안의 해결
>   나. 이 장의 해석과 이행 및 적절한 경우 이 장의 개정을 검토
>   다. 양 당사국 간의 무역을 원활히 하기 위하여 개선되어야 할, 이 장과 관련된 분야의 확인, 그리고
>   라. 위원회에 보고
>
> 3. 통관절차 및 무역원활화 소위원회는 양 당사국의 관세당국의 대표로 구성된다. 소위원회는 양 당사국이 합의하는 장소 및 시간에 회합한다.

관세청장은 체약상대국의 관세당국과 협력활동을 하거나 필요한 조치를 한 경우에는 30일 이내에 기획재정부장관에게 그 결과를 보고하여야 한다.

▶2 EU와 협정에 따른 상호협력절차의 특례

기획재정부장관은 유럽연합당사자와의 협정 발효 1년 후부터 매년 수출용 원재료에 대한 관세환급제도 관련 정보와 품목번호 제8407호, 제8408호, 제8522호, 제8527호, 제8529호, 제8706호, 제8707호 및 제8708호에 해당하는 물품에 대한 10단위 수준의 국가별 수입통계·품목번호 제8703호, 제8519호, 제8521호 및 제8525호부터 제8528호까지에 해당하는 물품에 대한 10단위 수준의 국가별 수출통계·그 밖에 유럽연합당사자가 요청한 물품에 대한 수출입통계(수출입통계는 직전 연도 1월 1일부터 12월 31일까지의 통계를 말하며, 유럽연합당사자와의 협정 발효 후 최초로 교환할 때에는 유럽연합당사자와의 협정 발효일이 속하는 해의 직전 3년 동안의 평균값을 포함)를 유럽연합당사자와 상호주의에 따라 교환하여야 한다.

관세청장은 수출입통계 등을 유럽연합당사자와 교환하기 1개월 전까지 기획재정부장관에게 보고하여야 하며, 기획재정부장관은 필요하다고 인정하는 경우에는 수출입통계 등을 제출할 것을 관세청장에게 요청할 수 있다.

<한-EU FTA 원산지의정서 제14조 관세의 환급 또는 면제>

1. 이 협정의 발효로부터 5년 후, 어느 한 쪽 당사자의 요청이 있는 경우, 양 당사자는 자신들의 관세 환급 및 역내가공 제도를 공동으로 검토한다. 발효 1년 후, 그리고 그 이후 매년, 양 당사자는 자신들의 관세 환급 및 역내가공 제도의 운영에 관해 이용 가능한 정보와 다음과 같은 상세한 통계를 상호적으로 교환한다.

  이 협정의 발효 1년 후를 시작으로 HS2007하의 제8407호, 제8408호, 제8522호, 제8527호, 제8529호, 제8706호, 제8707호 및 제8708호에 분류된 재료의 수입에 대한 8단위/10단위 수준의 국가별 수입 통계와, 제8703호, 제8519호, 제8521호 및 제8525호부터 제8528호까지의 수출 통계가 제공된다. 요청이 있는 경우, 그러한 통계는 다른 재료 또는 제품에 대해서 제공된다. 이 조의 제3항을 근거로 도입된 관세 환급 및 역내가공 제도의 제한을 이행하기 위해 취해진 조치에 대하여 정기적 정보가 교환된다.

2. 위 검토의 개시 이후 언제나, 당사자는 그 당사자의 동종 또는 직접적으로 경쟁적인 제품의 국내 생산자에 대하여 경쟁에 부정적인 효과를 미칠 수 있는, 이 협정의 발효 이후의 원자재 조달 방식의 변화에 대한 증거가 있는 경우, 특정 제품에 대한 관세 환급 및 역내가공 제도에 대한 가능한 제한을 논의하기 위해 다른 쪽 당사자와의 협의를 요청할 수 있다.

이러한 특례가 한-EU FTA에 있는 이유는 FTA협상시 한국의 관세환급제도가 가장 큰 이슈 중에 하나였기 때문이다. EU는 FTA 특혜관세와 함께 관세환급까지 허용할 경우 이중 혜택이 되며, 협정 당사국이 아닌 제3국이 이익을 얻게 될 것을 우려했다. 또한 멕시코, 칠레 등 주요국과의 FTA에서 관세환급을 허용한 사례가 없었고 일부 EU회원국 및 업계에서 강력하게 반대했기 때문이다. 반면, 우리측 입장에서는 관세환급의 규모와 효과가 큰 산업구조를 갖고 있어 관세환급을 허용하자는 입장이었다. WTO에서도 관세환급을 허용하고 있고 한-미 FTA 등 이미 체결한 FTA에서도 관세환급은 인정되었기 때문이다.

이러한 양측의 입장을 고려하여 최종적으로 합의한 것이 현행 관세환급제도를 유지하되 협정 발효 5년 후부터 역외산 원자재 조달방식에 중대한 변화가 있을 경우(역외산 부품 사용이 두드러지게 증가할 경우) 해당 품목의 환급 관세율 상한을 설정할 수 있는 '관세환급 세이프가드조치'를 도입하였다.

관세환급 세이프가드 조치는 상대국 동종제품과의 경쟁조건에 부정적인 영향을 미칠 수 있는 역외산 원자재 조달방식의 변화가 입증될 경우 발동될 수 있다. 구체적으로는 ①최종재의 상대국 수출이 크게 증가하고, ②최종재에 포함된 역외산 원자재의 對세계 수입증가율이 최종재의 상대국 수출중가율을 크게 초과하는 경우이다. 경감요인은 역외산 원자재의 수입증가가 국내 소비 증가 등 상대국 수출용도 이외의 수요에 기인한 경우이며, 상대국 동종제품과의 경쟁 조건에 미치는 영향도 고려할 수 있다.

동 세이프가드 발동절차는 일방 당사국이 해당 품목에 대한 관세환급 제한을 위한 협의(consultation)를 요청하여 양측간 이견이 있을 경우, 한-EU FTA 분쟁해결절차를 적용(패널 3 인으로 구성)하여 결정하며 패널에서 세이프가드 발동요건이 있다고 판정하면, 해당품목에 대해 환급되는 관세를 5%로 제한 한다. 예를 들면 현재 실행관세율이 8%인 품목의 경우 세이프가드 발동시 5%만 환급된다.

▶3 협의기구 운영

기획재정부장관은 협정(관세 분야만 해당)의 운용에 관한 사항을 협의하기 위하여 협정에서 정하는 바에 따라 체약상대국 정부와 공동으로 협의기구를 구성하여 운영할 수 있다. 이 경우 기획재정부장관은 미리 산업통상자원부장관과 협의하여야 하고, 이의 운용에 관한 사항의 협의와 관세협의기구의 운영을 위하여 관세협의전담관을 지정·운영할 수 있으며, 관세협의전담관을 지정한 때에는 체약상대국의 관세당국에 통보하여야 한다.

▶4 관세 상호협의 신청(법 제34조)

(1) 개요
수출자 또는 생산자는 체약상대국의 관세당국으로부터 수출물품에 대하여 협정에 부합하지 아니하는 원산지결정 또는 과세처분을 받았거나 받을 우려가 있는 경우에는 기획재정부장관에게 체약상대국의 관세당국과의 관세 상호협의를 신청할 수 있다.

기획재정부장관은 관세상호협의 신청을 받았을 때에는 다음의 어느 하나에 해당하는 경우를 제외하고는 체약상대국의 관세당국에 관세 상호협의를 요청하여야 한다. 이 경우 기획재정부장관은 미리 산업통상자원부장관과 협의하여야 한다.

① 원산지결정 또는 과세처분과 관련하여 국내 또는 국외에서 법원의 확정판결이 있은 경우
② 신청인이 관세회피를 목적으로 관세 상호협의 절차를 이용하려고 하는 사실이 인정되는 경우
③ 원산지결정 또는 과세처분이 있은 날부터 3년이 지난 후 신청한 경우

기획재정부장관은 신속한 관세 상호협의를 위하여 필요하다고 판단하는 경우에는 협정에서 정한 바에 따라 협의기구의 개최를 요청할 수 있다. 이 경우 기획재정부장관은 미리 산업통상자원부장관과 협의하여야 한다.

(2) 신청절차

관세 상호협의를 신청하고자 하는 자는 관세 상호협의 신청서에 다음 의 서류를 첨부하여 기획재정부장관에게 제출하여야 한다.

① 관세 상호협의의 신청과 관련된 체약상대국의 원산지결정통지서·과세처분통지서 또는 이에 갈음하는 서류
② 신청인 또는 체약상대국에 있는 신청인의 대리인(신청인의 물품을 수입한 자 및 그 대리인을 포함한다)이 체약상대국의 권한 있는 당국에 불복쟁송을 제기한 경우 불복쟁송청구서

기획재정부장관은 신청내용을 검토한 결과 또는 직권으로 관세 상호협의의 필요성이 있다고 인정할 때에는 산업통상자원부장관과의 협의를 거쳐 체약상대국의 관세당국에 필요한 시정조치를 요구할 수 있으며, 체약상대국의 관세당국이 시정조치를 요구받은 날부터 합리적인 기간 이내에 협의에 응하지 아니하거나 시정조치의 요구를 수락하지 아니하는 때에는 체약상대국의 관세당국에 관세협의기구의 개최를 요청할 수 있다.

기획재정부장관은 체약상대국의 관세당국과 관세 상호협의를 완료한 때에는 그 결과를 완료한 날부터 30일 이내에 신청인에게 서면으로 통지하여야 한다.

CHAPTER 9-5

질의 193	한-터키 FTA 원산지신고서를 발행하여 한국에서 터키로 수출한 물품에 대하여, 터키에서 협정관세를 적용·수입통관 후 추가가공 없이 일부는 사용하고 나머지를 한국으로 재수출하면서 당초 한국에서 발행한 원산지신고서를 근거로 물품의 원산지를 한국으로 기재한 원산지신고서를 터기에서 발행한 경우, 동 물품에 대한 협정관세 적용여부?
답변	한-터키 자유무역협정과 원산지 규정 및 원산지 절차에 관한 의정서에 규정한 바와 같이 협정관세 적용은 다른쪽 당사국의 원산지 상품에 대하여 적용하는 것이며, 본 건의 경우 한국산 제품이 추가가공 없이 한국으로 재반입되는 것으로 협정에서 정하는 터키산 상품이 아니므로 협정관세 적용이 불가 아울러, 원산지신고서는 당사국을 원산지로 하는 제품에 대하여 수출자가 발급하도록 하고 있으므로 터키의 수출자가 원산지신고서 상에 원산지를 한국산으로 기재할 수 없음
질의 194	항공기 수리 목적으로 비당사국으로 수출되었으나 부품 부족 등 수리가 불가능하여 미국본사로 보내져서 수리 후 국내로 재반입, 한-미 FTA 제2.6조(수리 또는 개조 후 재반입 되는 상품)에 해당하는지 여부?
답변	한-미 FTA에서 관세가 면제되는 물품은 수리 또는 개조를 위하여 일시적으로 미국으로 수출된 물품에 대해 적용하는 것으로 질의 물품과 같이 비당사국으로 수출 후 미국으로 재운송되어 우리나라로 반입되는 경우는 해당하지 않음
질의 195	(거래구조) 원자재 국내구매 → 국내제조사 1차 공정작업 → 미국 B사에 가공물품 수출 → 미국에서 벤딩가공 → 한국 수입 후 국내제조사에서 최종완성품 가공 → 완성품 수출 상기 거래구조 중 미국에서 수행된 밴딩 가공이 한-미 FTA협정에서 규정하고 있는 "수리 또는 개조"의 범위에 해당되는지 여부?
답변	미국에서 수행된 밴딩작업은 최종 상품을 생산하기 위한 완성품 생산 과정의 일부에 해당되는 공정으로 수리 또는 개조의 범위에 해당하지 않음

FTA 관련 자격시험 예 상 문 제

57
FTA 관세특례 법령 및 협정에 따른 원산지 등에 대한 사전심사에 대한 설명으로 잘못된 것은?

① 세관장은 사전심사서와 동일한 물품이 수입신고된 경우에는 대통령령으로 정하는 특별한 사유가 없으면 수입자가 원산지증명서를 보유하고 있지 않아도 협정관세를 적용하여야 한다.
② 사전심사 신청을 받으면 관세청장은 신청일부터 90일 이내에 심사하여 그 결과를 신청인에게 통지하여야 한다.
③ 한-EFTA FTA 적용물품에 대해서도 수입자는 사전심사를 신청할 수 있다.
④ 사전심사 결과에 이의가 있는 자는 그 결과를 통지받은 날부터 30일 이내에 관세청장에게 이의제기를 할 수 있다.
⑤ 사전심사의 신청내용과 동일한 사안에 대하여 심사청구가 있는 경우에는 당사전심사 신청을 반려할 수 있다.

해설 한-EFTA FTA는 사전심사 규정이 없으며, FTA특례법 제31조 제1항에 협정에서 사전심사에 관한 사항을 정하지 아니한 경우에는 사전심사를 신청할 수 없도록 규정하고 있다.

정답 ③

58
FTA특례법령에서 규정하고 있는 체약상대국에서 수입되는 것으로 협정에서 정하는 범위에서 원산지와 관계없이 관세가 면제되는 물품에 대한 설명으로 잘못된 것은?

① 수입신고수리일부터 1년의 범위 안에서 세관장이 인정하는 기간 이내에 다시 수출하기 위하여 수입하는 물품이 해당 될 수 있다.
② ①에도 불구하고 세관장은 부득이한 사유가 있다고 인정하는 경우에는 1년의 범위안에서 그 기간을 연장할 수 있다.
③ 일시수입물품으로 관세가 면제되는 물품을 규정하고 있는 협정은 한-칠레 FTA, 한-페루 FTA, 한-미 FTA이다.
④ 관세법에 따라 환급을 받은 물품이 수리를 목적으로 체약상대국으로 수출하였다가 다시 수입하는 물품도 협정에 따라 원산지와 관계없이 관세가 면제될 수 있다.
⑤ 일정 금액 이하의 상용견품·광고용품 등은 협정에 따라 원산지와 관계없이 관세가 면제될 수 있다.

해설 관세법 또는 환특법에 따라 환급을 받은 물품 등은 관세가 면제되지 아니한다.

정답 ④

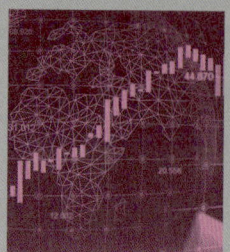

CHAPTER

10

비밀유지와 권리구제

- 제1절　비밀유지 의무
- 제2절　권리구제 제도
- 제3절　FTA 불복신청의 특례

비밀유지 의무(법 제38조)

▶1 개요

대부분의 협정에서는 「통관 및 무역원활화」장에 비밀유지(confidentiality) 조항을 두어 당사국간 제공 정보와 협정에 따라 수집된 기업의 비밀 영업 정보 등이 공개되어 그 정보를 제공하는 사람의 경쟁적 지위가 침해되는 것을 방지하고 있으며, 우리나라의 경우는 이를 국내법에 반영하여 FTA관세특례법 제38조에 비밀유지 의무를 규정하고 있다.

FTA관세특례법 제38조 비밀유지 의무 규정을 자세히 살펴보면, 세관공무원과 원산지증명서 발급기관에서 원산지증명서의 발급을 담당하고 있는 직원에 대해 수입자·수출자·생산자(체약상대국에 거주하는 수출자·생산자와 그 밖의 이해관계인을 포함) 또는 체약상대국의 권한 있는 기관이 협정 및 이 법에서 정한 바에 따라 원산지의 결정, 관세의 부과·징수 또는 통관을 목적으로 제출한 자료로서 비밀취급자료로 지정된 자료를 자료제출자의 동의 없이 타인(체약상대국의 관세당국을 포함)에게 제공 또는 누설하거나 사용 목적 외의 용도로 사용하지 못하도록 규정하고 있다.

다만, 다음의 어느 하나에 해당하는 경우에는 그 사용목적에 맞는 범위에서 비밀취급자료를 제공할 수 있다.

① 국가기관이 관세에 관한 쟁송 또는 관세범의 소추를 목적으로 비밀취급자료를 요구하는 경우
② 법원의 제출명령 또는 법관이 발부한 영장에 따라 비밀취급자료를 요구하는 경우
③ 세관공무원 상호간에 관세의 부과·징수, 통관 또는 질문·검사상의 필요에 따라 제공하는 경우
④ 다른 법률에 따라 비밀취급자료를 요구하는 경우

관세청장 및 세관장은 체약상대국의 관세당국이 비밀취급자료 제공을 요청하는 경우에는 자료제출자에게 그 사실을 통보하고, 자료제공에 관한 동의를 받은 때에만 체약상대국의 관세당국에

해당 자료를 제공할 수 있다. 관세청장 및 세관장은 체약상대국의 관세당국에 비밀취급자료를 제공할 때에는 제공되는 자료의 비밀유지에 관한 보증서를 요구할 수 있다. 이 경우 체약상대국의 관세당국이 보증서 제공을 거부하면 자료제공을 거부할 수 있다.

▶2 비밀취급자료의 지정과 폐기

자료제출자는 관세청장, 세관장 및 발급권한기관의 장에게 자료를 제출할 때에 정당한 사유를 제시하여 해당 자료를 비밀취급자료로 지정하여 줄 것을 요청할 수 있다. 이 경우 요청을 받은 관세청장, 세관장 및 발급권한기관의 장은 특별한 사유가 없는 한 요청에 따라야 한다. 관세청장, 세관장 및 발급권한기관의 장은 다음 어느 하나에 해당하는 자료로서 공개될 경우 자료를 제출한 자 또는 그 이해관계인의 이익이 침해될 우려가 있을 것으로 인정되는 자료에 대하여는 자료제출자의 요청이 없더라도 비밀취급자료로 지정하여야 한다.

① 제조원가
② 제조공정
③ 거래 상대방의 성명, 주소 및 거래량
④ 협정에 따라 체약상대국의 관세당국으로부터 제공받은 원산지증빙서류
⑤ 그 밖에 관세청장 또는 세관장이 비밀로 취급하는 것이 타당하다고 인정하는 자료

비밀취급자료는 특별한 사정이 없는 한 제출받은 날부터 5년간 보관하여야 하며, 보관기간이 지나면 소각 또는 파쇄 등의 방법으로 폐기하여야 한다.

<한-미 FTA 제7.6조 비밀유지>

1. 이 장에 따라 다른 쪽 당사국에게 정보를 제공하는 당사국이 그 정보를 비밀로 지정하는 경우, 그 다른 쪽 당사국은 그 정보를 비밀로 유지한다. 정보를 제공하는 당사국은 그 정보가 비밀로 유지될 것이며 다른 쪽 당사국이 정보 요청에 명시한 목적으로만 이용될 것이고 그 정보를 제공한 당사국 또는 그 당사국에게 정보를 제공한 인의 명시적 허락 없이는 공개되지 아니할 것임을 다른 쪽 당사국에게 서면으로 보장하라고 요구할 수 있다.

2. 당사국이 제1항에 따라 비밀로 지정된 정보를 접수한 경우에도, 그 정보를 접수한 당사국은 법 집행의 목적상 또는 사법절차 과정에서 그 정보를 이용하거나 공개할 수 있다.

3. 당사국은 다른 쪽 당사국이 제1항에 합치되게 행동하지 못하였을 경우 그 당사국이 요청한 정보를 제공하는 것을 거부할 수 있다.

4. 각 당사국은 공개되면 그 정보를 제공한 인의 경쟁적 지위를 저해할 수 있는 정보를 포함하여 그 당사국의 관세법 행정에 따라 제출된 비밀 정보를 무단 공개로부터 보호하는 절차를 채택하거나 유지한다.

권리구제 제도

일반적으로 협정에서는 각 당사국이 관세 사안에 대해 내린 결정에 대해 자국 영역에 있는 수입자의 권리를 보호하기 위해 재심(Review)과 불복청구(Appeal) 조항을 두고 있다. 즉, 수입자가 그 결정을 내린 직원 또는 당국으로부터 독립한 최소한 한 단계의 행정적 재심(행정심판)과 최종단계의 행정적 재심에서 내려진 판정 또는 결정에 대한 사법적 재심(행정소송)을 청구할 수 있도록 보장하고 있는 것이다.

〈한-미 FTA 제7.8조 재심 및 불복청구〉

각 당사국은 관세 사안에 대한 자국의 결정에 대하여 자국 영역에 있는 수입자가 다음에 접근할 수 있도록 보장한다.
　가. 그 결정을 내린 직원 또는 부서로부터 독립된 행정적 재심, 그리고
　나. 그 결정에 대한 사법적 재심

보다 명확히 하기 위하여, 각 당사국은 수출자 또는 생산자가 재심을 실시하는 당사국에게 정보를 직접 제공할 수 있도록 그리고 그 당사국이 그 정보를 제7.6조제4항에 따라 비밀로 취급할 것을 요청할 수 있도록 허용한다.

우리나라의 경우, 수입자가 FTA 협정관세를 적용한 물품이 관세당국의 원산지 검증 결과 등에 따라 협정관세 적용제한사유에 해당하는 경우에는 수입자(납세자)는 세관장으로부터 경정 또는 부과고지 처분을 받을 수 있다. 이때에 수입자로 하여금 이러한 행정처분[215]이 적법한지 여부에 대하여 다시 심사를 청구할 수 있도록 하여 위법·부당한 처분으로부터 수입자의 권리가 보호될 수 있도록 하는 권리구제제도를 두고 있다. 이러한 권리구제제도는 심사의 대상이 되는 행정처분이 행해졌

---

[215] 관세불복청구 대상(관세법 제119조) : 관세법이나 그 밖의 관세에 관한 법률 또는 조약에 따른 처분으로서 위법한 처분 또는 부당한 처분을 받거나 필요한 처분

는지 여부에 따라 사전적 권리구제와 사후적 권리구제로 구별된다.

먼저, 사전적 권리구제는 과세전적부심사제도가 있으며, 이는 세관장이 경정 또는 부과고지 처분 이전에 해당 처분으로 부과될 세액 및 그 사유를 서면으로 통지하고, 통지를 받은 수입자가 본부세관장 또는 관세청장에게 통지 내용이 적법한지 여부에 대하여 심사를 청구할 수 있는 제도이다.

다음으로 사후적 권리구제는 행정처분을 행한 이후에 이뤄지는 권리구제제도이며, 이는 다시 행정적 구제절차인 이의신청, 심사청구, 심판청구 등의 행정심판과 사법적 구제절차인 행정소송으로 구별된다. 먼저 행정적 구제절차에 대하여 설명하면, 행정처분을 받은 수입자는 관세청장 또는 감사원장에게 심사청구를 하거나 조세심판원장에게 심판청구를 할 수 있으며, 이러한 재심청구는 중복하여 청구할 수 없고 이들 중 하나만을 선택하여 청구할 수 있다. 다만, 관세청장이 조사결정한 처분 또는 처리하였거나 처리하였어야 하는 처분인 경우를 제외하고는 심사청구 또는 심판청구에 앞서 행정처분을 행한 세관장에게 이의신청을 할 수 있다. 다음으로 사법적 구제절차인 행정소송은 처분의 위법성 여부뿐만 아니라 부당 여부도 심사를 할 수 있는 행정심판과는 달리 처분의 위법성 여부만을 심사하며, 심사청구 또는 심판청구를 거치지 아니하고는 행정소송을 제기할 수 없도록 하는 행정심판전치주의를 채택하고 있다.

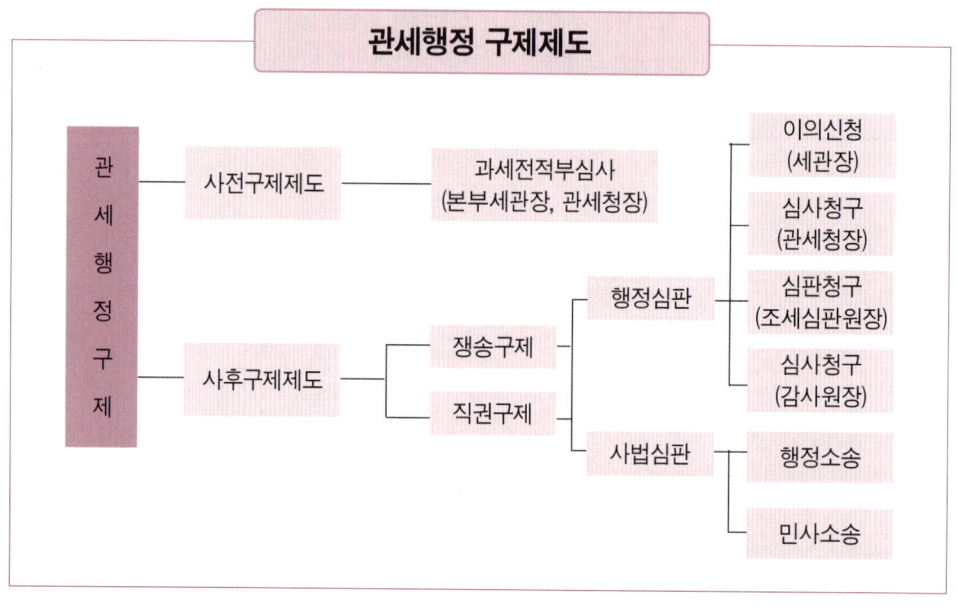

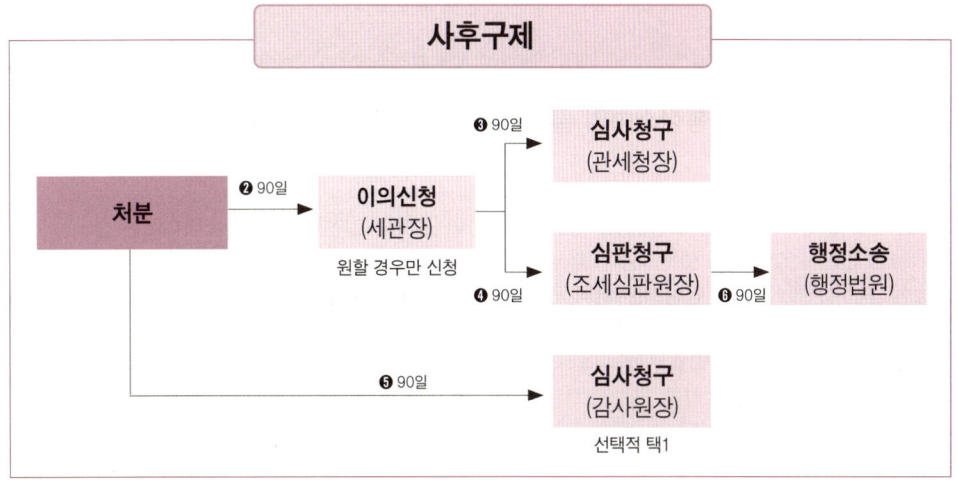

[구제절차별 청구기간과 신청기관]

구제절차	청구기간	신청기관	결정기간	비 고
① 과세전적부심사	30일	본부세관장 관세청장	30일	(관세청장) 5억원 이상
② 이의신청	90일	세관장	30일	원하는 경우
③ 심사청구	90일	관세청장	90일	선택적 택1
④ 감사원심사청구	90일	감사원장	3개월	
⑤ 심판청구	90일	조세심판원장	90일	
⑥ 행정소송	90일	행정법원	-	3심제

관련판례

CHAPTER 10-2

행정소송의 필요적 전심절차 생략 가능여부

조세행정에 있어서 2개 이상의 같은 목적의 행정처분이 단계적·발전적 과정에서 이루어진 것으로서 서로 내용상 관련이 있다든지, 세무소송 계속 중에 그 대상인 과세처분을 과세관청이 변경하였는데 위법사유가 공통된다든지, 동일한 행정처분에 의하여 수인이 동일한 의무를 부담하게 되는 경우에 선행처분에 대하여 또는 그 납세의무자들 중 1인이 적법한 전심절차를 거친 때와 같이, 국세청장과 국세심판원으로 하여금 기본적 사실관계와 법률문제에 대하여 다시 판단할 수 있는 기회를 부여하였을 뿐더러 납세의무자로 하여금 굳이 또 전심절차를 거치게 하는 것이 가혹하다고 보이는 등 정당한 사유가 있는 때에는 납세의무자가 전심절차를 거치지 아니하고도 과세처분의 취소를 청구하는 행정소송을 제기할 수 있다.

(대법원 2006. 4. 14. 선고 2005두1017판결 참조)

이 사건 제1, 2처분은 모두 스위스로부터 수입한 금괴의 원산지가 문제되었다는 점에서는 공통되나, B가 제조한 금괴가 대부분인 이 사건 제2금괴와 달리 이 사건 제1금괴의 제조사는 A와 ○○비이고, 이 사건 제1처분의 처분사유는 스위스 관세당국으로부터 수출자가 원산지증명서를 잘못 발행하였다는 회신을 받았다는 것인데, 이 사건 제2처분의 처분사유는 스위스 관세당국이 대한민국 관세청의 원산지 검증 요청일로부터 이 사건 협정 부속서 I 제24조 제7항 소정 회신기한인 10개월 내에 회신을 보내지 않았다는 것이어서, 그 처분의 대상, 처분사유, 처분일 등이 다르므로, 동일한 목적의 행정처분이 단계적·발전적 과정에서 이루어졌다거나 세무소송 중 그 대상인 과세처분을 변경한 경우 등에 해당하지 않는다.

[대법원 2014두 5644, 2016.8.24.]

▶ 1 과세전 적부심사(관세법 제118조)

(1) 의의

과세전적부심사제도는 납세자의 신속한 권리구제와 과세관청의 부실과세를 방지하기 위하여 세관장이 부족세액을 고지하기 이전에 경정고지 사유 및 부족세액 등을 구체적으로 명시하여 납세자에게 통지하도록 하고, 그 통지를 받은 납세자가 세액경정에 대하여 이의가 있는 경우에 통지내용의 적법성 여부를 다시한번 심사하여 줄 것을 청구하는 사전적 권리구제제도이다.

(2) 과세전 통지

세관장은 납부세액이나 납부하여야 하는 세액에 미치지 못한 금액을 징수하려는 경우에는 미리 납세의무자에게 그 내용을 서면으로 통지하여야 한다. 이는 과세예고 통지의 성격을 가진다. 다만, 3개월 이내에 관세부과의 제척기간이 만료되는 등 다음의 어느 하나에 해당하는 경우에는 과세전 통지를 생략할 수 있다.

① 통지하려는 날부터 3개월 이내에 관세부과의 제척기간이 만료되는 경우
② 납세의무자가 잠정가격 신고에 대하여 확정가격 신고를 한 경우
③ 수입신고 수리전 세액심사에 의거 부족세액을 징수하는 경우
④ 감면물품의 용도외 사용 등으로 감면된 관세를 징수하는 경우
⑤ 관세포탈죄로 고발되어 포탈세액을 징수하는 경우
⑥ 납부세액의 계산착오 등 명백한 오류에 의하여 부족하게 된 세액을 징수하는 경우
⑦ 감사원의 시정요구에 따라 징수하는 경우
⑧ 납세의무자가 부도·휴업·폐업 또는 파산한 경우
⑨ 관세품목분류위원회 결정에 따라 세율이나 세번이 변경되어 부족한 세액을 징수하는 경우

(3) 과세전적부심사 청구

과세전적부심사를 청구할 수 있는 자는 세관장으로부터 과세전통지를 받은 납세의무자이다. 납세의무자는 서면을 통해 증명한 경우에 한해 변호사 또는 관세사를 대리인으로 선임할 수 있으며, 해임하였을 때에도 마찬가지로 재결청에 서면으로 신고하여야 한다. 대리인은 본인을 위하여 청구에 관한 모든 행위를 할 수 있으나 청구를 취하하는 경우에는 특별한 위임을 받은 경우에만 할 수 있다.

납세의무자가 과세전 통지를 받았을 때에는 그 통지를 받은 날부터 30일 이내에 통지내용이 적법한 지에 대한 심사를 원칙적으로 해당 본부세관장(서울, 인천공항, 부산, 인천, 대구, 광주세관장)에게 청구할 수 있다. 다만, 법령에 대한 관세청장의 유권해석을 변경하여야 하거나 새로운 해석이 필요한 경우 등 아래와 같은 경우에는 해당 기간 내에 관세청장에게 이를 청구할 수 있다.

① 관세청장의 훈령·예규·고시등과 관련하여 새로운 해석이 필요한 경우
② 관세청장의 업무감사결과 또는 업무지시에 따라 세액을 경정하거나 부족한 세액을 징수하는 경우
③ 관세평가분류원장의 품목분류 및 유권해석에 따라 수출입물품에 적용할 세번 또는 세율이 변경되어 세액을 경정하거나 부족세액을 징수하는 경우
④ 동일납세의무자가 동일한 사안에 대하여 과세전적부심사를 청구하고자하는 세관장이 2 이상인 경우
⑤ 과세전적부심사 청구금액이 5억원 이상인 경우

또한, 과세전 통지를 받은 자는 과세전적부심사를 청구하지 아니하고 통지를 한 세관장에게 통지받은 내용의 전부 또는 일부에 대하여 조기에 경정해 줄 것을 신청할 수 있으며, 해당 세관장은 즉시 신청받은 대로 세액을 경정하여야 한다.

(4) 과세전적부심사 청구의 효과

과세전통지를 한 경우 청구기한이 만료되는 날까지 경정고지가 유예되고, 청구기한 내에 과세전적부심사청구가 있는 경우에는 결정기관이 결정할 때까지 경정고지가 유예되나, 관세부과의 제척기간을 경과하여 유예할 수 없다. 다만 과세전통지를 한 세관장은 청구기한 내에 과세전적부심사 청구가 없거나, 결정기관으로부터 결정통지를 받은 경우에는 즉시 경정고지를 하는 등 필요한 조치를 취해야 한다.

(5) 관세심사위원회

본부세관장 또는 관세청장에게 과세전적부심사가 청구된 경우에는 관세심사위원회에 이를 상정하여 심의하여야 한다. 과세전적부심사청구에 대한 심의를 위하여 본부세관에 두는 관세심사위원회는 본부세관장(서울, 인천공항, 부산, 인천, 대구, 광주세관장)을 위원장으로 하여 8명 내의 위원으로 구성하며, 관세청에 두는 관세심사위원회는 관세청 차장을 위원장으로 하여 10명내의 위원으로 구성된다.

관세심사위원회는 민간위원이 2분의1이상 포함되도록 구성하여야 하며, 관세심사위원회의 회의는 구성원 과반수의 출석으로 개의하고, 출석위원 과반수의 찬성으로 의결한다.

6) 결정 및 통지

과세전적부심사의 청구를 받은 세관장 또는 관세청장은 청구를 받은 날부터 30일 이내에 관세심사위원회의 심의를 거쳐 결정을 하고 그 결과를 청구인에게 통지하여야 한다.

과세전적부심사는 납세자가 세관장의 과세전 통지에 따라 처분이 없는 상태에서 제기되는 불복청구이므로, 납세자의 과세전적부심사청구에 대한 결정주문은 기각 또는 인용의 형식이 아니라 청구가 이유있다고 인정되는 경우는 "채택한다", 이유없다고 인정되는 경우는 "채택하지 아니한다"의 형식으로 표현하고 있으며, 다만, 청구의 일부가 이유있다고 인정되는 경우에는 "일부를 채택한다"는 결정을 할 수 있고 청구기간을 경과하거나 보정기간내에 보정을 하지 아니하는 경우는 "심사하지 아니한다"는 결정을 할 수 있다.

(7) 결정의 효과
과세전적부심사청구에 대한 결정은 이의신청이나 심사청구에 대한 결정과 동일하게 기속력 등의 효과를 발생한다. 따라서 통지세관장은 이러한 결정에 따라 경정을 하지 않거나, 경정고지를 하여야 한다.

청구인은 적부심사청구결정을 행정처분으로 보아 이의신청이나 심사청구 또는 심판청구를 할 수 없지만, 이러한 결정에 따른 통지세관의 경정고지라는 구체적인 처분이 있을 경우에는 그 처분을 대상으로 불복청구를 할 수 있다.

▶ 2 이의신청(관세법 제132조)

(1) 의의
관세법, 기타 관세에 관한 법률 또는 조약에 의한 세관장의 처분에 불복하여 해당 처분을 하였거나 하였어야 할 세관장에게 그 처분의 재심사를 요구하는 것이다. 세관장이 처분에 불복하여 그 처분을 한 세관장에게 재심사를 청구하는 것으로 권리구제 측면에서 큰 효과를 기대하기 어려우므로, 청구권자는 이의신청을 거치지 아니하고 바로 관세청장에게 심사청구 또는 조세심판원장에게 심판을 청구할 수 있도록 허용하고 있다. 따라서 청구의 실익이 있다고 판단되는 경우에만 신청하는 것이 타당할 것으로 판단된다.

(2) 불복대상과 이의신청 기간
관세에 관한 세관장의 위법·부당한 처분 또는 필요한 처분을 받지 못하여 권리·이익을 침해당한 자는 그 처분의 취소 또는 변경이나 필요한 처분을 청구할 수 있다. 다만, 다음의 처분에 대해서는 이의신청을 신청할 수 없다.
① 이의신청, 심사청구, 심판청구에 대한 처분
② 관세법상 통고처분
③ 감사원법에 의한 심사청구를 한 처분이나 그 심사청구에 대한 처분

이의신청기간은 세관장의 처분이 있는 것을 안 날(처분 통지를 받은 때에는 그 통지를 받은 날)로부터 90일 내이다. 이 기한 내에 우편으로 제출한 이의신청서가 신청기한을 경과하여 도달한 경우에는 그 기간 만료일에 적법한 신청이 있었던 것으로 본다. 또한 천재지변 기타 불가피한 사정으로 위 신청기한 내에 이의신청을 할 수 없는 때에는 그 사유가 소멸한 날부터 14일 이내에 이의신청을 할 수 있다.

(3) 신청기관과 서류

처분한 세관장에게 신청하여야 하며, 세관장은 이의신청심의위원회를 개최하여 신청받은 날로부터 30일내에 결정(각하, 기각, 용인)하여 신청인에게 통지하여야 한다.

이의신청 제기시 구비서류는 ①이의신청서 1부, ②불복사유 증빙자료 ③대리인에게 위임한 경우에는 위임장 등이다.

(4) 이의신청 결과에 대한 불복

이의신청 결정에 대해 이의가 있는 때에는 결정서를 받은 날로부터 90일 이내에 관세청장에게 심사청구 또는 조세심판원장에게 심판청구를 하여야 한다. 또한, 이의신청일로부터 30일 내에 결정의 통지를 받지 못한 때에는 그날로부터 심사청구 또는 심판청구를 할 수 있다.

또한 이의신청은 임의적 절차이므로 이의신청을 거친 경우에도 감사원법에 따라 감사원장에게 심사청구를 제기할 수 있다. 다만, 관세청장에 대한 심사청구 또는 조세심판원장에 대한 심판청구와 달리 이의신청을 거쳐 감사원장에게 심사청구를 하는 경우에는 청구기간의 기산일이 "이의신청에 대한 결정서를 받은 날"이 아니라 "심사청구의 원인이 되는 행정처분을 한 것을 안 날"로부터 기산하므로, 이 때로부터 90일 이내에 감사원장에게 심사청구를 하여야 함을 유의하여야 한다.

▶ 3 심사청구(관세법 제119조)

(1) 의의

관세법이나 그 밖의 관세에 관한 법률 또는 조약에 따른 처분으로서 위법한 처분 또는 부당한 처분을 받거나 필요한 처분을 받지 못하여 권리 또는 이익을 침해당한 경우, 당해 처분을 하였거나 해야 했을 세관장을 거쳐 관세청장에게 당해 처분의 취소, 변경 또는 필요한 처분을 요구하는 행정심판이다.

(2) 불복대상과 심사청구 기간

관세에 관한 세관장의 위법·부당한 처분 또는 필요한 처분을 받지 못하여 권리·이익을 침해당한 자는 그 처분의 취소 또는 변경이나 필요한 처분을 청구할 수 있다. 다만, 다음의 처분에 대해서는 심사청구를 신청할 수 없으며, 동일한 처분에 대해서는 심사청구와 심판청구를 중복하여 제기할 수 없다.

① 관세법상 통고처분
② 감사원법에 의한 심사청구를 한 처분이나 그 심사청구에 대한 처분

관세법의 심사와 심판의 규정에 따른 심사청구 또는 심판청구에 대한 처분에 대해서는 이의신청, 심사청구 또는 심판청구를 제기할 수 없다. 다만, 제128조제1항제3호 후단(제131조에서 「국세기본법」을 준용하는 경우를 포함한다)의 재조사 결정에 따른 처분청의 처분에 대해서는 해당 재조사 결정을 한 재결청에 심사청구 또는 심판청구를 제기할 수 있다.

직접 심사청구를 하는 경우 당해 처분을 한 것을 안 날(처분의 통지를 받았을 때에는 그 통지를 받은 날)부터 90일 이내에 제기하여야 한다.

 관련판례

고시·공고의 경우에 "처분이 있음을 안 날"

고시·공고에 의한 처분의 경우에는 그 처분의 상대방이 불특정 다수인이고 그 처분의 효력이 불특정 다수인에게 일률적으로 적용되는 것이므로 행정처분과 이해관계를 가지고 있는 자가 현실적으로 고시 또는 공고가 있음을 알았는지 여부와 관계없이 고시 또는 공고가 효력을 발생한 날을 행정처분이 있음을 안 날로 본다.

【大判 2001.7.27, 99두9490】

이의신청을 거친 후 심사청구는 그 결정을 통지받은 날부터 90일 이내에 제기하여야 한다. 다만,

이의신청의 결정기간(30일) 내에 결정을 통지받지 못한 경우에는 결정을 통지받기 전이라도 그 결정기간이 지난 날부터 심사청구를 할 수 있다.

기한내에 우편으로 제출한 심사청구서가 청구기간을 지나 세관장 또는 관세청장에게 도달한 경우에는 그 기간의 만료일에 청구된 것으로 본다.

천재지변 등 관세법 제10조에 규정하는 사유로 청구기간 내에 심사청구를 할 수 없을 때에는 그 사유가 소멸한 날로부터 14일 이내에 심사청구를 할 수 있다. 이 경우 청구기간 내 심사청구를 할 수 없었던 사유, 사유가 발생한 날과 소멸한 날 등을 문서로 제출하여야 한다.

(3) 신청기관과 서류

심사청구는 불복하는 사유를 심사청구서에 적어 해당 처분을 하였거나 하였어야 하는 세관장을 거쳐 관세청장에게 하여야 한다. 청구인이 심사청구서 2부를 처분세관장에게 제출하면 이를 받은 날부터 7일내에 그 청구서에 의견서를 첨부하여 관세청장에게 송부한다. 관세청장은 관세심사위원 심의를 거쳐 90일 내에 결정하여 결정서를 청구인에게 통지하여야 한다.

심사청구시 제출서류는 ①심사청구서 2부 ②불복사유 증빙자료 ③이의신청을 거친 경우는 이의신청결정서 사본 ④대리인에게 위임한 경우에는 위임장 등이다.

(4) 심사청구 등의 효력

이의신청·심사청구 또는 심판청구는 법령에 특별한 규정이 있는 경우를 제외하고는 해당 처분의 집행에 효력을 미치지 아니한다.(집행부정지 원칙) 다만, 회복할 수 없는 손해가 생길 우려가 있고 긴급한 사유가 있다고 해당 재결청이 인정할 때에는 예외적으로 처분의 집행을 중지하게 하거나 중지할 수 있다.

(5) 심사청구 절차

심사청구는 처분청인 세관장에게 청구서가 제출되면 심사청구가 있는 것으로 본다. 관세청장은 20일 내의 기간을 정하여 청구서의 보정을 요구할 수 있고 보정기간은 심사청구 기간에 산입하지 아니한다. 심사청구인은 변호사 또는 관세사를 대리인으로 선임할 수 있고 대리인의 권한은 서면으로 증명되어야 한다. 대리인은 본인을 위하여 청구에 관한 모든 행위가 가능하나, 다만, 청구의 취하는 특별한 위임을 받은 경우에 한한다. 대리인을 해임하였을 때에는 그 뜻을 서면으로 재결청에 신고하여야 한다. 관세청장은 심사청구에 대한 세관장의견서 부본을 청구인에게 통지하게 되며, 심사청구인은 이에 반대되는 증거서류 또는 증거물을 제출할 수 있다. 심사청구인은 그 심사청구에 관계되는 서류를 열람할 수 있고 의견을 진술할 수 있다. 관세법상 심사청구 대상인 처분에 대해서는 행정심판법의 규정을 적용하지 아니한다.

(6) 심사청구의 결정절차

관세청장은 관세심사위원회의 심의를 거쳐 이를 결정하며 회의는 원칙적으로 공개하지 아니하나, 위원장이 필요하다고 인정시 공개할 수 있다. 심의가 생략되는 경우는 다음과 같다.

① 심사청구기간을 경과한 경우
② 심사청구의 대상이 되는 처분이 존재하지 아니하는 경우
③ 당해 처분에 의하여 권리 또는 이익을 침해당하지 아니한 자가 제기한 경우
④ 심사청구의 대상이 되지 아니하는 처분에 대하여 심사청구가 제기된 경우
⑤ 보정기간 내에 필요한 보정을 하지 아니한 경우
⑥ 심사청구의 대상이 된 처분의 내용과 쟁점 및 적용법령 등이 이미 관세심사위원회의 심의를 거쳐 결정된 사항과 동일한 경우
⑦ 그 밖에 신속히 결정하여 상급심에서 심의를 받도록 하는 것이 권리구제에 도움이 된다고 판단되는 경우

(7) 심사청구의 결정과 불복

심사청구의 결정에는 각하, 기각, 인용, 재조사 결정이 있다. 각하란 청구기간이 지났거나 보정기간 내에 보정을 하지 아니한 경우에 청구를 반려하는 결정, 기각은 심사청구가 이유없다고 인정되는 경우에 결정, 인용은 심사청구가 이유있다고 인정되는 경우에 그 청구의 대상이 된 처분을 취소·경정 또는 필요한 처분의 결정이다. 재조사 결정[216]은 취소·경정 또는 필요한 처분을 하기 위해 사실관계 확인 등 추가적으로 조사가 필요한 경우 처분청으로 하여금 재조사하여 그 결과에 따라 필요한 처분을 할 수 있도록 하는 결정이다. 이러한 결정은 심사청구를 받은 날부터 90일내에 이루어져야 하며, 결정이유를 기재한 결정서에 의하여 심사청구인에게 통지하여야 한다. 결정기간 내에 결정의 통지가 없을 때에는 그 심사청구는 기각된 것으로 보고 다음 쟁송절차인 행정소송을 제기할 수 있다. 심사청구 결정에 불복이 있는 때에는 결정서를 받은 날로부터 90일 내에 행정소송을 제기하여야 한다.

---

216) 동 결정에 따른 처분청의 처분에 대한 행정소송은 전심절차 없이 가능(법 제120조제2항 단서 조항)

▶ 4 심판청구(관세법 제131조)

(1) 의의
심판청구는 국무총리실 소속 조세심판원에 처분의 취소 또는 변경이나 필요한 처분을 구하는 것으로, 현행 관세법에서는 행정소송을 제기하기 전에 심사청구 또는 심판청구를 반드시 거치도록 하고 있다.

(2) 심판청구 기간
직접 심판청구를 하는 경우 당해 처분을 한 것을 안 날(처분의 통지를 받았을 때에는 그 통지를 받은 날)부터 90일 이내에 제기하여야 한다.

이의신청을 거친 후 심판청구는 그 결정을 통지받은 날부터 90일 이내에 제기하여야 한다. 다만, 이의신청의 결정기간(30일) 내에 결정을 통지받지 못한 경우에는 결정을 통지받기 전이라도 그 결정기간이 지난 날부터 심판청구를 할 수 있다.

기한내에 우편으로 제출한 심판청구서가 청구기간을 지나 도달한 경우에는 그 기간의 만료일에 청구된 것으로 본다. 또한, 천재지변 등 관세법 제10조에 규정하는 사유로 청구기간 내에 심판청구를 할 수 없을 때에는 그 사유가 소멸한 날로부터 14일 이내에 심판청구를 할 수 있다. 이 경우 청구기간 내 심사청구를 할 수 없었던 사유, 사유가 발생한 날과 소멸한 날 등을 문서로 제출하여야 한다.

(3) 신청기관과 서류
심판청구는 불복하는 사유를 심판청구서에 적어 해당 처분을 하였거나 하였어야 하는 세관장을 거쳐 조세심판원장에게 하여야 한다. 청구인이 심판청구서 2부를 처분세관장에게 제출하면 세관장은 관련자료를 첨부하여 조세심판원장에게 송부한다. 심판청구시 제출서류는 ①심판청구서 2부 ②기타 증빙자료이다.

(4) 심판의 결정과 불복
조세심판관회의의 의결에 따라 결정하며, 결정의 종류는 심사청구와 같다. 심판청구 결정에 불복이 있는 때에는 결정서를 받은 날로부터 90일 내에 행정소송을 제기하여야 한다.

관련판례

CHAPTER **10-2**

조세심판원의 재조사 결정에 따른 심사청구 등의 제소기간

조세심판원의 재조사결정은 처분청의 후속 처분에 의하여 그 내용이 보완됨으로써 이의신청 등에 대한 결정으로서의 효력이 발생한다고 할 것이므로 재조사결정에 따른 심사청구기간이나 심판청구기간 또는 행정소송의 제소 기간은 이의 신청인 등이 후속 처분의 통지를 받은 날부터 기산된다고 봄이 알맞다.

[대법원 2007두12514, 2010.6.25]

▶ 5 감사원법에 의한 심사청구(감사원법 제3장)

감사원의 감사를 받은 자의 직무에 관한 처분, 기타행위에 대하여 이해관계가 있는 자가 그 처분을 안 날로부터 90일 이내에 감사원장에게 제기할 수 있다.

심사청구시 ①심사청구서 3부 ②불복사유 증빙자료 ③이의신청을 거친 경우는 이의신청결정서 사본 ④대리인에게 위임한 경우에는 위임장 등을 처분한(할) 세관장과 관세청장을 거쳐서 감사원장에게 제출하여야 한다.

세관장은 심사청구서의 접수 일로부터 7일내에 변명서와 당초 결정서 및 당초 결정이 적법·타당함을 증명하는 서류를 첨부하여 관세청장에게 송부하고, 관세청장은 의견서를 첨부하여 세관접수 일로부터 1월 이내에 감사원장에게 이를 송부한다.

감사원장은 심사청구를 수리한 날로부터 3월 이내에 감사위원회의 심의 및 의결을 걸쳐 결정한다. 심사청구의 이유가 있다고 인정하는 때에는 관세청장에게 "시정요구"결정을 하고 심사청구의 이유가 없다고 인정하는 때에는 "기각", 신청요건을 갖추지 못하면 "각하"결정을 한다. 결정 후 7일 이내에 관세청장과 심사청구인에게 통지한다.

감사원 심사청구 결정에 불복이 있을 경우 그 결정 통지를 받은 날로부터 90일 이내에 처분청(세관)을 상대로 행정소송 제기할 수 있다.

관련판례

CHAPTER 10-2

감사원 심사청구 제기기한

이의신청을 거친 경우, 이의신청의 결정을 통지 받은 날로부터 90일 이내에 심사청구 또는 심판청구를 제기할 수 있으나, 감사원 심사청구는 감사원법 제44조에 따라 처분을 한 것을 안 날부터 90일, 그 처분이 있는 날부터 180일 이내에 제기하여야 하고 이는 불변기간이므로 설령 이의신청의 결정을 통지 받은 날로부터 90일 이내라 하더라도 처분을 한 것을 안 날부터 90일이 도과한 경우에는 감사원 심사청구를 제기할 수 없다(각하대상).

[감사원법 제44조, 제46조, 감사원심사규칙 제6조]

▶ 6 행정쟁송 대상이 되는 처분

행정쟁송 대상이 되는 처분이라 함은 행정청이 행하는 구체적 사실에 관한 법집행으로서의 공권력의 행사 또는 그 거부처분 및 이에 준하는 행정작용을 의미한다.

대법원 판례에서도 "일정한 처분이 있는 것으로 되기 위하여는 행정청의 내부에 있어서 그 처분을 위한 의사결정의 사실이 있었다거나 그 의사결정의 내용을 담은 서면이 작성·준비되었다는 것만으로는 부족하고(예 : 품목분류위원회의 결정), 어떠한 형식으로든 행정청의 권한있는 자에 의하여 외부로 표시되고 그 신청이 거부 내지 각하되었다는 취지가 신청자에게 오해없이 정확하게 전달(예 : 세번을 변경하는 경정처분)되어 이를 알 수 있는 상태에 놓여진 경우에 한한다.(大判 1990.9.25, 89누4758)"고 판시하고 있다.

그러나, 행정입법, 일반처분과 고시, 행정청의 내부행위 및 행정청 상호간의 행위, 사실행위, 알선·권고·경고·통지·질의회신 등은 처분으로 인정하지 않으므로 행정소송의 대상이 될 수 없다.

관련판례

행정소송의 대상

CHAPTER 10-2

행정청이 국민으로부터 어떤 신청을 받고서 그 신청에 따르는 내용의 행위를 하여 그에 대한 만족을 주지 아니하고 형식적 요건의 불비를 이유로 그 신청을 각하하거나 또는 이유가 없다고 하여 그 신청된 내용의 행위를 하지 않을 뜻을 표시하는 이른바 거부처분도 행정처분의 일종이 되지만, 이 경우 그 행위가 행정처분이 된다고 하기 위해서는 국민이 행정청에 대하여 그 신청에 따른 행정행위를 해 줄 것으로 요구할 수 있는 법규상 또는 조리상의 권리가 있어야 하며, 이러한 근거없이 한 국민의 신청을 행정청이 받아들이지 아니한 경우에는 이를 행정처분이라고 할 수 없다.

[대법원 93누21729, 1995.5.26.]

행정소송의 대상이 될 수 있는 것은 구체적인 권리의무에 관한 분쟁이어야 하고, 일반적 추상적인 법령 그 자체로서 국민의 구체적인 권리의무에 직접적인 변동을 초래하는 것이 아닌 것은 그 대상이 될 수 없으므로 구체적인 권리의무에 관한 분쟁을 떠나서 재무부령 자체의 무효 확인을 구하는 청구는 행정소송의 대상이 아닌 사항에 대한 것으로 부적법하다.

[대법원 86누656, 1987.3.24.]

행정각부처의 장 등이 일반국민의 소관법령 해석에 관한 질의에 대하여 하는 회신은 법원을 구속하지 못함은 물론 그 상대방이나 기타 관계자들의 법률상의 지위에 직접적으로 변동을 가져오게 하는 것이 아니므로 특별한 사정이 없는 한 그 자체로서 항고소송의 대상이 될 수 없다.

[대법원 91누2441, 1992.10.14.]

3

FTA 불복신청의 특례

▶1 불복의 신청(법 제39조)

싱가포르·칠레·콜롬비아·호주·캐나다의 수출자 또는 생산자(원산지증명서를 작성·서명하거나 신청한 자 또는 사전판정을 받은 자)는 우리세관의 원산지에 관한 조사 또는 원산지 등에 대한 사전심사에 관련되는 처분에 대하여 위법 또는 부당한 처분을 받거나 필요한 처분을 받지 못함으로써 권리 또는 이익의 침해를 당한 경우에는 「관세법」제119조에 따라 심사청구 또는 심판청구를 할 수 있다. 이 특례는 불복신청자를 수입자뿐만 아니라 특정협정의 상대국 수출자 또는 생산자까지 확대함으로써 상대국 이해관계자의 권리를 최대한 보호하자는 취지이다.

〈한-캐나다 FTA 제4.11조 재심 및 불복청구〉

1. 각 당사국은 자국 영역에 있는 수입자에게 제공하는 것과 같이 다음의 인에게, 자국의 관세행정기관이 내린 원산지 결정 및 사전심사결정에 대한 재심 및 불복청구에 대한 실질적으로 동일한 권리를 부여한다.
   가. 원산지 결정의 대상이 된 상품에 대하여 원산지 증명서를 작성하고 서명한 인, 또는
   나. 제 4.10 조에 따라 사전심사결정을 받은 인
2. 제 19.3 조(행정절차) 및 제 19.4 조(재심 및 불복청구)에 더하여, 각 당사국은 제 1 항에 언급된 재심 및 불복청구 권한이 다음에 대한 접근을 포함하도록 규정한다.
   가. 재심 중에 있는 결정에 대하여 책임이 있는 공무원 또는 기관으로부터 독립된 최소한 한 단계의 행정적 재심, 그리고
   나. 자국의 국내법에 따라, 최종단계의 행정적 재심에서 내려진 판정 또는 결정에 대한 사법적 또는 준사법적 재심

▶ 2 불복 증거서류 및 증거물의 제출(법 제40조)

「관세법」제119조에 따른 심사청구 또는 심판청구의 재결청은 청구인이 제기한 심사청구 또는 심판청구의 심의를 위하여 필요하다고 인정하면 체약상대국의 수출자 또는 생산자에게 증거서류나 증거물을 재결청에 직접 제출하게 할 수 있다. 재결청은 청구인이나 상기에 따른 체약상대국의 수출자 또는 생산자가 제출한 자료 중 비밀로 취급하여 줄 것을 요청받은 자료에 대하여는 자료제출자의 동의 없이 타인(체약상대국의 관세당국을 포함한다)에게 제공 또는 누설하거나 사용 목적 이외의 용도로 사용하여서는 아니된다.

이러한 조치는 체약상대국의 수출자 또는 생산자가 불복청구의 심사에 필요한 증거서류를 재결청에 직접 제출할 수 있도록 함으로써, 불복청구의 심사과정에서 체약상대국의 수출자 또는 생산자의 기업비밀을 보호할 수 있도록 하기 위함이다.

FTA 관련 자격시험 예상문제

59
FTA 관세특례 법령에 의거 비밀취급 자료를 자료 제출자 동의 없이 제공할 수 있는 경우가 아닌 것은?
① 국가기관이 관세에 관한 쟁송을 목적으로 비밀취급자료를 요구하는 경우
② 국회 국정감사시 국회의원이 요구하는 경우
③ 법관이 발부하는 영장에 따라 요구하는 경우
④ 세관공무원 상호간에 관세의 부과·징수의 필요에 따라 제공하는 경우
⑤ 법원의 제출명령에 따라 요구하는 경우

[해설] 국회 국정감사시 국회의원이 요구하는 경우는 비밀취급자료를 제공할 수 없다.
[정답] ②

60
관세법상 행정구제제도에 대한 설명으로 잘못된 것은?
① 관세법에서는 세관장의 처분에 대하여 행정심판법의 적용을 배제하고 있다.
② 이의신청을 거치지 않아도 심사청구나 심판청구를 할 수 있다.
③ 관세법에 의한 통고처분도 불복의 대상이 된다.
④ 감사원에도 심사청구를 제기할 수 있다.
⑤ 행정소송은 관세법에 따른 심사청구와 심판청구를 거치지 아니하면 제기할 수 없다.

[해설] 관세법에 의한 통고처분은 불복의 대상이 아니다.
[정답] ③

61

FTA 관세특례 법령에 따라 우리세관의 원산지 조사 결과에 대해 「관세법」제119조 심사청구를 제기할 수 없는 자는?

① 원산지증명서를 작성·서명한 페루의 생산자
② 원산지증명서를 발급한 칠레의 수출자
③ 원산지증명서를 작성·서명한 호주의 생산자
④ 원산지증명서를 작성·서명한 캐나다의 생산자
⑤ 산지증명서를 발급받은 싱가포르 수출자

해설 관세청장에게 불복신청이 가능한 체약상대국 수출자 또는 생산자는 싱가포르, 칠레, 호주, 캐나다이다.

정답 ①

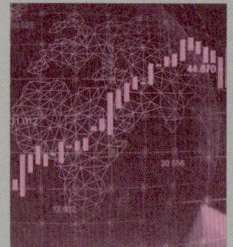

CHAPTER 11

관세제재

- **제1절**   관세제재의 개요
- **제2절**   관세형벌
- **제3절**   관세형벌의 유형
- **제4절**   조사와 처벌절차
- **제5절**   관세질서벌
- **제6절**   고발·송치 및 통고처분

관세제재의 개요

FTA는 협정과 관련된 자국 법과 규정을 위반하는 경우에 형사상, 민사상 또는 행정상의 벌칙을 부과할 수 있도록 규정하고 있다.

〈한-미 FTA 제7.9조 벌칙〉
각 당사국은 이 협정에 따른 품목분류·관세평가·원산지국가 및 특혜대우신청을 규율하는 것을 포함한 자국의 관세법 및 규정의 위반에 대하여 민사상 또는 행정상의 벌칙, 그리고 적절한 경우 형사상의 제재를 부과할 수 있도록 하는 조치를 채택하거나 유지한다.

이에 따라 FTA 관세특례법에서도 협정이행의 실효성을 확보하기 위해 관세제재조항을 두고 있다. 관세제재는 과거 의무위반에 대한 제재를 직접적인 목적으로 하지만 간접적으로는 의무자에게 심리적인 압박을 가함으로써 특례법상 의무이행을 확보하는 기능을 가지고 있다. 이러한 관세제재는 행정법상 의무위반에 대하여 일반 통치권에 따라 사인(私人)에게 형벌을 가하는 관세형벌과 형벌이 아닌 과태료를 부과하는 관세질서벌로 나뉜다. 관세형벌은 직접적으로 행정법규를 위반하여 행정목적을 침해하는 행위에 대하여 가하는 제재로서 형법 총칙을 적용하며, 관세질서벌은 행정목적을 직접적으로 침해하는 데까지는 이르지 않고 간접적으로 행정상 질서에 장해를 줄 위험성이 있는 경미한 의무위반 행위에 대하여 부과하는 금전벌로서 일종의 행정처분이고 형법총칙을 적용하지 않고「질서위반행위규제법」이 적용된다는 점에서 관세형벌과 차이가 있다. FTA 관세특례법에서는 법 제44조(벌칙), 제45조(양벌규정), 제46조(과태료)가 관세제재 조항에 해당된다.

형벌에 대하여는 원칙적으로 형법총칙이 적용되나, 다른 법령에 특별한 규정이 있는 때에는 그에 따르도록(형법 제8조) 하고 있다. FTA관세특례법은 제44조에 벌칙조항을 두고 있고, 같은 조 제4항에 관세법 제278조(「형법」적용의 일부 배제), 관세법 제283조 내지 제319조(제12장 조사와 처분)를 준용하도록 규정하고 있으므로 형벌과 관련하여 FTA관세특례법 및 관세법 상의 특별 조항을 우선 적용하고 FTA관세특례법에 규정되지 않는 사항에 대하여는 형법총칙이 적용된다.

FTA관세특례법은 관세법상 조사·처분에 과한 규정을 모두 준용하도록 규정하고 있으므로 이 책에서도 관세법 상의 조사·처분 용어를 준용하여 편의상 관세범[217], 관세형벌, 관세질서벌로 지칭하고자 한다.

<표 11-1> FTA 특례법상 제재

구분		위반행위	법정형	비고
제44조 제1항		비밀자료 누설 등	3년 이하 징역 또는 3천만원 이하 벌금	
제44조 제2항	제1호~제6호	C/O 부정발급 등	2천만원 이하 벌금 (일부 과실은 3백만원 이하)	양벌 규정
	제7호	세관공무원, 상공회의소 직원의 C/O 부정발급	2천만원 이하 벌금	
제44조 제3항		C/O 과실 발급	3백만원 이하 벌금	
제46조 제1항		기간 내 자료 미제출, 조사 거부·방해, 기피 등	1천만원 이하 과태료	
제46조 제2항		FTA 특혜세율 사후관리 위반, 기타 의무 불이행 등	5백만원 이하 과태료	

---

217) 본래 의미의 "관세범"이란 관세법 또는 관세법에 따른 명령을 위반하는 행위로서 관세법에 따라 형사처벌되거나 통고처분되는 것을 말한다. 이 책에서는 FTA 관세특례법을 위반하는 행위로 형사처벌받거나 통고처분되는 것도 관세범이라고 표현한다.

관세형벌

▶1 개요

형벌(刑罰)이란 국가가 범죄를 저지른 사람에게 범죄의 책임을 전제로 부과하는 법률상의 제재이며 관세형벌은「FTA 관세특례법」상의 의무위반에 대한 제재로서 형벌을 과하는 것을 말한다.

FTA 관세특례법 상 형벌에 대한 규정은 제44조와 제45조에 규정되어 있다. 제44조는 벌칙조항을 규정하였고 제45조는 양벌규정을 규정하였다. 이 법이나 관세법 상 특별한 규정이 없는 것은 형법 총칙이 적용된다

▶2 범죄의 성립요건

범죄의 성립요건으로는 「구성요건 해당성」, 「위법성」, 「책임」이 있다. 특정 행위가 이러한 3가지 구성요건을 모두 충족하게 되면 범죄가 성립하게 되고, 그 행위자에 대하여 형벌이 가해지게 된다.

구성요건(構成要件)이란 형법상 금지 또는 요구되는 행위가 무엇인가를 추상적·일반적으로 기술해 놓은 것을 말하며 구성요건 해당성이란 구체적인 행위가 법률에 규정된 범죄의 구성요건에 합치하는 것을 말한다. 구성요건을 이루는 요소에는 주체, 객체, 행위 등의 객관적인 구성요건과 고의, 과실 등의 주관적인 구성요건가 있는데 이러한 객관적 구성요건과 주관적 구성요건을 모두 충족할 때에 구성요건해당성이 인정되게 된다.

위법성이란 구성요건에 해당하는 행위가 법질서 전체의 입장에서 허용되지 않는다는 부정적인 가치판단을 말하는 것으로 구성요건의 성립으로 추정되는 위법성을 다시 조각할 만한 사유가 있

는가라는 소극적 의미의 위법성을 말한다. 구성요건은 위법행위를 유형적으로 규정해 놓은 것이므로 어느 행위가 구성요건에 해당하면 위법성은 바로 추정된다. 그러나 구성요건에 해당하는 행위라도 위법성을 배제할 수 있는 특별한 사유가 있는 경우에는 무죄가 될 수 있는데, 이를 위법성조각사유(違法性阻却事由)라고 한다. 형법상의 위법성조각사유에는 정당행위, 정당방위, 긴급피난, 자구행위, 피해자의 승낙 등이 있다.

책임이란 위법행위를 한 행위자에 대한 비난가능성을 말하며 책임의 요소는 책임능력, 위법성인식, 기대가능성이다. 책임능력은 행위의 옳고 그름을 판별하여 이에 따라 의사를 결정할 능력을 말한다. 위법성인식이란 행위자가 자신의 행위가 공동사회의 질서에 반하고 법적으로 금지되어 있다는 것을 인식하는 것을 말한다. 기대가능성이란 행위시의 구체적 사정으로 보아 행위자가 범죄행위를 하지 않고 적법행위를 할 것을 기대할 수 있는 가능성을 의미한다

▶3 형의 종류

형법 상 형의 종류에는 생명형(사형), 자유형(징역·금고·구류), 재산형(벌금·과료·몰수), 명예형(자격상실·자격정지) 등 9종이 있으나 FTA 관세특례법에는 징역·벌금 2종의 형을 규정하고 있다

▶4 형법 적용의 일부 배제

FTA 관세특례법 제44조 제2항 및 제3항에 규정한 벌칙에 위반되는 행위를 한 자에 관하여는 관세법 제278조(형법 적용의 일부배제), 제283조부터 제319조까지(조사와 처분)의 규정을 준용한다. 따라서 형법 제38조 제1항제2호 중 벌금경합에 관한 제한가중 규정을 적용하지 아니한다

▶ 5 미수범 등

범죄는 범죄결심[218], 예비·음모[219], 미수[220], 기수[221], 종료[222]의 단계를 거쳐 실현된다. 범죄결심은 원칙적으로 형법적 평가의 대상이 아니다. 예비·음모는 법률에 특별한 규정이 있는 경우에 한하여 예외적으로 처벌한다(형법 제28조). 미수는 원칙적으로 처벌하지 않으나 법률에 특별한 규정이 있는 경우에 한하여 예외적으로 처벌한다(형법 제29조).

FTA 관세특례법 상의 처벌조항에는 예비·음모나 미수범에 대한 처벌규정이 없다. 따라서 예비·음모 및 미수범을 처벌하지 않고 기수단계에 이르렀을 경우에만 처벌할 수 있다

범죄의 참가형태를 보면 타인을 교사하여 범죄를 실행하게 할 수 있고 타인의 범죄를 방조할 수도 있다. 전자를 교사범, 후자를 종범이라고 부른다. 교사범은 정범과 동일한 형으로 처벌하고(형법 제31조 제1항) 종범의 형은 정범의 형보다 감경한다(형법 제32조 제2항). FTA 관세특례법 상에는 교사범과 종범에 대한 처벌규정은 없지만 형법 규정에 의하여 교사범은 정범과 동일한 형으로 종범은 정범의 형보다 감경하여 처벌한다.

▶ 6 양벌규정

양벌규정이란 법인의 대표자 또는 법인이나 개인의 대리인, 기타 종업원이 그 법인 또는 개인의 업무에 관하여 법률 위반 행위를 하였을 때, 그 행위자를 처벌하는 것 외에 그 업무의 주체인 법인 또는 는 개인도 처벌하도록 특례규정을 두는 경우를 말한다. FTA 관세특례법 제45조에 양벌규정 조항을 두고 있다. 양벌규정에 의하여 법인이나 개인을 처벌하는 조항은 제44조 제2항 및 제3항의 위반행위로 한정하기 때문에 제44조 제1항(비밀유지 의무)의 위반행위는 양벌규정을 적용하지 않는다.

---

218) 범죄결심은 범죄를 실현하려는 의사를 내심에서 확정하는 단계이다.
219) 예비는 범죄의사의 실현을 위한 준비행위이고 음모는 2인 이상이 일정한 범죄를 실현하기 위하여 서로 의사를 교환하고 합의하는 것이다.
220) 미수란 범죄의 실행에 착수하여 행위를 종료하지 못하였거나 종료하였더라도 결과가 발생하지 아니한 경우를 말한다.
221) 기수란 실행에 착수한 행위가 구성요건의 모든 표지를 충족시킨 경우를 말한다.
222) 종료란 기수 이후에 보호법익에 대한 침해가 실질적으로 끝난 경우를 말한다.

사용인의 행위에 대하여 업무주체의 책임을 인정하는 목적은 사용인의 행위로 인한 이익이 업무주체에 귀속될 뿐만 아니라 사용인은 업무주체의 지휘감독을 받는 입장에 있는 자이므로 사용인의 위법행위에 대한 업무주체의 과실 책임을 인정함으로써 업무주체의 감독의무를 부여하여 범죄를 미연에 방지하고자 하는 것이다.

또한, 법인의 대표자 등 임원이 법인의 업무에 관하여 위법행위를 한 경우는 그 효과가 직접 법인에게 발생함에 따른 직접적인 법인의 책임인 것이며, 직원이나 사용인이 법인의 업무에 관하여 위법행위를 한 경우는 임원 등 법인의 기관이 주의, 감독의무를 태만히 한 데 대한 과실 책임을 지는 것으로써, 이는 행정목적의 실현을 위한 행정형벌의 특성중의 하나인 것이다.

양벌규정에 의한 법인 또는 개인에 대한 벌칙은 벌금형에만 한정하고 있으며, 징역이나 금고는 과하지 아니한다. 법인에게는 본질적으로 징역형 등 자유형을 과하는 것이 불가능하고 자연인에게는 불가능한 것은 아니지만 연좌적으로 처벌된다는 점을 고려할 때 자유형을 과하는 것은 타당하지 않기 때문이다. 또한 양벌규정은 관세형벌에 처벌하는 경우에만 적용되며, 관세질서벌인 과태료의 처벌 시에는 적용되지 아니한다.

과실책임을 근거로 처벌하는 경우, 입법정책상 일정한 주의의무를 다하였으면 양벌규정으로 처벌되지 않는 면책조항을 두고 있다. 즉, 법인 또는 개인이 본인의 사용인 등에 대한 지휘·감독상의 주의 의무를 다한 경우에는 면책된다.

관세형벌의 유형

▶ 1 비밀유지 의무 위반죄

가. 의의

　　세관공무원 또는 원산지증빙서류 발급자가 업무상 지득한 비밀취급자료를 자료제출자의 동의 없이 타인에게 제공 또는 누설하거나 사용목적 외의 용도로 사용함으로써 성립하는 범죄이다(법 제44조 제1항). 본죄의 보호법익은 사인의 영업비밀 보호를 통한 건전한 경제질서 확립이다. 본죄는 형법상 공무상비밀누설죄(형법 제127조), 업무상비밀누설죄(형법 제317조)와 유사한 범죄이며 FTA 관세특례법 상 법정형이 가장 높은 범죄이다.

나. 주체

　　본죄의 주체는 세관공무원과 FTA협정 또는 이 법에서 정하는 발급권한기관에서 원산지증명서의 발급을 담당하는 직원을 말한다. 관세법 제119조에 따른 심사청구 또는 심판청구가 있는 경우에는 심사청구 또는 심판청구의 재결청도 본죄의 주체가 된다. 본죄는 '진정신분범'이므로 법 제38조(제40조 제2항에서 준용하는 경우를 포함한다)에 열거되지 않는 자는 본죄의 주체가 될 수 없다.

다. 객체

　　본죄의 객체는 FTA 협정 및 이 법에서 정한 바에 따라 원산지의 결정, 관세의 부과·징수 또는 통관을 목적으로 수입자·수출자·생산자(체약상대국에 거주하는 수출자·생산자와 그 밖의 이해관계인을 포함한다) 또는 체약상대국의 권한 있는 기관이 제출한 자료로서 자료제출자의 요청에 의하여 비밀취급자료로 지정된 자료이다. 자료제출자의 요청이 없더라도 관세청장, 세관장 및 발급권한기관의 장이 공개될 경우 자료제출자 또는 그 이해관계인의 이익이 침해될 우려가 있을 것으로 인정하여 비밀취급자료로 지정한 자료도 본죄의 객체이다.

라. 제공·누설 및 용도외 사용

본죄의 행위태양은 자료제출자의 동의 없이 타인에게 비밀취급자료를 제공·누설하거나 목적 외의 용도로 사용하는 것이다

누설이란 비밀을 모르는 제3자에게 비밀을 고지하는 것이다. 제공·누설의 상대방이 1인이건 다수인이건 불문하며 방법에도 제한이 없다. 체약상대국의 관세당국도 제3자에 해당한다. 본죄는 제공·누설 행위에 의하여 비밀취급자료가 상대방에게 도달한 때 기수가 된다. 본죄는 위험범[223]이기 때문에 상대방의 현실적 인식이나 피해의 발생을 요하지 않는다.

본죄의 구성요건은 자료제출자의 동의 없이 타인에게 제공·누설하는 것이기 때문에 자료제출자의 동의를 얻은 경우에는 구성요건이 성립하지 않는다.

또한 다음의 경우에는 자료제출자의 동의 없이 제공·누설하였다고 하더라도 법 제38조 단서조항에 의하여 구성요건이 성립하지 않는다.

① 국가기관이 관세에 관한 쟁송 또는 관세범의 소추(訴追)를 목적으로 비밀취급자료를 요구하는 경우
② 법원의 제출명령 또는 법관이 발부한 영장에 따라 비밀취급자료를 요구하는 경우
③ 세관공무원 상호간에 관세의 부과·징수, 통관 또는 질문·검사상의 필요에 따라 제공하는 경우

자료제출자가 제출한 비밀취급자료는 원산지의 결정, 관세의 부과·징수 또는 통관 등 FTA협정 및 FTA 관세특례법에서 정한 용도로 사용하여야 한다. 자료제출자의 동의 없이 용도 외의 다른 목적으로 사용하는 것도 이 법에 의한 처벌대상이다.

마. 고의

본죄로 처벌하기 위하여는 행위자에게 고의가 있어야 한다. 과실만 있는 경우에는 과실범에 대한 처벌규정이 없으므로 처벌할 수 없다. 본죄의 주체가 자신의 신분을 인식하고 자료제출자의 동의없이 타인에게 제공·누설하거나 사용목적 외의 용도로 사용한다는 사실에 대한 인식과 의사를 그 내용으로 하는 고의가 있어야 한다.

---

[223] 구성요건상으로 전제된 보호법익에 대한 위험상태의 야기만으로 구성요건이 충족되는 범죄

바. 처벌

3년 이하의 징역 또는 3천만원 이하의 벌금에 처한다(법 제22조 제1항). 본죄는 관세법의 규정을 준용하지 않는다. 따라서 관세청장이나 세관장의 고발이 없어도 검사는 공소를 제기할 수 있다. 본죄는 법 제45조의 양벌규정을 적용하지 않는다.

▶2 원산지증빙서류 부정발급

가. 의의

FTA 협정 및 FTA 관세특례법에 따른 원산지증빙서류를 속임수 또는 그 밖의 부정한 방법으로 신청하여 발급받았거나 작성·발급함으로써 성립하는 범죄이다(법 제44조 제2항 1호 및 7호, 법 제44조 제3항). 본죄의 보호법익은 원산지증빙서류의 진정에 대한 공공의 신용 및 통관질서의 적정, 국가재정수입 확보이다.

나. 주체

협정 및 이 법에서 정한 원산지증빙서류를 발급받은 자 또는 작성·발급한 자이다. 법 제44조 제2항 제1호에서는 본죄의 주체를 원산지증빙서류를 발급받은 자, 작성한 자, 발급한 자로 규정하였고 법 제44조 제2항 제7호에는 원산지증빙서류의 발급자만 규정하였는데 발급자를 세관공무원과 대통령령으로 정하는 원산지증빙서류 발급자로 한정하였다. 제7호의 죄는 진정신분범이다. 신분이 없는 자 즉, 세관공무원이나 대통령령으로 정하는 원산지증빙서류 발급자가 아닌 자는 법 제44조 제2항 제7호의 범죄에 대한 주체가 될 수 없다. 다만 신분이 없는 자가 세관공무원이나 대통령령으로 정하는 원산지증빙서류 발급자 명의로 발급하였다면 형법 상 문서에 관한 죄로 처벌할 수 있다. 협정이나 이 법에서 수출자, 생산자 또는 수입자가 자율적으로 해당 물품에 대한 원산지증빙서류를 작성할 수 있는 경우에는 법 제44호 제2항 제1호에 의하여 본죄의 주체가 된다.

다. 속임수 또는 부정한 방법

속임수는 타인을 착오에 빠뜨리는 일체의 행위를 말한다. 부정한 방법이란 사회통념상 부정으로 인정되는 모든 행위를 말한다. 속임수와 부정한 방법에는 제한이 없으며 작위뿐만 아니라 부작위도 포함한다. 본죄는 원산지증빙서류를 발급 받았거나 작성·발급하였을 때 기수가 된다.

라. 고의 및 법 제44조3항과의 관계

본죄의 주체에게 고의가 있어야 본죄가 성립한다. 속임수 또는 부정한 방법으로 원산지증빙서류를 발급받거나 작성·발급한다는 사실을 인식하면서 그것을 용인하는 의사가 있어야 한다.

법 제44조 제3항은 원산지증빙서류를 사실과 다르게 신청하여 발급받았거나 작성·발급한 자를 처벌한다고 규정하였다. 행위태양[224]이 '사실과 다르게'신청하는 것으로써 법 제44조 제2항 제1호, 제9호의 '속임수 또는 그 밖의 부정한 방법'과 다르다. 처벌 또한 부정하게 발급받은 경우에는 2천만원 이하의 벌금에 처하도록 되어 있고 사실과 다르게 발급받는 경우에는 300만원 이하의 벌금에 처하도록 되어 있다. 또한 법 제44조 제3항의 규정에는 수출자, 생산자, 수입자가 해당 물품의 원산지에 관한 내용에 오류가 있음을 알고 기획재정부령으로 정하는 기간 이내에 원산지증빙서류의 수정통보를 한 경우에는 처벌하지 않는 면책조항을 두고 있다.

〈한-미 FTA 제6.20조 수출 관련 의무〉

2. 어떠한 당사국도, 수출자 또는 생산자가 증명을 제공받은 모든 인에게 증명이 부정확하다는 것을 서면으로 자발적으로 통보할 경우, 그 수출자나 생산자에게 부정확한 증명을 제출한 것에 대하여 별칙을 부과할 수 없다.

법 제44조 제3항은 원산지증빙서류 발급받은 자, 작성한 자, 발급한 자는 사실과 같이 작성된 것으로 인식하였으나 실제로는 사실과 다르게 발급받거나, 작성·발급한 경우에 적용한다. 사실과 다르게 작성된다고 인식하였다면 법 제44조 제2항을 적용하여야 할 것이다.

---

224) 행위의 여러가지 모양, 행위의 여러가지 형태라는 뜻이다.

> **적용지침**
>
> **"속임수 또는 부정한 방법으로" 원산지증명서를 발급받은 경우와 "사실과 다르게" 발급받은 경우의 구분**
>
> ▶ (사실과 다른 발급) 업무태만·규정 미숙지·착오 등으로 C/O 기재사항을 협정 및 법령에서 정하는 기준과 절차대로 따르지 아니한 경우
>   ※ 고의가 있는 경우에만 처벌가능(관세청 해석, '16.2.18)
> ▶ (속임수 또는 부정한 발급) C/O 기재사항이 틀리다는 점을 인식하였거나 충분히 인식할 수 있었으면서도 틀리게 기재한 경우가 해당
>   - 다만, C/O 법률적 효력에 영향을 미칠 수 있는 중요사항*을 누락 또는 오기재한 경우에 한하며, C/O 자체의 유효성에 영향이 없는 경우는 제외
>   *C/O서식이 상이한 경우, C/O 신청자·발급자 서명 누락, 비서명권자가 서명한 경우, 원산지 표기방법이 잘못된 경우 등
>   [통고처분 운영 매뉴얼, 관세청]

▶3 감면물품 등 용도외 사용·양도

가. 의의

본 죄는 FTA 협정에 의하여 관세의 감면을 받거나 용도세율의 적용을 받은 물품 등을 세관장의 승인 없이 감면 등의 조건을 위반하여 용도 외 사용하거나 양도하였을 때 성립하는 범죄이다. 본죄는 과실범도 처벌하도록 규정하고 있다.

나. 주체

관세의 감면을 받거나 용도세율의 적용을 받은 물품의 납세의무자 뿐만 아니라 납세의무가 없는 자도 본죄의 주체가 될 수 있다

다. 객체

적법하게 관세감면 또는 용도세율적용을 받은 물품이 본죄의 객체가 된다. 부정한 방법으로 관세를 감면받은 행위는 본죄가 아니라 관세법상 부정감면죄로 처벌한다. 또한 내국세를 감면받은 경우에는 관세를 감면받은 경우가 아니라면 본죄에 해당하지 않는다.

라. 용도 외 사용 및 양도

용도 외 사용이란 법령에서 정한 용도 이외의 다른 용도에 사용하는 것을 말한다. 양도란 물품에 대한 소유권의 이전을 의미한다. 본죄가 성립하기 위해서는 용도 외 사용·양도가 세관장의 승인 없이 이루어져야 한다. 따라서 세관장의 승인을 얻어 용도외 사용 또는 양도한 경우에는 감면된 관세의 징수문제만 발생할 뿐 본죄는 성립하지 않는다.

마. 처벌

2천만원 이하의 벌금에 처한다. 다만 과실로 본죄를 범한 자는 300만원 이하의 벌금에 처한다(법 제44조 제2항 2호, 3호).

▶ 4 원산지증빙서류 등의 미보관 및 거짓 제출

가. 의의

FTA 협정 및 이 법에 따른 서류보관 의무자가 서류를 보관하지 않거나 관세청장 또는 세관장이 요청한 서류를 거짓으로 제출, 또는 원산지 등에 대한 사전심사 서류를 거짓으로 제출하거나 고의로 제출하지 아니한 경우에 본죄가 성립한다.

나. 원산지증빙서류 등의 보관

본죄의 주체는 수입자, 수출자 및 생산자이며 본죄의 객체는 대통령령으로 정하는 서류이다. FTA 관세특례법 시행령 제10조에 수입자, 수출자, 생산자 별로 보관하여야 하는 서류를 규정하고 있다. 수입자, 수출자 및 생산자는 5년의 범위에서 대통령령으로 정하는 기간(협정에서 정한 기간이 5년을 초과하는 경우에는 그 기간)동안 서류를 보관할 의무가 있다(한-중 FTA에서 수출자 및 생산자는 3년). 서류보관의무에 반하여 서류를 보관하지 않을 경우 본죄로 처벌한다

다. 관세청장 또는 세관장 요청서류 거짓제출

본죄의 주체는 수입자, 수출자·생산자(체약상대국에 거주하는 수출자 및 생산자를 포함한다), 당해 물품의 생산에 사용된 재료를 공급하거나 생산한 자(체약상대국에 거주하는 자를 포함한다), 당해 물품의 거래·유통·운송·보관 및 통관을 대행하거나 취급한 자이다. 본죄의 객체는 FTA 관세특례법 시행령 제10조에 규정한 서류이다. 관세청장 또는 세관장은 협정에서 정하는 범위에서 원산지의 확인,

협정관세의 적용 등에 관한 심사를 하는 데 필요하다고 인정하는 경우에는 본죄의 주체에게 FTA 관세특례법 시행령 제10조에 규정한 서류의 제출을 요구할 수 있다. 이러한 관세청장 또는 세관장의 요구에 서류를 거짓으로 제출한자는 본죄로 처벌한다.

라. 사전심사 서류 거짓 제출 등

본죄의 주체는 이 법 제31조의 규정에 의하여 관세청장에게 사전심사를 신청한 자이다. 협정관세의 적용에 대한 기초가 되는 사항으로서 원산지결정기준의 충족 여부 등 대통령령으로 정하는 사항에 대하여 의문이 있는 자는 해당 물품의 수입신고를 하기 전에 관세청장에게 대통령령으로 정하는 서류를 갖추어 그 의문사항을 미리 심사하여 줄 것을 신청할 수 있다. 또한 관세청장은 제출된 서류가 미미하여 신청사항을 심사하기가 곤란하다고 인정되는 때는 일정한 기간을 정하여 보정을 요구할 수 있다. 사전심사 신청자가 사전심사에 필요한 자료를 거짓으로 제출하거나 고의로 제출하지 아니한 자는 본죄로 처벌한다.

마. 처벌

2천만원 이하의 벌금에 처한다(법 제44조 제2항 4호 내지 6호).

조사와 처벌절차

관세형벌은 일반 형사벌과 마찬가지로 원칙적으로「형사소송법」이 적용되므로, 형사소송법에 따라 관세형벌을 부과·집행하게 된다. 다만, 관세법(제12장)은 관세범의 특성을 고려하여 형사소송법에 대한 특칙을 규정하고 있으므로, 그러한 특칙이 있는 사항에 대해서는 관세법 조항이 우선 적용된다. 즉, 세관공무원은 관세범을 조사하여 세관장 등에게 보고하면, 세관장 등은 고발 또는 통고처분을 하게 되고, 통고처분에 대하여 범칙자가 통고의 요지를 이행하면 그로써 사건은 종결되나, 통고처분 불이행으로 인한 고발이나 즉시고발이 있는 경우에는 사건은 검찰로 송치되고 일반 형사소송법에 규정된 형사절차에 따라 관세형벌이 실현된다. 세관장 등의 고발은 소송조건이 된다.

1 FTA 관세특례법 위반사범(단일 법률 위반)

◆ 위반행위별로 자체 통고처분 또는 조사부서 고발의뢰

구분		위반행위	법정형	처분
제44조 제1항		비밀자료 누설 등	3년 이하 징역 또는 3천만원 이하 벌금	고발
제44조 제2항	제1호~ 제6호	C/O 부정발급 등	2천만원 이하 벌금(양벌) ※일부 과실은 3백만원이하	통고처분
	제7호	세관공무원, 상공회의소 직원의 C/O 부정발급	2천만원 이하 벌금(양벌)	고발
제44조 제3항		C/O 과실 발급	3백만원 이하 벌금(양벌) ※고의가 있는 경우에만 처벌	통고처분

▶2 FTA 관세특례법 및 他 법률 위반사범(다수 법률 위반)

◆ 경합 법률을 모두 적용하되, 중한 죄를 기준으로 통고처분 또는 고발여부 결정

[예시1] 허위 C/O를 사용하여 1백만원의 관세를 포탈한 경우
〈위반법조 및 법정형〉
- FTA특례법 제44조제2항제1호 : 2천만원 이하의 벌금
- 관세법 제270조제1항제1호 : 5백만원이하의 벌금(포탈세액 X 5배)
  ⇒ 2개 죄 모두 통고처분 대상에 해당하므로 통고처분

[예시2] 허위 C/O를 사용하여 1천만원의 관세를 포탈한 경우
〈위반법조 및 법정형〉
- FTA특례법 제44조제2항제1호 : 2천만원 이하의 벌금
- 관세법 제270조제1항제1호 : 5천만원이하의 벌금(포탈세액 X 5배)
  ⇒ 중한 죄(관세포탈죄)가 고발 대상에 해당하여 고발의뢰

▶3 수개의 동종 위반행위에 대한 통고처분

◆ 동종의 위반행위를 수회에 걸쳐 반복한 경우, 각 위반행위건마다 통고처분해야 하는지 아니면 포괄일죄를 적용하여 통고처분해야 하는지에 대하여는 반복된 행위의 범의의 단일성, 침해법익의 동일성, 시간적·장소적 근접성, 범행방법 등을 고려하여 하나의 범죄로 평가될 수 있다면 포괄일죄[225]를 적용할 수 있다고 봄이 일반적이나, 각각의 사안별로 다양한 해석이 가능하므로 개별 건별로 추가 검토가 필요함

[예시3] 허위 C/O를 수회에 걸쳐 부정 발급하여 체약당사국 수입자에게 제공한 경우
〈위반법조 및 법정형〉
- FTA특례법 제44조제2항제1호 : 2천만원 이하의 벌금

---

[225] 포괄일죄(包括一罪)란 형법상 개념으로 수개의 행위가 포괄적으로 1개의 구성요건에 해당하여 1죄를 구성하는 것을 말한다

관세질서벌

 법률상의 의무를 위반하여 과태료를 부과하는 행위를 질서위반행위라고 한다(질서위반행위규제법 제2조 제1호). 법률상의 의무 위반에 대한 제재라는 점은 형벌과 동일하지만 형법에 형명이 없는 벌인 과태료를 부과한다는 점에서 형벌과 다르다. 이러한 질서위반행위에 대한 제재를 행정질서벌이라고 한다. 행정질서벌에는 형법총칙이 적용되지 않으며 양벌규정도 적용하지 않는다. 과태료는 원칙적으로 고의 또는 과실이 있어야 부과가 가능하다(질서위반행위규제법 제7조). 따라서 관세법 등에서는 위반행위자에게 정당한 사유가 있다고 인정되는 경우 과태료를 부과하지 않고 경고하는 방법으로 행정지도를 할 수 있다. 이 경우는 행정지도 이력은 5년간 관리되며, 과태료 가중 부과 기준은 적발일로부터 직전 2년동안 위반횟수를 적용한다.

 세관장은 법 제46조에 따른 과태료 부과 대상자 또는 「외국환거래법」제32조에 따른 과태료 부과 대상자에 대해 관세질서벌인 과태료를 부과한다.

▶1 1천만원 이하 과태료(제46조 제1항)

① 정당한 사유 없이 기간 이내에 서류를 제출하지 아니한 자
② 세관장의 서면조사 또는 현지조사를 거부·방해 또는 기피한 자

 체약상대국의 수출자 및 생산자는 법체계상 당연하게 과태료 부과 대상에서 제외하고 있다.

2 500만원 이하 과태료(제46조 제2항)

① 세관장의 승인을 받지 아니하고 용도에 따라 세율을 다르게 정하는 물품을 세율이 낮은 용도에 사용한 자
② 용도세율 적용물품을 해당 용도 외 다른 용도로 사용하거나 양도한 자 중 용도세율과 동일한 용도에 사용하려는 자에게 양도한 자
③ 세관장 승인을 받지 아니하고 재수출 조건부 면세를 받은 일시수입물품을 재수출 이행 기간 내에 용도 외의 다른 용도로 사용하거나 양도한 자 중 해당물품을 직접 수입한 경우 관세 감면을 받을 수 있는 자에게 양도한 자
④ 체약상대국 물품에 대한 원산지증빙서류 작성자나 수입신고 수리 세관장으로부터 원산지증빙서류 오류 통보를 받고도 세액정정, 세액보정신청, 수정신고 또는 경정청구를 하지 아니한 자

3 과태료 부과·징수 절차[226]

과태료는 과태료 부과에 대한 일반법인「질서위반 행위 규제법」에 따라 세관장이 부과·징수하며, 관세청 훈령인「관세법 등에 의한 과태료 부과징수에 관한 시행세칙」에 부과기준, 절차 등에 대하여 보다 구체적으로 규정하고 있다. 세관장이 FTA관세특례법 제46조에 따라 과태료를 부과하는 때에는 당해 위반행위를 조사·확인한 후 위반사실·과태료 금액·이의신청방법·이의신청기간 등을 서면으로 명시하여 과태료 처분대상자에게 통지하여야 한다. 이 경우 세관장은 10일 이상의 기간을 정하여 과태료처분대상자에게 구술 또는 서면에 의한 의견진술 기회를 부여하여야 하며, 만일 지정된 기일까지 의견진술이 없는 경우에는 의견이 없는 것으로 간주할 수 있다.

이 때 제출된 의견서를 심사하는 절차는 "사전절차에서의 심사"라 하고, 과태료 부과후 불복을 위해 제출된 의견서(이의신청)를 부과관청에서 심사하는 것은 "중간심사"라고 부른다. "사전절차에서의 심사"과정에서 제출된 의견이 상당한 이유가 있는 경우 과태료를 부과하지 아니하거나 통지내용을 변경할 수 있다.

「질서위반행위규제법」에서는 의견진술기간내에 자진납부하는 경우 20%까지 경감할 수 있도록 하고, 추가적으로 50% 범위내에서 사회적 약자[227]에 대한 감경을 할 수 있도록 규정하고 있다. FTA

---

226) 출처: 관세청이 발간(2015년)한「세관장이 부과하는 과태료·과징금 사전」
227) 국민기초생활보장법 수급자, 한부모가족지원법 보호대상자, 장애인, 국가유공자, 미성년자

관세특례법 시행령 제54조의 과태료의 부과기준에서는 과태료 금액의 50%의 범위에서 그 금액을 감경할 수 있도록 규정하고 있다.

세관장의 과태료 부과처분에 대하여 당사자가 납부기한까지 납부하지 아니한 때에는 납부기한을 경과한 날부터 체납된 과태료에 대하여 5%의 가산금을 징수하고, 체납된 과태료를 납부하지 아니한 때에는 납부기한이 경과한 날로부터 매 1개월이 경과할 때마다 체납된 과태료의 1.2%의 중가산금을 위 가산금에 가산하여 징수한다. 중가산금의 징수기간은 60개월을 초과하지 못한다. 따라서 납부기한 경과후 만 5년이 지난 경우 당초 부과된 과태료에 총 77%의 가산금을 더한 금액을 납부하여야 한다.

과태료와 가산금을 납부하지 아니한 때에는 국세 또는 지방세 체납처분의 예에 따라 징수한다. 또한 일정횟수 및 금액기준 이상의 체납자에 대해서는 관허사업의 제한, 신용정보의 제공, 감치제도를 적용할 수 있다.

수개의 동일한 질서위반행위에 대한 과태료는 각각 부과하는 것이 원칙이다. 원산지조사 등에 의하여 수개의 동일한 질서위반행위가 적발된 경우 다음 계산식을 적용하여 계산한 금액을 1년 단위로 일괄하여 부과할 수 있다.

부과액=
법정상한액+(법정상한액×19)×(위번건수-법정상한액 도달건수)÷위반건수+(법정상한액×19÷차수별 해당금액)

또한, 동일한 위반행위에 대한 효율적 제재를 위해 FTA관세특례법에서는 1차, 2차, 3차, 4차로 나누어 부과금액을 점차 가중하는 "4단계 가중부과 기준"을 적용하도록 정하고 있다.

과태료 부과는 행정처분이며, 동 처분에 불복이 있는 자는 부과통지를 받은 날부터 60일 이내에 세관장에게 이의를 제기할 수 있고, 이의신청을 접수한 세관장은 심사하고 이의제기를 받은 날부터 14일 이내에 이에 대하 의견 및 증빙서류를 첨부하여 관할법원에 통보하여 「비송사건절차법」에 따른 과태료 재판[228]을 한다.

[228) 비송사건절차법에 의해 재판을 하게 되는 경우 당초 행정기관의 과태료부과처분은 효력을 상실하게 되고 법원이 과태료 부과의 요건에 해당되는지 여부를 심사하게 되는데 이를 흔히 과태료 재판이라 하며, 재판결과 부과요건이 인정되는 경우 법원이 과태료 부과를 재고지한다.

과태료의 부과기준

1. 일반기준

   가. 위반행위의 횟수에 따른 과태료의 부과기준은 최근 5년간 같은 위반행위로 과태료를 부과받은 경우에 적용한다. 이 경우 위반 횟수는 같은 위반행위에 대하여 과태료 부과처분을 받은 날과 그 처분 후에 한 위반행위로 적발된 날을 각각 기준으로 하여 계산한다.

   나. 부과권자는 다음의 어느 하나에 해당하는 경우에는 제2호의 개별기준에 따른 과태료 금액의 2분의 1 범위에서 그 금액을 줄일 수 있다. 다만, 과태료를 체납하고 있는 위반행위자에 대해서는 그렇지 않다.
   1) 위반행위자가 「질서위반행위규제법 시행령」 제2조의2제1항 각 호의 어느 하나에 해당하는 경우
   2) 위반행위가 사소한 부주의나 오류로 인한 것으로 인정되는 경우
   3) 위반행위자가 법 위반상태를 시정하거나 해소하기 위해 노력한 것이 인정되는 경우
   4) 그 밖에 위반행위의 정도, 위반행위의 동기와 그 결과 등을 고려하여 과태료를 줄일 필요가 있다고 인정되는 경우

2. 개별기준

(단위: 만원)

위반행위	근거 법조문	과태료 금액			
		1차 위반	2차 위반	3차 위반	4차 이상 위반
가. 정당한 사유 없이 법 제16조제2항에 따른 기간 이내에 서류를 제출하지 않은 경우	법 제46조제1항제1호	200	500	800	1,000
나. 법 제17조제1항 및 법 제18조제1항에 따른 관세청장 또는 세관장의 서면조사 또는 현지조사를 거부·방해 또는 기피한 경우	법 제46조제1항제2호	200	500	800	1,000
다. 법 제4조제2항에서 준용하는 「관세법」 제83조제1항을 위반하여 승인을 받지 않고 용도에 따라 세율을 다르게 정하는 물품을 세율이 낮은 용도에 사용한 경우	법 제46조제2항제1호	100	200	300	500
라. 법 제4조제2항에서 준용하는 「관세법」 제83조제2항을 위반한 경우 중 세율이 낮은 용도와 동일한 용도에 사용하려는 자에게 양도한 경우	법 제46조제2항제2호	100	200	300	500
마. 법 제14조제2항에 따라 원산지증빙서류의 오류 내용을 통보받고도 이를 세관장에게 세액정정·세액보정 신청, 수정신고 또는 경정청구를 하지 않은 경우	법 제46조제2항제3호	100	200	300	500
바. 법 제30조제3항에서 준용하는 「관세법」 제97조제2항을 위반한 경우 중 해당 물품을 직접 수입한 경우에는 관세의 감면을 받을 수 있는 자에게 양도한 경우	법 제46조제2항제4호	100	200	300	500

세관장은 위반행위의 정도, 동기와 그 결과 등을 고려하여 상기표에 따른 과태료 금액의 2분의 1의 범위에서 그 금액을 감경할 수 있다.

[집행기준]

과태료 처분은 국가 또는 지방자치단체가 행정상의 의무위반(질서위반행위)에 대하여 의무위반자에게 가하는 제재로서 행정질서벌이다. 즉, 과태료는 법 위반행위자에게 부과 처분되고 그 처분에 따른 효과도 법 위반행위자에게만 미치는 것이 원칙(과태료 법정주의)이다.

따라서, 해당 법률에서 법 위반행위를 한 법인에게 과태료를 부과하도록 규정하고 있다면, 과태료는 법 위반행위자인 법인에게 부과되는 것이고 그 법인의 대표자에게 부과되는 것은 아니다.

또한, 해당 법률에 의해 법 위반행위를 한 법인에게 과태료가 부과된 것이라면 그 과태료를 법인이 체납하였다고 하여 이를 근거로 회사의 재산이 아닌 법인 대표자 개인 재산에 체납처분을 할 수는 없다.

【질서위반행위규제법 해석 사례집, 법무부, 2011.7】

고발·송치 및 통고처분

세관장은 범칙예비조사 결과 법 제44조 제1항(비밀취급자료를 타인에게 제공 또는 누설하거나 목적 외의 용도로 사용한 자) 및 제2항 제7호(협정 및 이 법에 따른 원산지증빙서류를 속임수나 그 밖의 부정한 방법으로 발급한 세관공무원과 대한상공회의소 원산지증빙서류 발급자)에 해당하는 경우 「관세범의 고발 및 통고처분에 관한 훈령」에 따라 고발·송치를 의뢰 한다.

세관장은 범칙예비조사 결과 법 제44조 제2항 제1호부터 제6호 및 제3항에 해당하는 경우 「관세법」 제311조에 따라 통고처분 한다.

통고처분은 범칙행위가 발생한 부서에서 직접하되, 다음에 해당하는 경우에는 조사부서에 고발 의뢰한다.

- 고발 및 통고처분 훈령 별표1 고발기준에 해당하는 경우
- 무자력 또는 통고불이행 우려가 있는 경우
- 관세법 위반사항과 타 법령 위반사항이 경합되는 경우
- 여죄·공범 등의 정황이 있거나, 수사에 장기간이 소요되는 등 발생부서에서 처리가 곤란하다고 판단되는 경우

미국의 특혜무역 프로그램 관련 위반행위별 처벌수위

위반행위(Contravention)	처벌(Penalty)
적절한 자료 미 보관(5년간)	● 수입신고 건당 최고 $10,000 벌금 혹은 수입가격의 40%. ● 고의적 행위는 $100,000 벌금 혹은 수입가격의 70%
적하목록(Manifest) 미 발행	$1,000 벌금
미 수입자가 원산지증명서 미 제공	$10,000 벌금과 FTA특혜배제
미 수출자가 원산지증명서 허위 제출	미 관세법 1592조에 의한 과실, 중과실, 사기로 처벌 및 협정 상대국의 FTA특혜배제
미 수출자가 원산지증명서 입증자료 미 제공	각 특혜적용 건별 $10,000 벌금 및 협정상대국의 FTA특혜배제
미 수입자가 특혜대상 물품이 아님에도 특혜 물품으로 잘못 신고	● 미 관세법 1592조에 의한 과실, 중과실, 사기로 처벌 및 협정 상대국의 FTA특혜배제 ● 특혜적용 건별 $10,000 벌금

〈미 관세법 제1592조 벌칙조항〉

구분	부주의·과실(Negligence)	중과실(Gross Nrgligence)	사기(Fraud)
정의	일반적 수준의 업무 처리를 못하여 오류 발생	실제 규정을 알면서도 무관심 또는 무시로 발생	알면서도 의도적으로 위반을 행한 경우
벌금	**손실금액의 1/2~2배** 또는 수입품 국내가격	**손실금액의 5/2~4배** 또는 수입품 국내가격	**손실금액의 5~8배** 또는 수입품 국내가격
원산지 소송 판례	**Jean Roberts of Califonia(2006)** · Woven(통관)⋯ Acrylic knit(실제) · 멕시코 생산자가 자료제공 및 책임주장 · NAFTA 법규 Rulling 받음(Woven)	**Chemicals Importer(1998)** · 브라질 원재료, 콜롬비아 가공 · 미세관 HS Rulling: 3402.11.10 · 수입 HS: 2904.10(0%, ATPA)	**Martha Matthews(2008)** · 중국제조 실리콘 반덤핑관세 ⋯ 한국으로 원산지 허위 표시 · ADD 관세139.5%)
벌금	감사요청무시(Default Judgement) **$242,375.46(손실액 x 2)**	ATPA원산지율 부족(19.4%〈35%) **$445,064.56(손실액 x 4)**	손실금액(ADD): $12.8백만 **$23.8백만(국내가격)**

* 손실금액= 관세 + 통관수수료(MPF) + 이자, 무관심 또는 무시(Wantonly disregard)
* ATPA: Andean Trade Preference Act (USA, Bolivia, Columbia, Ecuador, and Peru)

FTA 관련 자격시험 예 상 문 제

62
다음 중 FTA특례규정에 따른 벌금형 대상이 아닌 것은?
① 원산지증명서를 부정한 방법으로 작성·발급한 경우
② 과실로 용도세율 적용물품을 용도외의 다른 용도로 사용한 경우
③ 정당한 사유없이 관련 서류를 보관하지 아니한 경우
④ 정당한 사유없이 세관장이 요구한 서류를 기간이내에 제출하지 아니한 경우
⑤ 사전심사에 필요한 자료를 고의로 제출하지 아니한 경우

해설 정당한 사유없이 세관장이 요구한 서류를 기간이내에 제출하지 아니한 경우에는 1천만원 이하의 과태료 부과 대상이다.

정답 ④

63
OO세관에서 FTA원산지인증수출자 업무를 담당하는 P씨는 친구의 부탁을 받고, 원산지인증수출자 신청시 제출한 A사의 원가자료를 무단으로 친구에게 제공하였다. 이에 대한 FTA 관세특례 법령상의 벌칙으로 옳은 것은?
① 2천만원 이하 벌금
② 3년이하 징역이나 3천만원 이하 벌금
③ 1년이하 징역이나 2천만원 이하 벌금
④ 5년이하 징역이나 5천만원 이하 벌금
⑤ 1천만원 이하 벌금

해설 세관공무원이 비밀취급자료를 타인에게 제공 또는 누설한 경우에는 3년 이하의 징역 또는 3천만원 이하의 벌금에 처한다.

정답 ②

64

FTA특례법령이 적용되는 다음의 행위자 중 가장 낮게 처벌되는 자는?

① 용도세율 적용물품은 해당 용도외의 다른 용도에 사용한 자
② 세관장이 요청한 서류를 거짓으로 제출한 자
③ 원산지증빙서류를 사실과 다르게 작성·발급한 자
④ 원산지증빙서류를 부정한 방법으로 발급한 대한상공회의소 담당자
⑤ 사전심사에 필요한 자료를 고의로 제출하지 아니한 자

해설 ③의 경우는 벌금 300만원 이하이나 나머지는 벌급 2천만원 이하이다.
정답 ③

CHAPTER

12

일반특혜 제도

- 제1절   일반특혜 개요
- 제2절   일반특혜 적용 대상국가
- 제3절   원산지결정기준
- 제4절   일반특혜 원산지증명서 발급
- 제5절   수입물품의 일반특혜 적용
- 제6절   원산지 확인요청 및 조사
- 제7절   원산지 등에 대한 사전확인 제도

일반특혜 개요

일반특혜란 자유무역협정에 따른 FTA관세특례법상 특혜를 제외하고 관세법, 조약, 기타 협정 등에 따라 특정 국가를 원산지로 하는 상품에 대해 특혜관세를 적용하는 것(실행관세율 보다 낮은 관세율 적용)을 말한다. 현재 특정국가를 원산지 하는 상품에 대해 특혜관세를 적용하는 경우에는 관세법 제73조 국제협력관세, 제74조 편익관세, 제76조 제3항 최빈개발도상국 특혜, 아시아-태평양무역협정에 따른 양허관세(APTA), 세계무역기구협정 개발도상국 간의 양허관세(TNDC), 유엔무역개발회의 개발도상국 간 특혜무역제도의 양허관세(GSTP) 등[229]이 있다.

특혜제공 방식에 따라 국가 상호간 특혜를 부여하는 쌍방적 특혜와 상대국의 특혜제공 여부와 관계없이 일방이 무조건적으로 특혜를 부여하는 일방적 특혜로 구분할 수 있다.

쌍방적 특혜		일방적 특혜
국제법	국내법	
● 아시아·태평양 무역협정 (APTA) ▶ 아시아태평양 무역협정에 의한 물품의 원산지 증명 및 검증 운영절차 ● UN 개발도상국간 특혜무역 협정 (GSTP) ● GATT 개발도상국간 무역협정에 관한 의정서(TNDC)	● 관세법 제73조 ● 세계무역기구협정 등에 의한 양허관세 규정 ● 아시아·태평양 무역협정 원산지 확인 기준 등에 관한 규칙('11.8.4) ● 원산지제도 운영에 관한 고시('15.1.30)	● 관세법 제74, 제76조 ● 최빈개발도상국에 대한 특혜관세 공여 규정 ※ 관세법 제76조 제3항 ● 일반특혜관세제도 (GSP) : 수출적용 - 노르웨이, 뉴질랜드, 캐나다, 우크라이나, 러시아연방, 카자흐스탄(6개국)

---

229) 남북교류협력에 관한 법률에 따른 북한산 물품에 대해 내국물품으로 간주(원산지가 북한인 물품등을 반입할 때에는 「관세법」에 따른 과세 규정과 다른 법률에 따른 수입부과금에 관한 규정은 준용하지 아니한다. 법 제26조 제2항 단서)

상기표에서 APTA, GSTP, TNDC, 국제협력관세, WTO 양허관세는 쌍방적 특혜이며, 편익관세, 일반특혜관세(GSP)는 일방적 특혜이다.

일반특혜관세(GSP : Generalized System of Preferences)

◇ 개발도상국을 지원하기 위해 선진국(미·EU·일 등)이 개도국 수입품에 일방적인 특혜관세를 부여하는 제도로 최혜국대우(MFN)원칙이 비적용

- EU는 1971년 선진국 가운데 처음으로 GSP제도를 도입한 후 176개국의 6,244품목에 일방적 무역특혜를 제공(GSP 일반협정, GSP PLUS, 최빈국을 위한 특별협정-EBA 운영)
- 한국도 관세법 제76조 제1항에서 규정하고 있으나, 수혜대상국은 정하고 있지 않다. ('10.4월경 도입 추진, 150여개 개도국 대상, 수혜기간은 10년, 10년단위 연장, 현재 보류)

〈표 12-1〉 일반특혜와 FTA특혜 비교

구 분	일반특혜	FTA특혜
법 령	● 관세법	● FTA관세특례법
협 정	● APTA, TNDC, GSP, GSTP, 최빈국 특혜	● 한-미 FTA 등 15개
양허품목	● 일부품목에 한정	● 거의 모든 품목
원산지기준	● 대부분 완전생산기준과 부가가치기준 (MC) 적용 (APTA: 일부품목 세번변경기준 도입)	● 완전생산기준, 세번변경기준, 부가가치기준 및 공정기준 적용 (품목별 상이)
C/O제출	● 수입신고시 필수 제출	● 세관 요구시 제출
C/O발급	● 기관발급(상의, 세관)	● 자율발급과 기관발급
특혜신청	● 수입신고서상에 표시	● 협정관세적용신청서 제출
기 타	● 인증수출자, 원산지확인서 등의 규정 無	● 인증수출자, 원산지확인서 등의 규정 有

일반특혜 적용 대상국가

일반특혜 적용 대상국은 아래 표와 같다.

적용	협정·규정	지역	대 상 국
수출·입	아시아-태평양 무역협정 (APTA)	아시아(5)	중국, 인도, 스리랑카, 방글라데시, 라오스
수출	일반특혜관세(GSP)	유럽(3)	노르웨이, 러시아연방, 우크라이나
		아메리카(1)	캐나다
		오세아니아(1)	뉴질랜드
		아시아(1)	카자흐스탄
수출·입	GATT 개발도상국간의 무역협상에 관한 의정서 (TNDC)	아시아(3)	방글라데시, 터키, 파키스탄
		아메리카(5)	멕시코, 브라질, 우루과이, 칠레, 페루
		중동(2)	이스라엘, 이집트
		아프리카(1)	튀니지아
		유럽(1)	루마니아
수출·입	개발도상국간 특혜무역제도 (GSTP)	아시아(12)	파키스탄, 베트남, 싱가포르, 인도, 인도네시아, 말레이시아, 스리랑카, 북한, 태국, 필리핀, 미얀마, 방글라데시
		아메리카(15)	페루, 쿠바, 니카라구아, 멕시코, 가이아나, 에콰도르, 볼리비아, 칠레, 트리니다드토바고, 아르헨티나, 브라질, 콜롬비아, 베네주엘라, 우루과이, 파라과이
		아프리카(13)	짐바브웨, 가나, 알제리아, 리비아, 나이지리아, 카메룬, 모로코, 튀니지아, 수단, 기네아, 베닌, 모잠비크, 탄자니아
		중동(3)	이라크, 이집트, 이란
수출·입	남북교류협력에 관한 법률	아시아(1)	북한

수입	최빈개발도상국에 대한 특혜관세 공여규정	아시아(13)*	아프가니스탄, 방글라데시, 캄보디아, 미얀마,부탄, 키리바시, 라오스, 네팔, 투발루, 바누아투, 솔로몬군도, 예멘, 동티모르
		아프리카(34)*	앙골라, 베냉, 부르키나파소, 부룬디, 중앙아프리카공화국, 차드, 코모로, 지부티, 적도기니, 에리트레아, 에티오피아, 감비아, 기니, 기니비사우, 레소토, 라이베리아, 마다가스카르, 말라위, 말리, 모리타니, 모잠비크, 니제르, 르완다, 상투메프린시페, 시에라리온, 소말리아, 수단, 탄자니아, 토고, 우간다, 콩고민주공화국, 잠비아, 세네갈, 남수단
		아메리카(1)*	아이티

* 표시는 최빈개발도상국

3. 원산지결정기준

특혜관세는 특정국가에 한하여 적용되는 것이므로 특혜관세 적용시 상품의 원산지가 가장 중요한 요소라 할 수 있다. 따라서 모든 특혜협정 등에는 원산지결정기준을 포함하고 있으며, 협정에 따라 그 기준이 상이하다. 협정이 아닌 관세법에 의한 국제협력관세, 편익관세, 일반특혜관세 등은 관세법에서 규정한 원산지결정기준을 적용한다.

▶ 1 관세법의 일반원산지결정기준(관세법 제229조)

(1) 완전생산기준(규칙 제74조제1항)

관세법에서 규정하고 있는 원산지결정기준은 완전생산기준과 실질적 변형기준으로 구분할 수 있다. 완전생산기준이 해당물품의 전부를 생산·가공·제조한 나라를 원산지로 인정하는 것으로 세부적으로는 다음과 같은 물품이 있다.

① 당해 국가의 영역에서 생산된 광산물과 식물성 생산물
② 당해 국가의 영역에서 번식 또는 사육된 산 동물과 이들로부터 채취한 물품
③ 당해 국가의 영역에서의 수렵 또는 어로로 채집 또는 포획한 물품
④ 당해 국가의 선박에 의하여 채집 또는 포획한 어획물 기타의 물품
⑤ 당해 국가에서의 제조·가공의 공정 중에 발생한 부스러기
⑥ 당해 국가 또는 그 선박에서 ① 내지 ⑤의 물품을 원재료로 하여 제조·가공한 물품

(2) 실질적 변형기준(규칙 제74조제2항~제5항)

실질적 변형기준이란 해당 물품이 2개국 이상에 걸쳐 생산·가공 또는 제조된 경우, 그 물품의 본질적 특성을 부여하기에 충분한 정도의 실질적인 생산·가공·제조 과정이 최종적으로 수행된 나라를 원산지로 인정하는 것이다. 관세법에서는 당해 물품의 생산에 사용된 비원산지재료의 HS 6단위와 다른 6단위 품목번호의 물품을 최종적으로 생산한 국가를 원산지로 간주한다.

관세청장은 6단위 품목번호의 변경만으로 본질적 특성을 부여하기에 충분한 정도의 실질적인 생산과정을 거친 것으로 인정하기 곤란한 품목에 대하여는 주요공정·부가가치 등을 고려하여 품목별로 원산지기준을 따로 정할 수 있다.

그러나, 다음에 해당하는 작업(불인정 공정)이 수행된 국가는 원산지로 인정하지 아니한다.
① 운송 또는 보세구역장치중에 있는 물품의 보존을 위하여 필요한 작업
② 판매를 위한 물품의 포장개선 또는 상표표시 등 상품성 향상을 위한 개수작업
③ 단순한 선별·구분·절단 또는 세척작업
④ 재포장 또는 단순한 조립작업
⑤ 물품의 특성이 변하지 아니하는 범위안에서의 원산지가 다른 물품과의 혼합작업
⑥ 가축의 도축작업

(3) 특수물품의 원산지결정기준(규칙 제75조)

촬영된 영화용 필름, 부속품·예비부분품 및 공구와 포장용품은 다음의 구분에 따라 원산지를 인정한다.
① 촬영된 영화용 필름은 그 제작자가 속하는 국가
② 기계·기구·장치 또는 차량에 사용되는 부속품·예비부분품 및 공구로서 기계·기구·장치 또는 차량과 함께 수입되어 동시에 판매되고 그 종류 및 수량으로 보아 통상 부속품·예비부분품 및 공구라고 인정되는 물품은 당해 기계·기구 또는 차량의 원산지
③ 포장용품은 그 내용물품의 원산지(품목분류표상 포장용품과 내용품을 각각 별개의 품목번호로 하고 있는 경우 제외)

(4) 직접운송 원칙(규칙 제76조)

원산지를 결정할 때 해당 물품이 원산지가 아닌 국가를 경유하지 아니하고 직접 우리나라에 운송·반입된 물품인 경우에만 그 원산지로 인정한다. 다만, 다음 어느 하나에 해당하는 물품인 경우에는 우리나라에 직접 반입한 것으로 본다.
① 다음의 요건을 모두 충족하는 물품일 것
　가. 지리적 또는 운송상의 이유로 단순 경유한 것
　나. 원산지가 아닌 국가에서 관세당국의 통제하에 보세구역에 장치된 것
　다. 원산지가 아닌 국가에서 하역, 재선적 또는 그 밖에 정상 상태를 유지하기 위하여 요구되는 작

업 외의 추가적인 작업을 하지 아니한 것

② 박람회·전시회 및 그 밖에 이에 준하는 행사에 전시하기 위하여 원산지가 아닌 국가로 수출되어 해당 국가 관세당국의 통제하에 전시목적에 사용된 후 우리나라로 수출된 물품일 것

해당 수입물품이 원산지가 아닌 국가를 경유하는 경우에 직접운송을 적용받으려면 다음의 서류를 모두 제출하여야 한다.

① 선하증권(항공화물 운송장(AWB)을 포함한다). 다만, APTA의 경우 수출참가국에서 발급된 통과 선하증권을 제출하여야 한다.[230]
② 수출참가국의 발급 기관이 발급한 원산지증명서
③ 해당 물품과 관련된 상업 송품장 원본
④ 그 밖에「관세법 시행규칙」제76조제1호를 증명하는 보충 서류(다만, 직접운송 여부를 확인하기 위해 세관장이 요청하는 경우로 한정)

상기의 제출서류에는 다음 사항이 기재되어 있어야 한다.

① 해당물품의 품명, 수량 및 포장의 개수, 기호, 번호
② 비원산국에서 해당 물품을 적재한 선박(기)명, 선박(기)의 등록번호, 적재일자
③ 운송 수단 및 경로(예 : By Air, Laos to India via Bangkok)

〈원산지제도 운영 고시 제48조 연결원산지증명서〉

① 세관장은 해당 수입물품이 원산지국가로부터 직접 수입되지 아니하고 비원산국을 통하여 수입되는 경우에는 원산국에서 발급한 원산지증명서를 기초로 하여 비원산국의 세관, 기타 관공서 또는 상공회의소가 발급한 것임이 증명되는 원산지증명서(이하 "연결원산지증명서"라 한다)를 제출하도록 요구할 수 있다.

② 제1항에 따라 제출한 연결원산지증명서상에는 "원산국에서 발급한 원산지증명서의 번호·발급기관·발급일자와 함께 해당 증명서를 기초로 발급한 것"이라는 내용이 기재되어 있어야 한다.

---

230) 기재되어 있어야 할 사항 ①해당물품의 품명, 수량 및 포장의 개수, 기호, 번호 ②비원산국에서 해당 물품을 적재한 선박(기)명, 선박(기)의 등록번호, 적재일자 ③운송 수단 및 경로(예: By Air, Laos to India via Bangkok)

2 최빈개발도상국에 대한 특혜관세 공여(관세법 제76조제3항)

(1) 완전생산기준

특혜관세의 적용을 받을 수 있는 물품은 수출국에서 완전히 생산 또는 획득된 물품이어야 한다. 이 경우 다음 각호의 물품은 수출국에서 완전히 생산 또는 획득된 물품으로 본다.

① 수출국의 토양·수면·해저에서 추출한 원료 또는 광산물
② 수출국에서 수확한 농산물 및 임산물
③ 수출국에서 생육된 동물 및 그 동물로부터 획득한 물품
④ 수출국에서의 수렵·어로를 통하여 획득한 물품
⑤ 수출국 선박이 공해상에서 채포한 수산물 및 이를 제조·가공한 생산품. 이 경우 "수출국 선박"이라 함은 수출국에 등록되고 선박가액의 60퍼센트 이상이 수출국의 국민·정부 또는 수출국에 정당하게 등록된 기업·협회등에 의하여 소유되는 선박으로 한다.
⑥ 원료를 회수할 목적으로 수출국에서 수집된 중고품
⑦ 수출국에서의 제조공정으로부터 파생된 웨이스트 및 스크랩
⑧ ① 내지 ⑦의 물품을 원재료로 하여 수출국에서 배타적으로 생산된 물품

(2) 불완전생산품

수출국외의 국가에서 생산되었거나 원산지가 결정되지 아니한 물품을 원재료로 하여 수출국의 영토안에서 최종적으로 제조·가공된 물품에 대하여는 당해원재료(비원산지재료)의 가격이 최종생산물의 본선인도가격의 100분의 60을 초과하지 아니하는 경우에 한하여 특혜관세를 적용한다. 이 경우 최종생산물에 우리나라에서 생산된 물품(원산지증명서가 발급된 물품에 한함)이 원재료로 포함된 때에는 그 가격을 원재료의 가격산정에서 제외한다.

⊙ **원재료 가격은 다음 순서에 따라 산정한다.**
  ① 수출국으로 수입될 때의 가격(운임·보험료를 포함한다)
  ② 수출국에서 최초로 지불된 가격 중 확인이 가능한 가격

3 아시아·태평양 무역협정

(1) 원산지물품

협정 체제 내 특혜무역의 적용대상에 포함되고, 수출참가국으로부터 직접운송된 물품으로 ① 수출참가국에서 완전히 생산되거나 획득된 물품이거나, ② 협정에서 제시하는 조건에 따라 수출참가국에서 부분적으로 생산 또는 획득된 물품은 원산지물품[231]으로 인정된다.

(2) 완전생산품

다음은 수출참가국에서 완전히 생산되거나 획득된 물품으로 간주한다.

① 수출참가국의 토양, 수면(水面), 해저에서 추출한 원료 또는 광산물[232]
② 수출참가국에서 수확한 농산물 및 임산물
③ 수출참가국에서 출생 및 사육된 동물
④ ③의 동물로부터 획득한 물품
⑤ 수출참가국에서 수렵 또는 어로(漁撈)로 획득한 물품
⑥ 수출참가국 선박이 공해 상에서 획득한 어획물과 그 밖의 해산물

"선박"은 상업적 어로에 종사하는 어선으로서, 수출국에 등록되고, 참가국의 국민 또는 정부나 수출국에 정식으로 등록된 제휴사·법인·협회에 의해 운영되고, 수출국의 국민·정부가 최소 60%의 지분을 소유하거나 참가국들의 국민·정부가 75% 지분을 소유해야 한다. 다만, 참가국간 선박의 전세·임대 및 포획의 분배에 대한 양자협상에 의한 상업적 어로에 종사하는 선박의 생산물은 특별양허를 받는다.

정부기관에서 운영하는 선박 또는 가공선박은 수출국의 국기게양 요건이 적용되지 않는다.

⑦ 수출참가국의 가공선박[233] 내에서 ⑥의 물품으로부터 전적으로 가공·제조된 물품
⑧ 수출참가국에서 더 이상 원래 목적으로 사용할 수 없는 중고물품으로부터 회수된 부품 및 원재료
⑨ 수출참가국에서 회복 또는 수선을 하더라도 더 이상 원래 목적으로 사용할 수 없고, 폐기하거나 부품 또는 원재료를 수선하는 데에만 적합한 중고물품
⑩ 수출참가국에서 제조공정 중 발생한 폐기물과 부스러기
⑪ 수출참가국에서 ①부터 ⑩까지의 물품으로부터 전적으로 생산된 물품

---

231) 원산지물품 결정시 포장은 상품과 함께 전체를 구성하는 것으로 간주하여 고려하지 않는다.
232) 광물 또는 광석뿐만 아니라 광물성 연료, 윤활유 및 관련 원재료를 포함한다.
233) 전적으로 ⑥의 생산물을 선상에서 가공·제조하기 위해 사용하는 선박을 의미한다.

(3) 불완전생산품

다음 각 호의 어느 하나에 해당하는 물품은 수출참가국에서 부분적으로 생산 또는 획득된 물품으로 인정한다.

① 수출참가국의 영역 내에서 최종 생산된 물품의 품목번호가 그 물품의 생산에 사용되는 비원산지 재료(협정에 따라 해당 재료의 원산지가 수출참가국으로 인정되지 아니하는 재료)의 품목번호와 다른 경우로서 별표의 품목별 원산지 기준을 충족하는 물품[234]

② 비참가국에서 생산되거나 원산지가 불분명한 원료·부품 또는 제품 가격을 모두 합친 금액이 최종 생산품 또는 획득품의 본선인도가격의 100분의 55(최빈국가[235]는 100분의 65) 이하이고 수출참가국의 영역 내에서 최종 제조공정이 이루어진 물품은 수출참가국에서 부분적으로 생산 또는 획득된 물품으로 인정한다.

$$\frac{\text{비원산지 원료, 부품, 제품의 가치} + \text{원산지 미상의 원료, 부품, 제품의 가치}}{\text{본선인도가격(FOB)}} \times 100 \leq 55\%$$

- 비참가국에서 생산된 원료·부품 또는 제품의 가격: 국제적 운송과 관련된 운임과 보험료를 포함하여 수입항 도착까지 발생한 모든 가격 (CIF)
- 원산지가 불분명한 원료·부품 또는 제품의 가격: 제조공정이 이루어진 수출참가국의 영역에서 해당 물품에 대하여 확인 가능한 최초의 가격

(4) 불인정공정에 따른 불완전생산품의 원산지 불인정

다음 각 호의 작업 또는 공정만을 통하여 최종적으로 생산된 불완전생산품은 원산지를 인정하지 않는다.

① 운송 또는 저장을 위하여 좋은 상태로 물품을 보존하기 위한 작업(환기, 도포, 건조, 냉동, 염장, 이산화황 또는 그 밖의 수용성 용액 처리, 손상부분 제거 및 그 밖의 유사한 작업을 말한다)

② 먼지 제거, 체질 또는 선별, 분류, 등급화, 조합(물품의 세트 구성을 포함한다), 세척, 도장, 절단 등 단순작업

---

[234] HS 4단위 156개(6단위 659개) 품목에 대하여, 세번변경기준(CTH) 선택적으로 적용
[235] 방글라데시와 라오스

③ 탁송품의 포장 변경, 분해 및 조립
④ 썰기, 병·휴대용 병·가방·상자 등에 절단·재포장 또는 배치하거나 카드 또는 판지 등에 부착하는 등 단순한 포장 공정
⑤ 생산품 또는 포장에 마크·라벨 또는 그 밖의 구분표시 등 부착
⑥ 단순 혼합
⑦ 완성품의 구성을 위한 부품의 단순조립
⑧ 동물의 도살
⑨. 탈피, 박편(剝片), 탈곡 및 뼈 제거
⑩. ①부터 ⑧까지의 작업 또는 공정의 혼합

(5) 원산지 누적

2개국 이상의 참가국을 거쳐서 생산 또는 제조된 최종 생산품에 원료로 사용된 물품이 ①협정에 따른 원산지물품이고 ②해당 참가국들에 의하여 생산된 총 함유량[236]이 최종 생산품 본선인도가격의 100분의 60(최빈국가는 100분의 50) 이상을 차지하는 경우에는 동 원료를 최종 생산품이 생산되거나 제조된 참가국의 원산지물품으로 본다.

동 누적기준은 한 참가국의 영역에서 원산지를 인정받은 상품에 한해, 다른 참가국 영역에서 특혜대우를 받는 최종 생산물의 투입물로서 사용되고 불인정공정 이상의 공정이 수행되는 경우에 적용될 수 있다는 점에 유의해야 한다.

(6) 직접운송

원산지물품 자격을 유지하기 위해선 수출참가국으로부터 수입참가국으로 직접 운송되어야 한다. 다만, 환적 또는 일시 장치 여부와 관계없이 하나 또는 그 이상의 비참가국을 경유하여 운송된 물품으로서 다음 각 호의 요건을 모두 충족하는 물품은 수출참가국으로부터 직접 운송된 물품으로 본다.

① 지리적 이유 또는 전적으로 운송 상의 이유로 경유한 것

---

[236] 투입재로 사용된 원산지 재료의 가치(VOM1)와 완제품의 작업 또는 가공이 발생한 참가국에서 추가한 원산지 재료의 가치(VOM2)의 합계로 계산한다. VOM1은 이전 참가국의 영역 내에서 원산지 지위를 획득한 상품의 가치를 의미하며, 이는 「관세평가협정」 제1조부터 제8조, 제15조 및 해당 해석 주석에 따라 결정된 과세가격을 기초로 계산된다. VOM2는 완제품의 작업 또는 가공이 발생한 참가국의 영역 내에서 획득된 원산지 재료의 가치와, 완제품에 대한 직접 인건비, 직접 경비, 운송비 및 이윤을 포함하여 해당 참가국에서 완제품의 작업 또는 가공에 투입재로 사용된 원산지 재료의 가치를 의미한다. 앞의 해석에 따라, 해당 상품의 VOM1과 VOM2의 합계가 본선인도가격의 60% 이상일 것을 조건으로, 그 상품은 완제품의 작업 또는 가공이 발생한 참가국의 영역을 원산지로 하는 상품으로 간주된다.

② 경유국에서 관세당국의 통제하에 보세구역에 장치된 것[237]
③ 경유국에서 하역, 재선적 또는 그 밖의 정상 상태를 유지하기 위하여 요구되는 작업 외의 추가적인 작업을 하지 않은 것

참가국을 경유하는 경우 직접운송으로 간주하는지 여부

협정상 참가국을 경유하는 경우 직접운송 인정여부에 대한 규정은 없으나, 협정관세 적용을 받기 위한 원산지상품의 요건으로 직접운송을 규정하고, 수출참가국에서 수입참가국으로 직접운송 되어야 한다는 원칙 하에서 비참가국 경유시 인정요건을 예외적으로 한정함으로써, 수출참가국이 아닌 국가를 경유하여 수입참가국으로 운송될 때 원산지 지위를 저해할 위험을 방지 하고 있음. 따라서, 직접운송 규정의 취지를 고려하여 수출참가국이 아닌 참가국을 경유하는 경우에도 협정상 직접운송 예외인정 요건을 충족해야 함

비참가국을 경유한 물품이 직접운송된 것으로 간주되기 위해선 다음의 서류를 모두 제출하여야 한다.
㉠ 수출참가국에서 발행된 통과 선하증권
㉡ 수출참가국의 발행 당국이 발행한 원산지증명서
㉢ 해당 물품과 관련된 상업 송품장 원본
㉣ 상기 ①~③을 준수하였음을 증명하는 보충 서류

---

[237] 협정에서는 "경유국에서 교역이나 소비되지 아니하는 상품"으로 규정하고 있다. 이는 비참가국인 경유국의 세관당국의 통제 하에 있는 것으로 어떠한 수입통관절차의 진행이 없었던 상품의 경우에는 수출참가국에서 수입참가국으로 직접 운송된 것으로 간주된다고 해석한다. "경유국에서 교역이나 소비되는"이라는 표현은 해당 상품에 대한 수입신고가 수리되고 해당 상품이 보세구역에서 경유국의 국내시장으로 반출되어 소비되거나 나중에 다른 계약에 따라 수출되었다는 것으로 이해된다. 그러므로 세관당국의 통제 하에서 보세구역에 일시적으로 보관되고 ③에 정의된 것 이외의 다른 공정 또는 가공을 거치지 아니한 상품은 교역되거나 또는 소비되지 아니한것으로 이해된다.

중요 판례 Study

CHAPTER 12-3

APTA 직접운송 대법원 판례 (2016두45813/57809, '19.1.17)

쟁점	비당사국 경유시 '통과선하증권'이 APTA 협정세율 적용을 위한 필수서류인지
판결 요지	**〔해석〕** (1) 직접운송의 원칙은 무역협정의 수출참가국에서 발송된 물품이 수입참가국에 도착한 물품과 동일함을 확인하고, 특혜관세를 적용받을 수 있는 원산지 물품이 운송과정에서 추가로 가공되거나 특혜관세를 적용받을 수 없는 물품과 뒤바뀌게 될 가능성을 방지하기 위한 것이다. 그리고 무역협정에서 이러한 직접운송의 원칙을 규정할 때에는 일정한 요건 하에 비참가국 경유 시에도 직접운송을 간주하는 규정을 함께 두고 있다. 국제물품거래에 따른 운송 시 지리적 이유나 운송상의 편의 등으로 인하여 제3국을 단순 경유하는 경우가 종종 있고, 그러한 물품에 대해서는 협정 참가국 간의 직접 운송으로 인정하여 협정세율을 적용하는 것이 무역협정의 원산지 규정 취지에 부합하기 때문이다. 이에 따라 국내 관세법령에서도 같은 취지로 원산지 확인 시 직접운송 간주 규정을 두고 있으며, 실체적 요건 이외에 구체적 증빙서류의 종류 등을 따로 정하고 있지 않다(관세법 제229조, 관세법 시행규칙 제76조, 자유무역협정의 이행을 위한 관세법의특례에 관한 법률 제7조 제2항 등 참조). 아태무역협정은 위에서 살펴본 바와 같이 부속서 II 제5조 나항에서 물품이 비참가국을 경유하여 운송된 경우에도 직접운송으로 간주될 수 있음을 밝히면서 그 요건으로 위 국내 법령과 마찬가지로 제1호부터 제3호까지 실체적 요건만을 규정하고 있을 뿐이고, 이에 관하여 반드시 어떤 특정한 서류로만 증명하도록 제한하고 있지 않다. (2) 아태무역협정의 원활한 실시와 집행을 위해 채택된 이 사건 운영절차 제9조와 이를 국내법 체계로 수용한 이 사건 규칙 제8조 제3항에서는 '수출참가국에서 발행된 통과 선하증권'(제1호)을 제출하도록 정하고 있다. 그런데 위 운영절차 제9조 제4호에는 '아태무역협정 부속서 II의 원산지 규정 제5조 나항을 준수하였음을 증명하는 서류'가 규정되어 있고, 이 사건 규칙 제8조 제3항도 마찬가지로 '모두 제출하여야 하는 서류'의 하나로서 '제2항을 준수하였음을 증명하는 보충 서류'(제4호)를 들고 있다. 이처럼 마지막에 포괄적인 증명 서류에 관한 문구를 둔 것은 개별적인 물품 운송의 조건과 상황에 맞추어 적합한 증빙자료를 제출할 수 있도록 하기 위함으로 보인다. 증빙서류는 실체적 요건의 구비 여부를 확인하기 위한 신빙성 있는 자료를 가리킨다. 이 사건 규칙 제8조 제3항의 제1호부터 제3호까지 정한 '통과 선하증권', '원산지 증명서', '상업 송품장'은 같은 조 제2항의 제1호부터 제3호까지 규정된 직접운송 간주의 실체적 요건, 즉 '지리적 이유 또는 전적으로 운송상의 이유로 경유한 것', '경유국에서 관세당국의 통제 하에 보세구역에 장치된 것', '경유국에서 하역, 재선적 또는 그 밖의 정상 상태를 유지하기 위하여 요구되는 작업 외의 추가적인 작업을 하지 않은 것'에 하나씩 대응되는 것도 아니다. 결국, 이 사건 규칙 제8조 제3항이

어떠한 경우에도 반드시 제출되어야 하는 필수서류들을 한정적으로 열거하고 있다고 보기는 어렵고, **제1호에 규정된 '수출참가국에서 발행된 통과 선하증권'은 관세당국에서 일반적으로 신빙성을 높게 부여하는 운송에 관한 대표적인 증빙서류로서, 이를 제출하기 어려운 특별한 사정이 있는 때에는 다른 신빙성 있는 대체 자료를 제출하여 전적으로 운송상의 이유로 인한 단순 경유 등의 사실을 증명할 수 있다고 봄이 합리적이고 자연스러운 해석이다.**

(3) 이 사건 운영절차의 채택 경위, 그 전후로 참가국들의 관련 실무례 등을 살펴보아도, 당시 우리나라와 중국을 비롯한 협정 참가국들 사이에 직접운송의 원칙과 관련하여 단순한 절차상의 운용 규정을 넘어서 아태무역협정에서 정하지 않은 추가적인 법정 필수요건을 창설하고자 하였다고 볼 만한 자료가 없다.

이후 이 사건 규칙의 제정 목적과 경위 등을 살펴보아도 마찬가지이다. '통과 선하증권'의 개념 정의나 인정 기준에 관하여 이 사건 운영절차나 이 사건규칙, 그 밖에 관련 법령 어디에서도 아무런 규정을 두고 있지 않고, 미제출 시 협정세율이 적용되지 않는다는 명시적인 규정이 없는 점은 중요하게 고려되어야 한다. 만일 이를 필요적 서류로 보아 미제출 시에 곧바로 원산지를 인정하지 않고자 하는 취지였다면 협정 참가국들이 이에 관해서 명확한 요건이나 기준을 마련하지 않은 것은 모순으로 보인다. 원산지증명서에 관해서는 아태무역협정과 부속서 등에서 그 요건 등을 상세히 정하고 있을 뿐만 아니라, 원산지증명서가 제출되지 않으면 협정세율을 적용하지 않을 수 있음이 법령에 별도로 명시된 점과 대비된다. 나아가 협정 참가국들의 각 지리적 위치, 무역 현황 및 운송방법의 다양성, 선하증권 등 운송서류의 발급 실무, 컨테이너 번호와 봉인 등에 의한 물품 동일성의 확인정도, 아태무역협정의 목적과 앞서 본 협정상 원산지 및 직접운송 관련 규정의 취지등 관련되는 그 밖의 모든 사정에 비추어 보아도, **협정 참가국 간의 물품 운송에 있어 해상운송 뿐만 아니라 육로운송이나 항공운송이 전부 또는 일부 구간에서 이루어지는 경우가 적지 않은데, 그러한 경우에도 언제나 전체 운송구간에 대해 한 장의 '통과 선하증권'을 발급받아 제출하도록 강제하고 다른 신빙성 있는 증거 방법에 의한 직접운송 간주 요건의 증명 가능성을 원천적으로 배제하려는 취지였다고 보기 어렵다.** 이처럼 이 사건 규칙 제8조 제3항이 납세자의 편의와 관세행정의 효율을 고려하여 직접운송 간주 요건 증명을 위한 대표적인 제출서류를 예시적으로 정하는 것은 아태무역협정 부속서의 원산지 규정에서 충분히 예상할 수 있는 직접운송 간주 요건의 실시·집행에 관한 세부 절차적 사항에 속하므로, 전체적인 규범 체계와 관세법 제229조 제3항의 취지에 부합하고 위임 범위의 한계 일탈의 우려도 없다.

(4) 위와 같은 문언, 체계, 제정 경위, 아태무역협정과 그 부속서를 비롯한 관련 법령의 직접운송에 관한 규정들의 취지와 목적 등을 모두 종합할 때, 이 사건 규칙 제8조 제3항은 아태무역협정 부속서에서 정한 직접운송 규정을 원활히 실시·집행하기 위하여 관세당국에 제출할 증명서류에 관하여 일반적으로 신빙성을 높게 보는 대표적인 증빙서류들을 정하고

	있는 것으로서, 이를 제출하기 어려운 사정이 있는 경우에는 다른 신빙성 있는 자료로 대체할 수 있다. 따라서 제1호의 '**수출참가국에서 발행된 통과선하증권**'을 발급받기 어려운 사정이 있는 경우에는 같은 항 제4호에 따라 다른 신빙성 있는 증명서류를 제출하여 직접운송 간주 요건의 충족을 증명할 수 있고, 단지 위'통과 선하증권'이 제출되지 않았다는 형식적인 이유만으로 아태무역협정의 직접운송의 요건을 충족하지 못한다고 단정하여 협정세율 적용을 부인할 수는 없다. 〔 이 사건에 대한 적용 〕 따라서 이 사건 물품의 수입신고 시 이 사건 규칙 제8조 제3항 제1호의 '통과 선하증권'이 제출되지 않았다고 하더라도, 이러한 사정만으로 곧바로 아태무역협정에 따른 특혜관세가 배제된다고 볼 수 없고, 원심으로서는 이를 제출하기 어려운 사정이 있어서 '통과 선하증권' 이외의 다른 증명서류에 의하여 이 사건 무역협정 부속서 Ⅱ 제5조 나항 내지 이 사건 규칙 제8조 제2항의 요건이 충족되었는지를 심리하여 이 사건처분의 적법 여부를 판단하였어야 할 것이다. 그런데도 원심은 이와 다른 전제에서 그 판시와 같은 이유만으로 이 사건 처분이 적법하다고 단정하고 말았다. 이러한 원심의 판단에는 아태무역협정에서 직접운송으로 간주하기 위한 요건 등에 관한 법리를 오해하여 필요한 심리를 다하지 아니함으로써 판결에 영향을 미친 잘못이 있다. 이를 지적하는 상고이유 주장은 이유 있다.
시사점	비당사국을 경유물품에 대한 APTA 협정세율 적용시 '통과선하증권'이 필수서류가 아니며, 이를 제출하기 어려운 특별한 사정이 있는 때에는 다른 신빙성 있는 대체 자료를 제출하여 전적으로 운송상의 이유로 인한 단순 경유 등의 사실을 증명할 수 있다면 협정적용이 가능하다는 판례

(7) 전시용품에 대한 특혜관세 적용

전시회·박람회 또는 이와 유사한 행사에 전시하기 위하여 수출참가국으로부터 반입된 원산지 물품이 국내에서 판매되는 경우로서 다음 각 호의 요건을 모두 충족하는 물품에 대해서는 협정에 따른 특혜관세를 적용한다.

① 국내 전시회에 전시될 것
② 국내의 인수인에게 판매되거나 인도될 것
③ 전시회 기간 동안 또는 전시회 직후에 전시 목적으로 사용된 상태대로 판매될 것

APTA 제4라운드 협상타결 내용과 활용 (2018.7.1 발효)

◆ (관세양허) 우리나라와 중국, 인도 등은 총 품목수 28%~29%에 대해, 평균 관세율을 종전대비 33% 인하
  * (중국) 2,191개 품목에 대해, 관세율 33.1% 인하
  * (인도) 3,142개 품목에 대해, 관세율 33.4% 인하

◆ (원산지 결정기준) 기존 적용되어온 단일 부가가치기준(RVC 45%) 이외에 철강, 금속품, 플라스틱 등 HS 4단위 156개(6단위 659개) 품목에 대하여, 세번변경기준(CTH)을 선택적으로 적용할 수 있게 되어, 수출품목 원산지증명이 용이해짐

◆ (활용) APTA가 체결한 기존 FTA를 보완함에 따라, 우리나라 수출의 28%, 수입의 21%를 차지하는 아·태 지역 개도국에 대한 우리 기업의 수출확대에 기여

  ○ 중국 수출에서 우리기업은 APTA, 한-중 FTA 세율 중 유리한 세율 선택가능
    * 2017년 기준, 석유제품(APTA 5.6%, FTA 6.4%) 선박해양구조물 및 부품(2.5% vs 3.5%), 원동기 및 펌프(6.5% vs 8.5%), 축전지(9.6% vs 10.6%) 등 약 1,200여개 품목이 한-중 FTA 세율보다 더 낮음

  ○ 한-인도 CEPA의 엄격한 원산지기준을 충족하지 못하는 기업도 원산지 기준 충족이 용이해진 APTA 특혜세율을 적용받을 수 있음
    * 현재 한-인도 CEPA 원산지 기준은 우리 주력 수출품목인 "철강, 비철금속, 석유화학제품, 섬유제품"에 대하여 "세번변경기준과 부가가치기준 모두 충족을 요구 (이는 결합기준으로, 1개기준만 충족하는 것보다 엄격)

APTA 2차 개정시 추가된 4단위 세번변경기준 품목

통일상품명 및 부호체계 호	품명	원산지 기준
2201	음료·주류·식초	CTH
2707, 2708, 2709, 2710, 2711, 2712, 2713, 2714, 2715	광물성 연료	CTH
2852	무기화합물	CTH
2901, 2902, 2903, 2904, 2905, 2906, 2907, 2908, 2909, 2910, 2911, 2912, 2913, 2914, 2915, 2931, 2932, 2933, 2934, 2935, 2936, 2937, 2938, 2939, 2940, 2941, 2942	유기화학품	CTH
3002, 3006	의료용품	CTH
3817	혼합알킬벤젠	CTH
3901, 3902, 3903, 3904, 3905, 3906	플라스틱과 그 제품	CTH
3916, 3917, 3918, 3919, 3920, 3921, 3922, 3923, 3924, 3925, 3926	플라스틱과 그 제품	CTH
4002	합성고무	CTH(제4001호에 해당하는 물품 제외)
6401, 6402, 6403, 6404, 6405, 6406	신발류·각반과 이와 유사한 것, 이들의 부분품	CTH
6801, 6802, 6803	돌·플라스터(plaster)·시멘트·석면·운모나 이와 유사한 재료의 제품	CTH
7201, 7202, 7203, 7204, 7205, 7206, 7218, 7224	철강	CTH
7307, 7308, 7309, 7310, 7311, 7312, 7313, 7314, 7315, 7316, 7317, 7318, 7319, 7320, 7321, 7322, 7323, 7324, 7325, 7326	철강의 제품	CTH
7401, 7402, 7403, 7404, 7405, 7406, 7407, 7408, 7409, 7410, 7411, 7412, 7413, 7415, 7418, 7419	구리와 그 제품	CTH+
7501, 7502, 7503, 7504, 7505, 7506, 7507, 7508	니켈과 그 제품	CTH
7601, 7602, 7603, 7604, 7605, 7606, 7607, 7608, 7609, 7610, 7611, 7612, 7613, 7614, 7615, 7616	알루미늄과 그 제품	CTH
7801, 7802, 7804, 7806	납과 그 제품	CTH
7901, 7902, 7903, 7904, 7905, 7907	아연과 그 제품	CTH
8001, 8002, 8003, 8007	주석과 그 제품	CTH
8536	전기기기	CTH
9619, 9620	잡품	CTH

관련판례

CHAPTER **12-3**

자유무역지역내에서 생산되어 우리나라가 원산지인 쟁점물품이 방콕협정(현, APTA 협정)세율 적용대상인지 여부

방콕협정세율은 각국별 양허표에 게기된 품목 중 동 협정 부속서 원산지 기준에 부합한 물품으로서 다른 참가국을 원산지로 하는 물품에 한하여 적용된다고 보아야 할 것이므로 우리나라 양허표에 게기된 물품이라 하더라도 우리나라를 원산지로 하는 물품은 방콕협정세율 적용대상에 해당되지 아니한다고 할 것이다. 따라서, 처분청이 ○○자유무역지역내에서 제조되어 국내로 반입(수입)된 쟁점물품은 우리나라가 원산지인 물품으로서 세계무역기구협정등에 의한 양허관세규정 제4조에서 규정하는 방콕협정(현, APTA 협정)세율 적용대상에 해당되지 아니하는 것으로 보아 방콕협정세율 적용을 배제하고 기본세율을 적용하여 관련세액을 경정고지한 이 건 처분은 정당하다고 판단된다.

[조심 2007관0082, 2007.12.31]

▶ 국내에서 제조된 물품은 APTA 협정 적용대상이 아니다는 판례로 FTA에서도 동일하게 해석된다.

4 개발도상국간 특혜무역제도(GSTP)

GSTP협정의 원산지 기준은 APTA와 원칙적으로 동일하나, 상이한 점은 불완전생산품의 기준이 "협정가입국 이외의 수입물품이 원료로 사용된 경우 동 원료의 총가격(수입시 입증 가능한 CIF 가격이나 제조, 가공을 하는 참가국의 영토 내에서 동 품목에 지불되는 확인 가능한 최초가격)이 동 생산품의 FOB 가격의 50%(최빈국은 60%)를 초과하지 않을 것"을 요구하고 있으나 APTA는 동 비율이 55%(최빈국은 65%)로 더 높아 유리하다는 점이다.

5 개발도상국간의 무역협상에 관한 의정서(TNDC)

TNDC의 원산지 기준은 공통적으로 완전생산기준과 HS 4단위 변경을 두고 국가별로 부가가치 기준을 도입하고 있다.

우리나라의 경우 부가가치기준을 두고 있는데, 비참가국에서 생산되거나 원산지가 미상인 원료, 부품 또는 제품의 총 가격이 수출물품 가격의 50%를 초과하지 않고 수출국의 영역내에서 최종 제조공정이 수행된 물품은 원산지상품으로 인정한다. 다만, 국가별로 기준가격 및 수입원자재 사용 가득율이 상이할 수 있다.

$$\frac{\text{비원산지 원료, 부품, 제품의 가치} + \text{원산지 미상의 원료, 부품, 제품의 가치}}{\text{본선인도가격(FOB, FTA, Ex-work 등)}} \times 100 \leq 50\%$$

<표 12-2> 특혜대상 원산지결정기준 및 부호

적용	발급코드	협정규정	특혜적용 주요 원산지결정기준
수출·입	A	남북교역	- HS 6단위 변경(단순공정 제외) - 완전생산기준(남한·북한 누적포함)
수출	B	GSP	- (공통) 완전생산기준 - (노르웨이) HS 4단위 변경 - (캐나다) EXW기준 비원산지재료 40%미만 - (뉴질랜드) EXW기준 부가가치 50%이상 * 신고만으로 GSP 수혜 가능 - (러시아·카자흐스탄·우크라이나) FOB기준 비원산지재료 50%미만

수출·입	C	GSTP	- 완전생산기준
			- FOB기준 비원산지(비참가국 생산 + 미상)재료 50%이하
			  * (최빈국 완화기준) 60%이하
			- FOB기준 역내부가가치누적기준 60%이상
			  * (최빈국 완화기준) 50%이상

수출·입	D	TNDC	- (공통) 완전생산기준, HS 4단위 변경 - (이스라엘·루마니아·우루과이) 공통기준 - (튀니지아·이집트·방글라데시) EXW기준 비원산지재료 50%이하 - (멕시코·칠레) FAS기준 비원산지재료 50%이하 - (브라질·파키스탄·터키·페루·한국) FOB기준 비원산지재료 50%이하

수출·입	E	APTA	- 완전생산기준
			- FOB기준 비원산지(비참가국 생산 + 미상)재료 55%이하
			  ** (최빈국 완화기준) 65%이하
			- FOB기준 역내부가가치누적기준 60%이상
			  ** (최빈국 완화기준) 50%이상
			다만, 우리나라를 원산지로 하는 원재료(APTA 원산지증명서가 발급된 물품에 한함)가 체약상대국의 제품생산에 투입된 후 수입시 국제운송 비용 및 비원산지재료비는 제외하고 우리나라와 체약상대국 영역에서 발생한 부가가치만 합산하여 계산하여야 한다.
			- HS 4단위 변경(단순공정 제외)

수출	Z	기타(일반)	- 완전생산기준 - HS 6단위 변경(단순공정 제외)
수입	-	최빈국	-완전생산기준 -FOB기준 비원산지재료 60%이하. 다만, 우리나라에서 생산(원산지증명서가 발급된 물품에 한함)된 물품이 원재료로 포함된 때에는 해당국 원산지재료로 계산한다.

<표 12-3> 원산지증명서에 기재되는 원산지결정기준 부호

적용	협정·규정		완전생산	비원산지 원재료 사용			역내 부가가치(누적)			HS 변경		비고
				부호	사용량	예시	부호	사용량	예시	기준	예시	
수출·입	남북교역											미표시
수출	GSP	노르웨이	P							4단위	W9618	
		캐나다	P	F	EXW 40% 미만	F						
		뉴질랜드										미표시 (공란)
		러시아, 우크라이나, 카자흐스탄	P	Y	FOB 50% 미만	Y(45%)						
수출·입	GSTP	일반회원국	A	B	FOB 50% 이하	"B"50%	C	FOB 60% 이상	"C"60%			
		최빈국	A	D	FOB 60% 이하	D	D	FOB 50% 이상	D			
수출·입	TNDC		P	Y	FOB 50% 이하	Y less than 50%				4단위	X97.06	2개 기준 충족시 X 84.05 Y less than 40%
수출·입	APTA	일반회원국	A	B	FOB 55% 이하	"B"50%	C	FOB 60% 이상	"C"60%			
		최빈국	A	D	FOB 65% 이하	D	D	FOB 50% 이상	D			
수출	일반(기타)											미표시
수입	최빈국특혜 (법 제76조)		A	B	FOB 60% 이하	"B"40%						

일반특혜 원산지증명서 발급
(관세법 제232조의2)

1 일반특혜 원산지증명서 발급 개요

관세법, 조약, 협정 등에 따라 관세를 양허 받을 수 있는 물품의 수출자가 원산지증명서의 발급을 요청하는 경우에는 세관장이나 그 밖에 원산지증명서를 발급할 권한이 있는 기관(대한상의)[238]은 그 수출자에게 원산지증명서를 발급하여야 한다. 세관장이 원산지증명서를 발급할 수 있는 경우는 우리나라가 원산지인 물품으로써 다음의 어느 하나로 한정한다. 관세양허와 관계없는 일반 원산지증명서는 세관에서 발급할 수 없다.

① 아시아태평양 무역협정(APTA) 협정국으로 수출되는 물품
② 일반특혜관세제도(GSP)의 특혜를 받기 위하여 노르웨이, 캐나다, 뉴질랜드 등으로 수출되는 물품
③ 세계무역기구협정 개발도상국간의 무역협상에 관한 의정서(TNDC) 가입국으로 수출되는 물품
④ 유엔 무역개발회의 개발도상국간 특혜무역제도에 관한 협정(GSTP) 가입국으로 수출되는 물품
⑤ 남북교역물품(북한으로 반출되는 것)
⑥ FTA 협정 국가로 수출되는 물품
⑦ 기타 우리나라산 물품이 특혜관세를 공여받는 경우

세관장은 발급된 원산지증명서의 내용을 확인하기 위하여 필요하다고 인정되는 경우에는 ①원산지증명서를 발급받은 자나 ②원산지증명서를 발급한 자 ③해당 수출물품의 생산자 또는 수출자로 하여금 원산지증명서 확인자료[239](FTA와 동일)를 제출하게 할 수 있다. 이 경우 자료의 제출기간은 자료 제출 요구를 받은 날부터 30일 이내이며, 부득이한 사유로 제출이 곤란한 경우에는 30일의 범위에서 한 차례 연장이 가능하다.

---

238) 마산 및 군산자유무역지역관리원 관할구역안의 입주업체에 대해서는 자유무역지역관리원장
239) 수출신고 수리일부터 3년 이내의 자료

▶ 2 일반특혜 원산지증명서 발급 절차

원산지증명서는 협정 등에서 달리 규정하지 않는 한 수출신고 기준으로 발급하거나 작성·서명하여야 한다. 다만, 하나의 원산지증명서에 수출신고서의 각 품목별로 구분하여 작성·발급할 수 있으며 수출물품을 분할하거나 동시 포장하여 적재하는 경우에는 선하증권 또는 항공운송장별로 원산지증명서를 발급하거나 작성·서명할 수 있다. 원산지증명서 발급절차는 FTA와 거의 동일하니 세부적인 내용은 제4장을 참고하기 바란다. 간략한 원산지증명서 발급 절차는 다음 표와 같다.

항목	내용
신청인	수출자(관세사 대리 가능) 또는 생산자(협정 규정시)
신청세관	제한이 없으나, 보정/정정/재발급 대상 증명서는 당초 증명서 발급신청 세관으로 제한
신청방법	전자자료 교환방식(XML), 인터넷 방식(관세사 EDI)
발급 시기	수출시 또는 수출물품 선적이 완료되기 전까지 신청가능 다만, 부득이한 사유가 있는 경우 선적일부터 1년내에 사후발급 **APTA물품은 선적일부터 3근무일내까지만 신청 가능(선적후 불허)**
정정/재발급시 발급일자	증명서 원본 발급일자 기재(유효성 여부와 연관)
증빙서류 보관기간	일반특혜 : 수출신고수리일부터 3년 남북교역물품·FTA : 수출신고수리일부터 5년
연결원산지증명서 (Back to Back C/O)	C/O원본 제출, 수입자와 연결 원산지증명서 발급신청자 동일, 수출신고수리필증 거래구분 원상태 수출(72)확인

APTA 등 일반특혜협정에 대한 원산지확인서 처리지침 (관세청, '16.3.16)

일반특혜협정의 경우 원산지증명서 확인자료로 활용할 수 있는 원산지확인서가 없어 수출자 및 생산자의 원산지증명과 사후검증시 증빙서류 진위여부에 대한 부담이 있어 이를 완화하고자 「일반특혜협정 원산지확인서 권고서식(전자문서 포함)」을 제정하여 시행

원산지확인서 권고서식(안)

원산지(포괄)확인서(Declaration of Origin)

발급번호(Reference No) :

※ 뒤쪽의 작성방법을 읽고 작성하여 주시기 바라며, [ ]에는 해당되는 곳에 √표시를 합니다. (앞쪽)

1. 공급하는 자 (Supplier)	상호(Company Name)		사업자등록번호(Business Number)	
	대표자성명(Name of Representative)		전화번호(Tel. No.)	
			팩스번호(Fax. No.)	
	주소(Address) 전자우편주소(E-mail)		인증수출자 인증번호(Customs Authorization No.)	
2. 공급받는 자 (Supplied to)	상호(Company Name)		사업자등록번호(Business Number)	
	대표자성명(Name of Representative)		전화번호(Tel. No.)	
			팩스번호(Fax. No.)	
	주소(Address) 전자우편주소(E-mail)			

공급물품 명세서 (Good Statements)

3. 연번 (S/N)	4. 적용대상 협정 (Applicable FTA)	5. 품목번호 (HS 6단위) (HS Code (6-digit))	6. 품명·규격 (Description·Specification of Good(s))	7. 원산지 결정기준 (Origin Criterion)	8. 원산지결정기준 충족여부 (Fulfillment of Origin Criterion)		9. 원산지 (Country of Origin)	10. 원산지포괄확인기간 (년 월 일~년 월 일) (Blanket period (YYYY/MM/DD ~ YYYY/MM/DD))
					충족 (Y)	미충족 (N)		
					[ ]	[ ]		
					[ ]	[ ]		

「관세법」 제232조의2 제2항에 따라 위와 같이 원산지를 확인합니다.
The undersigned hereby declares the origin of the good(s) in accordance with Paragraph 2 of Article 236.6 of the 'Enforcement Decree of the Customs Act'.

작 성 자(Declarer): :   (서명 또는 인)(Signature)

직   위(Position): :

상호 및 주소(Company Name/Address) :

작 성 일 자(Date): :

210mm×297mm[백상지 80g/㎡(재활용품)]

(뒤쪽)

번호	기재항목	기재내용
	발급번호	◦ 원산지확인서를 발급하는 자가 자체적으로 관리하는 발급번호를 적습니다.
1	공급하는 자	◦ 물품을 실제로 공급하는 자의 상호, 사업자등록번호, 대표자 성명, 전화 및 팩스 번호, 주소(E-mail 포함)를 적습니다. ◦ 공급하는 자가 인증수출자인 경우, 인증수출자 인증번호를 적습니다.
2	공급받는 자	◦ 원산지확인서의 물품을 공급받는 자의 상호, 사업자등록번호, 대표자 성명, 전화 및 팩스 번호, 주소(E-mail 포함)를 적습니다.
3	연 번	◦ 종류가 다른 물품이 여러 개일 경우 각 종류별로 연번을 적습니다.
4	적용대상 협정	◦ 해당 공급물품의 원산지결정기준을 적용한 특혜무역협정(Preferential Trade Agreement)의 명칭을 적습니다. (예시) APTA, GSTP, TNDC, GSP 등
5	품목번호 (HS 6단위)	◦ 공급물품의 6단위 품목번호를 적습니다.
6	품명·규격	◦ 공급물품의 품명과 규격을 적습니다.
7	원산지 결정기준	◦ 물품의 원산지를 결정하는데 적용된 기준을 아래 표에서 정한 방법으로 적습니다. {원산지결정기준 / 협정명 / 기재방법 / 비고(예시)} 가. 완전생산 물품: APTA=A, TNDC=P, GSTP=A, GSP=A 또는 P, 최빈국=A 나. 세번변경기준: APTA=-, TNDC=X "X" 97.06(수출품의 HS 4단위), GSTP=-, GSP=W, 최빈국=- 다. 부가가치기준: APTA=B "B" 50%(비원산지·원산지미상 재료 비율), TNDC=Y "Y" less than 50%(비원산자·원산지미상 재료 비율), GSTP=B "B" 50%(비원산지·원산지미상 재료 비율), GSP=B 또는 Y "B" 50%(비원산지·원산지미상 재료 비율), 최빈국=B "B" 40%(비원산지·원산지미상 재료 비율) 라. 누적부가가치기준: APTA=C "C" 60%(수출참가들의 총 원산지 재료 비율), TNDC=-, GSTP=C "C" 60%(수출국산 원자재 총가격 비율), GSP=C "C" 60%(역내 부가가치 비율), 최빈국=- 마. 특별 원산지기준: APTA=D, TNDC= 2개의 원산지기준 충족시 "X" 84.05, "Y" less than 40%, GSTP=D 최빈국특혜비율을 충족하는 생산품, GSP=D, 최빈국=-
8	원산지결정 기준 충족여부	◦ 원산지결정기준 충족여부를 표시합니다. (예시) 원산지인정요건을 충족한 경우 "[√] 충족"에 표시합니다.
9	원산지	◦ 원산지결정기준을 충족할 경우 "KR" 또는"한국"으로 적습니다.
10	원산지포괄 확인기간	◦ 물품공급일로부터 12개월을 초과하지 아니하는 범위에서 반복하여 사용하려는 경우 그 반복사용기간을 적습니다. (예시) 2012.12.01 - 2013.11.30 ※ 원산지포괄확인기간을 적지 아니한 때에는 단수원산지확인서로 봅니다.

5 수입물품의 일반특혜 적용

▶1 수입신고시 원산지증명서 제출 및 면제(법 제232조)

FTA에서는 특혜관세를 적용하기 위해 수입자가 세관장에게 협정관세적용신청(원산지증명서 보유, 세관장이 요구하는 경우에만 원산지증명서 제출)을 하여야 하나, 일반특혜의 경우 해당물품이 협정 등에서 규정한 대상국가에서 생산되었고 협정에서 규정한 원산지기준을 충족한 물품임을 입증하는 원산증명서를 수입신고시 세관장에게 제출하여야 한다. 이 경우 수입화주가 "원본과 다를 경우 관련법령에 따라 처벌이 가능함을 알고 있음"을 의사 표시한 사본을 제출할 수 있으며, 세관장이 필요로 하는 때에는 신고 수리 전 또는 수리 후에 원본의 제출을 요구할 수 있다. 다만, 세관장이 체약상대국과의 전자 원산지증명서 시스템을 통해 원산지증명서 내용을 확인할 수 있는 경우에는 원산지증명서 제출을 생략할 수 있다.

원산지증명서는 같은 B/L건에 한하여 사용할 수 있으나, 선복부족 등 부득이한 사유로 분할 선적한 경우에는 분할하여 사용할 수 있고, 원산지증명서상 수입자란에 제3국의 중계인이 기재된 경우에도 송품장, 선하증권 등 관련 무역서류에 의하여 3자간 무역거래가 인정되는 때에는 해당 원산지증명서가 인정될 수 있다. 미제출시 세관장은 특혜관세를 적용하지 아니할 수 있다.

(1) 원산지증명서 제출 면제(영 제236조제2항)
다음과 같은 물품은 원산지증명서 제출이 면제된다.
  ① 세관장이 물품의 종류·성질·형상 또는 그 상표·생산국명·제조자 등에 의하여 원산지를 확인할 수 있는 물품
  ② 우편물(관세법 제258조제2항의 규정에 따른 수입신고 대상 물품[240]은 제외)
  ③ 과세가격(종량세의 경우에는 이를 관세법 제15조 관세표준의 규정에 준하여 산출한 가격을 말함)이

---
240) 「대외무역법」제11조에 따른 수출입의 승인을 받은 것이나 그 밖에 대통령령으로 정하는 기준에 해당하는 물품

15만원 이하인 물품
④ 개인에게 무상으로 송부된 탁송품·별송품 또는 여행자의 휴대품
⑤ 기타 관세청장이 관계행정기관의 장과 협의하여 정하는 아래 물품
  ㉠ 수입된 물품의 하자보수용(유상수리를 제외한다) 물품
  ㉡ 개인이 자가소비용(영업용물품을 제외한다)으로 수입하는 물품
  ㉢ 국내 제조회사에서 반복적으로 수입하는 물품으로서 이미 원산지가 확인되어 원산지증명서 제출이 필요 없다고 세관장이 인정하는 물품
  ㉣ 원산지사전확인을 받은 날부터 3년 이내에 반입하는 물품(원산지사전확인 내용과 변동이 없는 경우로 한정한다)
  ㉤ 원산지 조사 등으로 원산지를 확인한 후 3년 이내에 수입되는 동일규격의 물품. 다만, 모델·제조공정·사용원재료의 변경 등으로 인하여 당해 물품의 원산지별 부품사용 내용 등이 변경되는 경우에는 그러하지 아니하다.

(2) 원산지증명서 유효요건(영 제236조제3항)

세관장에게 제출하는 원산지증명서는 다음에 해당하는 것이어야 한다.
① 원산지국가의 세관 기타 발급권한이 있는 기관 또는 상공회의소가 당해 물품에 대하여 원산지국가(지역을 포함)를 확인 또는 발행한 것
② 원산지국가에서 바로 수입되지 아니하고 제3국을 경유하여 수입된 물품에 대하여 그 제3국의 세관 기타 발급권한이 있는 기관 또는 상공회의소가 확인 또는 발행한 경우에는 원산지국가에서 당해 물품에 대하여 발행된 원산지증명서를 기초로 하여 원산지국가(지역을 포함)를 확인 또는 발행한 것 (연결원산지증명서)
③ 관세청장이 정한 물품의 경우에는 당해 물품의 상업송장 또는 관련서류에 생산자·공급자·수출자 또는 권한있는 자가 원산지국가를 기재한 것

(3) 원산지증명서 유효기간(영 제236조제4항)

원산지증명서에는 해당 수입물품의 품명, 수량, 생산자, 수출자 등 관세청장이 정하는 사항이 적혀 있어야 하며, 제출일부터 소급하여 1년 이내에 발행된 것이어야 한다. 다만, 원산지증명서 유효기간 산정시 아래의 기간은 제외한다.
① 원산지증명서 발행 후 1년 이내에 해당 물품이 수입항에 도착하였으나 수입신고는 1년을 경과하는 경우 : 물품이 수입항에 도착한 날의 다음 날부터 해당 물품의 수입신고를 한 날까지의 기간

② 천재지변, 그 밖에 이에 준하는 사유로 원산지증명서 발행 후 1년이 경과한 이후에 수입항에 도착한 경우: 해당 사유가 발생한 날의 다음 날부터 소멸된 날까지의 기간

2 수입신고시 원산지증명서 제출 특례

(1) 수입신고수리전 반출(원산지운영 고시 제40조)

특혜관세 적용을 위해 수입신고시 원산지증명서를 세관장에게 제출하여야 하는 자가 증명서를 제출하지 못한 경우에는 수입신고수리전 반출을 신청할 수 있다. 즉, 증명서 없이 협정세율로 신고하고, 물품반출 후 15일 이내 증명서가 제출되면 협정세율로 신고수리한다.

신고수리전 반출 절차

ⓐ 신고수리전 반출을 승인 받으려는 자는 세관장에게 해당 특혜세율을 적용한 수입신고서와 「수입통관 사무처리에 관한 고시」 별지 제3호서식의 신고수리전 반출승인(신청)서에 신고수리전 반출신청내역을 기재하여 전송하여야 한다.
ⓑ 신고수리전 반출하려는 자는 일반세율을 적용하여 납부하여야 할 관세 등에 상당하는 담보를 제공하여야 한다.
ⓒ 신고수리전 반출승인을 받은 자는 수리전 반출후(납부고지서 발급후) 15일이내에 원산지증명서 내역 등을 정정신고하고 원산지증명서를 제출하여야 한다.
ⓓ 세관장은 기한 안에 수입신고 정정내역과 원산지증명서를 제출한 경우 수입신고를 수리하여야 하며, 제출하지 아니한 때에는 특혜세율을 불인정하고 수입신고를 수리 할 수 있다.

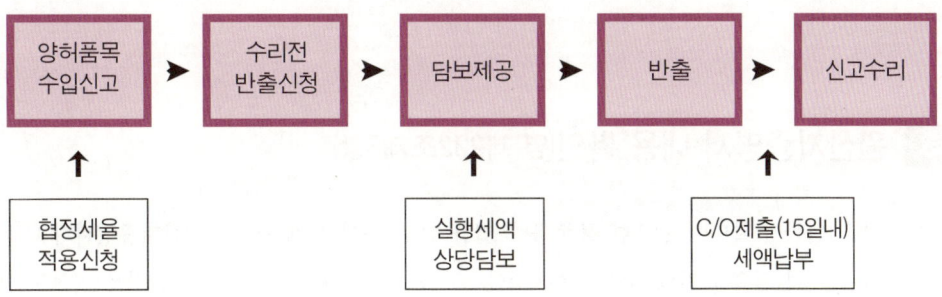

(2) 예외적 원산지증명서 수입신고수리 후 제출(영 제236조제1항 단서)

특혜관세 적용을 위해 수입신고시 원산지증명서를 세관장에게 제출하여야 하는 자가 수입신고 전에 원산지증명서를 발급받았으나 분실 등의 사유로 수입신고 시에 원산지증명서를 제출하지 못한 경우에는 원산지증명서 유효기간(제출일부터 소급하여 1년) 내에 해당 원산지증명서 또는 그 부본을 제출할 수 있다.

이 규정은 FTA에서 허용하고 있는 협정관세 사후적용(수입신고수리일로부터 1년이내)과 유사하다. 다만, 상이한 점은 일반특혜에서는 수입신고 전에 원산지증명서가 발급되었음이 전제되어야 한다는 점이다. 다시말해 수입신고 전에 원산지증명서가 발급되었으나 수입신고시 특혜적용을 하지 못한 자(MFN실행세율로 신고)가 유효기간 내에 원산지증명서와 경정청구서를 세관장에게 제출하면 일반특혜세율 적용에 따른 환급이 가능하다는 의미이다.

> **PLUS TIP 12-5   APTA 원산지증명서 소급(선적 후)발급이 허용되지 않아요!**
>
> 「아시아-태평양 무역협정에 의한 물품의 원산지 증명 및 검증 운영절차」제4조 원산지증명서의 발행
> (1) 원산지증명서는 수출 시점 또는 선적일로부터 3근무일 내에 APTA 원산지규정의 해석에 따라 해당 수출상품의 원산지가 참가국일 경우 언제든지 수출참가국의 발행당국이 서면(수기(手記) 포함) 또는 전산으로 발행해야 한다. 원산지증명서는 발행일로부터 1년 간 유효하다.
> (2) 다만, 이 규정은 수출국발급기관의 의무를 규정한 것으로 선적일로부터 3근무일을 초과하여 발급된 C/O라 하더라도 C/O의 효력을 부인할 수는 없을 것으로 판단된다.

▶ 3 원산지증명서 내용 확인(영 제232조제3항)

세관장은 원산지 확인이 필요한 물품을 수입한 자로 하여금 제출받은 원산지증명서의 내용을 확인하기 위하여 필요한 자료(원산지증명서확인자료)를 제출하게 할 수 있다. 이 경우 원산지 확인이 필요한 물품을 수입한 자가 정당한 사유 없이 원산지증명서 확인자료를 제출하지 아니할 때에는 세관장은 수입신고 시 제출받은 원산지증명서의 내용을 인정하지 아니할 수 있다.

원산지증명서 확인자료 제출요구

세관장은 다음의 어느 하나에 해당하는 물품에 대하여는 수입자에게 원산지증명서 확인자료를 수입신고 수리 전까지 제출하도록 요청할 수 있다. 다만, 세액심사의 목적인 경우에는 수입신고 수리 후에 제출하도록 요구하여야 한다.
ⓐ 수입신고서와 원산지증명서의 원산지가 다른 물품
ⓑ 품명과 원산지기준이 적정하지 않은 물품
ⓒ 제3국 선적물품 등 직접운송 미충족 우려물품
ⓓ 물품의 특성, 수출국의 산업구조 등을 고려하여 원산지증명서 확인자료 제출대상 품목으로 관세청장이 지정한 물품
ⓔ 기타 원산지확인을 위하여 필요하다고 인정하는 물품

세관장은 수입자가 제출한 원산지증빙서류의 오·탈자 등 형식적이고 경미한 오류가 있으나, 물품의 원산지 등 실질에 영향을 미치지 않는 경우에는 당해 서류의 효력 전체를 부인해서는 아니되고, 증빙서류의 경미한 오류를 송품장, 무역계약서 등으로 확인할 수 있는 경우에는 원산지증빙서류의 보완요구를 하지 아니할 수 있다.

세관장은 특혜관세 적용시 품명이 동일한 경우에는 수입신고 세번과 원산지증명서상의 세번이 서로 다르더라도 특혜관세를 적용하여 처리할 수 있다. 다만, 세번상이로 인하여 관세율에 차이가 있는 경우에는 사후심사 의뢰 등의 조치를 취하여야 한다.

경미한 흠	중대한 흠
① 원산지증빙서류의 오·탈자 ② 원산지 등 실질에 영향을 미치지 않는 경우 ③ 품명이 동일한 경우에는 수입신고 세번과 C/O세번이 다르더라도 적용가능. 다만, 세번상이로 관세율에 차이가 있을시 사후심사 의뢰 등 조치	해당 원산지증명서 양식, HS(양허품목), 원산지결정기준, 증명기관(인장, 서명), 발급일자(유효기간), APTA 직접운송(수출참가국 발행 통과선하증권), C/O번호 중복(분할여부 확인), 품명과 원산지기준 불일치 등

▶ 경미한 흠/중대한 흠을 명시적으로 열거하기는 어려우므로 원산지증명서 심사자는 사안별로 합리적으로 판단하여야 한다.

PLUS TIP 12-5 원산지증명서 발행기관은 어떻게 확인하죠?

◆ APTA협정은 기관발급제 채택, 수출국 정부 지정기관에서 발행한 것이어야 한다.
　○ 중국의 경우 35개 출입경검험검역국과, CCPIT(중국무역촉진위원회) 발행
　　(ENTRY-EXIT INSPECTION AND QUARANTINE BUREAU)
　　※ 각 성(省)별로 지정된 스탬프가 날인되어 있어야 함
　　　(省 산하 발행기관에서 발급하여 자체 인장날인의 경우 ⇒ 불인정)
　○ 인도 : 주로 EXPORT INSPECTION COUNCIL에서 발행
　　- 각 지역별로 위치한 발급기관의 지사에서 발급 가능

◆ 발급기관 인장·서명이 미등록 되어 있거나 등록된 서명과 다른 경우 원산지증빙서류의 진위여부를 상대국세관에 조회한 뒤 그 결과에 따라 처리한다.

집행기준

①덤핑방지관세(법 제51조), 상계관세(법 제57조), 보복관세(법 제63조), 긴급관세(법 제65조, 제67조의2) 등이 적용되는 국가의 인접국에서 수입되거나 적용대상국 생산물품 중 동 관세 비적용 신청물품 또는 낮은 세율 적용신청 물품으로서 우회수입 등의 가능성이 있어 세관장이 이를 확인할 필요가 있다고 인정하는 물품과 ②「대외무역법」·「식품위생법」·「검역법」 등에 따라 원산지를 확인하는 품목에 대해선 일반원산지증명서(고시 별지 제17호의8 서식)를 제출하도록 할 수 있다.

【원산지 운영 고시 제39조제2항】

4 주요 협정별 원산지증명서 서식

특혜적용을 위해선 협정 등에서 정하고 있는 원산지증명서 서식으로 발급되어야 한다. 서식이 잘못된 원산지증명서는 협정적용 배제의 원인이 되므로 유의할 필요가 있다.

GATT 원산지증명서(TNDC)

1. Goods consigned from(Exporter's business name, address, country)	Reference No. PREFERENTIAL ARRANGEMENTS AMONG DEVELOPING COUNTRIES NEGOTIATED IN GATT CERTIFICATE OF ORIGIN (Combined declaration and certificate) Issued in ------------------------------ (country) See Notes overleaf
2. Goods consigned to (Consignee's name, address, country)	
3. Means of transport and route (as far as known)	4. For official use

5. Tariff Item No.	6. Marks and number of package	7. No. & kind of packages; description of goods	8. Origin criterion (see Instructions overleaf)	9. Gross weight or other quantity	10. Number and date of invoices

11. Certification It is hereby certified, on the basis of control carried out, that the declaration by the exporter is correct. --- Place and date, signature and stamp of certifying authority	12. Declaration by the exporter The undersigned gerby declares that the above details and statements are correct; that all the goods were produced in ----------------------------- (Country) and that they comply with the origin requirements specified for those goods in the generalized system of preferences for goods exported to --- (importing country) --- Place and date, signature of authorized signatory

⟨ Instructions for filling the Form⟩

1. The main conditions for admission to preference are that goods sent to any of the countries participating in the Preferential Arrangements Among Developing countries Negotiated in GATT.
   (i) must fall within a description of goods eligible for preference in the country of destination; and
   (ii) must comply with the origin criteria specified for those goods by the countries of destination.

2. If the goods qualify under th origin criteria of the country of destination, the exporter must indicate in Box 8 of the form as below:

Classification of goods by types of origin criteria	Indication to be made in Box 8 of the form
Goods wholly produced in the exporting country	P
Goods not wholly produced in the exporting country: Goods satisfying the origin criterion based on value added	Y followed by the value or materials imported or of undetermined origin, expressed as a percentage of the value of the exported goods Example: Y less than 50%
Goods satisfying the origin criterion based on a change in HS heading or other origin criteria	X followed by the HS heading No. of the exported goods Example: X 97.06
Goods satisfying two origin criteria	Example: X 84.05 Y less than 40%

3. Each article must qualify. It should be noted that all the goods in a consignment must qualify separately in their own right.

4. Language, description of goods, etc. In making out the form, it is recommended that English, French or Spanish be used, taking into account the acceptability of the language in the importing country. Entries on the form should be typed or hand-written: in the latter case use ink and capital letters. Any unused space should be struck through in such a manner as to make any later addition impossible. Any alteration must be endorsed by the certifying authority or body. The description of goods must be sufficiently detailed to enable the goods to identified by the Customs officer examining them.

5. Procedure for claiming preference. A declaration on the certificate of origin form must be prepared by the exporter of the goods and submitted in duplicate to the certifying authority or body of the country of exportation, which will, if satisfied, certify the top copy of the certificate of origin and return it to the exporter for transmission to the importer in the country of destination. The certifying authority or body will itself keep the second copy duly completed and signed by the exporter.

GSTP특혜용 원산지증명서(Form

1. Good consigned from (Exporter's business name, address, country) 수출자(상사명, 주소 및 국명)	Reference No.번호 Global System of Trade Preferences Certificate of Origin 개도국간 특혜무역제도(GSTP) 원산지증명서 (Combined declaration and certificate) (신고 및 증명 겸용)
2. Goods consigned to (Consignee's name, address, country) 수입자(상사명, 주소 및 국명)	Issued in -------------------------- (Country) ※ See notes overleaf 뒷면 참조
3. Means of transport and route(as far as known) 운송수단 및 경로	4. For official use 공용란

5. Tariff item number HS번호	6. Marks and numbers of packages 포장기호 및 번호	7. Number and kind of packages; description of goods 포장 수량 및 종류; 상품명	8. Origin criterion (see notes overleaf) 원산지결정기준 (뒷면참조)	9. Gross weight or other quantity 총중량 또는 기타 수량	10. Number and date, of invoices 송장번호 및 일자

11. Declaration by the exporter 수출자의 신고 the undersigned hereby declares that the above details and statements are correct; that all the goods were produced in 아래의 자는 상기 기재내용이 정확하며, 모든 물품이 (국가명)에서 생산되고, ... (country) and that they comply with the origin requirements specified for those goods in the Global System of Trade Preferences for goods exported to 개도국간 특혜무역제도상 하기 수입국의 원산지결정기준에 합치한다는 것을 신고함 .... (importing country) .... Place and date, signature of authorized signatory 작성지, 작성년월일, 서명권자의 서명	12. Certificate 증명 It is hereby certified, on the basis of control carried out, that the declaration by the exporter is correct. 심사결과, 수출자의 신고가 정당하다는 것을 증명함 .... Place and date, signature and stamp of certifying authority 증명발급지, 발급년월일, 증명발급기관의 서명 및 소인

개도국간 특혜무역제도(GSTP) 원산지증명서 작성요령

1. 일반조건
특혜수혜를 위해 당해 상품은 아래의 조건을 충족해야 한다.

(1) 수출국에 대한 GSTP양허표상 특혜품목이어야 한다.

(2) GSTP원산지규정을 충족해야 한다. 적송중인 각 상품은 수혜권을 독립적으로 입증해야 한다.

(3) GSTP원산지규정상의 운송요건을 충족하여야 하며, 일반적으로 동 규정 제5조에서 정한 바와 같이 수출국에서 최종 수입국으로 직접 운송되어야 한다.

2. 제8란 기재방법
특혜수혜품목은 GSTP원산지규정 제2조(완전생산기준) 또는 GSTP원산지규정에 상응하는 수출국의 완전생산품 또는 완전획득품과 동 규정 제3조(부가가치기준) 또는 제4조(누적부가가치기준)를 충족하는 부분생산품 또는 부분획득품이다.

(1) 완전생산품 또는 완전획득품(완전생산기준)은 제8란에 "A"를 기재한다.

(2) 부분생산품 또는 부분획득품(부가가치기준)은 제8란 기재요령은 다음과 같다.

① 규정 제3조(부가가치기준)의 원산지결정기준을 충족하는 생산품은 제8란에 "B"를 기재한다. "B"뒤에는 GSTP비참가국 및 원산지미상 원자재, 부분품, 제품가격을 수출품의 FOB가격에 대한 백분율로서 기재한다.(예 : "B" 50%)

② 규정 제4조(누적부가가치기준)의 원산지결정기준을 충족하는 생산품은 제8란에 "C"를 기재한다. "C"뒤에는 수출품의 당해 수출국산 원자재 총가격을 수출품의 FOB가격에 대한 백분율로서 기재한다. (예 : "C" 60%)

③ 규정 제10조(최빈국특혜비율)의 특혜원산지결정기준을 충족하는 생산품은 제8란에 "D"를 기재한다.

Asia-Pacific Trade Agreement

(Combined declaration and certificate)

1. Goods consigned from: (Exporter's business name, address, country)	Reference No. **CERTIFICATE OF ORIGIN** Issued in ………………………………………. (Country)
2. Goods consigned to: (Consignee's name, address, country)	3. For Official use
4. Means of transport and route:	

5. Tariff item number:	6. Marks and number of Packages:	7. Number and kind of packages / description of goods:	8. Origin criterion (see notes overleaf)	9. Gross weight or other quantity:	10. Number and date of invoices:

11. Declaration by the exporter:	12. Certificate
The undersigned hereby declares that the above details and statements are correct: that all the goods were produced in …………………… (Country) and that they comply with the origin requirements specified for these goods in the Asia-Pacific Trade Agreement for goods exported to …………………… (Importing Country) ……………………………………………… Place and date, signature of authorized Signatory	It is hereby certified on the basis of control carried out, that the declaration by the exporter is correct. ……………………………………………… Place and date, signature and Stamp of Certifying Authority

APTA 협정용 원산지증명서 작성요령

I. 일반조건
특혜수혜를 위해 생산품은 다음의 조건을 충족해야 한다.

가) 목적지인 아시아-태평양 무역협정 국가의 양허표상 특혜품목에 해당해야 한다.

나) 아시아-태평양 무역협정 원산지 규정을 충족해야 한다. 탁송품 내의 개별상품은 당연히 개별적으로 자격을 취득해야 한다.

다) 아시아-태평양 무역협정상 원산지 규정의 운송조건을 충족해야 한다. 일반적으로 생산품은 제5조의 규정에 따라 수출국에서 수입국으로 직접 운송되어야 한다.

II. "란" 기재방법

1란: 수출자
수출자의 성명, 주소, 국가명을 기입한다. 성명은 송품장에 기재된 수출자와 동일해야 한다.

2란: 수입자
수입자의 성명, 주소, 국가명을 기입한다. 성명은 송품장에 기재된 수입자와 동일해야 한다. 제3자 무역일 경우, "주문용"을 기입할 수 있다.

3란: 공용란
증명기관의 사용을 위해 공란으로 남겨둔다.

4란: 운송 수단 및 경로
수출품의 운송수단 및 경로를 상세히 기입한다. 신용장의 조건 등이 세부사항을 요구하지 않은 경우 "By Air(비행기로)" 또는 "By sea(선박으로)"로 기입한다. 생산품이 제3국을 경유하는 경우, 예를 들어 "By Air(비행기로)", "Laos to India via Bangkok(방콕경유 라오스부터 인도까지)"를 표기한다

5란: 세번
개별품목의 HS 4단위를 표기한다.

6란: 포장기호 및 번호
원산지 증명서에 포함된 포장의 기호와 번호를 기입한다. 기입사항은 포장에 표기된 기호 및 번호와 일치해야 한다.

7란: 포장 수량 및 종류; 품명
수출품의 품명을 정확하게 기입한다. 송품장에 기재된 생산품의 품명과 일치해야 한다. 정확한 품명은 목적지 세관당국이 신속히 생산품을 분류하는데 도움이 된다.

8란: 원산지 기준
특혜 생산품은 아시아-무역협정 제2조에 따라 수출 참가국에서 완전히 생산 또는 획득된 물품이어야 한다. 수출국에서 완전히 생산 또는 획득되지 않은 생산품은 제3조 또는 제4조가 적용되어야 한다.

가) 완전 생산품 또는 획득품 : 8란에 "A"를 기재한다.

나) 불완전 생산품 또는 획득품 : 8란에 다음과 같이 기재한다.

1. 제3조의 원산지 기준을 충족하는 경우 8란에 "B"를 기재한다. "B" 뒤에는 비참가국에서 생산되거나 원산지 미상인 원료, 부품 또는 제품의 총가격을 생산품의 본선인도가격에 대한 백분율로 기재한다. (예: "B" 50%)

2. 제4조의 원산지 기준을 충족하는 경우 8란에 "C"를 기입한다. "C" 뒤에는 협약참가 수출국들의 영역에서 생산된 원자재의 총가격을 수출품의 본선인도가격에 대한 백분율로 기재한다. (예: "C" 60%)

3. 제10조의 특별원산지 기준을 충족하는 생산품은 8란에 "D"를 기입한다.

9란: 총중량 또는 기타 수량
원산지증명서에 포함된 생산물의 총중량 또는 기타 수량(개수, Kg 등)을 기입한다.

10란: 송품장 번호 및 일자
해당 송품장의 번호와 일자를 기입한다. 신고서에 첨부된 송품장의 일자는 원산지 증명서의 승인일자보다 늦어서는 안된다.

11란: 수출자 신고
"수출자"는 무역업자 또는 제조자일 수 있는 선적자를 의미한다. 생산국명/수입국명 및 신고장소/신고일자를 기입한다. 이 란은 회사의 공인된 서명자에 의해 서명되어야 한다.

12란: 증명
증명기관이 이 란에 증명한다.

최빈개발도상국 특혜용 원산지증명서

1. Exporter (business Name, address, country)	Reference No.
	Certificate of Origin for Preferential Tariff for Least-Developed Countries (Combined declaration and certificate)
2. Importer (business name, address, country)	
	Issued in ....(country) See notes overleaf
3. Means of transport and route	4. For official use

5. HS code	6. Marks and numbers of packages	7. Number and kind of packages: Description of goods	8. Origin criterion (see notes overleaf)	9. Gross weight or other quantity	10. Invoice No. and Date

11. Declaration by the exporter	12. Certificate
The undersigned hereby declares that the above details and statements are correct; that all the goods were produced in ....(country) and that they comply with the origin requirements specified in the Presidential Decree on Preferential Tariff for Least-Developed Countries from .... (importing country) .... Place and date, signature of authorized signatory	It is hereby certified, on the basis of control carried out, that the declaration by the exporter is correct .... Place and date, signature and stamp of certifying authority

최빈개발도상국 특혜원산지증명서 작성요령

1. 일반조건
최빈개발도상국의 수출품은 아래의 조건을 충족해야 특혜관세를 적용받을 수 있습니다.

가. 대한민국의 「최빈개발도상국에 대한 특혜관세 공여 규정」에 따른 특혜품목이어야 합니다.

나. 대한민국의 「최빈개발도상국에 대한 특혜관세 공여 규정」 제5조(원산지규정)를 충족하여야 하며, 운송되는 각 물품은 각각 원산지가 입증되어야 합니다.

다. 일반적으로 수출국에서 대한민국으로 직접 운송되어야 합니다. 다만, 다음의 경우에는 대한민국으로 직접 운송된 것으로 봅니다.

  (1) 지리적 또는 운송상의 이유로 비원산지를 단순 경유하는 경우 또는 비원산지의 보세구역에서 환적되었거나 일시적으로 장치되었음이 인정되는 경우

  (2) 박람회·전시회 등에 출품하기 위하여 비원산지로 수출되었다가 행사종료후 대한민국으로 다시 수출되는 경우

2. 제8호란의 기재 방법
특혜수혜품목은 최빈개발도상국에 대한 특혜관세공여규정에 의한 원산지규정을 충족시키는 수출국의 완전생산품 또는 완전획득품(제5조 제1항)과 부분생산품 또는 부분획득품(제5조제2항)입니다.

가. 완전생산품 또는 완전획득품(완전생산기준)은 제8란에 A를 기재합니다.

나. 부분생산품 또는 부분획득품(부가가치기준)은 제8란에 B를 기재하되, B뒤에는 비수출국가로부터 구입한 원재료가격이나 원산지 미상의 원재료가격을 수출품의 본선인도가격(FOB)에 대한 백분율로 기재합니다.(예 : B 40%).

남북교역 원산지증명서(북한 발행)

원 산 지 증 명 서
번호 : 날자 : 년   월   일
판 매 자 :
구 매 자 :
품   명 :
수량 / 중량 :
포장 / 표식 :
제품생산자 :
제품생산장소 :
수 송 수 단 :
상기 제품은 조선민주주의인민공화국에서 생산 및 가공됨 **조선민족경제협력련합회**
발급장소 :

일반 원산지증명서 양식(제17호의8서식)

1. Exporter(name, address, country) Exportatetur(nom, adresse, pays) 수출업자 (상사명, 주소, 국명)	2. Number Numéro 번 호
3. Consignee(name, address, country) Destinataire(nom, adresse, pays) 수취인(수입업자) (상사명, 주소, 국명)	CERTIFICATE OF ORIGIN CERTIFICAT D'ORIGINE 원 산 지 증 명
4. Particulars of transport (where required) Renseignements relatifs au transport (le es échèant) 운송에 관한 특기사항	

5. Marks & Numbers ; Number and kind of packages ; Description of the goods Marques et numéros ; Nombre et nature des Colis ; Designation des marchandises 포장기호 및 번호 ; 포장수량 및 종류 ; 상품명	6. Gross weight Poids brut 총중량	7.

8. Other information Autres renseignements 비 고	It is hereby certified that the above mentioned goods origonate in: .... Il est certifié par la présente que les marchandises mentionées ci-dessus sont originaires de: .... 상기물품은 .... 가 원산지임을 증명함 - - - - - - - - - - - - - - - - - CERTIFYING BODY ORGANISME AYANT DELIVRE LE CERTIFICAT 증 명 기 관 - - - - - - - - - - - - - - - - - Place and date of issue Lieu et date de délivrance 증명서 발급일자와 장소 - - - - - - - - - - - - - - - - - Authorised signature Signature autorisée 증명기관의 서명
Stamp Timbre 스탬프날인	

원산지 확인요청 및 조사

▶1 일반특혜적용 수입물품의 원산지 확인요청(법 제233조제1항)

세관장은 원산지증명서를 발급한 국가의 세관이나 그 밖에 발급권한이 있는 기관에게 특혜적용시 제출된 원산지증명서 및 원산지증명서 확인자료의 진위 여부, 정확성 등의 확인을 요청할 수 있다. 이 경우 세관장의 확인요청은 해당 물품의 수입신고가 수리된 이후에 하여야 하며, 세관장은 확인을 요청한 사실 및 회신 내용과 그에 따른 결정 내용을 수입자에게 통보하여야 한다.

세관장은 원산지증명서 및 원산지증명서 확인자료에 대한 진위 여부 등의 확인을 요청할 때에는 ①원산지증명서 및 원산지증명서 확인자료의 진위 여부 등에 대하여 의심을 갖게 된 사유 및 확인 요청사항과 해당물품에 적용된 원산지결정기준이 적힌 요청서와 수입자 또는 그 밖의 조사대상자 등으로부터 수집한 원산지증명서 사본 및 송품장 등 원산지 확인에 필요한 서류를 함께 송부하여야 한다.

일반특혜 수입물품 원산지조사 절차
자유무역협정에 따른 원산지조사 운영에 관한 훈령, 제95조~제106조(FTA 수입물품 원산지검증 절차 준용)
자율점검 → 수입자 대상 국내서면조사 → 국내 서면조사 결과통지 → 국내 현지조사 → 국내 현지조사 결과통지 → 국제 간접조사(수출국 관세당국에 조사요청) → 회신결과 처리 및 처리

▶ 2 일반특혜적용 수입물품의 특혜적용 배제(법 제233조제2항)

상기 1)에 의거 세관장이 확인을 요청한 사항에 대하여 조약 또는 협정에서 다르게 규정한 경우를 제외하고 다음 어느 하나에 해당하는 경우에는 일반특혜관세·국제협력관세 또는 편익관세를 적용하지 아니할 수 있다. 이 경우 세관장은 제38조의3제4항(경정) 및 제39조제2항(부과고지)에 따라 납부하여야 할 세액 또는 납부하여야 할 세액과 납부한 세액의 차액을 부과·징수하여야 한다.

① 외국세관 등이 아래와 같이 정한 기간 이내[241]에 그 결과를 회신하지 아니한 경우
  ㉠ 법 제73조에 따른 국제협력관세로서「아시아·태평양 무역협정」에 따른 국제협정관세를 적용하기 위하여 원산지증명서를 발급한 국가의 세관이나 그 밖에 발급권한이 있는 기관에 원산지증명서 등의 확인을 요청한 경우: 확인을 요청한 날부터 4개월
  ㉡ 법 제76조제3항에 따른 최빈 개발도상국에 대한 일반특혜관세를 적용하기 위하여 외국세관등에 원산지증명서 등의 확인을 요청한 경우: 확인을 요청한 날부터 6개월
② 세관장에게 신고한 원산지가 실제 원산지와 다른 것으로 확인된 경우
③ 외국세관 등의 회신내용에 원산지증명서 및 원산지증명서 확인자료를 확인하는 데 필요한 정보가 포함되지 아니한 경우

FTA 협정관세의 부과제척기간은 협정관세 적용을 신청한 날(기간 초일 불산입)로부터 5년이나 관세법상의 일반특혜관세의 경우 수입신고한 날의 다음날부터 5년이며, 부정한 방법으로 관세를 포탈하였거나 환급 또는 감면받은 경우에는 관세를 부과할 수 있는 날부터 10년이다.

▶ 3 수출물품 원산지 조사(법 제233조제3항)

세관장은 우리나라에서 수출된 물품을[242] 수입하는 국가의 권한 있는 기관으로부터 원산지증명서 및 원산지증명서 확인자료의 진위 여부, 정확성 등의 확인을 요청받은 경우 등 필요하다고 인정되는 경우에는 원산지증명서를 발급받은 자, 원산지증명서 발급자, 수출물품의 생산자 또는 수출자를 대상으로 서면조사 또는 현지조사를 할 수 있다

---

241) APTA 및 최빈개발도상국 특혜를 제외한 나머지는 6개월 안에 회신이 없는 경우 적정하지 않은 증명서로 보아 특혜관세 적용을 배제할 수 있다. (원산지 운영고시 제50조제4항)
242) 기존에는 "관세법 제232조의2에 따라 원산지증명서가 발급된 물품(관세특례물품)"에 한하여 세관장이 원산지 조사가 가능하였으나 법 개정('19.1.1시행)으로 비특혜 원산지증명서(대한상의 발급) 발급 물품까지 원산지 조사 범위가 확대 됨

현지조사는 서면조사만으로 원산지증명서 및 원산지증명서 확인 자료의 진위 여부, 정확성 등을 확인하기 곤란하거나 추가로 확인할 필요가 있는 경우에 할 수 있으며, 세관장이 서면조사 또는 현지조사를 하는 경우에는 조사대상자에게 조사 시작 7일 전까지 서면으로 통지하여야 한다.

통지 받은 조사대상자가 천재지변, 화재나 그 밖의 재해로 사업상 심한 어려움이 있는 경우, 납세자 또는 그 위임을 받은 자의 질병, 장기출장 등으로 조사가 곤란하다고 판단되는 경우, 권한있는 기관에 의하여 장부 및 증빙서류가 압수 또는 영치된 경우 등에는 세관장에게 조사연기를 신청할 수 있다.

조사연기를 신청받은 세관장은 연기신청 승인 여부를 결정하고 그 결과를 조사 개시 전까지 신청인에게 통지하여야 한다.

세관공무원이 원산지조사를 종료한 경우에는 그 조사 결과를 서면으로 납세의무자에게 통지하여야 한다. 다만, 납세자에게 통고처분을 하는 경우, 범칙사건을 고발하는 경우, 폐업한 경우, 납세자의 주소 및 거소가 불명하거나 그 밖의 사유로 통지가 곤란하다고 인정하는 경우에는 통지를 하지 아니한다.

▶ 4 수출물품 원산지 조사에 대한 이의제기(영 제236조의8)

조사결과에 대하여 이의가 있는 조사대상자는 조사결과를 통지받은 날부터 30일 이내에 다음 호의 사항이 적힌 신청서에 이의제기 내용을 확인할 수 있는 자료를 첨부하여 세관장에게 제출할 수 있다.
　① 이의를 제기하는 자의 성명과 주소 또는 거소
　② 조사결과통지서를 받은 날짜 및 조사결정의 내용
　③ 해당 물품의 품명·규격·용도·수출자·생산자 및 수입자
　④ 이의제기의 요지와 내용

세관장은 이의제기를 받은 날부터 30일 이내에 심사를 완료하고 그 결정내용을 통지하여야 한다. 세관장은 이의제기의 내용이나 절차에 결함이 있는 경우에는 20일 이내의 기간을 정하여 보

정할 사항 등을 적은 문서로서 보정할 것을 요구할 수 있다. 다만, 보정할 사항이 경미한 경우에는 직권으로 보정할 수 있다. 보정기간은 결정기간에 산입하지 아니한다

일반특혜/비특혜 수출물품 원산지조사 절차
자유무역협정에 따른 원산지조사 운영에 관한 훈령, 제84조~제94(FTA 수출물품 원산지검증 절차 준용)
◆ 서면조사 원칙. 다만, 서면조사만으로 원산지증명서 및 자료의 진위여부, 정확성 등을 확인하기 곤란한 경우는 현지조사 실시 ◆ 국내 서면조사(조사통지, 조사연기, 자료제출 요구, 자료제출기한 연기신청) ◆ 국내 서면조사 결과통지(조사 종료 후 20일 이내에 결과통지) ◆ 국내 현지조사(조사통지, 조사연기, 조사연장 등) ◆ 국내 현지조사 결과통지(조사 종료 후 20일 이내에 결과통지) ◆ 서면(현지) 조사결과에 대한 이의제기(통지받은 날부터 30일 이내) ◆ 수입국 관세당국에 조사결과 회신

원산지 등에 대한 사전확인제도

▶1 사전확인제도 개요(영 제236조의2)

법, 조약, 협정 등에 따라 원산지확인이 필요한 물품을 수입하는 자가 관세청장(본부 및 직할세관장)에게 다음에 해당하는 사항에 대하여 당해 물품의 수입신고를 하기 전에 미리 확인 또는 심사하여 줄 것을 신청하는 제도이다.

① 관세법 제229조에 따른 원산지 확인기준의 충족여부
② 조약 또는 협정 등의 체결로 인하여 관련법령에서 특정물품에 대한 원산지 확인기준을 달리 정하고 있는 경우에 당해 법령에 따른 원산지 확인기준의 충족여부
③ ① 및 ②의 원산지 확인기준의 충족여부를 결정하기 위한 기초가 되는 사항으로서 관세청장이 정하는 사항
④ 그 밖에 관세청장이 원산지에 따른 관세의 적용과 관련하여 필요하다고 정하는 사항

▶2 사전확인 절차

원산지 사전확인을 받으려는 자는 원산지 사전확인 신청서와 다음 어느 하나에 해당하는 서류와 현품(사진) 등 참고자료를 붙여 신청인의 주소지를 관할하는 본부세관장 또는 직할세관장에게 신청할 수 있으며, 신청서류는 우편, FAX, 전자우편으로 제출할 수 있다.

① 세번변경기준을 적용할 물품은 외국의 수출자 또는 제조자가 작성·날인한 세번변경관련 입증서류(부품구입증명자료, 공정명세서 등)
② 부가가치기준을 적용하는 물품은 외국의 수출자 또는 제조자가 작성·날인한 원산지별 원재료사용 및 가격 관련 입증서류(노무비, ③ 가공공정기준을 적용하는 물품은 외국의 수출자 또는 제조자가 작성·날인한 원산지별 공정명세 관련서류

④ 기타 세관장이 필요하다고 인정하는 참고서류(상품의 카다로그 등)

신청서를 받은 세관장은 신청서 접수일부터 60일 안에 그 결과를 사전확인서에 작성하여 신청인에게 교부하여야 한다. 다만, 제출자료의 미비 등으로 인하여 사전확인이 곤란한 경우에는 그 사유를 신청인에게 통지하여야 한다.

세관장은 수입신고된 물품 및 원산지증명서의 내용이 사전확인서상의 내용과 동일하다고 인정되는 때에는 특별한 사유가 없는 한 사전확인서의 내용에 따라 관세의 경감 등을 적용하여야 한다.

3 사전확인 결과에 때한 이의제기

사전확인의 결과를 통지받은 자(제236조의3제1항에 따른 사전확인서의 내용변경 통지를 받은 자를 포함)는 그 통지내용에 이의를 제기하려는 경우 그 결과를 통지받은 날부터 30일 이내에 관련사항이 기재된 신청서에 이의제기 내용을 확인할 수 있는 자료를 첨부하여 관세청장(본부 및 직할세관장)에게 제출하여야 한다.

관세청장은 이의제기를 받은 때에는 이를 심사하여 30일 이내에 그 결정 내용을 신청인에게 알려야 하며, 이의제기의 내용이나 절차가 적합하지 아니하거나 보정할 수 있다고 인정되는 때에는 20일 이내의 기간을 정하여 문서로써 보정하여 줄 것을 요구할 수 있다. 이 경우 보정기간은 제5항에 따른 심사결정기간에 산입하지 아니한다.

4 사전확인서 내용의 변경(법 제236조의3)

관세청장은 사전확인서의 근거가 되는 사실관계 또는 상황이 변경된 경우에는 사전확인서의 내용을 변경할 수 있다. 이 경우 관세청장은 신청인에게 그 변경내용을 통지하여야 한다.

사전확인서의 내용을 변경한 경우에는 그 변경일후에 수입신고되는 물품에 대하여 변경된 내용을 적용한다. 다만, 사전확인서의 내용변경이 자료제출누락 또는 허위자료제출 등 신청인의 귀책사유로 인한 때에는 당해 사전확인과 관련하여 그 변경일전에 수입신고된 물품에 대하여도 소급하여 변경된 내용을 적용한다.

▶ 5 원산지확인위원회(법 제232조의3)

원산지 확인 기준, 원산지 표시 적정성 등에 관한 다음과 같은 사안을 심의하기 위하여 관세청에 원산지확인위원회를 두고 있다. 위원회는 위원장 1명을 포함하여 20명 이상 30명 이하의 위원으로 구성한다.

① 제229조제3항에 따른 원산지 확인 기준 충족여부 확인
② 제230조 각 호에 따른 원산지 표시의 적정성 확인
③ 제232조제3항에 따른 원산지증명서의 내용 확인
④ 그 밖에 관세법 및 FTA 관세특례법에 따른 원산지 확인 등과 관련하여 관세청장이 회의에 부치는 사항

관세청장은 세관장의 원산지확인 신청 등이 있는 경우에는 60일 이내에 원산지를 결정하여 회신하여야 하며, 원산지확인을 위하여 필요한 경우 관세평가분류원장 또는 중앙관세분석소장에게 수입품이나 완제품의 품목분류를 요청할 수 있으며, 품목분류 요청기간은 결정기간에서 제외한다.

▶ 6 원산지심사위원회(원산지 운영 고시 제54조)

원산지확인 및 표시업무의 통일적 집행을 위하여 본부세관장 및 직할세관장은 원산지심사위원회 설치하여 운영하고 있다. 심사위원회 위원장은 본부세관 통관국장(서울본부세관은 자유무역협정 집행국장, 광주본부세관, 대구본부세관 및 직할세관은 세관장)으로 하며 위원은 원산지확인 및 표시업무에 전문성이 높은 내부위원 3인과 외부위원 3인을 포함하여 6인 이상으로 구성한다.

심사위원회는 해당 세관 및 산하세관으로부터 상정된 건에 대하여 다음 사항을 심의한다.
① 원산지확인 업무에 관련된 사항

② 원산지표시 위반유형
③ 원산지표시 방법 적정성 여부
④ 과징금 부과 등 제재조치 적정성
⑤ 명확한 법률적 해석이 요구되거나 통일적인 집행을 위하여 관세청장에게 재상정할지 여부
⑥ 그 밖에 원산지확인 및 표시와 관련하여 필요한 사항

심사위원회는 재적위원 과반수의 참석과 참석위원 과반수의 찬성으로 의결하며, 위원회 결정 결과를 즉시 관세청장에게 보고하여야 한다.

CHAPTER 12-7

중요 질의 및 답변 사례

질의 196

최빈개발도상국 또는 WTO 개발도상국간 양허관세(TNDC)에 대한 제3국 송장 인정여부?
- 송장이 최초에 최빈국 수출자와 제3국(스위스)에 소재하는 자간의 공급계약에 따라 발행되고, 제3국에 소재하는 자와 폐사의 공급계약에 따라 다시 발행됨
- 물품은 수출국에서 우리나라로 직접운송됨

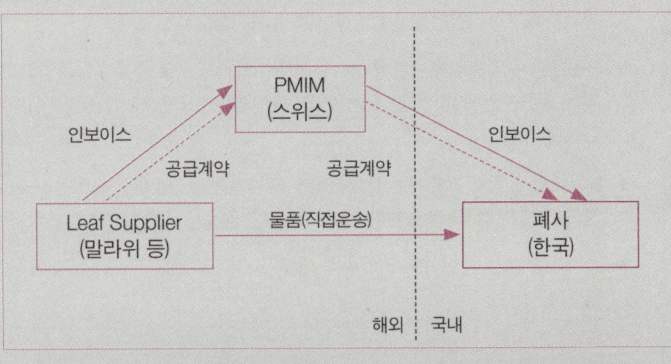

답변

송품장, 선하증권 등 관련 무역서류에 의하여 3자간 무역거래가 인정되는 때에는, 제3국에 소재하는 자가 수출자인 경우에도 특혜 적용 대상물품에 대하여 최빈개발도상국 특혜관세 적용 가능

◇ 기재부 다자관세협력과-1049(2011.12.30)
"최빈국 특혜관세 적용관련 3자간 무역거래에 있어서 원산지증명서상 수입자란에 제3국의 중계인이 기재된 경우 송품장, 선하증권 등 관련 무역서류에 의하여 3자간 무역거래가 인정되는 때에는 해당 원산지 증명서도 인정 가능"

질의 197	APTA관련, 수출참가국인 중국에서 생산된 물품을 중국 → 홍콩까지 트럭으로 운송하여 비참가국인 홍콩에서 항공기로 환적 후 한국으로 운송시 직접운송 입증서류 인정범위 문의 〈질문〉 항공기로 반입시 근본적으로 APTA 확인기준 규칙 제8조제3항제1호의 통과 선하증권(선박운송서류) 발행이 불가하므로 재화청단(淸單)* 등 기타 서류로 代替제출 가능 여부? * 중국→홍콩 내륙운송시 해당차량에 대해 발급하는 서류(적하목록)로 중국 지방교통국 및 세관에 사전등록된 차량에 한해 운송을 허용하며, 중국·홍콩 공통서식임
답변	통과선하증권이 발행되지 않는 경우(예 : 항공운송)에 단순경유사실 증빙서류는 수출국에서 발행된 통과 선하증권과 같이 항공화물운송장이 '최초 수출국 운송업자(운송주선인 포함)가 전 구간의 운송에 대하여 모든 책임을 담보'하는 하나의 운송서류로 발급된 경우에 인정 가능 재화청단과 홍콩발행 항공화물운송장은 단순경유사실 증빙서류로 인정 곤란 증빙서류에 대한 사실여부, 조건충족 여부 및 이에 따른 직접운송원칙 충족여부 등은 사안별로 세관장이 판단할 사항 ◇ 관세청 APTA 직접운송 원칙 입증서류 지침(2013.7.5) ▶ '수출참가국에서 발행된 통과 선하증권'은 APTA 협정세율 적용을 위한 필수 제출 서류임 ◇ 관세청 APTA 직접운송 원칙 입증서류 추가지침(2013.7.24) ▶ 항공운송시 단순경유사실 증빙서류는 AWB가 ① 수출국에서 발행되었고, ② '최초 수출국 운송업자(운송주선인 포함)가 전 구간의 운송에 대하여 모든 책임을 담보하는 하나의 운송서류로 발급'되었을 때 인정 가능 ▶ 홍콩국경 도착시 제출하는 재화청단과 홍콩발행 항공화물운송장은 수출국 운송인이 全구간을 보장하는 통과선하증권 형태가 아니므로 단순 경유사실 증빙서류로 인정 곤란 ▶ 동 서류에 대한 사실여부, 조건충족 여부 및 이에 따른 직접운송원칙 충족여부 등은 세관장이 판단할 사항
질의 198	우리나라에서 최빈국 특혜관세를 적용받기 위해 미얀마로부터 수취하는 원산지증명서가 수출물품 선적 후 발급되고 있는데 이 경우 선적 후 발급된 원산지증명서의 유효성 여부?
답변	최빈국 특혜용 원산지증명서의 경우 당해 원산지증명서가 선적 후 발행되었다 하더라도 수입신고를 하는 때에 제출되고, 협정 및 법령에서 정한 원산지 기준을 충족하는 경우에는 특혜관세 적용 가능
질의 199	최빈국 특혜용 원산지증명서가 아닌 GSP 원산지증명서를 제출하여 최빈국 특혜관세 적용을 받을 수 있는지 여부?
답변	「최빈개발도상국에 대한 특혜관세 공여규정」(대통령령)에 의하여 2000년 1월 이후 현재까지 최빈개발도상국에 대한 특혜관세를 적용받기 위해서는 최빈개발도상국 특혜 원산지증명서를 제출하여야 함

질의 200	국내 보세구역 반입 후 B/L을 양도하는 경우 APTA특혜관세 적용*을 위한 적정한 C/O 기재방법? * APTA 협정은 원산지증명서상 수하인란에 송품장상의 수입자를 기재하도록 규정 생산자 (중국 소재 A社) → C/O 발급 → 구매자 (한국 소재 B社) → B/L양도 (수리전) → 납품업체 (한국 소재 C社)
답변	수입신고 전에 선하증권이 양도된 경우 원산지증명서의 수하인과 선하증권 양도 전에 발행된 송품장의 수하인이 일치하는 경우 아시아-태평양무역협정(APTA)세율의 적용 가능
질의 201	다음과 같은 거래관계가 발생시 제품에 투입된 '한국산 원재료'의 원산지결정기준 및 원산지증명방법은? 한국 (원재료 수출) → 미얀마 ((한국産+미얀마産+제3국産) 재료를 사용하여 완성품생산) → 최빈국 C/O 발행 → 한국 (완성품 수입)
답변	한국에서 수출한 원재료가 한국산임을 입증하는 서류는 대외무역법 제37조(수출물품의 원산지증명서 발급) 또는 관세법 제232조의2(원산지증명서의 발급 등)에 따라 발급된 원산지증명서로 가능하나, 이 경우에 제품에 투입된 한국산 원재료는 관세법 시행규칙 제74조(일반물품의 원산지 결정기준)의 기준을 충족하여야 함 다만, 한국산 원재료에 대한 원산지증명서의 인정여부는 미얀마의 특혜 원산지증명서 발급권한이 있는 기관이 판단할 사항임
질의 202	APTA 해당물품 수출시 한국과 중국간 세번이 다른 경우 원산지증명서상 HS란에 어느 세번을 기재해야 하는지 여부?
답변	APTA 특혜관세는 수입당사국의 양허표에 기재된 품목에 따라 부여되는 것이므로 한국과 중국간 HS가 다르더라도 CO에는 중국세관에서 분류한 HS 기재 가능
질의 203	(수입신고) APTA관세율을 적용해야 됨에도 한-인도 CEPA협정(협정관세적용신청서 제출) 관세율 적용하여 수입통관 ※ 협정관세적용신청서에는 APTA 원산지증명서 발급번호,기관명 기재 (질의내용) 수정신고시 한-인도 CEPA협정세율에서 APTA협정세율로 정정해야 하는지, 기본세율로 정정해야 하는지 여부?
답변	수입신고 시 유효한 한-인도 CEPA 원산지증명서를 제출하지 못하였으므로 한-인도 CEPA 협정관세 적용은 배제 APTA 관세율 적용을 받기 위해서는 수입신고시 그 물품의 원산지를 증명하는 서류를 세관장에게 제출하여야 함 그러므로 수입신고 시 APTA원산지 증명서를 제출하였다면 APTA 관세율로 정정 가능하며 미제출 하였다면 기본세율로 정정해야 함

질의 204	관세법 시행령 시행일('15.2.6) 이전에 수입신고한 경우로서 수입 신고전에 C/O를 발급받았으나 도난 등의 사유로 수입 신고시 C/O를 제출하지 못한 모든 APTA 및 최빈국 특혜 세율 적용 대상 물품에 대하여 특혜 가능 여부?
답변	관세법 시행령에서 규정하고 있는 다른 요건을 충족한다면 관세법 시행령 부칙 제5조(원산지증명서의 제출에 관한 적용례)에 따라 관세법 시행령 시행일('15.2.6)인 이전에 수입신고한 건의 경우에도 원산지증명서 사후 제출이 가능 관세법 시행령 제236조(원산지증명서의 제출 등)제1항에 따라 분실 등의 범위에는 수출자 또는 수입자의 부주의를 고려하지 않으며, 분실 등의 사실 인정은 사안별로 세관에서 판단해야 할 사항 또한, 관세법 시행령 제236조(원산지증명서의 제출 등)제5항에 따라 원산지증명서 사후 제출시 경정청구 절차를 거쳐야 함
질의 205	원산지증명서와 송품장, 운송장 등의 수출자가 상이할 경우에도 아시아-태평양 무역협정(APTA) 특혜적용이 가능한지?
답변	원산지증명서 상 수출자와 송품장에 기재된 수출자의 성명이 상이하더라도 원산지 요건을 실질적으로 충족하는 경우에는 아시아-태평양 무역협정 특혜 적용 가능 중국내 원산지증명서 발급신청 권한을 받은 대외무역사업자 등 발급대행자에 의해 발급되는 원산지증명서의 경우, 1란(수출자)에 대행자와 실제 수출자가 병기되지 않더라도 CO-PASS를 통해 중국에서 발행한 원산지증명서 진위여부를 확인할 수 있는 경우 협정관제적용 가능
질의 206	수입신고시 제출한 일반 특혜원산지증명서에 따라 특혜관세를 적용하여 수리한 후, 사후심사과정에서 적정한 특혜원산지증명서를 다시 제출하는 경우 특혜관세 적용이 가능한지 여부?
답변	사후세액 심사과정에서 수리당시 제출한 일반 특혜원산지증명서에 명백한 하자(권한없는 기관 발급 등)가 있는 경우 유효한 원산지증명서로 인정하기 곤란하므로 세율상 특혜를 취소하는 것이 타당하고, 새로이 제출하는 원산지증명서로 세율상 특혜를 소급적용하는 것은 불가함
질의 207	제3국에서 발행된 송품장에 의한 특혜관세 적용여부?
답변	최빈개발도상국에 대한 특혜관세 및 WTO협정 개발도상국간의 양허관세와 관련하여, 생산국과 제3국간 구매계약에 의해 생산국에서 생산된 잎담배가 제3국에 운송되어 보세구역에 보관된 후 별도의 구매계약 및 대금결제를 통해 제3국에서 우리나라로 잎담배가 수입되는 경우 동 거래는 현행 관세법 시행규칙 제76조 등의 직접운송요건에 부합하지 아니함 〈기재부 다자관세협력과-724(2011.8.18)〉
질의 208	최빈개발도상국 및 APTA에 대한 원산지 결정기준인 "부가가치" 계산시 "본선인도가격"을 적용할지, 관세평가 협약 등을 적용한 조정가격을 적용할지 여부?
답변	APTA(아시아태평양 무역협정) 및 「최빈개발도상국에 대한 특혜관세 공여 규정」에서 원산지결정 관련 "본선인도가격"에 대한 정의가 규정되어 있지 않으므로 Incoterms 및 무역관행 등을 준용하여 해석함이 타당하다고 판단

질의 209	한국에서 가방원단을 생산·재단하여 중국에 수출하고 중국에서 반제품을 만들어 한국으로 재수입 후 마무리 봉제 후 국내업체에 납품 수입신고시 란을 분리하여 1란은 가방세번으로 임가공비 및 부자재 비용을 과세하고, 2란은 가방세번에 대해 재수입면세를 받고자 함 이 경우, 임가공비 및 부자재 비용에 대하여 APTA 협정세율을 적용할 수 있는지 여부?
답변	협정의 원산지기준을 충족하고, 원산지증명서를 제출하는 경우에는 중국에서 발생한 임가공비와 부자재에 대해서도 협정관세 적용 가능
질의 210	알루미늄 잉곳, 폐 알루미늄 캔, 알루미늄 스크랩을 이용하여 알루미늄 쉬트를 제조하여 판매·수출 ① 알루미늄 쉬트 제조공정 중 발생한 스크랩을 APTA상 역내산으로 판정할 수 있는지? ② 스크랩을 알루미늄 쉬트 제조 원재료로 사용되는 경우 스크랩의 가격 산정 방법은?
답변	① 알루미늄 쉬트를 제조하는 과정에서 스크랩이 발생하고 동 물품이 불특정 형상으로 완제품의 목적으로 사용될 수 없는 경우 완전 생산물품으로 간주 가능 ② 역내산으로 간주되는 물품은 원산지 지위를 획득하는데 필요한 비율 계산 시 원산지 미상 재료의 가격에 포함되지 않음

중요 판례 Study

CHAPTER 12-7

MC 산정시 비원산지재료비 일부를 누락한 최빈특혜

조세심판원 결정 주요내용 (2012관0160, 2013.10.10)

청구인 주장

(1) 청구법인은 수출자 및 OOO과 특수관계가 아니며, 수출자와 청구법인간 사전에 합의된 원가계산서를 기초로 쟁점물품에 실제 투입된 한국산원재료, OOO산원재료, 임가공비, 수출운임을 각각 기재하여 쟁점물품 수입통관을 위한 인보이스를 작성하였고 이에 근거하여 수입신고하였다. 처분청이 다시 산정한 OOO산원재료는 수출자가 청구법인에 수출한 쟁점물품 외에 OOO로 수출판매한 물품에도 소요되었으나 처분청이 쟁점물품에만 생산지원된 것으로 보아 OOO산 원재료비 모두를 쟁점물품 수입가격에 가산하여 과세한 이 건 처분은 부당하다.

(2) 쟁점물품 최빈국 특혜관세는 OOO당국의 정당한 원산지발급기관에서 발급받은 원산지증명서를 통관지세관장에게 제출하여 적법하게 특혜관세를 적용받았다. 처분청의 원산지검증요청에 대하여 OOO 당국으로부터 쟁점물품 원산지는 OOO라고 통보받은 처분청은 특혜관세를 배제할 수 없다. 수출자는 쟁점 물품에 대한 작업지시서, BOM 및 원가계산서를 반영하여 비원산지 50% 이하인 경우에 한하여 OOO 상공회의소에서 원산지증명서를 발급받아 청구법인에게 송부하였고 청구법인은 쟁점물품 수입신고시 통관지세관장에게 최빈국특혜관세를 신청·적용받은 것이다. 처분청은 원산지증명서 발급 건별로 연계된 쟁점물품 수입신고건별(수출자 입장에서는 개별 수출물품별) FOB가격에서 비원산지국가의 부가가치가 50% 이하인지 여부를 조사하여 원산지를 판정해야 하는데 청구법인의 연도별 전체 수입물품가격에서 회계장부상 국내 매입원재료와 OOO산 매입원재료가격이 차지하는 비율에 근거하여 쟁점물품 최빈국 특혜관세를 전부 배제한 것은 부당하다.

(3) 쟁점물품은 2008년부터 2010년까지 3년 동안 약 326건에 대하여 최빈국 특혜관세를 신청하였고 통관지세관장은 OOO상공회의소에서 발급된 원산지증명서를 근거로 쟁점물품에 대하여 최빈국특혜관세를 인정하여 수리하였다. 이것은 과세관청이 상당기간 비과세 상태에서 과세하지 않겠다는 의사표시를 하였음에도 처분청이 쟁점물품을 과세처분한 것은「관세법」제6조의 신의성실 원칙에 위배된다. 그리고, 예비적 청구로 청구법인은 특혜관세공여규정에 의거 OOO 정부가 발급한 원산지증명서를 믿고 특혜관세율을 적용하여 수입신고하고 수리를 받은 점, 그 이후에도 처분청의 원산지검증요청에 대해 OOO 당국은 "원산지가 맞다"고 회신한 점, 청구법인이 그 원산지증명서의 진위까지 확인하여 수입할 수는 없는 점 등을 감안하여 볼 때 특혜관세공여규정 상 그 의무의 이행을 납세의무자에게 기대하는 것이 무리인 사정이 있는 경우에 해당하므로 이 건 가산세 부과처분은 취소되어야 한다.

판단	(가) 쟁점물품의 임가공에 소요된 한국산 원·부재료는 청구법인이 한국소재 도·소매상(공장 제조물품 구매)에서 구입하였으므로 한국산으로 인정하여 비원산지비율에서 제외하고, 쟁점물품의 수입건별·품목별(규격별) FOB 수입금액에서 OOO산 원재료가 차지하는 비율이 50% 이상이어서 OOO산이 아닌 경우와 원산지 입증자료를 미제출하여 원산지를 확인할 수 없는 수입신고 건은 최빈국 특혜관세를 배제하며, 나머지 입증자료를 제출하여 쟁점물품 원산지가 OOO산임이 확인된 수입신고건에 대해서는 최빈국 특혜관세를 적용하는 것이 타당하다고 판단된다. (나) 청구법인은 2008년부터 3년간 쟁점물품에 대해 처분청으로부터 특혜관세를 적용받아 아무런 이상없이 처리되었으므로 이 건 과세처분이 신의성실원칙에 위배된다는 취지의 주장도 하였으나, 쟁점물품은 「관세법」제38조의 신고납부대상물품으로 처분청이 청구법인의 수입신고 내용에 대하여 경정처분을 하지 아니하였다 하여 이를 과세관청의 비과세에 관한 공적인 견해표명으로 보기는 어려우므로 이 건 과세처분이 신의성실원칙에 위배됨을 이유로 취소하여야 한다는 청구주장은 받아들이기 어려운 것으로 판단된다.
시사점	수입자가 원재료 모두를 구매하여 수출자에게 무상으로 공급한 후 임가공비만 지급하는 형태의 거래이다. 임가공비보다 비원산지재료의 가격이 높은 경우는 최빈국특혜관세 적용요건(비원산지재료비가 FOB가격의 50%이하)을 충족하기 어렵다. 재료공급을 담당하는 수입자는 국내산 재료를 구매한 경우 원산지확인서 등 입증서류를 철저히 구비해 놓는 것이 리스크를 줄일 수 있다.

FTA 보완재, 정보기술협정(ITA)을 원산지 부담없이 활용하세요!

◇ 정보기술협정(ITA, Information Technology Agreement, 1996)은 WTO 복수 회원국간 주요 IT 제품에 대한 무세화 협정으로, 대상 품목(203개)에 대해 참가국들(82개국)은 모든 WTO 회원국에게 무세화 혜택을 부여하였고, 2016.12.1.부터는 201개 품목(HS 6단위)에 대해 확대·발효(53개국 참여)되었다.

ㅇ 한국의 경우 수입 시 WTO 전 회원국에게 관세혜택을 부여해야 하나, 수출 시에는 52개 참여국에서만 관세철폐 혜택을 받을 수 있다.

> **ITA확대협상 참여국 현황(53개국)** * 이행국(44개국)
>
> 한국, 미국, 중국, EU(28)·대표부, 일본, 호주, 스위스, 리히텐슈타인, 캐나다, 노르웨이, 모리셔스, 뉴질랜드, 싱가폴, 대만, 태국, 말레이시아, 필리핀, 홍콩, 코스타리카, 이스라엘, 몬테네그로, 아이슬란드, 과테말라, 콜롬비아, 알바니아

◇ ITA 확대 이행으로 관세가 인하되는 품목(HSK 2016, 10단위 기준으로 834개)은 반도체 제조 장비, IT 소재(디스플레이용 필름·접착제 등), 현미경·렌즈 등 광학·영상기기, 심전계·MRI 등 의료기기 등이며 이 중 381개 품목(전체 46%)은 즉시 관세가 철폐되었고, 365개 품목은 3년간, 기타 품목은 5년 또는 7년간 단계적으로 관세가 철폐된다.

ㅇ 우리나라는 회계연도를 기준으로 매년 초에 단계별로 관세가 인하됨으로 '17.1.1에 다시 관세가 인하되었다.

> [적용례]
> ① LCD제조용 도포·현상기(현행 8%, 3년 철폐)
>   1년차 : 6%(시행일~) → 2년차 : 4%('17.1.1) → 3년차 : 2%('18.1.1) → 4년차 : 0%('19.1.1)
> ② 자기공명 촬영기기(현행 8%, 5년 철폐)
>   1년차 : 6.7%(시행일~) → 2년차 : 5.3%('17.1.1) → 3년차 : 4.0%('18.1.1)
>   → 4년차 : 2.7%('19.1.1) → 5년차 : 1.3%('20.1.1) → 6년차 : 0%('21.1.1)
> ▶ 관세율 구분부호 : CIT (세계무역기구협정 등에 의한 양허관세 규정 제2조 별표 1의 다)
> ▶ 관세율 "CIT"가 기본세율 및 WTO일반양허세율보다 낮은 경우에 한해 적용

◇ ITA는 FTA와 달리 해당품목의 MFN 관세를 인하하는 방식으로 특혜원산지규정(원산지증명 및 검증 등)을 준수할 필요가 없어 수출입기업의 활용 여지가 크다. 특히, FTA 미체결국가(일본, 대만) 및 양허제외·장기철폐 품목이 많은 일부 FTA 체결국가(아세안, 중국)를 중심으로 혜택이 많을 것으로 예상된다.

정보기술협정(ITA II)으로 한-중 FTA를 보완하세요
(한-중 FTA에서 중국측이 양허제외한 22개 품목 ITA II에 포함)

연번	HS	품목	중국세율(%)
1	37019990	기타 사진플레이트·사진필름	25
2	84433110	인쇄·복사·팩스 중 둘 이상의 기능을 수행하는 기계	10
3	84433912	인쇄기·복사기·팩스 부품	10
4	84863041	평판디스플레이제조용 기기	10
5	84864022	반도체·디스플레이 제조기기	8
6	85151900	인쇄회로제조용 기타 웨이브 납땜 기기	10
7	85258011	특수목적용 텔레비전카메라	10
8	85258012	텔레비전카메라	35
9	85287110	위성TV수신 셋탑박스	30
10	85287180	기타 위성TV수신 셋탑박스	30
11	85432010	1,500MHz 미만 일반 신호 발생기	15
12	90181949	기타 녹음 진단기기	4
13	90221920	X선 비파괴 시험기기	4
14	90221990	기타 용도의 X선 기기	4
15	90249000	시험기기 부품	6
16	90301000	이온화 방사선 측정·탐지기기	5
17	90303390	기록장치 없는 기타 전류·전압·저항·전력 측정기기	9
18	90303900	기록장치 없는 기타 전류·전압·저항·전력 측정기기 부품	8
19	90308410	기록장치가 있는 유도용량·정전용량 측정기기	10
20	90308910	전기식 유도용량·정전용량 측정기기	14
21	90308990	전기식 질량측정기기	8
22	90318039	기타 비파괴적 시험기기	5

▶ 관세율 구분부호 : CIT (세계무역기구협정 등에 의한 양허관세 규정 제2조 별표 1의 다)
▶ ITA 확대 대상품목은 관세율 "CIT"가 기본세율 및 WTO일반양허세율보다 낮은 경우한해 적용

FTA 관련 자격시험 예상문제

65
관세법에 따라 수출물품에 대해 세관장이 원산지증명서를 발급할 수 있는 경우가 아닌 것은?

① 아시아태평양 무역협정(APTA) 협정국으로 수출되는 물품
② 일반특혜관세제도(GSP)의 특혜를 받기 위해 노르웨이, 캐나다, 뉴질랜드 등으로 수출되는 물품
③ 세계무역기구협정 개발도상국간 무역협상에 관한 의정서(TNDC) 가입국으로 수출되는 물품
④ 일반 수출물품
⑤ 남북교역물품(북한으로 반출되는 것)

해설 일반 수출물품은 대한상공회의소에 발급한다.
정답 ④

66
관세법에 따라 원산지확인이 필요한 물품을 수입하는 경우, 원산지증명서 제출이 면제되는 경우가 아닌 것은?

① 세관장이 물품의 종류·성질·형상 등에 의하여 원산지 확인이 가능한 물품
② 우편물(관세법 제258조 제2항 규정의 것 제외)
③ 과세가격이 20만원 이하인 물품
④ 개인에게 무상으로 송부된 탁송품·별송품
⑤ 세관장이 물품의 상표·생산국명·제조자 등에 의하여 원산지를 확인할 수 있는 물품

해설 과세가격이 15만원 이하인 물품은 원산지증명서 제출이 면제된다.
정답 ③

67

관세법에 따른 수입물품에 대한 일반특혜관세 등의 적용에 대한 설명으로 잘못된 것은?

① 관세법에 의한 특혜관세 적용을 위해서 원칙적으로 수입자는 수입신고시에 원산지증명서를 세관장에게 제출하여야 한다.
② 수입신고 전에 원산지증명서를 발급받았으나 분실 등의 사유로 수입신고 시에 원산지증명서를 제출하지 못한 경우에는 원산지증명서 유효기간(수입신고수리일부터 소급하여 1년) 내에 해당 원산지증명서 또는 그 부본을 제출할 수 있다.
③ 세관장은 원산지확인이 필요한 물품을 수입한 자로 하여금 제출받은 원산지증명서의 내용을 확인하기 위해 필요한 자료를 제출하게 할 수 있다.
④ 특혜적용을 위해 제출하는 원산지증명서는 원산지국가의 세관 기타 발급권한이 있는 기관 또는 상공회의소가 발행한 것이어야 한다.
⑤ 원산지증명서 발행 후 1년 이내에 해당물품이 수입항에 도착하였으나 수입신고는 1년을 경과한 경우 수입항 도착일부터 수입신고 한 날까지 기간은 원산지증명서 유효기간 계산 시 제외한다.

해설 증명서 유효기간은 수입신고수리일이 아닌 제출일부터 소급하여 1년이다.
정답 ②

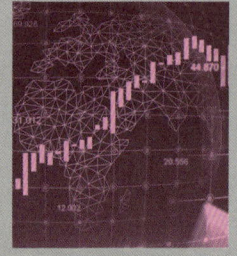

부 록

- 제1절　한-중·한-미·한-EU FTA 관세분야 주요항목 비교
- 제2절　중국의「중-한 FTA 수출입화물 원산지 관리법」
- 제3절　원산지증명서 간이발급대상 물품
- 제4절　참고문헌

한-중·한-미·한-EU FTA 관세분야 주요항목 비교

항목	한-중	한-미	한-EU
원산지 증명서	제3.15조 원산지 증명서 1. 부속서 3-다에 규정된 원산지 증명서는 수출자, 생산자 또는 수출자의 책임 하에 그의 권한을 부여받은 대리인의 신청에 따라, 해당 상품이 이 장의 요건들을 충족한다는 조건하에 국내법률에 따라 수출 당사국의 권한 있는 기관에 의하여 발급된다. 2. 원산지 증명서는 가. 고유한 증명번호를 포함한다. 나. 이 장의 목적상, 상품이 원산지 상품의 자격을 갖춘 것으로 간주될수 있는 근거를 기술한다. 다. 서명 및 인장과 같은 보안상 특징을 포함하며, 인장은 수출 당사국이 수입 당사국에 통보한 것과 합치한다. 라. 영어로 작성된다. 그리고 마. 인쇄본이며, 권한 있는 기관에 의해 수기 또는 전자적으로 서명되고 인장이 찍힌 원산지 증명서로 양해된다. 원산지 증명서의 원본은 단 1부만 인쇄되어야 한다.	제6.15조 특혜관세대우 신청 2. 각 당사국은 증명이 정하여진 형식으로 이루어 질 필요는 없음을 규정한다. 다만, 그 증명이 서면 또는 전자 형태로 되어야 하며, 다음 요소에 한정되지는 아니하나 이를 포함하여야 한다. 가. 필요한 경우 연락처 또는 그 밖의 신원확인 정보를 포함하여, 증명인의 성명 나. 상품의 수입자(아는 경우에 한한다.) 다. 상품의 수출자(생산자와 다른 경우에 한한다.) 라. 상품의 생산자(아는 경우에 한한다.) 마. 통일 상품명 및 부호체계에 따른 품목분류와 품명 바. 상품이 원산지 상품임을 증명하는 정보 사. 증명일, 그리고 아. 제4항나호의 규정에 따라 발급되는 포괄증명의 경우, 증명 유효기간 3. 각 당사국은 상품의 생산자 또는 수출자에 의한 증명이 다음에 기초하여 완성될 수 있도록 규정한다.	제16조 원산지신고서작성조건 1. 이 의정서의 제15조제1항에 언급된 원산지 신고서는 다음에 의해 작성될 수 있다. 가. 제17조의 의미상 인증수출자, 또는 나. 전체 가격이 6,000유로를 초과하지 아니하는 원산지 제품을 포함하는 하나 이상의 포장으로 구성되는 탁송화물의 수출자 2. 제3항을 저해함이 없이, 해당 제품이 유럽연합 당사자 또는 대한민국을 원산지로 하는 제품으로 간주될 수 있고 이 의정서의 다른 요건을 충족하는 경우 원산지 신고서가 작성될 수 있다. 3. 원산지 신고서를 작성하는 수출자는, 국내 법령에 따른 공급자 또는 생산자의 진술서를 포함하여 해당 제품의 원산지 지위와 이 의정서의 다른 요건의 충족을 증명하는 모든 적절한 서류를 수출 당사자의 관세당국이 요청하는 경우 언제라도 제출할 준비가 되어야 한다.

원산지 증명서	3. 원산지 증명서는 해당 상품의 선적 전 또는 선적 시 또는 선적일 후 7근무일 이내에 발급된다. 원산지증명서는 수출 당사국에서 발급일부터 1년간 유효하다. 4. 원산지 증명서가 불가항력, 뜻하지 아니한 실수, 누락 또는 그 밖의 유효한 사유로 인하여 선적 전 또는 선적 시 또는 선적일 후 7근무일 이내에 발급되지 아니한 경우, 원산지증명서는 "소급발급"이라는 문구를 기재하여 소급하여 발급하되, 선적일부터 1년을 넘지 아니하도록 하여 발급될 수 있다. 5. 원산지 증명서의 도난, 분실 또는 사고로 인한 멸실의 경우, 수출자나 생산자는 이전에 발급된 원본이 더 이상 사용되지 아니함이 입증된 경우에 한정하여, 진정등본을 발급하여 줄 것을 수출 당사국의 권한있는 기관에 서면으로 요청할 수 있다. 진정등본은 "~일에 발급된 ~번 원산지 증명서 원본의 진정등본"이라는 문구를 포함한다.	가. 상품이 원산지 상품이라는 생산자 또는 수출자의 인지, 또는 나. 수출자의 경우, 상품이 원산지상품이라는 생산자의 서면 또는 전자 증명에 대한 합리적인 신뢰	4. 원산지 신고서는 부속서 3에 규정된 언어본 중 하나를 사용하고 수출 당사자의 법령에 따라, 송품장, 인도증서 또는 다른 상업서류에 부속서 3에 나타난 문안을 타자로 치거나 스탬프로 찍거나 인쇄함으로써 수출자에 의해 작성된다. 그 신고서가 수기로 작성되는 경우에는 잉크를 사용하여 대문자로 작성된다. 5. 원산지 신고서에는 수출자의 원본 서명이 수기로 작성된다. 그러나, 제17조의 의미상 인증수출자는, 자신임이 확인되는 원산지 신고서에 대해 본인에 의해 수기로 서명된 것 처럼 모든 책임을 지겠다는 서면약속을 수출 당사자의 관세당국에 제공한 경우에 한하여, 그러한 신고서에 서명하도록 요구받지 아니한다. 6. 원산지 신고서는 수출자에 의해 관련된 제품이 수출될 때, 또는 원산지 신고서가 관련된 제품의 수입 후 2년 또는 수입 당사자의 법령에 명시된 기간 내에 수입 당사자에서 제시된다는 조건으로 수출 후 작성될 수 있다.
	제3.16조 권한 있는 기관 1. 각 당사국은 권한 있는 기관이 증명서를 발급하기 전에, 다른 쪽 당사국의 관세당국에 권한 있는 각 기관의 명칭과 관련 연락처를 통보하고, 권한 있는 각 기관이 사용하는 관련 양식 및 문서에 대한 모든인장 견본의 세부	**제6.20조 수출 관련 의무** 1. 각 당사국은 다음을 규정한다. 가. 제6.15조에 따라 서면 또는 전자증명을 제출한 자국 영역의 수출자 또는 생산자는, 요청이 있는 경우, 수출 당사국에 사본을 제공한다. 나. 다른 쪽 당사국의 영역으로 수출될 상품이 원산지 상품	**제17조 인증수출자** 1. 수출 당사자의 관세당국은 수출 당사자의 각 법과 규정의 적절한 조건에 따라 해당 제품의 가치와 관계없이 원산지 신고서를 작성하도록 이 협정에 따라 제품을 수출하는 수출자(이하 "인증수출자"라 한다)에게 인증할 수

사항을 제공한다. 2. 위에서 제공된 정보에 어떤 변경이 있을 경우, 다른 쪽 당사국의 관세당국에 신속하게 통보되며 그러한 변경은 통보일부터 7근무일 후 또는 그러한 통보에 적시된 더 늦은 날 발효된다.	이라는 자국 영역의 수출자 또는 생산자에 의한 허위 증명에는, 수입과 관련하여 허위 진술 또는 표시를 한 자국 영역의 수입자에게 적용되는 것에 동등한 벌칙을 적절한 수정을 가하여 적용한다. 그리고 다. 자국 영역의 수출자 또는 생산자가 증명을 제출하였고 그 증명이 부정확한 정보를 포함하거나 이에 기초하고 있다고 믿을 만한 사유가 있는 경우, 수출자 또는 생산자는 그 증명의 정확성 또는 유효성에 영향을 미칠 수 있는 모든 변경에 대하여 그 생산자 또는 수출자가 증명을 제공한 모든 인에게 서면으로 신속하게 통보한다. 2. 어떠한 당사국도, 수출자 또는 생산자가 증명을 제공받은 모든 인에게 증명이 부정확하다는 것을 서면으로 자발적으로 통보할 경우, 그 수출자나 생산자에게 부정확한 증명을 제출한 것에 대하여 벌칙을 부과 할 수 없다.	있다. 그러한 인증을 구하는 수출자는 제품의 원산지 지위와 이 의정서의 그 밖의 요건의 충족을 검증하는 데 필요한 모든 보증을 관세당국이 만족할 정도로 제공해야 한다. 2. 관세당국은 그들이 적절하다고 간주하는 조건에 따라 인증수출자의 지위를 부여할 수 있다. 3. 관세당국은 원산지 신고서에 나타나는 세관인증번호를 인증수출자에게 부여한다. 4. 관세당국은 인증수출자에 의한 인증의 사용을 감독한다. 5. 관세당국은 인증을 언제든지 취소할 수 있다. 관세당국은 인증수출자가 제1항에 언급된 보증을 더 이상 제공하지 아니하거나, 제2항에 언급된 조건을 더 이상 충족하지 못하는 경우, 또는 달리 인증을 부정확하게 사용하는 경우 인증을 취소한다. **제22조 증빙 서류** 원산지 증명의 적용대상이 된 제품이 대한민국 또는 유럽연합 당사자를 원산지로 하는 제품으로 간주될 수 있고 이 의정서의 다른 요건을 충족할 수 있다는 것을 증명할 목적으로 사용되는 제16조제3항에 언급된 서류는 특히 다음으로 구성될 수 있다. 가. 해당 상품을 획득하기 위해 수출자, 공급자 또는 생산자가 수행한 가공의 직접적 증거. 예를 들어 그의 회계 또는 내부 장부에 포함된 것

			나. 사용된 재료의 원산지 지위를 증명하는 서류로서, 이러한 서류가 사용되는 당사자 내에서 그 당사자의 국내법에 규정된 대로 발급되거나 작성된 것 다. 재료의 작업 또는 가공이 당사자 내에서 이루어졌다는 것을 증명하는 서류로서, 이들 서류가 사용되는 당사자 내에서 그 당사자의 국내법에 규정된 대로 발급되거나 작성된 것 라. 사용된 재료의 원산지 지위를 입증하는 원산지 증명으로서, 이 의정서에 따라 당사자 내에서 발급되거나 작성된 것, 또는 마. 제12조의 적용에 의해 양 당사자의 영역 밖에서 행해진 작업 또는 가공에 관한 적절한 증거로서, 그 조의 요건이 충족되었음을 입증하는 것
원산지 증명서 효력	**제3.15조 원산지 증명서** 3. 원산지증명서는 수출 당사국에서 발급일부터 1년간 유효하다.	**제6.15조 특혜관세대우 신청** 4. 각 당사국은 증명이 다음에 적용될 수 있도록 규정한다. 가. 당사국의 영역으로 상품의 단일선적, 또는	**제18조 원산지 증명의 효력** 1. 원산지 증명은 수출 당사자에서 발급된 날부터 12개월 동안 유효하며, 특혜관세대우는 수입 당사자의 관세당국에 그 기간 내에 요청된다.

원산지 증명서 효력		나. 서면 또는 전자 증명에 명시된 기간으로서 증명일로부터 12월을 초과하지 아니하는 기간 이내에 동일상품의 복수 선적 5. 각 당사국은 증명이 발급된 날 후 4년 동안 유효하도록 규정한다. 6. 각 당사국은 수입자가 수입 당사국 또는 수출 당사국의 언어로 증명을 제출할 수 있도록 허용한다. 후자의 경우에는, 수입 당사국의 세관당국은 수입자에게 수입 당사국의 언어로 된 증명의 번역본을 제출하도록 요구할 수 있다.	2. 제1항에 명시된 제출 마감일 후 수입 당사자의 관세당국에 제출된 원산지 증명은, 예외적인 상황으로 인해 정해진 마감일까지 이들 서류를 제출하지 못한 경우, 수입 당사자의 각 법과 규정에 따라 특혜관세대우의 목적상 수리될 수 있다. 3. 제2항의 경우 외에 서류의 제출이 늦은 경우에, 수입 당사자의 관세당국은 해당 마감일 전에 그 제품이 제시된 당사자의 절차에 따라 원산지 증명을 수리할 수 있다.
원산지 증명서 면제	**제3.19조 원산지 증명서 제출 의무 면제** 1. 이 장에 따라 특혜관세대우를 부여하는 목적상, 당사국은 과세가격이 미화 700달러 또는 그 당사국의 통화로 이에 상당하는 금액을 초과하지 아니하는 원산지 상품의 탁송에 대하여, 원산지 증명서의 제출요건을 면제한다. 2. 제1항에 규정된 면제는, 수입 당사국의 관세당국이 그 수입이 원산지 증명서 제출을 회피하기 위한 목적으로 수행되었거나 주선되었다고 합리적으로 간주될 수 있는 일련의 수입의 일부를 구성한다고 입증하는 경우에는 적용 가능하지 아니하다.	**제6.16조 증명 또는 그 밖의 정보의 면제** 각 당사국은 다음의 경우 상품이 원산지 상품임을 입증하는 증명 또는 정보가 요구되지 아니하도록 규정한다. 가. 수입의 관세가격이 미화 1천 달러 또는 수입 당사국의 통화로 이에 상당하는 금액이나 수입 당사국이 설정할 수 있는 그 이상의 금액을 초과하지 아니하는 경우. 다만, 이는 그 수입이 이 협정에 따라 특혜관세대우 신청을 규율하는 당사국 법의 준수를 회피하기 위한 목적으로 행하여지거나 계획된 일련의 수입의 일부라고 수입 당사국이 간주하지 아니하는 경우에 한한다. 또는 나. 수입 당사국이 수입자에게 원산지를 입증하는 증명 또는 정보를 제출할 것을 요구하지 아니하는 상품인 경우	**제21조 원산지 증명의 면제** 1. 사인 간 소포로 송부되었거나 여행자의 개인 수하물의 일부를 구성하는 제품은 원산지 증명의 제출을 요구함이 없이 원산지 제품으로 인정된다. 다만, 그러한 제품은 상업적으로 수입되지 아니하고 이 의정서의 요건을 충족하는 것으로 신고되었으며 그 신고의 진실성에 관해 의심이 없는 경우에 한한다. 우편으로 송부된 제품의 경우, 이 신고서는 우편물 세관신고서 또는 그 서류에 첨부된 한 장의 문서에 작성될 수 있다. 2. 수취인, 여행자 또는 그 가족의 개인적인 용도의 제품으로만 구성되는 간헐적으로 발생하는 수입은 그 제품의 성격과 수량으로 보아 상업적 목적으로 의도되지 아니한 것이명백한 경우, 상업적

원산지 증명서 면제			목적으로 의도되지 아니한 것이 명백한 경우, 상업적 수입으로 간주되지 아니한다. 3. 더 나아가, 이러한 제품의 총 가치는 다음을 초과할 수 없다. 가. 유럽연합 당사자로 수입되는 경우, 소포의 경우 500유로 또는 여행자의 개인 수하물의 일부를 구성하는 제품의 경우 1,200유로 나. 대한민국으로 수입되는 경우, 소포의 경우와 여행자 개인 수하물의 경우 모두 미화 1,000달러 4. 제3항의 목적상, 유로화 또는 미화 외의 통화로 제품에 대한 송품장이 발부될 경우, 유로화 또는 미화로 표시된 금액에 상당하는 양 당사자의 자국 통화상의 금액이 수입 당사자의 적용 가능한 현재 환율에 따라 정해진다.
특혜 신청	**제3.17조 특혜관세대우의 청구** 1. 이 장에 달리 규정된 경우를 제외하고, 특혜관세대우를 청구하는 수입자는 가. 상품이 원산지 상품의 자격을 갖추었음을 적시하는 서면 진술서를 세관신고 시 작성한다. 나. 가호에 언급된 수입세관 신고 시 유효한 원산지 증명서를 소지한다. 그리고 다. 각각의 국내 법과 규정에 따라 원본 원산지 증명서 및 상품의 수입에 관련된 그 밖의 증빙서류를 제출한다. 2. 수입자가 신고의 근거가 된	**제6.15조 특혜관세대우 신청** 1. 각 당사국은 수입자가 다음 중 하나에 기초하여 특혜관세대우를 신청할 수 있도록 규정한다. 가. 수입자·수출자 또는 생산자에 의한 서면 또는 전자 증명, 또는 나. 상품이 원산지 상품이라는 수입자가 보유한 정보에 대한 합리적인 신뢰를 포함하여, 상품이 원산지 상품이라는 수입자의 인지	**제18조 원산지 증명의 효력** 1. 원산지 증명은 수출 당사자에서 발급된 날부터 12개월 동안 유효하며, 특혜관세대우는 수입 당사자의 관세당국에 그 기간 내에 요청된다. 2. 제1항에 명시된 제출 마감일 후 수입 당사자의 관세당국에 제출된 원산지 증명은, 예외적인 상황으로 인해 정해진 마감일까지 이들 서류를 제출하지 못한 경우, 수입 당사자의 각 법과 규정에 따라 특혜관세대우의 목적상 수리될

특혜 신청	원산지 증명서가 정확하지 아니한 정보를 포함하고 있다고 믿을만한 이유가 있는 경우, 그 수입자는 신속하게 신고서를 정정하고 납부하여야 할 모든 관세를 납부한다. [원산지 증명서상의 모든 정보가 제3.27조(전자적 원산지 정보 교환 시스템)를 통하여 각 당사국의 관세당국 간에 교환되는 경우, 각 당사국의 관세당국은 수입자에 대하여 수입시 원산지 증명서 제출을 요구하지 아니할 수 있다. 그럼에도 불구하고, 각 당사국의 관세당국은 필요하다고 간주하는 경우 수입자에 대하여 원산지 증명서를 제출하도록 요구할 수 있는 권리를 보유한다. 이 각주는 이 장에 따른 그 밖의 어떠한 요건도 저해하지 아니한다.] **제3.27조 전자적 원산지 정보 교환 시스템** 「대한민국 관세청과 중화인민공화국 해관총서 간 전략적 협력에 관한 약정」에 따라, 양 당사국은 양 당사국이 공동으로 결정하는 방식으로 이 장의 효과적이고 효율적인 이행을 보장하기 위하여, 전자적 원산지 정보 교환 시스템을 이 협정의 이행 전에 개발하기 위하여 노력한다.	**제6.19조 수입 관련 의무** 1. 각 당사국은 그 당사국이 특혜관세대우 신청이 법률상 또는 사실상 무효라고 서면 결정을 내리지 아니하는 한, 이 장에 따라 이루어진 모든 특혜관세대우 신청을 수락한다. 2. 당사국은 수입자가 이 장의 어떠한 요건이라도 준수하지 못하는 경우 상품에 대한 특혜관세대우를 배제할 수 있다. 3. 어떠한 당사국도 다음의 경우에는, 특혜관세대우에 대한 유효하지 아니한 신청을 하였음을 이유로 수입자를 처벌의 대상으로 할 수 없다. 가. 수입자가 그러한 신청을 함에 있어 과실·중과실 또는 사기행위에 관여하지 아니하였고 납부하여야 할 모든 관세를 납부한 경우, 또는 나. 수입자가 그러한 신청이 유효하지 아니함을 인지하는 때에 신속하고 자발적으로 그 신청을 정정하고 납부하여야 할 모든 관세를 납부하는 경우 4. 각 당사국은 자국의 영역으로 수입되는 상품에 대하여 특혜관세대우를 신청하는 수입자에게 다음을 요구할 수 있다. 가. 수입서류에서 상품이 원산지 상품임을 신고할 것 나. 적용가능한 관세율을 적시할 것 다. 제6.15조에 기술된 서면	수 있다. 3. 제2항의 경우 외에 서류의 제출이 늦은 경우에, 수입 당사자의 관세당국은 해당 마감일 전에 그 제품이 제시된 당사자의 절차에 따라 원산지 증명을 수리할 수 있다. **제19조 특혜관세대우 신청과 원산지증명의 제출** 특혜관세대우 신청의 목적상, 원산지 증명은, 수입 당사자의 법과 규정에 의해 요구되는 경우, 수입 당사자의 관세당국에 제출된다. 해당당국은 원산지 증명의 번역을 요구할 수 있고, 제품이 이 협정의 적용에 요구된 조건을 충족한다는 취지의 수입자의 진술서가 수입신고서에 수반되도록 요구할 수 있다. **제20조 분할 수입** 수입자의 요청이 있는 경우, 그리고 수입 당사자의 관세당국이 규정한 조건에 따라 HS 통칙 2(a)의 의미에서 HS 제16부 및 제17부 또는 제7308호 및 제9406호에 해당하는 분해되거나 미조립된 제품이 분할 수입되는 경우, 그 제품에 대한 단일 원산지 증명이 첫 번째 분할 수입시 관세당국에 제출된다.

특혜 신청	**제3.22조 비당사국 송장** 수입 당사국은 이 장에 따른 요건들이 충족되는 경우, 송장이 비당사국에서 발급되었다는 이유만으로 원산지 증명서를 거부하지 아니한다.	또는 전자 증명이 신청의 기초를 이루는 경우, 가호에서 언급된 신고가 이루어지는 시점에 그 증명을 소지할 것
		라. 증명이 신청의 기초를 이루는 경우, 요청이 있는 경우, 그 증명의 사본을 수입 당사국에 제공할 것
		마. 수입자가 가호의 신고가 부정확한 정보에 기초하고 있다고 믿을 만한 이유를 가지고 있을 때, 수입서류를 정정하고 납부하여야 할 모든 관세를 납부할 것
		바. 수출자의 증명이 신청의 기초를 이루는 때에, 수입 당사국의 요청이 있는 경우, 그 수출자가 증명을 작성하는 데 의존한 모든 정보를 수출자가 제공하도록 주선할 것
		사. 생산자의 증명이 신청의 기초를 이룰 때에, 수입자의 선택에 따라 다음을 마련할 것
		  1) 생산자가 자신의 증명을 작성함에 있어 의존한 모든 정보를 제공하도록 하는 생산자와의 주선, 또는
		  2) 그 생산자가 자신의 증명을 작성함에 있어 의존한 모든 정보를 생산자가 제공하도록 하는 수출자와의주선, 그리고
		아. 수입자의 증명 또는 인지가 신청의 기초를 이룰 때에, 수입 당사국의 요청이 있는 경우, 상품이	

특혜 신청		제6.13조에 따라 여전히 원산지 상품이 되는 요건을 충족한다는 것을 포함하여 제6.1조에 따라 상품이 원산지 상품이라는 것을 증명할 것 5. 각 당사국은 자국의 영역으로 수입된 상품이 원산지 상품이었으나 그 상품의 수입자가 수입 당시 특혜관세대우에 대한 신청을 하지 아니하였던 경우, 수입자가 수입일 후 1년 이내에 특혜관세대우를 신청할 수 있도록 규정하고, 당사국에게 다음을 제시하는 경우, 상품이 특혜관세대우가 부여되지 아니하는 결과로 납부하였던 초과 관세의 환급을 신청할 수 있도록 규정한다. 가. 상품이 수입의 시점에서 원산지상품이었다는 서면 또는 전자적인 신고나 진술 나. 증명이 그 신청의 기초를 이루는 경우, 서면 또는 전자 증명의 사본이나 상품이 원산지 상품이라는 것을 증명하는 다른 정보, 그리고 다. 수입 당사국이 요청하는 그 상품의 수입에 관련된 그 밖의 문서 6. 이 조의 어떠한 규정도 당사국이 제4.3조(섬유 또는 의류 상품에 대한 세관협력)에 따라 조치를 취하는 것을 금지하지 아니한다.	

사후 특혜 신청	제3.18조 수입 이후 특혜관세대우 1. 각 당사국은, 원산지 상품이 수입된 경우 수입자가 수입일 후 1년이내에 수입 당사국의 관세당국에 다음을 제시하면, 그 상품에 특혜관세대우가 부여되지 아니한 결과로 납부하였던 초과 관세, 예치금 또는 보증금의 환급을 신청할 수 있도록 규정한다. 가. 상품이 수입 시에 원산지 상품이었음을 입증하는 유효한 원산지증명서, 그리고 나. 수입 당사국이 요청할 수 있는, 상품 수입과 관련된 그 밖의 문서 2. 제1항을 저해함이 없이, 각 당사국은 자국의 법과 규정에 따라 수입자가 특혜관세대우신청에 대한 사전조건으로서 수입 시 관세당국에 공식적으로 신고하도록 요구할 수 있으며, 이를 이행하지 못하는 경우 특혜관세대우가 부여되지 아니할 수 있다.	제6.19조 수입 관련 의무 5. 각 당사국은 자국의 영역으로 수입된 상품이 원산지 상품이었으나 그 상품의 수입자가 수입 당시 특혜관세대우에 대한 신청을 하지 아니하였던 경우, 수입자가 수입일 후 1년 이내에 특혜관세대우를 신청할 수 있도록 규정하고, 당사국에게 다음을 제시하는 경우, 상품이 특혜관세대우가 부여되지 아니하는 결과로 납부하였던 초과 관세의 환급을 신청할 수 있도록 규정한다. 가. 상품이 수입의 시점에서 원산지상품이었다는 서면 또는 전자적인 신고나 진술 나. 증명이 그 신청의 기초를 이루는 경우, 서면 또는 전자 증명의 사본이나 상품이 원산지 상품이라는 것을 증명하는 다른 정보, 그리고 다. 수입 당사국이 요청하는 그 상품의 수입에 관련된 그 밖의 문서	제16조 원산지 신고서 작성 조건 6. 원산지 신고서는 수출자에 의해 관련된 제품이 수출될 때, 또는 원산지 신고서가 관련된 제품의 수입 후 2년 또는 수입 당사자의 법령에 명시된 기간 내에 수입 당사자에서 제시된다는 조건으로 수출 후 작성될 수 있다.
형식적 오류	제3.21조 사소한 불일치 및 오류 제3.23조를 저해함이 없이, 판독불가, 표면상 결함 및 원산지 증명서와 세관 서면 신고서 간 불일치와 같은 사소한 불일치 및 오류가 수입당사국의 관세당국에 의하여 확인되는 경우, 수입자는 정정된 원산지증명서의 사본을 제공하도록 관세당국의 요청일부터 5근무일 이상, 30근무일 이하의 기간을 부여받는다.		제24조 불일치 및 형식적 오류 1. 원산지 증명에 기재된 내용과 제품을 수입하기 위한 절차를 수행할 목적상 관세당국에 제출된 서류에 기재된 내용 간 사소한 차이가 발견되더라도, 그 서류가 제출된 제품에 해당한다는 것이 적절히 입증된 경우, 그러한 사실만으로 원산지 증명이 무효화되지 아니한다.

형식적 오류			2. 원산지 증명에서 타자 오류와 같은 명백한 형식적 오류는, 이러한 오류가 이 서류에 기재된 내용의 정확성에 대하여 의심을 야기할 만한 정도가 아닌 경우, 이 서류가 거부되는 원인이 되지 말아야 할 것이다.
기록 보관	제3.20조 기록유지요건 1. 각 당사국은 자국의 생산자 또는 수출자가 원산지 증명서가 그 생산자 또는 수출자에게 발급된 날부터 3년간 원산지 관련 문서를 보관하도록 요구한다. 이러한 문서는 다음에 관한 기록을 포함하나 이에 한정되지 아니한다. 가. 상품의 구매, 비용, 가치와 그에 대한 지불 나. 상품의 생산에 사용된, 중립재를 포함한 모든 재료의 구매, 비용, 가치와 그에 대한 지불 다. 수출되었던 형태로의 상품의 생산, 그리고 라. 각 당사국의 법과 규정이 요구하는 그 밖의 그러한 서류	제6.17조 기록유지요건 1. 각 당사국은 제6.15조에 따라 증명을 제출하는 자국 영역의 수출자 또는 생산자가 다음에 관한 기록을 포함하여 생산자 또는 수출자가 증명을 제출한 상품이 원산지 상품이라는 것을 증명하는 데 필요한 모든 기록을 그 증명이 발급된 날로부터 최소 5년간 유지하도록 규정한다. 가. 수출된 상품의 구매·비용·가치와 그에 대한 지불 나. 수출된 상품의 생산에 사용된, 간접재료를 포함한 모든 재료의 구매·비용·가치와 그에 대한 지불 다. 수출되었던 형태로의 상품의 생산, 그리고 라. 양 당사국이 요구하기로 합의하는 그 밖의 서류	제23조 원산지 증명 및 증빙 서류의 보존 1. 원산지 신고서를 작성하는 수출자는 이 원산지 신고서의 사본과 제16조제3항에 언급된 서류를 5년 동안 보관한다. 2. 수입자는 수입 당사자의 법과 규정에 따라 수입과 관련된 모든 기록을 보관한다. 3. 수입 당사자의 관세당국은 그들에게 제출된 원산지 신고서를 5년동안 보관한다. 4. 제1항부터 제3항까지에 따라 보관되어야 하는 기록은 전자기록을 포함할 수 있다.

| 기록 보관 | 2. 각 당사국은 자국의 수입자가 자국의 법과 규정에 따라 수입과 관련된 모든 기록을 보관하도록 요구한다.
3. 각 당사국은 자국의 권한 있는 기관이 원산지 증명서의 사본과 상품의 원산지를 입증하기에 충분한 그 밖의 모든 증빙서류를 3년간 보관하도록 요구한다.
4. 수출자, 생산자, 수입자 또는 권한 있는 기관은 자국의 법률에 따라 디지털, 전자, 광학, 자기 또는 서면 형태를 포함하되 이에 한정되지 아니하는, 신속한 검색이 가능한 매체를 이용하여 제1항부터 제3항까지에 명시된 기록을 유지하는 것을 선택할 수 있다. | 2. 각 당사국은 자국의 영역으로 수입되는 상품이 원산지 상품이라는 수입자의 증명 또는 인지에 기초하여 그 상품에 대하여 특혜관세대우를 신청하는 수입자가 그 상품이 특혜관세대우의 자격이 있음을 증명하기 위하여 필요한 모든 기록을 상품의 수입일로부터 최소 5년간 유지하도록 규정한다.
3. 각 당사국은 수출자나 생산자가 발급한 증명에 기초하여 자국의 영역으로 수입되는 상품에 대하여 특혜관세대우를 신청하는 수입자가 신청의 기초로 사용된 증명의 사본을 상품의 수입일로부터 최소 5년간 유지하도록 규정한다. 상품이 제6.13조에 따라 여전히 원산지 상품이 되는 요건을 충족함을 증명하는 기록을 수입자가 보유하는 경우, 수입자는 상품의 수입일로부터 최소 5년간 그러한 기록을 유지하도록 규정한다.
4. 각 당사국은 수입자·수출자 또는 생산자가 디지털·전자·광학·자기 또는 서면 형태를 포함하되 이에 한정되지 아니하는, 신속한 검색이 가능한 모든 매체를 이용하여 제1항, 제2항 또는 제3항에 명시된 기록을 유지하는 것을 선택할 수 있도록 규정한다. | |

원산지 검증	제3.23조 원산지 검증	제6.18조 검증	제27조 원산지 증명의 검증
	1. 다른 쪽 당사국으로부터 한 쪽 당사국으로 수입된 상품이 원산지 상품의 자격을 갖추었는지 여부를 결정하기 위한 목적으로, 수입 당사국의 관세당국은 다음의 수단에 의하여 차례대로 검증 절차를 수행할 수 있다. 가. 수입자로부터 수입된 상품의 원산지와 관련된 정보의 요청 나. 수출 당사국의 관세당국에 대하여 상품의 원산지 검증을 요청 다. 수출 당사국의 관세당국에 대하여 수출 당사국의 수출자 또는 생산자에 대한 방문검증 요청, 또는 라. 양 당사국의 관세당국이 합의하는 그 밖의 그러한 절차 2. 제1항나호의 목적상, 가. 수입 당사국의 관세당국은 수출당사국의 관세당국에 다음을 제공한다. 　1) 그러한 검증을 요청하는 이유 　2) 해당 상품의 원산지 증명서 또는 그 사본, 그리고 　3) 그러한 요청을 위해 필요할 수 있는 그 밖의 모든 정보 또는 서류 나. 수출 당사국의 관세당국은 요청의 접수일부터 6개월 이내에 수입 당사국의 관세당국에, 가능한 한도 내에서 사실 및 조사결과를 포함한 검증결과와, 수	1. 다른 쪽 당사국의 영역으로부터 자국 영역으로 수입되는 상품이 원산지 상품인지의 여부를 결정하기위한 목적으로, 수입 당사국은 다음의 수단에 의하여 검증을 수행할 수 있다. 가. 수입자·수출자 또는 생산자에게 서면으로 정보요청 나. 수입자·수출자 또는 생산자에게 서면으로 질의 다. 제6.17조제1항에 언급된 기록을 검토하거나 상품의 생산에 사용된 시설을 시찰하기 위하여 다른 쪽 당사국 영역에 소재하는 수출자 또는 생산자의 사업장 방문 라. 섬유 또는 의류 상품에 대하여는, 제4.3조(섬유 또는 의류 상품에대한 세관협력)에 규정되어 있는 절차, 또는 마. 수입 및 수출 당사국이 합의하는 다른 절차수입 당사국이 가호 또는 나호에 언급된 수단으로 검증을 수행하는 경우, 그수입 당사국은 수입자가 수출자 또는 생산자로 하여금 수입 당사국에게 정보를 직접 제공하도록 주선할 것을 요청할 수 있다. 2. 양 당사국은 제1항다호에 규정된 방문을 수행하는 절차에 대하여 합의한다. 3. 당사국은 다음의 경우 상품에 대한 특혜관세대우를 배제할 수 있다.	1. 이 의정서의 적절한 적용을 보장하기 위하여, 양 당사자는 원산지증명의 진정성 및 이 서류에 기재된 정보의 정확성을 확인하는 것을 관세당국을 통하여 서로 지원한다. 2. 원산지 증명의 사후 검증은 무작위로 또는 수입 당사자의 관세당국이 그 서류의 진정성, 해당 제품의 원산지 지위 또는 이 의정서의 다른 요건의 충족에 대하여 합리적인 의심을 갖는 경우 언제든지 수행된다. 3. 제1항의 규정을 이행할 목적상, 수입 당사자의 관세당국은 원산지증명 또는 이 서류의 사본을 수출당사자의 관세당국에 적절한 경우 조사의 이유를 기재하여 제출한다. 원산지 증명에 작성된 정보가 정확하지 아니함을 시사하는 획득된 모든 서류 및 정보는 검증을 위한 요청을 지원하기 위하여 전달된다. 4. 검증은 수출 당사자의 관세당국에 의해 수행된다. 이러한 목적상, 그 관세당국은 모든 증거를 요구하고 수출자의 계좌에 대한 조사나 적절하다고 판단되는 그 밖의 모든 점검을 수행할 권리를 가진다. 5. 수입 당사자의 관세당국이 검증의결과를 기다리는 동

| 원산지 검증 | 출자 또는 생산자에 의하여 이용 가능하게 된 관련 증빙서류를 제공한다. 그리고
다. 수입 당사국의 관세당국은 수출당사국의 관세당국으로부터 검증 결과를 접수한 날부터 3개월 이내에 해당 상품의 원산지 여부에 대한 판정의 결과를 수출 당사국의 관세당국에 통보한다.
3. 제1항다호의 목적상, 수입 당사국의 관세당국이 수출 당사국의 관세당국이 제공한 검증결과에 만족하지 못하는 경우, 수입 당사국의 관세당국은 수출 당사국의 관세당국의 동의 하에, 수출 당사국의 수출자 또는 생산자의 사업장에 대한 방문검증을 수출 당사국의 관세당국의 동행 하에 수행할 수 있다.
가. 방문검증을 수행하기 전, 수입당사국의 관세당국은 방문검증일부터 최소한 30일 전에 수출 당사국의 관세당국에 그러한 방문검증을 수행하겠다는 의도의 서면요청을 전달한다. 수출 당사국의 관세당국은 그러한 요청을 수락할지 여부에 대하여 결정하고, 그 요청을 접수한 날부터 30일이내에 수입 당사국의 관세당국에 답변하여야 할 것이다.
나. 수출 당사국의 관세당국이 방문검증 요청에 동의하나, 제안된 방문검증을 연 | 가. 수입자·수출자 또는 생산자가 제1항가호 또는 나호에 따라 당사국이 요청한, 상품이 원산지 상품이라는 것을 증명하는 정보를 제출하지 못하는 경우,
나. 제1항다호에 따라 방문에 대한 서면 통보를 접수한 후에 수출자나 생산자가 제6.17조에 언급된 기록이나 그 시설에 대한 접근 제공을 거부하는 경우, 또는
다. 당사국이, 수입자·수출자 또는 생산자가 당사국의 영역으로 수입된 상품이 원산지 상품이라는 허위 또는 근거 없는 신고나 증명을 제출 하였음을 나타내는 행위유형을 적발하는 경우
4. 검증의 결과로 당사국이 상품이 원산지 상품이 아니라고 판단하는 경우, 그 당사국은 수입자에게 그러한 취지의 예비결정내용을 제공하고 상품이 원산지 상품이라는 것을 증명하는 추가 정보를 제출할 수 있는 기회를 제공한다. 각 당사국은 수입자가 수출자 또는 생산자로 하여금 관련 정보를 그 당사국에 직접 제공하도록 주선할 수 있다는 것을 규정한다.
5. 제4항에 따라 추가 정보를 제출하는 기회를 수입자에게 부여한 이후, 검증을 수행하는 당사국은 상품이 원산지 상품인지의여부에 대한 최종 결정을 수입자 | 안 해당 제품에 대한 특혜 대의 부여를 정지하기로 결정하는 경우, 필요하다고 판단된 모든 사전조치를 조건으로 수입자에게 그 제품의 반출이 허용된다.
6. 검증을 요청하는 관세당국은 조사결과 및 사실관계를 포함한 검증결과를 가능한 한 신속하게 통보받는다. 이러한 결과는 서류의 진정성 여부, 그리고 해당 제품이 당사자가 원산지인 제품으로 간주될 수 있는지 여부와 이 의정서의 다른 요건을 충족하는지 여부를 분명히 적시해야 한다.
7. 합리적 의심이 있는 경우 검증 요청일부터 10개월 이내에 회신이 없거나, 그 회신이 해당 서류의 진정성 또는 제품의 진정한 원산지를 결정하기 위한 충분한 정보를 포함하지 아니하는 경우, 요청하는 관세당국은 예외적인 경우를 제외하고 특혜 자격 부여를 거부한다.
8. 관세 사안에서의 상호 행정 지원에 관한 의정서의 제2조에도 불구하고, 양 당사자는 원산지 증명과 관련된 공동 조사를 위해 그 의정서의 제7조를 원용할 것이다.
제28조 분쟁해결
1. 검증을 요청하는 관세당국과 이검증의 수행을 담당하는 관세당국간에 해결될 |

| 원산지 검증 | 기할 필요가 있는 경우, 수입 당사국의 관세당국은 방문검증에 대한 승인과 함께 이를 통보받는다. 그러한 연기는 제안된 방문검증일부터 60일을 초과하지 아니한다.
다. 수출 당사국의 관세당국이 그러한 요청에 동의하는 경우, 수입 당사국의 관세당국은 수출 당사국의 세관직원의 동행 하에 수출자 또는 생산자에 대한 방문검증을 수행할 수 있다.
라. 방문검증을 개시하기 전에, 검증과 관련된 사안은 양 당사국의 관세당국 간에 상호 논의된다. 방문검증 과정에서, 수입 당사국 관세당국의 모든 요청은 수출 당사국의 관세당국을 통하여 이루어진다. 필요가 있는 경우, 수입 당사국의 관세당국은 방문검증에 대한 승인과 함께 이를 통보받는다. 그러한 연기는 제안된 방문검증일부터 60일을 초과하지 아니한다.
마. 수입 당사국의 관세당국은 해당상품의 원산지 여부에 대한 판정과 방문검증 결과를 가능한 한도 내에서 법적 근거 및 사실 확인을 포함하여 수출 당사국의 관세당국에 서면으로 통보한다.
바. 수출자 또는 생산자는 해당 상품의 특혜관세대우 자격에 관한 의견 또는 서류를 서면으로 수출 당사 | 에게 서면으로 제공한다. 그 당사국의 결정은 사실관계판명과 그 결정에 대한 법적근거를 포함한다. 수출자 또는 생산자가 제1항 또는 제4항에 따라 검증을 수행하는 당사국에게 정보를 직접제공한 경우, 그 당사국은 정보를 제공한 수출자 또는 생산자에게 결정의 사본을 제공하도록 노력한다.
6. 수입 당사국이 검증을 통하여 수입자·수출자 또는 생산자가 그 영역으로 수입되는 상품이 원산지 상품이라는 허위 또는 근거 없는 진술·신고나 증명을 제공하는 행위유형에 관여하였다고 결정하는 경우, 그 당사국은 수입자·수출자 또는 생산자가 이 장의 요건을 준수한다고 결정할 때까지 그 수입자·수출자 또는 생산자의 이후의 진술·신고 또는 증명의 대상이 되는 동일상품에 대하여 특혜관세대우를 중지할 수 있다. | 수 없는 제27조의 검증절차와 관련하여 분쟁이 발생하는 경우 또는 그들이 이 의정서의 해석에 대하여 질문을 제기하는 경우, 이는 관세위원회에 제출된다.
2. 모든 경우에 수입자와 수입 당사자의 권한 있는 당국 간 분쟁의 해결은 그 당사자의 법령에 따른다.
제30조 자유지역
1. 양 당사자는 원산지 증명 하에교역되는 제품으로서 운송 도중 자신의 영역에 위치한 자유지역을 이용하는 제품이 다른 제품으로 대체 되거나 훼손을 방지하기 위해 고안된 통상적인 공정 외의 작업을 거치지 아니하도록 보장하기 위하여 모든 필요한 조치를 한다.
2. 제1항에 포함된 규정에 대한 예외로, 당사자를 원산지로 하는 제품이 원산지 증명 하에 자유지역으로 반입되어 취급 또는 가공을 거치는 때에, 그 행해진 취급 또는 가공이 이 의정서의 규정과 합치되는 경우 다른 원산지 증명이 작성될 수 있다.
[원산지의정서 주해]
9. 다음의 특정한 이유에 한해, 그증명이 적용될 수 없다고 판단될 수있기 때문에 특혜대우가 원산지 증명의 검증 없이 거절될 수 있다. |

| 원산지 검증 | 국의 관세당국에 제출할 수 있다.
사. 수입 당사국의 관세당국은 제3항바호에 따라 수출 당사국의 관세당국으로부터 제공된 의견 또는 정보를 접수한 날부터 30일 이내에, 해당 상품의 원산지 여부에 관한 최종판정을 수출 당사국 관세당국과 수입자에게 서면으로 통보한다.
아. 실제 방문에서부터 제3항 사호에 따른 최종판정까지의 방문검증 절차는 최대 6개월 이내에 수행된다.
자. 방문검증의 상세사항은 양 당사국의 관세당국 간에 공동으로 미리 결정될 수 있다.
4. 수입 당사국의 관세당국은 검증결과를 기다리는 동안 특혜관세대우 제공을 중지할 수 있다. 그러나, 수입 당사국의 관세당국은 상품이 수입금지 또는 제한의 적용대상이 되지 아니하고 사기혐의가 없는 경우, 필요하다고 간주되는 모든 행정조치를 조건으로 수입자에게 그 상품을 반출할 수 있다.
5. 수입 당사국의 관세당국은 다음의 경우 특혜관세대우를 거부할 수 있다.
가. 수입자가 제1항가호에 따른 요청의 접수일부터 1개월 이내에 수입당사국의 관세당국에 대하여 회신하지 못하는 경우 | | 가. 제13조의 직접운송에 관한 요건이 충족되지 아니하였을 경우
나. 원산지 증명이 초기에 부정으로 수입되었던 상품에 대하여 그 이후 제시되었을 경우
다. 원산지 증명이 이 협정의 비당사자의 수출자에 의해 발행되었을 경우
라. 수입자가 수입 당사자의 법령에 명시된 기간 내에 수입 당사자의 관세당국에 원산지 증명을 제시하지 못하는 경우
10. 안도라공국에 대한 공동 선언의 목적상, 안도라공국의 관세당국은 안도라공국의 공동 선언의 적용을 담당한다.
11. 산마리노공화국에 대한 공동 선언의 목적상, 이탈리아공화국의 관세당국은 산마리노공화국의 공동 선언의 적용을 담당한다. |

원산지 검증	나. 수출 당사국의 관세당국이 제2항나호에 따라 검증결과를 6개월 이내에 수입 당사국의 관세당국에 제공하지 못하는 경우 다. 수입 당사국의 관세당국에 제공된 검증결과 또는 방문검증 결과가 해당 상품의 원산지 지위의 진정성을 확인하는데 필요한 정보를 포함하지 아니하는 경우 라. 수출 당사국의 관세당국이 수입당사국의 관세당국으로부터의 방문검증요청을 거절하는 경우, 또는 마. 수출 당사국의 관세당국이 제3항가호에 따라 수입 당사국의 관세당국의방문검증 요청에 대하여 30일 이내에 회신하지 못하는 경우 6. 이 조에 따른 의사소통은 영어로 이루어진다. **제3.25조** **특혜관세대우의 거부** 당사국은 다음의 경우 상품에 대한특혜관세대우를 거부할 수 있다. 가. 상품이 이 장의 요건을 충족하지 아니하는 경우 나. 수입자, 수출자 또는 생산자가이 장의 관련요건들을 충족하지 못하는 경우 다. 원산지 증명서가 이 장의 요건들을 충족하지 아니하는 경우, 또는 라. 제3.23조제5항에 따른 경우		

경과 규정	제3.26조 통과 또는 보관중인 상품에 대한 경과 규정 이 장의 규정은 이 협정의 발효일에 통과 중이거나, 양 당사자 내에 있거나, 세관보세창고에 임시 보관중인 상품에 적용될 수 있다. 다만, 그 상품이 제3.14조에 따라 직접 운송되었다는 것을 보여주는 서류와 함께 소급하여 작성된 원산지 증명서를 이 협정의 발효일로부터 3개월이내에 수입 당사국의 관세당국에제출하는 것을 조건으로 한다.		제34조 통과 또는 보관 중인 상품에 대한 경과 규정 이 협정의 규정은 이 의정서의 규정에 합치되고, 이 협정의 발효일에 통과 중이거나, 양 당사자 내에 있거나, 세관보세창고에 임시 보관 중이거나 또는 자유지역 내에 있는 상품에 적용될 수 있다. 다만, 협정의 발효일부터 12개월 이내에 그 상품이 제13조에 따라 직접 운송되었다는 것을 보여주는 서류와 함께 소급하여 작성된 원산지 증명을 수입 당사자의 관세당국에 제출하는 것을 조건으로 한다.
비밀 유지	제4.17조 비밀유지 1. 한쪽 당사국은 이 장에 따라 다른 쪽 당사국이 제공한 정보의 비밀을 유지하고 정보를 제공하는 인의 경쟁적 지위를 저해할 수 있는 공개로부터 그 정보를 보호한다. 비밀유지의 모든 위반은 각 당사국의 법률에 따라 취급된다. 2. 제1항에 언급된 정보는 그러한 정보를 제공하는 인 또는 정부의 명시적 허가 없이 공개되지 아니한다.	제7.6조 비밀유지 1. 이 장에 따라 다른 쪽 당사국에게 정보를 제공하는 당사국이 그 정보를 비밀로 지정하는 경우, 그 다른 쪽 당사국은 그 정보를 비밀로 유지한다. 정보를 제공하는 당사국은 그 정보가 비밀로 유지될 것이며 다른 쪽 당사국이 정보 요청에 명시한 목적으로만 이용될 것이고 그 정보를 제공한 당사국 또는 그 당사국에게 정보를 제공한 인의 명시적 허락 없이는 공개되지 아니할 것임을 다른 쪽 당사국에게 서면으로 보장하라고 요구할 수 있다. 2. 당사국이 제1항에 따라 비밀로 지정된 정보를 접수한 경우에도, 그 정보를 접수한 당사국은 법 집행의 목적상 또는 사법절차 과	제6.8조 비밀유지 1. 제6.7조에 따라 요청된 경우를 포함하여, 이 장의 규정에 따라 어느 한 쪽 당사자의 인 또는 당국이 다른 쪽 당사자의 당국에 제공한 어떠한 정보도 각 당사자에게 적용 가능한 법과 규정에 따라 비밀 또는 제한적인 성격으로 취급된다. 이는 공식적인 비밀엄수 의무의 대상이 되고, 이를 받은 당사자의 관련 법과 규정에 따라 유사한 정보에 주어지는 보호를 받는다. 2. 개인 자료는 그 자료를 받는 당사자가 자료를 제공할 수 있는 당사자에서 그 특정 경우에 적용 가능한 것과 최소한 동등한 방식으로 그러한 자료를 보호하겠다고 약속하는 경우에만 교환될 수 있다. 정보를 제

| 비밀 유지 | | | 정에서 그 정보를 이용하거나 공개할 수 있다.
3. 당사국은 다른 쪽 당사국이 제1항에 합치되게 행동하지 못하였을 경우 그 당사국이 요청한 정보를 제공하는 것을 거부할 수 있다.
4. 각 당사국은 공개되면 그 정보를 제공한 인의 경쟁적 지위를 저해할 수 있는 정보를 포함하여 그 당사국의 관세법 행정에 따라 제출된 비밀정보를 무단 공개로부터 보호하는 절차를 채택하거나 유지한다. | 공하는 인은 자신의 관할권 내에서 적용가능한 것보다 더 부담스러운 어떠한 요건도 요구하지 아니한다.
3. 제1항에 언급된 정보는, 이를 제공하는 인 또는 당국의 명시적 허락없이, 이를 받은 당사자의 당국에 의해 제공된 것 외의 목적으로 이용되어서는 아니 된다.
4. 정보를 제공한 인 또는 당국의 명시적 허락을 받은 경우 외에는, 제1항에 언급된 정보는, 법적 절차와 연계하여 그것을 받은 당사자의 법과 규정에 따라 그렇게 할 의무가 있거나 권한이 있는 경우를 제외하고, 어떠한 인에게도 공표되거나 달리 공개되지 아니한다. 그 정보를 제공한 인 또는 당국은, 가능한 경우 사전에, 그러한 공개를 통보받는다.
5. 당사자의 당국이 이 장의 규정에 따라 정보를 요청하는 경우, 요청을 받은 인에게 법적 절차와 연계된 정보 공개의 모든 가능성을 통보한다.
6. 요청하는 당사자는, 정보를 제공한 인이 달리 동의하지 아니하는 한, 제3자 또는 그 밖의 당국이 해당 정보를 공개하도록 신청하는 경우, 정보의 비밀성을 유지하고 개인자료를 보호하기 위하여 그 당사자의 적용 가능한 법과 규정에 따 |

			따라 모든 이용 가능한 조치를 적절한 경우 언제나 사용한다.
사전심사	**제4.10조 사전심사** 1. 각 당사국의 관세당국은 수입자, 수출자 또는 그 당사국1의 영역 내에 있는 그 밖의 모든 신청자의 서면 요청에 따라, 자국 영역으로 상품이 수입되기 전에, 사전심사 요청을 처리하는 데 필요한 정보의 상세설명을 포함하여 신청자에 의하여 제공된 사실 및 상황을 기반으로 서면 사전심사서를 발급한다. 사전심사서는 다음 사안에 대하여 발급될 수 있다. 가. 품목분류 나. 이 협정에 따른 상품의 원산지, 그리고 다. 양 당사국이 합의할 수 있는 그 밖의 사안 2. 관세당국은, 신청자가 국내법과 규정 및 규칙에 따라 요구되는 모든 정보를 제출한 경우, 신청 후 90일 이내에 사전심사서를 발급한다. 사전심사는 그 결정의 근거가 된 사실또는 상황에 변동이 없는 경우, 그 발급일부터 효력이 발생한다. 3. 효력이 발생한 사전심사는 다음과 같은 경우에 취소, 수정 또는 철회될 수 있다. 가. 사전심사 결정이 기반하는 정보가 거짓이거나 부정확하다는 점이 사실 또는 상황에 의하여 입증되는 경우. 이 경우, 관세당국은 신청자에 대하여 자국의 국	**제7.10조 사전심사결정** 1. 각 당사국은, 자국 영역에 있는 수입자나 다른 쪽 당사국 영역에 있는 수출자 또는 생산자의 서면 요청이 있는 경우, 자국 영역으로 상품이 수입되기 전에 자국의 세관당국을 통하여 다음에 대한 사전심사 결정서를 발급한다. 가. 품목분류 나. 관세평가협정에 따라 특정한 사안에 대한 관세평가 기준의 적용 다. 관세환급, 납기 연장 또는 그 밖의 관세감면의 적용 라. 상품이 원산지 상품인지 여부 마. 수리 또는 개조를 위하여 다른 쪽 당사국의 영역으로 수출된 후 어느 한 쪽 당사국의 영역으로 재반입된 상품이 제2.6조(수리 또는 개조 후 재반입되는 상품)에 따라 무관세 대우를 받을 자격이 있는지 여부 바. 원산지국가 표시 사. 상품이 쿼터나 관세율할당의 적용을 받는지 여부, 그리고 아. 양 당사국이 합의하는 그밖의 사안 2. 각 당사국은 자국 세관당국이 요청을 접수한 후 90일 이내에 사전심사 결정을 발급한다. 다만, 신청인은 당사국이 요구하는 경우 사전심사결정을 신청하	**제6.6조 사전심사** 1. 무역업자로부터 서면 요청이 있는 경우, 각 당사자는 자신의 영역으로 상품이 수입되기 전에 자신의 법과 규정에 따라 품목분류, 원산지 또는 그 당사자가 결정하는 그 밖의 문제에 관해 서면 사전심사 결정서를 자신의 관세당국을 통하여 발급한다. 2. 각 당사자는, 자신의 법과 규정상의 비밀유지 요건을 조건으로, 품목분류 및 그 당사자가 결정할 수 있는 그 밖의 사안에 관한 자신의 사전심사 결정을, 예를 들어 인터넷에 공표한다. 3. 무역을 원활히 하기 위하여, 양당사자는 제1항 및 제2항에서 언급된 사안에 관한 그들 각자의 법령의 변경에 대한 정기적 갱신을 그들의 양자대화에 포함한다.

| 사전심사 | 내 법에 따른 민사, 형사 및 행정적 조치, 벌칙 또는 그 밖의 제재를 포함하는 적절한 조치를 적용할 수 있다.
나. 관세당국에 의한 명백한 오류로 인하여 원래의 사전심사와 동일한 사실과 상황 하에서 관세당국이 다른 기준을 적용하는 것이 바람직하다고 보는 경우. 이 경우, 개정 또는 철회는 그 변경이 있는 날부터 적용된다. 또는
다. 그 행정적 결정이 그 기반이 되는 법, 규정 및 규칙의 변화로 인하여 영향을 받는 경우. 이 경우, 그 사전심사는 그러한 개정이 공표된 날부터 자동적으로 효력이 중단된다.
다호에 언급된 사안의 경우, 관세당국은 사전에 공표하는 것이 불가능한 경우를 제외하고, 이해당사자가 고려할 수 있도록 그러한 개정이 효력을 발생하기 전에 충분한 시간을 두고, 검토된 정보를 이해당사자에게 이용 가능하게 한다.
4. 각 당사국은 자국의 법, 규정 및 규칙의 기밀유지 요건에 따라 자국의 사전심사를 공표한다.
5. 당사국은 사전심사의 근거가 되는 사실 또는 상황이 행정적 또는 사법적 재심의 대상이 되는 경우 사전심사서의 발급을 거부할 수 있다. | 는 상품의 견본을 포함하여 당사국이 요구하는 모든 정보를 제출하여야 한다.
사전심사결정을 발급할 때, 그 당사국은 신청인이 제공한 사실 및 상황을 고려한다. 보다 명확히 하기 위하여, 당사국은 사전심사결정의 근거가 되는 사실과 상황이 행정적 또는 사법적 재심의 대상이 되는 경우 사전심사결정의 발급을 거부할 수 있다. 이 항에 따라 사전심사결정의
발급을 거부하는 당사국은 사전심사결정의 발급거부 결정에 관한 관련 사실 및 근거를 적시하여 신청인에게 서면으로 신속하게 통보한다.
3. 각 당사국은 사전심사결정의 근거가 되는 사실 또는 상황에 변동이 없는 경우에 한하여 사전심사결정이 발급된 날 또는 사전심사결정에 명시된 다른 날로부터 사전심사결정이 효력이 발생하도록 규정한다.
4. 발급 당사국은 신청인에게 통보한 후 사전심사결정을 변경하거나 철회할 수 있다. 발급 당사국은 사전심사결정이 부정확한 정보 또는 허위의 정보에 기초하였던 경우에 한해서만 사전심사결정을 소급하여 변경하거나 철회할 수 있다.
5. 각 당사국은 신청인에게 사전심사결정의 행정적 재심에 대한 접근을 보장한다.
6. 자국 법의 비밀유지 요건을 | |

사전 심사		조건으로, 각 당사국은 자국의 사전심사결정을, 인터넷상을 포함하여, 공표한다. 7. 신청인이 허위의 정보를 제공하거나 사전심사결정에 관한 관련 사실 또는 상황을 누락하는 경우 또는 사전심사결정의 조건에 따라 행동하지 아니하는 경우, 수입당사국은 민사·형사 및 행정적 조치, 금전상의 벌칙, 또는 그 밖의 제재를 포함한 적절한 조치를 적용할 수 있다.	
권리 구제	제4.9조 재심 및 불복청구 1. 각 당사국은 수입자, 수출자 또는 자국의 결정에 영향을 받는 그 밖의 모든 인에게 자국의 법과 규정에 따라 다음에 대하여 접근하도록 한다. 가. 재심 중에 있는 결정에 대하여 책임이 있는 공무원 또는 부서로부터 독립된, 자국의 관세당국의 결정에 관한 한 단계의 행정적 재심, 그리고 나. 자국의 법과 규정에 따른 그 행정적 결정에 대한 사법적 재심 2. 재심 당국의 요청이 있는 경우, 생산자 또는 수출자는 행정적 재심을 수행하는 당사국에게 정보를 직접 제공하고, 그러한 당사국에 그 당사국에서 적용 가능한 규칙에 따라 그 정보를 비밀로 취급할 것을 요청할 수 있다. 이 정보는 양 당사국에 의하여 결정된 규칙에 따라 제공된다.	제7.8조 재심 및 불복청구 각 당사국은 관세 사안에 대한 자국의 결정에 대하여 자국 영역에 있는 수입자가 다음에 접근할 수 있도록 보장한다. 가. 그 결정을 내린 직원 또는 부서로부터 독립된 행정적 재심, 그리고 나. 그 결정에 대한 사법적 재심보다 명확히 하기 위하여, 각 당사국은 수출자 또는 생산자가 재심을 실시하는 당사국에게 정보를 직접 제공할 수 있도록 그리고 그 당사국이 그 정보를 제7.6조제4항에 따라 비밀로 취급할 것을 요청할 수 있도록 허용한다.	제6.7조 불복청구 절차 1. 각 당사자는 관세 사안과 그 밖의 수입, 수출 및 통과 요건과 절차의 결정에 관하여, 그러한 결정의 대상이 된 관련 인이 그 결정에 대한 재심 또는 불복청구에 접근할 수 있도록 보장한다. 당사자는 불복청구가, 사법당국이나 행정재판소가 될 수 있는 상위 독립기관에 의한 재심에 앞서, 동일한 기관, 그 감독당국 또는 사법당국에 의해 먼저 심리되도록 요구할 수 있다. 2. 생산자 또는 수출자는, 그 생산자 또는 수출자에 대한 재심 당국의 요청이 있는 경우, 행정적 재심을 수행하는 당사자에게 정보를 직접 제공할 수 있다. 정보를 제공하는 수출자 또는 생산자는 행정적 재심을 수행하는 당사자에게 그 당사자의 법과 규정에 따라 그 정보를 비밀로 취급할 것을 요청할 수 있다.

벌칙	제4.11조 벌칙 각 당사국은 이 협정에 따른 품목분류, 관세평가, 원산지국가 및 특혜관세 대우 신청을 규율하는 것을 포함한 자국의 관세법 및 규정의 위반에 대하여 행정적 벌칙, 그리고 적절한 경우 형사적 제재를 부과할 수 있도록 하는 조치를 채택하거나 유지한다.	제7.9조 벌칙 각 당사국은 이 협정에 따른 품목분류·관세평가·원산지국가 및 특혜대우신청을 규율하는 것을 포함한 자국의 관세법 및 규정의 위반에 대하여 민사상 또는 행정상의 벌칙, 그리고 적절한 경우 형사상의 제재를 부과할 수 있도록 하는 조치를 채택하거 유지한다.	제29조 벌칙 제품에 대한 특혜대우를 획득할 목적으로 부정확한 정보를 포함하는 서류를 작성하거나 작성되도록 한 모든 인에 대해서 양 당사자의 법령에 따라 벌칙이 부과된다.

한-중 / 한-미 / 한-EU FTA 관세분야 주요 항목 비교(요약)

구분	한-중 FTA	한-미 FTA	한-EU FTA
C/O 형식	협정에서 정한 서식	협정에서 정한 필수항목을 기재한 서류 (※별도 서류에 필수항목만 기재되어도 인정)	협정에서 정한 원산지신고문안을 송품장 등 상업서류에 작성
C/O 언어	영어	영어, 국어	협정 각 당사자 언어
C/O 작성자	▶ 수출당사국 권한 있는 기관 (한)세관, 대한상의 (중)해관, 국제무역촉진위원회	▶ 수출자 ▶ 생산자 ▶ 수입자	▶ 수출자 ▶ 인증수출자: 탁송화물의 전체가격이 6,000유로를 초과하는 경우
C/O 서명	▶ 수출자 서명 필요 ▶ 발급기관 서명 및 관인필요	생략 가	▶ 인증수출자: 서명 생략 가 ▶ 미인증수출자: 서명 필요
C/O 사본인정여부	사본인정 불가 ※ [특례고시] 수입통관시 사본 허용	사본인정	사본인정 불가 ※[특례고시] 수입통관시 사본 허용
C/O 유효기간	발급일로부터 1년	작성일로부터 4년	작성일로부터 12개월

C/O 증명면제 한도	양측: 미화 700불이하 ※ 법령 회피 목적수입은 제외	양측: 미화 1천불 ※ 법령 회피 목적수입은 제외	EU측: (소포) 500 유로 / (여행자 휴대품) 1,200 유로 아측: 미화 1천불 ※ 상업적 수입은 제외
C/O 포괄증명	없음	증명일로부터 12개월내에서 동일 상품의 복수선적 허용	없음
분할선적	분할선적에 대한 제한 없음	분할선적에 대한 제한 없음	▶ 분할수입이 허용되는 물품 - HS 제16부(기계류) - 제17부(차량, 항공기, 선박 등) - 제7308호(철강제 구조물) - 제9406호(조립식건축물)
경과규정	협정발효일에 운송중이거나 보세구역에서 보관중인 물품에 대하여 적용 가능(3개월내 한정)	발효일 이후 수입신고되는 물품에 대해 적용 (※발효일 이전 수출국에서 수출된 물품도 적용 可)	협정발효일에 운송중이거나 보세구역에서 보관중인 물품에 대하여 적용(12개월 한정)
운송원칙 (비당사국 경유시 인정범위)	▶ 비당사국 경유물품 인정조건 ① 지리적 이유 또는 오직 운송요건에 따른 경유 ② 비당사국 거래 또는 소비 금지 ③ 하역, 운송상 이유로 인한 화물 분리, 재선적, 상품보존공정외 다른공정 불수행 ▶ 일시보관물품에 대한 추가조건 ① 비당사국 관세당국 통제 ② 보관기간 3개월 이내 〈입증서류〉 ▶ 통과·환적: 운송서류(B/L 등) ▶ 보관: 운송서류, 경유국 세관 증빙서류 등 ① 비당사국 관세당국 통제 ② 보관기간 3개월 이내 ③ 홍콩세관 발행 비가공 증명서	▶ 인정되지 않는 경우 ① 운송·보존공정*이외의 공정 ※ 하역, 재선적 또는 상품을 양호한 상태로 보존하기 위한 공정 또는 당사국으로 운송에 필요한 공정 ② 비당사국 세관통제 없는 경우	단일탁송화물이 제3국에서 자유로운 유통을 위해 반출되지 아니해야 되고, 운송·보존공정*만 수행된 경우 인정 ※ 하역, 재선적 또는 상품을 양호한 상태로 보존하기 위한 공정 〈입증서류〉 ① 환적·보관 관련 상황증거 ② 수출국에서 경유국을 통한통과를 나타내는 단일운송서류 ③ 경유국 세관당국 증명서

3국 발행 송장	C/O상에 제3자 법적이름과 국가기재	제한 없음 (작성 권한있는 자가 작성한 C/O 필요)	제한 없음 (EU역내 수출자가 발급한 C/O 필요)
사후 특혜 적용	수입신고수리일부터 1년이내 중국의 경우 수입신고시에 협정관세 적용 의사표시 요구	수입신고수리일부터 1년이내	수입신고수리일부터 1년이내
검증 방법	① 간접검증 ② 직접검증	▶ 섬유·의류: 간접검증 ▶ 그 외 물품: 직접검증	간접검증
검증 기간	요청일로부터 6개월	(섬유·의류) 미국 검증의뢰시 12개월, 미국에서 검증요청시 6개월내 조사완료	요청일로부터 10개월
특송 화물	신속통관 절차 채택·유지	미화 200달러 이하 특송화물은 관세면제 및 첨부서류(AWB 등) 제출면제	규정 없음
무관세 수입	① 일시반입 가. 일시입국하는 사람이 직접 휴대하여 수입하거나 별도로 수입하는 언론장비, 텔레비전 방송용 장비, 소프트웨어, 방송·영화촬영 장비 등 영업활동, 거래 또는 직업수행에 필요한 전문장비 나. 전시 또는 시연을 위한 상품 다. 상업용 견본품, 광고용 필름 및 기록물	① 일시반입 가. 일시입국하는 사람이 직접휴대하여 수입하거나 별도로 수입하는 언론장비, 텔레비전 방송용 장비, 소프트웨어, 방송·영화촬영 장비 등 영업활동, 거래 또는 직업수행에 필요한 전문장비 나. 전시 또는 시연을 위한 상품 다. 상업용 견본품, 광고용 필름 및 기록물 라. 운동경기용 물품 ② 수리·개조후 재반입 ③ 소액 상업용 견본품과 인쇄된 광고물 (미화 250달러 이하)	규정 없음
원산지 등 사전 심사 범위	▶ 품목분류 ▶ 상품 등의 원산지결정 ▶ 기타 양당사자 합의 사항	▶ 품목분류, 가격 또는 원가 ▶ 물품 및 재료의 원산지 결정 ▶ 부가가치의 산정 ▶ 관세의 감면, 환급, 납기연장 ▶ 원산지 표시 ▶ 쿼터대상물품 및 그 세율 ▶ 기타 양당사자 합의 사항	▶ 품목분류, 가격 또는 원가 ▶ 물품 및 재료의 원산지 결정 ▶ 부가가치의 산정

2

중국의 「중-한 FTA 수출입화물 원산지 관리판법」
(해관총서령 2015년 제229호, '15.12.19)

《중화인민공화국 해관 「중화인민공화국 정부 및 대한민국정부 자유무역협정」에 근거한 수출입 화물 원산지 관리판법》은 이미 2015년 12월7일 해관총서 서무회의(署务会议) 심의를 거쳐 통과되었고, 현재 발표하며, 2015년 12월 20일부터 시행해야 한다.

총서장
2015년 12월 18일

제1조 「중화인민공화국 정부 및 대한민국정부 자유무역협정」(이하 "중한자유무역협정" (中韩自贸协定) 이라 약칭함)에 근거한 수출입 화물 원산지에 대하여, 중국과 한국의 경제거래를 촉진시키기 위해 「중화인민공화국 해관법」("해관법"이라 약칭함), 「중화인민공화국 수출입 화물 원산지 조례」,「중한자유무역협정」의 규정에 근거, 본 판법을 제정한다.

제2조 본 판법은 중국과 한국 간의 "중한자유무역협정"에 근거한 수출입 화물의 원산지 관리에 적용해야 한다.

제3조 수입화물이 아래 조건에 부합되는 경우, 그 원산국은 한국이다.
   (1) 한국에서 완전히 획득하였거나 또는 생산한 경우;
   (2) 한국 경내(境内)에서 전부 본 판법 규정에 부합하는 원산지재료(原产材料)를 사용하여 생산한 경우;
   (3) 한국 경내(境内)에서 완전히 획득하지 않았거나 또는 생산하지 않았지만, "중한자유무역협정"에 근거한 제품 특정 원산지 규칙의 규정에 의한 세칙 분류 변경, 부가가치비율, 제조가공 제조절차 또는 기타 요구에 부합되는 경우;
   (4) "중한자유무역협정"체결 전에 한반도(중국측 표현은 '조선반도')에서 이미 운영한 공업구 (이하"기운영 공업구"로 약칭함)가 생산한 "특별화물리스트"에 근거한 본 판법 제4조 규정에 부합되는 경우;

"중한자유무역협정"에 근거한 제품특정원산지 규칙 및 "특별화물리스트"는 본 판법의 구성부분이고, 해관총서에서 별도로 공고해야 한다.

화물의 원산지가 한국인 경우, 한국 경내(境内)로부터 직접 중국 경내(境内)까지 운송한 경우, 본 판법 규정에 따라 「중화인민공화국 수출입세칙」(이하"세칙"이라 약칭함)중의 "중한자유무역협정" 협정세율을 적용할 것을 신청해야 한다.

제4조 "특별화물리스트"중 동시에 아래 조건에 부합되는 화물은, 반드시 원산지가 한국인 화물로 간주해야 한다.
    (1) 한국 수출재료를 사용하여 기존 운영공업구에서 가공을 완성한 후 한국까지 재수출하여 중국 수출에 사용하는 경우;
    (2) 非한국 원산지 재료의 가치가 화물 선상납품(船上交货, FOB)가격의 40%를 초과하지 않은 경우;
    (3) 화물생산 중에 사용한 한국 원산지 재료의 가치가 전체 재료 가치의 60%보다 낮지 않은 경우;

제5조 본 판법 제3조 제1관 제(1)항에서 규정한 "한국에서 완전히 획득하였거나 또는 생산한" 화물이란 다음을 가리킨다.
    (1) 한국 경내(境内)에서 태어났고 또한 사육한 생체화물;
    (2) 상술한 제(1)항에서 서술한 생체화물 중에서 획득한 화물;
    (3) 한국 경내에서 재배하였고, 또한 수확하였거나, 채취하였거나 또는 채집한 식물 및 식물제품;
    (4) 한국 육지 영토, 내수, 영해 내에서 사냥하거나, 체포하거나, 어획하거나, 수산양식하거나, 채집하거나 또는 직접 포획하여 획득한 화물;
    (5) 한국 영토, 영수, 해저 또는 해저 하층토에서 추출한, 상술한 제(1)항부터 제(4)항까지에 포함되지 아니한 광물질 및 기타 천연자원;
    (6) "중한자유무역협정"에 근거하여, 한국 영해 이외의 수역, 해저 또는 해저 하층토로부터 획득한 화물은, 해당 측이 상술의 수역 해저 또는 하층토를 개발 할 권한이 있는 경우;
    (7) 한국이 등록하였거나 또는 등기하였고 또한 그 국기를 건 선박이 한국 영해 이외의 수역, 해저 또는 하층토에서 어획하여 획득한 어류 및 기타 해양제품;
    (8) 한국이 등록하였거나 또는 등기하였고 또한 그 국기를 건 가공선상, 상술의 제(7)항이 서술한 화물을 완전히 사용하여 제조하였거나 또는 가공한 화물;
    (9) 한국 경내 생산가공 과정에서 산생하였고 또한 원재료 회수에 사용하였거나 또는 다른 화물 생산자료로 사용한 부서진 재료; 또는 한국 경내에서 수집한 원재료 회수에만 사용하는 고물;
    (10) 한국에서 완전히 상술한 제(1)항부터 제(9)항까지 서술한 화물로부터 획득하였거나 또는 생산한 화물;

제6조 본 판법 제3조 제1관 제(3)항이 규정한 세칙 분류 변경은 非원산지 재료를 사용하여 한국에서 제조, 가공을 진행한 후, "세칙"중의 세칙번호에 변경이 발생한 경우.

제7조 본 판법 제3조 제1관 제(3)항이 규정한 부가가치비율은 반드시 아래 공식에 따라 계산해야 한다.

공식 중, "화물가격"은 「해관감정가격협정」에 따라, 선상납품 가격 기초 위에 조정한 화물가격을 가리킨다.

$$\text{부가가치비율} \;\; 区域价值成分 = \frac{\text{화물가격} - \text{非원산지 재료 가격}}{\text{화물가격(货物价格)}} \times 100\%$$

$$= \frac{货物价格 - 非原产材料价格}{货物价格} \times 100\%$$

"非원산지 재료 가격"은 「해관감정가격협정」이 확정한 非원산지 재료의 수입원가, 목적항구 또는 지점까지 운송한 운송비 및 보험비를 가리키며, 불명확한 원산지재료의 가격을 포함한다.

非원산지 재료는 생산업체가 한국 경내에서 획득한 경우, 「해관감정가격협정」에 따라 확정한 거래가격을 가리키며, 해당 非원산지 재료를 공급상 창고로부터 생산업체 소재지까지 운송하는 과정에서 발생한 운송비, 보험비, 포장비 및 기타 어떠한 비용을 포함하지 않는다.

본 조항 제1관에 근거하여 화물의 부가가치비율을 계산하는 경우, 非원산지 재료 가격은 생산과정에서 원재료를 생산하기 위하여 사용한 非원산지재료의 가격을 포함하지 않는다.

제8조 중국이 원산지인 화물 또는 재료가 한국 경내에서 다른 화물을 생산하는데 사용된 경우, 해당 화물 또는 재료는 반드시 원산지가 한국인 화물로 또는 재료로 간주해야 한다.

제9조 "중한자유무역협정"에 근거, 세칙분류변경 요구에 적용하는 화물은 생산과정에서 사용한 非원산지 재료가 세칙분류변경요구를 만족시키지 못하지만 본 판법 모든 기타 적용규정에 부합되고 또한 아래 조건에 부합되는 경우 반드시 원산지화물로 간주해야 한다.
 (1) "세칙" 제15장부터 제24장, 제50장부터 제63장까지 이외의 화물은, 화물생산 과정에서 사용한 규정 세칙분류변경이 발생하지 않은 전체 非원산지 재료에 대하여 본 판법 제7조에 따라 확정한 가격이 해당 화물 선상납품 가격의 10%를 초과하지 않은 경우;
 (2) "세칙" 제15장부터 제24장까지의 화물은 화물 생산 과정에서 사용한 규정세칙분류변경이 발생하지 아니한 전체 非원산지 재료에 대하여 본 판법 제7조에 따라 확정한 가격이 해당 화물 선상납품 가격의 10%를 초과하지 않고, 또한 사용한 상술의 非원산지재료의 최종화물이 동일 세목번호(子目⊠)에 속하지 않는 경우;
 (3) "세칙" 제50장부터 제63장까지의 화물은, 화물 생산 과정에서 규정세칙분류변경이 발생하지 않은 非원산지 재료를 사용한 경우, 상술한 非원산지 재료의 중량이 해당 화물 총중량의 10%를 초과하지 않았거나 또는 상술의 非원산지 재료에 대하여 본 판법 제7조에 따라 확정한 가격이 해당 화물 선상납품의 10%를 초과하지 않은 경우;

제10조 화물에 대하여 아래 한 항목 또는 여러 항목이 미세한 가공 또는 처리를 거쳤고, 기타 가공 또는 처리를 거치지 않은 경우, 원산지 화물에 포함시켜서는 안 된다.
 (1) 화물을 운송 또는 저장기간에 양호한 상태에 있도록 확보하기 위하여 진행한 처리;
 (2) 물품 부품을 완성품으로 조립하였거나, 또는 제품을 부품으로 해체한 간단한 조립 또는 해체;
 (3) 변경포장, 분할, 조합포장;
 (4) 세척, 청결, 먼지 제거, 산화물 제거, 기름 제거, 도료 제거, 및 기타 도료층 제거;
 (5) 방직품을 다리는 경우;
 (6) 간단한 칠하기 및 마광 제조공정;
 (7) 곡물 및 쌀의 탈피, 일부 또는 완전한 표백, 광택;
 (8) 설탕 색소 또는 가미, 또는 사탕 형성의 실행; 일부 또는 전체 설탕 결정체 제분;
 (9) 과일, 견과 및 채소의 표피제거, 거핵 및 탈피;
 (10) 뾰족하게 깎거나, 간단하게 연마하거나 또는 간단하게 절단하는 경우;

(11) 여과, 선별, 선택, 분류, 분급, 정합(세트물품의 조합을 포함함), 종단, 만곡, 감기, 전개;
(12) 간단히 병에 담기, 항아리에 담기, 주전자에 담기, 자루에 담기, 상자에 담기 또는 박스에 담기, 판지 또는 나무판에 고정하거나 기타 간단한 포장 제조 공정;
(13) 재공품 또는 그 포장에 표시, 상표, 표지 및 기타 유사한 구별표기를 첨부하거나 인쇄하는 경우;
(14) 동종 또는 상이한 유형 제품의 간단한 혼합; 사탕과 기타 재료의 혼합;
(15) 테스트 또는 교정;
(16) 물 또는 기타 물질을 사용하여 희석하였고, 화물의 특성을 실질적으로 변경하지 않은 경우;
(17) 건조시키거나, 소금을 넣거나(또는 염지), 냉장, 냉동;
(18) 동물 도살;
(19) 제(1)항부터 제(18)항까지 중 두 항목 또는 여러 항목 제조 공정의 조합;

화물에 본 조항 제1관 규정을 적용하여 그 생산 또는 가공이 미세한 가공 또는 처리에 속하는지 여부를 확정하는 경우, 반드시 한국 경내에서 진행한 모든 가공, 처리에 대하여 확정을 진행해야 한다.

제11조 "세칙"분류 총 규칙 3에서 규정한 세트화물에 속하는 경우, 그 중 전체 화물이 모두 원산지가 한국인 경우, 해당 세트화물은 원산지가 한국이고, 그 중 일부 화물이 원산지가 한국이 아니지만, 본 판법 제7조가 확정한 가격에 따라 해당 부속화물가격의 15%를 초과하지 않은 경우, 해당 세트화물은 여전히 반드시 원산지가 한국인 것으로 간주해야 한다.

제12조 운송기간에 화물보호에 사용한 포장재료 및 용기가 화물원산지에 영향을 주지 않았다는 것에 대한 확정.
화물을 "중한자유무역협정"에 근거. 제품 특정 원산지 규칙 관련 부가가치비율 요구를 적용하여 원산지를 확정한 경우, 그 소매용 포장자료 및 용기의 가격은 반드시 각 자의 원산지에 따라 원산지 재료 또는 非원산지재료의 가격에 포함시키고 계산해야 한다.

화물을 "중한자유무역협정"에 근거, 제품 특정 원산지 규칙 관련 세칙 분류 변경 요구를 적용하여 원산지를 확정하였고, 또한 그 소매용 포장자료 및 용기와 해당 화물을 같이 분류한 경우, 해당 소매용 포장자료 및 용기의 원산지는 화물 원산지의 확정에 영향을 주지 않는다.

제13조 "중한자유무역협정"에 근거하여 제품 특정 원산지 규칙 관련 부가가치비율 요구를 적용하는 화물은, 구역 가치 성분을 계산하는 경우, 해당 화물과 같이 수입의 부속품, 예비 부속품 또는 도구에 대하여, "세칙"중에 해당 화물과 같이 분류하였고, 또한 단독으로 세금계산서를 발급하지 않았으면 해당 부속품, 예비 부속품 또는 도구의 원산지는 화물 원산지의 확정에 영향을 주지 않는다.

본 조 제1관과 제2관에서 서술한 부속품, 예비 부속품 또는 도구의 수량과 가격은 반드시 합리적인 범위 내에 있어야 한다.

제14조 아래 화물조성성분을 구성하지 않은 재료 또는 물품의 경우, 그 원산지가 화물 원산지에 영향을 주지 않았다는 것에 대한 확정.

(1) 화물 생산에 사용하는 재료 또는 물품;
  a. 연료, 에너지원, 촉매제 및 용제;
  b. 장갑, 안경, 신발 부츠, 옷, 안전설비 및 용품;
  c. 도구, 모형 및 주형;
(2) 설비 보수/유지, 공장건물 건축에 사용하는 재료 또는 물품;
  a. 예비 부속품 및 재료;
  b. 윤활제, 유지(그리스), 합성재료 및 기타 재료;
(3) 테스트 또는 화물검사에 사용하는 설비, 장치 및 용품;
(4) 화물 생산 과정에서 사용하였고, 해당 화물 조성 부분을 구성하지 못하였지만, 해당 화물 생산 과정 일부분을 위하여 합리적으로 표명할 수 있는 기타 화물.

제15조 화물 원산지를 확정하는 경우, 상업상에서 서로 교환할 수 있고, 특성이 동일하며, 시각의 관찰에 근거하여 구분할 수 없는 상호 교환가능의 재료는, 반드시 재료에 대하여 물리적인 분리를 진행하거나 또는 수출측 공인 회계원칙이 승인하는 재고관리방법을 운용하여 구분해야 한다.

만일 본 조항 제1관의 규정에 근거하여, 모 한 항목의 상호교환가능의 재료에 대하여 일종의 재고관리방법을 선용하였으면, 해당 방법은 반드시 한 개 재무연도 내에 지속하여 사용해야 한다.

제16조 본 판법 제3조가 말하는 "직접 운송"은 "중한자유무역협정"에 근거하여 수입화물을 한국으로부터 직접 중국 경내로 운송하였고, 도중에 중국, 한국 이외의 기타 국가 또는 지역(이하 "기타 국가 또는 지역"이라 약칭함)을 거치지 않는 것을 가리킨다.

원산지가 한국인 화물은 기타 국가 또는 지역을 거쳐 중국으로 운송하였고, 기타 국가 또는 지역에서 운송도구를 전환하였는지 또는 임시 저장을 진행하였는지 여부를 막론하고, 동시에 아래 조건에 부합되는 경우, 반드시 "직접 운송"으로 간주해야 한다.
  (1) 화물을 이런 국가 또는 지역을 거친 것은 지리적 원인 또는 운송의 수요로 인한 경우;
  (2) 이런 국가 또는 지역에 진입하지 않고 무역 또는 소비를 진행하는 경우;
  (3) 화물이 이런 국가 또는 지역을 거친 경우, 하역, 운송의 원인으로 인하여 구분 포장하였거나 또는 화물이 양호한 상태를 유지하게 하기 위해 반드시 처리해야 하는 이외의 기타 처리를 진행하지 않은 경우;

본 조항 규정에 근거하여 기타 국가 또는 지역에서 임시 저장을 진행하는 경우, 화물을 저장기간에 반드시 기타 국가 또는 지역 해관 감독관리 하에 있어야 함. 화물은 기타 국가 또는 지역에서 체류하는 시간이 반드시 3개월 미만이여야 한다. 불가항력으로 인하여 화물 체류 시간이 3개월을 초과하는 상황을 초래한 경우, 그 체류시간은 6개월을 초과해서는 안된다.

제17조 해관총서가 별도로 규정하고 있는 경우를 제외하고, 화물 신고 수입 시에, 수입화물 수하인 또는 그 대리인은 반드시 해관의 신고 규정에 따라 「중화인민공화국 해관수입화물통관서」(이하 "수입통관서"라 약칭함)를 제작해야 하고, "중한자유무역협정" 협정세율을 적용하도록 분명히 밝혀야 하며, 또한 반드시 다음과 사항의 증빙서류를 제출해야 함.

(1) 한국 권한 위임(授权)기구가 서명한 유효한 원산지 증명서
(2) 화물의 상업세금계산서 및 전체 노선 운송 증빙서류.

화물을 기타 국가 또는 지역을 거쳐 중국 경내까지 운송한 경우, 반드시 기타 국가 또는 지역 해관이 발급한 증명 서류 또는 해관이 인가한 기타 증명 서류를 제출해야 한다.

제18조 원산지를 한국으로 신고한 수입화물은, 수하인 또는 그 대리인이 신고 수입 시에 원산지 증명서를 제출하지 않은 경우, 반드시 과세하기 전에 해당 수입화물이 한국 원산지 자격을 구비하였는지 여부에 대하여 해관에 추가신고를 진행해야 한다.

수입화물 수하인 또는 그 대리인이 본 조항 제1관 규정에 따라 수입화물이 한국 원산지 자격을 구비하였는지 여부에 대하여 추가신고를 진행하고 또한 세액담보를 제공한 경우, 해관은 규정에 따라 수입수속을 처리해야 함. 법률, 행정법규 규정에 따라 담보를 처리해서는 안 되는 상황은 제외해야 함. 사전에 통관하는 등 원인으로 인하여 화물이 부담하게 되는 최고세액총액과 상당한 세액담보를 제출한 경우, 본 관 세액담보제공에 대한 규정에 부합되는 것으로 간주해야 한다.

화물 신고 수입 시, 수입화물 수하인 또는 그 대리인이 "중한자유무역협정" 협정세율을 적용할 것을 분명히 밝히지 않았고, 또한 본 조항 규정에 따라 해당 수입화물이 한국 원산지 자격을 구비하였는지 여부에 대하여 추가 신고를 진행하지 아니한 경우, 그 수입 신고의 화물은 협정세율을 적용하지 않음. 수하인 또는 그 대리인이 화물 과세 후 해관에 대하여 "중한자유무역협정" 협정세율을 적용할 것을 신청한 경우, 기존 징수 세액에 대해서는 조정하지 않음.

제19조 동일 차수에 수입한 원산지가 한국인 화물은, 해관이 법에 따라 심사 결정한 관세과세표준이 700USD를 초과하지 않은 경우, 원산지 증명서를 제출하는 것을 면제해야 함.

본 판법 규정을 방지하기 위해, 화물을 일회성 또는 여러 차례 수입한 경우, 전 관 규정을 적용하지 않음.

제20조 수입화물 수하인 또는 그 대리인이 제출한 원산지 증명서는 반드시 동시에 아래 조건에 부합되어야 함.
   (1) 원산지 증명서는 반드시 한국 권한 위임(授权)기구가 화물을 운반하기 전 또는 운반한 후 7개 업무일 내에 서명해야 함;
   (2) 서명 또는 인감 등 안전기능을 구비하였고, 또한 인감은 반드시 한국이 중국 해관을 통지하는 인감 표본과 상호 부합되어야 함;
   (3) 영어로 작성해야 함;
   (4) 중복하지 않은 증명서 번호를 갖고 있어야 함;
   (5) 화물이 원산지 자격을 구비한다는 근거를 기재해야 함;
   (6) 서명일로부터 12개월 내에 유효함.

제21조 원산지 증명서를 화물 운송 전, 운송 시 또는 운송 후 7개 업무일 내에 서명하지 못한 경우, 원산지 증명서는 화물 선적일로부터 12개월 내에 보충 발급할 수 있음. 보충 발급한 원산지 증명서는 반드시 "보충발급(补发)"의 문구를 기재해야 함.

원산지 증명서를 도난당하였거나, 분실하였거나, 또는 사용을 거치지 않은 경우, 수입화물 수하인 또는 그 대리인은 해당 증명서 유효기간 내에 화물수출업체 또는 제조업체가 한국 권한 위임(授权)기구에 대하여 원산지 증명서 사본(副本)을 서명할 것을 신청할 수 있다. 새로 서명한 원산지 증명서 사본에 반드시 "원산지 증명서 원본(번호 일자)심사허가를 거친 진실한 부본(原产地证书正本 (编号日期) 经核准的真实副本)이라는 문구를 기재해야 하고, 그 유효기간과 원본은 동일해야 함.

심사허가를 거친 원산지 증명서 사본은 해관에 제출한 후, 원산지 증명서 원본은 실효함. 원산지 증명서 원본을 이미 사용한 경우, 심사허가를 거친 원산지 증명서 사본은 무효함.

제22조 원산지 증명서의 진실성 및 정확성을 확정하고, 관련 화물의 원산지 자격을 확정하거나, 또는 화물이 본 판법 규정의 기타 요구를 만족시키는지 여부를 확정하기 위해, 해관은 원산지 대조 검사를 전개할 수 있고, 대조 검사는 반드시 순서에 따라 이하 방식을 통해 진행해야 함.
    (1) 수입화물 수하인 또는 그 대리인이 수입화물 원산지 관련의 정보를 제공할 것을 요구하는 경우;
    (2) 한국 해관이 화물의 원산지 자격을 심사할 것을 요구하는 경우;
    (3) 한국 해관에 대하여 한국의 수출업체 또는 생산업체에 대하여 심사 방문을 전개할 것을 제출하는 경우;
    (4) 한국 해관과 공동으로 협상한 기타 절차.

심사 결과를 대기하는 기간에, 수입화물 수하인 또는 그 대리인 신청에 따라, 해관은 법에 따라 담보 통과를 처리할 수 있음.

수입화물이 국가 금지 또는 제한 수입 화물에 속하는 경우, 해관은 심사 완료 전에 화물을 통과시켜서는 안됨.

제23조 다음 사항에 해당하는 경우, 화물 수입일로부터 1년 이내, 수입 화물 수하인 또는 그 대리인은 해관이 비준한 담보 기한 내에 해관에 대하여 세액담보 해지를 신청할 수 있음.
    (1) 이미 본 판법 규정에 따라 해관에 대하여 추가신고를 진행하였고 또한 원산지 증명서 또는 원산지 알림을 제출한 경우;
    (2) 이미 본 판법 규정에 따라 원산지 심사 절차를 완성하였고, 심사 결과는 화물의 진실한 원산지를 인증 할 수 있는 경우.

제24조 다음 사항에 해당하는 경우, 수입화물은 "중한자유무역협정" 협정세율을 적용하지 않음.
    (1) 수입화물 수하인 또는 그 대리인은 화물 신고 수입 시 적용협정세율을 분명히 밝히지 않았거나, 본 판법 제 18조 규정에 따라 추가신고를 진행하지 않은 경우;
    (2) 화물이 한국 원산지 자격을 구비하지 않은 경우;
    (3) 원산지 증명서가 본 판법 규정에 부합되지 않는 경우;
    (4) 원산지 심사 청구 제시일로부터 6개월 내에, 해관이 한국 해관 심사 피드백 결과를 전달받지 못한 경우; 또는 심사 방문 청구 제시일로부터 30일내에, 해관이 해관 회답을 전달받지 못한 경우; 또는 해관이 제시한 심사 방문 요구가 거부당한 경우; 또는 해관이 전달받은 심사 피드백 결과 또는 심사방문의 결과가 의문이 있다고 확정되는 화물의 진실한 원산지 자격의 필요한 정보를 포함하지 못한 경우;
    (5) 본 판법의 기타 규정에 부합되지 않은 경우;

제25조 수출화물 신고 시, 수출화물 수하인 또는 그 대리인은 반드시 해관의 신고 규정에 따라 "중화인민공화국 해관수출화물 통관서"를 작성해야 하고, 또한 해관 요구에 따라 "중한자유무역협정"에 근거한 원산지 증명서의 전자데이터 또는 원본과 사본을 제시해야 함.

제26조 "중한자유무역협정"에 근거한 수출입화물 및 그 포장 위에 원산지 표기를 표시한 경우, 그 원산지 표기는 반드시 본 판법에 따라 확정한 화물 원산지와 상호 일치해야 함.

제27조 해관은 본 판법 규정에 따라 획득한 상업기밀에 대하여 법에 따라 비밀보장의무를 갖고 있음. 수출입화물 수하인/송하인 동의를 거치지 않고, 해관은 이에 대해 누설하거나 또는 기타 용도로 사용해서는 안되고, 다만 법률 및 행정법규, 관련 사법이 별도로 규정한 것은 제외함.

제28조 본 판법을 위반하고, 밀수행위, 해관감독관리규정행위 또는 기타 "해관법"을 위반한 행위를 구성한 경우, 해관이 "해관법" 및 "중화인민공화국 해관행정처벌 실시조례"의 관련 규정에 따라 처리해야 하고, 범죄를 구성한 경우, 법에 따라 형사책임을 추궁해야 함.

제29조 본 판법 아래 용어의 내포된 뜻은 다음과 같음.
"재료"는 조성성분, 부속품, 부품, 반조립건 및 물리형식으로 구성한 다른 화물의 조성부분 또는 다른 화물을 생산하는데 사용하는 화물을 의미함.

"非원산지 재료"는 본 판법 규정에 근거하여 원산지 자격을 구비하지 않은 자료를 의미하고, 원산지가 명확하지 않은 자료를 포함함.

"원산지화물 또는 재료"는 본 판법 규정에 근거하여 원산지 자격을 구비하는 화물 또는 재료를 의미함.

"생산"은 임의의 형식의 작업 또는 가공을 가리키며 화물의 파종, 사육, 채굴, 추수, 어로, 수산양식, 경작, 체포, 수렵, 포획, 채집, 수집, 양식, 추출, 제조, 조립을 포함함.

"공인의 회계원칙"은 중국 또는 한국 관련 기록 수입, 지출, 원가, 자산 및 부채, 정보공시 및 재무제표 작성 방면에서 인가하는 회계준칙, 공통인식, 또는 권위표준을 의미함. 상술의 준칙은 보편적으로 적용하는 개괄성 지도원칙을 포함할 뿐만 아니라 또한 상세한 표준, 관례 및 절차를 포함함.

제30조 본 판법은 해관총서에서 책임지고 해석함.

제31조 본 판법은 2015년 12월 20일부터 시행함.

원산지증명 간이발급대상 물품
(FTA 특례고시 별표2-2, '17.12.29 신설)

※ **다음의 국내 가공 공정은 간이발급대상물품에서 제외**
- 국내 제조·가공 공정이 반제품 및 블랭크를 이용하여 생산하거나 해당 협정에서 정하는 불인정 공정에 해당하는 경우
- 원산지증명서 발급대상 물품(수출품)의 품목분류번호(HSK)가 정확하지 않은 경우

〈주의사항〉
동 별표의 품목번호, 품명 등은 간이발급대상물품 확인 목적만으로 사용가능하며, 기타 목적(예 : 품목분류 확인목적 등)으로 사용할 수 없음

	HSK	HSK 품명	품명 설명	활용대상 협정	국내 필수수행 공정	비고
1	1902.30-1010	라면	국수를 증기로 익히고 기름에 튀긴 즉석식품 〈제외대상〉 - 스프에 본질적 특성이 있는 경우 (제2103호)	한-중국 FTA, 한-아세안 FTA, 한-베트남 FTA	밀가루(제1101호)와 전분 등으로 면을 만들고 유탕(제1511호 등) 처리한 후 제조된 분말스프와 함께 소매포장	면발(제1902호)을 공급받아 생산 시 원산지증명 간소화 발급대상에서 제외
2	2106.90-4010	조제 김	해초류인 김에 소금과 기름 등을 발라 구운 조미김	한-중국 FTA, 한-베트남 FTA	김(제1212.21호)에 식물성 유지(제1515호)와 소금 등을 첨가하여 굽기 과정을 거쳐 생산	
3	2503.00-0000	황	탈황 공정을 통해 얻은 정제하지 않은 황이나 증류하여 정제된 고체 또는 분말 상태의 황 〈제외대상〉 - 승화황, 침강황, 콜로이드황(제2802호) - 살충제 등 소매포장 형태로 제조된 것 (제3808호)	한-중국 FTA, 한-아세안 FTA	천연가스나 원유에서 탈황 공정을 통해 황을 생산	

4	2710.12-1000	자동차 휘발유	〈제외대상〉 - 석유나 역청유의 함량이 70% 미만	한-중국 FTA, 한-아세안 FTA, 한-베트남 FTA	원유(제2709호)의 증류과정에서 추출	
5	2710.19-2020	제트 연료유	〈제외대상〉 - 석유나 역청유의 함량이 70% 미만	한-중국 FTA, 한-아세안 FTA, 한-베트남 FTA, 한-인도 CEPA	원유(제2709호)의 증류과정에서 추출	등유와 휘발유를 혼합하여 생산 시 원산지증명 간소화 발급대상에서 제외
6	2710.19-3000	경유	〈제외대상〉 - 석유나 역청유의 함량이 70% 미만	한-중국 FTA, 한-아세안 FTA, 한-베트남 FTA, 한-인도 CEPA	원유(제2709호)의 증류과정에서 추출	원유가 아닌 석유조제품(제2710)을 재료로 사용 시 원산지증명 간소화 발급대상에서 제외
7	2710.19-5020	윤활유 기유(基油)	기계의 마모를 줄이기 위해 사용되는 윤활유의 원료 〈제외대상〉 - 석유나 역청유의 함량이 70% 미만	한-중국 FTA, 한-아세안 FTA, 한-베트남 FTA, 한-인도 CEPA	원유(제2709호)의 증류과정에서 추출되며, 정제공정, 수소첨가 분해 또는 탈왁스(Dewaxing) 공정 등을 거쳐 생산	제2710.19호에 해당하는 재료를 사용하여 생산 시 원산지증명 간소화 발급대상에서 제외 (예시) 제2710.19-5010호의 조유를 원재료로 제2710.19-5010호의 윤활기유를 생산 시 원산지 불충족
8	2902.20-0000	벤젠	방향족 탄화수소 화합물 - 분자식: C6H6 - CAS NO. 71-43-2 〈제외대상〉 - 순도 95% 미만인 것(제2707호)	한-중국 FTA, 한-아세안 FTA, 한-베트남 FTA	원유(제2709호)의 증류과정에서 추출한 나프타를 분해하는 과정에서 추출	

9	2902.30-0000	톨루엔	방향족 탄화수소 화합물 - 분자식 : C6H5CH3 - CAS NO.108-88-3 〈제외대상〉 - 순도 95% 미만인 것(제2707호)	한-중국 FTA, 한-아세안 FTA, 한-인도 CEPA	콜타르를 고온 증류하여 추출한 나프타(제2707호) 또는 원유(제2709호)의 증류과정에서 추출한 나프타를 분해하는 과정에서 추출	
10	2902.43-0000	파라-크실렌	방향족 탄화수소 화합물 - 분자식: C8H10 - CAS NO. 106-42-3 〈제외대상〉 - 순도 95% 미만인 것(제2707호)	한-아세안 FTA, 한-베트남 FTA, 한-인도 CEPA	원유(제2709호)의 증류과정에서 추출한 나프타를 분해하는 과정에서 추출	
11	2909.43-0000	에틸렌글리콜의 모노부틸에테르와 디에틸렌글리콜의 모노부틸에테르	페인트나 잉크의 용제, 세정제 등의 원료로 사용 - 에틸렌글리콜의 모노부틸에테르(CAS NO. 112-07-2) - 디에틸렌글리콜의 모노부틸에테르(CAS NO. 112-34-5)	한-중국 FTA, 한-아세안 FTA, 한-인도 CEPA	원유 정제과정에서 생산되는 부탄올(제2905.13)과 에틸렌옥사이드(제2910.10)를 주요 원재료로 합성, 숙성, 정제/증류 공정을 거쳐 생산	
12	2917.14-0000	무수말레산	무색 바늘 결정 모양으로 가소제, 폴리에스터수지, 알키드 수지 등의 원료로 사용되는 화합물(CAS NO. 108-31-6)	한-중국 FTA, 한-아세안 FTA, 한-인도 CEPA	1. 벤젠(제2902호)을 산화바나듐의 촉매하에 400~500℃에서 공기산화 시켜 생산 2. 부탄(제2711호) 또는 PA(Phthalic Anhydride) 제조 시 발생한 부산물을 정제하여 생산	말레산(제2917호)을 가열하거나 탈수하여 생산 시 원산지증명 간소화 발급대상에서 제외
13	2917.35-0000	무수프탈산	무색 바늘 결정 모양으로 프탈산 가소제나 도료, 폴리에스테르 수지 등의 원료로 사용(CAS NO. 85-44-9)	한-아세안 FTA, 한-인도 CEPA	크실렌(제2902호)을 산화바나듐 촉매 등을 이용하여 산화하여 생산	단순히 프탈산(제2917호)을 가열하거나 탈수하여 생산 시 원산지증명 간소화 발급대상에서 제외

번호	HS코드	품명	품목설명	적용협정	주요제조공정	비고
14	2917.36-1000	테레프탈산	폴리에스터섬유, PET 수지, 필름 도료 및 엔지니어링 플라스틱 등의 주원료로 사용 (CAS NO. 100-21-0)	한-아세안 FTA, 한-인도 CEPA	원유로부터 정제된 파라크실렌(제2902호)을 주원료로 산화, 정제, 분리, 건조 공정을 거쳐 제조	
15	2917.39-1000	이소프탈산	프탈산과 테레프탈산의 이성질체인 무맥결정의 방향족 화합물로 알키드수지·폴리에스터수지·폴리아마이드수지 등의 원료로 사용 (CAS NO. 121-91-5)	한-아세안 FTA, 한-인도 CEPA	방향족 탄화수소인 m-자일렌(제2902호)을 산화하여 생산	
16	2929.10-1000	톨루엔 디이소시아네이트	폴리우레탄, 폴리에스터섬유, PET 수지, 필름 도료 등의 주원료로 사용 (CAS NO. 584-84-9)	한-중국 FTA, 한-아세안 FTA, 한-인도 CEPA	톨루엔(제2902호)을 니트로화시켜 디니트로톨루엔(제2904호)을 제조하고 수소반응 시켜 생산	
17	3212.10-0000	스탬프용 박(箔)	피소재에 전사하는 방법으로 인쇄 효과를 구현하기 위한 것 〈제외대상〉 - 안료 등이 없는 금속박 등은 제외	한-중국 FTA, 한-아세안 FTA, 한-베트남 FTA	투명 플라스틱(PET, OPP 등) 필름에 글루 등과 결합시킨 안료나 금속가루 등을 증착, 접합하여 생산	
18	3215.19-0000	인쇄용 잉크 (흑색의 것은 제외)	〈제외대상〉 - 포토레지스트 또는 카트리지에 담긴 토너(제3707호)	한-중국 FTA, 한-아세안 FTA, 한-베트남 FTA	유기착색제 등을 용제나 수지 등을 섞어 만든 전색제에 개어 미세하게 분산시켜 생산	잉크·필기용 잉크·제도용 잉크와 그 밖의 잉크를 공급 받아 카트리지를 생산하는 경우 원산지증명간소화 발급 대상에서 제외

19	3506.91-1000	제3901호부터 제3913호까지의 폴리머(polymer)나 고무를 기본 재료로 한 접착제 [광학용 투명 점착필름접착제ㆍ광학용 투명 경화성 액상접착제 (평판디스플레이 또는 터치감지 스크린 패널의 제조에 전용 또는 주로 사용되는 종류의 것)]	아크릴 수지나 폴리머 계열의 수지 등을 기본으로 한 조제 접착제 〈제외대상〉 - 소매용으로 포장된 것 (순중량 1kg 이하)	한-중국 FTA, 한-아세안 FTA, 한-베트남 FTA	제3901호부터 제3913호까지의 폴리머(polymer) 등에 첨가제 등을 혼합하여 생산	
20	3506.91-9000	제3901호부터 제3913호까지의 폴리머(polymer)나 고무를 기본 재료로 한 접착제 [광학용 투명 점착필름접착제ㆍ광학용 투명 경화성 액상접착제 (평판디스플레이 또는 터치감지 스크린 패널의 제조에 전용 또는 주로 사용되는 것)은 제외]	아크릴 수지나 폴리머 계열의 수지 등을 기본으로 한 조제 접착제 〈제외대상〉 - 소매용으로 포장된 것 (순중량 1kg 이하)	한-중국 FTA, 한-아세안 FTA, 한-베트남 FTA	제3901호부터 제3913호까지의 폴리머(polymer) 등에 첨가제 등을 혼합하여 생산	
21	3707.90-1090	포토레지스트 (반도체 또는 오엘이디 제조용은 제외)	빛에 의해 약품 내성이 변화하는 감광성 화합물 〈제외대상〉 - 희토류 등 귀금속의 염과 그 밖의 물품(제2943호~제2846호, 제2852호)	한-중국 FTA, 한-아세안 FTA, 한-베트남 FTA	플라스틱 일차제품(제3901호~제3914호)과 첨가제(제38류 또는 제29류)를 사용하여 용해과정을 거쳐 생산	

22	3817.00-0000	혼합 알킬벤젠과 혼합 알킬나프탈렌 (제2707호·제2902호의 물품은 제외)	알킬기가 치환된 알킬벤젠 또는 알킬나프탈렌의 혼합물 〈제외대상〉 - 이성질체 혼합물의 것(제2902호)	한-중국 FTA, 한-아세안 FTA	원유를 통해 생산된 등유나 방향족 탄화수로 등에서 다음과 같은 공정으로 생산 1. 염화파라핀에 의한 방향족 탄화 수소의 알킬화 2. 모노알킬벤젠의 불균화 반응 3. 선형 알킬벤젠의 알킬화 4. 올레핀에 의한 방향족 탄화수소의 알킬화
23	3903.20-0000	스티렌-아크릴로니트릴 공중합체(SAN)	스티렌(S)에 아크릴로니트릴(A)을 중합시킨 수지 〈제외대상〉 - 일차제품(블록, 럼프, 플레이크, 가루 등) 형상이 아닌 것	한-중국 FTA, 한-아세안 FTA, 한-베트남 FTA	스티렌(제2902.50호)과 아크릴로니트릴(제2926.10호)을 중합, 압출 공정을 통해 생산
24	3903.30-0000	아크릴로니트릴-부타디엔-스티렌공중합체(ABS)(일차제품의 것)	아크리로니트릴(A), 부타디엔(B), 스티렌(S) 중합시킨 수지 〈제외대상〉 - 일차제품(블록, 럼프, 플레이크, 가루 등) 형상이 아닌 것 - 단일 단량체 함량이 전체중량의 95% 이상인 것 - 스티렌-부타디엔 고무(제4002호)	한-중국 FTA, 한-아세안 FTA, 한-베트남 FTA	아크릴로 니트릴(제2926.10호), 부타디엔(제2901.24호), 스티렌(제2902.50호)을 주요 원재료로 중합 공정을 거쳐 생산
25	3903.90-1000	스티렌-부타디엔 공중합체(일차제품의 것)	기타의 스티렌 부타디엔 중합체 〈제외대상〉 - 일차제품(블록, 럼프, 플레이크, 가루 등) 형상이 아닌 것 - 단일 단량체 함량이 전체중량의 95% 이상인 것	한-중국 FTA, 한-아세안 FTA, 한-베트남 FTA	스티렌(제2902.50호)과 부타디엔(제2901.24호)을 배합, 압출 공정을 거쳐 생산

26	3906.10-0000	폴리(메틸메타 크리레이트) (일차제품의 것)	메타아크릴산 메틸 중합체 수지로 광선 투과율이 높음 〈제외대상〉 - 일차제품(블록, 럼프, 플레이크, 가루 등) 형상이 아닌 것 - 아크릴로니트릴 공중합체(제40류)	한-중국 FTA, 한-아세안 FTA, 한-베트남 FTA	주요 원재료는 제29류 및 제39류, 제38류에 해당하는 화학제품을 주요 원재료로 원료 배합, 중합 공정을 거쳐 생산	
27	3907.61-0000	폴리(에틸렌테레프탈레이트) (점도 번호가 그램당 78밀리미터 이상인 것)	테레프탈산과 에틸렌글리콜을 중합하여 얻을 수 있는 수지로 흔히 PET라고 함 〈제외대상〉 - 일차제품(블록, 럼프, 플레이크, 가루 등) 형상이 아닌 것	한-중국 FTA, 한-아세안 FTA, 한-베트남 FTA	150~230℃에서 테레프탈산(제2917.36호), 테레프탈산디메틸(제2917.37호), 에틸렌글리콜 (제2905.31호) 등을 중합시켜 만듦	
28	3907.69-0000	폴리(에틸렌 테레프 탈레이트) (점도 번호가 그램당 78밀리미터 이상인 것 제외)	테레프탈산과 에틸렌글리콜을 중합하여 얻을 수 있는 수지로 흔히 PET라고 함 〈제외대상〉 - 일차제품(블록, 럼프, 플레이크, 가루 등) 형상이 아닌 것	한-중국 FTA, 한-아세안 FTA, 한-베트남 FTA	150~230℃에서 테레프탈산(제2917.36호), 테레프탈산디메틸(제2917.37호), 에틸렌글리콜 (제2905.31호) 등을 중합시켜 만듦	
29	3909.40-0000	페놀 수지 (일차제품의 것)	페놀류와 포름알데히드로 제조되는 열경화성 수지 〈제외대상〉 - 일차제품(블록, 럼프, 플레이크, 가루 등) 형상이 아닌 것	한-중국 FTA, 한-아세안 FTA, 한-베트남 FTA	제2907호의 페놀과 포름알데히드(제2912.11호)를 주요 원재료로 주반응 공정을 거쳐 생산	
30	3909.50-0000	폴리우레탄 (일차제품의 것)	고분자화합물로 탄성섬유 (스판덱스) 원료, 바니시나 도료, 접착제 등의 원료로 사용 〈제외대상〉 - 이온교환수지(제3914호)	한-중국 FTA, 한-아세안 FTA, 한-베트남 FTA	제29류의 화학제품을 주요 원재료로 생산	제3909.10호, 제3909.20호, 제3909.31호, 제3909.39호, 제3909.40호 등을 사용하여 생산하는 경우 원산지증명 간소화 발급대상에서 제외

31	3919.10-0000	플라스틱으로 만든 접착성 판·시트(sheet)·필름·박(箔)·테이프·스트립 (롤 모양의 폭이 20센티미터 이하인 것)	〈제외대상〉 - 영구적인 접착성이 없는 물품 (예: 포스트 잇) - 평면모양이 아닌 것(제3926호)	한-중국 FTA, 한-아세안 FTA, 한-베트남 FTA	플라스틱 일차 제품 또는 제3920호의 판·시트(sheet)·필름·박(箔)·스트립을 주요 원재료로 생산	접착성이 있는 판·시트(sheet)·필름·박(箔)·스트립 등을 원재료로 재단·인쇄 등의 단순공정만 거치는 경우 원산지증명 간소화 발급대상에서 제외
32	3919.90-0000	플라스틱으로 만든 접착성 판·시트(sheet)·필름·박(箔)·테이프·스트립 (롤 모양의 것은 제외)	〈제외대상〉 - 영구적인 접착성이 없는 물품 (예: 포스트 잇)) - 평면모양이 아닌 것(제3926호)	한-중국 FTA, 한-아세안 FTA, 한-베트남 FTA	제3920호 또는 제3921호의 판·시트(sheet)·필름·박(箔)·스트립을 주요 원재료로 합지 공정을 거쳐 생산	접착성이 있는 판·시트(sheet)·필름·박(箔)·스트립 등을 원재료로 재단·인쇄 등의 단순공정만 거치는 경우 원산지증명 간소화 발급대상에서 제외
33	3920.10-0000	플라스틱으로 만든 그 밖의 판·시트(sheet)·필름·박(箔)·스트립 (에틸렌의 중합체로 만든 것)	〈제외대상〉 - 판이나 시트에 구멍을 내거나 모서리 연마 등 그 이상의 가공처리를 것 - 다른 재료로 적층, 보강한 것 (제3918호, 제3919호, 제3922호~3926호 등)	한-중국 FTA, 한-아세안 FTA, 한-베트남 FTA	플라스틱 일차 제품인 폴리에틸렌을 원재료로 원료배합, 압출성형 공정을 거쳐 생산	플라스틱 필름을 공급받아 합지공정을 통해 생산시 원산지증명 간소화 발급대상에서 제외
34	3920.20-0000	플라스틱으로 만든 그 밖의 판·시트(sheet)·필름·박(箔)·스트립 (프로필렌의 중합체로 만든 것)	〈제외대상〉 - 판이나 시트에 구멍을 내거나 모서리 연마 등 그 이상의 가공처리를 것 - 다른 재료로 적층, 보강한 것 (제3918호, 제3919호, 제3922호~3926호 등)	한-중국 FTA, 한-아세안 FTA, 한-베트남 FTA	플라스틱 일차제품 (제3901호~제3914호)과 첨가제(제38류 또는 제29류)를 사용하여 압출성형 공정을 거쳐 생산	플라스틱 필름을 공급받아 합지공정을 통해 생산시 원산지증명 간소화 발급대상에서 제외

35	3921.13-0000	플라스틱으로 만든 그 밖의 판·시트(sheet)·필름·박(箔)·스트립 (폴리우레탄으로 만든 것)	〈제외대상〉 - 판이나 시트에 구멍을 내거나 모서리 연마 등 그 이상의 가공처리를 것 - 다른 재료로 적층, 보강한 것 (제3918호, 제3919호, 제3922호~3926호 등)	한-중국 FTA, 한-아세안 FTA, 한-베트남 FTA	플라스틱 일차제품 또는 보강하지않은 플라스틱 판·시트·필름을 주요 원재료로 셀룰러(cellular)의 물품이나 그 밖의 재료로 보강·적층·지지하거나 이와 유사하게 결합공정을 거쳐 생산	
36	3921.19-1010	플라스틱 판, 시트 등 (에틸렌중합체로 만든 것으로 이차전지 격리막 제조용의 것)	〈제외대상〉 - 판이나 시트에 구멍을 내거나 모서리 연마 등 그 이상의 가공처리를 것 - 다른 재료로 적층, 보강한 것 (제3918호, 제3919호, 제3922호~3926호 등)	한-중국 FTA, 한-아세안 FTA, 한-베트남 FTA	플라스틱 일차제품을 주요 원재료로 성형하여 생산	여러 판·시트·필름·박 및 스트립 등을 적층하여 생산하는 경우 원산지증명 간소화 발급대상에서 제외
37	3923.10-0000	플라스틱으로 만든 상자·케이스·바구니와 이와 유사한 물품	〈제외대상〉 - 가정용품(예: 쓰레기통) 또는 식탁용품(예: 양념통, 주전자) (제3924호) - 벌크 컨테이너 (제6305호) - 신변장식용품 (제4202호)	한-중국 FTA, 한-아세안 FTA, 한-베트남 FTA	플라스틱 일차제품 또는 제3920호(플라스틱 판·시트(sheet)·필름·박(箔)·스트립)를 주요 원재료로 사용하여 생산	
38	3923.29-0000	플라스틱으로 만든 포장대 [콘(cone)도 포함한다] (에틸렌중합체로 만든 것은 제외)	〈제외대상〉 - 가정용품(예: 쓰레기통) 또는 식탁용품(예: 양념통, 주전자) (제3924호) - 벌크 컨테이너 (제6305호) - 신변장식용품 (제4202호)	한-중국 FTA, 한-아세안 FTA, 한-베트남 FTA	보강하지 않은 플라스틱 판·시트(제3920호), 폴리우레탄(제3909호), 플라스틱 일차제품(제3901호 및 제3909호, 제3907호) 등을 주요 원재료로 생산	
39	3923.30-0000	카보이(carboy)·병·플라스크(flask)와 이와 유사한 물품	〈제외대상〉 - 가정용품(예: 쓰레기통) 또는 식탁용품(예: 양념통, 주전자) (제3924호) - 벌크 컨테이너 (제6305호) - 신변장식용품 (제4202호)	한-중국 FTA, 한-아세안 FTA, 한-베트남 FTA	플라스틱 일차제품을 사출·성형공정을 거쳐 생산	뚜껑·마개·캡(제3923.50호)을 공급받아 결합한 물품은 원산지증명 간소화 발급대상에서 제외

40	4002.20-9000	부타디엔 고무 (라텍스 제외)	뷰타다이엔을 중합하여 만든 합성고무 〈제외대상〉 - 가황제나 활성제, 가소제, 안료 (식별을 위한 안료 첨가는 허용) 등의 물질	한-중국 FTA, 한-아세안 FTA, 한-인도 CEPA	부타디엔(제2901.24호)을 원재료를 중합반응 및 성형 공정을 거쳐 생산된 물품	
41	4005.10-1000	가황하지 않은 배합 고무로 만든 판·시트(sheet)·스트립	가소제 등과 같은 배합제를 첨가한 고무 〈제외대상〉 - 재생고무(제4003호) - 방직용 직물제에 고무판이 보강된 경우(제5906호)	한-중국 FTA, 한-아세안 FTA, 한-베트남 FTA	천연고무(제4001호) 또는 합성고무(제4002호)와 카본블랙(제2803.00호) 등을 주요 원재료로 원료배합, 성형, 시트냉각 공정을 거쳐 생산	
42	4011.10-1000	고무 타이어 [래디알 구조의 것(승용자동차용, 스테이션 왜건과 경주 자동차용 포함)]	〈제외대상〉 - 재생품이나 중고 타이어(제4012호)	한-중국 FTA, 한-베트남 FTA	정련, 압출, 압연, 성형, 가류 공정을 거쳐 생산	역내산 또는 역외산 타이어 반제품을 원재료로 생산한 물품은 원산지증명 간소화 발급대상에서 제외
43	4011.20-1010	고무 타이어 [버스용, 화물차용 (레디알 구조의 것으로 림의 지름이 49.53센티미터 미만인 것)]	〈제외대상〉 - 재생품이나 중고 타이어(제4012호)	한-중국 FTA, 한-베트남 FTA	정련, 압출, 압연, 성형, 가류 공정을 거쳐 생산	역내산 또는 역외산 타이어 반제품을 원재료로 생산한 물품은 원산지증명 간소화 발급대상에서 제외
44	4011.20-1090	고무 타이어 [버스용, 화물차용 (레디알 구조의 것으로 림의 지름이 49.53센티미터 이상인 것)]	〈제외대상〉 - 재생품이나 중고 타이어(제4012호)	한-중국 FTA, 한-베트남 FTA	정련, 압출, 압연, 성형, 가류 공정을 거쳐 생산	역내산 또는 역외산 타이어 반제품을 원재료로 생산한 물품은 원산지증명 간소화 발급대상에서 제외

45	4016.93-0000	가황한 고무 제품 [개스킷(gasket)·와셔(washer)·그 밖의 실(seal)]	〈제외대상〉 - 황의 배합률이 높은 딱딱한 경질(hard) 고무로 만든 것	한-중국 FTA, 한-아세안 FTA, 한-베트남 FTA	성형 공정을 거쳐 생산	성형된 반제품을 원재료로 커팅 공정(BURR 제거 또는 불필요한 부분 제거)만 거친 경우 원산지증명 간소화 발급대상에서 제외
46	4107.92-0000	소나 마속의 가죽 (grain split)	〈제외대상〉 - 원피(제4101호) - 그레인 스플릿(제4104호) - 전신(whole)가죽(제4107호) - 섀미(chamois)가죽(제4114호)	한-중국 FTA, 한-아세안 FTA, 한-베트남 FTA, 한-인도 CEPA	소나 마속의 원피(제4101호) 또는 유연처리된 소나 마속의 원피(제4104호)를 광물성 물질로 태닝(tanning) 한 후 탈수, 건조 등의 공정을 통해 생산	
47	4114.20-1000	페이턴트 레더 (적층한 것 제외)	에나멜 도료 등을 도포한 가죽 - 표면 처리한 도료나 시트의 두께가 0.15m 초과하지 않을 것	한-중국 FTA, 한-아세안 FTA, 한-베트남 FTA, 한-인도 CEPA	가죽에 바니시(varnish)·래커(lacquer)나 미리 성형한 플라스틱의 시트(sheet)를 도포하거나 피복하여 생산	
48	4810.29-0000	필기용, 인쇄용, 그 밖의 그래픽용 종이와 판지(기계공정이나 화학-기계공정에 따른 섬유의 함유량이 전 섬유 중량의 100분의 10을 초과하는 것으로 경량의 도포한 종이는 제외)	〈제외대상〉 - 전사지(제4809호), 카본지(제4809호), 오프셋 인쇄용 종이(제4816호)	한-아세안 FTA, 한-베트남 FTA	화학펄프(제4703호, 제4705호 등)에 물과 화공품을 섞어 고온에서 쪄서 무기물질 등으로 도포하여 생산	
49	4810.92-1010	여러 겹의 종이 (제곱 미터당 중량이 250그램 이하인 것)	〈제외대상〉 - 감광지(제3710호) - 전사지,카본지(제4809호) - 벽지(제4814호) - 오프셋 인쇄 종이(제4816호) - 엽서(제4817호)	한-아세안 FTA, 한-베트남 FTA	화학펄프(제4703호, 제4705호 등)에 물과 화공품을 섞어 고온에서 쪄서 무기물질 등으로 도포하여 생산	

50	4810.92-9000	여러 겹의 종이 (백판지와 아이보리 판지는 제외)	〈제외대상〉 - 감광지(제3710호) - 전사지, 카본지(제4809호) - 벽지(제4814호) - 오프셋 인쇄 종이(제4816호) - 엽서(제4817호)	한-아세안 FTA, 한-베트남 FTA	화학펄프(제4703호, 제4705호 등)에 물과 화공품을 섞어 고온에서 쪄서 무기물질 등으로 도포하여 생산
51	5407.42-0000	염색한 합성필라멘트사의 직물 (나일론이나 그 밖의 폴리아미드 필라멘트의 함유량이 전중량의 100분의 85이상인 것)	제5407.10호부터 제5407.30호의 것을 제외한 나일론이나 그 밖의 폴리아미드 필라멘트사로 직조한 염색(dyeing) 직물(백색제외) 〈제외대상〉 - 합성스테이플사로 만든 직물(제5512호)	한-아세안 FTA, 한-베트남 FTA	주로 합성 필라멘트사(제5402호)로 직물을 만들고 여기에 안료 등으로 염색하여 제조 - 원사는 역외산 사용 가능	염색 공정만 거친 경우 원산지증명 간소화 발급대상에서 제외
52	5407.52-0000	염색한 합성필라멘트사의 직물 (텍스처드폴리에스테르 필라멘트의 함유량이 전중량의 100분의 85 이상인 것)	텍스처한 폴리에스테르 필라멘트사의 함유량이 전중량의 85%이상의 염색(dyeing) 직물 〈제외대상〉 - 고강력의 타이어 코드 직물(제5902호)	한-아세안 FTA, 한-베트남 FTA	주로 합성 필라멘트사(제5402호)로 직물을 만들고 여기에 안료 등으로 염색하여 제조 - 원사는 역외산 사용 가능	염색 공정만 거친 경우 원산지증명 간소화 발급대상에서 제외
53	5407.61-1000	표백하지 않은 것이나 표백한 직물 (비(非)텍스처드 폴리에스테르 필라멘트의 함유량이 전중량의 100분의 85 이상인 것)	비 텍스처한 폴리에스테르 필라멘트사가 전중량의 85% 이상의 표백한 직물 〈제외대상〉 - 여과포 등 기계에 사용되는 공업용의 직물(제5911호) * 표백의 정의는 제11부 소호주 1호 참조	한-아세안 FTA, 한-베트남 FTA	주로 합성 필라멘트사(제5402호)로 직물을 만들고 여기에 안료 등으로 염색하여 제조 - 원사는 역외산 사용 가능	
54	5407.61-2000	염색한 합성필라멘트사의 직물 (비(非)폴리에스테르필라멘트의 함유량이 전중량의 100분의 85 이상인 것)	비(非) 텍스처한 폴리에스테르 필라멘트사가 전중량의 85%이상의 염색(dyeing) 직물 * 염색의 정의는 제11부 소호주 1호 참조	한-아세안 FTA, 한-베트남 FTA	주로 합성 필라멘트사(제5402호)로 직물을 만들고 여기에 안료 등으로 염색하여 제조 - 원사는 역외산 사용 가능	염색 공정만 거친 경우 원산지증명 간소화 발급대상에서 제외

55	5407.61-4000	날염한 합성필라멘트사의 직물 (비(非)폴리에스테르필라멘트의 함유량이 전중량의 100분의 85 이상인 것)	비(非) 텍스처드한 폴리에스테르 필라멘트사의 함유량이 전중량의 85%이상의 날염(printing) 직물 * 날염의 정의는 제11부 소호 주 1호 참조	한-아세안 FTA, 한-베트남 FTA	주로 합성 필라멘트사(제5402호)로 직물을 만들고 여기에 안료 등으로 염색하여 제조 - 원사는 역외산 사용 가능	날염 공정만 거친 경우 원산지증명 간소화 발급대상에서 제외
56	5407.69-2000	합성필라멘트사의 염색한 직물 (비(非)폴리에스테르필라멘트의 함유량이 전중량의 100분의 85 이상인 것)	비(非) 텍스처드한 폴리에스테르 필라멘트사의 함유량이 전중량의 15%초과 85%미만의 염색(dyeing) 직물 * 염색의 정의는 제11부 소호 주 1호 참조	한-아세안 FTA, 한-베트남 FTA	주로 합성 필라멘트사(제5402호)로 직물을 만들고 여기에 안료 등으로 염색하여 제조 - 원사는 역외산 사용 가능	염색 공정만 거친 경우 원산지증명 간소화 발급대상에서 제외
57	5407.69-4000	합성필라멘트사의 날염 직물 (비(非)폴리에스테르필라멘트의 함유량이 전중량의 100분의 85이상인 것)	비(非) 텍스처드한 폴리에스테르 필라멘트사의 함유량이 전중량의 15%초과 85%미만의 날염(printing)직물 * 날염의 정의는 제11부 소호 주 1호 참조	한-아세안 FTA, 한-베트남 FTA	주로 합성 필라멘트사(제5402호)로 직물을 만들고 여기에 안료 등으로 염색하여 제조 - 원사는 역외산 사용 가능	날염 공정만 거친 경우 원산지증명 간소화 발급대상에서 제외
58	5407.72-9000	염색한 그 밖의 직물 (합성필라멘트의 함유량이 전중량의 100분의 85 이상인 것으로 아크릴중합체의 것은 제외)	제5407.10호부터 제5407.69호의 것을 제외한 그 밖의 합성 필라멘트사로 직조한 염색(dyeing) 직물 * 염색의 정의는 제11부 소호 주 1호 참조	한-아세안 FTA, 한-베트남 FTA	주로 합성 필라멘트사(제5402호)로 직물을 만들고 여기에 안료 등으로 염색하여 제조 - 원사는 역외산 사용 가능	염색 공정만 거친 경우 원산지증명 간소화 발급대상에서 제외
59	5407.82-2000	염색한 폴리에스테르직물 (합성필라멘트의 함유량이 전중량의 100분의 85 미만인 것으로 주로 면과 혼방한 것)	제5407.10호부터 제5407.69호의 것을 제외한 그 밖의 합성 필라멘트사로 직조한 염색(dyeing) 직물 * 염색의 정의는 제11부 소호 주 1호 참조	한-아세안 FTA, 한-베트남 FTA	주로 합성 필라멘트사(제5402호)로 직물을 만들고 여기에 안료 등으로 염색하여 제조 - 원사는 역외산 사용 가능	염색 공정만 거친 경우 원산지증명 간소화 발급대상에서 제외

60	5407.92-2000	염색한 폴리에스테르 직물	제5407.10호부터 제5407.84호의 것을 제외한 그 밖의 합성필라멘트사로 직조한 염색(dyeing)직물 * 염색의 정의는 제11부 소호주 1호 참조	한-아세안 FTA, 한-베트남 FTA	주로 합성 필라멘트사(제5402호)로 직물을 만들고 여기에 안료 등으로 염색하여 제조 - 원사는 역외산 사용 가능	직물 염색공정만 거친 경우 원산지증명 간소화 발급대상에서 제외
61	5502-10-1000	재생·반(半)합성필라멘트토우(tow)(44,000데시텍스 미만인 것)	목재나 펄프 등의 섬유소를 용해하여 만든 재생·반합성 필라멘트 토우 - '제55류 주1호'에서 규정한 5가지 토우의 요건 충족필요	한-아세안 FTA	초산셀룰로오스를 주원재료로 생산	
62	5503.20-9090	폴리에스테르 섬유 (폴리트리메틸렌테레프탈레이트의 것은 제외)	합성된 스테이플 섬유 중 최대 중량이 폴리에스테르에 있는 것 〈제외대상〉 - 길이가 2m를 초과(제5501호) - 카드나 코움 이상으로 처리된 것(제5506호)	한-아세안 FTA, 한-베트남 FTA	플라스틱 일차제품(수지)을 원재료로 방사공정을 거쳐 생산	
63	5807.10-1000	직조하여 생산한 레이블	상표 등을 표시하기 위한 섬유제 레이블 〈제외대상〉 - 수를 놓은 것(제5810호) - 의류의 부속품 성격을 가진 견장·완장·휘장(제6217호)	한-아세안 FTA, 한-베트남 FTA	직조공정을 거쳐 생산	
64	5902.20-0000	폴리에스테르로 만든 강력사의 타이어코드 직물	타이어 제조시 보강재로 사용되는 폴리에스테르제 직물 〈제외대상〉 - 제11부 주6호의 강력사 기준 미충족 - 고무로 피복·적층한 직물(제5906호)	한-아세안 FTA, 한-베트남 FTA	실로부터 생산되거나, 화학재료 또는 방직용 펄프 등을 직조(weaving)하여 생산한 경우 - 원사는 역외산 사용 가능	

65	5903.10-0000	폴리(염화비닐)을 침투·도포·피복하거나 적층한 방직용 섬유의 직물	방직용 섬유제 직물에 폴리염화비닐을 침투·도포·피복·적층한 것 〈제외대상〉 - 플라스틱이 단순 보강목적인 경우 - 플라스틱이 직물을 완전히 도포·피복한 경우 - 침투, 도포된 플라스틱이 육안으로 확인되지 않는 경우(제50~55류) - 딱딱하지 않을 것 ※ 제59류 주2호 참조	한-아세안 FTA, 한-베트남 FTA	실로부터 생산되거나, 직물을 제단하고 플라스틱을 도포, 피복, 적층하고 열처리, 방축가공 등의 마감처리를 하여 생산 - 원사는 역외산 사용해도 가능 - 제59류 이외의 역외산 직물을 사용한 경우에는 도포나 피복, 열처리 등의 최소 2가지 이상의 공정을 거쳐서 생산된 것	
66	5903.20-0000	폴리우레탄을 침투·도포·피복하거나 적층한 방직용 섬유의 직물	방직용 섬유제 직물에 폴리우레탄을 침투·도포·피복·적층한 것. 〈제외대상〉 - 플라스틱이 단순 보강목적인 경우 - 플라스틱이 직물을 완전히 도포·피복한 경우 - 침투, 도포된 플라스틱이 육안으로 확인되지 않는 경우(제50~55류) - 딱딱하지 않을 것 ※ 제59류 주2호 참조	한-아세안 FTA, 한-베트남 FTA	실로부터 생산되거나, 직물을 제단하고 플라스틱을 도포, 피복, 적층하고 열처리, 방축가공 등의 마감처리를 하여 생산 - 원사는 역외산 사용해도 가능 - 제59류 이외의 역외산 직물을 사용한 경우에는 도포나 피복, 열처리 등의 최소 2가지 이상의 공정을 거쳐서 생산된 것	

67	5903.90-0000	플라스틱을 침투·도포·피복 하거나 적층한 방직용 섬유의 직물 [폴리(염화비닐) 및 폴리우레탄의 것은 제외]	방직용 섬유제 직물에 폴리염화비닐과 폴리우레탄 이외의 플라스틱재질로 침투·도포·피복·적층한 것 〈제외대상〉 - 플라스틱이 단순 보강목적인 경우 - 플라스틱이 직물을 완전히 도포·피복한 경우 - 침투, 도포된 플라스틱이 육안으로 확인되지 않는 경우(제50~55류) - 딱딱하지 않을 것 ※ 제59류 주2호 참조	한-아세안 FTA, 한-베트남 FTA	실로부터 생산되거나, 직물을 제단하고 플라스틱을 도포, 피복, 적층하고 열처리, 방축가공 등의 마감처리를 하여 생산 - 원사는 역외산 사용해도 가능 - 제59류 이외의 역외산 직물을 사용한 경우에는 도포나 피복, 열처리 등의 최소 2가지 이상의 공정을 거쳐서 생산된 것	
68	6001.10-2000	인조섬유로 만든 롱파일(long pile) 편물	합성섬유로 만든 롱파일(long-pile) 편물 〈제외대상〉 - 파일직물(제5801호), 테리 타올지와 테리직물(제5802호), 터프트(tuft)한 직물(제5802호), 편물로 만든 양탄자지(제5705호), 인조모피(제4304호)	한-아세안 FTA, 한-베트남 FTA	인조 스테이플 섬유나 화학재료 또는 방직용 펄프 등을 편직하여 만든 것, 직물로 만든 경우 직물표면에 기모나 루프를 형성한 것 - 원사는 역외산 사용 가능	직물 염색공정만 거친 경우 원산지증명 간소화 발급대상에서 제외
69	6001.21-0000	면으로 만든 루프파일(looped pile) 편물	면(최대중량)으로 만든 루프(loop)상의 편물 〈제외대상〉 - 파일직물(제5801호) - 테리 타올지와 테리직물(제5802호) - 터프트(tuft)한 직물(제5802호) - 편물로 만든 양탄자지(제5705호), 인조모피(제4304호)	한-아세안 FTA, 한-베트남 FTA	천연섬유 등을 편직하여 만든 것, 직물로 만든 경우 직물표면에 기모나 루프를 형성한 것 - 원사는 역외산 사용 가능	직물 염색공정만 거친 경우 원산지증명 간소화 발급대상에서 제외

번호	HS코드	품명	품목설명	해당협정	주요공정설명	비고
70	6001.22-0000	인조섬유로 만든 루프파일(looped pile) 편물	합성섬유(최대중량)로 만든 루프(loop)상의 편물	한-아세안 FTA, 한-베트남 FTA	인조 스테이플 섬유나 화학재료 또는 방직용 펄프 등을 편직하여 만든 것, 직물로 만든 경우 직물표면에 루프 등을 형성하고 염색 등의 공정을 거친 것 - 원사는 역외산 사용 가능	직물 염색공정만 거친 경우 원산지증명 간소화 대상에서 제외
71	6001.92-0000	기타 편물(인조섬유로 만든 것)	롱파일, 루프파일을 제외한 기타의 편물	한-아세안 FTA, 한-베트남 FTA	인조 스테이플 섬유나 화학재료 또는 방직용 펄프 등을 편물기계로 편직하여 생산 - 원사는 역외산 사용 가능	직물 염색공정만 거친 경우 원산지증명 간소화 발급 대상에서 제외
72	6004.10-0000	메리야스 편물이나 뜨개질 편물(폭이 30㎝를 초과하는 것으로서 탄성사의 함유중량이 전 중량의 100분의 5 이상이며, 고무실은 함유하지 않은 것)	한 가닥의 실로 루프를 형성하여 만든 메리야스 편물이나 뜨개질 편물 〈제외대상〉 - 파일편물(제6001호) - 폭이 30cm 이하의 것 - 탄성사,고무사 함량이 5% 미만 - 제품형상으로 만든 것	한-아세안 FTA, 한-베트남 FTA	천연사 또는 인조섬유사를 편직하여 생산 - 원사는 역외산 가능	직물 염색공정만 거친 경우 원산지증명 간소화 발급대상에서 제외
73	6004.90-0000	메리야스 편물이나 뜨개질 편물(폭이 30㎝를 초과하는 것으로서 고무사의 함유중량이 전 중량의 100분의 5 이상인 것)	한 가닥의 실로 루프를 형성하여 만든 메리야스 편물이나 뜨개질 편물 〈제외대상〉 - 파일편물(제6001호) - 폭이 30cm 이하의 것 - 탄성사, 고무사 함량이 5% 미만 - 제품형상으로 만든 것	한-아세안 FTA, 한-베트남 FTA	천연사 또는 인조섬유사를 편직하여 생산 - 원사는 역외산 가능	직물 염색공정만 거친 경우 원산지증명 간소화 발급대상에서 제외

74	6005.35-2000	합성섬유로 만든 경편직 직물류 (염색한 것) (중량이 1제곱미터당 30그램 이상 55그램 이하이며 메시(mesh)의 크기가 1제곱센티미터당 20홀 이상 100홀 이하인 폴리에틸렌모노필라멘트 또는 폴리에스테르멀티필라멘트로 된 직물)	합성섬유사(최대중량)를 세로방향으로 공급하여 고리끼리 연결하는 사다리꿰매기형의 경편직물(warp knit fabrics) 〈제외대상〉 - 파일편물(제6001호) - 폭이 30cm 이하의 것 - 탄성사, 고무사 함량이 5% 미만 - 제품형상으로 만든 것	한-아세안 FTA, 한-베트남 FTA	합성섬유사 등을 제직하여 직물을 만들고 이에 염료나 안료 등으로 염색하여 생산 - 원사는 역외산 사용 가능	염색 공정만 거친 경우 원산지증명 간소화 발급대상에서 제외
75	6006.22-0000	면으로 만든 메리야스 편물이나 뜨개질 편물 (염색한 것)	면사(최대중량)를 한 가닥의 실로 루프를 형성하여 만든 메리야스 편물이나 뜨개질 편물 〈제외대상〉 - 파일편물(제6001호) - 폭이 30cm 이하의 것 - 탄성사, 고무사 함량이 5% 미만 - 제품형상으로 만든 것	한-아세안 FTA, 한-베트남 FTA	면사 등을 편직하여 편물을 만들고 이에 염료나 안료 등으로 염색하여 생산 - 원사는 역외산 사용 가능	염색 공정만 거친 경우 원산지증명 간소화 발급대상에서 제외
76	6006.23-0000	면으로 만든 메리야스 편물이나 뜨개질 편물 (서로 다른 색실의 것)	면사(최대중량)를 한 가닥의 실로 루프를 형성하여 만든 메리야스 편물이나 뜨개질 편물 〈제외대상〉 - 파일편물(제6001호) - 폭이 30cm 이하의 것 - 탄성사,고무사 함량이 5% 미만 - 제품형상으로 만든 것	한-아세안 FTA, 한-베트남 FTA	서로 다른 색의 면사 등을 편직하여 편물을 만들어 생산 - 원사는 역외산 사용 가능	
77	6006.24-0000	면으로 만든 그 밖의 메리야스 편물이나 뜨개질 편물(날염한 것)	면사(최대중량)를 한 가닥의 실로 루프를 형성하여 만든 메리야스 편물이나 뜨개질 편물 〈제외대상〉 - 파일편물(제6001호) - 폭이 30cm 이하의 것 - 탄성사,고무사 함량이 5% 미만 - 제품형상으로 만든 것	한-아세안 FTA, 한-베트남 FTA	면사 등을 편직하여 편물을 만들어 생산하고 염료나 안료 등으로 날염(printing)하여 생산 - 원사는 역외산 사용 가능	날염 공정만 거친 경우 원산지증명 간소화 발급대상에서 제외

78	6006.32-0000	합성섬유로 만든 그 밖의 메리야스 편물이나 뜨개질 편물 (염색한 것)	합성섬유사(최대중량)를 한 가닥의 실로 루프를 형성하여 만든 메리야스 편물이나 뜨개질 편물 〈제외대상〉 - 파일편물(제6001호) - 폭이 30cm 이하의 것 - 탄성사,고무사 함량이 5% 미만 - 제품형상으로 만든 것	한-아세안 FTA, 한-베트남 FTA	합성섬유사 등을 편직하여 편물을 만들고 염료나 안료 등으로 염색(dyeing)하여 생산 - 원사는 역외산 사용 가능	염색 공정만 거친 경우 원산지증명 간소화 발급대상에서 제외
79	6006.34-0000	합성섬유로 만든 그 밖의 메리야스 편물이나 뜨개질 편물 (날염한 것)	합성섬유사(최대중량)를 한 가닥의 실로 루프를 형성하여 만든 메리야스 편물이나 뜨개질 편물 〈제외대상〉 - 파일편물(제6001호) - 폭이 30cm 이하의 것 - 탄성사,고무사 함량이 5% 미만 - 제품형상으로 만든 것	한-아세안 FTA, 한-베트남 FTA	합성섬유사 등을 편직기계를 이용해 직물을 만들고 이에 염료나 안료 등으로 날염(printing)하여 생산 - 원사는 역외산 사용 가능	날염 공정만 거친 경우 원산지증명 간소화 발급대상에서 제외
80	6006.42-0000	재생·반(半)합성 섬유로 만든 그 밖의 메리야스 편물이나 뜨개질 편물(염색한 것)	재생·반합성 섬유사(최대중량)를 한 가닥의 실로 루프를 형성하여 만든 메리야스 편물이나 뜨개질 편물 〈제외대상〉 - 파일편물(제6001호) - 폭이 30cm 이하의 것 - 탄성사, 고무사 함량이 5% 미만 - 제품형상으로 만든 것	한-아세안 FTA, 한-베트남 FTA	재생·반합성 섬유사 등을 편직하여 편물을 만들고 염료나 안료 등으로 염색(dyeing)하여 생산	염색 공정만 거친 경우 원산지증명 간소화 발급대상에서 제외
81	6006.44-0000	재생·반(半)합성 섬유로 만든 그 밖의 메리야스 편물이나 뜨개질 편물 (날염한 것)	재생·반합성 섬유사(최대중량)를 한 가닥의 실로 루프를 형성하여 만든 메리야스 편물이나 뜨개질 편물 〈제외대상〉 - 파일편물(제6001호) - 폭이 30cm 이하의 것 - 탄성사, 고무사 함량이 5% 미만 - 제품형상으로 만든 것	한-아세안 FTA, 한-베트남 FTA	재생·반합성 섬유사 등을 편직하여 편물을 만들고 이에 염료나 안료 등으로 날염(printing)하여 생산 - 원사는 역외산 사용 가능	날염 공정만 거친 경우 원산지증명 간소화 발급대상에서 제외

82	6006.90-0000	그 밖의 메리야스편물이나 뜨개질 편물 (기타의 것)	기타 재질(양모, 면, 합성섬유, 재생섬유 제외)를 한 가닥의 실로 루프를 형성하여 만든 메리야스 편물이나 뜨개질 편물 〈제외대상〉 - 파일편물(제6001호) - 폭이 30cm 이하의 것 - 탄성사,고무사 함량이 5% 미만 - 제품형상으로 만든 것	한-아세안 FTA, 한-베트남 FTA	기타 재질(양모, 면, 합성섬유, 재생섬유 제외)의 사를 편직하여 편물을 생산 - 원사는 역외산 사용 가능	
83	6116.10-0000	메리야스편물이나 뜨개질 편물로 만든 장갑류 (플라스틱이나 고무를 침투시키거나 도포하거나 피복한 것)	편물제 방직용 섬유로 만든 장갑으로 겉면을 도포된 것 〈제외대상〉 - 모피나 인조모피 재질(제43류) - 유아용 장갑(제6111호) - 편물제가 아닌 것(제6216호) - 마사지, 화장용 마찰장갑(제6302호)	한-중국 FTA, 한-아세안 FTA, 한-베트남 FTA, 한-인도 CEPA	면사 등을 편직기계를 이용해 직조한 후 재단하고 봉제, 결합하여 장갑을 만들고 표면에 플라스틱이나 고무 등으로 도포하여 생산	장갑을 공급받아 플라스틱 또는 고무를 도포 침투시키는 공정만 거친 경우 원산지증명 간소화 발급대상에서 제외
84	6309.00-0000	중고 의류	사용한 흔적이 명확한 의류나 의류의 부속품(예: 스카프, 장갑 등), 가정용 실내용품(예: 커튼, 테이블보 등) 〈제외대상〉 - 양탄자, 바닥깔개(제5701~5703호) - 매트리스나 누비이불 등(제9404호) - 방수포나 텐트 등(제6306호) - 석면 재질의 것(제6812호)	한-아세안 FTA, 한-베트남 FTA	국내에서 수집된 것	역외산 중고의류를 수입하여 협정상대국으로 재수출 할 경우 원산지증명 간소화 대상에서 제외

85	7006.00-4000	가공한 유리쉬트 (액정 디스플레이용)	제7003호~제7005호의유리를 가공 처리한 유리 〈제외대상〉 - 유리에 다른 재료(목재·금속 등)가 결합된 제품(예: 사진틀, 문자판) - 안전유리(제7007호) - 유리제 복층절연유닛(제7008호) - 거울형상의 유리(제7009호) 등	한-중국 FTA, 한-아세안 FTA, 한-베트남 FTA	제7003호·제7004호·제7005호의 유리를 주요 원재료로 다음의 가공 중 하나 이상을 거친 경우 1. 평면유리판을 고온 굽힘이나 고온 곡면한 것 2. 가장자리를 가공한 유리(연마한것·광택을 낸 것·둥글게한 것·노치한 것(notched)·모따기한 것(chamfered)·사각지게 한 것(bevelled)·프로파일한 것(profiled)등 3. 천공(穿孔)하거나 홈이 파진 공정 4. 제조 후 표면가공을 한 유리 (예시 : 불투명 처리, 에나멜을 칠한 유리, 무늬·장식·여러 연속도안 장식된 유리)	
86	7113.19-2000	귀금속제 신변장식품 (금으로만든것)	귀금속(금,은,백금)으로 만든 신변 장식용품 〈제외대상〉 - 100년을 초과한 골동품(제9706호) - 제96류(예: 만년필)의 일부분 - 모조 신변장식용품(제7117호) - 귀금속 함량이 미미한 경우(예: 테두리) - 귀금속제 손목시계줄(제9113호)	한-중국 FTA, 한-아세안 FTA, 한-베트남 FTA, 한-인도 CEPA	제7108호의 금을 주요 원재료로 주물 또는 합금 공정을 거쳐 생산 (다이아몬드, 큐빅, 은, 백금 등이 함께 사용 될 수 있음)	

87	7114.19-1000	귀금속으로 만든 식탁용 제품(은 또는 귀금속을 입힌 비금속으로 만든 것은 제외)	귀금속으로 만든 식탁용품 〈제외대상〉 - 100년을 초과한 골동품(제9706호) - 제96류(예: 만년필)의 일부분 - 모조 신변장식용품(제7117호) - 귀금속 함량이 미미한 경우(예: 테두리) - 귀금속제 손목시계줄(제9113호) * 귀금속을 도금하였는지 여부는 불문하나, 귀금속을 입힌 비금속(卑金屬)은 제7114.20호에 분류	한-아세안 FTA, 한-베트남 FTA, 한-인도 CEPA	은 이외의 귀금속을 주요 원재료로 생산
88	7114.19-9000	귀금속으로 만든 기타 제품(은 또는 귀금속을 입힌 비금속으로 만든 것은 제외)	귀금속으로 만든 기타의 것(예: 종교용품 등) 〈제외대상〉 - 100년을 초과한 골동품(제9706호) - 제96류(예: 만년필)의 일부분 - 모조 신변장식용품(제7117호) - 귀금속 함량이 미미한 경우(예: 테두리) - 귀금속제 손목시계줄(제9113호) * 귀금속을 도금하였는지 여부는 불문하나, 귀금속을 입힌 비금속(卑金屬)은 제7114.20호에 분류	한-아세안 FTA, 한-베트남 FTA, 한-인도 CEPA	은 이외의 귀금속을 주요 원재료로 생산
89	7202.11-0000	페로망간(탄소의 함유량이 전중량의 100분의 2를 초과하는 것)	Mn-Fe 합금철로 망간강, 강의 탈산에 사용 〈제외대상〉 - 산화몰리브데늄, 칼슘몰리브데이트, 탄화규소(제2825호, 제2849호 등) - 페로세륨, 발화성 철합금(제3606호) - 유사품명이더라도 기타 철강 야금에 탈산제로 사용되지 않는 것	한-중국 FTA, 한-아세안 FTA, 한-베트남 FTA, 한-인도 CEPA	용광로 또는 전기로에서 망간광(제2602호)이나 망간청동(제2603호)을 주요 원재료로 생산

90	7202.19-0000	페로망간 (탄소의 함유량이 전중량의 100분의 2를 초과하는 것은 제외)	Mn-Fe 합금철로 망간강, 강의 탈산에 사용 〈제외대상〉 - 산화몰리브데늄, 칼슘몰리브데이트, 탄화규소(제2825호, 제2849호 등) - 페로세륨, 발화성 철합금(제3606호) - 유사품명이더라도 기타 철강 야금에 탈산제로 사용되지 않는 것	한-중국 FTA, 한-아세안 FTA, 한-베트남 FTA, 한-인도 CEPA	용광로 또는 전기로에서 망간광(제2602호)이나 망간청동(제2603호)을 주요 원재료로 생산	
91	7204.21-0000	스테인레이스강의 웨이스트(waste)와 스크랩(scrap), 재용해용 스크랩 잉곳(scrap ingot)	철강 제조나 고철제품 해체 작업과정에서 부산물로 나오는 스테인레스강의 부스러기나 이를 용융한 잉곳 〈제외대상〉 - 원료가 아닌 보수하면 재사용이 가능한 형태(예: 기둥, 선로 등) - 철강 제조시 생기는 슬래그, 드로스, 스케일링과 웨이스트(제2619호) - 선철, 스피그라이즌 조각(제7201호) - 방사성 물질이 함유된 철강 웨이스트(제2844호)	한-중국 FTA, 한-아세안 FTA, 한-인도 CEPA	국내 제조과정 발생한 부스러기를 수집되었거나 수집한 폐기물 등을 분해하여 리사이클링 기계 등을 이용해 스크랩 등을 선별	외국에서 수입한 스크랩·부스러기는 원산지증명 간소화 발급대상에서 제외

92	7208.25-1000	철이나 비합금강의 평판압연제품 [열간(熱間)압연한 것으로 한정하고, 클래드(clad)·도금·도포한 것은 제외한다. 폭이 600밀리미터 이상 두께가 4.75밀리미터 이상, 인장강도가 490메가파스칼 이상인 것]	두 개의 회전하는 롤 사이에 철이나 비함급강의 소재를 열간 압연하여 만든 판재 〈제외대상〉 - 금속으로 표면을 도포, 도금한 것 - 플라스틱 수지(예: 에나멜)로 도포한 것 - 귀금속으로 피복된 것(제71류) - 연마 같은 단순 표면처리 外 가공한 것 - 평판형상 外 제품의 특성을 가진 것 - 각이 있는 립드(ribbed) 제품(제7216호) - 익스팬디드 메탈(제7314호) - 반가공된 비금속 블랭크(제82류) * 압연과정에서 생기는 무늬나 금속의 성질을 향상하기 위한 표면처리 등은 허용	한-아세안 FTA, 한-인도 CEPA	철이나 비합금강의 일차제품(제7206)·반제품(제7207호) 또는 웨이스트와 스크랩을 사용하여 열간(熱間)압연하여 생산
93	7208.25-9000	철이나 비합금강의 평판압연제품 [열간(熱間)압연한 것으로 한정하고, 클래드(clad)·도금·도포한 것은 제외한다. 폭이 600밀리미터 이상 두께가 4.75밀리미터 이상, 인장강도가 490메가파스칼 이상인 것 제외]	두 개의 회전하는 롤 사이에 철이나 비함급강의 소재를 열간 압연하여 만든 판재 〈제외대상〉 - 금속으로 표면을 도포, 도금한 것 - 플라스틱 수지(예: 에나멜)로 도포한 것 - 귀금속으로 피복된 것(제71류) - 연마 같은 단순 표면처리 外 가공한 것 - 평판형상 外 제품의 특성을 가진 것 - 각이 있는 립드(ribbed) 제품(제7216호) - 익스팬디드 메탈(제7314호) - 반가공된 비금속 블랭크(제82류) * 압연과정에서 생기는 무늬나 금속의 성질을 향상하기 위한 표면처리 등은 허용	한-아세안 FTA, 한-인도 CEPA	철이나 비합금강의 일차제품(제7206)·반제품(제7207호) 또는 웨이스트와 스크랩을 사용하여 열간(熱間)압연하여 생산

번호	HS	품목	정의	관련협정	공정
94	7208.26-1000	철이나 비합금강의 평판압연제품 [열간(熱間)압연한 것으로 한정하고, 클래드(clad)·도금·도포한 것은 제외한다. 폭이 600밀리미터 이상 두께가 3밀리미터 이상 4.75밀리미터 미만인 것 (인장강도가 490메가파스칼 이상인 것)]	두 개의 회전하는 롤 사이에 철이나 비합금강의 소재를 열간 압연하여 만든 판재 〈제외대상〉 - 금속으로 표면을 도포, 도금한 것 - 플라스틱 수지(예: 에나멜)로 도포한 것 - 귀금속으로 피복된 것(제71류) - 연마 같은 단순 표면처리 외 가공한 것 - 평판형상 외 제품의 특성을 가진 것 - 각이 있는 립드(ribbed) 제품 (제7216호) - 익스팬디드 메탈(제7314호) - 반가공된 비금속 블랭크(제82류) * 압연과정에서 생기는 무늬나 금속의 성질을 향상하기 위한 표면처리 등은 허용	한-아세안 FTA, 한-인도 CEPA	철이나 비합금강의 일차제품(제7206)·반제품(제7207호) 또는 웨이스트와 스크랩을 사용하여 열간(熱間)압연하여 생산
95	7208.26-9000	철이나 비합금강의 평판압연제품 [열간(熱間)압연한 것으로 한정하고, 클래드(clad)·도금·도포한 것은 제외한다. 폭이 600밀리미터 이상 두께가 3밀리미터 이상 4.75밀리미터 미만인 것(인장강도가 490메가파스칼 이상인 것은 제외)]	두 개의 회전하는 롤 사이에 철이나 비합금강의 소재를 열간 압연하여 만든 판재 〈제외대상〉 - 금속으로 표면을 도포, 도금한 것 - 플라스틱 수지(예: 에나멜)로 도포한 것 - 귀금속으로 피복된 것(제71류) - 연마 같은 단순 표면처리 외 가공한 것 - 평판형상 외 제품의 특성을 가진 것 - 각이 있는 립드(ribbed) 제품 (제7216호) - 익스팬디드 메탈(제7314호) - 반가공된 비금속 블랭크(제82류) * 압연과정에서 생기는 무늬나 금속의 성질을 향상하기 위한 표면처리 등은 허용	한-아세안 FTA, 한-인도 CEPA	철이나 비합금강의 일차제품(제7206)·반제품(제7207호) 또는 웨이스트와 스크랩을 사용하여 열간(熱間)압연하여 생산

96	7208.27-1000	철이나 비합금강의 평판압연제품 [열간(熱間)압연한 것으로 한정하고, 클래드(clad)·도금·도포한 것은 제외한다. 폭이 600밀리미터 이상 두께가 3밀리미터 미만인 것(인장강도가 490메가파스칼 이상인 것)]	두 개의 회전하는 롤 사이에 철이나 비합급강의 소재를 열간압연하여 만든 판재 〈제외대상〉 - 금속으로 표면을 도포, 도금한 것 - 플라스틱 수지(예: 에나멜)로 도포한 것 - 귀금속으로 피복된 것(제71류) - 연마 같은 단순 표면처리 외 가공한 것 - 평판형상 외 제품의 특성을 가진 것 - 각이 있는 립드(ribbed) 제품(제7216호) - 익스팬디드 메탈(제7314호) - 반가공된 비금속 블랭크(제82류) * 압연과정에서 생기는 무늬나 금속의 성질을 향상하기 위한 표면처리 등은 허용	한-아세안 FTA, 한-인도 CEPA	철이나 비합금강의 일차제품(제7206)·반제품(제7207) 또는 웨이스트와 스크랩을 사용하여 열간(熱間)압연하여 생산	
97	7208.27-9000	철이나 비합금강의 평판압연제품 [열간(熱間)압연한 것으로 한정하고 클래드(clad)·도금·도포한 것은 제외한다. 폭이 600밀리미터 이상 두께가 3밀리미터 미만인 것(인장강도가 490메가파스칼 이상인 것은 제외)]	두 개의 회전하는 롤 사이에 철이나 비합급강의 소재를 열간압연하여 만든 판재 〈제외대상〉 - 금속으로 표면을 도포, 도금한 것 - 플라스틱 수지(예: 에나멜)로 도포한 것 - 귀금속으로 피복된 것(제71류) - 연마 같은 단순 표면처리 외 가공한 것 - 평판형상 외 제품의 특성을 가진 것 - 각이 있는 립드(ribbed) 제품(제7216호) - 익스팬디드 메탈(제7314호) - 반가공된 비금속 블랭크(제82류) * 압연과정에서 생기는 무늬나 금속의 성질을 향상하기 위한 표면처리 등은 허용	한-아세안 FTA, 한-인도 CEPA	철이나 비합금강의 일차제품(제7206)·반제품(제7207) 또는 웨이스트와 스크랩을 사용하여 열간(熱間)압연하여 생산	

98	7208.36-1000	철이나 비합금강의 평판압연제품 [열간(熱間)압연한 것으로 한정하고, 클래드(clad)·도금·도포한 것은 제외한다. 폭이 600밀리미터 이상 두께가 10밀리미터를 초과하는 것(인장강도가 490메가파스칼 이상인 것은 제외)]	두 개의 회전하는 롤 사이에 철이나 비함급강의 소재를 열간 압연하여 만든 판재 〈제외대상〉 - 금속으로 표면을 도포, 도금한 것 - 플라스틱 수지(예: 에나멜)로 도포한 것 - 귀금속으로 피복된 것(제71류) - 연마 같은 단순 표면처리 外 가공한 것 - 평판형상 外 제품의 특성을 가진 것 - 각이 있는 립드(ribbed) 제품(제7216호) - 익스팬디드 메탈(제7314호) - 반가공된 비금속 블랭크(제82류) * 압연과정에서 생기는 무늬나 금속의 성질을 향상하기 위한 표면처리 등은 허용	한-아세안 FTA, 한-인도 CEPA	철이나 비합금강의 일차제품(제7206)·반제품(제7207호) 또는 웨이스트와 스크랩을 사용하여 열간(熱間)압연하여 생산	
99	7208.36-9000	철이나 비합금강의 평판압연제품 [열간(熱間)압연한 것으로 한정하고, 클래드(clad)·도금·도포한 것은 제외한다. 폭이 600밀리미터 이상 두께가 10밀리미터를 초과하는 것(인장강도가 490메가파스칼 이상인 것은 제외)]	두 개의 회전하는 롤 사이에 철이나 비함급강의 소재를 열간 압연하여 만든 판재 〈제외대상〉 - 금속으로 표면을 도포, 도금한 것 - 플라스틱 수지(예: 에나멜)로 도포한 것 - 귀금속으로 피복된 것(제71류) - 연마 같은 단순 표면처리 外 가공한 것 - 평판형상 外 제품의 특성을 가진 것 - 각이 있는 립드(ribbed) 제품(제7216호) - 익스팬디드 메탈(제7314호) - 반가공된 비금속 블랭크(제82류) * 압연과정에서 생기는 무늬나 금속의 성질을 향상하기 위한 표면처리 등은 허용	한-아세안 FTA, 한-인도 CEPA	철이나 비합금강의 일차제품(제7206)·반제품(제7207호) 또는 웨이스트와 스크랩을 사용하여 열간(熱間)압연하여 생산	

100	7208.37-1000	철이나 비합금강의 평판압연 제품 [열간(熱間)압연한 것으로 한정하고, 클래드(clad)·도금·도포한 것은 제외한다. 폭이 600밀리미터 이상 두께가 4.75밀리미터 이상 10밀리미터 이하인 것(인장강도가 490메가파스칼 이상인 것)]	두 개의 회전하는 롤 사이에 철이나 비함급강의 소재를 열간 압연하여 만든 판재 〈제외대상〉 - 금속으로 표면을 도포, 도금한 것 - 플라스틱 수지(예: 에나멜)로 도포한 것 - 귀금속으로 피복된 것(제71류) - 연마 같은 단순 표면처리 外 가공한 것 - 평판형상 外 제품의 특성을 가진 것 - 각이 있는 립드(ribbed) 제품 (제7216호) - 익스팬디드 메탈(제7314호) - 반가공된 비금속 블랭크(제82류) * 압연과정에서 생기는 무늬나 금속의 성질을 향상하기 위한 표면처리 등은 허용	한-아세안 FTA, 한-인도 CEPA	철이나 비합금강의 일차제품(제7206호)·반제품(제7207호) 또는 웨이스트와 스크랩을 사용하여 열간(熱間) 압연하여 생산	
101	7208.37-9000	철이나 비합금강의 평판압연 제품 [열간(熱間)압연한 것으로 한정하고, 클래드(clad)·도금·도포한 것은 제외한다. 폭이 600밀리미터 이상 두께가 4.75밀리미터 이상 10밀리미터 이하인 것(인장강도가 490메가파스칼 이상인 것은 제외)]	두 개의 회전하는 롤 사이에 철이나 비함급강의 소재를 열간 압연하여 만든 판재 〈제외대상〉 - 금속으로 표면을 도포, 도금한 것 - 플라스틱 수지(예: 에나멜)로 도포한 것 - 귀금속으로 피복된 것(제71류) - 연마 같은 단순 표면처리 外 가공한 것 - 평판형상 外 제품의 특성을 가진 것 - 각이 있는 립드(ribbed) 제품 (제7216호) - 익스팬디드 메탈(제7314호) - 반가공된 비금속 블랭크(제82류) * 압연과정에서 생기는 무늬나 금속의 성질을 향상하기 위한 표면처리 등은 허용	한-아세안 FTA, 한-인도 CEPA	철이나 비합금강의 일차제품(제7206호)·반제품(제7207호) 또는 웨이스트와 스크랩을 사용하여 열간(熱間) 압연하여 생산	

102	7208.38-1000	철이나 비합금강의 평판압연제품 [열간(熱間)압연한 것으로 한정하고, 클래드(clad)·도금·도포한 것은 제외한다. 폭이 600밀리미터 이상 두께가 3밀리미터 이상 4.75밀리미터 미만인 것(인장강도가 490메가파스칼 이상인 것)]	두 개의 회전하는 롤 사이에 철이나 비함급강의 소재를 열간 압연하여 만든 판재 〈제외대상〉 - 금속으로 표면을 도포, 도금한 것 - 플라스틱 수지(예: 에나멜)로 도포한 것 - 귀금속으로 피복된 것(제71류) - 연마 같은 단순 표면처리 外 가공한 것 - 평판형상 外 제품의 특성을 가진 것 - 각이 있는 립드(ribbed) 제품 (제7216호) - 익스팬디드 메탈(제7314호) - 반가공된 비금속 블랭크(제82류) * 압연과정에서 생기는 무늬나 금속의 성질을 향상하기 위한 표면처리 등은 허용	한-아세안 FTA, 한-인도 CEPA	철이나 비합금강의 일차제품(제7206)·반제품(제7207호) 또는 웨이스트와 스크랩을 사용하여 열간(熱間) 압연하여 생산
103	7208.38-9000	철이나 비합금강의 평판압연제품 [열간(熱間)압연한 것으로 한정하고, 클래드(clad)·도금·도포한 것은 제외한다. 폭이 600밀리미터 이상 두께가 3밀리미터 이상 4.75밀리미터 미만인 것(인장강도가 490메가파스칼 이상인 것은 제외)]	두 개의 회전하는 롤 사이에 철이나 비함급강의 소재를 열간 압연하여 만든 판재 〈제외대상〉 - 금속으로 표면을 도포, 도금한 것 - 플라스틱 수지(예: 에나멜)로 도포한 것 - 귀금속으로 피복된 것(제71류) - 연마 같은 단순 표면처리 外 가공한 것 - 평판형상 外 제품의 특성을 가진 것 - 각이 있는 립드(ribbed) 제품 (제7216호) - 익스팬디드 메탈(제7314호) - 반가공된 비금속 블랭크(제82류) * 압연과정에서 생기는 무늬나 금속의 성질을 향상하기 위한 표면처리 등은 허용	한-아세안 FTA, 한-인도 CEPA	철이나 비합금강의 일차제품(제7206)·반제품(제7207호) 또는 웨이스트와 스크랩을 사용하여 열간(熱間) 압연하여 생산

104	7208.39-1000	철이나 비합금강의 평판압연제품 [열간(熱間)압연한 것으로 한정하고, 클래드(clad)·도금·도포한 것은 제외한다. 폭이 600밀리미터 이상 두께가 3밀리미터 미만인 것(인장강도가 490메가파스칼 이상인 것)]	두 개의 회전하는 롤 사이에 철이나 비함급강의 소재를 열간 압연하여 만든 판재 〈제외대상〉 - 금속으로 표면을 도포, 도금한 것 - 플라스틱 수지(예: 에나멜)로 도포한 것 - 귀금속으로 피복된 것(제71류) - 연마 같은 단순 표면처리 外 가공한 것 - 평판형상 外 제품의 특성을 가진 것 - 각이 있는 립드(ribbed) 제품(제7216호) - 익스팬디드 메탈(제7314호) - 반가공된 비금속 블랭크(제82류) * 압연과정에서 생기는 무늬나 금속의 성질을 향상하기 위한 표면처리 등은 허용	한-아세안 FTA, 한-인도 CEPA	철이나 비합금강의 일차제품(제7206)·반제품(제7207호) 또는 웨이스트와 스크랩을 사용하여 열간(熱間) 압연하여 생산
105	7208.39-9000	철이나 비합금강의 평판압연제품 [열간(熱間)압연한 것으로 한정하고, 클래드(clad)·도금·도포한 것은 제외한다. 폭이 600밀리미터 이상 두께가 3밀리미터 미만인 것(인장강도가 490메가파스칼 이상인 것은 제외)]	두 개의 회전하는 롤 사이에 철이나 비함급강의 소재를 열간 압연하여 만든 판재 〈제외대상〉 - 금속으로 표면을 도포, 도금한 것 - 플라스틱 수지(예: 에나멜)로 도포한 것 - 귀금속으로 피복된 것(제71류) - 연마 같은 단순 표면처리 外 가공한 것 - 평판형상 外 제품의 특성을 가진 것 - 각이 있는 립드(ribbed) 제품(제7216호) - 익스팬디드 메탈(제7314호) - 반가공된 비금속 블랭크(제82류) * 압연과정에서 생기는 무늬나 금속의 성질을 향상하기 위한 표면처리 등은 허용	한-아세안 FTA, 한-인도 CEPA	철이나 비합금강의 일차제품(제7206)·반제품(제7207호) 또는 웨이스트와 스크랩을 사용하여 열간(熱間) 압연하여 생산

106	7208.51-1000	철이나 비합금강의 평판압연제품 [열간(熱間)압연한 것으로 한정하고, 클래드(clad)·도금·도포한 것은 제외한다. 폭이 600밀리미터 이상 두께가 10밀리미터를 초과하는 것(인장강도가 490메가파스칼 이상인 것)]	두 개의 회전하는 롤 사이에 철이나 비함급강의 소재를 열간 압연하여 만든 판재 〈제외대상〉 - 금속으로 표면을 도포, 도금한 것 - 플라스틱 수지(예: 에나멜)로 도포한 것 - 귀금속으로 피복된 것(제71류) - 연마 같은 단순 표면처리 외 가공한 것 - 평판형상 外 제품의 특성을 가진 것 - 각이 있는 립드(ribbed) 제품(제7216호) - 익스팬디드 메탈(제7314호) - 반가공된 비금속 블랭크(제82류) * 압연과정에서 생기는 무늬나 금속의 성질을 향상하기 위한 표면처리 등은 허용	한-아세안 FTA, 한-인도 CEPA	철이나 비합금강의 일차제품(제7206)·반제품(제7207호) 또는 웨이스트와 스크랩을 사용하여 열간(熱間) 압연하여 생산
107	7208.51-9000	철이나 비합금강의 평판압연제품 [열간(熱間)압연한 것으로 한정하고, 클래드(clad)·도금·도포한 것은 제외한다. 폭이 600밀리미터 이상 두께가 10밀리미터를 초과하는 것(인장강도가 490메가파스칼 이상인 것은 제외)]	두 개의 회전하는 롤 사이에 철이나 비함급강의 소재를 열간 압연하여 만든 판재 〈제외대상〉 - 금속으로 표면을 도포, 도금한 것 - 플라스틱 수지(예: 에나멜)로 도포한 것 - 귀금속으로 피복된 것(제71류) - 연마 같은 단순 표면처리 외 가공한 것 - 평판형상 外 제품의 특성을 가진 것 - 각이 있는 립드(ribbed) 제품(제7216호) - 익스팬디드 메탈(제7314호) - 반가공된 비금속 블랭크(제82류) * 압연과정에서 생기는 무늬나 금속의 성질을 향상하기 위한 표면처리 등은 허용	한-아세안 FTA, 한-인도 CEPA	철이나 비합금강의 일차제품(제7206)·반제품(제7207호) 또는 웨이스트와 스크랩을 사용하여 열간(熱間) 압연하여 생산

108	7208.52-1000	철이나 비합금강의 평판압연제품 [열간(熱間)압연한 것으로 한정하고, 클래드(clad)·도금·도포한 것은 제외한다. 폭이 600밀리미터 이상 두께가 4.75밀리미터 이상 10밀리미터 이하인 것(인장강도가 490메가파스칼 이상인 것)]	두 개의 회전하는 롤 사이에 철이나 비합급강의 소재를 열간 압연하여 만든 판재 〈제외대상〉 - 금속으로 표면을 도포, 도금한 것 - 플라스틱 수지(예: 에나멜)로 도포한 것 - 귀금속으로 피복된 것(제71류) - 연마 같은 단순 표면처리 外 가공한 것 - 평판형상 外 제품의 특성을 가진 것 - 각이 있는 립드(ribbed) 제품 (제7216호) - 익스팬디드 메탈(제7314호) - 반가공된 비금속 블랭크(제82류) * 압연과정에서 생기는 무늬나 금속의 성질을 향상하기 위한 표면처리 등은 허용	한-아세안 FTA, 한-인도 CEPA	철이나 비합금강의 일차제품(제7206)·반제품(제7207호) 또는 웨이스트와 스크랩을 사용하여 열간(熱間)압연하여 생산
109	7208.52-9000	철이나 비합금강의 평판압연제품 [열간(熱間)압연한 것으로 한정하고, 클래드(clad)·도금·도포한 것은 제외한다. 폭이 600밀리미터 이상 두께가 4.75밀리미터 이상 10밀리미터 이하인 것(인장강도가 490메가파스칼 이상인 것은 제외)]	두 개의 회전하는 롤 사이에 철이나 비합급강의 소재를 열간 압연하여 만든 판재 〈제외대상〉 - 금속으로 표면을 도포, 도금한 것 - 플라스틱 수지(예: 에나멜)로 도포한 것 - 귀금속으로 피복된 것(제71류) - 연마 같은 단순 표면처리 外 가공한 것 - 평판형상 外 제품의 특성을 가진 것 - 각이 있는 립드(ribbed) 제품 (제7216호) - 익스팬디드 메탈(제7314호) - 반가공된 비금속 블랭크(제82류) *압연과정에서 생기는 무늬나 금속의 성질을 향상하기 위한 표면처리 등은 허용	한-아세안 FTA, 한-인도 CEPA	철이나 비합금강의 일차제품(제7206)·반제품(제7207호) 또는 웨이스트와 스크랩을 사용하여 열간(熱間)압연하여 생산

110	7208.54-1000	철이나 비합금강의 평판압연제품 [열간(熱間)압연한 것으로 한정하고, 클래드(clad)·도금·도포한 것은 제외한다. 폭이 600밀리미터 이상 두께가 3밀리미터 미만인 것(인장강도가 490메가파스칼 이상인 것)]	두 개의 회전하는 롤 사이에 철이나 비합급강의 소재를 열간 압연하여 만든 판재 〈제외대상〉 - 금속으로 표면을 도포, 도금한 것 - 플라스틱 수지(예: 에나멜)로 도포한 것 - 귀금속으로 피복된 것(제71류) - 연마 같은 단순 표면처리 외 가공한 것 - 평판형상 外 제품의 특성을 가진 것 - 각이 있는 립드(ribbed) 제품 (제7216호) - 익스팬디드 메탈(제7314호) - 반가공된 비금속 블랭크(제82류) * 압연과정에서 생기는 무늬나 금속의 성질을 향상하기 위한 표면처리 등은 허용	한-아세안 FTA, 한-인도 CEPA	철이나 비합금강의 일차제품(제7206)·반제품(제7207호) 또는 웨이스트와 스크랩을 사용하여 열간(熱間) 압연하여 생산
111	7208.54-9000	철이나 비합금강의 평판압연제품 [열간(熱間)압연한 것으로 한정하고, 클래드(clad)·도금·도포한 것은 제외한다. 폭이 600밀리미터 이상 두께가 3밀리미터 미만인 것(인장강도가 490메가파스칼 이상인 것은 제외)]	두 개의 회전하는 롤 사이에 철이나 비합급강의 소재를 열간 압연하여 만든 판재 〈제외대상〉 - 금속으로 표면을 도포, 도금한 것 - 플라스틱 수지(예: 에나멜)로 도포한 것 - 귀금속으로 피복된 것(제71류) - 연마 같은 단순 표면처리 외 가공한 것 - 평판형상 外 제품의 특성을 가진 것 - 각이 있는 립드(ribbed) 제품 (제7216호) - 익스팬디드 메탈(제7314호) - 반가공된 비금속 블랭크(제82류) * 압연과정에서 생기는 무늬나 금속의 성질을 향상하기 위한 표면처리 등은 허용	한-아세안 FTA, 한-인도 CEPA	철이나 비합금강의 일차제품(제7206)·반제품(제7207호) 또는 웨이스트와 스크랩을 사용하여 열간(熱間) 압연하여 생산

112	7209.16-1000	철이나 비합금강의 평판압연 제품 [냉간압연(냉간환원)한 것으로 한정하고 클래드(clad)·도금·도포한 것은 제외한다. 폭이 600밀리미터 이상 두께가 1밀리미터를 초과하고 3밀리미터 미만인 것(인장강도가 340메가파스칼 이상인 것)]	두 개의 회전하는 롤 사이에 철이나 비함급강의 소재를 냉간압연하여 만든 판재 〈제외대상〉 - 금속으로 표면을 도포, 도금한 것 - 플라스틱 수지(예: 에나멜)로 도포한 것 - 귀금속으로 피복된 것(제71류) - 연마 같은 단순 표면처리 外 가공한 것 - 평판형상 外 제품의 특성을 가진 것 - 각이 있는 립드(ribbed) 제품 (제7216호) - 익스팬디드 메탈(제7314호) - 반가공된 비금속 블랭크(제82류) * 압연과정에서 생기는 무늬나 금속의 성질을 향상하기 위한 표면처리 등은 허용	한-아세안 FTA, 한-인도 CEPA	철이나 비합금강의 일차제품(제7206호)·반제품(제7207호)·판(제7208호) 등을 주요 원재료로 냉간압연(냉간환원)을 거쳐 생산
113	7209.16-9000	철이나 비합금강의 평판압연 제품 [냉간압연(냉간환원)한 것으로 한정하고 클래드(clad)·도금·도포한 것은 제외한다. 폭이 600밀리미터 이상 두께가 1밀리미터를 초과하고 3밀리미터 미만인 것(인장강도가 340메가파스칼 이상인 것은 제외)]	두 개의 회전하는 롤 사이에 철이나 비함급강의 소재를 냉간압연하여 만든 판재 〈제외대상〉 - 금속으로 표면을 도포, 도금한 것 - 플라스틱 수지(예: 에나멜)로 도포한 것 - 귀금속으로 피복된 것(제71류) - 연마 같은 단순 표면처리 外 가공한 것 - 평판형상 外 제품의 특성을 가진 것 - 각이 있는 립드(ribbed) 제품 (제7216호) - 익스팬디드 메탈(제7314호) - 반가공된 비금속 블랭크(제82류) * 압연과정에서 생기는 무늬나 금속의 성질을 향상하기 위한 표면처리 등은 허용	한-아세안 FTA, 한-인도 CEPA	철이나 비합금강의 일차제품(제7206호)·반제품(제7207호)·판(제7208호) 등을 주요 원재료로 냉간압연(냉간환원)을 거쳐 생산

114	7209.17-1000	철이나 비합금강의 평판압연 제품 [냉간압연(냉간환원)한 것으로 한정하고 클래드(clad)·도금·도포한 것은 제외한다. 폭이 600밀리미터 이상 두께가 0.5밀리미터 이상 1밀리미터 이하인 것(인장강도가 340메가파스칼 이상인 것)]	두 개의 회전하는 롤 사이에 철이나 비합급강의 소재를 냉간압연하여 만든 판재 〈제외대상〉 - 금속으로 표면을 도포, 도금한 것 - 플라스틱 수지(예: 에나멜)로 도포한 것 - 귀금속으로 피복된 것(제71류) - 연마 같은 단순 표면처리 外 가공한 것 - 평판형상 外 제품의 특성을 가진 것 - 각이 있는 립드(ribbed) 제품 (제7216호) - 익스팬디드 메탈(제7314호) - 반가공된 비금속 블랭크(제82류) * 압연과정에서 생기는 무늬나 금속의 성질을 향상하기 위한 표면처리 등은 허용	한-아세안 FTA, 한-인도 CEPA	철이나 비합금강의 일차제품(제7206호)·반제품(제7207호)·판(제7208호) 등을 주요 원재료로 냉간압연(냉간환원)을 거쳐 생산	
115	7209.17-9000	철이나 비합금강의 평판압연 제품 [냉간압연(냉간환원)한 것으로 한정하고 클래드(clad)·도금·도포한 것은 제외한다. 폭이 600밀리미터 이상 두께가 0.5밀리미터 이상 1밀리미터 이하인 것(인장강도가 340메가파스칼 이상인 것은 제외)]	두 개의 회전하는 롤 사이에 철이나 비합급강의 소재를 냉간압연하여 만든 판재 〈제외대상〉 - 금속으로 표면을 도포, 도금한 것 - 플라스틱 수지(예: 에나멜)로 도포한 것 - 귀금속으로 피복된 것(제71류) - 연마 같은 단순 표면처리 外 가공한 것 - 평판형상 外 제품의 특성을 가진 것 - 각이 있는 립드(ribbed) 제품 (제7216호) - 익스팬디드 메탈(제7314호) - 반가공된 비금속 블랭크(제82류) * 압연과정에서 생기는 무늬나 금속의 성질을 향상하기 위한 표면처리 등은 허용	한-아세안 FTA, 한-인도 CEPA	철이나 비합금강의 일차제품(제7206호)·반제품(제7207호)·판(제7208호) 등을 주요 원재료로 냉간압연(냉간환원)을 거쳐 생산	

116	7209.18-1000	철이나 비합금강의 평판압연제품 [냉간압연(냉간환원)한 것으로 한정하고 클래드(clad)·도금·도포한 것은 제외한다. 폭이 600밀리미터 이상 두께가 0.5밀리미터 미만인 것(인장강도가 340메가파스칼 이상인 것)]	두 개의 회전하는 롤 사이에 철이나 비함급강의 소재를 냉간압연하여 만든 판재 〈제외대상〉 - 금속으로 표면을 도포, 도금한 것 - 플라스틱 수지(예: 에나멜)로 도포한 것 - 귀금속으로 피복된 것(제71류) - 연마 같은 단순 표면처리 外 가공한 것 - 평판형상 外 제품의 특성을 가진 것 - 각이 있는 립드(ribbed) 제품(제7216호) - 익스팬디드 메탈(제7314호) - 반가공된 비금속 블랭크(제82류) * 압연과정에서 생기는 무늬나 금속의 성질을 향상하기 위한 표면처리 등은 허용	한-아세안 FTA, 한-인도 CEPA	철이나 비합금강의 일차제품(제7206호)·반제품(제7207호)·판(제7208호) 등을 주요 원재료로 냉간압연(냉간환원)을 거쳐 생산
117	7209.18-9000	철이나 비합금강의 평판압연제품 [냉간압연(냉간환원)한 것으로 한정하고 클래드(clad)·도금·도포한 것은 제외한다. 폭이 600밀리미터 이상 두께가 0.5밀리미터 미만인 것(인장강도가 340메가파스칼 이상인 것은 제외)]	두 개의 회전하는 롤 사이에 철이나 비함급강의 소재를 냉간압연하여 만든 판재 〈제외대상〉 - 금속으로 표면을 도포, 도금한 것 - 플라스틱 수지(예: 에나멜)로 도포한 것 - 귀금속으로 피복된 것(제71류) - 연마 같은 단순 표면처리 外 가공한 것 - 평판형상 外 제품의 특성을 가진 것 - 각이 있는 립드(ribbed) 제품(제7216호) - 익스팬디드 메탈(제7314호) - 반가공된 비금속 블랭크(제82류) * 압연과정에서 생기는 무늬나 금속의 성질을 향상하기 위한 표면처리 등은 허용	한-아세안 FTA, 한-인도 CEPA	철이나 비합금강의 일차제품(제7206호)·반제품(제7207호)·판(제7208호) 등을 주요 원재료로 냉간압연(냉간환원)을 거쳐 생산

118	7209.27-1000	철이나 비합금강의 평판압연 제품 [냉간압연(냉간환원)한 것으로 한정하고 클래드(clad)·도금·도포한 것은 제외한다. 폭이 600밀리미터 이상 두께가 0.5밀리미터 이상 1밀리미터 이하인 것(인장강도가 340메가파스칼 이상인 것)]	두 개의 회전하는 롤 사이에 철이나 비함급강의 소재를 냉간압연하여 만든 판재 〈제외대상〉 - 금속으로 표면을 도포, 도금한 것 - 플라스틱 수지(예: 에나멜)로 도포한 것 - 귀금속으로 피복된 것(제71류) - 연마 같은 단순 표면처리 외 가공한 것 - 평판형상 외 제품의 특성을 가진 것 - 각이 있는 립드(ribbed) 제품 (제7216호) - 익스팬디드 메탈(제7314호) - 반가공된 비금속 블랭크(제82류) * 압연과정에서 생기는 무늬나 금속의 성질을 향상하기 위한 표면처리 등은 허용	한-아세안 FTA, 한-인도 CEPA	철이나 비합금강의 일차제품(제7206호)·반제품(제7207호)·판(제7208호) 등을 주요 원재료로 냉간압연(냉간환원)을 거쳐 생산	
119	7209.27-9000	철이나 비합금강의 평판압연 제품 [냉간압연(냉간환원)한 것으로 한정하고 클래드(clad)·도금·도포한 것은 제외한다. 폭이 600밀리미터 이상 두께가 0.5밀리미터 이상 1밀리미터 이하인 것(인장강도가 340메가파스칼 이상인 것은 제외)]	두 개의 회전하는 롤 사이에 철이나 비함급강의 소재를 냉간압연하여 만든 판재 〈제외대상〉 - 금속으로 표면을 도포, 도금한 것 - 플라스틱 수지(예: 에나멜)로 도포한 것 - 귀금속으로 피복된 것(제71류) - 연마 같은 단순 표면처리 외 가공한 것 - 평판형상 외 제품의 특성을 가진 것 - 각이 있는 립드(ribbed) 제품 (제7216호) - 익스팬디드 메탈(제7314호) - 반가공된 비금속 블랭크(제82류) * 압연과정에서 생기는 무늬나 금속의 성질을 향상하기 위한 표면처리 등은 허용	한-아세안 FTA, 한-인도 CEPA	철이나 비합금강의 일차제품(제7206호)·반제품(제7207호)·판(제7208호) 등을 주요 원재료로 냉간압연(냉간환원)을 거쳐 생산	

120	7210.12-0000	주석을 도금·도포한 평판압연제품 [폭이 600밀리미터 이상인 것으로서 클래드(clad)·도금·도포한 것으로 한정하고, 두께가 0.5밀리미터 미만인 것]	평판압연제품에 주석피막을 입힌 것 〈제외대상〉 - 단순한 화학적 표면처리나 크론산 염처리를 한 것 - 플라스틱 수지(예: 에나멜)로 도포한 것 - 귀금속으로 피복된 것(제71류) - 평판형상 外 제품의 특성을 가진 것 - 각이 있는 립드(ribbed) 제품(제7216호) - 익스팬디드 메탈(제7314호) - 반가공된 비금속 블랭크(제82류)	한-아세안 FTA, 한-인도 CEPA	철이나 비합금강의 일차제품(제7206호), 반제품(7207호), 웨이스트나 스크랩(제7204호) 등을 통해 평판압연제품을 생산하고, 이를 용융된 주석도금 욕조에 담가 피막을 입혀 생산하거나, 평판압연제품(제7208호·제7209호)의 표면을 세척, 소둔 후 용융된 주석도금 욕조 등에 담가 피막을 입히거나 기타 방법으로 표면을 도금, 클래딩 처리하여 생산
121	7210.49-1010	아연을 도금·도포한 평판압연제품 [폭이 600밀리미터 이상인 것으로서 클래드(clad)·도금·도포한 것으로 한정하고, 인장강도가 340메가파스칼 이상인 것]	평판압연제품에 아연피막을 입힌 것 〈제외대상〉 - 단순한 화학적 표면처리나 크론산 염처리를 한 것 - 플라스틱 수지(예: 에나멜)로 도포한 것 - 귀금속으로 피복된 것(제71류) - 평판형상 外 제품의 특성을 가진 것 - 각이 있는 립드(ribbed) 제품(제7216호) - 익스팬디드 메탈(제7314호) - 반가공된 비금속 블랭크(제82류)	한-아세안 FTA, 한-베트남 FTA, 한-인도 CEPA	철이나 비합금강의 일차제품(제7206호), 반제품(7207호), 웨이스트나 스크랩(제7204호) 등을 통해 평판압연제품을 생산하고 이를 용융된 아연도금 욕조에 담가 피막을 입혀 생산하거나, 또는 평판압연제품(제7208호·제7209호)을 표면 세척, 소둔 후 용융된 아연도금 욕조 등에 담가 피막을 입히거나 기타 방법으로 표면을 도금, 클래딩 처리하여 생산

122	7210.61-0000	알루미늄-아연 합금을 도금하거나 도포한 평판압연제품 [폭이 600밀리미터 이상인 것으로서 클래드(clad)·도금·도포한 것으로 한정하고, 인장강도가 340메가파스칼 이상인 것]	평판압연제품에 알루미늄·아연피막을 입힌 것 〈제외대상〉 - 단순한 화학적 표면처리나 크론산 염처리를 한 것 - 플라스틱 수지(예: 에나멜)로 도포한 것 - 귀금속으로 피복된 것(제71류) - 평판형상 외 제품의 특성을 가진 것 - 각이 있는 립드(ribbed) 제품(제7216호) - 익스팬디드 메탈(제7314호) - 반가공된 비금속 블랭크(제82류)	한-아세안 FTA, 한-베트남 FTA, 한-인도 CEPA	철이나 비합금강의 일차제품(제7206호), 반제품(7207호), 웨이스트나 스크랩(제7204호) 등을 열을 가해 압연·인발·압출·단조하여 생산하거나, 또는 철강 평판압연제품을 성형하여 생산	
123	7216.33-4000	H형강 (높이가 300밀리미터 이상 600밀리미터 이하인 것)	횡단면이 균일한 H형상의 긴 강철 〈제외대상〉 - 철강 구조물의 구성부품(제7308호) - 철도 레일용의 받침목이나 좌철 등(제7302호)	한-중국 FTA, 한-아세안 FTA, 한-베트남 FTA, 한-인도 CEPA	철 웨이스트와 스크랩을 정련, 주조, 압연 공정을 거쳐 생산	중간 제품(Beam Blank)을 공급받아 압연 공정을 거쳐 생산된 물품은 간소화 발급 대상에서 제외
124	7307.93-0000	철강 제품 (바트(butt)용접용 연결구)	관 등을 연결하기 위한 바트 용접용 철강제품 〈제외대상〉 - 관을 벽에 지지하거나 고정하기 위한 행거, 피스, 조임용 밴드 등(제7325호 등) - 철강제 구조물로 특별히 설계된 것 - 탭, 콕, 밸브 등을 결합된 것(제8481호) - 자전거나 모터사이클의 프레임 조립용의 것(제8714호) - 온도조절식 익스팬션 조인트(제8307호)	한-중국 FTA, 한-아세안 FTA, 한-베트남 FTA	제72류 철강을 원재료로 성형 또는 단조 공정을 거쳐 생산	

125	7309.00-0000	철강으로 만든 각종 재료용 저장조·탱크·통과 이와 유사한 용기 (압축용이나 액화가스용은 제외하고, 기계장치나 가열·냉각 장치를 갖추지 않은 것으로서 용적이 300리터를 초과하는 것으로 내장한 것인지 또는 열절연한 것인지는 상관없음)	철강재질의 탱크 (용도 불문) 〈제외대상〉 - 운송수단에 탑재되도록 특별히 설계된것(제8609호) - 가열이나 냉각용의 통(제8480호) - 철도 레일용의 받침목이나 좌철 등(제7302호)	한-중국 FTA, 한-아세안 FTA, 한-베트남 FTA	설계, 원재료 가공, 원재료 결합(용접) 공정을 거쳐 생산	
126	7318.15-2000	볼트(bolt)	철강제 볼트 〈제외대상〉 - 스크루 네일(제7317호) - 나사식의 캡, 마개(제8309호) - 피아노 등 악기에 사용되는 부분품(제9209호)	한-중국 FTA, 한-아세안 FTA, 한-베트남 FTA	단조한 봉(제7214호), 철이나 비합금강의 선(線)(제7217호), 기타 합금선(제7229호) 등의 제72류 해당 품목을 주요 원재료로 단조, 전조 공정을 거쳐 생산	볼트 반제품 및 블랭크를 공급받아 전조공정을 통해 생산된 물품은 간소화 발급 대상에서 제외
127	7318.15-3000	볼트(bolt)·너트(nut) (세트로 된 것)	〈제외대상〉 - 스크루 네일(제7317호) - 나사식의 캡, 마개(제8309호) - 피아노 등 악기에 사용되는 부분품(제9209호)	한-중국 FTA, 한-아세안 FTA, 한-베트남 FTA	단조한 봉(제7214호), 철이나 비합금강의 선(線)(제7217호), 기타 합금선(제7229호) 등의 제72류 해당 품목을 주요 원재료로 단조, 전조 공정을 거쳐 생산	볼트·너트 반제품 및 블랭크를 공급받아 전조 공정을 통해 생산된 물품은 원산지증명 간소화 발급대상에서 제외
128	7318.16-0000	너트(nut)	철강제 너트 〈제외대상〉 - 스크루 네일(제7317호) - 나사식의 캡, 마개(제8309호) - 피아노 등 악기에 사용되는 부분품(제9209호)	한-중국 FTA, 한-아세안 FTA, 한-베트남 FTA	단조한 봉(제7214호), 철이나 비합금강의 선(線)(제7217호), 기타 합금선(제7229호) 등의 제72류 해당 품목을 주요 원재료로 단조, 전조 공정을 거쳐 생산	너트 반제품 및 블랭크를 공급받아 전조공정을 통해 생산된 물품은 간소화 발급 대상에서 제외

129	7326.90-9000	철강으로 만든 그 밖의 제품	기타의 철강제품 〈제외대상〉 - 철강제 주물제품(제7325호) - 철강제 탱크(제7309호, 제7310호) - 피아노 등 악기에 사용되는 부분품(제9209호)	한-중국 FTA, 한-아세안 FTA, 한-베트남 FTA	제72류 및 제73류(제7326 제외)를 주요 원재료로 단조 또는 편칭, 절단이나 스탬핑 또는 접음·조립·용접·연삭·분쇄 또는 천공과 같은 기타 공정 등을 거쳐 생산	
130	7411.10-0000	구리 관 (정제한 구리로 만든 것)	〈제외대상〉 - 중공 프로파일(제7407호) - 관 연결구(제7412호) - 플렉시블 튜빙(제8307호) - 특별히 기계의 부분품 형태로 제작된 것(제16부) * '정제한 구리'의 정의는 제74류 주1호 참조	한-중국 FTA, 한-아세안 FTA, 한-베트남 FTA	일차 제품의 구리 또는 스크랩, 전기동 등을 용해, 주조, 압출, 인발, 절단, 표면처리하여 관을 만들고 전기분해 등을 통해 정제과정을 거쳐 생산	동관(제7411호)을 공급받아 인발공정만 거쳐 생산한 물품은 원산지증명 간소화 발급대상에서 제외
131	7502.10-9000	합금하지 않은 니켈의 괴(기타)	〈제외대상〉 - 니켈 가루와 플레이크(제7504호) - 전기도금용 니켈 양극(제7508호) * '니켈 합금'의 정의는 제75류 소호주 1 참조	한-중국 FTA, 한-아세안 FTA, 한-인도 CEPA	니켈광(제2604호) 또는 중간생산물(제7501호)로 부터 생산	
132	7601.20-1000	합금 알루미늄 괴[캐스팅 얼로이(casting alloy)]	〈제외대상〉 - 알루미늄 가루와 플레이크(제7603호) - 알루미늄을 소결하여 얻어진 서멧(제8113호)	한-중국 FTA, 한-아세안 FTA, 한-베트남 FTA, 한-인도 CEPA	알루미늄 스크랩(제7602호), 알루미늄 코일(제7606.92호) 등을 원재료로 합금(용해, 주조) 공정을 통해 생산	합금하지 않은 알루미늄(제7601.10호)을 재료로 생산시 원산지증명 간소화 발급대상에서 제외
133	7606.12-0000	알루미늄의 판·시트(sheet)·스트립[알루미늄 합금으로 만든 것(두께가 0.2밀리미터를 초과하는 것으로 한정하고 직사각형 또는 정사각형 모양인 것)]	〈제외대상〉 - 두께 0.2mm 이하인 것(제7607호) - 익스팬디드 메탈(제7616호) - 두께가 폭의 1/10 초과한 것 * '알루미늄 합금'의 정의는 제76류 소호주 제1호 참조	한-중국 FTA, 한-아세안 FTA, 한-인도 CEPA	알루미늄 일차제품(괴, 웨이스트, 스크랩, 가루, 플레이크 등)을 가열하여 로울 사이에 통과시켜 원하는 두께로 압연하거나, 연속적으로 주조하여 냉간압연하는 방법으로 생산	알루미늄 판·쉬트·스트립에 플라스틱 필름 합지 또는 도포 공정을 거친 경우 원산지증명 간소화 발급대상에서 제외

134	7606.92-0000	알루미늄의 판·시트(sheet)·스트립[알루미늄 합금으로 만든 것 (두께가 0.2밀리미터를 초과하는 것으로 한정하고 직사각형 또는 정사각형 모양인 것은 제외)]	〈제외대상〉 - 두께 0.2mm 이하인 것(제7607호) - 익스팬디드 메탈(제7616호) - 두께가 폭의 1/10 초과한 것 * '알루미늄 합금'의 정의는 제76류 소호주 제1호 참조	한-중국 FTA, 한-아세안 FTA, 한-베트남 FTA, 한-인도 CEPA	알루미늄 일차제품(괴, 웨이스트, 스크랩, 가루, 플레이크 등)을 가열하여 로올 사이에 통과시켜 원하는 두께로 압연하거나, 연속적으로 주조하여 냉간압연하는 방법으로 생산	제7606호의 해당하는 원재료로 플라스틱 합지공정만 거치는 경우 원산지증명 간소화 발급대상에서 제외
135	7607.11-9000	뒷면을 보강하지 않은 알루미늄의 박(箔)[보강재 두께는 제외하고 0.2밀리미터를 초과하는 것으로 한정한다.(알루미늄의 함유량이 전 중량의 100분의 99.99 이상인 것은 제외)]	〈제외대상〉 - 스탬프용 박(제3212호) - 식품 밀봉용으로 종이(본질적특성)에 결합된 알루미늄 박(제4811호) - 인쇄된 알루미늄 레이블(제4911호) - 크리스마트 트리용 박(제9505호) - 두께가 0.2mm 초과한 것(제7606호)	한-중국 FTA, 한-아세안 FTA, 한-인도 CEPA	알루미늄 일차제품(괴, 웨이스트, 스크랩, 가루, 플레이크 등) 또는 알루미튬 판이나 스트립(제7606호) 등을 가열하여 로올 사이에 통과시켜 원하는 두께로 압연하거나, 연속적으로 주조하여 냉간압연하는 방법으로 생산	
136	7607.20-9000	뒷면을 보강한 알루미늄의 박(箔)[보강재 두께는 제외하고 0.2밀리미터를 초과하는 것으로 한정한다.(알루미늄의 함유량이 전 중량의 100분의 99.99 이상인 것은 제외)]	종이나 플라스틱 등으로 뒷면을 보강한 알루미늄의 박(箔) 〈제외대상〉 - 스탬프용 박(제3212호) - 식품 밀봉용으로 종이(본질적특성)에 결합된 알루미늄 박(제4811호) - 인쇄된 알루미늄 레이블(제4911호) - 크리스마트 트리용 박(제9505호) - 두께가 0.2mm 초과한 것(제7606호)	한-중국 FTA, 한-아세안 FTA, 한-베트남 FTA, 한-인도 CEPA	알루미늄 일차제품(괴, 웨이스트, 스크랩, 가루, 플레이크 등) 또는 알루미튬 판이나 스트립(제7606호)등을 가열하여 로올 사이에 통과시켜 원하는 두께로 압연하거나, 연속적으로 주조하여 냉간압연하는 방법으로 생산	

137	7610.90-9000	알루미늄으로 만든 구조물의 부분품	알루미늄 재질의 구조물(건물, 탑, 다리 등)을 구성하는 부품 <제외대상> - 수상구조물(제89류) - 조립식 건축물(제9406호) - 제16부(기계)·제17부(수송기기)의 부분품으로 특별히 설계된 것	한-중국 FTA, 한-아세안 FTA, 한-베트남 FTA	알루미늄 일차제품(괴, 웨이스트, 스크랩, 가루, 플레이크 등)을 성형하여 주조하거나 봉이나 관, 판재 등을 절단, 가공하여 생산	
138	7801.10-1000	납의 괴 (정제한 것으로 납의 함유량이 전 중량의 100분의 99.99 이상인 것)	<제외대상> - 가루와 플레이크(제7804호) * '정제한 납'의 정의는 제78류 소호주 제1호 참조	한-중국 FTA, 한-아세안 FTA, 한-인도 CEPA	천연의 황화납인 연정광(방연광)을 제련하거나 납 웨이스트나 스크랩(예: 폐전지 등) 등을 분리, 환원, 주조 등 재용해하여 생산	7801.91 또는 7801.99호의 납에서 생산된 물품은 원산지증명 간소화 발급대상에서 제외
139	7801.10-9000	납의 괴 (정제한 것으로 납의 함유량이 전 중량의 100분의 99.99 이상인 것은 제외)	<제외대상> - 가루와 플레이크(제7804호) * '정제한 납'의 정의는 제78류 소호주 제1호 참조	한-중국 FTA, 한-아세안 FTA, 한-인도 CEPA	천연의 황화납인 연정광(방연광)을 제련하거나 납 웨이스트나 스크랩(예: 폐전지 등) 등을 분리, 환원, 주조 등 재용해하여 생산	7801.91 또는 7801.99호의 납에서 생산된 물품은 원산지증명 간소화 발급대상에서 제외
140	7801.99-2090	납의 괴 (기타의 것으로 정제한 것은 제외)	<제외대상> - 가루와 플레이크(제7804호) * '정제한 납'의 정의는 제78류 소호주 제1호 참조	한-중국 FTA, 한-아세안 FTA, 한-인도 CEPA	황화납인 연정광(방연광)을 제련하거나 납스크랩 등을 전기로에 녹여 주형에 흘려 굳혀서 생산	제7801호의 납을 사용하여 생산한 경우 원산지증명 간소화 발급대상에서 제외
141	7901.11-0000	아연의 괴 (합금하지 않은 것으로 아연의 함유량이 전 중량의 100분의 99.99이상인 것)	<제외대상> - 가루와 플레이크(제7903호) * '합금하지 않은 아연'의 정의는 제79류 소호주 제1호 참조	한-중국 FTA, 한-아세안 FTA, 한-인도 CEPA	아연광을 제련하거나 아연 스크랩 등을 전기로에 녹여 주형에 흘려 굳혀서 생산	아연괴(제7901.12호)를 사용하여 순도만 높이는 공정만 거친 경우 원산지증명 간소화 발급대상에서 제외

142	7901.12-0000	아연의 괴 (합금하지 않은 것으로 아연의 함유량이 전 중량의 100분의 99.99 미만인 것)	〈제외대상〉 - 가루와 플레이크(제7903호) * '합금하지 않은 아연'의 정의는 제79류 소호주 제1호 참조	한-중국 FTA, 한-아세안 FTA, 한-인도 CEPA	아연광을 제련하거나 아연 스크랩 등을 전기로에 녹여 주형에 흘려 굳혀서 생산	
143	7902.00-0000	아연의 웨이스트(waste)와 스크랩(scrap)	〈제외대상〉 - 원료가 아닌 보수하면 재사용이 가능한 형태(예: 기둥, 선로 등) - 아연제조시 생기는 슬래그, 회, 전기도금시 침전된 슬러지나 금속잔재물(제2620호) - 아연 웨이스트를 재용해하여 덩어리 형태로 주조한 것(제7901호)	한-중국 FTA, 한-아세안 FTA, 한-인도 CEPA	국내 아연 제조과정 발생한 아연 부스러기를 수집하거나, 아연이 포함되어 있는 폐기물에서 기계 등을 이용해 아연을 선별 분리	외국에서 수입한 스크랩·부스러기는 원산지증명 간소화 발급대상에서 제외
144	7904.00-3000	아연 선(線)	〈제외대상〉 - 용제물질이 도포된 것(제8311호) * '선'의 정의는 제79류 주 제1호 참조	한-중국 FTA, 한-아세안 FTA, 한-인도 CEPA	황화광(아연광)이나 탄산염광 등을 열환원, 전해법 등을 통해 추출하거나 아연의 괴나 웨이스와 스크랩을 재용해하여 생산	
145	8302.10-0000	경첩	창문이나 가구의 문짝을 여닫는 연결부위에 회전축의 역할을 하는 비금속제 부착구	한-중국 FTA, 한-아세안 FTA, 한-베트남 FTA	제15부 비금속(卑金屬) 재료를 다이캐스팅 등으로 주조하여 생산	
146	8412.21-1000	액압 실린더	유압에너지를 운동에너지로 변환하기 위한 장치 〈제외대상〉 - 유압식의 자동도어개폐기(제8302호) - 차량용 서스펜션 쇼업쇼바(제8708호)	한-중국 FTA	제72류 철강 및 제73류 철강제품을 주요 원재료로 전장가공, 내경 가공, 용접, 세척, 검사 등의 공정을 거쳐 생산	
147	8413.30-4000	액체펌프 [제87류에 해당하는 차량용(연료·윤활유 급유용이나 냉각 냉매용 펌프)]	차량에 사용되는 연료펌프, 엔진 오일펌프, 냉각수펌프 〈제외대상〉 - 액체용의 살포기, 분사기(제8424호) - 수동식의 글리스 건(제8205호) - 압축공기식의 그리스건(제8467호)	한-중국 FTA, 한-베트남 FTA	연료펌프는 바디, 플런저, 플런저 스프링, 푸시로드, 체크밸브 등으로 구성, 워터펌프는 임펠러, PULLEY, 베어링, 고무씰 등으로 구성, 오일펌프는 구동로터와 풀리, 기어 등으로 구성	

148	8415.10-2020	공기 조절기 (사용동력이 11킬로와트 이상인 것)	실내 온도와 습도 등을 변화시키기 위한 장치 〈제외대상〉 - 철강으로 만든 비전기식의 방열기나 온풍 배분기(제7322호) - 전기식(히터) 라디에이터, 전기식(히터)난방기(제8516호) - 가습기나 제습기(제8479호) - 공기조절용 냉각기(제8418호)	한-중국 FTA, 한-베트남 FTA	주요 구성부품인 압축기, 응축기, 증발기, 팬, 모터, 몸체, 온도조절장치 등을 조립하여 생산	
149	8418.10-1030	냉장고 등 (용량이 400리터를 초과하는 것)	식품이나 약품 등을 저온에서 보관하기 위한 장치 〈제외대상〉 - 한제(freezing salt) 용 냉동고 (제8479호) - 열교환 방식(water flow)의 냉각기 (제8419호)	한-중국 FTA, 한-베트남 FTA	주요 구성부품인 압축기, 응축기, 증발기, 팬, 모터, 몸체, 도어, 내부선반, 온도조절장치 등을 조립하여 생산	
150	8479.81-3000	권선기	전기케이블이나 금속케이블을 보빈 등에 감는 장치	한-중국 FTA, 한-아세안 FTA	전기모터(제8501.40호), 센서(제8538.90호), 부분품(제8479.90호) 등을 주요 원재료로 각 파트 및 완제품 조립공정을 거쳐 생산	
151	8481.20-1000	유압 전송용 밸브	유압장치에서 오일의 압력이나 유량, 흐름 등을 제어하는 밸브 〈제외대상〉 - 내연기관용 흡입/배기밸브(제8409호) - 증기기관용 슬라이드 밸브(제8434호)	한-중국 FTA	철강재를 주조 또는 연삭하여 밸브 몸체 부분 등을 만들거나, 이러한 밸브 부분품에 가스킷, 스프링 등을 조립하여 생산	
152	8481.20-2000	공기압 전송용 밸브	공압장치에서 공기 압력이나 유량, 흐름 등을 제어하는 밸브 〈제외대상〉 - 내연기관용 흡입/배기밸브(제8409호) - 증기기관용 슬라이드 밸브(제8434호)	한-중국 FTA	철강재를 주조 또는 연삭하여 밸브 몸체 부분 등을 만들거나, 이러한 밸브 부분품에 가스킷, 스프링 등을 조립하여 생산	

번호	HS코드	품명	설명	FTA	생산공정	비고
153	8482.10-2000	볼 베어링 (내경이 100밀리미터 이하인 것)	외륜과 내륜 사이에 볼을 넣어서 윤활효과를 내는 장치 〈제외대상〉 · 베어링과 하우징이 결합된 것 (제8483호) · 자전거용 허브(제8714호)	한-중국 FTA, 한-아세안 FTA, 한-베트남 FTA	철강재를 주조 또는 연삭하여 내외경, 볼, 부분품 등을 만들거나 이러한 부품을 조립하여 생산	
154	8483.10-9010	전동 축 크랭크(crank)(제87류 차량용)[캠샤프트(camshaft)와 크랭크샤프트(crankshaft)를 포함]	차량의 동력을 전달하는 차축 〈제외대상〉 - 프로펠러 샤프트, 하프샤프트, 구동차축(drive-axles) 등(제8708호)	한-중국 FTA	철강재를 단조 공정, 열처리, 표면처리 공정을 거쳐 생산	
155	8483.40-9010	기어	전동축과 물려 회전 동력을 전달하는 장치 〈제외대상〉 - 반제품 형태의 단조품(제7207호)	한-중국 FTA	제72류 철강을 절삭 또는 성형하여 생산 또는 제39류 플라스틱 일차제품을 원료로 사출 성형하여 생산	반제품 또는 블랭크(제8483호)을 원재료로 정밀 절삭공정만 거쳐 생산된 물품은 원산지증명 간소화 발급대상에서 제외
156	8501.10-1000	직류 전동기	〈제외대상〉 - 롤러 등이 결합된 컨베이어 벨트용 전동기(제8431호) - 전자식의 진동 전동기(제8479호) - 원동기가 부착된 발전기(제8502호)	한-중국 FTA, 한-아세안 FTA, 한-베트남 FTA	전기자, 정류자, 브러시 등과 같은 전동기의 구성부품을 조립하여 생산(하우징 등 일부 구성요소가 불완전하지만 전동기의 본질적 특성을 갖춘 경우라면 제외)	
157	8505.19-1000	전자석, 영구자석 (산화철의 것)	자성을 가진 전자석과 영구 자석 〈제외대상〉 - 가루형태의 자성 페라이트(제3824호) - 의료용으로 설계된 전자석(제9018호)	한-중국 FTA	제2821호의 산화철 등을 주 원재료로 성형, 소결 공정을 거쳐 생산	
158	8507.10-0000	피스톤식 엔진시동용 연산(鉛酸)축전지	납을 (-)극, 이산화납을 (+), 황산을 전해액으로 사용하여 만든 엔진시동용 축전지 〈제외대상〉 - 수명이 끝난 축전지와 웨이스트(제8548호)	한-중국 FTA, 한-베트남 FTA	납 등을 도포하여 양극판, 음극판을 만들어 전조에 격리판, 단자 등을 조립하여 생산	

159	8507.60-1000	리튬폴리머 축전지	리튬을 (-)극, 탄소를 (+)극, 폴리머를 전해질로 사용한 축전지 〈제외대상〉 - 1차 전지(제8506호) - 수명이 끝난 축전지와 웨이스트(제8548호)	한-중국 FTA	양극재(리튬코발트산화물, 제2853호), 부극재(탄소, 제3801호), 바인더, 도전재, 구리, 분리막, 알루미늄 박, 축전지 부분품 등을 사용하여 생산한 축전지 또는 축전지 팩	리튬 폴리머 축전지를 공급받아 충전용 배터리 팩을 생산하는 경우 원산지증명 간소화 발급대상에서 제외
160	8507.60-9000	리튬이온 축전지 (리튬폴리머 축전지 제외)	리튬을 (-)극, 탄소를 (+)극, 리튬이온염을 전해질로 사용한 축전지 〈제외대상〉 - 1차 전지(제8506호) - 수명이 끝난 축전지와 웨이스트(제8548호)	한-중국 FTA	양극재, 부극재, 바인더, 도전재, 구리, 분리막, 알루미늄 박, 축전지 부분품 등을 사용하여 생산한 축전지 또는 축전지 팩	리튬이온 축전지를 공급받아 충전용 배터리 팩을 생산하는 경우 원산지증명 간소화 발급대상에서 제외
161	9001.90-1000	프리즘	빛의 분산이나 굴절 등을 일으키기 위한 광학장치 〈제외대상〉 - 광학적으로 연마되지 않은 유리거울(제7007호) - 도로·교통 표지판용 유리(제7014호) - 안경용·시계용 유리(제7015호) - 램프나 조명기구용 반사경 등(제9405호)	한-중국 FTA, 한-아세안 FTA	유리나 석영을 설계된 굴절률과 반사각 등에 맞춰 재단, 연삭, 면취가공하거나, 플라스틱등에 광학성 물질 등을 도포하거나 접착하여 생산	

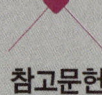

참고문헌

관세청, 관세법령집, 2018
_____, 관세법령 집행 가이드 북, 2014
_____, 세관장이 부과하는 과태료·과중금 사전, 2014
_____, 수출입기업을 위한 성실신고 가이드라인, 2017
_____, 2014년 관세관 연구과제 보고서, 2014
_____, 알기쉬운 FTA 협정문 비교, 2016
_____, 원산지규정집, 2018
_____, 우리나라가 체결한 FTA협정문(관세관련)①, ②, 2016
_____, FTA 원산지검증 표준 준비자료 안내, 2014
_____, FTA 원산지조사 관련 결정 및 판례집, 2017
_____, Yes FTA 포털 http://fta.customs.go.kr
관세국경관리연수원, FTA 법령이해, 2016
광주본부세관, 수출기업 원산지검증 자기주도 학습서 똑똑하게 즐겨라, 2014
대외경제정책연구원, NAFTA 재협상, 미국·멕시코 합의의 주요 내용과 시사점, 2018
_____, 최근 국제통상 환경의 변화에 따른 한국의 새로운 통상정책 방향, 2017
박영기, 관세제재법, 세창출판사, 2009
법무부, 자유무역협정의 법적 고찰, 2008
법제처, 국가법령정보센터 http://www.law.go.kr
산업통상자원부, FTA강국 Korea 홈페이지 http://www.fta.go.kr
_____, 한-중 FTA 상세설명자료, 2015
서울본부세관, 한-미 FTA 섬유류 현지검증 대응 가이드, 2014
_____, 서울세관 쟁송사례법, 2014
성윤갑, FTA 관세특례 해설, 한국관세무역개발원, 2007
이영달, 원산지결정기준, 국제원산지정보원, 2011~2015
_____, FTA 원산지결정기준 해설, 세인북스, 2017

이영달·이신규, 개성공단 생산품의 FTA 활용방안 연구, 관세학회지 16(2)
이종익·원용택·박병목, 자유무역협정의 이행을 위한 관세법의 특례에 관한 법률 해설, 협동문고, 2013
이종익·박병목, 관세법 해설, 2018
임성균, 한-미 FTA 원산지 검증절차 및 사례연구, 2013
외교통상부, WTO이해하기, 2007
정재완, 관세법, 무역경영사, 2015
조세심판원, 심판결정례 https://www.tt.go.kr/main/main.do
최흥석·이영달, FTA시대 원산지 이론과 실무, 한국관세무역개발원, 2011
한국 관세법, 김기인·신태욱, 한국관세무역개발원, 2015
한국무역협회, FTA 사후검증대응 완전정복, 2014
한국섬유산업연합회, 섬유패션산업의 FTA이해와 활용, 2014
한-중미 FTA 상세설명자료, 관계부처 합동, 2017

/ 저자소개 /

◆ 이 영 달 (李永達)

연락처: kcsydlee@gmail.com

[학력 및 경력]

- 국립세무대학 관세학과 졸업(7기)
- 미국 피츠버그대학교 행정국제대학원(GSPIA) 졸업(MPPM)
- 배재대학교 국제통상대학원 졸업(경영학 박사, Ph.D.in Business)
- 서울대학교 국제대학원 FTA Leadership Program 수료(2014)
- 관세청 및 서울·부산·인천공항·김포·여수세관 근무
- 인천대, 경상대, 한남대, 계명대, 건국대 등 FTA과정 강사
- 관세청 자격시험 및 원산지관리사 출제 및 선정위원
- 관세청 관세국경관리연수원 FTA 전임교수
- 관세청 관세평가분류원 품목분류 1과장
- 관세청 관세평가분류원 관세평가과장
- (현) 미라클 관세사무소 대표 관세사
- (현) 이영달 FTA관세통상연구소장

[주요저서 및 논문]

- FTA 원산지결정기준 해설(2017, 세인북스)
- FTA 협정 및 법령 해설(2016, 세인북스)
- 원산지결정기준(2010~2015, 국제원산지정보원)
- FTA 컨설팅(2014, 탑북스)
- FTA시대 원산지이론과 실무(2011, 한국관세무역개발원)
- 섬유 및 의류제품 FTA 원산지기준 해설서 감수(2009, 관세청)
- 자동차 및 자동차 부품 FTA 원산지기준 해설서 감수(2009, 관세청)
- 자유무역협정 체제에서 품목분류 국제분쟁사례 분석과 대응방안 연구(2018, 박사학위)
- 한·중 FTA 원산지규정에 관한 연구(관세학회지, 2016.2)
- 개성공단 생산품의 FTA활용방안 연구(관세학회지, 2015.5)
- 한·호주 및 한·캐나다 FTA발효에 따른 효율적 이행방안(관세와무역 제47권 제497호)
- 특혜무역협정의 직접운송 규정에 대한 고찰(관세와무역 제44권, 제482호)
- 미국 원산지제도 특징과 시사점(2007, 관세청)

FTA 관세 관련 최신정보: 관세청 YES FTA (http://fta.customs.go.kr)

통상(FTA, WTO) 관련 최신정보 : 산업통상부 FTA 강국, KOREA (http://fta.go.kr)

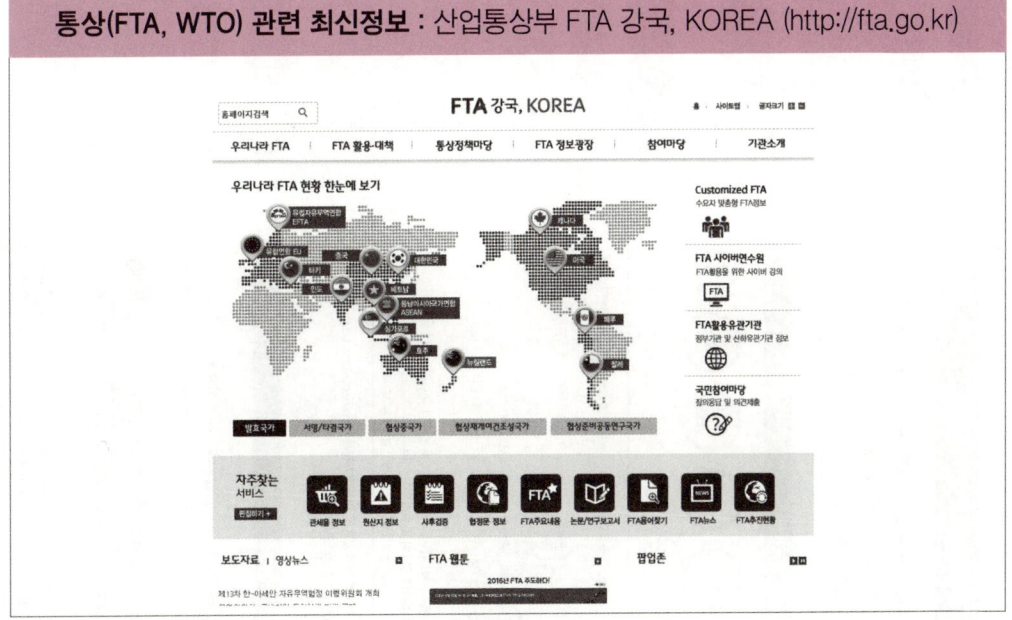

FTA 활용의 Key, 품목분류(HS) 관련 정보 안내

01 품목분류 사전심사 제도

FTA 양허세율 적용 및 원산지 검증(확인), 수출입 승인요건·관세 감면여부 등 확인을 위해 수출입 품목이 품목분류가 궁금하신가요?
'품목분류 사전심사' 제도를 통해 해결하세요!(관세법 제86조)

1. 신청방법 및 접수

신청 > 접수 > 심사 > 회신공표 > 재심사 > 회신공표
30일 / 30일 / 60일

- **신청인**: 수출입자, 수출물품의 제조자, 관세사, 관세사법인, 통관취급법인
- **신청방법**:
  - 인터넷: UNI-PASS → 전자신고 → 신고서작성 → 품목분류 → 사전심사
    ↳ https://unipass.customs.go.kr
  - 우 편: 관세평가분류원앞에 우편·택배 발송
    (34027 대전광역시 유성구 테크노2로 214, TEL. 042-714-7535)
- **제출서류**: 관세평가분류원 신청서, 물품설명서, 신청물품 견본
  - 견본: 액상 200ml, 분말 300g~1kg 등
- **신청사유**: 세율·세액 확인, 관세감면, 수출입요건 확인, 원산지 확인, **수출물품 6단위 소호확인** * 기타
  * FTA 원산지증명서 발급목적 등의 수출품목의 6단위로 신속하게 확인기능
  * 신청방법에 대한 상세내용은 '관세평가분류원(www.customs.go.kr/cvnci/)' 접속, '민원서비스 → 품목분류' 참조

2. 심사

- **처리기간**: 신청서 접수일~30일 (예외: 신속심사 및 6단위 확인 15일)
  * 단, 보정·협의·위원회 상정에 소요되는 기간은 토요일, 공휴일 제외
- **결정방법**:
  - 품목번호 지체결정: 관세율표 등에 명백히 경합되는 기준이 있는 경우
  - 품목번호 협의회: 신재품 등 HS국제품목 기준결정
  - 품목번호 위원회: WCO 상정예정, 기타 품목분류 등
- **분석의뢰**: 분석이 필요한 경우 중앙관세분석소로 성분 석 의뢰
  * 신청품목의 3인용분석수수료 (관세법 시행규칙 제73의2)

3. 회신

- **회신방법**: 인터넷 UNI-PASS 사이트에서 확인 가능
  * 단, 신청인 이외의 자가 열람할 경우 관세청 개인정보보호규정에 따라 신청인 신청필요
- **공표(공개)**: 품목분류 결정요지 등을 관세청 홈페이지에 공개
  * 단, 영업비밀 등을 이유로 비공개 요청한 경우 제외
- **효과**: 법적효력(유효기간) 3년이 있는 유권해석으로 수출입신고 또는 원산지증명서 등의 증거자료로 사용 가능
  * 불복청구권과 불복절차 등이 준용되어 사용 가능

02 품목분류 재심사 제도

회신받은 품목번호에 대해 재심사(이의제기)가 필요한가요?

- **도입배경**: 품목분류사전심사 결과에 대해 이의가 있는 경우 결과 통지를 받은 자가 신청
  * 납세자권익보호를 위한 제도(2015.1월 신설)
- **신청기한**: 품목분류사전심사 회신을 받은 날로부터 30일 이내(1회)
  * 처리기한: 신청서를 접수한 날로부터 60일 이내
- **신청방법**: 신청방법 및 심사는 품목분류 사전심사시에도 동일
  * 인터넷(UNI-PASS): 신청, 접수, 수수료, 반대대상 등
    https://unipass.customs.go.kr

03 HS 국제분쟁 신고센터

해외 관세당국과 품목분류 마찰 등으로 어려움을 겪고 있나요?

"사례(~30%) VS 무세품 및 기간(0%)"
- 인도·터키·타 아시아 국가 주장 관세율·통관 수수 오류 → HS국제분쟁 기반업무
  - HS 오류 → HS국제분쟁 기반업무 → WCO HS위원회
  → 우리나라 분쟁관리 수출품 (무관세)
  → 한국기업의 수출증명 확보 관세 (3000만 세율절감)
- 인도 최대 전통차 수출에 관세 추징發
  - 인도 분쟁 제기 주장 관세 추징發
  - HS 오류 → HS국제분쟁 기반업무 → WCO HS위원회
  → 우리나라 분쟁관리 수출품 (무관세)
  → 한국기업의 수출증명 확보 관세 → 소멸구

「HS 국제분쟁 신고센터」가 중소기업 등 수출입기업을 적극 지원합니다

- **사전상담**: HS 국제분쟁상담실 ☎ 042-714-7539, 7522
- **신청방법**:
  ↳ https://unipass.customs.go.kr
  - UNI-PASS → 전자신고 → 신고서작성 → 품목분류 → 국제분쟁
  - E-mail(hssupport@korea.kr) 접수
- **지원내용**:
  - 품목분류 다운로드 자료 제공 · 분쟁 상대국과의 실무접촉
  - WCO HS위원회 상정 해결
- **지원성과**: 작국적인 분쟁해결로 미국·중국 등 주요 교역국 대상으로 약 3,833억원의 기업지원 점검 * 2019.5월 누계

04 해외 53개국 관세율 및 품목분류 서비스 제공

주요 교역국의 관세율 품목분류 관세정보가 필요한가요?

우리나라 교역량의 80%을 차지하는 주요 교역국의 관세율 및 품목분류 정보를 얻어 중소기업 등이 무역현장에서 활용할 수 있도록 무료 제공하는 전문 웹(web) 사이트 '세계 HS정보시스템'을 활용하세요!
(2018.12월 기준)

구분	내 용	DATA
해외 품목분류 관세율	미국, 중국, 일본, EU, 호주, 러시아, 사우디, 아르헨티, 타국, 베트남, 싱가포르, 인도네시아 등 53개국의 관세율 정보기준, 협정 FTA 등	253천건
WCO HS품목분류 정보	미국, EU, 일본, 중국, 대만 등 총 33개국의 품목분류 결정사례	83만건
신규 HS 가이드	WCO HS개정에 따른 결정상항, 사무국 분류의견, 상품DB, 알파벳색인 DB 등	37만건
	수출 주력품목(자동차), 평판디스플레이, 반도체 등	1만건

세계HS정보시스템

https://unipass.customs.go.kr/clip/index.do
관세평가분류원 운영

관세·무역 실무자 및 원산지관리사 등의 수험생을 위한

FTA협정 및 법령해설

저　　자:	이영달
디 자 인:	신혜림, 오미정
초판인쇄:	2016년 2월 12일
개 정 판:	2019년 7월 10일(전면개정)
기 획 처:	세인북스
등　　록:	제 2013-000007호
주　　소:	135-733/ 서울시 강남구 논현동 114 성암빌딩 4층
전화번호:	02-6011-3064
F A X:	02-6011-3080
의견제출:	seinbooks@esein.co.kr
교재구매:	www.seinbooks.com

저자와의
협의하에
인지생략

www.seinbooks.com

세인관세법인의 출판부인 세인북스에서 발행되는
본서의 무단인용/전재/복제를 금합니다.
이책에 실려있는 내용은 모두 저자에게 저작권이 있습니다.
저자의 서면 허락없이 이 책의 내용의 일부 또는 전부를
무단인용/전재/복제하면 저작권 침해로서 5년 이하의 징역
또는 5천만원 이하의 벌금에 처하거나 이를 병과할 수 있습니다.

ISBN 978-89-98761-76-9 93360　　값 49,000원